MIDAS MACINTOSH BIBEL

Koch / Zäch (Hrsg.)

Midas Macintosh Bibel

MIDAS VERLAG

Midas Macintosh Bibel

Die deutsche Bibliothek – CIP-Einheitsaufnahme:
Koch/Zäch (Hrsg.):
Midas Macintosh Bibel. Koch/Zäch.
St. Gallen/Zürich: Midas Verlag, 2000

ISBN 3-907020-82-0

1. Auflage 2000

Übersetzung von Teilen aus der amerikanischen Ausgabe von:
Pogue/Schorr: Macworld MacSecrets, 5th edition
© 1999 IDG Books Worldwide, Inc.

Konzeption und Koordination: Gregory C. Zäch
Übersetzung und Bearbeitung: Claudia Koch, Kathrin Lichtenberg,
Stefanie Klaube, Almut Dworak, Antje Zippel, Christian Koch
Lektorat: Elisabeth Schüßlbauer, Claus-Jürgen Kocka
Technische Beratung: Peter Linzenkirchner
Buchgestaltung, Cover: Agentur 21

Belichtung, Druck- und Bindearbeiten: Kösel, Kempten

Teil I: Die ersten Schritte

Teil II: Hardware und Arbeitsumfeld

Teil VI: Internet

Autoren

Ein Mammut-Werk wie die vor Ihnen liegende *Midas Macintosh Bibel* kann nur gelingen, wenn sehr viele Leute daran mitarbeiten. In diesem Falle waren es folgende Leute, die mit ihren Beiträgen maßgeblich daran beteiligt waren:

Claudia Koch kann als Übersetzerin nicht mehr auf den Computer mit dem Apfel verzichten. Ihre Diplomarbeit entstand auf einem Mac und enthielt gleichzeitig deutsche und kyrillische Schriftzeichen einträchtig nebeneinander – 1994 eine echte Rarität. Zu den von ihr ins Deutsche übersetzten und herausgegebenen Büchern über Grafiksoftware, Computerthemen allgemein und den Mac speziell zählen *Mac & Co. für Dummies*, die *Photoshop Bibel* sowie einige Insiderbücher beim Midas Verlag. Sie erreichen Claudia Koch per E-Mail unter *Claudia.Koch@gmx.ch*.

Gregory C. Zäch studierte Betriebswirtschaft an der Hochschule St. Gallen sowie Anglistik und Publizistik an der Uni Zürich und in Cambridge. Als Gründer und Leiter des Midas Verlags arbeitet er seit 1987 mit dem Macintosh und hat als verantwortlicher Herausgeber bereits einige Dutzend Bücher zum Thema Macintosh, Grafik und Bildbearbeitung «verbrochen». Sie erreichen ihn unter *gregory.zaech@bluewin.ch* oder unter *MidasAG@aol.com*.

Christian Koch hat ein Diplom der TU Ilmenau für Informatik. Er ist Freiberufler im EDV-Bereich und arbeitet als Trainer, Programmierer, Softwarearchitekt und Interfacedesigner mit den verschiedensten Computersystemen. Für die Alltagsarbeit benutzt er trotzdem am liebsten einen Mac – weil der beim Einschalten lächelt. Sie erreichen ihn unter *Ch.Koch@gmx.ch*.

David Pogue studierte an der Yale University und startete 1991 seine bekannte Kolumne in der Zeitschrift *Macworld*. Bereits ein Jahr später schrieb er seinen Bestseller *Macs for Dummies*, der mittlerweile in 17 Sprachen übersetzt wurde. Zu seinen weiteren Büchern gehören u.a. *The iMac for Dummies*, *PalmPilot: The Ultimate Guide*. Er hat eine eigene Website unter *www.davidpogue.com*.

Joseph Schorr ist Journalist und Theaterautor. Er schreibt eine monatliche *Secrets*-Kolumne für die Zeitschrift *Macworld*. Seine Theaterstücke wurden in Yale und am Off-Broadway aufgeführt. Seinen Lebensunterhalt verdient er sich als Software Product Manager in Portland, Oregon. Sie erreichen ihn unter *schorr@earthlink.net*.

Einleitung

Die Midas Macintosh Bibel richtet sich nicht nur an Einsteiger, sondern auch an Anwender, die bereits länger mit dem Mac arbeiten. Ihnen ist dieser Computer sicher im Alltag wichtig geworden, dennoch treten hier und da Probleme auf, die nicht ohne weiteres lösbar sind. Wir möchten Ihnen an dieser Stelle weiterhelfen und haben die Informationen in diesem Buch zum einen nach Nutzergruppen, zum anderen nach Themengebieten gegliedert.

Falls sie sich also eben einen schönen neuen Mac gekauft haben, ist es für Sie sinnvoll, gleich von Anfang an zur *Midas Macintosh Bibel* zu greifen und wenigstens den Teil für Einsteiger am Stück zu überfliegen – so vermeiden Sie viele Anlaufschwierigkeiten gleich von vornherein.

Für die Erfahreneren unter Ihnen gilt folgendes: Mehrere Seiten am Stück zu lesen, ist nicht verboten. Falls es jedoch schnell gehen muß (und wann muß es das nicht…) oder Sie ein bestimmtes Problem lösen wollen, empfehlen wir den Einstieg über Inhaltsverzeichnis und Index. Die dort aufgeführten Stichwörter verweisen Sie an die richtigen Stellen im Buch.

Bei einem derartig umfangreichen Werk schien es uns sinnvoll, die vielen Kapitel thematisch einzelnen Teilen zuzuordnen. Nachfolgend finden Sie eine kurze Beschreibung dessen, was Sie in den Teilen finden:

Teil I: Die ersten Schritte

Der Titel sagt es bereits – wenn Sie in der Welt des Mac neu sind oder über den Kauf eines Macintosh nachdenken, sollten Sie diesen Teil unbedingt lesen. Hier finden Sie alles, was Sie von Anfang an wissen sollten. Und falls Ihnen die hier angebotenen Informationen nicht weit genug gehen, werden Sie auf die entsprechenden Spezialkapitel weiter hinten verwiesen. Fortgeschrittene müssen diesen Teil nicht unbedingt lesen. Wir würden jedoch empfehlen, wenigstens die Inhaltsangaben kurz zu überfliegen, damit Ihnen nichts Interessantes durch die Lappen geht.

Teil II: Hardware und Arbeitsumfeld

In diesem Teil finden Sie Kapitel über die unterschiedlichen Peripheriegeräte und wie man sie effektiv einsetzt, außerdem eine wertvolle Zusammenfassung aller Mac-Modelle für Leute, die ihren Mac schon lange Zeit besitzen oder aus zweiter oder dritter Hand erworben haben.

Teil III: Systeme

Alles, was auch nur entfernt mit dem Betriebssystem zu tun hat, bietet Ihnen dieser Teil. Hier wird nicht nur das Mac OS an sich beschrieben, wir versorgen Sie auch mit wertvollen Hinweisen und Erläuterungen zu notwendigen und weniger wichtigen Kontrollfeldern und Systemerweiterungen.

Teil IV: Techie-Talk – In die Tiefe

Um eine einigermaßen gute Lesbarkeit zu gewährleisten, haben wir einige technische Details in den übrigen Teilen nur oberflächlich behandelt. Hier folgt jedoch die geballte Ladung: Sie finden viele technische Einzelheiten sowie eine praktische Anleitung, wie Sie Fehler im Alltag beheben können.

Teil V: Anwendungen

In diesem Teil geht es um die Anwendungssoftware, die Sie auf ihrem Mac betreiben. Wir bieten Ihnen grobe Einblicke in Office- und Grafikprogramme, und Sie erfahren etwas über Bildbearbeitung und Layout sowie über Multimedia. Außerdem wird Ihnen das Kapitel über Hilfsprogramme und Konvertierung die Arbeit mit Ihrem Mac kolossal erleichtern.

Teil VI: Internet

Über das Wie, Warum, Wozu des Internet und einiges mehr informiert Sie dieser Teil. Allerdings haben wir uns bemüht, nicht die vielerorts bekannten und ebenso abgedroschenen Schlagzeilen der Medien zu wiederholen. Wir bieten Informationen an, die uns aus eigenen Erfahrungen wichtig erscheinen.

Teil VII: Anhang

Dieser Teil ist nicht bloß ein Anhängsel zum Buch, sondern eine echte Arbeitshilfe. Nach den zehn Geboten, die Ihnen wertvolle Tips zur Arbeit mit dem Mac geben, folgt ein Teil mit ausführlichen Shareware-Beschreibungen. Wir haben eine umfangreiche Sammlung nützlicher kommerzieller und nichtkommerzieller Hilfsmittel zusammengestellt, die uns im Laufe der langjährigen Arbeit mit dem Mac als wichtige Werkzeuge begleitet haben.

... und als Bonus: CD-ROM

Die CD zum Buch enthält eine Zusammenstellung von wichtiger Shareware und diverse Tryout-Versionen von Anwendungsprogammen. Darunter finden Sie zahlreiche nützliche Werkzeuge aus verschiedenen Bereichen, mit denen Sie Ihren Mac ohne viel Aufwand in ein Netzwerk einbinden oder mit einem PC kommunizieren lassen können.

Eine kleine Gebrauchsanweisung

Ein Warenhaus voller Informationen

Bei den vielen Gebieten, die von der *Midas Macintosh Bibel* abgedeckt werden, läßt es sich nicht vermeiden, daß der eine oder andere auf Passagen stößt, die ihm zu simpel oder zu kompliziert sind oder die ihn sonstwie kalt lassen. (Es soll ja Leute geben, die wirklich nichts vom Hocker reißen kann…) Das sollte Sie nicht weiter stören, denn wie beim Fernsehprogramm oder im Warenhaus haben wir glücklicherweise ein Überangebot an Informationen. Schlußendlich sind Sie es, der sich aus der Flut von Informationen das herauspickt, was ihm wichtig scheint.

Icons in den Marginalspalten

Um Sie bei dieser Auswahl etwas zu unterstützen, haben wir uns eine ganze Reihe von Icons ausgedacht, die den Inhalt auch visuell etwas aufgliedern sollen. Icons sind die kleinen grafischen Symbole, die Ihnen als Mac-Anwender hoffentlich auch schon aufgefallen sind. Da wir schlechte Clip-Arts nicht ausstehen können, haben wir mit unserem Haus-Cartoonisten kurzerhand ein paar eigene Bildchen kreiert.

Bei diesem Icon finden Sie Informationen, die vor allem für die Neulinge in der Welt des Macintosh gedacht sind. Bei komplexeren Themen zeigt es an, daß hier grundlegende Begriffe erklärt werden, die für das Verständnis des ganzen Gebietes wichtig sind.

Natürlich sind alle Tips in diesem Buch irgendwo heiß, aber einige sind noch heißer. Erleuchtung für den einen, kalter Kaffee für den anderen; wir haben uns jedenfalls bemüht, einige besonders clevere und im Mac-Alltag bewährte Hinweise mit diesem Icon hervorzuheben.

Die Rakete deutet an, daß hier die Post für Profis abgeht. Machen Sie sich nichts draus, wenn Sie etwas nicht gleich verstehen oder sich fragen, wen so etwas interessieren könnte. Es handelt sich um Informationen für Leute, die mehr wissen wollen als der Durchschnitt. Zum allgemeinen Verständnis müssen Sie diese Abschnitte jedoch nicht unbedingt lesen.

ACHTUNG

Bei diesem Icon sollten Sie genau nachlesen, denn es steht überall dort, wo eine Stolperfalle droht. Sie werden zwar nicht gleich tot umfallen, wenn Sie es ignorieren, aber Ihr Leben wird um einiges glücklicher verlaufen, wenn Sie diesen Passagen die nötige Aufmerksamkeit schenken. Schließlich müssen ja nicht alle schlechten Erfahrungen von jedem Nutzer selbst wiederholt werden.

FEHLER

Falls Sie das eben genannte Icon ignoriert haben, kann es sein, daß Sie Bekanntschaft mit der Bombe machen. Wenn sie gezündet wird, weist das auf Zustände hin, die zu einem richtigen Schaden für Ihren Mac führen können (oder bereits geführt haben).

TECHNIK

Wir gehen davon aus, daß wir neugierige Leser vor uns haben. Dieses Icon steht deshalb überall dort, wo noch etwas tiefer in die Materie eingedrungen wird. Als Einsteiger können Sie diese Passagen getrost überspringen, da es sich oft auch um Abschweifungen in andere Gebiete oder Fachsimpeleien handelt.

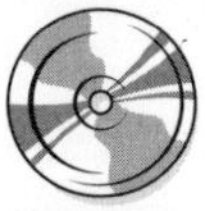
CD-ROM

Überall wo Sie dieses Icon sehen, finden Sie auf der beiliegenden CD-ROM die beschriebene Software – anschauen und ausprobieren. Wundern Sie sich nicht, wenn Sie auf der CD-ROM sogar noch mehr finden, als im Buch beschrieben ist. Manchmal darf's auch etwas mehr sein…

Ein Wort zur Vollständigkeit

Es gibt hoffentlich niemanden, der annimmt, daß ein Buch wie dieses jemals vollständig sein kann. Zwar haben wir uns bemüht, möglichst alle Themengebiete und Problemstellungen in diesem Buch umfassend zu behandeln, auf unbedingte Vollständigkeit können wir jedoch keinen Anspruch erheben. Auf einige Themen wie z.B. Programmierung auf dem Macintosh haben wir bewußt wenig Rücksicht genommen, denn deren Aufarbeitung bietet mehr als genug Stoff für ein weiteres Buch. Für Kritik, Anregungungen und Ergänzungen aller Art haben wir natürlich immer ein offenes Ohr. Wir hoffen, daß Ihnen die vorliegende *Midas Macintosh Bibel* ein guter Begleiter bei Ihrer Arbeit mit dem Mac wird und wünschen Ihnen vorerst viel Spaß bei der Lektüre!

Danksagung

Verlag und Autoren danken allen Privatpersonen und Firmen, die in irgendeiner Form an diesem Buch mitgearbeitet haben.

[illegible]

[illegible]

[illegible]

[illegible]

Ein Wort zur Vollständigkeit

[illegible]

Danksagung

[illegible]

TEIL I

DIE ERSTEN SCHRITTE

1 Einkaufstour

In diesem Kapitel

Sie wollen einen Mac kaufen? Kein Problem. Was möchten Sie denn: iMac oder Desktop-G3, PowerBook oder iBook, mit oder ohne Zusatzkarten? Darf es vielleicht etwas mehr Speicher sein oder wollen Sie doch lieber die FireWire-Festplatte dazu…? Keine Panik – so kompliziert ist die Qual der Wahl dann doch nicht, schließlich halten Sie die *Midas Macintosh Bibel* in der Hand. Dieses Kapitel hilft Ihnen, den richtigen Mac zu finden und gibt Ihnen einige Tips für den erfolgreichen Einkauf.

ACHTUNG

Bücher über Computer – und dazu gehört auch dieses – sind zumindest in Details schon beim Erscheinen nicht mehr völlig aktuell. Vor allem die Eigenschaften der Hardware entwickeln sich so schnell weiter, daß kein Buch damit Schritt halten kann. Das ist aber kein Grund zur Panik. Wenn Sie die entsprechenden Abschnitte der *Midas Macintosh Bibel* lesen, sind Sie fit genug, um sich in Mac-Magazinen oder im Internet über den jeweils aktuellsten Stand der Dinge zu informieren. Vor allem dann, wenn Sie neue Hard- oder Software kaufen wollen, sollten Sie unbedingt vorher Testberichte und Datenblätter zu Rate ziehen, um unangenehme Überraschungen zu vermeiden.

Apples Produktpalette

Früher war Apple dafür berühmt, eine Unmenge verschiedener Geräte herzustellen. Die meisten davon waren ziemlich cool, liefen nur für eine relativ kurze Zeit vom Band und wurden dann durch eine neue Generation Macs ersetzt. Manchmal schaffte es die Firma sogar, gleichzeitig mehrere verschiedene Modelle herzustellen, deren Teile nicht zueinander kompatibel waren. Die Kosten für Lagerhaltung und Kundendienst stiegen damit natürlich in die Höhe – zum Glück hat Apple seine eigene Geschäftspolitik bis jetzt überlebt.

Seit dem Sommer 1997 hat sich diese Modellpolitik schrittweise geändert. Damals hat Steve Jobs – einer der Gründer von Apple – die Geschicke der Firma wieder in die Hand genommen und das Angebot an Macintosh-Modellen auf eine einfache Formel gebracht: leistungsstarke Computer, jeweils für Einsteiger und gehobene Ansprüche und jeweils als Desktoprechner und zum Herumtragen. Es ist zu vermuten, daß diese Strategie in der nächsten Zeit so bleiben wird, auch wenn sich die verkauften Geräte vermutlich ein- bis zweimal im Jahr ändern werden.

Der knubbelige iMac

Die ersten dieser Macs erschienen im Sommer 1998 und erregten jede Menge Aufmerksamkeit – nicht nur in der Computerindustrie. Der iMac vereint die gesamte Elektronik des Computers mit einem 15-Zoll-Monitor in einem kompakten Gehäuse. Das eigenwillige Design sieht aus wie eine Kreuzung aus 50er-Jahre-Bügeleisen und Raumschiff Enterprise und erhitzte die Gemüter wie selten ein technisches Gerät.

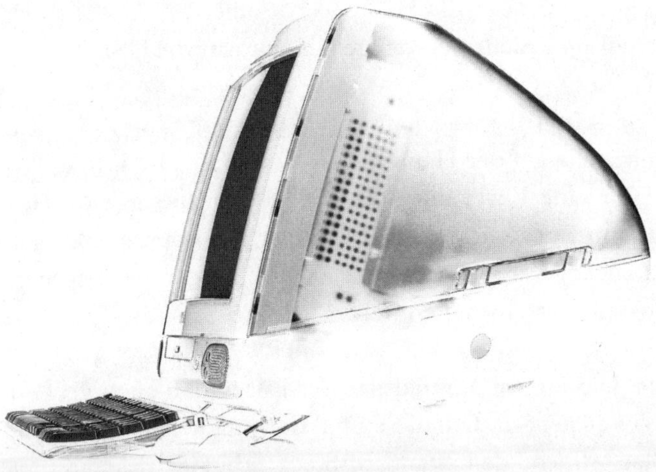

Abb. 1.1 Rund und durchscheinend – das iBook

Die inneren Werte können sich aber durchaus sehen lassen: Die erste Serie verfügte über einen PowerPC G3-Prozessor mit 233 MHz mit 512K Level-2-Cache, 66 MHz Bustakt, eine 4-GB-Festplatte, ein 24fach-CD-ROM, eine Ethernet-Schnittstelle mit 100 MBit und ein 56K-Modem. Die nächste Serie hatte dann eine Taktfrequenz von 266 MHz sowie eine etwas größere Festplatte – und es gab den knubbeligen Kompakt-Mac in fünf verschiedenen Farben. (Die Farbgestaltung hat Apple übrigens konsequent durchgehalten: Betrachten Sie einmal die Mauskugel eines iMac genauer!)

Jeder iMac wird mit einer Grundausstattung an Software geliefert, darunter die Programme für das Internet, Fax-Software für das Modem und das Büropaket AppleWorks (früher ClarisWorks). Damit erfüllte sich der Werbespruch «Einschalten und loslegen» zumindest für durchschnittliche Ansprüche tatsächlich.

Geheime Schnittstellen

Die erste Serie iMacs («iMac Classic») verfügte noch über einige Hardwareschnittstellen, die später abgeschafft wurden. So fiel z.B. das Infrarot-Auge rechts unterhalb des Bildschirms dem Rotstift zum Opfer. Der Schnittstelle für ein Diskettenlaufwerk auf der Systemplatine erging es ebenso. Mit dem richtigen Kabel und einem Lötkolben konnte man dort ein Apple-Floppy-Laufwerk anschließen, das problemlos funktionierte. Es gab aber keinen Einbauplatz dafür, so daß man es neben den iMac legen mußte. Das schicke iMac-Design war damit nur noch die Hälfte wert. Außerdem kostet so ein Laufwerk als Ersatzteil auch nicht viel weniger als eine externe USB-Floppy.

Interessanter war da schon der sogenannte «Mezzanine-Slot», eine Art getarnte PCI-Schnittstelle auf der Hauptplatine des iMac. Die Firma Formac entwickelte dafür eine Karte mit SCSI-Adapter, später gab es dann sogar noch eine Variante mit zusätzlichem TV-Tuner. Bei Apple stießen solche Aktivitäten jedoch auf wenig Gegenliebe, so daß bei der zweiten Serie iMacs diese Schnittstelle verschwunden war.

Seltsam, aber wahr: Die interne Grafikkarte des iMac kann auch größere Monitore problemlos ansteuern. Um diese Funktion zu nutzen, müssen Sie allerdings den iMac öffnen, den Standard-Steckverbinder des internen Monitors von der Grafikkarte lösen und den externen Bildschirm anschließen. Besonders praktisch ist das zwar nicht, aber wer weiß, wann Ihnen das einmal weiterhilft…

(Übrigens sollten Sie einen iMac nicht ohne Not selbst öffnen – im Gegensatz zu den G3/G4-Desktop-Macs ist der nämlich ziemlich «verbaut». Falls Sie es trotzdem nicht lassen können, dann tun Sie es erst nach Ablauf der Garantie und auf eigene Verantwortung. Sagen Sie nicht, wir hätten Sie nicht gewarnt!)

Der eigentliche Schock war jedoch das, was Apple beim Bau des iMac weggelassen hatte: Es gab keine SCSI-Schnittstelle mehr, das Diskettenlaufwerk war ebenso verschwunden wie die seriellen Anschlüsse für Modem und Drucker. Der alte Apple-Desktop-Bus (ADB) war dem moderneren Universal Serial Bus (USB) gewichen, für den auch gleich noch eine Tastatur und eine Maus mitgeliefert wurden.

Das Gute am USB ist, daß Sie bis zu 127 Geräte daran anschließen können, ohne etwas konfigurieren oder den Mac neu booten zu müssen. Inzwischen bieten auch viele Hersteller verschiedenste Geräte mit USB-Anschluß an: Drucker, Scanner, Grafiktabletts, Modems, ISDN-Adapter, kleine Videokameras, Diskettenlaufwerke (!) und jede Menge Adapter für Geräte mit alten Schnittstellen. (Mehr zu USB finden Sie übrigens im Kapitel 9)

ACHTUNG

Die iMacs (und auch die G3/G4-Desktop-Macs) werden mit Maus und Tastatur ausgeliefert, die über den USB-Bus angeschlossen werden. Beides paßt im Design hervorragend zu den farbigen Gehäusen, ist aber bei der Benutzung gewöhnungsbedürftig.

Die Tastatur eines iMac mag für den gelegentlichen Brief und einige kurze E-Mails genügen, außerdem benötigt sie kaum Platz auf dem Schreibtisch. Für eine Sekretärin (oder die Autoren eines Mac-Buches) ist sie jedoch eher eine Zumutung. Mit der runden Maus ist es ähnlich: Sie sieht wirklich knuffig aus, aber der Mauszeiger entwickelt plötzlich auf dem Bildschirm ein gewisses Eigenleben. Die billigste Variante, um einer runden Apple-USB-Maus zur richtigen Richtung zu verhelfen, ist ein Zubehörteil namens «iCatch». Dieses simple Stück Plastik wird über die Maus gestülpt und verlängert sie handgerecht. Billig, clever und es funktioniert, nur ist die Maus dann etwas kopflastig.

Wenn Sie noch alte ADB-Geräte haben – wie z.B. ein Grafiktablett, ein Dongle oder eine der alten, soliden Apple-Tastaturen – dann können Sie sich für ca. 100 DM einen Adapter von ADB nach USB kaufen. Suchen Sie dagegen einen Ersatz für die mitgelieferte Tastatur oder Maus, so gibt es dafür viele Geräte mit USB-Anschluß.

Interessanterweise passen an die USB-Schnittstellen der Macs auch Eingabegeräte aus dem PC-Markt, wie z.B. von Logitech, Cherry oder Microsoft. Bei den Tastaturen muß der Mac-Nutzer jedoch leichte Einschränkungen hinnehmen. So gibt es natürlich keine Befehlstaste (dafür eben eine Windows-Taste, die ähnlich funktioniert), außerdem fehlt die Netztaste zum Einschalten des Mac. In jedem Fall sollten Sie vor dem Kauf einer Tastatur ausprobieren, ob sie sich für Sie richtig «anfühlt».

Windows-Mäuse, -Trackbälle und -Joysticks funktionieren ebenfalls – wenn die entsprechende Treibersoftware auch für Macs angeboten wird. So gibt es

Mäuse mit drei oder vier Tasten und einem Rad zum Scrollen, bei denen Sie sogar jedem Bedienelement bestimmte Aktionen zuordnen können.

CD-ROM

Falls Sie keinen passenden Treiber für Ihr Eingabegerät finden, hilft Ihnen eventuell die Shareware *USB Overdrive* weiter. Dieses Programm unterstützt die verschiedensten Eingabegeräte mit USB-Anschluß. Sie finden es auf der CD hinten im Buch.

Das fehlende Floppy-Laufwerk des iMac erzeugte wohl den größten Aufschrei in der Mac-Gemeinde. Tatsächlich gibt es aber heute fast alle Software auf CD, kleine Datenmengen werden per E-Mail geschickt und für größere reichen 1,44 MB Speicherplatz pro Scheibe eigentlich auch nicht aus. Viel schlimmer ist es jedoch, daß iMacs (und auch die neueren G3/G4-Macs) ab Werk keine Möglichkeit mehr bieten, Sicherheitskopien anzulegen.

HEISSER TIP

Wenn Sie das fehlende Wechselmedium nervt oder Sie nach wie vor Daten auf Disketten austauschen, haben Sie trotzdem noch eine Chance, denn verschiedene Hersteller bieten Floppy-Laufwerke für USB. Das SuperDisk-Laufwerk der Firma Imation liest und schreibt neben den bekannten Disketten auch eigene Medien, die 120 MB pro Scheibe speichern können. Schließlich gibt es auch die weitverbreiteten Zip-Laufwerke und sogar CD-Brenner als USB-Variante. Vermutlich wird in zwei Jahren kaum noch jemand daran denken, daß es einmal etwas anderes als USB gab…

ACHTUNG

Mit 32 MB Arbeitsspeicher (RAM) ab Werk ist der iMac etwas mager ausgestattet. Sie sollten sich deshalb gleich beim Kauf zusätzlichen Speicher einbauen lassen. Damit ersparen Sie sich auch die Zitterpartie beim Auf- und Zuschrauben des «verbauten» Gehäuses. Arbeitsspeicher kann man übrigens nie genug haben, Sie sollten deshalb Ihren neuen iMac mindestens auf 64 MB erweitern. Der iMac wurde seit seinem Debüt mehrfach aufgerüstet – größere Festplatte, mehr Taktfrequenz, mehr Videospeicher – und es ist anzunehmen, daß diese Entwicklung anhält.

Flach und bunt – das iBook

Es ist flach, hat runde Kanten und einen Tragegriff, und Sie können es in verschiedenen Farben kaufen – das iBook. Das Design ähnelt dem des iMac, und genau wie dieser ist es etwas anders als die anderen Computer seiner Klasse. Geschäftsleute werden sich vermutlich sträuben, die bunte Schachtel mit zu den Kunden zu nehmen, aber für den Normalverbraucher hat das Gerät schon einen gewissen Reiz – sozusagen ein iMac zum Herumtragen.

Abb. 1.2 Rund und durchscheinend – das iBook.

Die Ausstattungsphilosophie ist ebenfalls ähnlich: ausreichend Rechenleistung, Festplatte und CD-ROM, aber kaum Möglichkeiten zum Ausbau. Es gibt kein Diskettenlaufwerk, keine SCSI-Schnittstelle und keine PC-Card-Steckplätze für Erweiterungen, das CD-ROM-Laufwerk ist fest eingebaut. Dafür werden eine Ethernet-Schnittstelle mit 100 MBit und ein 56k-Modem bereits ab Werk geliefert. Eine kleine Buchse für den Tonausgang ist ebenfalls vorhanden. Alle anderen Geräte müssen über einen einzelnen USB-Steckverbinder angeschlossen werden. 32 MB RAM sind fest auf der Hauptplatine verlötet, zum Erweitern steht lediglich ein Steckplatz zur Verfügung (eine ziemliche Einschränkung, denn mit 64 MB Speicher wäre das iBook für die aktuellen Programme besser ausgerüstet gewesen).

HEISSER TIP

Die Batterie des iBook hält nach Apples Angaben sechs Stunden lang – fast einen ganzen Arbeitstag. Außerdem ist es möglich, den gesamten Hauptspeicher als «Schnappschuß» auf der Festplatte zu sichern. Damit muss der Speicher nicht mehr wie früher im Ruhezustand unter Strom gehalten werden, die Energie reicht länger. Wenn Sie ein so ausgeschaltetes iBook wieder zum Leben erwecken, werden lediglich die Daten von der Festplatte zurück in den Speicher geschrieben, der zeitaufwendige Boot-Prozeß entfällt.

Mit dem iBook hat Apple eine weitere neue Technologie eingeführt: AirPort, das drahtlose Netzwerk. Wenn Sie eine AirPort-Zusatzkarte in Ihr iBook einbauen (oder einbauen lassen), können Sie damit gemeinsam mit identisch ausgerüsteten iBooks oder G4-Macs ein drahtloses Netzwerk aufbauen. Die dafür nötigen Antennen befinden sich übrigens im Deckel des iBook.

Die Drahtlos-Technologie des AirPort reicht etwa 50 Meter weit, und das auch durch Wände hindurch. Sie kann 11 MBit pro Sekunde übertragen und ist damit sogar etwas schneller als das traditionelle 10 MBit-Ethernet. Um ältere Macs ebenfalls in das drahtlose Netz einzuklinken, gibt es die AirPort Base Station. Diese kleine Kiste hat neben der AirPort-Elektronik ein eingebautes 56K-Modem und eine Ethernet-Schnittstelle mit 10 MB pro Sekunde. Sie brauchen lediglich die Basisstation mit der Telefonleitung zu verbinden, und können dann Ihr iBook beim Internet-Surfen herumtragen – vielleicht sogar bis in den Garten. Wenn das kein technischer Fortschritt ist!

Netzwerk durch die Luft

Die AirPort-Technologie stammt eigentlich von der Firma Lucent, einem der Marktführer bei drahtloser Kommunikation. Der Vorteil dieser Technologie besteht darin, daß ein Industriestandard benutzt wird, so daß in Zukunft auch Verbindungen zu Nicht-Macs denkbar sind. Es ist auch damit zu rechnen, daß verschiedene Hersteller Zusatzkarten anbieten, um auch ältere Geräte in drahtlose Netze einzubinden. Vielleicht ist auf diese Art der allgemeine Kabelsalat zwischen Computern schon bald Geschichte…

HEISSER TIP

Wenn Sie keine Basisstation haben, aber dafür mehrere Macs mit AirPort, so können Sie einen davon per Modem mit dem Internet verbinden und dann diesen Zugang allen anderen zur Verfügung stellen. Clever, oder?

G3 – Rechenleistung für den Schreibtisch

Der iMac hatte kaum als Einsteigergerät die erfolgreiche Trendwende bei Apple eingeläutet, da kam Anfang des Jahres 1999 ein zweiter Paukenschlag. Die Macs für den Schreibtisch waren plötzlich nicht mehr eckige Kästen in traditionellem Computer-Beige, sondern blauweiße Designerstücke mit vier Griffen an den Ecken. Deswegen bekamen sie auch schnell den Spitznamen «Tupper-Mac», in Anlehnung an die fast unzerstörbaren amerikanischen Plastikschüsseln. Genau wie diese sind auch die G3s mit einem Griff zu öffnen. Keine Schrauben, kein Herumfingern an scharfen Kanten – ein Traum für alle Service-Leute. Offiziell heißt die Modellreihe «G3 blauweiß», nach den PowerPC-Prozessoren, die das Kernstück der Computer bilden. Der G3-Mac wurde bis zum Herbst 1999 gebaut, dann kam schon das Nachfolgemodell mit (Überraschung!) G4-Prozessor.

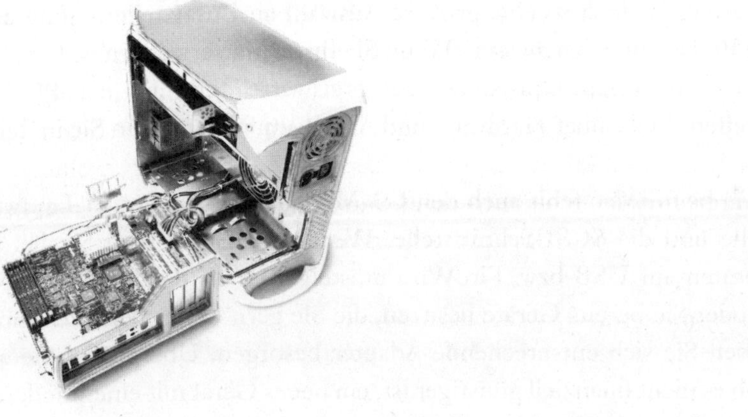

Abb. 1.3 Praktisches Design beim G3-Mac: Ein Griff – und das Gehäuse ist offen.

TECHNIK

Das Design der neuen Macs hat ohne Zweifel Diskussionen ausgelöst – unter dem durchscheinenden Gehäuse befindet sich aber jede Menge moderne Technik. So arbeitet die Hauptplatine mit einem Bustakt von 100 MHz, die Taktrate der PowerPC-Prozessoren reicht je nach Modell und Serie von 300 bis 500 MHz, Tendenz steigend. Die PCI-Grafikkarte hat endlich einen Anschluß für Standard-VGA-Monitore, daneben sind drei weitere Steckplätze frei. Eine SCSI-Schnittstelle gibt es nicht mehr, Festplatten und andere interne Laufwerke (CD-ROM, DVD- oder Zip-Drive) werden über IDE-Schnittstellen angeschlossen. Extern stehen je zwei Schnittstellen für USB und FireWire zur

Verfügung. Ebenfalls eingebaut ist eine Ethernet-Schnittstelle mit 100 MBit, ein ADB-Anschluß sowie ein Steckplatz für ein internes Modem.

EINSTEIGER

Wenn Sie alle diese Daten ein wenig verwirren, so brauchen Sie sich deshalb keine Sorgen zu machen – sie besagen eigentlich nur, daß die blauweißen Macs auf dem Stand der Technik und sehr leistungsfähig sind. Alle Desktop-Macs werden ab Werk mit mindestens 64 MB RAM ausgeliefert, je nach Ihren Anforderungen können Sie den Speicher aber bedeutend erweitern.

Auch wenn sich ein Mac anders «anfühlt» als andere Computer, so nutzt Apple bei der Produktion der Macs standardisierte Bauteile, die auch von anderen Herstellern verwendet werden. Dieses Vorgehen spart Entwicklungskosten, und die Komponenten sind wegen ihrer massenhaften Verbreitung preiswerter. Darüber hinaus können Hersteller von PC-Hardware ihre Produkte auch an Macs anpassen, indem sie lediglich die nötige Software ändern. Das eigentliche Gerät bleibt dank der genormten Schnittstellen gleich. Den Mac-Besitzer freut es, erhält er doch so eine größere Auswahl an Zusatzteilen, ohne dafür exklusive Preise zahlen zu müssen. Wenn Sie Ihren Mac erweitern wollen, können Sie deshalb unter Umständen auf preiswerte Teile aus der PC-Welt zurückgreifen. Mehr über Hardware und Arbeitsumfeld erfahren Sie in Teil II.

Genau wie beim iMac fehlt auch den G3-Modellen das Disketten-Laufwerk, die serielle und die SCSI-Schnittstelle. Wenn möglich, sollten Sie bei den Zusatzgeräten auf USB bzw. FireWire umsteigen. Falls das für Sie noch zu teuer ist oder Sie bereits Geräte besitzen, die Sie gern weiter benutzen möchten, müssen Sie sich entsprechende Adapter besorgen. Überprüfen Sie aber vorher, ob es nicht finanziell günstiger ist, ein neues Gerät mit einer modernen Schnittstelle anzuschaffen.

HEISSER TIP

Für ältere SCSI-Geräte wie Scanner und Wechselplatten gibt es bereits ab ca. 100 DM einfache PCI-Adapterkarten. Wenn Sie schnelle SCSI-Festplatten anschließen wollen, sind die Karten etwas teurer. (Mehr zu SCSI finden Sie in Kapitel 17.)

Die fehlende serielle Schnittstelle läßt sich entweder mit Hilfe eines USB-Adapters nachrüsten, oder Sie besorgen sich einen Adapter, der den Steckplatz für das interne Modem der G3-Macs benutzt. (Zum Thema «Adapter» gibt es weiter hinten in diesem Kapitel noch einen ganzen Abschnitt.)

IDE, FireWire, PCI – Apple und die Standards

Zum Glück für die Nutzer setzt Apple seit einiger Zeit auch auf verbreitete Standards der Computer-Industrie. Interessanterweise wird damit die Verbreitung neuer und zukunftsträchtiger Schnittstellen ebenfalls angekurbelt.

- **PCI-Bus.** Diese Abkürzung bedeutet «Peripherial Controller Interface» und ist ein Standard, der zuerst bei PCs eingeführt wurde. Er beschreibt eine leistungsfähige Schnittstelle, über die Zusatzkarten mit der Hauptplatine eines Computers verbunden werden können. PCI erlaubt den schnellen Transfer großer Datenmengen, so daß neben Grafik- und Soundkarten auch SCSI-Adapterkarten, Videodigitizer oder andere Spezialhardware mit dieser Schnittstelle ausgerüstet werden. Rein elektrisch passen PCI-Karten aus der PC-Welt auch in Macs. Allerdings muß dann auch die entsprechende Treibersoftware vorhanden sein.

- **IDE-Schnittstelle.** In der PC-Welt schon lange üblich, setzt Apple jetzt auch dieses Bussystem für die internen Laufwerke der Macs ein. IDE-Festplatten und CD-ROM-Laufwerke sind bedeutend billiger als die entsprechenden SCSI-Varianten. Ein modernes IDE-Laufwerk hat bei normalem Gebrauch die gleiche Leistung wie eine entsprechende SCSI-Festplatte, bei Hochleistungs-Servern sieht das etwas anders aus. Pro IDE-Schnittstelle können Sie allerdings nur zwei Geräte anschließen, außerdem ist die Länge der Kabel begrenzt. Externe Geräte lassen sich mit IDE nicht benutzen.

- **FireWire.** Dieser Standard heißt eigentlich IEEE 1394, die Bezeichnung «FireWire» hat sich Apple schützen lassen. FireWire-Schnittstellen sind theoretisch bis zu 400 MBit/s schnell, das sind 50 MB pro Sekunde, viel schneller als die derzeit schnellsten Festplatten. Damit eignet sich dieser Bus ideal für schnelle Massenspeicher und den Anschluß von digitalen Videokameras. Bei letzteren sind FireWire-Anschlüsse mittlerweile Standard, so daß ein Mac bereits ab Werk bestens für digitale Videobearbeitung gerüstet ist. Der FireWire-Bus ist genau wie USB «hot pluggable» (deutsch etwa «heiß steckbar»). Das heißt, Sie können Geräte ein- und ausstecken, ohne Ihren Mac ausschalten zu müssen. Konfigurations-Streß wie bei SCSI entfällt ebenfalls.

■ **USB.** Der Universal Serial Bus ist für die langsamen Geräte mit geringen Datenraten zuständig: Mäuse, Tastaturen, Scanner, externe Wechselplatten, Drucker, digitale Fotokameras und vieles mehr. Bis zu 127 Geräte können sich einen Bus teilen, genau wie bei FireWire muß auch hier der Mac beim Umstecken nicht ausgeschaltet werden.

G4 – Der erste Mac-Supercomputer

Kaum waren die G3-Desktop-Macs länger als ein halbes Jahr auf dem Markt, wurden sie schon wieder von der nächsten Gerätegeneration abgelöst. Äußerlich waren die Änderungen nur gering – das Gehäuse bekam eine dezente grauweiße Farbe, und der Name der Geräte wurde auf «G4» geändert. Der ADB-Anschluß verschwand endgültig und ein internes 56K-Modem wurde bei allen Modellen ab Werk eingebaut.

Die eigentliche Neuerung ist jedoch der G4-Prozessor, der im Inneren der Geräte werkelt. Dieser Chip – von Apple, Motorola und IBM entwickelt – ist so leistungsfähig, daß er von der reinen Rechenleistung her in die Klasse der Supercomputer eingeordnet werden kann. Ein «Supercomputer» ist in der Lage, mindestens eine Million Fließkomma-Operationen pro Sekunde durchzuführen. Der G4-Mac ist der erste Desktop-Rechner, der diese Grenze überschritten hat. Sie müssen natürlich kein Experte im Design von Mikroprozessoren sein, um einen G4 zu benutzen. Wenn Sie aber beim Fachsimpeln beiläufig fallen lassen «Mein Mac hat eine Rechenleistung von einem Gigaflop!», dann dürfte das zumindest etwas Eindruck machen.

Den G4-Mac gibt es in mehreren Konfigurationen: mit 400, 450 oder 500 MHz. Die 400-MHz-Variante ist aber eigentlich ein aufgerüsteter G3-Mac mit G4-Chip, erst die beiden anderen Modelle haben eine neue Hauptplatine und sind insgesamt entsprechend leistungsfähiger. Richtig schnell sind aber alle drei, das kleinste Modell eben mit gewissen Einschränkungen. Allerdings kann sich das schon wieder geändert haben, wenn Sie dieses Buch in der Hand halten. Informieren Sie sich deshalb vor dem Kauf in Mac-Magazinen oder im Internet.

Die zwei größeren G4-Macs haben eine neue Hauptplatine (Motherboard) mit dem Codenamen «Sawtooth» («Sägezahn»). Diese kann bis zu 2 GB RAM auf-

Datenströme im Gänsemarsch

Wenn Sie in Photoshop einen aufwendigen Filter auf ein großes Bild anwenden, eine Szene in einem 3D-Programm rendern lassen oder Ihr Urlaubsvideo digitalisieren, um es anschließend als QuickTime-Film zu komprimieren, haben alle diese Dinge eines gemeinsam: Eine bestimmte Folge von Rechenoperationen wird auf viele Daten angewendet. Die Operationen ändern sich dabei nicht oder wenig, dafür werden große Mengen an Daten durch den Prozessor transportiert. (Im Fachchinesisch nennt man das SIMD, «Single Instruction, Multiple Data».) Besonders anspruchsvoll wird die Datenverarbeitung dann, wenn die Daten z.B. aus einer externen Videoquelle kommen, die man nicht nach Belieben stoppen und starten kann. In einem solchen Fall muß die Berechnung an einem Datenpaket abgeschlossen sein, bevor das nächste eintrifft, sonst geht etwas verloren.

Die Hersteller des G4-Chips haben deshalb ein spezielles Stück Silizium entworfen, das genau für diese Art der Verarbeitung optimiert wurde. Es nennt sich «AltiVec» bzw. bei Apple «Velocity Engine» und ist in der Lage, Daten intern in Blöcken zu 128 Bit zu verarbeiten. (Frühere Prozessoren schafften nur Blöcke mit 32 oder 64 Bit.) Außerdem kann der G4-Chip mehrere Operationen parallel abarbeiten, und das auch noch schneller als die Vorgänger-Chips. Diese Technologie stammt aus der Welt der teuren Supercomputer und eröffnet eine ganze Reihe von Möglichkeiten. So geht Ihnen mit einem G4-Mac nicht nur die Arbeit an großen Bildern oder das Berechnen von QuickTime-Effekten schneller von der Hand, auch automatische Sprachverarbeitung oder die Kompression von Videodaten in Echtzeit ohne teure Zusatzhardware werden möglich.

Wozu braucht man aber soviel Rechenleistung? Ihre Diplomarbeit oder die Geschäftsbriefe werden vermutlich nicht schneller entstehen, und das Surfen im Internet hängt viel mehr von der Geschwindigkeit Ihrer Einwahlverbindung ab. Wenn Sie jedoch mit Photoshop, InDesign oder QuarkXPress arbeiten, wenn Sie 3D-Animationen herstellen oder Videomaterial schneiden möchten, dann hilft Ihnen die Rechenleistung der G4-Prozessoren erheblich. Sie können damit mehr rechenintensive Arbeiten in kürzerer Zeit erledigen oder mit Ihrem normalen Mac Dinge tun, für die früher teure Spezialhardware nötig gewesen wäre.

nehmen und hat einen eigenen Controller für jeden der beiden USB-Ports, so daß deren Durchsatz auf 12 MBit pro Sekunde steigt. Außerdem gibt es eine dritte FireWire-Schnittstelle für interne Geräte. Im Griff des Gehäuses befindet sich die Antenne für die optionale AirPort-Karte, mit der Sie wie beim iBook ein drahtloses Netzwerk aufbauen können. Als Laufwerk ist entweder ein DVD-ROM oder ein DVD-RAM eingebaut. Wenn Sie damit DVD-Filme aus der Videothek ansehen wollen, brauchen Sie auch keine spezielle Einsteckkarte mehr – der G4-Prozessor erledigt das Dekodieren mit.

Das PowerBook nicht nur für unterwegs

Sie wollen einen vollwertigen Schreibtisch-Mac zum Herumtragen oder einen tragbaren Mac für den Schreibtisch? Dann ist ein PowerBook wohl das Richtige für Sie. Im Gegensatz zum iBook, das ganz klar als «Konsumprodukt» für Normalanwender gedacht ist, können Sie ein PowerBook durchaus als vollwertigen Ersatz für einen Desktop-Mac benutzen. Dabei müssen Sie kaum auf etwas verzichten und können das Gerät auch noch problemlos transportieren und ohne Steckdose betreiben.

Abb. 1.4 Der Apfel am Bildschirmrand ist jetzt weiß – PowerBook G3.

Das Display der aktuellen PowerBooks ist 14 Zoll groß, im Innern wirkt ein G3-Prozessor, und Schnittstellen gibt es reichlich: Audio, 100-MB-Ethernet, Infrarot (IrDa), USB und SCSI. Für Erweiterungskarten ist ein PC-Card-

Steckplatz vorhanden. Mäuse, Tastaturen, Grafiktabletts usw. können Sie am besten am USB-Port anschließen. Ein Modem ist ebenfalls eingebaut, und Sie können ein Fernsehgerät an den Videoausgang oder einen externen Monitor oder Videoprojektor anschließen,

PC-Cards am Mac?

PowerBooks haben schon seit geraumer Zeit einen oder mehrere spezielle Steckplätze, die Erweiterungsmodule aufnehmen können. Diese Zusatzmodule sind etwa so groß wie eine Kreditkarte und können die unterschiedlichsten Funktionen haben: So gibt es z.B. Netzwerkkarten, ISDN-Adapter, Modems, SCSI-Controller, Adapter für FireWire und sogar Festplatten im Miniformat. Hinzu kommen Adapterkarten, mit denen man die Speichermedien von digitalen Fotoapparaten auslesen kann.

Die elektrische und mechanische Norm für diese Erweiterungskarten ist keine Erfindung von Apple, sondern ein Standard, der auch bei PC-Notebooks verwendet wird. Er trug ursprünglich den Namen «PCMCIA». Weil aber der Begriff «PCMCIA-Karte» ziemlich umständlich klingt, wurde daraus dann einfach «PC-Card». So kommt es, daß PC-Cards in Macs passen, vorausgesetzt, der Hersteller hat die entsprechende Treibersoftware mitgeliefert. Ist das nicht der Fall, können Sie z.B. eine Netzwerkkarte zwar in den PC-Slot eines PowerBook stecken, sie wird aber nicht funktionieren.

HEISSER TIP

Normalerweise ergänzen sich das eingebaute Display und der externe Monitor zu einer größeren Bildschirmfläche. Dazu müssen Sie lediglich das Gerät in den Ruhezustand versetzen, einen externen Monitor anschließen und wieder einschalten. Wenn Sie aber eine Präsentation halten wollen, können Sie das PowerBook auch so einstellen, daß internes Display und externer Ausgang das gleiche Bild zeigen.

Natürlich ist ein G3-PowerBook nicht hundertprozentig so leistungsfähig wie ein G4-Desktop-Mac. Es kann weder soviel RAM aufnehmen, noch bietet es Erweiterungssteckplätze für PCI-Karten oder Raum für zusätzliche Laufwerke. Aber mal ehrlich – solche Dinge brauchen doch eigentlich wirklich nur Power User! Wenn Sie nicht unbedingt zu denen gehören und das nötige Kleingeld übrig haben, können Sie problemlos Ihren Mac mit auf Reisen nehmen. Sie haben dazu noch die Gewißheit, mehr Rechenleistung mit sich herumzutragen, als Sie vor zwei Jahren selbst im teuersten Desktop-Mac hätten kaufen können.

Wie kaufen Sie den richtigen Mac ?

Im Vergleich zu früher ist das Angebot an Macs wirklich übersichtlich geworden. Trotzdem lohnt es sich, wenn Sie ein wenig genauer nachdenken, bevor Sie sich für ein bestimmtes Gerät entscheiden. Finden Sie heraus, wofür Sie Ihren neuen Mac einsetzen wollen und was Sie dafür eventuell noch an Zusatzgeräten brauchen.

Büro, Internet, Spiele

Wenn Sie mit Ihrem Mac meist Texte schreiben, E-Mails verfassen, im Internet surfen und ab und zu ein Spiel spielen, dann ist ein iMac die richtige Wahl. Er ist kompakt genug, um auch auf einem kleinen Schreibtisch noch Platz zu finden – und das ist nicht selten das entscheidende Argument. Auch als Arbeitsplatzrechner für Textverarbeitung und sonstige Büroaufgaben ist die runde Kiste bestens geeignet, zumal sie sich sofort an eine vorhandene Ethernetdose anschließen läßt. Zu Hause bringt Sie das eingebaute Modem problemlos ins Internet, und das mitgelieferte AppleWorks reicht für eine ganze Menge normaler Büroarbeit. Als Zugaben werden außerdem Software zum Faxen, für die E-Mail, die aktuellen Webbrowser und einiges mehr mitgeliefert.

Der eingebaute Monitor des iMac läßt sich nicht gegen einen größeren austauschen. Wenn Sie sich daran jedoch nicht stören, können Sie mit dem iMac auch anspruchsvollere Aufgaben erledigen – inklusive Bildbearbeitung sowie Audio- und Video-Schnitte. Natürlich geht das nicht ganz so flott wie mit einem G4-Desktop-Mac, aber immer noch schneller als mit der teuersten High-End-Maschine von vor drei Jahren. Übrigens, falls Sie einen iMac für zu Hause anschaffen, sollten Sie sich auf jeden Fall noch ein Laufwerk mit Wechselmedien zulegen, mit dem Sie Ihre Daten sichern können.

Bildbearbeitung, Video, Rechenaufgaben

Obwohl ein iMac für die meisten Dinge völlig ausreichend ist, so gibt es genug Gründe, sich statt dessen für einen Desktop-Mac zu entscheiden. Einer davon ist die Möglichkeit, einen externen Monitor anzuschließen. Den können Sie dann ganz nach Ihren Ansprüchen aussuchen und im Notfall auch getrennt vom eigentlichen Computer austauschen. Diese Möglichkeiten sind besonders dann wichtig, wenn Sie Ihren Mac beruflich oder im Dauerbetrieb benutzen. Ein weiterer Pluspunkt für Desktop-Macs ist der Platz, den sie für Erweiterungskarten und zusätzliche Laufwerke bieten. Wenn Sie also später eine weitere Festplatte einbauen wollen, so ist das kein Problem, beim iMac dagegen bliebe Ihnen nur der langsame USB-Anschluß. Ältere SCSI-Geräte lassen sich über eine zusätzliche Adapterkarte anschließen. Die Preise für diese Karten sind inzwischen auch vertretbar, so daß Sie den Scanner, das externe Zip-Laufwerk oder den CD-Brenner durchaus weiter benutzen können.

Desktop-Macs verfügen außerdem über serienmäßige FireWire-Schnittstellen, deren Durchsatz selbst für die schnellsten Festplatten ausreicht. Es ist damit zu rechnen, daß in Zukunft FireWire die SCSI-Schnittstelle ablösen und deshalb das Angebot an Geräten mit dieser Schnittstelle wachsen wird.

HEISSER TIP

FireWire wird derzeit vor allem in digitale Videokameras eingebaut, die sich auch tatsächlich mit dem Mac verbinden lassen. Nun brauchen Sie nur noch die richtige Software (wie z.B *Adobe Premiere* oder *Final Cut Pro* von Apple), und Ihr Mac wird zum Video-Schnittplatz. Ein Desktop-Mac ist auch die geeignete Wahl, wenn Sie mit großen Datenmengen arbeiten oder rechenintensive Anwendungen einsetzen. Je größer Ihre Bild- oder Videodateien und je länger die QuickTime-Filme werden, die Sie komprimieren müssen, um so mehr zahlt sich Rechenleistung aus.

POWER USER

Wenn Sie mit wirklich großen Dateien umgehen, sollten Sie überlegen, ob sich für Sie ein RAID lohnt. RAID bedeutet übersetzt etwa «Mehrere Festplatten arbeiten gemeinsam und sind dadurch schneller und sicherer». Es gibt verschiedene Varianten von RAIDs, die meisten davon werden in Servern eingesetzt, um Ausfälle durch defekte Platten zu vermeiden. Für den Arbeitsplatz dagegen ist das «Striping» interessant: Das bedeutet, daß die Daten beim Schreiben gleichzeitig über mehrere Festplatten verteilt werden, und das geht natürlich schneller als mit nur einem Laufwerk. Allerdings lohnt sich dieses Verfahren nur für aufwendige Dinge, außerdem ist es nicht ganz billig. Sie brauchen dazu mindestens zwei schnelle SCSI-Platten, eine entsprechende Adapterkarte und eine Software, die die Festplatten so ansteuert, daß sie für den Mac wie ein normales (aber eben sehr schnelles) Laufwerk aussehen. In jedem Fall sollten Sie vor dem Kauf testen, ob sich die Anschaffung wirklich lohnt.

Mehr RAM, mehr MHz oder eine schnellere Festplatte?

Wie Sie Ihren Mac für anspruchsvolle Aufgaben auswählen und ausrüsten, hängt ganz davon ab, was Sie damit vorhaben. Jede Option kostet Geld und bringt unterschiedlichen Nutzen, deshalb sollten Sie – zumindest bei einem begrenzten Budget – die einzelnen Varianten abwägen:

- **Mehr Arbeitsspeicher.** Photoshop und 3D-Programme arbeiten um so flüssiger, je mehr Arbeitsspeicher sie benutzen können. Wenn Sie also an großen Druck-Dateien in hoher Auflösung mit vielen Ebenen arbeiten, darf es ruhig etwas mehr sein. Erstellen Sie aber vorwiegend Bilder für das World Wide Web oder CD-ROMs, so sind 500 MB RAM sicher viel zu viel. Trotzdem gilt: Im Zweifelsfall lieber etwas mehr Arbeitsspeicher anschaffen.

- **Mehr MHz.** Eine höhere Taktfrequenz bedeutet, daß der Prozessor in Ihrem Mac mehr Operationen pro Sekunde schafft. Das nutzt jedoch nur etwas, wenn die dafür notwendigen Daten auch schnell genug geliefert werden. Müssen aber z.B. Teile einer Grafikdatei erst von der Festplatte gelesen werden, weil der Arbeitsspeicher nicht ausreicht, so hat der schnelle Chip in der Zwischenzeit nichts zu tun. Außerdem sind die jeweils schnellsten Prozessoren fast immer viel teurer als die etwas langsameren Modelle. Deshalb lohnt es sich meist, einen nicht ganz so schnellen Chip zu kaufen, und das gesparte Geld in Arbeitsspeicher zu investieren. Läuft Ihr Mac dagegen wirklich als «Rechenknecht» und es zählt jede Minute, dann sollten Sie die jeweils schnellste Variante wählen. Das lohnt sich beispielsweise für das Komprimieren von Audio- und Videodaten oder das Ansteuern von Satzbelichtern in der Druckvorstufe.

- **Schnellere Festplatte.** Moderne Macs haben ab Werk IDE-Festplatten, die selbst für die Verarbeitung von Videodaten schnell genug sind. Diese Daten strömen allerdings mit relativ gleichbleibender Rate in große Dateien. Geht es aber darum, schnell hintereinander kleinere Dateien von der Festplatte zu lesen, ist ein SCSI-Adapter mit den entsprechenden Platten oft schneller – allerdings auch teurer.

Tragbar oder nicht tragbar?

Mobile Macs sind eine zweischneidige Sache: Auf der einen Seite ist es von Vorteil, wenn Sie Ihren Computer mit herumtragen und ohne Steckdose zumindest für eine Weile benutzen können. Andererseits müssen Sie für dieses Vergnügen gewisse Kompromisse eingehen – entweder bei der Ausstattung der Geräte oder beim Preis. Im Klartext bedeutet das: Ein PowerBook ist teurer als ein vergleichbar ausgestatteter Desktop-Mac.

In diesem Sinne ist das iBook die tragbare Variante des iMac und das PowerBook der leistungsfähige Desktop-Mac zum Herumtragen. Ob Sie sich für das eine oder das andere entscheiden, hängt von Ihren Ansprüchen ab.

Für Privatnutzer, durchschnittliche Ansprüche und gelegentliche Benutzung ist ein iBook eigentlich ausreichend, Sie müssen aber gewisse Abstriche in Kauf nehmen: So ist das Display nur 12 Zoll groß und kann 800 x 600 Pixel darstellen, also kein Vergleich mit der Fläche eines Monitors oder dem 14-Zoll-Display eines PowerBook. Die Tastatur ist ebenfalls nicht für den Dauereinsatz geeignet, und die Möglichkeiten zum Ausbau sind begrenzt. Das ist aber nicht ganz so schlimm, weil Modem, Ethernet und USB schon ab Werk eingebaut sind. Alles in allem taugt das iBook damit eher zum Zweit-Mac für unterwegs – gut geeignet für E-Mail, Websurfen und den gelegentlichen Brief – aber weniger für das Schreiben einer Doktorarbeit oder aufwendige Grafik-Jobs.

Die PowerBooks dagegen können einen Desktop-Mac durchaus ersetzen – sowohl unterwegs als auch auf dem heimischen Schreibtisch. Das Display ist ausreichend groß, die eingebaute Tastatur auch im Dauerbetrieb zu benutzen, und die Rechenleistung ist für einen tragbaren Mac mehr als ausreichend. Zu Hause können Sie eine externe USB-Tastatur mit Maus anschließen und einen externen Monitor mit dem Gerät verbinden. Da das derzeit aktuelle PowerBook außerdem einen SCSI-Ausgang hat, brauchen Sie für SCSI-Geräte keinen Adapter. Bei der täglichen Arbeit werden Sie kaum einen Unterschied zu einem Desktop-Mac feststellen, und Sie haben sogar noch das Display des PowerBook als zusätzlichen Bildschirm. Wenn Sie es sich also leisten können, auf PCI-Erweiterungskarten zu verzichten und die FireWire-Anschlüsse notfalls per PC-Card nachzurüsten, ist ein PowerBook eine lohnende Anschaffung, die durchaus einen Desktop-Mac ersetzen kann.

Tragbare Macs haben einen entscheidenden Nachteil: Sie müssen unterwegs gut darauf aufpassen, weil diese attraktiven Geräte gern gestohlen werden. Also am besten in eine Aktentasche oder den Rucksack stopfen, denn die typischen Laptop-Taschen mit dickem Deckel und breitem Schulterriemen verraten Langfingern sofort ihren Inhalt.

Sinnvolles Zubehör

Wenn Sie einen neuen Mac kaufen, so ist das eine gute Gelegenheit, um sich auch über Zubehörteile Gedanken zu machen – und sei es nur deshalb, weil Sie dafür im Paket mit dem neuen Computer von Ihrem Händler vielleicht ein wenig Nachlaß bekommen. Überlegen Sie sich, ob die folgenden Dinge für Sie sinnvoll sind:

- **Mehr Arbeitsspeicher.** Ich will Sie nicht noch einmal in aller Ausführlichkeit nerven. Nur soviel: Kaufen Sie genug davon!

- **Backup-Laufwerk.** Die modernen Macs haben keine Laufwerke mehr für beschreibbare Datenträger. Sie können sich aber nicht darauf verlassen, daß eine Festplatte nie ausfällt, darum sollten Sie Ihre wichtigen Daten immer sichern. Besorgen Sie sich deshalb ein Laufwerk für Disketten, Zip oder ein anderes Wechselmedium. Alternativ funktioniert auch ein CD-Brenner, oder Sie sichern Ihre Daten per Modem irgendwo im Internet… (Mehr zu diesem Thema finden Sie in Kapitel 10.)

- **Drucker.** Wenn Sie noch keinen Drucker haben, ist das eine gute Gelegenheit, ein günstiges Geschäft zu machen und ein neues Modell mit USB-Anschluß anzuschaffen. Haben Sie dagegen vielleicht schon einen Drucker ohne USB-Anschluß, brauchen Sie einen Adapter – so wie im nächsten Abschnitt beschrieben.

- **Maus, Tastatur, Grafiktablett.** Probieren Sie, ob Sie mit den mitgelieferten Eingabegeräten Ihres neuen Macs zufrieden sind. Ist das nicht der Fall, schauen Sie sich nach Alternativen um, bevor Ihre Handgelenke zu schmerzen anfangen.

- **Adapter.** Haben Sie schon eine Sammlung von Computerzubehör, die einmal viel Geld gekostet hat? Passen diese Geräte auf einmal nicht mehr an den neuen Mac? In solchen Fällen sollten Sie sich unbedingt nach Adaptern umsehen – doch dazu gleich mehr.

HEISSER TIP

Hier noch ein Tip, den Sie unbedingt beherzigen sollten: Kaufen Sie sich zu Ihrem neuen Mac die *Norton Utilities* oder ein ähnliches Programm zur Pflege Ihrer Festplatten – Sie werden sich irgendwann zu dieser Anschaffung beglückwünschen! (Wenn Sie im Detail wissen wollen, warum das so ist, so finden Sie die Antwort in Kapitel 10.)

Adapter, Adapter...

Immer dann, wenn in der Computertechnik bestimmte Standards wechseln, gibt es einen Aufschrei bei den Leuten, die plötzlich ihre vorhandenen Geräte nicht mehr anschließen können. Bei der Einführung des iMac war das ganz genauso – es gab keinen Apple Desktop Bus und keine serielle Schnittstelle mehr, und auch der seit Jahren bei jedem Mac vorhandene SCSI-Port war plötzlich verschwunden. Statt dessen gibt es nur noch den USB-Port, aber für den braucht man ja auch spezielle Geräte. Dieses Dilemma tritt zum Glück nur dann auf, wenn sich eine Technologie gerade im Umbruch befindet. Falls Sie zu einem solchen Zeitpunkt einen neuen Mac kaufen, aber bereits vorhandene Zusatzgeräte besitzen, müssen Sie sich entscheiden: Entweder kaufen Sie neue Geräte mit den modernen Schnittstellen, oder Sie besorgen sich Adapter für die vorhandene Technik. Allerdings müssen Sie abwägen, ob die Adapter-Lösung für Sie auch finanziell günstiger ist.

Serielle Schnittstelle

Modems, ISDN-Adapter, Drucker, Digitalkameras und das Apple-eigene Netzwerk LocalTalk benutzen alle diese Schnittstelle. Außerdem kann man mit den entsprechenden Kabeln auch MIDI-Geräte im Musikstudio ansteuern oder Daten mit PCs oder Steuerelektronik austauschen – die serielle Schnittstelle ist eine Art Industriestandard. Falls Sie nur ein Modem haben, das sowieso nicht mehr dem Stand der Technik entspricht, lohnt ein Adapter nicht. In diesem Fall kaufen Sie sich besser ein neues, schnelles Gerät mit USB-Anschluß. Bei Druckern, Grafiktabletts und ISDN-Adaptern müssen Sie abwägen, ob nicht Neuanschaffungen günstiger sind.

HEISSER TIP

Besitzen Sie bereits einen digitalen Fotoapparat, sind Sie eventuell auf die serielle Schnittstelle angewiesen, um die Bilder in Ihren Mac zu transferieren. Wollen Sie dagegen erst einen solchen Apparat kaufen, so sollten Sie ein Modell mit USB-Anschluß wählen. Solche Geräte stellen z.B. Kodak und Ricoh her, weitere Anbieter werden vermutlich folgen. Alternativ können Sie sich auch ein Lesegerät für die Speichermedien Ihrer Kamera anschaffen – und das wird ohnehin meist über den USB-Port angeschlossen.

Um eine serielle Schnittstelle an einem modernen Mac nachzurüsten, gibt es zwei Möglichkeiten: Eine kleine Steckkarte, die auf den internen Modemsteckplatz eines Desktop-Mac gesteckt wird, oder Geräte, die an den USB-Port angeschlossen werden und dann eine oder mehrere serielle Schnittstellen zur Verfügung stellen. Bei der ersten Variante müssen Sie allerdings ein eventuell vorhandenes internes Modem ausbauen – und das wird sich in den seltensten Fällen lohnen.

LocalTalk-Anschlüsse, MIDI-Adapter und manche Drucker mit serieller Schnittstelle benutzen bestimmte elektronische Tricks, um eine höhere Datenrate bei der Übertragung zu erreichen. Das funktioniert aber nicht unbedingt mit jeder Art von seriellem Adapter. Deshalb sollten Sie sich vorher beim Händler oder Hersteller erkundigen, ob der gewünschte Adapter auch mit Ihren Geräten funktioniert.

HEISSER TIP

Vielleicht besitzen Sie einen Laserdrucker von Apple, der zwar zuverlässig druckt, aber nur eine LocalTalk-Schnittstelle hat. In diesem Fall ist ein Schnittstellen-Adapter mit Sicherheit billiger als ein neuer Drucker. Sie müssen aber darauf achten, daß der Adapter auch tatsächlich für LocalTalk geeignet ist.

Ist Ihr Mac schon an ein Ethernet angeschlossen, haben Sie zwei zusätzliche Möglichkeiten, Ihren Drucker weiter zu benutzen: Entweder kaufen Sie einen Adapter von Ethernet auf LocalTalk oder Sie benutzen einen anderen Mac im Netz als «Brücke». Dazu muß dieser Mac sowohl mit dem Ethernet als auch mit LocalTalk verbunden sein, und Sie müssen darauf die Software *LaserWriter Bridge* installieren. Das Programm gibt es übrigens kostenlos auf den FTP-Servern von Apple.

Wenn alles richtig eingerichtet ist, wird der LocalTalk-Drucker auch im Ethernet sichtbar. Allerdings muß dazu der Mac mit der LaserWriter Bridge eingeschaltet sein. Bei großen Druckaufträgen kann es außerdem passieren, daß er mit der Datenumwandlung im Hintergrund mächtig zu tun hat und deshalb scheinbar langsamer wird. Darum lohnt sich diese Lösung eigentlich nur, wenn der «Konverter-Mac» für nichts anderes benutzt wird oder vorwiegend Texte gedruckt werden. Schicken Sie dagegen oft Grafiken oder komplexe Layouts zum Drucker, sollten Sie einen der speziellen Adapter von Ethernet auf LocalTalk anschaffen – oder gleich einen neuen Drucker mit eingebautem Netzwerkanschluß.

Apple Desktop Bus

Eigentlich soll nach Apples Strategie USB den mittlerweile in die Jahre gekommenen Apple Desktop Bus (ADB) komplett ersetzen. Trotzdem wird es in der Übergangszeit noch genügend Bedarf für diese Schnittstelle geben. Vor allem die Kopierschutz-Hardware («Dongle») von verschiedenen kommerziellen Programmen braucht den ADB-Port; aber auch teure Grafiktabletts und liebgewonnene Tastaturen müssen nicht unbedingt ersetzt werden. Ein Adapter von USB auf ADB kostet etwa 150 DM und wird unter anderem von Dr. Bott *(www.drbottkg.de)* vertrieben (1.5).

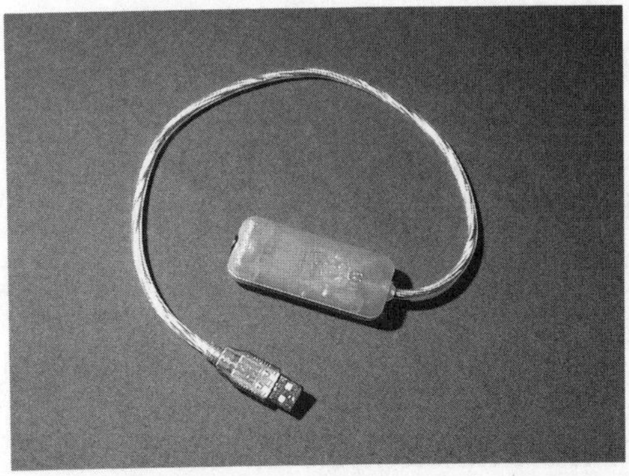

Abb. 1.5 Der iMate-Adapter bringt auch ADB-Geräte an den USB-Port.

SCSI-Schnittstelle

Neue Macs haben die seit Jahren vertraute SCSI-Schnittstelle nicht mehr. Nach dem Willen von Apple sollen die Nutzer statt dessen für die langsameren Geräte wie Scanner oder Wechselplatten den USB-Port benutzen, für die schnelleren dagegen FireWire. Wenn Sie allerdings schon über eine Sammlung an SCSI-Geräten verfügen, die Sie nach wie vor benutzen möchten, brauchen Sie einen Adapter. Bei einem Desktop-Mac ist das kein Problem, da Sie dort drei freie Steckplätze für PCI-Karten haben. SCSI-Adapter für diese Steckplätze gibt es schon ab 100 DM für Fast-SCSI-Geräte und ab 200 DM für Ultra- und Wide-SCSI.

Für Scanner, Wechselplatten und CD-Recorder genügt ein einfacher Fast-SCSI-Adapter. Nur wenn Sie externe Festplatten oder DVD-Laufwerke besitzen, die eine Ultra- bzw. Wide-SCSI-Schnittstelle haben, lohnt es sich, etwas mehr Geld für den Adapter auszugeben. Dagegen ist es bei normalen Ansprüchen kaum sinnvoll, zusätzliche SCSI-Festplatten neu zu kaufen und deshalb einen teureren Adapter anzuschaffen. Moderne Macs haben noch Platz für mindestens eine weitere interne IDE-Festplatte, außerdem ist damit zu rechnen, daß in Zukunft verstärkt FireWire-Festplatten angeboten werden.

ACHTUNG

iMacs und iBooks haben keine Steckplätze für SCSI-Adapter. Lediglich der Mezzanine-Slot der ersten Serie iMacs bietet Platz für eine spezielle Karte der Firma Formac. Für alle anderen Geräte müssen Sie auf einen USB-SCSI-Adapter ausweichen (z.B. USB Xpress der Firma Microtech). Allerdings kann der USB-Anschluß maximal 1,2 MB pro Sekunde transportieren, so daß diese Lösung nur für langsame SCSI-Geräte in Frage kommt. (Mehr zu SCSI finden Sie im Kapitel 17.)

Disketten-Laufwerk

Die Dateien werden immer größer, fast jeder Computer befindet sich heute an einem Netzwerk oder hat einen Internetzugang, Software wird auf CDs ausgeliefert – wer braucht da noch ein Disketten-Laufwerk? So oder ähnlich haben vermutlich die Entscheider bei Apple argumentiert, und eigentlich haben sie auch recht. Es sei denn, Sie haben noch viele Disketten, die Sie nicht wegwerfen mögen, Sie müssen lediglich kleine Textdateien sichern oder geringe Datenmengen mit anderen Leuten austauschen. Besonders kompliziert wird es aber, wenn Sie teure kommerzielle Software einsetzen, die mit einer speziellen Key-Disk geschützt ist, wie z.B. die ProTools, die Profi-Software zur Soundbearbeitung. In solchen Fällen müssen Sie sich ein externes Disketten-Laufwerk zulegen, das üblicherweise über den USB-Port angeschlossen wird. Solche Laufwerke gibt es für ca. 200 DM (z.B. von Teac, *www.teac.de*).

HEISSER TIP

Die Firma Imation *(www.imation.com)* ist noch einen Schritt weiter gegangen: Ihr SuperDisk-Laufwerk benutzt neben den gewöhnlichen Disketten mit 1,44 MB Speicherplatz spezielle Medien in der gleichen Größe, die 120 MB speichern können. Falls Sie also vielleicht ohnehin ein Wechsellaufwerk brauchen, könnte das die günstigere Wahl sein. Leider sind die SuperDisk-Laufwerke bei weitem nicht so verbreitet wie z.B. Zip-Laufwerke. Wenn Sie also darauf angewiesen sind, mit anderen Leuten Datenträger auszutauschen, ist vielleicht die Kombination USB-Floppy und Zip-Laufwerk günstiger.

ACHTUNG

Wenn Sie Kopierschutz-Disketten verwenden möchten, erkundigen Sie sich vor dem Kauf, ob das gewünschte Laufwerk den Kopierschutz Ihrer Software unterstützt. Nicht alle Geräte (und selbst nicht alle Serien des gleichen Gerätes) funktionieren mit allen Programmen.

Einkaufstips

Es gibt verschiedene Möglichkeiten, wie und wo Sie Ihre Computerausrüstung einkaufen können: beim Fachhändler, bei einer der vielen Mailorder-Firmen oder im Apple Online Store (unter *www.apple.de*). Die Produkte sind eigentlich bei allen Anbietern identisch, dafür gibt es Unterschiede bei Preisen und vor allem beim Service nach dem Kauf.

- **Fachhändler** Die «autorisierten Apple-Partner» verkaufen Ihnen nicht nur Macs und Zubehör, sondern können Ihnen auch fachkundige Beratung vor und nach dem Kauf bieten. Das wird um so wichtiger, je mehr Ihre Ansprüche vom Durchschnitt abweichen, z.B. wenn Sie Spezialhardware einsetzen wollen oder gar ein größeres Netzwerk planen. Diese Dienstleistungen kosten Geld – dies macht sich dadurch bemerkbar, daß die Preise für Hardware etwas höher sind als beim Versender. Andererseits können Sie gerade bei größeren Einkäufen durchaus verhandeln, was wiederum beim Versand fast unmöglich ist.

- **Versandhändler** Mittlerweile gibt es auch im Mac-Markt viele Firmen, die Macs und Zubehör per Post verschicken. Deren Preise sind meist etwas knapper kalkuliert als die der Fachhändler, dafür gibt es Beratung und Service meist nur am Telefon. Wie sonst auch bestehen Unterschiede im Geschäftsgebaren der Anbieter, darum sollten Sie sich am besten vor der Bestellung erkundigen, ob Bekannte oder Freunde bereits Erfahrungen mit der betreffenden Firma haben. Das wird um so wichtiger, falls es Probleme gibt, denn dann können Telefongebühren und der Verbrauch an Zeit und Nerven schnell mehr kosten als die ursprüngliche Preisdifferenz zum Fachhändler. Wenn Sie genau wissen, was Sie haben wollen, auf eingehende Beratung verzichten können und notfalls in Kauf nehmen, bei Problemen etwas mehr Aufwand zu investieren, dann können Sie im Versandhandel durchaus etwas sparen.

- **Apple Online Store** Das ist eigentlich ein weiterer Versandhandel, der von Apple selbst betrieben wird und nur Apple-Produkte anbietet. Dabei bestellen Sie über eine Website *(www.apple.com)* oder telefonisch und bekommen Ihren Einkauf per Post oder Paketdienst geliefert. Die Preise für Macs sind meist identisch oder geringfügig höher als beim Fachhändler, dafür gibt es manchmal Konfigurationen von Macs, die sonst nicht angeboten werden.

Wofür Sie sich letztendlich entscheiden, hängt von Ihnen ab. Falls Sie aber Ihren Mac beruflich nutzen oder sonst darauf angewiesen sind, sollten Sie lieber einen Fachhändler vorziehen. Im Fall der Fälle überläßt dieser Ihnen auch mal ein Ersatzgerät oder regelt kleinere Dinge problemlos auf Kulanz – und das kann manchmal den Unterschied ausmachen, ob Sie den Termin für Ihr aktuelles Projekt einhalten können oder nicht!

HEISSER TIP

Zusatzgeräte wie Zip-Laufwerke, Modems, Scanner, Monitore, Kabel usw. können Sie im Prinzip auch beim PC-Händler an der Ecke kaufen. Viele Hersteller entwickeln ihre Produkte so, daß sie ohne Änderung an PCs und an Macs passen – auch wenn das viele PC-Händler nicht wissen. Achten Sie deshalb darauf, daß die nötige Software für den Anschluß an den Mac mitgeliefert wird bzw. daß der Händler die Mac-Variante des Gerätes bei seinem Lieferanten bestellt. Seien Sie aber gewarnt: Wenn es Probleme gibt, die nicht eindeutig am gekauften Gerät liegen, dann sind Sie meist auf sich allein gestellt.

Gebrauchte Macs kaufen

Wenn Sie einen gebrauchten Mac kaufen wollen, sollten Sie sich das gut überlegen. Die Preise dafür sind nämlich meist nicht so niedrig, daß sich die Einsparung wirklich lohnt – ausgenommen vielleicht der Verkauf von abgeschriebenen Geräten in Firmen. Macs haben – verglichen mit PC-Technik – eine viel längere moralische Lebensdauer. Sie sind also durchschnittlich länger im Einsatz, deswegen ist auch der Markt an gebrauchten Geräten nicht so ausgeprägt. Wenn Sie es sich also leisten können, sollten Sie lieber ein Neugerät erwerben. Ist es aber wirklich ein günstiges Angebot, so nehmen Sie das Gerät in Augenschein, bevor Sie es kaufen. Überprüfen Sie, ob alle Komponenten vorhanden sind, und probieren Sie den Mac, Monitor oder Drucker ausgiebig aus. Besonders Monitore «verbrennen» nach einer gewissen Betriebszeit, Mäuse rollen nicht mehr richtig und Tastaturen fangen an zu haken. Testen Sie deshalb jede Taste, am besten mit dem Programm «Tastatur» aus dem Apple-Menü.

HEISSER TIP

Und hier noch ein heißer Tip für Vielschreiber: Wenn Sie noch eine funktionierende Tastatur mit der Bezeichnung «Apple Extended Keyboard II» auftreiben können, dann greifen Sie zu. Das ist nach wie vor das beste Eingabegerät für Diplomarbeiten, Projektberichte und Mac-Bücher, das es bis jetzt gibt. Leider wird es nicht mehr hergestellt, und etwas Gleichwertiges ist auch bei den PC-Modellen mit USB-Anschluß schwer zu finden.

Wann gibt es Macs günstig?

Die Preisgestaltung bei Computertechnik ist eine eigenartige Sache: Heute gibt es für das gleiche Geld doppelt so viel Leistung wie vielleicht noch vor einem Jahr. Die Leistung von vor einem Jahr gibt es aber nicht etwa zum halben Preis – es gibt sie gar nicht mehr. Anders gesagt: Wann immer Sie einen Computer kaufen, wenige Wochen später wird er schon wieder billiger sein, oder es gibt ein leistungsstärkeres Modell für das gleiche Geld.

Diese Tatsache müssen Sie einfach akzeptieren. Ärgern Sie sich nicht darüber, sondern tragen Sie es mit Fassung. Kaufen Sie einfach Ihren neuen Mac dann, wenn Sie ihn brauchen – er wird vier Wochen später so oder so billiger. Wenn Sie versuchen, auf den wirklich günstigen Zeitpunkt zu warten, haben Sie zwar irgendwann in ferner Zukunft einen wirklich preiswerten, leistungsstarken Computer, aber bis dahin überhaupt keine Arbeit geschafft.

HEISSER TIP

Es gibt trotzdem einen günstigen Zeitpunkt: Immer dann, wenn Apple die hergestellten Mac-Modelle wechselt, kündigt sich das vorher an – wenn man weiß, wie. So gibt es meist Preissenkungen – manchmal sogar kurz hintereinander – oder spezielle Bundle-Aktionen, mit denen die Käufer gelockt werden sollen. Wenn das passiert, sollten Sie zugreifen. Zwar haben Sie dann nicht den allermodernsten Mac, aber Sie können richtig Geld sparen. Heutzutage sind auch die nicht mehr ganz neuen Modelle leistungsfähig genug, außerdem ist der aktuelle Top-Mac nächstes Jahr ohnehin Technologie von gestern. Rechnen Sie damit, daß Ihr gewünschtes Mac-Modell maximal für ein Jahr verkauft wird. Wenn Sie es sich leisten können, warten Sie mit Ihrem Einkauf genau auf das Ende dieser Zeit.

Interessanterweise kommen neue Mac-Modelle meist zu Jahresanfang bzw. am Ende des Sommers auf den Markt. Der Grund dafür sind einerseits die Zeiträume, zu denen Institutionen und Bildungseinrichtungen in den USA ihr Budget bekommen und einkaufen, andererseits die diversen Messen. Vor allem die «Macworld Expo» im Frühjahr und die «Seybold Conference» im Herbst sind solche entscheidenden Daten, zu denen Apple Neuentwicklungen präsentiert. Es lohnt sich dann unter Umständen, noch ein paar Tage zu warten, um ein gutes Geschäft zu machen

Garantiefall – wie weiter?

Apple verfügt über ein Netz von Partnern, die Macs und andere Apple-Hardware reparieren. Meistens sind das Fachhändler, die zusätzlich über eine Werk-

Topmodell oder nicht?

Jede verkaufte Serie von Macs besteht meistens aus Modellen verschiedener Leistung und Ausstattung. Dabei fällt auf, daß die Top-Modelle oft vergleichsweise teurer sind. Das hat zwei Gründe: Erstens sind die jeweils schnellsten Prozessoren nicht in so großen Mengen verfügbar und deshalb teurer. Zweitens wissen auch die Apple-Manager, daß viele Leute aus Prestigegründen den jeweils schnellsten Mac kaufen, und legen deshalb beim Preis noch etwas zu. Mit diesem Wissen im Hinterkopf ist es die beste Entscheidung, wenn Sie sich einen Mac aus der Mitte des Feldes kaufen. Der ist immer noch leistungsfähig genug, und die paar Prozentpunkte Vorsprung des schnelleren Prozessors in einem der vielen Vergleichstests lohnen oft den Mehrpreis nicht. Es ist auch nicht sinnvoll, Zusatzgeräte und Zubehörteile zu kaufen, um «für die Zukunft gerüstet zu sein». Wenn der Zeitpunkt in der Zukunft da ist, an dem Sie das Zusatzgerät brauchen, ist es mit Sicherheit schneller, besser und billiger. Erliegen Sie also nicht dem «SHW-Syndrom» (Schneller, Höher, Weiter), sondern kaufen Sie Ihren Mac nach Ihren Ansprüchen genau dann, wenn Sie ihn brauchen – und schauen Sie danach keine Preislisten mehr an!

statt mit dem entsprechenden Personal verfügen. Jede dieser Werkstätten ist verpflichtet, innerhalb der Garantiezeit Apple-Geräte anzunehmen und zu reparieren. Wenn Sie also Ihren neuen Mac beim Versandhandel gekauft haben, wird Ihnen im Garantiefall auch der Fachhändler helfen. (Ob Sie allerdings für die Zeit der Reparatur ein Ersatzgerät bekommen, ist zu bezweifeln.)

Bei Geräten, die nicht von Apple stammen, ist immer der Verkäufer verantwortlich, der den Garantiefall dann seinerseits klären muß. Bei Käufen über den Versand kann es dabei zu Problemen kommen. Hier müssen nämlich die Geräte hin- und hergeschickt werden. Das muß irgendwer bezahlen, und oft kommt dazu noch die Frage, wer bei Transportschäden haftet. In solchen Fällen lohnt es sich, die Geschäftsbedingungen des Versandhandels genau zu lesen, um sich Ärger zu ersparen.

HEISSER TIP

Monitore sind ein ganz spezieller Fall. Wenn diese nämlich kaputt gehen, können saftige Transportkosten anfallen. Mittlerweile gibt es aber viele Hersteller, die für einen längeren Zeitraum (meist drei Jahre) das Gerät kostenlos vor Ort austauschen. Auch Apple selbst bietet gegen Aufpreis eine Erweiterung der

Garantie auf seine Produkte an. Wenn Sie stark davon abhängig sind, daß Ihr Mac immer verfügbar ist, sollten Sie sich vor dem Kauf über solche Zusatzleistungen informieren.

Startvorbereitung

Der neue Mac steht vor Ihnen auf dem Tisch, Sie brennen darauf, ihn auszuprobieren, und haben schon die Konfigurations-Assistenten für den Zugang ins Internet gestartet… Nun, an sich ist dieses Szenario völlig in Ordnung, trotzdem sollten Sie noch zwei Dinge tun, bevor Sie mit der produktiven Arbeit anfangen – es zahlt sich später aus!

Erstens: Partitionieren Sie die Festplatte

Eine Festplatte zu partitionieren bedeutet, ein physikalisches Laufwerk in mehrere logische Teile zu teilen – im Apple-Deutsch heißen diese «Volumes». In Apples Bedienungsanleitungen steht kaum etwas über diesen Vorgang, und auch sonst gehen die Meinungen darüber auseinander. Wir können Ihnen aber nur dringend raten, Ihre Festplatte sofort in mehrere Volumes zu teilen – vor allem bei der hohen Speicherkapazität moderner Laufwerke. Wenn Sie am Anfang diesen Aufwand treiben, können Sie später Ärger vermeiden und flüssiger arbeiten.

Leider ist das Einrichten von Festplatten-Partitionen damit verbunden, daß die gesamte Festplatte gelöscht wird, zumindest dann, wenn Sie das mit Ihrem Mac gelieferte Programm *Laufwerke konfigurieren* benutzen. Anschließend müssen Sie die mit Ihrem Mac auf CD gelieferte Software erneut installieren. Danach haben Sie im Prinzip den gleichen Zustand wie nach dem Auspacken, nur daß Ihre Festplatte in mehrere Volumes geteilt ist. Aus diesem Grund sollen Sie diese Vorbereitung auch gleich nach dem Auspacken treffen!

HEISSER TIP

Festplatten-Software von Drittherstellern (wie z.B. Hard Disk Toolkit) kann Partitionen verändern, ohne die Daten auf der Festplatte zu löschen. Sichern Sie trotzdem vor solchen Operationen immer Ihre eigenen Daten. Ein Stromausfall oder sonstiger Defekt im falschen Moment kann nämlich auch zum Datenverlust führen. Wie das Einrichten der Festplatte genau vor sich geht und welche Aufteilung günstig ist, erfahren Sie in Kapitel 10.

Zweitens: Installieren Sie die wichtigste Software

Was aber ist die wichtigste Software? Nun, das hängt natürlich davon ab, was Sie mit Ihrem Mac anstellen wollen. Es ist aber in jedem Fall eine gute Idee, gleich am Anfang die Programme zu installieren, die Sie dann ständig benutzen werden. Vor allem sollten Sie Festplatten-Hilfsprogramme und Anti-Viren-Software als erstes aufspielen. Diese Programme funktionieren als eine Art Sicherheitsgurt bei der täglichen Arbeit mit dem Mac. Man braucht sie nicht immer, aber wenn etwas passiert, dann sind sie meist die letzte Rettung.

HEISSER TIP

Nein, wir bekommen kein Geld von den Herstellern, trotzdem der Rat: Kaufen Sie sich die *Norton Utilities* oder ein vergleichbares Produkt, und schützen Sie damit Ihre Festplatte. Apples Programm *Erste Hilfe* ist zwar mittlerweile einfacher zu benutzen als früher und funktioniert ganz gut, es beugt aber Ausfällen nicht vor, sondern versucht sie nur zu beheben. Spätestens wenn Sie eine Datei aus Versehen in den Papierkorb gezogen und diesen dann entleert haben, sind die Norton Utilities eine gute Versicherung!

Bei Anti-Viren-Programmen ist es ähnlich: Sie brauchen Sie nicht unbedingt, aber wenn erst einmal ein Virus zugeschlagen hat, ist es zu spät. Wenn Sie keine Daten mit anderen Nutzern austauschen und auch nichts aus dem Internet herunterladen, besteht keine Gefahr – aber bei welchem Mac ist das heutzutage noch der Fall?

Haben Sie diese Arbeiten hinter sich gebracht, dann können Sie ruhigen Gewissens mit Ihrem Mac loslegen – und wenn Sie Fragen haben, schauen Sie einfach weiter hinten in diesem Buch nach!

2 Die ersten Schritte

In diesem Kapitel

Strom an – und los geht's

Hunderte von Designelementen sind von einem Mac-Modell zum anderen gleich – doch ausgerechnet die Art des Einschaltens gehört nicht dazu. Zum Einschalten Ihres Macs haben Sie entweder a) einen Kippschalter an der Rückseite (wie bei kompakten Macs und LCs) oder b) einen runden Knopf an der Stirnseite (wie bei den Modellen der Serie 610 und 6100); oder Sie haben schließlich c) einen etwa einen Zentimeter langen kapselförmigen Knopf auf der Oberfläche des Gerätes (wie beim PowerBook Duo). Egal, denn alle Macs, die heute hergestellt werden, kann man über Variante d) ein- und ausschalten, nämlich mit der Ein- und Ausschalttaste ganz rechts oben auf Ihrer Tastatur.

Der ADB-Bus

Der Begriff Bus scheint in bezug auf Macs sicherlich verständlicher, wenn Sie sich den Energiestrom vorstellen, der durch alle Adern des Computers fließt. Der Strom bewegt sich auf bestimmten Pfaden – Drähten und Stromkreisen – genauso wie etwa eine Buslinie im total verstopften Verkehrschaos einer Stadt. Auf dem Weg hält dieser Stromfluß an festgelegten Stellen an, um nachzuschauen, ob neue Informationen transportiert werden müssen (2.1).

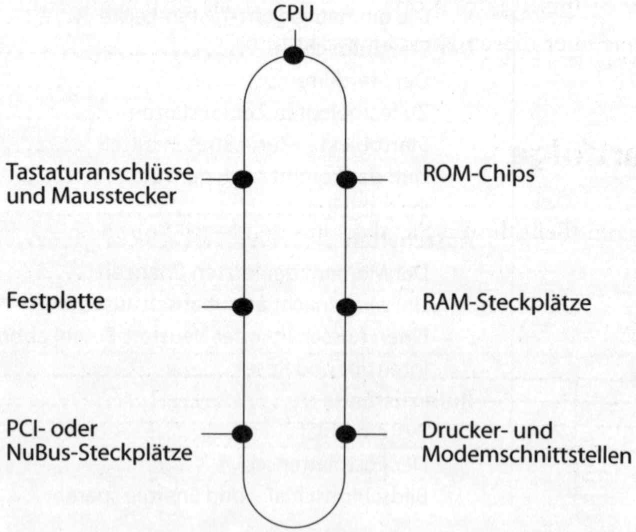

Abb. 2.1 Ein Busfahrplan für Ihren Computer zeigt alle regulären Punkte zum Sammeln und Versenden von Nachrichten: der Tastaturanschluß (der weiß, ob Sie etwas geschrieben haben), der Mausstecker (der bemerkt, wenn Sie geklickt haben) und natürlich der große Hauptbahnhof des Mac – der Motorola Zentralprozessorchip (CPU), das eigentliche Gehirn des Computers.

Die Begriffe *Apple Desktop Bus (ADB)* oder *Universal Serial Bus (USB)* sind die offizielle Bezeichnung für eine spezielle Busroute: jene, die an Tastatur und Maus vorbeikommt. Weitere Informationen über diese Systeme erhalten Sie in Kapitel 17; im Augenblick müssen Sie nur wissen, daß dieser Stromkreis ständig bereit ist und darauf wartet, daß Sie den Computer einschalten.

EINSTEIGER

So schalten Sie den Mac auch ohne Tastatur ein

Auch wenn Sie sich daran gewöhnt haben, Ihren Computer über die Tastatur einzuschalten, sollten Sie eine zweite Methode kennen (beispielsweise für den Fall, daß Ihre Tastatur einmal kaputt ist oder Sie diese aus anderen Gründen nicht benutzen können). Bei den meisten Mac-Modellen befindet sich der Schalter – ein kleiner, runder Knopf mit Schlitz – an der Rückseite des Computers. Er hat etwa die Größe einer Erbse und ist normalerweise links unten, wenn Sie auf die Computerrückwand schauen. Bei einigen Modellen (wie den turmförmigen Quadras, der 630er Serie und älteren Power Macs) ist er links oben; und bei den neuesten Power Macs und Clones befindet er sich an der Stirnseite. PowerBooks haben üblicherweise diesen seltsam geformten Plastikknopf an der Rückwand, der aussieht wie ein Bindestrich (–).

Bei den iMacs und den G3/G4-Modellen finden Sie den Knopf deutlich sichtbar auf der Frontseite. Im Notfall, z.B. wenn das System abgestürzt ist, können Sie den Mac über diesen Knopf ausschalten.

Die Startfolge

Sobald Strom fließt, hören Sie als erstes den Start-Sound (2.2).

Abb. 2.2 Von links nach rechts: Von den Quadras und PowerBooks werden Sie mit einem C-Akkord begrüßt. Bei den Mac II hören Sie eine Quinte: F und C; und die AV Macs starten mit einem majestätischen G-Akkord. Interessant ist, daß diese Start-Akkorde nacheinander gespielt die Harmonien für «La Bamba» ergeben.

Die Start-Sounds

CD-ROM

Apple hat über Jahre hinweg einige interne Diskussionen über den Klang des Start-Sounds ausgetragen. (Sie finden sie auf der CD zu diesem Buch.) Steigen Sie nun ein in den Countdown der besten Start-Hits …

- **Der Ein-Noten-Ding.** Am Anfang stand nur ein einzelner Ding (ein D, eine None über dem mittleren C). Das war das Willkommen bei den ersten Macs – dem Mac 512K, dem Plus, SE und Classic. Nicht viel Sex-Appeal, aber immerhin deutlich anders als alles, was es zuvor gegeben hatte.

- **Die hohle Quinte.** Danach kamen das Portable, SE/30, Classic II und die Macintosh-II-Familie zusammen mit einem Zwei-Noten-«Akkord» – eine Quinte, F und C. Obwohl das eher hohl klingt, war es doch wenigstens harmonisch.

- **Der flippige Chiff.** Die Umkehrung des C-Akkords gespielt von einem flippigen Synthesizer war ein Riesen-Hit. Apple vergab diesen Start-Sound an die Color Classics, IIvx, IIvi und LCs, außerdem an die meisten Quadras.

- **Der berühmte G-Dreiklang.** Mit der Quadra-AV-Serie enthüllten Apples Klangspezialisten den künftig wichtigsten Start-Sound von allen: einen gewaltigen G-Dreiklang über dem Grundton, gespielt von einem Synthesizer. Diesen Sound hören Sie auch auf allen PowerBook-Modellen, die nach 1996 auf den Markt kamen, sowie auf allen Power Macs nach den ersten drei Originalmodellen. Fast alle Nachfolger der Power Macs verwenden diesen Sound; die G3-Macs benutzen eine F-Dur-Variante des Dreiklangs.

- **Der ausgefallene Gitarren-Akkord.** Die Power-Mac-Serie von Apple (die 6100, 7100 und 8100) sollte Akzente setzen. Apple trieb es auf die Spitze und brachte den komplizierten Akkord E V11, der als Oberton von einer Jazz-Gitarre gespielt wird.

- **Die grauslige D-Quinte.** Nur zwei Modelle mußten mit der kläglich klingenden Quinte aus D und A leben, bevor sie schnell wieder aus der Hitliste gestrichen wurde: die Performas 6200 und 6300.

- **Der gewaltige F-Dreiklang.** Die 1998er PowerBook-G3-Serie führte die tiefergestimmte Variante des klassischen G-Akkords ein.

ROM: die versteckte Software

EINSTEIGER

In jedem Fall fragen Sie sich vielleicht, warum der Computer so lange braucht, um zum Leben zu erwachen? Die Antwort ist, daß der Mac schon geschäftig Programme ausführt, ohne daß Sie überhaupt etwas davon bemerken. Diese Programme sind normale Mac-Software, allerdings werden sie in keinem Geschäft verkauft und auch nicht auf Diskette oder CD mitgeliefert. Sie sind fest in den permanenten Siliziumspeicher Ihres Macs «verdrahtet» – in den ROM-Chips. ROM steht für «read-only memory», was soviel heißt wie Nur-Lese-Speicher. Für Sie bedeutet das, daß Sie auf diesem Speichertyp nichts ablegen (schreiben) können.

Jeder Mac hat ROM-Chips. (Der iMac ist ein Spezialfall – siehe Kapitel 12.) In der Tat ist es der ROM, der den Mac zum Mac macht. Die meisten «Programme» (genau gesagt Code-Bibliotheken), die im ROM enthalten sind, gehören entweder zu QuickDraw, zum Window-Manager oder zum Menü-Manager. QuickDraw ist die Software, die die Zeilen und Farben auf Ihren Bildschirm bringt; der Window-Manager ist dafür verantwortlich, die bekannten Dialogfenster zu zeichnen und zu steuern; und der Menü-Manager erstellt die Menüs, die auf Ihrem Bildschirm erscheinen.

Diese Programme sind in den Mac eingebaut, was den Programmierern von Mac-Software viel Zeit und lästige Kopfschmerzen erspart. Wenn es nämlich darum geht, Code für den Umgang mit Menüs, Fenstern und so weiter zu schreiben, müssen sie lediglich Verweise (sogenannte «Aufrufe») auf den ROM des Mac hinzufügen; später wird der Code von dort ausgelesen. Es ist also kein Wunder, daß die meisten Mac-Programme ähnlich arbeiten – greifen sie doch alle auf Teile des gleichen Schnittstellencodes zurück.

Der Zweck der Systemdatei

Warum braucht man einen Systemordner, wenn das Betriebssystem doch im ROM verankert ist? Genau genommen bilden Systemdatei und ROM zusammen das Betriebssystem. Das System fügt dem ROM entweder Teile hinzu oder ersetzt sie. Apple verbessert oder erweitert seine Systemsoftware beispielsweise mindestens zweimal im Jahr – manchmal sogar öfter. (Innerhalb von drei Jahren hat Apple die Systeme 7.5, 7.5.1, 7.5.2, 7.5.3, 7.5.5, 7.6, 7.6.1, 8.0 und 8.1 auf den Markt gebracht.) Sie können sich wahrscheinlich vorstellen, was es bedeuten würde, wenn Apple zweimal pro Jahr Ihre ROM-Chips auswechseln müßte! Deshalb entwirft Apple nur einen neuen Systemordner, mit dem der ROM erweitert oder Teile davon ersetzt werden.

Der zweite Grund für eine Systemdatei: Wie jede Software kann auch der Code in den ROM-Chips Fehler aufweisen – sogenannte «Bugs». Was machen Programmierer aber, wenn ihr Code fest in Silizium gegossen ist und sie einen Fehler feststellen? Ganz einfach: Sie statten die neue Systemdatei (die auf Diskette mitgeliefert wurde) mit ein paar Reparaturzeilen aus; und diese bauen dann eine Umleitung um den Fehler im ROM.

Und weiterstarten ...

Doch weiter im Startverlauf. Der Strom hat inzwischen die Programme in den ROM-Chips wachgekitzelt. Diese Startprogramme sind in erster Linie dazu da, das Gerät zu überprüfen. Der Computer sendet elektronische Fühler in seinen eigenen Kreislauf aus, um sicherzustellen, das alles so ist, wie es sein soll. Der Mac kontrolliert die Chips, die Tastaturschnittstelle, den SCSI-Port und so weiter und versetzt alles in Bereitschaft. Ein bekanntes Beispiel ist die Überprüfung des Speichers (RAM): Die ROM-Programme testen den Zustand Ihrer RAM-Chips jedes Mal, wenn Sie Ihren Computer einschalten. Darum dauert der Start auch um so länger, je mehr Speicher Ihr Mac hat. Die längere Verzögerung wird besonders deutlich spürbar, nachdem Sie mehr Speicher installiert haben. Wenn auch nur ein Pin der Speicherkarte (und jede Karte hat Dutzende davon) nicht richtig sitzt, meldet Ihnen das ROM-Programm sofort den Fehler. Aber anstelle des gewohnten Start-Sounds erklingt nun das Todesgeläut.

Spiel mir das Lied vom Tod

CD-ROM

Ebenso wie der Start-Sound haben sich die Absturz-Melodien über die Jahre hinweg verändert; alle haben sie aber ein gemeinsames Merkmal – ihren schrägen Sinn für schwarzen Humor. (Wir haben all diese Klänge auf der CD-ROM zu diesem Buch zusammengestellt. Hören Sie selbst!) Wenn Sie davon ausgehen, daß die Todesklänge Probleme verkünden sollen, vor denen selbst Techniker ehrfürchtig erstarren, scheinen die im folgenden aufgelisteten Varianten wohl eher schauerlich-lustig:

- **Der blecherne Zusammenbruch.** Nur die Quadra-AV-Modelle waren mit diesem witzigen Scheppern ausgestattet.

- **Das fröhliche Arpeggio.** Bei den SE/30 und den Classic-Modellen, sowie bei der Macintosh-II-Serie hören Sie die vier harfenartigen Klänge eines A-Dur-Akkords. Je größer das Problem, desto fröhlicher die Musik. Wie schauerlich.

- **Die dramatische Filmmusik.** Die Performas 6200 und 6300 haben ihr eigenes Todeslied bekommen: drei böse, blecherne Fanfarenklänge, bei denen man unwillkürlich erwartet, daß Graf Dracula auftaucht und mit schauerlicher Stimme «Huah – hahaha!» lacht.

- **Die Titelmelodie von «Twilight-Zone».** Unzufrieden mit dem 4-notigen, fröhlichen Akkord der Mac-II-Serie hängten die Apple-Ingenieure die ersten vier Noten der «Twilight-Zone»-Melodie noch ans Ende an. Das Ergebnis weckt all Ihre Hausgeister, sobald Ihr LC, Ihr Quadra 600 oder Ihr PowerBook stirbt.

- **Der Autounfall.** Die meisten PowerMac-Modelle sowie der Radius 81/110 und die Clones von Power Computing spielen die digitalisierte Aufnahme eines spektakulären Autounfalls, der mit dem geräuschvollen Zerschmettern der Windschutzscheibe endet.

Anstelle dieser musikalischen Botschaft kann Ihnen auch das traurige Mac-Icon auf dunklem Hintergrund begegnen. In diesem Fall ist innen wirklich etwas ernsthaft beschädigt. Details dazu sowie Reparaturtips finden Sie in Kapitel 20.

Was sonst noch so lange dauert

Quadras und PowerPC-basierte Macs brauchen manchmal besonders lange zum Starten – aber nur zu Ihrer eigenen Sicherheit. Wenn der Mac beim letzten Mal beispielsweise wegen eines Absturzes nicht richtig ausgeschaltet wurde, führen die ROMs der Power Macs beim nächsten Start einen zusätzlichen Test durch. Während auf dem Bildschirm das lachende Mac-Icon zu sehen ist, erfolgt eine Überprüfung der Festplatte, um die Korrektheit der Dateistrukturen festzustellen. Sollten Sie das Mac OS 8.5 oder eine höhere Version besitzen, müssen Sie nach einem Systemabsturz wirklich lange ausharren. Das System startet dann das Reparatur-Programm *Erste Hilfe*, um sicherzustellen, daß die Festplatte den Absturz heil überstanden hat.

HEISSER TIP

Woher weiß der Mac, daß er beim letzten Mal abgestürzt ist? Beim normalen Herunterfahren des Computers kopiert der Finder zuerst zwischengespeicherte Verzeichnisinformationen aus dem RAM auf die Festplatte und setzt anschließend das System-Flag. Das ist ein kleiner, unsichtbarer Software-Schalter, der signalisiert, daß mit Ihrer Festplatte alles in Ordnung ist. (Möchten Sie sich diese kleine Datei selbst ansehen? Öffnen Sie dazu das Programm

Dateien finden, und suchen Sie nach unsichtbaren Dateien. Auf der Root-Ebene Ihrer Festplatte – also dort, wo die Dateien lose herumliegen und nicht in irgendeinem Ordner vergraben sind – liegt sie: eine kleine Datei mit dem Namen «Shutdown Check».)

Egal wie Sie den Computer nach einem Absturz ausschalten, das Shutdown-Flag wird ohne den Ausschalten-Befehl niemals zurückgesetzt. Wenn der Mac nun neu gestartet wird, erkennt der ROM das «Dateisystem-verschmutzt»-Flag und folgert daraus, daß der Finder beim letzten Mal nicht alle Verzeichnis-Informationen sauber auf die Festplatte geschrieben hat. Das ist der Auslöser dafür, daß ein wenig mehr Zeit zur Überprüfung der Plattendaten benötigt wird, um sicherzustellen, daß sie das abrupte Aus gut überlebt haben. Auf dem Bildschirm erscheint die Information: «Ihr Macintosh wurde beim letzten Mal nicht richtig ausgeschaltet». Je größer die Festplatte und je mehr Dateien darauf abgelegt sind, desto länger dauert dieser Extra-Sicherheits-Test.

Auf der Suche nach dem System

Nachdem die Hardware als Testergebnis ein OK bekommt, probiert der ROM, die Verantwortung an die Systemdatei abzugeben. Dazu sucht er in der nachstehend aufgelisteten Reihenfolge nach dem Systemordner:

- zuerst auf der Diskette im Hauptdiskettenlaufwerk,
- dann auf der Diskette im externen Laufwerk (falls vorhanden),
- auf der von Ihnen ausgewählten Festplatte (falls vorhanden), die Sie über das Kontrollfeld *Startvolume* bestimmen können,
- auf dem internen Festplattenlaufwerk (dessen SCSI-ID-Nummer immer 0 ist; siehe Kapitel 17 für nähere Informationen über SCSI-IDs),
- und auf externen Festplattenlaufwerken mit den ID-Nummern 6, dann 5, dann 4 und so weiter.

HEISSER TIP

Sie können die Suche nach dem System auch überspringen. Nehmen wir an, der Systemordner ist beschädigt und Ihr Mac stürzt immer dann ab, wenn er den Finder zu laden versucht. Wie können Sie in einem solchen Fall den Mac dazu bringen, statt von der internen Festplatte von Ihrem Backup-Zip-Laufwerk zu starten? Halten Sie *Befehl-Shift-Alt-Löschtaste* während des Startprozesses gedrückt. Diese Tastenkombination zwingt den Mac, sein eigenes internes Festplattenlaufwerk zu ignorieren. Er greift deshalb auf den nächstbesten Systemordner zurück.

Zeit, die nie vergeht

Das Programm *Conflict Catcher* kann noch viel mehr als einfach nur Probleme einfangen. Wir sind über eine kaum bekannte Funktion gestolpert, bei der uns vor Begeisterung glatt die Luft wegblieb.Wählen Sie das Conflict Catcher-Kontrollfeld aus dem Apple-Menü, und wählen Sie dort im rechten Aufklappmenü *By load time*. Beim Starten des Mac werden Ihnen nun die genauen Ladezeiten jeder Erweiterung und jedes Kontrollfeldes angezeigt! Einige dieser Informationen werden Sie verblüffen: mußten Sie bisher etwa jeden Morgen ganze vier Sekunden warten, bis Apple Guide in den Speicher eingelesen war? Das lohnt sich doch gar nicht, oder? Genau aus diesem Grund rechnet es sich, unnötige Erweiterungen aus dem Systemordner zu entfernen – einfach um Zeit zu sparen.

Wenn Sie sogar mehrere Boot-Laufwerke an Ihren Mac angeschlossen haben – ein Zip-, ein Jaz- und ein CD-ROM-Laufwerk zum Beispiel – können Sie eins davon auswählen. Die Tastenkombination ist Ihnen wahrscheinlich völlig neu: halten Sie Befehl-Alt-Shift-Ziffern-Taste während des Starts gedrückt. Die Ziffern-Taste muß dabei mit der SCSI-ID-Nummer des entsprechenden Laufwerks übereinstimmen. Laden Sie sich doch einfach ein paar Freunde ein, die Ihnen beim Tastendrücken helfen! Sie können so immerhin Zeit sparen und im Notfall die Kontrolle wieder erlangen.

Falls der Mac nach dieser langwierigen Prozedur immer noch kein Startvolume (ein Volume mit einem Systemordner) gefunden hat, überprüft er noch einmal die interne Festplatte und kann dann nur noch darauf warten, daß Sie eine Diskette mit dem ersehnten Systemordner einlegen. (Das ist dann der Fall, wenn das blinkende Fragezeichen auf dem Bildschirm erscheint.) Kramen Sie nun Ihre Systemdisketten oder die Start-CD-ROM hervor. Mit der Diskette «Dienstprogramme» können Sie herausfinden, ob etwas mit Ihrer Festplatte nicht stimmt. Statt dessen können Sie auch die System-CD-ROM einlegen und den Systemordner neu installieren.

Die Macht der Shift-Taste

Die Shift-Taste spielt eine eigene Rolle innerhalb des Startprozesses. Wenn Sie diese Taste halten, bevor die «Willkommen»-Meldung auf dem Bildschirm erscheint, verhindern Sie damit das Laden der Erweiterungen, Kontrollfelder und Startobjekte. Nun kennen Sie schon einen der wichtigsten Handgriffe für die Beseitigung von Absturzproblemen.

Außerdem reduziert die Shift-Taste Ihren Festplatten-Cache auf ein absolutes Minimum und deaktiviert den virtuellen Speicher. Seltsamerweise werden diese Veränderungen nicht im Kontrollfeld *Speicher* sichtbar, sondern die Einstellungen bleiben unverändert. Trotzdem – Ihr Mac hat unrecht – wurden der virtuelle Speicher und Ihr Festplatten-Cache wirklich verändert. Dennoch kann die Shift-Taste nicht alle Erweiterungen ausschalten. Ein Enabler, ohne den Ihr Mac nicht laufen kann, bleibt selbstverständlich unangetastet. Auch der Druckertreiber, den Sie zum Drucken benötigen, wird geladen.

In jedem Fall bleibt bei der Apple-Programmierung ein Prinzip immer gewahrt: die Shift-Taste schaltet jegliche Software aus, die nicht für den Start und die Grundfunktionen des Mac nötig sind. Die Shift-Taste kommt Ihnen zu Hilfe, wenn Sie lästige Software-Komponenten ausschalten wollen, die sich negativ auf das Verhalten Ihres Mac auswirken.

Enabler – die ersten Programme

Endlich ist der Mac eingeschaltet! Er hat seine eigenen Tests erfolgreich bestanden und einen funktionierenden Systemordner gefunden. Wenn Sie ein System 7.1 (oder höher) haben, sind die ersten Programme, die ausgeführt werden, die Enabler – sofern vorhanden. Enabler sind Dateien, die die normale Mac-Software erneuern oder erweitern.

Wenn der Enabler auf dem ausgewählten Startvolume fehlt, bedeutet das das Ende des Startprozesses – auch wenn auf einem anderen Volume noch ein erstklassiger Systemordner herumliegt. Prompt liefert Ihnen Ihr Macintosh eine Fehlermeldung («Für dieses Macintosh-Modell benötigen Sie eine neuere Systemsoftware») und streikt so lange, bis Sie Ihn ausschalten oder die Garantie abgelaufen ist. Legen Sie Ihre originale Start-CD ein, und installieren Sie das System neu.

Noch mehr Start-Software: Erweiterungen und Kontrollfelder

Nachdem Sie mit Ihrem Mac einigermaßen vertraut sind, können Sie den Startprozeß nach eigenen Anforderungen anpassen, indem Sie neue Erweiterungen und Kontrollfelder in Ihren Systemordner legen (siehe Kapitel 15). Ihr Mac führt diese Programme nach den Enablern aus, allerdings bevor er zum Finder kommt.

EINSTEIGER

Normale Programme laufen nur (bzw. werden in den Speicher gelesen), wenn man sie mit einem Doppelklick dazu auffordert. Hingegen werden Erweiterungen und Kontrollfelder beim Starten geladen. Im Verborgenen verrichten sie dann, solange der Mac eingeschaltet ist, ihre programmierten Kunststückchen. Aus diesem Grund eignen sie sich ganz besonders dafür, die grundlegenden Charakterzüge des Mac zu bestimmen. Häufig hinzugefügte Kontrollfelder sind der Bildschirmschoner, der Adobe Type Manager, Fax Software usw.

Laden von Erweiterungen und Kontrollfeldern

Erweiterungen und Kontrollfelder werden nacheinander geladen. Dies geschieht abhängig davon, in welchem Ordner sie sich befinden, in nachstehender Reihenfolge:

- Nur wenige Nutzer wissen, daß ein paar Erweiterungen sogar in der Systemdatei selbst enthalten sind, wie beispielsweise Ton- und Tastatureigenschaften. Sie selbst können hier keine Erweiterungen hinzufügen – hier befinden sich nur ganz spezielle Apple-Erweiterungen (die für Sie unsichtbar bleiben).

- Der Inhalt des Ordners *Systemerweiterungen* wird in alphabetischer Reihenfolge abgearbeitet. (Was alphabetisch heißt, hängt dabei von der jeweiligen Sprachversion des Systemordners ab.)

- Der Inhalt des Ordners *Kontrollfelder* wird ebenfalls in alphabetischer Reihenfolge geladen. Eine Erweiterung mit dem Namen «Zeppelin», die im Ordner *Erweiterungen* abgelegt ist, wird dennoch vor dem Kontrollfeld «Alpha» aufgerufen. Man kann Erweiterungen auch im Ordner *Kontrollfelder* ablegen und umgekehrt. Diese Ordnerbezeichnungen dienen der besseren Orientierung. Praktisch können Sie die Inhalte beliebig vertauschen.

- Danach folgt der Hauptinhalt des *Systemordners*, denn Sie können Erweiterungen und Kontrollfelder auch lose in den Systemordner legen.

Persönliche Reihenfolge

Inzwischen sind Sie nun wahrscheinlich bestens über die Reihenfolge beim Laden der Erweiterungen und Kontrollfelder informiert. Das ist gut so, denn einige Erweiterungen (wie Festplattentreiber, Virus-Scanner und Erweiterungsmanager) funktionieren nur, wenn sie zuerst geladen werden. Oft ist die Reihenfolge beim Laden auch für Systemabstürze verantwortlich. (Weitere Informationen über das Beheben von Problemen mit Erweiterungen finden Sie in Kapitel 20.)

Hier einige Tips, die Ihnen bei Problemen helfen könnten:

- Laden Sie eine ausgewählte Erweiterung vor allen anderen, indem Sie ein Alias davon in den Ordner *Erweiterungen* verschieben. (Lassen Sie das Original dabei im Ordner *Kontrollfelder*, so daß Sie es wiederfinden, wenn Sie die Einstellungen ändern müssen.)

- Nehmen Sie eine Erweiterung, die eigentlich vor allen anderen in den Speicher gelesen werden sollte, und setzen Sie ein Leerzeichen vor den Dateinamen. Lassen Sie die Datei im Ordner *Erweiterungen* liegen. Sie wird nun garantiert zuerst geladen, da sie alphabetisch ganz vorn steht und sich im ersten Ordner befindet, den der Mac sich anschaut.

- Verwenden Sie das Programm *Conflict Catcher*, um die Startdateien einfach in die von Ihnen bevorzugte Reihenfolge zu bringen.

- Nehmen Sie eine Erweiterung, die nach allen anderen geladen werden soll. Schreiben Sie ein Z vor den Dateinamen, und legen Sie sie dann lose im Systemordner ab.

Treiber: manchmal unsichtbar, aber entscheidend

Unter den Erweiterungen, die nun geladen werden, sind auch die Treiber für Ihre Geräte. Ein Treiber ist ein Stück Software, das dem Mac alles mitteilt, was er über Peripheriegeräte wissen muß. Kein einziges Gerät – seien es Drucker, CD-ROM-Laufwerk, Zip- oder SyQuest-Laufwerk oder ein Modem – kann ohne den dazugehörigen Treiber im Systemordner funktionieren.

Viele dieser Treiber sind für Sie unsichtbar in die Systemsoftware eingebaut (wie z.B. Maus-, Tastatur- und Bildschirmtreiber). Seien Sie dankbar; denn auf

Windows-Rechnern sind diese Treiber nicht nur sichtbar, sondern sie müssen auch regelmäßig mit Updates versorgt werden.

Am empfindlichsten ist natürlich Ihr Festplattentreiber. (Diese spezielle Software hat sogar eine eigene unsichtbare Partition.) Schließlich nutzen Sie Ihre Festplatte ja sehr viel häufiger als jede andere Erweiterung. Jetzt verstehen Sie sicherlich, warum Apples Software-Ingenieure solch eine Wissenschaft daraus machen, Ihre Festplatte und die Treiber zu überprüfen, bevor sie Sie fortfahren lassen. Bei den neuesten Macs ist der Treiber für das eingebaute CD-ROM-Laufwerk in die ROM-Chips integriert. Das erklärt auch, warum Sie in Notfällen direkt von der CD booten können – obwohl die «CD-ROM-Erweiterungen» praktisch nicht geladen wurden.

Die Icon-Reihe

Sobald eine Erweiterungen oder ein Kontrollfeld geladen ist, erscheint das zugehörige Icon normalerweise am unteren Bildschirmrand. Wir sagen deshalb normalerweise, weil viele Erweiterungen eine Checkbox haben, über die Sie das Erscheinen des Start-Icons ausschalten können. Andere Erweiterungen sind dagegen so programmiert, daß überhaupt kein Start-Icon angezeigt wird.

Die Icons werden nacheinander waagerecht in einer Reihe sichtbar. Wenn im Code keine Passage programmiert ist, die den Zeilenumbruch bei der Anzeige der Icons anordnet, kann es sogar passieren, daß über der ersten Icon-Reihe eine weitere erscheint, und danach eine dritte, eine vierte und so weiter. (Ein echter Fan von Erweiterungen hat einmal behauptet, er würde jedes Mal 120 Systemerweiterungen laden, ohne daß das System abstürzt. Aber das wollen wir erst einmal sehen!)

HEISSER TIP

Wenn Sie den Start-Absturz-Blues haben und nicht herausbekommen, welche Erweiterung Ihr System zum Abstürzen bringt, beobachten Sie die Icons während sie nacheinander auf dem Bildschirm dargestellt werden. Oftmals erfolgt der Absturz nach dem Neustart gerade nach dem Erscheinen eines ganz bestimmten Icons. Dieses Icon könnte entweder zu der Erweiterung gehören, die für den Absturz verantwortlich ist, bzw. zu der nachfolgenden. (Ausführliche Informationen über das Beheben von Problemen mit Erweiterungen finden Sie in Kapitel 20.)

Die ultimative Start-Tasten-Leiste

Es gibt geheimnisvolle Geschichten von unbekannten Kunststückchen, die Ihr Mac vollführen kann, wenn Sie während des Starts bestimmte Tastenkombinationen gedrückt halten. Hier sind einmal alle Start-Tastenkombinationen zusammengefaßt. Außerdem haben wir ein paar nützliche Starttips eingestreut.

- **Die Shift-Taste 1:** Halten Sie die Shift-Taste spätestens mit dem Erscheinen des lustigen Macintosh-Icons gedrückt. Sie können die Taste loslassen, sobald Sie die Meldung «Systemerweiterung deaktiviert» lesen. Der Mac wird nun ohne Erweiterungen und Kontrollfelder gestartet. Sie haben die Aktivierung der Start- und Ausschaltobjekte sowie den Start von File Sharing verhindert. Außerdem haben Sie den virtuellen Speicher ausgeschaltet und den Festplatten-Cache auf seine Voreinstellungen zurückgesetzt.

- **Die Shift-Taste 2:** Wenn Sie die Shift-Taste erst nach dem Erscheinen Ihrer Erweiterungen drücken – allerdings bevor der Schreibtisch zu sehen ist –, verhindern Sie das Laden der Startobjekte aus dem Systemordner, ohne die Erweiterungen auszuschalten.

- **Die Optionstaste:** Wenn Sie während des Starts die Optionstaste drücken, werden Sie von einem sauberen, ordentlichen Schreibtisch begrüßt, auf dem keine offenen Ordner herumliegen oder irgendwelche Fenster offenstehen. (Normalerweise öffnet der Mac alle Fenster erneut, die beim letzten Ausschalten noch geöffnet waren.)

- **Befehl-Option:** Auf jedem Volume gibt es eine unsichtbare Schreibtischdatei. Mit der Zeit wird diese mit Icons überfüllt, die zu Dateien und Programmen gehören, die schon lange nicht mehr auf Ihrem Volume sind. Um den Mac all diese überflüssigen Icons in der bestehenden Schreibtischdatei «vergessen» zu lassen, müssen Sie die Befehls- und die Optionstaste drükken, während der Mac hochfährt. Das muß nicht sofort erfolgen, sondern erst dann, wenn alle Erweiterungen geladen sind. Sie können die Tasten loslassen, wenn das hier abgebildete Dialogfeld erscheint (2.3). Der Mac fragt Sie, ob Sie die Schreibtischdatei wirklich neu anlegen wollen.

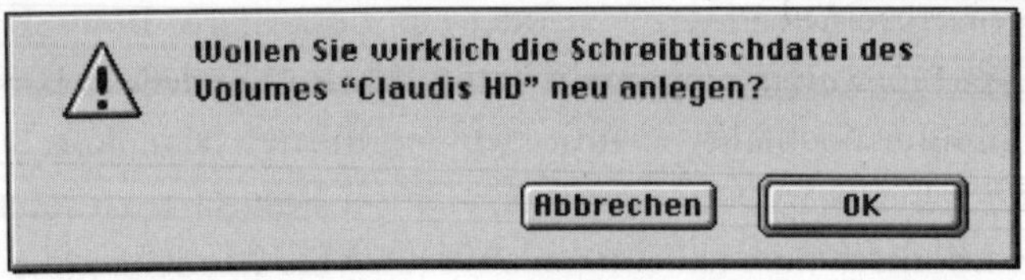

Abb. 2.3 Der Mac fragt, ob Sie sicher sind, daß Sie Ihre alte Schreibtischdatei löschen wollen.

Wenn Sie OK klicken, dauert es etwa eine Minute, bis der Mac die Schreibtischdatei gesäubert und in eine schlankere, schnellere, aber immer noch unsichtbare Schreibtischdatei umgewandelt hat (2.4). Für jedes Volume, das an Ihren Mac angeschlossen ist, erhalten Sie eine separate Meldung. (Vor System 7.5.3 werden bei der Erneuerung der Schreibtischdatei sämtliche Kommentare gelöscht, die Sie im Informationsfeld für Ihre Dateien vermerkt hatten.)

Abb. 2.4 Der Mac legt die Schreibtischdatei neu an. Sollte es Ihnen zu lange dauern, können Sie ruhigen Gewissens «Stop» klicken; es passiert gar nichts. Sollten Ihre Icons in generischer Form erscheinen, können Sie die Prozedur jederzeit wiederholen.

Wir sollten erwähnen, daß Apple empfiehlt, den Schreibtisch nur bei deaktivierten Erweiterungen neu anzulegen. Wir haben allerdings die Schreibtischdatei schon etliche Male problemlos erneuert, ohne die Erweiterungen auszuschalten.

- **Befehlstaste:** Wenn sie beim Start die Befehlstaste gedrückt halten, deaktiviert der Mac den virtuellen Speicher (falls dieser eingeschaltet war). Das Kontrollfeld *Speicher* sagt zwar immer noch, daß er eingeschaltet ist, aber hier sehen Sie nur die Werte, die beim Neustart des Mac wieder aktuell sein werden. Statt dessen können Sie selbst testen, ob der virtuelle Speicher ausgeschaltet ist, indem Sie den verbleibenden Platz auf Ihrer Festplatte überprüfen – der müßte plötzlich um einige MB angestiegen sein, da die Swap-Datei des virtuellen Speichers im Moment nicht da ist. (Lesen Sie auch Kapitel 16, um mehr über den virtuellen Speicher zu erfahren.)

- **Die C-Taste:** Wenn Sie einen Power Mac oder ein moderneres PowerBook von CD-ROM starten wollen, müssen Sie die Taste C gedrückt halten, während der Computer hochfährt. Damit zwingen Sie den Mac dazu, vom Systemordner der CD anstatt vom Systemordner der Festplatte zu starten. (Dieser Trick funktioniert auch bei einigen anderen Mac-Modellen, die ein CD-ROM-Laufwerk haben, wie z.B. der Performa 630/640.)
  Falls Ihr Macintosh bei diesem Prozeß nicht von CD bootet, unterstützt das Gerät diese Funktion nicht. Lesen Sie den nächsten Tip!

- **Befehl-Option-Shift-Löschtaste:** Wenn Sie gleich nach dem Einschalten die Befehls- und die Optionstaste sowie die Shift- und die Löschtaste gleichzeitig gedrückt halten, ignoriert der Mac sein internes Festplattenlaufwerk. Auf diesem Weg können Sie den Mac ganz leicht dazu bewegen, ein anderes Startvolume zu nutzen, wie beispielsweise eine externe Festplatte, die Sie mit einer anderen Systemversion ausgestattet haben. (Es ist außerdem eine gute Fingerspreiz-Übung.) Wenn Sie das PowerBook 1400 oder einen anderen Rechner besitzen, der den C-Tasten-Trick nicht unterstützt, können Sie in Krisenzeiten mit dieser Tastenkombination doch von Ihrer CD-ROM starten.

- **Befehl-Option-Shift-Löschtaste-Ziffer:** Nehmen Sie die vorige Tastenkombination und drücken Sie zusätzlich eine Zifferntaste zwischen 1 und 6, und schon haben Sie den Mac dazu gebracht, von einem ganz bestimmten Startvolume zu starten (anstatt von der eingebauten Festplatte).

EINSTEIGER

- **Befehl-Option-P-R:** Ihr Mac hat ein winziges Stückchen Speicher mit der Bezeichnung Parameter-RAM oder PRAM (gesprochen: Pe-RAM). Darin bewahrt der Mac Einstellungen auf, die selbst dann erhalten bleiben, wenn er ausgeschaltet ist – wie beispielsweise die Einstellungen, die Sie mit Hilfe der Kontrollfelder vornehmen (Mausbewegung, Tastatureinstellungen, Monitor-Farbeinstellungen, Schreibtischhintergrund, Auswahl des Startvolumes, Druckerauswahl, Netzwerkeinstellungen und so weiter).

  In Krisenzeiten könnte es passieren, daß Sie den PRAM löschen und alles wieder neu einstellen müssen. Um das zu tun, benötigen Sie eine weitere Tastenkombination: Halten Sie beim Neustart die Befehls- und Optionstaste sowie die Buchstabentasten P und R. Halten Sie die Tastenkombination so lange, bis Sie einen zweiten Start-Sound hören. (Auf einem Mac mit PCI-Slots können Sie den PRAM nicht einfach mit einem Neustart wegfegen. Sie müssen den Computer komplett ausschalten, danach die Tastenkombination drücken und erst dann den Computer wieder einschalten.)

- **Befehl-Option-T-V:** Bei den Quadra AV können Sie Ihren Fernseher als Monitor nutzen. Drücken Sie dazu die Befehls- und Optionstaste sowie die Buchstabentasten T und V.

- **Befehl-Option-O-F:** Wie Sie in Kapitel 12 lesen können, ist der iMac wirklich revolutionär – nicht nur durch sein futuristisches Design. Er ist z.B. der erste Macintosh, der seinen ROM auf der Festplatte anstatt in ROM-Chips lagert. Dahinter steckt eine Technologie namens Open Firmware.

TECHNIK

Dieser Mini-Dialog ist das letzte Überbleibsel einer an sich guten Idee: Apple und IBM einigten sich 1997 auf ein spezielles Platinendesign namens «Common Hardware Reference Plattform» (CHRP). Nach diesen Spezifikationen gebaute Computer sollten billig herzustellen sein und verschiedene Betriebssysteme (darunter Mac OS, IBMs AIX und sogar Windows NT) benutzen können. Damit die Auswahl des Betriebssystems funktioniert, brauchten die Platinen eben die Open Firmware. Realisiert wurden von diesen Plänen allerdings nur die billigen Nachbau-Macs von Motorola, Power Computing und anderen Herstellern. Die Mac-Clones gibt es inzwischen nicht mehr, weder IBM noch Apple hat die CHRP-Idee weiterverfolgt – nur der Bootprozeß der Open Firmware ist noch vorhanden. Sie verstehen nun die Bedeutung der iMac-Tastenkombination Befehl-Option-O-F. Indem Sie diese Tasten nämlich ganz zu Anfang des Startprozesses (noch bevor der Bildschirm erleuchtet ist) gedrückt halten, kitzeln Sie das Open Firmware Osterei aus seinem Versteck hervor: ein weißer Bildschirm mit einem kleinen Copyright-Vermerk und der Versionsnummer. Dieser Trick funktioniert übrigens auch auf den G3/G4-Macs.

HEISSER TIP

Der Fairneß halber werden wir Ihnen lieber doch sagen, wie Sie aus dem Ei wieder ausbrechen können. Kaum zu glauben, aber versuchen Sie es einmal mit dem Wörtchen «bye» und der Return-Taste.

- **Leertaste:** Halten Sie während des Startens die Leertaste gedrückt. Dadurch öffnet sich das Dialogfenster des Kontrollfeldes *Erweiterungen Ein/Aus* bzw. des Conflict Catchers – je nachdem, was bei Ihnen installiert ist. In diesem Fenster können Sie auswählen, welche Erweiterungen und Kontrollfelder nach diesem Start eingeschaltet sein sollen.

- **Interrupt-Schalter:** Auf 1994er bis 1996er Macs können Sie die Absturzsounds so oft hören, wie Sie wollen (siehe «Spiel mir das Lied vom Tod» zu Anfang dieses Kapitels). Dazu müssen Sie sofort nach dem Einschalten – noch während der Monitor schwarz ist – den Interrupt-Schalter drücken. Uuaah, ein schrecklicher Klang!

- **Gedrückte Maustaste:** Nehmen wir an, Sie haben eine Diskette in Ihrem Diskettenlaufwerk vergessen. Kein Problem: Wenn Sie den Mac einschalten, wirft er die Diskette sofort aus. Aber was tun, wenn sich auf dieser Diskette ein Systemordner befindet? Sie werden doch nicht dazu verdammt sein, so lange zu warten, bis das System endlich von Diskette hochgefahren ist, nur um dann die Diskette auszuwerfen und den Rechner wieder neu von Festplatte zu starten? Nein, das müssen Sie nicht. Halten Sie, sobald Sie Ihren Fehler bemerken (oder besser noch früher, da Sie handeln müssen, bevor das lustige Mac-Icon erscheint), die Maustaste gedrückt. Die Diskette wird ausgeworfen, und der Startprozeß beginnt mit dem Systemordner der Festplatte.

Der Startbildschirm

Normalerweise zeigt der Mac beim Starten eine Grafik mit dem Mac-Logo und einer Meldung wie z.B. «Mac OS 8.6». Sie können an dieser Stelle jedoch auch ein eigenes Bild erscheinen lassen und damit Ihren Mac gleich beim Start etwas persönlicher erscheinen lassen.

HEISSER TIP

Ihre eigene Startgrafik muß ein spezielles Grafikformat haben. Dieses Format heißt bei Photoshop «PICT-Ressource», bei dem Shareware-Programm *GraphicConverter* (auf der CD) wird es einfach «StartupScreen» genannt. Laden Sie die gewünschte Startgrafik in ein Programm, das die Bilddatei in diesem speziellen Format speichern kann. Nennen Sie diese neue Datei «StartupScreen» – genau so und ohne Leerzeichen. Bewegen Sie sie dann in den Systemordner und starten Sie neu, und schon erscheint Ihr persönlicher Startbildschirm.

Achten Sie darauf, daß Ihre Startgrafik die richtige Größe hat. Sie sollte nicht größer sein als die dargestellte Bildschirmfläche beim Start Ihres Mac. Ist die Grafik kleiner, wird sie in der Mitte des Monitors zentriert angezeigt, ist sie größer, dann sehen Sie nur die Mitte des Bildes.

Der Startfilm

Sie können den Startvorgang Ihres Mac nicht nur mit einer eigenen Grafik verschönern, sondern auch mit einem Film! Dazu müssen Sie die QuickTime-Erweiterung installiert haben. Geben Sie dann Ihrem gewünschten Startfilm den Namen «Startup Movie» und legen sie ihn lose in den Systemordner. Starten Sie den Mac neu und sehen Sie sich den Spaß an. Natürlich startet der Film erst, wenn die QuickTime-Erweiterungen vollständig geladen sind. Anschließend bleibt der Startprozeß so lange stehen, bis der Film zu Ende abgespielt wurde. Falls Ihnen das jedoch zu lange dauert, können Sie das Abspielen jederzeit vorher mit der Leertaste unterbrechen.

HEISSER TIP

Sie können sogar Startbildschirm und Film kombinieren und damit dem Film eine richtige Bühne verpassen. Erstellen Sie dazu eine Startgrafik, die zentriert in der Mitte ein Loch für den Film hat. Achten Sie darauf, daß der QuickTime-Film genauso groß ist wie dieses Loch, und schon erscheint zuerst die Grafik, in der dann der Film abläuft (2.5).

Manche Macs und bestimmte Grafikkarten schalten während des Startvorganges die Auflösung des Monitors um. Dabei geht leider die Startgrafik verloren, das Abspielen des QuickTime-Films funktioniert aber trotzdem.

Abb. 2.5 Erstellen Sie Ihren eigenen Startbildschirm (links). Wenn der Startfilm läuft, paßt er genau hinein – vorausgesetzt, beide Teile haben die richtige Größe.

Zu festgelegten Zeiten starten

Ihr Mac kommt ganz gut ohne Sie zurecht – zumindest kann er sich ohne Ihre Hilfe selbst einschalten. Das Kontrollfenster *Energie sparen* (in Kapitel 15 beschrieben) kann jeden neueren Mac zu einer festgelegten Zeit starten – an bestimmten Tagen oder täglich. Die meisten PowerBooks können das übrigens auch. Dort gibt es eine Option unter den Kontrollfeldern, die dafür sorgt, daß sich der Computer zu ausgewählten Zeitpunkten selbst weckt.

Startobjekte «Zurücktreten bitte!»

Einige Leute legen ein Alias ihres Textverarbeitungsprogramms in den Ordner *Startobjekte*, so daß Sie gleich von einem leeren Textverarbeitungsfenster begrüßt werden, nachdem sie den Mac eingeschaltet haben. Daran gibt es nichts auszusetzen. In einigen Fällen kann das Programm in Ihrem Ordner *Startobjekte* jedoch als sogenanntes Hintergrundprogramm erstellt worden sein. Spracherkennungs-Software (wie PowerSecretary), Anrufbeantworter-Programme (wie MegaPhone) und viele Bildschirmschoner sind in diese Kategorie einzuordnen. Dummerweise kommen diese Programme sofort in den Vordergrund, da sie als erste Anwendung nach dem Start geladen werden.

HEISSER TIP

Das passiert allerdings nicht, wenn Sie ein Alias Ihrer Festplatte in den Ordner *Startobjekte* legen. Damit rückt dann der Finder an die erste Stelle (im Anschluß an den Startprozeß) und öffnet automatisch sein Fenster. Achten Sie einfach darauf, daß die Komponente, die beim Startprozeß zuletzt geladen werden soll, alphabetisch am Schluß steht (geben Sie der Datei beispielsweise einen Namen, der mit Z beginnt).

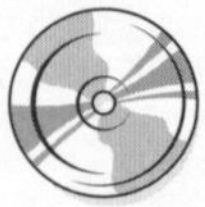

CD-ROM

Nun wissen Sie, warum es so lange dauert, den Mac zu starten – zwischen dem Überprüfen der Hardware und dem Laden der Software liegen bei einigen Macs schon ein paar Minuten, bevor sie für weitere Aktionen bereit sind. Wollen Sie den Startprozeß beschleunigen? Auf der CD zum Buch finden Sie ein nützliches Hilfsmittel. Installieren Sie den *Startup Doubler*, eine Systemerweiterung, die sich Ihre Standard-Erweiterungen und -Kontrollfelder «merkt». Alle nachfolgenden Starts werden nur so an Ihnen vorbeifliegen.

Und das kommt nach dem Start

Der nächste Schritt für den Mac ist das Laden des Finders. Auf dem Bildschirm erscheinen die Finder-Menüs (Datei, Bearbeiten, Darstellung, Spezial, Hilfe). Danach setzt sich der Computer mit einer wichtigen, obwohl unsichtbaren Datei in Verbindung: der Schreibtischdatei. Diese enthält alle möglichen Informationen über Ihre Volumes, Ordner, Dateien und deren Icons. Sobald der Mac (von der Schreibtischdatei) erfahren hat, welche Icons Sie haben und wo diese erscheinen sollen, kommen Sie auf dem Schreibtisch zum Vorschein. Danach sucht er nach Festplatten und zeichnet deren Icons in die rechte Ecke am oberen Bildschirmrand.

In Mac OS 8 und späteren Versionen wird erst ganz zum Schluß das Apple-Menü mit Einträgen gefüllt. Darum erscheint es beim Daraufklicken auch so lange leer, bis alle Icons auf dem Schreibtisch angezeigt sind.

Startobjekte

Im Systemordner befindet sich ein Ordner mit der Bezeichnung *Startobjekte*. Gleich nachdem der Schreibtisch erscheint, öffnet der Mac alles, was Sie in diesem Ordner abgelegt haben.

Der Mac lädt die Komponenten aus dem Startobjekte-Ordner in der Reihenfolge Anwendungen, Dokumente, Alias-Dateien – und innerhalb dieser Kategorien alphabetisch. Das können Sie zu Ihrem Vorteil nutzen! Indem Sie nämlich die Komponenten in diesem Ordner neu benennen, können Sie selbst festlegen, welche Programme täglich zuerst geladen werden.

HEISSER TIP

Hier noch ein guter Tip für den Startobjekte-Ordner: Legen Sie ein Alias davon an, und plazieren Sie es in der linken Ecke am unteren Bildschirmrand. Ziehen Sie am Ende jedes Arbeitstages ein Alias des Dokuments, an dem Sie gerade arbeiten, in die Alias-Datei des Startobjekte-Ordners. (Mit Mac OS 8 geht das besonders einfach – ziehen Sie das Icon der Datei einfach bei gehaltener Befehls- und Optionstaste an die gewünschte Stelle.) Wenn Sie den Mac dann am nächsten Morgen einschalten, finden Sie sich sofort im gleichen Dokument wieder und können loslegen.

Ausschalten

EINSTEIGER

Apple bittet inständigst darum, daß Sie Ihren Mac niemals über den Netzschalter an der Steckdose bzw. den Schalter an der Rückseite ausschalten. Statt dessen sind Sie angehalten, eine der offiziell anerkannten Methoden anzuwenden:

- Wechseln Sie in den Finder (oder beenden Sie alle Programme), und wählen Sie den Befehl *Ausschalten* aus dem Menü *Spezial*.
- Die meisten Mac-Modelle ab 1995 können Sie über die Ein-/Ausschalttaste auf Ihrer Tastatur ausschalten. Sogleich öffnet sich das in Abbildung 2.6 dargestellte Dialogfenster mit den drei Optionen: *Neustart*, *Abbrechen* oder *Ausschalten*. Klicken Sie *Ausschalten* oder drücken Sie die Return-Taste, um den Vorgang abzuschließen. Auf den meisten Macs finden Sie außerdem

eine vierte Option: *Ruhezustand*. Wenn Sie diesen Button klicken, bleibt Ihr Computer eingeschaltet; nur das Videosignal zum Bildschirm wird unterbrochen, so daß dieser schwarz wird. Sie können außerdem die Taste R drücken, um einen Neustart vorzunehmen. Mit der Taste S leiten Sie den Ruhezustand ein.

- Kaum bekannt ist die Ausschalt-Tastenkombination Ctrl-Option-Ein-/Ausschalttaste. Sie ersparen sich damit immerhin ein Dialogfenster und einen Mausklick.
- In System 7.5 bis 7.6 wählen Sie den Befehl *Ausschalten* aus dem Apple-Menü. So vermeiden Sie den Finder.
- Überlassen Sie das Ausschalten Ihres Mac dem Kontrollfeld *Energie sparen*

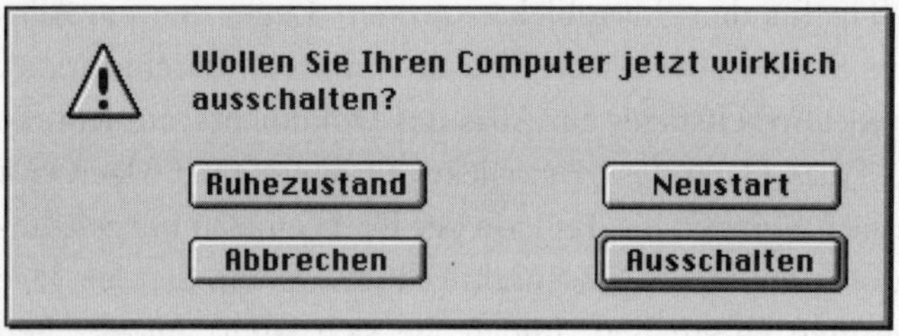

Abb. 2.6 Drücken Sie bei den moderneren Mac-Modellen die Ein-/Ausschalttaste, um in dieses Dialogfenster zu gelangen. Sie können sich einen Mausklick sparen, indem sie R (für Neustart), S (für Ruhezustand), Esc (für Abbrechen) oder die Return-Taste (für Ausschalten) drücken.

Aber warum interessiert es Apple eigentlich, wie Sie Ihren Mac ausschalten? Darauf gibt es eine ganz plausible Antwort: Beim Mac ist ein wenig «Hausputz» notwendig, bevor Sie ihn ausschalten. Wenn ihm einfach der Strom abgeschaltet wird, hat er dafür keine Gelegenheit. Zu den Aufgaben gehören:

- das Auffrischen Ihrer unsichtbaren Schreibtischdatei mit den derzeitigen Icons und Fensterpositionen,
- die Aufforderung an Sie, alle geöffneten Dokumente vor dem Schließen zu sichern,
- das korrekte Beenden aller noch laufenden Programme, wobei alle «tmp-Dateien» gelöscht werden,

- das Auswerfen von Disketten oder anderen Wechselmedien, die sich noch im Laufwerk befinden.

Leider gibt es trotzdem viele Situationen, in denen man gar nicht erst an den Ausschalt-Befehl herankommt. Denken wir beispielsweise an die ungeliebten Systemabstürze. In diesen Fällen bleibt Ihnen nichts weiter übrig, als den Computer vom Strom zu trennen.

Wir empfehlen Ihnen, eine der von Apple empfohlenen Ausschalt-Methoden anzuwenden. Allerdings halten wir nicht viel von diesen übertriebenen paranoiden Rettungsversuchen, die in so vielen Büchern und Zeitschriften beschrieben werden. Wir raten Ihnen, den Strom abzuschalten, wenn es sein muß. Besonders seit dem System 8.5 mußte auch Apple lernen, daß so etwas schon einmal passieren kann – Abstürze inklusive. Deshalb vollzieht der Mac bei jedem Neustart eine Selbstkontrolle; und falls er auf Probleme stößt, nimmt er auch gleich selbst die Reparatur vor. Alles, was Sie dazu opfern müssen, ist Zeit.

Der Moment der letzten Chancen

Nachdem Sie den Ausschalt-Befehl gewählt haben, führt der Mac eine Reihe verschiedener Schritte aus. Sofern noch Programme geöffnet sind, schließt sie der Mac automatisch, wobei er Ihnen zuvor die Möglichkeit gibt, alle noch ungesicherten Arbeiten zu sichern. Wenn Sie an ein Netzwerk angeschlossen sind und andere Macs einige Dateien mit Ihnen teilen, erhalten Sie eine Warnung, daß Sie kurz davor stehen, Ihren Mitstreitern die Tür vor der Nase zuzuschlagen, so wie in Abbildung 2.7 zu sehen. Wenn Sie in irgendeinem der Dialogfenster auf *Abbrechen* klicken, heben Sie den gesamten Ausschaltprozeß aus den Angeln; der Mac bleibt eingeschaltet.

Abb. 2.7 Wenn Sie mit einem Netzwerk verbunden sind und sich ein anderer Mac in Ihre Festplatte «eingeloggt» hat, erhalten Sie von Ihrem Mac eine freundliche Warnung.

Um Mitternacht automatisch ausschalten

Nehmen wir an, Sie laden eine größere Datei aus dem Internet herunter, und Ihr Mac sagt Ihnen, daß diese Aktion vermutlich noch bis etwa 3 Uhr morgens dauern wird. Natürlich wollen Sie nicht so lange aufbleiben, Sie möchten aber auch nicht Ihr Computersystem so lange eingeschaltet lassen.

In so einem Fall hilft Ihnen das Kontrollfeld *Energie sparen*. Damit können Sie einstellen, wann sich Ihr Mac automatisch abschalten soll. Das kann entweder nach einer bestimmten Zeit ohne Aktivität geschehen, oder zu einem festgelegten Zeitpunkt. Fünf Minuten vor dieser Zeit erhalten Sie eine Warnung. In dieser Dialogbox können Sie das Ausschalten entweder um eine weitere Stunde verschieben oder komplett abbrechen. Falls Sie jedoch gerade mit Ihrem Mac arbeiten, wird dieser Fünf-Minuten-Zyklus so lange verschoben, bis sich der Mac erneut im Leerlauf befindet.

Einen Ausschalt- oder Neustart-Befehl abbrechen

Nehmen wir an, Sie haben gerade auf *Ausschalten* geklickt und stellen einen Augenblick später fest, daß Sie wieder einmal das Backup vergessen haben. Gibt es irgendeine Chance, den Mac noch einmal zurückzuholen, bevor er den Laden dicht macht?

HEISSER TIP

Ja! Versuchen Sie, so schnell wie möglich noch eine Anwendung zu starten – SimpleText, den Taschenrechner, einfach irgendetwas! Das Starten einer Anwendung bringt den Mac dazu, den Ausschaltprozeß abzubrechen. Wenn Sie einen Bildschirmschoner haben, können Sie auch den aktivieren, um aus dem Ausschaltprozeß herauszukommen.

Interrupt und Reset

Obwohl er Reset genannt wird, müßte er eigentlich Restart heißen. Denn dieser Schalter tut nichts anderes, als den Mac neu zu starten. An jedem Mac gibt es ein Paar dieser kleinen lustigen Knöpfe. Einer davon ist der Interrupt-Schalter, obwohl der Ihnen ziemlich egal sein kann, wenn Sie nicht gerade Programmierer sind. Aber sein Zwillingsbruder Reset ist dafür um so interessanter!

Bevor wir Ihnen erzählen, wie toll diese Schalter sind, werden wir Ihnen erst einmal helfen, sie zu finden. Zu allen SE oder Mac-II-Rechnern gehören zwei miteinander verbundene Plastikknöpfe, die Sie kurz nach dem Auspacken an das Gehäuse Ihres Mac angeknipst haben sollten.

Die nächste Generation ist bereits mit speziellen Knöpfen für die Interrupt- und Reset-Funktionen ausgestattet; hier gibt es nichts zu installieren. Sie befinden sich bei den 7100, 8100, den meisten Quadras und Clones von Power Computing sowie Centris (Quadra) 650 vorn und bei Centris (Quadra) 610 und 6100 hinten (wenn Sie hinten draufschauen, rechts).

Wenn Sie ein PowerBook 140 bis 180 haben, finden Sie die Interrupt- und Resetschalter als zwei kleine Löcher auf der Rückseite, wenn Sie draufschauen rechts. Beim iMac befinden sich die Löcher an der Seite des Gerätes. Um die Knöpfe zu «drücken», müssen Sie irgendetwas Spitzes zu Hilfe nehmen, beispielsweise eine auseinandergebogene Büroklammer.

Die blauweißen G3-Macs und ihre G4-Nachfolger haben die Knöpfe deutlich sichtbar an der Frontseite, unterhalb des Netzschalters.

Alle anderen Macs haben gewissermaßen versteckte Reset- und Interruptschalter, oder um ganz genau zu sein, haben sie gar keine. Statt dessen müssen Sie für einen Neustart gleichzeitig die Befehls-, Ctrl- und die Ein-/Ausschalttaste drücken. (Für die Interrupt-Funktion drücken Sie nur die Befehls- und die Ein-/Ausschalttaste.)

Sollte Ihr Gerät einen richtigen Schalter, einen Knopf oder das besagte Loch (für die aufgebogene Büroklammer) haben, müssen Sie zudem wissen, daß der Interrupt-Schalter für gewöhnlich durch einen Kreis gekennzeichnet ist. Der Reset-Schalter – das ist der, den Sie sich merken sollten – ist durch ein nach links gerichtetes Dreieck gekennzeichnet. Er sieht genauso aus wie die Ein-/Ausschalttaste auf Ihrer Tastatur.

ACHTUNG

Beim iMac funktioniert die Tastenkombination Befehl-Ctrl-Ein/Ausschalttaste manchmal nicht. Das liegt an der USB-Leitung des iMac, bei einigen Systemabstürzen hilft diese Tastenkombination nichts. Sie haben in einem solchen Fall keine andere Wahl, als den Reset-Schalter des iMac zu drücken. Dieses winzige Loch befindet sich in der Seite des Plastikgehäuses zwischen den Ethernet- und Modemeingängen und ist durch ein kleines Dreieck gekennzeichnet. Stecken Sie eine auseinandergebogene Büroklammer in dieses Loch, um den iMac neu zu starten. Sollte selbst das nicht funktionieren, trennen Sie den iMac für 30 Sekunden von der Stromversorgung. Beim erneuten Einschalten müßte alles wieder funktionieren.

Der Interrupt-Schalter

Den Interrupt-Schalter – das ist der Schalter, den man nur über die Tastenkombination Befehls- und Ein-/Ausschalttaste bedienen kann – brauchen Sie so gut wie gar nicht. (Bei älteren Macs ist das ein richtiger Plastikknopf an der Rückseite des Gerätes, der durch einen Punkt gekennzeichnet ist.) Aber wir haben uns sagen lassen, daß dieser Schalter unter Umständen bei einem Computerabsturz recht hilfreich sein kann.

Drücken Sie also im Falle eines Systemzusammenbruchs diesen Schalter. Nun erscheint ein leeres Dialogfenster, in dem nichts weiter steht als das Zeichen >. Dieses Dialogfenster ist der Mini-Debugger. In das Fenster können Sie Dinge hineinschreiben, die folgendes bewirken sollen:

Mit G FINDER oder G F (und der Return-Taste) sollen Sie sicher wieder zurück in den Finder gelangen.

Die Zeichenfolge SM0A9F4 (Return-Taste drücken) PCFA700 (Return-Taste noch einmal drücken) G (wieder Return-Taste) ist eine weitere Möglichkeit, die Sie zurück zum Finder bringt.

Mit der Folge SM A78 3F3C 0002 A895 (Return-Taste drücken) G A78 (und wieder Return) schalten Sie Ihren Mac aus.

Allerdings haben wir herausgefunden, daß diese Zeichenfolgen keinesfalls immer zum erhofften Erfolg führen. Aber auf der anderen Seite wird doch jeder zugeben, daß er wahrscheinlich sogar im Kreis hüpfen und zehn Mal rückwärts «Gigabyte» rufen würde, nur um seine ungesicherten Daten zurückzuholen, wenn sich sein Computer gerade aufgehängt hat.

Wir wollten Ihnen zeigen, wie bequem und einfach die Anwendung des Reset-Schalters ist. Natürlich sollten Sie ihn nicht täglich als Ausschalter benutzen – sondern wirklich nur, wenn Ihr Mac sich festgefahren hat. Denn bei dieser Methode kann es passieren, daß noch geöffnete Dateien beschädigt werden (obwohl das eigentlich nur dann der Fall ist, wenn sich der Rechner mitten im Speicherprozeß festgefahren hat).

Ruhezustände

Unter dem Vorwand des Energiesparens erfindet Apple immer neue Variationen von Ein und Aus. PowerBooks haben beispielsweise den Ruhezustand. Alle Power Macs außer den drei Originalmodellen (6100, 7100, 8100) fahren ein noch härteres Konzept auf: den Schreibtisch-Schlaf.

Das iBook kennt außerdem eine Betriebsart «Suspend to disk». Das bedeutet, daß ein Schnappschuß des Hauptspeichers auf die Festplatte geschrieben und die Elektronik des Computer auf Sparflamme geschaltet wird. Im Gegensatz zu den früheren Powerbooks braucht der Speicher des iBook keinen Strom, um seine Informationen zu erhalten – beim erneuten Einschalten wird die Datei von der Festplatte zurückgelesen und der Speicher befindet sich wieder in seinem alten Zustand.

Wahr ist auch, daß die heutigen Macs das Ruhezustandsprinzip noch etwas weiter treiben. Sie bieten unabhängige Einstellungen für die Festplatte und für den Bildschirm an. (Für den Bildschirm gibt es sogar zwei verschiedene Schlafmöglichkeiten, wie Sie gleich lesen werden.) So können Sie z.B. den Bildschirm schon nach 30 Minuten in den Ruhezustand schicken, während Sie die Festplatte erst nach einer vollen Stunde langsam austrudeln lassen.

Und so können Sie Ihren Mac zur Ruhe schicken:

- Wählen Sie aus dem Finder-Menü *Spezial* den Befehl *Ruhezustand*.
- Drücken Sie die Ein-/Ausschalttaste. Klicken Sie dann im Dialogfenster auf *Ruhezustand* (oder drücken Sie die Taste S – diese Methode funktioniert auf fast allen neueren Mac-Modellen).
- Eine weniger bekannte Methode ist die Tastenkombination Befehls-Options-Ein-/Ausschalttaste. Damit umgehen Sie außerdem ein Dialogfenster.

HEISSER TIP

- Sie können den Mac auch automatisch in den Ruhezustand schicken, indem Sie das Kontrollfeld *Energie sparen* benutzen, das im nächsten Abschnitt beschrieben wird.

Um einen schlafenden Mac zu wecken, drücken Sie einfach irgendeine Taste oder klicken Sie mit der Maus.

Systemschlaf

Das Kommandozentrum, von dem aus alle Laptops und Power Macs in den Schlaf geschickt werden können, ist das Kontrollfeld *Energie sparen*. Wie Sie in Abbildung 2.8 sehen können, gibt Ihnen diese Anwendung die Möglichkeit, separate Einstellungen für die verschiedenen Komponenten des Mac vorzunehmen: die Festplatte, das System und den Monitor. Um das gesamte Dialogfenster sichtbar zu machen, klicken Sie auf *Mehr Optionen*.

Sie werden schnell bemerken, daß Sie den Bildschirm und die Festplatte nicht wachhalten können, wenn der Mac selbst schon weggedöst ist. Mit anderen Worten: falls der Mac schläft, schlafen alle. (Wenn Sie sich die hellgrauen Bereiche der beiden unteren Balken in Abbildung 2.8 einmal anschauen, werden Sie sehen, was ich meine. Sie können die Regler nicht weiter nach rechts ziehen als den Mac-Regler ganz oben.)

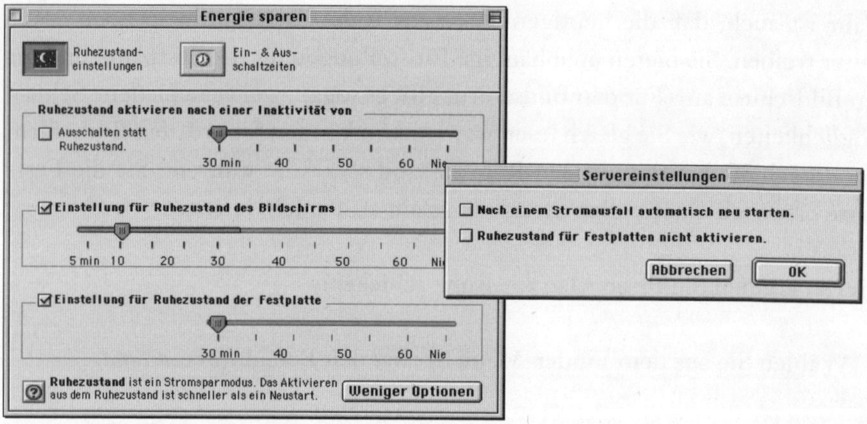

Abb. 2.8 Klicken Sie auf den Button «Mehr Optionen», um das Kontrollfeld «Energie sparen» in voller Größe darzustellen. Rechts sehen Sie das Dialogfenster «Servereinstellungen».

Und noch etwas: Wenn auf dem Bildschirm noch ein Dialogfenster zu sehen ist, wie etwa «Wollen Sie die Änderungen am Dokument vor dem Schließen sichern?», wird der Mac überhaupt nicht in den Ruhezustand gehen. (Apple hatte einmal eine Funktion «Automatisch sichern», die in eine frühere Version von *Energie sparen* eingebaut war. Alle bis zum Ausschalten des Mac ungesicherten Dokumente wurden automatisch in einem neuen Ordner auf dem Schreibtisch abgelegt und mit dem Datum und der Zeit des Ausschaltens gekennzeichnet. Da aber Anfänger mit dieser Funktion nicht zurecht kamen, wurde sie wieder eliminiert.)

Festplattenschlaf

Die Drehbewegung der Festplatte hat einen relativ großen Anteil am Stromverbrauch Ihres Mac. Allerdings dauert es auch sehr viel länger, den Mac wieder zu wecken, nachdem die Festplatte im Ruhezustand war – immerhin kostet es den Mac einige Anstrengung, die Festplatte wieder auf die exakte Geschwindigkeit zu bringen. Auf der anderen Seite können Sie so natürlich auch richtig Strom sparen, wenn Sie gerade nicht am Mac arbeiten.

Trotzdem gibt es auch eine Situation, die erfordert, daß die Festplatte nicht einschläft, während sich der Rest des Mac zur Ruhe begibt: wenn Sie nämlich in einem Netzwerk arbeiten und die Funktion *File Sharing* eingeschaltet ist. (In Kapitel 19 finden Sie mehr über Netzwerke.) Wenn jemand anderes versucht, an Dateien auf Ihrem Mac heranzukommen, während sich Ihre Festplatte im Ruhezustand befindet, so wird er vermutlich ewig warten müssen.

HEISSER TIP

Aus diesem Grund sollten Sie Ihre Festplatte stets in wachem Zustand halten, wenn Sie in ein Netzwerk integriert sind. Öffnen Sie dazu das Kontrollfeld *Energie sparen*, und wählen Sie aus dem Menü *Voreinstellungen* den Befehl *Servereinstellungen*. Auf dem Bildschirm erscheint nun das Dialogfenster, das in Abbildung 2.8 zu sehen ist. Schalten Sie die Option *Ruhezustand für Festplatten nicht aktivieren* ein. (Und da Sie schon einmal dabei sind: wenn Sie in einem Büronetzwerk arbeiten, insbesondere, wenn es ein Netzwerk ist, in das sich Kollegen mit Remote Access einwählen, sollten Sie vielleicht auch die andere Option *Nach einem Stromausfall automatisch neu starten* einschalten.)

Bildschirmschlaf – und Energie sparen

Obwohl davon weder im Handbuch, noch in der Online-Hilfe oder im Dialogfenster *Energie sparen* etwas steht, kann Ihr Mac seinen Bildschirm über zwei verschiedene Wege in den Schlaf befördern:

- **Bildschirmschoner (leichter Schlaf):** Wenn der Bildschirm einfach nur schwarz wird, haben Sie einen eingebauten Bildschirmschoner. Dennoch verbraucht der Bildschirm noch fast die gleiche Menge an Strom, so daß das Bild sofort wieder erscheint, wenn Sie eine Taste oder die Maus drücken.

- **Energie sparen (Tiefschlaf):** Das ist der Modus, an den Sie vielleicht denken, wenn wir von «Bildschirmschlaf» sprechen. Dabei wird der Bildschirm schwarz und verbraucht nur wenig Strom. Sie sparen gleichzeitig Geld, Energie und schützen zudem die Umwelt – allerdings dauert es wiederum länger, den Bildschirm wieder zu erhellen, wenn Sie ihn wecken. (Übrigens ist das auch der Modus, den Sie aufrufen, wenn Sie den Befehl *Ruhezustand* aus dem Finder-Menü *Spezial* wählen.)

Wie können Sie nun herausfinden, ob Ihr Bildschirm leicht oder tief schläft? Ganz einfach: per Voreinstellung ist der Energiesparmodus festgelegt.

Um den leichten Schlaf einzustellen (bei dem kaum Energie gespart wird), müssen Sie das Dialogfenster *Energie sparen* geöffnet haben (2.8). Schalten Sie hier die Option *Einstellung für Ruhezustand des Bildschirms* ein, und schieben Sie den Regler auf ein kürzeres Zeitintervall als den obersten Regler. Das war schon alles. Nachdem Sie das Zeitintervall festgelegt haben, wird Ihr Bildschirm zwar immer noch schwarz, er schläft aber nicht mehr so fest wie früher. Er wird trotzdem irgendwann in den wirklichen, tiefen, energiesparenden Schlaf fallen, und zwar zu dem Zeitpunkt, den Sie für den Systemschlaf (oberer Regler) bestimmt haben. Um das gesamte System jetzt noch einmal zu wecken, müssen Sie eine Taste drücken (ein Mausklick genügt nicht).

3 Mac-Grundlagen

In diesem Kapitel

Dieses Kapitel führt Sie in die Grundlagen der Arbeit auf dem Macintosh ein. Sie erfahren, wie das Zusammenspiel von Dokumenten und Programmen funktioniert und welche grundlegende Arbeitsweisen Sie kennen sollten, um Ihre Programme optimal zu nutzen. Außerdem lernen Sie wie Mac-Programme optimal arbeiten, wie man sie verwaltet und was sie gemeinsam haben.

Type, Creator und Doppelklick

Bei den früheren Inkarnationen des PC – z.B. bei DOS-Maschinen – konnten Sie nicht einfach doppelklicken, um ein Dokument zu öffnen. Unter DOS müssen Sie den Namen des Programms eintippen, das Sie starten wollen, dann ein Leerzeichen und anschließend den genauen Namen des Dokuments, das Sie damit öffnen wollen. Wenn Sie sich nicht genau an den Namen des Dokuments erinnern können, haben Sie Pech gehabt.

Auf dem Mac geht das alles viel einfacher. Sie doppelklicken einfach auf das Dokument-Icon, und das Programm, das es erzeugt hat, öffnet sich automatisch – egal, um welches Programm es sich handelt und wo es sich befindet.

Sie sollten auf jeden Fall den Mechanismus näher betrachten, der dem Mac diese Intelligenz verleiht. Er ist nämlich für eine Reihe weiterer Verhaltensweisen des Mac verantwortlich und beruht auf Type- und Creator-Codes, die wir Ihnen gleich erklären.

TECHNIK

Bei Windows in seinen verschiedenen Varianten benutzt der Computer die Endung einer Datei (wie etwa .psd für ein Photoshop-Dokument oder .doc für ein Word-Dokument), um herauszufinden, mit welchem Programm das Dokument geöffnet werden soll. Sobald Sie diese Endung verändern, funktioniert das nicht mehr. Ändern Sie beim Mac Type- oder Creator-Code, passieren ähnlich unangenehme Dinge, darum kommen Sie ohne spezielle Programme nicht ohne weiteres an diese Informationen heran (im Unterschied zu Windows, wo das versehentliche Ändern der Dateiendung nicht allzu schwer ist).

Creator-Codes

Jedes Programm besitzt seinen eigenen vierbuchstabigen Code: den Creator-Code. Normalerweise wird dieser vor Ihnen, den Anwendern, verborgen. Der Code für FileMaker Pro lautet z.B. FMPR, der für Microsoft Word heißt WDBN usw. (Bei Type- und Creator-Codes ist es übrigens wichtig, auf Großbuchstaben und Leerzeichen zu achten.) Da jedes Dokument mit einem Creator-Code versehen wird, weiß es immer, welches Programm es erzeugt hat. Beim Doppelklicken auf ein Dokument mit dem Creator-Code FMPR wird automatisch FileMaker Pro gestartet.

Type-Codes

Jedes Icon auf Ihrer Festplatte besitzt außerdem einen unsichtbaren Type-Code. Diese Information legt fest, von welcher Art die Datei ist: Text, Grafik usw. Je nachdem, was Sie in z.B. in Excels Speichern unter-Dialog auswählen, kann dieses Programm Textdateien (Type-Code: TEXT), normale Excel-Dateien (XLS8), Lotus 1-2-3-kompatible Dateien (SYLK), Microsoft-Works-Dateien (LWKS) usw. erzeugen. Jedes dieser Dokumente besitzt jedoch den gleichen Creator-Code – XCEL. Deshalb wird es beim Doppelklicken unabhängig vom Aussehen des Icons in Excel geöffnet. Type-Codes helfen dem Macintosh offensichtlich besonders beim Unterscheiden zwischen unterschiedlichen Dokumentarten. Haben Sie sich aber jemals gefragt, ob es so etwas wie einen Type-Code auch für Programme gibt?

Ja, auch Programme besitzen Type-Codes. Allerdings ist dieser Code bei fast allen Programmen gleich – er sagt dem Mac, daß es sich um eine Anwendung (Applikation) handelt: APPL. Das gilt jedoch nicht immer. Mac OS 8 hat eine 14-jährige Tradition gebrochen, indem es gleich zwei neue Creator-Codes für Anwendungen eingeführt hat. Zum einen ist dies APPC. Das heißt, eine Anwendung, die auf das Icon des Systemordners gelegt wird, gelangt automatisch in den Kontrollfelder-Ordner, wie etwa *Monitore & Ton*, *Energie sparen* oder *Datum & Uhrzeit*, die ja eigentlich keine Kontrollfelder sind. Zum anderen gibt es jetzt APPD. Dieser Code ist mit Anwendungen verknüpft, die automatisch in den Ordner des Apple-Menüs gelangen, wenn sie auf das Icon des Systemordners gezogen werden.

Was Type- und Creator-Codes mit Ihnen zu tun haben

ACHTUNG

Type- und Creator-Codes sind die einzige Erklärung für die berühmte Fehlermeldung «Die Anwendung konnte nicht gefunden werden». Diese Meldung erscheint viel zu oft, wenn Sie auf ein Icon doppelklicken. Sie bedeutet, daß der Mac keine passende Anwendung auf Ihrer Festplatte finden konnte, als er den Creator-Code der Datei untersuchte. Wenn Sie auf ein Dokument-Icon mit dem Creator-Code SQGP doppelklicken und es keine Anwendung mit einem solchen Code auf der Platte gibt, erhalten Sie diese Fehlermeldung.

Nehmen wir einmal an, die SQGP-Datei wurde Ihnen von einem Freund geschickt, der America Online benutzt. Die Nachricht besagt: «Hier ist eine JPEG-Datei meines Hundes Waldi.» Jetzt sind Sie an der Reihe. Falls Sie den Type-Code der Datei mit dem FileTyper (siehe nächster Abschnitt) überprüfen, werden Sie feststellen, daß es sich in der Tat um eine JPEG-Datei handelt. (JPEG ist der vierbuchstabige Type-Code für das Grafikformat JPEG.)

Es gibt viele Programme, die JPEG-Dateien öffnen können: Photoshop, Word, Netscape Navigator, PageMaker. Solange aber der Creator-Code der Datei auf ein Programm verweist, das Sie nicht besitzen, können Sie sie niemals mittels Doppelklick öffnen (es sei denn, Sie verwenden Mac OS Easy Open).

Ändern Sie jedoch den Creator-Code, so daß er zu einer vorhandenen Anwendung paßt, öffnet ein einfacher Doppelklick die JPEG-Datei! Die Datei würde sogar das zu dem entsprechenden Programm passende Icon erhalten. Der Mac verwendet Type- und Creator-Code einer Datei, um ihr im Finder die entsprechenden Icons zuzuordnen.

HEISSER TIP

Es gibt noch eine andere Lösung: Wenn Sie wissen, daß ein bestimmtes Programm mit dem Type-Code der Datei umgehen kann, so ziehen Sie diese einfach auf das Icon dieses Programms und lassen sie dort fallen (Drag & Drop). Wenn das Programm die Daten akzeptiert, ändert sein Icon die Darstellung auf «markiert», und beim Loslassen der Maustaste startet das Programm. Anschließend öffnet es die Datei. Sollte das jedoch nicht funktionieren, obwohl Sie genau wissen, daß das Programm mit dem entsprechenden Dokument umgehen können müßte, dann ist wahrscheinlich die Schreibtischdatei Ihres Mac defekt. Was Sie in einem solchen Fall tun können, finden Sie weiter hinten in diesem Kapitel.

CD-ROM

Type- und Creator-Codes ändern

In der Standard-Systemsoftware bietet Apple keine Möglichkeit, Type- und Creator-Codes einer Datei zu verändern. (Wie Sie gleich erfahren werden, gibt es mit *Dateien finden* einen geheimen Weg, die Codes zu sehen. Sie können sie aber nicht ändern.) Sie haben Glück: FileTyper ist eines der Werkzeuge, mit denen Sie leicht Type- und Creator-Codes ändern können. Und zwar funktioniert das folgendermaßen: Ziehen Sie die Datei, die Sie ändern wollen, auf das FileTyper-Icon im Finder. Die Dialogbox aus Abbildung 3.1 erscheint. (Falls das nicht der Fall sein sollte, bauen Sie Ihren Schreibtisch neu auf.)

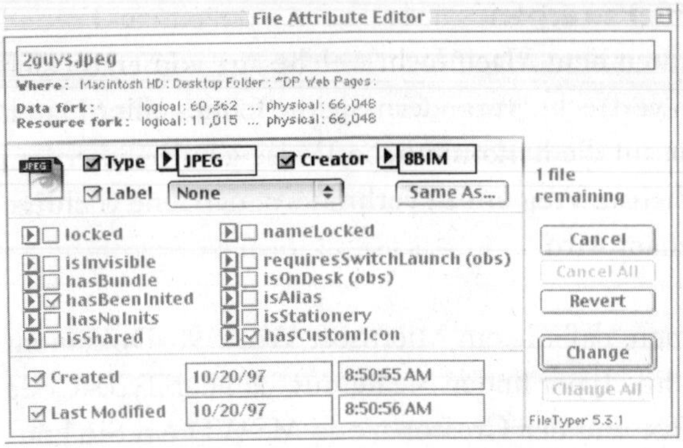

Abb. 3.1 Das FileTyper-Fenster mit den Textfeldern für Type- und Creator-Code.

Sie müssen jetzt nur noch einen neuen Type- oder Creator-Code in die Textfelder eingeben. Seien Sie vorsichtig: Der Code muß genau vier Zeichen lang sein. Großbuchstaben sind wichtig: wenn Sie als Creator einer Datei Fmpr statt FMPR schreiben, erhalten Sie keine FileMaker Pro-Datei. Klicken Sie abschließend auf *Change*. Es ist vollbracht!

Die Codes einer Datei bestimmen

Der Finder bietet keine Möglichkeit, den Type- oder Creator-Code einer Datei festzustellen. Allerdings gibt es ab System 7.5 einen undokumentierten Weg, diese Informationen mit dem Programm *Dateien finden* zu ermitteln. Wählen Sie im Popup-Menü *Programmtyp* oder *Dateityp* als Suchkriterium. (Oder benutzen Sie den Button *Mehr Optionen*, um ein zweites Popup-Menü zu erzeugen und beide Codes zu verwenden.) Ziehen Sie nun das Icon der mysteriösen Datei auf das leere Feld, wie in Abbildung 3.5 gezeigt. Das Programm *Dateien finden* enthüllt auf der Stelle die verborgenen Codes.

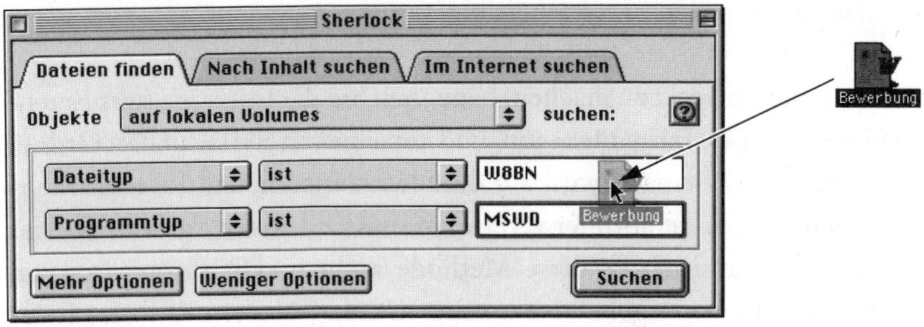

Abb. 3.5 Stellen Sie im Popup-Menü des Programms «Dateien finden» die Suchkriterien «Dateityp» bzw. «Programmtyp» ein. Ziehen Sie ein Icon auf das leere Feld. Voilá – Sie sehen jetzt die verborgenen Codes.

Codes verändern, um Schnüffler zu ärgern

Type- und Creator-Code verraten dem Macintosh, welche Art von Datei sich hinter einem bestimmten Icon versteckt. Verändern Sie die Codes einer Datei, kann diese folglich nicht mehr auf die herkömmliche Weise geöffnet werden. Das ist der schnellste und einfachste Weg um zu verhindern, daß eine wichtige Datei von Unbefugten angeschaut wird.

Lassen Sie uns einmal annehmen, daß Sie ein Microsoft Word-98-Dokument sperren wollen. Mit Hilfe von FileTyper finden Sie heraus, daß der Type-Code eines Word-Dokuments W8BN und der Creator-Code MSWD ist. Sie können diese Codes durch beliebige vierbuchstabige Zeichenketten ersetzen. Der einfachste Weg besteht allerdings darin, die Großbuchstaben durch Kleinbuchstaben auszutauschen. Der Mac wird dadurch bereits gehörig verwirrt. Speichern und schließen Sie die Datei, nachdem Sie aus «MSWD» «mswd» und aus «W8BN» «w8bn» gemacht haben. Wenn Sie nun versuchen, auf die veränderte Datei doppelzuklicken, wird sie sich nicht öffnen. Statt dessen erhalten Sie eine Fehlermeldung. Word erkennt die Datei nicht einmal als ein eigenes Dokument. Um die Datei zu «entsperren», müssen Sie selbstverständlich wieder die originalen Type- und Creator-Codes eintragen.

Hier noch eine hinterhältigere Variante des eben beschriebenen Tricks: Statt die Type- und Creator-Codes *beliebig* zu ändern, ersetzen Sie sie durch die Codes einer anderen Datei. Wenn Sie z.B. den Type-Code einer Datei durch die Buchstaben INIT ersetzen, wird Ihre Datei – sei es nun ein Word-Dokument, eine FileMaker-Datenbank, eine Excel-Tabelle oder was auch immer – im Finder als *Systemerweiterung* auftauchen. Sie wird das puzzleförmige Icon erhalten. Wenn Sie dieses doppelklicken, erscheint die bekannte Dialogbox, die besagt, daß Sie die Datei in den Ordner *Systemerweiterungen* legen und den Rechner neu starten sollen.

Um die Verwirrung perfekt zu machen, benennen Sie die Datei in etwas Eigenartiges wie «AppLibTCP Enabler» um, und verschieben Sie sie in den Ordner *Systemerweiterungen*. Niemand wird auf die Idee kommen, daß Ihre vertraulichen Dokumente im Systemordner verborgen sind und dort vorgeben, Teil des Mac OS zu sein. Natürlich ist diese Methode nicht wirklich sicher – wenn jemand diese Zeilen auch gelesen hat oder mit den Norton Utilities (oder einem ähnlichen Programm) umgehen kann, wird er trotzdem auf Ihre Daten zugreifen können. Wie Sie Ihre Informationen besser schützen können, wird in Kapitel 27 erklärt.

Eine schreibgeschützte LiesMich-Datei entsperren

HEISSER TIP

99 Prozent aller «LiesMich»-Dateien werden mit SimpleText erzeugt. Manchmal können Sie diese Dateien bearbeiten, manchmal nicht. Der Unterschied liegt in den Type-Codes dieser beiden Dokumentarten, die SimpleText erzeugen kann. Dokumente vom Typ TEXT können bearbeitet werden; Dateien vom Typ ttro (das bedeutet «TeachText, read-only») sind gesperrt. Sie müssen einfach den Creator-Code von ttro auf TEXT ändern, um sie zu entsperren – oder umgekehrt, falls Sie eine eigene LiesMich-Datei mit einem Schreibschutz versehen wollen.

Anzeichen für Probleme mit Type- und Creator-Codes

Wie bereits erwähnt, wird das Icon einer Datei durch ihre Type- und Creator-Codes bestimmt. Wenn Ihr Mac auf eine Datei stößt, deren Creator-Code MSWD und deren Type-Code W8BN ist, zeigt er zum Repräsentieren der Datei sofort das Icon eines Microsoft Word-Dokuments an. Die Codes sagen dem Rechner, welches Icon richtig ist.

Wenn Sie beim Öffnen einer Datei die Meldung erhalten, daß die Anwendung nicht gefunden werden kann, die diese Datei erzeugt hat – und sie wissen in eigentlich todsicher, daß Sie diese Anwendung besitzen – dann schauen Sie sich das Icon der Datei an. Wenn es sich in ein «generisches» Dokument verwandelt hat, ist es möglich, daß das Icon einfach seine Type- und Creator-Codes vergessen hat. Ohne diese Codes verliert es seine Identität und weiß nicht mehr, zu welcher Anwendung es gehört.

Manchmal tritt dieser Effekt auch auf, wenn Sie Dokumente aus dem Internet laden, mit einer E-Mail bekommen oder per Datenträger von einem PC transferieren. Auch in einem solchen Fall müssen Sie Type- und Creator-Code ändern, um das Dokument lesbar zu machen.

Sie lösen das Problem normalerweise, indem Sie mit FileTyper oder ResEdit die richtigen Codes eintragen. Verwenden Sie dazu die bereits beschriebenen Methoden. Das Icon erhält sein anwendungsspezifisches Aussehen zurück und öffnet sich korrekt. Natürlich können Sie auch zuerst die Schreibtischdatei neu aufbauen und hoffen, daß sich das Problem damit löst.

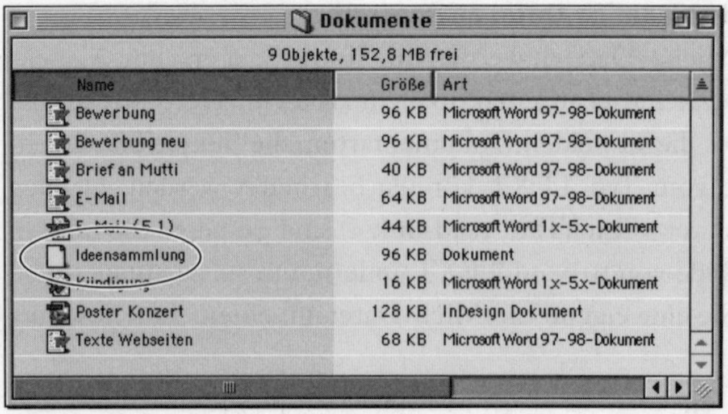

Abb. 3.6 Wenn eine Datei ihren Type- und Creator-Code vergißt, erhält sie ein generisches Icon, und in der Listendarstellung des Finders erscheint unter «Art» der Eintrag «Dokument».

In der Listenansicht des Finders (3.6) gibt es noch ein anderes Anzeichen dafür, daß eine Datei ihren Type- und Creator-Code verloren hat. Statt als Microsoft Word- oder FileMaker-Pro-Dokument wird eine Datei einfach als «Dokument» aufgeführt. Das bedeutet, daß die Codierung vernichtet wurde, die dem Mac sagt, welche Anwendung die Datei erzeugt hat.

Schriften und Töne extrahieren – der einfache Weg

Hier kommt ein unglaublich einfacher Weg, um jede Anwendung zu knacken und ihre interne Sammlung an Schriften und Tönen zu sichten: Erzeugen Sie eine Kopie des Programms, in das Sie hineinschauen wollen. Ziehen Sie deren Icon anschließend auf das FileTyper-Icon. Verändern Sie den Type-Code auf zsys und den Creator-Code auf MACS (Groß- und Kleinschreibung beachten), und klicken Sie dann auf *Change*. Wenn Sie FileTyper schließen, ist das Programm, das Sie gerade verändert haben, in einen Koffer umgewandelt – wie die Koffer, in denen die Schriften aufbewahrt werden. Doppelklicken Sie darauf, und Sie sehen alle Schriften und Töne des Programms in dem Fenster. Sie müssen nur noch die Icons ziehen, um sie zu kopieren oder zu bewegen!

Welche Kopie wird gestartet?

Aus der vorangegangenen Diskussion der Type- und Creator-Codes wissen Sie, daß der Mac den Creator-Code des Dokuments überprüft und das dazu passende Programm startet. Welche Kopie wird jedoch gestartet, wenn Sie mehrere Versionen eines Programms haben?

Der Finder überprüft in dieser Reihenfolge die folgenden Quellen:

- Er prüft, ob bereits ein Programm mit dem passenden Creator-Code läuft. Ist dies der Fall, wird dieses Programm in den Vordergrund gerufen.
- Falls das Programm noch nicht läuft, sucht der Mac im gleichen Ordner und anschließend auf der gleichen Platte, auf der sich das Dokument befindet, nach einer Kopie des Programms.
- PowerBook-Benutzer, die beispielsweise unseren genialen RAM-Disk-Trick einsetzen, können sich entspannt zurücklehnen, da sie wissen, daß beim Doppelklick auf ein RAM-Disk-basiertes Dokument die RAM-Disk-basierte Anwendung gestartet wird – und nicht die Kopie auf der Festplatte, wodurch die Platte sich zu drehen beginnen würde (und mehr Strom aus der Batterie benötigt).
- Wenn das nicht erfolgreich war, sucht der Mac als nächstes auf dem Startlaufwerk nach einer Kopie des Programms.
- Zum Schluß sucht der Mac auf den anderen Laufwerken nach dem passenden Programm, um es zu starten.

Welche Programmversion wird gestartet?

Jetzt wissen Sie, welche Kopie des *identischen* Programms geöffnet wird. Was ist aber, wenn Sie *unterschiedliche Versionen* eines Programms besitzen? Die Creator-Codes eines Programms ändern sich normalerweise nicht, wenn eine neue Version vorliegt; die ClarisWorks-Versionen 3.0, 4.0 und 5.0 besitzen alle den Creator-Code BOBO. Die Antwort ist aufschlußreich: Wenn Sie mehrere Versionen des gleichen Programms haben, öffnet der Mac diejenige, die *zuletzt installiert* wurde. (Technisch ausgedrückt öffnet er das Programm, dessen Eintrag in der Schreibtisch-Datei zuletzt aktualisiert wurde.)

Das trifft sogar dann zu, wenn die zuletzt installierte Kopie nicht die aktuellste Version ist. Wenn Sie z.B. wollen, daß beim Doppelklick auf ein ClarisWorks-Dokument immer ClarisWorks 4.0 gestartet wird, dann installieren Sie ClarisWorks 4.0 nach ClarisWorks 5.0.

Folgendes kurzes Experiment soll Ihnen verdeutlichen, wie eigenartig das alles ist: Suchen Sie eine Kopie von Simple Text. Erzeugen Sie mit dem Finder-Befehl *Duplizieren* eine Kopie von SimpleText (so daß Sie nun eine *später installierte* Kopie haben). Legen Sie die neue Kopie in den Papierkorb, leeren Sie diesen aber nicht. Wenn Sie nun auf ein SimpleText-Dokument doppelklicken, erhalten Sie eine Fehlermeldung. SimpleText kann nicht gestartet werden, weil es sich im Papierkorb befindet. Eine absolut gute Kopie von SimpleText liegt jedoch auf der Festplatte! Aber da sich die zuletzt installierte Kopie im Papierkorb befindet, ist sich der Mac der anderen Kopien nicht bewußt.

Zentralverwaltung – die Schreibtischdatei

Ein großer Teil der Magie des Mac liegt darin, daß viele Dinge einfach funktionieren, ohne daß Sie als Nutzer darüber nachdenken müssen: Ein Doppelklick im Finder auf ein Dokument öffnet automatisch das dazugehörige Programm, Dateien und Festplatten haben nette Icons – und das alles, ohne daß Sie sich mit solchen Dingen wie Dateiendungen oder Zuordnungslisten herumärgern müssen (meistens jedenfalls).

Damit das alles aber so funktioniert, muß Ihr Mac eine ganze Menge an Informationen verwalten. Dazu gehören solche Dinge wie die Liste der vorhandenen Programme und deren Creator-Codes, welche Programme welche Icons erzeugen, und was Sie in die Kommentarboxen eingeben, die Sie im Finder für jede Datei mit dem Befehl *Ablage/Information* aufrufen können. Weiterhin muß sich der Mac noch merken, welche Größe und Position die Fenster im Finder haben, ob darin Symbole oder eine Liste angezeigt werden und wie diese Liste sortiert ist. Alle diese wichtigen Dinge werden in der Schreibtischdatei gespeichert. Allerdings ist diese Datei unsichtbar und eigentlich nur für die Benutzung durch Ihren Mac gedacht. Sie können Sie aber trotzdem sehen, wenn Sie einen der folgenden Tricks benutzen:

HEISSER TIP

Rufen Sie das Programm *Dateien finden* bzw. *Sherlock* (ab Mac OS 8.5) auf. Drücken Sie die Optionstaste, und wählen Sie aus dem Popup-Menü für das Suchkriterium die Eigenschaft *Sichtbarkeit*. Stellen Sie den Wert *unsichtbar* ein, und drücken Sie die Enter-Taste. Irgendwo in der Ergebnisliste stehen zwei Dateien mit den Namen «Desktop DB» und «Desktop DF». Beide zusammen bilden die Schreibtischdatei.

Alternativ können Sie auch ein Programm benutzen, das wahlweise alle Dateien anzeigt, auch die unsichtbaren. Gehen Sie auf die oberste Ebene Ihrer Festplatte, und schon sehen Sie die zwei Dateien. In Abbildung 3.2 haben wir dazu *BBEdit Lite* benutzt.

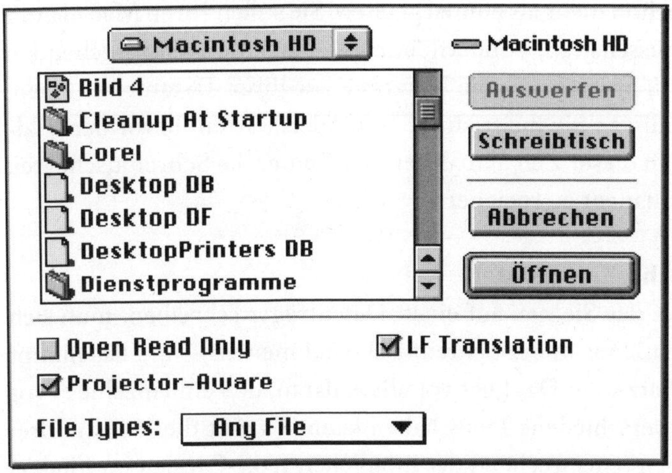

Abb. 3.2 Die Schreibtischdatei aus dem Versteck geholt: Desktop DB und Desktop DF sind das Gedächtnis für den Finder.

TECHNIK

Das Kürzel DB bedeutet nicht «Database» sondern «Desktop BNDL». BNDL ist der vierbuchstabige Code für Bundle, eine spezielle Information, die den Zusammenhang zwischen einem Programm oder Dokument und seinem Icon beschreibt. Wird an dieser Verbindung etwas gestört, dann verschwinden im Finder die schönen Icons und werden durch die leeren, generischen Symbole ersetzt. Sie wissen dann, daß etwas mit Ihrer Schreibtischdatei nicht stimmt. Die Abkürzung DF steht für «Desktop Files». In dieser Datei ist gespeichert, welche Files Sie haben und in welchen Ordnern sie sich befinden.

Auf jedem Volume – egal ob Diskette, Festplatte oder Wechselplatten-Laufwerk – befindet sich eine Schreibtischdatei. Jedesmal, wenn ein Datenträger beim Finder angemeldet wird (z.B. beim Einlegen einer Diskette oder beim Mounten einer Wechselplatte), liest der Finder die Schreibtischdatei des Datenträgers. Auf diese Art erfährt er, welche Programme auf dem neuen Datenträger zu finden sind und wie die Icons aussehen sollen. Darum dauert es auch immer einen Moment, bis das Symbol der Diskette oder Festplatte auf dem Schreibtisch auftaucht.

Haben Sie sich schon einmal gefragt, warum auch auf einer komplett neu formatierten Diskette immer ein wenig Speicherplatz belegt ist? Sie ahnen es sicher – das ist die neu angelegte Schreibtischdatei, die auf jedem Mac-Datenträger sofort nach dem Löschen erzeugt wird.

ACHTUNG

Sicher haben Sie es schon mehr als einmal gelesen: Sie sollen Ihren Mac nie mit dem Netzschalter ausschalten, sondern immer zuerst den entsprechenden Befehl aus dem Menü *Spezial* oder die Netztaste auf Ihrer Tastatur benutzen. Wenn Sie das tun, müssen Sie meist einige Sekunden warten, bevor der Bildschirm dunkel wird. In dieser Zeit aktualisiert der Finder die Schreibtischdatei, um Änderungen permanent zu speichern.

Probleme mit der Schreibtischdatei

Für jedes Programm, das Sie neu auf einen Datenträger schreiben, muß sich der Finder alle neuen Icons in der Schreibtischdatei merken – und das nimmt eine ganze Menge Platz weg. Das liegt vor allem daran, daß ein einzelnes Programm bis zu neun verschiedene Icons haben kann. Es gibt die Icons in drei verschiedenen Größen (entsprechend der möglichen Icon-Größen im Finder) und mit unterschiedlichen Farben, die je nach Einstellung Ihres Monitors angezeigt werden.

Alle diese Daten brauchen eine gewisse Menge Platz, und je mehr Programme Sie auf Ihrem Datenträger versammeln, um so größer wird die Schreibtischdatei. Damit steigt auch das Risiko, daß die gespeicherten Daten durcheinandergebracht werden, außerdem dauert es länger, bis der Finder eine gesuchte Information findet.

Eine defekte Schreibtischdatei kann sich auf unterschiedliche Art bemerkbar machen:

- Icons von bestimmten Dateien verschwinden plötzlich und werden durch sogenannte «generische» Darstellungen ersetzt, so wie in Abbildung 3.3 zu sehen ist. In diesem Fall ist der Zusammenhang zwischen Datei und Icon in der Schreibtischdatei verloren gegangen.
- Beim Starten braucht der Finder scheinbar ewig, bis alle Icons auf dem Schreibtisch angezeigt werden. Auch in diesem Fall ist die Schreibtischdatei wahrscheinlich zu groß, als daß der Finder schnell genug die gesuchten Informationen findet.

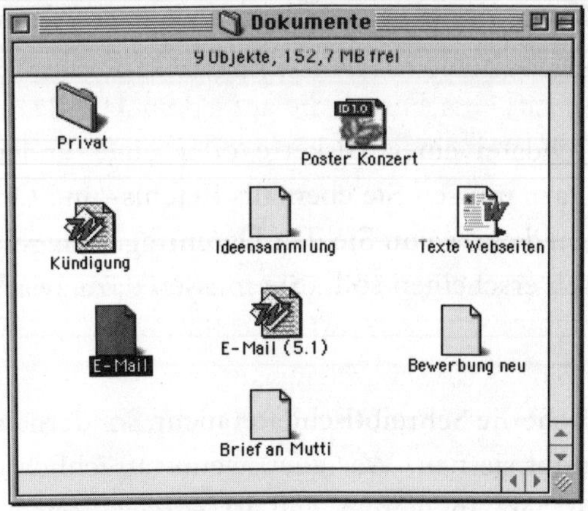

Abb. 3.3 Wenn sich die Icons im Finder so verändern, stimmt etwas mit der Schreibtischdatei nicht mehr.

- Doppelklicks auf Dokumente starten das zugehörige Programm nicht mehr, obwohl es vorhanden ist. Drag & Drop von Dokumenten auf Icons von Programmen funktioniert nicht mehr. Der Finder kann nicht mehr ermitteln, welcher Creator-Code zu welchem Programm gehört und welches Programm mit welchen Type-Codes umgehen kann.

- Fenster im Finder öffnen sich langsamer als sonst, und es dauert länger, bis die Darstellung aufgebaut ist. Sie haben das Gefühl, daß sich die Programme beim Starten mehr Zeit lassen als sonst und das System insgesamt langsamer geworden ist. Das liegt daran, daß Ihre Schreibtischdatei so groß geworden ist, daß der Finder jede Menge nutzloser Informationen durchkämmen muß, bevor er die richtige findet.

Die Schreibtischdatei neu aufbauen

Um die beschriebenen Probleme loszuwerden, müssen Sie die Schreibtischdatei neu aufbauen. Das bedeutet, daß Sie dem Finder sagen, er möge erneut die Festplatte durchsuchen und mit dem Ergebnis dieser Suche eine neue Liste erzeugen. Bei dieser Gelegenheit werden alle Ungereimtheiten und «Informationsleichen» beseitigt, und die eben beschriebenen Probleme müßten verschwinden. Und so bauen Sie die Schreibtischdatei neu auf:

Starten Sie Ihren Mac neu. Halten Sie dabei die Befehls- und die Optionstaste gedrückt, bis Sie gefragt werden, ob Sie die Schreibtischdatei neu aufbauen wollen. Klicken Sie den OK-Button, und schon beginnt der Finder mit den

Aufräumarbeiten. Haben Sie mehrere Festplatten-Volumes, dann werden Sie für jedes einzelne gefragt.

HEISSER TIP

Sie können auch die Schreibtischdatei einer Diskette oder eines anderen Wechselmediums neu anlegen. Dazu müssen Sie ebenfalls Befehls- und Optionstaste drücken – und zwar genau dann, wenn Sie den Datenträger eingelegt haben und er auf dem Schreibtisch erscheinen soll. (Sie müssen dazu zwar fix sein, aber es ist machbar.)

CD-ROM

Die eben beschriebene Aktion löscht die Schreibtischdatei nicht, sondern entfernt nur alle Einträge und schreibt sie neu. Was aber, wenn tatsächlich die Datei selbst etwas abbekommen hat? In diesem Fall ist es das Beste, die Schreibtischdatei komplett zu löschen und dann eine neue anlegen zu lassen. Programme wie *TechTool* oder *ConflictCatcher* bieten genau diese Funktion. (Sie finden beide auf der CD zu diesem Buch.)

POWER USER

Wenn Sie keines der erwähnten Programme zur Hand haben und trotzdem die Schreibtischdatei löschen müssen, benutzen Sie folgenden Trick: Suchen Sie mit *Dateien finden* bzw. *Sherlock* nach allen unsichtbaren Dateien. (Denken Sie daran, die Optionstaste zu halten, wenn Sie das Suchkriterium auswählen!) Löschen Sie aus der Ergebnisliste die Dateien «Desktop DF» und «Desktop DB», indem Sie beide markieren und dann den Befehl *Ablage/In den Papierkorb legen* wählen. Der Mac fragt noch einmal zurück, und dann ist die Datei verschwunden. Wenn Sie jetzt Ihren Mac neu starten, wird eine neue, kleine und schnelle Schreibtischdatei angelegt.

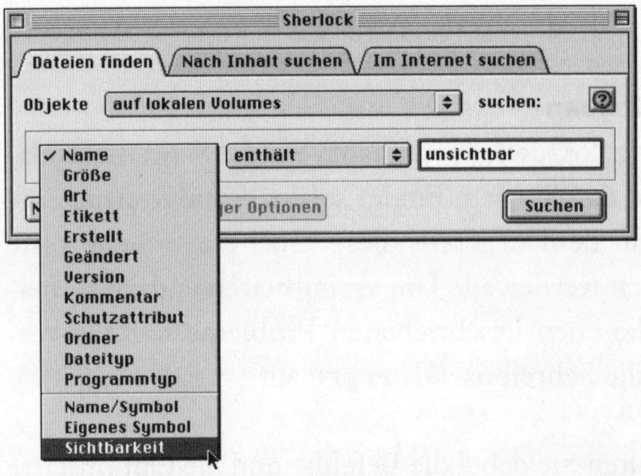

Abb. 3.4 Auf der Suche nach unsichtbaren Dateien. (Halten Sie die Optionstaste gedrückt, um die Eigenschaft «unsichtbar» auswählen zu können.)

ACHTUNG

Es kann sein, daß sich auch nach dem Neuaufbau der Schreibtischdatei generische Icons auf Ihrer Festplatte befinden. Was ist passiert? Nun, der Finder hat gründlich aufgeräumt: Die generischen Icons gehören zu Dokumenten, deren *Erzeugerprogramm* nicht mehr vorhanden ist. Der Finder hat deshalb alle Icon-Daten dieses Programms aus der Schreibtischdatei entfernt, und Sie sehen nur das generische Icon. Installieren Sie das Programm neu, bauen Sie anschließend die Schreibtischdatei wieder auf, und alles müßte in Ordnung sein.

FEHLER

Manchmal werden die Icons sogar nach Neuinstallationen von Programmen nicht korrekt angezeigt, oder das Doppelklicken auf Dokumente startet das Programm nicht. Bauen Sie auch in solchen Fällen die Schreibtischdatei neu auf, und die Probleme sollten verschwinden.

Mac-Multitasking

Mehr als ein Programm gleichzeitig auf dem Mac laufen zu lassen, war jahrelang ein eigenartiges und seltsames Konzept. Dies schien der angeblichen Einfachheit des Mac zuwider zu laufen. Man hat immer nur eine Sache erledigt. Entweder hat man Disketten rein- und rausgeschoben (im Finder), oder man hat geschrieben und gedruckt (in MacWrite). Multitasking war etwas komisches für kryptische, große Computer, die mit Unix als Betriebssystem laufen.

Dann aber gab es zuerst spezielle Programme und mit dem Multifinder sogar ein Betriebssystem, das Multitasking unterstützte. Heute ist es für uns selbstverständlich, und die Möglichkeit, mehr als ein Programm gleichzeitig laufen zu lassen, ebnete den *Hintergrundaufgaben* den Weg. Dabei handelt es sich um Vorgänge, für die der Computer eine lange Zeit benötigt (wie etwa das Drukken oder das Herunterladen von Dateien über ein Modem), die aber keine Eingabe erfordern. Die Idee dahinter ist, daß Sie als Anwender weiter etwas Nützliches mit dem Mac tun können, während ein Teil der Aufmerksamkeit des Computers sich auf die Hintergrundaufgabe richtet.

Der Computer erledigt allerdings nicht wirklich mehrere Dinge gleichzeitig. Millisekunde für Millisekunde arbeitet er eigentlich immer nur einen Auftrag ab – er schaltet allerdings extrem schnell zwischen den Aufträgen um. So dauert es vielleicht nur ein paar Millisekunden, einen Ihrer Druckaufträge zu bearbeiten, anschließend wird für einige Millisekunden eine Datei aus dem Web heruntergeladen, dann wird wieder zu dem Druckjob umgeschaltet usw.

Modernes Multitasking

Heutzutage können Sie immer mehrere Programme starten und diese – sowie den Finder – gleichzeitig im Speicher behalten. Damit Sie verstehen, was vor sich geht, führt der Mac eine Liste der laufenden Anwendungen: das Menü *Programme*. Dieses Menü ist am rechten Ende der Menüleiste durch das kleine Icon des gerade laufenden Programms gekennzeichnet. Seit es Mac OS 8.5 gibt, wird an dieser Stelle auch der Name des aktuellen Programms angezeigt. Um von einem Programm zu einem anderen umzuschalten, wählen Sie dessen Namen aus dem Menü.

Es gibt weitere Wege, um zwischen den Programmen umzuschalten:

- Klicken Sie an eine beliebige Stelle in einem sichtbaren Programmfenster.
- Doppelklicken Sie im Finder auf das gedimmte Icon eines gerade laufenden Programms.
- Doppelklicken Sie auf ein Dokument-Icon, das von einem der offenen Programme erzeugt wurde.

HEISSER TIP

- Ab Mac OS 8.5 drücken Sie Befehl-Tabulator. Sie springen dann in alphabetischer Reihenfolge zum nächsten offenen Programm. (Mit Shift-Befehl-Tabulator bewegen Sie sich rückwärts.) Sie können diese Tastenkürzel sogar umdefinieren, wenn Ihnen Befehl-Tabulator nicht gefällt. Öffnen Sie das Mac-Hilfe-Programm (wählen Sie *Hilfe/Mac OS Hilfe*) und suchen Sie nach *Programme umschalten*. Ihnen werden AppleScript-Skripte angeboten, mit denen Sie die Tastaturbelegung verändern können.

Speicherverwaltung beim Multitasking

Beim Betreiben mehrerer Programme sollte Ihre unmittelbare Sorge dem Speicher gelten. Ihr Mac hat nur eine begrenzte Menge davon. Sie müssen sich nicht nur darum kümmern, wieviel RAM Ihr Mac hat, sondern auch darum, wieviel jedes Programm benötigt und wieviel Sie ihm geben wollen. Sie sollten sich außerdem um die Speicherfragmentierung sorgen. Wie Sie einem Programm Arbeitsspeicher zuweisen, erfahren Sie in Kapitel 16.

Geheimnisse des Multitasking

EINSTEIGER

Programme verbergen. Es gibt drei Möglichkeiten, ein Programm zu verbergen, während Sie zu einem anderen Programm umschalten. Wenn Sie die Optionstaste drücken, während Sie (1) den Namen eines Programms aus dem Programm-Menü wählen, (2) auf einen Programm-Button in der Mac OS 8.5-Anwendungspalette klicken oder (3) in ein Hintergrundfenster klicken, um es in den Vordergrund zu holen, wird das Programm, in dem Sie gearbeitet haben, verborgen. Die Optionstaste ist ziemlich wichtig, wenn Sie viele einander überlappende Fenster unter Kontrolle halten wollen.

Am häufigsten wird diese Technik beim Umschalten in den Finder gebraucht. In diesem Fall ist das Verbergen anderer Programmfenster besonders wichtig, weil diese das Icon verdecken können, auf das Sie gerade zugreifen wollen (wie etwa den Papierkorb oder die Icons Ihrer Festplatten). Sie arbeiten daher schon fast wie ein Profi, wenn Sie z.B. aus ClarisWorks heraus auf ein sichtbares Stück der Schreibtischoberfläche Option-klicken.

CD-ROM

Von Windows 95 borgen. Zwar ist Windows in vieler Hinsicht ein weniger elegantes Betriebssystem als das Mac OS, aber die Taskleiste am unteren Ende des Bildschirms ist eine wirklich hübsche Idee (die übrigens vom neuen Mac OS X aufgenommen wird). Sie erfüllt den gleichen Zweck wie das Programm-Menü des Mac – Anzeigen aller geöffneten Programme – bietet aber noch zwei Vorteile. Erstens zeigt sie offene Fenster, nicht nur Programme, und zweitens ist sie nicht verborgen. Wenn Ihnen die Idee der Taskleiste gefällt, müssen Sie nicht extra auf Windows umsteigen. Installieren Sie einfach die Shareware *Go Mac*, die Sie auf der CD zu diesem Buch finden. Das Programm fügt dem Mac eine Taskleiste am unteren Bildschirmrand hinzu – sogar mit noch mehr Funktionen, als Windows vorweisen kann.

Sie können aber auch die Mac OS-8.5-eigene Anwendungspalette so einrichten, daß sie der Windows-Taskleiste ähnelt (obwohl sie nur Programme und keine Dateien und Fenster auflistet). Mehr zu den Möglichkeiten dieses Menüs finden Sie im nächsten Abschnitt.

Das Programm-Menü

Das Programm-Menü rechts oben in der Ecke der Menüleiste Ihres Mac ist wahrscheinlich das Menü, das am meisten benutzt wird und über das kaum jemand weiter nachdenkt. Warum auch – schließlich zeigt es brav an, welche Programme gerade auf Ihrem Mac laufen. Das aktive Programm hat ein Häkchen, und die Programme mit unsichtbar gemachten Fenstern haben graue Icons. Klicken Sie auf einen der Einträge im Menü, und schon schalten Sie zu dem entsprechenden Programm um.Wenn Sie dabei die Optionstaste gedrückt halten, verschwinden beim Umschalten die offenen Fenster des Programms, das Sie gerade verlassen.

Manchmal kommt es vor, daß Sie bei der Arbeit am Mac plötzlich einen Warnton hören, ohne daß Sie irgendetwas getan haben. Dann fängt auch noch das Programm-Menü an zu blinken, und zeigt abwechselnd mit dem aktuellen Programm das Icon eines anderen Programms. Wenn Sie dann das Menü öffnen, sehen Sie einen kleines, diamantenförmiges Viereck vor einem der laufenden Programme. Was aber hat das alles zu bedeuten?

Abb. 3.7 Der schwarze Diamant zeigt an, in welchem Programm ein Fehler aufgetreten ist.

Sicher haben Sie die vorhergehenden Seiten über Multitasking auf dem Mac gelesen und freuen sich, wie bequem Sie mehrere Programme gleichzeitig benutzen können. Nun kann aber der Fall eintreten, daß Sie z.B. voller Inspiration in Ihrer Textverarbeitung an einer Kurzgeschichte arbeiten. Gerade haben Sie die ersten drei Seiten zum Drucker geschickt, als Ihnen noch eine brillante Idee kommt und Sie sofort weiterschreiben. Der Finder ist inzwischen im Hintergrund damit beschäftigt, die Seiten zum Drucker zu transferieren – leider hat der aber kein Papier mehr. Nun ist aber dieses Problem nicht so wichtig, daß Sie sofort bei Ihrer Arbeit unterbrochen werden müßten. Darum spielt Ihr Mac nur einmal den Warnton und benutzt dann das Programm-

Menü, um dezent auf sich aufmerksam zu machen. Das Icon des betroffenen Hintergrundprogramms blinkt lautlos vor sich hin, bis Sie Zeit haben, das Menü zu öffnen. Der kleine Diamant zeigt Ihnen an, welches Programm im Hintergrund Ihre Hilfe braucht, und erst wenn Sie zu dieser Anwendung umschalten, wird die eigentliche Dialogbox angezeigt. (In unserem Beispiel wäre es die Meldung, daß der Drucker kein Papier mehr hat.)

Auf diese Art und Weise können Programme im Hintergrund auf sich aufmerksam machen, ohne den Arbeitsfluß sofort und abrupt zu unterbrechen. Außer dem Finder, der Probleme meldet, benutzen auch andere Programme dieses Verfahren: E-Mail-Software meldet neue Nachrichten, StuffIt Expander teilt mit, wenn es im Hintergrund eine Datei nicht auspacken konnte, oder die Software von Online-Diensten warnt Sie, daß immer noch eine Verbindung besteht, die Sie Geld kostet. Es gibt allerdings auch einige Ausnahmen, bei denen förmlich aus dem Nichts eine Dialogbox auftaucht. Meist passiert das aber nur bei wirklich schlimmen Dingen wie z.B. dem Ausfall Ihrer Netzwerkverbindung oder wenn Sie per Remote Access irgendwo eingewählt sind und die Gegenseite einfach die Verbindung trennt.

Ab Mac OS 8.5 hat sich das Programm-Menü mächtig entwickelt. So wird jetzt in der Menüleiste auch der Name des aktiven Programms angezeigt. Falls Ihnen aber die alte Version ohne Text lieber ist – oder der Bildschirm Ihres PowerBook nicht genug Platz bietet – können Sie mit der Maus den kleinen Streifen links neben dem Icon verschieben, um den Text ganz oder teilweise verschwinden zu lassen. Noch viel besser ist aber die Möglichkeit, das Programm-Menü «abzureißen» und eine Programm-Palette daraus zu machen, die immer über allen offenen Fenstern schwebt. (Im Apple-Deutsch heißt diese Palette *Programmumschalter* nur für den Fall, daß Sie mal in Apples Hilfesystem danach suchen wollen.)

HEISSER TIP

Um das Fenster zum Schweben zu bringen, müssen Sie bei gedrückter Maustaste den Mauszeiger aus dem unteren Rand des Menüs herausbewegen. Sie sehen dann den viereckigen Umriß des Menüs, den Sie irgendwo auf dem Bildschirm absetzen könen. Sobald Sie die Maustaste loslassen, erscheint die Programm-Palette an dieser Stelle. Die laufenden Programme erscheinen als Tasten, die des aktiven Programms ist «gedrückt». Zum Umschalten klicken Sie einfach auf das gewünschte Programm; wenn Sie dabei die Optionstaste gedrückt halten, verstecken Sie außerdem noch alle Fenster des Programms, das Sie gerade verlassen.

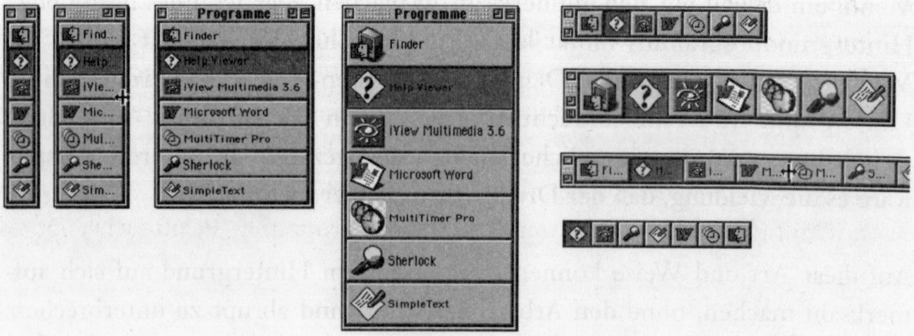

Abb. 3.8 Die vielen verschiedenen Gesichter der Programm-Palette.

Die Palette reagiert auch auf Drag & Drop: Falls Sie ein Dokument mit einem Programm öffnen wollen, das bereits läuft, so ziehen Sie dessen Finder-Icon auf den entsprechenden Eintrag in der Programm-Palette. Wenn das Programm mit dem Type-Code des Dokuments umgehen kann, springt es in den Vordergrund und öffnet die gewünschte Datei.

Mit der Programm-Palette sind aber noch mehr Tricks möglich:

- Um zwischen der Darstellung mit und ohne Programm-Namen umzuschalten, klicken Sie in die kleine Zoom-Box rechts oben in der Palette – das ist die zweite Box von rechts.
- Sie können die Größe der Icons ändern, indem Sie die Optionstaste halten und dann in die Zoom-Box klicken.
- Wollen Sie die Palette lieber horizontal haben? Kein Problem, halten Sie Shift- und Optionstaste und klicken Sie die Zoom-Box, dann läuft die Liste von links nach rechts anstatt von oben nach unten. (Das Zurückschalten auf die senkrechte Darstellung funktioniert genauso.)
- Um die Breite der dargestellten Tasten zu ändern, bewegen Sie den Cursor an den rechten Rand der Palette, bis er sich in einen Strich mit zwei Teilen verwandelt (3.8). Drücken Sie dann die Maustaste, und ändern Sie die Breite nach Wunsch. Das funktioniert auch bei der horizontalen Darstellung der Palette, nur müssen Sie dort den Cursor auf die Trennlinie zwischen zwei Tasten bewegen.

- Das Aussehen der Palette läßt sich noch weiter ändern. Dazu müssen Sie entweder AppleScript benutzen oder die Mac OS Hilfe. Wählen Sie im Finder den Befehl *Hilfe/Mac OS Hilfe*, und geben Sie als Suchbegriff «Programmumschalter» ein. Wählen Sie das Thema «Umschalten zwischen geöffneten Programmen». Am unteren Ende des Textes finden Sie mehrere blaue, unterstrichene Zeilen, die wie Hyperlinks in einem Webbrowser funktionieren. Klicken Sie darauf, und Ihre Programm-Palette wird umgeschaltet.

HEISSER TIP

Wie auch immer Ihre Programm-Palette aussieht, Sie können sie jederzeit bewegen, wenn Sie die Befehlstaste halten und irgendwo in die Palette klicken. Der Cursor verwandelt sich dann in eine Hand, mit der Sie die Palette beliebig verschieben können. Ab Mac OS 8 können Sie – wie bei allen anderen Fenstern auch – auf den Rand der Programm-Palette klicken, und dann den angezeigten Umriß bewegen.

Verlegen und Abonnieren

Sie kennen sicher die Befehle *Kopieren* und *Einfügen*. Sie wählen eine Information in einem Dokument aus und fügen sie in ein anderes (oder das gleiche) Dokument oder Programm ein.

Die Befehle *Verlegen* und *Abonnieren*, die in vielen neueren Programmen zu finden sind, funktionieren fast genauso. Es gibt allerdings einen entscheidenden Unterschied: Das «eingefügte» Material ist mit dem Original verknüpft. Wenn die Originalvorlage sich ändert, werden die Kopien automatisch angepaßt. Diese Veränderung kann sogar dann durchgeführt werden, wenn sich die Kopien auf einem anderen Mac befinden, vorausgesetzt, dieser ist im gleichen Netzwerk.

ACHTUNG

Nicht alle Programme unterstützen den Mechanismus von Verlegen und Abonnieren. Manche haben diese Funktionen überhaupt nicht, andere nur mit gewissen Einschränkungen. Trotzdem kann es sich lohnen, wenn Sie Ihre Lieblingsprogramme darauf untersuchen und überlegen, wie Sie Verlegen und Abonnieren für sich nutzen können.

Die Grundlagen von Verlegen und Abonnieren

Kopieren und Einfügen findet an zwei Stellen statt: Erst kopieren Sie an einer Stelle etwas in die Zwischenablage, um es dann an einer anderen Stelle einzufügen. Verlegen und Abonnieren dagegen funktioniert etwas anders:

Zunächst markieren Sie eine Auswahl. Wenn Sie dann den Befehl *Verlegen* benutzen, speichert der Mac den ausgewählten Absatz oder das Bild in einer neuen Datei auf der Festplatte. Sie müssen der Datei einen Namen geben und sie wie jede andere Datei in einen Ordner legen. Die gespeicherte Auswahl wird Auflage genannt; wir bleiben also bei unserer Analogie zum Zeitschriftenbereich. Jetzt begeben Sie sich zu einem anderen Dokument. Dieses kann durch das gleiche Programm erzeugt worden sein, das auch die Auflage erstellt hat, oder auch durch ein vollkommen anderes Programm. In dieses Dokument importieren Sie mit dem Befehl *Abonnieren* die verlegte Datei. Die Inhalte der Datei erscheinen in dem neuen Dokument, als hätten Sie sie eingefügt (3.9).

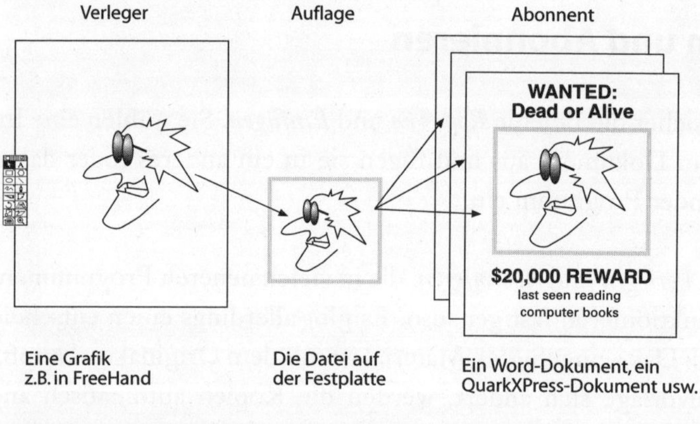

Abb. 3.9 Der «Verleger» ist das Material im Originaldokument. (In in einem Dokument können mehrere Verleger vorhanden sein.) Mit dem Befehl «Neuer Verleger» wird die Grafik in einer eigenen Datei auf der Platte abgespeichert, die «Auflage» genannt wird. Zum Schluß können Sie die Grafik in eine beliebige Anzahl von Dokumenten importieren, die «Abonnenten». Das Schöne an diesem System: Immer wenn Sie ein verlegtes Dokument öffnen und die Grafik ändern, ändern sich automatisch auch alle Abonnenten.

Wenn Sie nun das Originaldokument öffnen, die verlegten Inhalte ändern und dann speichern, wird die Auflage sofort automatisch aktualisiert und spiegelt die Änderungen wider, die Sie durchgeführt haben. Sie sehen das, wenn Sie die abonnierten Dokumente öffnen.

Verlegen und Abonnieren funktioniert manchmal auch innerhalb des gleichen Dokumentes. Stellen Sie sich vor, Sie wollen eine A4-Seite mit Visitenkarten erstellen, die Sie dann auf einem Blatt mit z.B. 15 vorgestanzten Aufklebern ausdrucken wollen. Anstatt nun 15mal dieselben Daten einzutippen, reicht es, eine Visitenkarte zu erstellen und diese dann herauszugeben. Die 14 anderen Karten abonnieren diese Auflage. Wenn sich nun Ihre Telefonnummer ändert, müssen Sie lediglich die eine Karte anpassen, nicht alle 15.

HEISSER TIP

Schritt für Schritt – Verlegen und Abonnieren

Starten Sie ein Programm, das die Funktionen Verlegen und Abonnieren besitzt, wie z.B. Word, Excel, oder FreeHand. Erzeugen Sie eine Grafik, eine Tabelle oder einen Textabsatz, und wählen Sie diese aus. In unserem Beispiel aus Abbildung 3.10 finden Sie im Menü *Bearbeiten* den Befehl *Publishing/Neuer Publisher.* Wählen Sie diesen Befehl aus.

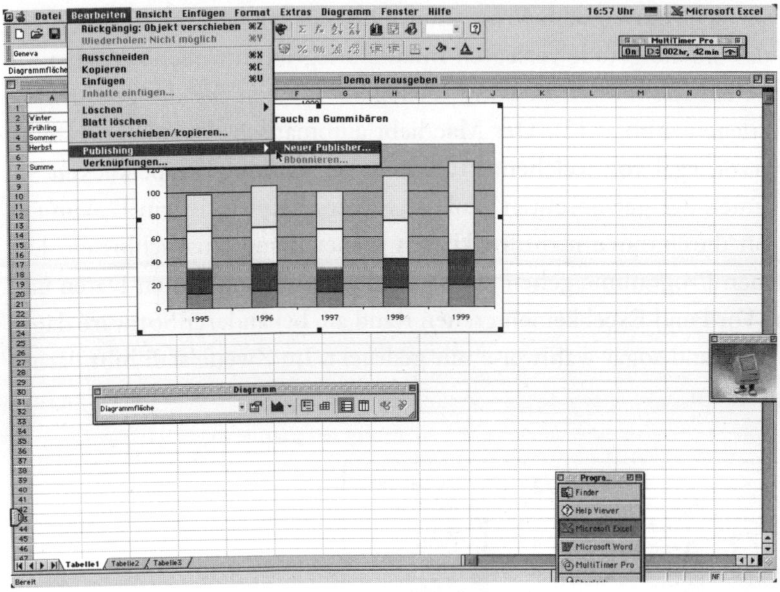

Abb. 3.10 Markieren Sie zuerst das Material, das Sie verknüpfen wollen. Wählen Sie anschließend den Befehl «Neuer Publisher» (oft auch «Neuer Verleger»).

Anschließend müssen Sie der Auflage einen Namen geben und sie auf der Festplatte speichern (3.11). Sie können diesen Vorgang mit beliebigen weiteren Daten wiederholen. In vielen Programmen wird das verlegte Material von einem grauen, nichtdruckbaren Rand umrahmt.

Bevor Sie das erste Programm beenden, müssen Sie das Dokument speichern, das das verlegte Material enthält. Sollten Sie das vergessen, löst sich die magische Verknüpfung in Nichts auf! Sie erhalten dann lediglich eine leere Auflagedatei auf Ihrer Festplatte.

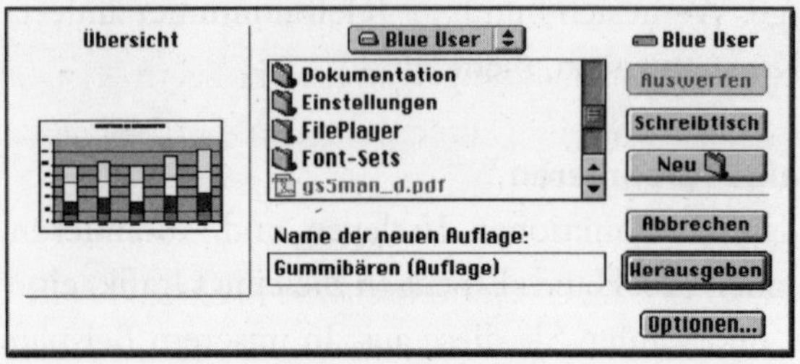

Abb. 3.11 Geben Sie der Auflagedatei einen Namen, und verlegen Sie sie. Statt «Herausgeben» kann auf dem entsprechenden Button auch «Speichern» stehen.

Begeben Sie sich nun zu dem Programm, Dokument oder Teil eines Dokuments, in das Sie die gerade verlegten Inhalte integrieren wollen. Wählen Sie dort den Befehl *Abonnieren*. In einer Dialogbox können Sie die gewünschte Auflage festlegen (Abb. 3.12). Der Mac hebt automatisch die zuletzt erstellte Auflage hervor, egal von welchem Programm sie stammt. Doppelklicken Sie auf den Namen der gewünschten Auflage. Sie erscheint in Ihrem Dokument und wird oft durch einen nichtdruckbaren grauen Rand eingeschlossen. Die verschiedenen Programme gehen unterschiedlich mit abonnierten Daten um. So zeigen Word und Excel keinen grauen Rand an, bei anderer Software dagegen wird der Rand sogar wahlweise mit gedruckt. Im Zweifelsfall hilft darum nur ausprobieren.

Abb. 3.12 Sie suchen nun aus dem Zieldokument heraus die Auflage-Datei. Beachten Sie die Vorschau. Mit dieser nützlichen Funktion finden Sie schnell die richtige Datei (bei verlegtem Text werden die ersten Zeilen angezeigt).

Optionen

Sobald Sie Daten in einem Dokument abonniert haben, können Sie diese gar nicht oder nur geringfügig verändern – z.B. die Formatierung eines Textes, nicht aber den Text selbst. Für größere Änderungen müssen Sie den Herausgeber öffnen, und nach dem Ändern erneut speichern. Damit aktualisieren Sie die Auflagendatei auf der Festplatte und alle Abonnenten übernehmen die neue Ausgabe. Die Art und Weise dieser Aktualisierung können Sie beeinflussen: Mit den Herausgeber- und Abonnent-Optionen können Sie den Zeitpunkt der Aktualisierung der Auflage steuern. Es ist außerdem möglich, die Verbindung zwischen den Dokumenten aufzuheben. Die Optionen sind nur verfügbar, wenn Sie sich in einem Herausgeber (Verleger-Optionen) bzw. in einem Abonnenten (Abonnent-Optionen) befinden. Einige Programme bieten allerdings nur Abonnent-Optionen.

HEISSER TIP

Wenn Sie den Ursprung abonnierter Daten bearbeiten wollen, öffnet manchmal ein Doppelklick auf diese Daten das Herausgeber-Programm. Sollte das nicht funktionieren, finden Sie bei den Abonnenten-Optionen einen Button *Verleger öffnen*, der Ihnen weiterhilft.

Speichern und Öffnen von Dateien

Sie werden mit Ihrem Mac nicht besonders weit kommen, wenn Sie sich nicht mit den Dialogboxen *Speichern unter* und *Öffnen* befassen – und diese verstehen. In diesen komplexen Dialogen legen Sie fest, wie Sie Daten zwischen Ihrer Festplatte (wo diese gespeichert sind) und Ihrem RAM (in dem Sie arbeiten) übertragen. Diese Dialogboxen nehmen in nahezu jeder existierenden Mac-Anwendung einen zentralen Platz ein.

Speichern, Wiederherstellen und Speichern unter

EINSTEIGER

Der Mac überträgt nach einem Doppelklick auf ein Dokument- oder Programm-Icon Informationen von der Festplatte in den Speicher. Erscheint das Dokument auf dem Bildschirm, haben Sie zwei Kopien davon – eine auf der Platte und eine im Speicher (RAM). Wenn Sie das Dokument bearbeiten, unterscheidet es sich mit der Zeit immer stärker von der Originalversion auf der Festplatte. An dieser Stelle haben Sie zwei Möglichkeiten: Sie können die Kopie auf der Festplatte der Version im RAM anpassen oder umgekehrt.

Der erste Weg wird mit Hilfe des Befehls *Speichern* beschritten. Sobald Sie diesen Befehl aus dem Menü *Datei* wählen, speichert Ihr Mac das Dokument aus dem RAM auf die Festplatte. Jetzt stimmen wieder beide Versionen des Dokuments überein.

Der Befehl *Wiederherstellen* (manchmal auch *Zurück zur letzten Version*) im Datei-Menü der meisten Programme geht genau den umgekehrten Weg. Statt die Kopie auf der Platte zu aktualisieren, so daß sie dem Dokument im Speicher entspricht, stellt es die Speicher-Kopie wieder so her, daß sie mit der älteren Festplatten-Kopie identisch ist. Mit anderen Worten, das Dokument kehrt wieder in den Zustand nach dem letzten Speichern zurück.

Manche Programme, wie etwa Microsoft Word, besitzen diesen Befehl nicht. Sie können statt dessen den gleichen Effekt erzielen, indem Sie die Datei schließen, ohne sie zu speichern, und sie anschließend wieder öffnen.

Wenn Ihr Programm weder den Befehl *Wiederherstellen* noch den Befehl *Speichern* beinhaltet (wie FileMaker), gibt es keine Möglichkeit, die Datei nach dem Bearbeiten wiederherzustellen. In diesem Fall können Sie vor der Arbeit lediglich eine Kopie der Datei erzeugen, mit der Sie im Fehlerfall weiterarbeiten.

Die dritte Interaktion zwischen den RAM-basierten und den Festplatten-basierten Versionen eines Dokuments erfolgt mit dem Befehl *Speichern unter*. In gewisser Weise ist *Speichern unter* eine Mischung aus *Speichern* und *Zurück zur letzten Version*. Sie sichern die Veränderungen, die Sie durchgeführt haben – diese werden Teil des neuen Dokuments – und schließen gleichzeitig die alte Datei, ohne die Änderungen zu speichern. Anschließend besitzen Sie auf Ihrer Festplatte zwei unterschiedliche Versionen, eine alte und eine neue.

HEISSER TIP

Es ist eine gute Idee, wenn Sie Ihre Daten öfter speichern, auch während Sie an einem Dokument arbeiten. Damit haben Sie immer einen aktuellen Stand auf der Festplatte, und ein plötzlicher Stromausfall oder ein hinterhältiger Programmabsturz wirft Sie nur wenige Minuten zurück. Viele Programme haben heutzutage die Fähigkeit, von Zeit zu Zeit selbständig zu speichern, und oft läßt sich diese Zeitspanne auch einstellen.

Wenn Sie die Entwicklungsstufen Ihrer Dokumente aufbewahren wollen, sollten Sie öfter Kopien davon abspeichern, die anschließend nicht mehr geändert werden. Schließlich gibt es noch Programme wie *FlashBack* von Aladdin

Systems *(www.aladdinsystems.com)*, die jeden Zwischenstand automatisch speichern und sich so alle Entwicklungsstufen Ihrer Daten merken.

Die Dialogbox Speichern unter

Die einfache *Speichern-unter*-Dialogbox (3.13) – sie erscheint, wenn Sie den Befehl *Speichern unter* wählen bzw. für eine neues Dokument das erste Mal den Befehl *Speichern* – enthält jede Menge versteckte Funktionen, die wir Ihnen in diesem Abschnitt vorstellen wollen. (Sehen Sie sich dazu auch den Abschnitt «Öffnen und Speichern 2000» weiter hinten in diesem Kapitel an.)

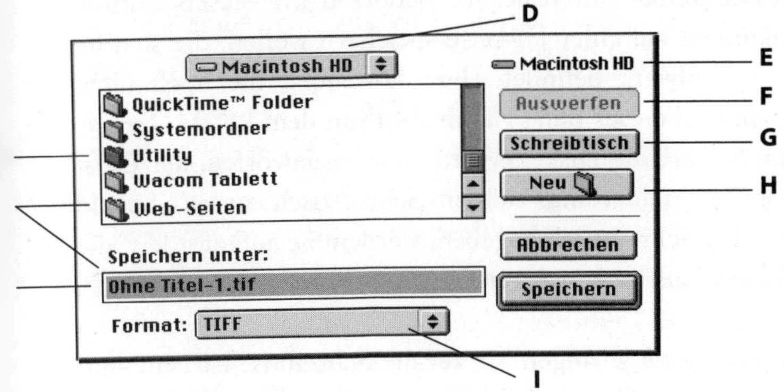

A Diese Liste zeigt den Inhalt des Ordners oder der Festplatte, die mit dem Buchstaben D bezeichnet ist. Sie benutzen diese Liste zum Navigieren und Auswählen des Ordners, in dem Sie Ihre Datei speichern wollen. Graue Einträge signalisieren, daß sie nicht verfügbar sind. Zum Speichern können Sie nur auf Ordner und Festplatten, nicht aber auf Dateien zugreifen.

B Eintrag B repräsentiert ein Konzept, kein Interface-Element: Es gibt zwei verschiedene Stellen, an denen Sie etwas mit der Tastatur eingeben können. Sie können einen Titel eingeben (C), oder Sie können mittels Buchstaben einen Ordner auswählen (A). Wir werden diese Eigenschaft gleich genauer besprechen, an dieser Stelle sollen Sie lediglich wissen, daß Sie mit Hilfe der Tabulatortaste von Bereich A zu Bereich C springen können.

C In dieses Feld geben Sie den Namen des Dokuments ein: bis zu 31 Zeichen, keine Doppelpunkte.

D Dieses Popup-Menü zeigt den Namen der Festplatte oder des Ordners, dessen Inhalt Sie gerade anschauen. Wenn Sie tiefer in die Hierarchie der Ordner vordringen wollen, doppelklicken Sie auf einen Ordnernamen in der Liste (A). Um sich in der Hierarchie nach oben zu bewegen, müssen Sie das Popup-Menü bemühen. In der Liste sind in umgekehrter Reihenfolge die Ordner angegeben, durch die Sie sich bewegt haben. Das bedeutet, daß die Festplatte immer an vorletzter Stelle steht. Der Schreibtisch steht ganz unten in der Liste.

E Hier wird die Festplatte angezeigt, die Sie gerade durchsuchen.

F Dieser Button ist nur verfügbar, wenn Sie ein Wechselmedium (z.B. eine Diskette) und dessen Inhalt durchsuchen. Benutzen Sie diesen Button, wenn Sie Ihr Dokument auf einer Diskette speichern wollen, die sich im Moment nicht im Laufwerk befindet. (Für Anwender, die noch nicht Mac OS 8 verwenden, ist dieser Befehl äquivalent mit dem Befehl *Auswerfen* aus dem Menü *Spezial*; die Diskette wird zwar ausgeworfen, der Geist des Disketten-Icons bleibt allerdings auf dem Schreibtisch zurück.) Sobald Sie sich wieder auf den Schreibtisch begeben, werden Sie aufgefordert, die Diskette wieder in das Laufwerk zu legen.

G Mit dem Button *Schreibtisch* gelangen Sie auf die Schreibtisch-Ebene und erhalten so einen Überblick über die vorhandenen Festplatten und Disketten bzw. Wechselmedien. Außerdem sehen Sie alle gemounteten Netzwerklaufwerke sowie Dateien und Ordner, die sich auf dem Schreibtisch befinden.

H Mit dem Button *Neuer Ordner* können Sie einen neuen Ordner erstellen und benennen. Sie sind dann in der Lage, das Dokument in einem Ordner abzulegen, der vorher noch nicht existiert hat. (Dieser Button ist in den meisten Programmen verfügbar.)

I Viele Programme besitzen in dieser Dialogbox weitere Einstellmöglichkeiten. Normalerweise gibt es dort ein Popup-Menü, in dem Sie festlegen können, welcher Art das Dokument ist, das Sie speichern wollen: eine Text-Datei, eine Word-Datei usw. Das ist günstig, da es der Hauptzweck der *Speichern unter*-Dialogbox ist, Dateien in einem anderen Dateityp abzuspeichern, sie also in ein anderes Format zu exportieren.

Geheimnisse der Dialogboxen Öffnen und Speichern

Schauen Sie sich die Dialogbox für das Speichern an, und Sie werden feststellen, daß Apple zwei verschiedene Gebiete definiert hat, in denen Sie Eingaben über die Tastatur machen können. Der Kasten A in der Abbildung 3.13 nimmt Ihre Eingaben entgegen, wenn er von einer dicken schwarzen Linie umrahmt ist. Sie können aber auch im Eingabefeld darunter tippen, um dem Dokument den Namen zu geben, unter dem es gespeichert werden soll. Wie bereits beschrieben, wechseln Sie von einem zum anderen Element entweder mit der Tabulator-Taste oder durch Klicken mit der Maus.

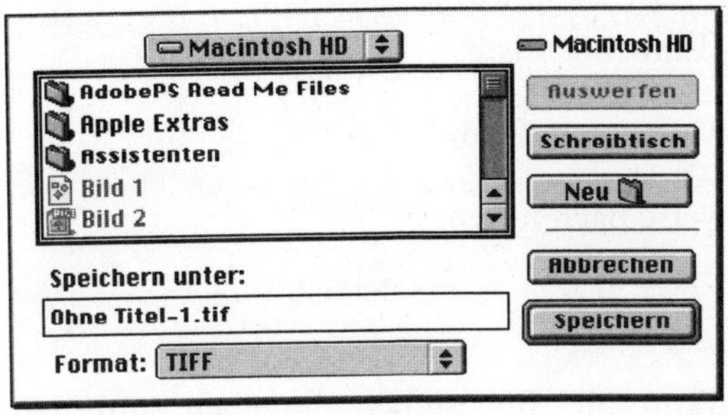

Abb. 3.14 Der dicke Umriß sagt Ihnen, daß beim Tippen Dateien-, Ordner- und Festplattennamen ausgewählt werden.

Was Sie in den Listenbereich eingeben können. Wenn Ihnen der dickeUmriß signalisiert, daß die Liste Ihr aktueller Eingabebereich ist (3.14), können Sie Einträge auswählen, ohne die Maus zu benutzen. Mit den nun folgenden Tasten bewegen Sie sich in der Liste. Beachten Sie, daß die Einträge durch das Tippen nur hervorgehoben werden. In der Dialogbox *Speichern* können Sie Dateinamen nicht hervorheben – das funktioniert nur mit Namen von Festplatten.

Leertaste	Drücken Sie die Leertaste, um den ersten Eintrag in der Liste hervorzuheben.
P	Eine Buchstabentaste (P ist nur ein Beispiel) hebt den Eintrag in der Liste hervor, dessen Name mit diesem Buchstaben beginnt – oder den, der alphabetisch darauf folgt. Wenn Sie mehrere Dateien mit dem gleichen Anfangsbuchstaben haben, können Sie weitere Buchstaben eingeben, um sich an die gewünschte Datei anzunähern.

Z	Geben Sie Z ein, um die Datei hervorzuheben, deren Name mit dem Buchstaben beginnt, der Z am nächsten ist (das ist nicht unbedingt die letzte Datei).
´	Mit dem Akzent-Zeichen (oben rechts auf Ihrer Tastatur) heben Sie die letzte Datei in der Liste hervor.
[←][→][↓][↑]	Mit den Pfeiltasten bewegen Sie die Markierung schrittweise nach oben oder nach unten.
[home]	Scrollt an den Anfang der Liste.
[end]	Scrollt an das Ende der Liste.
[page up]	Scrollt seitenweise nach oben.
[page down]	Scrollt seitenweise nach unten.

Wie schnell müssen Sie tippen? Wenn Sie Buchstaben eingeben, um den Namen einer Datei hervorzuheben, wird im allgemeinen empfohlen, «schnell einige Buchstaben einzugeben», um die betreffende Datei auszuwählen. Was bedeutet nun «schnell»? Wie lange müssen Sie warten, bevor Sie noch einmal tippen können?

HEISSER TIP

Nun, Sie können selbst entscheiden, wie lange Sie warten müssen, bevor Sie noch einmal tippen können. Der Mac richtet sich nach dem Kontrollfeld *Tastatureinstellungen*. Wenn Sie für die Wiederholrate eine kürzere Zeit einstellen, müssen Sie nicht so lange warten, bis Sie erneut damit beginnen können, eine Datei mit Hilfe der Tastatur auszuwählen.

POWER USER

Andere verborgene Tastenkürzel. Sie sollten niemals die Maus benutzen müssen, um eine Datei zu öffnen oder zu speichern. Dies sind die Alternativen, wie Sie alles auch mit der Tastatur bewerkstelligen können.

[⌘] - D	Sorgt dafür, daß Sie auf die Schreibtisch-Ebene gelangen, so als hätten Sie auf den Button *Schreibtisch* gedrückt. Der Name des Startvolumes wird hervorgehoben. Befehl-Shift-Pfeil-nach-oben erzielt den gleichen Effekt.

⌘ - ↑	Bewegt Sie eine Ebene näher an den Schreibtisch heran. So können Sie sich in der Ordner-Hierarchie nach oben bewegen.
⌘ - ↓	Öffnet den hervorgehobenen Ordner bzw. die Festplatte; entspricht dem Drücken der Enter-Taste.
⌘ - →	Ihnen wird der Inhalt der nächsten Festplatte angezeigt. Sie durchwandern die Festplatten in der Reihenfolge, in der diese auch auf Ihrem Schreibtisch erscheinen.
⌘ - ←	Mit Befehl-Pfeil-nach-links schlagen Sie die umgekehrte Richtung ein. Es lohnt sich wirklich, sich diese Tastenkürzel zu merken. Ansonsten können Sie nur zwischen den Platten umschalten, indem Sie sich auf die Schreibtisch-Ebene begeben. Das ist bedeutend umständlicher.
⌘ - N	Damit erstellen Sie einen neuen Ordner.
⌘ - O	Dies ist das Äquivalent zum Button *Öffnen*.
⌘ - S	Dieses Tastenkürzel entspricht dem Button *Speichern*.
⌘ - . (Punkt)	Dies entspricht dem Button *Abbrechen*. Die Escape-Taste hat dieselbe Wirkung.
enter	Die Wirkung der Enter-Taste ist unterschiedlich: Normalerweise ist das Drücken der Enter-Taste gleichbedeutend mit dem Drücken des Buttons *Speichern*. Die Datei wird gespeichert, und die Dialogbox verschwindet. (In der Dialogbox *Öffnen* wird beim Drücken der Enter-Taste entsprechend die Datei oder der Ordner geöffnet.) Falls Sie sich jedoch gerade im Listenmodus befinden (d.h. die Liste mit dem dicken schwarzen Rahmen umrandet ist) und der Name eines Ordners bzw. einer Festplatte markiert ist, dann wird beim Drücken der Enter-Taste dieser Ordner bzw. diese Festplatte geöffnet. Das führt dann dazu, daß die Dateien gelegentlich im falschen Ordner liegen. Anfänger beklagen oft, daß sie ihre Dokumente nicht wiederfinden!

HEISSER TIP

Geheimnisse zum Anklicken. Eigentlich gibt es nur ein verborgenes Element, auf das Sie klicken können. Es handelt sich dabei um den Namen der Festplatte, der in Abbildung 3.13 mit dem Buchstaben E gekennzeichnet ist.

Es ist aber eine nette Funktion: sie entspricht dem Tastenkürzel Befehl-Pfeil-nach-oben. Wenn Sie auf den Namen klicken, gelangen Sie eine Ordner-Ebene näher an den Schreibtisch heran (also in den übergeordneten Ordner).

Ein Alias doppelklicken und Option-klicken. Wenn Sie sich die Dialogbox *Öffnen* in Abbildung 3.15 betrachten, werden Sie sehen, daß Aliasnamen in kursiver Schrift dargestellt sind. Doppelklicken Sie auf einen solchen Namen, wird die Originaldatei geöffnet.

Wenn Sie jedoch Option-doppelklicken, öffnet die Datei sich nicht. Statt dessen wird Ihnen der Inhalt des Ordners gezeigt, in dem sich die Originaldatei befindet. (Mehr zu Aliasen finden Sie weiter hinten in diesem Kapitel.)

Abb. 3.15 Die Dialogbox «Öffnen» mit Aliasen.

Ihre Meinung beim Doppelklicken ändern. In der Dialogbox *Öffnen* können Sie Dateien öffnen, indem Sie auf einen Eintrag doppelklicken. Nehmen wir einmal an, Sie haben einen Ordner, der randvoll mit Photoshop-Dateien ist, und wollen eine Datei namens Baboon öffnen. Leider zeigen Sie aber mit dem Cursor auf eine Datei namens Aardwark. Sie beginnen mit dem Doppelklick. Ihr Finger auf der Maustaste bewegt sich nach unten, nach oben, nach unten – und plötzlich bemerken Sie Ihren Fehler. Ohne den Finger von der Maus zu nehmen, ziehen Sie den Cursor zur Datei Baboon und lassen anschließend die Maus los. Der Macintosh überträgt Ihren Doppelklick auf die andere Datei und öffnet sie.

Datei-Dialoge für Fortgeschrittene – Action Files

Sie haben es sicher schon selbst bemerkt – die traditionellen Dialoge zum Öffnen und Speichern von Dateien sind recht spartanisch und lassen einige Funktionen vermissen. Früher gab es *Super Boomerang*, mit dem Sie die zuletzt benutzten Ordner und Festplatten verwalten, Listen der von Ihnen am meisten benutzen Dateien erstellen und viele andere Dinge mehr tun konnten. Dieses Programm wird nicht mehr vertrieben, dafür gibt es jetzt die Shareware *Action Files* von Power On Software, die diese Lücke ausfüllt. Das Programm versieht die Standard-Dateidialoge mit einer zusätzlichen Menüzeile und jeder Menge an Zusatzfunktionen, die Sie sonst nur im Finder benutzen können.

Einige dieser Möglichkeiten finden Sie mittlerweile auch in den sogenannten Navigation Services ab Mac OS 8.5 (mehr dazu im nächsten Abschnitt). Allerdings müssen auch die Programme diese neuen Möglichkeiten unterstützen, sonst sehen Sie nur die klassisch-einfachen Dialoge. *Action Files* hingegen funktioniert auch mit älteren Systemversionen und älteren Programmen.

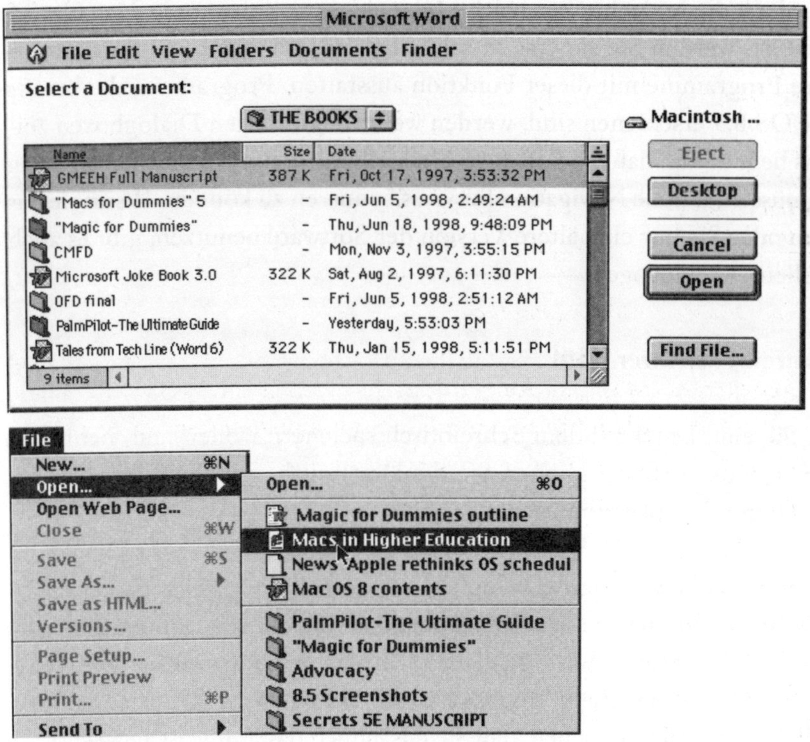

Abb. 3.16 Action Files macht die Standard-Dateidialoge bedeutend leistungsfähiger. Es erweitert sogar den Menübefehl zum Öffnen von Dateien – leider nur in englischen Programmen.

Auf der CD zu diesem Buch finden Sie eine Version von Action Files, die Sie 30 Tage lang ausprobieren können. Danach stellen einige Funktionen die Arbeit ein, um Sie dezent an das Bezahlen der Shareware-Gebühr zu erinnern.

ACHTUNG

Die Funktion zum Erweitern des Öffnen-Befehls ist leider nur in englischen Programmen verfügbar. Das liegt daran, daß Action Files nach einem Eintrag «Open» sucht, der natürlich in deutscher Software nicht vorhanden ist.

Öffnen und Speichern 2000: Die Navigation Services

Wir freuen uns, Ihnen mitteilen zu können, daß die 14 Jahre alten komplexen Öffnen-/Speichern-Dialoge schon bald der Vergangenheit angehören werden. Apples Ingenieure, die sich der Schwächen dieser Dialogboxen sehr wohl bewußt sind, haben ein klareres, überarbeitetes Design geschaffen. Die neuen Öffnen- und Speichern-Dialoge unterscheiden sich nunmehr kaum noch von der Listenansicht des Finders (3.17). Der Teil des Mac OS, der diese Darstellung möglich macht, nennt sich *Navigation Services*.

FEHLER

Zuerst jedoch die schlechte Nachricht: Obwohl diese Software in Mac OS 8.5 enthalten ist, werden Sie sie erst zu sehen bekommen, wenn die Softwarefirmen ihre Programme mit dieser Funktion ausstatten. Programme, die bereits vor Mac OS 8.5 erschienen sind, werden weiterhin die alten Dialogboxen zeigen. Das liegt daran, daß die Software-Hersteller ihre Programme geringfügig ändern müssen, um die Navigation Services benutzen zu können. Wenn sie das nicht tun oder Sie nur eine ältere Version der Software benutzen, gibt es auch keine tollen Dateidialoge.

Der Schreibtisch Ihrer Wahl

Wenn Sie eine Datei auf dem Schreibtisch speichern wollen und mehr als eine Festplatte besitzen, können Sie die Datei auch auf dem Schreibtisch einer anderen Festplatte ablegen:

Klicken Sie in der Speichern-Dialogbox auf den Button *Schreibtisch*. Daraufhin erscheinen die Icons aller Ihrer Laufwerke. Klicken Sie einmal auf das gewünschte Laufwerk und anschließend in das Feld, in welches Sie den Namen der Datei eingeben. Wenn Sie in die rechte obere Ecke der Dialogbox schauen, werden Sie sehen, daß Sie tatsächlich das Laufwerk gewechselt haben – die Datei wird aber wiederum auf dem Schreibtisch gespeichert.

In Abbildung 3.17 sehen Sie die Dialogbox *Öffnen*. Die Dialogbox *Speichern* sieht ähnlich aus, es fehlen allerdings die drehbaren Dreiecke; Sie müssen Ordner auf die herkömmliche Weise mittels Doppelklick öffnen.

Oder Sie ziehen eine Diskette oder einen Ordner direkt vom Schreibtisch in die neue Öffnen- oder Speichern-Dialogbox (in den Bereich B der Abbildung 3.17). Die Listenansicht verändert sich auf der Stelle, um den Inhalt der Diskette bzw. des Ordners anzuzeigen.

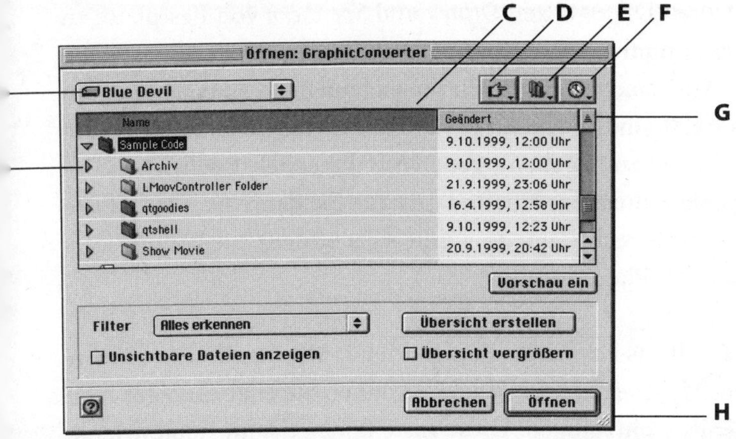

Abb. 3.17 Neu in Mac OS 8.5 ist die verbesserte Öffnen-Dialogbox – bald werden auch die meisten Programme über diese Dialogbox verfügen.

A Dieses Popup-Menü hat sich nicht geändert. Hier können Sie sich in der Hierarchie der Ordner nach oben oder nach unten bewegen – ab jetzt allerdings können Sie dieses Popup-Menü ignorieren.

B Das sieht gut aus. Zum ersten Mal wird beim Navigieren die ganze Zeit deutlich, an welcher Stelle Sie sich im Ordner-in-Ordner-Schema befinden. Dazu tragen die Finder-artigen drehbaren Dreiecke links von den Ordnernamen bei. Noch besser: in einigen Programmen können Sie mehrere Dateien markieren und gleichzeitig öffnen. Dazu müssen Sie sie Shift-klikken. (Sie können nur auf Dateien Shift-klicken; wenn Sie es bei Ordnern versuchen, verlieren Sie alle Auswahlen, die Sie bereits getroffen haben.)

C Die Spaltenüberschriften, Name und Datum funktionieren genauso wie in der Listenansicht des Finders: Klicken Sie auf die Überschrift, um die Sortierung der Liste zu ändern.

D Bei diesem seltsam aussehenden Button/Popup-Menü handelt es sich um das Abkürzungsmenü, das man besser Festplattenmenü genannt hätte. Es zeigt eine Liste aller Festplatten/Disketten, die im Moment gerade mit dem Mac verbunden sind bzw. in seinem Laufwerk stecken (plus Schreibtisch), Sie können also direkt zu einem dieser Medien springen. Wenn Sie ein Wechselmedium auswählen, ist außerdem der Button *Auswerfen* sichtbar.

HEISSER TIP

Leider gibt es die Tastenkürzel mit der Befehlstaste nun nicht mehr, mit denen Sie in den alten Dialogboxen *Öffnen* und *Speichern* von Festplatte zu Festplatte springen konnten. Tastatur-Freaks müssen sich allerdings keine Sorgen machen – Sie brauchen das Abkürzungsmenü nicht zu benutzen, um die Festplatte zu wechseln. Drücken Sie statt dessen Befehl-D (um sich auf die Schreibtisch-Ebene zu begeben), geben Sie die ersten Buchstaben des gewünschten Festplattennamens ein, und drücken Sie dann die Enter-Taste (oder Befehl-Pfeil-nach-rechts, um das Dreieck zu öffnen). Sie können jetzt sehen, was sich auf der Platte befindet.

E Unter E befindet sich das Favoriten-Popup-Menü. Mit dem Befehl *Favoriten hinzufügen* (im Menü *Ablage* des Finders) können Sie ein beliebiges Icon zu Ihrer Favoritenliste hinzufügen. Diese Liste finden Sie im Apple-Menü. In Abbildung 3.18 sehen Sie, wie die Favoritenliste in dieser Dialogbox aussieht.Wenn Sie eine Datei öffnen, zeigt das Favoriten-Popup-Menü Festplatten, Ordner und einzelne Dateien. Beim Speichern dagegen werden nur Platten und Ordner aufgelistet.

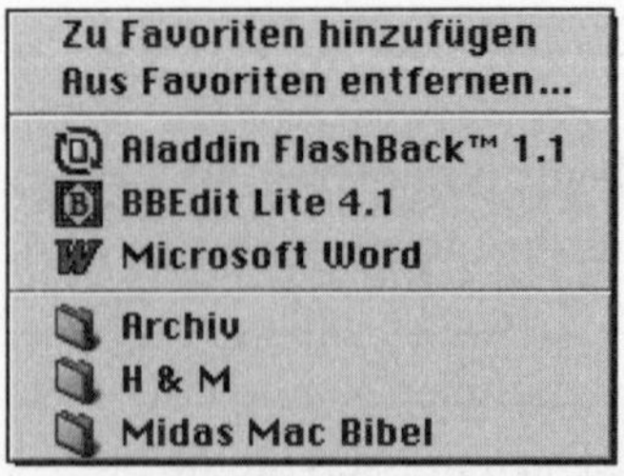

Abb. 3.18 Im Popup-Menü «Favoriten» können Sie eine ausgewählte Datei, eine Festplatte oder einen Ordner in Ihre Favoritenliste einbinden. Das Menü ist in drei Bereiche aufgeteilt: Die Befehle «Hinzufügen» und «Entfernen», eine Liste mit Dokumenten (nur in der Dialogbox «Öffnen») und eine Liste mit Ordnern und Festplatten.

F Hinter dem letzten Button verbergen sich aktuelle Elemente. Hier werden die Dateien, Ordner und Festplatten aufgelistet, die Sie zuletzt geöffnet hatten. Wie viele das sind, liegt ganz an Ihnen. Sie können die Zahl im Kontrollfeld Apple-Menü *Optionen* festlegen.

G Klicken Sie auf diesen kleinen pyramidenförmigen Button, um die Anordnung der Einträge umzukehren – von Z bis A (bzw. die ältesten Einträge zuerst) statt von A bis Z (bzw. die neuesten Einträge zuerst).

H Erstmals in der Geschichte des Mac können Sie die Größe der Öffnen- und Speichern-Dialogboxen ändern. Ziehen Sie einfach an dieser Gitterecke.

Geheimnisse der neuen Öffnen- und Speichern-Dialogboxen

Direkt in das Favoriten-Menü. Das Favoriten-Menü bietet Ihnen die Möglichkeit, schnell auf wichtige Ordner und Dateien zuzugreifen. Außerdem können Sie selbst Einträge direkt aus der Dialogbox zu diesem Menü hinzufügen können. Der offizielle Weg besteht darin, den Eintrag zu markieren, den Sie hinzufügen wollen (Shift-klicken, falls Sie mehrere Einträge gleichzeitig in das Menü plazieren wollen), und anschließend *Favoriten hinzufügen* aus dem Menü zu wählen.

Unser Weg ist besser: Ziehen Sie den Eintrag auf den Favoriten-Button, wie in Abbildung 3.19 zu sehen ist. Er wird augenblicklich zur Favoritenliste hinzugefügt – sowohl hier als auch im Menü.

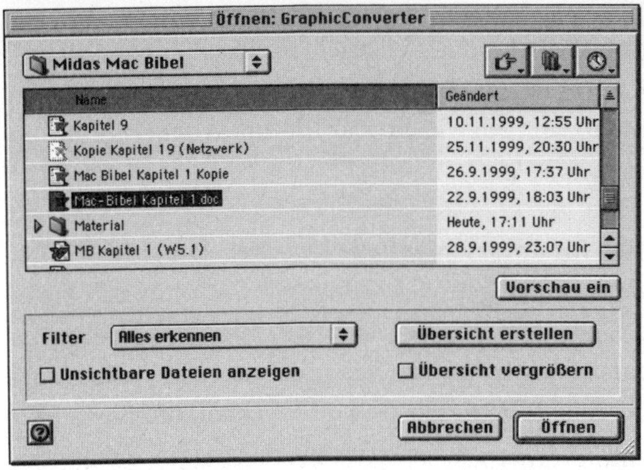

Abb. 3.19 Auch in den Dialogboxen «Speichern» und «Öffnen» können Sie Einträge mit Drag & Drop bewegen.

Tastenkürzel für die ganz Eiligen. Fast alle Tastenkürzel aus den alten Dialogboxen gibt es auch in den neuen Dialogen. Eine komplette Liste finden Sie weiter vorn in diesem Kapitel.

POWER USER

Die neuen Dialogboxen Speichern und Öffnen bieten jedoch noch eine ganze Reihe weiterer (und teilweise neu zugewiesener) Tastenkürzel für den geschäftigen Mac-Fan.

- Befehl-A: Alle auswählen (nicht immer verfügbar).
- Befehl-D oder Shift-Befehl-Pfeil-nach-oben: Schreibtisch als aktuelle Position auswählen.
- Shift-Pfeil-nach-oben und Shift-Pfeil-nach-unten: Wählt weitere zusätzliche Dateien aus (falls diese Eigenschaft in Ihrem Programm verfügbar ist).
- Befehl-Pfeil-nach-oben: Bewegt eine Ordner-Ebene nach oben.
- Befehl-Pfeil-nach-unten: Öffnet den ausgewählten Ordner oder die Festplatte.
- Befehl-Pfeil-nach-rechts: Öffnet das Dreieck einer markierten Festplatte oder eines Ordners.
- Befehl-Pfeil-nach-links: Schließt das ausgewählte Dreieck.
- Option-Pfeil-nach-links oder Option-Pfeil-nach-rechts: Führt Sie zurück zum letzten Ordner bzw. zur letzten Festplatte, den bzw. die Sie angeschaut haben (oder zum nächsten), ähnlich wie die Zurück- und Vorwärts-Buttons in einem Webbrowser.

Unterschiedliche Vorgaben für unterschiedliche Zwecke. Die neuen Dialogboxen *Öffnen* und *Speichern* erledigen viele Dinge für Sie, ohne daß Sie es überhaupt merken. Jede Dialogbox erinnert sich z.B. für jedes Programm daran, welchen Ordner Sie zuletzt in dieser Dialogbox verwendet haben. Da die Dialogbox *Öffnen* sich einen Ort merkt (sowie die Datei, die Sie zuletzt benutzt haben) und die Dialogbox *Speichern* sich einen anderen Ort merkt, wird es bedeutend einfacher, mehrere Dateien (z.B. in einem Grafikprogramm) zu öffnen, zu verarbeiten und zu speichern. Jedesmal, wenn Sie den Befehl *Öff-*

nen verwenden, wird Ihnen ein Ordner mit noch nicht verarbeiteten Dateien gezeigt – wählen Sie dagegen *Speichern unter*, sehen Sie automatisch einen Ordner mit fertigen Dateien. Es ist keine weitere Navigation notwendig.

Formularblöcke

Als System 7 eingeführt wurde, waren Formularblöcke eine der neuen, interessanten Funktionen. Immer dann, wenn Sie ein Dokument speichern, sollten Sie im Speichern-Dialog einen Button finden, der das Dokument als Vorlage (oder eben Formularblock) ablegt (3.20).

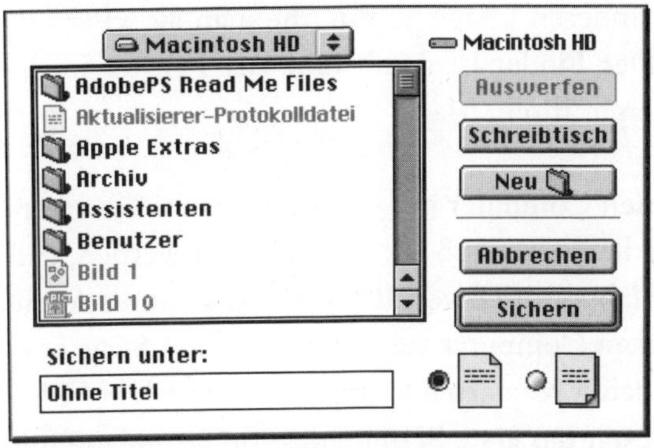

Abb. 3.20 Eines der wenigen Programme mit einem Vorlagen-Button (unten rechts).

Die Idee dabei ist, daß Sie oft benutzte Dokumente – wie Briefköpfe, Formschreiben usw. – als Vorlage abspeichern können. Sobald Sie eine solche Datei öffnen, erstellt Ihr Mac automatisch eine Kopie dieser Vorlage. Die Datei selbst bleibt jedoch unverändert. Sie können dann dieses neue Dokument nach Belieben verändern und speichern es anschließend unter einem eigenen Dateinamen ab.

HEISSER TIP

Nur wenige Programme benutzen einen Vorlagen-Button wie SimpleText, statt dessen haben sie meist im Speichern-Dialog ein Popup-Menü, mit dem Sie diese Option einstellen können. Kann Ihr Programm keine Vorlagen abspeichern – oder wollen Sie einen Formularblock im Finder erstellen – so können Sie aus jedem Dokument eine Vorlage machen. Markieren Sie dazu die gewünschte Datei im Finder und wählen Sie den Befehl *Ablage/Information*. Rechts unten in dem Informations-Fenster finden Sie eine Checkbox mit der Bezeichnung *Formularblock*. Klicken Sie diese an, und schon wird aus der Datei eine Vorlage. Ein Doppelklick darauf erzeugt automatisch eine neue Kopie davon.

Der Finder kompakt

Der Finder ist das Programm, das zuerst gestartet wird, wenn Sie Ihren Mac einschalten und alle Systemerweiterungen und Kontrollfelder geladen wurden. Sie müssen kein Icon doppelklicken, um es zu starten, und es gibt auch keinen Befehl zum Beenden des Finders. Er ist immer da, wenn Sie mit der Arbeit am Mac beginnen, genauso wie kurz vor dem Ausschalten. Trotzdem ist der Finder ein Programm wie jedes andere auch und taucht auch so im Programm-Menü auf. Eigentlich schaffen Sie mit dem Finder keine «richtige» Arbeit, aber Sie brauchen Ihn, um Ihre Daten zu organisieren, nach Dokumenten zu suchen, Dateien zu kopieren und all die anderen Dinge zu tun, die man als «Verwaltungsarbeit» bezeichnen kann. Der Finder ist damit eine Art Fenster in die abstrakte Welt der digitalen Daten in Ihrem Mac.

EINSTEIGER

Apple war die erste Firma, die einen Computer mit einer grafischen Benutzeroberfläche ausgerüstet hat. Ehrlicherweise muß allerdings gesagt werden, daß das Konzept aus den Forschungslaboratorien von Rank Xerox stammt. Apple hat es dann 1984 erstmalig in einem Computer verwirklicht, der in Serie hergestellt und verkauft wurde. Bis dahin reagierten Computer lediglich auf Eingaben über die Tastatur; der Mac war das erste System, das von Grund auf mit einer grafischen Oberfläche ausgerüstet war – eine Kommandozeile gab es nie.

Der Finder ist intuitiv zu bedienen – Sie doppelklicken ein Icon mit der Maus, um das zugehörige Programm zu starten oder Sie ziehen eine Datei auf den Papierkorb , um sie zu «entsorgen». Falls Sie es sich dann anders überlegen, können Sie das Dokument wie bei einem richtigen Papierkorb wieder hervorholen – es sei denn, Sie haben den Papierkorb schon mit dem entsprechenden Befehl entleert. So weit ist das alles ganz einleuchtend, und viele Mac-Nutzer sind mit den offensichtlichen Funktionen des Finders völlig zufrieden. Wenn Sie aber mehr über die versteckten Möglichkeiten dieses Programms erfahren wollen, so finden Sie auf den folgenden Seiten einige Tips und Tricks, die Ihre Arbeit mit Ordnern, Dateien und Fenstern schneller und effektiver machen können.

Icons auswählen

Jedes Element im Finder – egal ob Dokument, Programm, Festplatte, CD, Ordner oder Wechselmedium – wird durch ein Icon repräsentiert. Bevor Sie einen Befehl anwenden können, müssen Sie eines oder mehrere dieser Icons auswählen. Die klassische Variante funktioniert mit der Maus:

EINSTEIGER

Klicken Sie auf ein Icon, um es auszuwählen. Wenn Sie mehrere Icons auswählen wollen – z.B. in einem Fenster oder auf dem Schreibtisch halten Sie die Shift-Taste und klicken Sie weitere Icons an. (Falls Sie dabei ein Icon erwischen, das Sie nicht haben wollen, entfernt ein erneuter Shift-Klick die Markierung wieder.) Sie können aber auch mit der Maus ein Rechteck um die gewünschten Icons ziehen, so wie in Abbildung 3.21 zu sehen ist. Dieser Trick funktioniert auch, wenn Ihre Dateien in einem Fenster als Liste oder (ab System 8) als Tasten dargestellt sind.

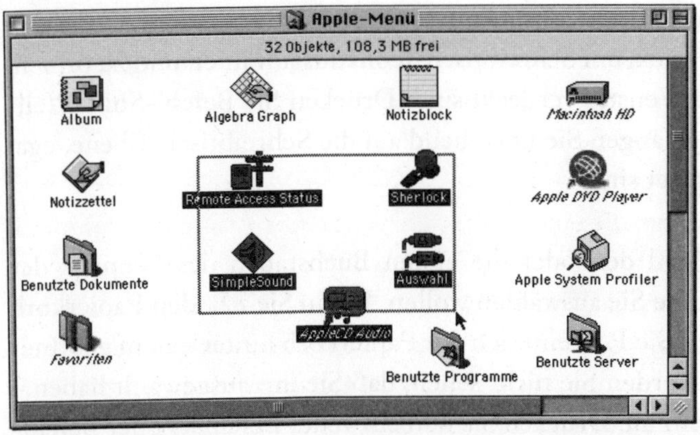

Abb. 3.21 Ziehen Sie in einer diagonalen Linie, um alle die Icons auszuwählen, die von dem grauen Umriß berührt werden. (Das funktioniert auch in der Listen- oder Tasten-Darstellung.)

HEISSER TIP

Sie müssen aber nicht die Maus benutzen, um ein Icon auszuwählen. Fangen Sie einfach an, den Namen der Datei, der Festplatte oder des Ordners zu tippen, und schon wird das erste Icon markiert, das eine passende Bezeichnung trägt. Das funktioniert sowohl auf dem Schreibtisch, als auch innerhalb eines geöffneten (und aktiven) Fensters im Finder. Ist das Icon markiert, können Sie es mit dem Tastenkürzel Befehl-O öffnen – ganz so, als hätten Sie mit der Maus doppelgeklickt.

Was aber, wenn Sie einen Ordner voll mit Icons haben, und zwar den Namen der Datei wissen, sie aber nicht finden können? Fangen Sie einfach an, den Namen des Dokuments bzw. des Programms zu tippen, und der Finder markiert automatisch das Icon, dessen Namen mit Ihren Eingaben anfängt. Je mehr Sie tippen, desto genauer kann der Finder die gesuchte Datei eingrenzen. Dann brauchen Sie ebenfalls nur Befehl-O zu drücken, und sie wird geöffnet.

Wissen Sie nur den Namen der Datei, haben aber überhaupt keine Ahnung, in welchem Ordner sie zu finden ist, dann wählen Sie den Befehl *Ablage/Finden* (oder drücken Sie Befehl-F). Damit wird das Programm *Dateien finden* (vor Mac OS 8) bzw. *Sherlock* (ab Mac OS 8) gestartet. Tippen Sie den Namen der Datei – oder auch nur einen Teil davon – ein, und drücken Sie die Entertaste. Ihr Mac fängt an zu suchen und zeigt Ihnen alle gefundenen Dateien an. Doppelklicken Sie die gewünschte Datei in der Ergebnisliste, um Sie zu öffnen, oder benutzen Sie die Cursortasten und wählen Sie dann wiederum Befehl-O.

Schreibtisch-Elemente öffnen, ohne Fenster zu schließen

Dies ist ein hübscher Trick, um Schreibtisch-Icons auszuwählen und zu öffnen, wenn Sie durch offene Fenster verdeckt sind: Drücken Sie Befehl-Shift-Pfeil-nach-oben. Dadurch gelangen Sie umgehend auf die Schreibtisch-Ebene, egal wie viele Fenster geöffnet sind.

Tippen Sie anschließend den oder die ersten Buchstaben des Namens der Datei oder Festplatte, die Sie auswählen wollen. Wenn Sie z.B. den Papierkorb öffnen wollen, drücken Sie P. Wenn sich der Papierkorb hinter einem geöffneten Fenster befindet, werden Sie nicht sehen, daß Sie ihn ausgewählt haben – es ist aber trotzdem der Fall. Drücken Sie nun entweder Befehl-O oder Befehl-Pfeil-nach-unten. Das Papierkorb-Fenster öffnet sich. Sie haben ein Element auf dem Schreibtisch ausgewählt und geöffnet, ohne es zu sehen, ohne ein einziges Fenster geschlossen zu haben und ohne Ihre Finger von der Tastatur genommen zu haben.

Icons ausrichten – oder auch nicht

Normalerweise bleiben die Icons dort liegen, wo Sie die Maustaste loslassen. Sie können Ihren Mac aber anweisen, statt dessen alle Icons auf ein ordentliches Raster zu legen. Die entsprechende Einstellung finden Sie im Kontrollfeld *Darstellungen* bzw. im Finder unter *Darstellung/Darstellungsoptionen*. Dort gibt es jeweils eine Checkbox *Am Raster ausrichten*. Ist diese aktiviert, dann fallen die Icons beim Bewegen ganz von selbst an den richtigen Platz im unsichtbaren Gitter.

HEISSER TIP

Sie können die Icons auch am Raster ausrichten, ohne daß Sie die entsprechende Einstellung auswählen müssen. Halten Sie dazu einfach die Befehlstaste, wenn Sie das Icon fallenlassen. Das funktioniert auch umgekehrt: Wenn die Icons standardmäßig ausgerichtet werden, verhindert das die gedrückte Befehlstaste.

Bei den Systemen vor Mac OS 8 bestimmt das Kontrollfeld *Darstellungen* die Anzeigeoptionen für alle Fenster im Finder. Ab Mac OS 8 hingegen können Sie diese Einstellung mit dem Menübefehl *Darstellung/Darstellungsoptionen* für jedes Fenster – und den Schreibtisch – separat einstellen.

HEISSER TIP

Sie können die Darstellungen im Finder auch noch weiter anpassen – darunter auch die Größe der Icons oder die Sortierreihenfolge (ab Mac OS 8). Experimentieren Sie einfach mit den Möglichkeiten in den bereits beschriebenen Dialogen.

HEISSER TIP

Eigene Icons verwenden

Alle Dateien im Finder haben bestimmte voreingestellte Icons. Wenn Ihnen die aber nicht gefallen, können Sie durchaus den Ordner mit Ihren Dokumenten mit Ihren Initialen versehen oder das Symbol für Ihre Festplatte durch einen Elch-Kopf ersetzen. Das ist gar nicht so schwer:

EINSTEIGER

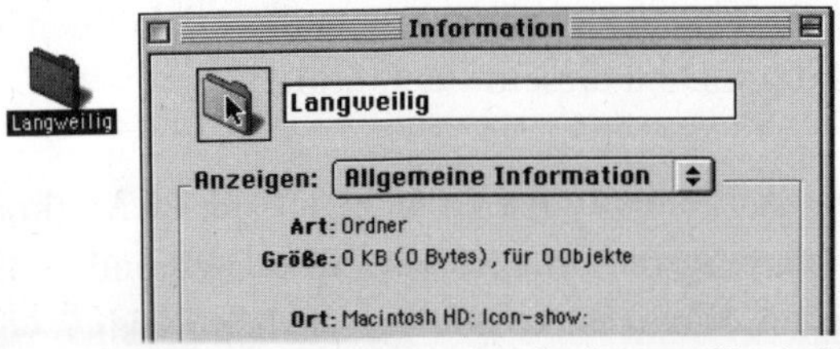

Abb. 3.22 Mit dem Informations-Dialog können Sie ein langweiliges Icon auswechseln.

Markieren Sie das Icon, das Sie ersetzen möchten. Wählen Sie dann den Befehl *Ablage/Information* oder drücken Sie einfach Befehl-I. In dem erscheinenden Dialog sehen Sie nicht nur Informationen über die Datei, sondern links oben auch ein kleines Icon. Klicken Sie darauf, und das Symbol erhält einen Rand. Kopieren Sie es in die Zwischenablage (mit *Bearbeiten/Kopieren* oder Befehl-C). Öffnen Sie nun ein Malprogramm wie Photoshop, GraphicConverter oder Color It. (Die letzten beiden Programme finden Sie auf der CD zu diesem Buch). Fügen Sie das Icon ein, und bearbeiten Sie es nach Lust und Laune. Wenn Sie mit Ihren Änderungen zufrieden sind, kopieren Sie das Ergebnis über die Zwischenablage wieder in den Informations-Dialog. Voilà, das Original-Icon hat sich geändert!

CD-ROM

Falls Sie irgendwann wieder den Originalzustand des Icons herstellen wollen, wählen Sie einfach das Icon im Informations-Dialog aus, und drücken Sie die Löschtaste – schon ist alles wieder so wie vorher.

Abb. 3.23 Wer sagt denn, dass Icons langweilig sein müssen?

FEHLER

Achten Sie darauf, daß das Icon nicht größer wird als 32 mal 32 Pixel. Falls Sie ein größeres Bild benutzen, verkleinert der Mac es passend – und das sieht selten gut aus. Es kann auch passieren, daß Ihr neues Icon etwas seltsam aussieht und stellenweise Farbe verliert. Gehen Sie in einem solchen Fall zurück in Ihr Malprogramm, und umschließen Sie alle hellen Farben mit einem dunklen Umriß. Sie können auch das ganze Icon mit einem Rahmen versehen, um diesen Effekt zu vermeiden.

CD-ROM

Wenn Sie nicht so künstlerisch veranlagt (oder einfach zu faul) sind, können Sie die Icons benutzen, die Sie auf der CD zu diesem Buch finden.

Nicht alle im Finder angezeigten Elemente lassen sich mit dieser Methode ändern, vor allem Dateien aus dem Systemordner, der Papierkorb und geöffnete Dateien sind immun dagegen. Wenn Sie es in diesen Fällen wirklich wissen wollen, müssen Sie *ResEdit* benutzen – siehe Kapitel 27. Manche Programme ignorieren Ihre Anpassungen auch vollständig und löschen Ihr wunderbares Icon bei jedem Speichern des Dokumentes. Da kann man nichts machen!

Icon, Liste oder Taste?

Die Elemente im Finder können Sie auf verschiedene Art und Weise darstellen: als Icon (jeweils in verschiedenen Größen), in einer Liste (mit einer Auswahl an Zusatzinformationen) oder ab Mac OS 8 auch als Icon-Tasten. Die letzte Variante ist besonders für Kinder geeignet: Ein Klick auf die Taste hat den selben Effekt wie ein Doppelklick auf ein normales Icon. Hier ein paar Tips für die verschiedenen Darstellungsarten:

- Sie können die Darstellung mit dem Menü *Inhalt* (bis Mac OS 8) bzw. dem Menü *Darstellung* ändern. Ab Mac OS 8 können Sie auch mit dem Kontext-

Menü die Darstellungsoptionen umschalten (mehr zu diesem speziellen Menü finden Sie weiter hinten in diesem Kapitel).

- Mit dem Kontrollfeld *Darstellungen* bzw. dem Befehl *Darstellungsoptionen* (ab Mac OS 8) legen Sie fest, welche Informationen in der Listenansicht dargestellt werden. Jede Spalte hat eine Überschrift, klicken Sie darauf, um die Liste nach dem jeweiligen Kriterium zu sortieren.

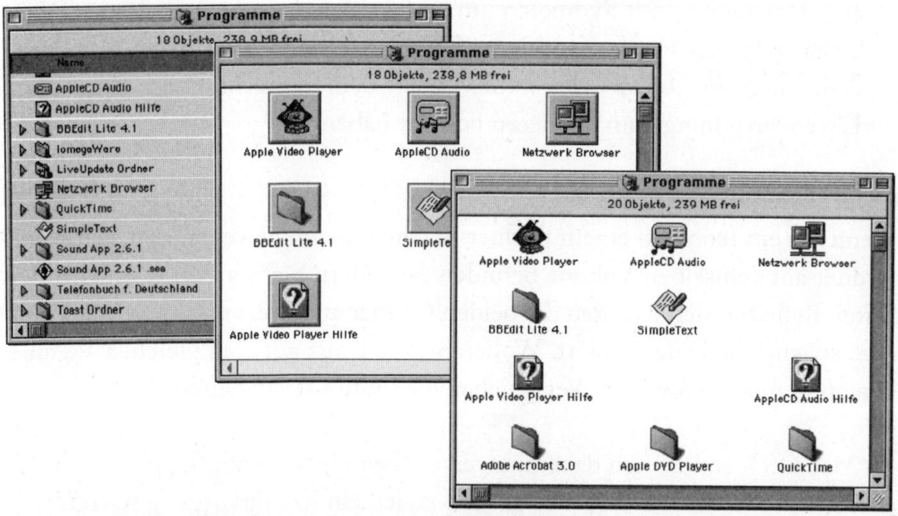

Abb. 3.24 Die verschiedenen Ansichten eines Finder-Fensters (ab Mac OS 8).

- Bei Mac OS 8 können Sie die Breite der Listendarstellung und die Reihenfolge der Sortierung ändern. Wie das geht, erfahren Sie weiter hinten in diesem Kapitel im Abschnitt über Fenster im Finder.

HEISSER TIP

- Sie können auch Tasten per Drag & Drop verschieben. Klicken Sie dazu mit der Maus auf den Namen der Datei, und ziehen Sie mit gehaltener Maustaste.

- Ab Mac OS 8 läßt sich mit dem Dialog *Darstellungsoptionen* auch die Größe der Dateien auf dem Schreibtisch ändern. Es gibt allerdings keine Listendarstellung für den Schreibtisch.

- Wenn Ihnen das Durcheinander auf dem Schreibtisch oder in einem Fenster zu viel wird, gibt es den sehr hilfreichen Befehl *Darstellung/Aufräumen* bzw. *Spezial/Aufräumen* (vor Mac OS 8). (Wann erfindet das mal jemand für das richtige Leben?)

- Wenn Sie Icons in Symboldarstellung nach einem weiteren Kriterium (z.B. dem Erstellungsdatum) sortieren wollen, so geht das ab Mac OS 8 mit dem Befehl *Darstellung/Anordnen*. Bei älteren Systemversionen ist das etwas schwieriger: Hier müssen Sie zuerst eine Listendarstellung wählen, die nach dem gewünschten Kriterium sortiert ist. Anschließend schalten Sie auf eine Darstellung mit Symbolen um und wählen dann bei gehaltener Optionstaste *Spezial/Fenster aufräumen*. Wie durch Magie ändert sich der Befehl dann in *Nach Datum ordnen* (bzw. nach dem Kriterium, das Sie in der Listendarstellung zum Sortieren benutzt haben).

Icons bewegen und kopieren

Wenn Sie ein Icon von einem Ordner in den anderen bewegen und sich beide Ordner auf demselben Volume befinden, so ändern Sie nur den Ablageort der Datei. Befinden sich dagegen die beiden Ordner auf zwei verschiedenen Volumes, so wird die Datei kopiert. Wollen Sie die Datei auf dem gleichen Volume kopieren, müssen Sie beim Verschieben die Optionstaste halten.

HEISSER TIP

Ab Mac OS 8 ändert sich dabei das verschobene Icon geringfügig – es enthält ein kleines Pluszeichen als Anzeige, daß gleich ein Kopiervorgang startet.

Sie können auch ein Icon an Ort und Stelle duplizieren, um eine exakte Kopie der Originaldatei zu erhalten, deren Namen mit dem Wort «Kopie» endet. Markieren Sie dazu das gewünschte Icon, und wählen Sie den Befehl *Ablage/Duplizieren* oder das Tastenkürzel Befehl-D.

Icons umbenennen

Wenn Sie im Finder ein Icon umbenennen wollen, so gibt es zwei Möglichkeiten: Entweder ist es schon ausgewählt, dann drücken Sie einfach die Enter-Taste. Der Name der Datei erhält einen Rahmen, und der Text wird ausgewählt. Nun können Sie ihn bearbeiten. Ist das Icon noch nicht ausgewählt, klikken Sie einmal auf den Dateinamen. Es dauert einen Moment, und dann zeigt der Dateiname, daß er geändert werden kann. (Diese Verzögerung tritt auf, weil Ihr Mac sichergehen will, daß Sie nicht doch noch doppelklicken, um das Icon zu öffnen.)

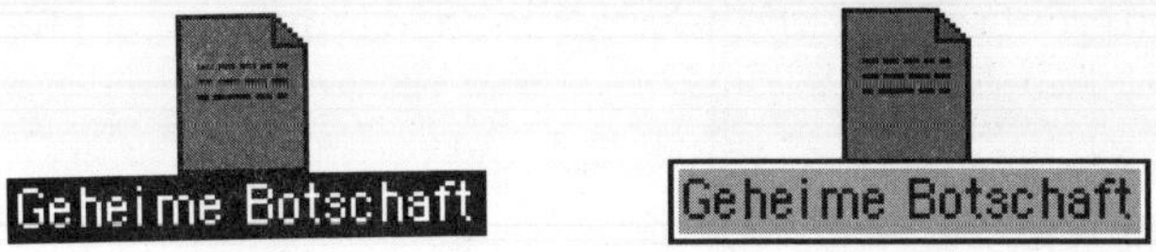

Abb. 3.25 Sie können ein Icon erst umbenennen, wenn der Rand zu sehen ist. Den alten Namen brauchen Sie dabei nicht zu löschen, tippen Sie einfach drauflos.

HEISSER TIP

Sie können diese Verzögerung vermeiden, wenn Sie gleich nach dem Klick die Maus ganz wenig bewegen. Dann können Sie sofort lostippen. Sie müssen übrigens nicht den Namen zuerst löschen, um Ihn zu ändern. Tippen Sie einfach drauflos, und Ihre Eingaben ersetzen den Namen. Wenn Sie damit fertig sind, drücken Sie einfach die Enter-Taste. Der Rahmen verschwindet, und Sie haben den Namen erfolgreich geändert. Sie können auch statt dessen außerhalb des Namens mit der Maus klicken oder die Tabulator-Taste drücken – die bringt Sie sogar ganz automatisch zum alphabetisch nächsten Icon.

POWER USER

Ab Mac OS 8 können Sie den Namen einer Datei auch im Informations-Dialog ändern, den Sie mit dem Befehl *Ablage/Information* oder dem Tastenkürzel Befehl-I aufrufen können.

Das Ändern der Dateinamen funktioniert wie in einer Textverarbeitung: Sie können Kopieren, Löschen und Einfügen, Teile mit der Maus markieren und die Cursor-Tasten benutzen. Ein Doppelklick auf ein Wort markiert dieses, und wenn Sie einen Fehler gemacht haben, können Sie Ihre Eingabe mit Befehl-Z rückgängig machen. Falls Sie es sich mitten in der Änderung anders überlegen, halten Sie einfach die Löschtaste so lange gedrückt, bis alle Buchstaben verschwunden sind. Drücken Sie danach die Enter-Taste, und der alte Dateiname erscheint wieder.

FEHLER

Manchmal kommt es vor, daß Sie den Namen eines Laufwerkes oder eines Festplatten-Volumes nicht ändern können – scheinbar ohne sichtbaren Grund. In diesem Fall ist File Sharing eingeschaltet und verhindert, daß Ihre im Netzwerk sichtbaren Volumes den Namen ändern. Schalten Sie es aus, dann können Sie die Namen von Festplatten und Wechselmedien ändern.

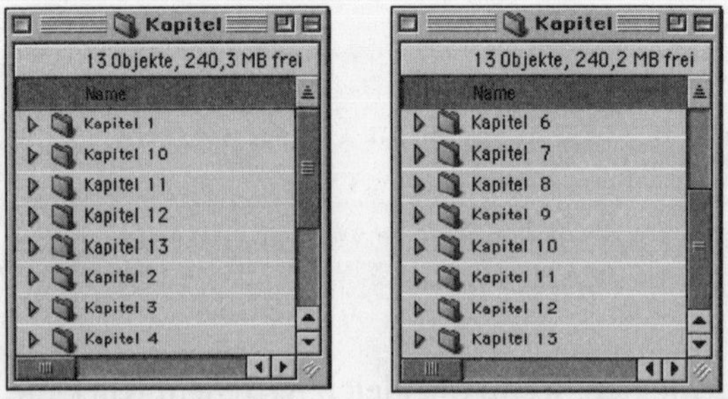

Abb. 3.26 Mit der richtigen Reihenfolge von Zahlen hat der Mac so seine Probleme. Fügen Sie vor den einstelligen Zahlen ein Leerzeichen ein, und die Reihenfolge stimmt wieder.

ACHTUNG

Der Mac hat seine eigenen Vorstellungen von alphabetischer Reihenfolge, vor allem dann, wenn Zahlen ins Spiel kommen. Wie Sie in Abbildung 3.26 sehen, stimmt das nicht mit dem überein, was Sie vielleicht erwarten. Sie können das Problem aber lösen, indem Sie vor den einstelligen Zahlen ein Leerzeichen einfügen – das steht für den Mac weiter vorn im Alphabet als eine Ziffer.

HEISSER TIP

Es kann vorkommen, daß Sie Ihre Icons in eine bestimmte Reihenfolge bringen wollen, z.B. um sie im Apple-Menü anzeigen zu lassen. Nun könnten Sie den Trick mit den Leerzeichen vor den Dateinamen benutzen, allerdings sieht das etwas seltsam aus. Besser geht es so:

Öffnen Sie den Notizblock oder ein Textverarbeitungsprogramm. Geben Sie auf einer Zeile nur einen Zeilenvorschub ein, indem Sie die Enter-Taste drükken. Markieren Sie diese Zeile, und kopieren Sie sie. Gehen Sie dann zu Ihrem Dateinamen, und fügen Sie den unsichtbaren Zeilenvorschub am Anfang des Namens ein. Der Name verschwindet, wenn Sie aber jetzt die Enter-Taste drücken, erscheint er wieder. Plötzlich steht der Dateiname vor allen anderen, ohne daß man sieht, warum. (Wenn Sie noch ein anderes Icon davor setzen wollen, fügen Sie einfach zwei Zeilenvorschübe vor dem Dateinamen ein…)

FEHLER

Vermeiden Sie auch, im Dateinamen einen Doppelpunkt zu benutzen – den verwendet Ihr Mac intern bereits dafür, Dateien und Ordner auseinanderzuhalten. Sie sehen das, wenn Sie im Informations-Dialog für eine Datei die Angaben hinter der Bezeichnung *Ort* betrachten. Da steht dann etwas wie «Macintosh HD:Neue Dateien:Wichtige Briefe:». Damit hier nicht aus Versehen etwas durcheinander kommt, ersetzt der Finder schon beim Eintippen des Dateinamens einen Doppelpunkt durch einen Bindestrich – automatisch und ohne Rückfrage.

Fenster-Tricks

Sicher fragen Sie sich, was es denn über Fenster im Finder Besonderes zu schreiben gibt – schließlich funktioniert das ja auf Ihrem Mac alles problemlos. Wir wollen Ihnen aber trotzdem noch einige Tricks verraten, die nicht ganz so offensichtlich sind, mit denen Sie aber schneller arbeiten können – wenn Sie das möchten.

ACHTUNG

Einige der beschriebenen Funktionen gibt es erst seit Mac OS 8, andere auch in älteren Versionen von Apples Betriebssystem. Im Zweifelsfall probieren Sie es am besten aus, zerstören können Sie dabei nichts. (Es sei denn, Sie leeren absichtlich den Papierkorb oder formatieren Ihre Festplatte – aber das führt in allen Versionen von Mac OS zu Datenverlust!)

Versteckte Bedienelemente. Abbildung 3.27 zeigt die typischen Elemente eines Finder-Fensters unter Mac OS 8 – mit zwei kleinen Änderungen, die Sie so nicht erleben werden: Die Icons links oben zeigen an, daß Sie die Elemente im Fenster am Raster ausgerichtet haben (das gibt es nur in der Symbol-Ansicht) und daß sich der gerade angezeigte Ordner im Papierkorb befindet (das ist natürlich nicht der richtige Platz für einen Systemordner).

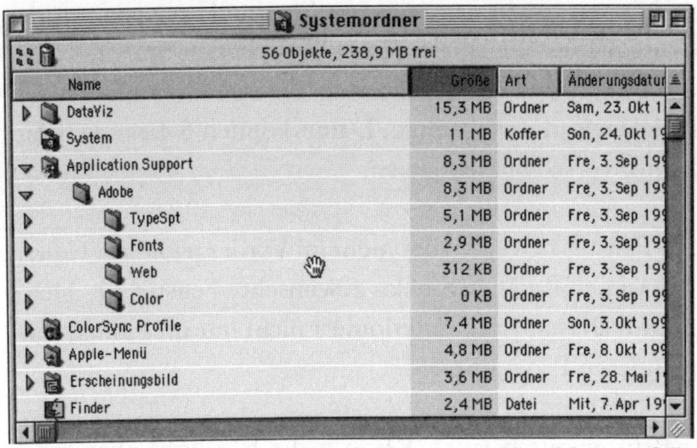

Abb. 3.27 Ein ganz normales Finder-Fenster aus Mac OS 8 – gefüllt mit versteckten Tricks.

Hier nun die versteckten Funktionen des Finder-Fensters:

- Klicken Sie in der Listendarstellung auf die Dreiecke vor den Icons, um die entsprechenden Ordner zu öffnen oder zu schließen. Wenn Sie dabei die

Optionstaste halten, werden auch alle Order innerhalb des angeklickten Ordners geöffnet. Öffnen und Schließen des Ordners geht auch mit der Tastatur: Benutzen Sie ⌘ - → zum Öffnen, und ⌘ - ← zum Schließen. Halten Sie auch hier die Optionstaste, um alle eingeschlossenen Ordner mit zu öffnen oder zu schließen.

HEISSER TIP

Wenn Sie zuerst mehrere Ordner in der Liste markieren – durch Ziehen mit der Maus oder mit dem Befehl *Bearbeiten/Alles Auswählen* (⌘ - A) – wirken die Tastenkürzel auf alle markierten Ordner.

- Bewegen Sie die Liste im Fenster mit den Scrollbalken, mit den Cursortasten oder den Tasten Page-Up und Page-Down. Ab Mac OS 8 können Sie auch die Befehlstaste gedrückt halten und irgendwo im Fenster klicken. Der Cursor wird dann zu einer kleinen Hand, mit der Sie den Fensterinhalt beliebig verschieben können.

POWER USER

Im Kontrollfeld *Erscheinungsbild* (Karte *Optionen*) können Sie bei Mac OS 8 die Scrollpfeile so einstellen, daß sie direkt nebeneinander liegen. Das bedeutet zwar etwas Umgewöhnung, aber Sie sparen sich viele Mausbewegungen, wenn Sie abwechselnd auf- und abscrollen möchten.

- Das ganze Fenster können Sie bewegen, wenn Sie die Titelleiste mit der Maus ziehen – das ist nichts Neues. Ab Mac OS 8 können Sie aber jedes Fenster in jedem Programm auch bewegen, wenn Sie irgendwo auf den dikken grauen Rand klicken und dann ziehen. Damit können Sie es sogar fast komplett vom Monitor verschwinden lassen.

- Sie können auch ein Fenster bewegen, das nicht im Vordergrund ist. Halten Sie dazu die Befehlstaste, und ziehen Sie das gewünschte Fenster – es bleibt schön im Hintergrund. Dieser Trick funktioniert nicht nur im Finder, sondern auch in allen anderen Programmen.

- Schließen Sie das Fenster durch einen Klick in die Box links oben, oder drücken Sie Befehl-W (wie «Window schließen»). Wenn Sie bei beiden Varianten zusätzlich die Optionstaste gedrückt halten, schließen Sie alle-Fenster im Finder. Das ist doch praktisch, oder?

- Die Optionstaste kann noch mehr: Wenn Sie auf ein Icon Option-doppelklicken, schließt sich automatisch das Fenster, das das Icon enthält.

- Haben Sie nicht genug Platz auf dem Schreibtisch Ihres Mac? Kein Problem, Sie können Fenster im Finder (und in allen anderen Programmen unter Mac OS 8) «zusammenrollen», so daß nur noch die Titelleiste übrigbleibt. Klicken Sie dazu auf die Box ganz rechts in der Titelleiste des Fensters – die mit dem kleinen Strich in der Mitte. Falls Sie die entsprechende Einstellung im Kontrollfeld *Darstellungen/Optionen* getroffen haben, funktioniert das auch mit einem Doppelklick auf die Titelleiste des Fensters. Wollen Sie das Fenster wieder öffnen, klicken Sie ganz genauso.

- Auch ausgeblendete Fenster reagieren im Finder auf Drag & Drop. Ziehen Sie einfach eine Datei auf die Titelleiste eines ausgeblendeten Fensters, um sie in den enstprechenden Ordner zu bewegen.

- Das kleine Ordner-Symbol in der Titelleiste sieht nicht nur nett aus, sondern Sie können es auch mit der Maus anfassen und bewegen. Das ist z.B. nützlich, um den angezeigten Ordner zu verschieben, ohne dazu erst das Fenster schließen zu müssen.

Abb. 3.28 Wo befindet sich mein Ordner? Halten Sie die Befehlstaste, und klicken Sie auf die Titelzeile, und schon wissen Sie es.

- Die Titelzeile zeigt an, in welchem Ordner Sie sich befinden, wieviele Elemente er enthält und wieviel Platz noch auf dem jeweiligen Datenträger ist. Wenn Sie wissen wollen, auf welchem Weg Sie in den aktuellen Ordner gekommen sind, halten Sie die Befehlstaste, und klicken Sie auf den Namen in der Titelleiste. Wie in Abbildung 3.28 zu sehen ist, zeigt Ihr Mac Ihnen den Pfad an, auf dem Sie in den aktuellen Ordner gelangt sind. Sie können auch gleich in einen der darüberliegenden Ordner wechseln – wählen Sie einfach dessen Namen aus dem Menü aus. (Und wenn Sie dabei die Optionstaste halten, wird – Sie ahnen es sicher – das ursprüngliche Fenster geschlossen.)

Details anzeigen. Weiter oben haben wir es schon beschrieben: Mit dem Kontrollfeld *Darstellungen* bzw. dem Befehl *Darstellung/Darstellungsoptionen* können Sie einstellen, welche Informationen Ihnen der Finder anzeigt.

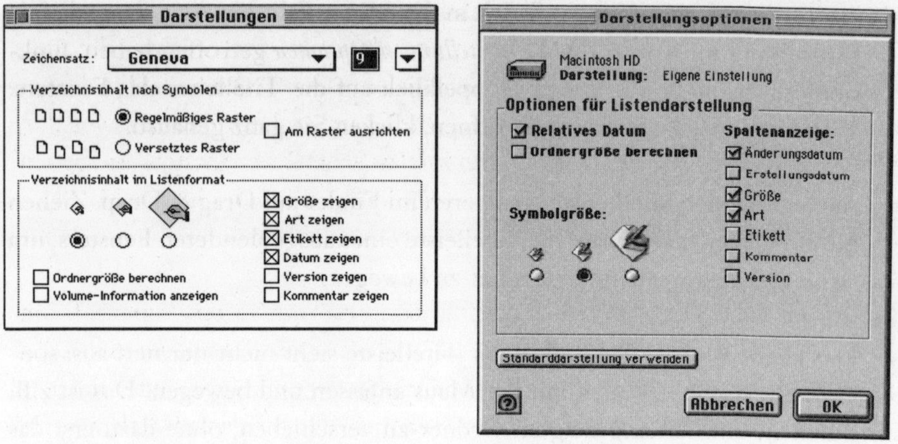

Abb. 3.29 Kontrollfeld «Darstellungen» (links) und Dialog «Darstellungsoptionen» von Mac OS 8 (rechts).

Bei System 7 sind noch alle Einstellungen in einem Kontrollfeld vereinigt und gelten für alle Fenster, ab Mac OS 8 gelten die Einstellungen für jedes Fenster extra. Außerdem ändert sich der entsprechende Dialog, je nachdem, ob ein Fenster als Liste dargestellt wird oder nicht.

HEISSER TIP

Bei Systemversionen vor Mac OS 8 werden bei der Listendarstellung im Finder keine Informationen zum jeweiligen Datenträger angezeigt – es sei denn, Sie aktivieren die entsprechende Checkbox im Kontrollfeld *Darstellungen*.

Wenn Sie die Option *Ordnergröße berechnen* aktivieren, wird in der Liste die Größe jedes Ordners angezeigt. Das ist zwar manchmal recht nützlich, führt aber gerade bei Ordnern mit vielen Elementen oft dazu, daß der Finder einige Sekunden braucht, um diese Informationen zu berechnen. Das kann schnell nervig werden, deshalb sollten Sie diese Option deaktiviert lassen. (Sie können sie ja bei Bedarf einschalten, z.B. wenn Sie Ihre Festplatte aufräumen wollen und die größten Ordner suchen.)

Wenn Sie ein Finder-Fenster mit einer Icon-Liste vor sich haben, können Sie diese Liste nach den verschiedenen Spalten sortieren. Klicken Sie dazu einfach auf die Überschrift der jeweiligen Spalte. Vor Mac OS 8 wird dann diese Überschrift unterstrichen dargestellt. Ab Mac OS 8 sieht sie aus wie eine gedrückte Taste, außerdem können Sie mit dem kleinen Symbol ganz rechts in der Überschriften-Zeile die Sortierung umkehren.

HEISSER TIP

Wenn Ihnen in Mac OS 8 die Reihenfolge der Spalten nicht gefällt, so klicken Sie einfach auf eine der Überschriften und ziehen sie nach rechts oder links. Lassen Sie dann die Maustaste über der Spalte los, an deren Stelle Sie die verschobene Spalte gern hätten. Ist Ihnen eine Spalte zu breit oder zu schmal, so bewegen Sie den Cursor auf die Trennlinie zwischen zwei Spalten. Er verwandelt sich in einen kleinen Strich mit zwei Pfeilen, mit dem Sie per Mausklick die Spaltenbreite ändern können.

Popup-Fenster. Mit Mac OS 8 tauchten nicht nur die Tasten-Icons auf, sondern auch eine neue Sorte Fenster, die sogenannten Popup-Fenster. Diese Fenster sitzen am unteren Rand Ihres Schreibtisches wie Indexreiter in einem Karteikasten – wie in Abbildung 3.30 zu sehen. Wenn Sie darauf klicken, springen sie auf und zeigen den Inhalt des Fensters. Sobald Sie außerhalb des gerade offenen Popup-Fensters klicken, springt es wieder zu. Sie können natürlich auch das bekannte Tastenkürzel Befehl-W benutzen.

Popup-Fenster verschwinden auch nicht vom Schreibtisch, wenn Sie alle anderen offenen Fenster schließen – sie bleiben einfach, wo sie sind, und eignen sich damit ideal, um Ihre oft benutzten Ordner bequem in Reichweite zu behalten.

Benutzen Sie ein Popup-Fenster, um Aliase oft benutzter Programme darin abzulegen. Dann können Sie Ihre Anwendungen mit einem Mausklick starten bzw. Dokumente per Drag & Drop mit diesen Programmen öffnen.

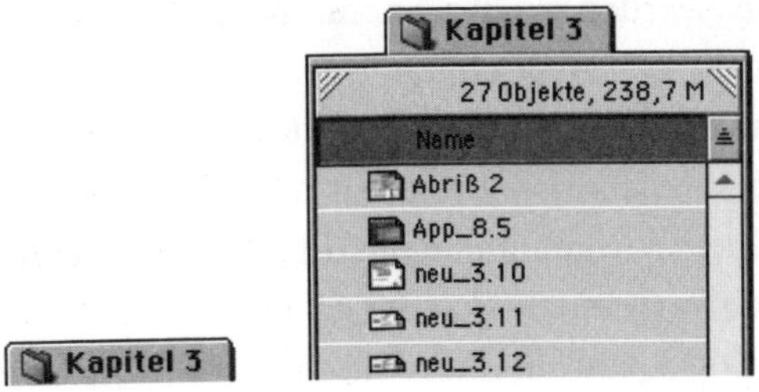

Abb. 3.30 Klicken Sie auf ein Popup-Fenster (links), und der Inhalt springt Ihnen entgegen.

Sie können ein normales Fenster zu einem Popup-Fenster machen, indem Sie entweder den Befehl *Darstellung/Als Popup-Fenster* wählen oder einfach die

Titelleiste des Fensters an den unteren Bildschirmrand ziehen. (Wenn der Platz dort nicht mehr ausreicht, warnt Sie Ihr Mac.)

Umgekehrt geht es genauso: Entweder benutzen Sie den Befehl *Darstellung/Als Fenster*, oder Sie ziehen die Titelzeile des Popup-Fensters so lange nach oben, bis es sich von allein wieder umwandelt.

HEISSER TIP

Wollen Sie ein Icon in einem Popup-Fenster ablegen, so brauchen Sie es nicht vorher zu öffnen. Ziehen Sie es einfach auf die Titelzeile am unteren Bildschirmrand, und das Fenster springt automatisch auf.

Aufspringende Ordner. Mac OS 8 brachte noch eine weitere Neuerung, die Ihnen bestimmt gefallen wird, wenn Sie sich an Ihrem Mac oft durch große Mengen an Dateien kämpfen müssen: automatisch aufspringende Ordner. Diese Funktion erlaubt es Ihnen, sich durch tiefe Ordner-Hierarchien zu bewegen, ohne dabei auf jeder Ebene das zugehörige Fenster öffnen (und dann hinterher wieder schließen) zu müssen.

Sie haben zwei Möglichkeiten, die aufspringenden Ordner zu benutzen:

- **Ziehen Sie ein Icon.** Wenn Sie ein Icon in einen anderen Ordner bewegen wollen, ziehen Sie es normalerweise auf das Icon des Zielordners und lassen dann die Maustaste los. Halten Sie jedoch die Taste gedrückt, dann springt der Ordner nach einer kurzen Verzögerung auf und gibt Ihnen die Möglichkeit, einen weiteren Ordner innerhalb des ersten als Ziel auszuwählen – oder auch diesen aufspringen zu lassen. Haben Sie das gewünschte Ziel für Ihre Datei gefunden, lassen Sie die Maustaste los. Die Datei wird bewegt (oder kopiert, wenn Sie von einem anderen Volume stammt), und alle zwischenzeitlich geöffneten Ordner werden wieder geschlossen.

- **Der Anderthalb-Klick.** Das funktioniert auch, wenn Sie keine Datei verschieben, sondern nur die vorhandenen Ordner durchsuchen wollen. Dazu müssen Sie auf den «Start-Ordner» klicken und dann die Maustaste halten. Nach einer kurzen Verzögerung verwandelt sich der Cursor in eine Lupe, und der Ordner springt auf. Die Lupe bleibt erhalten, und Sie können damit durch Ihre Festplatte navigieren. Haben Sie das Ziel gefunden, lassen Sie einfach die Maustaste los – der jeweils letzte Ordner bleibt geöffnet.

Wenn Sie zwischenzeitlich feststellen, daß der falsche Ordner aufgesprungen ist, verlassen Sie einfach mit dem Cursor wieder dessen Fenster (ohne die Maustaste loszulassen). Es schließt sich von selbst wieder. Die Zeitverzögerung beim Aufspringen können Sie im Finder mit dem Befehl *Bearbeiten/Voreinstellungen* festlegen.

ACHTUNG

Das Benutzen der aufspringenden Ordner ist nicht jedermanns Sache, da es ein bestimmtes Maß an feinmotorischen Fähigkeiten verlangt, die nun mal nicht jeder hat. Wenn Sie zu diesen Leuten gehören, machen Sie sich keine Sorgen, das ist völlig normal. Das wissen auch die Entwickler bei Apple, darum können Sie mit dem gleichen Befehl die Ordner-Automatik auch komplett abschalten. Umgekehrt läßt sich für die ganz schnellen Nutzer die Zeitverzögerung ausblenden. Dazu müssen Sie lediglich beim Durchsuchen die Leertaste drücken, und schon springt sofort der Ordner auf, den Sie als erstes treffen.

FEHLER

Und hier ist auch ein Problem: Es kann passieren, daß Sie den Inhalt eines automatisch geöffneten Ordners nicht schnell genug wahrnehmen können, bevor Ihr Cursor schon auf dem nächsten Ordner landet und dieser aufspringt. Sie können das umgehen, indem Sie sich angewöhnen, den Cursor gleich nach dem Öffnen des Ordners in der Titelzeile des Fensters zu «parken», bis Sie in Ruhe das nächste Ziel ermittelt haben.

Der Papierkorb

Normalerweise sammelt der Papierkorb treu und brav alle Dateien ein, die Sie auf sein Icon ziehen und bewahrt sie – wie ein echter Papierkorb unter dem Schreibtisch – so lange auf, bis Sie mit dem Befehl *Spezial/Papierkorb* entleeren die Daten endgültig entfernen.

Obwohl er ganz einfach zu bedienen ist, hat auch der Papierkorb einige Eigenheiten, die Sie interessieren sollten:

- Wenn Sie den Papierkorb entleeren wollen, und es befinden sich noch Dateien darin, die geöffnet sind, erhalten Sie eine Fehlermeldung. Handelt es sich bei diesen Daten um laufende Programme, so beenden Sie diese; sind es Dokumente, dann sind sie in irgendeinem Programm geöffnet und müssen erst geschlossen werden.

- Versuchen Sie, geschützte Dateien aus dem Papierkorb zu entfernen, erhalten Sie ebenfalls eine Fehlermeldung. Sie können diese umgehen, wenn Sie beim Auswählen des Befehls zum Entleeren die Optionstaste gedrückt halten. Sie erkennen die geschützten Daten an dem kleinen Schloß am Icon der Datei. Das Schloß können Sie entfernen, wenn Sie die entsprechende Checkbox im Informations-Dialog der Datei deaktivieren. (Den Dialog rufen Sie mit *Ablage/Information* oder dem Tastenkürzel Befehl-I auf.)

- Nervt es Sie, daß der Finder jedesmal fragt, ob Sie den Papierkorb tatsächlich entleeren wollen? In diesem Fall sollten Sie den Befehl zum Entleeren ebenfalls mit gedrückter Optionstaste auswählen, um die Rückfrage für dieses eine Mal zu verhindern. Sie können den Dialog aber auch komplett ausblenden, wenn Sie die Informations-Dialog für den Papierkorb aufrufen und dort die Checkbox *Warnung vor dem Entleeren* deaktivieren.

- Normalerweise löschen Sie Dateien im Finder, indem Sie deren Icon auf den Papierkorb ziehen. Gerade bei großen Monitoren kann das aber manchmal ganz schöne Wege auf dem Bildschirm bedeuten. Legen Sie sich darum Aliase des Papierkorbs an verschiedene Stellen auf dem Schreibtisch, und die Wege werden kürzer. Sie können auch den Befehl *Ablage/In den Papierkorb legen* benutzen, noch schneller geht es mit der Tastenkombination Befehl-Löschtaste.

- Wollen Sie eine Datei aus dem Papierkorb dorthin zurücklegen, von wo sie ursprünglich kam, so ist das kein Problem: Markieren Sie ein oder mehrere Icons und wählen Sie den Befehl *Ablage/Zurücklegen* oder das Tastenkürzel Befehl-Y.

Wo ist der Speicherplatz geblieben?

Manchmal passiert es, daß Sie etwas auf eine Diskette oder einen anderen Datenträger kopieren wollen, aber der Finder meldet, daß da kein Platz mehr frei ist – obwohl keine Daten auf der Diskette zu sehen sind. In diesem Fall ist es recht wahrscheinlich, daß der Speicherplatz von den Daten verbraucht wird, die sich bereits im Papierkorb befinden. Der Papierkorb ist nämlich ein spezieller Ordner, der auf jedem Datenträger vorhanden ist – allerdings ist er unsichtbar. Wenn Sie viele Dateien in den Papierkorb befördern, ihn dann aber nicht geleert haben, nehmen die Daten trotzdem Platz weg. Die Lösung für das Problem ist demnach ganz einfach: Leeren Sie den Papierkorb, und Sie haben jede Menge Speicherplatz zurückgewonnen!

Aliase

Was ist ein Alias? Die Meinungen darüber gehen etwas auseinander, aber im Zusammenhang mit Ihrem Mac kann man den Begriff wohl am besten als «Stellvertreter» oder «Verweis» bezeichnen. Tatsächlich ist ein Alias ein Finder-Icon, das nichts weiter zum Inhalt hat, als einen Verweis auf eine andere Datei. Mit Aliasen lassen sich recht sinnvolle Dinge anstellen: So können Sie z.B. Aliase oft benutzter Dateien in einem Ordner zusammenfassen, ohne die eigentlichen Originale bewegen zu müssen und dabei Ihre Ordnung auf der Festplatte zu zerstören. Sie können auch Aliase verwenden, um die Dateien zusammenzufassen, die Sie abends beim Backup sichern möchten.

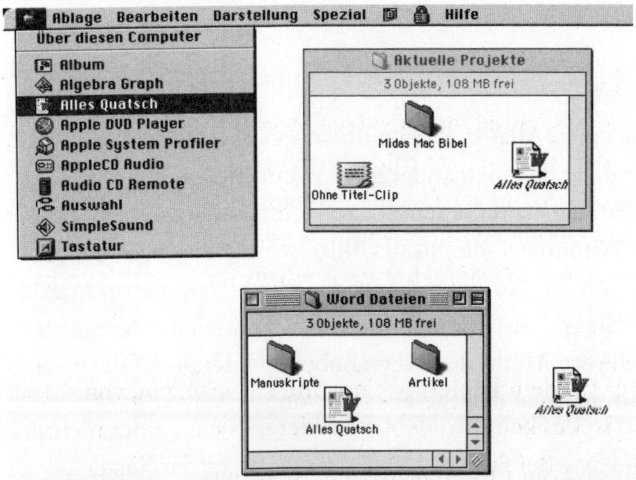

Abb. 3.31 Aliase erlauben Ihnen, eine Datei an mehreren Stellen gleichzeitig unterzubringen, ohne daß Sie mehrere Kopien machen müssen.

HEISSER TIP

Am besten geeignet ist ein Alias immer dann, wenn eine Datei eigentlich an mehreren Orten gleichzeitig sein müßte – also z.B. Ihre Doktorarbeit einmal im Ordner «Promotion», im Apple-Menü-Ordner für den schnellen Zugriff und im Ordner «Backup» auf dem Schreibtisch. In so einem Fall würden Sie das Original im Ordner «Promotion» lassen und an die anderen Stellen Aliase legen. Sie haben damit die Datei an verschiedenen Stellen, ohne mehrere Kopien erzeugen zu müssen.

Aliase sind einfach zu erzeugen: Markieren Sie im Finder ein Icon, und wählen Sie den Befehl *Ablage/Alias erzeugen* oder das Tastenkürzel Befehl-M. Ab Mac OS 8 können Sie auch einen Alias per Drag & Drop erzeugen, indem Sie ein Icon ziehen und vor dem Loslassen der Maustaste Befehls- und Optionstaste drücken. Das Icon erhält dann am unteren Rand einen kleinen Pfeil – das Zeichen für Alias. Der Name des Alias wird außerdem in kursiver Schrift dargestellt – so wie in Abbildung 3.32 zu sehen.

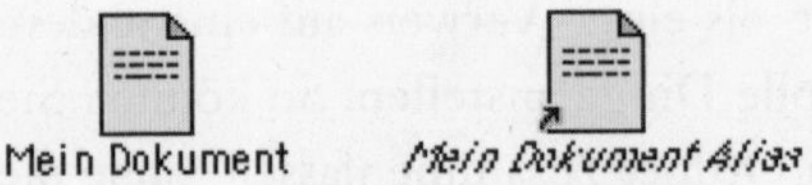

Abb. 3.32 Originaldatei (links) und Alias (rechts)

Intelligente Aliase

Was passiert, wenn Sie einen Alias erzeugen und dann den Namen der Originaldatei ändern oder diese an einen anderen Ort verschieben? Nichts! Der Mac verwaltet seine Dateien – im Gegensatz zu vielen anderen Betriebssystemen – über interne Nummern, die Sie als Nutzer nicht zu sehen bekommen. Ein Alias merkt sich die Nummer seiner Originaldatei, darum macht es nichts aus, wenn Sie deren Namen ändern. Zusätzlich verfügt das Mac OS über einige clevere Methoden, verschobene Dateien auf der Festplatte wieder aufzuspüren, ohne daß Sie etwas davon merken.

Falls Sie aber doch einmal die Originaldatei gelöscht haben, ist der Alias «verwaist». Sie erhalten dann eine Fehlermeldung vom Finder, und ab Mac OS 8 können Sie sogar den Alias auf eine neue Datei zeigen lassen, wenn Sie das möchten.

HEISSER TIP

Wenn Sie wissen wollen, wo die Originaldatei eines Alias ist, so gibt es ab Mac OS 8 im Finder den Befehl *Ablage/Original finden* (Tastenkürzel Befehl-R). In den älteren Systemversionen müssen Sie den Informations-Dialog für den Alias öffnen und finden dann dort einen Button *Original* zeigen. (Wenn Sie das gleiche in Mac OS 8 tun, dann können Sie den Button an der Dialogbox benutzen, um dem Alias ein neues Original zuzuweisen.)

ACHTUNG

Prinzipiell können Sie Aliase von fast jedem Element anlegen, das im Finder durch ein Icon dargestellt wird: Programme, Dokumente, Kontrollfelder, Laufwerke, Wechselplatten. Ein Originaldokument kann so viele Aliase haben, wie Sie mögen – die Dateien nehmen wenig Platz auf der Festplatte ein. Sie können sogar Aliase von Aliasen anlegen. Sie sollten das aber möglichst vermeiden, weil ansonsten ein gelöschter Alias in der Mitte der Kette den ganzen Zusammenhalt unterbrechen kann.

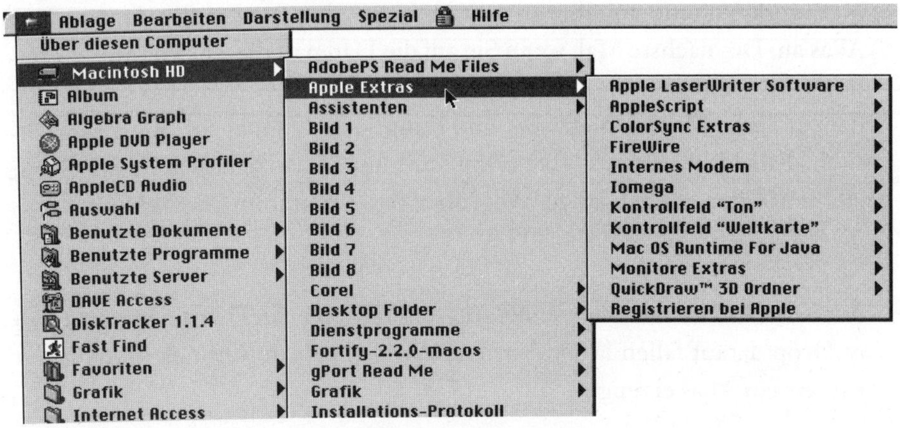

Abb. 3.33 Alias-Overkill – Die Festplatte im Apple-Menü.

Nach all der Theorie hier nun einige praktische Anwendungen für Aliase:

- Legen Sie oft benutzte Icons als Alias ins Apple-Menü, um schnell darauf zugreifen zu können. Diese Methode benutzt übrigens auch der Finder selbst, um die Menüpunkte *Benutzte Dokumente*, *Benutzte Programme* und *Benutzte Server* aktuell zu halten.

- Unter dem Menüpunkt *Nützliche Skripte* im Apple-Menü finden Sie ein AppleScript, das für ein im Finder ausgewähltes Icon einen Alias ins Apple-Menü legt.

- Sie können auch den Alias einer Festplatte ins Apple-Menü legen und dann über eine gigantisches hierarchisches Menü auf jede einzelne Datei dieses Volumes zugreifen, so wie in Abbildung 3.33 zu sehen ist. (Diese Methode ist aber wirklich nur für echte Maus-Artisten geeignet…)

- Bauen Sie sich einen Ordner mit Aliasen von Hilfsprogrammen, und deponieren Sie diesen auf dem Schreibtisch, um jederzeit schnell darauf zugreifen zu können.

- Legen Sie Aliase für den Papierkorb überall dort an, wo Sie einen Papierkorb haben möchten. (Allerdings wird nur das Original dick, wenn Sie etwas hineinwerfen, auch wenn Sie dazu einen Alias benutzen.)

- Das Leben im Netzwerk wird mit Aliasen viel einfacher: Wenn Sie eine Netzwerk-Volume auf Ihrem Schreibtisch haben, legen Sie davon einen Alias an. Das nächste Mal, wenn Sie auf die Daten in diesem Volume zugreifen wollen, müssen Sie nur den Alias doppelklicken. Ihr Mac sucht nach dem anderen Mac im Netzwerk und bringt das Original auf Ihren Schreibtisch. Falls dazu ein Passwort nötig ist, fragt er danach. Das ist insgesamt viel einfacher als der lange Weg über das Programm *Auswahl* oder den Netzwerk Browser (ab Mac OS 8).

- Auch der Klickstarter verwendet Aliase. Wenn Sie ein Dokument mit Drag & Drop darauf fallen lassen, wird in Wirklichkeit im Ordner *KlickStarter-Objekte* ein Alias erzeugt.

Drag, Drop und Clip

Lange Jahre funktionierten grafische Benutzeroberflächen – auch auf dem Mac – nach folgendem Muster: Sie mußten mit der Maus etwas auf dem Bildschirm markieren (ein Icon oder ein Stück Text) und dann einen Menübefehl wählen, der damit etwas anstellte – z.B. den Text fett formatierte. Der Datenaustausch über die Zwischenablage funktionierte zwar, aber Sie mußten immer die Befehle *Kopieren* und *Einfügen* bemühen.

Nach und nach hat sich diese Situation geändert, und das Konzept von Drag & Drop breitet sich zunehmend aus. Der akademische Begriff dafür heißt «Direkte Manipulation» und bedeutet eigentlich nichts weiter, als Software so zu schreiben, daß viele Dinge direkt mit der Maus erledigt werden können, ohne Menübefehle bemühen zu müssen.

TECHNIK

Für die Programmierer ist die alte Menü-Philosophie bedeutend einfacher zu realisieren als das Drag & Drop – nur das ist wiederum für den Nutzer leichter zu bedienen. Moderne, gut durchdachte Programm erkennen Sie deshalb oft daran, daß Sie viele Dinge mit der Maus bewerkstelligen können, ohne Menübefehle zu benutzen.

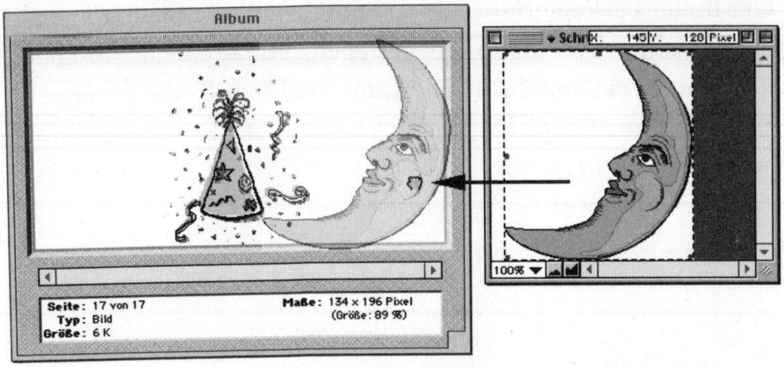

Abb. 3.34 Drag & Drop vom Grafikprogramm zum Album.

Die Programmierer bei Apple gehören schon seit langem zu den cleversten Köpfen in der Branche und haben die Unterstützung für Drag & Drop direkt ins Mac OS eingebaut. Andere Softwarehersteller können relativ einfach darauf zugreifen und diese Fähigkeiten in ihre Produkte einbauen. (Das ist unter anderem ein Grund, warum sich viele Programme auf dem Mac bedeutend «freundlicher» anfühlen als z.B. unter Windows – dort ist die Unterstützung für Drag & Drop durch das Betriebssystem eher gering.)

Als Resultat funktioniert Drag & Drop mittlerweile innerhalb vieler Mac-Programme, aber auch zwischen verschiedenen Anwendungen. Probieren Sie z.B., ein Stück Text in SimpleText zu markieren, und ziehen Sie es anschließend in Ihr E-Mail-Programm – der Text wird mit hoher Wahrscheinlichkeit dort auftauen. Oder nehmen Sie ein HTML-Dokument aus dem Finder, und bewegen Sie es in ein offenes Fenster Ihres Webbrowsers – und schon sehen Sie die entsprechende Webseite.

HEISSER TIP

Sie können sehen, ob ein bestimmtes «Gebiet» auf Ihrem Monitor als Ziel für eine Drag & Drop-Aktion in Frage kommt: Der Umriß nimmt die Markierungsfarbe an, die Ihr Mac sonst für Text, Icons usw. benutzt. Passiert das nicht, dann versteht entweder das Zielprogramm kein Drag & Drop, oder es kann mit der Art der transportierten Information nichts anfangen. (So wird z.B. ein Grafikprogramm im allgemeinen keine Sound-Clips entgegennehmen.)

Es gibt noch eine weitere Abart von Drag & Drop: Drag & Clip. Versuchen Sie z.B., aus dem Album eine Grafik (oder ein paar Zeilen aus SimpleText) in einen Ordner oder auf den Schreibtisch zu ziehen. Dort, wo Sie die Maustaste loslassen, erscheint eine Art Schnipsel – ein sogenannter Clip. Das ist eine spezielle

Datei, die die von Ihnen bewegte Information enthält und die Sie nicht mehr ändern können. (Sie können sie natürlich bewegen, kopieren und löschen.) Ziehen Sie diesen Clip in ein anderes Programm, das Drag & Drop versteht, und schon erscheint der Inhalt dort. Doppelklicken Sie den Clip, um den Inhalt zu sehen (oder sogar zu hören).

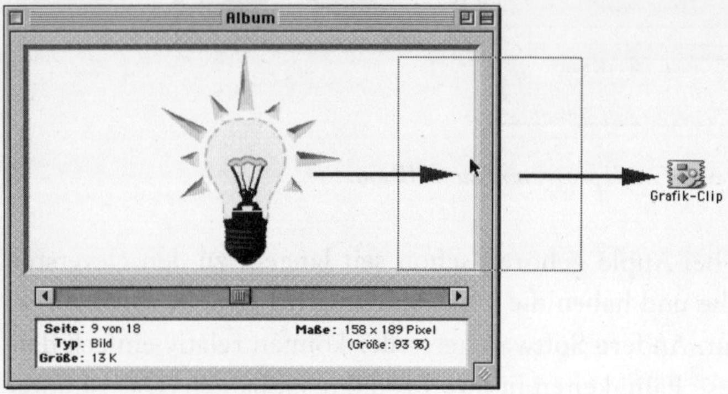

Abb. 3.35 Drag & Clip in Aktion.

ACHTUNG

Leider unterstützen nicht alle Programme Drag & Drop, vor allem bei älteren Versionen suchen Sie diese Funktionen oft vergeblich. In diesen Fällen müssen Sie nach wie vor Menübefehle und die Zwischenablage benutzen, oder Sie halten nach einer neueren Version der Software Ausschau.

CD-ROM

Es gibt aber noch eine andere Lösung: Die Systemerweiterung *DragClick* ermöglicht auch manchen älteren Programmen den Zugriff auf Drag & Drop. Voraussetzung dafür ist allerdings, daß diese Programm die eingebaute «Textmaschine» des Mac OS für die Darstellung von Zeichen auf dem Monitor benutzen.

Hier einige Tips, wie Drag & Drop für Sie arbeiten kann:

- Ziehen Sie Text aus einer E-Mail in Ihre Textverarbeitung – oder umgekehrt.
- Bewegen Sie ein Bild aus dem Album per Drag & Drop in das offene Kontrollfeld *Schreibtischhintergrund* bzw. *Erscheinungsbild*, um das Bild auf Ihrem Schreibtisch zu ändern.

- Probieren Sie, ob Ihre Programme Drag & Drop von Text können – das ist praktisch zum Umsortieren von Absätzen.

- Legen Sie oft benutzte Textphrasen, Adressen oder Logos in Clips ab, die Sie nach Bedarf in Ihre Dokumente einfügen.

- Ziehen Sie eine Internet-Adresse aus einem beliebigen Text auf den Schreibtisch oder in einen Ordner. Es entsteht ein spezieller Clip, der beim Doppelklicken diese Adresse in Ihrem Webbrowser öffnet. (Handelt es sich um eine E-Mail-Adresse, dann wird Ihr Mailprogramm geöffnet.)

- Probieren Sie aus, ob Ihre Programme Drag & Drop unterstützen – Sie können dabei nichts kaputt machen. Im schlimmsten Fall funktioniert es lediglich nicht.

Das Kontextmenü

Zusätzlich zu den bisher beschriebenen Dingen brachte Mac OS 8 eine weitere Neuerung: Kontextmenüs. Das sind spezielle Menüs, die mitten auf dem Monitor auftauchen und deren Inhalt davon abhängt, in welchem Programm Sie gerade arbeiten, was Sie gerade markiert haben und welche sonstigen Dinge für das Programm entscheidend sind. Der Trick an Kontextmenüs ist, daß sie Ihnen genau die Befehle anbieten, die in der jeweiligen Situation sinnvoll sind.

Kontextmenüs gibt es auch auf anderen Computersystemen, und dort werden sie mit der rechten Maustaste aufgerufen. Die normale Mac-Maus hat aber nur eine Taste – wie soll das also gehen? Ganz einfach: Halten Sie die Control-Taste, wenn Sie mit der Maus klicken.

HEISSER TIP

Kontextmenüs werden zwar vom Betriebssystem unterstützt, trotzdem müssen die Softwarehersteller natürlich diese Funktion programmieren, damit Sie sie benutzen können. Probieren Sie darum einfach mal, ob Ihre Anwendungen auf Control-Klick reagieren. Sie werden erstaunt sein! (Cross-Plattform-Software wie Webbrowser, Photoshop und andere Programme verfügt fast immer über Kontextmenüs.)

Natürlich bietet auch der Finder selbst Kontextmenüs – wie in Abbildung 3.36 zu sehen ist. Je nachdem, ob Sie ein Objekt markiert haben oder wo genau Sie klicken, sieht es ein wenig anders aus.

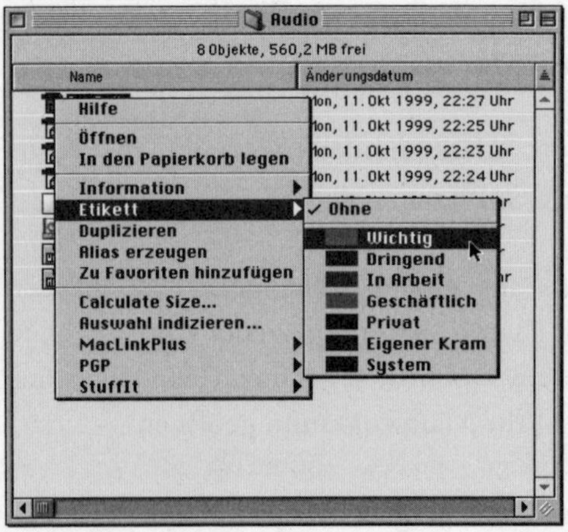

Abb.3.36 Ein Kontextmenü im Finder in voller Schönheit.

HEISSER TIP

Die Funktionen das Kontextmenüs im Finder lassen sich erweitern. Das geschieht mit Hilfe von speziellen Modulen, die mittlerweile von vielen Herstellern (und auch als Shareware) angeboten werden. Diese Module tun die unterschiedlichsten Dinge, je nachdem, was die Programmierer an Funktionen eingebaut haben. Kontextmenü-Module (oft auch «CMM» für «Contextual Menu Modul») sind spezielle Dateien, die im Ordner *Contextual Menu Items* im Systemordner ihre Heimstatt haben. Um ein neues Modul zu installieren, ziehen Sie dessen Datei auf den Systemordner, der Finder sortiert sie nach Rückfrage in den richtigen Ordner ein. Wenn Sie dann Ihren Mac neu starten und alles glattgegangen ist, steht der neue Befehl im Kontextmenü des Finders zur Verfügung. (In Abbildung 3.6 stammen z.B. die letzten drei Einträge von Modulen, die nachträglich installiert wurden.)

Diverse Kleinigkeiten

Zum Schluß unserer Kurzreise durch den Finder wollen wir noch einige Themen kurz anreißen, die bis jetzt nirgendwo so richtig hineingepaßt haben, die wir aber trotzdem nicht auslassen wollen:

- **Zurücklegen von Icons.** Wenn Sie Icons aus Ordnern auf den Schreibtisch ziehen oder in den Papierkorb werfen, kommt es manchmal vor, daß Sie es sich später anders überlegen und die Dateien wieder an den Ursprungsort zurückbringen wollen. Dafür müssen Sie sich aber nicht durch einen Wald von Ordnern wühlen oder sich krampfhaft an den ursprünglichen Speicherplatz erinnern. Markieren Sie einfach die gewünschten Icons und wählen Sie den Befehl *Ablage/Zurücklegen* – oder das Tastenkürzel Befehl-Y.

EINSTEIGER

- **Volumes vom Schreibtisch entfernen.** Das ist oft ein Problem für Mac-Einsteiger: Wie bekommt man Volumes – z.B. Disketten, Zip-Medien oder CDs – wieder vom Schreibtisch weg und aus dem Computer heraus? Die korrekte Methode ist der Befehl *Ablage/Zurücklegen* (oder die Tastenkombination Befehl-Y). Der traditionelle Weg hingegen besteht darin, das Medium auf den Papierkorb zu ziehen! Auch wenn das vermutlich dem Neueinsteiger die Haare zu Berge stehen läßt – der Datenträger wird nicht gelöscht, sondern lediglich ausgeworfen. Diese Lösung ist tatsächlich ein Dilemma – und auch nicht so richtig zu ändern.

- **Der Ordner Favoriten.** Mac OS 8 brachte einen neuen Ordner im Apple-Menü – die Favoriten. Das ist eigentlich ein Ordner wie jeder andere. Sie können Ihn mit Aliasen füllen – das aber auf verschiedene Arten. So gibt es im Finder-Kontextmenü einen Eintrag *Zu Favoriten hinzufügen*, außerdem haben Sie auch im neuen Filedialog (den Navigation Services) die Möglichkeit, das Favoriten-Menü mit neuen Einträgen zu versehen (wie wir das schon weiter vorn in diesem Kapitel beschrieben haben).

- **Tastaturbelegung umschalten.** Sicher werden Sie meist mit einer bestimmten Tastaturbelegung arbeiten. Wollen Sie aber tatsächlich einmal die Belegung wechseln, so können Sie das im Kontrollfeld *Tastatureinstellungen* tun. Um schnell von einer Tastaturbelegung zur nächsten zu wechseln, drücken Sie Befehl-Option-Leertaste. Die jeweils aktuelle Belegung wird rechts oben in der Menüleiste neben der Uhr angezeigt.

HEISSER TIP

- **Warntöne.** Die Einstellungen dazu finden Sie im Kontrollfeld *Ton* bzw. *Monitore & Ton*. Hier können Sie die Warntöne ändern und bei Bedarf auch neue Töne aufnehmen. Möchten Sie zusätzliche Töne als Warntöne benutzen, so müssen diese als Klangdatei vorliegen. Beenden Sie alle Programme, und ziehen Sie dann den neuen Klang auf den Systemordner. Der Finder sortiert ihn automatisch ein..

- **Daten indizieren.** Ab Mac OS 8 kann der Finder Dokumente, Ordner und ganze Laufwerke vollständig indizieren. Das bedeutet, daß Ihr Mac jedes Stückchen Text auf dem Datenträger durchsucht und in ein großes Ver-

Die Diskette und der Papierkorb

Das Auswerfen von Disketten und anderen Wechselmedien über den Papierkorb ist tatsächlich ein Beispiel für schlechtes Interface-Design. Peter Bickford, ehemals Mitarbeiter bei Apple (und dort mitverantwortlich für das Interfacedesign des Mac) erklärt das Papierkorb-Problem in seinem Buch *Interface Design: The art of developing easy to use software* so:

«Als der originale Macintosh herauskam, hatte er ein Diskettenlaufwerk und keine Festplatte. Wenn mit dieser Maschine ein Nutzer Daten von einer Diskette auf die andere kopieren wollte, mußten auf dem Schreibtisch zwei Icons sein: eins für die gerade eingelegte Diskette, und ein «Geist»-Icon für die Diskette, auf die kopiert werden sollte. Die Entwickler entschieden sich, die Diskette mit dem Menübefehl *Auswerfen* aus dem Laufwerk zu befördern, dabei wurde das Icon auf dem Schreibtisch zum «Geist». Das Verschieben des Icons auf den Papierkorb hingegen warf die Diskette aus und entfernte das Icon vom Schreibtisch. Was damals in den Tagen ohne Festplatte aussah wie ein notwendiges Übel, ist jetzt die wahrscheinlich berühmteste Peinlichkeit des Macintosh-Interface.

Während der Entwicklung von System 7 fügten wir den Befehl *Auswerfen* zum Menü *Spezial* hinzu und wollten damit den Auswurf über den Papierkorb ein für alle mal erledigen. Aber sobald wir genau diese Möglichkeit entfernt hatten, kamen massenhaft Beschwerden von Nutzern, die sich an diese Eigenheit gewöhnt hatten und sich nun darauf verließen. So peinlich es war, wir mußten akzeptieren, daß wir es nicht loswerden konnten, ohne buchstäblich Millionen von Mac-Nutzern zu verärgern. Traurig, aber der Papierkorb-Auswurf ist im Mac OS geblieben.»

Deshalb funktioniert der Papierkorb immer noch als Auswurfmechanismus – aber die Befehle *Zurücklegen* (Befehl-Y) und *Auswerfen* (Befehl-E) kennt der Finder nach wie vor.

zeichnis einträgt, in dem Sie dann sehr schnell auch nach Inhalten von Dateien suchen können – allerdings vorerst nur bei Textdateien.

POWER USER

- **Bildschirmfotos.** Die Tastenkombination Befehl-Shift-3 erzeugt einen Schnappschuß des aktuellen Bildschirm-Inhaltes und legt ihn als Bild auf der Festplatte mit dem gerade aktiven System ab – das ist Ihnen sicher bekannt. Neu ab Mac OS 8 ist dagegen die Kombination Befehl-Shift-4. Wenn Sie diese Tasten drücken, verwandelt sich der Cursor in ein Fadenkreuz, mit dem Sie den Bereich des Monitors eingrenzen können, den Sie speichern wollen. Ziehen Sie mit der Maus. Wenn Sie die Taste loslassen, hören Sie das Geräusch eines Fotoapparates, und das Bild wird auf der Festplatte gespeichert. Wenn Sie erst die Shift-Lock-Taste und dann Befehl-Shift-4 drücken, wird aus dem Cursor ein kleines Auge. Klicken Sie damit auf ein Fenster, und nur der Inhalt dieses Fensters wird gespeichert. (Sie können übrigens die beiden Befehl-Shift-4-Kommandos mit der Escape-Taste abbrechen, bevor Sie mit der Maus klicken.)

- **Die Kontrolleiste und der Klickstarter.** Das sind zwei Bestandteile des Finders, die Ihre Arbeit erheblich erleichtern können.

- **Ausschalten.** Drücken Sie die Einschalttaste. Es erscheint ein Dialog, mit den Optionen *Ausschalten* (Enter-Taste), *Abbrechen* (Escape), *Neustart* (Taste R) und (eventuell) *Ruhezustand* (Taste S). Sie können natürlich auch den Befehl *Ausschalten* aus dem Menü *Spezial* wählen – wenn es denn sein muß…

Die Macintosh-Hilfe

Eigentlich ist der Mac ja einfach zu bedienen. Trotzdem werden Sie immer wieder an Stellen kommen, wo Sie Hilfe brauchen. Soweit es das Mac OS selbst und die mit Ihrem Mac mitgelieferten Programme betrifft, finden Sie eine ganze Menge an Informationen im Hilfesystem Ihres Mac. Sie erreichen es über den Befehl *Hilfe/Hilfecenter* (Mac OS 8). Bei älteren Systemversionen verbirgt sich die Hilfe hinter dem Fragezeichen in der Menüzeile des Finders. Klicken Sie einfach darauf, und nehmen Sie sich etwas Zeit zum Suchen und Lesen. Sie werden schnell damit klarkommen.

ACHTUNG

Apple hat im Lauf der Zeit die Technologie des Hilfesystems mehrfach geändert. Am Anfang stand eine Technologie mit dem Namen *Aktive Hilfe* (englisch *Balloon Help*). Diese ist immer noch vorhanden, Sie können sie einschalten, wenn Sie den Befehl *Hilfe/Erklärungen* ein wählen. Sobald sie das tun, tauchen an bestimmten Stellen auf Ihrem Monitor Sprechblasen auf, die die Elemente beschreiben, über denen sich der Cursor gerade befindet (3.37).

Abb. 3.37 Gut gemeint, aber nicht gelungen: Apples Ballon-Hilfe.

Die Aktive Hilfe war gut gemeint, hat aber einige Nachteile: Es war für Programmierer ziemlich aufwendig und kompliziert, die Texte dafür zu schreiben. Darum unterstützen auch nur wenige Anwendungen die Aktive Hilfe (Der Finder gehört nach wie vor dazu). Ein weiteres Problem ist, daß die Sprechblasen relativ viel Platz auf dem Bildschirm brauchen – heutzutage funktionieren die weitverbreiteten *Tooltips* einfach besser. Tooltips sind die kleinen Rechtecke mit kurzen Hinweisen, die in vielen Programmen erscheinen, wenn Sie den Cursor für eine bestimmte Zeit über einem Bedienelement ruhen lassen.Trotz dieser Nachteile gibt es durchaus einige Programme mit Aktiver Hilfe, und bei Bedarf ist es immer einen Versuch wert, diese Option auszuprobieren. Uns haben die klobigen Sprechblasen ab und zu schon weitergeholfen.

Ähnlich ungünstig wie die Aktive Hilfe ging es auch dem System mit dem schönen Namen *Apple Guide*. Das war gut durchdacht, für die Nutzer hilfreich und führte sogar durch bestimmte Aufgaben – wie z.B. das Einstellen eines Kontrollfeldes. Das Problem war nur, daß sich nur wenige Softwarehersteller die Mühe machten, Hilfe-Dokumente in dem speziellen Apple-Guide-Format zu schreiben. Selbst Software der Apple-Tochterfirma Claris hatte zu großen Teilen keine Apple-Guide-Dateien.

So war es nur eine Frage der Zeit, bis das Format erneut geändert wurde: Bei System 8 tauchte schon eine lokale Mini-Website mit dem Namen *Mac OS Info Center* auf, die Sie mit einem normalen Webbrowser betrachten konnten. Ab System 8.5 ist Apple vollständig auf HTML-Seiten umgestiegen – allerdings mit einigen, über AppleScript gekoppelten Zusatzfunktionen. Wenn Sie das Hilfesystem aufrufen, starten Sie in Wirklichkeit einen kleinen Webbrowser, der von Apple angepaßt wurde. (Wenn Sie das Programm und die Hilfedateien selbst sehen wollen, so öffnen Sie im Systemordner den Ordner mit dem Namen *Hilfen*. Die Dateien sehen zwar etwas seltsam aus, Sie können sie aber problemlos in einen normalen Webbrowser laden und ansehen.)

Der Vorteil dieser Sache ist, daß es auch für andere Softwarehersteller relativ einfach wird, Hilfedateien zu schreiben, die sich problemlos in das Hilfesystem des Mac integrieren lassen. Schließlich brauchen sie nur ihre Dokumentation in das HTML-Format zu bringen, und für diese Aufgabe ist eine Vielzahl von Werkzeugen erhältlich. Daneben gibt es aber nach wie vor das alte Apple-Guide-System, manche Programm haben darüber hinaus Ihre eigenen Systeme, um Ihnen bei der Nutzung zu helfen.

Suchen Sie in Ihrer Anwendung irgendwo nach einem Eintrag mit der Bezeichnung *Hilfe*, und probieren Sie ein wenig herum – Sie werden fast immer etwas finden.

HEISSER TIP

Die Hilfesysteme von Apple sind alle mit einer Suchfunktion ausgestattet – bei Apple Guide ist es eine spezielle Eingabemaske, bei der HTML-Variante können Sie oben im Anzeigefenster den Suchbegriff eingeben und erhalten dann eine Ergebnisliste, die Ihnen sogar manchmal weiterhilft. Versuchen Sie einmal, die Hilfe vom Kontextmenü des Finders aus zu benutzen. Ihr Mac setzt automatisch den Namen des markierten Icons als Suchbegriff ein, die Ergebnisse können recht erheiternd sein.

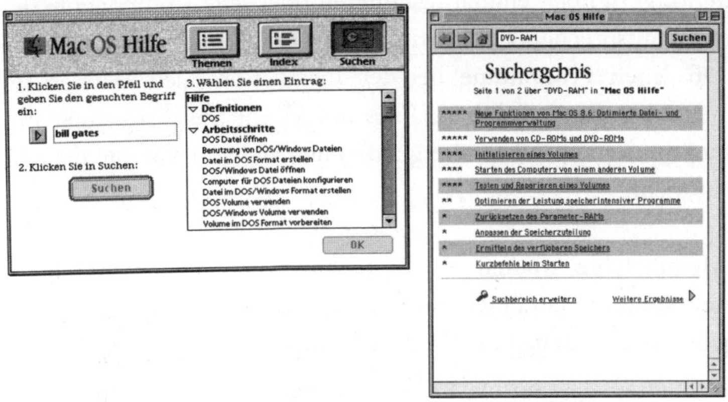

Abb. 3.38 Apple Guide (links) und die Apple-Hilfe als getarnter Webbrowser mit Suchfunktion.

Zehn Techniken für Macintosh-Anwendungen

Gratulation – Sie haben es bis zum Ende dieses umfangreichen Kapitels geschafft! Damit wir die Sache stilvoll zu Ende bringen, wollen wir auf den folgenden Seiten noch einmal die zehn wichtigsten Tips für den Umgang mit Mac-Programmen zusammenfassen:

1. Drücken Sie die Tabulatortaste, um in einer Dialogbox von Feld zu Feld zu springen. In einem ordentlichen Programm wird Ihr Cursor beim Drücken von Shift-Tabulatortaste rückwärts durch die Felder bewegt (3.39).

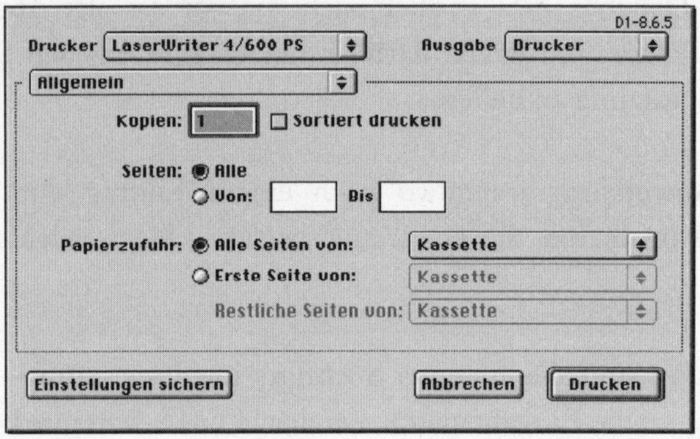

Abb. 3.39 Mit dem Tabulator können Sie sich durch die Felder einer Dialogbox bewegen.

2. Die meisten Macintosh-Programme enthalten eine Reihe von Zusatzdateien: Wörterbücher, Voreinstellungen, ClipArt-Dateien usw. Sie können nicht einfach das Programm auf eine andere Festplatte kopieren und dann erwarten, daß es weiterhin funktioniert – Sie müssen es entweder von den Originaldatenträgern noch einmal installieren oder jede Komponente des Programms in entsprechende, identische Ordner auf der neuen Platte kopieren. Oft legen Programme bei der Installation auch Dateien im Systemordner oder gar unsichtbare Files an. Wenn Sie diese nicht mit kopieren, funktioniert die Anwendung auf einem anderen Volume manchmal gar nicht mehr.

3. Statt der Menübefehle können Sie Tastenkürzel verwenden (auf diese Weise müssen Sie Ihre Hand nicht von der Tastatur nehmen). Die Tastenkürzel für jeden Befehl stehen im Menü selbst.

HEISSER TIP

4. Sie können in fast jedem Feld einer Dialogbox Befehl-A drücken, um den kompletten Text in diesem Feld zu markieren. Alles, was Sie nun eingeben, ersetzt den markierten Text.

5. Um einen langen Textblock zu markieren, stellen Sie den Cursor an den Anfang des Textblocks. Lassen Sie die Taste dann los. Scrollen Sie nun bis zum Ende des Textblocks, und Shift-klicken Sie dort.

6. Wenn Sie die Arbeit mit einem Programm beendet haben, schließen Sie nicht einfach nur das Dokumentfenster. Beenden Sie statt dessen das Programm (z.B. mit Befehl-Q). Sie entfernen auf diese Weise das Programm aus dem RAM. Außerdem vermeiden Sie so die Verwirrung, die auftritt, wenn Sie das Programm ein zweites Mal starten und nichts passiert (weil das Programm bereits läuft, allerdings kein Fenster geöffnet ist).

HEISSER TIP

7. Ein cleverer Trick für Profis und Anfänger gleichermaßen: Drücken Sie immer Befehl-D, bevor Sie ein Dokument speichern. Sie gelangen auf die Schreibtisch-Ebene und legen Ihr Dokument dort ab. Anschließend können Sie es per Hand in einen beliebigen Ordner legen. So wissen Sie immer, wo sich Ihre Dokumente verstecken.

8. In der Drucken-Dialogbox müssen Sie nicht die Start- und Endseite Ihres Dokuments angeben. Wenn Sie nichts festlegen, wird immer das komplette Dokument gedruckt. Geben Sie 2 als Startseite ein und legen keine Endseite fest, wird das Dokument von Seite 2 bis zum Ende gedruckt. Und wenn Sie 5 als Endseite festlegen und keine Anfangsseite angeben, wird der Text vom Anfang bis Seite 5 gedruckt.

9. Sie können in fast jeder Dialogbox Befehl-. (Punkt) oder die Escape-Taste anstelle des Abbrechen-Buttons drücken. Ebenso können Sie in fast allen Dialogen die Enter-Taste drücken, statt auf den Button mit dem dicken schwarzen Umriß zu klicken.

10. Wenn ein Programm «einfriert», versuchen Sie, dieses Programm mit Befehl-Option-Escape abzubrechen. Oft funktioniert das, und Sie können Ihre Arbeit in anderen Programmen speichern, einen Download fortsetzen oder was auch immer. Falls Ihr Mac vollständig «eingefroren» ist, drücken Sie Befehl-Control-Einschalttaste, um ihn neuzustarten.

4 Mac und PC – die beiden Welten

In diesem Kapitel

Wollen Sie sich einen Mac kaufen, aber Ihre ganze Umgebung will Sie überreden, doch lieber einen PC zu nehmen, weil der viel «kompatibler» sei? Haben Sie sich einen Mac gekauft, und auf einmal müssen Sie Daten mit PC-Nutzern austauschen, wissen aber nicht, wie das geht? Keine Panik, in diesem Kapitel finden Sie die kompakte Zusammenfassung zu diesen Themen. Die technischen Details gibt es weiter hinten in Kapitel 18.

HEISSER TIP

Die Konvertierung von Daten ist eine Sache, die sowohl völlig problemlos als auch mit vielen Fallstricken versehen sein kann. Rechnen Sie damit, daß Sie eine Weile brauchen, bis Sie die optimale Lösung für ein Umwandlungsproblem gefunden haben. Probieren Sie notfalls verschiedene Varianten aus, und überprüfen Sie die Ergebnisse auch im Detail. Auf jeden Fall sollten Sie vermeiden, unter Termindruck experimentieren zu müssen. Fangen Sie deshalb rechtzeitig damit an, Ihre «Konvertierungs-Strecke» auszuprobieren. Ein Datenaustausch besteht eigentlich aus zwei Teilen: Erst müssen Sie die Bits und Bytes irgendwie in den jeweils anderen Computer hineinbekommen, und dann muß ein Programm damit auch noch etwas Sinnvolles anfangen können.

Bytes transportieren

Um Daten zwischen zwei Computern auszutauschen, müssen diese entweder beide über ein Netzwerk verbunden sein, oder Sie müssen Datenträger – wie Disketten, Wechselplatten oder CDs – von einem Gerät zum nächsten tragen. Beide Varianten haben Vor- und Nachteile. Der beste Weg hängt auch hier von Ihren Anforderungen ab: Sind beide Partner mit dem gleichen lokalen Netzwerk verbunden, dann ist der Datentransfer durch den Draht natürlich viel bequemer als das Herumtragen von Disketten. Müssen Sie jedoch Hunderte von Megabytes zu einem weit entfernten Partner bringen, dann ist die «Übertragungsrate» eines Kuriers mit mehreren CDs oder Wechselplatten im Gepäck kaum zu schlagen.

Netzwerkverbindung

Befinden sich Mac und PC im selben lokalen Netzwerk, dann ist zumindest ein «elektrischer Weg» für die Daten vorhanden. Üblicherweise werden dabei die Computer über ein Ethernet verbunden, dem Industriestandard für Netzwerke. Leider reicht die Ethernet-Verbindung zwischen Macs und PCs alleine noch nicht aus, um erfolgreich Daten zu übertragen. Beide Seiten müssen sich noch auf ein Protokoll einigen, das dafür benutzt werden soll. Wir wollen hier nicht zu sehr ins Detail gehen, sondern lediglich die Möglichkeiten auflisten.

EINSTEIGER

Wenn Sie eventuell mit einigen der folgenden Begriffe nicht allzuviel anfangen können, so müssen Sie nicht gleich nervös werden. In Kapitel 19 erklären wir Ihnen die Grundlagen der Netzwerktechnik im Detail und in Kapitel 18 finden Sie noch einige zusätzliche Informationen über gemischte Netzwerke aus Macs und PCs. Die Begriffe TCP/IP, FTP und sonstige Internet-Technologie erklären wir in Teil VI des Buches.

Nehmen wir zunächst einmal an, Macs und PCs befinden sich am selben Ethernet. Dann gibt es verschiedene Varianten für den Datenaustausch:

1. **Benutzen Sie das TCP/IP-Protokoll.** Der Vorteil dieser Variante ist, daß sowohl Mac als auch PC die nötige Netzwerk-Software bereits ab Werk eingebaut haben, und daß das Verfahren prinzipiell auch über das Internet funktioniert. Der Nachteil: Die beteiligten Computer müssen richtig eingerichtet sein, außerdem muß auf einem Gerät ein FTP-Server mit Zugriff für den Partner in Betrieb sein. Darauf können dann berechtigte Nutzer mit FTP-Software zugreifen und Daten herunterladen oder dort ablegen. Alternativ kann auch der Absender einen WWW-Server starten, auf den dann der Empfänger mit einem Webbrowser zugreift. Die nötige Server-Software wird beim Mac als «Personal Websharing» mitgeliefert, unter Windows heißt das «Personal Webserver».

2. **Verwenden Sie Spezialsoftware.** Windows und Mac OS benutzen jeweils ein eigenes Protokoll für die Übertragung im Netzwerk. Sie ahnen es sicher – beide sind nicht miteinander kompatibel. Zum Glück gibt es Software, die als Vermittler arbeitet: *PCMacLan* oder *TSTalk* bringen einem Windows-Computer AppleTalk bei – das Mac-Netzwerk-Protokoll. Der PC sieht dann für alle Macs im Netzwerk aus wie ein weiterer Mac, inklusive File Sharing und Freigabe der Drucker in beide Richtungen. Den umgekehrten Weg gibt es bei *DAVE*. Damit spricht der Mac die Sprache des Windows-Netzwerks und kann auf freigegebene Laufwerke von Windows-PCs zugreifen.

3. **Bewegen Sie Daten über einen Server.** Vor allem in Firmen gibt es mindestens einen zentralen Server zum Ablegen von Daten. Läuft dieser mit Windows NT (Serverversion), so muß nur der Administrator das Pro-

grammpaket *Services for Macintosh* (SFM) installieren, damit Macs auf die gleichen Netzlaufwerke wie PCs zugreifen können. Bei Linux und anderen Unix-Servern stellt das Paket *Netatalk* die Verbindung zu den Macs im Netz her und für Novell Netware gibt es den *NetWare Client for Macintosh*.

Neben dem lokalen Netzwerk gibt es natürlich auch die Möglichkeit, über das Internet Daten auszutauschen. Bei kleineren Dateien geht das per E-Mail, ansonsten müssen Sie einen FTP- oder Webserver benutzen, auf den der andere Partner zugreifen kann. (Mehr über Netzwerke in Kapitel 19)

Wechselmedien austauschen

Haben Sie keine Netzwerkverbindung zwischen PC und Mac oder sind Ihre Daten dafür zu umfangreich, so können Sie den Transport auch mit Disketten, Zip-Medien oder anderen Wechselplatten abwickeln. Die Voraussetzung dafür ist, daß an beiden Computern ein entsprechendes Laufwerk angeschlossen ist, das die Medien lesen bzw. beschreiben kann. Dann müssen Sie nur noch darauf achten, den Datenträger im richtigen Format zu initialisieren. Der Mac kann nämlich von Haus aus Datenträger im PC-Format lesen, umgekehrt funktioniert das aber nicht. Erst eine Software wie *MacOpener* oder *Conversions Plus* (beide bei Brainworks, *www.brainworks.de*) erlaubt es PCs, auf Medien im Mac-Format zuzugreifen. Am besten benutzen Sie darum für den Austausch Datenträger im PC-Format. Der Mac kann ohnehin damit umgehen, und auf dem PC müssen Sie keine zusätzliche Software kaufen und installieren. Achten Sie beim Kopieren von Dateien auf dem Mac aber darauf, die entsprechende Dateiendung für den PC anzufügen, sonst gibt es beim Empfänger Probleme beim Öffnen der Datei!

FEHLER

Erst ab Mac OS 8.1 kann der Mac mit den langen Dateinamen auf Wechselmedien umgehen, die von Windows 95 und höher kommen. Vor dieser Systemversion sehen Sie nur die kryptischen MS-DOS-Namen, die Windows 95 intern benutzt. Wenn Sie mit einer älteren Version des Mac OS Dateien mit langen Namen von einem PC übernehmen müssen, gibt es trotzdem eine Lösung: Bitten Sie den Absender, die Daten mit dem Programm *WinZip* in ein Archiv zu packen und dann erst zu speichern. Der Datenträger enthält dann nur eine große Datei statt vieler kleiner. Dieses Archiv können Sie auf dem Mac mit *StuffIt Expander* oder *ZipIt* problemlos entpacken, und die ursprünglichen langen Dateinamen bleiben erhalten. Alternativ können Sie auch *DropStuff* und *Expander for Windows* verwenden, die Sie unter *www.aladdinsys.com* herunterladen können.

Dateinamen unter Windows 95 dürfen maximal 255 Zeichen lang sein, auf dem Mac aber nur 31 Zeichen. Bei der Konvertierung werden darum zu lange Namen ab der 32. Stelle abgeschnitten. Achten Sie beim Datenaustausch auf diese Einschränkung.

ACHTUNG

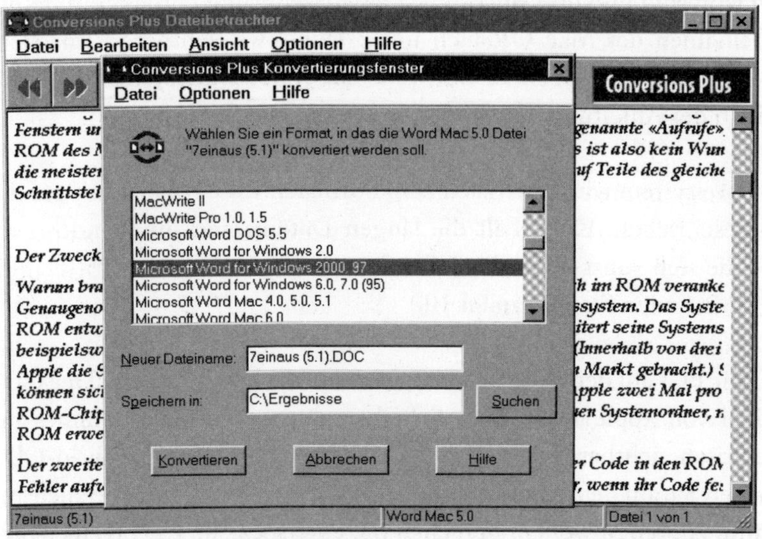

Abb. 4.1 Conversions Plus auf dem PC bei der Arbeit.

Falls Sie nur einen Datenträger haben, der bereits für den Mac formatiert ist, so müssen Sie diesen vor dem Datenaustausch im PC-Format initialisieren. Bei Disketten ist das kein Problem, diese können Sie direkt im Finder mit dem Befehl *Spezial/Volume löschen…* im PC-Format initialisieren. Bei Zip-Medien und anderen Wechselplatten müssen Sie dafür die mit dem Laufwerk gelieferte Software benutzen.

Selbstgeschriebene CDs benutzen

CD-Brenner sind heutzutage fast überall zu finden, und die dafür notwendigen Rohlinge sind preiswert. Außerdem hat jeder Computer ein CD-ROM-Laufwerk, so daß selbstgebrannte CDs ein hervorragendes Medium zum Datenaustausch darstellen. Um die CDs herzustellen, brauchen Sie neben dem CD-Brenner noch eine Software wie *Toast* oder *Discribe*, die die Daten auf den Rohling schreibt. Wenn Sie auf Ihrem Mac CDs für PC-Nutzer beschreiben wollen, müssen Sie die Daten im Format ISO 9660 auf den Rohling brennen. Alternativ können Sie auch eine sogenannte Hybrid-CD-ROM herstellen, die aus einem Mac- und einem PC-Teil besteht. Dabei können die beiden Teile völlig unterschiedliche Daten enthalten, aber auch für beide Plattformen auf dieselben Files «zeigen». Das ist z.B. dann sinnvoll, wenn Sie Digitalfotos archivieren und die CD sowohl am Mac als auch am PC benutzen wollen.

HEISSER TIP

Das Format ISO 9660 erlaubt eigentlich nur Dateinamen, die maximal acht Buchstaben lang sind und drei Buchstaben als Erweiterung enthalten. Um die langen Dateinamen des Mac OS auch unter Windows sichtbar zu machen, müssen Sie in Ihrer CD-Brenner-Software ein Joliet-Dateisystem anlegen. Schauen Sie in der Anleitung des Programms nach, wie das geht!

TECHNIK

Das Joliet-Dateisystem wird zusätzlich zum normalen ISO-Format mit auf die CD-ROM geschrieben. Es enthält die langen Dateinamen für Windows ab Version 95, die sich sonst nicht darstellen lassen. (Mehr Details zur Technik von CD-ROMs finden Sie in Kapitel 10.)

CD-ROMs für PCs auf dem Mac zu lesen, ist ebenfalls kein Problem. Der CD-ROM-Treiber von Apple macht diese Scheiben als ganz normale Volumes auf dem Schreibtisch sichtbar. Handelt es sich allerdings um eine Hybrid-CD-ROM, so sehen Sie auf dem Mac nur die Mac-Hälfte davon. Wenn Sie auch auf die PC-Hälfte zugreifen wollen, brauchen Sie eine spezielle CD-Treibersoftware, z.B. *CD-ROM Toolkit* von FWB (*www.fwb.com*).

FEHLER

Der Mac kann zwar CDs mit Joliet-Format schreiben, aber weder der CD-ROM-Treiber von Apple noch der von FWB kann dieses Format lesen. CDs mit langen Dateinamen für Windows ab Version 95 zeigen darum nur die kurzen MS-DOS-Dateinamen mit acht Zeichen und drei Zeichen Erweiterung. Um dieses Problem zu umgehen, benutzen Sie den Trick aus dem vorigen Abschnitt und bitten Sie Ihren Kollegen mit dem PC, aus den Dateien ein Archiv zu erstellen und dieses dann auf die CD zu brennen.

Leider reicht es aber nicht aus, beim Austausch zwischen Mac und PC die Daten erfolgreich zu transferieren: Sie brauchen auch noch eine Anwendung, die mit den Dateien umgehen kann. Aber keine Angst, selbst wenn das gleiche Programm nicht auf beiden Plattformen vorhanden ist, gibt es genügend Möglichkeiten für einen erfolgreichen Austausch. Die Kunst besteht darin, ein Dateiformat zu finden, das sowohl Absender als auch Empfänger verstehen und das beim Transport die Informationen möglichst nicht verändert.

Anderer Computer – gleiche Software

Auch wenn es so mancher PC-Nutzer gar nicht weiß: Viele der gängigen Programme gibt es sowohl für Windows als auch in einer Mac-Version. Das gilt vor allem für die Bereiche Grafik, Textverarbeitung und Büro-Software. Dazu gehören z.B. Photoshop, Illustrator, PageMaker, FreeHand und CorelDraw, aber auch Microsoft Word, PowerPoint und Excel. Glücklicherweise sind das die Anwendungen, die von den meisten Normalverbrauchern benutzt werden und deshalb relativ verbreitet sind.

ACHTUNG

Manchmal unterscheiden sich die Programme für Windows und den Mac geringfügig, und nicht immer kommen neue Versionen für beide Systeme gleichzeitig auf den Markt. Darum kann es eventuell zu kleineren Fehlern beim Datenaustausch kommen. Das liegt aber meist an den verschiedenen Versionen der Software – selten daran, ob Sie einen Mac oder einen PC benutzen. Sie sollten sich darum etwas Zeit zum Ausprobieren nehmen, bis Sie den optimalen Weg gefunden haben.

Trotzdem ist ein Datenaustausch zwischen dem gleichen Programmpaket auf beiden Plattformen relativ problemlos möglich, wenn Sie die folgenden Dinge beachten:

- **Benutzen Sie möglichst die gleiche Programmversion.** Es kommt vor, daß Hersteller bei der Weiterentwicklung ihrer Software die internen Datenstrukturen ändern. Das kann zu unangenehmen Effekten führen, je nachdem, was geändert wurde. So ist es meist kein Problem, Dateien einer älteren Programmversion in einer neueren zu öffnen, umgekehrt kann das aber sogar zum Komplettabsturz des Computers führen – egal ob Mac oder PC. Besonders die Programme von Microsoft sind in dieser Hinsicht sehr empfindlich. Finden Sie deshalb vor dem Datenaustausch heraus, welche Programmversion Ihr Partner verwendet, und speichern Sie möglichst im entsprechenden Format ab.

- **Achten Sie auf die Benennung der Dateien.** PCs sind nach wie vor darauf angewiesen, anhand der Endung einer Datei deren Typ zu erkennen – z.B. «.doc» für ein Word-Dokument oder «.psd» für eine Photoshop-Datei. Wenn Sie als Mac-Nutzer Daten zu einem PC schicken, müssen Sie Ihre Files mit den entsprechenden Endungen versehen, damit sie auf dem PC problemlos geöffnet werden können. Erkundigen Sie sich deshalb vorher, was die korrekte Endung für einen bestimmten Dokumenttyp ist. Vom PC zum Mac ist es kein Problem, weil die Daten vom PC bereits mit den entsprechenden Endungen ankommen. Daran erkennt der Mac, wie er die PC-Datei mit Type- und Creator-Code versehen soll. Diese Funktion können Sie im Kontrollfeld *PC Exchange* einstellen – wie weiter hinten in Kapitel 19 beschrieben.

- **Hüten Sie sich vor Makroviren.** Eigentlich sind Virenprogramme auf die spezielle Computerplattform beschränkt, für die sie geschrieben wurden. Sogenannte «Makroviren» bilden die unrühmliche Ausnahme: Das sind Programme, die Dokumente von Microsoft Office infizieren und die sowohl unter Windows als auch auf dem Mac funktionieren. Wenn Sie mit PC-Nutzern solche «Bürodaten» austauschen, dann wählen Sie entweder ein virenfreies Zwischenformat oder benutzen Sie ein Anti-Viren-Programm. (Mehr zum Thema Viren finden Sie in Kapitel 28).

Import und Export

Nehmen wir an, Sie müssen Daten mit einem Kollegen oder Bekannten austauschen, der auf seinem PC nicht über dasselbe Programm verfügt wie Sie auf Ihrem Mac. In einem solchen Fall müssen Sie sich auf ein gemeinsames Dateiformat einigen, das von beiden Programmen verstanden wird. Das Absender-Programm muß die Datei in diesem Format schreiben, und das Empfänger-Programm muß sie lesen können.

Fast alle Programme haben heutzutage Import- und Exportfunktionen für die verschiedensten Dateiformate. Die Kunst besteht darin, das jeweils beste Format für Ihr konkretes Problem zu finden. Diese Aufgabe ist fast immer nur durch Ausprobieren zu lösen, weil die Leistungsfähigkeit von Import- und Exportfunktionen zwischen den einzelnen Programmen stark schwankt.

Texte austauschen

Dokumente aus den Microsoft-Programmen Word, Excel und PowerPoint können Sie einfach so zwischen Mac und PC transferieren. Achten Sie dabei allerdings auf die Probleme, die beim Austausch zwischen verschiedenen Versionen der Programme entstehen können. Sollten Sie davon betroffen sein, benutzen Sie am besten ein älteres aber bewährtes Zwischenformat, wie Word 2.0 für Windows oder das Rich Text Format (RTF). Letzteres wurde speziell für solche Transfers entwickelt und funktioniert erstaunlich gut mit vielen Programmen. Die unterste Stufe ist der Austausch als «Nur Text» oder «ASCII-Text». Das funktioniert eigentlich immer, allerdings gehen dabei oft Umlaute und Sonderzeichen verloren, oder es tauchen kryptische Steuerzeichen im Text auf. Sie können aber etwas dagegen tun, wie in Kapitel 19 beschrieben.

CD-ROM

Geht es Ihnen nur darum, Ihrem Partner ein Dokument zum Lesen zukommen zu lassen, so können Sie es auch als PDF-Datei schicken. PDF steht für «Portable Document Format» und ist eine Entwicklung von Adobe, die den Datenaustausch vereinfachen soll. Vorausgesetzt, Sie haben die Software *Acrobat Distiller* von Adobe installiert, können Sie einfach Ihr Dokument in eine PDF-Datei drucken und diese zu Ihrem Partner schicken. Der kann sie dann mit dem Programm *Acrobat Reader* lesen, ohne daß dazu das Programm nötig ist, mit dem das Dokument ursprünglich erstellt wurde. Den Acrobat Reader gibt es übrigens kostenlos unter *www.adobe.com* und natürlich auch auf der CD-ROM zu diesem Buch.

Grafiken austauschen

Bilddateien zwischen Mac und PC zu transferieren, ist im Prinzip völlig problemlos. Fast alle Grafikprogramme unterstützen die gebräuchlichsten Bitmap-Formate oder erlauben den Export in ein Format, das der Empfänger lesen kann. Einzig Bilder im Format TIFF haben einen kleinen Haken: Es gibt verschiedene TIFF-Bilder für PCs und für Macs. Die beiden Varianten unterscheiden sich durch die Reihenfolge, in der die Daten in die Bilddatei einsortiert sind. Darüber hinaus gibt es noch verschiedene Komprimierungsoptionen, mit denen nicht unbedingt jedes Programm umgehen kann. Spezielle Grafiksoftware wie Photoshop (auf beiden Plattformen), Paintshop Pro (auf dem PC) oder GraphicConverter bzw. DeBabelizer (auf dem Mac) können jedoch fast alle Bitmap-Formate lesen und ineinander umwandeln.

ACHTUNG

Etwas schwieriger wird es bei Dateien aus vektorbasierten Zeichenprogrammen wie CorelDraw, FreeHand oder Illustrator. Es gibt zwar auch hier Import- und Exportfilter, aber so richtig gut funktionieren diese vor allem bei komplexen Dokumenten mit vielen Elementen nur selten. Deshalb ist es hier am besten, das EPS-Format zu verwenden. EPS ist die Abkürzung von «Encapsulated PostScript» und ist ein Format, das von fast allen Illustrations- und Layoutprogrammen verstanden wird.

ACHTUNG

Ein besonders gefährlicher Haken beim Dateiaustausch von Vektorzeichnungen sind die Zeichensätze. Wenn Ihr Dokument einen Zeichensatz verwendet, der auf dem Computer Ihres Partners nicht vorhanden ist, erleben Sie beim Ausdruck sehr unschöne Effekte. Meistens wird die tolle Designerschrift in solchen Fällen durch Courier ersetzt – das sieht mit Sicherheit schrecklich aus! Um solche Probleme zu vermeiden, müssen Sie deshalb entweder die Schrift auf dem Zielcomputer zur Verfügung haben, oder Sie müssen sie durch eine ähnliche Schrift ersetzen. Alternativ können Sie auch vor dem Export den Text in Kurven umwandeln. Dann ist es aber nicht mehr möglich, den Text zu verändern…

Spezielle Konverter-Software

Viele Konvertierungsprobleme lassen sich lösen, ohne daß Sie dafür spezielle Software brauchen. Es gibt aber einige nützliche Programme, die für den Dateitransfer wirklich hilfreich sind – je nachdem, wie oft und welche Art von Daten Sie transferieren.

CD-ROM

Die folgende Liste umfaßt die gebräuchlichsten Sharewareprogramme, einige davon finden Sie auch auf der CD zu diesem Buch.

- **GraphicConverter.** Diese Shareware wandelt eine Vielzahl von Grafikformaten ineinander um, unterstützt Batchbetrieb und bietet viele Optionen bei der Konvertierung. Daneben enthält das Programm auch einen Editor für die Grafiken. (Shareware, *www.lemkesoft.de*)

- **Binary Pump.** Das Programm ändert die Type- und Creator-Codes von Dateien anhand der Erweiterung des Dateinamens, auch im Batchbetrieb. Das ist vor allem dann sinnvoll, wenn Files von *File Exchange* nicht richtig eingeordnet werden. Die Zuordnung können Sie selbst verändern, bei Bedarf kann Binary Pump die gefilterten Dateien auch noch automatisch in verschiedene Ordner sortieren. (Shareware, *www-inst.eecs.berkeley.edu/~eshieh*)

- **FileTyper.** Ähnlich wie Binary Pump ändert auch FileTyper Type- und Creator-Codes nach bestimmten Regeln. Daneben enthält das Programm noch diverse Zusatzfunktionen und bietet viele Möglichkeiten zum Anpassen seiner Arbeitsweise.

- **StuffIt Expander/DropStuff.** Diese zwei Programme sind das Standardwerkzeug zum Ein- und Auspacken von komprimierten Archiven auf dem Mac. Zusätzlich kann StuffIt Expander viele andere Komprimierungsformate entpacken, darunter auch solche aus der Windows- und Unix-Welt. Mittlerweile gibt es beide Programme auch für Windows, so daß Sie auch auf dem PC problemlos StuffIt-Archive vom Mac öffnen können. (Shareware, *www.aladdinsys.com*)

- **ZipIt.** Zip-Files sind in der PC-Welt das, was die StuffIt-Archive auf dem Mac sind – der de facto Standard für Komprimierung. ZipIt erlaubt Ihnen, Archive in diesem Format zu erstellen und zu öffnen. (Shareware, *www.awa.com/softlock/zipit/zipit.html*)

- **CanOpener.** Dieses Programm ist eine Art Schweizer Taschenmesser für Dateien: Es öffnet jedes beliebige File und versucht, darin enthaltene Texte oder Bilder herauszufiltern. (Kommerzielle Software, *www.abbottsys.com*)

- **Conversions Plus.** Dieses Programm ist das Gegenstück zu MacLink Plus auf dem PC. Conversions Plus beherrscht viele Dokumentformate und enthält zusätzlich noch ein Werkzeug zum Öffnen von E-Mail-Attachments. (Kommerzielle Software, *www.brainworks.de*)

- **MacOpener.** Mac-Medien am PC? MacOpener macht genau das möglich und ist damit die perfekte Ergänzung zu Conversions Plus. Deshalb wird beides auch manchmal im Paket verkauft. (Kommerzielle Software, *www.brainworks.de*)

- **MacLink Plus.** Die Spezialität von MacLink Plus ist das Umwandeln von Dokumenten aus und in die verschiedensten Formate. Der Schwerpunkt liegt dabei eindeutig auf Büroanwendungen wie Textverarbeitung, Tabellenkalkulation und Datenbankprogrammen. Die Software eignet sich besonders für den ständigen Datenaustausch zwischen Mac und PC. (Kommerzielle Software, *www.brainworks.de*)

TEIL II

HARDWARE UND ARBEITSUMFELD

5 Drucker & Drucken

In diesem Kapitel

In puncto Druck schien der Mac seiner Zeit immer einen Schritt voraus zu sein. Er schaffte es auch als erster Computertyp, genau das auszudrucken, was auf dem Bildschirm zu sehen war. Deshalb wurde er auch häufig als WYSIWYG-Computer bezeichnet (What You See Is What You Get: Was man sieht, bekommt man auch...). Mit der Zeit wurde das Drucken jedoch immer komplizierter. Heute gibt es QuickDraw, GX, PostScript, TrueType, Tintenstrahldrucker, Laserdrucker, Farbdrucker, Hintergrunddruck und vieles mehr – und ab und zu bekommt man auch nicht das, was man sieht.

Grundlegende Verfahren

Nadeldrucker

Bei Nadeldruckern besteht der Druckkopf aus mehreren Nadeln. Diese schlagen durch das Farbband aufs Papier – es werden Punkte gedruckt. Geräte dieser Art sind vom Aussterben bedroht, denn sie sind zu langsam (ca. eine halbe Seite pro Minute) und auch recht laut. Einen großen Vorteil haben sie jedoch gegenüber den modernen Laser- und Tintenstrahldruckern: mit einem Nadeldrucker können Sie Formulare mit mehreren Durchschlägen ausfüllen. Deshalb sind sie z.B. in Arztpraxen noch recht häufig zu finden.

Tintenstrahldrucker

Diese Art von Druckern verwendet eine Tintenpatrone, die über das Papier bewegt wird und es mit Hilfe des Druckkopfes mit feinen Tintenpunkten besprüht. Neuere Farbdrucker enthalten statt einer vier oder sechs Tintenpatronen, die farbige Tinte auf das Papier bringen. Tintenstrahldrucker sind weit verbreitet, denn die Apple Style Writer, HP Deskjets und Epson Stylus stellen für Privatpersonen eine preiswerte Alternative zu Laserdruckern dar. Beachten Sie allerdings, daß der Materialverbrauch recht hoch sein kann – die Anschaffungskosten sind jedoch gering.

EINSTEIGER

Theoretisch sollten Ausdrucke eines Tintenstrahldruckers genauso scharf oder sogar schärfer sein als die eines Laserdruckers, denn die meisten sind in der Lage, 720 oder sogar 1.440 feine Tintenpunkte pro Inch aufs Papier zu bringen. Das ist jedoch nur graue Theorie, denn die Tintenpunkte verlaufen leicht auf der Struktur des Papiers. Sehr feine Zeichnungen oder auch kleine Schriften sehen demnach auf einem Tintenstrahldrucker nicht ganz so scharf aus wie auf dem Laserausdruck.

Tintenstrahldrucker haben einige Vorteile: Sie sind günstig, klein und leicht und damit auch gut für unterwegs geeignet. Außerdem bieten sie die preiswerteste Möglichkeit für Farbausdrucke, die fast so gut wie Fotos aussehen.

HEISSER TIP

Es ist kein Wunder, daß Tintenstrahldrucker so preiswert sind, denn das eigentliche Geschäft machen die Hersteller mit den Verbrauchsmaterialien. Großflächige Ausdrucke lassen die Tintentanks schneller leer werden, als Ihnen lieb ist, und das Spezialpapier für die Ausgabe in Fotoqualität ist auch nicht gerade billig. Es lohnt sich deshalb, auch Produkte von anderen Herstellern auszuprobieren. Diese sind meist etwas billiger, aber in der Qualität oft identisch. Druckpapier und Inkjet-Folien von Spezialanbietern (z.B. Fotopapier für Tintenstrahldrucker von Kodak) sind manchmal sogar noch eine Kleinigkeit besser als das Material des Druckerherstellers. Natürlich sollten Sie auf jeden Fall probieren, was mit Ihrem Drucker am besten funktioniert.

Laserdrucker

Ein Laserdrucker hat eigentlich mehr mit einen Kopierer gemeinsam als mit anderen Druckern. Im Gerät wird ein Blatt Papier um eine Walze gewickelt und eine Laserdiode bildet Ihr Dokument darauf ab. Die Walze zieht die Tonerteilchen elektrostatisch an, mit Hilfe von erhitzten Rollen wird der Toner anschließend auf dem Papier fixiert. Manche Laserdrucker enthalten eigentlich gar keine Laser, sondern Leuchtdioden, mit deren Hilfe das Bild erzeugt wird. Das Ergebnis unterscheidet sich jedoch kaum von einem echten Laserausdruck. Der Toner befindet sich in einer Patrone, die manchmal auch Cartridge genannt wird. In Apple- und HP-PostScript-Druckern enthält diese auch die Druckwalze. Wenn Sie in diesem Fall den Toner erneuern, ersetzen Sie eigentlich das gesamte Druckwerk des Gerätes.

Es gibt zwei Arten von Laserdruckern: *PostScript-* und *QuickDraw*-Drucker. Den genauen Unterschied werden Sie weiter hinten erfahren, vorläufig sollten Sie sich erst einmal merken, daß PostScript-Drucker eine eigene CPU (Prozessoreinheit) und einen eigenen Arbeitsspeicher haben. Deshalb sind sie auch viel schneller als QuickDraw-Drucker. Normale Laserdrucker werden mit einer Reihe bereits eingebauter Schriften ausgeliefert, die im ROM des Druckers gespeichert sind. Zur Grundausstattung gehören 35 Schriftarten von Avant Garde bis Zapf Dingbats. Der Vorteil daran ist, daß sie nicht jedesmal zum Drucker geladen werden müssen, wenn ein Dokument gedruckt werden soll, das diese Schriften enthält. Sie können beliebig viele in beliebiger Reihenfolge einsetzen, ohne daß wertvoller Arbeitsspeicher im Drucker belegt wird.

Der Nachteil dieser Schriften ist, daß sie viel zu häufig eingesetzt werden und einige davon mittlerweile eher langweilig anmuten.

Laserdrucker werden mit Auflösungen zwischen 300 und 1.200 dpi angeboten. Wie bei allen anderen Druckern gilt auch hier, daß die Qualität der Ausdrucke mit der Auflösung steigt. Laserdrucker mit einer Auflösung von 300 dpi sind zwar nicht mehr der neueste Stand der Technik, dennoch sind noch viele im Einsatz. In den meisten Büros haben längst Geräte mit 600 dpi Einzug gehalten, die mit fast der vierfachen Auflösung von 300 dpi-Druckern arbeiten. (300 dpi bedeutet 90.000 Punkte pro Quadratinch, 600 dpi dagegen 360.000 Punkte pro Quadratinch). Das wird besonders bei Graustufenbildern sichtbar, denn die Übergänge werden mit höherer Auflösung immer sanfter. Laserdrucker mit 1200 dpi Auflösung (in Wirklichkeit ist die Auflösung ein bißchen geringer, dafür variiert die Größe der Punkte etwas) erzeugen zwar noch etwas schärfere Bilder, kommen aber nicht an die Qualität eines Satzbelichters heran. Das liegt jedoch einfach an den Grenzen, die durch Papier und Toner gesetzt sind.

HEISSER TIP

Noch ein Tip aus leidvoller Erfahrung: Es lohnt sich, immer eine Reserve-Patrone für Ihren Drucker im Haus zu haben. Ist das nicht der Fall, wird die Tinte oder der Toner mit Sicherheit Sonntag kurz vor Mitternacht alle, wenn Sie Montag die Diplomarbeit oder den Geschäftsbericht abgeben müssen!

Farbdrucker

Früher waren Farbdrucker ausschließlich Grafikprofis vorbehalten. Qualitativ hochwertige Farbsublimationsdrucker, bei denen Teile von farbiger Folie mittels Wärme aufs Papier geklebt werden, kosteten unendlich viel. Die preiswerteren Farb-Tintenstrahldrucker erzeugten nur verwaschene, ungenaue und verschmierte Farben. In den letzten zwei Jahren wurde der gesamte Bereich des Farbdrucks jedoch völlig revolutioniert. Die Preise gingen mehr oder weniger in den Keller, die Qualität ist jedoch sprunghaft angestiegen.

Tintenstrahldrucker in Farbe. Wenn Sie einen einfachen Farbdrucker benötigen, um hin und wieder bunte Einladungen oder das eine oder andere Farbbild zu drucken, dann sollten Sie über einen farbigen Tintenstrahldrucker nachdenken. Zu den derzeit aktuellen Modellen gehören die HP-Deskjet-C-Serie, die neueren Apple Color Stylewriter sowie die Epson-Stylus-Serie. Einige dieser Modelle sind bereits unter 500 DM zu haben, und die Qualität der gedruckten Bilder ist erstaunlich. Selbst aus geringer Entfernung sind Ausdrucke gescannter Farbfotos fast nicht vom Original zu unterscheiden. Für fotorealistische

Ausdrucke gibt es Modelle wie den Epson Stylus Photo (5.1), die mit sechs statt nur mit vier Farben arbeiten, um besonders weiche Übergänge zwischen den einzelnen Farben zu erreichen. Bei solchen Ausdrucken müssen Sie zwar mit relativ teurem Spezialpapier arbeiten (ca. 2 DM pro Seite), aber diese Bilder sind wirklich von brillanter Qualität.

Beim Kauf Ihres Druckers sollten Sie sich Druckbeispiele jedes Modells anschauen, das für Sie in Frage kommt, und zwar nicht nur auf speziellem Fotopapier, sondern auch auf normalem Papier. Sie sollten außerdem in Betracht ziehen, wofür Sie den Drucker vorzugsweise benutzen wollen, denn manche Drucker (z.B. die HP Deskjet) drucken schärferen Text und tieferes Schwarz als manch andere Drucker, können aber in puncto Fotoqualität nicht mit dem Epson Stylus Photo mithalten.

Abb. 5.1 Sieht elegant aus und druckt auch Fotos: Epson Stylus Photo.

Drucken Sie meist Text und nur gelegentlich farbige Bilder, so sollten Sie darauf achten, daß die Patrone mit schwarzer Farbe einzeln auswechselbar ist. Bei sehr preiswerten Druckern wird an dieser Stelle oft gespart, und Sie müssen dann immer eine komplette (und teurere) Patrone wechseln, nur weil die schwarze Farbe alle ist.

Andere Farbdrucker. Obwohl sich die meisten Nutzer beim Thema Farbdrukker nur auf Tintenstrahldrucker konzentrieren, sind mittlerweile auch andere überlegenswerte Modelle auf dem Markt. Farblaserdrucker werden z.B. von mehreren Firmen angeboten, darunter von Xerox, HP, Canon, Tektronix und Apple. Diese Drucker setzen dieselbe Drucktechnik wie einfarbige Laserdrukker ein, verwenden jedoch vier verschiedene Tonerfarben (Cyan, Magenta, Gelb und Schwarz). Damit erzeugen sie frische, gestochen scharfe Farbbilder. Die meisten Modelle drucken bis zu 5 Seiten pro Minute bei einer Auflösung von 600 oder 1200 dpi. Die Qualität ist zwar durchweg beeindruckend, aber der billigste Drucker kostet derzeit noch immer fast 5.000 DM. Der große Vorteil dieser Drucker ist, daß sie auch als Schwarzweißdrucker eingesetzt werden können – in dieser Betriebsart drucken sie bei 600 dpi zwischen 10 und 12 Seiten pro Minute.

Als preiswerte Alternative bietet sich ein kleiner Farbsublimationsdrucker für unter 800 DM an (die Sorte, die früher um die 20.000 DM kostete). Einige dieser Modelle sind heute im Angebot, darunter z.B. Geräte von Kodak, Olympus und Minolta. Generell erzeugen diese Drucker eine maximale Bildgröße von 4 mal 4 Inch, die Qualität – auf glänzendem Fotopapier – ist jedoch beeindrukkend. (Um größere Farbsublimationsausdrucke anzufertigen, sollten Sie jedoch Ihren lokalen Kopierladen besuchen.)

Satzbelichter

Um die bestmögliche Qualität für ein Dokument, ein Buch oder eine Zeitschrift zu erreichen, wenden Sie sich an eine professionelle Druckerei oder ein Belichtungsstudio. Dort werden Ihre Daten auf einem Satzbelichter ausgegeben. In den 60er und 70er Jahren bestanden diese Geräte aus einer großen Druckwalze (einem Zylinder), auf der die Negativfilme der Schrift plaziert wurden. Eine Lampe bildete die Schrift auf Film oder lichtempfindliches Papier ab. Dieses mußte dann entwickelt werden. Mitte der 70er Jahre, mit Beginn der Digitaltechnologie, ersetzte eine Kathodenstrahlröhre wie im Fernseher die Walze und die Lichtquelle.

Die heutigen Satzbelichter – von Linotronic, Agfa, VariTyper usw. – sind diesen Röhren-Belichtern sehr ähnlich, allerdings wird das Fotopapier von Lasern belichtet. Das Papier wird mit Hilfe von Rollen, Rädern und Federn durch den Belichter bewegt. Bei Farbausdrucken ist die Ausrichtung der vier Farbplatten entscheidend. Deshalb sind die meisten High-End-Geräte auch Trommelbelichter. Einige Satzbelichter drucken für jede Farbe eine extra Seite. Satzbelichter werden von einem Computer mit sogenannter RIP-Software gesteuert (RIP: Raster Image Processor). Dabei handelt es sich um eine extrem gut entwickelte Version eines PostScript-Interpreters, wie er auch in Ihren Desktop-Laserdrucker eingebaut ist. Viele RIP-Computer verfügen über riesige Festplatten, um Programme und Schriften speichern zu können. All dies kostet natürlich Geld – und nicht wenig.

Drucken mit QuickDraw

QuickDraw ist die eingebaute Software, die der Mac verwendet, um Text und Grafik auf seinem eigenen Bildschirm darzustellen. Seit seiner Erfindung im Jahr 1984 bis zu QuickDraw GX blieb es weitestgehend unverändert. Ein QuickDraw-Drucker verwendet dieselbe Technologie, um das, was auf dem Bildschirm zu sehen ist, zu drucken. Bei der Ausgabe auf einem QuickDraw-Drucker wird die Bildverarbeitung von den Programmen im ROM des Mac vorgenommen. Aus diesem Grund hängt die Geschwindigkeit eines solchen Druckers größtenteils von der Schnelligkeit Ihres Mac ab. Generell können Sie davon ausgehen, daß alle Nicht-PostScript-Drucker QuickDraw-Drucker sind, also auch alle StyleWriter, Stylus Colors und DeskJets. Früher stellte Apple sogar einige preiswerte QuickDraw-Laserdrucker her, darunter drei Modelle der LaserWriter-Serie (SC, LS und 300) und den LaserWriter Select 300. Einige der heute verfügbaren QuickDraw-Drucker bieten eine ausgezeichnete Auflösung – wie z.B. der Epson Stylus Color mit 1.440 dpi.

Vorteile von QuickDraw-Druckern

Wenn Sie Text drucken wollen, ist ein QuickDraw-Drucker eine attraktive Möglichkeit. Die Druckqualität ist generell sehr hoch, das einzige Minus sind die relativ geringe Druckgeschwindigkeit, die Unfähigkeit, PostScript-Grafiken ohne fremde Hilfe zu drucken, und die Schwierigkeit, die richtige Kombination von Papier und Tinte für hochwertige Ausdrucke zu finden.

Nachteile von QuickDraw-Druckern

Der Adobe Type Manager und die TrueType-Technologie sind ausgezeichnete Hilfsmittel, um Text auf QuickDraw-Druckern auszugeben. Grafiken sind jedoch ein völlig anderes Thema. Grafiken, die in QuickDraw-Zeichenprogrammen wie z.B. ClarisWorks oder im Drawing Window von AppleWorks erzeugt wurden, können in sehr guter Qualität auf QuickDraw-Druckern gedruckt werden. Wurden diese Grafiken jedoch in einem PostScript-Zeichenprogramm wie z.B. FreeHand oder Illustrator gestaltet, dann ist der Ausdruck ausgefranst und sieht aus wie ein 72-dpi-Abklatsch der schönen glatten Bildschirmgrafik. Die neueren Versionen dieser Programme konvertieren ihr eigenes PostScript zwar etwas besser in QuickDraw als frühere, aber um die Bilder bei bester Qualität auszugeben, ist etwas mehr Aufwand notwendig:

- Verwenden Sie ein Konvertierungsprogramm wie z.B. *StyleScript* von InfoWave oder *PowerRIP* von Birmy Graphics, um den PostScript-Code in Befehle umzuwandeln, die der QuickDraw-Drucker verstehen kann. (Es gibt auch ein kostenloses Programm namens *Ghostscript*, allerdings ist dessen Bedienung nicht gerade ein Kinderspiel.) Konvertierungsprogramme erlauben es Ihnen, Grafiken bei voller Auflösung auf einem StyleWriter, Stylus Color oder einem anderen Nicht-PostScript-Drucker zu drucken.
- Verwenden Sie einen PostScript-Drucker. (Siehe auch den Abschnitt «Alles über PostScript» weiter hinten in diesem Kapitel.)

HEISSER TIP

Papierauswahl

Ausdrucke von Tintenstrahldruckern benötigen einige Zeit zum Trocknen. Besonders wenn Sie größere Bilder mit viel Farbe drucken, sollten Sie darauf achten, daß diese nicht übereinander liegenbleiben, wenn sie aus dem Drucker kommen. Sie könnten sonst verwischen.

Generell sollten Sie für Tintenstrahldrucker das jeweils empfohlene Papier verwenden. Papier mit glatter (jedoch nicht mit glänzender) Oberfläche ist besser geeignet als grob strukturiertes Papier, denn dieses saugt mehr Tinte auf und läßt sie innerhalb der Struktur verlaufen.

HEISSER TIP

StyleWriter im Netzwerk

Die Funktion *PrinterShare* erfordert einen StyleWriter II (oder ein Nachfolgermodell in Schwarzweiß oder Farbe) und ermöglicht es Ihnen, den Drucker in einem Netzwerk gemeinsam zu nutzen. Dazu müssen Sie die gesamte StyleWriter-Software auf Ihrem Computer installieren, ebenso auf allen anderen Macs, die den Drucker mitbenutzen wollen. Außerdem muß der Drucker – auch wenn das sehr verrückt klingt – an den Modem-Anschluß angeschlossen sein, nicht an den Druckeranschluß, wie Sie vielleicht vermuten würden. (Und wenn Sie ein Modem haben, das ebenfalls den Modem-Anschluß benötigt? Dann müssen Sie einen A/B-Umschalter kaufen. Eine etwas eigenartige Anordnung, aber es funktioniert.)

Wählen Sie das StyleWriter-Icon aus *(Apple-Menü/Auswahl)*, dann erscheint die Dialogbox wie in Abbildung 5.2. Sie können dort Ihrem Drucker einen Namen geben und ihm sogar ein Paßwort zuordnen, um bestimmten Nutzern den Zugang zu verweigern. Nachdem Sie diese Einstellungen vorgenommen haben, können die anderen Macs im Netzwerk Ihren Drucker ebenso auswählen und darauf Dokumente drucken, als wäre der Computer ein ganz normales Netzwerkgerät (wie z.B. ein PostScript-Laserdrucker).

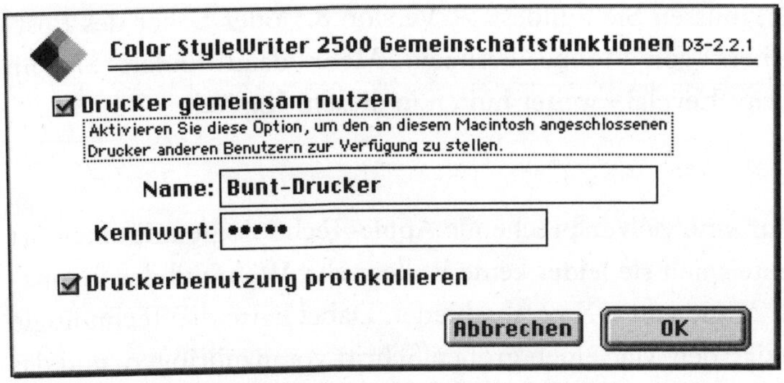

Abb. 5.2 Die Netzwerkfähigkeiten des Color StyleWriters.

Trotzdem ist und bleibt der StyleWriter ein QuickDraw-Drucker, er braucht also unbedingt einen Mac, um funktionieren zu können. Derjenige, der also an diesem «Server»-Mac arbeitet, wird merken, wie sich die zu druckenden Dokumente Schritt für Schritt durch seinen Computer zum Drucker quälen. Leider müssen auch alle Schriftarten in den zu druckenden Dokumenten auf dem «Server»-Mac installiert sein, sonst erleben Sie beim Drucken fremder Dokumente einige böse Überraschungen. Wenn Sie einen Drucker für zwei oder drei Macs gleichzeitig einsetzen wollen, ist ein StyleWriter eine durchaus lohnenswerte Alternative gegenüber herkömmlichen Netzwerkdruckern.

Bis zum StyleWriter 4400 hat Apple in seinen StyleWriter-Modellen Druckwerke von Canon eingebaut (danach welche von Hewlett-Packard). Darum passen die entsprechenden Tintenpatronen von Canon – und die sind sowohl billiger als auch einfacher zu besorgen.

HEISSER TIP

Wasserzeichen

Einige Druckertreiber (viele für StyleWriter, neuerdings aber auch einige für Laserdrucker) bieten die Möglichkeit, Wasserzeichen in den Hintergrund eines Dokuments zu drucken. Wählen Sie dazu die entsprechende Option im Druckerfenster aus. Weniger bekannt ist jedoch die Tatsache, daß Sie außer den 16 bereits im Druckertreiber enthaltenen Wasserzeichen auch eigene erstellen können, z.B. mit Ihrem Firmenlogo. Erzeugen Sie dazu eine eigene Grafik in einem beliebigen Grafikprogramm, speichern Sie diese als PICT. Legen Sie die Datei dann in den Ordner *Druckervoreinstellungen*. (Sie finden ihn im Ordner *Preferences* innerhalb des Systemordners). Ihr eigenes Wasserzeichen sollte nun ebenfalls im Druckerdialog zur Verfügung stehen. (Natürlich können Sie auch bestimmte Wasserzeichen aus diesem Ordner entfernen, wenn Sie diese nie benutzen.) Um Wasserzeichen auch bei Laserdruckern verwenden zu können, müssen Sie mindestens Version 8.5 oder höher des PostScript-Druckertreibers von Adobe besitzen. Mehr dazu finden Sie im Abschnitt «PostScript Level 3» weiter hinten in diesem Kapitel.

QuickDraw GX

QuickDraw GX war eine vielversprechende Apple-Technologie mit einer Art Fehlzündung – heute spielt sie leider keine Rolle mehr. Während der Finanzkrise 1997 hat sich Apple von GX verabschiedet. Dabei hatte die Technologie wirklich das Potential, den Mac einen großen Schritt voranzubringen, und das nicht nur in bezug auf das Drucken, sondern auch bei Schriftverwaltung, Farbe, der Verteilung von Dokumenten, der Darstellung auf dem Bildschirm und vielem mehr. Während die Verbesserungen von LaserWriter 8 nur PostScript-Drucker betrafen, sollte QuickDraw GX zusätzlich alles andere beeinflussen, was mit Schrift, Grafiken und Drucken zu tun hat. Und das sowohl auf PostScript- als auch Nicht-PostScript-Geräten! Einige der besten Funktionen von QuickDraw GX sind glücklicherweise in der Druckersoftware und im Treiber 8.5 von Apple wieder aufgetaucht.

Die ganze Wahrheit über PostScript

Der Begriff *PostScript* gehört zu denen, über die Sie in der Welt des Macintosh immer wieder stolpern werden. Die meisten Leute bringen ihn mit Laserdruckern in Verbindung, allerdings können Sie sowohl einen Laserdrucker kaufen, der kein PostScript versteht, als auch postscriptfähige Nicht-Laserdrucker.

Im Grunde ist PostScript eine Computersprache. Sie wird verwendet, um Bilder im weitesten Sinne zu beschreiben – Text und Grafiken, die auf dem Bildschirm oder auf Papier abgebildet werden sollen. Theoretisch könnten Sie, wenn Sie wissen, was Sie tun, PostScript-Code von Hand eingeben und den Computer so anweisen, z.B. ein Dreieck zu zeichnen und zu drucken. Sie finden PostScript im Zusammenhang mit fast allem, was mit dem Mac zu tun hat: Schriftarten, Drucker, Grafiken, Befehle und so weiter. Um all dies soll es in den folgenden Abschnitten gehen.

Grundlagen

PostScript ist eine Seitenbeschreibungssprache und wurde 1985 von Adobe Systems veröffentlicht. Sie beschreibt, welche Eigenschaften eine Seite hat – inklusive Text und Grafik. Die ursprüngliche Sprache wurde später als PostScript Level 1 bezeichnet, als neuere Versionen entwickelt wurden. Die PostScript-Datei, die Sie auf Ihrem Computer erzeugen, enthält ausschließlich Befehle für den Drucker, z.B.: «Zeichne eine gerade Linie, beginne damit zwei Zentimeter vom oberen Seitenrand. Gehe nach links. Zeichne noch eine Linie.» Und so weiter. Diese PostScript-Befehle werden sichtbar, wenn Sie eine Illustrator-Datei in einem Texteditor öffnen. Zwar sind diese Befehle recht abstrakt, bei genauerem Hinsehen kann man jedoch deren Sinn erkennen. Die Zahlen beschreiben die verschiedenen Teile einer Grafik in Punkten (5.3). Wenn Sie diese Grafik dann auf Ihrem PostScript-Laserdrucker ausdrukken, sieht das Ergebnis aus wie in Abbildung 5.4.

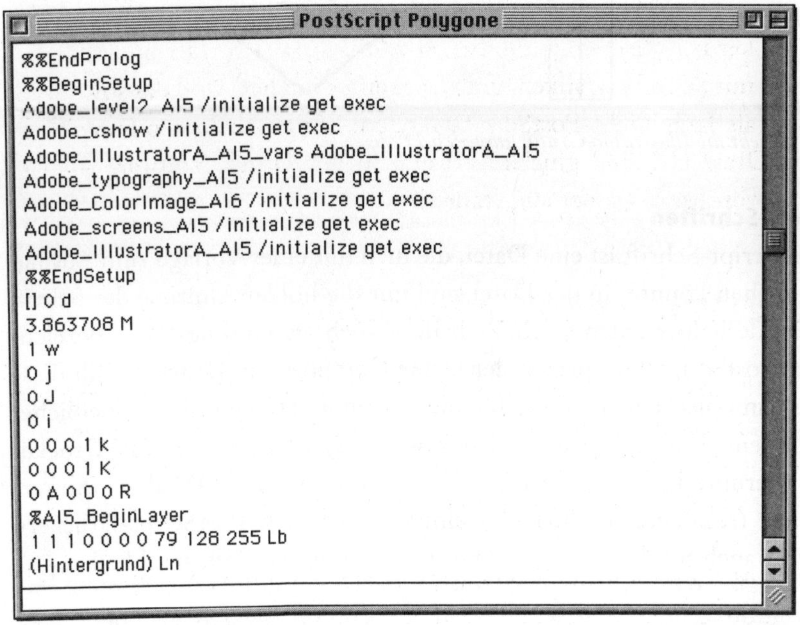
PostScript Polygone

```
%%EndProlog
%%BeginSetup
Adobe_level2_AI5 /initialize get exec
Adobe_cshow /initialize get exec
Adobe_IllustratorA_AI5_vars Adobe_IllustratorA_AI5
Adobe_typography_AI5 /initialize get exec
Adobe_ColorImage_AI6 /initialize get exec
Adobe_screens_AI5 /initialize get exec
Adobe_IllustratorA_AI5 /initialize get exec
%%EndSetup
[] 0 d
3.863708 M
1 w
0 j
0 J
0 i
0 0 0 1 k
0 0 0 1 K
0 A 0 0 0 R
%AI5_BeginLayer
1 1 1 0 0 0 0 79 128 255 Lb
(Hintergrund) Ln
```

Abb. 5.3 Hier sehen Sie einen Ausschnitt aus einem typischen Illustrator-Dokument, das eine Reihe von Polygonen beschreibt.

Der Zweck von PostScript besteht in der sogenannten Geräteunabhängigkeit. Das bedeutet, dieselbe PostScript-Datei wird in unterschiedlichen Auflösungen dargestellt – mit 72 dpi auf dem Bildschirm, mit 600 dpi auf einem PostScript-Drucker und mit 2.400 dpi auf einem PostScript-Satzbelichter. Das Dokument kann also mit der höchsten Auflösung ausgegeben werden, die dem Ausgabegerät zur Verfügung steht. Dadurch wurde vor allem das Desktop-Publishing revolutioniert, denn mit PostScript ist es möglich, dieselbe Datei und dieselben Schriftarten auf Geräten unterschiedlicher Hersteller auszugeben – bei der jeweils bestmöglichen Auflösung.

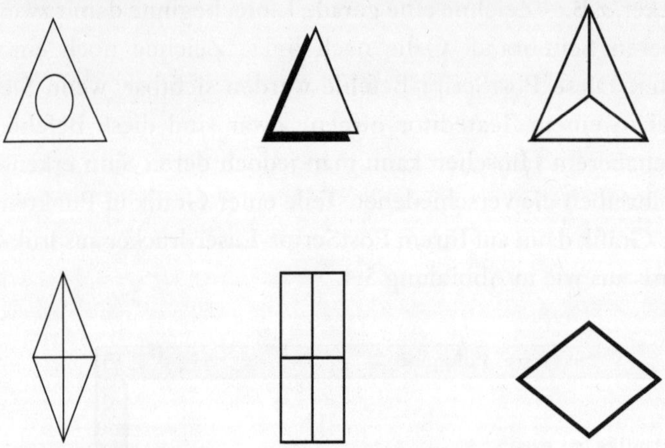

Abb. 5.4 So sieht die Illustrator-Grafik ausgedruckt aus.

PostScript-Schriften

Eine PostScript-Schrift ist eine Datei, die man mit einer Vorlage zum Ausmalen vergleichen könnte. In der Datei sind nur die hohlen Umrisse der Schrift enthalten (deshalb werden solche Schriften auch als Outline-Fonts bezeichnet). Der PostScript-Interpreter, der kleine Computer im Drucker, füllt diese Umrisse dann aus. Die Umrisse für die Schriftart können unterschiedlicher Herkunft sein. Entweder sie werden von der Systemsoftware zum Drucker geladen (herunterladbare Schrift), oder sie sind fest im ROM des Druckers gespeichert (residente Schrift). Bei einigen speziellen PostScript-Druckern können Sie auch Steckmodule oder Festplatten mit Schriften anschließen.

PostScript drucken

Auf dem Mac werden Bilder mit Hilfe von QuickDraw auf dem Bildschirm dargestellt. Wenn Sie ein solches Bild nun auf einem PostScript-Laserdrucker ausgeben wollen, muß es in PostScript übersetzt werden. Nachdem die PostScript-Befehle an den Drucker geschickt wurden, findet eine weitere Umwandlung statt: Der Prozessor des Druckers (der Interpreter) übersetzt die PostScript-Befehle in ein Bitmap, das mikroskopisch genau beschreibt, welche Punkte auf einer Seite schwarz werden sollen. Alle diese Vorgänge finden statt, nachdem Sie in Ihrem Druckdialog auf OK geklickt haben. Wie lange es dauert, bis die erste Seite aus dem Drucker kommt, hängt von der Geschwindigkeit des Druckerprozessors, der Größe des Dokuments und den darin enthaltenen Grafiken ab. Auch die Größe des Druckerspeichers (RAM) beeinflußt die Geschwindigkeit.

PostScript-Druckertreiber

Als Treiber bezeichnet man ein kleines Programm, das Ihrem Mac mitteilt, wie er mit einem externen Gerät kommunizieren soll – in diesem Fall mit einem Laserdrucker. Für jeden Drucker müssen Sie den passenden Druckertreiber auf Ihrem Mac installiert haben.

EINSTEIGER

Druckertreiber gehören in den Systemordner. Um drucken zu können, wählen Sie *Apple-Menü/Auswahl.* Die Icons in diesem Dialog sind die Druckertreiber. Wählen Sie dort den Treiber für Ihren Drucker aus. Im Dialog *Seite einrichten* (o.ä.) des jeweils benutzten Programms spiegeln sich die Funktionen des ausgewählten Druckers wider. Der erste PostScript-Druckertreiber hieß einfach LaserWriter, denn er war eigentlich für die Ansteuerung von Apples eigenen LaserWritern gedacht. Er funktioniert aber mit fast jedem Drucker, der die PostScript-Technologie von Adobe benutzt.

Was ist eine PPD-Datei?

PPD steht für *Printer Page Description* (Druckerseitenbeschreibung). Dabei handelt es sich um eine kleine Textdatei, in der die Spezifikation Ihres Druckers beschrieben wird (z.B. mögliche Seitengrößen, Winkel, eingebaute Schriftarten, Anzahl der Papierfächer etc.).

PPDs liegen im Ordner *Druckerbeschreibungen*, den Sie im Ordner *Systemerweiterungen* im Systemordner finden. Wenn Sie im Menü *Auswahl* den entsprechenden Druckertreiber auswählen und dann auf den Button *Einstellungen* klicken, können Sie die zu Ihrem Drucker passende PPD auswählen (5.5 und 5.6).

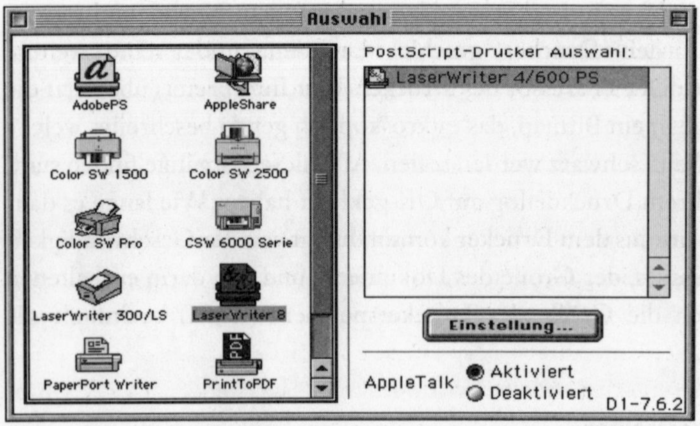

Abb. 5.5 Klicken Sie im Dialog «Auswahl» auf den Button «Einstellung».

PostScript Level 2

Fünf Jahre nach der ersten Version von PostScript brachte Adobe eine aktualisierte Version dieser Seitenbeschreibungssprache auf den Markt – PostScript Level 2. PostScript Level 2 wird von fast jedem neueren Drucker unterstützt. Das Drucken wird dadurch schneller, außerdem verfügt diese Version von PostScript über erweiterte Funktionen für Hintergrunddruck, verbesserten Umgang mit Text und Grafiken, brillantere Farben auf jeder Art von Farbdrukker und schnellere Ausgabe komplexer Dokumente. Außerdem werden Halbtonalgorithmen angeboten. Damit wird Problemen mit Halbtondrucken – z.B. den lästigen Moiré-Mustern – begegnet.

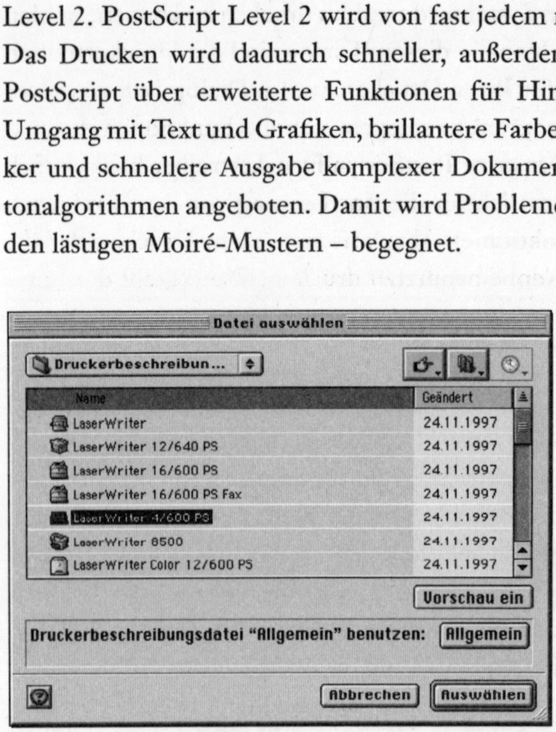

Abb. 5.6 Nun können Sie die PPD auswählen, die zu Ihrem Drucker paßt.

PostScript-Level-2-Druckertreiber und -Drucksoftware werden mit PPDs ausgeliefert – das sind Druckerbeschreibungsdateien. Jede dieser Dateien teilt Ihrem Mac die Besonderheiten des jeweiligen Druckers mit, z.B. besondere Papiergrößen und -formate, Duplex-Druck, beidseitigen Druck und so weiter. Damit Sie diese Funktionen nutzen können, müssen Sie Level-2-Drucker mit der entsprechenden Level-2-Software einsetzen. Der Treiber LaserWriter 8 wurde zu diesem Zweck von Adobe und Apple entwickelt. Beide Firmen veröffentlichten denselben Treiber unter verschiedenen Namen: Die Apple-Version heißt Laser Writer 8. Sie finden die dazugehörigen PPDs in Ihrem Systemordner bei den Systemerweiterungen. (Sie können alle PPDs außer der für Ihren Druckertyp löschen.) Von Adobe wird der Druckertreiber als PSPrinter bezeichnet. Er wird auf zwei Disketten oder im Internet *(www.adobe.com)* angeboten und enthält über 200 PPDs. Im Gegensatz zu Apples Treiber für PostScript-Drucker bietet der Treiber von Adobe einige Möglichkeiten mehr. So können Sie damit beide Seiten des Papiers bedrucken oder die Seiten so ausgeben, daß Sie danach eine Broschüre daraus zusammenheften können. Aber auch wenn Sie PostScript-fähige Geräte ansteuern, die nicht von Apple stammen, ist der Adobe-Treiber eventuell die bessere Wahl – probieren Sie es aus.

HEISSER TIP

PostScript Level 3

Im April 1997 brachte Adobe PostScript Level 3 auf den Markt. Wiederum wurden Verbesserungen an der Druckgeschwindigkeit vorgenommen, auch der Farbdruck wurde optimiert. Mit PostScript Level 3 ist es auch möglich, direkt aus dem Druckertreiber heraus PDF-Dateien zu erzeugen bzw. über den Netzwerkdrucker direkt aus dem Internet zu drucken. Die Anzahl der Standard-PostScript-Schriften wurde auf 136 erweitert.

Um all diese Vorteile nutzen zu können, benötigen Sie einen PostScript-Level-3-Drucker (z.B. LaserWriter 8500) und den entsprechenden Druckertreiber. Wieder gibt es von Adobe und Apple zwei Level-3-Druckertreiber: LaserWriter 8.5.1 von Apple (wird ab Mac OS 8.1 ausgeliefert bzw. kann von der Apple-Website geladen werden) und AdobePS 8.5.1 (zu finden unter *www.adobe.com*).

Schreibtischdrucker

Eine wirklich praktische Funktion des Treibers LaserWriter 8.4 und höher sind die Schreibtischdrucker. Ursprünglich wurden diese als Teil von QuickDraw

GX eingeführt. Dabei wird ein Icon jedes an den Computer angeschlossenen Druckers auf dem Schreibtisch abgelegt – besonders bei der Arbeit in einem vernetzten Büro kann dies von Vorteil sein. Um eine Datei dann auf einem bestimmten Drucker ausgeben zu können, müssen Sie nicht über das Menü *Auswahl* gehen – Sie ziehen das Dokument einfach auf das Drucker-Icon. Bei einem Doppelklick auf ein Drucker-Icon sehen Sie die gesamte Liste aller wartenden Dokumente. So haben Sie die Möglichkeit, diese Warteschlange auf vielfältige Art und Weise zu manipulieren und Objekte daraus zu entfernen.

Der Schreibtischdrucker ist ein fester Bestandteil des Betriebssystems seit Mac OS 7.6. Seitdem steht Ihnen das Menü *Drucken* in der Menüleiste des Finders zur Verfügung, in dem Sie den Drucker aktivieren und anhalten können. Außerdem lassen sich von dort aus auch verschiedene Einstellungen am Drukker vornehmen. Um einen neuen Schreibtischdrucker anzulegen, müssen Sie aber nach wie vor das Programm *Auswahl* verwenden.

HEISSER TIP

Wenn Sie keinen Drucker an Ihren Mac angeschlossen haben, können Sie trotzdem drucken. Dazu müssen Sie den Schreibtischdrucker markieren und mit dem Befehl *Drucken/Drucker deaktivieren* anhalten. Ihr Mac druckt dann ganz normal, allerdings werden die Ausgabedateien lediglich zwischengespeichert. (Sie sehen die gespeicherten Druckaufträge, wenn Sie auf den Schreibtischdrucker doppelklicken.) Wenn Sie wieder einen Drucker an Ihren Mac angeschlossen haben, müssen Sie nur noch den entsprechenden Schreibtischdrucker aktivieren, und alle gespeicherten Druckaufträge werden ausgegeben.

Tips zum Umgang mit PostScript-Druckern

Ob Sie es glauben oder nicht: Ein PostScript-Drucker ist ein Computer. Die meisten Modelle enthalten einen Motorola-Prozessor – genau wie der Mac. Zum Glück sind Wartung und Bedienung nicht so schwierig wie bei Ihrem Mac, aber einige Kleinigkeiten sollten Sie schon noch wissen:

- **Hintergrunddruck.** Dies bedeutet, daß Sie auf Ihrem Mac weiterarbeiten können, während ein Dokument gedruckt wird. Ohne Hintergrunddruck sehen Sie einfach die Nachricht «Das Dokument XY wird gedruckt» auf Ihrem Bildschirm. Außer die Maus zu bewegen, können Sie nichts tun, bis der Drucker seine Tätigkeit beendet hat. Der Fairneß halber sei hier hinzugefügt, daß auch nicht-PostScriptfähige Drucker im Hintergrund drukken können. Bei älteren Druckertreibern schalten Sie den Hintergrunddruck im Dialog *Auswahl* ein bzw. aus, bei neueren Treibern wählen Sie das Popup-Menü *Hintergrunddruck* aus dem Druckdialog aus. Beachten sollten Sie allerdings, daß ein Dokument generell schneller gedruckt wird, wenn sich der Computer voll und ganz darauf konzentrieren kann. Falls Sie es also eilig und nichts weiter zu tun haben, schalten Sie den Hintergrunddruck aus.

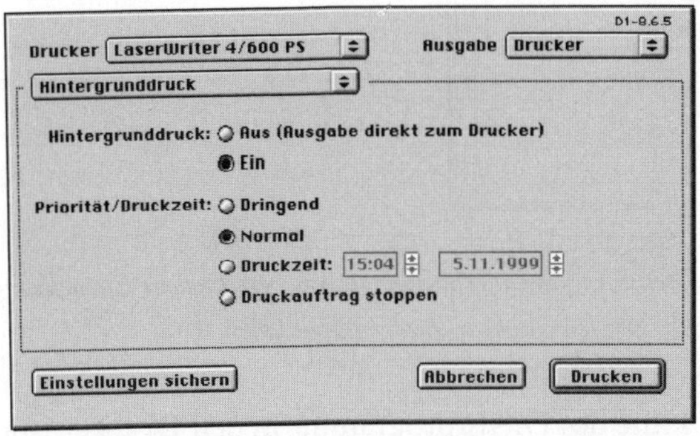

Abb. 5.7 Nehmen Sie die Einstellungen für den Hintergrunddruck im Druckdialog vor.

- **RAM.** Als selbständiger Computer hat der Drucker auch seinen eigenen Arbeitsspeicher (RAM). Während 2 MB vielleicht noch für ein durchschnittliches Programm auf dem Mac ausreichen, sind 2 MB in einem Drucker noch nicht einmal genug, um ein einseitiges Dokument mit einigen verschiedenen Zeichensätzen zu drucken. Dem können Sie Abhilfe schaffen, indem Sie mehr RAM in Ihren Drucker einbauen. Nähere Informationen zu Geräten und RAM finden Sie auf der Website von Apple in einer PDF-Datei namens «Apple_Memory_Guide».

- **Apple Drucker Dienstprogramm.** Dieses kleine Programm wird von Apple zusammen mit dem Betriebssystem auf Ihrer Festplatte installiert. Je nach Alter Ihres Computers hat es unterschiedliche Namen, tut aber immer das gleiche – es hilft Ihnen beim Umgang mit Ihrem PostScript-Drucker. Damit können Sie auch Ihren Drucker benennen. Sie können eine PostScript-Datei drucken, indem Sie den Befehl *Datei/Datei senden* im Dienstprogramm auswählen. Mit Hilfe des Druckerprogramms können Sie auch neue Schriften in den Drucker laden. Wählen Sie dazu das Menü *Zeichensätze* aus, und klicken Sie auf den Button *Hinzufügen*. Nun können Sie die gewünschten Schriften auswählen und laden.

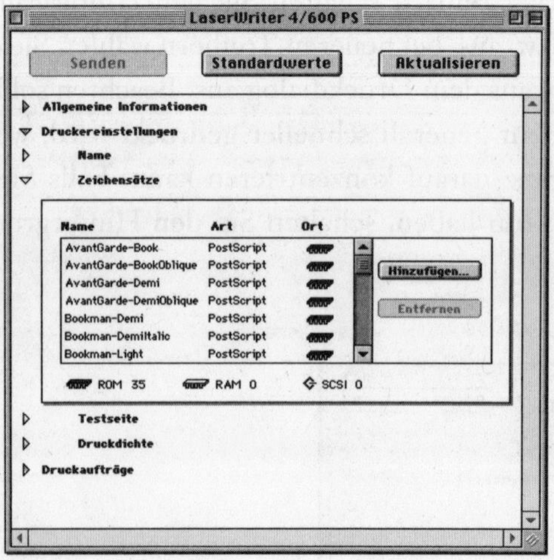

Abb. 5.8 Das Apple Drucker Dienstprogramm erlaubt es Ihnen, verschiedene Einstellungen am Drucker vorzunehmen, z.B. können Sie neue Zeichensätze laden.

Wenn Sie Schriften mit Hilfe des Dienstprogramms in den Drucker laden, bleiben diese dort, bis sie wieder entfernt werden oder Sie den Drucker ausschalten. Lädt jedoch ein Programm, z.B. eine Textverarbeitung, eine Schrift, dann bleibt diese nur so lange im Drucker, bis das entsprechende Dokument ausgedruckt wurde. Danach wird der Zeichensatz sofort aus dem Speicher des Druckers gelöscht.

- **PrintMonitor.** Dieses Programm taucht nur dann auf, wenn Sie einen Druckauftrag gestartet haben. Die korrekte Bezeichnung für ein Programm wie dieses ist Druckerspooler – es überwacht den Druckprozeß, dirigiert die zu druckende Datei an den ausgewählten Drucker und macht Sie auf Fehler im Druckprozeß aufmerksam. Falls Sie den Schreibtischdrucker verwenden oder Hintergrunddruck ausgeschaltet haben, erscheint der PrintMonitor überhaupt nicht.

- **Druckersymbole Dienstprogramm.** Dieses kleine Hilfsprogramm (aus dem Ordner *Apple LaserWriter Software*) wird oft unterschätzt. Damit können Sie PostScript-Schreibtischdrucker anlegen, ihnen Namen geben und die gewünschte PPD-Datei auswählen. Das Ganze funktioniert aber nicht nur für Drucker, die über ein AppleTalk-Netzwerk angeschlossen sind, sondern auch für PostScript-Drucker am USB-Anschluß und für «Drucker», die nur eine PostScript-Datei erzeugen.

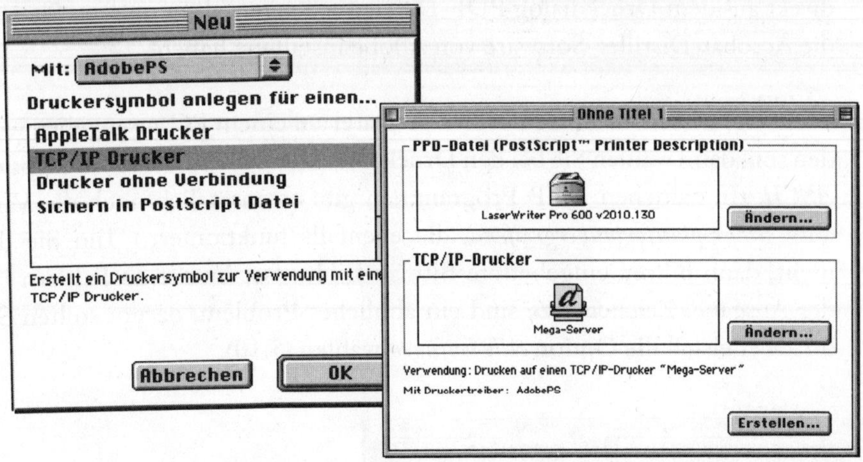

Abb. 5.9 Mit dem Druckersymbole Dienstprogramm können Sie neue Schreibtischdrucker anlegen – sogar solche, die nur über TCP/IP zu erreichen sind.

Schließlich können Sie noch Drucker ohne Verbindung anlegen, die nichts weiter tun, als Ihre Druckaufträge zwischenzuspeichern. Das kann z.B. recht nützlich sein, wenn Sie unterwegs auf Ihrem PowerBook etwas drukken wollen und keinen Drucker dabeihaben. Zurück im Büro bewegen Sie dann einfach den Druckauftrag aus dem «Dummy-Drucker» auf das Symbol des Bürodruckers, und schon wird Ihr Dokument gedruckt.

HEISSER TIP

Zum Schluß noch der heißeste Tip von allen: Mit der Option *TCP/IP-Drucker* können Sie PostScript-Drucker einrichten, die über das LPR-Protokoll angesprochen werden. Dieses Protokoll ist vor allem in größeren Netzwerken und in der Unix-Welt weit verbreitet, außerdem gibt es auch für andere Betriebssysteme Programme, die dieses Protokoll benutzen, um Drucker zur Verfügung zu stellen. Fragen Sie Ihren Systembetreuer nach einem LPR-Drucker mit PostScript, und er wird staunen, wie schnell Ihr Mac auf das Gerät zugreifen kann!

- **In Dateien drucken.** Sie müssen beim Drucken Ihre Daten nicht unbedingt direkt an einen Drucker schicken, Sie können auch in eine PostScript-Datei drucken. Das ist z.B. nützlich, wenn Sie die Daten in einem Service-Büro auf einem Satzbelichter ausgeben wollen, dort aber kein Mac vorhanden ist oder die Programme fehlen, mit denen Sie arbeiten. Sie können aber auch Dateien im EPS-Format drucken, um diese dann in andere PostScript-Zeichenprogramme zu importieren. Schließlich lassen sich auch direkt aus dem Druckdialog PDF-Dateien erzeugen, dazu müssen Sie aber die Acrobat-Distiller-Software von Adobe installiert haben.

HEISSER TIP

Wenn Sie wissen, daß Ihre PostScript-Datei auf einem PC ausgegeben werden soll, dann wählen Sie bei den Druckeinstellungen unbedingt die Option *ASCII*. (In manchen DTP-Programmen gibt es zusätzlich noch die Variante *Binär-plattformübergreifend*, die ebenfalls funktioniert.) Tun Sie das nicht, dann führen eingebettete Bitmap-Bilder fast immer zu Fehlern bei der Ausgabe. Zeichensätze sind ein ähnliches Problem, darum sollten Sie im Zweifelsfall die Option *Alle beifügen* wählen (5.10).

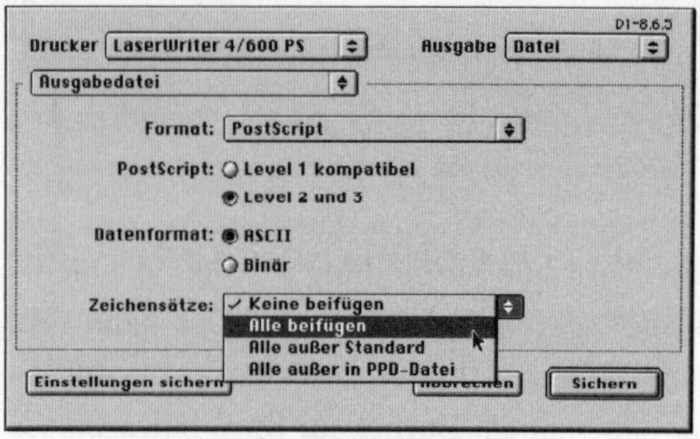

Abb. 5.10 Wählen Sie im Druckdialog rechts oben die Option Datei, um die Ausgabe im PostScript-, EPS- oder PDF-Format zu schreiben.

Den Druckvorgang stoppen

HEISSER TIP

Ohne Hintergrunddruck ist das nicht schwierig: Sie halten einfach die Befehlstaste gedrückt und geben einen Punkt ein. Dann müssen Sie nur noch ungefähr eine Minute warten, bis der Drucker seine Arbeit einstellt. Wenn Sie Schreibtischdrucker installiert haben, klicken Sie auf das Druckersymbol und wählen dann den Befehl *Drucker/Drucker deaktivieren*, um den Auftrag zu stoppen. Oder doppelklicken Sie auf dessen Symbol auf dem Schreibtisch, und löschen Sie den Druckauftrag völlig (indem Sie den aktuellen Auftrag markieren und dann das Papierkorb-Icon klicken).

Falls Sie jedoch den Hintergrunddruck aktiviert haben und keine Schreibtischdrucker installiert sind, können Sie bis zum jüngsten Tag Befehl-Punkt eingeben, ohne auch nur das Geringste zu bewirken. Im Hintergrund arbeitet dann nämlich ein Programm namens *PrintMonitor*, das den Druck überwacht.

In diesem Fall müssen Sie den PrintMonitor in den Vordergrund holen. Warten Sie dazu einige Sekunden, nachdem Sie den Druckauftrag gestartet haben, und wählen Sie den PrintMonitor aus dem Programme-Menü aus. Klicken Sie dann im erscheinenden Fenster auf den Button *Abbrechen*.

Noch ein kleiner Tip zum Schluß: Falls es Ihnen nicht so schnell wie gewünscht gelingen sollte, den Druckvorgang zu stoppen, und auch Befehl-Punkt nichts mehr hilft, schalten Sie doch einfach Ihren Drucker aus. Dann kann es zwar sein, daß Sie ein Blatt Papier aus dem Inneren Ihres Druckers befreien müssen, aber das schadet keinem. Der PrintMonitor wird sich zwar bitterlich beschweren, aber mit einigen Schlägen auf die Escape-Taste bringen Sie ihn zur Ruhe. Bei einem Laserdrucker haben Sie es jedoch noch einfacher: Ziehen Sie dort einfach das Papierfach heraus – der Drucker kann dann einfach nicht mehr weiter, und verklemmt wird auch nichts. Damit haben Sie alle Zeit der Welt, das Gerät auszuschalten bzw. den Druckvorgang zu beenden.

Professionell mit Farbe umgehen

Eine bunte Grafik, ein Foto oder einige Handzettel können Sie problemlos auf einem Tintenstrahldrucker oder sogar auf einem farbigen Laserdrucker mit PostScript ausgeben. Wenn Sie aber Tausende von Kopien herstellen wollen oder mit farbigen Arbeiten hoher Qualität umgehen, dann brauchen Sie die Hilfe der Profis. Sie müssen vor dem Drucken Farbseparationen erzeugen. Das bedeutet, daß Ihr farbiges Bild in die Komponenten Cyan, Magenta, Gelb (Yellow) und Schwarz (Black) zerlegt wird – kurz CMYK. Für jeden dieser Kanäle wird dann ein Film belichet, der wiederum zum Herstellen der vier Druckplatten benutzt wird. Erst die korrekte Mischung der vier Farben erzeugt das gewünschte Druckbild. In der Praxis ist dieser Vorgang leider nicht ganz so einfach. Fast bei jedem Schritt der Verarbeitung – vom Scannen über die Bildmontage bis zur Belichtung und dann zum Druck – kann etwas schiefgehen. Nehmen Sie sich deshalb Zeit, um sich mit dem Thema zu befassen und reden Sie intensiv mit Ihrem Belichtungsstudio und Ihrer Druckerei. Finden Sie heraus, welche Einstellungen Sie für Ihre Programme benötigen und welche Arbeiten Sie besser von Spezialisten erledigen lassen. Nehmen Sie sich Zeit, um den ganzen Prozeß auszuprobieren, bevor es ernst wird. Nur so können Sie vermeiden, viel Geld für ein mittelmäßiges Ergebnis auszugeben.

ACHTUNG

Zusammenarbeit mit einer Druckerei

Wenn Sie Ihre Farbbilder in hoher Auflösung ausgeben lassen wollen, sollten Sie sich mit einer professionellen Druckerei oder einem kompetenten Belichtungsstudio in Verbindung setzen. Bevor Sie den Druck jedoch in Auftrag geben, müssen Sie darauf achten, daß Ihre Arbeit vollständig abgeschlossen ist. Nehmen Sie die folgenden Hinweise als Ratschläge aus der harten Schule schmerzhafter Erfahrungen:

- Füllen Sie die Auftragsformulare sorgfältig aus, auf denen Sie beschreiben, welche Arten von Dateien Sie schicken.
- Überprüfen Sie die Software. Jede Druckerei sollte zwar mit den großen populären Programmen auskommen (Illustrator, Photoshop, PageMaker, QuarkXPress), aber falls Sie mit Exoten oder Shareware arbeiten, sollten Sie nachfragen, ob die Druckerei auch mit diesen Formaten umgehen kann.
- Fertigen Sie eine Liste der im Bild enthaltenen Zeichensätze an. Schicken Sie unbedingt einen Probeausdruck mit, damit der Techniker sieht, wie das Endergebnis aussehen soll, und damit er Fehler rechtzeitig erkennen kann.
- Vorsicht mit TrueType-Schriften! Die Steuerelektronik in den Satzbelichtern kommt vielleicht nicht mit diesen neuen Schriftarten zurecht, und wenn die Druckerei bisher noch kein (bisweilen sehr teures) Hardware-Update gekauft hat, ist dies eine klassische Fehlerquelle. Am besten also vorher nachfragen.
- Fertigen Sie noch einmal Probeausdrucke auf Ihrem eigenen Drucker an. Wenn sich das Dokument bei Ihnen nicht drucken läßt, wird es mit Sicherheit auch nicht auf dem Satzbelichter funktionieren.

6 Monitore

In diesem Kapitel

Grundlagen

Soweit es unseren Versuch betrifft, Monitore zu erklären, ist die gute Nachricht, daß ein Computerbildschirm im wesentlichen funktioniert wie ein Fernsehbildschirm. Die schlechte Nachricht ist, daß auch Fernsehbildschirme schwer zu erklären sind.

Wie eine Elektronenstrahlröhre funktioniert

Der normale Bildschirm auf Ihrem Schreibtisch ist eine Kathodenstrahlröhre. Fernsehgeräte benutzen eine sogenannte Kathode, um Elektronenstrahlen von der Rückseite des Gerätes auszusenden. Deshalb müssen Standardfernsehgeräte und Computermonitore auch so tief sein; die Kathode muß weit genug entfernt sein, um die ganze Bildschirmoberfläche treffen zu können.

EINSTEIGER

Der Bildschirm selbst ist auf der Innenseite mit Phosphor beschichtet. Wenn Phosphoratome von diesen Elektronen getroffen werden, leuchten sie. (Denken Sie an Aufkleber, die im Dunkeln leuchten – das ist dasselbe Prinzip.)

Wenn der Elektronenstrahl allerdings auf sich allein gestellt wäre, würde er ununterbrochen auf die Mitte des Glases zielen und weiter nichts erzeugen als einen sehr hellen Punkt. Das würde es äußerst schwierig machen, große Tabellenkalkulationen darzustellen. Um dem zu entgegnen, ist der Elektronenstrahl von Elektromagneten umgeben. Diese unglaublich präzisen Magnete gehen extrem schnell an und aus und lenken so den Elektronenstrahl mal in diese, mal in jene Richtung ab. Wenn man den Weg des Strahls verfolgen würde, könnte man sehen, daß er eine Zickzackform zeichnet, die er oben am Bildschirmrand beginnt und nach unten Zeile für Zeile fortführt.

Tatsächlich bringt der Elektronenstrahl jeweils nur einen Punkt auf dem Bildschirm (Pixel, kurz für «picture element») zum Leuchten. Aber er ist so schnell – er baut das Bild 60 mal pro Sekunde auf – und jedes Pixel braucht, nachdem es getroffen wurde, so lange bis es verblaßt, daß Sie ein zusammenhängendes, stabiles Bild wahrnehmen. Das passiert normalerweise. Wenn Sie unsere Zickzack-Phosphor-Theorie aber selbst überprüfen wollen, kauen Sie einen Kaugummi und betrachten Sie Ihren Bildschirm aus 5 Meter Entfernung. Weil die Vibrationen Ihren Kopf aus seiner feststehenden Position bewegen, sehen Sie zum ersten Mal ein bemerkbares Flimmern auf Ihrem Bildschirm. Das Bild beginnt sich aufzulösen, weil Sie nur Teile des Weges des Elektronenstrahls über Ihren Bildschirm mitbekommen.

Flimmern

Je größer ein Monitor ist, desto länger braucht der Elektronenstrahl, um die Innenseite des Glases zu bemalen. (Die Geschwindigkeit des Bildaufbaus wird übrigens Bildwiederholrate genannt.) Wenn der Elektronenstrahl das Bild 60 mal pro Sekunde aufbaut, sagt der Techniker, «Die Bildwiederholrate ist 60 Hertz.» Je größer der Monitor ist, desto teurer ist im allgemeinen die Elektronik, die man für eine hohe Bildwiederholrate braucht.

HEISSER TIP

Um Ihre Augen bei der Arbeit am Computer möglichst wenig zu belasten, sollte die Bildwiederholrate mindestens 72 Hz betragen. Je höher die Rate ist, um so besser ist das für Ihre Augen. Sparen Sie auf keinem Fall am Monitor, wenn Sie regelmäßig oder für längere Zeit an Ihrem Mac arbeiten!

ACHTUNG

Leider beeinflussen sich die typische Zimmerbeleuchtung (und da besonders die Leuchtstoffröhren) und ein Bildaufbauzyklus gegenseitig. Das Ergebnis ist das, was wir als Flimmern kennen. Wenn Sie diesen unangenehmen Effekt umgehen wollen, schalten Sie das Licht aus, oder benutzen Sie eine Lampe, deren Licht nicht auf den Monitor fällt. Falls das Bild auf Ihrem Monitor gelegentlich wackelt oder gestört ist, kann das daran liegen, daß andere Elektrogeräte im gleichen Stromkreis stören bzw. ein- oder ausgeschaltet werden. Auch ein eingeschaltetes Mobiltelefon direkt neben dem Monitor kann zu seltsamen Effekten führen.

Einen Monitor kaufen

Den richtigen Bildschirm zu finden, ist manchmal gar nicht so einfach. Mittlerweile gibt es auch in den unteren Preisklassen Geräte, die brauchbare Bilder anzeigen, trotzdem sollten Sie sich für den Kauf des Monitors Zeit nehmen und lieber etwas mehr Geld ausgeben. Schließlich müssen Sie für längere Zeit (und das meist auch noch über mehrere Jahre) darauf schauen. Deshalb ist der Bildschirm auch die falsche Stelle zum Sparen – wenn Ihnen die Augen tränen oder Sie schnell Kopfschmerzen bekommen, werden Sie ein paar gesparte Mark sehr schnell bereuen!

HEISSER TIP

Apple bietet zwar auch Monitore an, Sie können aber durchaus ein beliebiges Modell vom PC-Händler kaufen. Alle neueren Macs haben den passenden Steckverbinder an ihren Grafikkarten, ältere Modelle lassen sich über Adapter problemos anschließen. Sollten Sie ein spezielles Gerät mit zusätzlichen Funktionen – z.B. für die Farbkalibrierung – kaufen wollen, dann erkundigen Sie sich, ob Sie diese Möglichkeiten auch mit Ihrem Mac nutzen können.

Hier nun einige der Dinge, auf die Sie beim Monitorkauf achten sollten:

- **Schauen Sie Ihr Wunschgerät an.** Der beste Maßstab ist immer noch Ihr eigenes Auge, und der optische Eindruck bestimmter Geräte ist tatsächlich oft Geschmackssache. Finden Sie heraus, ob Ihnen das Bild zusagt, ob alle Details scharf genug sind und ob die Geometrie der Anzeige stimmt. Ein einfacher Test ist es, bei einer hohen Auflösung die Icons im Finder an den Rand des Bildes zu schieben und zu überprüfen, ob die Schrift noch lesbar ist. Wenn Sie es genauer wissen wollen, benutzen Sie ein spezielles Monitor-Testbild. Versuchen Sie, genau Ihr Gerät im Laden zu begutachten, bevor Sie es kaufen. Es gibt auch beim gleichen Monitor-Modell immer Streuungen zwischen den Geräten, vor allem bei preiswerteren Anbietern. Falls Sie trotzdem eine verschlossene Kiste kaufen müssen, vereinbaren Sie ein Umtauschrecht.

- **Finden Sie die richtige Größe.** Je größer ein Monitor wird, um so aufwendiger ist es, das Bild ordentlich darzustellen, und um so teurer wird das Gerät. Überlegen Sie, ob es wirklich 22 Zoll Bildschirmdiagonale sein müssen oder ob 19 Zoll eventuell auch reichen. Probieren Sie aus, ob vielleicht der kleinere Monitor bei einer höheren Auflösung trotzdem noch gut funktioniert. Größere Geräte sind außerdem schwerer und verbrauchen mehr Strom.

- **Die nötige Bandbreite.** Achten Sie darauf, daß der Monitor und die Grafikkarte zusammenpassen. Das gilt vor allem bei hohen Auflösungen und hohen Bildwiederholraten. Wenn Ihre Grafikkarte 120 Bilder in der Sekunde darstellen kann, sollte das auch Ihr Monitor können – Ihren Augen zuliebe!

HEISSER TIP

- **Der richtige Anschluß.** Überlegen Sie, ob Sie ein Gerät mit zwei Videoeingängen gebrauchen können, um z.B. zwei Computer anzuschließen. Kaufen Sie möglichst kein Gerät mit fest angeschlossenem Videokabel – beim nächsten Umbau ist das Kabel garantiert zu kurz. Vor allem bei hohen Auflösungen empfiehlt sich ein RGB-Anschluß am Monitor. Das sind drei getrennte Buchsen für das rote, grüne und blaue Signal. Das zugehörige Kabel ist zwar etwas teurer, dafür ist jedes Kabel einzeln abgeschirmt. Die

Bildqualität wird damit besser, außerdem dürfen diese Kabel länger sein als die Standard-VGA-Variante.

- **Das richtige Kabel.** Ein verlängertes Monitor-Kabel mit einem zusätzlichen Steckverbinder in der Leitung kann bei 100 Hz Bildwiederholfrequenz schon zu sehen sein – als doppelte Darstellung an Kanten im Bild. Vermeiden Sie darum nach Möglichkeit Verlängerungen, und kaufen Sie lieber hochwertigere Kabel, um die optimale Leistung aus Ihrem Monitor herauszuholen. (Die guten Kabel erkennen Sie nicht nur am Preis. Sie sind meist auch dicker und stabiler und haben an einem Ende einen kleinen Zylinder. Das ist ein Spulenkern, der Störungen verhindert.)

- **Achten Sie auf die Bedienung.** Wenn Sie öfter Einstellungen am Monitor ändern müssen – z.B. die Auflösung oder den gewünschten Eingang – so sollte das unkompliziert sein. Falls Sie nämlich häufiger den fünften Punkt im dritten Untermenü des Onscreen-Displays aufrufen müssen, um den Videoeingang umzuschalten, macht das schnell keinen Spaß mehr.

- **Wählen Sie Ihre Ausstattung.** Viele Monitore bieten neben der Bildröhre noch die verschiedensten Zusatzfunktionen. Dazu gehören meist Lautsprecher, Kopfhörerbuchsen und neuerdings auch USB-Hubs. Überlegen Sie, ob etwas davon für Sie nützlich sein könnte und Ihnen eventuelle Kabelverwirrungen auf dem Schreibtisch erspart.

- **Farbe verwalten oder nicht?** Geht es Ihnen darum, auf Ihrem Monitor Farben möglichst originalgetreu darzustellen, dann wird es meist etwas teurer. Denn diese Monitore sind oft speziell vermessen und werden mit Farbprofilen geliefert, die Sie in Ihr System einbetten können. Alternativ können Sie auch Ihren Monitor selbst vermessen, die dazu notwendigen Meßgeräte sind jedoch nicht gerade billig. Hier lohnt es sich ganz besonders, verschiedene Angebote eingehend zu vergleichen.

HEISSER TIP

Für viele Anwendungen reicht auch ein normaler Monitor, für den Sie mit einer Software – wie Adobe Gamma – ein Farbprofil ermitteln können. Dabei stellen Sie Ihr Gerät mit Hilfe von verschiedenen Testbildern ein, und das Programm ermittelt daraus ein Farbprofil. Genauer geht das natürlich mit speziellen Meßgeräten, die verschiedene Firmen anbieten. Im unteren Preisbereich hat z.B. LaCie (*www.lacie.com*) Monitore, die sich mit einem Meßgerät koppeln lassen, das dann über eine eigene Schnittstelle die

Elektronik des Bildschirms justieren kann. Solche Lösungen sind vor allem im professionellen Bereich verbreitet.

Bei Monitoren ist es besonders wichtig, daß Sie sich vor dem Kauf eingehend informieren. Wenn Sie hier Fehler machen, dann haben Sie diese buchstäblich immer vor Augen! Lesen Sie deshalb am besten in Fachmagazinen oder im Internet nach, und fragen Sie auch Bekannte und Kollegen nach ihren Erfahrungen mit bestimmten Marken oder Geräten.

Wenn das neue Gerät dann endlich auf dem Schreibtisch steht, nehmen Sie sich ein wenig Zeit zum Herumprobieren, bis Sie die optimalen Einstellungen gefunden haben. Das gilt übrigens auch für den Standort: Vermeiden Sie direkten Lichteinfall auf die Bildröhre ebenso wie die Aufstellung vor einem hellen Fenster. Ihre Augen werden es Ihnen danken, wenn sie sich nicht ständig an verschiedene Helligkeiten anpassen müssen.

Flachbildschirme

Die neueste Entwicklung bei Anzeigegeräten sind Flachbildschirme, manchmal auch als LCD-Displays bezeichnet. Diese sind im Prinzip identisch mit den Anzeigen von Laptop-Computern, allerdings ist deren Fläche meist größer. Flachbildschirme haben einige unbestreitbare Vorteile: Sie nehmen wenig Platz auf dem Schreibtisch weg, verbrauchen weniger Strom als konventionelle Monitore mit der gleichen Bildfläche, schließlich ist das Bild auch schärfer und augenfreundlicher. Das liegt daran, daß bei LCD-Anzeigen kein Elektronenstrahl über den Bildschirm saust und dem Auge ein stehendes Bild vorgaukelt. Vielmehr besteht ein Flachdisplay aus vielen kleinen LCD-Zellen, die alle entweder ein- oder ausgeschaltet sein können. Darum kann nichts flimmern, das Bild steht stabil.

ACHTUNG

Die modernen Anzeigen haben aber (noch) einige Nachteile: Die Sichtbarkeit des Bildes ändert sich mit dem Betrachtungswinkel, und die Helligkeit ist generell geringer als bei Röhrenmonitoren, weil die Pixel nicht selbst Licht aussenden, sondern von einer Hintergrundbeleuchtung angestrahlt werden. Die Anzeigen haben eine feste Anzahl Pixel, und nur bei dieser Auflösung erhalten Sie das beste Bild. Wenn Sie dagegen eine andere Auflösung einstellen, muß das Display diese auf die vorhandenen Pixel abbilden. Dieses Umrechnen führt meist zu einem verschwommenen Bild. Flachbildschirme sind außerdem nicht für farbechtes Arbeiten geeignet (z.B. beim Desktop Publishing), weil sich die Farbdarstellung der LCD-Pixel im Gegensatz zum Röhrenmonitor kaum beeinflussen läßt.

Abb. 6.1 Scharf, leicht und stromsparend – ein Flachdisplay.

Bei manchen Displays können kleinere Auflösungen nur in der Mitte des Schirmes angezeigt werden, dafür aber wieder genau Pixel auf Pixel. Zwar haben Sie dann einen schwarzen Rand um Ihr Bild, aber das ist dafür schärfer als eine Vergrößerung auf die gesamte Fläche.

Größere Flachdisplays sind (noch) relativ teuer, aber das kann sich mit der Zeit durchaus ändern. Viel unangenehmer ist dagegen, daß es keinen verbreiteten Standard für den Anschluß von Flachbildschirmen an Grafikkarten gibt. Um ein optimales Bild zu erzielen, müssen die Pixel der LCD-Anzeige digital angesteuert werden. Daher ist es eigentlich logisch, die ohnehin schon digitalen Bildinformationen aus der Grafikkarte direkt in das Display zu transportieren. Leider gibt es dafür unterschiedliche Schnittstellen von verschiedenen Herstellern. Entweder kaufen Sie deshalb Grafikkarte und Display passend zueinander, oder Sie benutzen den analogen Monitoreingang des Flachbildschirms. In diesem Fall wird aus den digitalen Daten in der Grafikkarte ein analoges Signal erzeugt, das dann im Display digitalisiert wird – dabei kommt es zwangsläufig zu Qualitätsverlusten.

VRAM

Wir sind besonders stolz darauf, in diesem Buch VRAM zu beschreiben, weil wir immerzu davon hören und er tatsächlich sehr wichtig ist. Trotzdem scheint ihn niemals jemand genau zu definieren oder erklären. VRAM steht für «Video RAM». Das ist der Speicher, der zu jedem Zeitpunkt das aktuelle Bild des Monitors enthält. Jeder Mac braucht VRAM, andernfalls könnte er überhaupt kein Bild darstellen. Jedes einzelne Pixel auf Ihrem Bildschirm besitzt ein entsprechendes Bit im Speicher, das seine Farbe enthält. Kompliziert wird die ganze Sache dadurch, daß bei jedem Mac der VRAM an einer anderen Stelle untergebracht ist. An den folgenden drei Orten kann der VRAM versteckt sein:

- Variante 1: Der VRAM kann ein Bereich des normalen Speichers (Ihres System-RAMs) sein, der für die Grafik bestimmt ist.

- Variante 2: Als VRAM können mehrere separate Speicherchips dienen, die in die Elektronik des Macs eingebaut und ausschließlich der Darstellung des Bildes gewidmet sind.

- Variante 3: Der VRAM kann sich auf einer Grafikkarte befinden, die Sie in einen NuBus- oder PCI-Steckplatz ihres Mac einbauen können. Der Monitor wird dann an diese Videokarte angeschlossen.

Bei einigen älteren Modellen (IIci, IIsi) war der VRAM lediglich ein Bereich im normalen Speicher (Variante 1). Obwohl sie keine Grafikkarte (Variante 3) brauchten, war ihre Darstellung nicht so effizient wie bei Macs der Variante 2 – solche mit eingebautem, separatem Videospeicher. Diese Ausstattung hatten fast alle späteren Modelle (Quadras, LCs, die meisten Power Macs usw.).

Andererseits kamen viele ältere Macs (wie der II, IIx, IIcx und IIfx) ganz ohne Video-RAM auf den Markt – weder in Form von speziellen Speicherchips noch als Systemspeicher. Sogar ein neueres Modell, das «Kraftwerk» Power Mac 9500, wurde ohne jeden VRAM verkauft. Statt dessen brauchten diese Macs immer eine Grafikkarte (Variante 3), die natürlich zusätzlich Geld kostete. Außerdem gibt es da noch die Power Macs, die zwei Monitorausgänge haben, (z.B. die Power Macs 7100 und 8100, ohne «AV»). Eine Buchse ist die Hochgeschwindigkeitsversion der Variante 1, bei der ein Teil des normalen System-RAMs des Mac als VRAM genutzt wird. Die andere Buchse wird von einer kleinen Grafikkarte angesteuert.

Größere Farbtiefe, größerer Bildschirm: mehr VRAM

Sie wissen bereits, daß es für jedes Pixel auf dem Bildschirm ein Bit im VRAM geben muß. Das ist bei Schwarzweiß-Monitoren aus der grauen Vorzeit auch durchaus richtig: Dieses eine Bit des Speichers bedeutet entweder «ein» oder «aus». (Merken Sie sich, ein Bit, die grundlegende Einheit des Computers, ist ein Ein/Aus-Schalter. Deshalb kann 1 Bit den Zustand eines Bildschirmpixels ausreichend beschreiben: entweder Weiß oder Schwarz.) Wenn aber jedes Pixel eine von vier Farben haben soll, benötigt es zwei Speicherbits (die jeweils «an» oder «aus» sein können, für insgesamt vier mögliche Kombinationen).

Aber eine Palette von vier verschiedenen Farben (für Ihren ganzen Bildschirm) ist nicht gerade das, was man fotorealistisch nennen würde. Das brachte uns die Erfindung der 8-Bit-Farben, und für mehrere Jahre war das die häufigste Grafikeinstellung. Wenn Sie alle denkbaren Ein/Aus-Kombinationen zusammenzählen, die mit diesen 8 Bit VRAM möglich sind, sehen Sie, daß es 256 verschiedene Möglichkeiten gibt. Folglich können mit 8-Bit 256 verschiedene Farben gleichzeitig auf dem Bildschirm dargestellt werden.

Außerdem gibt es 16-Bit-Farben, womit heute alle Macs ausgestattet sind und die sich hervorragend für QuickTime-Filme eignen. Bei den Profis sind 24-Bit-Farben die Norm – zur Fotobearbeitung, zum Scannen usw. Schnappen Sie sich einen Taschenrechner, und Sie stellen fest, daß mit 24-Bit genau 16.777.216 Farben beschrieben werden können. Das mag verrückt klingen, da doch der durchschnittliche 15-Zoll-Farbmonitor nur 480.000 Pixel hat. Richtig, bei 24-Bit-Farben kann man all die verschiedenen Farben nicht einmal gleichzeitig auf dem Bildschirm sehen. Aber weil jedes Pixel eine von 16 Millionen Farben haben kann, ist das Ergebnis ein sehr, sehr realistisches Bild.

EINSTEIGER

Um so viele Farben auf dem Bildschirm zu haben, braucht jedes Pixel die entsprechende Menge RAM – der nötige Bildschirmspeicher wird größer. Außerdem müssen bei jedem neuen Bildaufbau mehr Daten bewegt werden. Das dauert eine gewisse Zeit, weil Ihr Mac für jedes einzelne Pixel auf dem Monitor die korrekte Farbe berechnet. Je mehr Farben Sie auf dem Bildschirm darstellen, um so länger dauert dieser Vorgang. Jedes dieser Speichersysteme (1-Bit, 8-Bit, 24-Bit usw.) nennt man Farbtiefe. Sie ändern die Farbtiefe (z.B. von Schwarzweiß zu 256 Farben), indem Sie die Kontrolleiste (System 7.5.3 oder später) oder das Kontrollfeld *Monitore & Ton* benutzen.

Nebenbei bemerkt, verwenden die Kontrolleiste und das Kontrollfeld *Monitore* (bzw. *Monitore & Ton*) nicht die Bitschreibweise,. Statt dessen wird nur das Ergebnis angezeigt – die Gesamtanzahl der Farben, die der Mac gleichzeitig darstellen kann (6.2).

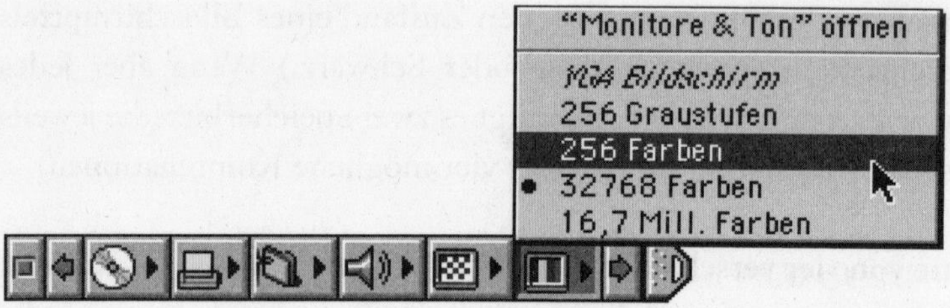

Abb. 6.2 Das Kontrolleistenmodul für die Farbtiefe des Monitors (oder das Kontrollfeld «Monitore & Ton») geben das Ergebnis jeder Farbtiefe an.

Wieviel VRAM brauche ich?

EINSTEIGER

Eigentlich können Sie das bißchen Mathe auch allein machen. Denken Sie nur an die folgenden drei Goldenen Regeln. Erstens: Je mehr Pixel Ihr Monitor hat, desto mehr VRAM ist nötig, um die Farben zu speichern. Zweitens: Je größer die Anzahl der möglichen Farben für ein Pixel ist, um so mehr VRAM wird gebraucht. Drittens: Die heutigen Monitore können zwischen verschiedenen «Größen» (z.B. 640x480 oder 800x600 Pixel) umschalten, wie Sie später in diesem Kapitel noch lesen werden. Es kann sein, daß ein Monitor auch mit wenig VRAM funktioniert, es aber trotzdem unmöglich ist, das Gerät mit der maximalen Auflösung (wie z.B. 1600x1200) zu betreiben. Hier einige Beispiele, was mit wieviel VRAM möglich ist:

- **256 K.** Frühe PowerBooks hatten nur so viel VRAM, gerade genug für 8-Bit-Farben (256 Farben) auf einem 13- oder 14-Zoll-Apple-Monitor. (Wie Sie gleich herausfinden werden, sind 13-Zoll und 14-Zoll das gleiche.)

- **512 K.** Modelle wie der LCIII verwenden VRAM dieser Größe, um 256 Farben auf einem 16-Zoll-Apple-Monitor darzustellen. Interessanterweise können manche Macs diese 512 K VRAM auch dazu benutzen, 16-Bit-Farben auf einem Teil eines 14-Zoll-Monitors darzustellen. Dann sind die unteren 80 Pixel einfach unausgefüllt, aber Sie erhalten viel reellere Farben auf dem restlichen Teil des Bildschirms. Das ist ein perfektes Beispiel für den Kompromiß zwischen Monitorgröße und Farbtiefe. (Lesen Sie dazu auch den Kasten weiter hinten in diesem Abschnitt.)

- **1 MB.** Zu Beginn der 90er Jahre wurde 1 MB VRAM für beneidenswert gehalten. Diese Menge Speicher kann einen Standard-14-Zoll-Monitor (640x480 Pixel) bei der Einstellung *Tausende Farben* (oder niedriger) füllen. Trotzdem ist 1 MB nicht ausreichend, um auf größeren Bildschirmen, wie z.B. 15-Zoll-Geräten mit der Einstellung 800x600, überhaupt Farben darzustellen.

- **2 MB.** 2 MB VRAM können einen Monitor bis 832x624 Pixel füllen – und das mit der besten Einstellung *Millionen Farben* (24-Bit; auch für Photoshop tauglich). Erst bei den größeren Formaten, wie 1024x768, geht dem VRAM dann die Luft aus (16-Bit oder *Tausende Farben*). Und bei 1280x1024, dem absoluten Maximum für einen 17-Zoll-Monitor, erhalten Sie nur noch 256 Farben.

- **4 MB.** Wenn Sie einen größeren Monitor besitzen, sind 4 MB VRAM eine annehmbare Größe. Sogar bei 1024x768 Pixeln erhalten Sie noch 24-Bit-Farben (*Millionen Farben*). Wenn Ihr Monitor noch größer ist, müssen Sie auf 16 Bit zurückschalten.

- **6 MB.** Mit 6 MB VRAM schaffen Sie *Millionen Farben* bis zu 1280x1024 Pixeln. Die dazu nötigen Monitore werden etwas schwerer.

- **8 MB.** Man hört nicht oft von Macs mit 8 MB VRAM. Aber einige Modelle, wie die leistungsfähigsten Clones von Power Computing, wurden tatsächlich mit einer Grafikkarte mit derart viel VRAM geliefert. Allerdings gibt es keinen Monitor, der groß genug ist, daß er diese VRAM-Kapazität ausschöpfen könnte. Sogar bei 1920x1020 Pixeln bewegen Sie sich immer noch im fotorealistischen Nirvana.

- **16 MB.** Auch wenn es kaum zu glauben ist, die neuen Power Macs G3 und G4 haben eine Grafikkarte mit 16 MB Speicher. Sie werden sich bestimmt fragen, wozu das gut sein soll, wenn doch 8 MB schon mehr als genug sind. Der Trick besteht darin, daß mittlerweile Grafikkarten nicht mehr nur Pixel bunt einfärben, sondern dem Mac zunehmend komplexere Funktionen abnehmen, die mit dem Aufbau des Bildes zu tun haben. Dazu gehören z.B. das Scrollen von Fensterinhalten ebenso wie das Verwalten und Anzeigen von dreidimensionalen Objekten. Alle diese Funktionen brauchen natürlich Speicher, deshalb gibt es Grafikkarten mit mehr als den theoretisch ausreichenden 8 MB VRAM.

Von Dinosauriern und Grafikkarten

«Der kleine Saurier streift vorsichtig durch die nebelige Vorzeitlandschaft. Plötzlich sieht er hinter dem glänzenden Felsen grüne Schuppen blitzen. Eine Sekunde später springt ein aggressiver Tyrannosaurus Rex auf ihn zu...» Solche oder ähnliche Szenen findet man häufig in modernen Computerspielen. Hochauflösende Grafik, täuschend echt wirkende Oberflächen mit Reflexionen, bewegtes Wasser, Nebel und dreidimensionale Objekte bilden virtuelle Welten, die immer realistischer werden. Damit das funktioniert, ist jede Menge Mathematik notwendig, die aus den geometrischen Modellen in der Software des Spiels die eindrucksvollen Szenen auf dem Monitor errechnet. Damit der optische Eindruck überzeugend und flüssig wirkt, müssen die notwendigen Berechnungen möglichst schnell erledigt werden. Je nach Farbtiefe kommt dazu noch eine ganze Menge an Daten für die Oberflächen der dargestellten Objekte.

Damit alle diese Dinge funktionieren, ist einiges an Rechenleistung nötig. Bis vor einigen Jahren hat der Prozessor des Mac die Berechnungen erledigt und anschließend das Ergebnis an die Grafikkarte weitergeleitet, die es «nur noch» angezeigt hat. Moderne Grafikkarten dagegen besitzen sogenannte 3D-Beschleuniger. Das sind spezielle Chips, die für die notwendigen Berechnungen optimiert wurden. So können sie mit Befehlen wie «Projiziere diese Granitoberfläche auf den Körper mit den gegebenen Koordinaten und zeige das Ergebnis auf dem Bildschirm an!» umgehen und damit den Hauptprozessor des Mac deutlich entlasten. Dafür ist ein Schnittstellenstandard für die Kommunikation zwischen Mac und Grafikkarte notwendig. RAVE und OpenGL sind die beiden gebräuchlichen Standards.

Eine moderne Grafikkarte ist im Prinzip ein Computer im Computer, inklusive Verarbeitungseinheit – dem Grafikchip – und Speicher. Weil aber der Speicher nicht mehr nur für das Darstellen des Bildes sondern auch für jede Menge anderer Berechnungen gebraucht wird, wird in Zukunft auch die Menge an Speicher auf Grafikkarten steigen. (Übrigens ist es tatsächlich so, daß Spiele die technische Entwicklung der Computer-Hardware vorantreiben. Aber Sie können sich trösten: Auch Programme zur dreidimensionalen Modellierung von Konstruktionszeichnungen profitieren von Grafikkarten mit 3D-Unterstützung – nur wird diese Sorte Software halt nicht ganz so oft verkauft...)

ACHTUNG

Denken Sie auch daran, daß die VRAM-Ausstattung Ihres Macs nicht nur die darstellbare Farbtiefe vorgibt; sie beeinflußt auch, welche Monitorgröße Ihr Mac ansteuern kann. So kann es vorkommen, daß Sie günstig einen brandneuen Mac kaufen und dazu einen 4.000 DM teuren 21-Zoll-Monitor, nur um festzustellen, daß der Monitor zusammen mit Ihrem Mac nicht funktioniert. (Oder wahrscheinlicher, daß Sie lediglich ein übermäßig vergrößertes 640x480 Pixel-Bild sehen.) Bei modernen Monitoren ist das jedoch kein Thema mehr, weil diese sich automatisch auf die gewünschte Auflösung einstellen. Sie sollten aber trotzdem sicherstellen, daß Ihr gewünschter Monitor und Ihr Mac zusammenpassen.

Den Farbmodus ändern

Weniger Farben beschleunigen die Bildschirmanzeige. Darum kann es sich lohnen, die Farbtiefen regelmäßig zu ändern, je nachdem, was Sie gerade tun. Arbeiten Sie in Ihrer Textverarbeitung mit 256 Farben (oder was immer Ihre niedrigste Einstellung ist). Schalten Sie auf eine höhere Farbtiefe um, wenn Sie mit Photoshop arbeiten oder Webseiten mit Farbfotos anschauen. Haben Sie jedoch einen neueren Mac, so kann es sein, daß Sie keinen Unterschied feststellen können – diese Computer sind einfach zu leistungsstark.

HEISSER TIP

Wenn Sie noch irgendwo einen Mac LC III (oder einen Performa 450 – das ist das identische Modell) haben, wird Sie dieser Tip interessieren: Die eingebauten 512 KB VRAM lassen sich dazu verwenden, 16-Bit-Farben darzustellen. Der Kompromiß ist dabei, daß die Bildschirmfläche geringfügig kleiner wird, Sie dafür aber mehr Farben darstellen können. Öffnen Sie dazu das Kontrollfeld *Monitore* und klicken Sie auf *Optionen*. Sie sehen zwei Möglichkeiten: *Macintosh Hi-Res Display* und *640x400 Hi-Res*. Wählen Sie letztere Option, und starten Sie den Mac neu. Am unteren Bildrand fehlen nun 80 Pixel, aber dafür haben Sie echte 16-Bit-Farben.

Graustufen

Wenn Sie die Einstellung mit 256 Graustufen verwenden, verschwindet die Farbe von Ihrem Bildschirm. Er wird nicht wirklich schwarzweiß – Sie sehen Abstufungen von Grau, wie bei einem Schwarzweiß-Fernsehgerät oder den Abbildungen in in diesem Buch.

Interessanterweise gibt es keine Einstellungen wie «Tausende von Graustufen» oder «Millionen von Graustufen» beim Macintosh; 256 verschiedene Stufen sind anscheinend genug, um jedes beliebige Bild darzustellen. Wie Schwarzweiß-Monitore gehören eigentlich auch die Graustufen-Bildschirme der Vergangenheit an. Aber vergessen Sie nicht, daß jeder Farbbildschirm auch ein Graustufen-Bildschirm ist. Das Kontrollfeld *Monitore* kann zwischen Farben und Graustufen umschalten.

Wie groß ist Ihr Monitor wirklich?

Bei der Angabe von Monitorgrößen kann es zu einiger Verwirrung kommen. So haben z.B. der 13-Zoll- und der 14-Zoll-Farbbildschirm von Apple eigentlich dieselbe Größe. Jahrelang versuchten die Computerfirmen zu tricksen, um ihre Monitore größer erscheinen zu lassen, als sie tatsächlich waren. IBM z.B. pflegte von Ecke zu Ecke des Glases zu messen, anstatt die Größe des Bildbereiches anzugeben.

Apple dagegen ging lange einen vorbildlichen Weg, indem die Bildschirme von Ecke zu Ecke der eigentlichen Bildfläche gemessen wurden. Natürlich bekam die Marketing-Abteilung oftmals von Kunden zu hören: «500 DM für einen 13-Zoll-Monitor? Warum denn das, wenn ich bei IBM für das Geld einen 14-Zoller bekomme?» Weil aber niemand die Ehrlichkeit von Apple honorierte, verkauft Apple seine Bildschirme mittlerweile auf die gleiche Art wie seine Konkurrenten – durch diagonales Messen des Glases. Somit sind der 13- und der 14-Zoller von Apple der Größe nach identisch, stammen aber aus zwei verschiedenen Phasen des Marketings.

Ironischerweise kehrten alle Computerfirmen bei der Werbung zurück zur Wahrheit. Deshalb werden heute Bildschirme so beworben: «Avanti-15-Zoll-Monitor, 12,7 Zoll diagonal». Trotzdem sind die Maßangaben nicht alles. In der Tat können sie völlig irreführend sein. Hier zwei Beispiele:

- Denken Sie an Apples einzige Monitor-Niete, den 12-Zoll-Farbbildschirm. Vom Namen her klingt es, als sei er größer als der Bildschirm des Mac Classic, der nur 9 Zoll hat. Überraschung! Der 12-Zoll-Farb-Bildschirm hat ungefähr dieselbe Anzahl von Pixeln wie der Bildschirm beim Mac Classic. Beide haben 512 Pixel horizontal; vertikal mißt der 12-Zoller 384 Pixel und der Classic-Bildschirm 342.

- Der Bildschirm des PowerBook 2400 ist mit einem Lineal gemessen über einen Zoll kleiner als der Bildschirm des PowerBook G3. Trotzdem können Sie auf dem Display eines 2400er PowerBooks genauso viel von Ihrem Programm sehen wie auf einem G3. Es hat dieselbe Anzahl Pixel wie der «größere» PowerBook-Bildschirm – sie werden nur näher zusammengerückt (6.3; 6.4).

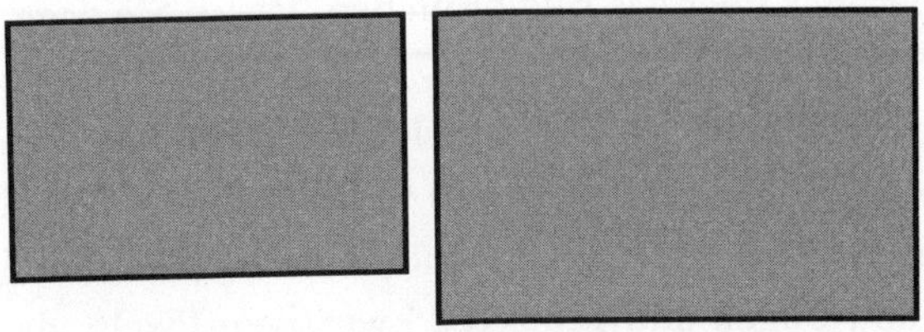

Abb. 6.3 Welcher PowerBook-Monitor ist größer? Keine leichte Frage.

Abb. 6.4 Tatsächlich haben beide PowerBook-Monitore die gleiche Größe. Jeder zeigt den gleichen Ausschnitt einer Seite. Der Bildschirm des PowerBook 2400 (links) packt seine Punkte näher zusammen, so daß das Bild kleiner erscheint, als es eigentlich ist.

Ein Wort zur Auflösung

Je höher die Auflösung, gemessen in ppi (pixel per inch; oft auch fälschlicherweise mit dpi angegeben, was aber in den Druckbereich gehört), desto kleiner, jedoch schärfer wird das Bild. Das ist der gleiche Effekt wie bei einem Kopierer, auf dem Sie etwas verkleinern. Bilder und Text werden kleiner, aber schärfer, weil die Punkte auf einen kleineren Raum komprimiert werden.

Allerdings wird bei sehr hohen ppi-Raten (einige Bildschirme gehen bis auf 94 ppi), normalgroßer Text so klein, daß es schwierig ist, ihn zu lesen. Wenn Sie dieser Effekt stört, gibt es eine Menge hilfreicher Shareware. So kann z.B. das Programm *Greg's Buttons* Ihre Menüs vergrößern.

Eine der interessantesten Entwicklungen in der Monitortechnologie ist der Multisync-Monitor, manchmal auch Multi-Scan- oder Multiple-Resolution-Monitor genannt. Solche Bildschirme – im Grunde genommen alle, die heutzutage verkauft werden – können von einer zur anderen Auflösung umschalten.

Mit einem solchen Gerät können Sie den 92-ppi-Modus benutzen, wenn Sie ein Seitenlayout entwerfen wollen und den Text nicht lesen müssen, sondern nur einen größtmöglichen Überblick über das Bild brauchen. Wenn Sie dagegen einen Text bearbeiten wollen, schalten Sie in den 70-ppi-Modus um, wo die Buchstaben groß und gut lesbar sind. Zum Beispiel können Sie mit dem Kontrollfeld *Monitore & Ton* oder der Kontrollleiste (6.4) bei Apples 17-Zoll ColorSync Monitor zwischen den verschiedenen Modi umschalten. Diese bewegen sich zwischen 640x480 riesigen und 1280x1024 winzigen Pixeln, die Ihnen leicht zwei ganze Seiten zeigen.

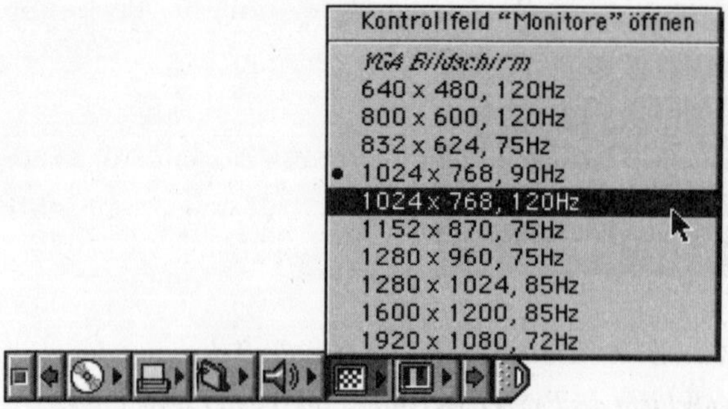

Abb. 6.5 Wenn Ihr Monitor zwischen verschiedenen Auflösungen (Vergrößerungsgraden) wechseln kann, können Sie in der Kontrolleiste umschalten.

Abhängig vom VRAM und der Videoelektronik Ihres Mac können Sie in dem Optionen-Dialog sogar Pixeldimensionen auswählen, die größer sind als der Monitor selbst. In einem solchen Fall erzeugt der Mac – wie z.B. der 8500 – einen virtuellen Monitor: Rollen Sie den Cursor an das Ende der Anzeige, und das gesamte Bild rutscht in die entgegengesetzte Richtung. Ganz so, als ob das Glas Ihres Bildschirms bloß ein Fenster auf einem viel größeren dahinterliegenden Schreibtisch wäre.

HEISSER TIP

Das Shareware-Programm *Virtual Desktop* stellt die gleiche Funktion allen Macs zur Verfügung – damit können Sie Ihren virtuellen Schreibtisch so groß machen, wie Sie möchten.

Die Monitore aus Apples Multiple-Scan-Serie können allerdings noch mehr als nur die Auflösung ändern. Sie sind auch sonst recht gut ausgestattet. So haben sie Bedientasten auf der Frontseite, mit denen Sie die Ausmaße und die Positionierung des Bildes auf dem Bildschirmglas justieren können. In Verbindung mit den meisten neueren Macs können sie sich außerdem selbst nach einer bestimmten Zeit der Inaktivität ausschalten.

Mehrere Monitore

Windows-Benutzer mußten bis 1998 warten, ehe sie mehr als einen Monitor an ihre Rechner anschließen konnten. Bei Macs gibt es diese Möglichkeit schon seit langem, sogar bei Laptops. Wenn Sie mehr als einen Bildschirm mit Ihrem Mac verwenden wollen, haben Sie folgende Möglichkeiten:

- Benutzen Sie einen Power Macintosh 7100 oder jeden anderen AV-Power Mac. Alle diese Modelle haben hinten zwei Monitorausgänge.

- Besorgen Sie sich irgendeinen Mac mit Steckplätzen für Erweiterungskarten. Verwenden Sie den eingebauten Monitoranschluß für den ersten Bildschirm. Installieren Sie eine Grafikkarte in einen der Steckplätze Ihres Mac, und schließen Sie den zweiten Monitor daran an.

- Nehmen Sie ein PowerBook, das vor 1997 hergestellt wurde. Diese Geräte haben einen Videoausgang, der das Erweitern der Bildschirmfläche auf einem externen Monitor erlaubt. Das eingebaute Display Ihres PowerBook dient dabei als ein Bildschirm, der Monitor als zweiter.

HEISSER TIP

Sie können einen externen Monitor an ein modernes PowerBook anschließen, wie das 1400, 2400, 3400 oder das G3, aber Sie können ihn nicht als zusätzliche Bildschirmfläche benutzen, nur als Spiegel des eingebauten Bildschirms. Die G3-PowerBooks mit den bronzefarbenen Tasten («Lombard-Reihe») hingegen erlauben wieder zwei Bildschirme mit unterschiedlichen Inhalten.

Sie können sogar mehr als zwei Bildschirme haben (bis zu sechs). Theoretisch haben Sie die Möglichkeit, auch mehr als eine Grafikkarte in die Steckplätze Ihres Mac zu installieren und an jede einen separaten Monitor anzuschließen.

Die Monitore anordnen

Nachdem Sie all diese Monitore angeschlossen haben, können Sie deren Verhalten in mehrerer Hinsicht kontrollieren – indem Sie das Kontrollfeld *Monitore & Ton* benutzen. Je nach Version des Mac OS heißt das Kontrollfeld auch manchmal einfach nur *Monitore*. Sie können z.B. die Anordnung der Monitore bestimmen bzw. dem Mac mitteilen, wie er sich die Anordnung vorstellen soll. Zum Beispiel können Sie festlegen, daß das PowerBook der linke Monitor sein soll. Wenn Sie den Cursor aus dem rechten Bildschirmrand bewegen, wird er auf dem externen Monitor erscheinen.

HEISSER TIP

Beachten Sie, daß der externe Monitor physisch links vom PowerBook stehen kann. Wenn das Kontrollfeld *Monitore* jedoch denkt, daß er rechts steht, wird der Cursor trotzdem am linken Rand des externen Monitors erscheinen, sobald er den Hauptmonitor rechts verläßt (6.6).

Abb. 6.6 Nehmen wir an, Sie legen fest, daß der externe Monitor rechts ist (das erste Beispiel in der Abbildung). Von jetzt an wird der Mac den externen Monitor immer behandeln, als ob er eine Erweiterung rechts des PowerBook-Bildschirms wäre. Sie können den tatsächlichen Monitor auch nach links stellen (rechte Seite in der Abbildung), der Mac wird den externen Monitor dennoch behandeln, als stünde er rechts.

Um die Position der angeschlossenen Monitore festzulegen, gehen Sie wie folgt vor: Klicken Sie das Icon mit der Bezeichnung *Anordnen*, das im Kontrollfeld *Monitore & Ton* erscheint; dann ziehen Sie einfach die Bilder der jeweiligen Bildschirme innerhalb des Kontrollfeldes (6.7). Wenn Sie Ihre Monitore einstellen, bedenken Sie, daß der Cursor nur von einem zum anderen Monitor springen kann, wenn sich die kleinen Bildschirm-Icons berühren. Ansonsten gibt es keine Einschränkungen. Bildschirm 1 kann relativ zum Bildschirm 2 überall erscheinen: darüber, darunter, links oder rechts, nordwestlich usw.

Wenn Sie z.B. wollen, daß der Cursor auf dem externen Monitor erscheint, wenn Sie ihn unten aus dem Hauptbildschirm bewegen, ziehen Sie einfach Bildschirm-Icon 1 unter Icon 2. Sie können ein ausgewähltes Icon auch mit den Cursortasten Pixel für Pixel in jede beliebige Richtung schieben. In der Tat können Sie im Kontrollfeld *Monitore & Ton* das Icon von Bildschirm 2 direkt auf das von Bildschirm 1 ziehen. Beide Monitore zeigen dann exakt dasselbe Bild, und Sie haben gar keine zusätzliche Bildschirmfläche.

Abb. 6.7 Verschieben Sie die Bildschirme, damit der Mac seine Vorstellung von deren Anordnung ändert. Hier ist das Kontrollfeld «Monitore & Ton» zu sehen, bei dem älteren Kontrollfeld «Monitore» funktioniert das wie in Abbildung 6.8.

Welcher Monitor ist welcher?

Während Sie Ihre kleinen Monitor-Icons über das Kontrollfeld ziehen, kann es schon vorkommen, daß Sie sich nicht mehr sicher sind, welches Icon zu welchem Monitor auf Ihrem Schreibtisch gehört. Da hilft der Button *Monitor* (bzw. *Monitore identifizieren*), der gerade dann gelegen kommt, wenn man vier oder fünf Monitore angeschlossen hat.

Abb. 6.8 Wenn Sie den Button «Monitor» anklicken, erscheint auf jedem Bildschirm-Icon im Kontrollfeld eine Nummer. Eine entsprechende Nummer blinkt auf jedem Monitor auf Ihrem Schreibtisch auf.

Den Startmonitor bestimmen

Der Startmonitor ist der Bildschirm, auf dem die Icons der Sytemerweiterungen und Kontrollfelder vorbeimarschieren, wenn Sie Ihren Mac anschalten. Darauf sehen Sie auch Ihr Startbild, falls Sie eines erstellt haben. Wir konnten nicht wirklich herausfinden, wofür das nützlich ist, außer vielleicht für Programmierer. Die können diesen Trick dazu benutzen, um den Monitor zu bestimmen, der den Debugger (wie MacsBug) anzeigen soll. Und so geht es: Sie legen den Startmonitor im Kontrollfeld *Monitore* fest, indem Sie die Optionstaste drücken. Ein kleiner lächelnder Mac erscheint (6.9). Ziehen Sie den lächelnden Mac auf das Icon eines anderen Bildschirms, und Sie haben es geschafft. Falls Sie das neuere Kontrollfeld *Monitore & Ton* haben, ist diese Funktion nicht ganz so versteckt. Die Checkbox *Startbildschirme identifizieren* springt Ihnen sogar direkt ins Auge (6.8).

Abb. 6.9 Verschieben Sie den winzigen lustigen Mac, um den Startbildschirm festzulegen. (Das ist nur nützlich für die Icon-Parade beim Start.)

Den Hauptmonitor festlegen

Der Hauptmonitor ist der mit der Menüleiste und dem Apple-Menü. Sie können Ihren Hauptmonitor festlegen, indem Sie die kleine Menüleiste im Kontrollfeld von einem Monitor zum anderen ziehen (6.10). Starten Sie danach Ihren Mac neu.

Abb. 6.10 Ziehen Sie die kleine Menüleiste, um zu steuern, welcher Monitor den Schreibtisch anzeigen soll.

Monitor-Tips

ACHTUNG

Bildschirmschoner betrachten wir als die größten Überflüssigkeiten, die ahnungslosen Käufern überhaupt angedreht werden können. Anstatt Ihren Bildschirm durch Abschalten zu schützen, sorgt solche Software dafür, daß Ihr Bildschirm hell bleibt, während Sie ihn gerade nicht brauchen. Das beschleunigt natürlich die Abnutzung und kostet auch Geld. Größere Monitore verbrauchen zwischen 90 und 300 Watt, wenn sie benutzt werden. Im Energiesparmodus geht dagegen der Verbrauch auf unter 10 Watt zurück. Aus diesem Grund sollten Sie auf einen Bildschirmschoner verzichten und lieber Ihren Mac so einstellen, daß er nach einer bestimmten Zeit den Monitor abschaltet – das spart Strom und Ihnen Geld, außerdem verlängert sich die Lebensdauer der Bildröhre. Ihr Mac hat jedoch einen eingebauten Bildschirmschoner – einen richtigen, der den Bildschirm nach einigen Minuten Inaktivität ausschaltet. Wie lange die Zeit bis zum Ausschalten ist, können Sie im Kontrollfeld *Energie sparen* einstellen.

Mehrere Monitore, ein großes Bildschirmfoto

Heutzutage ist es kein großes Geheimnis mehr, daß die Tastenkombination Befehl-Shift-3 das Geräusch einer Kamera erzeugt – und auf Ihrer Festplatte ein Dokument mit Namen Bild 1 erscheint (oder Bild 2, 3, 4... je nachdem, wieviele Bilder schon da sind). Dieses File ist eine Grafik, die all das darstellt, was in dem Moment auf dem Bildschirm zu sehen war, als Sie die Tastenkombination gedrückt haben. Diese eingebaute Screenshot-Funktion kann tatsächlich wunderbar mit mehreren Monitoren umgehen. Das resultierende PICT-File enthält die Bilder aller Monitore, die an den Mac angeschlossen sind – korrekt im Verhältnis zueinander angeordnet.

Das Bild des Programmierers

HEISSER TIP

Was versteckte Botschaften im Mac – sogenannte Ostereier – angeht, so ist dieses eines der seltsamsten und lustigsten, denn es zeigt nicht den Namen sondern den Kopf des Programmierers. Um ihn zu sehen, brauchen Sie einen Mac mit mehreren Monitoren. Öffnen Sie das Kontrollfeld *Monitore & Ton*. Klicken Sie den Button *Anordnen*. Wenn Sie die Checkbox *Startbildschirm identifizieren* anklicken, erscheint ein kleiner lächelnder Mac auf dem Minibildschirm, der den Startmonitor repräsentiert. Aber wenn Sie beim Klicken die Optionstaste gedrückt halten, sehen Sie nicht das Icon vom kleinen lustigen Mac, sondern das Gesicht des Programmierers.

Gammakorrektur

Gamma bezieht sich auf die Balance der mittleren Farben, die auf dem Mac angezeigt werden. Die Gammakorrektur ist dazu da, Farben nicht ausgewaschen erscheinen zu lassen. Wenn Ihr Monitor Gamma-Einstellungen erlaubt (die meisten Apple-Monitore tun das), werden Sie die Regler auf der linken Seite des Kontrollfeldes *Monitore & Ton* sehen (6.11). Wenn Sie das ältere Kontrollfeld *Monitore* haben, klicken Sie den Button *Optionen*, während Sie die Optionstaste halten. Dann sehen Sie die speziellen Gamma-Optionen.

ACHTUNG

Die meisten Apple-Monitore bieten drei Gamma-Einstellungen an: *Ohne Gamma-Korrektur*, was bedeutet «so wie Sony ihn ausgeliefert hat» und ein leicht dunkleres Bild erzeugt. *Page-White-Gamma* läßt weiße Bilder eigentlich leicht gelblich erscheinen, und *Mac Std Gamma* erzeugt ein scharfes Weiß und ist die bevorzugte Einstellung von Apple. Um Fotos darzustellen, sollten Sie unbedingt die Einstellung *Ohne Gamma-Korrektur* verwenden. Farbdrucke, die in Photoshop fabelhaft aussehen, können oft nicht ordentlich gedruckt werden, weil *Mac Std Gamma* eingestellt ist.

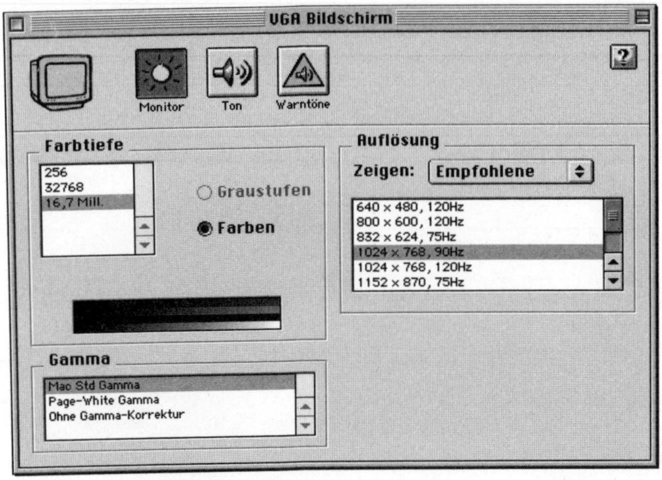

Abb. 6.11 Das Gamma, das keiner kennt…

Den Bildschirm reinigen

Wie ein elektronischer böser Fluch zieht die Glasoberfläche Ihres Monitors Staub und Schmutz magisch an wie das Licht die Motten. Dies ist eine weitere dieser Streitfragen. Wir haben in unzähligen Mac-Magazinen gelesen, daß man niemals Glasreiniger verwenden sollte. Dies verwirrt uns, weil a) es ist Glas, aber b) es ist nicht nur Glas – es ist Glas, das mit einer Plastikversiegelung beschichtet ist. Tatsächlich benutzen wir seit Jahren Glasreiniger, und es funktioniert fabelhaft. (Wir benutzen Papiertücher, aber ein sauberer Lappen wäre wahrscheinlich besser.) Es gibt zwar spezielle Reinigungsmittel für Monitore, die meisten sind aber teurer – und vermutlich ist da auch nichts anderes drin als handelsüblicher Glasreiniger.

Die Schattenlinie

Apples 13-Zoll- und 14-Zoll-Farbbildschirme haben eine dunkle dünne Linie, die etwa 5 cm von unten horizontal über den ganzen Bildschirm verläuft. Sie müssen Ihren Monitor deswegen jedoch nicht gleich reklamieren: Diese Linien müssen so sein. Das liegt daran, daß diese Monitore Triniton-Bildröhren von Sony haben. Die Konstruktion enthält einen Draht in der Bildröhre, um die Schlitzmaske zu stabilisieren (das ist eine Anordnung vertikaler Drähte, die dazu dienen, daß der Elektronenstrahl nur die richtigen Stellen auf dem

Phosphor trifft). Abgesehen von diesem kleinen Nachteil gibt es laut Apple keine bessere Monitortechnologie.

7 Scanner und Digitale Kameras

In diesem Kapitel

Für die meisten Leute gelangen Informationen in den Computer, indem sie über die Tastatur eingegeben werden. Oder sie werden von einer Diskette bzw. CD in den Speicher Ihres Mac bewegt, über das Netzwerk oder ein Modem.

Visuelle Informationen sind jedoch anders – sie können weder getippt noch heruntergeladen oder mit einem Mikrofon aufgenommen werden. Wollen Sie ein Foto in Photoshop bearbeiten, eine Bleistiftzeichnung in Ihre Hauszeitschrift oder auch nur ein paar Seiten gedruckten Text importieren, die Sie nicht abtippen möchten, dann kommen Scanner und digitale Kameras ins Spiel.

Scannen ist eine feine Sache: Sie können Leute aus Fotos entfernen, ihre Gesichter retuschieren oder zu Bildern hinzufügen. Aus Zeichnungen, Fotos oder Zeitungsausschnitten machen Sie Dateien, die Sie per E-Mail in die ganze Welt verschicken können. Sie können gedruckten Text scannen, um ihn nicht abtippen zu müssen. Dokumente können Sie so für Ihre Akten archivieren.

Rund ums Scannen

Scanner und Kopierer sind so etwas wie Zwillinge. Bei beiden wird das Dokument auf eine Glasplatte gelegt und von einer starken Lichtquelle abgetastet. Während der Kopierer die erkannten Bildpunkte mittels Toner auf Papier brennt, wandeln im Scanner sogenannte CCD-Sensoren (lichtempfindliche Chips) das Bild in elektrischen Strom um. Dann werden diese Informationen in digitale Daten umgewandelt, die von der Scanner-Software erkannt und verarbeitet werden können. Falls Sie nicht weiter darüber nachdenken wollen – betrachten Sie den Scanner einfach als das Gegenteil von einem Drucker. Der Drucker bannt das Bild vom Bildschirm auf Papier, der Scanner wandelt ein Papierbild in ein Bildschirmbild um.

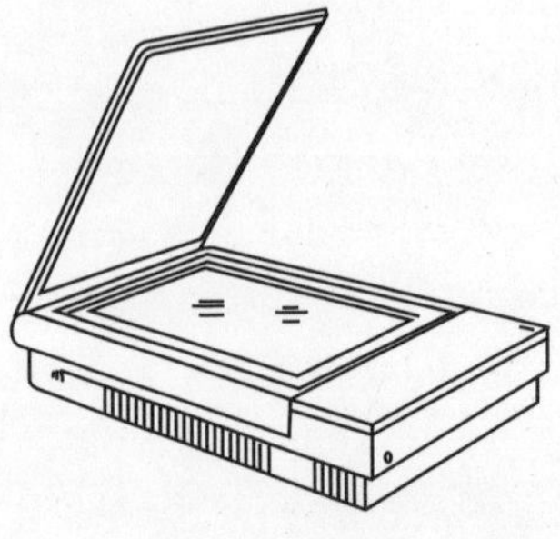

Abb. 7.1 Der konventionelle Flachbettscanner sieht aus wie ein flachgequetschter Kopierer.

Farben scannen

Es gibt zwei Arten von Farbscannern: Ein-Pass-Scanner und Drei-Pass-Scanner. Ein-Pass-Scanner tasten die Farben Rot, Grün und Blau in einem Durchgang ab. Drei-Pass-Scanner scannen Rot, Grün und Blau nacheinander mit Hilfe von Filtern, um die jeweiligen Bestandteile des Spektrums aufzunehmen. Jede dieser Methoden hat ihre Vor- und Nachteile. Bei der Ein-Pass-Methode können Unschärfen auftreten, die durch das gleichzeitige Aufleuchten der drei Lichtquellen entstehen. Bei Drei-Pass-Scannern kann es passieren, daß die drei Farbelemente nicht exakt aufeinander ausgerichtet sind. Früher waren Farbscans ausschließlich den teuren Trommelscannern (für rund 100.000 DM) vorbehalten. Dabei wurde die Bildvorlage auf einer Trommel plaziert und auf Film belichtet. Die Scans, die Sie mit den heutigen Flachbettscannern erreichen, können ohne weiteres neben den teuren Geräten bestehen, besonders wenn Sie sie in einem Bildbearbeitungsprogramm etwas nachbearbeitet haben.

Kaufentscheidung

Flachbettscanner sind am weitesten verbreitet, und seitdem der Preis für Farbscanner in den Keller gegangen ist, sind Graustufenscanner fast vollständig vom Markt verschwunden. Farbscanner mit einer Farbtiefe von 24-Bit oder mehr und einer Auflösung von mindestens 300 ppi sind schon für ein paar 100 DM erhältlich – nach oben sind hier wieder immer fast keine Grenzen gesetzt. Der Markt ist in einer ständigen Entwicklung begriffen, denn fast täglich werden neue Modelle angeboten bzw. alte aktualisiert. Deshalb sollten Sie sich unbedingt die Wertungen in einer der großen Zeitschriften (*Macwelt*, *MacUp* oder *c't*) anschauen, bevor Sie sich zum Kauf eines Scanners entschließen.

HEISSER TIP

Die Qualitätsunterschiede bei Scannern derselben Preisklasse können beträchtlich sein, Sie sollten vor dem Kauf also unbedingt Vergleiche anstellen. Damit sich nicht das vermeintliche Sonderangebot hinterher als lahme Klapperkiste entpuppt, sollten Sie vor dem Kauf auf folgende Eigenschaften achten:

- **Optische Auflösung.** Glauben Sie nicht den Werbesprüchen, die gern die maximal mögliche interpolierte Auflösung angeben (bis zu 9.600 ppi). Es zählt nur das, was die Scanner-Elektronik ohne mathematische Tricks abtasten kann. Glücklicherweise sind das heute auch bei preiswerten Geräten meist 600 ppi, was für den Normalverbraucher völlig ausreicht.

- **Tiefenschärfe.** Wenn Sie nicht nur Bilder, sondern auch kleinere Gegenstände scannen wollen, dann muß der Scanner noch einige Millimeter über der Glasplatte scharf abtasten können. Die preiswerten Scanner mit CIS-Abtastzeilen sind damit eindeutig überfordert, CCD-Abtaster sind hier klar im Vorteil. (CIS-Abtaster können außerdem keine Durchlicht-Vorlagen scannen.)

- **Dichte.** Dieser Wert wird selten mit angeben, ist aber nicht ganz unwichtig. Die Dichte beschreibt, wie weit ein Scanner unterschiedliche Farbtöne in den kritischen dunklen Teilen eines Bildes noch auflösen kann – also quasi sein «Sehvermögen». Gerade billige Geräte sehen bei diesem Wert nicht so gut aus. Je größer der Wert für die Dichte ist, um so besser.

- **Farbfehler.** Ein guter Scanner sollte die Farben der Vorlage möglichst so lassen, wie sie sind. Leider kann man für diese Eigenschaft keinen einfachen Zahlenwert angeben, da helfen nur seriöse Testergebnisse. Wenn Sie allerdings nur Bilder für Ihre Webseiten scannen oder bunte T-Shirts herstellen wollen, brauchen Sie sich darum nicht allzusehr zu sorgen. Achten Sie darauf, ob mit dem Scanner Farbprofile mitgeliefert werden, die dessen Farbfehler korrigieren.

ACHTUNG

- **Geschwindigkeit.** Achten Sie darauf, wie lange der Scanner für seine Arbeit braucht. Dabei sollte nicht nur die Vorschauansicht möglichst schnell auf dem Bildschirm erscheinen, sondern auch die eigentliche Abtastung darf nicht zu lange dauern. Sparen Sie hier nicht an der falschen Stelle, sonst legen Sie durch Wartezeiten beim Scannen hinterher drauf.

- **Mechanischer Aufbau.** Scanner enthalten mechanische Teile, die für ein optimales Ergebnis möglichst exakt zusammenarbeiten müssen. Wenn dabei an der falschen Stelle gespart wird, kann es mit der Genauigkeit nach einer bestimmten Betriebsdauer vorbei sein. Falls Sie also Ihren Scanner regelmäßig und oft benutzen wollen, entscheiden Sie sich lieber für ein etwas stabileres Modell.

- **Software.** Wenn Sie einen Scanner kaufen, erhalten Sie zusammen mit dem Gerät die nötige Software zum Ansteuern des Gerätes. Meistens werden auch noch sogenannte «Plug-Ins» mitgeliefert. Das sind kleine Zusatzprogramme, mit denen Sie Ihre Bilder direkt in Photoshop oder ColorIt scannen können. Oftmals erhalten Sie mit der Scanner-Software auch eine abgespeckte Version von Photoshop. Diese Software heißt Photoshop LE (Limited Edition), und im Vergleich zum Vollprodukt fehlen einige Funktionen. Sie sind aber damit berechtigt, die Vollversion von Photoshop zum günstigen Upgrade-Preis zu kaufen – allerdings nur so lange, wie die Nummer Ihrer LE-Version mit der des Vollprodukts übereinstimmt. Ein Photoshop LE 3.0 berechtigt Sie also nicht, eine Vollversion von Photoshop 5.5 preiswert zu erwerben! Wenn Sie also nicht zu lange warten, ist dieses Upgrade die billigste Methode, um zu Ihrem neuen Scanner auch noch eine Vollversion von Photoshop zu bekommen.

Weitere Geräte

Es gibt außer den weitverbreiteten Flachbettscannern auch noch andere Geräte, die für Ihre Anforderungen nützlich sein könnten:

- **Paperport.** Bei dieser Art von Scanner werden die Dokumente wie bei einem Faxgerät eingezogen und von einer Transporteinheit über die Lichtquelle bewegt. Diese Technologie hat jedoch ihre Grenzen, denn sie kann z.B. nicht mit größeren Papierformaten umgehen bzw. keine Seiten einziehen, die dicker als normales Papier sind. Der Vorteil dieser Scanner ist ihre geringe Größe, so daß man sie bequem hinter die Tastatur legen kann, um hin und wieder ein Dokument oder einen Notizzettel zu scannen. Diese Scanner sind besonders dann empfehlenswert, wenn Sie keine exakten Farben brauchen, platzsparend arbeiten und vor allem Text erfassen wollen.

- **Overhead-Scanner.** Diese teuren Geräte erlauben es Ihnen, Aufnahmen von 3D-Objekten (z.B. Schachteln oder kleinere Figuren) zu erstellen. Das Original wird dabei auf einer Fläche plaziert, die Belichtungseinheit ist darüber montiert.

- **Durchlichtscanner.** Diese Scanner wandeln Dias und größere Positive in Bilddateien um. Sie verfügen über eine deutlich größere Auflösung als die Flachbettscanner (2.700 bis 4.800 ppi), die Qualität der resultierenden Datei ist entsprechend brillant. Durchlichtscanner sind jedoch auf Film spezialisiert – Text, Grafiken oder traditionelle Fotos können Sie damit nicht scannen. Auch der Preis der Geräte ist recht hoch (ab ca. 800 DM). Falls Sie also sowohl Papier als auch Dias scannen wollen, sollten Sie den Kauf eines Flachbettscanners mit Durchlichtaufsatz überlegen. Dies ist ein guter Kompromiß, allerdings reicht die Optik der meisten preiswerten Geräte nicht aus, um Dias damit abzulichten. Einige Hersteller bieten Scanner an, bei denen Sie die Durchlicht-Vorlagen auf einen separaten Schlitten legen können und keinen Aufsatz mehr für das Gerät brauchen.

Den Scanner anschließen

Bei modernen Scannern handelt es sich meist um USB-Geräte (siehe Kapitel 9). Ältere Scanner sind generell SCSI-Geräte, das heißt, sie müssen genau wie ein CD-ROM-Laufwerk angeschlossen und terminiert werden. Genaueres dazu finden Sie in Kapitel 17. Falls Sie Probleme haben sollten – also falls Ihr Computer den Scanner nicht findet oder gar nicht erst bootet – dann ist es an der Zeit, die SCSI-Geräte wieder einmal zu bewegen. Scanner scheinen, aus uns nicht näher bekannten Gründen, stabiler zu funktionieren, wenn sie sich am Ende der SCSI-Kette befinden.

Die Auflösung wählen

Beim Scannen können Sie zwischen verschiedenen Auflösungen wählen. Die Auflösung wird in «Pixel pro Inch» (pixel per inch, ppi) gemessen. Beim Drukken ist eine höhere Auflösung immer besser. Beim Scannen erzeugen höhere Auflösungen jedoch nicht unbedingt immer bessere Scans. Mit hochauflösenden Scans gibt es einige Probleme, z.B. dauert es länger, sie zu erstellen, sie benötigen ziemlich viel Speicherplatz und können nur sehr langsam in einem Bildbearbeitungsprogramm bearbeitet bzw. gedruckt werden. Außerdem ist es bei hohen Auflösungen wahrscheinlicher, daß Staub, Kratzer auf Glas und Unreinheiten im Original als Bilddaten interpretiert werden. Es gibt also auch etwas wie zu viel Auflösung – warum sollten Sie ein Bild mit 1.200 ppi scannen, obwohl Sie es nur auf einem 300-dpi-Laserdrucker ausgeben wollen? Durch eine zu geringe Auflösung wird Ihr Bild jedoch pixelig und körnig. In der Bildbearbeitungs-Szene gibt es endlose Debatten zu der Frage: Welche Auflösung sollte man für welchen Zweck verwenden?

Regel 1: Die Auflösung beim Scannen hängt von der Auflösung Ihres Ausgabegerätes ab. Wenn Sie z.B. ein Bild im Web einsetzen wollen, scannen Sie es mit 72 ppi – der Bildschirmauflösung. Eine höhere Auflösung macht keinen Sinn. Soll Ihr Bild dagegen in einem Magazin gedruckt werden, so brauchen Sie eine bedeutend höhere Auflösung (ca. 150 bis 600 oder gar 1.200 dpi, je nach der angestrebten Druckqualität). Eine höhere Auflösung brauchen Sie außerdem, wenn Sie Ihr gescanntes Bild vergrößern wollen.

Vielleicht denken Sie jetzt, daß es am besten ist, mit der gleichen Auflösung zu scannen, mit der Ihr Drucker drucken kann. Das ist keine gute Idee. Nehmen wir einmal an, Sie wollen ein Graustufenbild auf Ihrem Laserdrucker ausgeben. Der kann aber nur schwarze Punkte drucken, wie also schafft er es, verschiedene Abstufungen von Grau darzustellen? Der Drucker erzeugt in Wirklichkeit keine verschieden helle Punkte – sogenannte Halbtöne. Vielmehr variiert die Elektronik die Größe und Verteilung der schwarzen Punkte und erzeugt so die Illusion eines Halbtons. Lesen Sie dazu auch den Kasten «Über dpi und lpi» weiter hinten in diesem Kapitel. Es ist also nicht sinnvoll, mit der Auflösung des Druckers zu scannen, denn dieser braucht mindestens zwei seiner Punkte, um einen grauen Punkt im Scan als Halbton darzustellen.

Regel 2: Handelt es sich um ein Halbtonbild (z.B. ein Foto), ist es reine Verschwendung von Speicherplatz, wenn Sie es mit mehr als der Hälfte der Drukkerauflösung scannen. Ein Graustufenbild, das auf einem 600-dpi-Drucker ausgegeben werden soll, sollte also mit nicht mehr als 300 ppi gescannt werden.

HEISSER TIP

Günstig ist es außerdem, wenn Sie mit einer Auflösung scannen, durch die sich die Auflösung des Druckers glatt teilen läßt. Bei einem Drucker mit 600 dpi wäre also eine Auflösung von 300 oder 150 ppi günstig, 180 ppi dagegen eher nicht. Allerdings ist diese Regel nicht unumstößlich, die modernen Druckgeräte sind bei diesen Dingen nicht mehr so empfindlich.

Alle Klarheiten beseitigt? Die folgende Tabelle hilft Ihnen etwas weiter:

Drucker und Bild	**Maximale Auflösung**
Professionelle Farbdrucke	300 ppi
Farbdias	300 ppi
Farblaserdrucker	180 ppi
Darstellung auf dem Bildschirm (Multimedia oder Web)	72 ppi
Laserdrucker Graustufen (300 dpi)	150 ppi
Laserdrucker Graustufen (600 dpi)	300 ppi
Tintenstrahldrucker mit Graustufen	180 ppi

Tabelle 7.1 Richtlinien für die Auflösungen beim Scannen. (Allerdings treffen diese Regeln nicht bei Farbsublimationsdruckern zu. Wenn Sie Ihr Bild auf einem solchen Drucker ausgeben wollen, verwenden Sie beim Scannen die maximal mögliche Druckerauflösung.)

Regel 3: Abgesehen von allen anderen Regeln gibt es eine dritte und beste Variante. Dabei gehen wir davon aus, daß Sie über ein Bildbearbeitungsprogramm verfügen, mit dem Sie die Scans weiter bearbeiten können. In diesem Fall erreichen Sie die beste Bildqualität, wenn Sie Ihr Bild bei einer höheren Auflösung scannen und es dann im Bildbearbeitungsprogramm (z.B. Photoshop) herunterrechnen. Gerade bei Bildern für das Web oder Multimedia ist es sinnvoll, alle Bearbeitungen mit einer höheren Auflösung zu machen und das Bild erst zum Schluß auf 72 ppi zu reduzieren. Bei dieser Methode hat die Bildbearbeitung mehr Spielraum bei Berechnungen, außerdem funktionieren manche Filter bei zu niedrig aufgelösten Bildern nicht richtig.

HEISSER TIP

Die beste Qualität erreichen Sie, indem Sie Ihr Bild mit der höchsten optischen Auflösung des Scanners (meist 300 oder 600 ppi) scannen. Öffnen Sie die Datei dann in Photoshop, und verringern Sie die Auflösung. Passen Sie den Endwert wie oben beschrieben an Ihr Ausgabegerät an. Sie müssen aber nicht in jedem Fall so vorgehen, denn die mit maximaler Auflösung gescannten Bilder brauchen viel Platz beim Speichern, und z.B. die Anwendung von Filtern in Ihrer Bildbearbeitung dauert auch länger. Je nach Anwendung müssen Sie den günstigsten Kompromiß finden, notfalls durch Probieren.

Zum Schluß hier noch ein paar Erfahrungswerte für Normalverbraucher – natürlich ohne Gewähr:

Bilder für Webseiten	Mit 150 bis 200 ppi scannen, nach der Bearbeitung auf 72 ppi reduzieren
Folien für T-Shirts	Je nach Auflösung des Druckers und der notwendigen Vergrößerung zwischen 150 und 300 ppi
Hochzeitszeitungen etc., die auf Laserdruckern mit 600 dpi gedruckt werden	150 bis 200 ppi beim Scannen reichen meist aus.
Broschüren etc., die auf farbigen Tintenstrahldruckern ausgegeben werden	Bei Normalpapier zwischen 200 und 300 ppi, bei speziellem Fotopapier bis zu 600 ppi

Scannen für Einsteiger

Das elektronische Bearbeiten von Bildern hat manchmal etwas von einer schwarzen Kunst. Der Trick besteht darin, sich ein Bild anzuschauen und zu wissen, was damit passieren muß, damit es am Ende gut aussieht. Aber keine Panik, man kann diese Dinge durchaus lernen, und mit wachsender Erfahrung wird die Benutzung von Photoshop, PhotoPaint oder ColorIt auch einfacher.

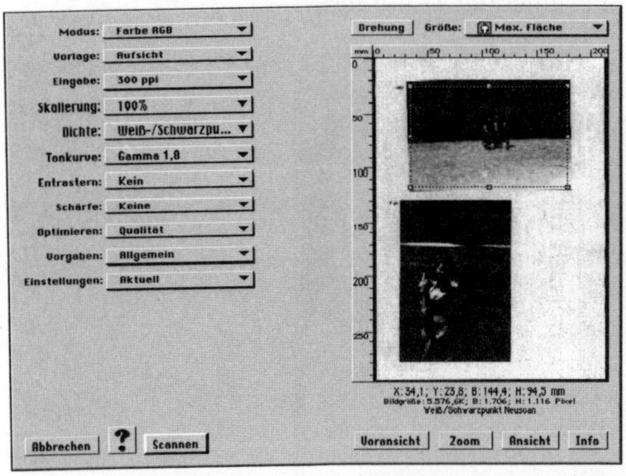

Abb. 7.2 Scannersoftware bietet viele Einstellungsmöglichkeiten (hier Agfa Snapscan).

Ein Geheimnis brauchbarer Bilder besteht darin, mit möglichst gutem Ausgangsmaterial anzufangen, also mit einem fehlerfreien Scan. Wir wollen Ihnen deshalb in einigen Schritten erklären, wie Sie Bilder erfolgreich digitalisieren.

1. Bereiten Sie den Scanner vor: Stellen Sie das Gerät auf eine ebene Unterlage, auf der es nicht kippeln kann. Wählen Sie möglichst einen Ort, auf den wenig Fremdlicht fällt, und reinigen Sie die Glasplatte von Staub und Fusseln. Schalten Sie das Gerät einige Minuten vor Benutzung ein, damit die eingebauten Lampen Zeit haben, ihre volle Leistung zu entfalten.

2. Legen Sie das Bild eben auf den Scanner, schließen Sie den Deckel oder beschweren Sie es mit einem Buch, damit es glatt an der Glasscheibe anliegt. Wenn möglich, legen Sie das Bild in die Mitte das Scanners, weil das Gerät dort am besten abtasten kann.

3. Stellen Sie die Scan-Software entsprechend Ihren Anforderungen ein. Achten Sie bei gedruckten Vorlagen darauf, die Option «Entrastern» zu akti-

vieren. Probieren Sie aus, ob die Einstellungen der Software zur Korrektur von Schärfe und Farbe funktionieren oder ob Sie das lieber nach dem Scan in Ihrer Bildbearbeitung erledigen wollen.

4. Scannen Sie die Vorschau, und stellen Sie den gewünschten Bildausschnitt ein.

5. Wenn Ihnen der automatische Helligkeitsabgleich nicht genügt, legen Sie den Weiß- und Schwarzpunkt selbst per Hand fest.

Abb. 7.3 Sagen Sie dem Scanner, wo Schwarz und Weiß sind, damit auch das aus dem Bild herauskommt, was für Sie wichtig ist.

6. Scannen Sie das Bild ein, und überprüfen Sie, ob Sie mit Helligkeitsverteilung und Bildausschnitt zufrieden sind.

7. Wenn nötig, korrigieren Sie die Tonwerte des Bildes. In Photoshop geht das mit den Befehlen *Tonwertkorrektur* oder *Gradationskurven*. Achten Sie dabei darauf, daß Details in den Mitteltönen gut sichtbar sind und die dunklen Töne nicht «zulaufen», also daß nicht alles einfach Schwarz wird. Experimentieren Sie ein wenig!

8. Schärfen Sie das Bild nach, falls das die Scannersoftware nicht schon für Sie erledigt hat. In Photoshop heißt der entsprechende Befehl etwas irreführend *Filter/Scharfzeichnungsfilter/Unscharf maskieren*.

9. Stellen Sie den Bildausschnitt frei, den Sie wirklich haben wollen. Wenn nötig, rotieren Sie das Bild noch so, daß es gerade ist.

Über dpi und lpi

Den Begriff «dpi» kennen Sie sicher: Er gibt an, wieviele Punkte pro Zoll (dots per inch) ein Ausgabegerät drucken kann. Bei Scannern heißt das übrigens auch «ppi» (pixel per inch) und meint dasselbe – wieviel Punkte pro Zoll der Scanner abtasten kann.

Was aber ist nun «lpi» (lines per inch) ? Dieser Begriff heißt auch Rasterweite und hat mit dem Drucken von Farb- oder Graustufenbildern (z.B. Fotos) auf Druckern zu tun, die nur schwarzweiß drucken können.

Um die verschiedenen Graustufen zu simulieren, variiert der Drucker die Größe der komplett schwarzen Punkte. Er plaziert sie auf einem gleichmäßigen Gitter. Je mehr dieser Gitterlinien pro Zoll vorhanden sind, um so überzeugender sind die Halbtöne. Schauen Sie sich einmal ein Foto in einer beliebigen Tageszeitung genau an, dann können Sie die Linien erkennen.

In Wirklichkeit kann ein Laserdrucker natürlich nicht die Größe seiner Druckpunkte verändern. Um einen Halbton zu erzeugen, druckt das Gerät größere Punkte, die ihrerseits aus vielen kleinen, regelmäßig geformten Punkten bestehen. Wie Sie sehen, hängen dpi und lpi unmittelbar zusammen: Je kleiner die regulären Punkte sind, die der Drucker ausgeben kann, um so größer ist die Auswahl an Helligkeitswerten bei den zusammengesetzten Punkten – und um so mehr verschiedene Graustufen kann der Drukker reproduzieren.

Fast jede Scannersoftware erlaubt Ihnen, die gewünschte Rasterweite in lpi einzustellen. Die übliche Faustregel ist, mit der doppelten Rasterweite des Gerätes zu scannen, auf dem das Bild letztendlich ausgegeben werden soll. Wenn Ihr Drucker eine Rasterweite von 60 lpi hat (also ein Laserdrucker mit 300 dpi), dann sollten Sie mit 120 ppi scannen. Wollen Sie das Bild vor dem Drucken noch vergrößern, wählen Sie eine entsprechend höhere Einstellung. Es lohnt sich allerdings nicht, mit mehr als der doppelten Rasterweite des Ausgabegerätes zu scannen. Eine noch höhere Einstellung bringt keinen Zuwachs an Qualität, sondern verbraucht nur Platz auf der Festplatte und verlangsamt das Drucken.

Die Feinheiten beim Scannen

Wie Ihr Scanner genau funktioniert und was Sie bei jedem einzelnen Bild beachten müssen, können wir an dieser Stelle nicht für jeden Fall klären. Dazu gibt es Bücher über richtiges Scannen, Bildbearbeitung etc. Einige generelle Tips und Tricks sollten Sie trotzdem im Hinterkopf behalten:

- Um sowohl die Druckzeit als auch die Dateigröße der gescannten Bilder zu minimieren, sollten Sie den gewünschten Bereich des Bildes freistellen, bevor Sie es scannen.

- Auch wenn es nach Zeitverschwendung klingt: Wenn Sie mehrere Dokumente scannen, schließen Sie beim Scannen der Einzelblätter besser jedesmal den Deckel des Scanners. Die Qualität des digitalen Bildes könnte sonst Schaden nehmen.

- Lesen Sie beim Kauf eines 1200-ppi-Scanners das Kleingedruckte. Diese Auflösung entspricht oftmals nicht der optischen Auflösung, die durch die Anzahl von Sensoren bestimmt wird. Statt dessen teilt die Scannersoftware jedes Pixel in Ihrem Bild in kleinere Punkte, um so ein schärferes Bild zu simulieren (interpolierte Auflösung). Dies mag bei Linienzeichnungen die ausgefransten Kanten verringern, aber die Interpolation kann nicht die Details ersetzen, die die Optik des Scanners nicht aufnehmen kann. Wichtig ist in jedem Fall die optische Auflösung, und echte 1200-ppi-Scanner kosten deutlich mehr als die normalen Heimgeräte.

- 24-Bit-Scanner nehmen so viele Farben auf, wie Ihr Auge sehen kann. Neuerdings werden Scanner mit einer Farbtiefe von 30 oder sogar 36 Bit angeboten – dafür müssen Sie als Heimanwender jedoch nicht mehr Geld ausgeben. Allerdings gibt es mittlerweile auch viele günstige Scanner in dieser Klasse. Der Vorteil dieser Auflösung liegt darin, daß die Bildbearbeitungsprogramme mehr Spielraum beim Umgang mit den Daten haben. Wenn es also nicht zu teuer ist, schadet es nichts – ob es etwas nutzt, hängt von Ihrer Anwendung ab.

Gar kein Scanner?

Sie müssen sich nicht unbedingt selbst einen Scanner kaufen, vor allem dann nicht, wenn Sie das Gerät nur ein- oder zweimal im Jahr benutzen. Viele Firmen (und auch Fotografen) bieten mittlerweile an, Ihre Bilder zu scannen und sie auf CD zu brennen. Das mag zwar nicht ganz so billig sein wie Ihre eigene

Arbeit, aber Sie müssen sich keinen eigenen Scanner anschaffen, und außerdem verfügen die Dienstleister meist über bessere Technik und mehr Erfahrung im Umgang damit. Haben Sie Dias, Negative oder unentwickelte Filme, dann brauchen Sie keinen sündhaft teuren Filmscanner. Entweder scannt Ihr Fotograf die Bilder für Sie, oder er läßt Ihnen eine Photo-CD herstellen. Das ist ein spezielles Format von Kodak, bei dem etwa 100 Bilder in hoher Qualität auf eine CD passen. Sie können eine Photo-CD nach und nach füllen lassen. Jedesmal, wenn Sie einen neuen Film haben, wird eine neue Session angehängt. Pro Bild kostet Sie das etwas über 1 DM, dazu kommt pro Session eine Pauschale von ca. 4,50 DM.

Alles über OCR

Wenn Sie ein Bild scannen, ist das Ergebnis eine Bilddatei, üblicherweise ein TIFF-File. Der Mac stellt sich ein gescanntes Bild als eine Menge an Pixeln vor. Falls diese Punkte aus Versehen Wörter bilden, weiß das der Computer nicht. Bearbeiten können Sie diesen Text nur mit Hilfe des Radiergummis in einem Bildbearbeitungsprogramm. Mit einer OCR-Software (Optical Character Recognition; Optische Zeichenerkennung) ist es für den Computer möglich, das Muster aus Punkten in Text umzuwandeln und als neue Textdatei zu speichern. Sie können dann den exportierten Text in Ihrer Textverarbeitung öffnen, bearbeiten und formatieren.

Bei ihrer Einführung 1970 kosteten OCR-Geräte ein Vermögen. Heute können Sie schon für wenig mehr als 100 DM eine Software für Ihren Mac kaufen – und diese funktioniert sogar noch besser als die Maschinen von damals.

So funktioniert OCR

Ein gescanntes Bild besteht aus vielen kleinen Punkten – deshalb wird es auch als Bitmap bezeichnet. Der Scanner selbst unterscheidet nicht zwischen Text, Zeichnungen oder Fotos, er zeichnet einfach nur die hellen und dunklen Bereiche der Seite auf und stellt sie elektronisch dar. Die OCR-Software untersucht die Punkte und testet, ob deren Anordnung mit Buchstaben oder Zahlen übereinstimmt. Weiterentwickelte OCR-Programme verwenden sogar den Originalzeichensatz und übernehmen das Layout des Dokuments. Bei der Schrifterkennung greifen solche Programme oft auf Datenbanken zurück. Viele Programme sind lernfähig, das heißt, man kann ihnen beibringen, fremde Formen oder verzerrte Zeichen zu erkennen. Diese neuen Informationen werden in einer Voreinstellungsdatei (Preference-File) gespeichert, und bei der nächsten Anwendung kann das Programm so genauer arbeiten.

Faxe und OCR

Aufgrund ihrer zuweilen sehr ausgefransten Konturen und geringen Auflösung können Faxe auch die beste OCR-Software in die Knie zwingen. Bei den meisten Faxgeräten läßt sich die Qualität einstellen, und feiner aufgelöste Faxe können besser erkannt werden. Wichtig ist auf jeden Fall, daß das Original vom Versender möglichst sauber gehalten wird, damit auch die Kopie von irritierenden Verunreinigungen verschont bleibt.

ACHTUNG

Tödlich für jede Texterkennung sind Hintergrundmuster und kariertes Papier. Abgesehen davon dauert diese Art von Papier beim Versenden unheimlich lange, denn jeder Punkt, jede Linie und auch jedes Karo werden vom Fax erkannt und übertragen. Neuere Faxmodems werden gleich mit spezieller Software geliefert, in die auch Texterkennung eingebunden ist. Das Ergebnis ist oftmals genauer und besser als das mancher OCR-Programme, außerdem ist der Preis auch etwas niedriger (7.4).

CUPERTINO, Calif.--September 10, 1984--Apple Computer today
introduced a new Macintosh (TM) personal computer with 512 kilobytes
of internal memory. The powerful business computer enables users to
take advantage of larger documents and models, faster response time,
and the more than 40 business productivity software packages now
shipping.

CUPERTINO, Calif.--September 10, 1984--Apple Computer today introduced
a new Macintosh (TM) personal computer with 512 kilobytes of internal
memory. The powerful b@siness computer enables users to take
advantage of larger documents and @dels, faster response time, and the
more than 40 business productivity software packages now sliipping-

Abb. 7.4 Texterkennungssoftware für Faxmodems kann aus einem verwischten, unsauberen Text eine Datei für Ihre Textverarbeitung machen. Im unteren Bild sehen Sie ein Bildschirmfoto der Word-Datei. Fehlerfrei ist der erkannte Text zwar nicht, aber immerhin fast …

Korrekturlesen oder Rechtschreibprüfung?

Fehler in den Dokumenten, die von einer Texterkennungssoftware erzeugt werden, unterscheiden sich deutlich von den Tippfehlern, die wird selbst täglich fabrizieren. Es handelt sich dabei um visuelle Fehler (die Buchstabenkombination rn wird häufig als m erkannt, li als h usw.), die von einer Rechtschreibprüfung Ihres Textverarbeitungsprogrammes nicht unbedingt immer korrigiert werden können. Deshalb sollten Sie sicherstellen, daß maschinell erzeugte Textdateien immer von einem Menschen korrekturgelesen werden. Vor allem bei Ziffern und Zahlen bleiben Fehler nicht aus – und diese können katastrophale Auswirkungen haben, wenn sie nicht erkannt werden.

Tips für den Umgang mit Texterkennung

- Man kann es nicht oft genug betonen: Am wichtigsten ist ein deutliches und sauberes Original, um eine möglichst fehlerfreie und problemlose Texterkennung gewährleisten zu können.

- Die höchste Auflösung beim Scannen ist nicht immer auch die beste. Bei höheren Auflösungen werden auch kleinste Unreinheiten und Bildfehler ins Dokument übernommen, und diese führen zu Fehlern bei der Texterkennung. Wenn Sie vorhaben, einen gescannten Text mit einer OCR-Software zu bearbeiten, reichen 200 oder 300 ppi bei einer Textgröße von 10 bzw. 12 Punkten vollkommen aus.

- Farben helfen überhaupt nicht. Die meisten OCR-Programme unterscheiden nur zwischen hell und dunkel (also schwarz und weiß) – zu viele Farben erhöhen die Fehlerquote nur unnötig.

- Helligkeit kann entscheidend sein. Wenn Sie z.B. eine recht dunkle Kopie scannen, kommt die OCR-Software besser damit klar, indem Sie die Helligkeit des Dokuments beim Scannen um ca. 25% erhöhen.

Digitale Kameras

Um ein Foto in Ihren Mac zu bekommen, mußten Sie noch vor einigen Jahren traditionelle Fotos oder Dias machen und diese dann eins nach dem anderen digitalisieren. Dann entwickelte Apple die QuickTake-Kamera – eine einfache digitale Kamera mit begrenztem Speichervermögen, einer eher durchschnittlichen Optik und festem Fokus. Die Bilder waren nicht berauschend, aber plötzlich brauchte man keinen Film mehr, um Fotos für die Webseite oder die Hauszeitung in den Mac zu bekommen. (Um ehrlich zu sein, gab es auch vor der QuickTake digitale Kameras, aber das waren sündhaft teure Profigeräte.)

Digitale Kameras sehen wie klassische Kompakt-Fotoapparate aus, es gibt aber auch spezielle Digitalrückwände für bestimmte Spiegelreflexkameras. Statt des Films benutzen sie aber ein CCD-Element – ähnlich wie ein Scanner – und speichern das Bild auf digitalen Datenträgern. Je nach Kapazität der Speicherkarten und der Qualität der Bilder reicht so ein Datenträger für eine bestimmte Anzahl Bilder, danach müssen Sie ihn entweder auswechseln oder die Bilder über ein Kabel aus der Kamera auf die Festplatte Ihres Mac laden.

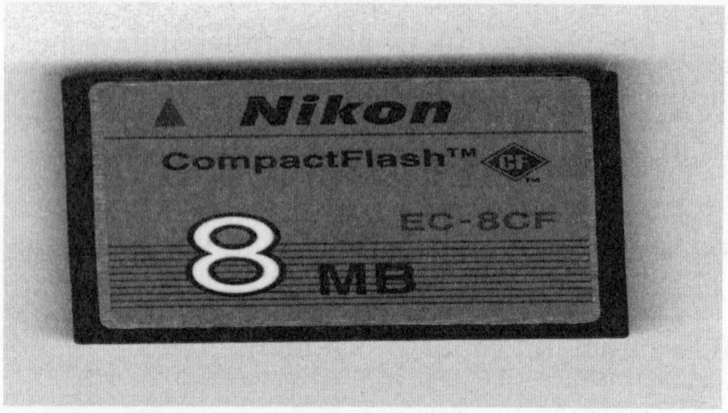

Abb. 7.5 Eine Flashcard – ein Speichermedium für Digitalfotos.

Mittlerweile hat sich die Situation bedeutend gebessert: Digitale Kameras werden von vielen Herstellern angeboten, darunter natürlich auch die renommierten Firmen aus der klassischen Fotobranche. Hatte die QuickTake damals noch deutlich über 1000 DM gekostet, so gibt es heute leistungsfähigere Modelle schon ab 400 Mark. Die technischen Daten der Geräte werden außerdem immer besser, so daß Sie Bilder mit der Qualität eines Fotos im Normalformat aufnehmen können. Sogar die Speichermedien haben genügend Kapazität, um auch bei hoher Qualität so viele Bilder wie ein Kleinbildfilm aufzunehmen.

Die guten und die schlechten Seiten von Digitalen Kameras

Der offensichtlichste Vorteil Digitaler Kameras ist, daß Sie als Anwender keinen Film brauchen. Sie können fotografieren, soviel Sie wollen, die schlechten Bilder löschen und die guten auf Ihren Mac überspielen – alles ohne Zeitverzögerung. Die Bilder sind außerdem gleich digital vorhanden, so daß Sie sie sofort mit Ihrem Bildbearbeitungsprogramm verändern, in der Helligkeit anpassen oder retuschieren können. Die Nachteile liegen vor allem in der Qualität der preiswerteren Digitalkameras, die nicht mit normalen Fotoapparaten mithalten können. Außerdem ist die ganze Bedienung umständlich: Die Elektronik der Geräte braucht viel Strom, Sie müssen deshalb immer auf die Batterien achten, die Kapazität der Speichermedien ist begrenzt. Vor allem brauchen Sie einen Computer, auf den Sie die Bilder laden, einen Farbdrucker zum Ausdrucken und vielleicht noch eine ganze Menge Zeit, um die Bilder zu korrigieren. Beim traditionellen Film geben Sie die Rolle einfach ab, und haben einige Tage später das Ergebnis in der Hand – völlig streßfrei.

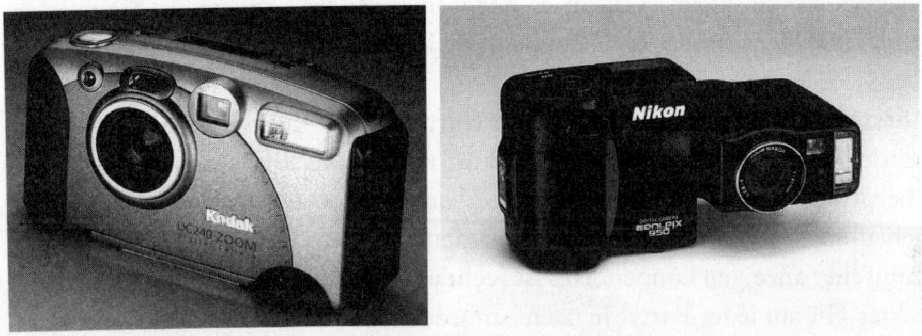

Abb. 7.6 Ob klassisch kompakt oder mit Drehoptik für das Selbstporträt, Digitalkameras gibt es in den unterschiedlichsten Variationen.

Trotzdem sind Digitalkameras auf dem Vormarsch, und die eben beschriebenen Nachteile werden mit der Weiterentwicklung der Technik auch geringer werden. Zweifelsohne haben diese Geräte einen entscheidenden Vorteil: Die digitalen Bilder liegen schnell vor und können z.B. über das Internet verschickt oder auf eine Webseite gepackt werden. Darüber freuen sich vor allem Leute, die schnell Bilder brauchen, auf denen das Objekt gut zu erkennen, die perfekte Ausleuchtung aber egal ist: Immobilienmakler, Versicherungsvertreter, Bauleiter, Service-Techniker und junge Eltern, die der Oma das Bild des Nachwuchses per E-Mail schicken können.

Eine Digitalkamera kaufen

Es gibt eine große Vielfalt an digitalen Kameras, sowohl was den Preis als auch die Eigenschaften der Geräte betrifft. Dazu kommt noch, daß sich die Technik permanent weiterentwickelt, so daß auch hier das Studium von Testberichten in Zeitschriften am besten hilft. Trotzdem im folgenden noch einige Dinge, auf die Sie beim Kauf achten sollten:

Auflösung der Bilder. Die ersten Digitalkameras konnten nur Bilder im Format 640 x 480 Pixel aufnehmen. In Anlehnung an die Monitornormen bei Computern hieß das VGA-Format. Das ist genug für Fotos auf Ihrer Webseite, zum Drucken reicht das aber kaum. Inzwischen gibt es jedoch auch bei den Konsumgeräten Modelle, die bedeutend höhere Auflösungen festhalten können, so daß die Grenze zum klassischen Foto weiter verschwimmt.

Geht es Ihnen darum, möglichst Fotos in hoher Qualität zu machen, so achten Sie auf den Speicherbedarf dieser Bilder. Falls nämlich das mitgelieferte Speichermedium zu klein ist, kann es nur wenige Bilder aufnehmen. Sie müssen dann entweder ständig wechseln oder die Bilder in Ihren Mac übertragen.

Ausstattung. Ein kleiner LCD-Bildschirm auf der Rückseite der Kamera ist mittlerweile eigentlich Standard. Damit können Sie Ihre Aufnahmen sofort überprüfen und die schlechten auch gleich wieder löschen. Manche Geräte haben auch einen Videoausgang, mit dem Sie Ihre Bilder gleich auf einem Fernseher anzeigen können. Das ist recht praktisch für Besprechungen und ein echter Hit auf jeder Party! Je nach Anforderung sollten Sie eventuell noch auf eine Dioptrien-Korrektur für Brillenträger oder einen Anschluß für externe Blitzgeräte achten.

Art des Speichermediums. Es gibt verschiedene konkurrierende Systeme, die Daten aus Digitalkameras speichern. Viele davon benutzen eine Art Wechselmedium, das Sie mit einem Zusatzgerät auch direkt in den Computer auslesen können, ohne die Kamera dazu zu benutzen. Erkundigen Sie sich, welches System am verbreitetsten ist und was es kostet, wenn Sie sich zusätzliche Speichermedien kaufen möchten.

Verbindung zum Computer. Machen Sie viele Digitalfotos, lohnt es sich eventuell, eines der speziellen Lesegeräte für die Speichermedien der Kamera zu kaufen. Das sind entweder separate Lesegeräte oder PC-Cards, die in PowerBooks passen und dann den Datenträger wie eine Festplatte im Finder des Mac erscheinen lassen. Für den Normalverbraucher gibt es dagegen eine Verbindung über die serielle Schnittstelle oder den USB-Port. Versuchen Sie, eine Kamera mit USB-Schnittstelle zu bekommen. Damit lösen Sie nicht nur die Anschlußprobleme an moderne Macs ohne serielle Schnittstelle, die Übertragung der Daten aus der Kamera geht auch bedeutend schneller.

Bedienung der Kamera. Unterschätzen Sie nicht, wie wichtig es ist, ob Sie die Kamera gut bedienen können! Genau wie bei konventionellen Fotoapparaten auch sollten Sie ein Modell aussuchen, mit dem Sie gut zurecht kommen. Achten Sie besonders auf solche Dinge wie die Umschaltung des Blitzes und die Einstellung der verschiedenen Betriebsarten. Probieren Sie aus, wie Sie mit der Benutzerführung und den Menüs für die Steuerung der wichtigsten Funktionen zurecht kommen – hier gibt es himmelweite Unterschiede.

Mitgelieferte Software. Alle Hersteller legen ihren Kameras spezielle Software bei, mit der Sie die Bilder in Ihren Mac bekommen. Im einfachsten Fall wird lediglich ein Ordner mit den Bildern auf die Festplatte kopiert. Andere Programme erlauben den komfortablen Direktimport in Photoshop oder sogar die komplette Fernsteuerung der Kamera vom Computer aus. Zusätzlich gibt es manchmal Pakete mit abgerüsteten Versionen von Photoshop oder anderen Bildbearbeitungsprogrammen. Ähnlich wie bei Scannern lohnt sich auch hier ein Vergleich der Angebote.

Energieverbrauch. Suchen Sie ein Modell, das mit einem Satz Batterien möglichst lange arbeiten kann! Nichts ist nerviger, als ständig die Akkus wechseln zu müssen, nur weil Sie abends immer den Blitz benutzen müssen.

Funktionsweise. Funktioniert die Kamera wie ein Fotoapparat? Wie auch bei einer klassischen Kompaktkamera gibt es hier Unterschiede. Überprüfen Sie, ob Sie die Kamera so benutzen können, wie Sie das gern möchten. Wenn der Schnappschuß erst gemacht wird, nachdem Sie den Auslöser schon zwei Sekunden gedrückt haben, die Tiefenschärfe nicht stimmt oder der Autofokus sich nicht für ein Bildteil entscheiden kann und alles unscharf wird, dann nutzt auch die höchste digitale Auflösung nichts mehr. Probieren Sie deshalb in Ruhe Ihr Wunschmodell aus.

Digitalbilder drucken

Die meisten Digitalkameras bieten zwei oder mehrere Qualitätsstufen an, mit denen sie Bilder aufnehmen. Je niedriger die Qualität ist, um so mehr Fotos können Sie schießen, bevor Sie das Speichermedium wechseln oder die Bilder auf die Festplatte auslagern müssen. Leider sind diese Bilder nur für Webseiten oder die Foto-Show auf dem Fernseher geeignet. Beim Druck sehen sie dagegen pixelig und häßlich aus, vor allem dann, wenn sie noch vergrößert werden.

Darum sollten Sie immer die höchste Qualität wählen, wenn Sie Bilder machen, die später gedruckt werden sollen. Bei dieser Einstellung enthält jedes Foto Millionen von Pixeln, die den Speicher der Kamera problemlos anfüllen. Haben Sie diese Bilder aber erst einmal in Photoshop, dann reduzieren Sie die Maße so, daß Sie eine Auflösung von 150 bis 220 dpi erhalten. Drucken Sie das Ganze dann mit einem Fotodrucker (z.B. einem Epson Stylus Photo) auf das richtige Spezialpapier, und Sie erhalten ein Bild, das einem konventionellen Foto in der Qualität nur wenig nachsteht.

HEISSER TIP

Wenn Ihnen die ganze Aufregung mit Photoshop, dem Drucker und dem Spezialpapier zu viel ist, dann können Sie die Speichermedien auch zu vielen Fotografen tragen. Diese verfügen über die Ausrüstung und die Erfahrung, um Ihre Bilder optimal auf Papier zu bannen. Und wenn Sie das möchten, können Sie sich oft auch gleich noch eine CD mit Ihren Digitalaufnahmen brennen lassen.

8 Daten durch den Draht

In diesem Kapitel

Ein Modem an einen Mac anzuschließen, ist leicht; die Kommunikation mit der Außenwelt herzustellen ist eine viel größere Herausforderung. Willkommen in der Welt der Telekommunikation, einer Technik, die gespickt ist mit komplizierten Wendungen wie Zyklische Redundanzüberprüfung, TCP/IP und YMODEM-G; einer Technik, bei der viele der am häufigsten gebrauchten Abkürzungen aus dem Französischen kommen; einer Technik, die Zubehör erfordert, das schreckliche Geräusche macht, wenn es richtig funktioniert.

Wir sind aber sicher, daß weder eine DOS-angehauchte Terminologie, noch eigenwillige Hardware oder gar französische Worte Sie davon abhalten können, die Kunst der Kommunikation über ein Modem zu meistern. Wenn Sie Ihren Mac erst einmal online gebracht haben, ist die Welt Ihr Schreibtisch. Gehen Sie ins Internet oder in einen Online-Dienst, und Ihr Mac wird ein Hilfsmittel zum Einkaufen, Forschen und Austauschen von Ideen auf internationalem Niveau, zum Spielen und Arbeiten, ohne daß Sie sich aus Ihrem Haus herausbewegen müssen. Wenn Sie alle Möglichkeiten in Betracht ziehen, werden Sie kaum einen aufregenderen Weg finden, Ihren Mac einzusetzen – falls es Ihnen gelingt, die Technik zum Laufen zu bringen.

In diesem Kapitel zeigen wir Ihnen, wie Sie ein Modem einrichten, um mit anderen Computern und Faxgeräten zu kommunizieren. Mehr zum Thema Internet finden Sie in Teil VI weiter hinten in diesem Buch.

Hardware

Computer und Telefone kommunizieren vollkommen unterschiedlich. Wie Sie wissen, denkt Ihr Mac in Binärzahlen und verarbeitet jede Information digital. Bei jeder Aktion, die der Mac ausführt, werden Millionen elektronischer Schalter in seinen Schaltkreisen entweder ein- oder ausgeschaltet und erzeugen so einen Strom von Nullen und Einsen. Die meisten Telefone denken nicht in Nullen und Einsen. Es handelt sich dabei um analoge Geräte, die Daten (vor allem Töne) nicht mit Hilfe von Ein- und Ausschaltern befördern, sondern über einen stetigen Stromfluß, der auf verschiedene Frequenzen, Spannungen und Amplituden moduliert wird.

Die Aufgabe des Modems ist es, den Digitalcode des Macs zu nehmen – alle Nullen und Einsen – und in die entsprechenden Frequenzen zu übersetzen, die über die Telefonleitung verschickt werden können. Dazu wird das elektrische

Signal beim Senden variiert (moduliert), wobei jedem Bit oder jeder Gruppe von Bits eine andere Frequenz zugewiesen wird. So sind die Modems auch zu ihrem Namen gekommen: sie modulieren und demodulieren die elektrischen Signale, die durch die Leitung kommen. Viele moderne Telefonnetze benutzen heutzutage für die interne Weiterleitung der Gespräche digitale Übertragungswege. In vielen Ländern (vor allem in Europa) sind zusätzlich auch digitale Leitungen bis zu den Endkunden verbreitet. Meistens handelt es sich dabei um ISDN-Anschlüsse. (Weiter hinten in diesem Kapitel erfahren Sie mehr über diese Technologie.) Auch wenn die Digitalisierung der Telefonnetze fortschreitet, so wird es noch lange Zeit analoge Anschlüsse geben. Tatsächlich stellen die heutigen globalen Telefonnetze eine Mischung aus älteren analogen und neueren digitalen Technologien dar.

HEISSER TIP

Wenn Sie in Deutschland leben, dann kann es sich für Sie lohnen, statt eines neuen Modems einen ISDN-Adpater für Ihren Mac anzuschaffen. Entscheidend sind dabei letztlich die Kosten für die Installation und den Betrieb des Anschlusses sowie die Ansprüche, die Sie an die Datenübertragung haben. Falls Sie vor dieser Entscheidung stehen, sollten Sie weiter hinten in diesem Kapitel den Abschnitt «Analog oder doch lieber digital?» lesen.

Abb. 8.1 Externer ISDN-Adapter mit USB-Anschluß, Faxfunktion und Kanalbündelung (ISDN Vigor, www.drbottkg.de).

ACHTUNG

Haben Sie dagegen ein PowerBook und sind viel im Ausland unterwegs, dann sollten Sie derzeit ISDN lieber vermeiden. Es gibt nämlich kleine, aber gemeine Unterschiede zwischen den ISDN-Standards der einzelnen Länder, die Ihre Datenübertragung zur Qual oder gar unmöglich machen können. Ein analoges Modem dagegen funktioniert überall da, wo Sie auch telefonieren können. Die Herausforderung besteht darin, die elektrische Verbindung vom

Modemkabel zur jeweiligen nationalen Steckdose herzustellen. Am besten lösen Sie das (legal) mit Adaptersteckern oder (nicht ganz legal) mit einem Taschenmesser und einem halben Meter losen Telefonkabels.

Es gibt für den Macintosh sowohl interne als auch externe Modems und ISDN-Adapter. Die externen Geräte werden an die serielle Schnittstelle oder neuerdings auch an den USB-Port angeschlossen (8.1). Diese Geräte sind normalerweise mit einer Reihe von Statusanzeigen ausgestattet, die Ihnen mitteilen, wann das Modem bereit zur Verbindung ist, wann das Telefon abgenommen ist, wann ein Ton von einem anderen Modem erkannt wird und wann Daten empfangen oder gesendet werden.

HEISSER TIP

Externe Modems und ISDN-Adapter funktionieren sowohl am PC als auch am Mac – vorausgesetzt, die richtige Schnittstelle ist vorhanden. Bei den meisten Herstellern ist es jedoch so, daß die Software zur Unterstützung des Modems für den Mac gar nicht oder nur gegen Aufpreis vorhanden ist. Trotzdem können Sie ein preisgünstiges Modem vom PC-Händler am Mac betreiben. Wie das geht, erklären wir Ihnen im Abschnitt «PC-Hardware am Mac».

Modemgeschwindigkeiten

Die vermutlich wichtigste Eigenschaft Ihres Modems ist seine Geschwindigkeit. Der derzeitige Stand der Technik sind Modems mit 56.000 Bits pro Sekunde (die gebräuchliche Schreibweise ist 56 kbps), daneben sind aber auch noch Geräte mit 28,8 kbps oder 33,6 kbps eim Einsatz. Die Zeit der Jahr für Jahr auftretenden Geschwindigkeitsverdoppelungen ist jedoch vorbei. Mit 56 kbps stoßen Modems an ihre technischen Grenzen.

Was bedeuten diese Zahlen nun in bezug auf die Geschwindigkeit? Wenn Sie eine 1 MB große Datei über ein Modem mit 33,6 kbps übertragen, dauert die Übertragung (unter idealen Bedingungen) etwa fünf Minuten. Bei einem Modem mit 2,4 kbps müßten Sie über eine Stunde warten! Offensichtlich sparen Sie mit einem schnelleren Modem eine Menge Zeit und Geld und vermeiden Frust.

ACHTUNG

Es ist aber durchaus nicht so, daß Ihr Modem immer die maximale Übertragungsgeschwindigkeit erreicht, die theoretisch möglich ist. Vor allem die Qualität der Leitung, aber auch die des Modems der Gegenstelle, bestimmen letztlich, welche Datenmenge Sie tatsächlich pro Sekunde übertragen können. Bei einer stark gestörten Leitung oder einem veralteten Modem auf der Gegenseite kann es passieren, daß auch das neueste High-Tech-Modem nur mit halber Geschwindigkeit arbeiten kann. Eine Übertragung ist also immer nur so schnell wie das langsamste der beteiligten Modems. Wenn Sie auf der Gegenseite ein Modem mit 14,4 kbps haben, wird auch Ihr 33,6er Modem nur mit 14,4 kps arbeiten.

TECHNIK

Moderne Modems haben eine Art «Intelligenz». Sie überwachen während der Verbindung ständig die Qualität der Leitung. Wird diese schlechter – z.B. weil plötzlich mehr Störungen auftreten – schalten die Geräte die Geschwindigkeit zurück (im Modem-Englisch heißt das «Fall back»). Merken die Geräte dagegen, daß die Leitung wieder besser wird, versuchen sie die Geschwindigkeit wieder zu steigern («Fall forward»). Damit das funktioniert, müssen allerdings beide Modems die entsprechenden Protokolle verwenden. 56K-Modems schaffen die Maximalgeschwindigkeit nur beim Empfangen, beim Senden können Sie maximal 33,6 kbps erreichen. ISDN-Adapter hingegen bieten 64 kbps in beide Richtungen.

ACHTUNG

Wenn Sie direkte Datenübertragung mit einem Partner betreiben und dazu eine Wählverbindung benutzen, zahlt sich jeder Geschwindigkeitszuwachs bei der Übertragung aus. Wählen Sie sich jedoch mit Ihrem Modem oder ISDN-Adapter ins Internet oder einen Online-Dienst ein, so ist gerade zu Stoßzeiten das Netz an sich langsamer als Ihre Wählverbindung. In der Praxis bedeutet das, daß Sie z.B. von einem Webserver in den USA Daten nur mit 7 kbps erhalten, obwohl Ihr Modem doch 56 kbps schafft. In einem solchen Fall nützt Ihnen das schnelle Modem nur etwas, wenn Sie parallel noch eine zweite Webseite abrufen, eine Datei herunterladen oder Ihre E-Mail abholen. Benutzen Sie aber das Modem, um sich direkt in Ihre Firma einzuwählen, so haben Sie die Leitung für sich und können die Verbindung mit voller Geschwindigkeit nutzen.

HEISSER TIP

Kaufen Sie heute kein Modem mehr, das nicht 56 kbps übertragen kann. Es kann sein, daß hier und da noch ältere Modelle angeboten werden, dabei handelt es sich aber mit Sicherheit um Ladenhüter. 56K-Modems sind der Stand der Technik, zu allen älteren Geräten kompatibel und werden von vielen Herstellern angeboten. Wenn Sie bei einem Online-Anbieter angemeldet sind, der nach Zeit abrechnet, spart jede Minute Geld, die Sie wegen des schnelleren Modems nicht online sein müssen.

Richtig komprimieren

Die maximale Übertragungsgeschwindigkeit eines Modems oder ISDN-Adapters liegt fest, trotzdem finden Sie manchmal in der Werbung Angaben mit Maximalgeschwindigkeiten «bis zu 115,2 kpbs oder mehr». Das ist natürlich nicht ganz korrekt, trotzdem ist es möglich, mehr Daten pro Sekunde zu übertragen, als das Modem eigentlich erlaubt. Der Trick dabei ist, daß die Nutzdaten komprimiert verschickt werden. Bei der Komprimierung wird die zu übertragende Datei untersucht, ob sie durch eine andere Anordnung der Bytes verkleinert werden kann, ohne dabei Informationen zu verlieren. (Aus der Datei wird im Prinzip die «überflüssige Luft» abgelassen.) Beim Dekomprimieren oder «Auspacken» wird der Urzustand wieder hergestellt. Wie stark sich eine Datei komprimieren läßt, hängt vom Inhalt und vom verwendeten Verfahren ab. So lassen sich reine Textdaten bis auf ein Zehntel verkleinern, Audiodaten dagegen fast gar nicht.

Bei der Datenübertragung kann die Komprimierung entweder im Modem selbst oder mit speziellen Programmen (wie DropStuff oder ZipIt) auf dem Mac passieren. Das Modem muß dazu allerdings ein spezielles Protokoll benutzen, das auch die Gegenseite versteht, die dann die Daten wieder auspackt. Wenn Sie bereits komprimierte Daten übertragen, bringt die zusätzliche Komprimierung im Modem keine weitere Verkleinerung der Dateien.

Prinzipiell ist es eine gute Idee, die Daten vor dem Versand selbst zu komprimieren und das nicht dem Modem zu überlassen. Dieses Verfahren ist sinnvoller, weil man mit speziellen Programmen ganze Dateien als Block komprimieren und deshalb je nach Inhalt das günstigste Verfahren benutzen kann. Das Modem dagegen kann immer nur den Inhalt seines internen Pufferspeichers komprimieren und ist darum weniger effektiv. Es gibt auch Dateiformate, die Daten komprimieren. Dazu gehören GIF, JPEG, PNG und TIFF mit eingeschalteter Komprimierungsoption. Normales TIFF, BMP, PCX und Photoshop-Dateien sind dagegen nicht komprimiert!

Beherzigen Sie unseren Rat, und komprimieren Sie alle Dateien, bevor Sie sie verschicken – Sie werden erstaunt sein, wie klein Ihr Word-Dokument oder das Bild aus Ihrer Digitalkamera auf einmal wird. (Mehr Informationen zu Komprimierung und Dateiformaten im Internet finden Sie in Teil VI.)

Möchten Sie ein neues Modem an einem älteren Mac betreiben, so kann es passieren, daß dessen serielle Schnittstelle nicht die maximale Datenrate verarbeiten kann, die das Modem liefert. In so einem Fall funktioniert die Übertragung zwar trotzdem, aber der Mac drosselt die Maximalgeschwindigkeit. Bei ISDN-Adaptern ist dieser Effekt noch ausgeprägter. Ältere Macs scheinen auch oft recht langsam zu werden, wenn das Modem viele Daten überträgt. Das läßt sich leider nicht vermeiden, in solchen Fällen müssen Sie einfach warten, bis der Mac auf Ihre Eingaben reagiert – es dauert manchmal etwas.

FEHLER

Die Wahrheit über 56K-Modems

Eigentlich dürfte es gar nicht möglich sein, 56.000 Bits pro Sekunde über eine normale analoge Telefonleitung zu übertragen. Damit das trotzdem funktioniert, haben die Erfinder dieses Verfahrens tief in die elektronische Trickkiste gegriffen, allerdings gibt es einige wichtige Einschränkungen: Sie erreichen die 56 kbps nur bei der Verbindung mit einem entsprechend ausgerüsteten Internet-Provider, und dann auch nur in der Richtung vom Provider zu Ihnen. Umgekehrt können Sie Daten maximal mit 33,6 kbps übertragen.

Auch wenn Ihr Kommunikationspartner ebenfalls ein 56K-Modem hat, können Sie bei einer direkten Verbindung nur eine Datenrate von 33,6 kbps erreichen. Nur Provider mit der enstprechend ausgefeilten Technik sind in der Lage, Ihnen Daten mit 56 kbps zu senden!

HEISSER TIP

Müssen Sie öfter größere Datenmengen übertragen, sollten Sie (und natürlich Ihre Partner) auf ISDN umsteigen. Damit können Sie für die gleiche Verbindungsgebühr die doppelte Datenmenge übertragen. Sie werden mit Ihrem 56K-Modem allerdings nicht in jedem Fall die volle Übertragungsrate erreichen. Meistens wird diese geringer sein, je nachdem, wie gut die Leitung vom Anschluß Ihres Modems durch die halbe Stadt zur nächsten Vermittlungsstelle ist. Manchmal ändert sich die Geschwindigkeit der Verbindung sogar mit der Tageszeit – je nachdem, wieviele andere Gespräche gleichzeitig stattfinden und wie viele Störungen diese verursachen.

TECHNIK

Die 56K-Technik funktioniert nur, wenn Ihr Modem direkt an eine digitale Vermittlungsstelle angeschlossen ist und zwischen Ihrem Hausanschluß und dieser Vermittlung keine weiteren Schaltstellen liegen. Nur unter dieser Bedingung lassen sich überhaupt so schnelle Verbindungen herstellen. Ob das bei Ihnen funktioniert, müssen Sie entweder ausprobieren oder durch einen Anruf bei Ihrer Telefongesellschaft herausfinden. Dabei kann das von Gebiet zu Gebiet stark variieren, je nach Alter der Vermittlungsanlagen. So hat z.B. der Osten Deutschlands ein sehr modernes Telefonnetz, in dem 56K-Modems fast überall funktionieren; ältere analoge Vermittlungsanlagen in anderen Gebieten hingegen unterstützen diese Technik nicht.

Es gibt aber ein weiteres Problem mit 56K, auch wenn es mittlerweile nicht mehr so aktuell ist: Manche 56K-Modems sind nicht vollständig kompatibel. Es gab ursprünglich zwei 56K-Standards – der eine heißt x2, der andere K56flex – mit vollkommen unterschiedlichen Sprachen. Wenn an den Einwahlpunkten Ihres Providers x2-Modems stehen und Sie ein K56flex-Modem besitzen, haben Sie Pech – Sie erreichen maximal 33,6 kbps.

Die 56K-Misere entstand folgendermaßen: Neue Modemtechniken richten sich normalerweise nach einem internationalen Format, das von einer weltweit arbeitenden Organisation namens ITU erstellt wird. Indem sie die ITU-Standards einhalten, garantieren die Modemhersteller, daß z.B. zwei beliebige 33,6K-Modems miteinander kommunizieren können.

Mit der 56K-Technik waren die Modemhersteller jedoch zu schnell – sie führten 56K-Modems ein, bevor die ITU eine Spezifikation herausgegeben hatte. Manche Hersteller richteten sich nach dem K56flex-Standard (von Rockwell Semiconductor entwickelt), andere hielten sich an 3Coms x2-Technik. (x2 stammt eigentlich von US Robotics, die Firma wurde aber von 3Com aufgekauft.) Im Jahre 1998 endlich gab die ITU einen endgültigen, einheitlichen Standard namens V.90 heraus. Allerdings ist V.90 weder mit x2 noch mit K56flex kompatibel…

ACHTUNG

Wenn Sie eines der ersten 56K-Modems haben, die sich nicht auf V.90 aufrüsten lassen, dann haben Sie Pech und können nur hoffen, daß Ihr Internet-Provider den Standard Ihres Modems zusätzlich unterstützt. Viele Modems lassen sich jedoch nachträglich auf V.90 aktualisieren. Das geschieht über ein Update der Firmware. Das ist das Stück Software, das auf dem kleinen Computer in Ihrem Modem läuft. Besuchen Sie die Webseite Ihres Modem-Herstellers, um herauszufinden, ob und wie Sie die Firmware Ihres Modems auf den neuesten Stand bringen können.

Um die Firmware zu aktualisieren, brauchen Sie ein spezielles Programm, das die neue Software in Ihr Modem hineinschreibt. Leider ist es oft so, daß diese Aktualisierer-Programme nur selten für den Mac, aber immer für Windows zu haben sind. In so einem Fall müssen Sie sich die nötige Software aus dem Internet laden und dann das Modem zum Aktualisieren an einen PC anschließen. Danach können Sie es problemlos am Mac benutzen.

Standards und Protokolle

Damit die Verständigung zwischen zwei Modems funktioniert, müssen das empfangende Modem und das sendende Modem den gleichen Regeln folgen. Andernfalls sind sie nicht in der Lage, die Signale korrekt zu kodieren bzw. zu dekodieren. Es muß also einen Standard geben, der sicherstellt, daß zwei Computer, die mit Modems ausgestattet sind, einander verstehen.

Die ITU – die International Telecommunications Union – Telecommunications Standardization Sector (früher unter dem Namen Comité Consultatif Télégraphique et Téléphonique oder CCITT bekannt) ist eine internationale Expertengruppe, die entscheidet, welche Kommunikationsmethoden und -protokolle die Standards bilden. In diesem Komitee sitzen Modemhersteller, Telekommunikationsfirmen und Regierungsvertreter und eigentlich ist es eine Behörde der Vereinten Nationen.

Folgende Standards sind im Moment in Gebrauch. Die ersten fünf Standards haben vor allem mit der Übertragungsgeschwindigkeit zu tun; die anderen sind für die Fehlerkorrektur und die Datenkomprimierung zuständig.

- **V.22bis:** Dieser Standard ist für die Kommunikation mit 2.400 bps zuständig und heute kaum noch verbreitet. Das Wort «bis» kommt aus dem Französischen und bedeutet soviel wie Wiederholung. Es handelt sich dabei um eine überarbeitete Version des V.22-Standards. Wenn Ihr Modem V.22bis-fähig ist, kann es also mit anderen V.22bis-Modems kommunizieren.

- **V.32:** Der Standard für die Kommunikation mit 9.600 bps.

- **V.32bis:** Der Standard für die Kommunikation mit bis zu 14.400 bps.

- **V.34:** Dieser Standard war ursprünglich für Übertragungen bis zu 28.800 bps gedacht. 1996 erweiterte die ITU den Standard, so daß er nun die Spezifikation für 31.200 bps und 33.600 bps enthält. Was kaum bekannt ist: Der V.34-Standard ist nicht schneller als vorhergehende Standards, er ist nur zuverlässiger. V.34-Modems bieten trotz rauschender Telefonleitungen und anderer Interferenzprobleme eine stabile Kommunikation.

- **V.90:** Dieser neue Standard für die Datenübertragung mit 56K ersetzt die x2- und K56flex-Spezifikationen, die von den Modemherstellern bisher eingesetzt wurden. V.90 erlaubt eine Download-Geschwindigkeit bis zu 56 kbps und eine Sendegeschwindigkeit von etwa 33,5kbps.

- **V.42:** Dieser Standard hat nichts mit der Geschwindigkeit, sondern mit der Fehlerkorrektur zu tun. Er enthält die Klassen 2 bis 4 des Microcom Networking Protocol (MNP) – eines Übertragungsschemas, das nach Fehlern in der Übertragung sucht. Scheinen Daten auf der Leitung zerstört worden zu sein, wird die letzte Nachricht automatisch noch einmal gesendet. V.42-fähige Modems enthalten diese Fehlerkorrektureigenschaften.

- **V.42bis:** Dieser Standard zur Datenkomprimierung verbessert die Übertragungsgeschwindigkeit, indem die Daten vor dem Senden komprimiert werden. Die Dekomprimierung ist Sache des empfangenden Modems. Ein weiteres verbreitetes Übertragungsprotokoll namens MNP Klasse 5 unterstützt ebenfalls Datenkomprimierung. Dateien, die bereits mit einem Programm wie StuffIt komprimiert wurden, profitieren von dieser Art der Komprimierung nicht weiter. Damit V.42bis vollständig funktioniert, müssen Sie Ihr Modem mit einem speziellen Hardware-Handshake-Kabel an Ihren Mac anschließen.

Diese Standards schließen einander nicht aus. Ein Modem kann (und wird wahrscheinlich) mehr als einen Standard unterstützen. Wenn also ein Modem die Standards V.42, V.42bis und V.34 bietet, bedeutet dies, daß es Datenübertragungen bis 28.800 oder 33.600 bps durchführen kann, eine eingebaute Fehlerkorrektur besitzt und Datenkomprimierungstechniken anwendet.

Handshake: Zwei Modems lernen sich kennen

TECHNIK

Wenn zwei Modems miteinander Kontakt aufnehmen, vergleichen sie zunächst ihre Funktionen, um den höchsten Standard herauszufinden, den sie beide unterstützen. Haben sie sich auf eine Verbindungsmethode geeinigt, bauen sie eine passende Datenverbindung auf. Dieser Vorgang wird Handshake genannt.

Bei den meisten Modems funktioniert das Handshaking gut; daher müssen Sie sich normalerweise keine Gedanken darüber machen, welche Standards und Protokolle Ihr Modem unterstützt. Die Modems können diese Dinge untereinander abmachen.

Noch einmal zur Illustration: Nehmen Sie an, Sie versuchen, eine Verbindung zwischen zwei Modems aufzubauen. Eines der Modems ist V.34- und V.42bis-fähig, das andere unterstützt V.32bis. Das V.42bis-Modem versucht zuerst die bestmögliche Verbindung aufzubauen, mit Fehlerkorrektur und Datenkomprimierung. Das andere Modem unterstützt diese Funktionen aber nicht. Deshalb nimmt das V.42-Modem seine Anforderungen zurück – es gibt vor, keine Fehlerkorrektur zu haben. Allerdings gibt es nun noch ein anderes Problem: Ein Modem versucht eine Übertragung mit 28.800 bps, das V.32bis-Modem ist allerdings auf 14.400 bps beschränkt. Das schnellere Modem geht nun auf die Geschwindigkeit des langsameren Modems herunter. Nachdem eine Reihe weiterer Parameter verglichen wurden, einigen sich die beiden Modems auf eine Übertragungsgeschwindigkeit von 14.400 bps ohne Datenkomprimierung und Fehlerkorrektur. Die Verbindung kommt zustande.

Nach dem Modem: ISDN und ADSL

Stellen Sie sich einmal vor, Sie wählen sich in das Internet ein, stellen eine Verbindung zu einem entfernten Computer her und laden Dateien zweimal schneller als mit dem schnellsten Modem herunter.

ISDN

Das ist durchaus möglich – mit einer ISDN-Verbindung. ISDN steht für Integrated Services Digital Network. Mit dieser relativ neuen Technik können Sie Dateien mit bis zu 128 kbps übertragen – und das ist nur die Geschwindigkeit ohne Datenkomprimierung.

TECHNIK

Weshalb sind ISDN-Leitungen so schnell? Die Übertragung erfolgt zwar über herkömmliche Telefonleitungen, aber es werden digitale Informationen übertragen. Für eine ISDN-Übertragung wird kein Modem benötigt. Sie erinnern sich, die Aufgabe eines Modems besteht darin, die digitalen Informationen Ihres Computers in analoge Signale zu konvertieren, die über normale Telefonleitungen übertragen werden können, und umgekehrt. Bei ISDN ist diese Konvertierung überflüssig, damit wird eine schnellere Übertragung möglich.

ISDN funktioniert ohne spezielle Kabel über die normale Telefonleitung, Sie können jedoch zwei Gespräche gleichzeitig führen. Die digitalen «Wege», die das möglich machen, heißen im Telefondeutsch B-Kanäle. Der normale ISDN-Anschluß hat nur zwei B-Kanäle, eine Firma kann jedoch auch 30 davon haben, die dann mit der Telefonanlage des Unternehmens verbunden sind. Um ISDN benutzen zu können, brauchen Sie einen sogeannanten Netzwerk-Terminator (genauer gesagt, einen Netzwerkterminierenden Busadapter oder auch NTBA). Das ist eine kleine Kiste, mit der die ankommenden Leitungen verbunden werden und die eine spezielle Steckdose enthält, an die Ihr ISDN-Telefon, Ihre Telefonanlage oder Ihr ISDN-Adapter angeschlossen wird. Diese Verbindung heißt im Fachchinesisch S0-Bus – sprich «Es-Null».

ISDN bietet zusätzlich noch jede Menge weiterer Möglichkeiten, wie z.B. die Weiterleitung von Anrufen, Konferenzschaltungen oder automatischen Rückruf. Was Sie davon benutzen können, hängt von Ihrem Telefonanbieter und Ihrem Tarif ab, aber auch von den Geräten, die Sie benutzen. Sie können mit einem sogenannten a/b-Adapter normale analoge Telefone an einem ISDN-Anschluß betreiben, allerdings brauchen Sie für viele der Zusatzfunktionen ein ISDN-Telefon oder eine Telefonanlage.

HEISSER TIP

Es gibt mittlerweile Geräte, die einen ISDN-Anschluß mit anderen Bauteilen verbinden. Dazu gehören ISDN-Router für Datennetze mit eingebauten a/b-Adaptern oder Telefonanlagen mit mehreren Analoganschlüssen, die über eine serielle oder USB-Schnittstelle zusätzlich als ISDN-Adapter für Ihren Mac benutzt werden können. Die Firma Acer (*www.acer.de*) bietet solche Geräte inklusive Mac-Software an. Wenn Sie auf ISDN umsteigen wollen, sollten Sie sich über Ihre Anforderungen klarwerden und sich fachgerecht beraten lassen. Informieren Sie sich in Fachzeitschriften, und suchen Sie sich etwas Passendes heraus. Achten Sie dabei aber immer darauf, daß Treiber und mitgelieferte Software auch tatsächlich für den Mac angeboten werden.

ACHTUNG

ISDN-Adapter mögen zwar über die serielle oder USB-Schnittstelle an Ihren Mac passen, die nötige Treiber-Software gibt es aber oft nur für Windows. Auch viele ISDN-Telefonanlagen lassen sich von einem Computer aus konfigurieren – oft ebenfalls nur mit einem Windows-Computer. Zwar müssen Sie die Einstellungen einer solche Anlage nicht jeden Tag ändern, wenn Sie aber gar keinen Zugriff auf einen PC haben, kann es zumindest bei der Installation schwierig werden. Einige Firmen haben diese Marktlücke erkannt und sich darauf spezialisiert, ISDN-Hardware mit dazu passender Mac-Software auszurüsten. Dazu gehört z.B. die Firma TKR *(www.tkr.de).*

FEHLER

Sie können auch ein Analog-Modem an einem ISDN-Anschluß mit Adapter oder an einer Telefonanlage betreiben. Allerdings kann es vor allem bei älteren Anlagen vorkommen, daß diese nicht die nötige Bandbreite zur Verfügung stellen, um z.B. eine 56K-Verbindung zu erlauben. Im Zweifelsfall hilft hier nur Ausprobieren.

ISDN erlaubt nicht nur, zwei Telefongespräche gleichzeitig zu führen, Sie können die zwei B-Kanäle auch für die Datenübertragung bündeln, um so die Bandbreite auf 128 kbps zu erhöhen. Diese Kanalbündelung kostet natürlich doppelte Telefongebühren, aber manchmal lohnt sich die Zeitersparnis. Surfen Sie mit ISDN im Internet, so können manche ISDN-Adapter den zweiten Kanal nach Bedarf ein- und ausschalten, je nachdem, wie viele Daten anliegen. Bei diesem Verfahren ist es besonders vorteilhaft, daß das Aufbauen der Verbindung mit ISDN sehr viel schneller geht als bei einem Modem. In der Mac-Welt gab es lange Zeit lediglich einen Hersteller von ISDN-Karten, die Firma Hermstedt. Die Karten dieser Firma sind leistungsfähig und teuer, haben sich aber vor allem im Verlagsbereich als eine Art Standard etabliert. Das firmeneigene Protokoll *Leonardo Pro* wurde vor allem benutzt, um große Satzdateien zwischen Verlagen, Redaktionen, Werbeagenturen und Druckereien zu transferieren.

HEISSER TIP

Mittlerweile gibt es mit *Kaanu* eine Software, die zum Leonardo-Protokoll kompatibel ist und mit verschiedenen ISDN-Adaptern anderer Hersteller funktioniert. Falls Sie einen ISDN-Adapter anschaffen wollen, weil Sie mit anderen Mac-Nutzern direkt per ISDN Daten austauschen wollen, sollten Sie auf die Kompatibilität zum Leonardo-Protokoll achten und darauf, daß die beigelegte Software Kaanu enthält.

Die meisten ISDN-Adapter können heutzutage mit analogen Faxgeräten kommunizieren, und manche Modelle mit der richtigen Software auch einen Anrufbeantworter ersetzen. Direkt mit analogen Modems kommunizieren können dagegen nur wenige Geräte, die oft auch teuer sind. Allerdings ist das in der Praxis nicht mehr so entscheidend, da die Kommunikation meist über das Internet läuft und jeder Partner sich bei seinem Provider einwählt. Geht es darum, häufig Daten über eine Direktleitung auszutauschen, benutzt man wegen der höheren Übertragungsrate ohnehin ISDN. Falls das alles nichts hilft, gibt es auch Geräte, die Modem und ISDN in einem Gehäuse vereinigen.

ADSL, SDSL

Die Nachfolger von ISDN sind schon in Sicht. Eine dieser Techniken, SDSL (Symmetric Digital Subscriber Line) ist zwölfmal schneller als ISDN. Mit Hilfe von SDSL können Sie Daten mit 1,544 Mbps (das sind 1.544 kbps) über eine traditionelle Telefonleitung übertragen. Sprache und Daten können dabei simultan über die gleiche Leitung geschickt werden. Eine noch umwerfendere Technik ist ADSL (Asymmetric Digital Subscriber Line). ADSL erlaubt theoretisch Geschwindigkeiten bis 6,312 Mbps über normale Telefonleitungen. Bei dieser Geschwindigkeit dauert es weniger als zwei Sekunden, ein ganzes Megabyte durch eine Telefonleitung zu übertragen! ADSL ist asymmetrisch. Das bedeutet, daß das Herunterladen auf Ihren Rechner im Vergleich viel schneller geht als das Abschicken von Daten – ähnlich wie bei 56K-Modems.

Beide Technologien sind noch relativ neu und die Hardware ist entsprechend teuer. Dazu kommt, daß die nötige Infrastruktur erst schrittweise aufgebaut wird und auch von Land zu Land Unterschiede bestehen können. In Deutschland wurde ADSL im Herbst 1999 in acht Städten als Pilotprojekt angeboten, bis Ende 2000 sollen es 194 Städte sein. Die Zielgruppe für die Technologie sind vor allem kleinere Firmen oder auch Wohngemeinschaften, für deren Kommunikationsbedarf das normale ISDN nicht ausreicht.

HEISSER TIP

Achten Sie bei neuen Kommunikationstechnologien immer auf die Tarife. Solange sich ein Markt erst entwickelt, gibt es oft abenteuerliche Preisgestaltungen, auf die Sie nicht hereinfallen sollten. Vergleichen und rechnen Sie – und unterschreiben Sie keine langfristigen Verträge.

Analog oder digital – was soll man kaufen?

Nachdem Sie nun das Kapitel bis hierher gelesen haben, fragen Sie sich vielleicht, was denn nun die bessere Wahl für die Datenübertragung ist: ein analoges Modem oder ein digitaler ISDN-Adapter? Leider läßt sich diese Frage nicht so einfach beantworten. Sie müssen selber herausfinden, was für Ihre Zwecke am besten ist. Wir können Ihnen lediglich ein paar Dinge nennen, über die Sie nachdenken sollten:

Ihr Telefonanschluß. Wenn Sie nur einen analogen Anschluß haben, nützt Ihnen ISDN nichts. Wünschen Sie sich aber vielleicht schon lange eine zweite Leitung, weil Ihr Nachwuchs ständig das einzige Telefon blockiert, dann sollten Sie vielleicht auf ISDN umrüsten und gleich einen Adapter für Ihren Mac mitkaufen. Zumindest in Deutschland bekommen Sie von der Telekom einen Bonus, wenn Sie einen ISDN-Anschluß beantragen und dabei gleich ein ISDN-Gerät (Telefon, Telefonanlage oder einen ISDN-Adapter) kaufen. Üblicherweise verkauft Ihnen Ihr Händler die Geräte billiger, wenn auch der Antrag für den ISDN-Anschluß über ihn abgewickelt wird.

HEISSER TIP

Die Art der Datenübertragung. Wenn Sie nur im Internet surfen und ab und zu E-Mails verschicken, tut es auch ein analoges Modem – notfalls mit einem a/b-Adapter an der ISDN-Anlage. Übertragen Sie dagegen oft große Datenmengen oder benutzen sogar direkte Verbindungen zu Ihren Partnern, dann lohnt sich ein ISDN-Adapter, am besten mit Kanalbündelung. (Vergessen Sie nicht, daß Sie Telefongebühren nach Zeit bezahlen, und ISDN Daten beim Senden doppelt so schnell wie ein Modem übertragen kann.)

Unterwegs oder zu Hause? Sind Sie unterwegs auf die Datenübertragung angewiesen, so finden Sie nicht überall einen ISDN-Anschluß. Mit einem analogen Modem sind Sic auf der sicheren Seite, vor allem im Ausland. Wollen Sie sich beide Optionen offenhalten, müssen Sie ein (teures) Kombigerät kaufen.

Zusatzfunktionen. Sie wollen nicht nur ein Modem, sondern auch ein Fax und einen Anrufbeantworter? Sie brauchen zusätzlich zum ISDN-Zugang ins Internet noch zwei analoge Telefonanschlüsse? Kein Problem, es gibt die tollsten Kombinationsgeräte – Sie müssen nur das richtige für Ihre Zwecke finden. Achten Sie darauf, daß die auf der Packung versprochenen Funktionen tatsächlich auch am Mac funktionieren und die nötige Software mitgeliefert wird.

Intern oder extern? Neue iMacs und viele G3/G4-Macs werden mit einem internen Modem geliefert, allerdings haben diese Geräte keine serielle Schnittstelle. Sie brauchen deshalb entweder ein USB-Modem oder einen Adapter von USB auf seriell. (Ein USB-Modem wird dann aber wahrscheinlich billiger als ein Adapter und ein serielles Modem.) Sie können interne ISDN-Karten kaufen, allerdings sind diese für den Mac relativ teuer und benötigen einen PCI-Steckplatz. Damit sind sie z.B. für iMacs nicht benutzbar. Wenn Sie also nicht gerade mehrere Hermstedt-Karten parallel betreiben müssen, ist ein externes Gerät mit USB-Anschluß die bessere Wahl.

Mitgelieferte Software. Jedes Modem und viele ISDN-Adapter können auch Faxe senden und empfangen; darüber hinaus gibt es oft noch spezielle Funktionen als Zugabe. Die dafür notwendige Software wird fast immer mitgeliefert, teilweise erhalten Sie dabei Programme, die einzeln gekauft fast soviel kosten wie das Gerät selbst. Berücksichtigen Sie diese Dinge bei Ihrer Entscheidung!

Der Preis. ISDN-Hardware für den Mac ist teurer als Einsteckkarten aus der PC-Welt, bei den USB-Geräten sind die Preise dagegen ähnlich. Modems funktionieren an beiden Systemen. Sie können deshalb durchaus ein preiswertes PC-Modem kaufen, sollten sich dann aber auf einige Anpassungsarbeiten einrichten. Lesen Sie dazu auch den Abschnitt «PC-Hardware am Mac» weiter hinten in diesem Kapitel. Bei Modems und ISDN-Adaptern ist das Angebot besonders vielfältig, nicht zuletzt deshalb, weil es viele Geräte aus der PC-Welt auch mit Mac-Software gibt. Lassen Sie sich deshalb Zeit, und lesen Sie Testberichte in Fachzeitschriften, bevor Sie sich entscheiden.

Die Software

Bevor Ihr Modem mit der Welt kommunizieren kann, müssen Sie mit dem Modem kommunizieren. Das erledigt die Telekommunikationssoftware für Sie. Damit können Sie die Einstellungen Ihres Modems überprüfen, Daten für die Übertragung auswählen, ankommende Daten auf Ihre Festplatte bannen und den Verbindungsstatus überwachen. Wenn Sie sich bei einem Online-Dienst (wie T-Online oder AOL) oder einem Internet Service Provider (ISP) anmelden, erhalten Sie im allgemeinen die benötigte Software. Normalerweise sind viele Konfigurationsvorgänge automatisiert, so daß Sie sich nicht damit herumschlagen müssen. Sie wählen einfach Ihr Modem oder Ihren ISDN-Adapter aus einer Liste aus, und das Programm erledigt den Rest für Sie.

Wie Ihr Mac mit einem Modem spricht

Modems sprechen ihre eigene Sprache, den sogenannten Hayes-AT-Befehlssatz. Diese Sammlung von Modembefehlen war ursprünglich von Hayes Microcomputer für deren Modems entwickelt worden. Die Befehle wurden dann zu einem Industriestandard. Wie der Name andeutet, ist der wichtigste Befehl AT, das heißt ATtention (Achtung). In einem typischen Befehl folgen den Buchstaben AT unmittelbar andere Befehlsbuchstaben, die das Modem anweisen, eine bestimmte Aktion auszuführen – auf einen Wählton zu hören, die Faxfunktion einzuschalten, die Datenkomprimierung auszuschalten usw. Es gibt Dutzende von AT-Befehlen (möglicherweise finden Sie eine Liste im Handbuch Ihres Modems), Sie müssen sie sich aber auf keinen Fall merken. In früheren, textbasierten Terminal-Programmen wie MicroPhone oder ZTerm mußte man die Befehle direkt eingeben. Das ist bei den heutigen Programmen normalerweise nicht mehr notwendig. Es gibt jedoch immer noch einen wichtigen String mit Hayes-Befehlen, dem Sie Ihre Aufmerksamkeit widmen sollten – den Initialisierungsstring Ihres Modems.

Der Modem-Initialisierungsstring

Der Initialisierungsstring besteht aus einer Reihe von Hayes-Befehlen, die in dem Moment an Ihr Modem gesandt werden, in dem Sie ein Telekommunikationsprogramm starten (z.B. die T-Online-Software oder die PPP-Software von MacOS 8). Ihrem Modem wird auf diesem Weg mitgeteilt, welche Eigenschaften während der aktuellen Session zu aktivieren oder zu unterdrücken sind. Dieser Vorgang ist unerläßlich, da nicht alle Modemfunktionen mit allen Programmen kompatibel sind. Bestimmte Funktionen (wie die Faxfunktion, Fehlerkorrektur oder Datenkomprimierung) können Programme stören, die diese Funktionen nicht unterstützen.

Ein typischer Initialisierungsstring sieht so aus:

ATE0Q0V1X4&C1&D0M0

Jedes Teilstück dieses Strings enthält einen bestimmten Modembefehl. Q0 sagt dem Modem z.B., daß es einen bestimmten Ergebniscode zurückgeben soll – wie etwa RING oder CONNECT oder BUSY – wenn etwas geschieht. V1 legt fest, daß der Ergebniscode in Englisch statt in numerischen Werten ausgegeben werden soll. Der Befehl &D0 sorgt dafür, daß das Modem den Status von DTR (Data Terminal Ready) ignorieren kann. Das ist ein Signal, das vom seriellen Anschluß einiger Computer erzeugt wird, um den Datenfluß vom und zum Modem zu überwachen. DTR wird immer ignoriert, wenn ein Modem mit einem Mac benutzt wird.

Modem-Scripts

Der Umgang mit AT-Befehlen und Initialisierungsstrings ist recht kryptisch und alles andere als benutzerfreundlich. Damit Sie Ihr Modem (bzw. den ISDN-Adapter) so bequem im Kontrollfeld *Modem* auswählen können, brauchen Sie für Ihr Gerät ein sogenanntes Modem-Script. Das ist eine kleine Datei, die sich im Ordner *Modem-Scripts* innerhalb des Ordners *Systemerweiterungen* befindet. In dieser Datei sind die Eigenschaften Ihres Modems beschrieben, so daß Ihr Mac es möglichst optimal benutzen kann. (Die Modem-Scripts, die in diesem Ordner liegen, tauchen auch im Kontrollfeld *Modem* wieder auf.) Ein Modem-Script versteckt im Prinzip die AT-Befehle vor dem Mac-Nutzer.

FEHLER

Wenn Sie für Ihr Modem kein Modem-Script haben, ist es nicht ganz so einfach. Obwohl es eigentlich nicht schwer ist, die Scripte zu erstellen, tun das viele Firmen nicht. (Es kann auch etwas damit zu tun haben, daß man die nötige Dokumentation bei Apple kaufen muß…)

Generell kann man sagen, daß bei Modems amerikanischer Firmen (3com, Motorola, Supra) eher Modem-Scripts mitgeliefert werden als bei deutschen Herstellern. Der erste Anlaufpunkt sollte immer die Website des Modem-Herstellers sein, das ist jedoch leider nicht immer erfolgreich. Sie können dann noch eine Internet-Suche probieren, bei der Sie die Stichworte «modem, script, mac» und den Markennamen Ihres Modems verwenden.

Wenn das auch nichts hilft, dann gibt es nur noch die Notlösung, ein anderes Script zu probieren. Mit einigen Modems funktioniert die Einstellung *Apple Personal Modem* oder eines der Hayes-Modelle. Es kann aber passieren, daß die Datenübertragung nicht so zuverlässig läuft, wie Sie sich das eigentlich wünschen.

HEISSER TIP

Für die in Deutschland recht verbreiteten Modems des Herstellers Elsa bietet die Firma TKR (*www.tkr.de*) angepaßte Mac-Software. Suchen Sie außerdem auf Ihrer Betriebssystem-CD nach Modem-Scripts, dort sind meist noch Dateien vorhanden, die standardmäßig nicht mit installiert werden.

TECHNIK

Wenn gar nichts mehr geht, gibt es noch eine letzte Chance: Sie brauchen dazu die Referenzliste mit den AT-Befehlen Ihres Modems und einen geduldigen Mac-Bastler. Der muß dann mit dem Programm *Modem Script Generator* ein «rohes» Script erzeugen, es mit einem Texteditor (z.B. BBEdit) öffnen und die eingebetteten AT-Befehle so lange mit der Hand anpassen, bis es funktioniert.

Kaufen Sie darum am besten ein Modem, für das es auch Scripts gibt – das spart Ihnen eine Menge Ärger!

PC-Hardware am Mac

Sie haben es sicher bemerkt: externe Modems und ISDN-Adapter werden über die serielle Schnittstelle oder den USB-Port angeschlossen. Beide Schnittstellen gibt es sowohl bei Macs als auch bei PCs, so daß rein elektrisch die Geräte an beide Sorten Computer passen.

ACHTUNG

Die serielle Schnittstelle des Mac hat einen kleinen achtpoligen Mini-DIN-Stecker, die Modems dagegen eine Buchse mit neun oder 25 Kontakten. Elektrisch paßt das aber problemlos zusammen, Sie brauchen nur ein entsprechendes Adapterkabel (8.2). Dieses Kabel wird entweder mit Ihrem Modem geliefert oder ist zusammen mit der Mac-Software gegen Aufpreis zu erhalten.

Sie können aber auch Ihren Apple-Händler danach fragen, oder das Kabel selbst löten (oder löten lassen.)

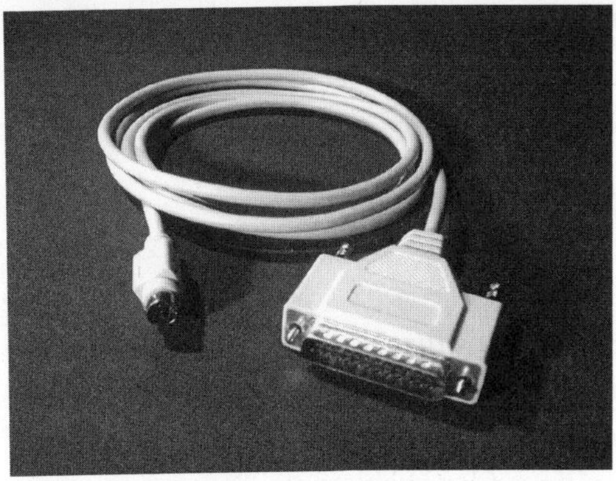

Abb. 8.2 Ein Mac-Modem-Kabel. Links der Stecker für den Mac, rechts für das Modem.

FEHLER

Moderne Modems oder gar ISDN-Adapter könnten für Ihren Mac zu schnell sein. Power Macs und Quadra AV-Modelle können eine Kommunikation bis zu 250 kbps gewährleisten. Ältere Macs benötigen dagegen eine serielle NuBus-Karte, die den Datenfluß über eine ISDN-Leitung organisiert. Wenn Sie ein Modem, einen ISDN-Adapter oder ein Kombigerät am Mac benutzen wollen, so sollten Sie vor dem Kauf prüfen, ob die tollen Möglichkeiten auch tatsächlich am Mac funktionieren. Leider ist es oft so, daß zwar das Modem problemlos Daten überträgt, aber die Fax- und Anrufbeantworter-Funktionen dann nur noch unter Windows nutzbar sind, weil für den Mac die Software fehlt.

CD-ROM

Fax-Software ist dabei weniger das Problem, hier gibt es kommerzielle Pakete wie *FaxStf* und *FaxExpress*. Die Shareware ValueFax kann ebenfalls mit vielen Faxmodems umgehen. Für die speziellen Modems, die auch bei ausgeschaltetem Computer Anrufe und Faxe entgegenehmen können, wird es schon schwieriger. Wenn keine Software mitgeliefert wird, dann können Sie höchstens noch die Shareware CoMa probieren. Dieses Programm hat eine etwas unübersichtliche Oberfläche, aber vielleicht unterstützt es ja Ihr Modem. (Sie finden *CoMa* auf der CD zu diesem Buch.)

Gelegentlich werden für Modems ohne Mac-Unterstützung von Drittherstellern sogenannte «Mac-Packs» angeboten. Vergewissern Sie sich vor dem Kauf, was diese Software leistet und ob wirklich alle Funktionen Ihres Modems unterstützt werden. Die größte Falle dabei sind die fehlenden Modem-Scripts, ohne die Sie mit Ihrem Mac nicht ins Internet wählen können.

Wiederstehen Sie der Versuchung, ein paar Mark beim Kauf eines Modems zu sparen, nur um dann festzustellen, daß die Software-Unterstützung für den Mac mager oder nicht vorhanden ist.

Geheimnisse der Telekommunikation

Ohne Freizeichen wählen. Normalerweise wartet das Modem auf ein Freizeichen, bevor es mit dem Wählen beginnt. Falls Ihr Telefonsystem nun aber kein anfängliches Freizeichen bietet oder Sie sich in einem Land aufhalten, dessen Freizeichen von Ihrem Modem nicht wahrgenommen wird, können Sie in Ihren Wählstring den Befehl X3 einfügen (der Wählstring könnte nun so aussehen: ATX3DT02345-6789).

Ihr Modem zum Schweigen bringen. Gehören auch Sie auch zu den Leuten, denen das Blut gerinnt, wenn sie das Geräusch hören, das ein Modem beim Aufbau einer Verbindung erzeugt? Mit dem Befehl ATM0 können Sie Ihr Modem leicht zum Verstummen bringen. Fügen Sie den Befehl in den Initialisierungsstring ein. Mit ATM1 machen Sie die Aktion rückgängig: Ihr Modem quietscht wieder.

Der Mac als Anrufbeantworter. Viele Modems sind «Voice-fähig», das heißt, sie können wie ein Anrufbeantworter arbeiten. Manche Geräte können das sogar dann, wenn der Mac ausgeschaltet ist. Damit das funktioniert, brauchen Sie unbedingt die passende Software, und da ist das Angebot eher mager. Achten Sie darauf, daß die entsprechenden Programme mitgeliefert werden.

HEISSER TIP

Die Firma TKR (*www.tkr.de*) hat sich auf die Anpassung von PC-Kommunikations-Hardware an Macs spezialisiert, die Shareware CoMa unterstützt ebenfalls manche Geräte, deren Hersteller den Mac bisher ignorieren.

Der Mac als Fax

Als die ersten Faxmodems aufkamen, war die Mac-Gemeinde skeptisch, um es einmal vorsichtig auszudrücken. Mit vielen der früheren Modelle konnte man nur Faxe verschicken und nicht empfangen. Und sogar die Modelle, die beide Funktionen boten, waren überteuert und oft unberechenbar. Heutzutage sind die meisten Modems auch in der Lage, Faxe zu verschicken. Die Daten werden im Normalfall mit 9.600 bps übertragen. Die Faxsoftware hat ebenfalls eine Entwicklung erfahren, und mit den besten Programmen ist das Faxen von Dokumenten nicht komplizierter als das Drucken.

Wie Sie faxen

Bei den meisten Faxmodem-Programmen verschicken Sie Faxe direkt aus einer Macintosh-Anwendung heraus. Sie können aber auch das Faxprogramm aufrufen und dort das Dokument auswählen, das Sie senden wollen. In jedem Fall faxt die Software das Dokument, indem jede Seite in ein Bitmap-Bild umgewandelt, mit dem Modem eine Nummer gewählt und die konvertierte Datei durch die Telefonleitung übertragen wird. Das Dokument wird also von Ihrem Mac auf das entfernte Faxgerät übertragen, ohne es vorher auszudrucken. Auf die gleiche Weise können Sie mit Ihrem Mac Faxe empfangen und diese am

Bildschirm lesen, ohne sie auszudrucken. Sollten Sie jedoch einen Ausdruck des Dokuments benötigen, ist das auch kein Problem.

Faxmodem-Geheimnisse

PostScript-Grafiken faxen. Die meisten Faxmodems verstehen kein PostScript. Wenn Sie versuchen, ein Dokument zu senden, das PostScript-Grafiken enthält (z.B. aus Illustrator oder FreeHand), druckt das Faxgerät lediglich eine PICT-Repräsentation der PostScript-Bilder, die inakzeptabel gezackte Kanten enthält. Mit der folgenden Methode sieht das Ergebnis etwas besser aus: Erstellen Sie die PostScript-Grafik etwa dreimal größer, als Sie sie eigentlich brauchen, importieren Sie sie in ein Layout-Programm (oder in ColorIt oder Photoshop), und verkleinern Sie die Grafik auf die gewünschte Größe. Durch die Verkleinerung wird das PICT-Bild im gefaxten Dokument feiner aufgelöst. (Alternativ können Sie sich auch ein Konvertierungsprogramm wie StyleScript von Infowave Imaging kaufen.)

Fehlerhafte Ränder. Denken Sie daran, daß einige Faxmodems und Faxgeräte die Ränder eines Dokuments während der Übertragung abschneiden. Um Probleme zu vermeiden, sollten Sie einen extrabreiten Rand einplanen – etwa ein Zentimeter an jeder Seite sollte reichen.

Ein Faxgerät als Scanner benutzen. Falls Sie neben Ihrem Faxmodem noch ein Papierfaxgerät besitzen, können Sie das Fax als Scanner einsetzen, d.h. gedruckte Seiten in digitale Bilder umwandeln und diese mit Hilfe des Faxmodems auf Ihren Mac zaubern. Die fertigen Scans sehen zwar nicht so gut aus wie solche, die Sie mit einem echten Scanner erzeugen – sie sind schwarzweiß und haben eine Auflösung von 200 dpi – aber es funktioniert.

Faxe auf dem Bildschirm leichter lesbar machen. Häufig wird der Text eines gefaxten Dokuments durch die Faxsoftware geglättet (Antialiasing), damit er nicht so gezackt erscheint. Falls der Text für Ihren Geschmack zu unscharf ist, können Sie den Grad der Glättung herabsetzen. Diese Veränderungen beeinflussen allerdings nicht das Aussehen des Faxes beim Drucken.

9 Tastaturen, Mäuse und USB

In diesem Kapitel

Tastaturen und Mäuse werden auch Eingabegeräte genannt – es sind die mechanischen Hilfsmittel, mit deren Hilfe Sie mit Ihrem Computer kommunizieren. Apple hat bereits ein paar wirklich seltsame Mäuse und Tastaturen entworfen. Die Maus wurde ungefähr viermal neugestaltet – die komische runde Maus des iMac ist dabei noch gar nicht mitgerechnet. Die PowerBooks hatten zwei unterschiedliche Trackbälle und zwei verschiedene Touchpads, außerdem gab es da noch den Trackball des Mac Portable, den man an jeder Seite der Tastatur anschließen konnte. Die Tastatur des PowerBook Duo ist in einer leichten Kurve gebogen. Die wunderbare ergonomische Tastatur von Apple ist in der Mitte geteilt und kann nach Wunsch auseinandergezogen werden, und dort, wo normalerweise die Leertaste ist, finden Sie eine Handablage aus Kunststoff.

ADB und USB

Der Apple Desktop Bus (ADB) wurde geschaffen, um Geräte hintereinander anzuschließen, wie dies auch bei einer SCSI-Kette der Fall ist. Ihre ADB-Kette kann insgesamt 16 Geräte umfassen und braucht nicht einmal einen Terminator (Abschlußwiderstand) am Ende.

Was Sie anschließen können

Es gibt verschiedene interessante Möglichkeiten. Einige Mac-Tastaturen besitzen zwei ADB-Anschlüsse. Sie können auf diese Weise Ihre Maus an jede Seite anschließen. Andere, wie die Apple Design-Tastatur, besitzen ein festes ADB-Kabel in der Mitte. Dort befindet sich auch die Mausbuchse.

Die ADB-Buchse paßt nicht nur für Mäuse. Wir haben auch schon ADB-Modems, Funkmäuse und andere Arten von Maus-Ersatzgeräten gesehen. Auch viele Apple-Monitore sind mit ADB-Anschlüssen ausgestattet. Sie schließen Ihre Maus und die Tastatur an den Monitor an und verbinden anschließend den Monitor mit dem ADB-Anschluß des Mac.

Die ADB-Technik

Der ADB-Anschluß ist mehr als nur eine Datenverbindung, er leitet auch die Energie weiter, die Ihre Geräte benötigen. Einige Modem-Port-Geräte – Digitaltabletts, Headset-Mikrofone usw. – besitzen sogar einen zweiten Stekker für den ADB-Anschluß, um dort den Strom abzuzapfen. (Sie müssen in diesem Fall Ihre Tastatur an das Ende der ADB-Kette anschließen.) Wenigstens ein Modem, das wir kennen – das SupraExpress Faxmodem – benutzt ausschließlich die Energie, die über den ADB-Anschluß kommt.

ACHTUNG

Dadurch, daß der ADB-Anschluß Ihre Tastatur mit Strom versorgt, gibt es einige interessante Effekte. Haben Sie schon einmal bemerkt, daß Ihre Maus plötzlich ganz träge geworden ist und Sie das Problem nicht mit Hilfe des Kontrollfeldes *Maus* lösen konnten? Der Grund dafür ist oft, daß die Maus kurz vom ADB-Anschluß getrennt und dann wieder damit verbunden wurde – z.B. dann, wenn der Stecker etwas lose sitzt und Sie das Anschlußkabel unglücklich bewegt haben. Der Mac «vergißt» dann, welche Einstellung das Kontrollfeld beim Start hatte, und Sie müssen ihn neu starten.

FEHLER

Wir geben Ihnen darum folgenden Rat: Schalten Sie Ihren Mac aus, bevor Sie ein ADB-Gerät anschließen oder entfernen. Wir meinen das wirklich ernst. Wenn Sie die Maus abziehen, werden nicht alle Anschlußbeine gleichzeitig entfernt. In dem kurzen Augenblick, in dem der Strom durch einige Anschlußbeine fließen kann und durch andere nicht, kann ein Schaden auftreten. Wir haben schon ADB-Ports gesehen, die beschädigt wurden, weil die Maus angeschlossen oder entfernt wurde, während der Rechner eingeschaltet war.

Dieses Risiko ist einer der Gründe, weshalb wir so über die Entwicklung von USB erfreut sind. Sie können Geräte nun im «heißen» Zustand mit dem Mac verbinden, also ohne den Computer ausschalten zu müssen. (Im Englischen heißt diese Fähigkeit übrigens «Hot Plugging».)

Der USB-Port

Die 14 Jahre alte ADB-Technik hat inzwischen ausgedient. Seit 1998 der iMac auf dem Markt erschien, gehört die Tastatur-und-Maus-Kette der Vergangenheit an. Sie wurde durch eine neue, standardisierte Technik namens Universal Serial Bus (USB) ersetzt. Der blauweiße G3-Mac war das letzte Modell, das mit einem ADB-Anschluß ausgeliefert wurde – zusätzlich zu zwei USB-Ports.

Der einzige sichtbare Unterschied zwischen USB und den bereits bekannten Tastaturen und Mäusen besteht darin, daß der Anschluß nicht mehr rund sondern rechteckig ist (9.1). Die unsichtbaren Vorteile sind jedoch gewaltig:

- Wenn Sie einen entsprechenden Hub (Netzwerkverteiler) kaufen, können Sie 127 USB-Geräte an einen einzigen Mac anschließen – ohne daß Sie wie beim SCSI-Bus ID-Nummern oder Terminatoren benötigen. (Der iMac selbst ist ein USB-Hub, ebenso seine Tastatur. Sie haben auf diese Weise zwei freie Anschlüsse für eine Vielzahl von anderen USB-Geräten.) Die Hubs besitzen eine unterschiedliche Anzahl freier Anschlüsse. Sie können zusammengesteckt werden und vervielfachen auf diese Weise Ihre Anschlußmöglichkeiten.

- Sie können USB-Geräte gefahrlos anschließen und entfernen, während der Mac eingeschaltet ist.
- USB kann eine Menge unterschiedlicher, nicht allzu schneller Geräte bedienen: Drucker, Diskettenlaufwerke, Modems, Joysticks, Scanner, Lautsprecher, Digitalkameras und selbstverständlich Tastaturen und Mäuse.
- Genau wie der ADB-Anschluß kann auch der USB-Port Energie aus dem Mac übertragen, so daß Sie die externen Geräte nicht extra an eine Stromversorgung anschließen müssen. Allerdings geht das nur bis zu einer gewissen Grenze, wie Sie gleich erfahren werden.
- Anders als ADB ist die USB-Technik plattformübergreifend (d.h. auch für Windows-Maschinen verfügbar). Aus diesem Grunde gibt es bereits Hunderte von USB-Geräten – obwohl die meisten von ihnen erst an einem Mac funktionieren, wenn die Hersteller Treiber für den Macintosh schreiben.

Viele Firmen haben das allerdings bereits getan. Auf der Liste der für den Macintosh verfügbaren USB-Geräte finden sich unter anderem die Logitech QuickCam, das Iomega Zip-Laufwerk, Scanner von verschiedenen Herstellern, das Imation SuperDisk-Floppy (das sowohl normale Disketten als auch 120 MB SuperDisk-Disketten akzeptiert), Trackbälle von MacAlly und Itac Systems, Joysticks von Advanced Gravis und ThrustMaster, Tastaturen von Cherry und MacAlly und Mäuse von MacAlly.

Dazu kommen Modems und ISDN-Adapter, Lautsprecher, Geräte zum Digitalisieren von Videos und sogar Adapter zum Anschluß von SCSI-Geräten. Diese funktionieren aber nur mit der maximalen Datenrate von USB und sind daher eigentlich nur für langsame Scanner, nicht aber für schnelle Festplatten geeignet. Festplatten mit USB-Anschluß sind ebenfalls entsprechend langsam.

Wenn Sie für ein Eingabegerät keinen Treiber finden, sollten Sie die Shareware *USB Overdrive* ausprobieren, die Sie auf der CD zu diesem Buch finden.

Damit können Sie viele Mäuse, Joysticks und Gamepads ansteuern, auch solche, die nur für Windows angeboten werden.

HEISSER TIP

Wenn Sie einen älteren Mac besitzen, der noch nicht über die neue USB-Technik verfügt, kann Ihnen geholfen werden. Es gibt relativ preiswerte Einsteckkarten, mit denen Sie alte Macs mit USB-Anschlüssen ausrüsten können. Andersherum gibt es auch Adapter, mit denen Sie ADB-Geräte an den USB-Port anschließen können.

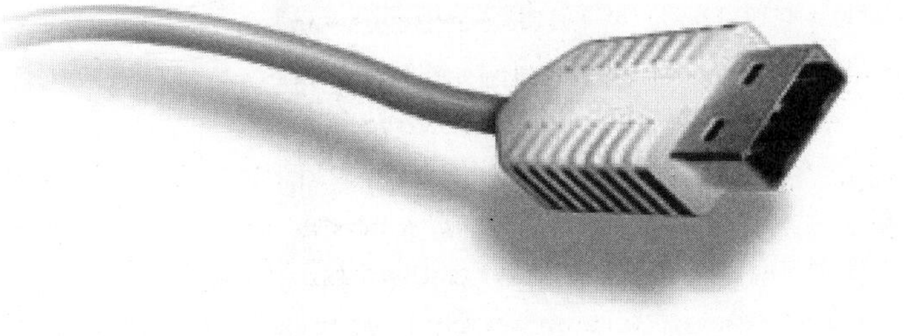

Abb. 9.1 So sieht ein USB-Stecker aus.

TECHNIK

Der USB-Standard erlaubt eine maximale Datenrate von 12 MBit/s. Es gibt schnelle USB-Geräte (Wechselplatten, Scanner oder Lautsprecher), die diese Bandbreite verwenden. Tastaturen, Mäuse und Grafiktabletts hingegen benutzen nur 1,5 MBit/s. Die zwei Geschwindigkeiten werden auch «High-Speed» und «Low-Speed» genannt. Bei der ersten Generation von iMacs und blauweißen G3-Macs mußten sich noch beide USB-Ports einen Controller teilen. Das bedeutet, daß die maximale Übertragungsrate von 12 MBit/s auf beide Ports aufgeteilt wurde. Wenn Sie also gerade auf ein USB-Laufwerk zugreifen und gleichzeitig noch über USB drucken wollten, verlangsamten sich beide Vorgänge. Die aktuellen Mac-Modelle hingegen haben die volle Bandbreite an jedem USB-Port, weil Apple zwei Controller-Chips eingebaut hat.

FEHLER

Lautsprecher und andere Audiogeräte mit USB-Anschluß erfordern einen konstanten Datenstrom, um richtig zu funktionieren. Diese Möglichkeit wird aber erst ab Version 1.3.5 der Apple-USB-Software unterstützt. Sie müssen darum eventuell ein Update ausführen, zumindest aber die Dokumentation der Geräte genau lesen. (Updates zu Apple-Software finden Sie unter *http://asu.apple.com.)*

Prinzipiell können Sie Geräte am USB-Anschluß vom Mac aus mit Strom versorgen. Allerdings darf der gesamte Strombedarf eine gewisse Grenze nicht übersteigen. Bei einem blauweißen G3-Mac dürfen an einem USB-Port maximal 0,5 A verbraucht werden. Wenn Sie versuchen, mehrere Geräte anzuschließen, die zusammen die zugelassene Grenze überschreiten, erhalten Sie eine Fehlermeldung. Darum ist diese Möglichkeit eher für Tastaturen, Mäuse oder Modems geeignet als für Wechselplatten-Laufwerke oder Drucker, bei denen mechanische Teile bewegt werden müssen.

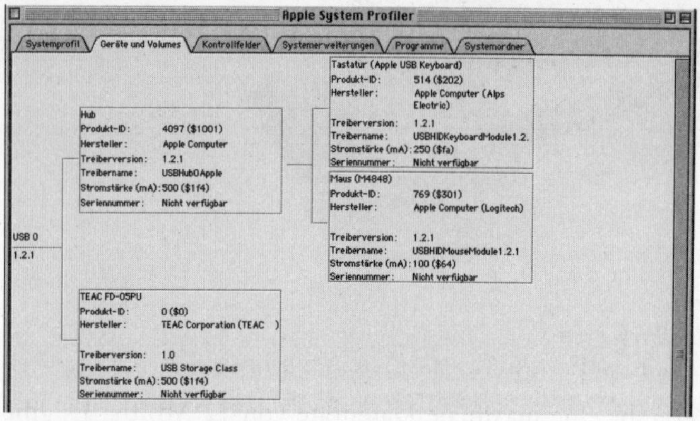

Abb. 9.2 Der «Apple System Profiler» sagt Ihnen mehr über den USB-Anschluß.

TECHNIK

Wenn Sie herausfinden wollen, welche USB-Geräte an Ihrem Mac wieviel Strom verbrauchen, so hilft Ihnen das Programm *Apple System Profiler* weiter (9.2). Sie finden es im Apple-Menü; klicken Sie nach dem Start auf das Feld *Geräte und Volumes*, um mehr über die USB-Geräte zu erfahren. Dort wird Ihnen auch angezeigt, welche Version der USB-Software Ihr Mac verwendet.

USB-Hubs haben auch bestimmte Einschränkungen: Es gibt passive Geräte ohne eigene Stromversorgung (wie z.B. der Hub in der iMac-Tastatur) und aktive Hubs, die ein eigenes Netzteil haben. Nach der USB-Spezifikation ist es verboten, zwei passive Hubs hintereinander zu schalten.

HEISSER TIP

Wenn Sie mehrere USB-Geräte haben, ist es am besten, Sie legen sich einen aktiven Hub mit eigener Stromversorgung zu. Damit gehen Sie von vornherein Problemen mit der Versorgung der angeschlossenen Geräte aus dem Weg.

USB-Geräte ohne eigene Stromversorgung und Hubs haben übrigens immer einen vierpoligen Stecker, dieser wird «Typ A» genannt. Drucker und manche andere Geräte mit eigenem Netzteil haben eine eingebaute zweipolige Buchse als USB-Anschluß. Wenn Sie diese Geräte an Ihren Mac anschließen wollen, brauchen Sie ein Adapterkabel (9.3).

ACHTUNG

Abb. 9.3 USB-Kabel Typ A (links) und Typ B (rechts).

Die Tastatur

Apples kleinere «Standard»-Tastatur hat 81 Tasten. Die erweiterten Tastaturen besitzen 105 Tasten, einschließlich eines Ziffernblocks, eines Blocks mit Seitensteuerungstasten (Home, End usw.) und einer Reihe mit Funktionstasten am oberen Ende. Zum eigentlichen Tippen sind nur 62 Tasten vorgesehen, die restlichen Tasten sind dazu gedacht, die Funktion der anderen Tasten zu modifizieren bzw. den Computer zu steuern. Apple mußte die erweiterte Tastatur herausbringen, um in einer DOS-dominierten Welt ernstgenommen zu werden. Dort waren nur Tastaturen mit einem solchen Design verbreitet. Eigentlich braucht der Mac diese speziellen Tasten gar nicht, die meisten dieser Extratasten sind auch heute noch absolut nutzlos.

Die Funktionstasten sind in den meisten Macintosh-Anwendungen nicht belegt. Und auch die Controltaste kam erst mit Mac OS 8 zu Ehren.

Glücklicherweise «verstehen» die meisten Mac-Programme heutzutage die Navigationstasten (Seite-nach-oben, Seite-nach-unten). Seit System 7.5.1 sind die Funktionstasten F1, F2, F3 und F4 in den meisten Programmen automatisch mit den Funktionen *Rückgängig*, *Ausschneiden*, *Kopieren* gerade *Einfügen* aus dem Bearbeiten-Menü belegt. Außer diesen einfachen Beispielen machen allerdings nur wenige Programme von allen Tasten Gebrauch.

HEISSER TIP

Viele Programme erlauben, Befehle auf bestimmte Tasten zu legen. Sie finden diese Möglichkeit vor allem bei Textverarbeitungen, aber teilweise auch bei Grafikprogrammen und anderer Software. Wenn Sie eine solche Software benutzen, dann legen Sie doch Ihre Lieblingskommandos auf die Funktionstasten. In der Kombination mit Umschalt-, Options- und Control-Taste haben Sie bei zwölf Funktionstasten Platz für entsprechend mehr Befehle.

Einige seltsame Tasten

Es gibt einige Programme, die auf die sechs Seitensteuerungstasten reagieren. Wenn Sie eine der Tasten drücken, sollte folgendes geschehen:

- **Hilfe.** Startet die Online-Hilfe der Software, falls es eine gibt.

- **Home, End.** Scrollt das Dokument zur ersten bzw. letzten Zeile des Dokuments.

- **Seite-nach-oben, Seite-nach-unten.** Scrollt bildschirmweise nach oben oder nach unten.

- **Entfernen.** Löscht das Zeichen rechts vom Eingabepunkt. (Die eigentliche Löschtaste löscht das Zeichen links vom Eingabepunkt.)

Wir sind zwar ziemlich sicher, daß Sie die folgenden Tasten kennen, wollen sie aber der Vollständigkeit halber hier noch einmal erwähnen:

- **Return und Enter.** In den vergangenen Jahren besaßen diese beiden Tasten in den meisten Programmen die gleiche Belegung. Heute gibt es jedoch eine immer größere Anzahl von Programmen, die zwischen ihnen unterscheiden. Das ist z.B. in Excel, FileMaker und in vielen Textverarbeitungen der Fall. In FileMaker beginnt *Return* einen neuen Absatz und *Enter* hebt die Auswahl aller Felder auf.

  Im allgemeinen beenden jedoch beide Tasten einen Absatz in einer Textverarbeitung. Wenn Sie sie drücken, ist das genauso, als würden Sie den fett umrahmten Button in einer Dialogbox drücken (9.4).

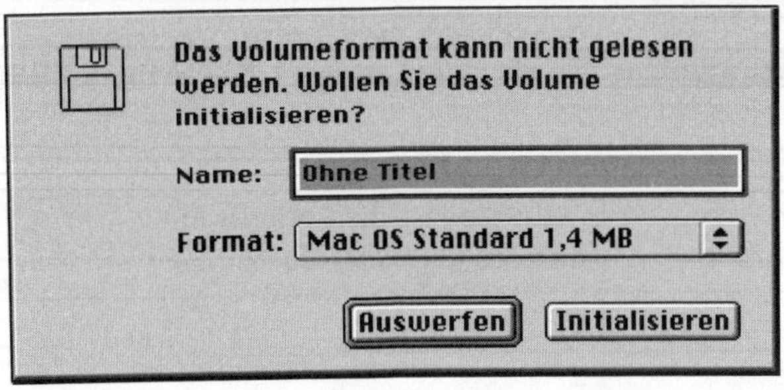

Abb. 9.4 Immer wenn Sie einen fett umrandeten Button sehen, können Sie auf die Maus verzichten und statt dessen Return oder Enter drücken.

- **Escape.** Diese Taste war ursprünglich vollkommen unnütz und wurde nur eingeführt, um IBM-Liebhabern und Telekommunikationsfreaks den Umstieg auf den Mac zu erleichtern. Heute gibt es jedoch eine Menge Programme, in denen Sie statt des Buttons *Abbrechen* auch die Escape-Taste drücken können. Alle Microsoft- und Apple-Programme einschließlich der Systemsoftware arbeiten auf diese Weise.

- **Befehlstaste.** Dies ist die am häufigsten eingesetzte Modifikatortaste. In den Menüs zeigt diese Taste die Tastenkürzel für die Menüeinträge an.

Die Optionstaste

Die Optionstaste wird manchmal in Zusammenhang mit der Shift- oder der Befehlstaste als eine weitere Modifikatortaste eingesetzt. Zusammen mit der Maus lösen Sie beim Drücken der Optionstaste immer eine von drei Aktionen aus. Im Finder schließen Sie damit alle Fenster (drücken Sie die Optionstaste und klicken Sie auf das Schließfeld eines Fensters; alle Finder-Fenster werden gleichzeitig geschlossen).

In Grafikprogrammen verändert die Optionstaste die Funktion eines Zeichen- oder Malwerkzeugs. Es kann z.B. die Lupe vom Verkleinerungsmodus in den Vergrößerungsmodus umschalten.

Die wichtigste Funktion der Optionstaste jedoch ist es, die gesamte Tastatur in einen Symbolgenerator umzuwandeln. Sie erzeugen damit z.B. die folgenden Symbole:

Um dieses Symbol zu erhalten…	…drücken Sie die Optionstaste und den folgenden Buchstaben:
©	g
™	2
ç	c
¢	4
¡	1
•	ü
®	r
†	t

Wenn Sie wissen wollen, welche Symbole Sie mit Ihrer Tastatur zaubern können, starten Sie das Schreibtischprogramm *Tastatur*.

FEHLER

Auch wenn Apple den iMac als ganz einfach anzuschließenden Internet-Computer lobt, das für die E-Mail so wichtige Zeichen @ (der Klammeraffe) ist auf der Mac-Tastatur ebenso wenig zu finden wie die Tilde (~), die Sie manchmal für das Eingeben von Internet-Adressen brauchen. Hier sind die «Geheimen Tastenkombinationen»:

@ Option-Shift-1

~ Option-N und dann Leerzeichen

Einige Worte über die Feststelltaste

Eine ordentliche Feststelltaste bleibt in gedrücktem Zustand, wenn Sie sich einmal entschlossen haben, sie zu betätigen. So war es jahrzehntelang bei Schreibmaschinen üblich. Die Feststelltaste des Mac arbeitet jedoch ein wenig anders als bei einer Schreibmaschine. Die Buchstabentasten erzeugen Großbuchstaben, wohingegen die Zifferntasten weiterhin Ziffern und nicht Sonderzeichen schreiben.

Bei den meisten PowerBooks läßt sich die Feststelltaste nicht arretieren. Wenn Sie die entsprechende Erweiterung installiert haben, erscheint in der Menüleiste ein Pfeilsymbol. Je nach Modell leuchtet auf der Taste selbst eine kleine Lampe auf. Sie werden also schnell feststellen können, woran es liegt, daß Sie auf einmal nur noch Großbuchstaben schreiben. Die Apple-USB-Tastaturen (von iMac und G3/G4) haben ebenfalls eine Leuchtdiode auf der Feststelltaste.

HEISSER TIP

Sie können die Anzeige für die Feststelltaste als «Absturz-Indikator» verwenden: Wenn Ihr Mac nicht mehr zu reagieren scheint, drücken Sie versuchshalber die Feststelltaste. Bleibt die Anzeige dunkel, dann ist der Mac abgestürzt. (Die Leuchtdiode wird vom Mac OS per Software umgeschaltet, darum reagiert sie bei einem Absturz nicht mehr.)

Zwei Tastaturen an einem Mac

Wenn Sie jemanden am Mac anlernen oder vielleicht auch nur zu zweit ein Spiel spielen wollen, ist es ganz nützlich, daß Sie mehrere ADB-Geräte hintereinander anschließen können. Der Trick ist: Sie können zwei Tastaturen und eine Maus an den gleichen Mac anschließen! Das funktioniert wirklich!

An einem Mac mit zwei ADB-Anschlüssen auf der Rückseite (z.B. beim II cx oder IIci) können Sie zwei vollständige ADB-Ketten haben – d.h. eine Tastatur und eine Maus. An einem Mac mit nur einem ADB-Anschluß erhalten Sie nur eine ADB-Kette. Da die Maus keinen ADB-Anschluß besitzt, können Sie in diesem Fall zwei Tastaturen, aber nur eine Maus anschließen. Die Maus muß die ADB-Kette immer abschließen. Eigentlich können Sie aber auch zwei Mäuse anschließen. Sie brauchen dazu ein ADB-Kabel mit einem Y-förmigen Anschluß. So etwas gibt es wirklich, z.B. von Sophisticated Circuits.

Ökonomie beim Tippen!

CD-ROM

Wenn Sie sehen könnten, welchen Anteil dieses Buches wir wirklich selbst getippt haben, würden Sie einen Teil des Kaufpreises zurückfordern. Wir haben einen Teil der Arbeit auf das kleine Programm *TypeIt4Me* abgewälzt. Sie können diesem Programm beibringen, bestimmte Abkürzungen zu vollständigen Wörtern zu erweitern – ts für Tastatur zum Beispiel. TypeIt4Me funktioniert überall da, wo Sie Text eingeben können – in allen Programmen.

Wenn Sie viel am Computer schreiben, sollten Sie TypeIt4Me auf jeden Fall ausprobieren. Wir haben Ihnen den Einstieg schon einmal erleichtert; Sie finden das Programm auf der CD dieses Buches.

Nie mehr tippen?

Stellen Sie sich vor, Sie müßten nicht mehr auf der Tastatur tippen, um Text einzugeben. Statt dessen können Sie die Sätze einfach hintereinander in ein Mikrofon sprechen, und Ihr Mac schreibt wie eine gute Sekretärin mit. Rein technisch geht das durchaus – moderne Macs haben genügend Rechenleistung für diese Arbeit, und für Windows gibt es die entsprechende Software schon eine ganze Weile. IBM, einer der Marktführer auf diesem Gebiet, arbeitet intensiv an einem Spracherkennungsprogramm für den Mac. Halten Sie die Augen offen, vielleicht tut dann Ihr Mac bald dasselbe mit seinen «Ohren».

Tote Tasten zum Leben erwecken

Bestimmte Tasten scheinen keinen Effekt zu haben: Sie drücken sie und nichts passiert. Der Mac wartet darauf, daß Sie eine zweite Taste drücken. Deren Zeichen erscheint dann unter dem ersten Zeichen. So können Sie z.B. die Buchstaben é oder â erzeugen. Wenn Sie nur das Akzent- oder Dachzeichen erhalten wollen, drücken Sie einfach die Leertaste, nachdem Sie das tote Zeichen betätigt haben.

Ausfall einer Taste

Wie so vieles im Leben kann auch eine Taste auf der Tastatur eines Tages den Geist aufgeben. Handelt es sich dabei um relativ unwichtige Zeichen wie eine Klammer oder das Dollarzeichen, wird es Ihnen vielleicht gar nicht auffallen. Versuchen Sie aber einmal, einen Brief zu schreiben, in dem kein E oder kein K vorkommt. Oder stellen Sie sich vor, die Enter-Taste verweigert die Arbeit. Es gibt verschiedene Möglichkeiten, aus diesem Dilemma herauszukommen. Sie könnten z.B. das benötigte Zeichen einem anderen Dokument entnehmen und jedesmal in Ihre Arbeit hineinkopieren. Wenn Sie ein ungewöhnliches Zeichen wie § oder # als Platzhalter einsetzen, können Sie es später mit der Suchen-und-Ersetzen-Funktion Ihrer Textverarbeitung gegen das fehlende Zeichen austauschen lassen.

CD-ROM

Diese Lösung ist jedoch viel besser: Sortieren Sie mit dem Programm *ResEdit* Ihre Tastatur um. Weisen Sie dem fehlenden Zeichen eine funktionierende Taste zu. Wenn beispielsweise Ihre Return-Taste ausgestiegen ist, können Sie die Funktion der Löschtaste zuweisen (die liegt gleich über der Return-Taste).

So können Sie die Zeit überbrücken, bis die Tastatur repariert werden kann (oder Sie sich eine neue gekauft haben).

Das Dvorak-Layout

Sie haben die folgende Geschichte vielleicht schon einmal gehört: Die Anordnung der Tasten auf heutigen Tastaturen sollte nicht etwa effizientes, genaues Tippen garantieren. Genau das Gegenteil war der Fall: Die Legende besagt, daß der Schreibmaschinen-Hersteller Charles Sholes die Anordnung der Tastatur so ineffizient wie möglich haben wollte, weil schnelles Tippen die Tasten seiner Schreibmaschine verklemmte. (Damit das Verkaufspersonal erfolgreich seine Demonstrationen durchführen konnte, hat er außerdem alle Buchstaben in der obersten Reihe plaziert, die zum Schreiben des englischen Wortes typewriter – «Schreibmaschine» – notwendig sind.)

August Dvorak hat einige Jahrzehnte später ein besseres Layout entworfen, bei dem die am häufigsten gebrauchten Zeichen sich direkt unter den Fingern in der Mittelzeile befinden. Die Finger müssen sich nur den Bruchteil der Strecke bewegen. Leute, die mit der Dvorak-Tastatur arbeiten, schwören, daß sie bedeutend schneller schreiben und weniger Fehler machen als mit der herkömmlichen QWERTZ-Tastatur. In der Blütezeit der Schreibmaschinen hat sich die Dvorak-Belegung nicht durchsetzen können, und als die ersten Computer-Tastaturen aufkamen, wurde einfach die Schreibmaschinen-Tastatur übernommen.

Maus, Trackball und Trackpad

Die Maus und ihr praktisch identisches, auf dem Kopf stehendes Gegenstück, der Trackball, sind wirklich tolle Erfindungen. Nehmen Sie sie in die Hand und folgen Sie uns.

Eine Reise in das Innere der Maus

Dieses Experiment ist hundertprozentig sicher, und Sie setzen damit auch nicht die Garantie Ihrer Geräte aufs Spiel: Drehen Sie die Maus um. Schauen Sie sich zunächst das wachsartige Kunststoffstück an den beiden Enden der Mausunterseite an. Das ist Teflon. Drehen Sie mit der anderen Hand den kleinen Ring, durch den sie die Kugel sehen, entgegen dem Uhrzeigersinn. Er sollte sich etwa eine Viertelumdrehung drehen lassen. Wenn er sich nicht drehen läßt, gehört Ihre Maus möglicherweise zu den neueren Modellen, bei denen die Unterseite einfach abgezogen wird. (Der Trackball eines PowerBook wird auf die gleiche Weise geöffnet.) Wenn Sie die Maus jetzt wieder umdrehen, fallen der Ring und die Kugel in Ihre Hand (vorausgesetzt, Sie haben die Hand nicht weggezogen!). Schauen Sie sich zuerst die Mauskugel an. Ihre Farbe kann variieren, je nachdem, von welchem Hersteller sie stammt.

Werfen Sie nun einen Blick in das Innere der Maus. Sie sollten nun erkennen können, weshalb die Bewegung dieses Dings auf dem Schreibtisch den Cursor auf dem Bildschirm steuert. Sehen Sie die drei kleinen Rädchen, die normalerweise mit der Kugel in Kontakt stehen? Wenn Sie die Maus über den Schreibtisch bewegen, werden die Rädchen gedreht.

Eines der Rädchen ist federnd gelagert, d.h. mit Stoßdämpfer. Die anderen beiden Rädchen sind über Wellen mit anderen Rädchen im Innern der Maus verbunden. Diese verborgenen Rädchen besitzen Speichen, die sich in einer Lichtschranke bewegen. Der Sensor der Lichtschranke mißt, wie oft die Speichen den Lichtstrahl unterbrechen. Diese Werte werden für beide Räder verglichen, und daraus berechnet der Mac, wie schnell sich die Maus in jeder Richtung bewegt. Ihr Mac jagt dann den Cursor entsprechend über den Bildschirm.

Die Maus oder den Trackball reinigen

Wenn sich der Cursor schwer bewegen läßt, kann das daran liegen, daß die Maus oder der Trackball schmutzig geworden sind. Das ist auch kein Wunder, da Sie ja den ganzen Tag damit auf Ihrem staubigen Schreibtisch herumschieben bzw. nach dem Pizzaessen gleich wieder mit fettigen Fingern an Ihr PowerBook gehen. Wenn Sie ein Haustier besitzen, können Sie es gleich vergessen. Was glauben Sie, wie wunderbar sich die Haare Ihres Angorakaninchens um die Speichen der Rädchen im Inneren Ihrer Maus wickeln?! Öffnen Sie die Maus, und säubern Sie die Kugel unter fließendem Wasser. So lösen Sie zumindest ein Problem.

Mit einem Zahnstocher oder einem anderen spitzen Gegenstand können Sie anschließend versuchen, die Haare und Fusseln von den Wellen und Rädchen zu entfernen. Sie müssen dabei natürlich vorsichtig sein. Unter Umständen können Sie Fettspuren mit ein wenig Alkohol (kein Beeren- oder Eierlikör!) wegwischen. Setzen Sie die Maus anschließend wieder zusammen. Jetzt wissen Sie, weshalb Apple an seinen PowerBooks seit einigen Jahren Touchpads statt Trackbällen verwendet.

Alternativen zur Maus

Jedes Jahr werden eine Menge Geräte entwickelt, die dazu gedacht sind, die Maus zu ersetzen. Es gibt Trackbälle, Joystick-artige Hebel, Touchscreens und sogar Kopfmäuse und pedalgesteuerte Mäuse (damit können Sie den Cursor bewegen, ohne Ihre Hände zu benutzen).

Allerdings sind nur wenige dieser Geräte so gut wie die gute alte Apple-Maus. Viele Grafikdesigner verwenden für die Arbeit mit Programmen wie Photoshop Grafiktabletts – zum normalen «Mausen» setzen sie allerdings weiterhin eine Maus ein. Einige Leute bevorzugen Trackbälle, weil diese weniger Platz auf dem Schreibtisch wegnehmen. Die meisten Trackbälle haben heutzutage mehrere programmierbare Tasten, die Sie mit speziellen Aktionen belegen können. An der populären Kensington TurboMouse können Sie eine Taste z.B. mit einem Doppelklick belegen, eine andere kann mit einem Anderthalbklick (nach unten, nach oben und wieder nach unten) versehen werden, so daß Sie die Vorteile der aufspringenden Ordner in Mac OS 8 nutzen können.

HEISSER TIP

Recht nützlich sind auch Mäuse mit einem Rädchen, das zusammen mit der richtigen Software das Scrollen von Fenstern erlaubt, ohne daß Sie dazu die Maus bewegen müssen. Sie bewegen lediglich mit dem Finger ein kleines Rad auf der Mitte der Maus, und schonen damit Ihre Armmuskeln.

Unserer Meinung nach ist die einzig wirkliche Alternative bzw. Ergänzung zur Maus das Grafiktablett. Diese elektronischen Stift-und-Papier-Techniken werden ständig besser und besitzen sogar einen «Radiergummi» sowie in einigen Programmen eine druckempfindliche Spitze.

FEHLER

Versuchen Sie nicht, eine normale Maus komplett durch ein Grafiktablett mit Stift zu ersetzen. Wenn Sie das tun, müssen Sie Ihren Arm ständig in der Luft behalten, um den Cursor zu bewegen oder Menübefehle auszulösen. Das ist auf die Dauer viel anstrengender als eine normale Maus, bei der Sie das Handgelenk ablegen können.

Marktführer auf dem Gebiet von Grafiktabletts und Zubehör ist die Firma WACOM. Eine schöne Alternative zur Mac-Maus ist das Graphire-Tablett. Es hat einen Griffel für Zeichen- und Retusche-Arbeiten und eine Maus, die ohne Kabel oder Batterie auf dem Tablett bewegt wird. Die Maus hat keine Kugel und ist damit völlig verschleißfrei. Dazu kommen drei Tasten, ein Scroll-Rad und eine flexible Treibersoftware, und das alles relativ preiswert (9.5).

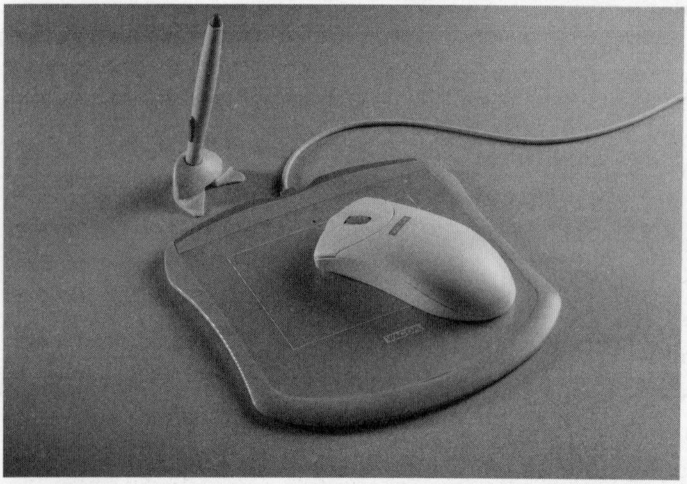

Abb. 9.5 Maus ohne Kabel und Kugel, Stift und Grafiktablett: Wacom Graphire.

Die allerneueste Entwicklung auf diesem Gebiet ist ein Grafiktablett, bei dem in die Zeichenfläche ein LCD-Bildschirm eingelassen ist. Damit können Sie fast wie auf Papier arbeiten, denn das Bild entsteht genau da, wo Sie den Stift aufsetzen. Diese Tabletts haben nur einen kleinen Nachteil – sie sind noch sehr teuer.

HEISSER TIP

Der Umgang mit Eingabegeräten ist für jeden Nutzer individuell anders. Nehmen Sie sich deshalb etwas Zeit, mit den Einstellungen im Kontrollfeld *Maus* bzw. in der jeweiligen Treibersoftware zu experimentieren. Finden Sie heraus, welche Einstellungen Ihnen für welche Anwendungen am besten gefallen – Sie werden dann leichter und flüssiger arbeiten.

Grundlagen der Ergonomie

Apple gibt seit längerem in seinen Benutzerhandbüchern Hinweise zur «Ergonomie am Arbeitsplatz». Sie wissen: Füße flach auf den Boden, die Schultern entspannt, minimale Blendung, gelegentliches Fokussieren des Blicks auf entfernte Objekte, häufiges Blinzeln, häufige kurze Pausen, und suchen Sie einen Arzt auf, wenn chronische Schmerzen in den Händen oder Armen auftreten.

Wir möchten diese Hinweise noch aus eigener schmerzlicher Erfahrung ergänzen:

- Investieren Sie ruhig etwas mehr in Ihren Stuhl. Wenn Sie in einem Büro arbeiten, in dem es bereits ergonomische Stühle gibt, die den gesamten Rücken unterstützen, haben Sie Glück. Ansonsten sollten Sie im Interesse Ihrer Gesundheit unseren Rat beherzigen. Wirklich gute Stühle gibt es im einschlägigen Bürofachhandel ab etwa 400 DM.
- Stellen Sie Ihren Monitor nicht vor ein Fenster. Wenn es hinter Ihrem Monitor hell ist, ziehen sich Ihre Pupillen zusammen und stellen sich auf das Licht ein. Sie dagegen versuchen, Dinge auf dem Bildschirm anzupeilen, die im Vergleich dazu gedämpft erscheinen. Am Ende des Tages werden Ihre Augen brennen und gerötet sein. Stellen Sie Ihren Bildschirm im rechten Winkel zur Lichtquelle auf. Das ist viel besser.
- Was nun die Höhe und Position betrifft, da gibt es alle möglichen Werte und Statistiken. Wir haben einen Rat: Ihre Ellbogen können nicht niedriger sein als Ihre Handgelenke. Wenn Sie es doch sind, werden Sie irgendwann nur noch unter Schmerzen zu Ihrer Maus greifen können.

Ein letzter ergonomischer Ratschlag – zum Tippen. Wenn Sie es vermeiden wollen, sich eine dauerhafte Schädigung der Handgelenke zuzuziehen, sollten Sie folgende Hinweise beherzigen:

- Legen Sie Pausen ein. Versuchen Sie nie, den ganzen Tag lang zu tippen.
- Legen Sie Ihre Handgelenke beim Schreiben nicht auf einer Handballenauflage ab (auch nicht auf der Auflage am PowerBook). Benutzen Sie diese nur, wenn Sie nicht schreiben. Sie zwingen Ihre Handgelenke ansonsten in einen unnatürlichen Winkel und beschwören damit Probleme herauf.

Grundlagen der Ergonomie

10 Festplatten

In diesem Kapitel

In dem Moment, in dem Sie Ihren Mac ausschalten, geht der gesamte Inhalt des Arbeitsspeichers verloren: jedes laufende Programm, jede bearbeitete Datei, jedes erzeugte Dokument. Die Speicherchips behalten ihre Informationen nur, solange Strom fließt. Darum brauchen Sie (und natürlich auch das Mac OS selbst) Speichermedien, die Daten auch nach dem Ausschalten des Mac aufbewahren können.

Daten aufbewahren

Es gibt verschiedene Verfahren, um Informationen auf Datenträgern zu speichern und auszulesen: magnetische, optische, magneto-optische oder Phase-Change-Methoden. Jedes funktioniert etwas anders und hat bestimmte Vor- und Nachteile. Mit Abstand am meisten verbreitet ist jedoch das magnetische Verfahren, das unter anderem von allen Festplatten, Disketten, Zip- und Jaz-Laufwerk verwendet wird. Es funktioniert folgendermaßen:

Der Mac «schreibt» Daten auf den Datenträger, indem er einen Strom von positiven und negativen elektrischen Signalen aussendet, die mit der Bitfolge – also den Einsen und Nullen – korrespondieren, aus der die Daten im Speicher bestehen. Ein Elektromagnet im Schreib-/Lesekopf des Diskettenlaufwerks erzeugt beim Drehen der Diskette ein magnetisches Muster auf der Oberfläche des Datenträgers (10.1). Dieses Muster bleibt so lange erhalten, bis es erneut von einem Magnetfeld geändert wird – also auch nach dem Ausschalten des Mac. Ein einzelnes magnetisiertes Gebiet speichert ein Bit und ist so mikroskopisch klein, daß eine High-Density-Diskette mehr als 12 Millionen dieser Datenbits aufnehmen kann.

Die Daten werden auf genau die umgekehrte Weise wieder zurückgelesen: Der Schreib-/Lesekopf wandelt die gespeicherten Magnetfelder in elektrische Signale um, und die Elektronik der Festplatte macht daraus wieder digitale Daten, die an den Mac übertragen werden.

Andere Speichermedien funktionieren im Prinzip ähnlich, unterscheiden sich aber dadurch, wie die Bits geschrieben und gelesen werden. Zip- und Jaz-Cartridges arbeiten wie eine Festplatte. Magneto-optische Geräte (sogenannte MO-Laufwerke) benutzen eine Kombination aus Magnetfeld und Laserlicht, um Bits zu schreiben bzw. zu lesen.

Abb. 10.1 Der magnetische Schreib-/Lesekopf bewegt sich wie die Nadel eines Plattenspielers über die Oberfläche des Datenträgers. Dabei beginnt er jedoch nicht außen und bewegt sich nach innen, sondern springt je nach Bedarf hin und her.

Wie schnell, wie groß, wie teuer?

Vermutlich sind Sie mit der Festplatte in Ihrem Mac erst einmal ganz zufrieden, so lange jedenfalls, bis der Platz darauf knapp wird. Dann werden Sie darüber nachdenken, sich zusätzlichen Speicherplatz anzuschaffen. Ob Sie nun eine weitere Festplatte kaufen oder sich für ein Wechsellaufwerk entscheiden (und für welches System), hängt von vielen Faktoren ab. Auch bei Speichermedien geht der technische Fortschritt permanent weiter. Sie sollten sich deshalb vor der Anschaffung ausreichend informieren, um das für Sie günstigste System herauszufinden.

Wenn Sie große Datenmengen ständig im Zugriff haben müssen, empfiehlt sich eine weitere Festplatte. Zwar sind die Kosten pro Megabyte nicht so günstig wie z.B. bei MO-Laufwerken, dafür ist die Platte schnell.

Geht es Ihnen darum, Daten auszulagern, Backups zu erstellen oder Daten mit anderen Partnern auszutauschen, ist ein Wechselplatten-Laufwerk die bessere Wahl. Inzwischen gibt es auch Systeme, die bei der Zugriffsgeschwindigkeit und der Datenrate durchaus mit Festplatten mithalten können.

Massenspeicher können Sie nach folgenden Kriterien unterscheiden:

- **Speicherkapazität.** Neue Festplatten haben mittlerweile fast alle über 10 GB Speicherplatz, die größten Modelle sogar über 70 GB. Diese Entwicklung geht weiter, Prototypen von Festplatten mit mehreren 100 GB existieren bereits in den Laboren der Hersteller. Bei Wechselmedien geht das Angebot von 100 MB (klassische Zip-Disk) bis zu mehreren GB pro Medium bei MO-Laufwerken oder DVD-RAM.

ACHTUNG

Überlegen Sie, mit welchen Datenmengen Ihre Wechselplatte umgehen soll, bevor Sie sich für ein System entscheiden. Ansonsten kann es Ihnen passieren, daß Sie 20 Zip-Disketten brauchen, um die 2-GB-Festplatte Ihres Mac zu sichern.

- **Kosten.** Schätzen Sie, wie groß der Platzbedarf für Ihre Daten etwa ist und was die dafür nötigen Medien kosten. Je mehr Daten Sie speichern wollen, um so wichtiger wird der Preis für die Medien, die Kosten für das Laufwerk treten in den Hintergrund. Am billigsten ist der Speicherplatz bei MO-Medien, dafür sind die Laufwerke etwas teurer und nicht so schnell wie rein magnetische Systeme.

- **Zugriffszeit.** Das ist die Zeit, die ein Laufwerk durchschnittlich braucht, um die Stelle auf dem Datenträger zu finden, ab der die gesuchten Daten gespeichert sind. Festplatten brauchen unter 10 Millisekunden, Wechselmedien je nach System etwas länger.

- **Transferrate.** Dieser Wert gibt an, wieviele Daten pro Sekunde auf ein Laufwerk geschrieben oder davon gelesen werden können. Wenn Sie mit Video- oder Audio-Daten umgehen, dann darf diese Rate bestimmte Werte nicht unterschreiten. Magnetische Wechselplatten sind meist auch die schnellsten, allerdings spielt das mechanische Design und die Art der Schnittstelle (z.B. IDE, normales SCSI oder Ultra-Wide) zum Mac ebenfalls eine Rolle.

- **Lebensdauer.** Gerade bei Datenträgern mit Sicherheitskopien kommt es darauf an, daß sie möglichst lange lesbar bleiben. Genaue Zahlen für diese Zeiträume sind schwer zu bekommen, angeblich sind aber optische Medien länger haltbar als magnetische.

Sektoren, Spuren und Blöcke

Auch wenn die Systeme zum Speichern von Daten nach unterschiedlichen Prinzipien arbeiten und verschiedene Medien verwenden, so müssen sie doch alle die Daten nach einem bestimmten System ablegen und wiederfinden können. Das funktioniert nach dem folgenden Prinzip:

Die Oberfläche des Datenträgers wird in mehrere konzentrische Kreise eingeteilt, die Spuren oder manchmal auch Tracks bzw. Zylinder heißen. Jede Spur ist wiederum in Sektoren unterteilt. Mehrere Sektoren können gemeinsam

Haltbarkeit von Datenträgern

Ärzte, Rechtsanwälte oder Steuerberater haben eine Aufzeichnungspflicht für ihre Unterlagen von teilweise über 10 Jahren. Bis jetzt ist leider nicht richtig gesichert, welche Datenträger wirklich so lange halten. Das liegt zum Teil auch daran, daß die benutzen Systeme meist vorher wieder vom Markt verschwinden.
Es ist durchaus möglich, daß Sie die Datenträger auch nach dieser Zeit noch lesen können, verlassen sollten Sie sich darauf jedoch nicht. Regierungen, Geheimdienste, Banken und andere Organisationen mit großen Archiven speichern ihre Daten meist auf Magnetbändern und kopieren diese nach fünf bis acht Jahren, um Datenverluste gar nicht erst zu riskieren.

einen Block bilden – das ist die logische Einheit, mit der Ihr Mac die Festplatte verwaltet. (Mehr zur Anzahl der Blöcke finden Sie weiter hinten in diesem Kapitel.)

Nach diesem System wird ein Datenträger in Tausende kleine, numerierte Speicherplätze für Informationen geteilt. Damit der Mac weiß, an welche Stelle er den Schreib-/Lesekopf der Festplatte schicken muß, braucht er ein sogenanntens «Dateisystem». Das ist ein Regelwerk, das die Anordnung der Daten auf dem Datenträger organisiert und dem Computer eine Art Karte von der Festplatte bietet. Mit Hilfe dieser Karte weiß Ihr Mac, wo er z.B. die Grafikdatei von voriger Woche findet und wo noch freier Platz für das Speichern der neuen E-Mail ist. Das Dateisystem für Macs trug bis zu Mac OS 8.1 den Namen HFS (für *Hierarchisches File System*). Die Weiterentwicklung heißt HFS+. (Alternative Begriffe sind *Mac OS Standard* und *Mac OS Extended*.)

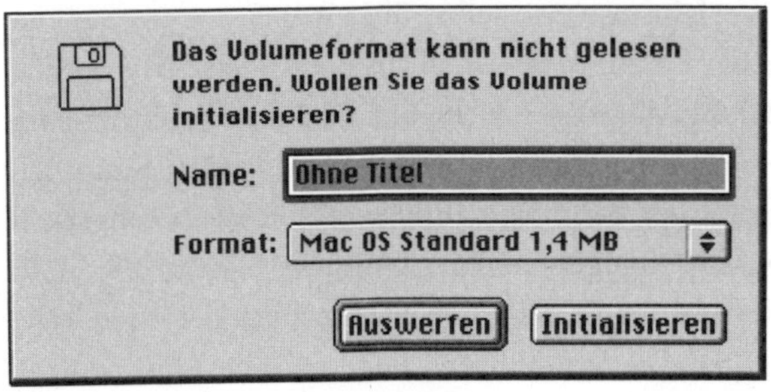

Abb. 10.2 Ohne Initialisierung kann der Mac keine Informationen auf einer Diskette ablegen und wiederfinden.

Wenn Sie eine neue, unformatierte Diskette in das Laufwerk stecken, muß der Mac diese Diskette initialisieren, um sie benutzen zu können (10.2). Eine leere, frische Diskette ist noch nicht in Spuren, Sektoren und Blöcke aufgeteilt. Während der Initialisierung fügt der Macintosh diese Referenzpunkte ein und erzeugt auf diese Weise die Karte, mit der er später die Daten ablegen und wiederfinden kann. (Die Initialisierung wird auch als Formatieren bezeichnet.)

Die große Platzverschwendung

Das hierarchische Dateisystem von Apple (HFS) teilt jede Diskette, Festplatte, Zip-Diskette, CD-ROM usw. in eine feste Anzahl von Blöcken ein, maximal 65.535. Auf einer Diskette ist jeder Block 1 K groß, und es gibt nicht annähernd 65.535 Blöcke. Teilt man dagegen eine 1-GB-Festplatte in so viele Teile, dann wird ein Block 32 KB groß. Bei einer 4-GB-Platte ist ein Block dann bereits 65 KB groß. Je größer die Festplatten werden, um so größer werden auch die Blöcke. Das Problem ist, daß dieses System Platz verschwendet.

FEHLER

Egal wie klein eine Datei ist, sie belegt mindestens einen Block auf der Festplatte – selbst eine vollkommen leere SimpleText-Datei belegt auf einer 4-GB-Platte 65 KB Platz. Aus diesem Grund geht – vor allem bei kleinen Dateien – immer Platz verloren. Der Mac rundet den Platzbedarf einer Datei immer auf die volle Blockgröße auf. Nehmen wir einmal an, Sie haben eine 70 K große Datei auf einem 4-GB-Laufwerk. Der Mac reserviert 130 K für diese Datei. Da sie nicht komplett in einen Block paßt, werden zwei Blöcke verwendet. Es wird noch schlimmer, wenn die Datei aus einem Daten- und einem Ressourcenteil besteht, den beiden Codestücken, die eine Mac-Datei ausmachen. Diese können nicht zusammen in einem Block existieren. Eine 70 K-Mac-Datei, die aus 66 K Daten und 4 K Ressourcen besteht, würde also 195 K Platz auf der Platte belegen – zwei Blöcke für die Daten und einen Block für den Ressourcenteil.

Sie können diese seltsame Verfahrensweise selbst überprüfen, indem Sie eine Datei markieren und dann den Befehl *Information* aus dem *Ablage*-Menü wählen. Sie erhalten eine Mitteilung, die folgendermaßen aussehen könnte: «65 K (9.112 Bytes)». Die Datei ist eigentlich nur 9 K groß, nimmt aber 65 K ein. Die Größe, die sich aus der Anzahl der benutzten Blöcke ergibt, ist die physische Dateigröße. Sie wird immer in K angegeben. Die eigentliche Dateigröße ist die logische Größe. Sie ist immer kleiner als die physische Größe und wird in Bytes angezeigt.

ACHTUNG

Wundern Sie sich nicht, wenn Sie folgendes sehen: 314 K (319.065 Bytes). Das liegt daran, daß 1 K nicht etwa eintausend, sondern 1.024 Bytes sind. Die Zählweise des Computers beruht auf dem Zahlensystem zur Basis 2, er kann sich also nur in Zweierpotenzen ausdrücken.

Der verschwenderische Umgang mit Festplattenplatz rührt übrigens noch aus einer Zeit, als Festplatten mit einer Größe von 20 MB als ausreichend für die nächsten zehn Jahre galten. Den ungenutzten Platz konnte man vernachlässigen. Heute gibt es Platten, die 200mal größer sind, die Prinzipien sind aber gleich geblieben.

Was ist ein Volume?

Früher gab es nur Disketten – und damit war die Welt in Ordnung. Dann kamen Festplatten, SyQuest-Scheiben, Zip-, Jaz- und andere Medien, CD-ROMs und sogar Partitionen (logische Teilbereiche von Festplatten) von den modernen Festplatten mit riesiger Speicherkapazität. Im Prinzip tun jedoch alle dasselbe: sie speichern Daten. Was fehlte, war eine griffige Bezeichnung, die alle technischen Varianten einschließt.

Aus diesem Grund kamen Apples Ingenieure auf die Idee, alle Medien, die auf dem Schreibtisch Ihres Mac mit einem Icon erscheinen, als *Volume* zu bezeichnen.

HFS+ (Mac OS Extended Format)

Mit Mac OS 8.1 stellte Apple ein neues Dateisystem vor, das die Platzverschwendung auf der Festplatte beenden soll: das Mac OS Extended Format. In diesem Format liegt die Zahl der maximal möglichen Blöcke bei 4,29 Milliarden statt bei 65.535. Die Blöcke können auf diese Weise bedeutend kleiner sein, es wird kein Platz mehr verschwendet.

HFS+ kann Ihnen so Hunderte von Megabytes an freiem Speicherplatz wiederbeschaffen. Wenn Sie Ihre Festplatte einfach im Extended Format formatieren, nehmen Ihre Dateien in Zukunft weniger Platz weg.

Wieviel Platz Sie gewinnen, hängt von der Art der Dateien und der Größe Ihrer Festplatte ab – je größer Ihre Festplatte ist, um so mehr Platz gewinnen Sie zurück. Wenn Sie viele kleine Dateien haben, wird der Gewinn größer sein, als wenn es sich nur um einige große Dateien handelt. Bei einer Festplatte mit 2 GB können durchaus 200 MB herausspringen.

Sollten Sie HFS+ einsetzen? Wenn Sie Ihre Festplatte auf HFS+ umstellen, können Sie eine Menge Platz sparen. Falls Sie dabei aber nicht aufpassen, haben Sie zwar viel Platz für Dateien – aber keine Möglichkeit, auf sie zuzugreifen. Machen Sie sich daher mit den folgenden Regeln vertraut, bevor Sie fortfahren:

- **Regel 1:** Sie können auf HFS+-Festplatten nur mit Mac OS 8.1 und höheren Versionen des Betriebssystems zugreifen.
  Nehmen Sie einmal an, Sie haben eine Zip-Diskette mit HFS+ formatiert. Sie nehmen sie zu einem Bekannten mit, der einen Mac mit System 7.6 hat. Wenn Sie die Zip-Diskette auf seinem Rechner ansehen, werden Sie einen großen Schreck kriegen, denn sie ist leer – bis auf zwei LiesMich-Dateien namens «Where_have_all_my_files_gone?« und «Wo sind die Dateien?» In diesen Dateien wird Ihnen erklärt, daß Ihre Dateien zwar durchaus noch vorhanden sind, diese aber nur unter Mac OS 8.1 oder höher gelesen werden können. (Es ist jedoch durchaus möglich, von einem Mac mit einem älteren Betriebssystem über ein Netzwerk auf Daten auf HFS+-Platten zuzugreifen. Voraussetzung ist, daß der Server, auf dem sich die Daten befinden, unter Mac OS 8.1 oder höher läuft.)

- **Regel 2:** Sie können HFS+-Festplatten auf Nicht-PowerPC-Macs nicht als Startlaufwerk benutzen. Mit anderen Worten, versuchen Sie nicht, die internen Festplatten eines Quadra, Mac II oder Mac mit dreistelligen Modellnummern mit HFS+ zu formatieren. Nur PowerPC-basierte Macs können von einer HFS+-Platte starten. Auf Nicht-PowerPC-Macs können HFS+-Festplatten auch nicht als Festplatten für den virtuellen Speicher (im Kontrollfeld *Speicher*) ausgewählt werden.

- **Regel 3:** Der Umstieg lohnt sich nicht, wenn Sie nur eine kleine Festplatte besitzen. Sie können zwar eine 80-MB-Platte formatieren, erhalten aber nur einige zusätzliche Megabytes. (Im allgemeinen lohnt der Aufwand erst ab Festplatten mit 1 GB.)

Wie Sie auf HFS+ umsteigen. Wenn Sie eine Festplatte auf HFS+ umstellen, müssen Sie diese vollständig initialisieren, wodurch auch alle Daten auf der Platte gelöscht werden. Als erstes sollten Sie daher alle Daten sichern. Wenn die Neuinitialisierung abgeschlossen ist, kopieren Sie alle Daten wieder auf die Platte zurück.

Starten Sie den Rechner von einer Mac OS 8.1-Platte (nicht von der, die Sie initialisieren wollen). Sie können dazu die startfähige Installations-CD des Mac OS oder eine speziell vorbereitete externe Festplatte, Zip, Jaz oder Startdiskette benutzen.

Markieren Sie im Finder die zu initialisierende Festplatte, und wählen Sie im *Spezial*-Menü den Befehl *Volume löschen*. Wählen Sie in der Dialogbox das Format *Mac OS Extended*.

Abb. 10.3 Benutzen Sie entweder «Laufwerke konfigurieren» oder den Befehl «Volume löschen» aus dem Finder, um eine Festplatte im Format HFS+ einzurichten.

Alternativ dazu können Sie auch das Programm *Laufwerke konfigurieren* ab Version 1.4 benutzen. Klicken Sie zuerst auf *Initialisieren* und anschließend auf *Eigene Einstellungen*. Wählen Sie aus dem Popup-Menü *Typ* die Option *Mac OS Extended* (10.3).

Auf HFS+ umsteigen, ohne die Festplatte zu löschen. *PlusMaker* von AlSoft stellt eine Festplatte sogar auf HFS+ um, ohne sie neu formatieren zu müssen. Im Vergleich zu Apples *Laufwerke konfigurieren* arbeitet es schneller und kann noch kleinere Blöcke erstellen – Sie sparen also noch mehr Platz.

Noch eine Warnung: Wenn Sie auf HFS+ umsteigen, sollten Sie dafür Sorge tragen, daß Ihre Festplatten-Dienstprogramme (Hard Disk Toolkit, TechTool

Pro oder Norton Utilities) HFS+-kompatibel sind. Nur die aktuellsten Versionen dieser Programme können Dateien korrekt von HFS+-Festplatten retten.

FEHLER

Besonders gefährlich sind die Norton Utilities in der Version 4.0: Wenn Sie diese Software frisch von der CD installiert haben und damit eine Festplatte mit HFS+ überprüfen wollen, dann zerstört das Programm (mit bester Absicht) alle Daten darauf recht gründlich. Erst das Update auf Version 4.0.2 läßt das Programm das neue Dateiformat erkennen und bricht mit einer Warnung ab.

Festplatten

Wenn Sie einmal eine Festplatte öffnen, werden Sie nicht nur eine Glas- oder Metallscheibe in ihrem Inneren finden, sondern gleich einen ganzen Stapel. Jede von ihnen ist mit einem magnetisch empfindlichen Material beschichtet. Diese Scheiben drehen sich mit 5.400 Umdrehungen oder mehr pro Minute und bewegen sich dabei mit einem zehnmillionstel Zoll am Schreib-/Lesekopf vorbei, der die Daten überträgt.

Die Geschwindigkeit einer Festplatte hängt jedoch von weit mehr als nur den Umdrehungen pro Minute ab. Auf den nächsten Seiten werden wir einige der Faktoren betrachten, die verantwortlich dafür sind, wie gut Festplatten ihre Arbeit erledigen.

Je schneller eine Festplatte sich dreht, um so mehr Lärm macht sie dabei. Achten Sie darum auf den Geräuschpegel, wenn Sie eine neue Platte kaufen, die auf Ihrem Schreibtisch stehen soll. Ihre Nerven werden es Ihnen danken. (Fachmagazine wie die *c't* veröffentlichen regelmäßig Tests von Festplatten, in denen auch der Lärmpegel angegeben ist.)

ACHTUNG

Wir möchten Sie wirklich nicht unnötig beunruhigen, doch bevor wir uns in die Feinheiten der Festplattendiskussion vertiefen, fühlen wir uns moralisch dazu verpflichtet, einige unerfreuliche Tatsachen zu erwähnen:

Zum einen gehören Festplattenlaufwerke zu den wenigen mechanischen Teilen eines Macs. Sie haben Motoren, Getriebe, Hebel – Teile, die sich bewegen, die zerkratzen, einstauben, sich lösen können oder die auch einmal Schmierung benötigen. Festplatten und Laufwerke sind bedeutend anfälliger für Probleme als andere Teile Ihres Computersystems.

Gleichzeitig gehören Festplatten aber zu den wichtigsten Geräten, die Sie jeden Tag benutzen: Sie sind die Hüter all der Arbeit, die Sie auf Ihrem Mac verrichten. Aus diesem Grund empfehlen wir Ihnen, besonders sorgfältig mit Festplatten und Laufwerken umzugehen. Sie wollen mit Vorsicht und Zartgefühl behandelt werden. Wir werden Ihnen sagen, worauf Sie zu achten haben.

FEHLER

Nun zu einer ganz schlechten Nachricht: Eines Tages wird es soweit sein – Ihre Festplatte wird ihren Geist aufgeben. Das ist nicht nur so eine vage Möglichkeit. Es ist ihr Schicksal. Wenn Sie eine brandneue Festplatte zum ersten Mal aus ihrer Verpackung nehmen und sie stolz auf Ihren Schreibtisch legen, hat der Hersteller das Laufwerk bereits mit einem Wert namens MTBF (Mean Time Between Failures) versehen. Dieser Wert repräsentiert die durchschnittliche Anzahl der Betriebsstunden, die der Hersteller veranschlagt, bevor die Festplatte wegen irgendwelcher Probleme ausfällt. Manche Laufwerke haben einen MTBF von nur wenigen Jahren, bei anderen sind es ein Dutzend oder mehr Jahre. Aber irgendwann trifft es sie alle.

Sie sollten für diesen Moment Vorsorge treffen. Sichern Sie deshalb immer Ihre unersetzliche Arbeit und beherzigen Sie die Ratschläge, die Sie in diesem Kapitel zur Pflege Ihrer Festplatten erhalten werden.

IDE, SCSI, FireWire?

Der Mac war der erste Arbeitsplatzcomputer, der mit einer SCSI-Schnittstelle ausgerüstet wurde. Das blieb auch über die Jahre so, bis auf einige wenige Geräte, die aus Kostengründen mit IDE-Festplatten geliefert wurden. Die IDE-Technik (Intelligent Drive Electronics) stammt ursprünglich aus der Welt der IBM-kompatiblen Computer. Bei diesem Standard lassen sich an ein Kabel lediglich zwei Laufwerke anschließen, außerdem sind die maximalen Kabellängen so kurz, daß man IDE nur innerhalb eines Computergehäuses benutzen kann. Dafür brauchen Sie sich als Nutzer nicht mit solchen Dingen wie Geräte-IDs oder Terminierung herumschlagen.

Lange Zeit galt SCSI als schnell und teuer, IDE dagegen als billig, aber langsam. Dieses Bild stimmt jedoch mittlerweile nicht mehr. Beide Systeme wurden ständig weiterentwickelt und haben derzeit in der jeweils höchsten Ausbaustufe soviel Leistungsreserven, daß aktuelle Festplatten die Schnittstellen nicht ausreizen können. In der Praxis reichen moderne IDE-Platten völlig für einen Arbeitsplatzrechner aus. Zwar können Sie nach wie vor nur zwei Laufwerke an einem IDE-Anschluß betreiben, aber zwei 36-GB-Festplatten bieten eine ganze Menge Speicherplatz.

Diese Entwicklung hat auch Apple erkannt und mit den iMacs die eingebaute SCSI-Schnittstelle abgeschafft. CD-ROM-Laufwerk und interne Festplatte werden über zwei IDE-Kabel betrieben. Somit ist noch Platz für zwei weitere Geräte, z.B. ein Zip-Laufwerk und eine zweite Festplatte. (Für externe Geräte soll der Mac-Nutzer nach Apples Willen den USB-Anschluß verwenden, und wenn es unbedingt sein muß, gibt es SCSI-Adapter als Einsteckkarte – allerdings nicht für iMacs.)

Auch wenn IDE manche Eigenschaften von SCSI nicht bietet, so ist das für den Normalverbraucher kein Grund zur Sorge. Moderne IDE-Festplatten sind schnell, billig und zuverlässig. SCSI dagegen ist wieder mehr zur Lösung für höhere Ansprüche geworden, vor allem für leistungsstarke Serverlösungen.

ACHTUNG

Vergleichen Sie die aktuellen Preise für Festplatten mit IDE- und mit SCSI-Schnittstelle. Bei gleicher Kapazität kostet SCSI manchmal fast das Dreifache! Für diese Einsparung können Sie sich bei Bedarf noch einen zusätzlichen IDE-Controller kaufen.

Außer IDE und SCSI gibt es seit kurzem noch eine dritte Variante, um Laufwerke mit Ihrem Mac zu verbinden: FireWire. Diese Schnittstelle ist mit einer maximalen Übertragungsrate von 400 MBit/s auch für den Anschluß von Festplatten geeignet. Zwar ist das Angebot an FireWire-Geräten noch gering, doch das wird sich in Zukunft ganz gewiß verbessern. Apple liefert darum die G4-Desktop-Macs sogar mit einer internen FireWire-Schnittstelle aus.

ACHTUNG

Auch für den USB-Port werden Geräte zur Datenspeicherung angeboten. Die Transferrate dieses Anschlusses ist aber auf maximal 1,5 MBit/s begrenzt, was für Zip-Laufwerke und andere eher langsame Geräte gerade so ausreicht. Kaufen Sie aber nach Möglichkeit keine USB-Festplatten!

Der Gerätetreiber

Irgendwo verborgen in einer dunklen Ecke Ihrer Festplatte schlummert ein kleines Softwareprogramm, genannt der Treiber. Er gehört ebenfalls zu diesen Programmen, die hinter der Bühne agieren. Jedesmal, wenn Sie Daten speichern oder von der Festplatte abrufen, wird der Treiber aufgerufen, um diesen

Vorgang auszuführen. (In der Datei des Treibers wird auch das Aussehen des Festplatten-Icons gespeichert.)

Die meisten neuen Mac-Festplatten werden vorformatiert mit Treibersoftware ausgeliefert. Doch auch wenn Sie den Festplattentreiber eigentlich nie zu sehen bekommen, sollten Sie einmal über ihn nachdenken, wenn Sie die optimale Leistung aus Ihrer Festplatte herausholen wollen. Einige neue Nicht-Apple-Treiber sind schneller als andere. Einige Treiber sind für den Gebrauch mit bestimmten Laufwerken und Mac-Modellen gedacht. Um die schnellste und zuverlässigste Leistung zu erreichen, brauchen Sie einen aktuellen Treiber, der vollständig mit Ihrem Laufwerk kompatibel ist.

Das trifft vor allem dann zu, wenn Sie die Systemsoftware aktualisieren. Hunderte von Mac-Fans haben sich z.B. bitter beklagt, als sie beim Versuch, System 7.5.3 zu installieren, jämmerlich gescheitert sind. Hätten sie zuerst die Festplatten-Treiber aktualisiert, wäre alles in Ordnung gewesen. (Aus diesem Grund wird man seitdem von jedem Apple-Installationsprogramm aufgefordert, zuerst die Treiber zu aktualisieren.)

Wenn Sie eine Apple-Festplatte haben, können Sie den Treiber mit der neuesten Version des Dienstprogramms *Laufwerke konfigurieren* aktualisieren (10.4), das Sie mit Ihrem Mac bekommen haben. (Ältere Macs hatten das Programm *Apple HD SC Setup* oder *Internal HD Format.*) Wenigstens eines dieser Programme ist auf Ihrer System-CD-ROM – neuere Versionen finden Sie unter *www.apple.de*.

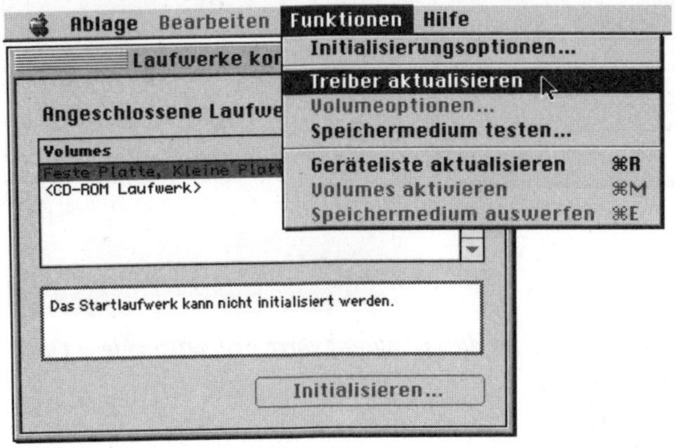

Abb. 10.4 Aktualisieren Sie den Festplattentreiber mit Apples «Laufwerke konfigurieren».

Den Festplattentreiber aktualisieren

Beim Aktualisieren Ihres Festplattentreibers bleiben Ihre Daten erhalten, Ihre Festplatte wird also weder initialisiert noch formatiert. Außerdem müssen Sie die Aktualisierung meist nicht manuell vornehmen. Normalerweise erledigt das System-Installationsprogramm diese Arbeit für Sie.

Sollten Sie das Bedürfnis verspüren, den Festplattentreiber zu aktualisieren, so besorgen Sie sich die neueste Version der Laufwerkssoftware. Bei den aktuellen Modellen handelt es sich dabei um *Laufwerke konfigurieren*, bei den älteren können dies *Apple HD SC Setup* (für SCSI-Laufwerke) oder ebenfalls *Laufwerke konfigurieren* (für IDE-Laufwerke) sein.

Gehen Sie dann folgendermaßen vor:

- **Apple-Laufwerke, Laufwerke konfigurieren:** Starten Sie das Programm, und wählen Sie anschließend aus dem Menü *Funktionen* den Befehl *Treiber aktualisieren*.

- **Apple-Laufwerke, Apple HD SC Setup:** Starten Sie das Programm, klicken Sie dann auf den Button *Aktualisieren*.

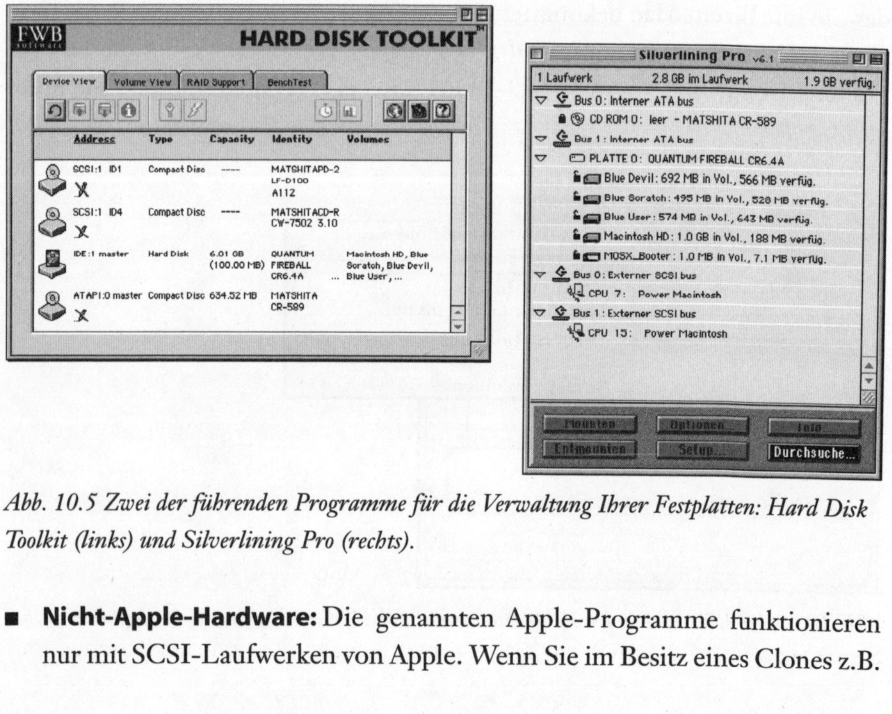

Abb. 10.5 Zwei der führenden Programme für die Verwaltung Ihrer Festplatten: Hard Disk Toolkit (links) und Silverlining Pro (rechts).

- **Nicht-Apple-Hardware:** Die genannten Apple-Programme funktionieren nur mit SCSI-Laufwerken von Apple. Wenn Sie im Besitz eines Clones z.B.

von Umax oder Power Computing sind, haben Sie einen Third-Party-Updater bekommen, wie etwa *SilverLining* (LaCie) oder *Hard Disk Toolkit* (FWB; 10.5). Unglücklicherweise erfahren Sie damit einen der Nachteile von Mac-Clones: Jedesmal wenn Apple eine neue Systemsoftware herausbringt, müssen Sie losziehen und sich (womöglich gegen Geld) eine neue Version dieser Software besorgen. Die Apple-Formatierungsprogramme dagegen sind immer kostenlos auf den Apple-Webseiten erhältlich.

Festplatten-Software kaufen?

Apples Programm *Laufwerke konfigurieren* richtet Festplatten ein und teilt sie in Partitionen – aber das auch nur für IDE-Geräte und Apple-eigene SCSI-Platten.

Wenn Sie öfter mit Fest- oder Wechselplatten zu tun oder spezielle Ansprüche haben, sollten Sie ein Programm wie *Hard Disk Toolkit* oder *Silverlining* benutzen. Die Treiber von Apple funktionieren recht gut, aber diese Software holt oft noch ein wenig mehr Leistung aus Ihren Speichermedien heraus. Dazu kommen jede Menge Funktionen zur Verwaltung der Datenträger, die in der täglichen Arbeit recht nützlich sein können. So ist z.B. der Umgang mit Partitionen viel bequemer als bei Apples Programm. Sie können einzelne Volumes mit Paßwörtern schützen (Hard Disk Toolkit erlaubt sogar eine Verschlüsselung der Daten), die das Erscheinen von Volumes auf dem Schreibtisch beim Starten verhindern, Laufwerke von Hand mounten und die Funktion von SCSI- und IDE-Geräten an Ihrem Mac im Detail überwachen und testen.

Hard Disk Toolkit enthält außerdem Routinen, mit denen Sie die Leistungsfähigkeit Ihrer Festplatten analysieren können, und erlaubt Ihnen sogar, aus mehreren Geräten ein schnelles Plattenarray (RAID) aufzubauen.

HEISSER TIP

Sie können im Mac beliebige IDE-Festplatten mit Apples Formatierungsprogramm einrichten. Die Weigerung von *Laufwerke konfigurieren*, mit Apple-fremden Festplatten zusammenzuarbeiten, gilt nur für SCSI.

Wollen Sie eine kleine ältere Platte in einem Mac mit IDE-Anschluß austauschen – z.B. in einem Performa 6200 oder einem Power Mac 4400? Kein Problem, Sie müssen lediglich das alte Laufwerk gegen das neue austauschen und dieses dann initialisieren. Allerdings unterstützen viele ältere Macs mit IDE nur ein Laufwerk am IDE-Bus. Sie können darum keine zweite Festplatte einbauen, sondern nur die alte gegen eine größere ersetzen.

Die Festplatte planmäßig pflegen

Ihre Festplatte ist angefüllt mit verborgenen Aktivitäten und unsichtbaren Dateien. Immer wenn Sie eine Datei speichern, kopieren oder löschen, bricht eine ungeahnte Hektik los: die Festplatte muß ihr internes Inhaltsverzeichnis aktualisieren (in der unsichtbaren Datei *Desktop DF*), neue Icons oder Icon-Positionen festhalten (in der unsichtbaren Datei *Desktop DB*) und den Überblick über die Fragmentierung der Datei behalten (in den unsichtbaren Extent- und B-Baum-Dateien).

Wann ist es nun für einen Mac-Anwender an der Zeit, an Sicherheitskopien, Formatierung und den Neuaufbau des Schreibtisches zu denken?

- **Wenn Sie das Laufwerk erhalten.** Ihr Laufwerk ist vorformatiert. Sie müssen zu Anfang daher lediglich entscheiden, ob Sie es partitionieren wollen. Gerade bei den modernen Festplatten mit großer Kapazität sollten Sie das unbedingt tun. Weiter hinten in diesem Kapitel erklären wir Ihnen, warum.

- **Wenn Sie eine neue Version der Systemsoftware installieren.** Bevor Sie das neue System installieren, starten Sie den Rechner von einem anderen Medium (z.B. vom eingebauten CD-ROM-Laufwerk aus). Starten Sie *Erste Hilfe* von der CD-ROM, um sicherzugehen, daß die Softwarestrukturen der Festplatte in Ordnung sind. Nehmen Sie anschließend die neueste Version von *Laufwerke konfigurieren* (oder *Apple HD SC Setup*), und aktualisieren Sie den Treiber. Die Installationsprogramme ab Mac OS 8 erledigen dies automatisch für Sie. (Falls Sie einen anderen Festplattentreiber einsetzen, sollten Sie diesen ebenfalls aktualisieren.)

- **Jeden Tag.** Sichern Sie die Dateien, an denen Sie während des Tages gearbeitet haben. Wenn es eine wichtige Arbeit ist, sollten Sie zwei Sicherheitskopien anfertigen (auf zwei verschiedenen Datenträgern) und mehrmals am Tag sichern.

CD-ROM

- **Einmal im Monat.** Bauen Sie den Schreibtisch neu auf. Drücken Sie Befehl-Option beim Starten des Macs, oder benutzen Sie ein Werkzeug wie *TechTool* dazu. (Sie finden das Programm auf der CD zu diesem Buch.)

- **Alle sechs Monate (oder wenn Fehler auftreten).** Installieren Sie die Systemsoftware neu. Führen Sie eine «saubere» Installation durch. Dadurch werden Schäden beseitigt, die sich durch die tägliche Arbeit in Ihren Systemdateien eingeschlichen haben. Defragmentieren Sie das Laufwerk, wenn es zu mehr als 80 Prozent gefüllt ist.

- **Alle zwei Jahre.** Sichern Sie den gesamten Festplatteninhalt, und formatieren Sie anschließend die Platte. Unter anderem werden dadurch Festplattenbereiche ausgeschlossen, die im Laufe der Zeit defekt wurden. (Keine Bange, das ist völlig normal.) Dadurch wird verhindert, daß Daten auf Sektoren abgelegt werden, die nicht mehr zuverlässig sind.

HEISSER TIP

Die letzten beiden Zeiträume sind Erfahrungswerte, die bei einem täglich genutzten Computer durchaus zutreffen. Falls Sie aber Ihren Mac nur gelegentlich brauchen, können Sie natürlich auch ein wenig länger warten. Wenn Ihr System läuft, dann lassen Sie es laufen. Fängt es aber an, Probleme zu machen, dann kümmern Sie sich möglichst schnell darum, bevor aus kleinen Macken große Katastrophen werden.

Sicherheitskopien

Ihr einziger Schutz beim eines Tages unweigerlich eintretenden Festplattentod sind regelmäßige Sicherheitskopien Ihrer Daten. Wenn Sie in einer Firma am Computer arbeiten, haben Sie bestimmt schon einmal diese Ratschläge gehört:

- Machen Sie immer mehrere Sicherheitskopien von Ihren Dateien an verschiedenen Tagen.

- Bewahren Sie eine Kopie Ihrer wichtigsten Arbeit in einem anderen Gebäude auf. Wählen Sie ein Gebäude, das nach Möglichkeit in einer anderen Stadt liegt. (Oder auf einem anderen Kontinent. Oder auf einem anderen Planeten. Oder …)

HEISSER TIP

Wenn Sie den Computer nur für private Zwecke einsetzen, müssen Sie nicht ganz so paranoid sein. Sie müssen beispielsweise kein Backup Ihres Systemordners machen – Sie haben ein solches Backup ja auf Ihrer System-CD-ROM. Auch von Ihren Programmen müssen Sie keine Sicherheitskopien anfertigen, da sich die Programme ja ebenfalls auf den Originaldatenträgern befinden. Sichern Sie jedoch Ihre Dokumente und eventuell den *Preferences*-Ordner (im Systemordner).

Hier noch einige Hinweise:

- Sichern Sie zunächst alle Dokumente, an denen Sie während eines Tages gearbeitet haben, auf einem anderen Datenträger. Mit dem Programm *Dateien finden* bzw. *Sherlock* können Sie leicht alle Dateien identifizieren, die am aktuellen Tag geändert wurden. Alternativ dazu können Sie Ihre Dokumente oder Projektordner mit einem Etikett versehen und nach diesem Etikett suchen lassen.

- Markieren Sie dann mit Befehl-A alle Dateien, die gefunden wurden, und ziehen Sie diese auf einen anderen Datenträger. Übrigens können Sie in Mac OS 8 und 8.1 eine Gruppe von Einträgen nur auf einen Alias ziehen. Sie müssen also erst einen Alias Ihres Sicherungsmediums anlegen.

ACHTUNG

- Eine Hauptursache für verlorene Daten ist versehentliches Löschen oder Überschreiben Ihrer Dateien. Überlegen Sie sich deshalb bei größeren Projekten am besten ein Ablagesystem mit verschiedenen Ordnern, oder benutzen Sie eine Software wie *FlashBack* von Aladdin (*www.aladdinsys.com*), das alle Versionen einer Datei erhält, egal was Sie daran geändert haben.

HEISSER TIP

- Mit einem speziellen Backup-Programm können Sie den Sicherungsvorgang automatisieren. Diese Programme suchen selbsttätig nach Dateien, die sich seit dem letzten Backup geändert haben, und kopieren diese auf Datenträger. *Fastback*, *Retrospect* und *Retrospect Express* gehören zu den populären Backup-Programmen. Sie können aber auch ein AppleScript schreiben, das jeden Tag vor dem Herunterfahren des Mac alle Ordner mit Dokumenten sichert.

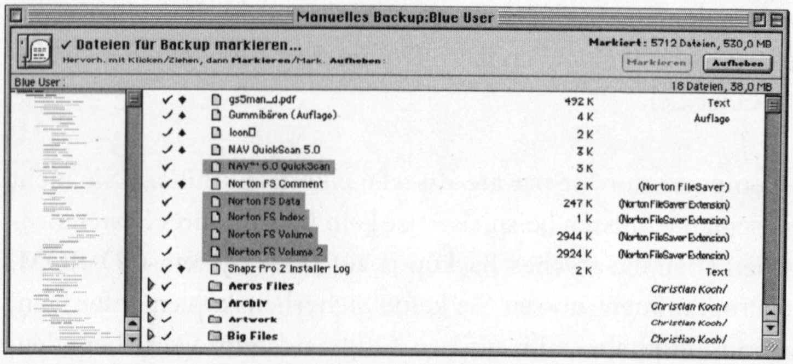

Abb. 10.6 Mit einem Backup-Programm wie Retrospect Express können Sie Backups automatisch durchführen lassen – oder wie hier gezeigt – manuell vornehmen.

Festplatten-Tricks

Die SCSI-ID einer Festplatte herausfinden

Jede Festplatte hat in einer SCSI-Kette eine eigene ID-Nummer. Wenn zwei SCSI-Geräte die gleiche Nummer haben, stellen sich unweigerlich Fehler ein.

Es gibt einen sehr einfachen Weg, die SCSI-ID einer Platte zu ermitteln: Markieren Sie das Icon der Festplatte, und wählen Sie *Information* aus dem Menü *Ablage* (10.7). Neben der SCSI-ID erfahren Sie auch die Versionsnummer des Treibers.

Sie können aber auch das Programm *SCSIProbe* benutzen. Oder Sie verwenden – unter Mac OS 8.x – das Programm *Apple System Profiler* im Apple-Menü. Wählen Sie die Option *Geräteinformationen* aus dem Auswahl-Menü bzw. die Registerkarte *Geräte und Volumes.*

CD-ROM

Mit Festplattenproblemen umgehen

Wenn Ihre Festplatte sich eines Tages seltsam verhält, angeblich «nicht lesbar» ist, Dateien auf mysteriöse Weise verschwinden oder wieder auftauchen, braucht sie vermutlich ein wenig Pflege und Zuwendung. Sie müssen sich jetzt aber keine größeren Sorgen machen, diese Art von Reparaturen können Sie selbst ausführen.

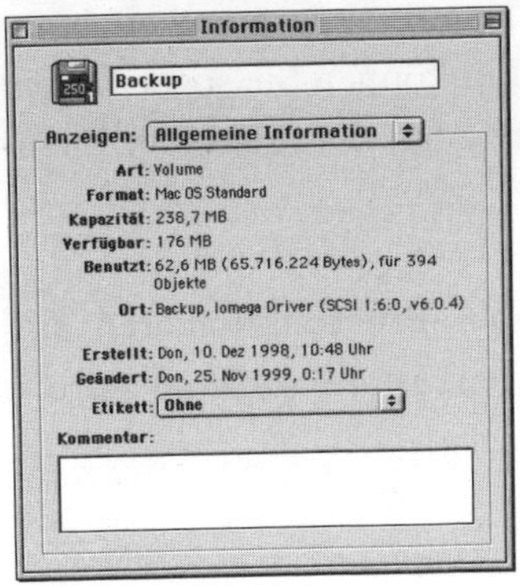

Abb. 10.7 Im Informationsfenster einer Festplatte erhalten Sie eine Menge geheimer Informationen, unter anderem die SCSI-Adresse und die Version des Treibers.

Das Problem ist nicht unbedingt Ihre Festplatte. Alle möglichen Faktoren sorgen dafür, daß der Mac «denkt», die Festplatte wäre defekt. Genauso gut können das Anschlußkabel Ihres Scanners oder eine defekte Datei im Systemordner Schuld sein.

Wenn sich aber herausstellt, daß wirklich die Festplatte schadhaft ist, fassen Sie Mut: Unlesbare Festplatten enthalten lesbare Dateien; es ist nur die Verzeichnisinformation der Platte durcheinander geraten. Ohne diese Landkarte findet der Mac die Dateien nicht wieder und beschließt daher, daß er die Platte nicht lesen kann.

Zuerst sollten Sie *Erste Hilfe* starten, ein Dienstprogramm, das zu Ihrem System gehört. Es ist zwar nicht so leistungsfähig wie andere Programme, kann aber so manchen Festplattenfehler beheben. Ab Mac OS 8.5 startet sich das Programm nach einem Systemabsturz selbst und findet auf diese Weise bereits eine Reihe von Problemen.

Ein Festplattenreparaturprogramm kann normalerweise geöffnete Dateien nicht reparieren (Ausnahme: Mac OS 8.5). Sie müssen daher den Rechner von einem anderen Datenträger starten, der ebenfalls Erste Hilfe enthält. Klicken Sie nach dem Aufruf des Programms den Button *Überprüfen*. Findet das Programm ein Problem, bietet es Ihnen an, dieses Problem zu beheben.

HEISSER TIP

Ab Version 8.2 von Erste Hilfe kann das Programm auch Festplatten reparieren, auf denen sich der aktive Systemordner befindet. Sie brauchen aber kein Mac OS 8.5, um diese bequeme (und lange überfällige) Funktion zu benutzen – es geht auch mit älteren Varianten des Mac OS.

Für stärkere Schäden brauchen Sie ein leistungsfähigeres Programm wie etwa *Norton Utilities*, *DiskWarrior* oder *TechTool Pro*. Damit können Sie sogar Daten von Festplatten retten, die so stark beschädigt sind, daß man sie nicht mehr reparieren kann.

Die Norton Utilities, DiskWarrior oder TechTool Pro funktionieren am besten, wenn Sie diese Programme schon installieren, *bevor* Probleme auftreten. Besorgen Sie sich die Software deshalb rechtzeitig.

Dateifragmentierung

Wenn Sie Dateien auf eine leere Festplatte kopieren, werden die Daten in benachbarte Sektoren geschrieben. Auf diese Weise ist es für den Mac leicht, die Dateien später wiederzufinden. Daher ist eine nagelneue Festplatte immer am schnellsten.

Mit der Zeit ändern sich jedoch die Verhältnisse. Gelöschte Dateien hinterlassen hier und da frei verfügbaren Platz. Dateien werden fragmentiert, wenn nach einer gewissen Benutzungsdauer nur noch unzusammenhängende Bereiche zur Verfügung stehen. Der Mac zerteilt eine Datei dann in kleine Stückchen, die er in diesen nicht miteinander verbundenen Sektoren unterbringt.

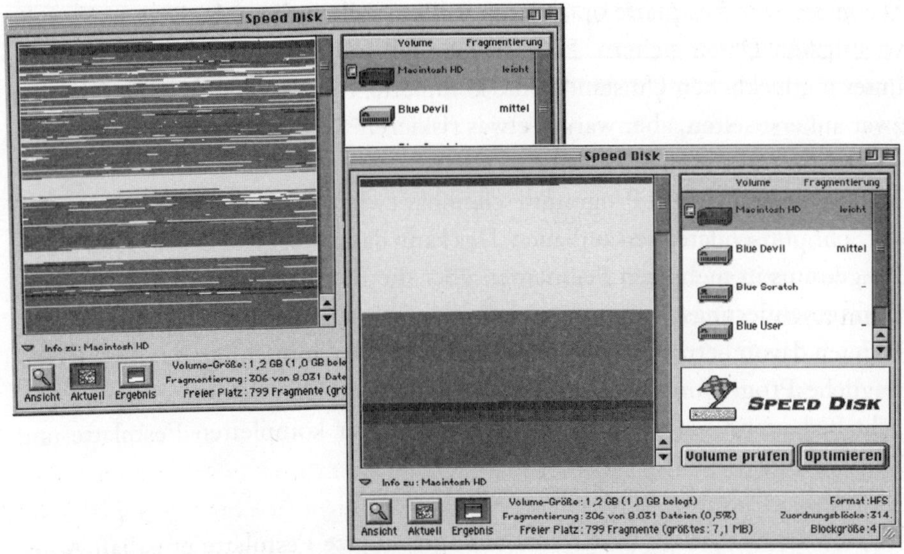

Abb. 10.8 Eine durchschnittliche Systemplatte vor (links) und nach dem Defragmentieren mit SpeedDisk, einem Teil der Norton Utilities.

Ihr Rechner kann immer noch auf die Dateien zugreifen, es dauert aber länger als vorher, weil der Schreib-/Lesekopf sich ständig hin und her bewegen muß, um die einzelnen Teile zusammenzusuchen. Indem Sie die Festplatte defragmentieren, erhöhen Sie die Zugriffsgeschwindigkeit wieder. Außerdem verbessern sich Ihre Chancen, daß Sie nach einem Crash Ihre Dateien mit Hilfe eines entsprechenden Programms retten können.

Sie können sich entweder ein Programm kaufen, das die Defragmentierung für Sie vornimmt, oder die Festplatte neu initialisieren. Eine Defragmentierung bringt übrigens erst dann einen merkbaren Geschwindigkeitsvorteil, wenn eine Platte fast voll ist – und das über einen längeren Zeitraum. Der Effekt macht sich allerdings bemerkbar, wenn Sie mit großen Dateien wie etwa QuickTime-Videos arbeiten, bei denen jeder Bruchteil einer Sekunde zählt. Auch Programme wie Photoshop, die große Dateien für die Auslagerung von Daten brauchen, profitieren von einer defragmentierten Festplatte.

Übrigens gibt es auch Programme zum Optimieren einer Festplatte. Solche Programme versuchen nach dem Defragmentieren eine möglichst günstige Stelle zum Abspeichern der Dateien zu finden, damit die Festplatte nicht so schnell wieder fragmentiert wird. Z.B. können die Anwendungen, die ja nicht so häufig verändert werden, in Außenregionen der Festplatte verlegt werden.

FEHLER

Wenn Sie eine Festplatte optimieren wollen, sollten Sie unbedingt vorher die wichtigsten Daten sichern. Ein Stromausfall während dieses Vorgangs kann unter unglücklichen Umständen das komplette Volume zerstören. Das passiert zwar äußerst selten, aber warum etwas riskieren?

POWER USER

Manchmal braucht ein Programm scheinbar ewig zum Starten, egal, wie oft Sie die Schreibtischdatei neu aufbauen. Das kann daran liegen, daß die Datei dieses Programms in mehreren Segmenten über die Festplatte verteilt ist. In vielen Defragmentierungsprogrammen können Sie sich anzeigen lassen, welche Dateien davon betroffen sind, und diese wieder zusammenfügen lassen. Ist das fragliche Programm dabei, so sollten Sie dessen Datei defragmentieren. Das geht bedeutend schneller als das Aufräumen der kompletten Festplatte und hilft oft sofort.

Es gibt eine Situation, in der eine defragmentierte Festplatte ernsthaft Ärger machen kann: wenn Sie den virtuellen Speicher einschalten und die Festplatte fast vollständig gefüllt ist. Dann versucht Ihr Mac, einen zusammenhängenden Bereich für die Auslagerungsdatei zu finden. Gelingt ihm das nicht, weil nur noch viele kleine Stückchen übrig sind, kann das die Leistung des Betriebssystems deutlich behindern. Im schlimmsten Fall stürzt der Mac sofort nach dem Booten ab.

HEISSER TIP

Um solche Probleme zu vermeiden, sollten Sie beim Einrichten Ihrer neuen Festplatte ein Volume ausschließlich für Auslagerungsdateien, Cache-Daten (z.B. von Ihrem Webbrowser) und den virtuellen Speicher vorsehen. Ihr System wird dann schneller und stabiler laufen.

Partitionen

Fest- und Wechselplatten können mit Hilfe eines entsprechenden Programms in kleinere Volumes aufgeteilt werden. So können Sie eine 4-GB-Platte in vier Teile zu je einem GB teilen. Jede Partition erscheint dann mit einem eigenen Icon auf dem Schreibtisch Ihres Mac.

Was Ihnen Partitionen bringen. Es gibt einige gute Gründe, vor allem große Festplatten in mehrere Partitionen zu teilen:

- Durch das Aufteilen einer großen Festplatte verringert sich die Blockgröße. Die Speicherung wird effektiver. Dieser Vorteil entfällt natürlich, wenn Sie HFS+ einsetzen.

- Wenn Sie sich Ihren Mac mit jemandem teilen, können Sie Partitionen für jeden Anwender einrichten. Durch einen individuellen Paßwortschutz hat jeder Benutzer nur Zugriff auf seine eigenen Daten.

- Sie können eine Partition als Ablage für Ihre alten Dateien verwenden. Wenn Sie eine archivierte Datei suchen, müssen Sie nicht die ganze Festplatte durchwühlen, sondern können sich gleich an die richtige Partition halten. Genauso können Sie eine Partition für das System und ihre Anwendungsprogramme benutzen und alle Arbeitsdaten auf einer anderen Partition ablegen. Das erleichtert auch Backups ganz wesentlich, weil Daten und Programme getrennt sind.

- Wenn Sie zwei Versionen der gleichen Anwendung besitzen, kann das Ihren Mac verwirren. Auf einer separaten Partition könnten Sie Ihre älteren Programmversionen ohne Probleme ablegen.

- Möglicherweise brauchen Sie für Ihre Arbeit mehrere verschiedene Betriebssysteme (z.B. System 7.6, Mac OS 8.5 und Mac OS 9). Sie könnten verschiedene Partitionen mit jeweils einem der Systemordner ausstatten (obwohl es auch kein Problem darstellt, alle Systemordner auf einer unpartitionierten Festplatte aufzubewahren). Zwei Volumes mit Systemordnern sind auch bei einem größeren Crash nützlich. In so einem Fall müssen Sie den Mac lediglich von der Reserve-Partition starten, und schon sind Sie wieder im Geschäft.

- Daten lassen sich besser retten. Wollen Sie versehentlich gelöschte Dateien mit Spezialprogrammen zurückholen, so müssen Sie die geretteten Daten irgendwo speichern. Eine zweite Partition ist dafür ideal. (Ansonsten überschreiben Sie vielleicht weitere gelöschte, aber noch vorhandene Daten, die Sie auch noch retten wollten.)

HEISSER TIP

Sie können eine eigene Partition für Auslagerungsdateien einrichten. So etwas heißt oft auch «Scratch Disk» und bietet großen, zusammenhängenden Speicherplatz für Programme wie Photoshop, Ihren Webbrowser und alle anderen Anwendungen, die Daten zeitweilig auf der Festplatte ablegen müssen. Kopieren Sie keine Dateien auf diese Partition, um die maximale Leistung beim Aus- und Einlagern der Daten zu erhalten.

- Geben Sie der Verwaltung des virtuellen Speichers eine Partition, oder stellen Sie wenigstens im Kontrollfeld *Speicher* die Scratch Disk als Ziel für die Auslagerungsdatei ein.

- Das Dateisystem des Mac fragmentiert im Vergleich zu anderen Betriebssystemen relativ stark und schnell. Partitionen verhindern, daß diese Fragmentierung sich auf die ganze Platte ausbreitet und damit z.B. die Leistung einer Scratch Disk beeinträchtigt.

Nachteile. Mit der Einführung von HFS+ und anderen Techniken gibt es einen Grund weniger, eine Festplatte zu partitionieren. Die Partitionierung selbst kostet Zeit und Mühe und kann sogar die Wahrscheinlichkeit verringern, nach einem Festplattencrash die Dateien zu retten.

Auch wenn es Leute gibt, die das Gegenteil behaupten, erhöht sich durch eine Partitionierung nicht generell die Geschwindigkeit einer Festplatte. Theoretisch sollte der Zugriff schneller werden, da die Schreibtischdatei jedes Volumes kleiner ist. In der Praxis gibt es jedoch Szenarien, die den Zugriff wieder verlangsamen können.

Dies ist z.B. der Fall, wenn Sie die Programme auf einer, die dazugehörenden Dokumente aber auf einer anderen Partition abgelegt haben. Der Schreib-/Lesekopf muß sich in diesem Fall ständig zwischen verschiedenen Bereichen der Festplatte hin und her bewegen. Sie sollten also auf jeden Fall Ihre Arbeit so organisieren, daß dies nicht notwendig ist.

Ob Sie den Aufwand treiben, Ihre Festplatte zu partitionieren, hängt ganz von Ihrer Arbeitsweise ab. Ist Ihre 6-GB-Platte nur zu einem Viertel gefüllt und Sie schreiben auf dem Mac nur Briefe und nutzen ab und zu das Internet oder ein Spiel, dann müssen Sie nicht weiter darüber nachdenken.

Verwenden Sie Photoshop oder befassen Sie sich mit Audio- und Videoproduktionen, dann sollten Sie partitionieren, um eine möglichst effiziente Scratch Disk zu haben. Das gleiche gilt, wenn Sie oft mit wechselnden Systemkonfigurationen arbeiten oder Ihren Mac mit anderen Nutzern teilen müssen. Benutzen Sie Ihren Mac für die Arbeit mit Audio und Video, sollten Sie die Partitionen für diese Daten so groß wie möglich machen.

POWER USER

Eine typische Aufteilung einer 6-GB-Platte könnte so aussehen: 1 GB Scratch Disk, 1,5 GB System und Programme, 2,5 GB Daten und 1 GB Reserve (für weitere Programme, Notsystem, Demo-Software usw.).

Wie Sie Ihre Festplatte partitionieren. Wenn Sie Ihrer Festplatte neue Partitionen hinzufügen oder die Größe der Partitionen ändern, müssen Sie sie fast immer re-initialisieren – d.h. alle Daten löschen (vorher natürlich sichern!). Sie können dazu das Programm *Laufwerke konfigurieren* verwenden. Allerdings benötigen Sie wenigstens Version 7.3.5, frühere Versionen des Programms erlaubten es nicht, mehrere Partitionen einzurichten.

HEISSER TIP

Falls Sie oft die Konfiguration von Partitionen ändern müssen, spart Ihnen ein spezielles Festplattenprogramm viel Zeit und Kopfschmerzen. Mit *Silverlining Pro* oder *Hard Disk Toolkit* können Sie den Partitionen auch eigene Icons geben und den Zugriff mit Paßwörtern schützen.

Das Programm «Laufwerke konfigurieren». Starten Sie *Laufwerke konfigurieren*, und wählen Sie das Laufwerk aus, das Sie partitionieren wollen. Klicken Sie zuerst auf *Initialisieren* und anschließend auf *Volumeoptionen* im Menü *Funktionen*.

Benutzen Sie das Popup-Menü *Teilbereichsschema* in der erscheinenden Dialogbox, um die Anzahl der Partitionen auszuwählen, die Sie auf dem Laufwerk erstellen wollen (10.9). Sie können auf einem Laufwerk bis zu acht Partitionen anlegen. Neben HFS-Partitionen können Sie bis Mac OS 8.5 auch eine oder zwei ProDOS-Partitionen einrichten. (ProDOS ist das Dateisystem der alten Apple II-Computer.)

Nun erscheint eine Ansicht Ihres aufgeteilten Laufwerks im Kasten *Volumes*. Sie können die Größe jeder einzelnen Partition durch Ziehen an den entsprechenden Griffen ändern (10.10). Klicken Sie OK, wenn Sie fertig sind, und initialisieren Sie das Laufwerk.

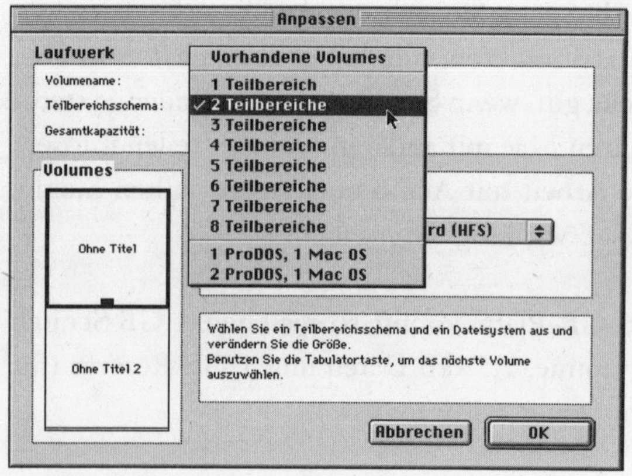

Abb. 10.9 Mit «Laufwerke konfigurieren» können Sie ein Laufwerk in bis zu acht separate Volumes aufteilen.

Versteckte Partitionen auf Ihrer Festplatte. Die Speicherkapazität eine Mac-Volumes entspricht niemals der Gesamtkapazität des Laufwerks. Das liegt daran, daß beim Formatieren einer Festplatte versteckte Partitionen angelegt werden, ohne daß Sie davon wissen. Diese Partitionen werden auf Ihrem Schreibtisch nicht angezeigt, sie sind aber für den Betrieb der Festplatte äußerst wichtig.

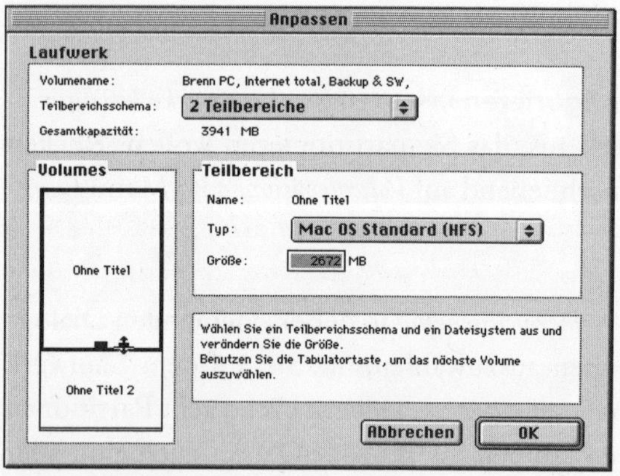

Abb. 10.10 Ziehen Sie an den Griffen, um die Größe der Partitionen zu ändern.

Eine dieser Partitionen enthält die Partitionstabelle (Partition Map), ein Verzeichnis aller Speicherplätze auf der Platte. Diese Tabelle sagt dem Macintosh, welche Blöcke leer sind und auf welchen Blöcken sich Daten befinden. Eine andere versteckte Partition enthält den Festplattentreiber. Dazu können noch einige andere Partitionen kommen, die für den Betrieb Ihrer Festplatte wichtig sind (10.11).

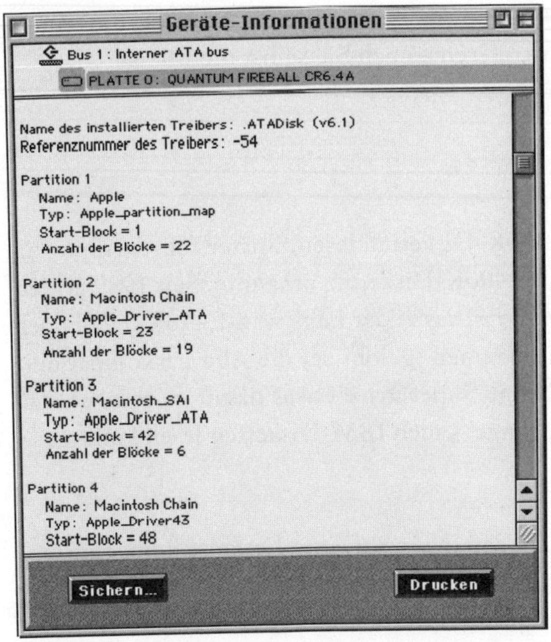

Abb. 10.11 Einige versteckte Partitionen auf Ihrer Festplatte – hier sichtbar gemacht von Silverlining Pro.

Eine Tiefenreinigung für Ihre Festplatte. Wenn Sie Ihre Festplatte mit dem Programm *Laufwerke konfigurieren* formatieren, sehen Sie zwei Optionen, die es früher noch nicht gab – *Speichermedium formatieren* und *Volumes mit Leerdaten beschreiben*. Von Apple selbst gibt es leider kaum Informationen darüber, wozu diese Optionen dienen. Deshalb hier einige Erklärungen.

Beim Initialisieren einer Festplatte werden die Daten nicht gelöscht, es wird lediglich das Inhaltsverzeichnis verworfen, so daß der Rechner nicht mehr weiß, an welchen Stellen sich die Dateien befunden haben. Er kann sie jetzt problemlos überschreiben. Die Formatierung geht einen Schritt weiter, löscht alle Verzeichnisstrukturen und entfernt alle Daten. Diese Art der Formatierung wird von Apple nur empfohlen, wenn Sie eine Festplatte behandeln, die älter als fünf Jahre ist und ein System enthält, das älter ist als System 7. Auch neue Festplatten sollten Sie vor der ersten Benutzung formatieren.

Bei der Option *Volumes mit Leerdaten beschreiben* werden die Daten auf Ihrer Festplatte durch Nullen ersetzt. Das ist eine Sicherheitsmaßnahme für «sensible Daten» – also alles, was auf keinen Fall in falsche Hände geraten darf. Wenn Sie diese Option wählen, kann niemand mehr Ihre Daten mit einem Datenrettungsprogramm rekonstruieren – auch Sie selbst nicht!

Disketten

Der originale Mac konnte nur 400K-Disketten lesen. Später führte Apple ein 800K-Laufwerk ein, das aber auch 400K-Disketten erkannte. Seit 1989 erhielt jeder Mac ein sogenanntes *SuperDrive*, das in der Lage war, 1.440K-, aber auch 800K- und 400K-Disketten zu erkennen (gelobt sei die Abwärtskompatibilität). Wir nehmen an, daß der Name SuperDrive etwas damit zu tun hat, daß diese Laufwerke – dank PC Exchange – auch IBM-Disketten lesen konnten.

Speicherplatz

Ihnen ist sicher bereits aufgefallen, daß Ihnen auf einer Diskette immer geringfügig weniger Platz zur Verfügung steht. Das liegt daran, daß auch auf einer Diskette unsichtbare Dateien gespeichert werden: die Treiber und die Schreibtischdatei.

ACHTUNG

Falls Sie ein Anti-Viren-Programm einsetzen oder den vorbeugenden Schutz der Norton Utilities (oder von TechTool Pro) für Disketten eingeschaltet haben, so legen auch diese Programme unsichtbare Dateien ab, die die Kapazität der Diskette weiter vermindern.

Im Prinzip funktionieren Disketten genauso wie Festplatten. Sie enthalten allerdings statt einer Glas- oder Metallscheibe eine flexible Kunststoffscheibe. Im Laufwerk drehen sie sich langsamer als Festplatten und bieten dadurch auch einen langsameren Datenzugriff. Außerdem sind Sie empfindlicher und gehen schneller kaputt.

Der richtige Umgang mit Disketten

Verlassen Sie sich nicht zu sehr auf Disketten. Diese Plastikscheiben sind nach unseren Erfahrungen empfindlich und relativ unzuverlässig. Sie können Glück haben, aber die folgenden Dinge haben wir selbst erlebt:

- **Nichtstun schadet.** 20 bespielte Disketten standen einträchtig in einer verschlossenen Schachtel drei Jahre fast ungestört in einem trockenen, staubarmen verschlossenen Schrank ohne Magnetfelder. Danach waren drei davon nicht mehr lesbar.

- **Disketten nicht zu oft benutzen.** Eine Autorin dieses Buches speicherte ihre Texte regelmäßig abends auf Diskette. Das ging etwa zwei Wochen gut, nach drei Wochen kam es jedoch mehrfach vor, daß Dateien zwar erfolgreich geschrieben wurden, sie sie aber nicht mehr lesen konnte. Der Effekt trat somit nach etwa 20 bis 30 Einsätzen der Diskette auf – nicht sehr ermutigend! Wechseln Sie deshalb öfter Ihre Disketten!

- **Disketten sind empfindlich.** Der Datenträger mit der einzig aktuellen Version der Studienarbeit fühlt sich ohne Schutzhülle in der Hosentasche mit den Kekskrümeln nicht sehr wohl und verursacht mit Sicherheit Tränen oder Nachtschichten. Heizkörper im Winter und das Innere von Autos im Sommer mögen Disketten ebenfalls nicht.

- **Kleben und kleben lassen.** Benutzen Sie keine Etiketten, die Sie um den Rand der Diskette kleben können. Irgendwann löst sich der Klebstoff, und das Etikett ruiniert die teure Laufwerkmechanik.

So gesehen ist es eigentlich keine schlechte Idee, daß Apple Diskettenlaufwerke aus allen neuen Macs verbannt hat…

Das Ende des Diskettenlaufwerks?

Obwohl Disketten einmal ein sehr wichtiger Bestandteil von Arbeitsplatz-Computern waren, nimmt ihre Bedeutung immer mehr ab. Die wenigsten Programme werden heutzutage noch auf Disketten ausgeliefert – es ist billiger, eine CD zu produzieren und zu verschicken. Auch Sicherheitskopien werden kaum noch auf Disketten gespeichert, seit Zip-Laufwerke recht preiswert zu haben sind. Für die Datenübertragung zwischen Computern gibt es seit der zunehmenden Nutzung des Internet auch durch kleine Firmen und Privatpersonen schnellere Wege, als eine Diskette von A nach B zu tragen.

Apple hat als Konsequenz aus dieser Entwicklung 1998 den ersten PC ohne Diskettenlaufwerk seit 10 Jahren ausgeliefert: den futuristisch anmutenden iMac. Sie können selbstverständlich ein externes Diskettenlaufwerk kaufen.

Wir vermuten aber, daß der Rest der Industrie Apple folgen wird. In weniger als 10 Jahren werden Disketten wohl zur Computergeschichte gehören.

Disketten-Tricks

Disketten verriegeln. Wenn Sie eine Diskette verriegeln, schützen Sie sich und andere davor, versehentlich Daten zu löschen oder zu verändern. Die Inhalte sind weiterhin lesbar, Sie können Daten lesen, auf ein anderes Laufwerk kopieren und Anwendungen öffnen – wenn Sie die Diskette auswerfen, hat sich darauf nichts verändert. Eine verriegelte Diskette kann auch nicht umbenannt werden. Sie benimmt sich also fast wie eine CD-ROM.

Um eine Diskette zu verriegeln, müssen Sie auf der Unterseite der Diskette den kleinen beweglichen Plastikschieber, der in der einen Ecke zu sehen ist, so verschieben, daß Sie anschließend durch das rechteckige Loch hindurchschauen können (10.12).

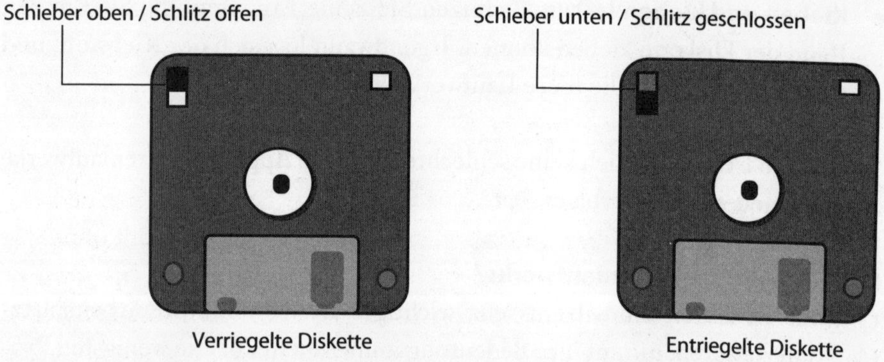

Abb. 10.12 Schieben Sie den kleinen schwarzen Plastikschieber nach oben, um das rechteckige Fenster in der Ecke der Diskette zu öffnen. Damit ist die Diskette verriegelt. Verwechseln Sie dieses Fenster nicht mit dem anderen rechteckigen Loch auf der rechten Seite – damit wird die Diskette als High-Density-Diskette identifiziert.

Disketten auswerfen. Ab Mac OS 8 werfen Sie eine Diskette (oder CD, Zip, Jaz, SyQuest usw.) aus, indem Sie zuerst das Disketten-Icon markieren und dann den Befehl *Spezial/Auswerfen* (Befehl-E) wählen. Die Diskette wird ausgeworfen, und ihr Icon verschwindet vom Schreibtisch.

Wenn Sie jedoch eine der Versionen von System 7 benutzen, sollten Sie diesen Befehl nicht einsetzen. Auf dem Schreibtisch bleibt nämlich in diesem Fall ein Geisterbild Ihrer Diskette zurück. Auch offene Fenster der Diskette bleiben bestehen. Werfen Sie eines dieser «Phantombilder» in den Papierkorb, werden Sie aufgefordert, die Diskette erneut einzulegen. Sie sollten daher besser eine der folgenden Techniken verwenden, dic übrigens auch ab Mac OS 8 noch funktionieren:

- Ziehen Sie das Disketten-Icon auf den Papierkorb. Die Diskette wird ausgeworfen, und auch das Icon verschwindet.

- Wählen Sie das Disketten-Icon aus. Benutzen Sie den Befehl *Zurücklegen* aus dem Menü *Ablage* bzw. das Tastenkürzel Befehl-Y. Auch in diesem Fall wird die Diskette ausgeworfen, und das Icon verschwindet.

Geister-Icons und -Fenster entfernen. Wie werden Sie nun unter System 7 ein Geister-Icon wieder los, wenn Sie eine Diskette mit Befehl-E ausgeworfen haben? Ziehen Sie das Disketten-Icon einfach auf den Papierkorb. Sie erhalten die Meldung, daß Sie die Diskette wieder einlegen sollen. Ignorieren Sie sie, und drücken Sie statt dessen Befehl-. (Punkt). Die Dialogbox sowie das Disketten-Icon und alle Fenster, die von der Diskette noch übriggeblieben waren, verschwinden vom Schreibtisch.

Der Trick mit der Büroklammer. Unsere Diskussion über die verschiedenen Möglichkeiten, eine Diskette auszuwerfen, wäre nicht vollständig, ohne den Trick mit der Büroklammer zu erwähnen. Wenn eine Diskette, Zip, Jaz oder CD sich hartnäckig weigert, aus dem Rechner herauszukommen, dann helfen Sie etwas nach. Biegen Sie eine Büroklammer auseinander, und führen Sie sie langsam und vorsichtig so weit in das kleine Loch neben oder unter dem Laufwerk ein (10.13), bis die Diskette herausspringt.

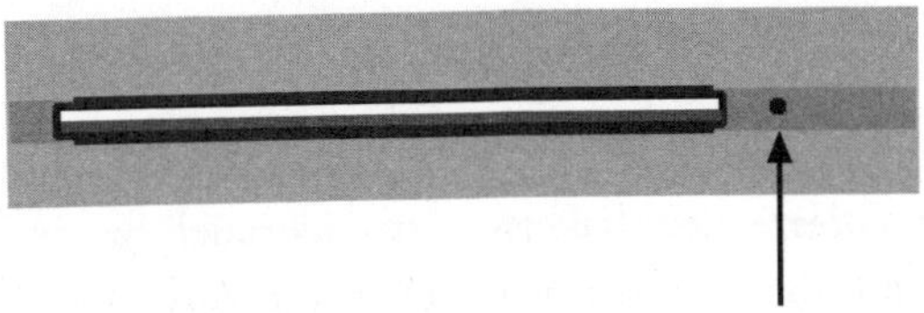

Abb. 10.13 Bewährte Lösung für störrische Disketten: Schieben Sie eine auseinandergebogene Büroklammer in das kleine Loch neben dem Laufwerk, und schon springt die Diskette heraus.

FEHLER

Wenn die Diskette allerdings richtig im Laufwerk verklemmt ist – weil z.B. der Metallverschluß verbogen ist oder das Etikett sich gelöst hat und nun im Laufwerk klebt – kann das Laufwerk zerstört werden, wenn Sie mit der Büroklammer ans Werk gehen. Sie sollten zuerst das störende Element beseitigen, indem Sie etwa mit einer dünnen Pappscheibe vorsichtig über den Metallverschluß oder den Aufkleber fahren und versuchen, die Blockade zu lösen. Oder Sie schieben die Diskette vorsichtig noch einmal ein Stück in das Laufwerk hinein, bevor Sie erneut probieren, sie auszuwerfen.

HEISSER TIP

Diskette automatisch löschen. Und hier nun der ultimative Geheimtip zum Löschen von Disketten: Drücken Sie die Tastenkombination Befehl-Option-Tabulatortaste, während Sie eine Diskette in das Laufwerk stecken. In einer Dialogbox werden Sie gefragt, ob Sie die Diskette wirklich löschen wollen.

Der Befehl *Volume löschen* im Menü *Spezial* löscht nur den Katalog der Diskette. Wenn Sie sichergehen wollen, daß jeder einzelne Block der Scheibe fehlerfrei ist, müssen Sie eine sogenannte Low-Level-Formatierung durchführen.

CD-ROM

Am besten erledigt diese Aufgabe die Shareware *Disk Charmer*, die Sie auf der CD zu diesem Buch finden.

Mac- in PC-Disketten umwandeln. Um am Mac PC-Disketten zu erstellen, brauchen Sie keine speziellen Hilfsmittel oder Dienstprogramme – ein Umstand, der PC-Benutzer immer wieder verwundert. Sie benötigen lediglich das Kontrollfeld *File Exchange*. Markieren Sie ein Disketten-Icon im Finder, und wählen Sie *Volume löschen* im Menü *Spezial*. Wählen Sie im Popup-Menü *DOS 1,4 MB*, und klicken Sie auf OK (10.14).

Nach einer knappen Minute haben Sie eine leere PC-Diskette, auf der unter Mac OS 8.1 und höher sogar die langen Windows-95-Namen erhalten bleiben. Das ist vor allem wichtig, wenn Sie mittels einer Diskette Daten mit einem PC austauschen wollen.

Aber auch wenn Macs standardmäßig PC-Disketten lesen können, sollten Sie sich die Zeit nehmen, PC-vorformatierte Leerdisketten vor Gebrauch für den Macintosh zu formatieren – sie funktionieren dann schneller und verläßlicher und Sie haben keine Probleme, falls Sie einmal das Kontrollfeld *File Exchange* deaktiviert haben.

Abb. 10.14 Mit dem Befehl «Volume löschen» können Sie Mac- in PC-Disketten umwandeln.

Kaputte Disketten reparieren. Wenn Sie nach dem Einführen einer Diskette in ein Laufwerk die Meldung erhalten, daß diese Diskette nicht lesbar sei, können Sie es zunächst mit einer der drei folgenden Methoden probieren:

- Führen Sie die Diskette erneut ein.
- Stecken Sie die Diskette in einen anderen Mac.
- Schieben Sie den Metallverschluß der Diskette zur Seite, und schütteln Sie die Diskette ein wenig. Sie können auch den Mac neu starten.

Sollte der Metallverschluß verbogen sein, können Sie ihn entfernen (Achtung: Berühren sie keinesfalls die eigentliche Diskette!) und die Diskette vorsichtig in das Laufwerk stecken. Der Mac kann die Daten lesen. Sie sollten sich aber schnell nach einer neuen Diskette umschauen, um die Daten darauf zu sichern.

Doch auch wenn alle diese Tricks nichts geholfen haben, ist noch Hoffnung vorhanden. Vermutlich ist das Inhaltsverzeichnis der Diskette kaputt, der Mac findet Ihre Dateien also einfach nicht wieder. Jetzt kommt das Dienstprogramm *Erste Hilfe* ins Spiel.

Werfen Sie zuerst die Diskette aus, und starten Sie anschließend Erste Hilfe. Stecken Sie dann die Diskette wieder in das Laufwerk. Wählen Sie nun das Disketten-Icon im Erste-Hilfe-Fenster aus, und klicken Sie auf *Überprüfen* (10.15). Nachdem das Programm die Diskette gescannt hat, wird es Ihnen vermutlich mitteilen, daß eine Reparatur notwendig ist. Nun können Sie auf *Reparieren* klicken. (Aus irgendeinem Grund funktioniert *Erste Hilfe* zuverlässiger, wenn Sie eine Diskette zunächst überprüfen und erst dann reparieren lassen.) Wenn alles gutgeht, erhalten Sie wieder eine funktionierende Diskette.

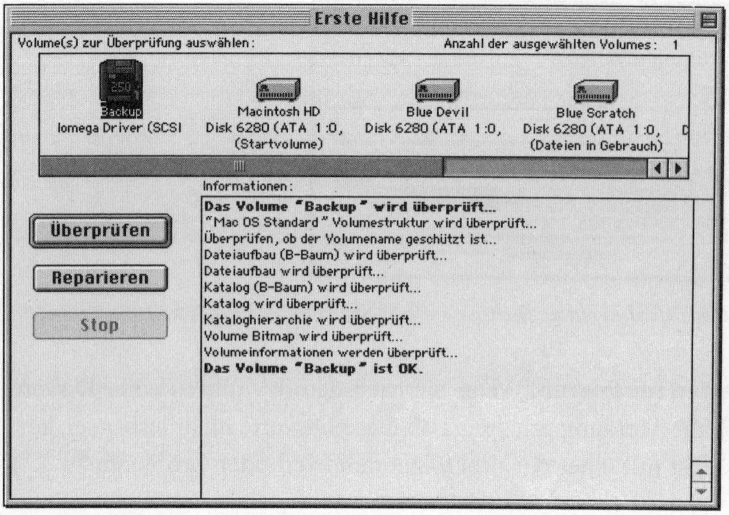

Abb. 10.15 Apples Dienstprogramm «Erste Hilfe» funktioniert nicht immer. Sie sollten es aber auf jeden Fall ausprobieren.

ACHTUNG

Sobald eine Diskette anfängt, Probleme zu machen, sollten Sie sie formatieren – am besten mit *Disk Charmer*. Hat das auch nichts geholfen, dann trennen Sie sich sofort von ihr. Es lohnt nicht, ein paar Pfennige sparen zu wollen, um dann später einen Datenverlust zu riskieren!

Dateien von zerstörten Disketten retten. Wenn die bisher gezeigten Techniken nicht funktioniert haben, eine Diskette also weiterhin nicht lesbar ist, versuchen Sie es einmal auf diese Weise: Lassen Sie die Diskette im Laufwerk, und öffnen Sie die Anwendung, mit der Sie die Dateien erstellt haben. Öffnen Sie die Dateien aus der Anwendung heraus, und speichern Sie sie an einer anderen Stelle ab.

Sogar wenn das nicht mehr geht, gibt es noch einen Funken Hoffnung. Ein Datenrettungsprogramm wie *Norton Utilities* könnte die Dateien finden – auch wenn die Diskette erheblich beschädigt ist – und sie an eine andere Stelle kopieren. Den letzten Versuch können Sie mit einem kleinen Programm namens *RescueText* von Abbott Systems durchführen. Damit durchsuchen Sie einen Datenträger Block für Block nach Textstrings. Das kann eine Weile dauern, es lohnt sich aber, wenn es sich um wichtige Daten handelt.

HEISSER TIP

Wenn die Diskette gar nicht auf dem Schreibtisch erscheinen will oder der Mac sofort das Initialisieren anbietet, dann können eventuell noch die Norton Utilities helfen. Starten Sie das Programm und wählen Sie den Disk Doctor aus. Wählen Sie den Befehl *Volumes/Eigene hinzufügen*. Schieben Sie erst jetzt die Diskette ein. Damit versucht nicht der Finder, den Datenträger zu mounten, sondern die ausgeklügelten Routinen des Disk Doctor. Falls der Zugriff klappt, sichern Sie Ihre Daten, werfen Sie die Diskette aus und befördern Sie sie sofort in den Mülleimer.

Disketten ohne Laufwerk. Neue Macs haben kein Diskettenlaufwerk, weil man eigentlich keins braucht. Es gibt allerdings Ausnahmen, z.B. bei älterer Software, die bei der Installation unbedingt «Diskette 3 von 7» im Laufwerk haben will, oder für spezielle Autorisierungs-Disketten wie bei manchen Versionen von QuarkXPress.

HEISSER TIP

In solchen Fällen helfen manchmal Disketten-Images weiter. Das sind Dateien in einem speziellen Format, die eine Art elektronische Kopie einer echten Diskette darstellen. Um aus einer echten Diskette ein Image zu machen, brauchen Sie einen Mac mit Diskettenlaufwerk und Programme wie *Disk Copy*, *ShrinkWrap* oder *StuffIt Expander*. Diese Programme lesen die Daten der Diskette aus und erzeugen daraus eine sogenannte Image-Datei. Diese Datei können Sie dann auf einem Mac ohne Floppy-Laufwerk mounten und wie eine normale Diskette benutzen. Der Mac denkt dann tatsächlich, er hätte eine oder mehrere Disketten in den Laufwerken liegen.

ACHTUNG

Manche kommerzielle Software (wie z.B. die Audio-Software *ProTools*) verwendet nach wie vor Disketten als Kopierschutz. Die Image-Methode versagt natürlich bei solchen speziellen Datenträgern. Bei einem Mac ohne Diskettenlaufwerk brauchen Sie darum ein externes Gerät, das den jeweiligen Kopierschutz unterstützt. Fragen Sie trotzdem sicherheitshalber den Softwarehersteller, ehe Sie aus Versehen die Kopierschutz-Diskette zerstören.

Wechselmedien

Festplatten und Disketten sind die bisher am häufigsten genutzten Speichermedien. Es gibt aber mittlerweile eine ganze Menge anderer Speichermöglichkeiten, die viele Vorteile gegenüber den herkömmlichen Datenträgern bieten.

Die meisten der im folgenden vorgestellten Laufwerke verwenden Wechselplatten, die im Prinzip wie große, zuverlässige Disketten funktionieren. Auch hier werden die Daten auf sich drehenden Scheiben gespeichert – allerdings kann jede dieser «Disketten» Mega- oder Gigabytes an Daten aufnehmen. Da sie sich außerdem in einem stabilen Gehäuse, einer Cartridge, befinden, ist es leicht, sie aus dem Laufwerk zu entfernen. Sie als Nutzer erhalten also zu einem relativ niedrigen Preis eine fast unbegrenzte Speicherkapazität.

- **SyQuest-Laufwerke.** Diese älteren Cartridge-Systeme, die es in 5,25-Zoll- und 3,5-Zoll-Versionen gab, konnten normalerweise 44, 88, 200 oder 270 MB aufnehmen. Es waren die ersten Wechsel(fest)platten überhaupt, die eine gewisse Bedeutung erlangten; in den 80ern mußte praktisch jedes Servicebüro mit diesen Systemen ausgestattet sein. Nach heutigen Maßstäben sind sie jedoch langsam, klein und teuer.

- **Zip-Laufwerke.** Diese eleganten, schmalen Diskettensysteme wurden 1995 von Iomega eingeführt und sind ungeheuer populär. Es ist leicht zu sagen, woran das liegt. Zip-Disketten sehen wie extradicke Disketten aus, können aber jeweils etwa 100 MB speichern. Sie laufen leise, sind zuverlässig und fast so leistungsfähig wie echte Festplatten. Außerdem stellt die Anschaffung eines solchen Systems auch vom ökonomischen Standpunkt aus eine gute Wahl dar. Die Laufwerke sind nicht sehr teuer – in manchen Rechnersystemen sind sie sogar bereits eingebaut – und auch die Disketten sind schon für 20 bis 25 DM zu haben. (Dank des *VST Zip 100* für den Erweiterungsschacht der G3-PowerBooks können nun auch Fans von mobilen Macs interne Zip-Laufwerke zum Datenaustausch benutzen.)

  Die neueste Version des Zip benutzt gleich große Disketten mit 250 MB. Diese passen *nicht* in die 100-MB-Laufwerke, dafür kann das Laufwerk die alten Datenträger lesen und schreiben.

FEHLER

  Das Schreiben auf 100-MB-Zip-Disketten ist mit einem 250-MB-Laufwerk allerdings quälend langsam. Die 250-MB-Medien funktionieren viel besser. (Ob da wohl jemand unbedingt neue Medien verkaufen will?)

- **SyQuest EZ-Laufwerk.** Diese kleinen SyQuest-Cartridges sind SyQuests Antwort auf die Zip-Diskette – sowohl in Größe als auch im Preis. Auf die Cartridges passen sogar mehr Daten (135 MB), und sie sind auch etwas schneller. Das kompatible Nachfolgemodell EZ Flyer hatte 230-MB-Cartridges und konnte auch 135-MB-Medien lesen. Da diese Disketten allerdings in der Bedienung etwas umständlicher sind und die Firma SyQuest darüber hinaus inzwischen Konkurs gegangen ist, weisen sie doch entscheidende Nachteile gegenüber den Zip-Medien auf.

- **Jaz-Laufwerke.** Diese Wechselmedien – ebenfalls von Iomega und ebenfalls sehr beliebt – sind der Traum jedes Multimedia-Produzenten. Die originalen Jaz-Laufwerke konnten auf jeder 3,5-Zoll-Cartridge 1,2 GB abspeichern. Seit 1997 gibt es die zweite Generation dieser Laufwerke, deren Medien 2 GB speichern können. Wunderbarerweise funktionieren die 2-GB-Laufwerke auch mit den Original-Cartridges.

  Jaz-Laufwerke sind fast so schnell wie Festplatten und eignen sich deshalb ganz hervorragend für Anwendungen, die bestimmte Datenraten benötigen, wie QuickTime-Filme oder Audio-Dateien. Obwohl sie den Ruf haben, nicht sehr zuverlässig zu sein, entwickelten sie sich unter Grafik- und Multimedia-Künstlern schnell zu einem Standard.

- **SyJet.** Auch mit diesem System hat SyQuest versucht, Iomegas Erfolg zu kopieren, dieses Mal mit einem Jaz-Double. Deren Werte sind zwar besser als die des originalen Jaz-Laufwerks – auf eine SyJet-Cartridge passen 1,5 GB Daten – dennoch ist es bei weitem nicht so verbreitet wie das Iomega-Produkt.

- **Orb.** Dieses Produkt von Castlewood Systems hat sich vorgenommen, Iomega und SyQuest zurück auf die Plätze zu verweisen. Das Orb entspricht in etwa dem 2-GB-Jaz-Laufwerk, ist aber schneller (es überträgt 12 MB pro Sekunde), hat eine größere Kapazität und ist bedeutend preiswerter. Es gibt Modelle mit Ultra-Wide-Anschluß, Geräte mit FireWire-Anschluß sind ebenfalls geplant.

  Eigentlich hat das Orb die Möglichkeit, der neue Standard für große Wechselplatten zu werden. Es ist schnell, robust und stabil. Allerdings dauerte es fast zwei Jahre von der ersten Ankündigung des Gerätes bis zur Auslieferung. Es bleibt also abzuwarten, ob es sich weit verbreitet.

  HEISSER TIP

- **SuperDisks.** Die SuperDisk-Laufwerke von Imation akzeptieren sowohl normale Disketten als auch die speziellen 120-MB-Disketten. Sie sind eigentlich ideal für den iMac geeignet, der ja ohne Diskettenlaufwerk ausgeliefert wird. Die Laufwerke sind zwar relativ langsam, haben aber durch ihre «Doppelnatur» einen besonderen Reiz.

- **CD-R und CD-RW.** Diese Abkürzungen stehen für *CD recordable* (beschreibbare CD) und *CD rewritable* (mehrfach wiederbeschreibbare CD). Anders als normale CD-ROMs, die nur lesbar sind, können Sie CD-Rs und CD-RWs mit Ihren eigenen Daten beschreiben. Allerdings vermuten wir, daß die Tage der CD-R gezählt sind. Zum einen gibt es Jaz-Systeme, die bedeutend mehr Kapazität bieten und schneller sind, zum anderen bieten bespielbare DVDs die 26fache Kapazität einer CD. CD-Rs sind allerdings derzeit vergleichsweise billig.

- **DVD-RAM.** Diese Wechselplatten sehen so ähnlich aus wie normale CDs, können aber theoretisch bis zu 16 GB Daten speichern. Die Geräte der ersten Generation benutzen Cartridges, die 5,2 GB speichern können. DVD-Medien sind für die verfügbare Speicherkapazität recht preiswert. (Mehr zur DVD-Technik finden Sie weiter hinten in diesem Kapitel.)

- **Magneto-optische Laufwerke (MO).** Dabei handelt es sich um wiederbeschreibbare optische Cartridges. Es gibt kleinere Ausführungen mit 256 MB Speicherkapazität und größere Versionen mit 1,3 GB. Die Daten werden mit einem Laser auf die sich drehende Scheibe geschrieben. Obwohl magneto-optische Medien nicht so populär sind wie z.B. SyQuest-Medien, haben sie ihre Nische gefunden.

- **Bandlaufwerke.** Diese sind vor allem für Backups gedacht, da sie keinen wahlfreien Zugriff auf die Daten bieten. Um einen bestimmten Block zu finden, müssen Sie das Band vor- oder zurückspulen. Diese mechanische Belastung verringert auf die Dauer die Lebenszeit eines Bandes. Es ist daher nicht für den ständigen Einsatz geeignet, sondern dient reinen Sicherungszwecken (stellen Sie sich vor, ein Meteorit stürzt durch das Fenster Ihres Arbeitszimmers auf Ihren Computer; wenn Sie ordentliche Backups gemacht haben, können Sie die Daten vom Band auf Ihren neuen Macintosh überspielen und die Arbeit fortsetzen). Bei manchen Bandsystemen werden die Daten auf einer Art Videokassette gespeichert, andere verwenden DAT-Kassetten (Digital Audio Tape). Bandlaufwerke eignen sich besonders gut für große Netzwerke, da sie große Datenmengen archivieren können. In Rechenzentren finden Sie automatisierte Backup-Systeme, die mit Bandlaufwerken arbeiten.

Wechselplatten-Tricks

Weshalb kann ich eine Cartridge nicht auswerfen? Es gibt im Zusammenhang mit Wechselplatten und File Sharing vor System 7.5.1 einen berühmten Bug. Sie können eine Wechselplatte nicht auswerfen, wenn sie sich bereits im Laufwerk befand, bevor File Sharing gestartet wurde.

Probieren Sie zunächst folgendes:

- Warten Sie mit dem Einlegen des Mediums, bis File Sharing gestartet ist.
- Schalten Sie File Sharing aus, während Sie die Cartridge auswerfen (z.B. mit der Kontrolleiste).

Setzen Sie das Shareware-Programm *UnmountIt* von der beiliegenden CD ein, das File Sharing während des Auswerfens aus- und wieder einschaltet.

CD-ROM

Die Cartridge ist nicht zu sehen. Gelegentlich erscheint eine Cartridge nach dem Einlegen nicht auf dem Schreibtisch. Starten Sie Ihren Mac in diesem Fall erneut mit eingelegter Cartridge oder CD. Sie erscheint auf dem Schreibtisch, auch wenn die notwendige Erweiterung beim Start nicht installiert war.

Sie können auch *SCSIProbe* benutzen. Diese Shareware bringt die Wechselplatte dann auf den Schreibtisch, ohne daß Sie den Rechner erneut starten müssen.

CD-ROM

Früher konnte man SCSIProbe in den Kontrollfelder-Ordner legen und mit dem Tastenkürzel Befehl-Leertaste fehlende Volumes mounten. Das geht ab Mac OS 8 nicht mehr, zudem führen ältere Versionen des Programms im Systemordner manchmal zu schwer nachvollziehbaren Fehlern beim Betrieb Ihres Macs. Legen Sie das Programm deshalb am besten irgendwo auf die Festplatte (und vielleicht einen Alias ins Apple-Menü), und verzichten Sie auf das sonst so erfolgreiche Tastenkürzel. Wollen Sie eine Wechselplatte mounten, dann starten Sie SCSIProbe und drücken den Button *Mount*.

Bei einem Zip- oder Jaz-Laufwerk ist die Angelegenheit noch einfacher. Starten Sie das Programm *Iomega Guest*, das dem Laufwerk beiliegt. Es ist keine Erweiterung notwendig.

HEISSER TIP

Die Software zum Ansteuern und Verwalten von Iomega-Laufwerken wird bei Mac OS 8.5 bereits mit installiert. Sie finden Sie im Ordner *Kontrollfelder* unter dem Namen *Iomega Laufwerke konfigurieren*.

Eine allgemeine Warnung. Rauchen ist schlecht für Sie. Es kann außerdem an Ihren Wechselplatten Schaden anrichten. Mikroskopisch kleine Rauchpartikel, die möglicherweise in das Innere der Medien gelangen, können der Oberfläche der Platten Schäden zufügen und das Laufwerk zerstören. Sie sollten Ihr Büro deshalb zu einer Nichtraucherzone erklären – zur Sicherheit Ihrer Daten und im Sinne Ihrer Gesundheit.

Eine Zip oder Jaz an PCs benutzen. Wenn Sie das Kontrollfeld *PC Exchange* installiert haben, kann Ihr Mac sowohl Mac- als auch PC-formatierte Zip- und Jaz-Medien lesen und PC-Cartridges werden wie Mac-formatierte Medien auf dem Schreibtisch angezeigt.

Zum Erzeugen eines PC-formatierten Zip- oder Jaz-Mediums benötigen Sie allerdings das Programm *Iomega Tools* bzw. *Iomega Laufwerke konfigurieren* (Mac OS 8.5), das Sie mit dem Laufwerk erhalten haben. Der Mac-Befehl *Volume löschen* läßt Ihnen nicht die Wahl zwischen der Mac- und der PC-Variante, wie dies bei Disketten der Fall ist.

CD-ROM

Noch vor wenigen Jahren waren CD-ROM-Laufwerke ein teures Extra und gehörten allenfalls zur Ausstattung hochtechnisierter Multimedia-Computersysteme. Heute wird buchstäblich jeder Mac mit einem eingebauten CD-ROM-Laufwerk geliefert – einschließlich aller PowerBooks. Apple bietet seine Systemsoftware hauptsächlich auf CD an, und auch andere Softwareprodukte sind zumeist auf CD erhältlich.

EINSTEIGER

Eine CD-ROM ist eine silberne Plastikscheibe mit einem Durchmesser von 12 Zentimetern und einem Gewicht von etwa 14 Gramm. Sie ist aus zwei Gründen bestens als Datenträger für die Computertechnik geeignet: Sie ist spottbillig in der Herstellung und kann bis zu 650 MB an Daten speichern. Das ist zwar weniger als die Kapazität eines Jaz-Mediums mit 2 GB oder einer DVD, trotzdem reicht es für viele Anwendungsfälle aus. Die Produktionskosten für eine CD sind sehr gering (ab gewissen Stückzahlen schon unter einer Mark). Damit eignet sich das Medium ideal zur Archivierung großer Datenmengen und für den Vertrieb von Software.

Geschwindigkeitsrausch

Eine CD-ROM hat dennoch einen unübersehbaren Nachteil: sie ist langsam. Obwohl die neuesten CD-ROM-Laufwerke deutlich schneller arbeiten als die früheren Modelle, liegen CDs immer noch weit hinter billigen Festplatten zurück.

Die Zugriffszeiten der ersten CD-ROM-Laufwerke lagen bei etwa 500 Millisekunden, also einer halben Sekunde. Aktuelle Geräte brauchen 80 bis 120 Millisekunden – etwa zehnmal so lange wie eine Festplatte.

Die Übertragungsrate dagegen hat sich in den letzten Jahren permanent erhöht, von ursprünglich 150 KB/s («einfach» oder «1x» - Gerät) auf bis zu 5,7 MB/s («40x» bis «50x»). Die ständige Steigerung der Geschwindigkeit hat inzwischen ein wenig nachgelassen, und fast jedes neue CD-ROM-Laufwerk läuft heute mindestens mit 32facher Geschwindigkeit.

TECHNIK

Moderne CD-ROM-Laufwerke drehen die CD mit konstanter Drehzahl, damit ist die Transferrate außen auf der CD etwas höher als innen. Die benutzten Drehzahlen sind jedoch inzwischen so hoch, daß die Laufwerke im Betrieb jede Menge Lärm machen. Leider kümmern sich die Hersteller nicht um dieses Problem, weil «der Kunde nicht dafür bezahlen möchte». (Das ist leider wahr…)

Vermutlich wird sich deshalb die Geschwindigkeit von CD-ROM-Laufwerken vorerst kaum noch ändern, weil die möglichen Drehzahlen der CDs an ihrer Grenze angekommen sind. Die Übertragungsraten reichen allerdings auch für das Abspielen von QuickTime-Filmen und digitalen Audiodaten vollständig aus, und selbst das Installieren großer Softwarepakete ist damit eine Sache von wenigen Minuten.

HEISSER TIP

Vor einigen Jahren mußten Sie sich noch entscheiden, ob Sie beim Kauf eines CD-ROM-Laufwerks ein paar Mark mehr für höhere Geschwindigkeit ausgeben wollten. Inzwischen brauchen Sie daran jedoch keinen Gedanken mehr verschwenden: CD-ROM-Laufwerke sind in jeden neuen Computer eingebaut und alle sind schnell und leistungsfähig. Wenn Sie ein altes Gerät ersetzen oder gar auf ein DVD-ROM-Laufwerk umsteigen wollen, sollten Sie zur

Schonung Ihrer Nerven eher auf den Lärmpegel im Betrieb achten als auf die maximale Übertragungsrate.

So funktioniert eine CD-ROM

Eine CD läßt sich mit einem Sandwich vergleichen: zwei äußere Schichten aus Acryl schützen innere Schichten aus Aluminium und Plastik.

TECHNIK

Die Daten werden in einer einzigen fortlaufenden Spirale auf die CD gepreßt. Der Datenstrom besteht aus einer Reihe von Vertiefungen (den Pits) und den flachen Ebenen dazwischen (den Lands). Während die CD sich dreht, wirft das Laufwerk einen schmalen Laserstrahl durch die Plastikschichten, der dann auf die Vertiefungen auftrifft. Pits und Lands reflektieren das Laserlicht unterschiedlich. Das Ergebnis ist ein flackerndes Lichtsignal, das von der Elektronik des Laufwerks in Daten umgewandelt wird. Der Laser ist auf einem langen Arm befestigt, der sich vor und zurück über die CD bewegt.

Die Datenspur ist etwa so breit wie ein Hundertstel der Dicke eines menschlichen Haares, dafür aber 4,5 Kilometer lang. Die Pits sind jedoch nur unter dem Mikroskop zu erkennen, darum kann die CD auch über 600 MB an Daten speichern.

Treibersoftware für CD-ROMs

Genau wie Festplatten brauchen auch CD-ROMs Treibersoftware, damit Ihr Mac mit dem Laufwerk kommunizieren kann. Apple liefert den Treiber als Systemerweiterung mit. Die Datei heißt *Apple CD-ROM*, ab System 8.5 *Apple CD/DVD Treiber*. Diese Systemerweiterung erlaubt es dem Mac, CD-ROMs im Mac-Format zu lesen. Darüber hinaus kann der Treiber auch auf CDs mit anderen Datenformaten zugreifen, dazu müssen im Ordner Systemerweiterungen noch folgende Dateien zu finden sein:

- **CD-Datenformate.** Diese Erweiterung ermöglicht es dem Mac OS, auf fremde Datenformate zuzugreifen, die jeweils in einzelnen Erweiterungen definiert werden.

- **Audio-CD.** Normale Audio-CDs erscheinen nur dann auf dem Schreibtisch Ihres Mac, wenn diese Erweiterung geladen ist. Sie können dann das Programm *AppleCD Audio* oder die Kontrolleiste benutzen, um eingelegte CDs anzuhören.

- **Foto-CD.** Der Foto-CD-Standard wurde von Kodak entwickelt, um Fotografien vom herkömmlichen Film in hoher Qualität auf CD zu speichern. Ihr Fotograf oder Fotoladen kann Ihnen eine Foto-CD von Ihrem Kleinbildfilm anfertigen. (Mehr über dieses Format finden Sie in Kapitel 7).

- **High Sierra und ISO 9660.** Diese Erweiterungen ermöglichen es dem Mac, CDs zu mounten, die für andere Computerplattformen (vor allem PCs oder Unix-Rechner) angefertigt wurden. Das ist z.B. nützlich, wenn Sie mit Ihrem Grafikprogramm auf die Daten einer Clip-Art-CD im PC-Format zugreifen wollen.

- **UDF Volume.** Ausgeschrieben bedeutet UDF «Universal Disk Format». Sie brauchen diese Erweiterung vor allem, um auf DVD-Medien zugreifen zu können. Außerdem benutzen wiederbeschreibbare CDs ebenfalls UDF.

HEISSER TIP

Zerbrechen Sie sich den Kopf nicht allzusehr über die Unterschiede zwischen den einzelnen CD-Formaten. Wichtig ist nur, daß die nötigen Systemerweiterungen an der richtigen Stelle liegen.

Die Treibersoftware für CD-ROM-Laufwerke von Apple ist recht leistungsfähig, allerdings funktioniert sie nur mit den von Apple eingebauten Laufwerken. Wenn Sie einen Mac-Clone haben, nachträglich ein CD-ROM-Laufwerk an Ihren Mac anschließen wollen oder ein defektes Gerät ersetzen müssen, brauchen Sie ein Treiberprogramm von einem Dritthersteller.

Solche Software (z.B. *CD-ROM Toolkit* der Firma FWB) kann CD-Laufwerke von vielen verschiedenen Herstellern ansteuern und bietet außerdem noch einige Zusatzfunktionen. Die wichtigste ist ohne Zweifel der intelligente Cache-Speicher. Das ist ein Verfahren, bei dem die von der CD gelesenen Daten im RAM Ihres Mac und auf der Festplatte zwischengespeichert werden, um dann schneller darauf zugreifen zu können. Das beschleunigt den Zugriff auf die Daten, vor allem, wenn Sie z.B. mehrfach auf die CD zugreifen.

HEISSER TIP

CD-ROM Toolkit enthält eine Funktion, die Apples Treiber nicht bietet: Sie können die Software so einstellen, daß möglichst alle auf einer CD vorhandenen Datenteile auf dem Schreibtisch angezeigt werden. Das ist vor allem hilfreich, wenn Sic Mac/PC-Hybrid-CDs haben, bei denen Sie auch auf die PC-Hälfte zugreifen wollen. Mit dem Treiber von Apple sehen Sie in einem solchen Fall nur die «Mac-Hälfte».

Start-CDs, die nicht starten wollen

Ab Mac OS 8 können Sie Ihren Mac von Apples Systemsoftware-CDs starten. Wenn Sie so eine CD ins Laufwerk eingelegt haben und neu starten (bei einigen Macs müssen Sie in dem Moment die Taste «C» drücken), bootet der Mac von der CD. Auf der CD befinden sich außer dem Systemordner und der Software zur Installation des Mac OS auch die Programme *Laufwerke konfigurieren* und *Erste Hilfe*. Damit können Sie bei Problemen von der «sauberen» CD starten und Ihre Festplatte installieren, überprüfen oder reparieren.
Wenn Sie aber kein CD-ROM-Laufwerk von Apple besitzen, hilft Ihnen das nicht weiter. Der Treiber erkennt Ihr Gerät nicht, und Sie können nicht von der CD starten. In so einem Fall müssen Sie etwas tricksen: Sie müssen zuerst von Diskette starten und dann die System-CD einlegen. Auf diese Art läuft das Mac OS von der Diskette, Sie können aber auf alle Daten der CD zugreifen.

Eine Startdiskette erstellen Sie so:

Suchen Sie auf der System-CD die Disketten-Images der Dienstprogramme-Diskette. Erstellen Sie daraus eine Startdiskette. (Meistens wird ein Programm mitgeliefert, das diese Arbeit für Sie erledigt, Sie brauchen lediglich eine leere Diskette.)
Auf dieser Diskette befindet sich ein Mini-Systemordner. Suchen Sie darin den Ordner *Systemerweiterungen*, und schauen Sie nach, ob sich Apples CD-ROM-Treiber darin befindet. Falls das der Fall ist, ziehen Sie die Datei in den Papierkorb, und leeren Sie ihn aus. Suchen Sie nun die Systemerweiterung, die den Treiber für Ihr CD-ROM-Laufwerk enthält. (Sie finden Sie im Ordner *Systemerweiterungen* auf der Festplatte Ihres Mac bzw. auf den Datenträgern, die mit Ihrem CD-ROM-Laufwerk geliefert wurden.)
Kopieren Sie diese Datei in den Ordner *Systemerweiterungen* auf der Startdiskette. Sollte der Platz dafür nicht reichen, löschen Sie eines der Programme *Erste Hilfe* oder *Laufwerke konfigurieren*. Sie haben beide ja auf der System-CD, die Sie mit Hilfe der Startdiskette mounten können.
Starten Sie nun von der Startdiskette. Das minimale Mac OS müßte problemlos booten und den neuen Treiber für das CD-ROM-Laufwerk laden. Nun sollte die System-CD wie gewohnt auf dem Schreibtisch erscheinen und Sie können dann Software installieren oder Ihre Festplatte warten.

CD-ROMs selbst herstellen

Noch vor einigen Jahren wurden CDs ausschließlich in speziellen Fabriken und in großen Stückzahlen gepreßt. Das geschieht zwar nach wie vor, inzwischen gibt es aber auch die Möglichkeit, CDs am eigenen Mac herzustellen. Dazu brauchen Sie weder einen Reinraum noch teure Maschinen, sondern lediglich einen CD-Recorder und die passenden Medien.

CD-Recorder (oft auch einfach «Brenner» genannt) sind im Prinzip CD-ROM-Laufwerke mit einem stärkeren Laser. Zum Schreiben der Daten kommen spezielle Leer-CDs zum Einsatz, deren Beschichtung sich durch die Hitze des Lasers verändert. Die Vertiefungen und Erhebungen der gepreßten CD werden optisch nachgebildet – durch reflektierende und weniger reflektierende Stellen. Das ganze System ist dabei so ausgeklügelt, daß normale CD-Laufwerke keinen Unterschied feststellen können.

Wie schon weiter oben erwähnt, gibt es zwei Sorten von Rohlingen: CD-Rs, die sich nur einmal beschreiben lassen (*CD recordable*), und mehrfach wiederbeschreibbare mit der Bezeichnung CD-RW (für *CD rewritable*).

Die wiederbeschreibbaren Medien funktionieren im Prinzip genauso wie die CD-R-Rohlinge, nur mit dem Unterschied, daß sich einmal geschriebene Medien mit Hilfe des Lasers auch wieder löschen und erneut beschreiben lassen. Die Preise für die CD-RW-Medien sind aber durchschnittlich doppelt so hoch wie für CD-Rs, und auch die dafür nötigen Recorder sind etwas teurer. (Dafür lassen sich mit jedem CD-RW-Recorder auch normale CD-R-Medien beschreiben.)

CD-RWs haben Oberflächen, die nicht so stark reflektieren wie die von CD-Rs. Das führt manchmal zu Problemen bei älteren CD-ROM-Laufwerken. Andererseits ist das CD-RW-Format kompatibel zu den neueren DVD-Laufwerken, die in manchen Mac-Modellen zu finden sind.

CD-Recorder kaufen. Beim Anschaffen eines CD-Recorders können Sie eigentlich nichts falsch machen. Ein netter Nebeneffekt der Geräte ist, daß man sie auch als normale CD-ROM-Laufwerke benutzen kann. Moderne Modelle können mindestens mit 24- bis 32-facher Geschwindigkeit lesen.

Auch wenn es darüber keine richtigen Untersuchungen gibt, möchten wir Ihnen empfehlen, einen CD-Recorder nicht ständig als CD-ROM-Laufwerk zu benutzen. Beim Schreiben von CDs muß das Laufwerk mechanisch sehr präzise arbeiten. Das geht um so besser, je weniger Betriebsstunden es mit dem Lesen von CD-ROMs hinter sich hat.

Hier ein paar Punkte, über die Sie vor dem Kauf nachdenken sollten:

- **Internes oder externes Gerät?** Interne Geräte sind meist billiger, da Sie dafür weder Gehäuse noch Verkabelung brauchen. Externe Laufwerke können Sie dagegen auch abziehen und an anderen Computern betreiben.

- **Welcher Anschluß?** Geräte mit IDE-Anschluß (manchmal auch ATA genannt) können Sie nur in Ihrem Mac betreiben, außerdem brauchen Sie einen freien Anschluß am IDE-Controller. SCSI-Geräte können intern oder extern angeschlossen werden, bei modernen Macs müssen Sie jedoch noch einen SCSI-Adapter nachrüsten, der einen PCI-Steckplatz belegt. («Kleine» SCSI-Adapter, die für CD-Brenner völlig ausreichen, sind zum Glück recht preiswert.)

  Mittlerweile gibt es auch CD-Recorder für den USB-Port. Diese sind zwar (noch) etwas teurer, aber die einzige Möglichkeit, einen iMac, ein iBook oder ein PowerBook mit einem CD-Recorder auszurüsten.

ACHTUNG

- **CD-R oder CD-RW?** Überlegen Sie sich, ob sich die Mehrkosten für ein CD-RW-Laufwerk lohnen. Ist das der Fall, achten Sie darauf, daß Laufwerk und mitgelieferte Software die Funktion *Packet Writing* unterstützen. Nur damit können Sie eine CD-RW wie eine normale Diskette benutzen. Wird Packet Writing nicht unterstützt, können Sie keine Dateien einzeln löschen, sondern müssen immer das ganze Medium formatieren.

- **Schreibgeschwindigkeit.** Die meisten Geräte schreiben mit vierfacher Geschwindigkeit, es gibt aber auch Modelle mit sechs- und achtfacher Geschwindigkeit. Wenn Sie oft CDs herstellen müssen, lohnt sich ein schnelleres Gerät, weil dann eine normale CD nur noch etwa acht Minuten braucht, bis sie vollständig beschrieben ist.

FEHLER

Achten Sie darauf, CD-Rohlinge zu benutzen, die für die Schreibgeschwindigkeit des Gerätes entwickelt wurden, sonst kann es Fehler geben. Manche älteren Macs sind außerdem nicht immer in der Lage, die Geräte mit Maximalgeschwindigkeit anzusteuern.

- **Pufferspeicher.** Um eine CD zu beschreiben, muß ein permanenter Datenstrom an den Schreiblaser geliefert werden. Reißt dieser ab, ist der Rohling meist unbrauchbar. Damit das nicht passiert, enthält jeder CD-Recorder einen Zwischenspeicher aus RAM-Bausteinen (engl. Buffer), der Verzögerungen bei der Datenübertragung vom Mac ausgleichen kann. Das geht allerdings nur in gewissen Grenzen, die Reserve ist um so höher, je mehr Pufferspeicher eingebaut ist. Aktuelle Geräte sollten über mindestens 1 MB verfügen.

  Wollen Sie einen älteren Mac zur «CD-Brennstation» umrüsten, sollten Sie besonders auf genügend Speicher im CD-Recorder achten, weil der SCSI-Bus mancher Mac-Modelle beim Brennen der CDs an die Grenze seiner Leistungsfähigkeit stößt. Ein größerer Pufferspeicher kann in solchen Fällen viel helfen.

HEISSER TIP

- **Zusatzfunktionen.** Wollen Sie Audio-CDs herstellen, die in einem Preßwerk reproduziert werden sollen, muß Ihr Recorder den Schreibmodus *Disk-At-Once* beherrschen. Ähnlich ist es bei CD-RWs mit der Funktion Packet Writing (siehe oben).

- **Mitgelieferte Software.** Erkundigen Sie sich, ob Ihr Wunschgerät mit (Mac-)Software geliefert wird und diese alle Funktionen unterstützt, die Sie brauchen. Wenn das nicht der Fall ist, müssen Sie die nötigen Programme einzeln kaufen.

Die passende Software. Damit Sie CDs selbst herstellen können, brauchen Sie neben dem Recorder und den Rohlingen eine Software, die Sie bei der Vorbereitung der Daten unterstützt und diese dann auch auf die CD schreibt. Auf dem Mac ist das Programm *Toast* der Firma Adaptec (*www.adaptec.com*) am meisten verbreitet (10.16), daneben gibt es aber auch andere Software, wie z.B. *Discribe* der Firma Charismac. Diese beiden Programme erlauben Ihnen, möglichst komfortabel verschiedene CD-Formate zu brennen. Es gibt aber auch Software, die das Herstellen von CDs lediglich als zusätzliche Funktion bietet. Dazu gehören z.B. Backup-Programme wie Retrospect Express, das die Daten in einem Format auf die CD brennt, das nur von diesem Programm gelesen werden kann.

Manche Software zur Audiobearbeitung – insbesondere solche für den professionellen Bereich – kann direkt auf CD mastern. Mastern bedeutet, die Vorlage für das CD-Preßwerk zu erstellen. Im Gegensatz zur selbst hergestellten Audio-CD mit den persönlichen Lieblingssongs muß eine Master-CD noch zusätzliche Informationen enthalten, die für den Produktionsprozeß notwendig sind.

Abb. 10.16 Ein Programm zum CD-Schreiben bei der Arbeit (Toast).

HEISSER TIP

Um korrekte Master-CDs als Vorlage für das Preßwerk erstellen zu können, muß Ihr CD-Recorder den *Disk-At-Once*-Modus unterstützen. Dabei werden alle Daten ohne Pause hintereinander geschrieben.

Welche Datenformate Sie auf CD brennen können, hängt vor allem von der benutzen Software ab, weniger vom konkreten CD-Recorder. Nehmen Sie sich deshalb etwas Zeit für die Bedienungsanleitung, um die angebotenen Möglichkeiten zu erkunden.

Selbsterstellte CDs sind eine preiswerte Möglichkeit, um große Datenmengen auszutauschen. Als Mac-Nutzer können Sie sogenannte Hybrid-CDs erstellen, die auf dem Mac und auf dem PC lesbar sind – bei der richtigen Einstellung sogar mit den langen Dateinamen für Windows 95. Mit Hilfe Ihres CD-Schreibprogrammes können Sie einstellen, welche Daten auf welchem Teil der CD sichtbar sind. Dabei lassen sich sowohl Informationen speziell für den PC- bzw. den Mac-Teil speichern als auch gemeinsame Daten, die in beiden Hälften angezeigt werden. (Viele Computerspiele und Multimedia-CDs nutzen die Hybrid-Technik, um auf Macs und PC zu funktionieren.)

Firmware erneuern

Viele elektronische Geräte enthalten selbst kleine Computersysteme, sogenannte *Controller*. Auch CD-Recorder haben solche Bausteine, die z.B. den Schlitten mit dem Laser steuern und über die externe Schnittstelle mit Ihrem Mac kommunizieren. Die Software für den Mini-Computer bezeichnet man als *Firmware*. Früher waren die Firmware-Programme oft fest in die Geräte «eingebrannt», inzwischen verwenden aber viele Hersteller dafür Speicher, die sich neu beschreiben lassen. Damit wird es möglich, die Firmware eines Gerätes bei Bedarf auch nach der Herstellung und Auslieferung zu ändern. Um dieses Update durchzuführen, brauchen Sie die Datei mit der neuen Firmware und ein Programm, das diese Daten in den Speicher des Gerätes überträgt. Beides finden Sie – falls vorhanden – auf den Webseiten des Geräteherstellers oder Distributors.

Sie sollten jedoch nicht ohne Not die Firmware Ihres CD-Recorders aktualisieren – nur dann, wenn bestimmte Dinge nicht richtig oder gar nicht funktionieren. (So konnten manche der ersten Recorder von Yamaha im Auslieferungszustand keine Hybrid-CDs brennen. Erst ein Update der Firmware hat in diesem Fall geholfen.)

Das Herstellen von CD-ROMs am eigenen Mac ist inzwischen kein Problem mehr – Technik und Software sind ausgereift genug dafür. Es gibt aber trotzdem noch ein paar Stolpersteine, die unbrauchbare Rohlinge nach sich ziehen können. Die folgenden Tips können Sie aber davor schützen:

- **Prüfen Sie vor dem Brennen Ihre Daten.** Bevor Sie eine CD schreiben, sollten Sie die entsprechenden Original-Volumes unbedingt mit Apples *Erste Hilfe* oder dem *Norton Disk Doctor* überprüfen und bei Bedarf reparieren lassen. Tun Sie das nicht, und in irgendeiner Datei tritt ein Fehler auf, den das CD-Schreibprogramm nicht kompensieren kann, dann können Sie den Rohling wegwerfen und von vorne beginnen.

- **Bauen Sie die Schreibtischdatei des Original-Volumes neu auf.** CDs im Mac-Format enthalten auch eine (unsichtbare) Schreibtischdatei. Ist diese defekt, dann können die üblichen unangenehmen Effekte auftreten – nur leider können Sie eine einmal geschriebene CD nicht mehr ändern.

- **Prüfen Sie die Original-Daten auf Viren.** Wenn Sie unbeabsichtigt virenverseuchte Dokumente auf eine Backup-CD brennen, dann besteht die Gefahr, daß Sie Monate später Ihren ansonsten «sauberen» Mac erneut verseuchen. Sie brauchen lediglich eines der Programme bzw. Dokumente von der CD zu starten. (Liefern Sie eine verseuchte CD als Vorlage für die Reproduktion aus, dann können noch viel schlimmere Dinge passieren…)

- **Machen Sie einen Testlauf.** Um eine CD erfolgreich zu schreiben, müssen Mac, Recorder, Software und Rohling reibungslos zusammenarbeiten. Das klappt nicht in jedem Fall auf Anhieb, darum sollten Sie immer erst einen Testlauf machen, bevor Sie tatsächlich eine CD schreiben. Das ist vor allem dann wichtig, wenn Sie einen anderen Mac oder einen anderen Recorder benutzen oder die Marke des Rohlings wechseln. Auch ein Datenformat, das Sie bisher noch nie geschrieben haben, kann Probleme verursachen. Die meisten Recorder können darum in einem Simulationsmodus betrieben werden. Diese Betriebsart entspricht dem normalen Schreiben, nur erhält der Schreiblaser keinen Strom.

- **Finden Sie die richtigen Rohlinge.** Dieses Problem ist nicht mehr so gravierend wie bei der Einführung der CD-Recorder, tritt aber trotzdem manchmal auf: Bestimmte Marken von Rohlingen funktionieren mit einigen Geräten nicht richtig. Probieren Sie ein wenig herum, und wenn Sie eine Marke gefunden haben, die sicher funktioniert, bleiben Sie dabei!

- **Achten Sie auf die Geschwindigkeit.** Ist Ihr Mac nicht schnell genug, um Daten an den Recorder zu liefern, bricht der Schreibvorgang ab und der Rohling wird zum Frisbee… Testen Sie deshalb vor dem Brennvorgang, ob Ihre Hardware tatsächlich bei vier- oder gar achtfacher Geschwindigkeit sicher arbeitet. Falls nicht, dann müssen Sie die Brenngeschwindigkeit drosseln. Manchmal hilft es auch, vor dem Schreiben zuerst eine Image-Datei der CD anzulegen und diese dann auf den Rohling zu transferieren. Bei dieser Methode muß der Mac die Daten nicht von der ganzen Festplatte zusammensuchen, sondern kann sie in großen Blöcken aus der Datei lesen.

- **Überprüfen Sie die fertige CD.** Wenn Ihre CD-Software die Möglichkeit bietet, die CD sofort nach dem Schreiben kontrollieren zu lassen, sollten Sie das immer nutzen – es beruhigt ungemein.

- **Lassen Sie den Mac beim CD-Schreiben in Ruhe.** Während des Brennvorgangs sollte Ihr Mac sich nicht um andere Dinge kümmern müssen, die eventuell den Datenstrom zum CD-Recorder stören könnten. Schalten Sie darum File Sharing aus, beenden Sie alle Programme, und lassen Sie den Mac während des Schreibens in Ruhe.

Die DVD-Technik

Nun, da die CD-ROM endlich als weithin akzeptierter Standard ihren Platz eingenommen hat und in jeden neueren Mac sowie PC eingebaut ist, steht sie kurz davor, von einer noch vielversprechenderen Technologie abgelöst zu werden – DVD. Diese Abkürzung steht für Digital Versatile Disc und bedeutet auf Deutsch etwa «vielseitig verwendbare Digitalscheibe».

Eine DVD sieht wie eine gewöhnliche CD aus, kann aber bis zu 26mal mehr Daten speichern – 17 GB. Das reicht aus, um z.B. acht Stunden Video in voller Bildschirmgröße aufzuzeichnen. Die riesige Speicherkapazität der DVD ergibt sich aus einer reichen Anzahl technologischer Tricks: So sind beispielsweise die winzigen Punkte, die in die DVD geätzt sind, nur halb so groß wie ihre Gegenparts auf traditionellen CDs. Der Abstand zwischen den Spuren wurde ebenfalls auf die Hälfte reduziert. Außerdem ist eine DVD doppelseitig mit Daten bestückt – sowohl auf der Ober- als auch auf der Unterseite des Datenträgers (im Gegensatz zu normalen CDs, die Daten nur auf der Unterseite aufbewahren können). Jede Seite kann wiederum aus bis zu zwei Ebenen bestehen, wobei Daten separat auf beiden Ebenen abgelegt werden können. DVDs, die nur eine Ebene haben, können Datenmengen von 4,7 GB auf jeder Seite speichern, während DVDs mit Dual-Ebenen 8,5 GB auf jede Seite packen können. (Derzeitig nutzen jedoch erst wenige DVD-Marken den Vorteil der doppelseitigen Zwei-Ebenen-Technologie. Die meisten DVDs sind nur einseitig und mit einer Ebene ausgestattet.)

Bei den heutigen DVD-Laufwerken müssen Sie zweiseitige Cartridges noch auswerfen und manuell umdrehen. Die nächste Generation der DVD-Player wird aber schon in der Lage sein, beide Seiten der Diskette ohne Unterbrechung abzuspielen. Komplexe Spiele und Multimedia-Arbeiten, bei denen man heute noch eine Reihe verschiedener CDs nacheinander einlegen muß, werden sich viel einfacher handhaben lassen, wenn sie erst einmal im DVD-Format auf einer einzigen CD erhältlich sind.

Sie können einer DVD nicht ansehen, welche Art von Daten darauf gespeichert sind. Tatsächlich sind im Standard fünf verschiedene Arten von DVDs definiert:

- **DVD-Video.** Das ist der «Nachfolger» für die bekannte Videokassette. Das Bildmaterial wird im MPEG-Format gespeichert, der Ton im hochwertigen Dolby-Digital-Format. Daneben finden auf der DVD noch Untertitel, Ton in einer anderen Sprache oder zusätzliches Bildmaterial Platz – je nach Bedarf. Zusätzlich bietet das Format noch einige Möglichkeiten für Interaktivität mit dem Nutzer, allerdings viel weniger flexibel als bei einem herkömmlichen Computerprogramm. DVD-Abspielgeräte sehen aus wie CD-Player und können auch CDs abspielen.

- **DVD-Audio.** Dieses Format enthält ähnlich wie eine Audio-CD nur digitale Tonsignale. Das benutzte Format bietet noch mehr Qualität als die herkömmliche CD. Es bleibt aber abzuwarten, ob es irgendwann tatsächlich Audio-DVDs zu kaufen geben wird.

- **DVD-ROM.** Damit lassen sich große Mengen an Computerdaten speichern und mit den entsprechenden Laufwerken lesen – ähnlich wie bei der CD-ROM. Apple liefert einige Mac-Modelle optional oder regulär bereits mit DVD-ROM-Laufwerken aus. Diese Geräte können auch herkömmliche CD-ROMs und Audio-CDs verarbeiten. DVD-ROMs lassen sich nur lesen, nicht beschreiben.

- **DVD-R.** Dieses Format ist die DVD-Variante einer CD-R – ein einmal beschreibbarer Datenträger. Es gibt derzeit nur wenige Recorder für dieses Format, die sehr teuer sind. DVD-Rs werden vor allem eingesetzt, um Probeversionen von neuen DVD-Titeln anzufertigen, bevor diese im Preßwerk vervielfältigt werden.

- **DVD-RAM.** Diese Datenträger sind wiederbeschreibbar, so daß Sie damit große Datenmengen wie auf einer Festplatte oder Diskette speichern und bei Bedarf auch wieder löschen können. Das System arbeitet magnetooptisch, darum sind DVD-RAM-Medien auch durch Cartridges geschützt (10.17). Laufwerke für dieses System kosten unter 1000 DM, und die Medien sind gemessen an dem verfügbaren Speicherplatz sehr preiswert.

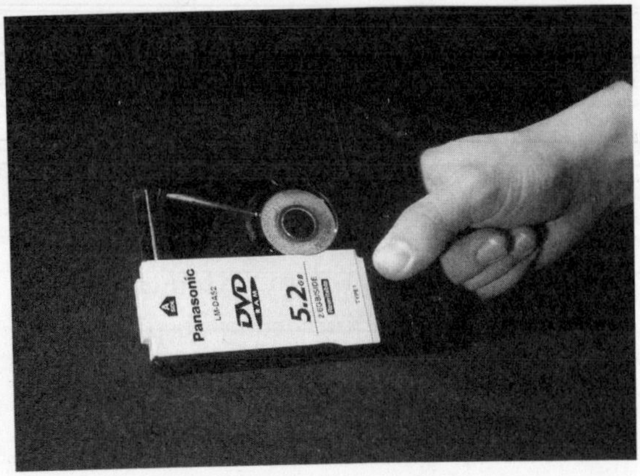

Abb. 10.17 Eine DVD-RAM-Cartridge mit 2,6 GB Speicherplatz pro Seite.

Die ersten DVD-Laufwerke für Macs waren 1997 erhältlich. Jedoch begann Apple erst 1998 bei einigen Modellen damit, die gewöhnlichen CD-ROM-Laufwerke durch DVD-Laufwerke zu ersetzen. Glücklicherweise kann ein DVD-Laufwerk neben dem neuen Format auch alle existierenden CD-ROMs (im ursprünglichen Format) abspielen. Seit 1999 werden einige Mac-Modelle auch mit DVD-RAM-Laufwerken ausgeliefert.

DVD-Filme auf dem Mac abspielen. Die meisten der im Moment im DVD-Format erhältlichen Produktionen sind Filme. Sie werden darum bei Ihrem Elektronikfachhändler einige DVD-Player finden, die Sie an Ihren Fernseher anschließen können.

Um DVD-Filme in Ihrem Mac abzuspielen, ist es allerdings nicht einfach damit getan, den Datenträger in das DVD-Laufwerk hineinzuschieben. Sie benötigen zwei Systemerweiterungen, um die DVD auf dem Schreibtisch sichtbar zu machen. Diese Erweiterungen heißen *Apple CD/DVD-Treiber* und *UDF Volume*. (UDF steht für Universal Disk Format, das Standardformat zum Speichern von Daten auf DVDs.)

DVD-Filme werden kodiert, bevor sie auf der DVD abgelegt werden. Dabei wird das Videosignal mit Hilfe der MPEG-Technologie komprimiert. Um solche Filme abzuspielen, benötigen Sie daher entweder Software oder Hardware, mit der Sie die MPEG-2-Videos und die Dolby AC-3-Audiospuren dekodieren können.

ACHTUNG

Obwohl die Leistung der G3-Macs eigentlich ausreicht, um DVD-Filme zu dekodieren, gab es zunächst keine Softwarelösung zum Abspielen der Filme. Sie benötigten deshalb eine Zusatzkarte, die in Ihren Mac eingebaut wurde und das Dekodieren erledigte. (Solche Karten gibt es für die blauweißen G3-Macs, manche iMacs und für bestimmte PowerBook-Modelle.) Käufer eines iMacDV, eines PowerMac G4 (AGP) oder eines der neuen PowerBook-Modelle mit FireWire-Schnittstelle haben es da gut: Sofern Sie QuickTime 4.1 installiert haben, können Sie DVDs mit MPEG-Kodierung abspielen. Die Qualität der Bilder hängt dabei allerdings stark von der Leistungsfähigkeit Ihres Computers ab.

HEISSER TIP

Es gibt auch DVD-Laufwerke, bei denen der MPEG-Dekoder bereits integriert ist. (Es ist aber vermutlich einfacher und billiger, wenn Sie sich einen DVD-Player für den Fernseher kaufen und Ihre Lieblingsfilme dort ansehen.)

CD-ROM-Tricks

Audio-CDs automatisch starten. Seit der Einführung von QuickTime 2.5 benötigen Sie zum Abspielen Ihrer Audio-CDs nicht mehr den AppleCD Audio Player. Rufen Sie einfach das Kontrollfeld *QuickTime Einstellungen* auf. Hier finden Sie den Ein-/Ausschalter für die automatische Abspielfunktion. Wenn Sie diese Option ausgewählt haben, wird eine Musik-CD automatisch abgespielt, sobald Sie sie eingelegt haben. Mittlerweile gibt es auch CD-ROMs, die beim Einlegen automatisch ein Programm starten, wenn Sie die entsprechende Option gewählt haben. (Die CDs müssen auf spezielle Art und Weise hergestellt sein, damit sie von dieser Funktion angesprochen werden können.)

Datenträger schützen. Alle Datenträger – auch CDs – halten am längsten, wenn sie pfleglich behandelt werden. Extreme Temperaturen und Feuchtigkeit sind genauso gefährlich wie Kratzer und andere mechanische Beschädigungen.

Bewahren Sie darum Ihre Datenträger trocken und möglichst kühl auf. Lassen Sie CDs in der Verpackung, und versuchen Sie, Kratzer auf der Oberfläche zu vermeiden. CD-Rs können außerdem Schaden nehmen, wenn sie zu lange direktem Sonnenlicht ausgesetzt sind.

Titel über das Menü aufrufen. Das Kontrollfeld *Apple Menü-Optionen* (das mit System 7.5 eingeführt wurde) blättert in Ihrem Apple-Menü zusätzliche Untermenüs auf. Diese Eigenschaft können Sie sich folgendermaßen zunutze machen:

- Legen Sie eine Musik-CD in das Laufwerk ein.
- Klicken Sie auf das Icon der CD, das auf dem Schreibtisch erscheint, und wählen Sie aus dem Ablage-Menü den Befehl *Alias erzeugen*. Benennen Sie den Alias z.B. mit «eingelegte CD», und legen Sie es in den Apple-Menü-Ordner.

Jedesmal, wenn Sie nun *Aktuelle CD* aus dem Apple-Menü wählen, erscheint im Untermenü eine Liste der CD-Titel, wobei jedoch nicht die gleiche CD eingelegt sein muß, von der Sie ursprünglich den Alias erzeugt hatten!

Leider werden die Songs im Apple-Untermenü nur als *Titel 1*, *Titel 2*, *Titel 3* usw. aufgeführt, selbst wenn Sie sie (über den AppleCD Audio Player) benennen. Immerhin können Sie über das Menü aber Ihre Lieblingssongs sehr schnell aufrufen.

HEISSER TIP

Die Kontrolleiste enthält ebenfalls ein Modul zum Steuern von Audio-CDs. Klicken Sie einfach auf das Icon mit der kleinen CD, und es erscheint ein Menü, mit dem Sie Titel direkt auswählen und das Abspielen kontrollieren können.

Mit QuickTime Audio extrahieren. Mit Hilfe von QuickTime können Sie aus den Titeln einer Audio-CD Sound-Dateien machen. Starten Sie dazu ein Programm mit QuickTime-Unterstützung, wie beispielsweise den *Movie Player* bzw. *QuickTime Player* (es funktioniert aber auch mit SimpleText). Wählen Sie aus dem Ablage-Menü den Befehl *Öffnen*, und laden Sie einen Titel von einer Musik-CD. Nun erhalten Sie die Aufforderung, die Datei zu sichern. Tippen Sie einen Namen ein, und speichern Sie die Datei auf Ihrer Festplatte. Je nach Länge des Titels und Leistungsfähigkeit Ihres Mac kann das eine gewisse Zeit dauern.

Wenn das geschafft ist, erscheint auf dem Bildschirm der Kontrollbalken, den Sie von QuickTime-Videos her kennen, allerdings ohne Bild. Klicken Sie den Start-Button, und Sie werden feststellen, daß Sie einen QuickTime Soundtrack haben, den Sie genauso steuern können wie jeden anderen QuickTime-Film. Sie können ihn als Musik für andere Filme in Adobe Premiere importieren, ihn an ein Word-Dokument anhängen usw.

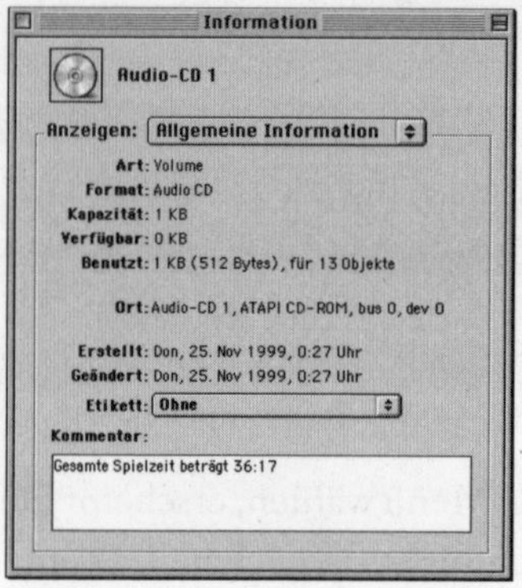

Abb. 10.18 Endlich hat das Kommentarfeld seine Bestimmung gefunden: Es zeigt die Spieldauer einer Audio-CD an!

Wie lange läuft die Audio-CD? Wie Sie wissen, wird die Gesamtspieldauer einer eingelegten CD in der Anzeige des Programms *AppleCD Audio* angezeigt. Sie können aber auch die Spieldauer herauszufinden, ohne den Finder zu verlassen. Klicken Sie auf das Icon der eingelegten CD, und wählen Sie den Befehl *Information* (entweder aus dem Menü *Ablage*, über die Tastenkombination Befehl-I oder das Kontextmenü). Die Gesamtspielzeit der CD wird im Kommentarfeld des Informations-Fensters angezeigt (10.18).

11 Power Books

In diesem Kapitel

Wenn Sie ein PowerBook besitzen, kennen Sie sicher die kleinen Freuden, die mit diesem besonderen Macintosh verbunden sind: den Luxus des im Bett Liegens mit dem PowerBook auf dem Bauch, die Freude darüber, auf der Reise im Flugzeug eine wichtige Arbeit erledigt zu haben, und das Glück, das Sie empfinden, wenn Sie im Grünen sitzen, die Vögel zwitschern und einen wichtigen Brief schreiben – solange die Batterie reicht.

Der Bildschirm

TECHNIK

Die Bildschirme von PowerBooks verwenden eine vollkommen andere Technik als herkömmliche Monitore. Sie bestehen hauptsächlich aus einer Flüssigkristallanzeige auch, LCD (Liquid Crystal Display) genannt. (Bei Digitaluhren kommt diese Technik schon seit Jahren zum Einsatz.)

Flüssigkristalle sind eine ölige Masse, die zwischen zwei Plastikscheiben eingequetscht ist. Die Flüssigkeit ist mit kristallinen Molekülen gefüllt, die normalerweise spiralförmig angeordnet sind. Diese Spiralstrukturen blockieren das Licht, das von der Rückseite des Bildschirms reflektiert wird. Dieses Licht stammt aus Lampen am Rand des Bildschirms oder ist normales Tageslicht. Der Bildschirm selbst ist dunkel.

Wird eine elektrische Spannung an die Elektroden auf den beiden Seiten des Bildschirms angelegt, ordnen sich die Moleküle in einem parallelen Muster senkrecht zum Bildschirm an. Sie blockieren das Licht nicht länger, auf dem Bildschirm erscheint ein heller Fleck.

Passivmatrix-, Dual-Scan- und SFT-Bildschirme

Die älteren PowerBook-Modelle waren mit Passivmatrix-Bildschirmen ausgerüstet. Diese Art von Bildschirmen hat den großen Vorteil, preiswerter zu sein als Aktivmatrix-Bildschirme, auf die wir gleich noch kommen werden. Allerdings besitzen sie auch einige Nachteile. So kann es beispielsweise passieren, daß der Cursor für einen Moment verschwindet, wenn Sie ihn zu schnell bewegen. Ursache dafür ist die Trägheit der Moleküle, die zwischen dem ungeordneten (dunkel, keine Spannung) und dem geordneten (hell, Spannung) Zustand eine gewisse Umstellungszeit benötigen.

HEISSER TIP

Wenn auf dem Bildschirm rechteckige Strukturen dargestellt werden, können undeutliche Linien auftreten, die von den Kanten der Fenster ausgehen. Diese

Linien verschwinden, wenn Sie den Kontrast verstellen. Manchmal werden dadurch allerdings auch die Texte zu hell, die Sie eigentlich darstellen wollen…

Passive Anzeigen haben einen relativ kleinen Sichtwinkel. Wenn Sie nicht direkt vor dem Bildschirm sitzen, sehen Sie nur ein milchiges, unscharfes Etwas. Das ist zwar günstig, wenn Sie nicht wollen, daß Ihnen andere bei der Arbeit über die Schulter schauen, aber sehr ungünstig für Präsentationen.

Heutzutage stellt Apple keine reinen Passivmatrix-Anzeigen mehr her. Statt dessen wird eine neue hybride Technik eingesetzt: *Dual Scan* oder *SFT*. Der Ansatz ist der gleiche – das Bild sieht immer noch nicht so scharf aus wie bei einer aktiven Anzeige – aber es ist schon bedeutend besser als bei den originalen Passivmatrix-Bildschirmen.

Aktivmatrix- und TFT-Bildschirme

TECHNIK

Die teureren PowerBooks besitzen Aktivmatrix-LCD-Bildschirme. Jedes einzelne Pixel einer Aktivmatrix-Anzeige hat seinen eigenen Transistor. Dieser Transistor ist dafür verantwortlich, einen Bildpunkt ein- oder auszuschalten. Bei einer passiven Anzeige verläuft eine Reihe von Elektroden horizontal und eine vertikal. Deren Schnittpunkte beeinflussen die umgebenden Bildpunkte – eine Technik, die bedeutend unflexibler ist.

Aktivmatrix-Bildschirme haben nicht die Probleme von Passivmatrix-Bildschirmen. Allerdings sind sie auch teurer und verbrauchen mehr Strom. Geht einer der Transistoren kaputt, verlischt auch das entsprechende Pixel. Sie werden jedoch vermutlich kaum eine Störung wahrnehmen.

Das Trackpad

Ab 1994 wurden die PowerBooks mit einem Trackpad statt mit einem Trackball ausgestattet. Sie steuern den Cursor nun, indem Sie mit dem Finger auf einer kleinen Plastikfläche herumrutschen. Heutige Trackpads können aber noch mehr, als nur den Cursor bewegen (die Optionen sind im Kontrollfeld *Trackpad* einstellbar):

- **Klicken.** Wenn diese Option aktiviert ist, können Sie durch leichtes Tippen auf das Trackpad sowohl einen Klick als auch einen Doppelklick ausführen.

- **Ziehen.** Mit dieser Option können Sie die Maus «ziehen», indem Sie die Finger folgendermaßen auftippen: nieder-auf-nieder, und beim zweiten «nieder» den Finger ziehen. Es ist sogar möglich, ein langes Ziehen fortzusetzen, nachdem Sie den Finger kurz angehoben haben.

- **Bewegen durch Antippen beenden.** Diese Option ist am nützlichsten. Es ist nämlich schwierig, auf einem PowerBook Icons über den Bildschirm zu bewegen oder Schieberegler zu betätigen. Mit dieser dritten Option können Sie Ihr Trackpad doppelklicken, wenn Sie jedoch nach dem zweiten Klick Ihren Finger bewegen, läßt der Mac auch dann die Maustaste nicht los, wenn Sie Ihren Finger hochnehmen. Sie müssen noch einmal auf das Trackpad tippen, um die Sperre wieder aufzuheben.

FEHLER

Bei den Powerbooks der Serie 5300 funktioniert weder das Doppelklicken auf dem Trackpad noch die Option *Bewegen/Antippen*. Pech gehabt!

Das PowerBook an der Steckdose

Das Großartige an PowerBooks ist, daß Sie kein separates Ladegerät benötigen. Immer, wenn der Rechner an eine Steckdose angeschlossen wird, lädt sich die Batterie auf. Übrigens geht das schneller, wenn Sie den Computer dabei nicht benutzen.

HEISSER TIP

Das Netzteil Ihres PowerBooks ist wirklich clever: Es funktioniert ohne besondere Einstellungen mit Netzspannungen von 110 bis 240 Volt, also überall auf der Welt. Sie müssen sich lediglich ein passendes Kabel besorgen, mit dem Sie das Gerät an die speziellen Steckdosen des Landes anschließen können.

Jedes moderne PowerBook enthält ein Kontrolleistenmodul, das den Ladezustand der Batterie anzeigt. Seine numerische Anzeige der verbleibenden Zeit ist recht nützlich, allerdings nicht sonderlich präzise.

Da die chemischen Veränderungen in einer Batterie gering und schwer vorhersehbar sind und Ihre Anforderungen an die Komponenten des PowerBook sich ständig ändern, stehen Überwachungsprogramme einer schier unlösbaren Aufgabe gegenüber. Sie erhalten einen Eindruck davon, wenn Sie das Verhalten des Kontrolleistenmoduls genauer betrachten. Wenn z.B. die Festplatte nicht läuft, erhöht sich die «verbleibende Zeit». Starten Sie dagegen eine Microsoft-

Anwendung, verringert sich der Zähler. In jedem Fall werden Berechnungen angestellt, die davon ausgehen, daß sich der Stromverbrauch nicht ändert (11.1).

Abb. 11.1 Die drei Zustände der Batterie-Kontrolleiste und die korrespondieren Icons in der Menüleiste.

Und das bedeuten die einzelnen Icons:

- **Blitz-auf-Batterie.** Dieses Icon erscheint, während die Batterie gerade geladen wird. Das kleine Dreieck links vom Menüleisten-Icon zeigt ungefähr den Füllgrad der Batterie an.

- **Netzstecker.** Das Netzteil ist zwar noch angeschlossen, der Ladevorgang inzwischen aber beendet, weil die Batterie voll ist. Das kleine Dreieck ist ganz oben.

- **Batterie-Icon.** Das PowerBook läuft im Batteriebetrieb, das kleine Meßgerät zeigt an, wieviel Zeit noch zum Arbeiten bleibt. Das kleine Dreieck wandert ebenfalls entsprechend dem Ladezustand der Batterie nach unten.

Mit der Batterie arbeiten

Wenn Sie mit Ihrem PowerBook im Batteriebetrieb arbeiten, werden Sie schnell merken, daß Ihnen die Uhr ständig im Nacken sitzt. Sie sollten sich daher die Zeit nehmen, über unsere Energiespartips nachzudenken. Statt dessen können Sie sich auch einfach eine zweite Batterie kaufen, die Sie im Bedarfsfall austauschen bzw. bei den neueren G3-PowerBooks (ab Wallstreet) statt des CD-ROM-Moduls in den Erweiterungsschacht stecken können.

Sie finden in den verschiedenen PowerBook-Modellen unterschiedliche Arten von Batterien: Nickel-Cadmium (NiCad), Nickel-Metallhydrid (NiMH oder NiHy) und – relativ neu – Lithium-Ionen (LiIon). Alle diese Batterien haben vor allem eines gemeinsam: Sie halten niemals so lange, wie es die Werbung verspricht.

Batterien laden

PowerBook-Batterien lassen sich etwa 500mal wieder aufladen. Es ist daher günstiger, das PowerBook so oft wie möglich im Netzbetrieb zu benutzen. Läßt sich die Batterie eines Tages nicht mehr aufladen, sollten Sie sie austauschen. Es ist wohl selbstverständlich, daß Sie sie zum Händler zurückbringen, der sie ordnungsgemäß entsorgen lassen kann.

Wenn Sie allen Batterien Nummern geben und den Tag vermerken, an dem Sie sie zum ersten Mal benutzt haben, werden Sie es mit der Verwaltung leichter haben. Sie können anhand des Datums auch feststellen, ob es am Alter einer Batterie liegt, wenn sie sich nicht mehr laden läßt.

Der Memory-Effekt

Der Memory-Effekt tritt vor allem bei NiCad- und NiHy-Batterien (und in geringem Maße auch bei NiMH-Batterien) auf. Er äußert sich folgendermaßen: Ihre Batterie verliert plötzlich die Hälfte ihrer Kapazität und gibt nach etwa 45 Minuten ihren Geist auf.

TECHNIK

Wenn Sie eine Batterie immer nur halb aufladen, «erinnert» sie sich nach und nach an diesen Ladezustand und beschließt, daß sie an dieser Stelle voll ist. Sie stoppt das Laden und ist dann natürlich auch schneller wieder entladen. Sie können diesem Problem begegnen, indem Sie das PowerBook jeweils nach einer gewissen Zeitspanne vollständig entladen. So heilen Sie auch eine Batterie, bei der dieser Effekt auftritt – lassen Sie den Mac einfach an, bis er sich von selbst abschaltet. Neuere PowerBook-Modelle besitzen ein Programm, das diesen Vorgang für Sie erledigt.

Das Programm heißt *Batterie optimieren* und ist im Ordner *PowerBook Extras* (im Ordner *Apple Extras*) zu finden. Es wird normalerweise bei der Installation des Mac OS auf die Festplatte Ihres PowerBook kopiert. Sollte das nicht der Fall sein, müssen Sie Ihre System-CD wieder hervorkramen und das Programm installieren. Apple empfiehlt, wenigstens einmal im Monat die Batterie zu optimieren, um den Memory-Effekt zu vermeiden.

HEISSER TIP

Falls Sie Ihr PowerBook ständig am Stromnetz angeschlossen haben – z.B. weil Sie es als Ersatz für einen Desktop-Mac benutzen – können Sie auch die Batterie komplett herausnehmen und nur das Netzteil benutzen. Damit vermeiden Sie den Memory-Effekt. Aber Achtung: Auch nicht benutzte Batterien sollten wenigstens zwei- bis dreimal im Jahr aufgeladen werden!

Die Batterie wechseln

Schicken Sie Ihr PowerBook schlafen, wenn Sie die Batterie austauschen wollen (lediglich das PowerBook 100 müssen Sie ausschalten oder an eine Steckdose anschließen). Jetzt haben Sie vier Minuten Zeit. Alles, was sich im Speicher befindet, sowie alle laufenden Programme bleiben erhalten, auch wenn keine Energie zugeführt wird.

Strom sparen

Für PowerBook-Fans gehören die Techniken, Tips und Tricks, mit denen sich Strom sparen läßt zum wichtigen Rüstzeug Ihrer Arbeit, denn ein PowerBook mit leerer Batterie fern des nächsten Netzanschlusses ist doch ein allzu trauriger Anblick.

Die Hintergrundbeleuchtung ausschalten. Der Bildschirm ist einer der grössten Stromfresser in Ihrem PowerBook. Sie sollten deshalb die Beleuchtung wenn möglich verringern oder ganz ohne Hintergrundlicht arbeiten.

Ihr PowerBook braucht kein Licht, wenn es sich in der Sonne befindet (erinnern Sie sich daran, wie eine Flüssigkristall-Anzeige funktioniert). Auch wenn Sie in einer Versammlung sitzen und Ihre Notizen in den Rechner schreiben, können Sie eigentlich die Beleuchtung ausgeschaltet lassen. Oder Sie benutzen das Kontrollfeld *PowerBook* bzw. *Energie sparen* (bei den G3-Modellen), um das Abdimmen der Hintergrundbeleuchtung zu steuern. Wenn Sie für eine Weile die Maus oder die Tastatur nicht betätigt haben, schaltet sich das Licht ab.

Die Festplatte nicht benutzen. Die Festplatte liegt im Stromverbrauch sogar noch vor dem Bildschirm. Allerdings wird die meiste Energie nicht etwa beim eigentlichen Betrieb verbraucht, sondern beim Hochdrehen. Sie sollten deshalb die Festplatte immer ausschalten, wenn Sie sie nicht benötigen.

Am besten laden Sie daher Ihre gesamten benötigten Daten in eine RAM-Diskette. Oder Sie setzen Programme ein, die nicht oft Daten von der Festplatte lesen müssen. Unglücklicherweise scheinen gerade weit verbreitete Microsoft-Programme wie Word oder Excel die Festplatte andauernd zu benutzen.

Mit den Kontrollfeldern *PowerBook* bzw. *Energie sparen* können Sie festlegen, nach welcher Zeitspanne die Festplatte anhalten soll. Besser, als eine feste Zeitspanne einzustellen wäre es jedoch, wenn Sie die Festplatte auf Befehl anhalten könnten.

Die Toolbox-Erweiterung *PowerBook Assistant* (seit System 7.5 verfügbar) gibt Ihnen die Möglichkeit, mit dem Drücken der Tastenkombination Befehl-Shift-Control-Null die Festplatte anzuhalten. Oder Sie benutzen das entsprechende Kontrolleistenmodul. (In späteren Versionen des Mac OS wurde diese Systemerweiterung übrigens in das Betriebssystem integriert.)

Ruhe für den Prozessor (Processor Cycling). Mit dem Prozessor des Macintosh verhält es sich wie mit dem menschlichen Gehirn: je aktiver er ist, um so mehr Energie benötigt er. Es gibt deshalb für PowerBooks eine clevere Energiesparfunktion, die einspringt, ohne daß Sie sich darum kümmern müssen.

Immer, wenn Sie nichts tun, geht der Prozessor in einen Ruhezustand über. Der PowerPC hat sogar einen vertieften Ruhezustand, den Schlummermodus. Bedienen Sie dann die Maus oder die Tastatur, «wacht» die CPU wieder auf.

FEHLER

Manche Programme haben entweder mit dem Sparmodus des Prozessors oder mit dem Ruhezustand Probleme. (Manche sogar sowohl als auch!) Das äußert sich entweder durch Fehler beim Bildschirmaufbau nach dem Aufwecken des Mac oder gar durch einen kompletten Absturz. Falls Sie bei bestimmten Anwendungen solche eigenartigen Dinge bemerken, schalten Sie probeweise einmal das Prozessor-Cycling in Kontrollfeld *Energie sparen* aus.

Energiesparen mit dem PowerBook G3. Das PowerBook G3 besitzt im Kontrollfeld *Energie sparen* einige zusätzliche Optionen zum Schutz der Batterie. Sie können dort z.B. eine Zeit einstellen, nach der die Anzeige des PowerBook ausgeschaltet wird. Eine andere Möglichkeit des Energiesparens besteht darin, inaktive PC-Karten (z.B. Modem- oder Ethernetkarten) abzuschalten. Allerdings sind nicht alle Karten dafür geeignet.

Ein letzter Weg, die Batterie zu schonen, führt über die Verringerung der Prozessorgeschwindigkeit. Der G3-Prozessor wird auf gemütliche 25 MHz abgebremst. Das ist zwar ziemlich langsam, dürfte aber im Zweifelsfalle reichen, um eine wichtige Arbeit zu beenden.

Die Lagerfähigkeit von Batterien. Batterien besitzen eine unterschiedlich lange Lagerfähigkeit. Ältere Batterien, wie die des PowerBook 100, konnten mehrere Monate lang ihre Ladung erhalten; neuere Modelle verlieren ihre Ladung bereits innerhalb weniger Wochen. Zusätzlich kann die Lagerfähigkeit durch extrem hohe oder niedrige Temperaturen negativ beeinflußt werden.

ACHTUNG

Laden Sie leere Batterien so bald wie möglich. Wenn Sie eine leere Batterie nicht innerhalb von zwei bis drei Wochen laden, kann die Kapazität nachlassen oder die Batterie läßt sich gar nicht mehr laden. Das wird noch schlimmer, wenn Sie die Batterie an einem heißen Ort – z.B. im Auto – vergessen.

Die unsichtbare Batterie

Ihr PowerBook hat zusätzlich zu dem dicken, schweren Akku noch eine zweite Batterie, von der kaum jemand weiß. Es ist eine langlebige Lithium-Batterie, die die eingebaute Uhr versorgt, wenn der Computer ausgeschaltet ist – genauso wie die Lithium-Batterien in Desktop-Macs.

Wenn diese Batterie das Ende ihrer Kapazität erreicht, merken Sie das daran, daß bei jedem Systemstart die Uhrzeit und das Datum völlig falsch sind. Dann ist es Zeit, einem qualifizierten Apple-Techniker einen Besuch abzustatten – man kann die Batterie nämlich nicht selbst wechseln.

AppleTalk, Remote Access und Batteriestrom. Wenn Sie an Ihrem PowerBook AppleTalk aktiviert haben, werden sie feststellen, daß die Batterien ihre Ladung nicht annähernd so lange halten, wie sie sollten. Das liegt daran, daß AppleTalk den Druckeranschluß nach Netzwerkaktivitäten überwacht, und das kostet Energie. Sie sollten AppleTalk daher ausschalten, wenn Sie es nicht unbedingt benötigen.

Benutzen Sie jedoch Apple Remote Access, brauchen Sie AppleTalk. Allerdings ist es nicht notwendig, den Druckeranschluß zu überwachen. Öffnen Sie deshalb das Kontrollfeld *Netzwerk* oder *AppleTalk* und aktivieren Sie die Option *Nur Remote Access*. Sie haben nun die Softwarefunktionen von AppleTalk eingeschaltet, die Hardwarefunktionen – die Energie aus der Batterie benötigen würden – aber deaktiviert.

Weitere Energiefresser. Ein eingebautes Modem braucht immer Energie, wenn ein Terminalprogramm geöffnet ist. Sie sollten es daher immer beenden, wenn Sie Ihre E-Mail gelesen haben. Neuere grafikbasierte Programme von Onlinediensten erfordern glücklicherweise nicht mehr solche Vorkehrungen; sie greifen nur dann auf den Modemanschluß zu, wenn Sie wirklich mit dem jeweiligen Dienst verbunden sind.

Als nächstes sollten Sie die Lautstärke von eingebauten Lautsprechern auf Null reduzieren sowie überflüssige Geräte vom ADB-Anschluß entfernen. Auch externe Monitore ziehen Energie aus der Batterie, allerdings können die meisten PowerBooks sowieso nur dann mit einem externen Monitor betrieben werden, wenn der Rechner an eine Steckdose angeschlossen ist.

ACHTUNG

Wenn Sie Strom sparen wollen, sollten Sie keinen virtuellen Speicher benutzen, denn dabei wird die Festplatte als Reserve-RAM benutzt. Andererseits ist virtueller Speicher gerade bei einem PowerBook mit wenig eingebautem RAM eine großartige Sache. Sie müssen in jedem Fall abwägen, was Ihnen lieber ist: Strom sparen oder schneller arbeiten. Abhilfe aus diesem Dilemma schafft das Programm *RAM Doubler*. Damit erhalten Sie die Vorteile des virtuellen Speichers, ohne daß gleichzeitig die Festplatte so oft benutzt wird wie bei der eingebauten virtuellen Speicherverwaltung des Mac OS.

Die RAM-Diskette

Die Festplatte ist der schlimmste Energiefresser in einem PowerBook. Jedesmal, wenn sie losläuft, verkürzt sie die Lebensdauer der Batterieladung um einige Minuten. Am besten wäre es deshalb, man müßte die Festplatte überhaupt nicht mehr benutzen. Sie werden es vielleicht nicht glauben, aber das geht tatsächlich – mit einer RAM-Diskette.

EINSTEIGER

Eine RAM-Diskette ist ein Stückchen vom Hauptspeicher (RAM) Ihres Mac, das vom Mac OS so behandelt wird, als wäre es ein ganz normaler Datenträger in einem imaginären Laufwerk. Das geht sogar so weit, daß ein Symbol für das entsprechende Volume auf dem Schreibtisch auftaucht (11.2)

Der größte Vorteil einer RAM-Diskette ist ihre Geschwindigkeit. Daten lassen sich viel schneller von und zum RAM transportieren, als das mit einem langsamen mechanischen System wie einer Festplatte möglich ist.

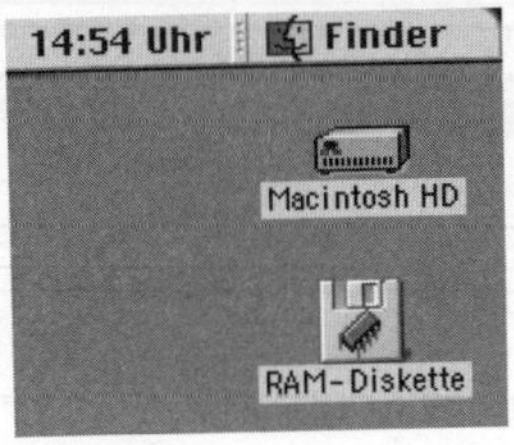

Abb. 11.2 Für den Mac ist eine RAM-Diskette ein Datenträger wie jeder andere. Es gibt aber große Unterschiede zu mechanischen Laufwerken.

In einem PowerBook hat die RAM-Diskette aber noch einen anderen großen Vorteil: Sie verbraucht weniger Strom als eine Festplatte. Je seltener Ihr Mac den Motor der Festplatte anwerfen muß, um so länger reicht die Ladung der Batterie. Wenn es nun gelingt, die RAM-Diskette als Ersatzfestplatte zu benutzen, so braucht sich der Motor niemals zu drehen.

POWER USER

Tatsächlich können Sie auf einem PowerBook die RAM-Diskette als Startvolume definieren. Dann brauchen Sie nur noch Ihre Applikation (z.B. eine Textverarbeitung) und die aktuellen Dokumente auf die RAM-Diskette zu kopieren und können dann die Festplatte zur Ruhe betten. Auf diese Art können Sie aus einer neuen PowerBook-Batterie über vier Stunden Betriebszeit herausholen. Die nächsten Abschnitte erklären Ihnen, wie das funktioniert.

Die RAM-Diskette einrichten. Ehe Sie eine RAM-Diskette auf Ihrem PowerBook einrichten, sollten Sie ungefähr abwägen, wie groß diese sein darf. Dazu müssen Sie herausfinden, welche Dateien Sie auf der RAM-Diskette haben wollen und wieviel Platz diese benötigen. Auf jeden Fall brauchen Sie einen Systemordner, das Programm, mit dem Sie arbeiten, und das zugehörige Dokument.

ACHTUNG

Erwarten Sie beim Betrieb von einer RAM-Diskette nicht den vollen Komfort Ihrer normalen PowerBook-Umgebung, es sei denn, Sie haben 128 MB RAM oder mehr. Einige Kompromisse sind schon notwendig, um die maximale Stromeinsparung zu erreichen. Je mehr RAM Ihr PowerBook hat, um so geringere Kompromisse müssen Sie eingehen.

Der Systemordner für Ihre RAM-Diskette sollte so schlank wie möglich ausfallen. Eine Möglichkeit ist es, dafür die Version von einer der Dienstprogramme-Disketten zu benutzen. Sie finden die entsprechenden Image-Dateien auf Ihrer System-CD. Ein Doppelklick mountet sie auf dem Schreibtisch und Sie können den Systemordner auf die RAM-Diskette kopieren.

Diese Systemordner enthalten stark verschlankte Versionen des normalen Mac OS. Machen Sie sich deshalb darauf gefaßt, daß manche Dinge nicht so funktionieren, wie Sie das gewohnt sind. (Tatsächlich verhält sich der Mini-Systemordner von Mac OS 8.5 ungefähr so wie System 7.1.)

Wenn Sie genügend RAM übrig haben, können Sie auch einen bereits existierenden Systemordner kopieren und von Hand daraus Dateien entfernen, um den nötigen Speicherplatz zu verringern. (Überflüssige Zeichensätze, Systemerweiterungen und sogar die Sounds und Tastaturbelegungen im Systemkoffer selbst sind gute Kandidaten für das Aufräumen.)

Schließlich ist auch die reguläre Installation von der System-CD auf die RAM-Diskette möglich. In diesem Fall sollten Sie aber genügend Platz haben und unbedingt die Option für die Minimalinstallation wählen.

POWER USER

Für den Systemordner müssen Sie etwa folgenden Platzbedarf einkalkulieren: 2,2 MB unter System 7.1, 3,8 MB bei System 7.5.3, 11 MB bei System 8.1 und etwa 14 MB bei System 8.5. In jedem Fall haben Sie ein reduziertes Mac OS, dem einige Funktionen fehlen. Umgekehrt kann es sich durchaus lohnen, auf der RAM-Diskette eine ältere Systemversion zu installieren, da Sie dadurch Platz sparen.

Als nächstes müssen Sie Ihr Anwendungsprogramm und die zugehörigen Dokumente kopieren, mit den Sie von der RAM-Diskette arbeiten wollen. Auch hier gibt es gewisse Einschränkungen. So ist es wenig sinnvoll, Photoshop oder ein ähnlich speicherhungriges Programm von der RAM-Diskette betreiben zu wollen. Auch die verbreiteten Microsoft-Anwendungen gehen nicht gerade schonend mit den Ressourcen um – sie brauchen viel Speicher und benutzen oft die Festplatte.

Geht es Ihnen nur um Textverarbeitung, dann ist die ältere Version Word 5.1 durchaus brauchbar. Noch sparsamer ist allerdings Nisus Writer, das einen speziellen PowerBook-Modus anbietet.

CD-ROM

Auch BBEdit und Tex-Edit brauchen kaum Platz. BBEdit eignet sich jedoch nur für ASCII-Text ohne Formatierungen, Tex-Edit kann zwar Text formatieren, verfügt jedoch nur über rudimentäre Werkzeuge zur Seitengestaltung. (Tex-Edit und BBEdit Lite finden Sie auf der CD zu diesem Buch.)

Wenn Sie andere Programme benötigen, benutzen Sie den Befehl *Information* im Finder, um den Platzbedarf dieser Dateien auf der Festplatte herauszufinden. Addieren Sie diesen Wert zur Größe des Systemordners, und fügen Sie noch den nötigen Speicherplatz für Ihre Dokumente hinzu – schon haben Sie die Größe der RAM-Diskette.

ACHTUNG

Auch wenn Sie eine RAM-Diskette benutzen, braucht der Mac natürlich immer noch Hauptspeicher, um die eigentlichen Programme laufen zu lassen. Der gesamte eingebaute Speicher abzüglich der Größe der RAM-Diskette muß dafür ausreichen, sonst funktioniert das alles nicht. Überprüfen Sie deshalb, wieviel Speicher Ihr Programm braucht und addieren Sie dazu den Speicherbedarf für das Mac OS selbst. Diese Summe darf die Menge des eingebauten RAM nicht überschreiten.

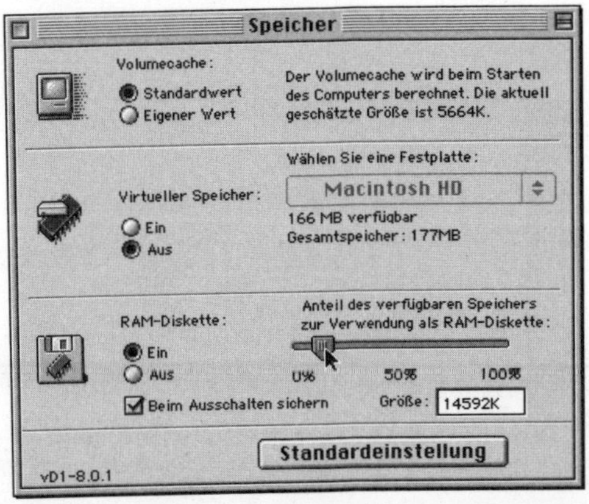

Abb. 11.3 Ziehen Sie den Schieberegler, um die Größe der RAM-Diskette festzulegen. Mit der Checkbox legen Sie fest, ob der Inhalt beim Ausschalten gesichert wird.

Nun können Sie die RAM-Diskette einrichten. Öffnen Sie dazu das Kontrollfeld *Speicher*, und schalten Sie die RAM-Diskette ein. Dann können Sie mit dem Schieberegler die gewünschte Größe einstellen. Kreuzen Sie die Checkbox *Beim Ausschalten sichern* an, um den Inhalt der RAM-Diskette vor dem Ausschalten auf der Festplatte zu sichern.

Es gibt auch PowerBook-Modelle, die die Option zum Speichern nicht bieten. Bei diesen Geräten müssen Sie das Icon der RAM-Diskette von Hand auf die Festplatte ziehen, um einen Ordner mit dem Inhalt der RAM-Diskette zu erzeugen. Nach einem Neustart kopieren Sie den Inhalt wieder zurück.

FEHLER

Die RAM-Diskette wird in der Datei *Permanente RAM-Diskette* im Ordner *Preferences* im Systemordner gespeichert. Diese Datei ist genauso groß wie die eingestellte Kapazität Ihrer RAM-Diskette. Ist jedoch auf der Festplatte kein Platz mehr, dann kann die RAM-Diskette beim Ausschalten auch nicht gespeichert werden. Sie werden in einem solchen Fall von Ihrem Mac gewarnt.

Ist Ihre RAM-Diskette erfolgreich eingerichtet, können Sie den kleinen Systemordner, Ihre Dokumente und das zugehörige Anwendungsprogramm darauf kopieren. Nun sollten Sie einen Alias Ihrer Festplatte erzeugen und auf die RAM-Diskette kopieren. Sie brauchen diesen Verweis, um später die Festplatte wieder auf den Schreibtisch zu holen. (Siehe dazu auch den nächsten Abschnitt.)

Erzeugen Sie nun noch auf der RAM-Diskette einen Alias des Kontrollfeldes *Startvolume*, und Ihre RAM-Diskette ist fertig bestückt (11.4).

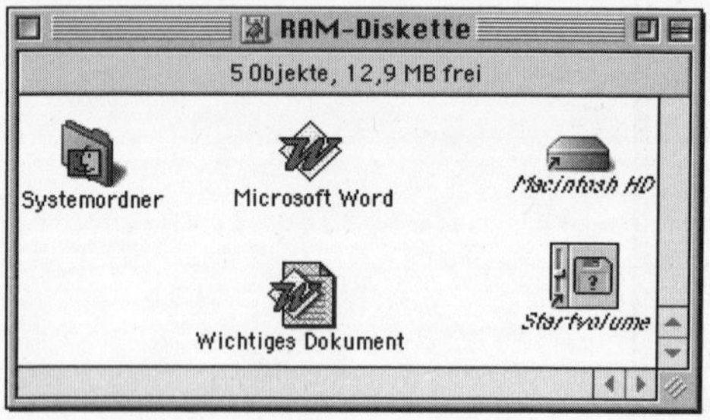

Abb. 11.4 So sollte Ihre RAM-Diskette auf dem PowerBook aussehen, um den großen Stromspar-Trick durchzuführen.

Von der RAM-Diskette starten. Alles ist vorbereitet, nun müssen Sie Ihrem PowerBook nur noch sagen, daß es das System von der RAM-Diskette starten soll, nicht von der Festplatte. Öffnen Sie dazu das Kontrollfeld *Startvolume*, wählen Sie die RAM-Diskette aus, und starten Sie den Mac neu. Sie werden fasziniert sein, wie schnell das PowerBook hochfährt! Nach dem Starten befindet sich die RAM-Diskette rechts oben in der Ecke auf dem Schreibtisch.

Die Festplatte dreht sich aber nach wie vor und spart damit noch keinen Strom. Darum kommt jetzt der wirkliche Trick: Ziehen Sie die Festplatte in den Papierkorb (oder benutzen Sie den Befehl *Ablage/Zurücklegen*). Ihr Mac warnt Sie, daß die Festplatte erst nach einem Neustart wieder auf dem Schreibtisch erscheinen wird – klicken Sie trotzdem einfach auf OK.

Vergeßliche RAM-Diskette?

Üblicherweise gilt bei RAM-Disketten: Speichern Sie keine wichtigen Dokumente darauf. Wenn der Strom ausfällt, dann vergißt eine RAM-Diskette sofort ihren gesamten Inhalt. Auf einem PowerBook ist das zum Glück nicht so. Die RAM-Diskette behält das Gedächtnis auch dann, wenn Sie das PowerBook neu starten oder das Mac OS abstürzt. Selbst wenn die Batterie leer ist, hält die RAM-Diskette noch bis zu zwei Tage. Eine Sache dürfen Sie allerdings in so einem Fall nicht tun:

Schalten Sie das PowerBook nicht aus, sondern starten Sie es neu!

Wenn Sie einen kompletten Systemabsturz haben, lösen Sie ein Reset aus. Auf allen PowerBooks seit 1994 geht das, indem Sie Befehls- und Control-Taste halten, während Sie die Einschalttaste drücken. Danach sollte Ihre RAM-Diskette wieder völlig intakt auf dem Schreibtisch auftauchen.

Natürlich sollten Sie es trotzdem nicht übertreiben und ab und zu die Festplatte auf den Schreibtisch holen, um Ihre wichtigen Dokumente von der RAM-Diskette dorthin zu kopieren. Ein wenig Paranoia schützt oft vor Datenverlust!

Die Festplatte verschwindet vom Schreibtisch und sollte auch aufhören, sich zu drehen. Es kann allerdings sein, daß es einige Minuten dauert, bis sich das Laufwerk tatsächlich abschaltet, je nach den Einstellungen im Kontrollfeld *Energie sparen* bzw. *PowerBook Optionen*.

Das war es dann – keine Festplatte dreht sich mehr, das PowerBook läuft absolut lautlos, und die Batterie reicht länger als je zuvor. Falls Sie aber doch wieder auf die Festplatte zugreifen wollen, reicht ein Doppelklick auf den Alias des Laufwerkes, und es taucht wieder auf dem Schreibtisch auf.

HEISSER TIP

Sollten Sie allerdings versehentlich keinen Alias angelegt haben, dann sehen Sie die Festplatte wirklich erst wieder, wenn Sie das PowerBook neu starten! Doch halt: Wenn Sie vorher irgendein Dokument auf Ihre Festplatte gesichert haben, finden Sie einen Alias davon in *Benutze Dokumente* im Apple-Menü.

Die RAM-Diskette entfernen oder ihre Größe ändern. Leider ist es ein wenig umständlich, die RAM-Disk wieder zu entfernen. Wenn Sie Ihr PowerBook von ihr gestartet haben, müssen Sie zuerst wieder die Festplatte als Startvolume auswählen – darum haben Sie auch den Alias für das entsprechende Kontrollfeld angelegt. Rufen Sie es auf, und wählen Sie die interne Festplatte als Startvolume. Starten Sie dann das PowerBook neu.

Als nächstes müssen Sie die RAM-Diskette komplett löschen – vergessen Sie nicht, vorher die darauf gespeicherten Dokumente zu sichern. Markieren Sie dann das Icon der RAM-Diskette im Finder, und wählen Sie den Befehl *Volume löschen* aus dem Menü *Spezial*. Nun erst können Sie das Kontrollfeld *Speicher* benutzen, um die RAM-Diskette auszuschalten oder ihre Größe zu ändern.

Der Ruhezustand

Befindet sich ein PowerBook im Ruhezustand, dann wird der RAM-Inhalt erhalten, alle anderen Komponenten des Rechners sind inaktiv. Wollen Sie den Computer irgendwann wieder benutzen, müssen Sie nur eine beliebige Taste drücken. Der Mac ist praktisch sofort wieder arbeitsbereit.

Wir empfehlen Ihnen sogar, das PowerBook immer im Ruhezustand zu halten, wenn sie es nicht brauchen. Es gibt eigentlich nur wenige Gründe, ein PowerBook neu zu starten:

- Sie benötigen andere Kontrollfelder und Systemerweiterungen.
- Sie wollen Ihr PowerBook als SCSI-Gerät an einen anderen Computer anschließen.
- Sie wollen einen externen Monitor anschließen oder entfernen.
- Sie haben ein PowerBook Duo, das Sie andocken wollen.
- Sie wollen das PowerBook verschicken.

Sie können im Ruhezustand Tastaturen, Mäuse, Modems, Drucker, PC-Karten, externe CD-ROM- oder Zip-Laufwerke anschließen oder entfernen.

Das PowerBook kann im Ruhezustand verbleiben, bis die Batterie erschöpft ist. Bei einer voll geladenen Batterie dauert das etwa einen Monat. Wenn die Bat-

Verschiedene Wege zum Ruhezustand

Sicher kennen Sie den üblichen Weg, ein PowerBook in den Ruhezustand zu versetzen. Sie wählen den Befehl *Ruhezustand* aus dem Menü *Spezial*. Es geht aber auch anders:

- Klicken Sie in der Kontrolleiste auf das blaue Icon mit dem abnehmenden Mond – das ist das Modul *Energiesparen*. Wählen Sie aus dem erscheinenden Menü den Befehl *Ruhen*.
- Drücken Sie die Tastenkombination Befehl-Shift-0 (Null). Damit versetzen Sie das PowerBook augenblicklich in den Ruhezustand. Halten Sie zusätzlich noch die Control-Taste gedrückt, schalten Sie nur die interne Festplatte ab.
- Halten Sie die Einschalttaste gedrückt, bis ein Dialog auftaucht. Klicken Sie Ruhezustand, oder drücken Sie die «S»-Taste für «Sleep». (Die Enter-Taste schaltet das PowerBook aus, «R» verursacht einen «Restart» und die Escape-Taste bzw. Befehl-. bricht die ganze Aktion ab.)

Zum Aufwecken aus dem Ruhezustand können Sie jede beliebige Taste drücken. Nehmen Sie am besten die Shift-Taste, dann geben Sie nicht unbeabsichtigt Buchstaben ein.

terie im Betrieb ihren Geist aufgibt und das PowerBook schlafen geht, haben Sie noch etwa zwei Tage Zeit, bis endgültig keine Energie mehr vorhanden ist.

HEISSER TIP

Apples Consumer-Laptop – das iBook – und auch die neuesten PowerBook-Modelle mit FireWire-Schnittstelle verfügen über einen besonders ausgeklügelten Ruhezustand: Sie können den kompletten Inhalt des Hauptspeichers auf die Festplatte schreiben und dann die Stromversorgung der Speicherchips abschalten. Somit wird fast gar kein Strom mehr verbraucht. Beim Aufwachen wird der letzte Inhalt des Hauptspeichers von der Festplatte zurück in den RAM geschrieben und Sie können dort weitermachen, wo Sie Ihr PowerBook bzw. iBook in den Ruhezustand geschickt hatten.

FEHLER

Soviel zur Theorie. Unter Mac OS 9 gibt es bei beiden Modellen einen schweren Bug, der bei Einsatz dieser Super-Stromsparfunktion einen Systemabsturz verursacht. Derzeit arbeitet Apple mit Hochdruck an einer Problemlösung und empfiehlt einstweilen, die Funktion nicht zu benutzen. Sehen Sie daher unbedingt in den LiesMich-Dateien nach, die mit Ihrem tragbaren Mac kommen, ob das Problem inzwischen behoben ist.

Dank der neuen Energiesparfunktionen müssen Sie eigentlich Ihren tragbaren Mac nie neu starten. Das bedeutet aber auch, daß das Betriebssystem nie die Gelegenheit hat, ganz von vorn anzufangen und alle Softwarebestandteile neu zu starten. Darum kann es nach gewisser Zeit zu kleineren oder auch größeren Problemen bei der Benutzung Ihres Mac kommen – das muß es aber nicht. Um auf der sicheren Seite zu sein, sollten Sie darum ab und zu den Mac vorsorglich neu starten.

Mit PowerBooks Daten austauschen

Als Apple die PowerBooks entwarf, sollten die tragbaren Macs so viele Anschlußmöglichkeiten besitzen wie ihre großen Brüder. Eine der wichtigsten Eigenschaften dieser kleinen Computer ist die Fähigkeit, Daten über Telefonleitung zu verschicken (per Apple Remote Access). Daneben gibt es aber noch andere Möglichkeiten, Daten von und zu einem PowerBook zu bewegen.

Seit 1997 werden alle PowerBooks mit einem Erweiterungsschacht ausgestattet, in den Sie unterschiedliche Arten von Laufwerken einführen können, ohne die Maschine in den Ruhezustand zu versetzen. Das funktioniert allerdings nur, wenn das Laufwerk leer ist, also kein Speichermedium in ihm steckt. Mit einem kleinen Hebel an der Unterseite entriegeln Sie das Laufwerk und ziehen es aus dem Schacht.

Für den eigentlichen Datenaustausch gibt es verschiedene Möglichkeiten:

- Verwenden Sie eine Diskette – ein auf die Dauer sehr langwieriger Weg.
- Verwenden Sie eine Zip-Diskette – sofern Sie ein entsprechendes Laufwerk besitzen.
- Verbinden Sie zwei Computer direkt miteinander. Die Datenübertragung kann zwar etwas länger dauern, ist aber ansonsten ein recht einfacher Weg.

- Bei aktuellen Modellen (seit 1995): Benutzen Sie die Infrarot-Schnittstelle, ein *Netopia AirDock* und das Programm *IR File Exchange*. Schnell und bedeutend einfacher als ein LocalTalk-Netzwerk mit Kennwörtern, Privilegien und Einrichtungsaufwand. Wenn der zweite Mac ein PowerBook oder ein iMac der ersten Serie (mit Infrarot-Empfänger vorn rechts) ist, brauchen Sie das Netopia AirDock gar nicht, Sie beamen die Daten einfach direkt von Rechner zu Rechner.

- Kopieren Sie Daten auf ein externes Laufwerk, fahren Sie dann den Rechner herunter und tragen Sie das Laufwerk anschließend zu einem anderen Computer. Verbinden Sie die beiden Geräte, und überspielen Sie die Daten auf den zweiten Rechner. Äußerst umständlich!

- Schließen Sie das PowerBook als externes SCSI-Gerät an den anderen Macintosh an. Das geht schnell und ist die billige, bequeme Lösung.

Wir werden die letzten drei Methoden nun etwas näher betrachten.

Infrarot-Übertragung

Dank der Infrarot-Schnittstelle auf der Rückseite der PowerPC-basierten PowerBooks ist es sehr einfach und ausgesprochen cool, Daten zu übertragen. Sie sehen auf dem Schreibtisch den Namen und das Icon des anderen PowerBooks, ein Kabel ist nicht notwendig.

TECHNIK

Es gibt zwei unterschiedliche «Sprachen», mit denen sich PowerBooks verständigen können, zum einen *IRTalk*, eine LocalTalk-ähnliche Sprache, die es nur für den Mac gibt, zum anderen *IrDA*. Dabei handelt es sich um ein schnelleres, universelleres Protokoll, das auch von Apples Newton, dem eMate, Windows-Laptops und sogar Hewlett-Packard-Druckern verstanden wird. Sie können diese Option benutzen, wenn Sie das Kontrollfeld *Infrarot* sowie die Erweiterungen *IrDALib* und *IrLanScannerPPC* besitzen. Um überhaupt Netzwerke betreiben zu können, benötigen Sie außerdem die OpenTransport-Erweiterungen.

Gehen Sie folgendermaßen vor:

1. Öffnen Sie das Kontrollfeld *AppleTalk* (bzw. das Kontrollfeld *Netzwerk*, falls Sie kein OpenTransport besitzen). Wählen Sie *Infrarot-Anschluß* aus dem Popup-Menü. Schließen Sie das Kontrollfeld.

2. Öffnen Sie nun das Kontrollfeld *Infrarot*, und wählen Sie in den Optionen entweder *IRTalk* oder *IrDA*. (Sie müssen sich mit der Gegenstelle auf ein Protokoll einigen.)

3. Starten Sie das Programm *Apple IR File Exchange*. Sie finden es im Ordner *Apple Extras*. Wenn Sie auf einem «großen» Mac das AirDock benutzen, müssen Sie diese Software von der System-CD installieren.

4. Stellen Sie die beiden Rechner so zusammen, daß die Infrarot-Schnittstellen sich gegenüberliegen. Die Icons der PowerBooks erscheinen als Ordner (11.5).

5. Die sendende Person muß nun lediglich die Dateien oder Ordner auf den entsprechenden Ordner ziehen (11.5).

6. Wenn die Fortschrittsanzeige anzeigt, daß die Arbeit getan ist, findet der Empfänger im *Apple IR File Exchange*-Ordner einen Ordner namens *IR Receiver*, der die übertragenen Daten enthält.

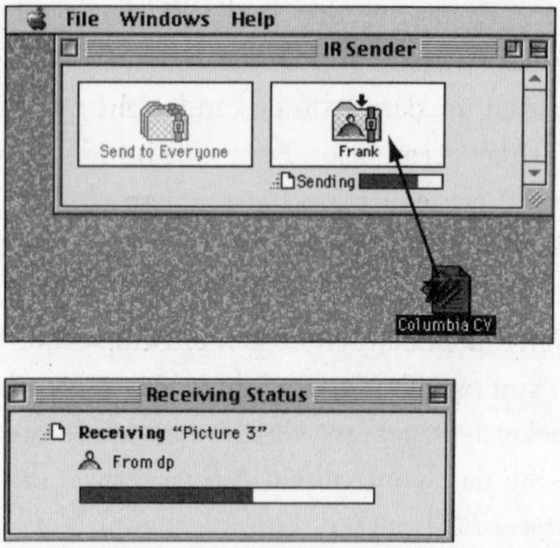

Abb. 11.5 Oben: Ziehen Sie Icons auf den Ordner Ihres Partners, um die Übertragung zu starten. Unten: Diese Fortschrittsanzeige sieht der Empfänger während der Übertragung.

SCSI

Mit Ausnahme der neuesten Generation von PowerBooks und den iBooks besitzen alle PowerBooks einen vollwertigen SCSI-Anschluß. Der normale breite SCSI-Anschluß wurde allerdings durch einen kleineren, nicht-standardisierten Anschluß ersetzt.

PowerBook als Desktop-Mac. Wenn Sie SCSI-Geräte an ein PowerBook anschließen wollen, benötigen Sie ein spezielles Kabel, das HDI-30 SCSI-Systemkabel.

ACHTUNG

Damit Sie dieses Kabel nicht mit dem gleichaussehenden HDI-30 SCSI-Festplattenadapterkabel verwechseln, hier ein Tip: Das SCSI-Systemkabel ist hellgrau und an seinem kleinen Ende scheint ein Pin zu fehlen. Das Festplattenadapterkabel von Apple ist dunkelgrau und besitzt alle 30 Pins.

Mit dem angeschlossenen HDI-30 Systemkabel benimmt sich das PowerBook wie ein normaler Mac. Die SCSI-Adresse seines internen Laufwerks ist 0 (Null). Schalten Sie immer zuerst alle externen Geräte ein, bevor Sie das PowerBook starten.

Es gibt auch Adapter zu kaufen, mit deren Hilfe Sie die SCSI-Buchse des PowerBook in eine normale Mac-SCSI-Buchse mit 25poligem Steckverbinder umwandeln können. Einige dieser Adapter besitzen einen Umschalter, mit dem Sie das PowerBook mit dem normalen SCSI-Kabel als externe Festplatte betreiben können. (Mehr dazu im nächsten Abschnitt.)

Im Gegensatz zum normalen Mac müssen Sie sich beim PowerBook (nicht beim Duo) Gedanken um die Terminierung der SCSI-Kette machen. Das PowerBook besitzt nämlich keinen internen Terminator. Bevor Sie nun aber in Angstschweiß ausbrechen, seien Sie beruhigt; es läuft alles auf diese einfache Regel hinaus:

ACHTUNG

Stecken Sie einen Terminator an dasjenige Ende des HDI-30-Kabels, an welches das erste SCSI-Gerät angeschlossen wird. Sie brauchen dazu einen Terminator, der sich durchschleifen läßt, also sowohl über eine Buchse als auch einen Stecker verfügt.

Für das Ende der SCSI-Kette benötigen Sie nun noch einen zweiten Terminator. Dabei spielt es keine Rolle, ob es ein oder mehrere Geräte sind.

PowerBook als externe Festplatte. Diese Anordnung wird SCSI-Festplattenbetrieb genannt. (Bei den PowerBooks 14x, 150 und 170 ist diese Eigenschaft nicht verfügbar.) Wenn Sie diese Methode zur schnellen Datenübertragung erst einmal gemeistert haben, werden Sie sie lieben. Merken Sie sich zunächst, daß das PowerBook immer das letzte Gerät in der SCSI-Kette sein muß. Gehen Sie nun folgendermaßen vor:

1. Besorgen Sie sich ein HDI-30-Festplattenadapterkabel. Wie bereits erwähnt, unterscheidet es sich vom gleichnamigen Systemkabel. Wenn Sie beide verwechseln, wird zwar nichts kaputtgehen, es funktioniert aber auch nichts. (Und wie ebenfalls bereits erwähnt, ist der SCSI-Dock-Adapter die bessere Alternative, da Sie ihn als normalen SCSI-Adapter und als Adapter für den SCSI-Festplattenbetrieb benutzen können – Sie müssen nur einen Schalter betätigen.)

2. Öffnen Sie das Kontrollfeld *PowerBook Einstellungen* oder *PowerBook Festplattenbetrieb* bzw. *PowerBook SCSI-ID*, und wählen Sie eine SCSI-Adresse für das Gerät (11.6).

Die SCSI-Adresse eines Mac ist normalerweise 7, und die Adresse seiner internen Festplatte ist immer 0. Da das PowerBook nun aber nicht als normaler Mac funktioniert, müssen Sie eine Adresse zwischen 1 und 6 angeben. (Besitzt Ihr Desktop-Mac ein CD-ROM-Laufwerk, dann nehmen Sie nicht die 3.) Wenn Sie noch andere SCSI-Geräte in die Kette einbinden wollen, dann sorgen Sie dafür, daß alle Geräte unterschiedliche Adressen haben.

3. Fahren Sie beide Macs herunter, und schalten Sie alle SCSI-Geräte aus.

4. Verbinden Sie das PowerBook mit dem SCSI-Kabel. Ist es das einzige SCSI-Gerät, brauchen Sie keinen Terminator (bei einer Verbindung zwischen zwei PowerBooks können Sie keinen Terminator einsetzen). Sind jedoch noch andere SCSI-Geräte in der Kette vorhanden, stecken Sie einen Terminator an das dicke Ende des Kabels (also vor das PowerBook).

5. Verbinden Sie das terminierte Ende des Kabels entweder mit dem Desktop-Mac oder mit dem letzten Gerät in der SCSI-Kette.

6. Schalten Sie nun das PowerBook ein.

   An dieser Stelle dürfen Sie sich wundern. Über den ansonsten leeren Bildschirm wandert ein großes SCSI-Logo (bei manchen Modellen bleibt der Bildschirm sogar vollkommen leer). Innerhalb dieses Logos wird die SCSI-ID des PowerBooks angezeigt.

7. Schalten Sie alle anderen SCSI-Geräte ein. Starten Sie zum Schluß den Desktop-Mac.

Auf dem Schreibtisch des Desktop-Mac ist das PowerBook-Icon als externe Festplatte zu sehen. Sie können nun Dateien hin und her kopieren. Wenn Sie Ihre Arbeit beendet haben, schalten Sie zuerst den großen Mac, anschließend das PowerBook und zum Schluß die restlichen SCSI-Geräte aus.

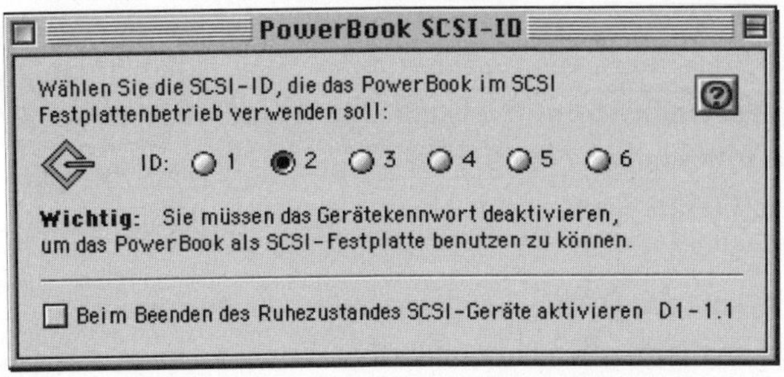

Abb. 11.6 Wählen Sie eine SCSI-Adresse für Ihr PowerBook.

Wenn Sie an diesem Verfahren Gefallen finden und es öfter einsetzen wollen, können Sie das Kabel am Ende der SCSI-Kette angeschlossen lassen. Ihr Mac wird trotzdem problemlos arbeiten.

Wo sind die aktuellsten Dateien?

Beim Datenaustausch zwischen Ihrem Desktop-Mac und Ihrem PowerBook werden Sie früher oder später auf folgendes Problem stoßen: Sie haben eine Datei sowohl auf dem einen als auch auf dem anderen Rechner bearbeitet und wissen nun nicht, welches die aktuelle Version ist.

Um das Auftreten dieser Situation zu vermeiden, sollten Sie Techniken zur Synchronisation von Dateien erlernen. Es gibt auf dem Markt eine Menge Programme, die genau diesem Zweck dienen – wie etwa Apples eigene Programme *File Assistant* bzw. *Dateien abgleichen*, die es seit System 7.5 gibt. Diese Software vergleicht den Inhalt zweier Ordner auf verschiedenen Macs. Anschließend ersetzen sie ältere Dateien durch neuere, unabhängig davon, auf welchem Mac sie sich befinden. Danach enthalten beide Rechner die jeweils neueste Version der Datei.

HEISSER TIP

Nehmen Sie sich etwas Zeit zum Ausprobieren des Programmes *Dateien abgleichen*, und verändern Sie dabei auch probehalber die Voreinstellungen. Hier ist manchmal etwas Handarbeit nötig, wenn Ihre Anwendungsprogramme selbständig Sicherheitheitskopien Ihrer Dokumente erzeugen, die vom Abgleichprogramm nicht in jedem Fall erkannt werden. (Sie brauchen übrigens nicht zwei Macs, um das auszuprobieren. Dateien abgleichen funktioniert auch mit zwei Ordnern auf derselben Festplatte oder mit einem Wechselmedium.)

Externe Monitore

Manche PowerBook-Modelle – meist die teureren einer Serie – haben einen externen Ausgang, an den Sie einen Monitor anschließen können. Alle neueren PowerBooks (ab der Serie 3400) haben eine Buchse, in die ein Standard-VGA-Steckverbinder paßt, ältere Geräte werden mit einem Adapterkabel geliefert.

ACHTUNG

Die Adapterkabel stellen einen (alten) Mac-Steckverbinder zur Verfügung. Um daran einen VGA-Stecker anzuschließen, brauchen Sie einen Adapter, wie in Kapitel 6 beschrieben.

Geräte ohne externen Monitorausgang lassen sich mit speziellen Videokarten nachrüsten. Das ist jedoch nicht ganz billig, außerdem bieten nur PowerBooks ab der Serie 5000 diese Möglichkeit.

Leider können die Videoausgänge älterer PowerBooks nur 256 Farben darstellen, weil der eingebaute Video-RAM nicht mehr leistet. Behalten Sie diese Einschränkung im Hinterkopf, wenn Sie Präsentationen vorbereiten. Um die beste Qualität zu erhalten, sollten Sie die Bilder in indizierte Farben umwandeln, so wie in Kapitel 24 beschrieben. (Falls Ihr PowerBook das erlaubt, können Sie natürlich auch die Grafikkarte wechseln, das ist aber bedeutend teurer.)

Fast alle PowerBooks mit externem Videoausgang lassen sich in zwei Betriebsarten betreiben:

- **Mit gespiegelten Monitoren.** Dabei zeigen der interne Bildschirm des PowerBook und der externe Monitor das gleiche Bild an, in identischer Auflösung und Farbtiefe. Diese Betriebsart ist vor allem bei Präsentationen mit einem Video-Projektor sinnvoll, weil Sie sich nicht zur Projektionsfläche umdrehen müssen, um das aktuelle Bild zu sehen.

- **Mit getrennten Monitoren.** Interner und externer Bildschirm bilden bei dieser Betriebsart eine große Monitorfläche. Das funktioniert genauso, als ob Sie mehrere Monitore an Ihren Desktop-Mac angeschlossen hätten, wie in Kapitel 6 erklärt.

Leider hat Apple ab dem PowerBook 3400 die Möglichkeit blockiert, die Monitorfläche zu vergrößern. Erst mit dem G3-Modell vom Herbst 1999 kam diese nützliche Funktion zurück, mit der Sie aus einem leistungsstarken PowerBook sogar den Ersatz für einen Desktop-Mac mit *zwei* Monitoren machen können.

HEISSER TIP

Wenn Sie mit Ihrem PowerBook Präsentationen vorführen, kann es ab und an passieren, daß Sie mehrere Versuche brauchen, bis der externe Projektor funktioniert. Kommen Sie dabei mit den in der Kontrolleiste verfügbaren Auflösungen nicht zurecht, klicken Sie das entsprechende Modul mit gehaltener Control-Taste, um ein Menü mit *allen* möglichen Auflösungen zu erhalten.

Weiteres Zubehör

Vor allem neuere PowerBooks sind eigentlich schon recht komplett ausgestattet, trotzdem brauchen Sie vielleicht noch das eine oder andere Gerät, um Ihren tragbaren Mac zu erweitern. Mit Ausnahme des iBook, das keine Steckplätze für PC-Cards und nur einen USB-Anschluß bietet, haben alle neueren PowerBooks einige Erweiterungsmöglichkeiten:

- **PC-Cards.** Diese Erweiterungskarten sind so groß wie eine Geldkarte und werden in spezielle Steckplätze des PowerBook gesteckt. Es gibt viele verschiedene Geräte in diesem Format, am meisten verbreitet sind Netzwerkkarten, Modems und ISDN-Adapter und neuerdings Lesegeräte für die Speichermedien von digitalen Fotoapparaten. Es gibt aber auch Festplatten oder Karten mit FireWire-Anschlüssen für diese Steckplätze.

  ACHTUNG

  Windows-Laptops benutzen ebenfalls den PC-Card-Standard. Um eine solche Karte an Ihrem PowerBook betreiben zu können, brauchen Sie aber die entsprechende Software für den Mac.

- **Serielle Schnittstelle und ADB.** Mit Ausnahme der neuesten G3-PowerBooks haben alle Geräte diese Schnittstellen – genau wie alle älteren Desktop-Macs. Externe Modems, Tastaturen, Grafiktabletts und alle anderen Mac-Zubehörteile mit diesen Anschlüssen finden hier Kontakt.

- **USB-Port.** An den modernen G3-PowerBooks (ab «Lombard») und den iBooks löst USB die serielle Schnittstelle ab, genauso wie bei den iMacs und den G3/G4-Desktop-Macs.

- **SCSI-Schnittstelle.** Diese Schnittstelle ist auch bei den G3-Powerbooks bis zur «Lombard»-Serie noch vorhanden. Bei älteren PowerBook-Modellen ohne internes CD-ROM-Laufwerk können Sie über SCSI neben externen Festplatten oder Wechselplatten ein externes CD-ROM-Laufwerk und natürlich andere SCSI-Geräte (z.B. Scanner) anschließen.

- **FireWire-Schnittstelle.** Seit Einführung der ersten iMacs arbeitet Apple konsequent an einer Erneuerung der alten Schnittstellen. Daher war es logisch, daß das neueste Modell der PowerBooks keine SCSI-Schnittstelle mehr hat, sondern neben USB die viel leistungsfähigere und benutzerfreundliche FireWire-Technologie einsetzt: Das neueste PowerBook-Modell (Codename «Pismo») verfügt über je zwei FireWire- und USB-Schnittstellen.

  Inzwischen gibt es auch schon einige USB-to-SCSI bzw. FireWire-to-SCSI-Adapter, mit denen sich Ihre «alten» SCSI-Geräte auch an den neuesten PowerBooks und iBooks anschließen lassen.

- **Interne Erweiterungen.** Mehr RAM, eine größere Festplatte und bei manchen Modellen eine zusätzliche Grafikkarte – auch PowerBooks lassen sich erweitern oder modernisieren. Allerdings ist das manchmal etwas teurer, und meist müssen Sie dazu Ihrem Apple-Händler einen Besuch abstatten.

Insgesamt gesehen können Sie ein PowerBook – vor allem eines der neueren Modelle – durchaus als Ersatz für einen Desktop-Mac benutzen. Schließen Sie einen externen Monitor, eine Tastatur mit Maus und eventuell ein Grafiktablett an, und Sie können ganz normal arbeiten.

PowerBooks unterwegs

Der Hauptvorteil von PowerBooks ist ja, daß man sie herumtragen und an den verschiedensten Orten benutzen kann. Dazu noch ein paar Tips:

- **Auf dem Flughafen.** Legen Sie Ihr PowerBook ruhig in das Durchleuchtungsgerät, es wird ihm nichts passieren. Sie brauchen wirklich nicht darüber nachzudenken! Es lohnt sich außerdem, vor der Sicherheitskontrolle das Gerät in den Ruhezustand zu versetzen. Wenn dann der Beamte sehen will, daß das flache Gerät tatsächlich ein Computer und keine Bombe ist, brauchen Sie nur eine Taste zu drücken, anstatt auf das Ende des Startvorgangs zu warten. (Alternativ können Sie auch mit gedrückter Shift-Taste starten, dann geht der Startvorgang ebenfalls schneller.)

- **Wechselnde Umgebung.** Wenn Sie Ihr PowerBook häufig zwischen Firma und zu Hause hin und her tragen und auf Dienstreise vielleicht noch einen anderen Internet-Provider nutzen, dann müssen Sie vermutlich ständig verschiedene Einstellungen ändern. Sie können aber auch das Kontrollfeld *Apple Umgebungsassistent* benutzen. Damit stellen Sie für jede Situation die nötige Konfiguration ein und können diese dann mit einem Klick auf dem Kontrolleistenmodul abrufen. Bequemer geht es kaum!

- **Drucken.** Es gibt transportable Drucker, die Sie mit sich herumtragen können. Sie haben dann noch ein Gerät mehr, das nicht allzu stabil ist und Geld bei der Anschaffung kostet. Wahrscheinlich ist es günstiger, wenn Sie sich einen Adapter für PC-kompatible Drucker anschaffen, wie das PowerPrint von Infowave. (Mehr dazu in Kapitel 5.)

  Wenn es wirklich dringend ist und Sie keinen Drucker, aber ein Modem haben, dann faxen Sie Ihr Dokument doch einfach auf das nächstgelegene Faxgerät.

  HEISSER TIP

- **Modem und ISDN.** Kommunikation von unterwegs ist mit einem PowerBook eine bequeme Sache. Wenn Sie darauf angewiesen sind, sollten Sie vorher klären, ob Ihr Hotelzimmer eine Telefondose oder gar einen ISDN-Anschluß hat. Im Ausland brauchen Sie dann oft noch einen entsprechenden Adapterstecker. (Sie finden in Kapitel 8 mehr dazu.)

- **Diebstahl.** PowerBooks sind transportabel und darum auch leicht «mitzunehmen». Leider verraten die typischen Laptop-Taschen schon von außen ihren Inhalt. Halten Sie darum die Tasche immer fest, und stellen Sie sie in öffentlichen Räumen nach Möglichkeit nicht ab – und falls doch, wickeln Sie sich den Tragegurt um Hand oder Fuß.

Wenn Sie auf Nummer sicher gehen wollen, sollten Sie das PowerBook in einer unauffälligen Tasche oder im Rucksack transportieren, notfalls in ein Handtuch oder einen Kissenbezug gewickelt.

Next Generation – das iBook

Es ist bunt, rund und – es ist ein tragbarer Mac. Die Rede ist vom iBook, einem Gerät, das mehr mit dem knubbeligen iMac gemeinsam hat als mit dem seriös-langweiligen Schwarz der herkömmlichen PowerBooks. (Seit neuestem gibt es allerdings auch eine Luxus-Version des iBooks im gediegenen, halbdurchsichtigen «Graphite»-Design – vermutlich als schickes Zweit-PowerBook ...) Es ist leistungsfähig, hat einen 100-MBit-Ethernet-Anschluß und ein Modem, einen USB-Port und die Möglichkeit, eine Erweiterungskarte für das drahtlose AirPort-Netzwerk nachzurüsten.

Dafür hat es weder SCSI-Anschluß noch PC-Card-Slots, aber weil eigentlich schon alle nötigen Zusatzgeräte eingebaut sind, braucht man im Grunde auch nichts. Das runde, bunte Design mag vielleicht in der Welt der Nadelstreifen-Anzüge deplaziert wirken (Ausnahme siehe oben), viele ganz normale Mac-Nutzer stört das aber überhaupt nicht, wie Apples Verkaufszahlen beweisen.

Alle in diesem Kapitel beschriebenen Dinge gelten sinngemäß auch für das iBook, bis auf eine kleine Ausnahme: Das Gerät kann den Inhalt seines Hauptspeichers komplett auf die Festplatte sichern, bevor es in den Ruhezustand geht. Damit verbraucht es noch weniger Strom als die normalen PowerBooks. Dieses Verfahren heißt «Suspend-to-disk».

Wenn Sie mehr Details über das iBook erfahren wollen, so schauen Sie in Kapitel 1 nach.

12 Damals und heute…

In diesem Kapitel

Seit 1984 hat Apple mehr als 150 verschiedene Modelle auf den Markt gebracht, darunter 38 PowerBooks und 53 Performas. Und um das ganze noch etwas komplizierter zu machen, führten Power Computing, Motorola und Umax in der zweijähigen Phase der Mac-Clones selbst noch einmal 75 weitere Modelle ein. Die Geschäftspolitik von Apple hat sich soweit nicht verändert, deshalb können Sie davon ausgehen, daß es schon wieder einen neuen Mac gibt, wenn Sie diese Seite gelesen haben.

In diesem Kapitel sollen Sie einen Überblick über die existierenden Mac-Modelle erhalten – über (fast) alle, die es jemals gab. Allerdings müssen wir hinzufügen, daß die von Apple in Deutschland angebotene Produktpalette deutlich von der in den USA abweicht – den Weg über den großen Teich haben nicht alle Modelle geschafft. Falls Sie sich also aus einem Second-Hand-Laden in Salt Lake City Ihren Lieblingsmac mitgebracht, aufpoliert und neben das Röhrenradio und Opas alte Uhr in die Schrankwand gestellt haben, kann es sein, daß Sie gerade dieses Modell in der nachfolgenden Liste vermissen. Aber ein ähnliches finden Sie auf alle Fälle. Bei allen Modellen sollten Sie jedoch die großen Zielgruppen im Hinterkopf behalten: Heimanwender, Bildungsinstutionen, Profis im Geschäftsbereich und Geräte für unterwegs.

Grundbegriffe

In diesem Buch versuchen wir, so weit wie möglich auf unverständlichen Technikerjargon zu verzichten. Beim Vergleich der technischen Spezifikationen von Macs ist das jedoch kaum möglich. Deshalb hier eine kurze Einführung in die Begriffe, die Sie unbedingt kennen sollten.

EINSTEIGER

- **Prozessorchip.** Zuweilen auch CPU genannt – dies ist das Herz Ihres Computers. Dieser Mikrochip erledigt die gesamte Datenverarbeitung. Vor der Ära der Power Macs wurden alle Macintoshs mit einem von vier Motorola-Prozessoren gebaut: dem 68000, 68020, 68030 oder 68040. Je höher die Nummer, desto leistungsfähiger ist der Computer. Der Power Mac benutzt einen PowerPC-Chip (z.B. 601, 602 oder 604).

- **Taktrate.** Diese Zahl ist die wohl wichtigste für die Geschwindigkeitsstatistik des Mac. Damit wird beschrieben, wie schnell die Daten durch den Prozessorchip des Mac bewegt werden, gemessen wird in MHz. Die ersten Macs liefen mit einer Taktrate von 8 MHz, die neuesten Power Macs laufen mit bis zu 500 MHz. Wenn zwei Macs mit demselben Prozessor unterschiedlich schnell arbeiten, kann das an den unterschiedlichen Taktraten liegen. Beachten Sie jedoch, daß eine größere Taktrate nicht unbedingt bedeuten muß, daß der entsprechende Computer auch schneller ist. Die Geschwindigkeit eines Computers wird sowohl von der Taktrate als auch vom Prozessor bestimmt.

So ist beispielsweise ein Power Mac 8600 bei 200 MHz schneller als ein PowerBook 3400 mit 240 MHz – denn der 604-Chip im Power Mac ist bedeutend schneller als der 603e im PowerBook. Man kann also nur bei gleichen Prozessoren von der Taktrate auf die Geschwindigkeit eines Rechners schließen. Behalten Sie das im Hinterkopf, wenn Ihnen ein PC-Benutzer das nächste Mal erklären will, daß er für einen 300-MHz-PC genauso viel bezahlt hat wie Sie für einen 275-MHz-Mac.

- **Bustakt.** Der zweitwichtigste Faktor bei der Geschwindigkeitsmessung Ihres Mac ist die Geschwindigkeit des Datenbusses. Viele Mac-Modelle hatten Chips mit atemberaubender Taktrate. Trotzdem liefen sie im Schneckentempo, denn die Busgeschwindigkeit war so gering. Umgekehrt laufen viele Macs – vor allem die neuen G3 und G4 – aufgrund ihrer hohen Busgeschwindigkeit viel schneller, als von der Taktrate des Chips zu erwarten wäre. Während die ersten Macs mit einer Busgeschwindigkeit von 16 MHz liefern, bringen es die heutigen G3s auf 100 MHz und mehr.

- **Busbreite.** Je breiter der Datenbus, desto größer sind die Datenmengen, die ein Mikroprozessor gleichzeitig durch die Schaltungen im Mac schicken kann. Auch von dieser Größe hängt die Geschwindigkeit des Mac ab. Macs mit einer 16-Bit-Adressierung sind bedeutend langsamer als 32-Bit-Macs. Der PowerPC-Chip verwendet eine 64-Bit-Adressierung – nur ein Faktor zu dessen Schnelligkeit. Es besteht ein wesentlicher Unterschied zwischen der Busbreite im Prozessor selbst und der auf der Platine. Erst die Hauptplatinen der aktuellen G4-Macs nutzen tatsächlich auch einen 64 Bit breiten Speicherbus.

- **PDS (Processor Direct Slot).** Dieser Steckverbinder im Mac erlaubt es Ihnen, eine Erweiterungskarte direkt mit den Anschlüssen des Prozessors zu verbinden (z.B. Videokarte etc.). Jeder Mac kann maximal einen PDS besitzen, und passen die Karten in das Nachfolgemodell des Rechners, für den sie ursprünglich gedacht waren.

- **NuBus-Steckplatz.** Wie beim PDS können auch in diesem Steckplatz Erweiterungskarten eingesetzt werden. Ein Mac kann mehrere NuBus-Karten gleichzeitig steuern. Diese Technologie wurde acht Jahre lang in Macs eingebaut.

- **PCI.** Dieser Begriff taucht besonders bei Power Macs auf. PCI ist die Abkürzung für Peripheral Component Interconnect – ein Industriestandard, der Apples NuBus abgelöst hat. PCI-Karten sind schneller, weiter verbreitet und darum billiger.

- **PMMU (Page Memory Management Unit).** Dabei handelt es sich um einen Coprozessor, der sich mit der Speicherverwaltung im Computer befaßt. PMMUs werden speziell eingesetzt, um virtuellen Speicher benutzen zu können. Sie wurden in allen Mac-Modellen mit 68030-, 68040- und PowerPC-Prozessoren eingebaut (optional bei einigen 68020-Modellen).

- **FPU (Floating Point Unit; Fließprozessor).** Dieser Coprozessor wurde in manche Macs eingebaut, um bestimmte mathematische Funktionen realisieren zu können. Die FPU macht jedoch bei den meisten alltäglichen Tätigkeiten (Textverarbeitung, Datenbanken, komplexe Tabellenkalkulationen) keinen Geschwindigkeitsunterschied aus. Die FPU wird erst bei wirklich schwierigen mathematischen Operationen (Photoshop-Filtern, 3D-Rendering) notwendig.

- **SIMMs (Single Inline Memory Modules).** Das sind die Speicherkartenmodule, mit denen Sie die RAMs in Ihrem Mac erweitern können. Auch hier ist die Geschwindigkeit entscheidend, denn für manche Macs müssen die SIMMs schneller sein, um die Prozessorgeschwindigkeit voll ausnutzen zu können. Jede neue Mac-Generation benötigte spezielle SIMM-Typen. Die neuesten Power Macintosh verwenden statt dessen DIMMs (Dual Inline Memory Modules).

- **VRAM.** Bei Macs mit eingebauter Videounterstützung (bei denen Sie keine zusätzliche Videokarte einbauen müssen) wird die Darstellung auf dem Monitor mit einem separaten VRAM (Video-RAM) realisiert. VRAM besteht aus Speicherchips, die auf der Hauptplatine Ihres Macs montiert werden. Wenn Sie den VRAM erweitern, können Sie mehr Farben darstellen oder größere Monitore anschließen.

Wenn wir an dieser Stelle alle Einzelheiten jedes Mac-Modells aufführen würden, könnten wir allein damit 1.400 Seiten und mehr füllen. Auf der CD zum Buch finden Sie deshalb *GURU*, ein Programm in dem Sie alle Informationen zu Speichertypen, SCSI-Anschlüssen und -Geschwindigkeit, VRAM- und RAM-Konfigurationen finden.

CD-ROM

Kompakte Macs

Macintosh 128K

Da stand er – dieser kleine beige Computer ohne Lüfter, ohne Erweiterungssteckplätze. Von vielen wurde er ausgelacht, von manchen als Spielzeug belächelt (12.1), denn dieser Computer hatte weder einen SCSI-Anschluß noch eine ADB-Buchse. Eigentlich ein Wunder, daß dieser Rechner überhaupt angenommen wurde, denn damals gab es kaum Software oder Peripheriegeräte. Wenn Sie 1984 jedoch als einer der ersten mit MacPaint gemalt haben, dann werden Sie wissen, wie unwiderstehlich der kleine Mac war – der damals benutzerfreundlichste Rechner überhaupt.

Auf dem Markt für:	22 Monate
Prozessor und Geschwindigkeit:	68000 bei 8 MHz
Eingebauter Speicher:	128K, nicht erweiterbar
Ausstattung:	9-Zoll-Bildschirm, eingebaut, schwarzweiß; keine Steckplätze; keine FPU

Abb. 12.1 So sah der Original-Mac aus. Dieses kompakte Gehäuse prägte das Äußere des Mac 128, des Mac 512K und des Plus.

Macintosh 512K

Der Macintosh 512K wurde am 10. September 1984 eingeführt. Dabei handelte es sich um den ursprünglichen Mac, allerdings mit dem Vierfachen an RAM ausgerüstet. Im April 1986 kam der Macintosh 512Ke auf den Markt, der mit einem 800K-Diskettenlaufwerk ausgestattet war.

Codename:	Fat Mac
Auf dem Markt für:	18 Monate (512K), 17 Monate (512Ke)
Prozessor und Geschwindigkeit:	68000 bei 8 MHz
Eingebauter Speicher:	512K, nicht erweiterbar
Ausstattung:	9-Zoll-Bildschirm, eingebaut, schwarzweiß; keine Steckplätze; keine FPU

Macintosh Plus

«Mit einem ganzen Megabyte an Speicher.» Mit diesen Worten brachte Apple im Januar 1986 den Macintosh Plus auf den Markt. Verglichen mit vorherigen Modellen war das ein riesiger Schritt vorwärts, denn endlich konnte der Mac auch mit RAM-intensiveren Programmen umgehen. Der Mac Plus besaß auch als erstes Modell einen SCSI-Anschluß an der Rückseite des Gerätes (an den eine – damals äußerst teure – Festplatte angeschlossen werden konnte). Für fast fünf Jahre war der Mac Plus fester Bestandteil der Apple-Produktpalette – so lange wie kein anderer.

Codename:	Mr. T
Auf dem Markt für:	4 Jahre 10 Monate
Prozessor und Geschwindigkeit:	68000 bei 8 MHz
Eingebauter Speicher:	1 MB, erweiterbar auf 4 MB (150-ns, 30-Pin-DRAM-Chips)
Ausstattung:	9-Zoll-Bildschirm, eingebaut, schwarzweiß; keine Steckplätze; keine FPU
Systemsoftware:	System 3.2 bis 7.5.5

Macintosh SE

Der SE wurde im März 1987 als Mainstream-Geschäftscomputer angeboten (12.2). Zwar besaß der Mac SE den gleichen 68000-Prozessor und ein ebenso kompaktes Design wie der Mac Plus, trotzdem lief er 15 bis 20 Prozent schneller. Der SE war auch der erste Mac, der beim Einschalten Geräusche machte –

er besaß einen Lüfter. Außerdem gab es einige weitere Neuheiten: der SE war der erste graue Mac (die vorherigen waren alle beige), er besaß den ersten Erweiterungssteckplatz und einen ADB-Anschluß für die Tastatur. Optional war die eingebaute Festplatte (man konnte sich statt dessen auch für ein zweites Diskettenlaufwerk entscheiden).

Codenamen:	Aladdin, Chablis
Auf dem Markt für:	2 Jahre 5 Monate
Prozessor und Geschwindigkeit:	68000 bei 8 MHz
Eingebauter Speicher:	1 MB, erweiterbar auf 4 MB (150-ns, 30-Pin-DRAM-Chips)
Ausstattung:	9-Zoll-Bildschirm, eingebaut, schwarzweiß; 1 direkter Prozessorsteckplatz; keine FPU
Spezielle Anmerkung:	einige spätere Modelle (mit dem FDHD-Logo) wurden mit SuperDrives ausgerüstet, die auch 1,4-MB-HD-Disketten lesen konnten
Systemsoftware:	System 4.1 bis 7.5.5

Abb. 12.2 Das hellgraue Gehäuse der SE-Serie.

Macintosh SE/30

Dieser Mac kam im Januar 1989 heraus. Er war viermal schneller als der SE, äußerst populär, außerdem das Arbeitspferd unter den Macs. Auch stellte er erneut einen Rekord an Neuheiten auf: der neue 32-Bit-68030-Prozessor, eine FPU und ein eingebautes SuperDrive-Laufwerk, um HD- und DOS-kompatible Disketten lesen zu können. Er enthielt auch als erstes Modell Color Quick-

Draw. Damit konnten Sie eine Videokarte in den PDS-Steckplatz stecken und daran einen externen Monitor anschließen.

Codename:	Green Jade
Auf dem Markt für:	2 Jahre 9 Monate
Prozessor und Geschwindigkeit:	68030 bei 16 MHz
Eingebauter Speicher:	1 MB, erweiterbar auf 128 MB (120-ns, 30-Pin-DRAM-Chips)
Ausstattung:	9-Zoll-Bildschirm, eingebaut, schwarzweiß; 1 direkter Prozessorsteckplatz; FPU
Systemsoftware:	System 6.0.3 bis 7.5.5

Macintosh Classic

Von der Ausstattung her war der Classic ein Schritt zurück, denn er wurde im Oktober 1990 mit dem inzwischen überholten Prozessor 68000 auf den Markt gebracht. Der damit erreichte äußerst geringe Kaufpreis (ca. 2000 DM) sollte ihn besonders für Neukunden interessant machen.

Codename:	XO
Auf dem Markt für:	1 Jahr 11 Monate
Prozessor und Geschwindigkeit:	68000 bei 8 MHz
Eingebauter Speicher:	1 MB, erweiterbar auf 4 MB mit RAM-Karte (120-ns, 30-Pin-DRAM-Chips)
Ausstattung:	9-Zoll-Bildschirm, eingebaut, schwarzweiß; keine Steckplätze; keine FPU
Systemsoftware:	System 6.0.6 bis 7.5.5

Macintosh Classic II (Performa 200)

Dieser war das letzte Original der kompakten Macs. Er lief doppelt so schnell wie der Classic, enthielt einen Steckplatz für einen optionalen Coprozessor und besaß einen Mikrofoneingang. Er ersetzte den SE/30 im Oktober 1991, war allerdings 30 Prozent langsamer (Der Grund war die 16-Bit-Adressierung; der SE/30 war hier mit 32-Bit bereits einen Schritt voraus). Sein immerhin auch um ein Drittel geringerer Preis machte ihn dennoch zu einer guten Alternative für viele Mac-Begeisterte.

Codename:	Montana
Auf dem Markt für:	1 Jahr 11 Monate
Prozessor und Geschwindigkeit:	68030 bei 16 MHz
Eingebauter Speicher:	2 MB, erweiterbar auf 10 MB (100-ns, 30-Pin-DRAM-Chips)
Ausstattung:	9-Zoll-Bildschirm, eingebaut, schwarzweiß; keine Steckplätze; FPU optional
Systemsoftware:	System 7.0.1 bis 7.6

Macintosh Color Classic (Performa 250) und Color Classic II

Dieser schlanke Color Classic mit der eigenartig schönen Form war der erste Kompakt-Mac mit eingebautem Farbbildschirm. Er wurde im Februar 1993 vorgestellt. Elektronisch gesehen ist der Color Classic ein LC II in Kompaktbauweise (12.3). Der Color Classic war der erste Mac mit einer Hauptplatine, außerdem war in die Frontplatte ein kleines Elektretmikrofon eingebaut. Daher kann dieser Mac mit Fug und Recht als Urvater der LC/Performa-Serie betrachtet werden.

Abb. 12.3 Schon etwas extravagant: das Gehäuse des Color Classic bzw. Color Classic II.

Codename:	Slice
Auf dem Markt für:	1 Jahr 3 Monate
Prozessor und Geschwindigkeit:	68030 bei 16 MHz
Eingebauter Speicher:	4 MB, erweiterbar auf 10 MB (100-ns, 30-Pin-DRAM-Chips)

Ausstattung:	eingebaute Trinitron-Röhre, 512x384 Pixel 76dpi; 256K VRAM (auf 512 K aufrüstbar); 1 PDS-Steckplatz wie bei LC; FPU optional
Systemsoftware:	System 7.1 (mit Enabler 401) bis 7.6

Die Mac II-Serie

Die Ära der modularen Macs begann 1987 mit dem Mac II. Die modulare Bauweise hat gegenüber der kompakten ihre Vorteile: ein modularer Mac ist leichter erweiterbar, er hat viel Raum im Gehäuse für eventuelle Erweiterungen und zusätzliche Speichergeräte. Mit einem modularen Mac können Sie sich einen Monitor ganz nach Wunsch zulegen. Außerdem können Sie die große, klobige CPU auf dem Fußboden abstellen und Ihren Schreibtisch für Monitor und Peripheriegeräte freihalten.

Macintosh II

Der Macintosh II (März 1987 bis Januar 1990) war der erste Mac mit einem 68020-Prozessor. Mit der 32-Bit-Adressierung lief er ungefähr viermal so schnell wie ein Mac Plus. Der Mac II war gut erweiterbar. Den RAM konnte man bis zu 64 MB aufstocken, er verfügte über sechs NuBus-Steckplätze. Wie die meisten modularen Macs besaß der Mac II keine eingebauten Videofähigkeiten. Man mußte also eine Grafikkarte installieren, wenn man einen Monitor anschließen wollte.

Codenamen:	Jonathon, Milwaukee
Auf dem Markt für:	2 Jahre 10 Monate
Prozessor und Geschwindigkeit:	68020 bei 16 MHz
Eingebauter Speicher:	1 MB, erweiterbar auf 64 MB (spezielle 120-ns, 30-Pin-PAL-Chips, 32-Bit-Enabler erforderlich)
Ausstattung:	Grafikkarte erforderlich; 6 NuBus-Steckplätze; FPU
Systemsoftware:	System 4.1 bis 7.5.5

Abb. 12.4 Das große kastige Gehäuse des Macintosh II wurde auch für den IIx und den IIfx verwendet.

Macintosh IIx

Bei seiner Markteinführung im September 1988 war der Macintosh IIx der erste modulare Mac mit einem 68030-Prozessor und einer FPU. Dadurch wurde er ca. 15 Prozent schneller als der Mac II. Das SuperDrive war mittlerweile Standard, der RAM des Mac IIx konnte auf 128 MB aufgerüstet werden.

Codename:	Spock
Auf dem Markt für:	2 Jahre 1 Monat
Prozessor und Geschwindigkeit:	68030 bei 16 MHz
Eingebauter Speicher:	1 MB, erweiterbar auf 128 MB (120-ns, 30-Pin-DRAM-Chips)
Ausstattung:	Grafikkarte erforderlich; 6 NuBus-Steckplätze; FPU
Systemsoftware:	System 6.0.0 bis 7.5.5

Macintosh IIfx

Der Mac IIfx wurde im März 1990 eingeführt und war bis zum Debüt des Quadra (1991) der schnellste Mac. Deshalb wurde er zur besten Wahl für High-End-Anwendungen wie wissenschaftliche Datenanalysen, kommerzielles Publishing, Multimediaproduktionen, 3D-Animation usw.

Codenamen:	F-16, Stealth, Blackbird
Auf dem Markt für:	2 Jahre 1 Monat
Prozessor und Geschwindigkeit:	68030 bei 40 MHz
Eingebauter Speicher:	1 MB, erweiterbar auf 128 MB (80-ns, nichtstandardisierte gekerbte 64-Pin-DRAM-Chips)
Ausstattung:	Grafikkarte erforderlich; 6 NuBus-Steckplätze; 1 direkter Steckplatz; SCSI-Kette muß mit speziellem 200-Ohm-Terminator (schwarz) abgeschlossen werden; FPU
Systemsoftware:	System 6.0.5 bis 7.6

Macintosh IIcx

Der cx war dem fx sehr ähnlich, allerdings hatte er einen leiseren Lüfter und war kleiner und kompakter gebaut. Der Mac IIcx war ein Meilenstein in der Computer-Technik, denn er war so entwickelt worden, daß er möglichst einfach zu fertigen war. Alle Teile schnappten ins Gehäuse – ganz ohne Schrauben. Darum war der IIcx billiger zu bauen und leichter zu reparieren.

Dieser Mac wurde sehr populär, und viele seiner Anhänger knirschten mit den Zähnen, als Apple die Produktion auf der Höhe seines Ruhmes einstellte.

Abb. 12.5 Das kompakte Desktop-Gehäuse des Quadra 700, dem die Macintoshs IIcx und IIci sehr ähnlich waren.

Codename:	Aurora
Auf dem Markt für:	2 Jahre
Prozessor und Geschwindigkeit:	68030 bei 16 MHz
Eingebauter Speicher:	1 MB, erweiterbar auf 128 MB (120-ns, 30-Pin-DRAM-Chips)
Ausstattung:	Grafikkarte erforderlich; 3 NuBus-Steckplätze; FPU
Systemsoftware:	System 6.0.3 bis 7.5.5
Hinweis:	32-Bit-Enabler für den Einsatz von mehr als 8 MB RAM erforderlich

Macintosh IIci

Bei seiner Markteinführung 1989 war der IIci der schnellste Mac, der jemals gebaut wurde. Außerdem mußte der Nutzer erstmals keine teuere Grafikkarte anschließen, um einen Monitor betreiben zu können.

Codename:	Aurora II, Pacific
Auf dem Markt für:	3 Jahre 5 Monate
Prozessor und Geschwindigkeit:	68030 bei 25 MHz
Eingebauter Speicher:	1 MB, erweiterbar auf 128 MB (80-ns, 30-Pin-DRAM-Chips)
Ausstattung:	eingebaute Grafikkarte; 3 NuBus-Steckplätze; FPU
Systemsoftware:	System 6.0.4 bis 7.6

Macintosh IIsi

Der preiswerte IIsi (November 1990) hatte als erster der II-Serie 1 MB RAM fest auf der Hauptplatine eingebaut. Außerdem war hier erstmals die Möglichkeit zur Aufnahme eigener Töne installiert. All diese neuen Funktionalitäten passen in die eleganteste Form, die ein Mac jemals hatte – die «Pizzaschachtel» (12.6).

Abb. 12.6 Der schlanke Mac IIsi.

Codenamen:	Ericson, Raffica, Oceanic, Ray Ban
Auf dem Markt für:	2 Jahre 5 Monate
Prozessor und Geschwindigkeit:	68030 bei 20 MHz
Eingebauter Speicher:	1 MB, erweiterbar auf 65 MB (100-ns, 30-Pin-DRAM-Chips)
Ausstattung:	eingebaute Grafikkarte mit 256 Farben unter Verwendung von Systemspeicher; ein Steckplatz (mit Adapter) für NuBus- oder 030-Karten; FPU optional
Systemsoftware:	System 6.0.6 bis 7.6

Macintosh IIvx (Performa 600), IIvi

Mit seinem Erscheinen im Oktober 1992 war die Mac II-Serie beendet. Allerdings wurde er als erster Mac mit Platz für ein eingebautes CD-ROM-Laufwerk ausgeliefert, außerdem hatte er 32 K Cache, um ihn noch etwas zu beschleunigen. Ein IIvx ohne Cache und Coprozessor wurde als Performa 600 verkauft.

Codename:	Brazil
Auf dem Markt für:	11 Monate
Prozessor und Geschwindigkeit:	68030 bei 32 MHz
Eingebauter Speicher:	4 MB, erweiterbar auf 68 MB (80-ns, 30-Pin-DRAM-Chips)

Ausstattung:	eingebaute Grafikkarte (512K VRAM, erweiterbar auf 1MB); 3 NuBus-Steckplätze; Cache-Steckplatz; FPU
Systemsoftware:	System 7.1 (mit Enabler 001) bis 7.6

Die LC-Serie

LC stand ursprünglich für «low-cost color» (billig und in Farbe). Diese Serie war zwar nicht besonders leistungsstark, aber äußerst preiswert, und das war alles, was für Tausende Käufer zählte. Diese Serie wurde immer mehr zur «Studentenversion» der Apple-Computer. Aber auch diese Macs wurden mit der Zeit leistungsfähiger und boten die Leistung eines Quadra oder Power Mac zu günstigen Preisen.

Macintosh LC

Bei seiner Einführung im Oktober 1990 war dies der billigste farbfähige Macintosh. Apple rüstete absichtlich einige Funktionen der II-Serie ab, um die Größe und die Kosten gering zu halten. Die Strategie ging auf, im ersten Jahr wurden 500.000 Geräte verkauft.

Codename:	Elsie
Auf dem Markt für:	1 Jahr 5 Monate
Prozessor und Geschwindigkeit:	68020 bei 16 MHz
Eingebauter Speicher:	2 MB, erweiterbar auf 10 MB (100-ns, 30-Pin-DRAM-Chips)
Ausstattung:	eingebaute Grafikkarte (256 K VRAM, erweiterbar auf 512 K); 1 direkter Prozessor-Steckplatz; FPU optional
Systemsoftware:	System 6.0.6 bis 7.5.5

Macintosh LC II (Performa 400 - 430)

Der Mac LC II sollte nicht lange verkauft werden. Er hatte zwar einen 68030-Prozessor, aber nach wie vor einen 16Bit-Datenbus und war damit überhaupt nicht schneller. Dafür kann der LC II virtuellen Speicher benutzen. Mit eingebautem Modem, vorinstallierter Software und Monitor wurde er je nach eingebauter Festplatte auch als Performa 405, 410 oder 430 verkauft.

Abb. 12.7 Die Original-Pizzaschachtel LC I, II und III, die später von den Performas 400 bis 467 übernommen wurde.

Codename:	Foster Farms
Auf dem Markt für:	1 Jahr
Prozessor und Geschwindigkeit:	68030 bei 16 MHz
Eingebauter Speicher:	4 MB, erweiterbar auf 10 MB (indem 12 MB eingebaut wurden und 2 MB ungenutzt blieben) (100-ns, 30-Pin-DRAM-Chips)
Ausstattung:	eingebaute Grafikkarte (256 K VRAM, erweiterbar auf 512 K); 1 direkter Prozessor-Steckplatz; FPU
Systemsoftware:	System 6.0.8 bis 7.6

Macintosh LC III (Performa 450, 460, 466, 467)

Der LC III war das, was eigentlich der LC II schon sein sollte – eine deutliche Verbesserung des LC. Er war wesentlich schneller und unterstützte größere Monitore. Die Performas 460, 466 und 467 sind identisch, allerdings haben sie mit 33 MHz eine höhere Taktfrequenz.

Codenamen:	Vail, Elsie III
Auf dem Markt für:	1 Jahr
Prozessor und Geschwindigkeit:	68030 bei 25 MHz
Eingebauter Speicher:	4 MB, erweiterbar auf 36 MB (80-ns, 72-Pin-DRAM-Chips)

Ausstattung:	eingebaute Grafikkarte (256 K VRAM, erweiterbar auf 768 K); 1 direkter Prozessor-Steckplatz; FPU optional
Systemsoftware:	System 7.1 (mit Enabler 003) bis 7.6

Macintosh LC 475 (Performa 475 und 476)

Siehe «Macintosh Quadra 605» weiter hinten in diesem Kapitel – gleicher Mac, verschiedene Namen.

Macintosh LC 630 DOS-kompatibel (Performa 640)

Dieser «Ableger» des Quadra 630 ist genau wie der 631CD ausgestattet, in den PDS-Erweiterungssteckplatz ist jedoch eine Apple-DOS-Karte mit einem 486DX2-Prozessor (66 MHz) eingebaut. So können Sie zwischen dem Macintosh-Betriebssystem und Windows (oder DOS) umschalten. Der Performa 640 wurde mit einem 15-Zoll-Monitor, Modem und dem üblichen Softwarepaket ausgeliefert.

Prozessor und Geschwindigkeit:	68LC040 bei 33 MHz und 486DX2 mit 66 MHz auf PDS-Karte
Eingebauter Speicher:	8 MB, erweiterbar auf 36 MB (80-ns, 72-Pin-DRAM-Chips)
Ausstattung:	eingebaute Grafikkarte (1 MB VRAM, nicht erweiterbar); 1 LC-typischer PDS-Steckplatz; 1 Apple-Videosystem-Steckplatz; 1 Kommunikationssteckplatz; eingebautes CD-ROM-Laufwerk

Macintosh LC 630

Siehe «Macintosh Quadra 630 (LC 630, Performa 630 – 638)» weiter hinten in diesem Kapitel. Diese Macs sind identisch.

Die Centris-/Quadra-Serie

Die Geschäfts-Macs der frühen 90er Jahre wurden in zwei Variationen um den 68040 gebaut. Der preiswertere Chip 68LC040 hatte keine FPU.

Macintosh Quadra 605 (LC 475, Performa 475, 476)

Im Oktober 1993 führte Apple einen neuen Mac unter vier verschiedenen Namen ein: Quadra 605, LC 475, Performa 475 oder Performa 476 (12.8). Für viele war dies ein revolutionärer Mac, denn in seinem schlanken Gehäuse steckte ein schneller Prozessor, der drei Jahre früher noch das Zehnfache gekostet hätte.

Abb. 12.8 Der revolutionäre Mac der frühen 90er.

Codenamen:	Aladdin, Primus
Prozessor und Geschwindigkeit:	68LC040 bei 25 MHz
Eingebauter Speicher:	4 MB, erweiterbar auf 36 MB (80-ns, 72-Pin-DRAM-Chips)
Ausstattung:	eingebaute Grafikkarte (512 K VRAM, erweiterbar auf 1 MB); 1 direkter Prozessor-Steckplatz; FPU optional
Systemsoftware:	System 7.1 (mit Enabler 065) oder höher

Macintosh Quadra 610 (Centris 610)

Der Centris 610 wurde im Februar 1993 auf den Markt gebracht, ab Oktober desselben Jahres wurde er unter dem Namen Quadra 610 verkauft. Dieser Computer war für den Einsatz in Firmen und Büros vorgesehen, deshalb steht ein schneller Ethernet-Anschluß zur Verfügung.

Codename:	Speedbump 610
Auf dem Markt für:	8 Monate
Prozessor und Geschwindigkeit:	68LC040 bei 25 MHz

Eingebauter Speicher:	4 MB, erweiterbar auf 25 MB (80-ns, 72-Pin-DRAM-Chips)
Ausstattung:	eingebaute Grafikkarte (512 K VRAM, erweiterbar auf 1 MB) mit Adapter; Steckplatz für 7-Zoll-NuBus- oder PDS-Karte; FPU
Systemsoftware:	System 7.1 (mit Enabler 040) oder höher

Macintosh Quadra 610 DOS-kompatibel

Im Februar 1993 brachte Apple eine besondere Version des Quadra 610 auf den Markt. Vom Aussehen her ist er mit dem 610 identisch, allerdings enthält er eine PDS-Karte mit der Elektronik eines PC. Wenn Sie Befehl-Enter-Taste drücken, wird der Bildschirm schwarz und sie tauchen in die fremde Welt des DOS ein – sogar Windows können Sie auf Ihrem Mac betreiben. Die von Apple hergestellten 25.000 Modelle verkauften sich in Windeseile. Es war also mehr als verwunderlich, daß Apple nach zwei Monaten die Produktion einstellte – das verstehe, wer will. Der Quadra 610 DOS-kompatibel wurde somit zum kurzlebigsten Computer in der Apple-Geschichte. (Die Spezifikation ist mit dem Quadra 610 identisch, zusätzlich wurde ein Intel 486-Prozessor mit 23 MHz eingebaut.)

Macintosh Quadra 630 (LC 630, Performa 630 – 638)

Dieser klcinc, attraktive Desktop-Mac (Erstauslieferung August 1994) erreichte in puncto Geschwindigkeit und Multimedia-Fexibilität neue Höchstleistungen – und das bei Niedrigstpreisen (12.9).

Abb. 12.9 Der Blockbuster – das Design des 630. Dasselbe Gehäuse beherbergte Mac-Modelle vom Quadra 630 über LC 630 zu Performa 630 bis 638; sogar die Performas 6200 und 6300 (auf PowerPC-Basis) wurden dort eingebaut.

FEHLER

Wenn Sie sich die TV/Video-System-Karte für diesen Mac gekauft haben, besitzen Sie dazu auch die winzige Fernbedienung. Diese ist ein Fabrikat der Firma Sony. Sollten Sie im gleichen Zimmer mit Ihrem Mac einen Sony-Fernseher stehen haben, kann dies zu Problemen führen, denn wenn Sie den Fernseher einschalten, tun Sie das auch mit Ihrem Mac … und umgekehrt! Um dieses Problem zu lösen, haben Sie drei Möglichkeiten: a) Sie schalten die Fernbedienung des Mac aus, b) Sie stellen den Fernseher in ein anderes Zimmer, oder c) Sie kleben das Infrarot-Auge an Ihrem Mac mit undurchsichtigem Klebeband zu.

Codename:	Crusader
Prozessor und Geschwindigkeit:	68LC040 bei 33 MHz (Quadra: 68040)
Eingebauter Speicher:	4 MB, erweiterbar auf 36 MB (80-ns, 72-Pin-DRAM-Chips)
Ausstattung:	eingebaute Grafikkarte (1 MB VRAM, nicht erweiterbar); PDS-Steckplatz wie bei LC; FPU (bei Quadra); 1 Apple-Video-System-Steckplatz; 1 Kommunikationssteckplatz; eingebautes CD-ROM-Laufwerk optional
Systemsoftware:	System 7.1 (mit Enabler) oder höher

Macintosh Quadra 650 (Centris 650)

Der Centris 650 wurde im Februar 1993 geboren, ist zwar etwas größer als der 610, aber auch besser erweiterbar. Bis auf das Einstiegsmodell enthielten alle Modelle dieser Serie einen Coprozessor und einen Ethernet-Anschluß.

Codename:	Speedbump 650
Auf dem Markt für:	1 Jahr
Prozessor und Geschwindigkeit:	68040 bei 33 MHz (Centris 25 MHz)
Eingebauter Speicher:	4 MB, erweiterbar auf 136 MB (80-ns, 72-Pin-DRAM-Chips)
Ausstattung:	eingebaute Grafikkarte (512 K VRAM, erweiterbar auf 1 MB); 3 NuBus-Steckplätze; 1 direkter Steckplatz (bei Einfügen einer PDS-Karte wird jedoch 1 NuBus-Steckplatz verdeckt); FPU
Systemsoftware:	System 7.1 (mit Enabler 040) oder höher

Macintosh Quadra 700

Der Quadra 700 (Erstauslieferung Oktober 1991) war der erste Mac mit einem 68040-Chip. Die Original-Quadras unterschieden sich von anderen modularen Macs durch die Minitower-Bauform, außerdem hatten sie als erste Serie einen eingebauten Ethernet-Anschluß.

Codenamen:	Shadow, Ilce
Auf dem Markt für:	1 Jahr 5 Monate
Prozessor und Geschwindigkeit:	68040 bei 25 MHz
Eingebauter Speicher:	4 MB, erweiterbar auf 20 MB – mit den zuweilen problematischen 16-MB-Chips auch auf 64 MB (80-ns, 30-Pin-DRAM-Chips)
Ausstattung:	eingebaute Grafikkarte für 256 Farben (512 K VRAM, erweiterbar auf 2 MB); 2 NuBus-Steckplätze; 1 direkter Steckplatz; FPU
Systemsoftware:	System 7.0.1 oder höher

Macintosh Quadra 800

Der Quadra 800, der im Februar 1993 eingeführt wurde, war zwar weniger erweiterbar als der 950, dafür aber schneller, leichter, kompakter und billiger. Interessanterweise kann dieses Modell keine 24-Bit-Farben darstellen – egal wie groß der Monitor ist oder wieviel VRAM Sie dafür kaufen. Dieser Rechner wurde von Apple absichtlich verstümmelt, um die Quadras 900 und 950 attraktiver zu machen.

Abb. 12.10 Der Minitower der Quadras wurde für die Modelle 800, 840AV sowie die Power Macs 8100 und 8500 eingesetzt.

Macintosh Quadra 900

Das besondere am Quadra 900 (eingeführt Anfang 1992) ist die Tastensicherung (*key lock control*). Ist diese ausgeschaltet, kann der Computer nicht eingeschaltet werden. Im Sicherheitsmodus sind die ADB-Schnittstelle und das Diskettenlaufwerk deaktiviert – für den Einsatz des Computers als Fileserver. Das Gehäuse in voller Tower-Höhe bietet Platz für maximal vier interne Laufwerke.

Codenamen:	Darwin, Ilex
Auf dem Markt für:	6 Monate
Prozessor und Geschwindigkeit:	68040 bei 25 MHz
Eingebauter Speicher:	4 MB, erweiterbar auf 256 MB (80-ns, 30-Pin-DRAM-Chips)
Ausstattung:	eingebaute Grafikkarte (1MB VRAM, erweiterbar auf 2MB); 5 NuBus-Steckplätze; 1 direkter Steckplatz; FPU; Ethernet
Systemsoftware:	System 7.0.1 oder höher

Macintosh Quadra 950

Der Quadra 950 wog mehr als 15 kg– und das ohne Monitor. Auch die Datenübertragungsrate der Festplatte war mit 3.800 K pro Sekunde höher als bei jedem anderen Mac vorher.

Codename:	Amazon
Prozessor und Geschwindigkeit:	68040 bei 33 MHz
Eingebauter Speicher:	8 MB, erweiterbar auf 256 MB (80-ns, 30-Pin-DRAM-Chips)
Ausstattung:	eingebaute Grafikkarte (1 MB VRAM, erweiterbar auf 2 MB); 5 NuBus-Steckplätze; 1 direkter Steckplatz; FPU; Ethernet
Systemsoftware:	System 7.0.1 oder höher

Macintosh Quadra (Centris) 660av, 840av

Am beeindruckendsten bei diesem audiovisuellen Duo vom Juli 1993 war der neue digitale Signalprozessor (DSP) von AT&T. Möglich war nun auch Spracherkennung – der Mac verstand ein festgelegtes Set an Befehlen; die Software PlainTalk war mit diesem Exoten allerdings inkompatibel. Außerdem konnten diese Macs Töne wiedergeben (sprechen), Töne digitalisieren und sie besaßen auch einen GeoPort. Gemeinsam mit diesen Computern führte Apple seinen ersten AudioVision-Monitor ein. Das Problem mit diesen Quadras – sie funktionierten nicht mit den meisten Standard-Mac-Monitoren. Für manche gab es ein spezielles Kabel, andere funktionierten überhaupt nicht.

Quadra 660av Codename:	Tempest
Auf dem Markt für:	14 Monate
Prozessor und Geschwindigkeit:	68040 bei 25 MHz
Eingebauter Speicher:	8 MB, erweiterbar auf 68 MB (70-ns, 72-Pin-DRAM-Chips)
Ausstattung:	eingebaute 16-Bit-Grafikkarte; 1 7-Zoll-NuBus-Steckplatz (Adapter erforderlich); FPU
Quadra 840av Codename:	Cyclone
Auf dem Markt für:	9 Monate
Prozessor und Geschwindigkeit:	68040 bei 40 MHz
Eingebauter Speicher:	8 MB, erweiterbar auf 128 MB (60-ns, 72-Pin-DRAM-Chips)
Ausstattung:	eingebaute 32-Bit-Grafikkarte; 3 erweiterte NuBus-Steckplätze; FPU; Ethernet
Beide Modelle Systemsoftware:	System 7.1 (mit Enabler 088) oder höher

Tragbare Macs

Es dauerte eine ganze Weile, bis der Macintosh auf Laptop-Größe schrumpfte. Bevor es zu den leistungsstarken G3-Powerbooks von heute kam, waren einige gewöhnungsbedürftige Modelle auf dem Markt.

Macintosh Portable

Der Mac Portable, Markteinführung Ende 1989, war Apples erster Versuch eines Laptops. Vor allem sein zu hohes Gewicht (fast 8kg) ließ ihn jedoch durchfallen.

Codenamen:	Esprit, Laguna, Malibu
Auf dem Markt für:	1 Jahr 5 Monate
Prozessor und Geschwindigkeit:	68000 bei 16 MHz
Eingebauter Speicher:	1 MB, erweiterbar auf 9 MB (spezielle 30-ns statische RAM-Karte)
Ausstattung:	eingebauter 10-Zoll-LCD-Monitor, 640x400 Pixel, schwarzweiß; Aktivmatrix (Hintergrundbeleuchtung bei späteren Modellen); Videoausgang für externen Monitor; 1 nicht-standardisierter 120-Pin-PDS-Steckplatz; keine FPU
Systemsoftware:	System 6.0.4 bis 7.5.5
Batterie:	Bleiakku; ca. 5 Stunden Betriebszeit
Gewicht:	ca. 8 kg

PowerBook 100

Gleichzeitig mit den PowerBooks 140 und 170 kam im Oktober 1991 das Low-End-PowerBook 100 auf den Markt. Es war leichter als andere PowerBooks seiner Zeit, hatte kein internes Diskettenlaufwerk und nur eine 20-MB-Festplatte, außerdem bestand sein Gehäuse im Unterschied zu den anderen PowerBooks nur aus leichtem Plastik.

Codenamen:	Derringer, Rosebud
Auf dem Markt für:	10 Monate
Prozessor und Geschwindigkeit:	68000 bei 16 MHz
Eingebauter Speicher:	2 MB, erweiterbar auf 8 MB (100-ns pseudostatische RAM-Karte)
Ausstattung:	eingebauter 9-Zoll-LCD-Monitor, 640x400 Pixel, schwarzweiß; Passivmatrix; keine Steckplätze; keine FPU; kein Videoausgang
Systemsoftware:	System 7.0.1 bis 7.5.5 – offiziell; 6.0.7 läuft auch
Batterie:	Bleiakku; ca. 2 Stunden Betriebszeit
Gewicht:	ca. 2,5 kg

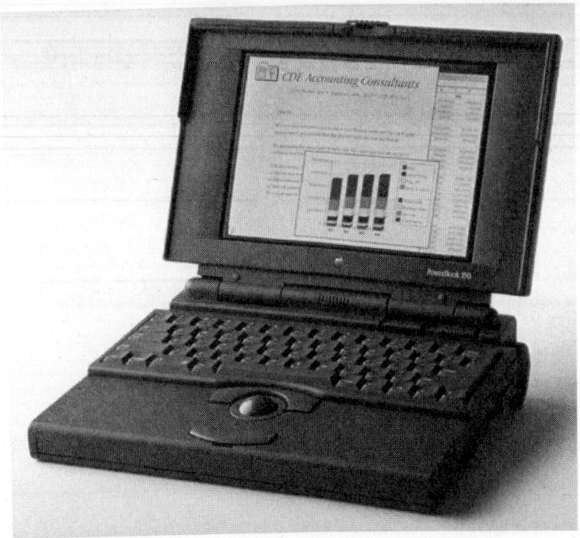

Abb. 12.11 Ein PowerBook der 100-Serie.

PowerBook 140

Dieses PowerBook ist zwar etwas schwerer, aber auch leistungsstärker als das 100. Der Bildschirm ist etwas größer, zudem enthält es einen NiCad-Akku und einen größeren Trackball. Außerdem ist ein Mikrofon eingebaut (12.11).

Codename:	TIM Lite
Auf dem Markt für:	10 Monate
Prozessor und Geschwindigkeit:	68030 bei 16 MHz
Eingebauter Speicher:	2 MB, erweiterbar auf 8 MB (100-ns pseudostatische RAM-Karte)
Ausstattung:	eingebauter 10-Zoll-LCD-Monitor, 640x400 Pixel, schwarzweiß; Passivmatrix; keine Steckplätze; keine FPU; kein Videoausgang
Systemsoftware:	System 7.0.1 bis 7.6
Batterie:	NiCad-Akku; ca. 2 Stunden Betriebszeit
Gewicht:	ca. 3,5 kg

PowerBook 145

Das 145 mit einem Prozessortakt von 25 MHz ersetzte Ende 1992 das 140.

Auf dem Markt für:	10 Monate
Prozessor und Geschwindigkeit:	68030 bei 25 MHz
Eingebauter Speicher:	2 MB, erweiterbar auf 8 MB (100-ns pseudostatische RAM-Karte)
Ausstattung:	eingebauter 10-Zoll-LCD-Monitor, 640x400 Pixel schwarzweiß; Passivmatrix; keine Steckplätze; keine FPU; kein Videoausgang
Systemsoftware:	System 7.0.1 bis 7.6
Batterie:	NiCad-Akku; ca. 2 Stunden Betriebszeit
Gewicht:	ca. 3,5 kg

PowerBook 145b

Bie jeder Preissenkung konnte Apple neue Käufer gewinnen. Die war sicherlich das Ziel, als im Juni 1993 das PowerBook 145b eingeführt wurde. Abgesehen vom Preis (fast 1/3 niedriger) war das PowerBook 145b mit dem 145 identisch, allerdings hatte es kein Mikrofon und die Systemdisketten wurden nicht mitgeliefert. Natürlich besiegelte dieses PowerBook das Ende des 145.

PowerBook 150

In diesem PowerBook wurde zum ersten Mal eine preiswertere IDE-Festplatte verwendet, außerdem tauchte der kombinierte Modem-/Drucker-Abschluß auf, der noch heute an vielen PowerBooks zu finden ist. Im August 1995 wurde die Produktion dieses PowerBook eingestellt.

Codename:	Jedi
Prozessor und Geschwindigkeit:	68030 bei 33 MHz
Eingebauter Speicher:	4 MB, erweiterbar auf 40 MB (70-ns Duo-DRAM)
Ausstattung:	eingebauter 9,5-Zoll-LCD-Monitor, 640x400 Pixel, 4 Graustufen; Passivmatrix; keine Steckplätze; keine FPU; kein Videoausgang
Systemsoftware:	System 7.0.1 bis 7.6
Batterie:	NiCad-Akku; ca. 2,5 Stunden Betriebszeit
Gewicht:	ca. 2,6 kg

PowerBook 160

Dieses PowerBook wurde im September 1992 eingeführt. Zwar war es dem PowerBook 145 sehr ähnlich, verfügte dennoch über einige Neuerungen: 16 Graustufen statt nur Schwarzweiß auf dem Monitor, Videoausgang zum Anschluß eines externen Monitors mit bis zu 256 Farben, interne Festplatte mit bis zu 120 MB. Außerdem konnte es als externe SCSI-Festplatte an einen anderen Rechner angeschlossen werden.

Auf dem Markt für:	11 Monate
Prozessor und Geschwindigkeit:	68030 bei 25 MHz
Eingebauter Speicher:	4 MB, erweiterbar auf 14 MB (85-ns pseudostatische RAM-Karte)
Ausstattung:	eingebauter 10-Zoll-LCD-Monitor, 640x400 Pixel, 16 Graustufen; Passivmatrix; keine Steckplätze; keine FPU; Videoausgang
Systemsoftware:	System 7.1 (mit Enabler 131) bis 7.6
Batterie:	NiCad-Akku; ca. 2,5 Stunden Betriebszeit
Gewicht:	ca. 3,5 kg

PowerBook 165

Siehe PowerBook 160, denn das 165 (Erstauslieferung August 1993) ist mit diesem bis auf die Taktzahl identisch: es läuft mit 33 statt mit 25 MHz.

PowerBook 165c

Das 165c kam im Februar 1993 heraus und war das erste farbige PowerBook.

Codename:	Monet
Auf dem Markt für:	10 Monate
Prozessor und Geschwindigkeit:	68030 bei 33 MHz
Eingebauter Speicher:	4 MB, erweiterbar auf 14 MB (85-ns, spezielle gekerbte Chips erforderlich)
Ausstattung:	eingebauter 9-Zoll-LCD-Monitor, 640x400 Pixel, 256 Farben; Passivmatrix; keine Steckplätze; keine FPU; Videoausgang
Systemsoftware:	System 7.1 (mit Enabler 131) bis 7.6
Batterie:	NiCad-Akku; ca. 1 Stunde Betriebszeit

Gewicht:	ca. 3,5 kg

PowerBook 170

Das PowerBook 170 war das beste, das 1991 auf dem Markt war – und es war das erste mit einer Aktivmatrix-Anzeige. Dadurch wurden die Anzeigen auf dem Bildschirm heller, leuchtstärker und schärfer, als es bisher mit den passiven Anzeigen möglich war.

Codenamen:	TIM, Road Warrior
Auf dem Markt für:	1 Jahr
Prozessor und Geschwindigkeit:	68030 bei 25 MHz
Eingebauter Speicher:	2 MB, erweiterbar auf 8 MB (100-ns, pseudostatische RAM-Karte)
Ausstattung:	eingebauter 10-Zoll-LCD-Monitor, 640x400 Pixel, schwarzweiß; Aktivmatrix; keine Steckplätze; FPU; kein Videoausgang
Systemsoftware:	System 7.0.1 bis 7.6
Batterie:	NiCad-Akku; ca. 2 Stunden Betriebszeit
Gewicht:	ca. 3,5 kg

PowerBook 180

Dieses PowerBook (eingeführt im Oktober 1992) wurde zum begehrtesten PowerBook seiner Zeit. Noch Monate nach seiner Markteinführung konnte Apple mit seiner Produktion nicht den Wünschen der Kunden nachkommen. Frustriert nahmen die Händler Bestellungen auf, stritten sich mit Apple herum und hofften doch, einige dieser heiß umworbenen Computer zu bekommen. Diese Strategie (oder Fehl-Strategie) wurde jedoch nicht das letzte Mal an den Tag gelegt – wir finden sie bei vielen folgenden Mac-Modellen wieder.

Auf dem Markt für:	1 Jahr 7 Monate
Prozessor und Geschwindigkeit:	68030 bei 33 MHz
Eingebauter Speicher:	4 MB, erweiterbar auf 14 MB (85-ns-Chips)
Ausstattung:	eingebauter 10-Zoll-LCD-Monitor, 640x400 Pixel, 16 Graustufen; Aktivmatrix; keine Steckplätze; FPU; Videoausgang
Systemsoftware:	System 7.1 (mit Enabler 131) bis 7.6

Batterie:	NiCad-Akku; ca. 2,5 Stunden Betriebszeit
Gewicht:	ca. 3,5 kg

PowerBook 180c

Auf diesen Bildschirm hatten die Fans der PowerBooks schon lange gewartet – ein Aktivmatrix-Farbdisplay. Bei seiner Einführung im Juni 1993 bot das PowerBook 180c einen solchen Bildschirm an – noch dazu mit vergrößertem Bildbereich.

Auf dem Markt für:	8 Monate
Prozessor und Geschwindigkeit:	68030 bei 33 MHz
Eingebauter Speicher:	4 MB, erweiterbar auf 14 MB (85-ns-Chips)
Ausstattung:	eingebauter 10-Zoll-LCD-Monitor, 640x480 Pixel, 256 Farben; Aktivmatrix; keine Steckplätze; FPU; Videoausgang
Systemsoftware:	System 7.1 (mit Enabler 131) bis 7.6
Batterie:	NiCad-Akku; ca. 1 Stunde Betriebszeit
Gewicht:	ca. 3,5 kg

PowerBook 190, PowerBook 190cs

Diese tragbaren Macs erschienen im Oktober 1995 und waren die letzten PowerBooks ohne PowerPC-Chip. Der einzige wirkliche Unterschied zwischen dem 190 und dem 190cs ist die Bildschirmqualität. Während das 190 einen Graustufenmonitor hat, finden wir im 190cs einen etwas größeren Dual-Scan-Farbbildschirm. Die 190er PowerBooks haben das gleiche schwarze Gehäuse wie die Laptops mit PowerPC der 5300er Serie.

Codename:	Omega
Auf dem Markt für:	13 Monate
Prozessor und Geschwindigkeit:	68LC040 bei 33 MHz
Eingebauter Speicher:	8 MB, erweiterbar auf 40 MB
Systemsoftware:	System 7.5.3 oder höher
Batterie:	NiMH-Akku, ca. 2 Stunden Betriebszeit

Ausstattung:	
190	eingebauter 9,5-Zoll-LCD-Monitor, Graustufen, Passivmatrix; 16-Bit-Stereo-Ausgang; optionaler Videoausgang
190cs	eingebauter 10,4-Zoll-Dual-Scan-LCD-Farbmonitor; Passivmatrix; 16-Bit-Stereo-Ausgang; optionaler Videoausgang
Gewicht:	
190	ca. 3 kg
190cs	ca. 3,2 kg

Abb. 12.12 Das Gehäuse der PowerBooks von 1995 – so sehen sowohl die Geräte der 190er als auch der 5300er Serie aus.

PowerBook Duo 210 und 230

Diese PowerBooks wurden im Oktober 1992 eingeführt. Duos sind superleichte Computer zum Herumtragen. Sie können entweder als Notebook oder als Desktop-Computer eingesetzt werden, nämlich dann, wenn sie an eine Docking-Station (Duo Dock) oder ein Docking-Kabel (Mini Dock) angeschlossen werden.

Um die Duos in ihrer Größe zu reduzieren, wurden einige Funktionen aus den PowerBooks entfernt: sie haben kein eingebautes Diskettenlaufwerk (ein externes Gerät ist optional), der Bildschirm ist einen Zoll schmaler als bei den anderen PowerBooks, auch der Trackball wurde verkleinert. Auf der Rückseite des Gerätes gibt es nur drei Steckverbinder – die Modem-/Drucker-Schnittstelle, den Netzanschluß und den 152-Pin-Steckverbinder, um den Duo mit dem Dock zu verbinden.

Codenamen:	DBLite, BOB W, Cinnamon
Auf dem Markt für: **Duo 210** **Duo 230**	 1 Jahr 1 Jahr 8 Monate
Prozessor und Geschwindigkeit: **Duo 210** **Duo 230**	 68030 bei 25 MHz 68030 bei 33 MHz
Eingebauter Speicher:	4 MB, erweiterbar auf 24 MB (70-ns DRAM-Karte)
Ausstattung:	eingebauter 9-Zoll-LCD-Monitor, 640x400 Pixel, Graustufen; Passivmatrix; 2 NuBus-Steckplätze (nur im Duo Dock); FPU (nur im Duo Dock II); Videoausgang (mit normalem oder Mini Dock)
Systemsoftware:	System 7.1 (mit PowerBook Duo Enabler) bis 7.6
Batterie:	NiMH-Akku; Typ I ca. 2 Stunden Betriebszeit
Gewicht:	ca. 2 kg

PowerBook Duo 250

Die zweite Generation der Duos (Oktober 1993) rettete den Ruf dieser Serie. Das Duo 250 ist identisch mit dem 230, allerdings besitzt es einen Aktivmatrix-Bildschirm und die Batterie hält länger vor.

Codename:	Ansel
Auf dem Markt für:	7 Monate
Prozessor und Geschwindigkeit:	68030 bei 33 MHz
Eingebauter Speicher:	4 MB, erweiterbar auf 24 MB (70-ns DRAM-Karte)
Ausstattung:	eingebauter 9-Zoll-LCD-Monitor, 640x400 Pixel, 16 Graustufen; Aktivmatrix; 2 NuBus-Steckplätze (nur im Duo Dock); FPU (nur im Duo Dock II); Videoausgang (mit normalem oder Mini Dock)
Systemsoftware:	System 7.1 (mit PowerBook Duo Enabler) bis 7.6
Batterie:	NiMH-Akku; Typ II ca. 2,5 Stunden Betriebszeit
Gewicht:	ca. 2 kg

PowerBook Duo 270c

Zwar ist dies der erste Farb-Duo, allerdings wurden bei Größe, Gewicht und Batteriehaltbarkeit Zugeständnisse gemacht.

Codename:	Escher
Auf dem Markt für:	7 Monate
Prozessor und Geschwindigkeit:	68030 bei 33 MHz
Eingebauter Speicher:	4 MB, erweiterbar auf 32 MB (70-ns DRAM-Karte)
Ausstattung:	eingebauter 8,4-Zoll-LCD-Farbmonitor, 640x400 Pixel, Aktivmatrix; 2 NuBus-Steckplätze (nur im Duo Dock); FPU; Videoausgang (mit normalem oder Mini Dock)
Systemsoftware:	System 7.1 (mit PowerBook Duo Enabler) bis 7.6
Batterie:	NiMH-Akku; Typ II ca. 2 Stunden betriebsbereit
Gewicht:	ca. 2,4 kg

PowerBook Duo 280 und 280c

Im April 1994 wurden die Duos mit diesem Modell noch verfeinert – 280 und 280c sind so schnell wie ein Quadra, allerdings im Taschenformat.

Prozessor und Geschwindigkeit:	68LC040 bei 33 MHz
Eingebauter Speicher:	4 MB, erweiterbar auf 24 MB (70-ns DRAM-Karte)
Systemsoftware:	System 7.1 (mit PowerBook Duo Enabler 2.0) oder höher
Batterie:	NiMH-Akku; Typ III ca. 3 Stunden Betriebszeit
Ausstattung: **280**	eingebauter 9-Zoll-LCD-Monitor, Graustufen, 640x400 Pixel, Aktivmatrix; 2 NuBus-Steckplätze (nur Duo Dock); FPU (nur Duo Dock II); Videoausgang (mit normalem oder Mini Dock)
280c	eingebauter 8,4-Zoll-LCD-Farbmonitor, 640x400 Pixel, Aktivmatrix; 2 NuBus-Steckplätze (nur Duo Dock); interne FPU; Videoausgang (mit normalem oder Mini Dock)

Gewicht:	
280	ca. 2,1 kg
280c	ca. 2,4 kg

PowerBook 520, 520c, 540 und 540c

Diese PowerBooks erschienen im Mai 1994 und brachten viel Neues: Alle enthielten den schnellen 68040-Chip wie die Quadra-Macs, sie konnten mit einem PowerPC aufgerüstet werden, zum ersten Mal hatten PowerBooks eine Tastatur in voller Größe, statt des Trackballs gab es ein Trackpad, außerdem kleine Stereo-Lautsprecher und eine Batterie mit längerer Funktionsdauer.

Prozessor und Geschwindigkeit:	
520/520c	68LC040 bei 25 MHz
540/540c	68LC040 bei 33 MHz
Ausstattung:	
520	eingebauter 9,5-Zoll-LCD-Monitor, Graustufen, 640x480 Pixel, Passivmatrix; Videoausgang
520c	eingebauter 9,5-Zoll-LCD-Farbmonitor, Dualscan, 640x480 Pixel, Videoausgang
540/540c	eingebauter 9-Zoll-LCD-Monitor, Graustufen, 640x480 Pixel, Aktivmatrix; Videoausgang
Alle PowerBook 500-Modelle	
Eingebauter Speicher:	4 MB, erweiterbar auf 36 MB (70-ns DRAM-Karte)
Systemsoftware:	System 7.1.1 (mit PowerBook Duo 500 Enabler) oder höher
Batterie:	Intelligente PowerBook-Batterie; ca. 2,5 Stunden Betriebszeit (zwei können gleichzeitig verwendet werden)
Gewicht:	ca. 3,5 kg

Die Power Macs

Im März 1994 begann Apple eine vollkommen neue Mac-Zeitrechnung – mit der Einführung der PowerPCs (das sind die Chips) begann das Zeitalter der Power Macs (das sind die Computer). Nachfolgend finden Sie die wichtigsten Angaben zu den Power Macs – bis in die allerletzten Einzelheiten konnten wir jedoch nicht gehen.

Um die Geschwindigkeit der Power Macs auch wirklich auskosten zu können, muß die Software speziell für den PowerPC-Chip geschrieben sein. Diese spezielle Art von Software wird auch als «nativer Code» bezeichnet. Alle vor 1994 geschriebenen Programme waren also Fremdsprachen für den PowerPC.

Um trotzdem zu gewährleisten, daß auch bisherige Mac-Software auf Power Macs läuft, lieferte Apple ein Emulatorprogramm im ROM der Power Macs mit, das sozusagen die alte Software für den PowerPC übersetzte. Das war notwendig, weil sonst kein einziges der vorhandenen Mac-Programme auf einem PowerPC gelaufen wäre. Erst nach und nach brachten die Software-Hersteller PowerPC-Versionen ihrer Programme heraus («native Software» genannt). Am Anfang verlangsamte die Emulation die schnellen PowerPC-Chips deutlich, vor allem auch deshalb, weil viele Teile des Mac OS selbst im Emulationsmodus liefen. Mit jeder neuen Systemversion ersetzte Apple emulierten durch nativen Code. Doch der Traum, bald nur noch mit nativer Software arbeiten zu können, sollte nicht so schnell in Erfüllung gehen.

Power Macintosh 4400

Der 4400 wurde im April 1997 als Geschäftscomputer eingeführt – Spielereien dürfen Sie also nicht erwarten. Statt dessen finden Sie eingebautes Ethernet, drei DIMM-Steckplätze und Schnelligkeit. Alle 4400-Macs laufen mit 200 MHz – einzige Ausnahme: eine 160 MHz-Version, die nur in Europa verkauft wurde. Dieser fehlen auch der L2-Cache und das Ethernet.

Prozessor und Geschwindigkeit:	PowerPC 603e bei 200 MHz
Eingebauter Speicher:	16 MB, erweiterbar auf 160 MB

Ausstattung:	1,2 GB oder 2 GB IDE-Festplatte; 8- oder 12fach CD-ROM-Laufwerk; 256 K Level-2-Cache, eingebaute 2D-Grafikerweiterung; 10BaseT-Ethernetschnittstelle; 16-Bit-Stereo Audio-Ein- und Ausgang; 2 PCI-Steckplätze
Systemsoftware:	wird mit 7.5.3 ausgeliefert; unterstützt 7.5.5 und 7.6 nicht; Upgrade auf 7.6.1 und höher möglich

Power Macintosh 5200 LC, Power Macintosh 5260, Performa 5200 – 5270

Der 5200 kam im April 1995 auf den Markt und war der erste Mac mit einem PowerPC-603-Chip. Auf den ersten Blick sieht dieser Mac wie ein großer Monitor aus, dann fallen jedoch das Disketten- und CD-ROM-Laufwerk und die Lautsprecher auf.

Auf dem Markt für:	1 Jahr
Prozessor und Geschwindigkeit: **5200** **5260**	 PowerPC 603 bei 75 MHz PowerPC 603e bei 100 MHz
Eingebauter Speicher:	8 oder 16 MB, erweiterbar auf 64 MB
Ausstattung:	IDE-Festplatte, eingebaute Grafikkarte 15-Zoll-Bildschirm; internes 4fach CD-ROM-Laufwerk; Lautsprecher; Internes Daten/Fax/Volce-Modem mit 14,4 kbps; 1 PDS-Steckplatz

Power Macintosh 5300 LC, Performa 5300, 5320

Äußerlich ist der 5300 mit dem 5200 identisch – er ist mit seinem 603e-Chip und 100 MHz allerdings etwas schneller.

Prozessor und Geschwindigkeit:	PowerPC 603e bei 100 MHz
Eingebauter Speicher:	16 MB, erweiterbar auf 64 MB (80-ns, 72-Pin-DRAM-Chips)
Ausstattung:	eingebaute Grafikkarte mit 1 MB DRAM; Apple Multiple Scan 15-Zoll-Bildschirm; internes 4fach CD-ROM-Laufwerk; internes Fax-Modem mit 28,8 kbps;

Power Macintosh 5400 – 5420, Performa 5400

Äußerlich sieht dieser kompakte Mac mit eingebautem Bildschirm so aus wie seine Vorgänger Performa 5200 und 5300. Im Inneren wurde von Apple eine neue Hauptplatine verbaut, die auf der PCI-Architektur der leistungsstärkeren Power Macs basiert. (Die gleiche Elektronik arbeitet auch im Inneren des Minitower-Performa 6400.) Die Taktfrequenz wurde später noch einmal auf 160 bzw. 180 MHz erhöht und das Gerät mit einem schnelleren CD-ROM-Laufwerk und einer geringfügig anderen Nummer verkauft.

Prozessor und Geschwindigkeit:	PowerPC 603e bei 120 MHz
Eingebauter Speicher:	16 MB (davon 8 MB auf die Hauptplatine gelötet), ausbaubar auf 136 MB, 2 DIMM-Steckplätze (168 Pins, 70-ns)
Ausstattung:	Eingebauter, schwenkbarer 15-Zoll-Multiscan-Bildschirm; 8fach CD-ROM –Laufwerk; 1,6 GB IDE-Festplatte; 10BaseT-Ethernet; 1 PCI-Steckplatz; 2 Geoport-fähige serielle Schnittstellen; 16 Bit Audio In & Out; SRS 3D-Sound; TV-Tuner-Karte mit Videotext-Funktion, Kommunikationssteckplatz

Power Macintosh 5500

Ende 1997 führte Apple diesen Kompakt-Rechner ein, bei dem es sich eigentlich um einen aufgerüsteten 5400 handelte.

Prozessor und Geschwindigkeit:	PowerPC 603ev bei 225 MHz
Eingebauter Speicher:	32 MB, erweiterbar auf 128 MB (16-Bit, 168-Pin-EDO-DIMMs)
Ausstattung:	eingebauter 15-Zoll-Monitor; 2 GB IDE-Festplatte, 12fach CD-ROM-Laufwerk; 2D- und 3D-Hardware-Grafikerweiterung; 256 K Level-2-Cache; 2 GeoPort-fähige serielle Schnittstellen; 16-Bit-Sound mit SRS 3D Sound Enhancement; Kommunikationssteckplatz; Steckplatz für TV-Tuner; Videoeingang
Systemsoftware:	unterstützt System 7.5.5 oder höher

«Cupertino, wir haben ein Problem!»

Im Frühjar 1996 erwischte es Apple ganz schlimm, als bei einigen Macs Hardware-Probleme auftraten, die sich nicht einfach mit einem Softwareupdate oder einem neuen Enabler lösen ließen:

Bei den Power Macs LC 5200, LC 5300 und den Performas 5200, 5300, 6200 und 6300 waren defekte ROM- und Cache-Chips eingebaut worden, die zu seltsamen Systemabstürzen und anderen unangenehmen Effekten führten.

Gleichzeitig fielen die Gehäuse von manchen PowerBooks der 5300-Serie auseinander, und die Geräte liefen nicht richtig in LocalTalk-Netzwerken. Apple hatte keine Wahl und mußte die betroffenen Produkte zurückrufen, um sie reparieren zu lassen. Die Defekte wurden von Apple kostenfrei behoben, die Firma will diesen Service noch sieben Jahre nach Auslaufen der Produktion dieser Modelle anbieten.

Und so können Sie herausfinden, ob Ihr Power Mac für eine Reparatur in Frage kommt:

Betroffen waren die Power Macs und Performas mit den Bezeichnungen 52xx und 62xx, sowie der Performa 6300 (mit Ausnahme der Modelle 5260 und 6320). Bevor Sie aber nun Ihren Mac zum Händler tragen, sollten Sie sich das Programm *5xxx-6xxx-Tester* besorgen. Sie finden es auf Apples Website und auf jeder neueren Mac OS System-CD. Dieses Programm sagt Ihnen, ob Ihr Mac das beschriebene Hardware-Problem hat. Wenn das der Fall ist, wird es Ihr Apple-Händler kostenfrei beheben.

Bei den PowerBooks traten die Fehler bei den Modellen 5300, 5300c, 5300ce, 5300cs sowie 190 und 190cs auf. Falls Sie jedoch hinter der Seriennummer Ihres Gerätes ein «AA» finden, wurde Ihr PowerBook hergestellt, nachdem die Probleme bereits behoben waren.

Power Macintosh 6100, Performa 6110 – 6118

Bei seiner Einführung im März 1994 war der 6100/60 der billigste unter den ersten PowerPCs. Sechs Monate später wurde der 6100 als Performa angeboten – der erste Performa mit einem PowerPC. Wie immer gehörten zur Performa-Version des 6100 (6110, 6112, 6115, 6116, 6117, 6118) ein Monitor, ein Modem, CD-ROM-Laufwerk und vorinstallierte Software. Die lohnendste Zusatzaustattung für diese Modelle war eine Level-2-Cache-Karte – damit steigerte sich die Leistung um etwa 15 Prozent.

Codename:	PDM
Auf dem Markt für:	9 Monate (die Nicht-Performa-Version)
Prozessor und Geschwindigkeit:	PowerPC 601 bei 60 oder 66 MHz
Eingebauter Speicher:	8 MB, erweiterbar auf 72 MB (80-ns, 72-Pin-DRAM-Chips, paarweise)
Ausstattung:	eingebaute Grafikkarte (verwendet System-RAM) mit Adapter, Steckplatz auch verwendbar für 7-Zoll-NuBus- oder PDS-Karte; optionale Cache-Karte; Ethernet; 2 GeoPort-Steckplätze; Aufnahme und Wiedergabe von 16-Bit-Tönen in CD-Qualität
Systemsoftware:	System 7.1.2 (mit PowerPC-Enabler) oder höher

Power Macintosh 6200, Performa 6200 – 6300

Die Rechner der 6200-Serie vom Juli 1995 waren als preiswerte Multimedia-Computer ausgerüstet. Wie die Computer der Serie Quadra 630 haben auch diese Performas IDE- anstelle von SCSI-Festplatten.

Auf dem Markt für:	8 Monate
Prozessor und Geschwindigkeit:	PowerPC 603 bei 75 MHz
Eingebauter Speicher:	8 MB oder 16 MB, erweiterbar auf 64 MB (80-ns, 72-Pin-DRAM-Chips)
Ausstattung:	IDE-Festplatte; eingebaute Grafikkarte mit 1 MB DRAM; dazu Apple Multiple Scan 15-Zoll-Monitor; 4fach CD-ROM-Laufwerk; Faxmodem

Performa 6260CD, 6290CD

Diese im Januar 1996 eingeführten Performa-Modelle waren etwas schneller als Ihre Vorgänger – der 6260 wurde nur in Europa verkauft.

Auf dem Markt für:	9 Monate
Prozessor und Geschwindigkeit:	PowerPC 603e bei 100 MHz
Eingebauter Speicher:	8 MB, erweiterbar auf 64 MB
Ausstattung:	eingebaute Grafikkarte mit 1 MB DRAM dazu Apple Multiple Scan 14-Zoll-Monitor; 4fach CD-ROM-Laufwerk; Faxmodem mit 28,8 kbps

Performa 6300 – 6360

Der Performa 6300 (Erstauslieferung November 1995) ist eigentlich ein 6290 mit mehr RAM.

Codename:	Crusader
Auf dem Markt für: **6300** **6320** **6260**	 13 Monate 7 Monate 1 Jahr
Prozessor und Geschwindigkeit: **6300** **6360**	 PowerPC 603e bei 100 MHz PowerPC 603e bei 160 MHz
Eingebauter Speicher:	16 MB , erweiterbar auf 64 MB (80-ns, 72-Pin-DRAM-Chips)
Ausstattung:	eingebaute Grafikkarte mit 1 MB DRAM; dazu Apple Multiple Scan 15-Zoll-Monitor; 4fach CD-ROM-Laufwerk; Faxmodem mit 28,8 kbps

Performa 6400

Mit seiner Einführung im August 1996 erschütterte dieser Computer das Konzept der Performas als Low-End-Computer für Anfänger (12.13). Übrigens war dies der letzte Performa – Apple schaffte diesen Namen danach ab.

Abb. 12.13 Der erste Minitower-Performa: schlank, schön und äußerst leistungsfähig.

Codename:	Instatower
Auf dem Markt für:	13 Monate
Prozessor und Geschwindigkeit:	PowerPC 603e bei 180 oder 200 MHz
Eingebauter Speicher:	16 MB, erweiterbar auf 136 MB (70-ns, 168-Pin-DIMM-Chips)
Ausstattung:	8fach CD-ROM-Laufwerk; 1,6 GB- oder 2,4 GB-IDE-Festplatte; 256 K Level-2-Cache; 2 PCI-Steckplätze; Kommunikationssteckplatz; Eingang für Apple Video System; Erweiterungsbay für Apple TV/FM Radio System; 1 MB VRAM; dazu Apple Multiple Scan 15"-Monitor; Faxmodem

Power Macintosh 6500

Im April 1997 wurden vier Versionen des 6500 mit unterschiedlichen Taktraten eingeführt. Dieses Modell war die leistungsgesteigerte Version des Performa 6400 – eine echte Multimedia-Maschine.

Prozessor und Geschwindigkeit:	PowerPC 603ev bei 225, 250, 275 oder 300 MHz
Eingebauter Speicher:	32, 48 oder 64 MB, erweiterbar auf 128 MB (64-Bit, 168-Pin-EDO-DIMM-Chips)

Ausstattung:	12x oder 24x CD-ROM-Laufwerk; 2, 3, 4 oder 6 GB-IDE-Festplatte; 2D- und 3D-Hardware-Beschleunigung; 256 K Level-2-Cache; 2 serielle GeoPorts; Kommunikationssteckplatz; 2 MB VRAM; Steckplatz für TV-Tuner; 16-bit-Sound mit SRS3-D
Systemsoftware:	7.5.5 oder höher

Power Macintosh 7100, 7100AV

Dieser Mac war ein Mittelklasse-Modell und wurde im März 1994 auf den Markt gebracht. Wie beim 6100 auch war die optionale Cache-Karte eine lohnende Anschaffung.

Codenamen:	Carl Sagan, BHA
Auf dem Markt für:	9 Monate
Prozessor und Geschwindigkeit:	PowerPC 601 bei 66 oder 80 MHz
Eingebauter Speicher:	8 MB, erweiterbar auf 136 MB (80-ns, 72-Pin-DRAM-SIMMs, paarweise)
Ausstattung: **7100av**	eingebaute Grafikkarte (verwendet System-RAM) und PDS-Video bei 7100 (1 MB, erweiterbar auf 2 MB) 2 NuBus-Steckplätze; TV-Ein- und Ausgang und zusätzliche Videobuchse (2 MB VRAM); Ethernet; 2 serielle GeoPorts; Aufnahme und Wiedergabe von 16-Bit-Sounds in CD-Qualität
Systemsoftware:	7.1.2 (mit PowerPC-Enabler) oder höher

Power Macintosh 7200, 7215, 7220

Im August kam der Power Mac 7200/75 auf den Markt und ersetzte damit die 6100- und 7100-Serie. Dies war einer der ersten Desktop-Macs, die in den Ruhezustand versetzt werden konnten, um Energie zu sparen. Der Computer schaltet zwar das Videosignal für den Monitor aus – dieser wird dunkel – die Festplatte läuft jedoch weiter und auch die CPU verbraucht weiter Energie.

Codename:	Catalyst
Prozessor und Geschwindigkeit:	PowerPC 601 bei 75, 90 oder 120 MHz
Eingebauter Speicher:	8 MB, erweiterbar auf 256 MB mit vier DIMM-Steckplätzen (bei 120-MHz-Version sind 16 MB Standard)
Ausstattung:	16-Bit-Stereo-Ein- und Ausgang; internes AppleCD 600i 4fach CD-ROM-Laufwerk; 3 PCI-Steckplätze; 1 MB VRAM (erweiterbar auf 2 MB); 1 Steckplatz für optionalen 256 K oder 512 K Level-2-Cache
Systemsoftware:	7.5.2 (mit System Enabler 701) oder höher; bei 7200/120 System 7.5.3 oder höher

Power Macintosh 7300

Dieser Mac wurde Anfang 1997 eingeführt und sollte die preiswerten 7200-Modelle ablösen.

Prozessor und Geschwindigkeit:	PowerPC 604e bei 180 oder 200 MHz
Eingebauter Speicher:	32 MB, erweiterbar auf 512 MB mit 8 DIMM-Steckplätzen
Ausstattung:	16-Bit-Stereo-Ausgang; internes 12fach CD-ROM-Laufwerk; 3 PCI-Steckplätze; 2 MB VRAM; 256 K Level-2-Cache; eingebautes Ethernet
Systemsoftware:	7.5.5 (mit System Enabler 702) oder höher; 7.6.1 möglich, 7.6 nicht

Power Macintosh 7500

Der Power Mac 7500 (August 1995) sieht von außen genauso aus wie der 7200, ist aber mit seinen 100 MHz bedeutend schneller. Der Bustakt wurde ebenfalls auf 50 MHz erhöht. Wie Sie in der folgenden Spezifikation sehen können, sind die AV-Funktionen des 7500 die herausragendste Charakteristik.

Codename:	TNT
Prozessor und Geschwindigkeit:	PowerPC 601 bei 100 MHz
Eingebauter Speicher:	16 MB, erweiterbar auf 512 MB mit 8 DIMM-Steckplätzen (64-Bit, 168-Pin, 70-ns-DIMMs)

Ausstattung:	internes 600i 4fach CD-ROM-Laufwerk; 3 PCI-Steckplätze; 2 MB VRAM, erweiterbar auf 4 MB; 10BaseT- und AAUI-15-Ethernet-Anschlüsse; interner Fast-SCSI-Bus; RCA-Phono-Anschlüsse für 16-Bit-Stereo-Ein- und Ausgang; Minibuchsen für 16-Bit-Stereo-Ein- und Ausgang; RCA-Phono-Buchsen für gebündelten Videoeingang; S-Video-Eingang; Digital Video/Audio (DAV)-Anschluß für Video-Komprimierungs-/Dekomprimierungskarten
Systemsoftware:	7.5.2 (mit System Enabler 701) oder höher

Power Macintosh 7600

Im April 1996 ersetzte Apple den 601-Chip des 7500 durch den schnelleren 604 und peppte das Modell auch ansonsten auf. Einen weiteren Geschwindigkeitsgewinn gab es im Februar 1997, als der neue Chip 604e eingebaut wurde. Die DOS-kompatible Variante wurde mit einem 100 MHz-Pentium in einem der PCI-Steckplätze verkauft.

Prozessor und Geschwindigkeit:	PowerPC 604 bei 120 oder 132 MHz, oder PowerPC 604e bei 200 MHz
Eingebauter Speicher:	16 MB, erweiterbar auf 512 MB mit 8 DIMM-Steckplätzen (64-Bit, 168-Pin, 70-ns-DIMMs)
Ausstattung:	internes 4fach, 8fach oder 12fach CD-ROM-Laufwerk; 3 PCI-Steckplätze; 2 MB VRAM, erweiterbar auf 4 MB; GeoPort Fax- & Telefonie-Software; 256 K Level-2-Cache; 10BaseT- und AAUI-15-Ethernet-Anschlüsse; interner Fast-SCSI-Bus; RCA-Phono-Anschlüsse für 16-Bit-Stereo-Ein- und Ausgang; Minibuchsen für 16-Bit-Stereo-Ein- und Ausgang; RCA-Phono-Buchsen für FBAS-Videoeingang; S-Video-Eingang; Digital Video/Audio (DAV)-Anschluß für Video-Komprimierungs-/Dekomprimierungskarten
Systemsoftware:	7.5.3 (mit System Enabler 701); 200-MHz-Modell erfordert 7.5.5 (mit Enabler 702) oder höher; 7.6.1 möglich, 7.6 nicht

Prozessor-Upgrades

Bei bestimmeten Power Macs ist der Prozessor nicht aufgelötet, sondern befindet sich auf einer kleinen Leiterplatte, die auf die Hauptplatine aufgesteckt ist. Das ermöglicht Ihnen, den vorhandenen Prozessor gegen ein schnelleres Modell auszutauschen. Die entsprechenden Karten werden von verschiedenen Firmen und für die verschiedensten Mac-Modelle angeboten. Neben den Macs mit auswechselbaren Prozessorkarten können Sie sogar einen Power Mac 6100 aufrüsten — mit einer entsprechenden PDS-Karte.

Ob sich ein Upgrade wirklich lohnt oder man das Geld lieber für einen neuen Mac sparen sollte, hängt vor allem vom konkreten Gerät ab. Ein schneller Prozessor nützt nämlich nicht allzuviel, wenn Festplatte, Speicherbus und sonstige Peripherie nicht mithalten können. Dagegen kann ein Upgrade einem ehemaligen High-End-Mac durchaus mehr Leistung zu einem akzeptablen Preis verschaffen.

Power Macintosh 8100, 8100AV, 8115

Bei seiner Einführung im März 1994 war dies der schnellste Personalcomputer, der bis dato auf dem Markt war. Mit nativer Software bei 80 MHz und 256 K Cache wurde dies erreicht.

Codename:	Cold Fusion
Auf dem Markt für:	9 Monate
Prozessor und Geschwindigkeit:	PowerPC 601 bei 80, 100 oder 110 MHz
Eingebauter Speicher:	8 MB, erweiterbar auf 264 MB (80-ns, 72-Pin-DRAM-Chips)
Ausstattung:	eingebaute Grafikkarte (verwendet System-RAM) und PDS-Video bei 8100 (2 MB, erweiterbar auf 4 MB); 3 NuBus-Steckplätze
8100av	TV-Ein- und Ausgang und zusätzliche Videobuchse (2 MB VRAM); 256 K Cache-Karte; Ethernet; 2 GeoPorts; Aufnahme und Wiedergabe von 16-Bit-Sounds in CD-Qualität

Systemsoftware:	7.1.2 (mit PowerPC-Enabler) oder höher; 100-MHz- und 110-MHz-Modelle benötigen mindestens 7.5 (mit PowerPC-Enabler 1.1.1)

Power Macintosh 8200

Dieser Power Mac wurde nur in Europa verkauft. Eigentlich handelt es sich dabei um einen 7200 in anderem Gehäuse. Details dazu finden Sie im Abschnitt «Power Macintosh 7200» weiter vorn in diesem Kapitel.

Power Macintosh 8500, 8515

Ende 1995 war dies der Mac, den alle wollten – ein blitzschneller Rechner mit ausgezeichneten AV-Funktionen. Sie können damit nicht nur Video aufnehmen, sondern auch an einen Fernseher oder Videorecorder ausgeben – in 24-Bit-Farbe.

Codename:	Nitro
Prozessor und Geschwindigkeit:	PowerPC 604 bei 120, 135 oder 150 MHz, oder PowerPC 604e bei 180 MHz
Eingebauter Speicher:	16 MB oder 32 MB, erweiterbar auf 512 MB mit 8 DIMM-Steckplätzen (64-Bit, 168-Pin, 70-ns-DIMMs)
Ausstattung:	internes AppleCD 600i 4fach oder 8fach CD-ROM-Laufwerk; 3 PCI-Steckplätze; 2 MB VRAM, erweiterbar auf 4 MB; GeoPort Fax- und Telefon-Software; 512 K-Cache-Karte; 10BaseT- und AAUI-15-Ethernet-Anschlüsse; interner Fast-SCSI-Bus; RCA-Phono-Anschlüsse für 16-Bit-Stereo-Ein- und Ausgang; Minibuchsen für 16-Bit-Stereo-Ein- und Ausgang; RCA-Phono-Buchsen für FBAS-Videoeingang und 24-Bit-Videoausgang; S-Video-Ein- und Ausgang; Digital Video/ Audio (DAV)-Anschluß für Video-Komprimierungs-/Dekomprimierungskarten
Systemsoftware:	120-MHz-Version: 7.5.2 (mit System Enabler 701) oder höher; schnellere Versionen erfordern 7.5.3 oder höher

Power Macintosh 8600

Der Alptraum des vollgestopften Gehäuses des 8500 wurde beendet, als Apple im Februar 1997 den 8500 in ein leicht zu öffnendes Gehäuse packte – der neue 8600 war entstanden. Das Gerät hatte eine schnellere CD-ROM, eine größere Festplatte und ein optionales Zip-Laufwerk, war aber ansonsten identisch.

Abb. 12.14 Das aufklappbare Gehäuse des 8600.

Prozessor und Geschwindigkeit:	PowerPC 604e bei 200, 250 oder 300 MHz
Eingebauter Speicher:	32 MB, erweiterbar auf 512 MB mit 8 DIMM-Steckplätzen (64-Bit, 168-Pin, 70-ns-DIMMs)
Ausstattung:	internes 12fach CD-ROM-Laufwerk; 3 PCI-Steckplätze; 2 MB VRAM, erweiterbar auf 4 MB; GeoPort Fax- und Telefon-Software; 512K-Cache-Karte; 10BaseT- und AAUI-15-Ethernet-Anschlüsse; interner Fast-SCSI-Bus; RCA-Phono-Anschlüsse für 16-Bit-Stereo-Ein- und Ausgang; Minibuchsen für 16-Bit-Stereo-Ein- und Ausgang; RCA-Phono-Buchsen für FBAS-Videoeingang und 24-Bit-Videoausgang; S-Video-Ein- und Ausgang; Digital Video/Audio (DAV)-Anschluß für Video-Komprimierungs-/Dekomprimierungskarten
Systemsoftware:	200-MHz-Version: 7.5.5 (mit System Enabler 702) oder höher; schnellere Versionen erfordern 7.6.1 oder höher

Macintosh Clones: Ein kurzes Gastspiel

1994 gab Apple bekannt, daß von nun an das System 7.5 und PowerPC-Macintosh-ROM-Chips an andere Computer-Hersteller lizensiert würden, um Macintosh-Clones herstellen zu können. Apple hoffte, auf diese Weise Lizenzgebühren einstreichen und den Kreis der Mac-Nutzer erweitern zu können.

Im Frühjahr 1995 kamen die ersten Clones der kleinen Firma Power Computing auf den Markt, gefolgt von Produkten von Radius, DayStar Digital, Motorola, APS und Umax. Alle Clones waren zwar vollkommen Mac-kompatibel, keiner von ihnen durfte jedoch den Namen Macintosh tragen. Die Clones verkauften sich ausgezeichnet, denn die meisten Firmen boten Computer in kleineren Auflagen an. So waren sie in der Lage, leistungsstärkere Rechner mit den neuesten Prozessoren immer etwas billiger als die echten Macs anzubieten.

Im Sommer 1997 stellte Apple einen riesigen Verlust fest, denn die Clones erweiterten den Markt nicht, sie gruben Apple das Wasser ab. Unter der Leitung des Firmengründers und neuen Chefs Steve Jobs zog sich Apple aus dem Lizenzgeschäft zurück. Im September 1997 kaufte Apple den größten Clone-Hersteller, Power Computing, auf. Nach und nach zogen sich auch die anderen Hersteller aus dem Geschäft zurück, neue Lizenzen wurden nicht mehr vergeben.

Dieses Lizenzgeschäft war ein weiteres in der Kette finanzieller Desaster der Firma Apple. Für die Kunden waren die Clones ein großer Vorteil. Mac-Clones hatten fast immer dieselbe Auswahl an Videooptionen, Schnittstellen, Steckplätzen und Laufwerken, wie sie auch bei echten Macs zu finden waren. Die Preise waren jedoch niedriger, die Produkte schneller lieferbar. Während dieser zweieinhalb Jahre war es einfacher denn je, einen guten Mac zu einem günstigen Preis zu kaufen.

Power Macintosh 9500, 9500/180MP, 9515

Dieser im Juni 1995 auf den Markt gebrachte High-End-Mac war der erste mit einem PowerPC 604 und PCI-Steckplätzen anstelle von NuBus. Zu einem Meilenstein in der Mac-Entwicklung wurde der 9500/180MP, denn das MP steht für Multiprocessing – mehrere Prozessoren. Einer betreibt das Mac OS und steuert die Informationsströme in den Computer und nach außen, der zweite Chip bleibt für alle anderen Aufgaben frei. Zwar versprachen einige Softwarehersteller, Programme für diese Art von Computer anzubieten, dennoch setzte sich diese Technik nie richtig durch: nur noch ein MP-Modell wurde nach diesem entwickelt.

Codename:	Tsunami
Prozessor und Geschwindigkeit:	PowerPC 604 bei 120, 132 oder 150 MHz oder PowerPC 604e bei 180 oder 200 MHz
Eingebauter Speicher:	16 MB, erweiterbar auf 768 MB mit 8 DIMM-Steckplätzen (64-Bit, 168-Pin, 70-ns-DRAM-DIMMs)
Ausstattung:	Internes AppleCD 600i 4fach-CD-ROM-Laufwerk (oder 8fach); 2MB VRAM, erweiterbar auf 4MB; 512 K Level-2-Cache; 6 PCI-Steckplätze; 10BaseT- und AAUI-15-Ethernet-Anschlüsse; 1 Sound-Ausgang für Stereo CD-Audio, 1 Sound-Eingang für 16-Bit-Stereo
Systemsoftware:	7.5.2 (mit System Enabler 701) oder höher; 150, 180 und 200 MHz erfordern 7.5.3 oder höher

Power Macintosh 9600

Wie schon der 8500 erlebte auch der 9500 im Februar 1997 eine totale Überarbeitung in Gehäuse und Taktrate – außerdem bekam er einen neuen Namen.

Prozessor und Geschwindigkeit:	PowerPC 604e bei 200, 233, 300 oder 350 MHz
Eingebauter Speicher:	32 MB oder 64 MB, erweiterbar auf 768 MB (64-Bit, 168-Pin, 70-ns-DRAM-DIMMs)
Ausstattung:	Internes 12fach-CD-ROM-Laufwerk (oder 24fach) 2 MB VRAM, erweiterbar auf 4 MB; 512 K oder 1 MB Level-2-Cache; 6 PCI-Steckplätze; 10BaseT- und AAUI-15-Ethernet-Anschlüsse; 1 Sound-Ausgang für Stereo CD-Audio, 1 Sound-Eingang für 16-Bit-Stereo
Systemsoftware:	7.5.5 (mit System Enabler 702) oder höher; 300 und 350 MHz erfordern 7.6.1 oder höher

Twentieth Anniversary Macintosh

Inmitten von schlechten Verkaufszahlen und finanziellem Chaos feierte Apple im Februar 1997 sein zwanzigjähriges Bestehen. Aus diesem Grund kam ein Jubiläums-Mac auf den Markt, der mit den herkömmlichen Maschinen nicht viel zu tun hatte (12.15). Mit seiner extravaganten Ausstattung war dieser Mac natürlich nicht für die Allgemeinheit gedacht. Nur 20.000 Stück wurden her-

Abb. 12.15 Sehr futuristisch – die schlanke Erscheinung des limitierten Jubiläums-Macs.

gestellt, und diese wurden auch nur über spezielle Händler vertrieben. Der stolze Preis: 15.000 DM. Dieser Mac hatte zwar einige coole Multimediafunktionen und sah super aus, eigentlich war er jedoch nie ein technisch hochentwickeltes Modell. Trotz seiner Einzigartigkeit und seines Sammlerwerts wurde diese Version nicht über Nacht verkauft – innerhalb von 18 Monaten hatte sich der Verkaufspreis bereits halbiert.

Prozessor und Geschwindigkeit:	PowerPC 603e bei 250 MHz
Eingebauter Speicher:	32 MB, erweiterbar auf 128 MB (168-Pin, 60-ns-DIMMs)
Ausstattung:	12,1-Zoll-Aktivmatrix-LCD-Display, 600 x 800 Pixel; CD-ROM-Laufwerk; 2-GB-Festplatte; 256 K Level-2-Cache; 1 PCI-Steckplätze; Kommunikationssteckplatz; 2 MB VRAM; ATI 3D RAGE II 64-Bit-Grafik- und Multimedia-Beschleuniger-Chip; 16-Bit-Stereo- Ein- und Ausgang; Trackpad an Tastatur montiert
Systemsoftware:	7.6.1 oder höher mit System Enabler 704

Power Macintosh G3

Anfang 1998 waren das die Traummaschinen schlechthin – die ersten Macs mit dem PowerPC 750. Diese ersten G3 waren in Desktop-Gehäusen ähnlich dem 7300 untergebracht. Durch den G3-Chip wurden diese Macs zu den schnellsten Personalcomputern des Jahres 1998. Die G3 basieren auf einer völlig neuen Technologie – einem neuen Chip, einem neuen Logic Board – kein Wunder also, daß Kompatibilitätsprobleme auftraten:

- Apples GeoPort wird nicht unterstützt.
- LocalTalk-Kabel müssen physisch getrennt werden, wenn Sie von AppleTalk auf Ethernet umschalten.
- Einige G3 funktionieren nicht fehlerfrei mit Auto-Sensing-Ethernet-Hubs.
- Es treten Kompatibilitätsprobleme mit einigen StyleWriter und HP-Drukkern auf.
- Der Inhalt einer RAM-Diskette (siehe Kapitel 11) bleibt beim Neustart des Computers nicht erhalten.

Power Mac G3 (beige)

Zur Unterscheidung zu den später erschienenen blauweißen Power Mac G3 im neuen Gehäusedesign, bürgerte sich für den «Ur-Power Mac G3» im beigen Desktop-Gehäuse nachträglich der Namenszusatz «beige» ein.

Prozessor und Geschwindigkeit:	PowerPC 750 bei 233, 266 oder 300 MHz
Eingebauter Speicher:	32 MB, erweiterbar auf 192 oder 384 MB
Ausstattung:	Internes 24fach-CD-ROM-Laufwerk; 4 oder 6 GB IDE-Festplatte (4 oder 9GB Ultra Wide SCSI-Platte optional); 512 K Level-2-Backside-Cache auf Prozessormodul; 2 MB SGRAM Videospeicher; 512 K Level-2-Cache; ATI 3D RAGE II 64-Bit-Grafik- und Multimedia-Beschleuniger-Chip; 3 PCI-Steckplätze; 10BaseT- und AAUI-15-Ethernet-Anschlüsse; Minibuchse für 16-Bit-Stereo-Ein-Ausgang; optionales internes Zip-Drive
Systemsoftware:	Mac OS 8 oder höher

Power Mac G3 (blauweiß)

Nachdem Apple mit dem iMac einen Computer vorgestellt hatte, der neben seinem ungewöhnlichen Design auch zukunftsweisende Technik enthielt, war es nur eine Frage der Zeit, bis auch die Desktop-Macs nachzogen. Anfang 1999 kam der Power Mac G3 heraus – in einem blauweißen Gehäuse, mit runden Kanten und vier praktischen Henkeln. Das Gehäuse läßt sich mit einem Griff öffnen und legt das moderne Innenleben frei (12.16).

Wie auch beim iMac wurden SCSI-Port und serielle Schnittstelle abgeschafft, dafür gibt es USB und FireWire. Lediglich der ADB-Anschluß ist noch vorhanden.

Festplatte und CD-ROM sind über einen schnellen IDE-Bus angeschlossen, und die Hauptplatine läuft mit 100 MHz Bustakt. Je nach Modell gibt es verschiedene Hardware-Ausstattungen.

Abb. 12.16 Der blauweiße G3 – mit Henkeln.

Im Sommer wurden 1999 wurden die Taktfrequenzen der Prozessoren erhöht und die Ausstattung verbessert. Die blauweißen G3-Modelle wurden noch nicht einmal für ein Jahr verkauft, um dann Ende 1999 vom noch schnelleren G4 abgelöst zu werden.

Codename:	Yosemite
Prozessor und Geschwindigkeit:	PowerPC 750 bei 300, 350, 400 MHz (dann jeweils um 50 MHz erhöht)
Eingebauter Speicher:	64 bzw. 128 MB (je nach Konfiguration), erweiterbar auf 1024 MB,;4 Steckplätze für PC 100 DIMMs 512 KB (300 MHz) bzw. 1024 KB Backside Cache
Ausstattung:	24fach (32fach) CD-ROM oder DVD-ROM; Zip-Laufwerk (je nach Modell); 6 GB bzw. 12 GB Ultra-ATA Festplatte, 9 GB U2W-SCSI mit Adapterkarte; ATI Rage 128 Grafikkarte mit 3D-Beschleunigung und 16 MB VRAM; 3 PCI-Steckplätze 64 Bit/33 MHz, 1 PCI-Steckplatz 32 Bit/33 MHz; interner Modem-Steckplatz ; 10/100 BaseT-Ethernet, 2 USB-Ports, 2 FireWire-Schnittstellen, ADB, 16-Bit-Audio In & Out; USB-Tastatur mit Hub und USB-Maus.
Systemsoftware:	Mac OS 8.5 oder höher

Power Mac G4

Der blauweiße G3 wurde ab September 1999 plötzlich nicht mehr verkauft, weil Apple mit dem Power Mac G4 bereits das Nachfolgemodell anbot. Ein neuer Prozessor – der PowerPC G4 – bietet noch mehr Leistung durch eine eingebaute Einheit für Vektorberechnungen (AltiVec). Damit erreicht (laut Werbung) erstmals ein Desktop-Mac die Rechenleistung eines Supercomputers: 1 Milliarde Operationen pro Sekunde. Damit dieser Leistungsschub tatsächlich auch stattfindet, müssen jedoch die Anwendungsprogramme entsprechend angepaßt sein.

Den G4-Mac gab es ursprünglich in zwei Varianten: Das kleinste Modell hatte die gleiche Hauptplatine wie die blauweißen G3 (Codename Yikes) und damit (bis auf die reine Prozessorleistung) ähnliche Daten. Erst die größeren Modelle verfügten über eine neuentwickelte Platine (Codename Sawtooth) mit 100 MHz Bustakt, zwei USB-Contollern (für jeden Port einen) und drei FireWire-Schnittstellen (zwei extern, eine intern). Dazu kommt ein Steckplatz für Grafikkarten mit AGP-Anschluß und einer für das drahtlose AirPort-Netzwerk. (Die Antenne befindet sich im Griff des edel-rauchgrauen Gehäuses.)

Codename:	Yikes (G3-Platine), Sawtooth
Prozessor und Geschwindigkeit:	PowerPC G4 bei 350, 450, 500 MHz
Eingebauter Speicher:	64, 128, 256 MB; 4 Steckplätze für PC 100 DIMMs, max. 1 GB/2 GB (Yikes/Sawtooth); 1 MB Backside Cache
Ausstattung:	32fach CD-ROM/DVD-ROM/DVD-RAM und Zip-Laufwerk (optional); 10 GB/20 GB/27 GB Ultra-ATA Festplatte; ATI Rage 128 GL Grafikkarte (PCI bzw. AGP); 3 PCI-Steckplätze 64 Bit/33 MHz, 1 PCI-Steckplatz 32 Bit/66 MHz (Yikes) bzw. 1 AGP-Steckplatz (Sawtooth); Steckplatz für AirPort-Karte; 10/100 BaseT-Ethernet; internes 56K-Modem (optional bei G4/450); 2 bzw. 3 FireWire-Ports; 2 USB-Ports (Sawtooth mit zwei Controllern); 16-Bit-Audio In & Out; USB-Tastatur mit Hub und USB-Maus
Systemsoftware:	Mac OS 8.5 oder höher

Die Architektur der neuen Hauptplatine bewirkt einen deutlichen Leistungssprung, was sich in einer ebenso deutlichen Preisdifferenz zwischen dem G4-Einstiegsmodell und den beiden anderen Ausstattungen niederschlug. Inzwischen hatte Apple jedoch ein Einsehen und liefert nunmehr auch den kleinsten G4 mit der «Sawtooth»-Platine aus.

iMacs

Nur wenige Produkte in der Geschichte der Apple Computer erweckten so viele Erwartungen und Diskussion wie der iMac, der im August 1998 auf den Markt kam. Wer kennt ihn nicht, den zweifarbigen, kompakten Mac mit seinen eleganten Kurven im Retro-Design der 50er Jahre. Abgesehen davon ist der iMac mit der neuesten Technologie ausgerüstet – G3-Chip, 66-MHz-Bus-System, mindestens 4-GB-Festplatte, eingebautem 15-Zoll-Monitor und 56K-Modem. Für erfahrene Mac-Nutzer kam der Schock jedoch mit dem, was es beim iMac nicht mehr gab: kein SCSI-Port, kein Modem- oder Druckeranschluß – und kein Diskettenlaufwerk. Die gute Nachricht ist, daß Sie bis zu 127 externe Geräte an den USB-Port des Gerätes anschließen können. Entsprechend dem Ansturm auf diesen schier unwiderstehlichen Computer brachte Apple 1999 eine neue Serie auf den Markt – diese kostet weniger, hat einen schnelleren Chip, eine größere Festplatte und ist je nach Wunsch in fünf Farben erhältlich: Lime, Tangerine, Strawberry, Blueberry und Grape.

Prozessor und Geschwindigkeit:	PowerPC 750 bei 233 MHz (1998), 266 MHz (Anfang 1999) oder schneller
Eingebauter Speicher:	32 MB, erweiterbar auf 128 MB
Ausstattung:	eingebauter 15-Zoll-Monitor mit einer Auflösung von 1024x768; 4 GB (erste Modelle) oder 6 GB IDE-Festplatte; 24fach CD-ROM-Laufwerk; 10/100BaseT- Ethernet; eingebautes 56K-Modem; 2 USB-Schnittstellen (12 Mbps) und 2-Port-USB-Hub auf Tastatur; 4-Mbps-Infrarot-Schnittstelle; eingebaute Lautsprecher mit SRS-Sound
Systemsoftware:	Mac OS 8.1 oder höher

Im Herbst 1999 brachte Apple die zweite Generation iMacs heraus, die noch mehr Leistung bietet. Die Gehäuseform und der 15-Zoll-Monitor sind geblieben, dafür gibt es schnellere Prozessoren, 100 MHz Bustakt und bei den größeren Modellen (iMac DV) DVD-Laufwerke und FireWire-Schnittstellen. Die nötige Software wird mitgeliefert, so daß sich der iMac in Verbindung mit einer digitalen Video-Kamera als Video-Schnittplatz benutzen läßt.

Abb. 12.17 Der iMac – er revolutionierte das Design des Macintosh wie kein anderer.

Die Geräte dieser Serie haben keinen Lüfter mehr im Gehäuse und können mit einer zusätzlichen Steckkarte (genauso wie der G4-Desktop-Mac und das iBook) das drahtlose AirPort-Netzwerk benutzen.

Prozessor und Geschwindigkeit:	PowerPC G3 bei 350 und 400 MHz
Eingebauter Speicher:	64 MB, 128 MB (iMac DV Special Edition); 2 Steckplätze für PC-100 DIMMs; 512 KB Backside Cache
Ausstattung:	24fach CD/4fach DVD (iMac DV), 6/10/13 GB Ultra-ATA-Festplatte; Grafikkarte ATI Rage 128 VR/8 MB; eingebauter 15-Zoll-Monitor, VGA-Ausgang für Monitor-Spiegelung (iMac DV); Steckplatz für AirPort-Karte; 2 USB-Ports (iMac DV mit zwei Controllern); 2 FireWire-Ports (nur iMacDV); 10/100 BaseT-Ethernet; eingebautes 56K-Modem; 16-Bit-Audio In & Out, Lautsprecher und Mikrofon eingebaut; USB-Tastatur mit Hub und USB-Maus
Systemsoftware:	Mac OS 8.5 oder höher

Tragbare Power Macs

Im Sommer 1995 bot Apple die ersten PowerBooks mit PowerPC an – die 5300-Serie. Eine Zeitlang war es auch möglich, ein PowerBook der 500-Serie aus dem Jahre 1994 mit einem PowerPC auszustatten, die neuen PowerBooks waren jedoch von grund auf neu um den PowerPC entwickelt worden.

PowerBook 1400

Diese PowerBook-Familie (Debüt im Oktober 1996) enthielt zum ersten Mal CD-ROM-Laufwerke.

Codename:	Epic
Auf dem Markt für:	9 Monate (117 MHz)
Prozessor und Geschwindigkeit:	PowerPC 603e bei 117, 133 oder 166 MHz
Eingebauter Speicher:	12 bis 16 MB, erweiterbar auf 64 MB
Ausstattung:	herausnehmbares Apple SuperDrive; 6fach, 8fach oder 12fach CD-ROM-Laufwerk; 11,3-Zoll-Dual-Scan- oder Aktivmatrix-Farbmonitor (800 x 600 Pixel); 1 GB oder 2 GB Festplatte; erweitertes, klickbares Trackpad; 2 Steckplätze für PC-Karten; NiMH-Batterie; interner Steckplatz für 8-Bit-Video oder Ethernet-Karte; 16-Bit-Stereo-Ein- und Ausgänge; eingebauter Lautsprecher und Mikrofon
Systemsoftware: **117- und 133-MHz-Versionen** **1400c** **1400cs**	 System 7.5.3 oder höher 7.6.1 oder höher MacOS 8 oder höher

PowerBook Duo 2300c

Das 2300 war das erste und letzte PowerPC-Duo. Wie die anderen Duos war auch dieses ein extrem leichtes PowerBook, im Unterschied zu den 5300-Modellen funktionierte jedoch der Doppelklick auf dem Trackpad.

Codename:	AJ
Auf dem Markt für:	1 Jahr 6 Monate
Prozessor und Geschwindigkeit:	PowerPC 603 bei 100 MHz
Eingebauter Speicher:	8 MB, erweiterbar auf 64 MB

Ausstattung:	9,5-Zoll-Aktivmatrix-Farbbildschirm (640x480 Pixel); 750 MB oder 1,1 GB Festplatte; erweitertes Trackpad; Docking-Schnittstelle
Systemsoftware:	System 7.5.2 oder höher

PowerBook 2400c

Dieses Leichtgewicht kam im Mai 1997 auf den Markt. Das PowerBook 2400c vereint die Funktionen eines traditionellen PowerBooks mit dem schlanken, leichten Design des Duos. Es wiegt nur knapp 3 kg und kann trotzdem technologisch mit dem 3400 Schritt halten. Die Floppy-Disk ist ein externes Gerät, außerdem hat das PowerBook kein eingebautes CD-ROM-Laufwerk.

Prozessor und Geschwindigkeit:	PowerPC 603e bei 180 MHz
Eingebauter Speicher:	16 MB, erweiterbar auf 80 MB
Ausstattung:	10,4-Zoll-Aktivmatrix-Farbbildschirm, SVGA (600x800 Pixel), 1 MB VRAM; Steckplatz für 2 PC-Erweiterungskarten; eingebauter Lautsprecher, 16-Bit Ton Ein/Aus; ADB-, Serielle, Video-, SCSI-, Sound-Schnittstellen; Anschluß für externes Diskettenlaufwerk
Systemsoftware:	Mac OS 8 oder höher

Power Book 3400

Stellen Sie sich den Power Mac 8500 in einem Laptop-Gehäuse vor. Die 3400-Familie umfaßte die schnellsten und am besten erweiterbaren Laptops, die Apple bis zu deren Erscheinen im Februar 1997 auf den Markt gebracht hatte – aber auch die teuersten. Trotzdem verkaufte sich das 3400er gut, weil es die Leistung eines Desktop-Mac zum Herumtragen hat.

Codename:	Hooper
Prozessor und Geschwindigkeit:	PowerPC 603ev bei 180, 200 oder 240 MHz
Eingebauter Speicher:	16 MB, erweiterbar auf 144 MB
Ausstattung:	12,1-Zoll-Aktivmatrix-Farbbildschirm, SVGA (600x800 Pixel); 256 K Level-2-Cache; 1,3, 2 oder 3 GB Festplatte; Grafikbeschleunigungshardware; Steckplatz für 2 PC-Erweiterungskarten;

Ausstattung (Fortsetzung):	eingebautes 10BaseT-Ethernet; internes 33,6-Kbps-Modem; 4 eingebaute Lautsprecher; 16-Bit Ton Ein/Aus; 6- oder 12fach CD-ROM-Laufwerkmodul
Systemsoftware:	System 7.6 oder höher mit PowerBook 3400 Enabler

PowerBook 5300

Die Familie der PowerBooks 5300 wurde im August 1995 eingeführt. Die vier verschiedenen Modelle dieser Serie unterscheiden sich ausschließlich durch die Bildschirmtechnologie. Apple verbaute in diesen Geräten den PowerPC 603e, der mit 100 bzw. 117 MHz läuft. Leider sind die Rechner bei weitem nicht so schnell, wie es die Taktrate vermuten läßt. Der 603e ist an sich nicht besonders rasant, außerdem fehlt der Level-2-Cache. Darum laufen die 5300-PowerBooks etwa so schnell wie der erste Power Mac überhaupt – der 6100/60.

Codename:	M2
Auf dem Markt für:	13 Monate
Prozessor und Geschwindigkeit:	PowerPC 603e bei 100 oder 117 MHz
Eingebauter Speicher:	8 MB, erweiterbar auf 64 MB mit einem Steckplatz für RAM-Karte
Display: **5300** **5300cs** **5300c** **5300ce**	 9.5-Zoll-Passivmatrix, 16 Graustufen, 640x480 10,4-Zoll-Passivmatrix-Farbbildschirm, 640x480 10,4-Zoll-Aktivmatrix-Farbbildschirm, 640x480 10,4-Zoll-Aktivmatrix-Farbbildschirm, 800x600
Ausstattung:	herausnehmbares Apple SuperDrive CD-ROM-Laufwerk; 500 MB oder 1,1 GB Festplatte; 2 Steckplätze für PC-Karten; NiMH-Batterie; 8-Bit-Video-Ausgang; 16-Bit-Stereo-Ein- und Ausgänge; eingebauter Lautsprecher und Mikrofon; Trackpad
Systemsoftware:	System 7.5.2 oder höher mit PowerBook 5399 Enabler

PowerBook G3

Die ersten G3-PowerBooks kamen gemeinsam mit den ersten G3-Desktop-Modellen im November 1997 auf den Markt. Alle Vorteile der G3-Desktops sind auch in den PowerBooks zu finden – der einzige Nachteil ist deren Gewicht. Mit knapp 4 kg gehören sie zu den schwersten PowerBooks, die Apple jemals verkauft hat.

Prozessor und Geschwindigkeit:	PowerPC 750 bei 250 MHz
Eingebauter Speicher:	32 MB, erweiterbar auf 160 MB über einen RAM-Steckplatz
Ausstattung:	12,1-Zoll-Aktivmatrix-Farbbildschirm, SVGA (600x800 Pixel); 512 K Level-2-Backside-Cache; 5 GB Festplatte; Grafikbeschleunigungshardware; Steckplatz für 2 PC-Erweiterungskarten; eingebautes 10BaseT-Ethernet; internes 33,6-Kbps-Modem; 4 eingebaute Lautsprecher; 16-Bit Ton Ein/Aus; 20fach CD-ROM-Laufwerkmodul
Systemsoftware:	Mac OS 8 oder höher

PowerBook G3-Serie

«Wallstreet»

Was jetzt kommt, reiht sich nahtlos ein in Apples «Strategien» – und die sind bekanntlich nicht immer leicht zu verstehen: Nur 5 Monate nach der Auslieferung des PowerBook G3 wurde dies von Apple durch die sogenannte G3-Serie ersetzt. Die Namen sind zwar fast identisch, aber die neue G3-Serie hat mit den ersten G3 sowohl äußerlich als auch funktional kaum etwas zu tun. Doch bei allem Unverständnis: Diese neuen «Wallstreet»-PowerBooks waren das beste, was Apple bislang an Computern zum Herumtragen erzeugt hatte.

Abgesehen von ihren durchaus überzeugenden inneren Werten griff Apple hier wieder das Konzept der Erweiterungsschächte auf, das erstmals bei den PowerBook-500-Modellen eingesetzt wurde. Alle Wallstreet-Modelle verfügten über zwei Erweiterungsschächte, die ab Werk mit einer Batterie und mit einem CD-ROM-Laufwerk bestückt waren. Apple selbst bot neben einer zweiten Batterie und zusätzlichen Festplatten-Modulen auch ein Disketten-Laufwerksmodul an, das es interessanterweise nur optional und gegen Aufpreis gab. Schon kurz nach seiner Einführung boten jedoch Dritthersteller Module mit Zip-Laufwerken und Imations SuperDisk-Laufwerken an.

Das fast schon Revolutionäre an den Erweiterungsschächten war jedoch, daß die Module auch im laufenden Betrieb ausgetauscht werden können (im Apple-Jargon «hot swappable» genannt), sofern sie nicht vom Mac OS oder der Hardware für den Betrieb benötigt werden.

Codename:	Wallstreet
Prozessor und Geschwindigkeit:	PowerPC 750 bei 233, 250 oder 292 MHz
Eingebauter Speicher:	32 oder 64 MB, erweiterbar auf 192 MB
Ausstattung:	12,1-, 13,3- oder 14,1-Zoll-Aktivmatrix-Farbbildschirm; 5 GB Festplatte; Grafikbeschleunigungshardware; 2 Erweiterungsschächte, im Betrieb austauschbar («hot-swappable»); eingebautes 10BaseT-Ethernet; S-Video Ausgang bei Versionen PowerBooks (außer bei Version mit 12,1-Zoll-Monitor); 4 eingebaute Lautsprecher; 16-Bit Ton Ein/Aus; 20fach CD-ROM-Laufwerkmodul
Systemsoftware:	Mac OS 8 oder höher

«Lombard»

Anscheinend ist man die ständig neuen Modellbezeichnungen bei Apple selbst leid – denn seit neuestem werden die neuen Modelle einfach unter dem alten Namen weiterverkauft. (Was nun nicht automatisch heißt, daß das Zubehör des Vorgängermodells ebenfalls weiterverwendet werden könnte!) Wir müssen uns daher hier mit den Codenamen behelfen.

Mitte 1999 wurden die G3-PowerBooks noch einmal überarbeitetet, heraus kamen die Modelle G3/333 und G3/400 (Codename «Lombard»). Die G3-Chips gab es mit 333 und 400 MHz, das Display wurde 14 Zoll groß, und die Geräte wurden mit einem USB-Port und einem 10/100BaseT-Anschluß für das Netzwerk ausgerüstet. Das größere Modell gab es mit DVD-ROM-Laufwerk und Decoder-Hardware.

Die wesentlichste Veränderung war allerdings ein verbessertes Gehäusedesign: die «Lombards» sind deutlich leichter und flacher als ihre Vorgänger, weshalb die Module für den Einschubschacht der Wallstreet-PowerBooks nicht mehr passen. Außerdem war das Lombard das erste PowerBook, das weder über einen seriellen noch über einen ADB-Anschluß verfügte.

«Pismo»

Anfang 2000 wurden dann die bislang neuesten Modelle der PowerBook-G3-Serie vorgestellt, die vorher auf den Codenamen «Pismo» hörten. Als wesentlichstes Merkmal zeichnen sie sich durch den Verzicht auf die SCSI-Schnittstelle aus, statt dessen verfügen alle Modellvarianten über zwei FireWire- und zwei USB-Ports. Damit hat Apple bei allen Rechnermodellen den Wechsel zu den neuen Schnittstellen vollzogen.

iBook

Der iMac war eine Revolution im Bereich der Desktop-Computer. Apples Konzept ging auf, und der kompakte Mac für jedermann wurde ein richtiger Renner. Im Sommer 1999 gab es diese erfolgreiche Idee konsequenterweise auch als tragbare Variante – das iBook kam auf den Markt.

Ein runder, bunter Laptop mit genügend Leistung im pfiffigen Design, der eher wie ein flachgedrückter iMac aussieht als wie ein seriöses PowerBook. Außerdem ist das iBook der erste Mac, der von Haus aus Apples AirPort-Technologie unterstützt. (Das ist ein drahtloses Netzwerk mit 11 MBit/s, das über Funk arbeitet.)

Prozessor und Geschwindigkeit:	PowerPC G3 bei 300 MHz
Eingebauter Speicher:	32 MB, 1 SO-DIMM-Steckplatz, max. 160 MB; 512 KB Backside Cache
Ausstattung:	24fach CD-ROM; 3,2 GB IDE-Festplatte; Aktives 12-Zoll-Display mit Millionen Farben, ATI-Grafikcontroller mit 4 MB VRAM; 1 USB-Port, 10/100BaseT-Ethernet; eingebautes 56K-Modem, Audio out, Steckplatz für AirPort-Karte, mitgeliefertes Software-Bundle
Systemsoftware:	Mac OS 8.6 oder höher

Ansonsten ist die Ausstattung auf Normalverbraucher zugeschnitten und läßt sich kaum erweitern, enthält aber auch alle wichtigen Dinge inklusive Modem, Netzanschluß, und USB-Port. Lediglich der eingebaute Speicher ist mit 32 MB etwas mager ausgefallen.

Inzwischen wurden jedoch auch die iBooks einer Revision unterzogen und Apple bietet die beiden iBooks in blau oder orange nun standardmäßig mit 64 MB RAM und einer 6 GB Festplatte an. Zusätzlich gesellte sich noch das iBook Special Edition in der etwas seriöseren «Graphite» Farbvariante zur iBook-Familie hinzu. Innerlich beschränken sich die Unterschiede zu den Standarmodellen jedoch auf den etwas höheren Systemtakt von 366 MHz.

TEIL III

SYSTEME

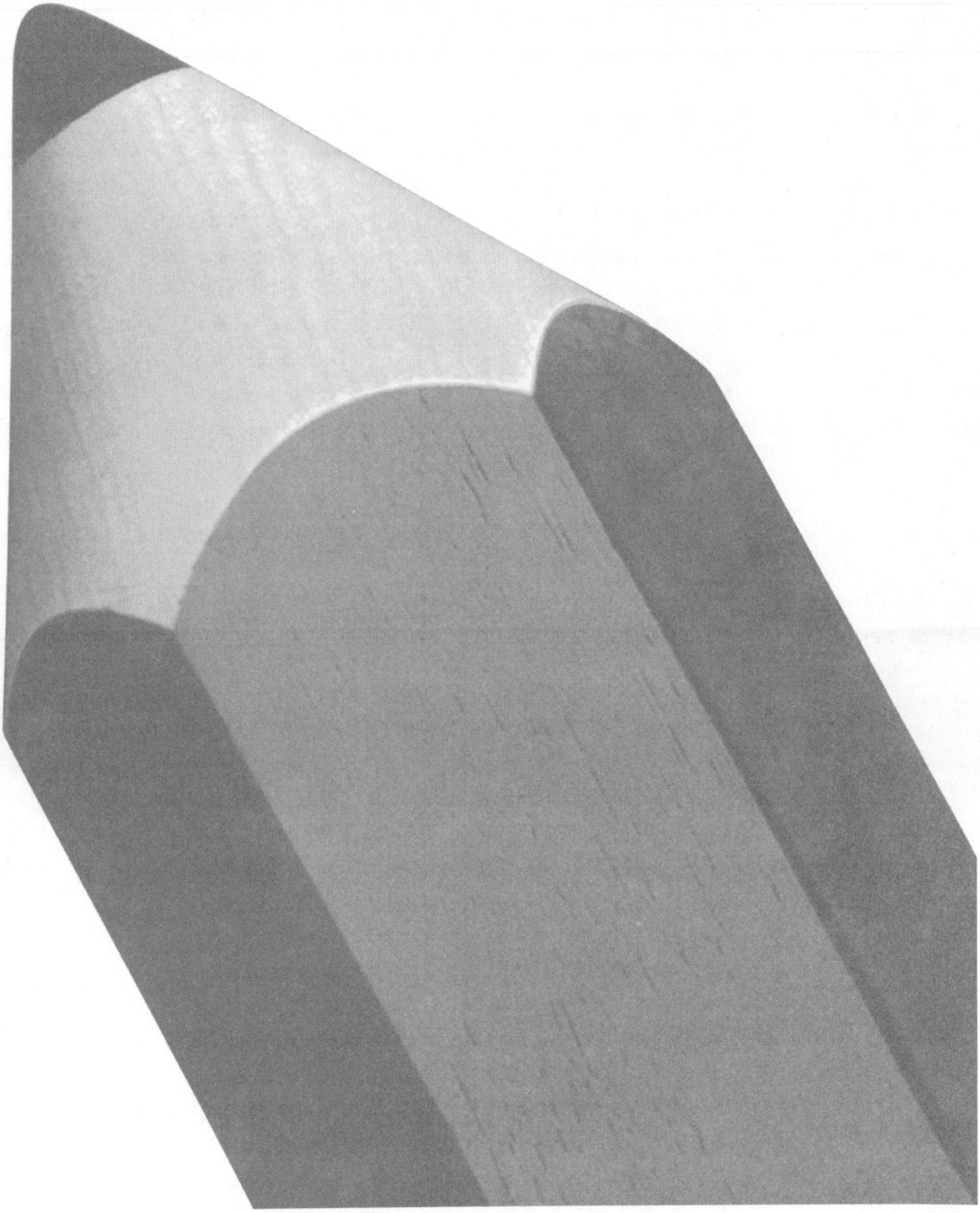

13 Das Systemsoftware-Museum

In diesem Kapitel

Innerhalb von ungefähr zehn Jahren hat Apple nicht weniger als 37 verschiedene Versionen des Mac-Betriebssystems veröffentlicht. Wir werden Ihnen in diesem Kapitel jede Inkarnation der Macintosh-Systemsoftware beschreiben – vom kurzlebigen System 1.0 bis zum mächtigen, ausgefeilten Mac OS 9. (Die Fortsetzung der Betriebssystem-Geschichte mit dem neu entwickelten Mac OS X finden Sie im folgenden Kapitel.)

Die Steinzeit: System 1.0 – 4.2

Sie fragen sich vermutlich, aus welchem Grund man ein Museum der Systemsoftware anlegen sollte? Nun, zum einen kann es das Lösen von Problemen erleichtern, wenn Sie alle Feinheiten der Systeme kennen. Es ist z.B. gut zu wissen, daß Sie einen LC II mit System 6.0.8, aber nicht mit 6.0.7 betreiben können. Oder daß ein Quadra mit System 7.1.2P, aber nicht mit dem nahezu identischen System 7.1.2 läuft. Außerdem hat die Vielzahl der Varianten von System 7 nicht nur uns verwirrt. Oder können Sie uns ohne nachzudenken die Unterschiede zwischen System 7.1.1, 7.1.2, 7.1.3 und 7.5 erklären? Und was bitte war System 7.5.3 Revision 2.1?

Auf einer eher philosophischen Ebene bietet diese Retrospektive einen Überblick darüber, wie sich der Mac seit seiner Einführung entwickelt hat. Es ist erstaunlich, wieviele der grundlegenden Mac-Funktionen, die wir heute für selbstverständlich annehmen, noch nicht vorhanden waren, als die ersten Macs auf den Markt kamen.

System 1.0

Das originale Mac-Betriebssystem war nach heutigen Maßstäben winzig – nur 216 K einschließlich des Finders (46 K) und eines einzigen Druckertreibers für den Imagewriter (damals noch mit kleinem «w», die Benennung ImageWriter wurde erst später eingeführt). Schreibtisch-Programme wie die Uhr und der Rechner waren in der Systemdatei installiert. Diese war unwahrscheinliche 142 K groß, wovon allein die Schriften 86 K einnahmen.

Wenn Sie den Systemordner öffneten, sahen Sie nur sechs Dateien – alle mit dem gleichen Finder-Icon (13.1). Das Originalsystem enthielt außerdem eine Lerndiskette namens *Mousing Around*, die neuen Anwendern helfen sollte, mit der Maus zurechtzukommen.

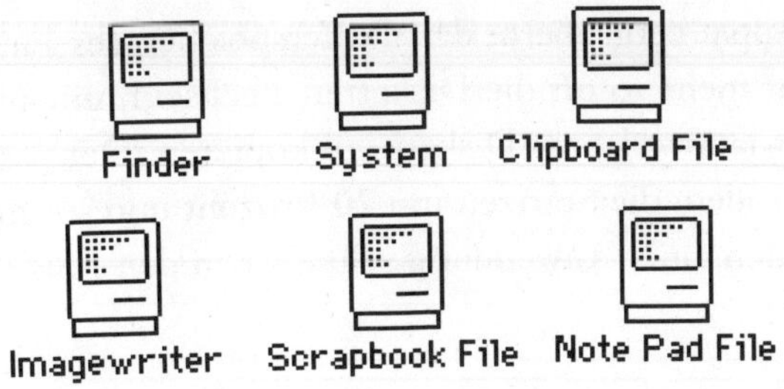

Abb. 13.1 Der gesamte Inhalt des Systemordners – alle 216 K – wie er sich 1984 darstellte.

Sie erinnern sich vielleicht, daß das ganze Konzept mit der Maus als einem Zeigegerät erst 1984 der Öffentlichkeit vorgestellt wurde. Mit Mousing Around konnten Sie «Verbinde die Zahlen» und «Bildschirm-Keyboard» spielen, um den Umgang mit der Maus zu lernen (13.2). Mit diesem Programm ist jedoch ein dunkles Geheimnis verbunden – es war mit dem damaligen Finder inkompatibel! Apple mußte auf der Diskette eine andere Version des Systems und des Finders liefern. Wenn Sie versuchten, den Mac mit *dieser* Version des Systems zu starten, stürzte er einfach ab.

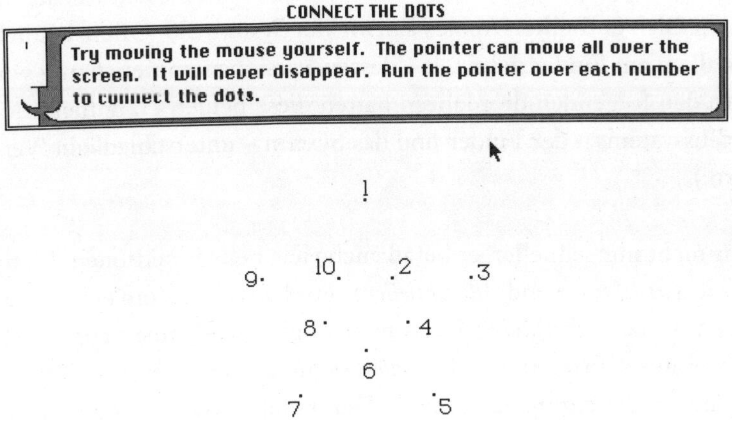

Abb. 13.2 Bewegen Sie die Maus! «Mousing Around» wurde mit allen frühen Macs geliefert.

System 1.1

Bereits nach weniger als vier Monaten veröffentlichte Apple ein System-Upgrade für den Mac. Am 5. Mai 1984 wurde System/Finder 1.1 eingeführt, in der gleichen Woche teilte Apple mit, daß bereits 70.000 Macs verkauft seien.

Das stärkste Verkaufsargument für System 1.1 war die erhöhte Geschwindigkeit beim Diskettenkopieren. Apple vergrößerte den Pufferspeicher des Finders. Dadurch mußte man nicht mehr so oft die Disketten wechseln, um auf Macs mit einem einzigen Floppylaufwerk eine Diskette zu kopieren. Der verbesserte Systemcode verkürzte zudem die Startzeit um 20 Prozent und sorgte dafür, daß man nach dem Beenden einer Anwendung schneller in den Finder zurückkehren konnte.

Der Finder 1.1 besaß außerdem zum ersten Mal den Befehl *Set Startup* im *Spezial*-Menü. Sie konnten so beim Starten des Mac automatisch eine bestimmte Anwendung öffnen.

Allerdings gab es den Befehl *Neuer Ordner* noch nicht. Statt dessen befand sich auf jeder Diskette immer ein leerer Ordner, der sich nicht löschen ließ. Wenn Sie diesen Ordner umbenannten (um ihn zu verwenden), erschien auf der Stelle ein neuer leerer Ordner. Auch der Befehl *Ausschalten* war noch nicht vorhanden!

System 2.0

Dann verging fast ein Jahr, ohne daß ein neues System veröffentlicht wurde. Im April 1985 schließlich enthüllten Apples Entwickler System 2.0. Offensichtlich hatten sie vor allem am Finder gebastelt – dessen Versionsnummer sprang von 1.1 auf 4.1. (In den folgenden drei Jahren hatten diese beiden Hauptbestandteile des Betriebssystems – der Finder und das System – unterschiedliche Versionsnummern.)

Finder 4.1 war nicht nur schneller, er besaß auch viele neue Funktionen. Manche Befehle (wie *Zurücklegen* und *Alle schließen*) verschwanden. Zum ersten Mal wurden in der Listenansicht kleine Icons neben dem Dateinamen angezeigt. Ein neues Schreibtisch-Programm, die *Druckerauswahl*, wurde eingeführt; das war der Vorgänger der heutigen *Auswahl*. Der Befehl *Leerer Ordner* wurde durch *Neuer Ordner* ersetzt. Im *Ablage*-Menü erschien ein weiterer neuer Befehl namens *Katalog drucken*; damit konnten Sie den Inhalt eines Ordners oder einer Diskette in Listenform ausdrucken. Im *Spezial*-Menü tauchten zwei neue Befehle auf: *Ausschalten* und *MiniFinder benutzen*.

Der MiniFinder war die Keimzelle des späteren *At Ease*. Er funktionierte folgendermaßen: Sie markierten die Icons der gewünschten Anwendung und wählten dann den Befehl *Spezial/MiniFinder benutzen*. Daraufhin erschien eine

Dialogbox, in der Sie gefragt wurden, ob Sie die ausgewählten Anwendungen im MiniFinder installieren wollen. Ab diesem Zeitpunkt öffnete sich jedesmal wenn Sie eine Anwendung beendeten, eine MiniFinder-Dialogbox, in der die Icons aller installierten Programme angezeigt wurden. Sie konnten dann eine Anwendung durch Doppelklick auf ihr Icon starten.

Überraschenderweise war es erst mit Finder 4.1 möglich, eine Diskette durch Ziehen auf den Papierkorb auszuwerfen, wodurch dann auch automatisch deren Icon vom Schreibtisch verschwand. In den Versionen 1.0 und 1.1 mußten Sie den Befehl *Auswerfen* anwenden – erst dann konnten Sie das Icon in den Papierkorb werfen und so entfernen.

Durch diese Änderungen entstand ein besseres und glatteres Betriebssystem. Aber natürlich gab es Leute, denen die Verbesserungen nicht weit genug gingen. Mac-Gurus suchten immer weiter nach Wegen, die Leistung des Mac zu verbessern. 1986 wurde in einer Mac-Zeitschrift vorgeschlagen, den Schreibtisch neu aufzubauen, denn dadurch würden, so lautete die Begründung, «15 K aus dem System entfernt, die es verlangsamen». Interessanterweise wurden bei diesem Vorgang nicht nur sämtliche Kommentare aus den Info-Fenstern gelöscht; es wurden auch gleich alle Ordner entfernt und die Icons blieben nackt und zitternd auf dem Schreibtisch zurück!

System 3.0

Im Januar 1986 erschien der Mac Plus zusammen mit einem brandneuen Mac-Betriebssystem – System 3.0 und Finder 5.0.

Dieses Upgrade brachte einige umwälzende Veränderungen im Macintosh-Betriebssystem mit sich. Es beinhaltete einen schnelleren und effizienteren Finder. Es führte den RAM-Cache ein – einen kleinen superschnellen Speicher, der die Leistung des Mac verbesserte, indem er häufig benötigte Daten während einer Arbeitssitzung speicherte (heute wird dieser Speicher Volume-Cache genannt). Diese Version besaß außerdem zum ersten Mal ein Installationsprogramm.

Die wichtigste Veränderung war ohne Zweifel die allgemeine Einführung des Hierarchischen Dateisystems (HFS; Hierarchical File System), welches das alte Macintosh Dateisystem (MFS; Macintosh File System) ersetzte. Das alte MFS war nicht-hierarchisch aufgebaut. Sie konnten also Ordner nicht ineinander verschachteln. Sicher konnten Sie Dateien in Ordner ablegen, aber für das

Gehirn des Macintosh befanden sich alle Dateien auf einer Ebene – der einzigen Ebene. Wenn Sie die Öffnen- oder Speichern-Dialogbox benutzten, verschwanden alle Ordner, und Ihre Dateien erschienen in einer einzigen, riesigen Liste. (HFS erschien zuerst als Patch für die HD20, Apples 20-MB-Festplatte. Diese wurde mit dem Steckverbinder für das Diskettenlaufwerk an der Rückseite des Mac verbunden. Das Diskettenlaufwerk selbst fand an der Festplatte Anschluß.)

System 3.1

Über diese Version hört man heute nicht mehr sehr viel. Sie wurde nur einen Monat nach System 3.0 veröffentlicht und enthielt einen neuen Finder – Version 5.2. Offensichtlich war dieses System voller Bugs. Die damaligen Mac-Gurus empfahlen, es nicht zu benutzen.

System 3.2

Im Juni 1986 wurde System 3.2 (zusammen mit Finder 5.3) von Apple veröffentlicht, um ungefähr 30 Bugs zu beseitigen. Unter anderem enthielt diese Version einen neugestalteten Taschenrechner. Der alte Rechner hatte viele Leute verzweifeln lassen, da seine Knöpfe nicht mit den Tasten auf dem Ziffernblock übereinstimmten – die Rechenzeichen in der oberen Zeile waren in der falschen Reihenfolge angeordnet (13.3). Der neue Rechner stimmt seitdem genau mit dem Ziffernblock auf Apple-Tastaturen überein.

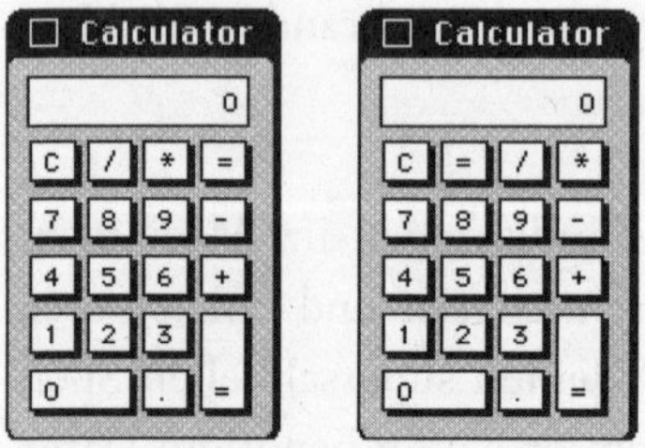

Abb. 13.3 Das Layout des alten Rechners (links) stimmte nicht mit der Tastenanordnung dem Ziffernblock-überein. Das aktuelle Layout (rechts) wurde mit System 3.2 eingeführt.

Außerdem wurden mit diesem Update Probleme mit dem Programm *Auswahl* gelöst. Es wurden Fehler beseitigt, die dazu führten, daß kursive Schriften mysteriöserweise beim Drucken abgeschnitten wurden, sowie daß Dateien verschwanden und das System abstürzte.

System 3.3

Diese Inkarnation des Systems erschien zusammen mit Finder 5.4. Sie stammte vom Januar 1987 und war eine leichte Verbesserung von System 3.2. Dieses System war für vernetzte Macs gedacht, die AppleShare benutzten.

System 4.0

Im März 1987 veröffentlichte Apple System 4.0. Dieses Mal erfuhr der Finder keine Weiterentwicklung, die aktuelle Version (5.4) blieb bestehen. Apple empfahl dieses System für alle Macs mit wenigstens 512 K RAM. Mit anderen Worten, dies war das erste System, das nicht mehr auf dem originalen Mac mit 128 K lief. System 4.0 entfernte vor allem Bugs, die noch in den Versionen 3.2 und 3.3 herumgeisterten.

Es gab auch kosmetische Veränderungen. Die Mac Plus und ImageWriter II waren nicht länger beige. Sie wurden in Apples offizielle neue Farbe gekleidet: Platinum, ein Grauton, der bei Desktop-Macs 11 Jahre lang unangetastet blieb. Erst mit dem radikalen iMac-Design wurden andere Farben eingeführt.

System 4.1

Dieses Upgrade wurde im April 1987 zusammen mit Finder 5.5 veröffentlicht. Das neue System beinhaltete AppleShare 1.1, das für die Vernetzung der Mac II notwendig war. Apple empfahl diese Systemversion für den Mac Plus und höher. Neben anderen Dingen verbesserte System 4.1 die Leistung von Festplatten mit großer Speicherkapazität – und das galt damals für alle Festplatten über 32 MB!

System 4.2

Im Oktober 1988 wurde dieses Update herausgegeben. Fur die damaligen Macintosh-Anwender war es als Teil des Apple Systemsoftware-Update 5.0 verfügbar, das System 4.2 und Finder 6.0 beinhaltete. Mit diesem Update wurde die erste Version des MultiFinder eingeführt – das war die Vor-System7-Version von Multitasking. Der MultiFinder (Codename «Juggler») ermöglichte es Ihnen, mehrere Anwendungen gleichzeitig laufen zu lassen und zwischen ihnen umzuschalten, indem Sie auf das Anwendungs-Icon in der Menüleiste klickten. (Die konkurrierende Multitasking-Technik von Andy Hertzfeld namens «Servant» wurde von Apple nie offiziell angenommen.)

Das Viktorianische Zeitalter: System 6

Die Ära von System 6 begann im August 1989 mit der Veröffentlichung von System 6.0.2. (Damit begann außerdem das Zeitalter der dreistelligen Systemnummern – eine Änderung in der dritten Stelle nach dem zweiten Dezimalpunkt zeigte eine kleinere Änderung an als die Änderung in der zweiten Stelle.)

System 6.0.2

Aufmerksame Mac-Fans haben eine visuelle Änderung in System 6.0.2 registriert, die sofort anzeigt, daß es sich um System 6 handelt: ein einzelnes schwarzes Pixel. Dieser zusätzliche Bildpunkt erschien an der linken Kante jedes Finder-Fensters, wo der Doppelstrich unter der Diskketteninformation auf den linken Rand des Fensters trifft. (Übrigens, was ist eigentlich aus System 6.0 und 6.0.1 geworden? Das erste war so voller Bugs, daß es sofort ersetzt wurde – und das zweite war so voller Bugs, daß es gar nicht erst erschien.)

An dieser Stelle war auch die Anzahl der Systemdisketten auf vier angewachsen. Während der nächsten zwei Jahre folgten kleinere Upgrades und Verbesserungen, die oftmals lediglich die Systemsoftware an neue Mac-Modelle und Drucker anpaßten.

System 6.0.3, 6.0.4, 6.0.5, 6.0.7

System 6.0.3 erschien mit dem SE/30 auf der Bildfläche. Apple empfahl 6.0.3 für alle aktuellen Modelle. 6.0.4 ist die älteste Version von System 6, die auf einem IIci laufen kann. Für einen IIfx brauchen Sie wenigstens System 6.0.5, während 6.0.7 für einen Classic, IIsi oder den LC erforderlich ist. (Der LC II jedoch erwartet wenigstens 6.0.8 und der LC III sogar System 7.)

System 6.0.8

Apples Codename für System 6.0.8 war «Terminator» – ein passender Name, da es sich in der Tat um die letzte Version von System 6 handelte. Sie wurde nur Monate vor der Vorstellung von System 7 veröffentlicht. Laut Apple handelt es sich um die einzige Version von System 6, die auf einem LC II laufen kann. Sie unterstützte auch so frühe Macs wie den Mac Plus. Im Prinzip war es System 6.0.7 mit verbesserten Druckertreibern.

Als der Stern von System 6 unterging, hatte sich die Größe des Mac-Systems und des Finders seit den Tagen von System 1.0 mit etwa 610 K mehr als verdreifacht.

System 7.0

System 7 stellte für Apple einen Quantensprung dar. Das hochgelobte und viel kritisierte System – Codename «Big Bang» – wurde im Mai 1991 ausgeliefert.

Der Umstieg auf System 7 war für viele Leute eine Qual. Man brauchte eine Festplatte. Man brauchte 2 MB oder mehr RAM. Und es kostete viel Geld, alle Programme zu aktualisieren, damit diese unter System 7 laufen konnten.

System 7 machte das Leben aber auch leichter. Verschiedene Bugs verschwanden, viele umständliche Oberflächenbestandteile wurden verbessert, und es wurde ein großer Aufwand betrieben, um System 7 so einfach und elegant wie möglich zu gestalten. Das vollständig erneuerte Betriebssystem führte Dutzende neuer Funktionen ein. Die wichtigsten waren: 32-Bit-Adressierung (was es dem Mac schließlich erlaubte, mehr als 8 MB RAM anzusteuern), Aliase, ein Apple-Menü, in dem nicht nur die Schreibtisch-Programme, sondern auch Anwendungen, Ordner und Dokumente untergebracht werden konnten, das Anwendungsmenü, die Aktive Hilfe, farbige 3D-Fenster, schnellere Druckertreiber, eingebautes File Sharing, der nützliche Befehl *Zurücklegen*, der Ordner *Startobjekte*, Formulare, das Kontrollfeld *Darstellungen* und QuickTime.

Mit System 7 wurden viele der grundlegenden Interface-Elemente des Mac eingeführt, die wir heutzutage als selbstverständlich hinnehmen. Dazu gehören hierarchische Listenansichten, in denen man die Inhalte verschachtelter Ordner anzeigen oder verbergen kann, und Tastenkürzel, mit denen man Icons auswählen, sowie Fenster und Ordner öffnen und schließen kann. Dazu kamen das «Umbenennungsrechteck», das erscheint, wenn Sie auf den Namen eines Icons klicken, die Möglichkeit, Dateien Icons zuzuweisen, sowie ein Papierkorb, der seinen Inhalt nicht automatisch wegwirft, sobald Sie den Rechner ausschalten.

System 7.0.1

Die Anwender konnten sich nur wenige Monate an einem Betriebssystem mit einer schönen runden Versionsnummer erfreuen, bevor Apple mit System 7.0.1 auf den Plan trat. Im Apple-Hauptquartier war die neue Systemversion unter zwei Codenamen bekannt: «Road Warrior» und «Beta Cheese».

Die neue Version entfernte vor allem einige Bugs – z.B. daß gelegentlich einfach Icons verschwanden. Außerdem wurde es an die damals neuen PowerBooks und Quadras angepaßt. Dazu wurden die alten Kontrollfelder *Portable* und *Helligkeit* aktualisiert (Überbleibsel des Mac Portable) und die Erweiterung *Caps Lock* (später auch *Feststellstaste* genannt) hinzugefügt.

Für die neuen Macs mit 68040-Prozessor kamen das Kontrollfeld *Cache-Umschalter* und einige interne Änderungen im Dateisystem hinzu. Schließlich wurden die Software für die Verwaltung der RAM-Diskette und die Steuerung der Soundfunktionen an die neuen Modelle angepaßt.

System 7.1

Nachdem System 7.0.1 veröffentlicht worden war, um neue Macintosh-Modelle zu unterstützen, führte Apple die Enabler-Technik ein und wandte sie auch sofort in System 7.1 an. Dieses System sollte für mehrere Jahre bestehen bleiben.

System 7.1 war auch aus anderen Gründen bemerkenswert: es war das erste Systemsoftware-Update, das Apple nicht einfach so weggab. Man mußte es kaufen, sehr zum Ärger von Nutzergruppen und Onlinediensten, die sich daran gewöhnt hatten, jede neue Systemversion allgemein zugänglich zu machen. Apple gab den Protesten nach und bot diesen Personenkreisen ein Upgrade-Paket für weniger als 30 Dollar an. Es war aber bereits klar: Apple war neidisch auf Microsoft, das größte Systemsoftware-Kaufhaus der Welt.

System 7.1 umfaßte eine Menge Veränderungen, die meisten allerdings lagen tief im Inneren des Betriebssystems und betrafen den durchschnittlichen Macintosh-Anwender nicht. Zum Beispiel ermöglichte System 7.1 fremdsprachige Übersetzungen mit Hilfe einer Technik namens WorldScript. Außerdem gab es neue Kontrollfelder für die «Internationalisierung» des Mac: *Zahlenformat*, *Datum & Uhrzeit* usw.

Neben der QuickTime-Erweiterung war der Zeichensätze-Ordner die einzige Neuerung. Zum ersten Mal war es möglich, alle Schriften in einem Ordner abzuspeichern. Vorher waren sie entweder irgendwo in der Systemdatei vergraben oder, wie im Fall der Druckerschriften, im Systemordner verstreut.

System 7 Pro (System 7.1.1)

Mit System 7 Pro begann Apple, bereits existierende Anwendungsprogramme in die System-7-Box zu werfen und das Ganze dann ein neues Betriebssystem zu nennen. Diese Veröffentlichung vom Oktober 1993 – die vor allem auf vernetzte Büros zielte – war nichts weiter als System 7.1, das zusätzlich mit dem völlig unverständlichen und vorzeitig freigegebenen PowerTalk ausgestattet war. Es enthielt außerdem AppleScript und QuickTime.

System 7.1.2

Dieses Mini-Upgrade war für die ersten Power Macs gedacht. Anders als man es vielleicht erwartete, war es keineswegs in «nativem» Code neu geschrieben worden, um die Geschwindigkeit anzukurbeln. Um genau zu sein, waren nur 10 bis 15 Prozent des Systems nativ – laut Apple jedoch die Teile, die am häufigsten benutzt wurden.

Die sichtbaren Zeichen der Veränderung waren vor allem das neue Kontrollfeld *Speicher* – mit der seltsamen Einstellung *Modern Memory Manager* – und seine Auswirkungen. Wenn Sie damit den virtuellen Speicher einschalten, wird der im Informationsdialog angezeigte Speicherbedarf der Programme geringer (siehe Kapitel 16).

System 7.1.2P

Verwechseln Sie diese Variante von System 7.1.2 nicht mit System 7.1P2. Hierbei handelt es sich um eine spezielle Version von 7.1.2, die mit den Quadra (und LC- und Performa) 630-Modellen veröffentlicht wurde. Es ist ein Standard-Macintosh-Betriebssystem, das im Prinzip mit dem System 7.1.2 identisch ist. Es war auf allen Macs der 630-Serie vorhanden, unabhängig davon, ob sie zur LC- oder Performa-Reihe gehörten. 7.1P2 dagegen war die nur für den Performa gedachte Version von System 7.1.

System 7.1.3

Dieses System kam mit den PowerBooks der Serie 500 auf den Markt und erhielt die neue Systemnummer nur, weil es einige verbesserte Software enthielt – vor allem die Kontrolleiste.

Eines ist jedoch kaum bekannt: Ein PowerBook 500 wurde mit dem Äquivalent von System 7 Pro geliefert. Es enthielt PowerTalk, QuickTime und alle anderen Nettigkeiten von Apple.

System 7.5

Als System 7.5 Ende 1994 veröffentlicht wurde, war niemand über dessen Inhalt überrascht. Die neue «Referenz» enthielt Dutzende wirklich nützlicher neuer Funktionen, die aber meist schon vor System 7.5 in irgendeiner Form verfügbar waren. Dazu gehörten unter anderem die Netzwerksoftware *PowerTalk*, die es vorher nur mit System 7 Pro gab, *PC Exchange* zum Benutzen von

IBM-PC-Disketten sowie *Macintosh Easy Open*, ein Programm, das Anwendungen zum Öffnen unbekannter Dokumente vorschlägt. Zu den wirklich neuen Funktionen gehörten Macintosh Drag & Drop, QuickDraw GX (die neue Zeichensatz- und Drucksoftware) und die Apple Hilfe.

Die überraschendsten Zusätze waren einige Shareware-Programme. Apple lizenzierte eine Handvoll populärer Shareware-Programme und nahm sie als offizielle Systemsoftware an. Das muß für deren Autoren eine ermutigende und freundliche Geste gewesen sein!

Enttäuschend war System 7.5 vor allem für zwei Benutzergruppen: Power Mac-Anwender hatten gehofft, daß dieses System bereits für den neuen Prozessor optimiert sein und auf diese Weise schneller und effektiver laufen würde. Anwender dagegen, die nur über einen kleinen Arbeitsspeicher und geringen Festplattenplatz in ihrem Rechner verfügten, mußten feststellen, daß System 7.5 – und dort speziell QuickDraw GX – immens viel Platz in Anspruch nahm.

System 7.5.1 (System 7.5 Update 1.0)

Nachdem System 7.5 veröffentlicht worden war, entdeckte Apple, daß es eine ganze Menge Fehler gab, die noch behoben werden mußten. So erschienen in den darauffolgenden Monaten einige Updates. Im März 1995 begannen sich diese zu häufen. Um die Verwirrung nicht noch weiter zunehmen zu lassen, entschloß man sich, alle Korrekturen zusammenzufassen, großzügig noch einige Systemverbesserungen dazuzulegen und das Ganze dann unter einem neuen Namen zu veröffentlichen – System 7.5 Update (später bekannt als System 7.5 Update 1.0).

System 7.5 Update 1.0 bestand aus vier Disketten, die alle möglichen aktualisierten Komponenten in den Systemordner kopierten, die überflüssigen Elemente entfernten und das Betriebssystem offiziell auf 7.5.1 aktualisierten.

Das Update verbesserte die Speicherstabilität und löste verschiedene Probleme: Rechnerabstürze beim Einfügen großer Datenmengen, Öffnen der falschen Originaldatei beim Doppelklicken auf einen Alias auf dem Schreibtisch, sowie bestimmte modellspezifische Probleme.

Beim Update wurden neue und verbesserte Versionen vieler Systemkomponenten eingeführt. Mit dem neuen File Sharing 7.6.1 mußten Sie z.B. nicht mehr File Sharing ausschalten, um ein Wechselmedium oder eine CD-ROM auszuwerfen. Der KlickStarter 2.7 besaß nun Drag&Drop-Unterstützung. Es gab neue Versionen der Apple Hilfe (in nativem PowerPC-Code), des SCSI-Managers und Speech Managers sowie der PowerTalk Mailbox. Einige Kontrollfelder wurden auch erneuert, darunter *Allgemeine Einstellungen*, *Apple-Menü-Optionen*, *Tastatur* usw. Außerdem konnten nun die meisten Macs mit einem Druck auf den Einschaltknopf ausgeschaltet werden.

Allerdings lag das System immer noch nicht vollständig im nativen PowerPC-Code vor. Bisher konnten das nur drei Komponenten von sich behaupten: QuickDraw, Modern Memory Manager und Apple Hilfe.

System 7.5.2

Fünf Monate nach dem System 7.5-Update schickte Apple die ersten Power Macs mit PCI-Anschluß und eine neue PowerBook-Reihe ins Rennen. Dafür wurde wieder ein Update der Systemsoftware notwendig. Das Ergebnis: System 7.5.2. Die einzigen Macs, die dieses Betriebssystem einsetzen konnten, waren die Power Macs 7200, 7500, 8500 und 9500 sowie die PowerBook-Reihe 5300 (oder die PowerBooks der 500-Reihe mit PowerPC-Upgrade).

Dieses System löste eine Menge Verwirrung aus. Massen von Macintosh-Anwendern zogen los und versuchten, dieses System zu bekommen, nur um dann zu entdecken, daß sie damit nichts anfangen konnten.

Was noch viel schlimmer war, die beiden Versionen (eine für PowerBooks und eine für PCI-Macs) waren noch nicht einmal gleich. Apple hatte zwei verschiedene, untereinander inkompatible Betriebssysteme unter dem gleichen Namen veröffentlicht!

System 7.5.2 enthielt zudem eine Menge Fehler, die erst von Anwendern entdeckt wurden – so gab es beispielsweise Probleme mit dem Aufbau von Internetverbindungen über PPP bzw. SLIP – und Apple schob hastig verbesserte Versionen von OpenTransport nach: die Versionen 1.0.6, 1.0.7 und 1.0.8.

Das neue System erforderte darüber hinaus einen modellspezifischen Enabler. Um die Tradition einzuhalten, wonach die Namen der Enabler absolut nichts mit dem Mac zu tun haben, auf dem sie laufen, erhielt diese Version den Namen *System Enabler 701*. (Es ging aber noch viel schlimmer: Die Modelle 7200 und 9500 erforderten Version 1.1 des System Enabler 701, während die Modelle 7500 und 8500 nach der Version 1.2 verlangten.)

Die vermutlich beste Neuerung von System 7.5.2 war die Tatsache, daß es die maximale Größe eines gemounteten Volumes von 4 GB auf 2 Terabyte (das sind 2.048 GB) erhöhte.

System 7.5.3 (System 7.5 Update 2.0)

Nach dem Desaster mit den System 7.5-Updates wollte Apple zu Anfang des Jahres 1996 klare Verhältnisse schaffen. Das Ziel bestand darin, ein Standardsystem einzuführen, das von allen aktuellen Modellen unterstützt wird und keine Enabler benötigt. System 7.5.3 enthielt alle existierenden Enabler und Systemsoftware-Updates. Wiederum wurden Dutzende kleiner Systemfehler behoben und eine Reihe von Komponenten durch aktuelle und verbesserte Versionen ersetzt. Es erschien eine neue Version von SimpleText (1.3.1), die QuickDraw 3D-fähig war. Das Kontrollfeld *Monitore & Ton* ersetzte das Kontrollfeld *Sound & Anzeige* der PCI-Macs.

Apple nahm das Update weiterhin zum Anlaß, den Systemordner aufzuräumen. Das neue System war aber mehr als eine reine Fehlerbeseitigung. Das Betriebssystem erfuhr eine Reihe von faszinierenden Verbesserungen. Wenn Sie auf einem Power Mac unter 7.5.3 ein Icon anfaßten und zogen, erschien nun nicht mehr nur ein Umriß des Icons, sondern eine Geist-Version des Icons verblieb auf dem ursprünglichen Platz, bis Sie das Icon wieder losließen.

Mit dem Update 2.0 wurde OpenTransport 1.1 eingeführt, ein Netzwerkprotokoll, welches das betagte AppleTalk ersetzen sollte. Diese Version von OpenTransport funktionierte auf allen 68030- und 68040-Macs sowie auf allen Power Macs außer den 5200, 5300, 6200 und 6300. Da man weiterhin feststellte, daß diese Software zu einer Reihe von bestehenden Programmen inkompatibel war, gab man ein weiteres kleines Programm hinzu – den *Network Software Selector*. Dieses kleine Programm ermöglichte es, auf Nicht-PCI-Macs zwischen OpenTransport und dem klassischen AppleTalk zu wählen.

In System 7.5.3 konnte man zum ersten Mal den Schreibtisch neu aufbauen, ohne alle Kommentare zu zerstören. Außerdem erhöhte sich die Geschwindigkeit beim Kopieren von Dateien im Finder. Das Kontrollfeld *Speicher* wurde verbessert. Es konnte nun auf der Grundlage des eingebauten Speichers automatisch den Standardwert für den Volume-Cache festlegen. Mehr Code als bisher war im nativen PowerPC-Code geschrieben.

System 7.5.3L

Diese Version wurde speziell für die Macintosh-Clones veröffentlicht. Mac-kompatible Rechner von Firmen wie Power Computing, Umax und Daystar wurden mit System 7.5.3L ausgeliefert.

System 7.5.3 Revision 2

In den darauffolgenden Monaten gab Apple eine Reihe kleinerer Änderungen heraus, die zunächst keine eigene Version rechtfertigten. Mit der Zeit häuften sich jedoch die Bug-Reports, und es wurde klar, daß größere Probleme behoben werden mußten. So wurde System 7.5.3 Revision 2 geboren.

Unglücklicherweise stürzte dieses Update Tausende von Macintosh-Anwendern in eine noch größere Verwirrung, da diese System 7.5 Update 2 (mit dem System 7.5.3 installiert wurde) mit System 7.5.3 Revision 2 verwechselten. Macintosh-Experten und -Kolumnisten mußten alle Anstrengungen darauf verwenden, um die Benutzer durch dieses Versionsdurcheinander zu führen. Zumindest wurde jedoch mit Revision 2 wieder ein Standardsystem für alle Macs vorgestellt.

System 7.5.3 Revision 2.1

Mit dem Performa 6400, einem 200 MHz schnellen, PowerPC-603-basierten Minitower, kam ein Rechner auf den Markt, der eine neue Version von LocalTalk sowie einen aktualisierten Grafiktreiber erforderte. Apple blieb nichts anderes übrig, als eine Revision der Revision herauszugeben, die nur die Modelle Performa 6400/200 und 6400/180 betraf.

System 7.5.4

Apple plante die Veröffentlichung von System 7.5.4 für den Oktober 1996. Das Ziel war es wiederum, ein Standardsystem zu schaffen, das für alle Macs gültig war. Vor allem sollte es PowerBooks und PCI-Macs stabiler und zuverlässiger machen. Die Speicherverwaltung sollte sich verbessern und die Leistung bei Verwendung von virtuellem Speicher steigen.

Nach einer limitierten Vorabveröffentlichung und buchstäblich Stunden vor der offiziellen Veröffentlichung des Systems wurde ein schlimmer Bug entdeckt, der Probleme mit den 5400 und 6400 hervorrief. Apple stoppte auf der Stelle die Auslieferung des Systems und zog die Veröffentlichung zurück.

System 7.5.5

Am Tag, nachdem Apple System 7.5.4 kippte, wurden die Fehler beseitigt und das System mit der neuen Nummer 7.5.5 veröffentlicht. Apple empfahl dieses Update für alle Anwender von System 7.5.3. Es enthielt allerdings keine neuen Funktionen oder Veränderungen an der Oberfläche.

System 7.5.5 sollte vor allem die Stabilität der Power Macs und PowerPC-basierten PowerBooks verbessern. Die Neuerungen betrafen hauptsächlich die Zuverlässigkeit der leistungsfähigeren Power-Mac-Modelle, die Verwaltung des virtuellen Speichers und die Umschaltung zwischen Anwendungen und Dokumenten. Vor allem erlaubte dieses System die Einrichtung eines universellen Systemordners, der jeden Mac – angefangen vom Mac Plus bis hin zum damals neuesten Modell, dem Performa 6400 – starten konnte.

Dieses System markierte außerdem einen weiteren Wendepunkt: es war das letzte System, das auf Macs ohne eingebaute 32-Bit-Adressierung starten konnte. Wenn Sie zur Zeit noch eine ältere Version von System 7.5 haben, können Sie kostenlos auf System 7.5.5 aufrüsten. Sie finden das Update auf der Website von Apple.

Copland: Das System, das es nie gab

Bereits mit der ersten Auslieferung von System 7.5 im Jahre 1994 versprach Apple seinen Kunden etwas viel Besseres. Innerhalb eines Jahres wollte Apple die größte und dramatischste Änderung seines Betriebssystem vornehmen. Das System mit dem Codenamen «Copland» sollte exklusiv für den Power Mac geschrieben werden. Es sollte neue Ansätze in der Speicherverwaltung und im Multitasking aufnehmen, um mehrere Funktionen gleichzeitig ausführen zu können, ohne in Speicherkonflikte zu geraten.

Es wurde jedoch bald klar, daß die Ingenieure von Apple den Mund zu voll genommen hatten. Der Termin der Veröffentlichung von Copland wurde immer wieder verschoben, von Ende 1995 über verschiedene Termine 1996 bis Ende 1997. In der Zwischenzeit begann man bei Apple, das Kind bei seinem richtigen Namen zu nennen – Mac OS 8.

Da Millionen Kunden inzwischen ungeduldig wurden, kippte Apple das Copland-Projekt. Statt dessen entschied man sich dafür, ein bestehendes Betriebssystem zu erwerben – das NeXT OS – und es zu einem neuen System namens «Rhapsody» auszubauen.

In der Zwischenzeit sollte das System 7 weiterentwickelt werden. Alle sechs Monate würden Updates erscheinen, die einige der für Copland versprochenen neuen Funktionen beinhalten sollten. Diese halbjährlichen Updates hatten die Codenamen «Harmony» (jetzt System 7.6), «Tempo» (jetzt Mac OS 8), «Bride of Buster» (jetzt Mac OS 8.1) und «Allegro» (jetzt Mac OS 8.5).

System 7.6

Die erste der angekündigten Veröffentlichungen erschien im Januar 1997. Es handelte sich um Harmony, das nun offiziell System 7.6 genannt wurde. Zur allgemeinen Enttäuschung enthielt dieses System keine der tollen Copland-Funktionen. Es bot jedoch Verbesserungen hinsichtlich Stabilität und Schnelligkeit. Macs mit System 7.6 starteten bedeutend schneller, und auch die Anwendungen waren schneller verfügbar.

System 7.6 vereinte eine Reihe von bereits vorher vorhandenen Programmen unter einem Dach. Außerdem bot es Unterstützung für Mehrprozessor-Macs von Apple, Daystar, Umax und anderen.

Die Änderungen, die dieses Betriebssystem mit sich brachte, waren zwar nicht dramatisch, es gab sie aber doch. Zum Beispiel enthielt es ein verbessertes Kontrollfeld *Erweiterungen Ein/Aus* und ein komfortableres Installationsprogramm. Mit Hilfe des neuen Kontrollfeldes *Speech* konnte man sich die Meldungen aus den Dialogboxen vorlesen lassen (leider nur mit amerikanischem Akzent).

System 7.6.1

Dieses kleine Update erschien nur wenige Monate nach System 7.6, um Fehler zu beseitigen und Komponenten nachzuliefern, die wegen neuer Hardware notwendig geworden waren. Zu den korrigierten Fehlern gehörte unter anderem die versehentliche Vertauschung der Helligkeits- und Kontrastregler am PowerBook 1400 unter System 7.6.

Außerdem wurden die Fehlerbehandlung und die Zuverlässigkeit beim Abspielen von QuickTime-Filmen verbessert, Infrarot-Probleme bei den PowerBooks 1400 und 3400 behoben, das Drucken bei den 5400- und 6400-Power Macs beschleunigt und neue Versionen des Apple System Profiler, der Apple-

Die Microsoft-Invasion

Nein, Sie haben sich nicht getäuscht – das Mac OS und Windows 98 sehen sich immer ähnlicher. Allerdings liegt das nicht mehr nur daran, daß die Entwickler von Microsoft versuchen, die hervoragende grafische Oberfläche des Mac zu imitieren. Auch Apples Ingenieure tragen ihren Teil dazu bei, daß bestimmte Konzepte und sogar Begriffe von Windows auf dem Mac erscheinen.

Ob es das war, was Steve Jobs und Bill Gates im Hinterkopf hatten, als sie im August 1997 eine «Vereinbarung zur Technologie-Entwicklung» bekanntgaben? Hartgesottenen Mac-Fans läuft es jedenfalls kalt den Rükken runter, wenn sie die folgenden, von Windows beeinflußten Komponenten in Mac OS 8.5 sehen:

- Alias-Icons haben jetzt einen kleinen Pfeil, genau wie die «Verknüpfungen» in Windows. Der Netzwerk Browser ähnelt verdächtig der Windows-Netzwerkumgebung, und der Eintrag *Favoriten* im Apple-Menü sowie der Befehl *Zu Favoriten hinzufügen* im Finder stammen ebenfalls direkt von Windows.

- Der Standard-Webbrowser auf jedem neuen Mac ist inzwischen der Internet Explorer, und als Mailprogramm wird nicht mehr Claris Emailer mitgeliefert, sondern Microsoft Outlook Express.

- Für Windows-Nutzer, die Macs benutzen, wurde eine wichtige Kleinigkeit schon mit Mac OS 8 verbessert: Menüs bleiben jetzt geöffnet, auch wenn die Maustaste nach dem ersten Klick losgelassen wird. Damit gibt es für Umsteiger von Windows eine Frustquelle weniger.

(Übrigens, im Sommer 1997 hat Microsoft für 150 Millionen Dollar Apple-Aktien ohne Stimmrecht erworben. Kurz darauf wurde die Produktion des Newton eingestellt, bevor einige Zeit später die ersten Handheld-PCs mit Windows CE erschienen …)

Vision-Monitorsoftware und des Apple Video Players hinzugefügt. Umgekehrt wurden aus dem System verschiedene, inzwischen überflüssig gewordene Bestandteile entfernt.

Mac OS 8

Im Sommer 1997 erschien das erste Betriebssystem, das wirklich einige der versprochenen Funktionen aus Copland enthielt. Mac OS 8, Codename «Tempo», sollte ursprünglich System 7.7 heißen, wurde dann aber umbenannt. Sehr zur Verwirrung aller Beobachter, die der Meinung waren, OS 8 wäre das geplante Copland.

Seit der Einführung von System 7 sechs Jahre zuvor hatte kein Betriebssystem eine solche Entwicklung erfahren wie Mac OS 8. Dieses neue System besaß ein vollkommen neues Aussehen, das vor allem durch dreidimensional anmutende Elemente, eine neue Schrift und eine neue Form für die Ordner auffiel.

Die vermutlich beste Eigenschaft jedoch war der neue Finder (Version 8.0), der vollständig in nativem Code geschrieben war. Dadurch konnte dieses Programm die ganze Leistungsfähigkeit des PowerPC-Prozessors ausnutzen. Der Finder war außerdem nicht nur schnell, er konnte auch wirklich zwei Dinge gleichzeitig erledigen.

Mac OS 8 ermöglichte es den Anwendern weiterhin, die Oberfläche ihres Rechners selbst zu gestalten. Mit dem neuen Kontrollfeld *Erscheinungsbild* konnte man Farben für die Interface-Elemente wählen, die Schriften der Menüs und Dialogboxen ändern und sogar eigene Hintergrundbilder auf den Schreibtisch legen.

Die Verbesserungen des Finders gingen jedoch weit über pure Kosmetik hinaus. Sowohl aufspringende Ordner, die sich automatisch öffneten, wenn man ein Icon auf sie zog, als auch der Befehl *Darstellungsoptionen* im Menü *Darstellung* wurden eingeführt. Zu den weiteren Neuerungen gehörten Menüs, die beim Klicken offen blieben, sortierbare Icon-Ansichten, die bestehen blieben, wenn man Icons hinzufügte oder entfernte, «Popup-Fenster», die als Karteireiter am unteren Bildschirmrand angeordnet werden konnten, und Kontextmenüs. Andere Verfeinerungen zeigten sich im *Finder*-Menü. Das Hilfe-Menü mit dem Fragezeichen-Symbol rutschte rechts neben das *Spezial*-Menü und erhielt endlich einen ordentlichen Namen: *Hilfe*.

Dieses Betriebssystem bot als erstes Macintosh-System «Live-Scrolling». Das bedeutet, daß man sehen kann, wie sich der Fensterinhalt bewegt, wenn man die Rollbalken betätigt. Erwähnt werden sollten außerdem noch der schnellere

Schreibtischaufbau, das überarbeitete Kontrollfeld *File Sharing* und die neuen Befehle im *Ablage*-Menü: *In den Papierkorb legen* und *Original zeigen*.

Mac OS 8 war das bis dahin erfolgreichste Apple-Betriebssystem, es brach alle Rekorde: in zwei Wochen wurden mehr als 1,2 Millionen Kopien abgesetzt.

Mac OS 8.1

Das nächste System-Update kam zu Beginn des Jahres 1998. Mac OS 8.1, Codename «Bride of Buster», war nicht ganz so spektakulär wie Mac OS 8. Die Oberfläche blieb nahezu unverändert, es wurden allerdings eine Menge Bugs beseitigt und aktualisierte Versionen von Systemkomponenten geliefert. Die größte Neuerung betraf die Einführung des neuen Datei-Formates HFS+ bzw. Mac OS Extended. Dieses neue Format benutzt ein verbessertes Dateisystem, das den Festplattenplatz bedeutend effektiver ausnutzt und die Anzahl der Dateien entscheidend erhöht, die auf einer Festplatte Platz finden können. Zu den Verbesserungen gehörten weiterhin u.a. eine neue Version von PC Exchange, die endlich auch mit den langen Dateinamen von Windows 95 umgehen sowie Zip- und Jaz-Wechselmedien im PC-Format verarbeiten konnte. Dazu kam die Unterstützung für das Universal Disk Format (UDF) auf einigen DVD-ROMs und ein verbesserter virtueller Speicher.

Mac OS 8.5

Im Herbst 1998 erschien ein weiteres Upgrade, Mac OS 8.5 (Codename «Allegro»), dem bald die verbesserte Version 8.5.1 folgte. Das Aussehen und die Struktur von Mac OS 8.0 blieben zwar erhalten, ansonsten enthielt das System eine Menge Neuerungen, zu denen PowerPC-natives QuickDraw und AppleScript gehörten.

Auch in ästhetischer Hinsicht brachte Mac OS 8.5 weitere Verfeinerungen mit sich. Dazu gehören z.B. geglätteter Text, neue Icons, durchsichtige Icon-Namen und verbesserte Listenansichten. Die Netzwerkfähigkeiten wurden verbessert, es gab ein abreißbares Anwendungsmenü, welches das Umschalten zwischen Programmen vereinfachte.

Aus dem Programm *Dateien finden* wurde *Sherlock*, eine Suchmaschine mit deutlich mehr Funktionen. Das neue Programm durchforstet die Festplatten Ihres Mac nicht nur nach Dateien und Ordnern, die verschiedenen Kriterien entsprechen, sondern es kann nun auch nach den *Inhalten* von Dateien suchen. Allerdings funktionierte das zunächst nur mit Textdateien, außerdem muß

Woher gibt es Updates?

Kostenlose Updates für das Mac OS gibt es auf den Webservern von Apple unter *www.apple.de* bzw. *www.apple.ch* für den deutschsprachigen Raum oder *www.apple.com*, dem Hauptserver in Kalifornien. Die wichtigen Updates sind nicht schwer zu finden, wenn Sie allerdings speziellere Dateien haben wollen, dann müssen Sie etwas suchen. Achten Sie darauf, daß Sie nach Möglichkeit die richtige internationale Version der Software herunterladen, ansonsten macht manchmal die Installation Probleme, oder Sie haben auf einmal ein englisches Kontrollfeld in Ihrem Systemordner. (Meistens funktioniert trotzdem alles, allerdings gibt Apple auf solche «gemischtsprachigen Sachen» keine Garantie.)

Die vielen Mac-Magazinen beiliegenden CDs sind ebenfalls eine gute Quelle für Updates, vor allem darum, weil schon die Redakteure die Dateien für Sie zusammengesucht und sortiert haben – das spart eine Menge Zeit. Leider hat Apple in jüngster Zeit diese Praxis untersagt, statt dessen sollen die Kunden sich alle nötige Software aus dem Internet laden. Bei Dateigrößen von mehr als 6 MB macht das aber selbst Privatanwendern mit ISDN-Anschluß keinen Spaß mehr, kostet Telefongebühren und vor allem Zeit. Vielleicht mag das in Amerika noch halbwegs funktionieren, aber für europäische Verhältnisse ist es das genaue Gegenteil von Kundenservice. Als kleinen Trost können Sie bestimmte Updates (wie z.B. QuickTime 4) bei Apple auf CD bestellen, aber das kostet dann wieder Geld.

Wenn Sie noch ab und zu mit älteren Macs zu tun haben, hier eine gute Nachricht: Auf den Servern von Apple können Sie die kompletten Installationsdateien für System 7.5.3 herunterladen. Zusammen mit den verfügbaren Updatern kommen Sie so bis auf System 7.5.5 – und das alles kostenlos!

zuerst ein Index angelegt werden – und diese Aktion braucht einige Zeit. Danach beschleunigt der Index die Suche allerdings spürbar. Zusätzlich kann Sherlock auch im Internet suchen, indem das Programm eine Anfrage wahlweise an vorhandene Dienste im Internet weiterleitet und die Ergebnisse für den Nutzer aufbereitet. (Mehr zu Sherlock finden Sie in Kapitel 28).

Schließlich gab es verbesserte Funktionen zum Umgang mit dem Internet, neue Kontrollfelder und eine neue Kontrolleiste, die sich nun per Drag&Drop

mit Modulen laden ließ. Eine besonders nützliche Verbesserung war die weiterentwickelte Version von *Erste Hilfe*, Apples Programm zur Reparatur von Festplatten. Endlich ließ sich auch das aktive Startvolume reparieren, so daß das umständliche und zeitraubende Neustarten von CD oder Diskette entfiel. Das Hilfesystem des Mac OS wurde ebenfalls überarbeitet: Anstelle des Spezialformates von Apple Guide trat HTML, so daß es für Software-Hersteller einfacher wurde, eigene Hilfedateien zu erstellen.

Mac OS 8.5 ist allerdings nicht mehr für Benutzer von 68 K-Macs geeignet. Als erstes System läuft es nur noch auf Modellen mit PowerPC-Chip. Für Apple bedeutet es jedoch einen großen Schritt vorwärts zu einem wirklich modernen Betriebssystem.

Mac OS 8.5.1

Mac OS 8.5 war kaum ein halbes Jahr auf dem Markt, als Apple das Update 8.5.1 veröffentlichte – und alle Mac-Nutzer beruhigt waren, die runden Versionsnummern mißtrauen. System 8.5.1 enthielt eigentlich keine neuen Funktionen für den Nutzer, sondern behob eine ganze Reihe von Problemen im Inneren des Betriebssystems. Neben sehr speziellen Fehlern in Zusammenhang mit bestimmten Programmen wurden Bugs in AppleScript, bei der Ansteuerung von ADB-Geräten und bei der Netzwerksoftware OpenTransport beseitigt. Für den Normalverbraucher waren eigentlich nur zwei Dinge wichtig: Die Internet-Suchmaschine von Sherlock funktionierte jetzt auch hinter den Firewalls von Firmennetzwerken, und das Festplatten-Hilfsprogramm *Laufwerke konfigurieren* wurde um einen selten auftretenden Fehler bereinigt, der in der Vorgängerversion bei ein wenig Pech zu Datenverlusten führen konnte.

Mac OS 8.6

Es dauerte nicht lange, und das Mac OS 8 erhielt erneut ein Update – auf Mac OS 8.6. Mit 32 MB Größe (für das Disk-Image, ausgepackt ist es fast doppelt so groß) war es nicht gerade klein geraten, dafür aber ebenfalls kostenlos. (Es sei denn, Sie laden es aus dem Internet herunter, dann kostet es die entsprechenden Online-Gebühren. Zum Glück vertrieben alle Mac-Magazine die Software auch auf ihren Heft-CDs).

Mac OS 8.6 war das letzte Update vor der nächsten (zu kaufenden) Version des Betriebssystems und brachte eine ganze Reihe von Verbesserungen. So wurden wie auch schon bei System 8.5.1 eine ganze Reihe Bugs entfernt und neue Treiber für DVD-Medien (auch DVD-RAM) sowie USB- und FireWire-Schnittstellen hinzugefügt. Die Unterstützung verschiedener Eingabegeräte bei Spielen wurde verbessert, außerdem gaben neue Grafikkarten-Treiber vor allem den neueren Mac-Modellen einen deutlichen Geschwindigkeitsschub. Aber auch ältere Macs liefen auf einmal spürbar schneller, nicht zuletzt wegen einer gravierenden Änderung im Systemkern. Dort wirkt ab Mac OS 8.6 ein sogenannter Nanokernel, das ist eine Art Betriebssystem für das Betriebssystem selbst. Obwohl Sie als Benutzer nichts von diesem wichtigen Stück Software haben – außer daß die Umschaltung zwischen verschiedenen Programmen etwas schneller geht – ist das für die Ingenieure von Apple ein wichtiger Schritt auf dem Weg zu Mac OS X. (Mehr dazu finden Sie im nächsten Kapitel.)

Mit Mac OS 8.6 wurde die Farbverwaltungs-Software *ColorSync* leichter bedienbar, die Anwender von Java-Programmen erhielten eine deutlich schnellere virtuelle Maschine, die «Mac OS Runtime for Java (MRJ)». Sherlock wurde zur Version 2.1 weiterentwickelt und konnte nun auch PDF- und HTML-Dateien indizieren. Außerdem lassen sich per Kontextmenü ausgewählte Ordner indizieren. Mit dem *Druckersymbole Dienstprogramm* schließlich lassen sich auch Drucker aus der Unix-Welt, die mit dem LPR-Protokoll arbeiten, direkt vom Mac aus benutzen – eine sehr praktische Funktion in gemischten Netzwerken.

Insgesamt brachte Mac OS 8.6 die meisten Verbesserungen für iMacs oder die blauweißen G3-PowerMacs, aber auch alle anderen Modelle profitierten davon.

Mac OS 9

Das Projekt Copland wurde von Apple nie abgeschlossen, und der erste Anlauf mit dem vom NeXT OS abgeleiteten Rhapsody war auch wenig erfolgreich. Apple entschied sich deshalb für eine zweigleisige Strategie: Auf der einen Seite soll das bestehende Mac OS weiterentwickelt werden, andererseits kommt mit Mac OS X das lange versprochene, leistungsfähige und moderne Betriebssystem für Computer von Apple. Die Details zu dieser Entwicklung finden Sie im nächsten Kapitel, hier nur soviel:

Von Mac OS X existiert schon seit Anfang 1999 die Serverlösung, die Client-Variante für den Schreibtisch dagegen ist noch in der Entwicklung und für den

Herbst 2000 angekündigt. Damit war Mac OS 9 die Variante des «klassischen» Mac OS, die in das Jahr 2000 startete, und nicht – wie ursprünglich angekündigt – Mac OS X. (Allerdings sollen alle Macs ab 2001 standardmäßig mit Mac OS X ausgeliefert werden.)

Im Inneren von Mac OS 9 verbirgt sich eine Technologie mit dem Namen *Carbon*, die den Übergang auf Mac OS X vor allem für die Softwarehersteller möglichst einfach machen soll. Als Anwender von Mac OS 9 merken Sie nicht unmittelbar etwas davon, aber die Programmierer, die ihre Programme an Carbon anpassen, können diese sowohl unter Mac OS 9 als auch unter Mac OS X laufen lassen, und das ohne größere Änderungen.

Wie schon die Vorgängerversionen ist auch Mac OS 9 nicht gerade bescheiden, was den Bedarf an Speicher angeht – 32 MB müssen mindestens eingebaut sein, und dann steht der virtuelle Speicher noch auf 40 MB. Dafür führt das neue System eine ganze Menge an Dingen ein, die sowohl das Arbeiten mit dem Mac angenehmer werden lassen, als auch die Apple-Rechner mit Funktionen versehen, wie sie eher in Firmen oder großen Netzwerken gebraucht werden. Dazu gehören unter anderem:

- **Unterstützung für mehrere Nutzer.** Es gibt in Mac OS 9 die Möglichkeit, für mehrere Nutzer des gleichen Mac eigenständige Arbeitsumgebungen einzurichten. Je nachdem, mit welchem Login und Paßwort sich der Nutzer anmeldet, findet er die entsprechende Umgebung vor. Ein Administrator kann mit dem Kontrollfeld *Mehrere Nutzer* für jeden Anwender festlegen, welche Ordner und Programme er benutzen darf oder ob der Zugriff auf Wechselmedien erlaubt ist. Es läßt sich sogar festlegen, welcher Nutzer auf welcher CD welche Dateien verwenden darf. Neben dem normalen Finder gibt es auch eine eingeschränkte Benutzeroberfläche mit sogenannten Panels, die dem bekannten *At Ease* ähnelt (13.4).

- **Anmelden mit Paßwort oder Stimme.** Ist der Mac so eingestellt, daß man sich vor der Benutzung identifizieren muß, so kann man dazu entweder ein Paßwort in die Tastatur tippen oder einfach die eigene Stimme benutzen! Dazu müssen Sie lediglich vorher mehrfach die gleiche Phrase sprechen, um den Mac an Ihre Stimme «zu gewöhnen». Das Verfahren funktioniert erstaunlich gut, außerdem erlaubt die Sicherheitsarchitektur von Mac OS 9 auch andere Methoden zur Identifizierung, wenn Dritthersteller entsprechende Produkte anbieten (z.B. Geräte zur Erkennung von Fingerabdrükken oder die in Firmen oft benutzen elektronischen Schlüssel).

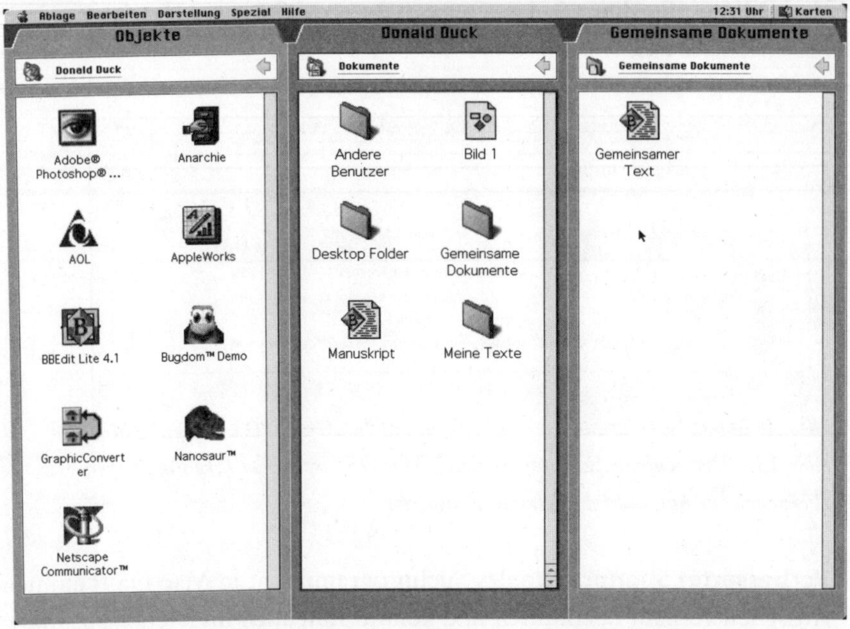

Abb. 13.4 Mac OS 9 im eingeschränkten Betrieb. Der Nutzer hat keinen Zugriff auf den Finder und kann nur die vorgegebenen Objekte benutzen.

ACHTUNG

Bei den ersten Versionen von Mac OS 9 läßt sich der Zugriffsschutz relativ leicht durch Booten von CD aushebeln, außerdem sind die Daten auf der Festplatte nicht standardmäßig verschlüsselt.

- **Ein zentraler Schlüsselbund.** Dieses Konzept gab es schon mal mit PowerTalk. Es ist eine zentrale Sammelstelle für Paßwörter, Nutzer-IDs oder andere Zugangskennungen (13.5). Das ganze wird durch ein Master-Paßwort geschützt; nur dieses müssen Sie sich merken. Allerdings müssen Anwendungsprogramme (wie z.B. Webbrowser oder E-Mail-Programme) angepaßt werden, um auf den Schlüsselbund zugreifen zu können. (Apples eigene Dateiverschlüsselung arbeitet bereits mit dem System zusammen.)

- **Verschlüsselung von Daten.** Wenn Sie ihre Daten nicht im Klartext auf der Festplatte speichern mögen, bietet Mac OS 9 die Möglichkeit, diese zu verschlüsseln. Allerdings funktioniert das in der ersten Version nur mit einzelnen Dateien, nicht aber mit Ordnern oder ganzen Volumes. Über das benutzte Verfahren macht Apple kaum Angaben, so daß sich die tatsächliche Sicherheit schwer einschätzen läßt. Für die Verschlüsselung wird ein 56-Bit-Schlüssel benutzt. Das ist mehr als genug, um neugierige Kollegen abzuhalten, allerdings bei weitem nicht so sicher wie das in Kapitel 28 beschriebene PGP.

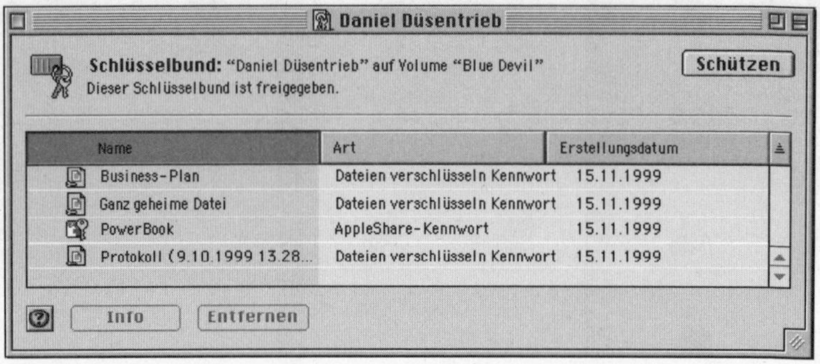

Abb. 13.5 Der zentrale Schlüsselbund von Mac OS 9 speichert Ihre Paßwörter. (Vergessen Sie nur nicht das Master-Paßwort!)

- **Verbesserter Sherlock.** Apples Suchprogramm hat in Mac OS 9 ein neues Aussehen verpaßt bekommen und kommt nun auch im Metallic-Look von QuickTime 4 daher. Um die Menge der Internet-Suchdienste im Griff zu behalten, gibt es «Kanäle», mit denen Sie sich Suchanfragen für bestimmte Aufgaben zusammenstellen können. Je nachdem, ob Sie z.B. nach Musik, Büchern oder Produkten aus dem Online-Shopping suchen, werden nur die dafür vorhandenen speziellen Suchmaschinen befragt. Für die Suche nach Personen kann Sherlock mit den wichtigsten Verzeichnisdiensten im Internet umgehen.

- **AppleTalk durch das Internet.** AppleTalk funktioniert mit Mac OS 9 ab Werk über TCP/IP. Damit können Sie jetzt auch über das Internet File Sharing mit anderen Mac-Besitzern nutzen – ganz so wie im lokalen Netz.

- **Einwahlserver wird mitgeliefert.** Bei früheren Mac-OS-Versionen wurde immer nur die Client-Software für Apples Remote Access (ARA) mitgeliefert, den Server mußte man extra kaufen. Bei Mac OS 9 ist der ARA-Server dagegen integriert, anrufende Macs können somit über einen Einwahl-Mac mit Mac OS 9 z.B. auf das Firmennetzwerk zugreifen. Das ganze funktioniert auch mit dem Point-to-Point-Protokoll (PPP), so daß sich auch Computer mit anderen Betriebssystemen einwählen können. Die nötige IP-

Adresse wird dabei wahlweise vom Server zugeteilt oder vom einwählenden Rechner mitgebracht. Den automatischen Rückruf von externen Nutzern unterstützt Mac OS 9 ebenfalls.

- **Automatisches Update.** Was bereits mit QuickTime 4 begann, will Apple nun augenscheinlich auf das ganze System ausdehnen: das Update per Internet. Das Kontrollfeld *Softwareaktualisierung* durchforstet einen speziellen Server nach neuen Updates für Ihr System. Wird etwas gefunden, kann der Anwender aus einer Liste auswählen, welche Systembestandteile aktualisiert werden sollen. Außerhalb des eigentlichen Betriebssystems soll der Dienst vor allem die automatische Suche nach Treibern für Hardware erleichtern. Apple versucht darum, auch andere Hersteller für diesen Service zu gewinnen.

Mac OS 9 bringt zwar noch immer nicht das lange versprochene echte Multitasking mit Speicherschutz, dafür aber eine ganze Reihe nützlicher Funktionen, die zwar vielleicht nicht jeder Mac-Nutzer braucht, die aber insgesamt die Arbeit einfacher machen.

Ob und wie die klassische Linie des Mac OS weiter entwickelt und gepflegt wird, hängt auch davon ab, wie sich Mac OS X in der «Schreibtisch-Version» entwickelt. Nach Aussagen von Apple will man sich bei der Betriebssystem-Strategie danach richten, was von den Anwendern gewünscht wird. So gesehen ist Mac OS 9 ein solider Schritt zu dem modernen, stabilen System, daß die Macs der Zukunft antreiben wird. Lesen Sie das nächste Kapitel, wenn Sie mehr darüber erfahren wollen!

14 The next generation – Mac OS X

In diesem Kapitel

Ein Betriebssystem ist der «Antriebskern» jedes Computers, ohne den gar nichts geht. In diesem Kapitel finden Sie deshalb einige Hintergründe zu dieser komplexen und wichtigen Software. Wir erzählen Ihnen, welche Schwächen das Mac OS derzeit hat und wie Apple es weiterentwickelt. Schließlich erfahren Sie Details über Mac OS X und was es für Sie bedeuten könnte.

Grundlegend und wichtig – das Betriebssystem

Erinnern Sie sich noch daran, als Sie das erste Mal einen Mac gesehen haben? Ein Kasten voller Elektronik, ein Bildschirm, Tastatur und Maus. So weit unterscheidet sich ein Computer eigentlich kaum von einem Fernseher, nur daß dieser weder Tastatur noch Maus hat. Wenn Sie aber einen Fernseher einschalten, dann können Sie damit fernsehen und maximal noch den Videotext benutzen, und mehr nicht. Computer hingegen können alles mögliche tun: Je nach benutzter Software entsteht aus Ihren Tastatureingaben und Mausbewegungen ein Brief oder eine Tabelle, ein Kunstwerk oder der Jahresabschlußbericht Ihrer Firma.

Damit Ihr Mac aber so problemlos und einfach funktioniert, wie Sie es von ihm kennen, wird hinter den Kulissen heftig gearbeitet: Tastatur und Maus werden in kurzen Abständen abgefragt und die Ergebnisse an das gerade laufende Programm weitergeleitet. Das wiederum arbeitet nach Ihren Anweisungen an seinen internen Daten – egal ob es sich dabei um ein digitales Foto, eine E-Mail oder eine Tabellenkalkulation handelt. Das Ergebnis dieser Datenverarbeitung muß vom Mac auf den Bildschirm gebracht werden, nur um dann wieder den Status der Maus zu überprüfen. Gleichzeitig druckt vielleicht im Hintergrund noch der Finder, über das Modem läuft ein Download aus dem Internet, ab und an wird auf die Festplatte zugegriffen und alle paar Millisekunden muß Ihr Mac noch nachschauen, ob Pakete aus dem Netzwerk kommen, die verarbeitet werden müssen.

Alle diese Dinge (und noch einige mehr) müssen im Prinzip gleichzeitig abgearbeitet werden – und das möglichst ohne Fehler und Verklemmungen. Diese Vorgänge zu koordinieren und zu steuern, ist die Aufgabe des Betriebssystems. Es kümmert sich darum, die vorhandenen Ressourcen – Speicher, Festplatte, Netzwerkkarte, Internet-Zugriff und vor allem die Rechenzeit auf dem Prozessor – an alle Programme zu verteilen, die gleichzeitig auf dem Computer abgearbeitet werden. Wenn es das richtig gut schafft und der Computer leistungsstark genug ist, entsteht der Eindruck, daß alles gleichzeitig passiert.

Aber wie gesagt, es entsteht nur der Eindruck: die Elektronik in Ihrem Mac schaltet nur so schnell zwischen den verschiedenen Aufgaben um, daß Sie es gar nicht merken. (Beobachten Sie einmal auf einem etwas älteren Mac, wie plötzlich der Finder scheinbar zäher wird, wenn jemand über das Netzwerk auf den Computer zugreift. Daran merken Sie, daß diese Prozesse doch nacheinander ablaufen.)

Betriebssysteme zu programmieren ist die hohe Schule der Softwaretechnik und auch in gewissem Sinne eine Kunst. Es gibt zwar durchaus theoretische Betrachtungen zu den Fragen, wie ein Computer mit der vorhandenen Hardware umgeht und Rechenzeit auf Anwendungen verteilt. Trotzdem ist es fast immer ein Geheimnis der Herstellerfirma, wie genau nun das Betriebssystem für eine bestimmte Rechnerhardware funktioniert.

Es gibt allerdings einige wichtige Merkmale, an denen man ein modernes Betriebssystem erkennt:

- **Geschützte Speicherbereiche:** Jedes Programm braucht für seine Funktion ein Stück des verfügbaren Arbeitsspeichers, um darin seinen Programmcode und die Daten abzulegen, die verarbeitet werden sollen. Solange es dabei nur auf seinen Speicherbereich zugreift, ist alles in Ordnung. Schreibt es aber in den Bereich eines fremden Programms (oder gar den des Betriebssystems), so kann dies zum völligen Stillstand des Computers führen. Moderne Betriebssysteme verwalten deshalb für jedes Programm einen eigenen Speicherbereich, aus dem es nicht «heraus kann». Wenn innerhalb eines Programms ein Fehler auftritt, so werden andere Programme und das Betriebssystem selbst davon nicht beeinflußt, zudem kann man als Nutzer defekte Programme mit Hilfe des Betriebssystems auch zwangsweise beenden. (Mac OS 9 hat keine geschützten Speicherbereiche, Mac OS X aber sehr wohl.)

- **Präemptives Multitasking:** Wenn auf einem Computer mehrere Dinge gleichzeitig passieren – z.B. wenn Sie im Hintergrund eine Datei aus dem Internet laden, während Sie im Vordergrund einen Brief schreiben – so nennt man das Multitasking. Dabei ist es wichtig, daß alle Anwendungen gleichmäßig mit Rechenzeit versorgt werden, um ihre Aufgaben erfüllen zu können. Beim kooperativen Multitasking (wie es auch Mac OS 9 benutzt) erhält ein Programm alleinigen Zugriff auf das Rechenwerk des Computers. Der Programmierer muß dann dafür sorgen, daß dieser Zugriff ab und zu an andere Programme abgegeben wird, damit diese auch zum Zuge kommen. Diese wiederum arbeiten genauso – das System funktioniert nur, weil alle kooperieren. Behält ein Programm zu viel Rechenzeit für sich, werden die anderen scheinbar langsamer. Gibt es die Kontrolle gar nicht wieder her, dann scheint der Computer stillzustehen – der klassische «Absturz» ist eingetreten. Beim präemptiven Multitasking hingegen (wie bei Mac OS X) bestimmt das Betriebssystem, welches Programm wann Rechenzeit bekommt. So wird verhindert, daß ein Programm den Computer komplett übernimmt.

- **Multiuser-Betrieb:** Computer werden immer häufiger von mehreren Personen benutzt – sei es nun in der Firma oder in der Familie. Ein modernes Betriebssystem sollte diese Arbeitsweise unterstützen und jedem Nutzer seinen Bereich einrichten, der vor anderen geschützt ist. Es sollte außerdem Sicherheitsmechanismen enthalten, mit denen der Administrator bestimmten Nutzern nur bestimmte Dinge erlauben kann.

- **Unterstützung von mehreren Prozessoren:** Zunehmend werden Computer mit mehr als einem Hauptprozessor gebaut – es gab auch schon Macs mit mehreren Prozessoren. Die Kunst besteht bei solcher Hardware darin, die anfallenden Aufgaben im Computer sinnvoll auf die vorhandenen Prozessoren zu verteilen. Je besser ein Betriebssystem und die darauf laufenden Anwendungsprogramme mit dieser Situation umgehen können, um so mehr macht sich für den Nutzer die zusätzliche Hardware bezahlt. (Diese Eigenschaft heißt auch Skalierbarkeit.)

- **Dateisystem:** Wenn ein Computer mit großen Datenmengen umgeht, so ist es sehr wichtig, wie effektiv das Dateisystem auf der Festplatte arbeitet. Dabei spielt nicht nur die Leistung der benutzen Hardware ein Rolle, sondern auch die Algorithmen, die zur Verwaltung der Daten auf der Festplatte benutzt werden. Außerdem ist es wichtig, wie lange es nach einem Fehler dauert, bis das Dateisystem wieder repariert ist. Besonders ausgeklügelte Verfahren sind so angelegt, daß eine Reparatur nicht notwendig ist, weil sich die Dateien immer in einem korrekten Zustand befinden. (Die Dateisysteme von Mac OS und Mac OS X gehören nicht dazu.)

- **Architektur des Betriebssystems:** Ein modernes Betriebssystem sollte aus mehreren Modulen bestehen, die sich bei Bedarf ein- oder ausschalten lassen, möglichst noch ohne dazu den Computer neu starten zu müssen. Beim klassischen Mac OS geht das nicht bzw. nur teilweise, Mac OS X hingegen ist in dieser Hinsicht sehr flexibel.

- **Intelligente Treiberverwaltung:** Ein Treiber ist ein Stück Software, mit dessen Hilfe ein Computer eine elektronische Baugruppe – z.B. eine Grafikkarte, die Tastaturelektronik oder das CD-ROM-Laufwerk – ansprechen kann. Defekte oder veraltete Treiber sind zugleich eine der größten Fehlerquellen bei allen möglichen Computersystemen. Ein modernes Betriebssystem sollte mit Treiberprogrammen flexibel umgehen können, ohne daß man dabei jedesmal den Computer neu starten zu muß. Ein gutes Beispiel dafür ist Mac OS 8.5, das automatisch die Treiber für USB-Geräte lädt, sobald diese an den Mac angeschlossen werden.

Wenn Sie diese Liste bis hierher gelesen haben, fragen Sie sich vielleicht, wie sehr Sie diese Informationen wirklich interessieren müssen. Nun, eigentlich kann es Ihnen tatsächlich egal sein, denn Sie können nichts am Stand der Dinge ändern, wenn Sie kein Programmierer sind. Mit diesen Fakten im Hinterkopf verstehen Sie aber vielleicht, warum Ihr Mac manchmal einfriert oder beim Zugriff auf das Netzwerk der Finder plötzlich langsamer wird.

HEISSER TIP

Sie brauchen sich nicht zu grämen, wenn Ihre Version des Mac OS nicht alle beschriebenen Punkte erfüllt. Das Betriebssystem Ihres Mac mag zwar im Inneren einige «Altlasten» haben, dafür besitzt es eine der besten Benutzeroberflächen für Computer – und das ist es schließlich, womit Sie ständig umgehen müssen. Versuchen Sie, mit stabiler, ausgereifter Software zu arbeiten, lassen Sie nicht mehr Programme gleichzeitig laufen als unbedingt nötig, und speichern Sie Ihre Arbeit oft auf Festplatte. Tritt dann doch einmal ein Fehler auf, nehmen Sie den Absturz gelassen, reparieren Sie anschließend mit *Erste Hilfe* oder den *Norton Utilities* Ihre Festplatte, und Sie sind wieder im Geschäft. (Und lesen Sie Kapitel 20, um mehr über die richtige Strategie bei Problemen zu erfahren!)

Rhapsody und NeXT

Auch während der Verbesserung und Verfeinerung von Mac OS 8 arbeiteten die Ingenieure von Apple hinter den Kulissen weiter an einem vollkommen neuen Betriebssystem, das dann endlich die Schlüsselfunktionen enthalten sollte, die bereits mit Copland versprochen worden waren. Statt ein solches System von Grund auf neu zu entwickeln, entschied man sich bei Apple dafür, eines zu kaufen. Nachdem einer der potentiellen Kandidaten – BeOS – ausgeschieden war, bezahlte Apple im Dezember 1996 400 Millionen Dollar für NeXT Software. NeXT gehörte dem Apple-Gründer und früheren Chairman Steve Jobs (der kurze Zeit später wieder als Quasi-Chef von Apple zu arbeiten begann).

Das nächste Mac OS wurde ursprünglich für 1998 angekündigt. Dieses System unter dem Codenamen Rhapsody sollte auf NeXTs stabilem OpenStep-Betriebssystem aufbauen. OpenStep enthielt bereits viele der Techniken, die eine Menge Leute in Copland erwartet hatten, darunter die geschützten Speicherbereiche und das präemptive Multitasking.

Es gab nur ein Problem: Die von Apple erworbene Version von OpenStep lief nicht auf einem PowerPC, und es würde etwa ein Jahr dauern, eine lauffähige Version zu schreiben. Daher entschied man sich bei Apple, das aktuelle Betriebssystem weiterzuentwickeln und gleichzeitig an Rhapsody zu arbeiten. Im Oktober 1997 erschien die erste Entwicklerversion von Rhapsody (Developer Release 1) und im Mai 1998 dann die zweite. Doch plötzlich änderte Apple seine Pläne.

Rhapsody sollte auf einmal nicht mehr das neue Betriebssystem sein, das das alte Mac OS ersetzen würde. Statt dessen wurde geplant, Rhapsody nur auf File-Servern und in High-End-Publishing-Umgebungen einzusetzen. Was war die Ursache für diesen plötzlichen Umschwung?

Die meisten Softwarefirmen, die für den Mac entwickelten, waren überhaupt nicht begeistert von den Rhapsody-Plänen. Sie hätten ihre gesamte Software von Grund auf neu entwickeln müssen. Da nur wenige Entwickler bereit waren, diesen Schritt zu gehen, war klar, daß Apple einen anderen Ansatz wählen mußte. Es sollte zwar ein neues, modernes Betriebssystem geben, man wollte aber nicht die Entwickler abschrecken, die gerade Millionen Dollar in die Entwicklung neuer Standardsoftware investiert hatten.

Mac OS X Server

Im Mai 1998 kündigte Steve Jobs die Lösung an – ein vollkommen neues System, das Teile des bestehenden Mac OS mit den Kernelementen von Rhapsody vereinen sollte. Das neue System würde den Namen Mac OS X tragen (gesprochen «Mac OS Zehn»).

Seit Anfang 1999 wird Mac OS X verkauft – vorerst nur in einer Server-Version. Diese Software braucht einen PowerMac G3 mit mindestens 64 MB Speicher und ist im Gegensatz zu dem normalen Mac OS nicht dafür gedacht, vom Normalverbraucher auf dem Schreibtisch benutzt zu werden. Vielmehr übernimmt Mac OS X Server-Dienste im lokalen Netz oder im Internet. So kann ein Mac mit Mac OS X Server als File- und Druckserver dienen sowie die Weiterleitung und Verteilung der Mail übernehmen. Das mitgelieferte Softwarepaket *Apache* arbeitet als leistungsfähiger Webserver, und schließlich lassen sich auch QuickTime-Filme als Streams zu den Nutzern mit installiertem QuickTime 4 übertragen.

Damit alle diese Dinge funktionieren, braucht ein Server neben der entsprechenden Software vor allem eine ausreichende Ausstattung mit Hardware, um mit den vielen gleichzeitig eintreffenden Anforderungen fertig zu werden.

TECHNIK

In der Praxis bedeutet das meist, daß Server große und schnelle Festplatten haben, ausreichend RAM und leistungsfähige Prozessoren. Dazu kommen schnelle Netzwerkanschlüsse (manchmal sogar in mehrfacher Ausführung) und Systeme zur Datensicherung. Besonders wichtige Server-Computer haben sogar doppelte Netzteile und spezielle Überwachungssysteme, die ständig überprüfen, ob alles fehlerfrei läuft. Der tatsächlich getriebene Aufwand hängt natürlich in hohem Maße davon ab, welche Aufgaben der Server erfüllt und ob man es sich leisten kann, daß er ausfällt und seinen Betrieb zeitweilig einstellt. Ein G3/G4-Mac in der Kombination mit Mac OS X Server ist als Server recht leistungsfähig, auch wenn Apple solche Dinge wie den Einbau der Computer in Schaltschränke oder doppelte Netzteile noch nicht anbietet.

HEISSER TIP

In einem Netzwerk mit mehreren Macs hat Mac OS X Server eine besondere Fähigkeit: Das System erlaubt, iMacs oder die neueren G3/G4-Macs vom Server zu starten. Diesen Vorgang bezeichnet Apple als *Netbooting*. Dabei kommen alle Daten, die sonst nach dem Einschalten von der Festplatte des Mac gelesen

Client oder Server?

Ihr einzelner Mac zu Hause funktioniert sicher prima, ohne daß Sie sich über solche Dinge wie Netzwerklast und Zugriffszeiten Gedanken machen müssen. Sie haben Ihre Daten auf der Festplatte, der Drucker steht neben dem Mac, und das ist alles. In großen Netzwerken dagegen ist es sinnvoller, bestimmte Dienste zentral anzubieten. Dazu gehören z.B. Dinge wie schnelle Drucker, auf die eine ganze Abteilung zugreifen kann, die Verteilung der E-Mail, Webserver und Verzeichnisdienste (z.B. für alle Telefonnummern und E-Mail-Adressen der Firma). Außerdem werden Daten meist zentral auf einem File-Server gespeichert, damit auch andere Nutzer darauf zugreifen können. Diese Daten werden dann üblicherweise auch auf Bakkupmedien gesichert, ohne daß der Administrator jeden einzelnen Computer im Netzwerk besuchen muß.
Server sind in der Regel leistungsfähiger und besser ausgestattet als normale Arbeitsplatzrechner. Diese nutzen lediglich die Serverdienste, und heißen deshalb *Clients* (die englische Bezeichnung für «Kunden»).
Die unmittelbare Konkurrenz für Mac OS X Server sind Linux und Microsoft NT Server, zumindest bei den allgemeinen Aufgaben eines File-, Druck- oder Webservers. Beide Konkurrenz-Systeme haben gewisse Vor- und Nachteile, sind aber derzeit weiter verbreitet.
Es ist aber durchaus denkbar, daß Mac OS X Server seine Nische findet: Als leicht zu administrierender Netboot-Server in Netzwerken mit vielen Macs, als Plattform für die WebObjects-Umgebung (siehe weiter hinten in diesem Kapitel) und in Verbindung mit QuickTime als «Multimedia-Plattform» für vernetzte Anwendungen.

werden, statt dessen über das Netzwerk vom Server. Theoretisch könnte man sogar die Festplatte des Client-Macs ausbauen, und er würde immer noch funktionieren.

TECHNIK

Bei diesem Verfahren wird auf dem Server eine Art virtuelle Festplatte angelegt, die alle nötigen Daten für den Start der Client-Macs enthält. Zwar braucht man für das System ein Netzwerk mit 100 MBit/s und pro Client etwa 50 MB Plattenplatz auf dem Server, dafür läßt sich auch ein größeres Mac-Netzwerk bequem zentral administrieren. So kann der Administrator für bestimmte Nutzergruppen spezielle Konfigurationen des Mac OS vorgeben, Rechte verteilen oder den Zugriff auf bestimmte Daten und Programme erlauben oder sperren. Dazu kommt, daß der Wartungsaufwand der einzelnen Arbeitsplatz-Macs plötzlich stark abnimmt, weil ja alle Daten auf dem Server gespeichert werden.

HEISSER TIP

Wenn Sie Mac OS 9 benutzen und mehrere Nutzer auf einem Mac eingerichtet haben, so können Sie die dafür nötigen Einstellungen auch zentral auf einem Netboot-Server verwalten. (Diese Funktion ist zumindest von Apple vorgesehen, wie es allerdings konkret funktioniert, war beim Verfassen dieser Zeilen noch nicht nachzuprüfen.)

Mac OS X basiert auf einem modernen Betriebssystem-Kern, der vom NeXT OS übernommen wurde. Diese Software ist im Grunde ein Unix-Betriebssystem, das eine Oberfläche wie Mac OS hat, um es leichter bedienen zu können. Es verfügt über geschützte Speicherbereiche für Programme, präemptives Multitasking, Multiuser-Betrieb, Sicherheitsmechanismen und all die anderen oben beschriebenen Eigenschaften.

ACHTUNG

Auch wenn Mac OS X Server von außen wie Mac OS aussieht, so ist es doch ein echtes Unix-Betriebssystem. Viele Einstellungen lassen sich komfortabel über die grafische Oberfläche oder einen Webbrowser ändern, trotzdem muß man manchmal die Kommandozeile benutzen, um bestimmte Dinge zu installieren oder einzustellen. Darum sollte man genau wissen, was man tut, sonst kann man auch viel Schaden anrichten. Aus diesem Grund ist es eigentlich die Aufgabe von geschulten Administratoren, mit solchen Systemen umzugehen.

Ein Server-Betriebssystem allein reicht natürlich noch nicht, um in einem Netzwerk tatsächlich zentrale Aufgaben zu übernehmen, man braucht zusätzlich noch die entsprechenden Anwendungen. Das wird um so wichtiger, wenn Apple Mac OS X auch als Betriebssystem für Arbeitsplatzrechner anbieten will, also überall da, wo jetzt Mac OS 8 bzw. Mac OS 9 läuft. Dieses System soll dann Mac OS X Client heißen und wird voraussichtlich Anfang 2001 erscheinen. Der Erfolg eines neuen Betriebssystems hängt aber immer von der verfügbaren Software ab, darum versucht Apple, den Herstellern von Software den Weg mit der Carbon-Umgebung zu ebnen. (Mehr dazu finden Sie im übernächsten Abschnitt.) Mit Mac OS X Server haben die Entwickler die Möglichkeit, das neue System kennenzulernen. Um diesen Prozeß möglichst attraktiv zu machen, hat Apple verschiedene «Bausteine» in das System eingebaut, die das Anpassen vorhandener Software erleichtern sollen:

- **Das klassische Mac OS:** Dieses Modul heißt jetzt «Classic» (früher «Blue Box») und bildet ein Mac OS 9 nach, das als Programm innerhalb von Mac OS X läuft. Sie können in dieser Umgebung «alte» Mac-Software laufen lassen, die nicht an Mac OS X angepaßt ist – allerdings ohne Speicherschutz und präemptives Multitasking. Damit kann ein amoklaufendes Programm den «virtuellen Mac» wie gehabt zum Absturz bringen. Das Mac OS X wird davon jedoch nicht beeinträchtigt – Sie müssen den Computer nicht neu starten, sondern lediglich die Classic-Umgebung beenden und neu starten.

- **Die Carbon-Umgebung:** Software, die für Carbon geschrieben wird, läuft als vollwertiges Mac OS X-Programm in einem eigenen Speicherbereich und mit vollem Multitasking. Zusätzlich können Sie diese Programme auch unter Mac OS 9 oder sogar Mac OS 8 benutzen, wie im später erklärt wird.

- **Die Cocoa-Umgebung:** Hinter diesem eigenwilligen Namen verbirgt sich der Ursprung von Mac OS X, das NeXT OS. Anwendungen für diese Plattform lassen sich leicht an Mac OS X anpassen, weil Cocoa die nötigen Software-Bestandteile des NeXT OS enthält.

- **Java-Unterstützung:** Diese von Sun entwickelte, plattformunabhängige Programmiersprache setzt sich trotz großen Medienrummels nur langsam in Anwendungen für Arbeitsplatzcomputer durch. Auf den leistungsfähigen Servern hingegen bietet sie eine Menge an Vorteilen und ist ein allgemein akzeptiertes Werkzeug. Aus diesem Grund ist Mac OS X Server die entsprechende Umgebung, um auch Java-Programme laufen zu lassen.

- **Anpassung von Unix-Programmen:** In der Unix-Welt gibt es eine Menge Software, die im Quellcode vorliegt und mit geringen Änderungen an andere Betriebssysteme angepaßt werden kann. Mac OS X ist eine Unix-Variante, so daß die Anpassung problemlos möglich ist. Das beste Beispiel dafür ist der mitgelieferte Apache-Webserver.

WebObjects

Zusammen mit Mac OS X Server wird ein weiteres Software-Paket ausgeliefert, das ursprünglich von NeXT stammt. Es trägt den Namen *WebObjects* und ist ein *Applications Server*. Darunter versteht man eine Sammlung von spezialisierten Softwaremodulen, mit denen sich komplette Anwendungen relativ komfortabel und schnell erstellen lassen. Eine Anwendung ist in diesem Fall aber nicht etwa ein einzelnes Programm wie z.B. Ihre Textverarbeitung, sondern ein so komplexes System wie das virtuelle Universum von Cycosmos (*www.cycosmos.de*), der Apple Online Store (*www.apple.com/germanstore*) oder die Websites von TUI Reisen (*www.tui.de*) und der Deutschen Bank (*www.deutsche-bank-24.de*).

Sie als Nutzer sehen dabei normale Webseiten, die vielleicht nur etwas vielfältiger sind als der Durchschnitt und sich dynamisch ändern. Im Hintergrund ist dafür aber ein riesiger Aufwand an Datenverarbeitung nötig, um die Menge der Inhalte je nach Anforderung für Sie aufzubereiten. Dazu kommt noch, daß diese Angebote manchmal von Tausenden Leuten gleichzeitig benutzt werden, ohne daß dabei der Einzelne länger warten oder etwa keine Verbindung bekommen soll.

WebObjects ist ein ausgereiftes und stabiles Werkzeug, das Programmierern beim Erstellen von solchen Web-Anwendungen hilft und viele Routineaufgaben übernimmt. Allerdings ist die ganze Sache auch relativ aufwendig: Um mit WebObjects zu starten, muß sich ein geübter Programmierer einige Wochen in das System einarbeiten, und die Hardware-Anforderungen für die Server sind – vor allem bei vielen Nutzern – recht hoch. Dafür können geschulte Entwickler in vergleichsweise kurzer Zeit Dinge im Web programmieren, die ansonsten kaum möglich wären.

Mit Mac OS X Server wird eine Entwicklerversion von WebObjects mitgeliefert, die maximal 50 Anfragen in der Minute verarbeiten kann. Das reicht aus, um eine Anwendung zu programmieren. Um die Lösung aber in Betrieb gehen zu lassen, muß man eine Voll-Lizenz kaufen. (Die kostet dann mehrere Tausend bis mehrere Zehntausend Mark, je nach Leistungsumfang. Verglichen mit ähnlichen Produkten z.B. von IBM ist das aber nach wie vor preiswert.)

Carbon

Die Neueinführung eines Betriebssystems ist eine heikle Sache. Das mußte auch eine so große Firma wie Apple erfahren, als nach dem Aufkauf von NeXT das System Rhapsody etabliert werden sollte. Das Problem daran war, daß kaum eine Softwarefirma bereit ist, ihren gesamten Code wegzuwerfen und von vorn anzufangen, nur um ein neues Betriebssystem zu unterstützen. Das lohnt sich nur, wenn das Betriebssystem weit verbreitet ist. Hier beißt sich die Katze aber in den Schwanz: Ein System verbreitet sich nur, wenn genügend Software dafür angeboten wird.

Apple hat aus dem ersten Fehlstart mit Rhapsody gelernt und für den Wechsel von Mac OS auf Mac OS X eine elegante Lösung gefunden: Carbon. Das ist eine Softwarebibliothek, die Programmierern sowohl den Zugriff auf die Funktionen des klassischen Mac OS als auch auf Mac OS X erlaubt, und das alles ohne Änderungen des Quellcodes.

TECHNIK

Jedes Betriebssystem hat eine sogenannte API (Application Programmers Interface), eine Schnittstelle, über die Programmierer auf den Kern des Betriebssystems zugreifen können. Bei Mac OS heißt diese Schnittstelle *Mac OS Toolbox* und bietet etwa 8000 Funktionen. Im Prinzip enthält Carbon diese Schnittstelle, allerdings hat Apple ungefähr zweitausend Aufrufe entfernt, die entweder veraltet waren oder sich nicht mit dem Konzept von Mac OS X vertragen.

Weiterhin verteilt die Firma ein Programm, mit dem fertiger Programmcode auf Funktionsaufrufe untersucht werden kann, die nicht von Carbon unterstützt werden. Im Durchschnitt müssen aber nur etwa 15 Prozent eines Mac-Programms geändert werden, um es an die neuen Betriebssysteme anzupassen.

Dieser Aufwand ist natürlich bedeutend geringer als ein komplette Neuentwicklung, darum stehen die Chancen entsprechend besser, daß die Software-Hersteller mitziehen. Anwendungen mit Carbon laufen somit ohne Änderung gleichermaßen auf Mac OS X und Mac OS 9. Laut Berichten diverser Computermagazine sollen sie sogar mit Mac OS 8.1 funktionieren, Sie müssen dazu lediglich die Carbon-Bibliothek im Systemordner installieren. Die Vorteile von Speicherschutz und präemptiven Multitasking lassen sich natürlich erst bei Mac OS X nutzen. Unter Mac OS 9 kann ein defektes Programm nach wie vor den kompletten Mac zum Stillstand bringen.

Es ist anzunehmen, da die Carbon-Strategie der entscheidende Faktor ist, daß Mac-Software auf Mac OS X angepaßt wird. Damit wäre dann ein entsprechendes Angebot vorhanden, wenn Mac OS X Client auf den Markt kommt.

Mac OS X Client

Als diese Zeilen geschrieben wurden, gab es bei Demonstrationen von Apple lediglich Entwicklungsversionen von Mac OS X Client zu sehen. Genauere Angaben zur geplanten Endversion waren von Apple auch nicht zu erhalten, und das wenige konnte man sich aus den Developer-Versionen zusammenreimen: Demnach würde Mac OS X Client eine ähnliche Oberfläche wie Mac OS 9 haben, Speicherschutz und präemptives Multitasking bieten und mit Carbon-Programmen arbeiten. Das war der Stand der Dinge bis Ende 99 und keiner nahm an, daß sich daran etwas grundlegend ändern würde.

Doch Steve Jobs wäre nicht er selbst, wenn er nicht immer noch ein As im Ärmel hätte. Im Januar 2000 stellte er einem völlig verblüfften Publikum auf der MacExpo in San Francisco erstmals die zukünftige Oberfläche des Mac OS X vor: Aqua.

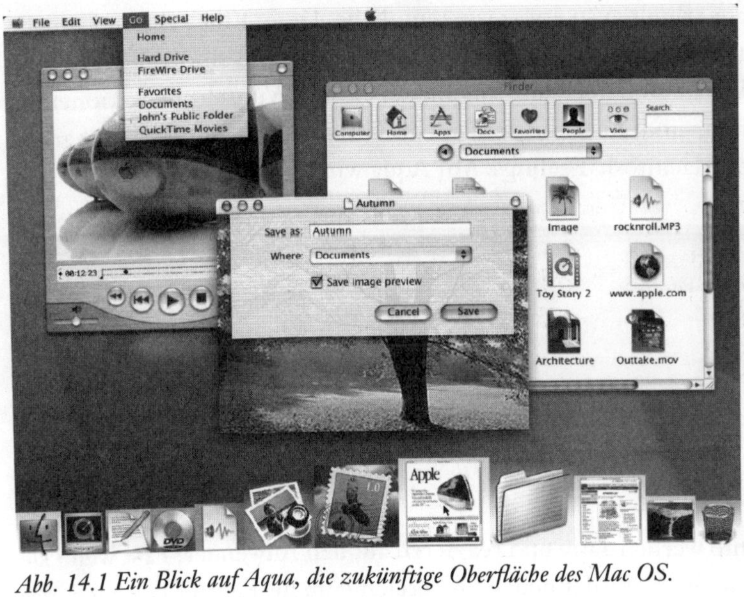

Abb. 14.1 Ein Blick auf Aqua, die zukünftige Oberfläche des Mac OS.

Wie schon bei der Vorstellung des iMac im Herbst 1998 gelang Steve Jobs mit Aqua das Kunststück, allen Anwesenden etwas noch nie Dagewesenes zu zeigen. Und genau wie damals beim iMac scheiden sich auch hier die Geister: Während die einen von Aqua ganz hin und weg sind und in wahre Begeisterungsstürme ausbrechen, wollen die anderen nur wissen, wo man diese Oberfläche abschaltet. Doch genausowenig wie der iMac je ein Diskettenlaufwerk bekommen hat, wird es wohl vermutlich kaum jemals eine Möglichkeit geben, Aqua abzuschalten.

Und auch die herbsten Kritiker bestreiten eines nicht: Aqua sieht aus wie eine grafische Oberfläche der Zukunft und läßt alle anderen derzeit erhältlichen GUIs altbacken und verstaubt aussehen. Zwar gibt es nach wie vor Fenster und auch die Menüzeile ist noch an ihrem Platz, doch passend zum Gehäuse der aktuellen Macs ist alles «translucent», halbdurchsichtig eben. Menüs sind leicht durchscheinend und Fenster werfen weiche Schatten. Fast meint man die Handschrift von Kai Krause, dem Schöpfer von *Kais Power Tools*, *Goo* und *Soap* mit ihren futuristischen Oberflächen, zu erkennen.

Das wirklich neue an Aqua ist jedoch, daß alle Elemente der grafischen Oberfläche jetzt interaktiv animiert sind. Bis System 7 wirkte das Mac OS noch wie gezeichnet, trotz seiner leicht dreidimensionalen Anmutung. Ab OS 8 wurde die Oberfläche bunt (nun ja, vor allem grau – pardon – Platinum) und alle Bedienelemente erhielten so etwas wie räumliche Tiefe. Eines aber haben alle Systemvarianten bis einschließlich OS 9 gemeinsam: Sie sind weitestgehend statisch; das aktivste sind noch die Toneffekte, die auf Wunsch alle Aktionen im Finder begleiten, und auch die sind mehr Gimmick als wirklich integraler Bestandteil des Macintosh-Feelings. Mit Aqua wird das alles anders.

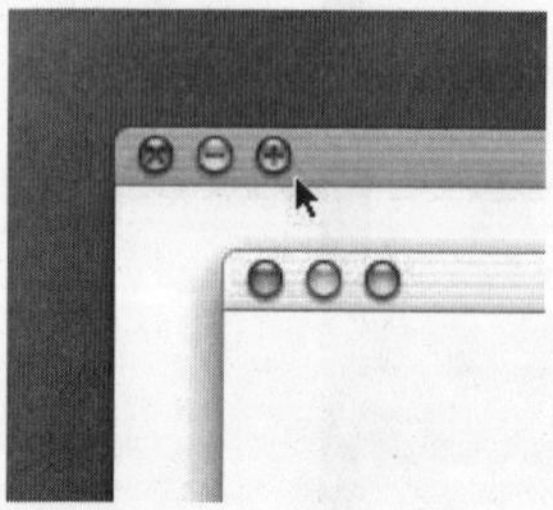

Abb. 14.2 Die interaktiven Fensterelemente von Aqua.

Fensterelemente werden aktiv und reagieren auf den Anwender: Erst wenn sie beispielsweise in die Nähe der neuen Steuerelemente für Fenster kommen (das sind die drei bunten «Drops» links oben), erscheinen darin die Symbole für Schließen, Verkleinern oder Vergrößern. Umgekehrt können Sie aber auch die Steuerelemente eines Fensters im Hintergrund betätigen, ohne das betreffende Fenster aktiv zu machen.

Sichern-Dialogboxen klappen nun direkt in dem Dokumentfenster herunter, zu dem sie gehören (14.1), zwingen aber gleichzeitig nicht mehr zur sofortigen

Beantwortung. Statt dessen können Sie mit einer beliebigen anderen Sache fortfahren, bis Sie soweit sind. Währenddessen pulsiert der Standardbutton langsam vor sich hin.

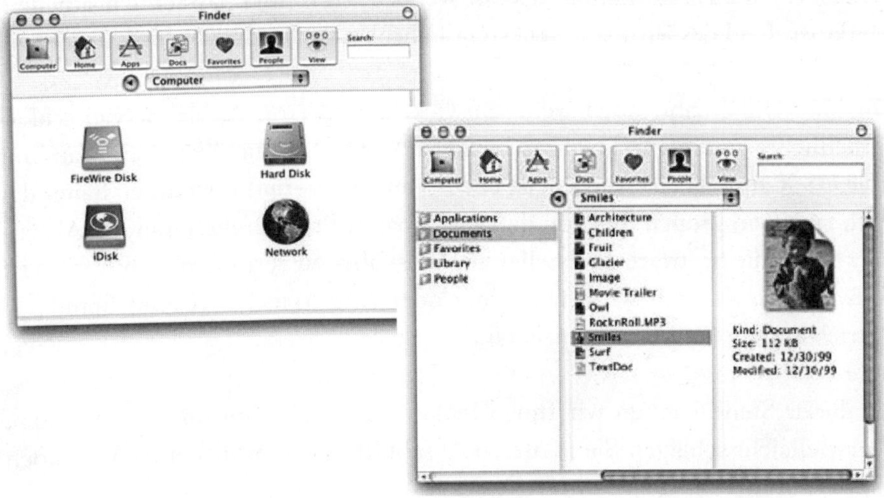

Abb. 14.3 Der Finder in einem Fenster – mit zwei verschiedenen Darstellungsmodi.

Der neue Finder wurde komplett in einem einzigen Fenster integriert, wie überhaupt der Mac nun standardmäßig im Ein-Fenster-Modus agiert: Sobald Sie das Fenster eines anderen Programms aktivieren, fließt das aktuelle nach unten ins Dock – wo der Inhalt aller offenen Fenster grafisch repräsentiert wird. Und damit Sie auch etwas sehen, können die Icons nun bis zu 128 mal 128 Pixel groß sein und verfügen dabei sogar noch über einen Anti-Aliasing-Effekt.

Interessanterweise werden Festplatten, Netzwerk- und Internetvolumes im Finder nun alle gleich behandelt, eine Strategie, die Apple bereits mit der *iDisk* und den *iTools* begonnen hat. (Seit kurzem bietet Apple jedem Anwender von Mac OS 9 20 MB Speicherplatz im Internet an, der vom Betriebssystem wie ein ganz normales Netzwerkvolume gemountet werden kann. Weitere Informationen zu iDisk und iTools finden Sie auf den Apple-Webseiten – *www.apple.de.* bzw. *www.apple.ch*).

Das waren natürlich nur einige der Highlights – so gibt es im Finder endlich einen Zurück-Button, der sogar Kopieraktionen rückgängig machen kann. Auf OS-Ebene wird PDF zum Standardformat, das von allen Programmen geschrieben und gelesen werden kann und PDFs können sogar direkt im Finder verändert werden.

Doch bisher sind Mac OS X und Aqua noch im Entwicklungsstadium und Genaueres weiß man natürlich erst, wenn das Produkt tatsächlich auf dem Markt ist. Und das wird laut neuestem Fahrplan Anfang 2001 der Fall sein.

Ob Mac OS 9 dann noch weiterentwickelt wird (von Apple ist viel widersprüchliches zu diesem Thema zu erfahren) und ab wann alle neuen Macs mit Mac OS X ausgeliefert werden, ist ebenso ungewiß – und vermutlich hängt das auch zu einem großen Teil von den verfügbaren Programmen und der Akzeptanz durch die Software-Hersteller ab. Es ist aber zu vermuten, daß Apple viel Aufwand daransetzen wird, über kurz oder lang Mac OS X zum Standard-Betriebssystem für Macs zu machen.

An dieser Stelle können wir Ihnen leider nicht mehr Informationen bieten, aber vielleicht schlagen Sie ja diesen Abschnitt in der nächsten Auflage noch einmal auf …

15 Kontrollfelder und Erweiterungen

In diesem Kapitel

Noch vielfältiger als die Welt der Macintosh-Modelle sind die Kontrollfelder und Systemerweiterungen, die Apple veröffentlicht hat. Es ist fast nicht möglich, den Überblick darüber zu behalten. Wir hoffen, in diesem Kapitel wenigstens den Inhalt eines *typischen* Systemordners zu beschreiben.

Aber selbst das ist schwierig. Ein Systemordner besteht heutzutage aus einem Mischmasch von Zusatzfunktionen, Fehlerkorrekturen und System-Updates. Korrekturen korrigieren Korrekturen, neue Erweiterungen übernehmen Aufgaben anderer Erweiterungen. Manche Icons im Kontrollfelder-Ordner gehören gar nicht zu Kontrollfeldern sondern zu Erweiterungen, manche Icons im Erweiterungen-Ordner sind überhaupt keine Erweiterungen, sondern richtige Anwendungen.

Viele Kontrollfelder und Erweiterungen beanspruchen Speicherplatz, verlangsamen das Starten des Mac und sorgen für Konflikte und Abstürze. Um ehrlich zu sein, nur ein Mac ohne Erweiterungen ist ein wirklich stabiler Mac. Selbstverständlich würden Sie ohne Erweiterungen nicht viel Freude an Ihrem Macintosh haben. Wir wollen mit diesem Kapitel versuchen, ein wenig Licht ins Dunkel zu bringen.

Die Kontrollfelder

Sie sind vermutlich zu jung, um sich an *das* Kontrollfeld auf dem Originalmac zu erinnern. Dabei handelte es sich um ein einzelnes Fenster mit mehreren Buttons. Jeder kontrollierte eine der Mac-Funktionen. Heute jedoch besteht ein Kontrollfelder-Ordner bereits aus 35 Kontrollfeldern, jedes ein eigenes kleines Programm. Das Aussehen des Finders und des Schreibtischs, das Verhalten der Maus, Zeit, Datum und Lautstärke – alle diese Elemente werden von den Kontrollfeldern gesteuert.

Normalerweise greifen Sie auf die Kontrollfelder über das Apple-Menü zu (*Apple-Menü/Kontrollfelder*). Eigentlich handelt es sich dabei um einen Alias des Kontrollfelder-Ordners. Im sich öffnenden Menü bzw. Fenster sehen Sie die einzelnen Kontrollfelder (15.1).

Was bitte ist ein Kontrollfeld?

Es gibt heutzutage keine einfache Antwort mehr auf die Frage, was eigentlich ein Kontrollfeld ist. Apple plaziert ausgewachsene Anwendungen in den Kontrollfelder-Ordner – *Erscheinungsbild, Tastatur, QuickTime-Einstellungen, Monitore & Ton* und *Energie sparen* z.B. – die nicht einmal das Format eines Kontrollfeldes besitzen.

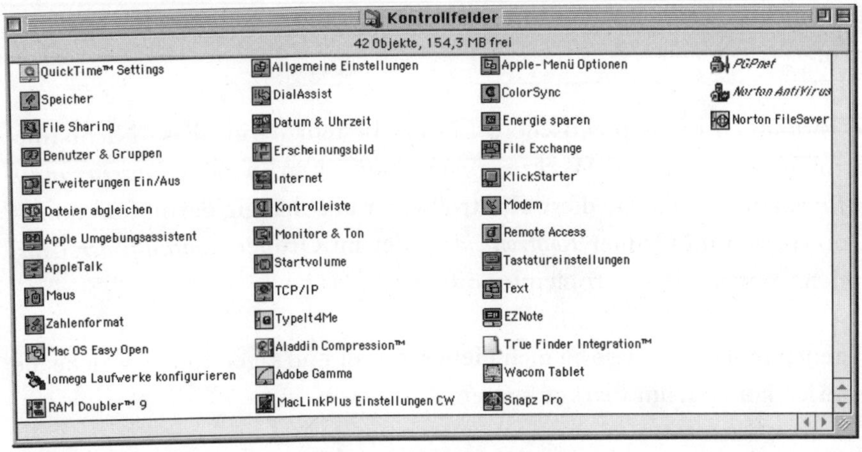

Abb. 15.1 Hier sehen Sie die Standard-Kontrollfelder, zumindest einige davon!

Auch unter den traditionellen Kontrollfeldern ist die Definition ein wenig unklar. Es gibt eigentlich zwei verschiedene Arten von Kontrollfeldern: solche, die beim Start im Systemordner des Mac liegen müssen, und andere, bei denen das nicht notwendig ist.

Diejenigen aus dem Systemordner enthalten einen sogenannten Init-Code. Eigentlich handelt es sich dabei um Erweiterungen mit einigen veränderbaren Einstellungen. *Apple-Menü-Optionen, AppleTalk, File Sharing, Macintosh Easy Open, PC Exchange* und *Faxsoftware* sind nur einige Beispiele. Sie wären sinnlos, würden sie sich nicht im Systemordner befinden.

Viele andere Kontrollfelder jedoch funktionieren auch dann problemlos, wenn sie nicht an die richtige Stelle installiert wurden. Sie verhalten sich wie Miniprogramme: Sie starten eines, wenn Sie die Voreinstellungen ändern wollen. Diese Einstellungen werden im PRAM des Mac (das ist ein kleiner Speicher, der von der eingebauten Lithium-Batterie des Mac permanent erhalten wird) und nicht im Kontrollfeld selbst gespeichert. Sie brauchen das Kontrollfeld erst dann wieder, wenn Sie eine Einstellung ändern wollen.

Theoretisch könnten Sie diese Tatsache ausnutzen, wenn Plattenplatz oder Sicherheit Ihnen sehr wichtig ist. Sie könnten von den Kontrollfeldern im

Systemordner Sicherheitskopien anfertigen und sie anschließend löschen. Nichtautorisierte Personen hätten dann keine Chance, Dinge zu verändern. Um dann später die Voreinstellungen bearbeiten zu können, legen Sie die Diskette mit der Sicherheitskopie ein und öffnen das passende Kontrollfeld – Sie müßten nichts installieren, auf Ihre Festplatte kopieren oder den Rechner neu starten.

Eine vermutlich etwas praktischere Lösung besteht darin, diese Nicht-Init-Kontrollfelder mit einem Werkzeug wie *Conflict Catcher* oder *Erweiterungen Ein/Aus* auszuschalten. Da diese Kontrollfelder unabhängig davon funktionieren, ob sie sich im Ordner *Kontrollfelder* oder im Ordner *Kontrollfelder (Aus)* befinden, können Sie sie problemlos öffnen.

Wir stellen Ihnen nun diese kleinen Helferlein vor und sagen Ihnen, welche Sie wegwerfen können, um Platz zu sparen.

Allgemeine Einstellungen (7.5 und später)

Das Kontrollfeld *Allgemeine Einstellungen* (15.2) überwacht unterschiedliche Elemente der Mac-Arbeitsumgebung.

- **Finder im Hintergrund anzeigen.** Normalerweise ist diese Option eingeschaltet. Wenn Sie sie ausschalten, verschwindet der Finder beim Starten einer Anwendung. So schützen Sie sich vor einem versehentlichen Umschalten in den Finder. (Und ersparen Anfängern viel Verwirrung!)

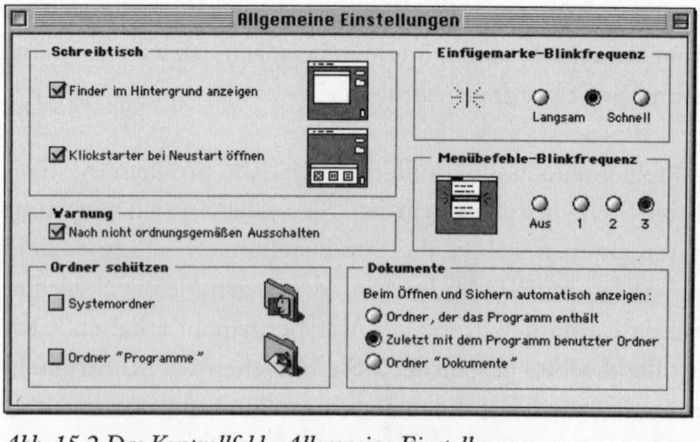

Abb. 15.2 Das Kontrollfeld «Allgemeine Einstellungen».

- **Klickstarter bei Neustart öffnen.** Mit Hilfe des Kontrollfeldes *Klickstarter* erhalten Sie einen einfachen Zugriff auf Ihre bevorzugten Anwendungen, Ordner und Dateien. Diese Option steuert, ob der Klickstarter nach dem Starten des Systems angezeigt wird oder nicht. Dazu wird einfach ein Alias des Klickstarters in den Ordner *Startobjekte* kopiert.

- **Ordner schützen/Systemordner.** Diese Option bewahrt den Systemordner vor unbefugtem Zugriff. Allerdings sollten Sie sie mit Vorsicht einsetzen. Wenn Sie versuchen, Dateien in den Systemordner zu verschieben oder daraus zu entfernen, erhalten Sie zwar eine Fehlermeldung, diese ist aber bei älteren Systemen (vor Mac OS 8) kryptisch und frustrierend. Außerdem kann es bei geschütztem Systemordner zu Konflikten bei der Installation neuer Software kommen. Wenn File Sharing eingeschaltet ist, ist diese Option gar nicht verfügbar (das gilt auch für die Option *Ordner schützen/Programme*).

- **Ordner schützen/Programme.** Auch bei dieser Option wird ein Ordner geschützt, in diesem Fall der Ordner *Programme* (sofern Sie einen solchen besitzen).

- **Warnung nach nicht ordnungsgemäßem Ausschalten.** Als ob Sie es nicht selbst wüßten, daß Sie Ihren Mac nicht ordentlich ausgeschaltet haben, weist Sie diese Option beim Start (oder Neustart, z.B. nach einem Absturz) penetrant darauf hin. Zum Glück läßt sich die Option ausschalten.

  Seit Mac OS 8.5 jedoch erfüllt diese Option eine durchaus nützliche Aufgabe. Nach einem Neustart aufgrund eines Systemabsturzes wird automatisch das Programm *Erste Hilfe* gestartet. Da bei einem Absturz in der Tat ernsthafte Schäden an der Festplatte auftreten können, sollten Sie abwarten, bis die Kontrolle beendet ist. Wenigstens müssen Sie den Rechner nicht von einem anderen Medium starten, um Erste Hilfe laufen zu lassen, wie dies bei den Systemen vor Mac OS 8.5 der Fall war.

- **Einfügemarke-Blinkfrequenz.** Das sollten Sie einmal ausprobieren. Die Eingabemarke ist der I-förmige Cursor, der beim Bearbeiten von Text erscheint. *Langsam* bedeutet, daß er 30mal pro Minute blinkt, *Schnell* erzeugt 100mal in der Minute ein hektisches Blinken.

Die Blinkfrequenz beeinflußt übrigens auch die Geschwindigkeit, die Sie an den Tag legen müssen, um ein Icon im Finder durch Tippen seiner Anfangsbuchstaben auszuwählen. Je schneller der Cursor blinkt, um so schneller müssen Sie tippen.

- **Menübefehle-Blinkfrequenz.** Wenn Sie nach dem Wählen eines Menübefehls die Maustaste loslassen, blinkt der Befehl kurz auf: Schwarz-Weiß-Schwarz. Sie haben das vielleicht noch nie bemerkt. Mit dieser Einstellung legen Sie fest, wie oft der Befehl blinkt.

- **Beim Öffnen und Speichern automatisch anzeigen.** Mit dieser Option endet die Ära des besorgten «Wo habe ich bloß meine Dateien abgelegt?»-Fragens. Hier legen Sie fest, welcher Ordner angezeigt werden soll, wenn Sie die Befehle *Öffnen* oder *Speichern unter* aus dem Menü *Ablage* wählen.

Apple-Menü Optionen

Das Kontrollfeld *Apple-Menü Optionen* fügt dem Apple-Menü zwei extrem nützliche Funktionen hinzu. Zum einen können Sie das Anzeigen von Untermenüs im Apple-Menü ein- und ausschalten (15.3).

Zum anderen werden im Apple-Menü mit Hilfe der Option *Objekte merken* drei neue Einträge erzeugt: *Benutzte Dokumente, Benutzte Programme* und *Benutzte Server* (d.h. Netzwerk-Volumes). Dieses Kontrollfeld merkt sich die von Ihnen zuletzt benutzten Elemente und listet sie in den genannten Ordnern auf. Im Kontrollfeld können Sie festlegen, wieviele Elemente gelistet werden sollen. In Mac OS 8.5 bestimmt diese Zahl außerdem, wieviele Einträge in den neuen Öffnen- und Speichern-Dialogboxen angezeigt werden sollen.

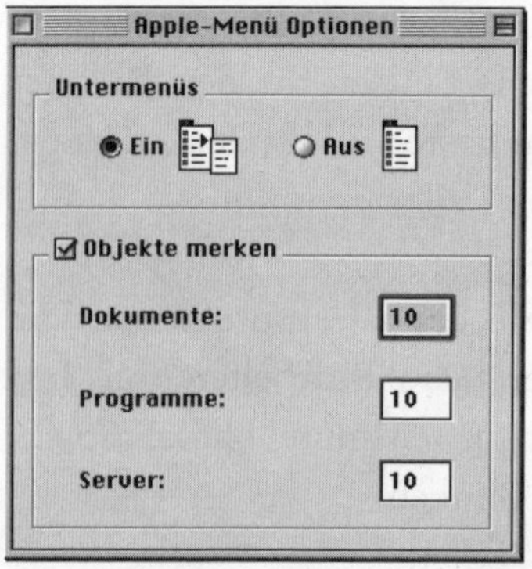

Abb. 15.3 Untermenü oder kein Untermenü, das ist hier die Frage!

AppleTalk

Seit es OpenTransport gibt, hat das Kontrollfeld *AppleTalk* die Stelle des Kontrollfeldes *Netzwerk* eingenommen. Mit diesem Kontrollfeld wählen Sie Ihre gewünschte Netzwerktechnik: *LocalTalk*, *Ethernet* usw. – ein äußerst wichtiger Schritt beim Vernetzen zweier Macs. In Kapitel 19 finden Sie Schritt-für-Schritt-Anleitungen für den Umgang mit diesem Kontrollfeld.

Apple Umgebungsassistent

Dieses komplexe Programm wurde ursprünglich für die PowerBooks geschrieben. Mit diesem Kontrollfeld und dem dazugehörenden Kontrolleistenmodul können Sie bestimmte Einstellungen Ihres Mac – z.B. Zeitzone, Internetzugangsnummer, Netzwerkprotokoll usw. – zu einer «Umgebung» zusammenfassen und einfach zwischen verschiedenen Umgebungen wechseln.

Seit Mac OS 8.1 ist der Umgebungsassistent auch für Desktop-Macs verfügbar. In der folgenden Diskussion wollen wir aber davon ausgehen, daß Sie ein PowerBook-Benutzer sind.

Das Prinzip funktioniert folgendermaßen: Zunächst stellen Sie alle Kontrollfelder auf Ihre gewünschten Werte ein. Anschließend öffnen Sie den Umgebungsassistenten und markieren die Einstellungen für eine spätere Benutzung.

Beginnen Sie im Umgebungsassistent zunächst mit dem Befehl *Neue Umgebung*. Geben Sie dieser Umgebung einen Namen (z.B. «Büro Hamburg»). Wählen Sie nun die Einstellungen, die Sie dort benutzen wollen. Seien Sie jedoch gewarnt: einige dieser Einstellungen können nur markiert werden, wenn Sie vorher einige Vorbereitungen getroffen haben. Sie haben folgende Möglichkeiten:

- **Netzwerk oder AppleTalk & TCP/IP.** Die folgenden Anweisungen sehen zwar vielleicht seltsam aus, seien Sie aber versichert, Sie müssen sie nur einmal ausführen.

  Öffnen Sie das Kontrollfeld *AppleTalk*, und wählen Sie *Datei/Konfigurationen*. Da der Umgebungsassistent sich weigert, mit einer Konfiguration namens «Voreinstellung» zu arbeiten, duplizieren Sie sie und geben ihr einen etwas aussagekräftigeren Namen. Aktivieren Sie diese Konfiguration. Achten Sie darauf, daß im Hauptfenster des Kontrollfeldes *AppleTalk* die richtige Verbindungsart angegeben ist (Druckeranschluß, Ethernet, Infrarot usw.). Sichern und schließen Sie dieses Kontrollfeld.

Öffnen Sie nun das Kontrollfeld *TCP/IP*, und wiederholen Sie die Schrittfolge. Fragen Sie notfalls Ihren Internet-Experten, falls Sie nicht zurechtkommen.

Wählen Sie jetzt im Umgebungsassistenten den Eintrag *Netzwerk* bzw. *AppleTalk & TCP/IP*. Klicken Sie auf *Anwenden*. Ihre Netzwerkeinstellung wurde mit der Umgebung «Büro Hamburg» verknüpft.

- **Automatisch öffnen.** Mit dieser Funktion können Sie Programme automatisch starten, sobald Sie die entsprechende Umgebung auswählen – auch ohne Neustart! Wenn Sie auf die Checkbox klicken, öffnet sich die Standard-Öffnen-Dialogbox. Doppelklicken Sie auf jeden gewünschten Eintrag, und wählen Sie anschließend *Anwenden*.

- **Erweiterungen.** Öffnen Sie das Kontrollfeld *Erweiterungen Ein/Aus*, und stellen Sie dort die Erweiterungen zusammen, die Sie in der anderen Arbeitsumgebung verwenden wollen. Klicken Sie nun auf die Checkbox *Erweiterungen* im Umgebungsassistenten.

- **File Sharing.** Schalten Sie File Sharing in der entsprechenden Dialogbox ein oder aus, und wählen Sie anschließend die Option im Umgebungsassistenten.

- **Internet.** Diese Funktion entspricht der bereits beschriebenen Funktion *AppleTalk & TCP/IP*. Sie ist für Leute gedacht, die mit Hilfe des *Apple Internet Connection Kit* in das Internet gehen.

- **Lautstärke.** Wenn Sie diese Checkbox anklicken, wird der aktuelle Lautstärkepegel des Mac gespeichert.

- **Remote Access.** Es gibt vier Kontrollfelder, die am Zustandekommen einer Internetverbindung beteiligt sind: *AppleTalk*, *TCP/IP*, *Modem* und *Remote Access*. Die ersten beiden Kontrollfelder wurden im Eintrag *AppleTalk & TCP/IP* gespeichert. Für die verbleibenden Kontrollfelder ist diese Checkbox vorhanden.

Auch hier müssen Sie zunächst in jedem Kontrollfeld eine Konfiguration erstellen. Folgen Sie den bereits beschriebenen Anweisungen. Auf diese Weise können Sie für jede Umgebung eine andere Internetzugangsnummer festlegen.

- **Standarddrucker.** Wenn Sie für jede Umgebung, in der Sie arbeiten, einen eigenen Drucker festlegen, sparen Sie sich den Umweg über die Auswahl. Sie benötigen allerdings die Erweiterung *Desktop Printing*.

  Wählen Sie in der Auswahl Ihren gewünschten Drucker. Auf Ihrem Schreibtisch erscheint das Icon des Druckers. Markieren Sie es, und wählen Sie *Drucken/Standarddrucker*. Schalten Sie nun im Umgebungsassistenten die Checkbox *Standarddrucker* ein.

- **Zeitzone.** Öffnen Sie das Kontrollfeld *Datum & Uhrzeit*. Wählen Sie dort die passende Zeitzone für Ihre Umgebung aus. Wenn Sie im Umgebungsassistenten nun diese Option anklicken, wird die gewählte Zeitzone automatisch mit Ihrer Umgebung verknüpft.

Sie müssen für Ihre Umgebungen nicht alle Einstellungen festlegen. Oft reicht es, wenn Sie den Internetanschluß anpassen.

Wenn Sie Ihre Umgebung eingerichtet haben, können Sie mit dem Modul in der Kontrolleiste in eine neue Umgebung umschalten. Eine Warnung erscheint, dann dauert es einen kurzen Augenblick, bis der Mac alle Kontrollfelder geändert hat, und Sie können Ihre Arbeit beginnen.

Einige der Einstellungen erfordern einen Neustart des Mac. Aus diesem Grund bietet es sich an, die Umgebung beim Starten auszuwählen. Diese Möglichkeit wird Ihnen allerdings nur dann geboten, wenn Sie danach fragen. Wählen Sie deshalb *Bearbeiten/Voreinstellungen*. In der Dialogbox können Sie einstellen, wann Ihnen diese Frage gestellt werden soll (*Nie*, *Immer* oder *Mit Kurzbefehl*).

AppleVision Setup

In diesem Kontrollfeld finden Sie die Einstellungen für die Bildschirme der AppleVision-Reihe. Mit dem Kontrollfeld *Monitore & Ton* ist es allerdings überflüssig geworden.

At Ease Setup

At Ease ist ein Programm zum Verbergen des Finders und soll den Mac vor unbefugtem Zugriff schützen. Dazu gibt es die Erweiterung *At Ease Startup*.

Bei den Performas war At Ease bereits vorinstalliert; Sie können es aber auch bei Apple oder einem Mail-Order-Versand kaufen. Genau wie beim Klickstarter oder der Tastendarstellung von Mac OS 8 werden große Tasten angezeigt, die mit einem Klick (und nicht mit Doppelklick) geöffnet werden können. Allerdings füllt At Ease den gesamten Bildschirm. Die Kontrollfelder, der Papierkorb und die Icons der Volumes werden verborgen und können somit nicht versehentlich geklickt oder verändert werden (15.4).

Wenn Sie ein Programm starten, verschwindet das At Ease-Fenster. Es erscheint wieder, wenn Sie das Programm beenden.

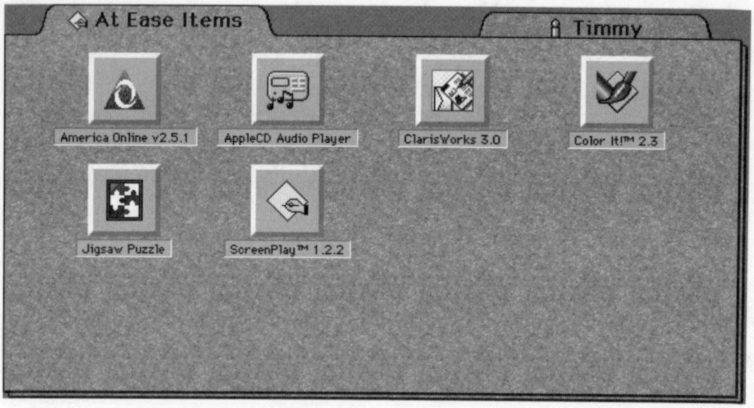

Abb. 15.4 Diese Ansicht sehen Sie statt des Finders, wenn Sie At Ease benutzen.

Jeder Mitbenutzer des Mac kann in At Ease seine eigenen Einstellungen erzeugen. Beim Starten des Mac werden die verschiedenen Konfigurationen angezeigt und können per Doppelklick gestartet werden. Sie können für bestimmte Anwender sogar einen «beschränkten Finder» erstellen, in dem nur ausgewählte Ordner und Menüs verfügbar sind. Sie als Administrator entscheiden mit Hilfe von At Ease Setup, um welche Einträge es sich dabei handelt.

Das vergessene At Ease-Kennwort. Was tun, wenn Sie das At Ease-Kennwort vergessen haben? Selbstverständlich stört es At Ease überhaupt nicht, wenn Sie beim Starten die Shift-Taste gedrückt halten. Gehen Sie folgendermaßen vor: Starten Sie den Mac von einer Dienstprogramme-Diskette oder einer System-

CD. Öffnen Sie nun den Systemordner auf der Festplatte, suchen Sie den Preferences-Ordner und werfen Sie die Datei *At Ease Preferences* in den Papierkorb. At Ease geht es nun wie Ihnen, es kann sich auch nicht mehr an das Kennwort erinnern! Wenn Sie nun den Mac erneut starten, haben Sie damit keine Probleme mehr.

At Ease und der Festplattentod

In der Anleitung zu At Ease steht, daß Sie vor dem Löschen des Programms das *At Ease*-Kontrollfeld öffnen und den Button *Aus* klicken müssen. Es warnt Sie ausdrücklich davor, At Ease einfach in den Papierkorb zu werfen. Wenn Sie diese Warnung ignorieren, passiert folgendes:

Sie zerstören Ihre Festplatte!

Das liegt daran, daß At Ease beim Installieren die Boot-Blöcke der Festplatte verändert, damit der Finder beim Starten ignoriert und sofort At Ease gestartet wird. Wenn Sie At Ease einfach so löschen, beginnt der Mac beim Starten eine wilde Suche und hebt irgendwann einfach die Hände (bildlich gesprochen). Manchmal läßt sich der Schaden hinterher mit einem Reparaturprogramm beheben, oft hilft aber nur das Neuformatieren der Festplatte.

ATM

Siehe «~ATM» am Ende dieses Abschnitts.

Benutzer & Gruppen

Im Kontrollfeld *Benutzer & Gruppen* legen Sie fest, welche Benutzer und Benutzergruppen Zugriff auf Ihre freigegebenen Volumes und Ordner haben und welche Zugriffsrechte Sie ihnen gewähren. Einzelheiten finden Sie in Kapitel 19. Ab Mac OS 9 ist *Benutzer & Gruppen* vollständig in das Kontrollfeld *File Sharing* integriert.

Bildschirm

Dieses kleine Kontrollfeld funktioniert nur bei speziellen Mac-Modellen mit eingebauten Farbmonitoren (z.B. LC 500, Color Classic, Mac TV). An diesen Monitoren gibt es keine Einstellknöpfe, Sie verändern die einzustellenden Werte daher mit Hilfe dieses Kontrollfeldes. Sollten Sie ein anderes Modell besitzen, können Sie das Kontrollfeld entfernen.

Button Disabler

Dieses Kontrollfeld gab es nur bei den Modellen LC oder Performa 500, 5000 oder 6000 unter System 7.5 (und folgende). Damit wurden die Lautstärke- und Helligkeitsknöpfe an der Vorderseite des Monitors deaktiviert.

ColorSync oder ColorSync System Profil

ColorSync stellt Apples Lösung eines uralten Problems dar: die gedruckten Farben stimmen nicht mit den Farben auf dem Bildschirm überein. Für Grafikprofis ist Farbkonsistenz ein äußerst wichtiges Kriterium. Jedes Gerät, das mit Farben zu tun hat – Scanner, Monitor, Drucker – sollte eine eigene *ColorSync Profile*-Datei haben, die mit den Farbproblemen umgehen kann.

Mit dem Popup-Menü in diesem Kontrollfeld bestimmen Sie Ihren Monitor, damit die Software weiß, wie sie die Farben auf anderen Geräten behandeln soll. Zum Funktionieren benötigt dieses Kontrollfeld noch die Erweiterung *ColorSync*.

ColorSync nützt Ihnen allerdings überhaupt nichts, wenn Sie nicht die richtigen Profile für Ihren speziellen Monitor und Ihren eigenen Drucker installiert haben. Leider ist es schwierig, die richtigen Profile für Nicht-Apple-Hardware zu finden. Wenn Sie allerdings die falschen Profile einsetzen, verschlimmern Sie auftretende Farbprobleme nur noch.

Sollten Sie mit Farb-Scannen oder Drucken nichts zu tun haben, können Sie die ColorSync-Dateien getrost löschen.

Computer Ein/Aus

Mit diesem vorsintflutlichen Kontrollfeld können Sie Zeiten festlegen, zu denen Ihr Rechner ein- und ausgeschaltet werden soll. Details finden Sie weiter hinten in diesem Kapitel unter «Energie sparen».

Cursor-Modus

Wegen eines mysteriösen Bugs in System 7.5.3/7.5.5 erscheint der Cursor nicht im Bild, wenn Sie ein Bildschirmfoto erstellen (mit der Tastenkombination Befehl-Shift-3 oder mit speziellen Programmen). Dieses Kontrollfeld holt den Cursor in das Bild zurück.

Darstellungen

Im Kontrollfeld *Darstellungen* (15.5) können Sie die Schriftart für die Finder-Fenster ändern. Außerdem legen Sie hier fest, welche Informationen in der Listenansicht gezeigt werden. In Mac OS 8 wurden diese Funktionen in den Befehl *Bearbeiten/Voreinstellungen* integriert.

ACHTUNG

Achten Sie darauf, die Option *Ordnergröße berechnen* nur dann anzukreuzen, wenn Sie diese Funktion tatsächlich brauchen. Ansonsten kann es vorkommen, daß das Öffnen der Fenster im Finder ewig zu dauern scheint, weil Ihr Mac erst noch die Größe für jeden einzelnen Ordner berechnen muß. Ab Mac OS 8 gibt es diese Einstellung nicht mehr global für alle Fenster. Sie läßt sich mit dem Befehl *Darstellung/Darstellungsoptionen* für jedes Fenster einzeln festlegen. (Das geht übrigens auch über das Kontext-Menü.)

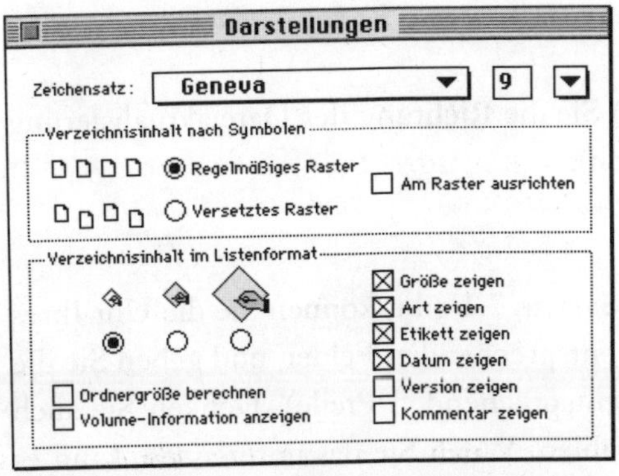

Abb. 15.5 Das Kontrollfeld «Darstellungen».

Dateien abgleichen

Es dauerte bis zur Veröffentlichung von Mac OS 8.5, bis Apple der Systemsoftware ein Backup-Programm hinzufügte. In diesem Programm können Sie zwei Ordner angeben, deren Inhalte untereinander abgeglichen werden. Um diese Ordner festzulegen, ziehen Sie sie einfach in das entsprechende Fenster im Kontrollfeld (15.6).

Wenn Sie einen Abgleich vornehmen wollen, klicken Sie auf den Button *Abgleichen*. Der Mac analysiert dann den Inhalt beider Ordner und kopiert anschließend jeweils die neuesten Dokumente. Sollten Sie ein PowerBook besitzen, können Sie dieses Kontrollfeld dazu verwenden, nach einem «Außeneinsatz» die Daten auf Ihrem Bürorechner auf den neuesten Stand zu bringen.

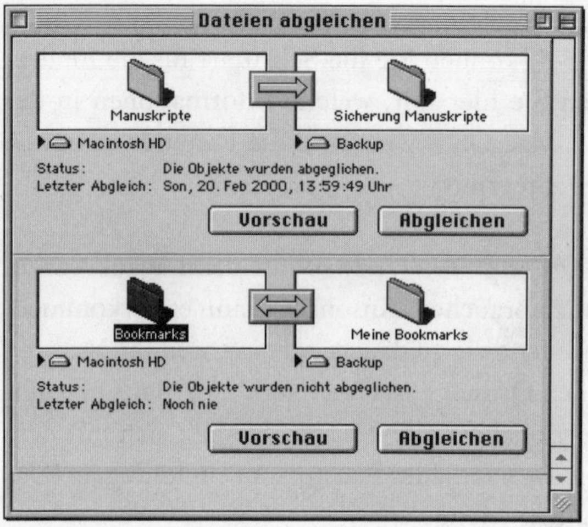

Abb. 15.6 Das Kontrollfeld «Dateien abgleichen» aus Mac OS 8.5 legt automatisch Sicherheitskopien ausgewählter Ordner in entsprechenden Ordnern eines Backup-Mediums an.

Im Menü des Kontrollfeldes können Sie die Richtung der Dateiaktualisierung festlegen (eine oder beide Richtungen).

Datum & Uhrzeit

Mit diesem Kontrollfeld, das es seit System 7.1 gibt, können Sie die Uhr Ihres Mac stellen. Klicken Sie dazu in die entsprechenden Felder, und geben Sie die Zahlen ein (oder benutzen Sie die entsprechenden Pfeile). Denken Sie auch daran, die richtige Zeitzone auszuwählen. Wenn Sie das unterlassen, kann es passieren, daß Ihre E-Mails und Dokumente mit eigenartigen Zeitangaben versehen werden.

Weiterhin können Sie hier die Datums- und Uhrzeitformate sowie das Aussehen der Uhr in der Menüleiste festlegen. Zusätzlich besitzt das Kontrollfeld *Datum & Uhrzeit* seit Mac OS 8.5 weitere clevere Funktionen:

- Es kann automatisch auf die lokale Sommerzeit umschalten.
- Es kann selbsttätig die Uhr stellen.

Dazu benutzt es einen Time Server im Internet. Sie können in den Optionen festlegen, wann und wie oft eine Zeitsynchronisation erfolgen soll. Sie benötigen dazu selbstverständlich einen Internetzugang sowie die Erweiterung *Uhrzeitsynchronisierung*.

Abb. 15.7 Das Kontrollfeld «Datum & Uhrzeit». Kleiner Tip: Klicken Sie auf die Uhr in Ihrer Menüleiste, um das Datum zu sehen.

Der voreingestellte Time Server gehört zu Apple. Sie können aber auch andere Server verwenden. Eine Liste mit Web-basierten Servern finden Sie unter *www.eecis.udel.edu/~ntp*.

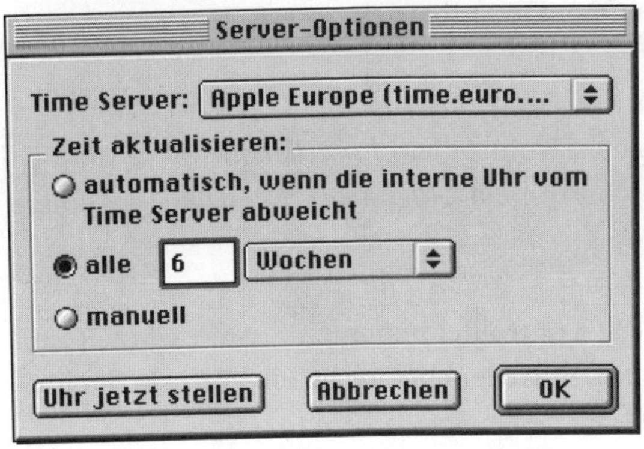

Abb. 15.8 Unter Mac OS 8.5 kann sich Ihr Mac selbst um die Zeit kümmern.

DialAssist

Das Kontrollfeld *DialAssist* ist schon seit Jahren als Teil von Apples *Remote Access* verfügbar gewesen. Seine Aufgabe ist es, komplizierte Einwahlanweisungen zu speichern, mit deren Hilfe Sie sich in einen anderen Rechner einwählen können. Sie können in diesem Kontrollfeld Telefonnummern, Vorwahlen, Kreditkarteninformationen und andere nützliche Dinge ablegen (15.9).

Abb. 15.9 Mit «DialAssist» haben Sie eine zentrale Stelle, an der Sie komplizierte Einwahlanweisungen ablegen können.

In Mac OS 8.5 wurden *Remote Access* und *PPP* zusammengelegt. *DialAssist* gehört seitdem zur Standard-Systemsoftware – sicher eine große Erleichterung für Reisende.

Selbstverständlich können Sie diese Funktion nur dann benutzen, wenn die Anwendungen sie auch unterstützen. Im Moment ist dies nur bei dem Programm *Remote Access Client* der Fall.

Editoren konfigurieren. Siehe «OpenDoc Libraries».

Einstellungen (vor System 7.5)

Die meisten Elemente im originalen Kontrollfeld *Einstellungen* waren ähnlich den Elementen im heutigen Kontrollfeld *Allgemeine Einstellungen*, einige unterschieden sich jedoch (15.10):

- **Uhrzeit und Datum.** In diesem Kontrollfeld konnten Sie die Uhrzeit und das Datum einstellen, indem Sie entweder entsprechende Werte in die Eingabefelder eintippten oder die Pfeile benutzten.

- **Schreibtischhintergrund.** Bevor es Hintergrundmuster und -bilder gab, konnten Sie in diesem Kontrollfeld den Schreibtischhintergrund selbst gestalten. Mit Hilfe der kleinen Dreiecke über dem dargestellten Mini-Schreibtisch konnten Sie durch die Hintergrundmuster scrollen, die auf Ihrem Mac gespeichert waren. Wenn Sie einmal in den Schreibtisch klickten, wurde das Muster ausgewählt.

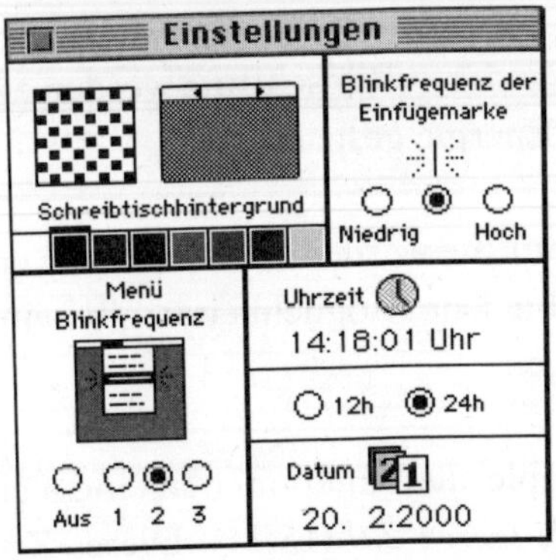

Abb. 15.10 Das originale Kontrollfeld «Einstellungen».

Am schönsten war es jedoch, daß Sie eigene Muster erzeugen konnten. Sie mußten sich nur merken, wie Sie das Muster permanent speichern: Bei einem Einfachklick auf den kleinen Schreibtisch wird das Muster zwar auf den großen Schreibtisch angewandt, aber erst mit einem Doppelklick wird es dauerhaft gespeichert und kann auch dann wieder ausgewählt werden, wenn Sie sich zwischendurch einmal für ein anderes entschieden hatten.

Durch Klicken auf die einzelnen Punkte in der vergrößerten Darstellung des Musters, können Sie dieses verändern und mit einem Klick auf den Mini-Schreibtisch auf den gesamten Schreibtisch anwenden. Die farbigen Kästchen darunter sind Ihre Farbpalette. Klicken Sie in eines der Quadrate, um die Farbe des Zeichenstiftes zu ändern.

ACHTUNG

Hinweis für Performa-Anwender: Das speziell gestaltete Kontrollfeld *Allgemeine Einstellungen* stellte einen der wenigen Unterschiede zwischen der Systemsoftware der Performas und der anderen Macs dar. Die Möglichkeit, eigene Schreibtischmuster zu erzeugen war durch ein Popup-Menü mit vordefinierten Mustern ersetzt worden.

Energie sparen

Das Thema Energie sparen wurde von Apple schon früh aufgegriffen, deshalb gibt es viele verschiedene Kontrollfelder für diese Funktion.

Energie sparen 1.0. Es gab eigentlich zwei Kontrollfelder *Energie sparen*. Dieses hier schaltet Bildschirme nach einem bestimmten Zeitraum aus, in dem nichts passiert ist. Um den Bildschirm wieder «aufzuwecken», müssen Sie eine Taste drücken oder mit der Maus klicken.

Dieses Kontrollfeld funktioniert nur mit entsprechenden Monitoren (z.B. Apple Multiple Scan und AppleVision). Alle anderen Bildschirme werden zwar schwarz, es wird aber in Wirklichkeit keine Energie gespart.

Energie sparen 2.0 (und verwandte Dateien). Sie werden vielleicht ein wenig über die Tatsache verwirrt sein, daß es verschiedene Möglichkeiten gibt, einen untätigen Mac zum Energiesparen zu bewegen.

Um das Durcheinander zu beseitigen, hat Apple alle Funktionen in einem einzigen Kontrollfeld zusammengefaßt: *Energie sparen 2.0* (15.11). Dieses Kontrollfeld steuert das automatische Ein- und Ausschalten sowohl des Mac als auch des Monitors. Es funktioniert allerdings nur bei Power Macs der zweiten Generation (nicht 6100, 7100 oder 8100).

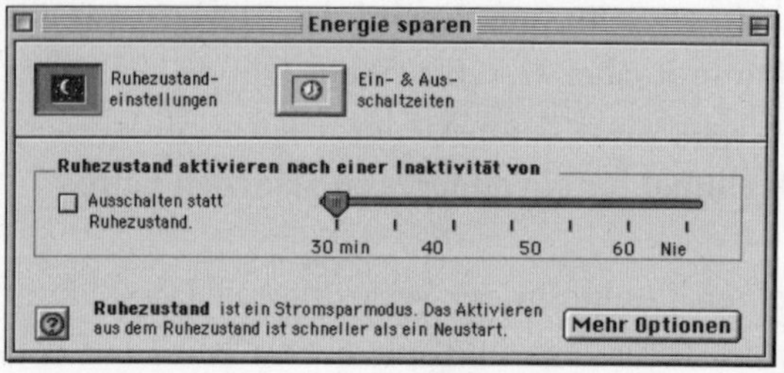

Abb. 15.11 Das neue Kontrollfeld «Energie sparen» kann Ihren Mac entweder nach einer gewissen Zeit oder zu bestimmten Zeiten in den Ruhezustand schicken bzw. ausschalten.

Sie können in diesem Kontrollfeld Intervalle festlegen, nach denen der Bildschirm, die Festplatte und der Computer selbst in den Ruhezustand übergehen. Für die Verwendung dieses Kontrollfeldes gibt es eine einfache Regel: Wenn Sie einen PCI-Power-Mac oder ein aktuelles PowerBook besitzen, sollten Sie Energie sparen ab Version 2.0 benutzen.

Energie sparen Computer. Dieses Kontrollfeld gehört zu den fünf Kontrollfeldern, die Apples Bemühungen demonstrieren, Energie zu sparen.

Energie sparen und G3-PowerBooks. Auf PowerBooks, die nach 1998 gebaut wurden, gibt es bedeutend mehr Funktionen im Kontrollfeld *Energie sparen*. Zunächst können Sie zwischen Batterie und Netzanschluß umschalten. Damit steuern Sie das Verhalten des Programms in Abhängigkeit davon, ob das PowerBook an eine Steckdose angeschlossen ist oder nicht.

Wenn Sie auf den Button *Weitere Einstellungen* klicken, erwarten Sie Optionen wie *Netzwerkverbindung zu Servern beim Beenden des Ruhezustands aufbauen* und weitere Stromsparoptionen, wie z.B. *Prozessorgeschwindigkeit reduzieren* (beides früher Bestandteile anderer Kontrollfelder).

Für die meisten dieser Funktionen gibt es im Kontrollfeld Erklärungen, wir wollen daher nur noch diese beiden erwähnen:

- **Inaktive PC Cards ausschalten.** PC-Karten (früher hießen sie auch PCMCIA-Karten) sind Kreditkarten-große Einsteckkarten. Da diese Karten auch dann mit Energie versorgt werden, wenn sie eigentlich gar nichts tun, sollten sie in diesem Fall mit Hilfe der Checkbox ausgeschaltet werden.

- **Bei eingehenden Anrufen den Ruhezustand beenden.** Wenn Sie Ihr G3-PowerBook als Faxgerät einsetzen wollten, könnte diese Option äußerst nützlich sein. Tja, könnte! Unglücklicherweise ist sie bei den PowerBooks der G3-Serie permanent ausgeschaltet. Wirklich schade!

Eingabehilfe

Eingabehilfe stellt eine Hilfe für Leute dar, die Probleme bei der Benutzung der Tastatur oder der Maus haben, aber auch für Grafiker, die die Präzision dieses Kontrollfeldes für ihre Zwecke nutzen wollen. (Sie finden Eingabehilfen auf Ihrer System-CD.)

- **Mausbedienung.** Wenn Sie diese Funktion einschalten, können Sie die numerische Tastatur statt der Maus benutzen, um den Mauszeiger zu steuern. Die Taste 5 entspricht der Maustaste, mit den anderen Zifferntasten können Sie den Zeiger bewegen. Sie können die Geschwindigkeit und die Verzögerung des Zeigers einstellen (15.12).

  Sie schalten mit Befehl-Shift-Clear in den Maus-Tastatur-Modus (die Clear-Taste befindet sich auf Ihrer Zifferntastatur). Wenn Sie diese Funktion für präzise Bewegungen einsetzen wollen, sollten Sie einmal die 0 betätigen. Damit wird die Maustaste festgestellt.

- **Tastenverzögerung.** Diese Funktion verzögert die Annahme jedes Tastendrucks. Beim höchstmöglichen Wert müssen Sie eine Taste wenigstens eineinhalb Sekunden gedrückt halten, bevor der Mac sie bestätigt. Damit können unbeabsichtigte Tastendrücke verhindert werden.

Abb. 15.12 Mit «Eingabehilfe» können Sie Ihre Tastatur verlangsamen, «verkleben» oder «zur Maus machen».

- **Einfingerbedienung.** Mit dieser Funktion können Sie Tastenkombinationen nacheinander statt gleichzeitig eingeben. Um den Maus-Tastatur-Modus einzuschalten, drücken Sie z.B. erst die Befehlstaste, anschließend die Shift-Taste und zum Schluß die Taste Clear (15.13).

  Sie können *Einfingerbedienung* einschalten, indem Sie fünfmal hintereinander die Shift-Taste drücken. Solange Sie die Maus dazwischen nicht betätigen, können zwischen den einzelnen Tastendrücken längere Pausen auftreten. Beim Einschalten dieser Funktion hören Sie zur Bestätigung ein leises Zirpen.

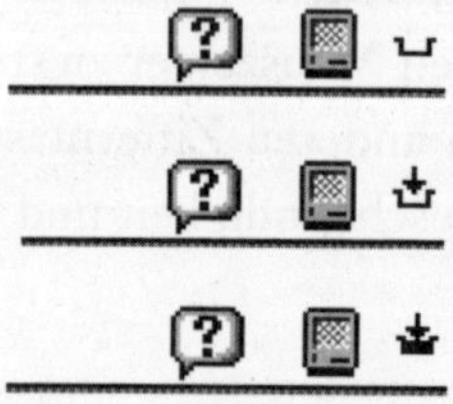

Abb. 15.13 Einfingerbedienung zeigt den aktuellen Modus durch unterschiedliche Icons in der Menüzeile an.

Wenn die Funktion *Einfingerbedienung* eingeschaltet ist, erscheint eine kleine Anzeige auf der rechten Seite des Menüs (15.13 oben). Wenn Sie eine Modifikationstaste (Shift, Option oder Befehl) einmal drücken, erscheint ein kleiner Pfeil (15.13 Mitte). Das ist das Signal dafür, daß *Einfingerbedienung* auf eine Non-Modifikationstaste (z.B. einen Buchstaben) wartet, um das Tastenkürzel zu vervollständigen. Drücken Sie die Modifikationstaste zweimal, stellen Sie sie fest. Wenn Sie nun einen Buchstaben tippen, tut der Mac so, als würde die Modifikationstaste dauernd gedrückt werden. Sie schalten diese Funktion aus, indem Sie erneut fünfmal hintereinander die Shift-Taste oder gleichzeitig zwei beliebige Modifikationstasten drücken.

Erscheinungsbild (Mac OS 8.0 und 8.1)

Mit dieser Anwendung können Sie Ihren Mac umdekorieren (natürlich nur von innen). Das Kontrollfeld gibt es seit Mac OS 8.0. Sie können die Farbe, die Systemschrift und andere Aspekte des Schreibtisches ändern.

Auf der linken Seite des Kontrollfeldes befinden sich zwei Buttons, mit denen Sie festlegen können, welche Elemente bearbeitet werden sollen. In Mac OS 8.0 und 8.1 haben Sie z.B. zwei Möglichkeiten: *Farbe* und *Optionen*.

Bei der Option *Farbe* können Sie die Akzentfarben verändern: für Rollbalken, Fortschrittsanzeigen und Markierungen. In diesem Fenster wird Ihnen außerdem eine Liste mit zehn Auswahlfarben angeboten. Falls Ihnen keine der dort enthaltenen Farben gefällt, können Sie mit der Farbauswahl selbst eine Farbe festlegen (15.14).

Unter *Optionen* haben Sie eine ganze Reihe von Möglichkeiten. Sie können festlegen, daß die Fensterinhalte durch Doppelklick auf die Titelzeile ein- oder ausgeblendet werden. Diese Funktion entspricht dem Button in der oberen rechten Ecke eines Fensters. Das Ganze können Sie bei Bedarf durch Toneffekte untermalen.

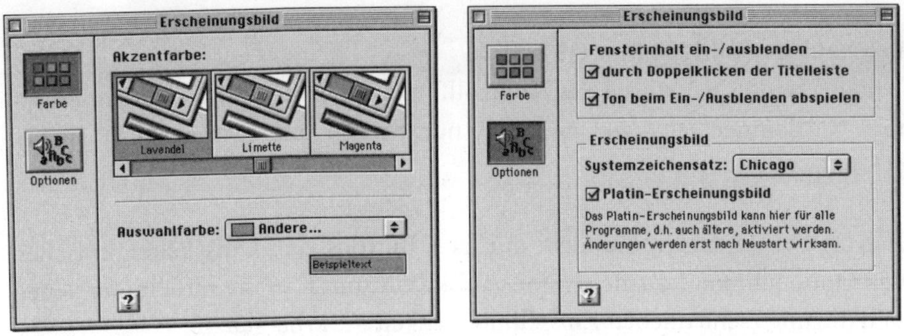

Abb. 15.14 Das Kontrollfeld «Erscheinungsbild» aus Mac OS 8.0/8.1 besitzt zwei Fenster – eines für Farben und eines für Schriften und Töne.

Auch die Systemschrift können Sie hier ändern. Das ist die Schrift, die für Menüs und Titelzeilen von Fenstern verwendet wird. Sollte Ihnen z.B. die Mac

OS 8-Standardschrift Charcoal nicht zusagen, steht es Ihnen frei, die «alte» Chicago einzustellen.

Schließlich bietet Ihnen das Optionen-Fenster noch das systemweite «Platin»-Erscheinungsbild. Diese seltsame Bezeichnung umfaßt folgende Elemente:

- **Neu gestaltete Checkboxen.** Statt des normalen X erscheinen kleine Häkchen, wenn Sie eine Checkbox anklicken.
- **Neu gestaltete Buttons, wie OK und Abbrechen.** In Mac OS 8 haben Buttons und Radio-Buttons ein leicht dreidimensionales Aussehen.
- **Neu gestaltete Titelzeilen und Rollbalken.** Auch diese Elemente wurden modernisiert und erscheinen nun dreidimensional.
- **Graue Menüs.** Vor Mac OS 8 bestanden Menüs und Menübalken aus schwarzem Text vor weißem Hintergrund. Nun ist der Hintergrund hellgrau.

Wenn Sie die Option *Platin-Erscheinungsbild* ausschalten, müssen Sie den Rechner neu starten, damit die Änderungen wirksam werden. Der Finder wird davon übrigens nicht beeinflußt. Sie könnten auf diese Weise also das alte und das neue Aussehen miteinander vergleichen. Schalten Sie einfach zwischen dem Finder und den Anwendungen um.

Erscheinungsbild (ab Mac OS 8.5)

Unter Mac OS 8.5 wurde das Kontrollfeld *Erscheinungsbild* bedeutend erweitert. Sie können jetzt viel mehr als nur Farben und Systemschrift ändern (15.15).

In Mac OS 8.5 finden Sie nicht nur zwei Buttons zum Umschalten zwischen den Optionen, sondern gleich eine ganze Reihe mit Karteireitern, hinter denen sich die unterschiedlichen Einstellmöglichkeiten verbergen:

- **Themen.** Ein Thema ist im Apple-Jargon eine vollständige Sammlung verschiedener Einstellungen: Ihre bevorzugten Schriften, Töne, Schreibtischmuster, Rollbalken und andere Elemente. Sollten Sie einen «Tapetenwechsel» brauchen, können Sie hier gleich alles auf einen Schlag ändern.

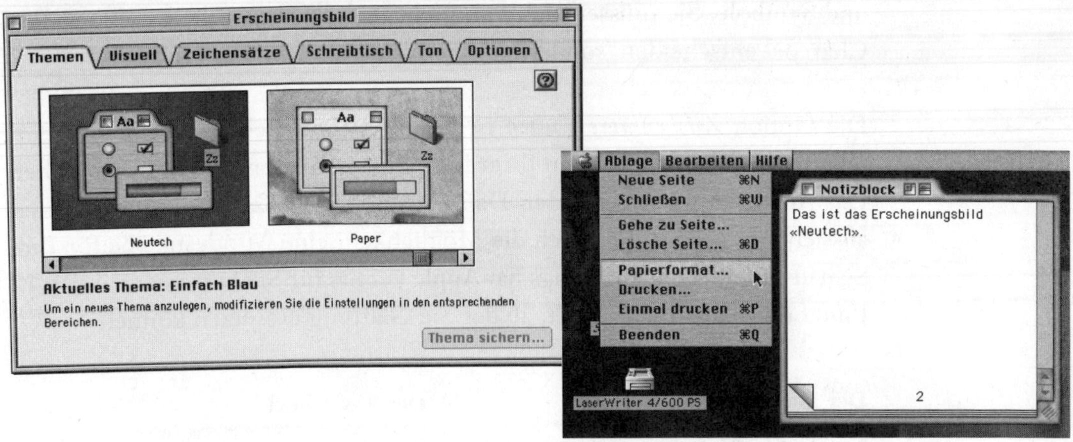

Abb. 15.15 Das Kontrollfeld «Erscheinungsbild» ist in Mac OS 8.5 Ihr Designzentrum. Sie können sogar ausgefallene Themen-Dateien einstellen (z.B. Hi-Tech, rechts im Bild). Diese werden allerdings von Apple nicht zusammen mit Mac OS 8.5 ausgeliefert.

Es gibt im Kontrollfeld *Erscheinungsbild* einige vordefinierte Themen, Sie können aber selbst Themen kreieren, wenn Ihnen danach ist. Stellen Sie dazu unter den anderen Karteireitern die Farben, Schriften und Töne Ihrer Wahl ein. Kehren Sie anschließend zum Thema zurück. Dort finden Sie einen neuen Eintrag namens *Eigenes Thema*. Klicken Sie auf *Thema speichern*, und benennen Sie Ihr Thema.

- **Visuell.** In diesem Fenster finden Sie drei Popup-Menüs. Das erste, *Erscheinungsbild*, bietet lediglich Apple Platinum an. Sie haben also keine Möglichkeit, das Erscheinungsbild zu ändern. Im zweiten Popup-Menü können Sie eine Auswahlfarbe festlegen. Diese Farbe sehen Sie, wenn Sie z.B. in einer Textverarbeitung einige Wörter markieren.

  Im dritten Popup-Menü, *Variante*, wählen Sie eine Akzentfarbe für das Mac OS. Diese Farbe erscheint in den unterschiedlichen Interface-Elementen, wie etwa den Menünamen oder dem Markierungsrechteck, das zu sehen ist, wenn Sie etwas in ein Fenster hineinziehen.

- **Zeichensätze.** In diesem Fenster können Sie einige der Schriftarten auf Ihrem Mac zu Systemschriften machen. Im ersten Popup-Menü legen Sie die Schrift für Menüs und Überschriften fest, im zweiten für Erklärungen und Etiketten. Im letzten Popup-Menü treffen Sie die Auswahl für Listen und Symbole. Sie müssen sich nun nicht mehr nur zwischen Chicago und Charcoal entscheiden, sondern können alle Schriften verwenden.

Die Option *Zeichensätze glätten* ist besonders nützlich. Wenn Sie sie einschalten, werden die Kanten Ihrer Bildschirmschriften glatter und weicher. Das Aussehen wirkt eleganter. Da Glättung bei größeren Schriften besser aussieht, haben Sie hier auch die Möglichkeit, eine Mindestgröße für Ihre Schrift festzulegen; allerdings hat Apple bereits für Sie entschieden, daß 12 Punkt die kleinste Größe ist, ab der Sie Glättung einsetzen können.

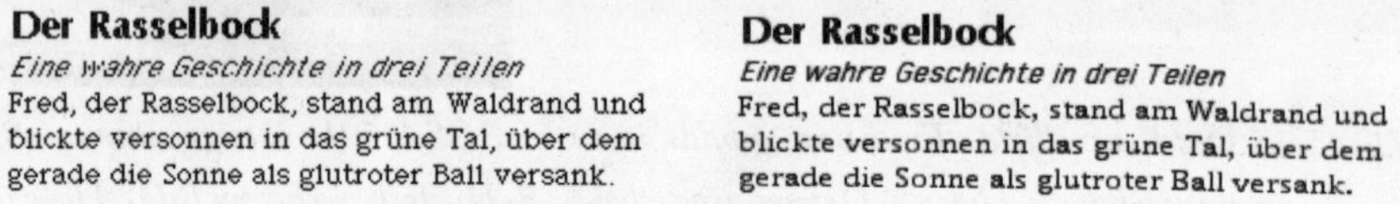

Abb. 15.16 Im Kontrollfeld «Erscheinungsbild» von Mac OS 8.5 können Sie festlegen, daß Schriften geglättet werden. Hier sehen Sie einen Text vor (links) und nach (rechts) dem Einschalten dieser Option.

- **Schreibtisch.** Dieses Fenster erfüllt den gleichen Zweck wie das Kontrollfeld *Schreibtischhintergrund* in Mac OS 8. Hier können Sie neue Muster einfügen, die auf dem Schreibtisch dargestellt werden. Es ist auch möglich, ein komplettes Bild auf den Schreibtisch zu legen, indem Sie eine Grafikdatei auf das kleine Schreibtisch-Fenster ziehen. Sie können ein Bild aber auch kacheln, d.h. es wiederholt darstellen lassen. Wenn Sie gleich einen ganzen Ordner mit Bildern auf das kleine Fenster ziehen, erhalten Sie nach jedem Starten des Mac ein anderes, zufällig ausgewähltes Bild.

- **Ton.** Mit dieser Option können Sie das Ausführen bestimmter Aktionen (insgesamt 89) von Tönen begleiten lassen. Sie müssen selbst entscheiden, ob Ihnen die Klänge zusagen. Vermutlich wird Ihnen das Geklicker und Geschnurre irgendwann auf die Nerven gehen.

- **Optionen.** Diese beiden Einstellmöglichkeiten erklären sich eigentlich von selbst. Vermutlich müssen Sie sich erst daran gewöhnen, beide Rollpfeile am unteren Bildschirmrand vorzufinden, für Besitzer großer Bildschirme stellt diese Funktion aber eine Erleichterung dar. Proportionale Rollbalken dagegen sollten in einem modernen fensterorientierten Betriebssystem auf gar keinen Fall fehlen.

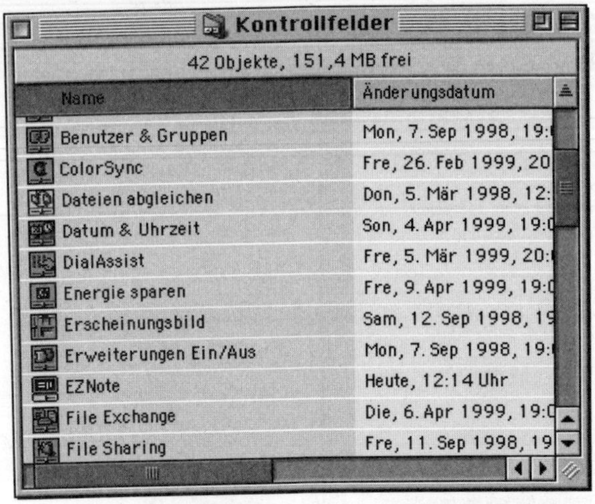

Abb. 15.17 Die Rollbalken-Option erzeugt doppelte Rollpfeile und proportionale Rollbalken.

Erweiterungen Ein/Aus

Als Apple das System 7.5 mit 60 Kontrollfeldern und Erweiterungen ausstattete, dachte man sich dort, daß es doch nett wäre, wenn der arme Anwender eine Möglichkeit hätte, alle diese Elemente zu kontrollieren. Immerhin brauchen Sie für ein wenig Textverarbeitung nicht alle 14 InputSprockets, ganz zu schweigen von den 36 OpenTransport-Erweiterungen usw. Außerdem ist es bequemer, Erweiterungen, die Konflikte verursachen, auszuschalten, statt sie von Hand aus dem Systemordner zu entfernen.

Erweiterungen Ein/Aus funktioniert sehr einfach. Drücken Sie beim Einschalten Ihres Mac die Leertaste. Nach einer Weile sehen Sie eine Liste aller Kontrollfelder und Erweiterungen. Sie können nun diejenigen ausschalten, die Sie nicht benötigen (15.18). Jede ausgeschaltete Erweiterung beschert Ihnen weniger Konflikte, mehr Speicher und einen schnelleren Startvorgang. (Sie können dieses Kontrollfeld auch im normalen Betrieb öffnen und verändern, allerdings müssen Sie anschließend den Rechner neu starten.)

Beim Ausschalten verschiebt dieses Kontrollfeld die Erweiterungen in einen Ordner namens *Systemerweiterungen (Aus)*. Dort werden sie vom Mac ignoriert. Ausgeschaltete Kontrollfelder verschwinden im Ordner *Kontrollfelder (Aus)*. Sie können Erweiterungen bzw. Kontrollfelder aus diesen Ordnern wieder zurückholen, auch wenn das Kontrollfeld *Erweiterungen Ein/Aus* nicht funktioniert.

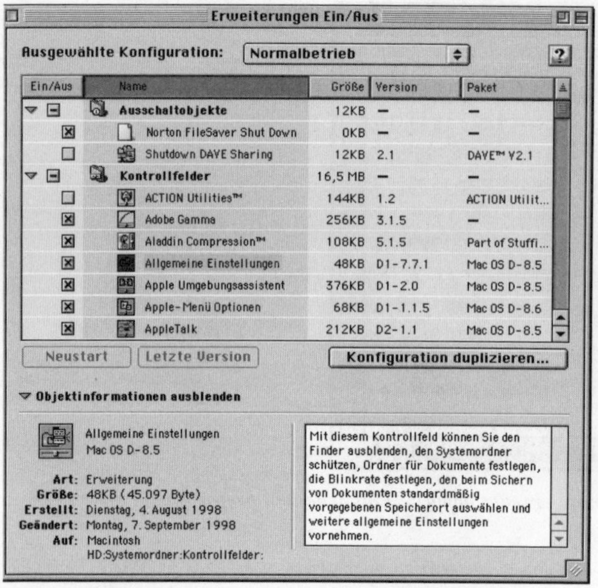

Abb. 15.18 Das Kontrollfeld «Erweiterungen Ein/Aus».

Erweiterungen ausschalten. Das Kontrollfeld *Erweiterungen Ein/Aus* hat eine sehr beschränkte Vorstellung davon, was eine Systemerweiterung und ein Kontrollfeld ist. Dazu gehören Dinge, die sich a) in den Ordnern *Kontrollfelder* und *Systemerweiterungen* befinden und die b) beim Starten in den Speicher des Mac geladen werden. Es gibt aber eine ganze Reihe von Erweiterungen, die nicht unbedingt beim Start in den Speicher gelangen (Shared Libraries z.B.) und daher auch nicht von *Erweiterungen Ein/Aus* angezeigt werden. Wenn Sie wollen, daß der Mac ohne Erweiterungen startet, sollten Sie deshalb beim Start die Shift-Taste drücken und nicht einfach nur alle Systemerweiterungen in diesem Kontrollfeld ausschalten.

Eine neue Konfiguration erstellen. Manchmal ist es erforderlich, bestimmte Erweiterungen ein-, andere aber auszuschalten. Tritt dieser Fall öfter auf, sollten Sie dafür eine eigene Konfiguration erstellen, in der nur die benötigten Systemerweiterungen enthalten sind (z.B. wenn Sie Software von einer CD installieren und dabei Konflikte vermeiden wollen).

Und so wird's gemacht: Klicken Sie auf den Button *Konfiguration duplizieren.* Nachdem Sie Ihre neue Konfiguration benannt haben, können Sie darangehen, die Erweiterungen und Kontrollfelder auszuwählen, die darin enthalten sein sollen. Ihre neue Konfiguration taucht von nun an im Popup-Menü im oberen Teil der Dialogbox auf, und Sie können sie jederzeit auswählen.

Eigene Konfigurationen sperren. Wenn Sie sich die voreingestellten Konfigurationen anschauen, werden Sie feststellen, daß diese schreibgeschützt sind. Neue Erweiterungen werden immer in Ihrer eigenen Konfiguration hinzugefügt, sonst könnten Sie sie nicht benutzen. Möglicherweise stellen Sie eines Tages fest, daß Ihre Konfiguration ganz gut funktioniert und wollen sie ebenfalls mit einem Schreibschutz versehen.

Dazu müssen Sie den Type-Code der Konfiguration von *ESET* auf *RSET* ändern. Sie finden die entsprechende Datei im Ordner *Erweiterungen Ein/Aus Daten* des *Preferences*-Ordners (im Systemordner). Auf die gleiche Weise könnten Sie auch die voreingestellten Konfigurationen ändern.

Etiketten

Mit dem Kontrollfeld *Etiketten* können Sie Ihre Dateien und Ordner nach ihrer Bedeutung für Sie in Kategorien einteilen. Im Kontrollfeld *Etiketten* benennen Sie die Kategorien (in Mac OS 8 finden Sie diese Dialogbox bei den Voreinstellungen im Menü *Bearbeiten* und im Kontextmenü des Finders).

Express Modem

Dieses Kontrollfeld ist verwirrend. Möglicherweise brauchen Sie es, obwohl Sie gar kein Express Modem besitzen (das war viele Jahre lang Apples internes PowerBook-Modem). Es ist sogar wahrscheinlicher, daß Sie dieses Kontrollfeld benutzen, wenn Sie einen GeoPort Telecom Adapter an Ihrem Power Mac oder AV Mac besitzen. Für beide wird die gleiche Software benötigt.

In jedem Fall können Sie sich mit diesem Kontrollfeld zwischen Express Modem und externem Modem entscheiden. Ursprünglich war das Programm dafür gedacht, mit dem PowerBook zwischen dem eingebauten und einem externen Modem zu wählen.

Wenn Sie ein GeoPort benutzen, stecken Sie in einem Dilemma: Handelt es sich um ein Express Modem, weil es die entsprechende Software verwendet, oder ist es extern, weil der Telecom Adapter hinten heraushängt? Antwort: Benutzen Sie die Einstellung *Express Modem*.

Farbe

Mit dem Kontrollfeld aus der Vor-Mac-OS-8-Zeit konnten Sie die Farbe des markierten Textes und die Färbung der Fenster im Finder ändern. In neueren Systemen erledigt diese Aufgabe das Kontrollfeld *Erscheinungsbild*.

Farben

Dieser in Mac OS 8.5 neue Button bietet eine einfache Liste mit Monitoren. Sie entspricht der Liste der ColorSync-Profile im Systemordner. Indem Sie Ihrem Rechner mitteilen, was für einen Bildschirm Sie besitzen, sorgen Sie für eine exakte Farbwiedergabe.

Fensterinhalt Ein/Aus

Dieses Kontrollfeld (System 7.5 bis 7.6.1) ermöglichte es Ihnen, geöffnete Fenster auf die Titelleiste zu reduzieren (15.19). In Mac OS 8.x wurde diese Funktion in das Kontrollfeld *Erscheinungsbild* aufgenommen.

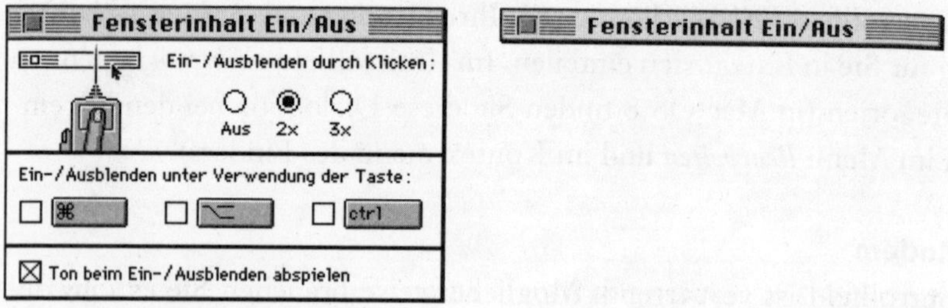

Abb. 15.19 So sieht es aus, wenn von einem offenen Fenster (links) nur noch die schwebende Titelleiste übrigbleibt (rechts).

Wenn Sie auf die Titelleiste doppelklicken, verschwindet das Fenster. Es bleibt nur die schwebende Leiste übrig, aus der Sie nach einem erneuten Doppelklick das Fenster wieder hervorzaubern können.

File Exchange

Dieses Kontrollfeld ist die Mac OS 8.5-Version von PC Exchange. Allerdings beinhaltet File Exchange nun auch die Funktionen des alten Kontrollfeldes *Mac OS Easy Open*.

Wenn Sie dieses Kontrollfeld installiert haben, können Sie DOS- oder Windows-Disketten, SyQuests, Zip-Disketten und andere Wechselmedien auf Ihrem Mac verwenden. Mit Mac OS 8.5 können Sie sogar festlegen, daß bestimmte Konvertierungen automatisch ausgeführt werden.

Wenn Sie eine Diskette formatieren wollen, können Sie sich neben dem normalen Mac-Format auch für das DOS- und ProDOS-Format (für den Apple II) entscheiden. Allerdings können Sie ausschließlich Disketten formatieren; bei anderen Wechselmedien ist das nicht möglich.

Im Kontrollfeld können Sie DOS- und Windows-Dateien mit bestimmten Anwendungen verknüpfen (15.20). Danach können Sie solche Dateien wie gewohnt mit Doppelklick öffnen.

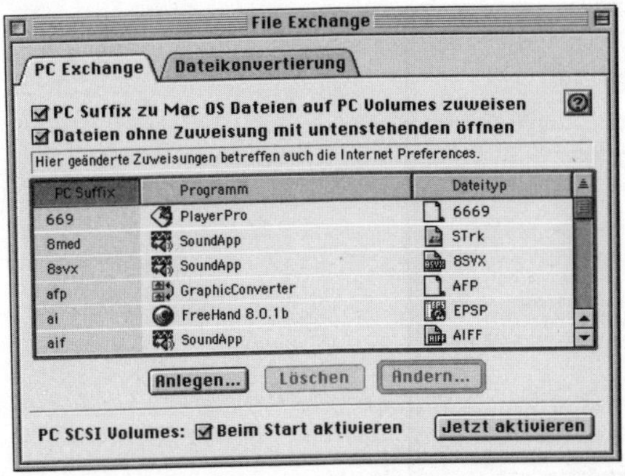

Abb. 15.20 Das Kontrollfeld «File Exchange».

Was ist mit Jaz? Was ist mit langen Dateinamen? Es gibt einige wichtige Bereiche, bei denen PC Exchange bisher eher enttäuschend agiert hat. Zum einen war es nicht in der Lage, mit großen Wechselmedien (z.B. Jaz) umzugehen, die unter Windows 95 formatiert wurden. Zum anderen hat PC Exchange in bezug auf lange Dateinamen seine DOS-Mentalität beibehalten, obwohl sowohl der Mac als auch Windows-95-Rechner Dateinamen verstehen, die länger als acht Zeichen sind. Solche Namen wurden einfach auf acht Zeichen gekürzt.

Um diese Probleme zu umgehen, sollten Sie die neueste Version von PC Exchange (Mac OS 8.1) bzw. File Exchange (ab Mac OS 8.5) benutzen. Diese lösen die beschriebenen Probleme und enthalten außerdem eine Menge anderer Verbesserungen.

Ein Blick auf Ihre SCSI-Situation. Hinter dem Optionen-Button des Kontrollfeldes *PC Exchange* (allerdings nicht in *File Exchange*) verbergen sich Informationen über Ihre angeschlossenen SCSI-Geräte. Sie erhalten in diesem Fenster eine Rückmeldung darüber, ob der Mac die Geräte «sieht». Das ist aber auch schon alles, was Sie dieser Information entnehmen können. Um die Geräte dann zu «mounten», brauchen Sie z.B. das Programm *SCSIProbe*.

File Sharing

Das Kontrollfeld gleichen Namens ist unter Mac OS 8.x die zentrale Stelle, an der Sie File Sharing ein- und ausschalten können (15.21). Hier legen Sie einen Namen für den Mac und Ihr Kennwort fest. Wie Sie vorgehen müssen, um File Sharing einzurichten, erfahren Sie in Kapitel 19.

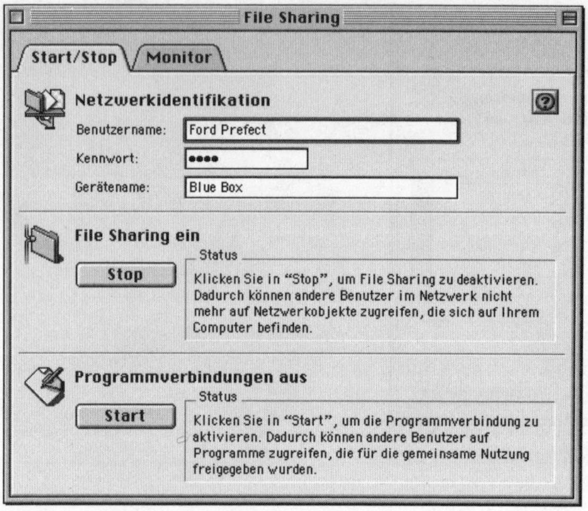

Abb. 15.21 Das Kontrollfeld «File Sharing».

Auf der zweiten Karte in diesem Kontrollfeld können Sie die momentane File-Sharing-Aktivität kontrollieren. Sie sehen, ob sich jemand an Ihrem Rechner angemeldet hat und welche Ordner diese Person benutzt. Hier können Sie die Verbindung auch kappen, wenn Ihnen nicht gefällt, was Sie sehen.

Dieses Kontrollfeld können Sie nur öffnen, wenn AppleTalk aktiv ist. Übrigens vereint File Sharing die Funktionen zweier früherer Kontrollfelder – *File Sharing Monitor* und *Gemeinschaftsfunktionen*. Dieser Trend zur Zusammenfassung wurde unter Mac OS 9 konsequent fortgesetzt: Nun finden Sie auch das *Benutzer & Gruppen*-Kontrollfeld als Reiter im Kontrollfeld *File Sharing* – am Funktionsumfang hat sich jedoch nichts geändert.

File Sharing Monitor

Dieses Kontrollfeld bietet Ihnen auf Macs vor Mac OS 8 einen Überblick über die momentane File Sharing-Aktivität. Sie sehen eine Liste aller freigegebenen Volumes, Ordner und Dateien sowie aller zur Zeit angemeldeten Anwender.

Gemeinschaftsfunktionen

In diesem Kontrollfeld können Sie Ihrem Mac einen einmaligen Netzwerknamen verleihen und sich selbst als Eigentümer des Gerätes identifizieren. Meist wird dieses Kontrollfeld jedoch dazu benutzt, in Systemen vor Mac OS 8 File Sharing ein- und auszuschalten. Einzelheiten über File Sharing finden Sie in Kapitel 19.

Gemeinschaftsvolumes

Nehmen wir einmal an, Sie benutzen ein Vor-G3-PowerBook (bei den aktuellen PowerBooks wurde diese Funktion Teil des Kontrollfeldes *Energie sparen*). Über Ihr Büronetzwerk haben Sie die Festplatte eines anderen Macs auf Ihren Schreibtisch geholt, um Daten zu übertragen. Die Aufgabe von *Gemeinschaftsvolumes* besteht darin, die Icons des anderen Mac wieder auf den Schreibtisch des PowerBook zu holen, nachdem es ausgeschaltet war oder sich im Ruhezustand befunden hat.

Wenn Sie kein PowerBook besitzen, können Sie das Kontrollfeld vergessen. Über das Netzwerk verbundene Icons bleiben auf dem Schreibtisch, wenn der Mac in den Ruhezustand versetzt wird. Und falls Sie überhaupt kein Netzwerk haben, sollten Sie das Kontrollfeld einfach löschen.

Gerätekennwort

Dieses Kontrollfeld ist eine tolle Idee. Jedesmal, wenn Sie Ihr PowerBook einschalten, aber auch jedesmal, wenn Sie es aus dem Ruhezustand aufwecken, müssen Sie ein Kennwort eingeben. Damit können Sie Ihre Daten vor Schnüfflern schützen.

Das Gute daran: Weder das Drücken der Shift-Taste beim Starten noch das Starten des Rechners von einem anderen Medium verhindern das Abfragen des Kennwortes. Wenn Sie das Kennwort eingeben, sehen Sie nur Bullets (•••••••), es nützt also einer anderen, neugierigen Person nichts, Ihnen über die Schulter zu schauen.

Wenn Sie allerdings Ihr Kennwort vergessen, haben Sie Pech. Sie müssen das PowerBook dann zusammen mit der Originalrechnung zu Ihrem Händler tragen und hoffen, daß dieser einen Ausweg weiß. Vorher können Sie aber selbst ausprobieren, ob dieses Kontrollfeld von einem der amüsantesten Bugs aller Zeiten befallen ist: Geben Sie statt des richtigen Kennworts einfach die Bullets selbst ein (indem Sie Option-ü drücken). In einigen Fällen akzeptiert das Kontrollfeld dies als korrektes Kennwort.

Infrarot

Heutige PowerBooks besitzen die Fähigkeit, Daten untereinander über eine Infrarot-Schnittstelle zu übertragen. Es gibt zwei unterschiedliche Protokolle für diese Art der Datenübertragung: IRTalk (nur Macintosh) und IrDA (eine universellere und auch schnellere Sprache). Dieses Kontrollfeld enthält eine Statusanzeige, der Sie entnehmen können, wann sich ein anderes PowerBook mit Infrarot-Sender/Empfänger in Reichweite befindet. Außerdem können Sie zwischen den beiden Protokollen umschalten. Das Kontrollfeld ist nur verfügbar, wenn Sie die Erweiterungen *IrDALib* und *IrLanScannerPPC* in Ihrem Systemerweiterungen-Ordner besitzen.

Internet

Seit der Einführung von Mac OS 8.5 gibt es das Kontrollfeld *Internet* (15.22). Darin können Sie alle Informationen über Ihre Internetverbindung ablegen, so daß Ihre Internetsoftware darauf zugreifen kann.

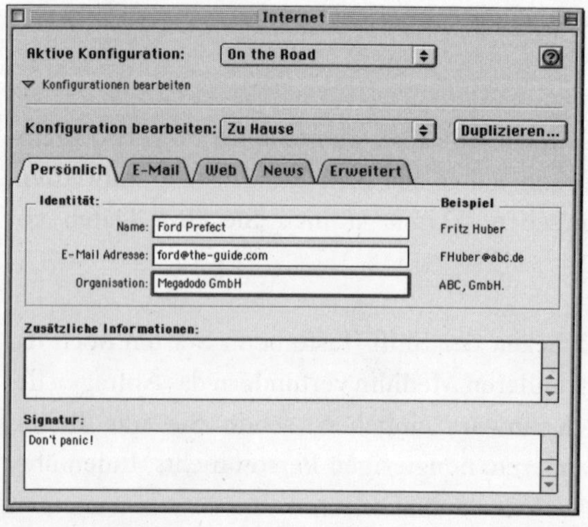

Abb. 15.22 Sie müssen all diese seltsamen Internetcodes nur einmal an dieser zentralen Stelle eingeben.

HEISSER TIP

Vor Mac OS 8.5 gab es all diese Einstellungsmöglichkeiten auch schon und zwar mit dem Programm *Internet Config*, dessen Funktionalität Apple dann später ins Mac OS integrierte und es im Erscheinungsbild angleichte. Manche (ältere) Internetprogramme kopieren bei der Installation auch noch eine Kopie von *Internet Config* auf die Festplatte, doch da Apple das gleiche Format für die Preferences verwendet, ergeben sich dadurch keinerlei Konflikte.

Das setzt natürlich voraus, daß die Software über dieses Kontrollfeld Bescheid weiß. Glücklicherweise besitzt nahezu jedes Internetprogramm, das wir daraufhin untersucht haben, die Einstellung *Internet Konfiguration verwenden*.

Klickstarter

Der Klickstarter verhält sich nicht wie die anderen Kontrollfelder. Es gibt keine Optionen und Einstellmöglichkeiten. Wenn Sie auf sein Icon klicken, öffnet sich statt dessen ein Fenster mit Buttons für Programme oder Ordner (15.23).

Es gab bisher eigentlich drei Klickstarter. Das Original verlieh dem Performa seine Benutzerfreundlichkeit. Anschließend gab es einen Klickstarter in System 7.5 (sowie bei einigen PowerBooks und Performas vor System 7.5).

Mit System 7.5.1 wurde der Klickstarter erneut überarbeitet. Er besitzt seitdem einige weitere benutzerfreundliche Eigenschaften wie z.B. den Umgang mit Drag & Drop. Das moderne Klickstarter-Fenster bietet mehrere «Seiten» mit großen Buttons.

Gehen Sie folgendermaßen vor, um eigene Kategorien im Klickstarter zu erzeugen: Öffnen Sie den Ordner *Klickstarterobjekte* im Systemordner. Alles, was Sie in diesen Ordner kopieren, erscheint auf der Stelle als Button im Klickstarter (15.23). Mit einem einfachen Klick auf den Button können Sie das entsprechende Programm (oder den Ordner) öffnen. Wenn Sie Kategorien erzeugen wollen, müssen Sie im Ordner *Klickstarterobjekte* neue Ordner anlegen, deren Namen mit einem Bullet (•) beginnen. (Ein Bullet erzeugen Sie mit der Tastenkombination Option-ü.) Alle Objekte, die in eine bestimmte Kategorie fallen, haben sich im entsprechenden Ordner zu befinden. Wenn Sie dann auf einen Kategorie-Button Option-klicken, öffnet sich der jeweilige Ordner. Sie ersparen sich auf diese Weise den Weg in den Systemordner.

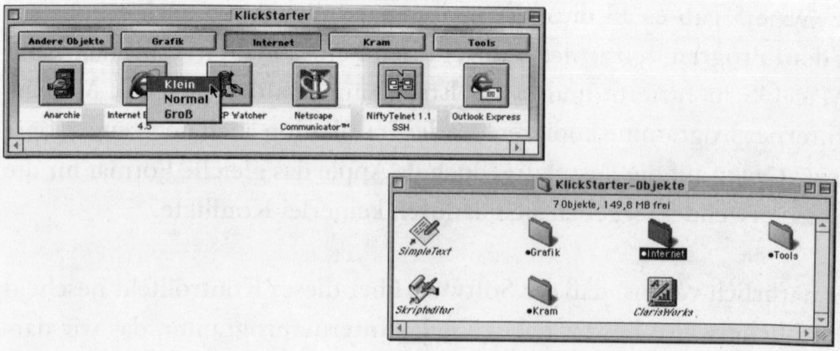

Abb. 15.23 Um die Namen der großen Themenbuttons im Klickstarter zu ändern (oben), müssen Sie für die Ordner mit dem Bullet im Ordner «Klickstarter-Objekte» neue Namen eingeben (unten).

Sie können mit Drag & Drop leicht neue Einträge im Klickstarter erzeugen. Ziehen Sie einfach das Programm-/Ordner-/Datei-Icon auf den Klickstarter. Im Ordner *Klickstarterobjekte* erscheint auf der Stelle ein Alias dieses Eintrags, im Klickstarter selbst wird ein neuer Button erzeugt.

Das Entfernen eines Eintrags funktioniert genauso einfach. Option-ziehen Sie den Eintrag auf den Papierkorb oder auf den Schreibtisch (wenn Sie den Alias behalten wollen).

Wenn Sie die Befehlstaste gedrückt halten, während Sie mit der Maus in den Klickstarter klicken, erhalten Sie ein kleines Popup-Menü, in dem Sie die Größe der Buttons festlegen können.

Kontrolleiste

Die Kontrolleiste gehört zu den nützlichsten und wichtigsten Funktionen, die dem Mac jemals hinzugefügt wurden. Sie können damit eine Menge Zeit und Mühe sparen. Wenn Sie die Kontrolleiste bisher nicht benutzt haben, sollten Sie jetzt auf jeden Fall damit anfangen.

Die Kontrolleiste wurde ursprünglich für die PowerBooks geschaffen und war dort solch ein Erfolg, daß sie ab der Version 7.5.3 Teil der Systemsoftware wurde. Seit der Einführung von Mac OS 8 wird die Kontrolleiste automatisch installiert.

Die Kontrolleiste (15.24) besteht aus einer Reihe von Kontrollmodulen, eigentlich kleinen Popup-Menüs, und liegt unabhängig von geöffneten Programmen immer oben auf dem Bildschirm. Die meisten der Module stehen in direkter Beziehung zu einem der Kontrollfelder und ersparen es Ihnen, den Kontrollfelder-Ordner zu öffnen.

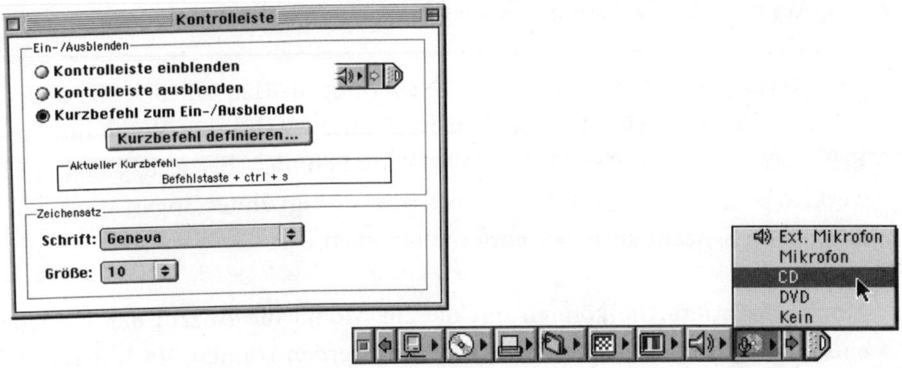

Abb. 15.24 Die Kontrolleiste (unten) und das dazugehörende Kontrollfeld (oben).

Folgende Kontrolleistenmodule werden von Apple standardmäßig beigefügt:

- **AppleTalk Ein/Aus.** Schaltet AppleTalk ein und aus.
- **Batterie.** Die Batterieüberwachung eines PowerBooks. Sie können mit dem Popup-Menü die Stromanzeige ein- und ausschalten.
- **Audio-CD.** Auf Macs mit eingebautem CD-ROM-Laufwerk können Sie mit diesem Modul Musik-CDs steuern. Es enthält unter anderem die Funktionen *Start, Pause, Automatisch starten.*
- **Energie.** Seit Mac OS 8.5 erlaubt Ihnen dieses Modul einen schnellen Zugriff auf die Ruhezustand-Funktion Ihres Mac (und Ihres Monitors). Auf einem PowerBook wird außerdem der Batteriezustand kontrolliert.
- **File Sharing.** Dieses Modul erlaubt es Ihnen, File Sharing ein- und auszuschalten, falls Sie in einem Netzwerk arbeiten.
- **Festplatte ausschalten.** Ein Energiesparbefehl, den es nur auf PowerBooks gibt. Er dient dazu, die Festplatte anzuhalten, und zeigt außerdem an, ob sich die Platte momentan dreht.

- **Umgebungsassistent.** Bietet Ihnen verschiedene Orte (New York, London, Berlin usw.), die Sie vorher mit dem Kontrollfeld *Umgebungsassistent* festgelegt haben. Jeder «Ort» speichert Ihre lokale Internetzugangsnummer, Ihre File-Sharing- und Drucker-Einstellungen, den Lautstärkepegel usw. Auf diese Weise können Sie bequem zwischen ihnen umschalten.

- **Erweiterungsschacht.** Eine weitere Neuerung in Mac OS 8.5, die allerdings nur für PowerBooks verfügbar ist. Dieses Modul teilt Ihnen mit, ob sich etwas im Seitenschacht des PowerBook befindet (Batterie, CD-Laufwerk, Zip-Laufwerk usw.). Ein kleines rotes X sagt Ihnen sogar, wann Sie das Teil im Schacht gefahrlos entfernen können.

- **Monitorfarbtiefe.** Sie können mit diesem Modul die Anzahl der Farben einstellen, die auf dem Monitor dargestellt werden können. (In Kapitel 11 finden Sie weitere Informationen über die Farbtiefe).

- **Monitorauflösung.** Damit können Sie die Auflösung Ihres Monitors verstellen. Ein kleiner Tip für PowerBook-Anwender: Wenn Sie auf dieses Popup-Menü Control-klicken, erscheinen in der Liste bedeutend mehr Auflösungen als zuvor. Eine dieser Auflösungen heißt *simulscan*. Diese müssen Sie verwenden, wenn Sie den Bildschirminhalt eines modernen PowerBook auf einem externen Monitor darstellen wollen.

- **Energie sparen Modul.** Dieses Modul gibt es nur auf PowerBooks vor Mac OS 8.5. Damit können Sie die Balance zwischen Stromsparen und Geschwindigkeit von Bildschirm, Festplatte und System Ihres PowerBook einstellen.

- **Druckerauswahl.** Wenn an Ihren Rechner mehr als ein Drucker angeschlossen ist und Sie die Erweiterung *Desktop Printing* benutzen, können Sie mit diesem Popup-Menü einen Drucker auswählen.

- **Remote Access.** Mit diesem nützlichen Modul steuern Sie Ihren Internetzugang. Eine Beschreibung finden Sie in Kapitel 25.

- **Ruhezustand.** Nur für PowerBooks. Mit diesem Modul schicken Sie Ihr PowerBook in den Ruhezustand (in Mac OS 8.5 wurde dieser Befehl in das Modul *Energie sparen* integriert).

- **Toneingabe.** Seit Mac OS 8.1 gibt es dieses Modul, mit dem Sie eine Quelle für Tonaufnahmen wählen können.

- **Lautstärke.** Ein Lautstärkeregler steuert die Lautstärke der eingebauten Lautsprecher des Mac.

- **TV Ausgabe Modul.** Für Macs mit TV-Ausgang (RCA oder S-VHS) wie die G3-PowerBooks. Mit diesem Modul können Sie einstellen, daß auf dem Monitor das Gleiche zu sehen ist wie auf einem angeschlossenen Fernsehgerät. Es ist sowohl das NTSC- (US-amerikanisch) als auch das PAL-Format (Europäisch) möglich.

- **Bildschirme synchronisieren.** Diese Funktion ist nur verfügbar, wenn ein externer Monitor an den Mac oder das PowerBook (vor 1997) angeschlossen ist. Sie können damit steuern, ob *Bildschirme synchronisieren* eingeschaltet ist, d.h. ob der externe Monitor das Gleiche anzeigen sollte wie der Hauptmonitor.

- **Web Sharing.** Damit können Sie die Funktion *Web Sharing* einschalten (Mac OS 8.x). Dabei werden bestimmte Ordner auf Ihrer Festplatte für das Internet (oder Ihr Intranet) zugänglich gemacht. In Kapitel 28 finden Sie weitere Einzelheiten über Web Sharing.

Die Leiste verändern: Vor Mac OS 8.5. Wenn ein bestimmtes Kontrolleistenmodul Ihnen nichts nützt, sollten Sie es einfach entfernen. Öffnen Sie dazu im Systemordner den Ordner *Kontrolleistenmodule*, und entfernen Sie das überflüssige Modul. Sie können das Modul jederzeit wieder aktivieren, indem Sie es wieder in den Ordner bewegen und den Rechner neu starten. Auf diese Weise können Sie die Kontrolleiste auch um neue Module erweitern. (Mit *Conflict Catcher* können Sie Kontrolleistenmodule ebenfalls entfernen und hinzufügen; Sie ersparen sich in diesem Fall die Handarbeit.)

Die Leiste verändern: Mac OS 8.5 und später. Mit Version 2.0 der Kontrollleiste ist das Hinzufügen und Entfernen von Modulen bedeutend einfacher zu bewerkstelligen. Ziehen Sie das gewünschte Modul einfach auf die Kontrolleiste, um es zu installieren. Sie müssen den Mac hinterher nicht neu starten. Zum Entfernen Option-ziehen Sie das Modul aus der Leiste direkt auf den Papierkorb.

Die Leiste bewegen und Module ordnen. Sie können die Kontrolleiste mit Hilfe der «Griffe» an den Enden auf jede Länge ziehen. Wenn Sie einfach auf den Griff klicken, schließt sich die Kontrolleiste. Es ist in diesem Fall nur noch der rechte Griff zu sehen. Klicken Sie erneut auf den Griff, springt die Leiste wieder zu ihrer vollen Länge auf.

Wenn Sie die Optionstaste drücken, können Sie die gesamte Leiste auf dem Bildschirm nach oben und nach unten bzw. auf die gegenüberliegende Seite ziehen. Es ist jedoch nicht möglich, die Leiste in der Mitte des Bildschirmes zu plazieren; sie muß mit einem Ende den Bildschirmrand berühren. Mit der Optionstaste können Sie die Kontrolleistenmodule außerdem neu anordnen.

Sollte Sie die Kontrolleiste stören, können Sie sie vollständig ausblenden. Öffnen Sie das Kontrollfeld *Kontrolleiste*, wählen Sie dort *Kurzbefehl zum Ein-/Ausblenden*, und definieren Sie ein entsprechendes Tastenkürzel. Anschließend können Sie die Leiste ausblenden und bei Bedarf wieder auf den Bildschirm rufen.

Mac OS Easy Open (Macintosh Easy Open)

Manchmal kann ein Mac ganz schön frustrierend sein. Und zwar immer dann, wenn er Ihnen gegenüber behauptet, eine Anwendung nicht zu finden, nachdem Sie einen Doppelklick auf ein Icon ausgeführt haben. Apple bietet Ihnen einige Lösungen für dieses Problem an: Sie können eine Datei auf ein Programm-Icon ziehen. Oder Ihnen wird angeboten, diese Datei in SimpleText zu öffnen. Dummerweise setzen diese Lösungen voraus, daß Sie wissen, welche Programme das mysteriöse Icon verstehen.

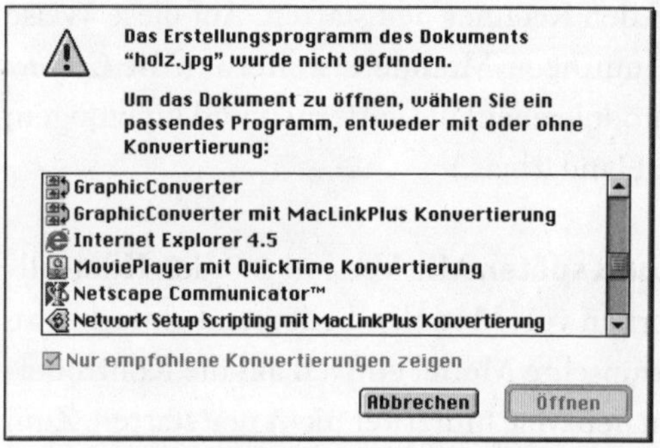

Abb. 15.25 Mac OS Easy Open schreitet ein, wenn nicht klar ist, welche Anwendung für eine Datei zuständig ist.

Dafür gibt es seit System 7.5 das Programm *Mac OS Easy Open* (Vorher: *Macintosh Easy Open*). Mit Mac OS 8.5 wurden die Funktionen dieses Kontrollfeldes in das Kontrollfeld *File Exchange* aufgenommen.

Wenn Sie dieses Kontrollfeld installiert haben, erhalten Sie keine Fehlermeldung mehr. Ihnen wird statt dessen eine Liste mit Programmen angeboten, die in der Lage sind, die geheimnisvolle Datei zu öffnen (15.25).

Die heutige Mac-OS-Easy-Open-Dialogbox bietet verschiedene Checkboxen (15.26):

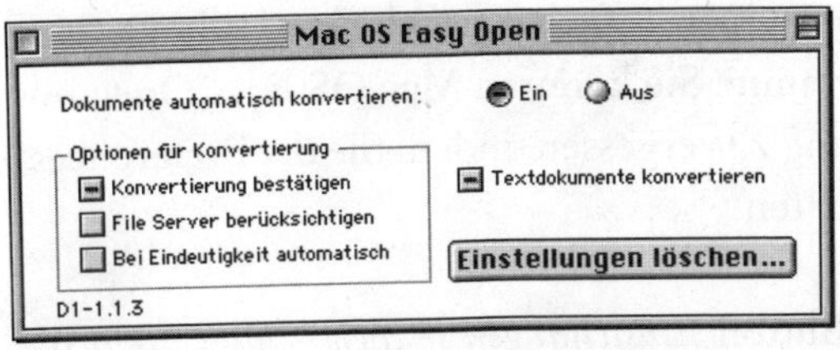

Abb. 15.26 Das Kontrollfeld «Mac OS Easy Open».

- **Konvertierung bestätigen.** Nehmen wir an, Sie laden eine fremde Grafikdatei herunter und doppelklicken auf sie. Mac OS Easy Open weiß nicht, welches Programm diese Datei erzeugt hat und zeigt Ihnen die beiden Grafikprogramme, die Sie selbst besitzen: Photoshop und ColorIt. Nehmen wir an, Sie wählen Photoshop.

  Von nun an wird Mac OS Easy Open immer Photoshop öffnen, wenn Sie auf diese Art von Grafikdatei doppelklicken. Schalten Sie jedoch die Checkbox *Konvertierung bestätigen* ein, bietet Ihnen Mac OS Easy Open immer eine Liste mit Programmen an, auch wenn es eigentlich weiß, welches Programm Sie bevorzugen.

- **File Server berücksichtigen.** Schalten Sie diese Option ein, wenn Sie wollen, daß Mac OS Easy Open nicht nur auf Ihrer lokalen Festplatte, sondern auch auf Festplatten, die über das Netz erreichbar sind, nach verfügbaren Anwendungen sucht. Die Suche kann dann jedoch erheblich länger dauern.

- **Bei Eindeutigkeit automatisch.** Wenn Sie auf eine Datei doppelklicken und nur ein Programm zur Verfügung haben, um die Datei zu öffnen, startet Mac OS Easy Open dieses Programm, ohne erst noch die Dialogbox zu zeigen.

- **Dokumente automatisch konvertieren.** Schalten Sie diese Option ein, wenn Mac OS Easy Open ein Programm suchen soll, das gewöhnliche Textdateien öffnet. Handelt es sich wirklich nur um eine einfache Textdatei, haben Sie die Suche unnötig verlängert. Bei einer Datei aus einem Textverarbeitungsprogramm, das Sie nicht besitzen, werden Sie vermutlich froh über jeden Vorschlag sein.

In der Vergangenheit gab es manchmal Probleme, wenn Sie die falsche Anwendung gewählt hatten. Mac OS Easy Open öffnete anschließend alle Dateien dieses Typs mit dem falschen Programm. Sie konnten Mac OS Easy Open nur dazu bewegen, die falsche Zuordnung zu vergessen, indem Sie die Preferences-Datei von Mac OS Easy Open löschten.

Aus diesem Grund gibt es einen Button *Einstellungen löschen* – aber auch die Checkbox *Konvertierung bestätigen* ist schon ein guter Weg, Mac OS Easy Open zu belehren.

Mac OS Easy Open hat aber auch seine Nachteile. Es benötigt jederzeit einen aktuellen Index der Programme, die Sie besitzen. Das führt gelegentlich dazu, daß der Schreibtisch automatisch neu aufgebaut wird. Das passiert dann, wenn Sie Ihren Mac mit gehaltener Shift-Taste starten und dann die Schreibtisch-Datei neu aufbauen. Wenn Sie anschließend wieder normal starten, baut Mac OS Easy Open die Schreibtisch-Datei nochmal neu auf, um eventuelle Änderungen zu berücksichtigen. Dieser Nachteil wird allerdings durch die Nützlichkeit von Mac OS Easy Open ausgeglichen.

MacLinkPlus Einstellungen

MacLinkPlus, ein kommerzielles Programm, das Bestandteil von System 7.5 bis Mac OS 8.1 war, dient dazu, DOS- oder Windows-Dateien auf Doppelklick zu öffnen und sie automatisch in das Macintosh-Format zu übersetzen. Mit diesem Kontrollfeld konfigurieren Sie die Übersetzungsmodule von MacLinkPlus.

MacTCP

Dieses Kontrollfeld war vor OpenTransport dafür zuständig, den Mac für einen Zugang zum Internet und zu anderen Netzwerken zu konfigurieren.

Wenn Sie weder das Internet noch ein anderes Netzwerk benutzen, sollten Sie das Kontrollfeld entfernen. Falls Sie OpenTransport verwenden, dann wurde dieses Kontrollfeld durch *TCP/IP* ersetzt.

MacTCP DNR

Bei diesem kleinen Programm soll es sich laut Finder-Info um ein Kontrollfeld handeln, obwohl es nicht im Kontrollfelder-Ordner auftaucht und nicht geöffnet werden kann.

DNR bedeutet «Domain Name Resolver». Dieses Kontrollfeld enthält Informationen, die von Internetprogrammen benötigt werden. Theoretisch wird es in den Zeiten von OpenTransport nicht mehr gebraucht. Es ist allerdings immer noch vorhanden und dient Programmen, die nicht mit OpenTransport kompatibel sind. Wenn Sie OpenTransport nicht benutzen, aber einen Internetzugang haben, sollten Sie nicht versuchen, dieses Programm zu löschen. Beim nächsten Einwählen in das Internet wird es vom Kontrollfeld *MacTCP* erneut erzeugt.

Maus

Mit Hilfe dieses Kontrollfeldes greifen Sie auf zwei wichtige Mauseinstellungen zu: Mausbewegung und Doppelklick-Intervall (15.27).

- **Mausbewegung.** Sie entspricht dem Verhältnis zwischen der physischen Bewegung Ihrer Maus auf dem Schreibtisch und der Bewegung des Cursors auf dem Monitor. Je höher dieser Wert ist, um so weniger müssen Sie die Maus bewegen, um den Cursor zu verschieben.

- **Doppelklick.** Diese Option sagt Ihrem Mac, wie schnell zwei aufeinanderfolgende Mausklicks sein müssen, damit er sie als Doppelklick erkennen soll. Wenn Sie beim Einstellen das kleine Bild auf der linken Seite beobachten, sehen Sie, wie schnell Sie einen Doppelklick ausführen müssen.

- **Zeigerspur.** Wenn Sie ein PowerBook sowie Version 7.2 (oder eine neuere Version) dieses Kontrollfeldes besitzen, gibt es unter *Zeigerspur* noch zusätzliche Optionen: Sie können den Cursor als *Fette Einfügemarke* deutlich dicker zeichnen lassen und zusätzlich eine Zeigerspur einrichten, was einen ganz witzigen Effekt ergibt, der sich aber nur sehr schlecht beschreiben läßt. Beide Optionen dienen jedenfalls dazu, den Mauspfeil auf einem PowerBook besser sichtbar zu machen.

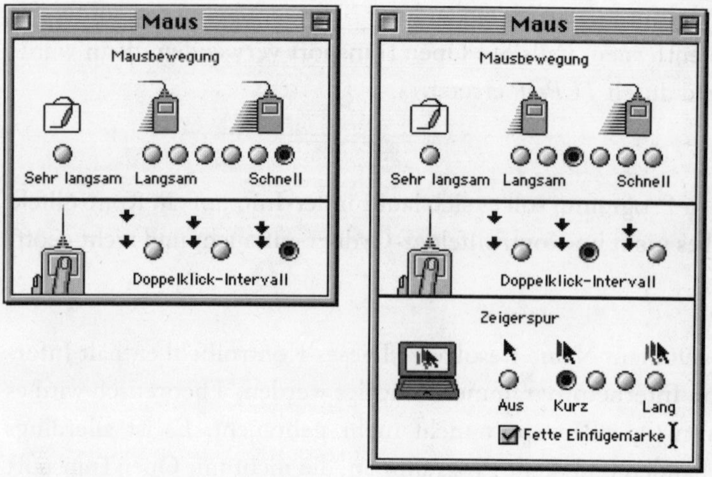

Abb. 15.27 Das Kontrollfeld «Maus» hat zwei Gesichter: links die Standardversion und rechts die erweiterte Ausgabe für PowerBooks.

Modem

Mit OpenTransport wurde auch dieses Kontrollfeld als zentrale Stelle zum Festlegen des Modemtyps eingeführt. Sie können in der Dialogbox angeben, über welche Verbindung Ihr Modem angeschlossen ist, ob die Lautsprecher eingeschaltet werden sollen und welche Wählart Sie verwenden wollen.

In der Menüleiste des Kontrollfeldes finden Sie den Befehl *Konfigurationen*. Sie können damit mehrere verschiedene Modem-Einstellungen erzeugen und leicht zwischen ihnen umschalten (z.B. mit Hilfe des Apple Umgebungsassistenten).

Entfernen Sie Modems, die Sie nicht brauchen. Die Liste der Modems im Kontrollfeld entspricht den Icons im Ordner *Modem Scripts* (im Systemerweiterungen-Ordner). Mac OS 8.x besitzt 44 dieser Preferences-Dateien, das sind im Normalfall 43 zuviel.

Öffnen Sie den Ordner *Modem Scripts*, und entfernen Sie alle Modem-Namen und Marken, die Sie nicht brauchen. Sie sparen Platz und vereinfachen das Konfigurieren. Wenn Sie sich irgendwann einmal ein neues Modem anschaffen, können Sie die Scripte jederzeit neu installieren.

Ihr Modem hinzufügen. Wenn Ihr Modem in der Liste des Kontrollfeldes nicht zu finden ist, haben Sie zwei Möglichkeiten: Entweder Sie besorgen sich das richtige Script vom Hersteller des Gerätes (oder schauen auf der Website des Herstellers nach, ob er irgendwelche Tips zu diesem Thema für Sie hat) oder Sie benutzen Apples *Modem Script Generator* Programm. Sie finden es auf der Apple-Website unter *www.info.apple.com/swupdates* (unter Macintosh im Ordner *Unsupported*).

Monitore

Benutzen Sie das Kontrollfeld *Monitore*, um die Anzahl der Farben zu verändern, die Ihr Bildschirm anzeigt, mehrere Monitor-Einstellungen zu verwalten sowie den Gammawert und die Auflösung Ihres Monitors zu justieren. Weitere Informationen finden Sie im Abschnitt «Monitore & Ton».

Monitore & Ton

Das Kontrollfeld *Monitore & Ton* ist das Audio- und Video-Kontrollzentrum Ihres Mac. Mit Hilfe der dazu notwendigen Erweiterung *SystemAV* können Sie in diesem Kontrollfeld die Einstellungen für Bildschirm, Lautsprecher und Mikrofon ändern (*Monitore & Ton* ersetzt zwei frühere Kontrollfelder namens *Monitor* und *Ton*). Mit den Buttons im oberen Teil des Kontrollfeldes können Sie zwischen den Steuerungen umschalten (15.28).

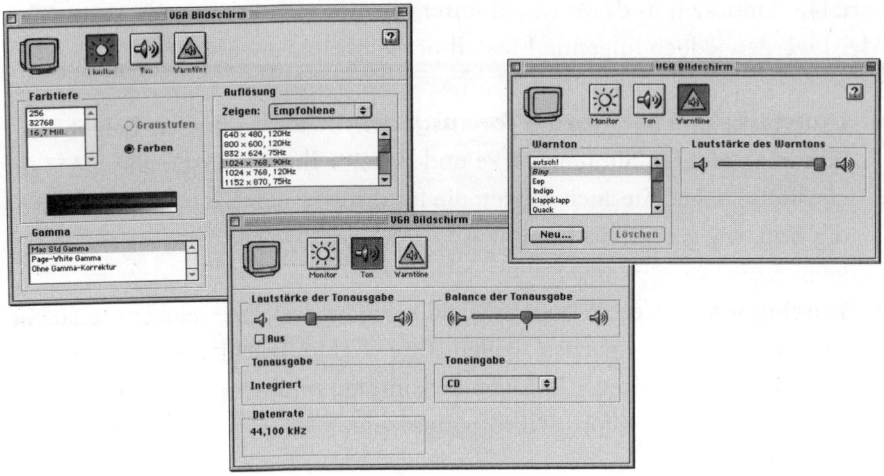

Abb. 15.28 Die drei wichtigsten Steuerungen des Kontrollfeldes «Monitore & Ton». (Bei Ihnen kann das eventuell etwas anders aussehen.)

Monitor. Im Feld *Monitor* können Sie die Anzahl der darzustellenden Farben einstellen (Sie haben z.B. die Wahl zwischen Graustufen und 256 bis Millionen Farben). Wie viele Möglichkeiten Sie haben, hängt von den Grafikfähigkeiten

Ihres Mac ab; je mehr Video-RAM (oder VRAM) Sie installiert haben, um so mehr Farben kann Ihr Mac anzeigen. Das lange Rechteck im unteren Teil der Dialogbox zeigt das volle Farbspektrum Ihrer ausgewählten Option.

Warum sollten Sie nicht immer die maximale Anzahl der Farben anzeigen? Merken Sie sich diese allgemeine Regel: je weniger Farben angezeigt werden, um so schneller wird das Bild aufgebaut. Andererseits ist die Verzögerung auf modernen Power Macs zu vernachlässigen, vielleicht können sie deshalb nicht auf Schwarzweiß umschalten. (Sie sparen übrigens Zeit, Mühe und RAM, wenn Sie die Umschaltung mit Hilfe der Kontrolleiste vornehmen.)

Sollten Sie einen Multisync-Monitor besitzen, können Sie auch die Auflösung umschalten (im Prinzip also die Vergrößerung des Bildes; je höher die Auflösung, desto mehr Details passen auf das Bild, es wird dabei aber auch kleiner).

Haben Sie mehrere Monitore an Ihren Rechner angeschlossen, verwalten Sie deren Konfigurationen mit diesem Kontrollfeld. In Kapitel 6 erfahren Sie, wie Sie den «Hauptmonitor» und den Startmonitor festlegen, wie Sie zwischen den Monitoren unterscheiden und einiges mehr.

Ton. Die Optionen in diesem Feld unterscheiden sich je nach Art Ihres Mac. Meist werden jedoch folgende Einstellmöglichkeiten angeboten:

- **Lautstärke und Balance der Tonausgabe.** Mit diesen beiden Schiebereglern kontrollieren Sie Lautstärke und Balance Ihrer Lautsprecher. (Möglicherweise haben Sie auch Regler, die für die externen Lautsprecher zuständig sind; wie gesagt, das kommt auf Ihr Mac-Modell an.)

- **Toneingabe.** In diesem Popup-Menü legen Sie fest, aus welcher Quelle Sie eine Tonaufnahme machen wollen. Ihre Wahlmöglichkeiten hängen vom Modell ab, es könnten z.B. folgende Einträge im Popup-Menü vorhanden sein: Externes Mikrofon, Mikrofon und CD.

- **Datenrate.** In diesem Popup-Menü können Sie wählen, mit welcher Qualität die Töne abgespielt werden sollen. Sie sollten den höchsten möglichen Wert einstellen.

Warntöne. In diesem Fenster können Sie den Ton wählen, den Ihr Mac bei einer Fehlermeldung abspielen soll. Um einen der Töne zu testen, klicken Sie auf seinen Namen. Der Ton, der beim Schließen des Kontrollfeldes ausgewählt ist, wird Ihr neuer Warnton. Sie sollten diese Tatsache beachten. Wenn Sie einen langen Warnton einstellen, wird Ihr Mac blockiert sein, solange der Ton abgespielt wird. Mit dem vorhandenen Lautstärkeregler können Sie die Lautstärke eines Warntones unabhängig von der sonstigen Lautstärke einstellen.

In neueren Versionen des Kontrollfeldes ist es außerdem möglich, dem System neue Warntöne hinzuzufügen. Klicken Sie dazu auf *Neu*. Daraufhin öffnet sich ein Aufnahmefenster, in dem Sie die Aufnahme starten können. Wenn Sie die Aufnahme beendet haben, geben Sie ihr einen Namen und speichern Sie sie. Sie erscheint nun in der Liste der verfügbaren Warntöne. Um einen Warnton zu entfernen, markieren Sie ihn und klicken auf *Löschen*. Sollte Ihr Kontrollfeld keine Möglichkeit bieten, selbst Warntöne aufzunehmen, verwenden Sie das Schreibtischprogramm *SimpleSound*.

Netzwerk

Mit dem Erscheinen von OpenTransport wurde dieses Kontrollfeld durch das Kontrollfeld *AppleTalk* ersetzt. Der Grundgedanke blieb jedoch bestehen. Der Mac kann mit verschiedenen Netzwerken kommunizieren – LocalTalk, Ethernet oder Infrarot bzw. Remote Access. Mit diesem Kontrollfeld stellen Sie die Art des Netzwerkes ein, über das der Mac Verbindung aufnehmen soll.

PC Exchange

Siehe File Exchange.

PC Setup

Dieses Kontrollfeld gilt nur für Macs mit DOS-Kompatibilitätskarte. (Sie erkennen diese Modelle am «/DOS-kompatibel» im Namen.) Damit können Sie Modem- und Druckerport Ihres Mac an die COM-Ports Ihres «virtuellen» PC anpassen und ein «virtuelles» Laufwerk für Ihre DOS-Partition festlegen.

Performa

Dieses Kontrollfeld existierte nur während der drei Jahre, in denen Performas und «normale» Macs unterschiedliche Systeme benutzten. Es war für die drei «Performa-Eigenschaften» verantwortlich: einen von selbst verschwindenden Schreibtisch, einen Dokumenten-Ordner und einen geschützten Systemordner (siehe «Allgemeine Einstellungen» in diesem Kapitel).

Power Macintosh Card

Apple bot zwei Möglichkeiten, um einen Standard-Mac in einen Power Mac umzuwandeln: den Einbau einer kleinen PDS-Karte oder eines kompletten Motherboards. Der große Vorteil der kleinen Karte bestand darin, daß Sie sie ausschalten konnten. Ihr Mac kehrte dann in seinen Vor-Power-Mac-Zustand zurück.

Dieses Kontrollfeld stellt einen einfachen Ein-/Ausschalter für die Upgrade-Karte dar. (Sie müssen nach dem Umschalten den Rechner neu starten.)

PowerBook-Kontrollfelder

Es gibt eine ganze Reihe von Kontrollfeldern, die der optimalen Konfigurierung der zahlreichen Einstellungsmöglichkeiten von PowerBooks dienen.

PowerBook. Der Zweck des Kontrollfeldes *PowerBook* besteht im Energiesparen. Sie finden es allerdings nur in PowerBooks vor 1998. Heute gibt es dafür das Kontrollfeld *Energie sparen*.

Mit der Einstellung *Manuell* können Sie verschiedene energieintensive Funktionen Ihres PowerBook verlangsamen bzw. ausschalten (z.B. das Drehen der Festplatte oder das System selbst). Je mehr Energie Sie allerdings einsparen, um so langsamer werden Sie mit Ihrer Arbeit vorankommen; Sie müssen also einen guten Kompromiß finden.

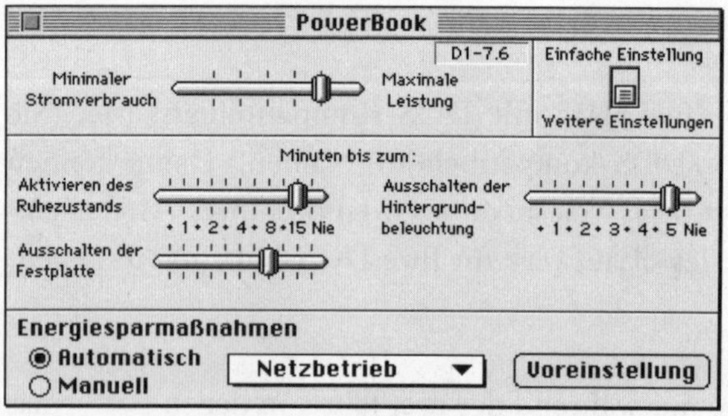

Abb. 15.29 Das Kontrollfeld «PowerBook».

PowerBook Bildschirm. An vielen PowerBook-Modellen können Sie einen externen Monitor oder Projektor anschließen. Ihre Zuschauer sehen das externe Gerät, während Sie direkt den PowerBook-Bildschirm verwenden. Mit diesem Kontrollfeld (nur PowerBook 160, 180, Duo und 500) können Sie entscheiden, ob Sie auf dem Bildschirm das Gleiche sehen wie die Zuschauer auf dem externen Monitor oder Projektor (diese Funktion wird *Bildschirmsynchronisierung* genannt). Das erklärt auch, weshalb der Monitor des PowerBook 5300ce bei eingeschalteter Synchronisierung von einem schwarzen Rand umrahmt wird: das 5300ce kann 800x600 Pixel darstellen, während externe Monitore nur 640x480 Pixel anzeigen können.

Ist *Synchronisierung* ausgeschaltet, erhalten Sie zwei voneinander unabhängige Anzeigen; Sie können also dem Publikum eine Präsentation vorführen, während Sie selbst auf Ihrem PowerBook-Monitor ein Spiel spielen.

Bei manchen modernen PowerBooks kann die Synchronisierung nicht mehr ausgeschaltet werden, Sie haben also auf dem PowerBook-Monitor immer die gleiche Anzeige wie auf dem externen Monitor.

PowerBook Festplattenbetrieb. Mit dem Erscheinen der 1998er PowerBooks entfiel das Kontrollfeld *Weitere PowerBook Optionen*. Das automatische Aufwachen aus dem Ruhezustand wurde in das Kontrollfeld *Energie sparen* verlegt, die verbliebene Funktion erhielt ein eigenes Kontrollfeld: Sie können hier eine SCSI-ID für Ihr PowerBook auswählen, wenn Sie es im Festplattenbetrieb betreiben.

Weitere PowerBook Optionen. Dieses Kontrollfeld enthält Einstellungen, die eine größere Flexibilität bieten sollen, wenn Sie Ihr PowerBook im Festplattenmodus betreiben oder es automatisch aus dem Ruhezustand holen wollen (15.30).

Abb. 15.30 Das Kontrollfeld «Weitere PowerBook Optionen».

PowerTalk Einstellungen

PowerTalk ist eine optionale Eigenschaft der Systeme 7.5 und 7.6, die Sie mit diesem Kontrollfeld ein- und ausschalten können. PowerTalk war eine glänzende Idee, um die Kommunikation mit den verschiedensten Partnern auf den verschiedensten Wegen einfacher zu machen. Leider war die Technologie nicht ausgereift und wurde von Apple mit Mac OS 8 eingestellt.

PPP

Siehe Remote Access.

QuickTime Einstellungen

Informationen zu QuickTime selbst finden Sie im Abschnitt über die Erweiterungen. Seit QuickTime 2.5 gibt es dieses Kontrollfeld für die Bedienung der Software. Es gibt verschiedene Seiten mit Einstellungen, die Sie in einem Popup-Menü wählen können. Seit QuickTime 3 sind folgende Funktionen enthalten:

- **Auto-Start.** Ermöglicht das automatische Starten von Audio-CDs und CD-ROMs. Bei CD-ROMs sollten Sie diese Option wegen der Gefahr eines Auto-Start-Virus ausschalten.

- **Verbindungsgeschwindigkeit.** Eine der nützlichsten Funktionen von QuickTime 3 ist die Fähigkeit, digitale Filme darzustellen, die in Webseiten eingebettet sind. Damit dies in einer guten Qualität vor sich geht, können Sie hier die Art Ihrer Internetverbindung einstellen. (Wenn Sie im Besitz eines 56K-Modems sind, sollten Sie auf keinen Fall bei den standardmäßig eingestellten 28,8 K bleiben.)

- **Medienkennwort.** Theoretisch soll es einmal möglich sein, bestimmte QuickTime-Funktionen oder -Dateien mit Hilfe eines Kennwortes freizugeben. Hier ist die Stelle, an der Sie das Kennwort angeben können.

- **Musik.** QuickTime besitzt eine Reihe eingebauter Musikinstrumente. Dummerweise brauchen Sie MIDI-Software, um auf diese Instrumente zugreifen zu können. In der Hilfe von Mac OS 8.5 finden Sie weitere Informationen darüber. Theoretisch soll es irgendwann einmal möglich sein, zusätzliche Instrumente zu installieren.

- **QuickTime Datenaustausch.** Die Checkbox in diesem Feld sollten Sie eingeschaltet lassen. Sie können dann mit Hilfe eines QuickTime-kompatiblen Programms Windows-Dateiformate öffnen: AVI (Filme), AIFF und WAV (Sound-Dateien) sowie BMP (Grafiken).

Remote Access

Dieses Kontrollfeld gibt es erst seit Mac OS 8.5; seine Funktion war allerdings bereits früher vorhanden: im Kontrollfeld *PPP.* Hier geben Sie Ihre Daten ein, um sich in das Internet einzuwählen. Im Menü *Ablage/Konfigurationen* können Sie Einstellungen für unterschiedliche Zwecke speichern. Weitere Informationen über dieses Kontrollfeld finden Sie in Kapitel 19.

Schreibtischhintergrund

In den ersten sieben Jahren des Mac gab es im Kontrollfeld *Allgemeine Einstellungen* ein kleines Quadrat, in dem Sie selbst den Schreibtischhintergrund gestalten konnten. Allerdings hatten viele Probleme im Umgang mit diesem kleinen Editor. In System 7.5 und 7.6 gab es daher ein Kontrollfeld namens *Schreibtischhintergrund*, in dem Sie durch 64 vorgegebene Muster scrollen (15.31) und sich eines aussuchen konnten.

Mit Mac OS 8 wurde das Kontrollfeld *Schreibtischhintergrund* modernisiert. Sie können damit jetzt auch eigene Bilder oder Hintergrundmuster für Ihren Schreibtisch festlegen und dank der QuickTime-Erweiterung «versteht» das Kontrollfeld fast jedes Grafikformat – PICT, GIF, JPG und sogar Photoshop. Sie können das Kontrollfeld öffnen, indem Sie seinen Namen aus der Liste im Apple-Menü auswählen. Schneller geht es, wenn Sie auf den Schreibtisch Control-klicken und *Schreibtischhintergrund* aus dem Popup-Menü wählen.

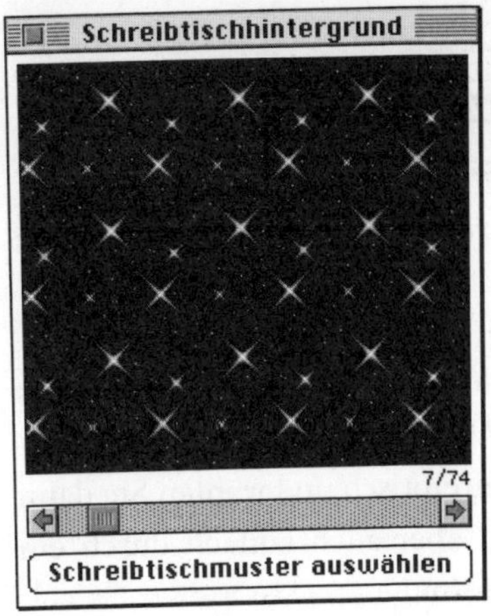

Abb. 15.31 Das Kontrollfeld «Schreibtischhintergrund» von System 7 ist eigentlich eine richtige Anwendung, die sich lediglich im Kontrollfelder-Ordner befindet. Sie können sich mit Hilfe der Pfeil-Buttons Muster anschauen und auswählen.

In der Dialogbox sehen Sie zwei Buttons. Mit *Muster* können Sie sich ein Hintergrundmuster aus der dargestellten Liste aussuchen (Sie können auch eine Grafik in dieses Fenster einfügen bzw. ziehen; dabei können aber seltsame Verzerrungen auftreten).

Wenn Sie dagegen auf den Button *Bild* klicken, haben Sie die Möglichkeit, ein bildschirmfüllendes Bild festzulegen. Es gibt drei Wege, das Bild zu bestimmen. Entweder Sie ziehen das Icon einer Grafikdatei direkt in das Fenster (15.32) oder Sie wählen *Bild positionieren*. Die dritte Möglichkeit besteht darin, ein vorher kopiertes Bild direkt in das Fenster einzufügen.

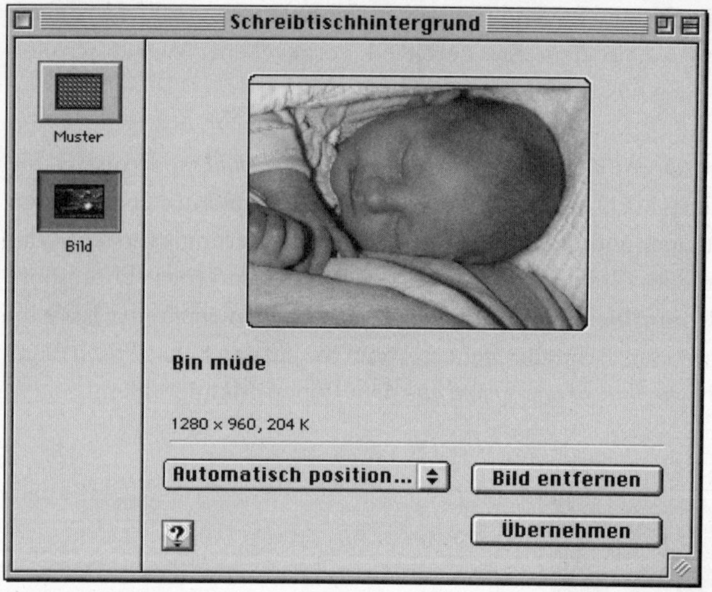

Abb. 15.32 In Mac OS 8 und 8.1 können Sie Ihren Schreibtisch mit Familienfotos verzieren. Fast wie im richtigen Leben.

Auf die gleiche Weise gibt es drei Wege, ein Bild zu entfernen: Ziehen Sie das Bild aus dem Mini-Schreibtisch direkt in den Papierkorb, klicken Sie auf *Entfernen* oder Control-klicken Sie in den Mini-Schreibtisch und wählen Sie dann den Befehl *Bild entfernen*. Sie können das Bild aber auch einfach durch ein anderes ersetzen; es wird dann automatisch entfernt.

Sie sollten noch folgende Hinweise beachten:

- Alle Drag-&-Drop-Tricks erfordern die Systemerweiterung AppleScript.
- Unter Mac OS 8.5 wurde dieses Kontrollfeld in das Kontrollfeld *Erscheinungsbild* integriert. Sie finden es dort unter dem Karteireiter *Schreibtisch*.

Die Größe des Bildes. Damit Ihr Bild nicht verzerrt wird, sollten sie dafür von Anfang an die passende Größe wählen, wie etwa 640 x 480 für einen 14-Zoll-Monitor. Ist das nicht möglich, bietet Ihnen die Dialogbox verschiedene Optionen zum Anpassen bzw. Ändern der Größe.

Mit der Option *Gekachelt* wird Ihr Bild so oft auf dem Bildschirm angeordnet, bis er gefüllt ist. Es wird dabei in der linken oberen Ecke begonnen. *Zentriert* plaziert Ihr Bild genau in die Mitte und füllt den Rest des Schreibtischs mit dem von Ihnen gewählten Hintergrundmuster. *Skaliert* dagegen paßt Ihr Bild auf die Schreibtischgröße an, es wird nach Bedarf gestreckt oder gestaucht, behält allerdings sein Seitenverhältnis. Eine eventuell frei bleibende Fläche wird mit dem gewählten Hintergrundmuster gefüllt. Entscheiden Sie sich für die Option *Bildschirmfüllend*, wird Ihr Bild wahrscheinlich verzerrt. Am günstigsten ist es vermutlich, die Option *Automatisch positionieren* zu wählen. In diesem Fall wird entweder *Skaliert* oder *Bildschirmfüllend* verwendet, je nachdem, bei welchem Ergebnis die geringste Verzerrung zu erwarten ist.

Die Position des Bildes. Sie können mit dem gerade beschriebenen Popup-Menü zwar die Größe, nicht aber die Position des Bildes bestimmen. Ist das gewählte Bild kleiner als der Bildschirm, können Sie es auf neun unterschiedliche Positionen plazieren: Betätigen Sie für die Positionierung die Pfeiltasten, während Sie die Optionstaste gedrückt halten.

Auch bei der Option *Gekachelt* können Sie diese Tastenkürzel einsetzen. Sie bestimmen in diesem Fall die Startposition der ersten Kachel auf dem Bildschirm.

Diese Tricks funktionieren übrigens im Kontrollfeld *Erscheinungsbild* von Mac OS 8.5 nicht mehr!

Speech

Dieses coole Kontrollfeld befähigt Ihren Mac dazu, Ihnen etwas laut vorzulesen (15.33), das Sie z.B. in SimpleText geschrieben haben, leider nur mit amerikanischen Stimmen.

Sie können in diesem Kontrollfeld die Standardstimme und die Sprechgeschwindigkeit auswählen. Am besten Sie klicken auf das Lautsprecher-Icon und hören sich die Beispiele einfach an.

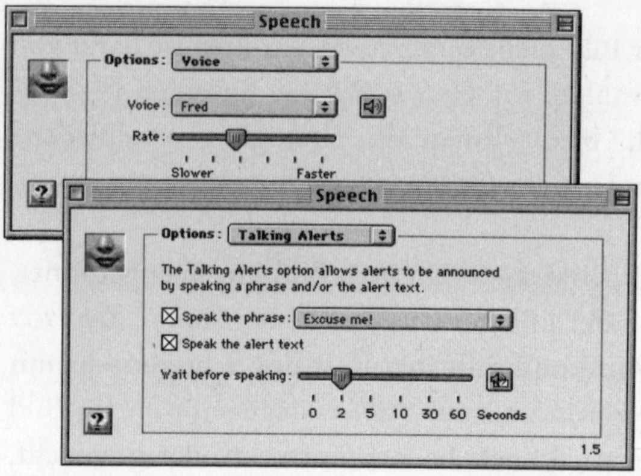

Abb. 15.33 Dieses Kontrollfeld hilft Macs und Power Macs, natürlicher zu sprechen. Seit System 7.6 können Sie Ihren Mac auch dazu bringen, Fehlermeldungen zusammen mit einem Aufmerksamkeit erregenden Laut (z.B. «Autsch») vorzulesen.

Speech Setup

Dieses Kontrollfeld benötigen Sie, wenn Sie einen AV Mac oder einen Power Mac besitzen und mit ihm reden, bzw. mit ihm reden und auch eine Antwort haben wollen. Die Spracherkennung des Mac funktioniert ganz gut – wenn Sie nordamerikanisches Englisch oder Spanisch sprechen. Deutsch wird von Apple leider nicht unterstützt.

Speicher

Das Kontrollfeld *Speicher* (15.34) verwaltet eine ganze Reihe wichtiger Funktionen: Volumecache, virtueller Speicher, RAM-Diskette, Modern Memory Manager und 32-Bit-Adressierung. In Kapitel 9 erfahren Sie, wie diese Funktionen einzusetzen sind.

Die im Kontrollfeld *Speicher* angezeigten Steuerungen hängen von Ihrem speziellen Mac-Modell ab. Zum Beispiel funktioniert der originale Mac LC nicht mit virtuellem Speicher, also gibt es diese Option gar nicht. Und nur Power Macs (vor Mac OS 8) besitzen die Option *Modern Memory Manager* – eine interne Speicherverwaltung, die dazu dient, PowerPC-Programme um etwa 25 Prozent zu beschleunigen.

Wenn Sie beim Starten den virtuellen Speicher vorübergehend deaktivieren wollen – z.B. um spezielle Audio- oder Videosoftware zu verwenden – so brauchen Sie während des Startvorgangs einfach nur die Befehlstaste gedrückt halten. (Falls Sie RAM Doubler verwenden, ist es die Esc-Taste.)

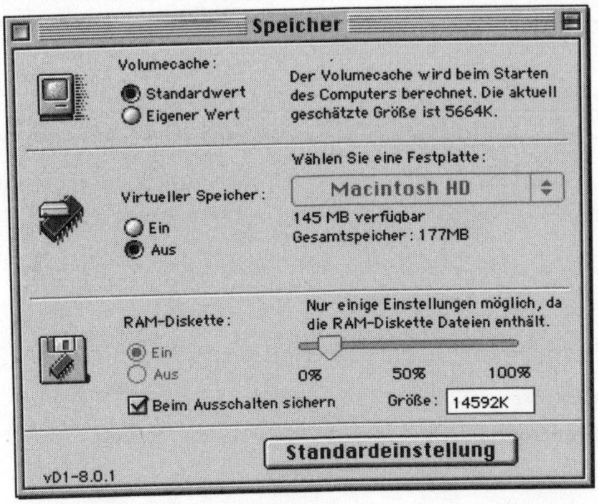

Abb. 15.34 Die vielen Steuerungen des Kontrollfeldes «Speicher».

Startvolume

Das Kontrollfeld *Startvolume* teilt Ihrem Mac mit, welches Volume beim nächsten Start als Systemvolume genutzt werden soll. Interessanterweise tauchen auch Volumes ohne eigenen Systemordner in diesem Kontrollfeld auf (15.35).

Wenn Sie mehr als zwei Festplatten oder eine Festplatte und ein Wechselplattensystem besitzen, bietet es sich manchmal an, zwei Systemversionen einzusetzen – legen Sie einfach auf jedem Laufwerk einen Systemordner ab. In diesem Kontrollfeld bestimmen Sie, mit welchem System der Mac beim nächsten Start hochlaufen soll. Seit der Einführung von System 7.5.3 können Sie sogar auf verschiedenen Partitionen der Festplatte unterschiedliche Systeme verwenden. Voraussetzung dafür ist, daß die Platte mit der Formatierungssoftware aus System 7.5.3 formatiert wurde.

Andererseits können moderne Macs (wie der iMac oder die G3/G4-Modelle mit Henkeln) auch von einem Netzwerklaufwerk booten, das Sie in diesem Kontrollfeld auswählen. Dieses «Net Boot» funktioniert aber nur, wenn ein entsprechend konfigurierter Mac mit Mac OS X Server vorhanden ist – sonst tut der Mac rein gar nichts. Ehe Sie also das nächste Mal die Festplatte Ihres niegelnagelneuen G4-Mac neu formatieren, weil er nicht startet, versuchen Sie

Ihr Prachtstück erst einmal von der beigelegten System-CD zu starten und sehen Sie in *Startvolume* nach, ob nicht zufällig der Alias des Netzwerklaufwerks angewählt ist.

Abb. 15.35 Wählen Sie hier ein neues Startvolume.

Falls Sie in diesem Kontrollfeld in die weiße Fläche neben den Icons klicken, so daß kein Icon markiert ist, startet der Mac übrigens von dem Volume mit der höchsten SCSI-ID.

Sollten Sie nur eine Festplatte besitzen und niemals planen, sich ein Wechselmediensystem anzuschaffen, können Sie dieses Kontrollfeld getrost aus dem Systemordner entfernen. Wenn Sie regelmäßig zwischen unterschiedlichen Startvolumes umschalten, sollten Sie vielleicht besser *Conflict Catcher 8* benutzen. Damit können Sie Startvolume und sogar Systemordner aus einem praktischen Menü auswählen.

Tastatureinstellungen

In diesem Kontrollfeld können Sie zwischen unterschiedlichen Tastaturbelegungen umschalten. Eine Tastaturbelegung ist eine kleine Datei im Systemordner Ihres Mac, die Informationen darüber enthält, welche Zeichen beim Drücken der Tasten auf Ihrer Tastatur erzeugt werden.

Sie haben in diesem Kontrollfeld neben der Auswahl einer oder mehrer Tastaturbelegungen zwei weitere Einstellmöglichkeiten:

- **Wiederholrate.** Damit wird gesteuert, wie schnell Zeichen wiederholt ausgegeben werden, wenn Sie eine Taste dauerhaft gedrückt halten. Beim langsamsten Wert erscheint nur alle zwei Sekunden ein neues Zeichen – eine ziemlich sinnlose Einstellung, da es dann vermutlich schneller geht, die Taste wiederholt zu drücken.

- **Ansprechverzögerung.** Mit dieser Einstellung wird kontrolliert, wie lange Sie eine Taste gedrückt halten müssen, bevor sie beginnt, das Zeichen zu wiederholen. Sie können die Ansprechverzögerung auch ausschalten. In diesem Fall müssen Sie immer eine Taste drücken, damit ein Zeichen ausgegeben wird.

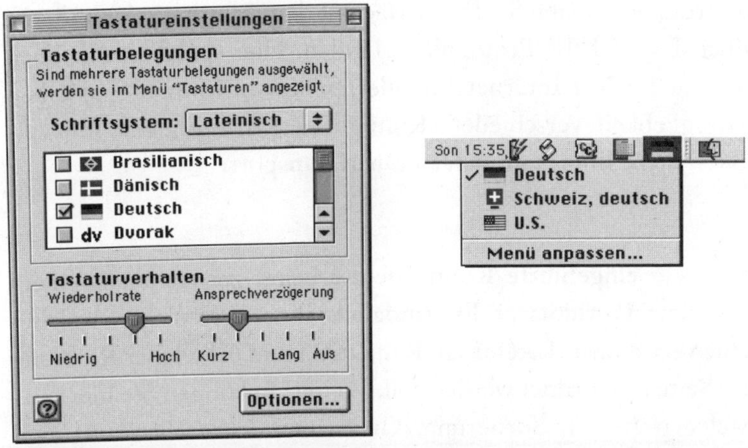

Abb. 15.36 Das Kontrollfeld «Tastatureinstellungen» und das Tastaturmenü.

Wie die meisten Anwender werden Sie dieses Kontrollfeld vermutlich nie wieder brauchen, nachdem Sie die Werte einmal eingestellt haben. Dieses Kontrollfeld birgt aber ein kleines Geheimnis: Sobald Sie nämlich mehr als eine Tastaturbelegung ausgewählen, erscheint links neben dem Programm-Menü eine Fahne, die die aktuelle Tastaturbelegung symbolisiert. Diese Fahne dient zusätzlich als Auswahlmenü, mit dem Sie bequem zwischen mehreren Tastaturbelegungen wechseln und mit dem Befehl *Menü anpassen…* auch gleich das Kontrollfeld *Tastaturbelegung* aufrufen können.

Hinter *Dvorak* bzw. *Dvorak – querty* verbirgt sich übrigens eine gänzlich alternative Tastaturbelegung, bei der die Tasten nach der Häufigkeit in der (amerikanischen) Sprache angeordnet sind. Anhänger der Dvorak-Methode betonen immer wieder, daß die Umstellung von Qwerty auf Dvorak auch für geübte Blindschreiber einfach sei und alle Umsteiger schon bald schneller schreiben als vorher.

Denn falls Sie es noch nicht wissen: Unsere heute übliche Anordnung der Tasten im sogenannten Qwerty-Layout kommt daher, daß sich auf den ersten Schreibmaschinen die Typenhebel ständig verhakten, wenn man zu schnell tippte. Aus diesem Grund ersann man eine Tastenanordnung, die den Schreibvorgang möglichst *verlangsamte* – die Geburtsstunde von Qwerty! An sich gäbe es keinen Grund, diesen Irrtum der Geschichte fortzusetzen, doch mit Ausnahme des Dvorak-Layouts sind alle Versuche, ergonomischere Tastenanordnungen einzuführen, gescheitert. Vielleicht probieren Sie es ja mal aus!

TCP/IP

Mit diesem Kontrollfeld können Sie Ihren Mac mit dem Internet oder anderen Netzwerken über das TCP/IP-Protokoll verbinden. Hier speichern Sie auch die nötigen Einträge für Ihre Internet-Provider. In diesem Kontrollfeld haben Sie wieder die Möglichkeit, verschiedene Konfigurationen abzulegen. In Kapitel 19 finden Sie weitere Informationen zu OpenTransport.

Text

Dieses in System 7.5 eingeführte Kontrollfeld arbeitet zusammen mit dem Fremdsprachensystem WorldScript. Es ermöglicht Ihnen festzulegen, welches Schriftsystem Sie verwenden (Lateinisch, Kanji usw.) und in welcher Richtung der Text auf der Seite angeordnet werden soll. Weiterhin können Sie hier festlegen, nach welchen Regeln Sortierung, Groß- und Kleinschreibung und Wortbildung erfolgen sollen (z.B. Deutsch oder Österreichisch). Wenn Sie nur lateinische Schriftsysteme verwenden, können Sie dieses Kontrollfeld gefahrlos deaktivieren.

Token Ring

Noch ein obskures Kontrollfeld. Sie können es nur verwenden, wenn Sie in Ihrer Firma ein Token-Ring-Netzwerk einsetzen.

Ton

Mit dem Kontrollfeld *Ton* (15.37) können Sie die Warntöne Ihres Mac verändern, Töne hinzufügen und löschen, sowie die Lautstärke der Lautsprecher einstellen. Falls Sie ein CD-ROM-Laufwerk besitzen, können Sie von dort aufnehmen und abspielen.

Bei modernen Macs befinden sich die Funktionen dieses Kontrollfeldes im Kontrollfeld *Monitore & Ton*. Im Ordner *Apple Extras* der meisten Macs findet sich jedoch auch noch dieses Kontrollfeld.

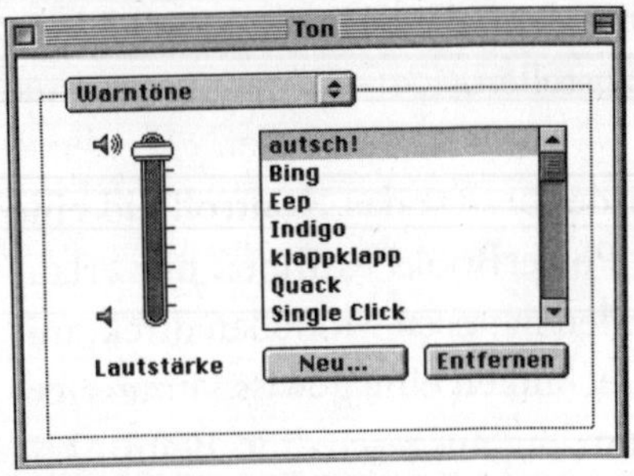

Abb. 15.37 Das Kontrollfeld «Ton».

Im Prinzip entspricht der Aufbau dieses Kontrollfeldes dem Fenster *Warntöne* aus dem Kontrollfeld *Monitore & Ton* (siehe dort).

Ton & Monitore

In einem sehr schwachen Moment hat Apple dieses verwirrende Kontrollfeld veröffentlicht, das die beiden Kontrollfelder *Monitor* und *Ton* ersetzen sollte. Sie finden es lediglich bei den ersten Power Macs 7200, 7500 und 8500.

Das Interface besitzt vier Felder, die den vier einzustellenden Werten entsprechen (Video-Ein- und Ausgabe, Sound-Ein- und Ausgabe). Sie müssen auf eines der Felder doppelklicken, damit sich eine Dialogbox mit den eigentlichen Optionen öffnet.

Trackpad

Dieses Kontrollfeld (15.38) ist nur für PowerBooks nützlich, die statt eines Trackballs ein Trackpad einsetzen. Die oberen beiden Einstellmöglichkeiten finden Sie in der gleichen Form auch im Kontrollfeld *Maus* (siehe dort).

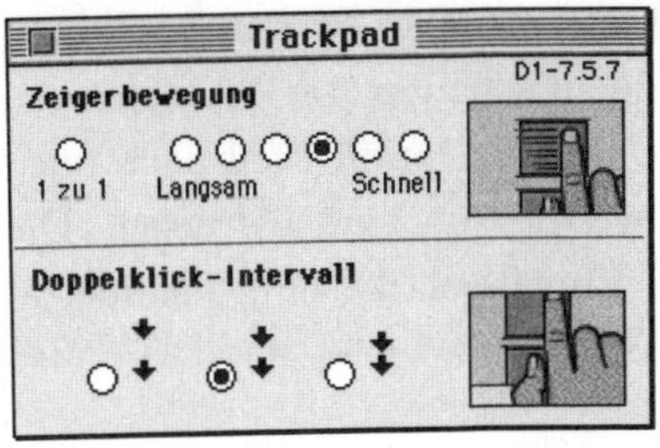

Abb. 15.38 Das Kontrollfeld «Trackpad».

Als Powerbook-Benutzer sollten Sie beide Kontrollfelder behalten. So können Sie in Ihrem Büro eine Maus anschließen und das Trackpad benutzen, wenn Sie auf Reisen sind. Durch die separaten Kontrollfelder haben Sie die Möglichkeit, für beide Geräte unterschiedliche Werte einzustellen.

Wenn Ihr PowerBook nach 1996 gebaut wurde, besitzt das Kontrollfeld eine dritte Einstellmöglichkeit. Während andere PowerBooks es Ihnen nur erlauben, den Cursor zu bewegen, können Sie mit den neueren Modellen direkt mit dem Trackpad ziehen und klicken. Da diese Techniken eine gewisse Fingerfertigkeit erfordern, ist diese Funktion standardmäßig ausgeschaltet. Beim Aktivieren im Kontrollfeld wird Ihnen die Funktionsweise demonstriert.

Vergrößerung

Dieses Kontrollfeld soll Leuten helfen, die Probleme beim Sehen haben. Es vergrößert Teile des Bildschirms um das Doppelte bis Sechzehnfache. Heutzutage wird dieses Kontrollfeld nicht automatisch installiert; Sie müssen es normalerweise bei der Installation extra auswählen.

Abb. 15.39 Mit dem Kontrollfeld «Vergrößerung» können Sie einzoomen und die Bildschirmfarben umkehren.

Sie können es mit dem Tastenkürzel Befehl-Option-O (vor System 7.5.3) bzw. Befehl-Option-K (nach System 7.5.3) ein- und ausschalten (15.39). Den Grad der Vergrößerung stellen Sie ein, indem Sie Befehl-Option-Pfeil-nach-oben bzw. Pfeil-nach-unten (vor 7.5.3) oder Befehl-Option-+ bzw. – drücken. Die vergrößerte Ansicht des Bildschirms folgt der Eingabemarke; eine Technik, an die Sie sich vermutlich erst gewöhnen müssen.

Mit *Vergrößerung* können Sie außerdem die Anzeige des Mac umkehren (Weiß auf Schwarz). Manche Leute finden das für ein längeres Arbeiten günstiger als die normale Anzeige. (Auf einem Farbmonitor werden alle Farben umgekehrt, wodurch ein eigenartiger Effekt erzielt wird.)

Video

Das Kontrollfeld wird für 14-Zoll-AppleVision-Monitore benötigt; überflüssig ab System 7.5.

Web Sharing

Dieses Kontrollfeld erschien erstmals in Mac OS 8. Es ermöglicht es Ihnen, einen Ordner mit HTML-Dokumenten über das TCP/IP-Netzwerk Ihrer Firma zugänglich zu machen.

Der Name des Kontrollfeldes legt den Gedanken nahe, daß Sie die Ordner über das Internet zugänglich machen können. Das stimmt in der Theorie und im Prinzip schon, in der Praxis ist es allerdings nicht ratsam. Einerseits müßte Ihr Mac 24 Stunden am Tag mit dem Internet verbunden sein und eine feste IP-Adresse haben, andererseits empfiehlt Apple den Einsatz von Web Sharing über ein Modem schon aus Geschwindigkeitsgründen nicht. Web Sharing ist in erster Linie für den Einsatz in Intranets gedacht. (Intranets sind firmeninterne, von außen nicht zugängliche Netzwerke, die Internet-übliche Technologien verwenden.)

Plazieren Sie HTML-Dokumente, die Sie veröffentlichen wollen, in den Ordner *Web-Seiten* (oder klicken Sie im Kontrollfeld auf *Auswählen*, um einen Ordner festzulegen). Sie können eine Datei bestimmen, die Ihre Homepage wird – das ist die erste Seite, die Besucher sehen, wenn Sie sich an dem freigegebenen Ordner anmelden. Klicken Sie anschließend auf *Start*, um Web Sharing zu starten. Falls Sie in diesem Moment noch nicht an ein TCP/IP-Netzwerk angeschlossen sind, erhalten Sie eine Fehlermeldung.

Mit dem Befehl *Bearbeiten/Adresse kopieren* können Sie die Adresse Ihres *Web-Seiten*-Ordners nun in eine E-Mail kopieren und allgemein im Netzwerk bekanntmachen. In den HTML-Dokumenten im Ordner *Web-Seiten* finden Sie weitere Informationen über Web Sharing.

Weltkarte

Wenn Sie die genaue Zeit von Ulan Bator oder die Entfernung von Ihrem Büro bis Ouagadougou wissen wollen, ist die Weltkarte unentbehrlich. Generationen von Mac-Benutzern haben die Karte gering geschätzt – dabei ist sie wahrscheinlich wichtiger, als Sie annehmen. (In Mac OS 8.5 müssen Sie den Ordner *Apple Extras* aufsuchen, um die Karte zu finden.)

Klicken Sie auf eine beliebige Stelle auf der Karte. Der Mac zeigt die aktuelle Ortszeit sowie die Längen- und Breitengrade an (15.40).

Mit der Funktion *Wo* können Sie Städte, Inseln und andere Punkte auf der Karte finden. Geben Sie einfach den Namen des Ortes ein, und klicken Sie dann auf *Wo*. Wenn Sie sich über die Buchstabierung einer Stadt nicht im Klaren sind, tippen Sie nur die ersten Buchstaben ein. Die Weltkarte zeigt das am nächsten liegende Ergebnis an.

Abb. 15.40 So sieht die Weltkarte aus.

HEISSER TIP

Sie können Ihren Heimatort als Referenzort für alle Entfernungen und Zeiten eingeben. (Suchen Sie ihn mit dem Befehl *Wo*, und klicken Sie anschließend auf *Setzen*.) Sollte Ihr Ort der Weltkarte nicht bekannt sein, können Sie ihn selbst eintragen. Geben Sie die geografischen Koordinaten ein, und klicken Sie auf *Neu*. Um alle Orte zu sehen, die im Kontrollfeld gespeichert sind, halten Sie die Optionstaste und drücken Sie wiederholt Return.

Zahlenformat

Dieses Kontrollfeld legt fest, an welchen Stellen Zahlen durch Kommas oder Punkte getrennt werden. Mit dem kleinen Popup-Menü können Sie die Einstellungen anpassen. Auf der rechten Seite sehen Sie das aktuelle Währungsformat (15.41).

Die Trennzeichen beeinflussen die Zahlendarstellung im Finder sowie in Tabellenkalkulationsprogrammen. Sie werden feststellen, daß es nicht notwendig ist, die Darstellung sehr oft zu verändern.

Abb. 15.41 Das Kontrollfeld «Zahlenformat».

~ATM

ATM ist der Adobe Type Manager, der dafür sorgt, daß PostScript-Schriften sowohl auf dem Bildschirm als auch auf dem Ausdruck geglättet aussehen. Im Ordner *Kontrollfelder* finden Sie ihn immer mit vorangestellter Tilde, damit er als letztes Kontrollfeld geladen wird. Wenn Sie die Tilde entfernen, handeln Sie fast immer Systemkonflikte – damit Sie das nicht so leicht vergessen, heißt er bei uns «~ATM». Vom ATM können Sie mehrere Versionen haben. Eine wird zusammen mit dem Adobe Acrobat Reader installiert, eine andere mit dem Namen ATM GX erhalten Sie bei der Installation von QuickDraw GX. ATM Deluxe wird von Adobe zur Verwaltung von Schriften verkauft.

Systemerweiterungen

Eine Erweiterung ist ein kleines zusätzliches Systemprogramm, das Ihren Mac mit neuen Funktionen und Eigenschaften ausstattet. Es handelt sich um Hintergrundprogramme, die beim Starten des Systems in den Speicher geladen werden. Stellen Sie sich Systemerweiterungen wie Kontrollfelder ohne Einstellmöglichkeiten vor.

Allerdings finden Sie im Ordner mit den Systemerweiterungen nicht nur Erweiterungen sondern auch Treiber – spezielle Software, die Ihr Mac benötigt, um mit den externen Geräten zu kommunizieren. Außerdem können sich im Ordner *Systemerweiterungen* noch Übersetzungsmodule, Modemdateien, Druckertreiber, Bug-Fixes usw. befinden.

Im allgemeinen liegen die Erweiterungen im dafür vorgesehenen Ordner, sie können aber auch irgendwo im Systemordner (oder im Ordner *Kontrollfelder*) herumlungern. Systemerweiterungen sind wichtig – und für Anfänger verwirrend – und existieren einzig und allein für den Computer und nicht für Sie. Wenn Sie auf eine Erweiterung doppelklicken, erhalten Sie eine Fehlermeldung. Sie haben keine Einstellmöglichkeiten, nichts, an dem Sie herumspielen können. Verschieben Sie Erweiterungen einfach in den entsprechenden Ordner, und vergessen Sie sie dann.

Apple hat nun glücklicherweise damit begonnen, Ordnung in das Chaos der Erweiterungen zu bringen. Druckerdateien, Modemdateien, Module des Umgebungsassistenten, AppleScript-Erweiterungen und andere Zusatzelemente befinden sich nun in ihren eigenen Unterverzeichnissen, statt einfach so im Erweiterungen-Ordner herumzuliegen.

Alles über Shared Libraries

In den vergangenen Jahren ist die Menge der Shared Libraries im Erweiterungen-Ordner dramatisch angestiegen. Es handelt sich dabei um Computercode, der nicht unbedingt beim Starten geladen wird. Statt dessen wird er von den Programmen bei Bedarf in den Speicher geholt. Dahinter steht der Gedanke, Festplattenplatz, RAM und Programmierzeit zu sparen, indem man Programmfragmente schafft, die von verschiedenen Programmen benutzt werden können. Apple und Microsoft gehören zu den eifrigsten Erschaffern solcher Shared Libraries.

Shared Libraries werden nicht aus dem RAM geworfen, sobald Sie das Programm beenden, das diese Libraries ursprünglich aufgerufen hat. Statt dessen bleiben sie im RAM, der im Laufe eines Arbeitstages scheinbar immer kleiner wird. Viele Anwender glauben bei entsprechenden Fehlermeldungen, daß mit ihrem Rechner etwas nicht stimmt.

Noch etwas sollten Sie über Shared Libraries wissen. In vielen Fällen wurde Code aus einer solchen Library in eine andere Erweiterung eingefügt. Intern suchen die Programme aber weiterhin nach der «Lib»-Datei. Wenn sie sie nicht finden, erhalten Sie möglicherweise eine Fehlermeldung, die nach einer Datei aus Ihrem Erweiterungen-Ordner fragt, von der Sie noch nie gehört haben. Wenn der GraphicConverter also z.B. die Datei «QuickTimeLib» sucht, fehlt ihm eigentlich die Erweiterung *QuickTime PowerPlug*.

Die eigentlichen Erweiterungen

Im folgenden finden Sie eine lange Liste von Erweiterungen – einen Anspruch auf Vollständigkeit können wir allerdings nicht erheben. Bei jeder technischen Neuerung bzw. Weiterentwicklung kann sich hier etwas ändern, deshalb finden Sie auf Ihrem Computer sicher auch Erweiterungen, die wir in diesem Abschnitt nicht erwähnt haben.

3Com Impact Analog 14.4, Apple/GV 56K... Viele aktuelle Telekommunikationsprogramme benötigen eine Software namens *Apple Communication Toolbox* (CT). Ein großer Vorteil von CT-fähigen Programme besteht darin, daß Sie Ihr Modem aus einer Liste von Modems auswählen können, statt die technischen Parameter einzugeben. Sie finden möglicherweise in einem Erweiterungen-Ordner (vor OpenTransport) Hunderte von Icons für die verschiedenen Modems. Werfen Sie sie einfach alle weg – bis auf Ihr Modell. Heutzutage (mit OpenTransport) befinden sich diese Modemscripts in einem eigenen Ordner. Doch auch hier sollten Sie nur Ihre benötigten Scripts aufheben.

A/ROSE. Bei dieser Erweiterung handelt es sich um die *Apple Real-time Operating System Extension.* Sie wird nur für alte NuBus-Netzwerkkarten benötigt: die kurze Apple Ethernet-Karte, die Token Ring 4.16 NB-Karte, die Serial NB-Karte und die Coax/TwinAx NB-Karte.

AMMS MPEG Decoder. Dies ist die Erweiterung (der Treiber) für die Apple MPEG Media System Card, mit der bestimmte Mac-Modelle hochqualitative, besonders komprimierte QuickTime-Filme erstellen können.

AOL Link. Diese Erweiterung kommt mit America Online 3.0 (und späteren Versionen) und ist für eine der besten Eigenschaften von AOL verantwortlich: Sie können damit Ihren eigenen Webbrowser wählen, während Sie mit AOL verbunden sind. Wenn Sie AOL über einen Internetzugang benutzen, brauchen Sie diese Erweiterung nicht.

Appearance Extension. Die wichtigste Erweiterung von allen. Eine Mac OS 8.0- oder 8.1-Maschine kann ohne sie nicht starten. Ihre Aufgabe besteht darin, mit dem Kontrollfeld *Erscheinungsbild* zu kommunizieren, wie das Interface des Mac aussehen sollte (Mac OS 8.5 benötigt diese Erweiterung nicht mehr).

Apple Built-In Ethernet oder Apple Enet. Damit erhält Ihr Mac Anschluß an ein Ethernet-Netzwerk. Siehe «OpenTransport (und verwandte Dateien)».

Apple CD/DVD Treiber oder Apple CD-ROM (und verwandte Dateien). Der Name dieser Erweiterung wurde in Mac OS 8.5 (und späten Versionen von Mac OS 8.1) verändert, um anzudeuten, daß einige Macs DVD-Laufwerke statt des üblichen CD-ROM-Laufwerks besitzen. In jedem Fall stellt diese Erweiterung den Dreh- und Angelpunkt aller anderen CD-ROM-Erweiterungen dar. Sie ist der Treiber, der es dem Mac erlaubt, mit Apple-CD-ROM-Laufwerken (intern oder extern) zu arbeiten.

In der Sammlung der Apple-CD-ROM-Erweiterungen ist weiterhin eine spezielle Übersetzungserweiterung namens *CD-Datenformate* enthalten, mit der Sie CD-ROMs verwenden können, die nicht vom Mac stammen (PhotoCDs, Musik-CDs und DOS-formatierte Disketten). Ihr Mac besitzt vier solcher Erweiterungen: *Foto-CD* (für Kodak Photo-CDs), *Audio-CD* (für normale Audio-CDs), *High Sierra* (für PC-CD-ROMs) und *ISO 9660* (für andere Nicht-Mac-CD-ROMs). Sollten Sie der Meinung sein, daß Sie niemals fremde Medien benutzen wollen, können Sie diese Erweiterungen löschen.

Apple Color SW Pro CMM. Siehe «LaserWriter (und verwandte Dateien)» weiter hinten in diesem Kapitel.

Apple DVD-ROM. In Systemen vor Mac OS 8.5 war diese Erweiterung notwendig, um DVD-ROM-Laufwerke anzusteuern. Sie ist nicht unnötig, wenn Sie a) kein DVD-Laufwerk besitzen oder b) den bereits beschriebenen Apple CD/DVD-Treiber haben.

Apple Ethernet (LC, NB oder CS). Exklusiv für den Mac LC oder Macs mit NuBus- oder Com-Steckplatz; bedient die Ethernet-Erweiterungskarte.

Apple Hilfe (und verwandte Dateien). Die mit System 7 eingeführte *Aktive Hilfe* sollte eigentlich die Welt verändern und Buchautoren wie uns arbeitslos machen. Allerdings benutzen nur sehr wenige Leute die Aktive Hilfe. Sie ist langsam, sie funktioniert nicht in besonders vielen Programmen und – das ist vermutlich das Wichtigste – sie zeigt Ihnen nicht, was Sie als nächstes tun sollen, wenn Sie versuchen, etwas Bestimmtes herauszufinden.

Wenn Sie den Befehl *Apple Hilfe* im Menü *Hilfe* wählen (eingeführt mit System 7.5), erhalten Sie Indexkarten auf dem Bildschirm, die Sie durch bestimmte Aufgaben führen. Diese Datei ist der Schlüssel zur Apple Hilfe.

Damit Sie Informationen über ein bestimmtes Programm erhalten können, muß Apple Hilfe eine Hilfe-Datei sehen, in der alle Texte und Grafiken für die Hilfeseiten gespeichert sind. Zu den Programmen, die eine Hilfefunktion besitzen, gehören unter anderem der Finder, BBEdit, AppleWorks (früher ClarisWorks) und SimpleText.

Apple selbst hat Dutzende verschiedener Hilfe-Dokumente entwickelt. In Ihrem Erweiterungen-Ordner könnten sich unter anderem folgende befinden: *About Apple Guide* (liefert Informationen über die Apple Hilfe), *Macintosh* oder *Apple Hilfe* (enthält Anweisungen über den Finder, Drucken und Kontrollfelder), *PowerBook Guide Additions* (Informationen, die PowerBooks betreffen), *Speech Guide Additions* (Informationen über die Spracherkennung der Power Macs und AV-Modelle) und *Apple Video Additions* (Informationen über die Benutzung der Videofunktionen der AV-Modelle).

Löschen Sie nicht versehentlich die Erweiterung *Apple Hilfe*, nur weil Sie das verbesserte Hilfesystem von Mac OS 8.5 entdeckt haben. Sie ist immer noch notwendig.

Apple IX3D Graphics Accelerator (und verwandte Dateien). Power Macs aus den Jahren 1997/1998 besaßen eine beschleunigte Grafikkarte. Diese Dateien – dazu gehören Apple IX3D Video Memory Manager und Apple IX3D RAVE Engine – stellen die erforderliche Software dar.

Apple Modem Tool (und verwandte Dateien). In Ihrem Erweiterungen-Ordner finden Sie eine ganze Reihe von Dateien mit Namen wie *Apple Modem Tool, AppleTalk ADSP Tool, MP Telnet Tool, Serial Tool, Link Tool Manager* und *Modem Link Tool Personal*. Diese Kommunikationsmodule, wie der Finder sie nennt, sorgen dafür, daß Sie beim Installieren eines neuen Modemprogramms immer das gleiche Interface «sehen». Ihnen wird die Communications Toolbox präsentiert, ein Standardset von «Software-spricht-mit-Modem-Werkzeugen», die es Programmierern erleichtern soll, diese Dialogboxen zum Einrichten der Software zu schreiben. Zur Comm Toolbox gehören außerdem ungefähr 4000 Transfer-Werkzeuge, die es Ihrem Mac ermöglichen, Daten über verschiedene Protokolle zu senden und zu empfangen (XModem, Kermit und ZModem), sowie Terminalprogramme, mit deren Hilfe Ihr Mac mit anderen Computern kommunizieren kann (TTY und VT102).

Apple QD3D HW Treiber. Siehe «QuickDraw 3D».

AppleScript (und verwandte Dateien). Diese Erweiterung (seit System 7.5) stellt eine relativ einfache Methode dar, Skripte (Makros für sich wiederholende Aufgaben) auf Ihrem Mac zu erstellen. Einzelheiten über AppleScript finden Sie in Kapitel 25.

AppleScript ist die Erweiterung selbst. In Ihrem Systemordner können sich weiterhin Dateien wie *AppleScript Lib* (nur für Power Macs; eine Shared Library, die zwischen PowerPC-nativen Programmen und Nicht-PowerPC-AppleScripten übersetzt), *Finder Scripting Extension* (verleiht dem Finder seine speziellen Drag & Drop-Fähigkeiten; ab Mac OS 8 eingebaut), *InLineFilter* (ermöglicht die Sprachkontrolle Ihres Mac) und *Scripting Additions* (ein Ordner mit Zusatzmodulen für AppleScript) befinden.

AppleShare (und verwandte Dateien). Diese Erweiterung teilt Ihrem Mac mit, wie er Volumes für eine gemeinsame Nutzung im Netzwerk freigeben kann. Einzelheiten finden Sie in Kapitel 19.

Dazu gehören weitere Erweiterungen und Kontrollfelder, unter anderem *File Sharing* oder *Gemeinschaftsfunktionen*, *Benutzer & Gruppen*, *File Sharing Erweiterung*, *File Sharing Library* und *File Sharing Monitor*.

Selbstverständlich müssen Sie vor dem Freigeben von Volumes ein Netzwerk einrichten. Wenn Sie OpenTransport benutzen, brauchen Sie die Kontrollfelder *AppleTalk* und *TCP/IP*. Im anderen Fall benötigen Sie statt dessen die Kontrollfelder *MacTCP* und *Netzwerk* (sowie die Erweiterung *Netzwerk*).

Zu dieser Sammlung gehören außerdem netzwerktypische Erweiterungen, die es Ihrem Mac ermöglichen, verschiedene Protokolle zu verstehen: EtherTalk Phase 2, MacTCP Token Ring, TokenTalk Phase 2 und TokenTalk Prep.

Wenn Sie kein Netzwerk haben, niemals online gehen wollen und nicht vorhaben, Dateien zwischen zwei Macs zu übertragen, dann können Sie diese Erweiterungen getrost löschen.

AppleVision. Der Treiber für die Kommunikation Ihres Mac mit einem AppleVision-Monitor.

Assistant Toolbox. Diese Erweiterung gibt es nur für PowerBooks, sie war ab System 7.5 verfügbar und ist ab Mac OS 7.6 eingebaut. Sie bietet eine Reihe von nützlichen Funktionen für transportable Rechner:

- Wie in Kapitel 11 zu lesen, ist der Inhalt einer RAM-Diskette so lange sicher, bis Sie den Rechner herunterfahren. Mit der Assistant Toolbox können Sie den Inhalt der RAM-Diskette wieder zurück auf die Festplatte kopieren, wenn Sie den Computer herunterfahren, und sie beim nächsten Start wiederherstellen.

- Sie können mit Assistant Toolbox bestimmte Funktionen über die Tastatur steuern: Befehl-Shift-0 (Null) versetzt Ihr PowerBook in den Ruhezustand, bei Befehl-Shift-Control-0 hört die Festplatte auf, sich zu drehen.
- Für alle, die ihr PowerBook im Taxi oder im Flugzeug benutzen, bietet Assistant Toolbox verzögertes Drucken und verzögertes E-Mail-Versenden – Ihre E-Mails und Ausdrucke werden zurückgehalten, bis Sie sich wieder in ein Netzwerk einklinken. Dann werden sie automatisch abgeschickt.
- Assistant Toolbox arbeitet außerdem mit dem Mechanismus zum Dateien abgleichen zusammen, mit dem Sie den Inhalt ausgewählter Ordner zwischen zwei Computern abgleichen können.

At Ease Startup. Siehe Kontrollfeld «At Ease Setup» in diesem Kapitel.

ATI 3D Accelerator (und verwandte Dateien). Dieser Treiber für ATI-Grafikkarten enthält außerdem die Erweiterungen *ATI Video Accelerator, ATI Driver Update, ATI Graphics Accelerator* und *ATI Video Memory Manager.*

Audio-CD. Siehe «Apple CD/DVD Treiber, Apple CD-ROM (und verwandte Dateien)».

Caps Lock. Die Feststelltaste auf einer traditionellen Schreibmaschine bleibt nach dem Drücken eingerastet, bis Sie sie ein zweites Mal drücken und somit wieder lösen.

Auf PowerBook-Tastaturen allerdings rastet die Feststelltaste nicht ein. Auf den PowerBooks 100 bis 180 gibt es nicht einmal ein Licht, das Ihnen signalisiert, daß Sie gleich beginnen, in Großbuchstaben zu schreiben. Aus diesem Grunde entwickelte Apple diese Erweiterung. Wenn die Feststelltaste betätigt wird, erscheint ein fetter Pfeil in der oberen rechten Ecke der Menüleiste.

CD-Datenformate. Siehe «Apple CD/DVD Treiber oder Apple-CD-ROM (und verwandte Dateien)» in diesem Kapitel.

CFM-68K Runtime Enabler. Diese Erweiterung ist für Nicht-PowerPC-Macs (nicht für den Mac Plus oder frühere Modelle). Sie erfordert System 7.1 oder höher, ist aber in Mac OS 8 nicht mehr notwendig. Sie müssen im Kontrollfeld *Speicher* die 32-Bit-Adressierung einschalten. Allerdings können Sie dieser Erweiterung erst ab Version 4 vertrauen.

Die Erweiterung wird von der neuesten LaserWriter-, Desktop Printing-, OpenDoc- und America Online-Software installiert. Ihre Aufgabe besteht darin, Nicht-PowerPC-Macs den Zugriff auf Shared Libraries zu ermöglichen.

Clipping Extension. Diese kleine Erweiterung ermöglicht es Ihnen, ein ausgewähltes Bild, einen Ton oder einen Absatz aus einem Programm herauszuziehen und als Clip auf den Schreibtisch zu legen. Ohne diese Erweiterung können Sie diese Elemente zwar zwischen Drag-&-Drop-fähigen Programmen bewegen, allerdings ist es nicht möglich, sie auf dem Schreibtisch abzulegen. (In Mac OS 8 nicht mehr notwendig.)

Color SW 2000 Series CMM. ColorSync-Software für den StyleWriter 2400. Siehe Kontrollfeld «ColorSync oder ColorSync System Profil» in diesem Kapitel.

ColorSync oder ColorSync Erweiterung. Diese Erweiterung ist eigentlich für Apples Farbanpassungssystem verantwortlich. (Siehe Kontrollfeld «ColorSync oder ColorSync System Profil» in diesem Kapitel). Wenn Sie in Ihrem Systemordner keine ColorSync-Profile für jeden Scanner, Monitor und Farbdrucker haben, können Sie die Erweiterung ruhig entfernen.

Dateien finden Erweiterung. Diese Erweiterung startet einfach das Programm *Finden* (System 7.5 bis 7.6.1), wenn Sie den Befehl *Finden* auswählen oder Befehl-F drücken. Ohne diese Erweiterung würde sich nur die alte Finden-Dialogbox öffnen; Sie könnten den neuen Finden-Befehl aus dem Apple-Menü gar nicht starten.

Demo click&drag (und verwandte Dateien). Nur PowerBooks besitzen diese drei Dateien, bei denen es sich – ob Sie es glauben oder nicht – um QuickTime-Filme handelt. Sie können diese Filme öffnen und abspielen. Eigentlich sind sie aber für die Apple Hilfe gedacht. Um die Filme in Aktion zu erleben, lassen Sie sich in der Hilfe einmal zeigen, wie Sie Ihr Trackpad benutzen.

Desktop Printer Spooler. Wenn Sie mehr als einen Drucker besitzen, werden Sie das Konzept des Desktop Printing zu schätzen wissen. Es bedeutet, daß Sie sich nicht jedesmal zur Auswahl begeben müssen, um den Drucker zu wechseln. Desktop Printing legt statt dessen für jeden Drucker ein Icon auf Ihren Schreibtisch, auf das Sie die Dokumente ziehen können, um sie zu drucken.

Sie installieren diese neue Technologie, indem Sie in System 7.5.3 eine angepaßte Installation durchführen. Desktop Printing ist Teil der LaserWriter-8-Software. In Ihrem Systemordner finden Sie möglicherweise noch folgende Dateien: *Desktop PrintMonitor*, *Desktop Printer Menu* und *Desktop Printer Erweiterung* (obwohl diese Datei in Mac OS 8 integriert wurde). Die ganze Angelegenheit wird in Kapitel 5 beschrieben.

DNSPlugin. Apple beschreibt diese kleine Software, die zuerst in Mac OS 8.5 auftaucht, als eine Erweiterung, die es Ihrem Computer erlaubt, Listen mit Netzwerkobjekten von DNS-Verzeichnisdiensten zu erhalten. DNSPlugin (und seine Schwester SLPPlugin) sind Teil einer neuen Technik von Apple namens NSL (Network Service Location). Sie erhalten mit dieser Technik die Möglichkeit, mit entsprechenden Programmen Computer im Netzwerk zu sehen und auszuwählen, wie dies heute bereits mit AppleTalk-Netzwerken der Fall ist. Leider gibt es im Moment kein Programm, das diese moderne Funktion einsetzt. Solange Ihr Systemadministrator Ihnen nichts Gegenteiliges sagt, sollten Sie diese Erweiterung daher ausschalten.

Drag & Drop. Nur für die verschiedenen Varianten von System 7.1. Diese Erweiterung erlaubt es Ihnen, Drag & Drop einzusetzen.

Druckerbeschreibungen. Dieser Ordner enthält PPDs (PostScript Printer Descriptions; PostScript-Druckerbeschreibungen) für verschiedene Druckermodelle. Er wird nur vom LaserWriter-8-Druckertreiber benutzt (siehe Kapitel 5). Sie können alle nicht benötigten Dateien entfernen.

EM Erweiterung. Diese Erweiterung ist eine Komponente des Kontrollfelds *Erweiterungen Ein/Aus*. Da Kontrollfelder aber erst nach den Systemerweiterungen geladen werden, könnte *Erweiterungen Ein/Aus* nur Kontrollfelder verwalten. Deswegen gibt es diese Erweiterung, die wiederum vor allen anderen Systemerweiterungen geladen wird. Durch Drücken der Leertaste während des Startvorgangs können Sie das Kontrollfeld *Erweiterungen Ein/Aus* auf den Bildschirm holen und auswählen, welche Erweiterungen Sie laden wollen.

Energie sparen Erweiterung. Diese Erweiterung führt eigentlich die Aktionen aus, die Sie im Kontrollfeld *Energie sparen* festgelegt haben.

Ethernet (Built-In). Siehe «OpenTransport (und verwandte Dateien)» in diesem Kapitel.

EtherTalk Phase 2, EtherTalkPrep. Siehe «AppleShare (und verwandte Dateien)» in diesem Kapitel.

Farbauswahl. Die Farbauswahl, ein großes Farbrad, ermöglicht es Ihnen, eine bestimmte Farbe auszuwählen. Sie erscheint z.B., wenn Sie die Dialogbox *Voreinstellungen* (Mac OS 8) oder *Etikett* (ältere Systeme) öffnen.

Durch die Erweiterung können Sie aus zwei Farbschemata wählen: HSL (Hue, Saturation, Luminosity, d.h. Farbe, Sättigung, Leuchtkraft) und RGB (Rot, Grün, Blau). In Mac OS 8 und 8.1 erhalten Sie außerdem die Buntstifte zum Auswählen der Farben.

Fax Erweiterung. Siehe «GeoPort Erweiterung (und verwandte Dateien)» in diesem Kapitel.

FBC Indexing Scheduler. Diese Erweiterung ist für die selbständige Indizierung der Funktion *Nach Inhalt suchen* von Sherlock verantwortlich (ab Mac OS 8.5). Mit anderen Worten, diese Erweiterung schaut auf die Uhr und startet zur von Ihnen angegebenen Zeit die Indizierung Ihrer Festplatte.

File Sharing Erweiterung, File Sharing Library. Siehe «AppleShare (und verwandte Dateien)» in diesem Kapitel.

File Sync Erweiterung. Diese Erweiterung wird für das Kontrollfeld *Dateisynchronisation* benötigt.

Finden, Find by Content. Diese Dateien sorgen dafür, daß die neue, umfassende Suchfunktion aus Mac OS 8.5 funktioniert.

Finder Scripting Erweiterung. Siehe «AppleScript (und verwandte Dateien)» in diesem Kapitel. Diese AppleScript-Komponente ist besonders wichtig, denn damit können Sie Dinge in das Programm *Finden* hineinziehen. Ab Mac OS 8.5 ist sie nicht mehr notwendig.

Foto-CD. Siehe «Apple CD/DVD Treiber oder Apple CD-ROM und verwandte Dateien».

GeoPort Erweiterung (und verwandte Dateien). Diese Erweiterung ist ein Treiber für den GeoPort Telecom-Adapter, einen Fax-/Modem-Simulator, der früher einmal von Apple für die Power Macs und AV-Macs verkauft wurde.

In Ihrem Systemordner finden Sie noch weitere Dateien, die den GeoPort betreffen, wie *Fax Extension* (damit können Sie Faxe mit dem GeoPort senden und empfangen), das Kontrollfeld *Express Modem*, *Fax Terminal 7.5 Compatibility* (für Kompatibilität mit System 7.5) und in einigen Fällen eine Datei mit dem Namensbestandteil *MegaPhone* (Erweiterungen und Kontrollfelder, die Ihren Mac in einen Anrufbeantworter verwandeln).

Globale Apple Hilfe. Dieser Ordner stellt einen weiteren Versuch Apples dar, Ordnung in das Durcheinander der Erweiterungen zu bringen. Hier finden sich die Hilfe-Dateien; siehe auch «Apple Hilfe (und verwandte Dateien)».

Graphics Accelerator. Dies ist eine weitere Datei speziell für PCI-Power-Macs, die eine PCI-Grafik-Beschleunigerkarte installiert haben. Damit kann der Mac die Darstellungsgeschwindigkeit verbessern.

High Sierra. Siehe «Apple CD/DVD Treiber oder Apple CD-ROM (und verwandte Dateien)».

ICeTEe. Wenn Sie das Internet benutzen, sollten Sie diese kleine Datei einsetzen. Sie wird von *Internet Config* benutzt, einer Software, die Sie zusammen mit Ihrem Mac bekommen (in Mac OS 8.5 wurde sie vom Kontrollfeld *Internet* ersetzt). Diese spezielle Erweiterung gibt Ihnen die Möglichkeit, aus beliebigen Programmen heraus eine Web-Adresse in Ihrem Webbrowser zu öffnen, indem Sie Befehl-klicken. In gleicher Weise können Sie auf eine E-Mail-Adresse Befehl-klicken, um Ihr Mail-Programm zu starten (mit einer leeren, voradressierten Mail, die Sie nur noch zu schreiben brauchen). Der seltsame Name dieser Erweiterung setzt sich aus den Initialen von «Internet Config» und «TextEdit» zusammen.

Falls Befehl-klicken nicht funktioniert, versuchen Sie die Internet-Adresse genau anzugeben. Geht auch das nicht, haben Sie Pech.

Indeo Video, Intel Raw Video. Diese Erweiterungen werden in Ihren Systemordner kopiert, wenn Sie den Microsoft Internet Explorer benutzen. Sie können damit auf Ihrem Mac QuickTime-Filme (z.B. aus dem Web) im Windows-Format (AVI) anschauen.

Installer Cleanup. Diese Erweiterung – falls Sie sie überhaupt sehen können – erscheint, nachdem Sie neue Software installiert haben. Während des Neustarts direkt nach einer Software-Installation nimmt sich Installer Cleanup einiger potentieller technischer Probleme an und löscht sich dann selbst.

Internet Access. Wenn Sie Mac OS 8/8.1 oder das Apple Internet Connection Kit haben, brauchen Sie diese Shared Library, um sich in das Internet einzuwählen.

Internet Config Extension. Diese Erweiterung gehört zu Internet Config (bzw. zum Mac OS 8.5-Kontrollfeld *Internet*). Mit *Internet Config* können Sie Ihre Zugangsinformationen zum Internet an einer zentralen Stelle ablegen und müssen sie nicht für jedes Ihrer Internetprogramme gesondert eingeben.

HEISSER TIP

Sichern sie diese Erweiterung, bevor Sie das Mac OS neu installieren, und kopieren Sie sie anschließend in den neuen Systemordner zurück. Dadurch erhalten Sie Ihre Internet-Einstellungen und müssen die Daten nicht mühsam neu eintippen.

Iomega Treiber. Theoretisch besitzen Sie diese Erweiterung nur, wenn Sie ein Zip- oder Jaz-Laufwerk haben. Dieser Treiber versetzt Ihren Mac in die Lage, mit einem solchen Laufwerk zu kommunizieren.

IrDALib, IrLanScannerPPC. Siehe «IR Talk (und verwandte Dateien)».

IR Talk (und verwandte Dateien). Alle PowerBooks seit der 500er-Reihe, sowie die iMacs und einige Desktop-Macs mit einem Netopia AirDock besitzen einen Infrarot-Sender/Empfänger. Es sieht wie eine kleine rote Rückleuchte aus und ermöglicht die drahtlose Datenübertragung zwischen entsprechend ausgestatteten Maschinen. Voraussetzung für das Funktionieren dieser Technik ist diese Erweiterung; in späteren Versionen sind es die Dateien *IrDALib* und *IrLanScannerPPC*.

ISO 9660. Siehe «Apple CD/DVD-Treiber oder Apple CD-ROM (und verwandte Dateien)».

jgdw.ppc. Wir wissen, daß dies eine Erweiterung ist. Wir wissen außerdem, daß sie vom Microsoft Internet Explorer installiert wird. Wir haben aber keinen Schimmer, wozu sie gut ist. Vermutlich macht sie irgendetwas mit Java.

Kalibrierungsassistent. Apple-Monitore sind mit der Einführung von Mac OS 8.5 besser auf die Bedürfnisse professioneller Grafiker ausgerichtet. Mit dem Mac OS 8.5-Programm *DigitalColor Meter* können sie kalibriert werden (d.h. man kann genaue Farbeinstellungen treffen und Ungenauigkeiten ausgleichen). Diese Erweiterung justiert Ihren Monitor bereits beim Starten, so daß er perfekte Farben liefert.

Kodak Precision CP1 (und verwandte Dateien). Diese Erweiterungen gehören nicht zur Standardausstattung, sie werden allerdings bei der Installation von digitalen Kameras, Scannern und Grafikprogrammen hinzugefügt, so daß sie eigentlich universell sind. CP bedeutet Color Palette (Farbpalette). Diese Erweiterungen ermöglichen die Einhaltung der Farbkonsistenz zwischen unterschiedlichen Farbgeräten. Die Dateien *Kodak Precision CP2* und *Kodak Precision ProfileAPI* gehören ebenfalls dazu.

Kontextmenü Erweiterung. Diese Dateien sind für die Kontextmenü-Funktionen verantwortlich (ab Mac OS 8).

Kontrolleiste Erweiterung. Seit Mac OS 8.5 gibt es neben dem Kontrollfeld *Kontrolleiste* diese Erweiterung, die der Kontrolleiste eine größere Funktionalität verleiht (z.B. Drag & Drop-Fähigkeiten).

LaserWriter (und verwandte Dateien). Bei diesen Dateien handelt es sich um Druckertreiber, die es Ihrem Mac ermöglichen, mit den unterschiedlichen Druckern zu kommunizieren. Sie brauchen selbstverständlich nur solche Treiber, die zu Ihren Druckern passen. Ohne den Treiber können Sie nicht drukken. Sie können die nicht benötigten Treiber entfernen. In Ihrem Erweiterungen-Ordner finden Sie möglicherweise noch Treiber mit Namen wie StyleWriter, LaserWriter Select, ImageWriter usw.

LocalTalk PCI. Diese Erweiterung sollte LocalTalk PowerPC-fähig und damit schneller machen. Die erste Version – mit Mac OS 8.1 veröffentlicht – hatte allerdings ein kleines Problem: der Mac «sah» überhaupt keinen Laserdrucker. Mit Version 1.1 von LocalTalk PCI wurde dieser Fehler behoben.

Macintalk (2, 3 oder Pro). Diese Erweiterung (ab System 7.5) läßt Ihren Mac Text vorlesen, den Sie in SimpleText eingegeben haben. Sie erfordert das Kontrollfeld *Speech Manager* sowie den Ordner *Voices* im Erweiterungen-Ordner.

Macintalk 2 ist für 68020-Macs und Macs unter System 6, Macintalk 3 ist für 68030-, 68040- und PowerPC-Macs; Macintalk Pro erfordert einen 68040- oder PowerPC-Chip.

Macintosh Hilfe. Siehe «Apple Hilfe (und verwandte Dateien)».

MacLinkPlus für Easy Open. Übersetzer für Dateiformate, siehe Kontrollfeld «Mac OS Easy Open (Macintosh Easy Open)» in diesem Kapitel.

MacTCP DNR und MacTCP Token Ring. Siehe «AppleShare (und verwandte Dateien».

Modem Scripts. Siehe Kontrollfeld «Modem» in diesem Kapitel.

Mount IDE Drive. Diese Erweiterung (nur für Macs mit IDE-Festplatten, wie die meisten PowerBooks und 630er Macs) mountet die interne Festplatte, wenn Sie von einem anderen Volume starten.

MRJ Libraries. Dieser Ordner (*Macintosh Runtime for Java*) enthält die Software, die Ihr Macintosh benötigt, um Java-Anweisungen auszuführen (siehe Kapitel 25).

Multiprocessing. Ein Ordner mit Shared Libraries (ab System 7.6). Einerseits handelt es sich um Software, die nur von Macs mit mehreren Prozessoren benötigt wird, andererseits hat Apple bekanntgegeben, daß immer mehr Programme auf diese Dateien zurückgreifen werden. Dies gilt auch für Macs mit nur einem Prozessor. Da es sich nur um Shared Libraries handelt, werden sie beim Start nur bei Bedarf geladen – sprich, wenn Ihr Mac mehrere Prozessoren hat. Da sie bei Nichtgebrauch keinen RAM belegen oder Konflikte verursachen, können Sie sie den Ordner problemlos behalten.

Network Extension. Siehe «AppleShare (und verwandte Dateien)». Mit OpenTransport verschwindet diese Erweiterung.

Network Setup Extension. Wird für die Netzwerkfunktionen unter Mac OS 8.5 benötigt.

ObjectSupportLib. Nur für Power Macs. Damit können Programme Apple Event-Nachrichten austauschen, die Shared Libraries betreffen. Wird ab Mac OS 8 nicht mehr benötigt.

OpenDoc Libraries. Dieser Ordner ermöglicht es zusammen mit den Dateien *SOMobjects for Mac OS* und *Editor Setup* Ihrem Mac, mit OpenDoc zu arbeiten.

Open OT. Dieses Element wird vom AOL-Installationsprogramm installiert und ist nur auf Macs notwendig, bei denen AppleTalk nicht eingeschaltet ist.

OpenTransport (und verwandte Dateien). OpenTransport kopiert etliche Dateien in Ihren Systemordner. Sie erhalten die Kontrollfelder *AppleTalk*, *Modem*, *Remote Access* (oder *PPP* in Systemen vor Mac OS 8.5) und *TCP/IP*. Im Erweiterungen-Ordner finden Sie u.a. folgende Dateien: *OpenTransport Library*, *OpenTpt Modem*, *OpenTpt Remote Access*, *OpenTpt Serial Arbitrator*, *OpenTptAppleTalkLib*, *OpenTptInternetLib* und *OpenTransportLib*. In den Kapiteln 19 und 27 finden Sie weitere Informationen. Sie benötigen diese Dateien für einen reibungslosen Netzwerkbetrieb.

Ordneraktionen. Diese Erweiterung erlaubt es Ihnen, Ordner mit AppleScript zu überwachen. So können Sie z.B. ein Skript an einen Ordner anfügen, das Ihnen Bescheid gibt, wenn jemand auf diese Ordner zugreift.

PC Card Extension, PC Card Modem Extension, PC Card Multifunction Update. Diese Treiber benötigt Ihr PowerBook, um PC-Karten zu erkennen.

PC Clipboard Translator. Wenn Ihr Mac eine DOS-Compatibility-Karte besitzt, können Sie dank dieser Erweiterung Text aus einem Windows-Programm kopieren, anschließend zu einem Mac-Programm umschalten, und den Inhalt der Zwischenablage einsetzen.

PlainTalk Speech Recognition. Siehe «Speech Recognition (und verwandte Dateien)».

PowerBook 3400 Ethernet, PowerBook 3400 Modem. Diese Erweiterungen ermöglichen es den PowerBooks der ersten G3-Serie, mit ihren eingebauten Netzwerk-/Modemkarten zu kommunizieren.

PowerBook Monitors Extension. Siehe «Quadra Monitors Extension (und verwandte Dateien)».

PowerBook ZoomedVideo. Dies ist der Treiber für ZoomedVideo-Karten, mit denen entsprechend ausgerüstete PowerBooks (z.B. PowerBook 3400 und G3) Video per Kabel empfangen können.

PowerPC Monitors Extension. Siehe «Quadra Monitors Extension (und verwandte Dateien)».

PowerTalk Extension (und verwandte Dateien). PowerTalk besteht aus verschiedenen Softwarekomponenten und kann in Büronetzwerken eingesetzt werden. Von Apple wird es seit der Einführung von Mac OS 8 offiziell nicht mehr weiterentwickelt.

Zu den Komponenten von PowerTalk, die Sie in Ihrem Systemordner finden, gehören: *Catalogs Extension* (damit können Sie Icons mit Adreßdaten, sogenannte Kataloge, erzeugen und verwalten), *Mailbox Extension* (erzeugt ein Mailbox-Icon auf Ihrem Schreibtisch, um ankommende E-Mails, Faxe usw. darin zu speichern), *PowerTalk Manager* (verwaltet die Mailbox und andere Dienste), *Serial Tool* (damit können Sie Ihr Modem ansprechen, um E-Mails zu empfangen) usw.

PowerTalk Hilfe. Siehe «Apple Hilfe (und verwandte Dateien)».

Printer Share. Mit dieser Erweiterung können Sie einen StyleWriter für mehrere vernetzte Macs freigeben.

Printing Lib. Eine weitere Shared Library. Sie wird für das Drucken mit einem Laserdrucker benötigt.

PrintMonitor. PrintMonitor verwaltet den Hintergrunddruck, wenn Sie nicht die Funktion *Desktop Printing* verwenden.

Programmumschalter. Diese Erweiterung ist für das abreißbare Anwendungsmenü in Mac OS 8.5 verantwortlich. Sie erlaubt es Ihnen außerdem, mit Befehl-Tabulatortaste zwischen Programmen umzuschalten.

QTVR, QTVR Components. Siehe «QuickTime VR».

Quadra Monitor Extension (und verwandte Dateien). Mit Hilfe dieser Erweiterung erhalten Sie im Kontrollfeld *Monitor* spezielle Informationen über die Grafikfunktionen Ihres Modells. Sie können diesen Effekt nur sehen, wenn Sie das Kontrollfeld *Monitor* öffnen und auf den Button *Optionen* klicken. Dort finden Sie zusätzliche Auswahlmöglichkeiten wie die Fähigkeit, die Gammawerte Ihres Monitors zu ändern.

Es gibt weitere spezielle Monitor-Erweiterungen: *PowerBook Monitors Extension, Quadra AV Monitors Extension, PowerPC Monitors Extension* usw.

Queue Monitor, Queue Watcher. Dies sind Komponenten der Fax STF-Software, die auf PowerBook 3400- und G3-Modellen benutzt wird, um das eingebaute Faxmodem zu überwachen.

QuickDraw 3D. Diese Erweiterungen (dazu gehören unter anderem *Apple QD3D HW Plug-in, Apple QD3D HW Driver, QuickDraw 3D, QuickDraw 3D IR, QuickDraw 3D RAVE* und *QuickDraw 3D Viewer*) ermöglichen es Ihrem Mac, 3D-Grafiken darzustellen (siehe Kapitel 23).

QuickDraw GX (und verwandte Dateien). Der Grundstein für die nicht mehr unterstützte, Mac OS 8-inkompatible QuickDraw-GX-Technik (einschließlich *ATM GX, Letterhead, N-Up Printing*, der Erweiterung *QuickDraw GX* usw.), die in System 7.5 enthalten war.

Falls Sie QuickDraw GX installieren, werden Sie feststellen, daß die Namen Ihrer Icons in der Auswahl plötzlich mit den Buchstaben GX versehen sind. Die Icons Ihrer normalen Druckertreiber werden verborgen.

Wenn Sie Ihre Originaltreiber wiederhaben wollen – z.B. weil Ihr Laserdrukker oder die Software mit den GX-Treibern nicht funktioniert – dann schalten Sie die Erweiterung QuickDraw GX einfach aus und starten Ihren Mac neu.

QuickTime (und verwandte Dateien). Wenn Sie die Erweiterung QuickTime in Ihrem Systemordner installieren, kann Ihr Mac Programme laufen lassen, die digitale Filme aufnehmen, bearbeiten und abspielen können. Außerdem ermöglicht diese Erweiterung das Öffnen bestimmter Arten komprimierter Grafikformate (z.B. JPEG) mit Grafikprogrammen und erlaubt das Abspielen von MIDI-Dateien. In Kapitel 26 finden Sie weitere Informationen über diese Technik.

QuickTime Musikinstrumente. Hier sind die realistischen Sounds von 30 Musikinstrumenten enthalten. Zusammen mit der QuickTime-Erweiterung und einem Programm wie dem *QuickTime Player* (früher: *MoviePlayer*) können Sie Standard-MIDI-Dateien öffnen, auf dem Mac abspielen und mit QuickTime Pro diese MIDI-Dateien sogar in Audio-Dateien umwandeln.

QuickTime Power Plug. Diese Erweiterung ist in nativem (PowerPC) Code geschrieben. Sie hilft zwar nicht beim Abspielen, verkürzt aber entscheidend die Zeit, die Sie benötigen, um selbst QuickTime-Filme zu erzeugen. Mit *QuickTime MPEG Extension* können Sie MPEG-Filme abspielen. Solche Filme finden Sie üblicherweise im Web oder auf (Video-)DVDs.

QuickTime VR. Damit können Sie QuickTime-VR-Filme abspielen (VR steht für *Virtual Reality*, virtuelle Realität). Wenn Sie diese Erweiterung besitzen, können Sie deren Vorgänger *QTVR* und *QTVR Components* löschen.

Scanner. Bei dieser Erweiterung handelt es sich um den Treiber für Apple-Scanner.

Scripting Additions. Siehe «AppleScript (und verwandte Dateien)».

SCSI Manager 4.3. Mit dieser Erweiterung können AV- und PowerMac-Modelle die Vorteile der schnelleren SCSI-Technik nutzen. Das Ergebnis ist eine raschere Datenübermittlung zu den SCSI-Geräten. Ab System 7.5.3 ist die Erweiterung nicht mehr notwendig.

Serial (Built-In). Eine Shared Library, die Ihrem Mac die Kommunikation mit dem Modem und den Druckeranschlüssen ermöglicht.

Serial Port Arbitrator. Diese Erweiterung wird mit *Apple Remote Access* installiert. Wenn Ihr Mac das Telefon benutzt, können andere Programme in der

Zwischenzeit Ihren Modemanschluß verwenden (Sie können z.B. im Web surfen, ohne Apple Remote Access auszuschalten).

Serial Tool. Siehe «PowerTalk Extension (und verwandte Dateien)».

SerialDMA. Diese Software verwaltet die Daten, die über Ihren Modemport übertragen werden. Sie ist ab System 7.5.3 nicht mehr notwendig.

Shared Library Manager, Shared Library Manager PPC. Diese beiden Erweiterungen steuern das Laden und Deaktivieren von Shared Libraries. Sie werden für OpenTransport, Microsoft-Programme, QuickTime und andere Programme benötigt, die Shared Libraries einsetzen. Wenn Sie einen PowerPC-basierten Mac haben, brauchen Sie beide Erweiterungen.

Shortcuts. Siehe «Apple Hilfe (und verwandte Dateien)».

Slow SCSI Extension. Für PowerBook 5300, 190 und 1400. Diese Erweiterung soll Probleme lösen, die bei der Datenübertragung von langsamen IDE-Laufwerken und gleich langsamen SCSI-Geräten (wie Einfach-CD-ROM-Laufwerken, Zip-Laufwerken und anderen PowerBooks) auftreten. Dabei werden alle SCSI-Übertragungen verlangsamt. Wenn bei Ihnen keine Abstürze auftreten und Sie keine langsamen SCSI-Geräte benutzen, sollten Sie diese Erweiterung ausschalten.

SLPPlugin. Siehe «DNSPlugin».

SOMobjects for Mac OS. Eine weitere Shared Library, die allerdings ursprünglich Teil von OpenDoc war. Sie wird für die Kontextmenüs in Mac OS 8 benötigt. SOM bedeutet *System Object Model*.

Sound Input Amplification. Das Apple PlainTalk-Mikrofon erzeugt ein elektrisches Signal, das stark genug für die Aufnahmesoftware des Mac ist («line-level»-Signal). Andere Mikrofone jedoch sind zu schwach. Diese Erweiterung, die es nur bei den 7200er Modellen gab, fügt dem Kontrollfeld *Ton* die Option *Mikrofon-Verstärkung* hinzu.

Sound Manager. Es gab verschiedene Versionen der Sound-Management-Software. Jede von ihnen sollte das Aufnehmen und Abspielen von Tönen besser und flexibler gestalten. Ab System 7.6 ist dies nicht mehr notwendig.

Speech Guide Additions. Siehe «Apple Hilfe (und verwandte Dateien)».

Speech Manager. Siehe «Speech Recognition (und verwandte Dateien)».

Speech Recognition (und verwandte Dateien). Power Macs und AV-Macs bieten neben anderen Funktionen eine Spracherkennung. Sie sprechen in das Mikrofon des Mac, geben Befehle, und der Mac gehorcht – vorausgesetzt, Sie sprechen mit Ihrem Mac English mit nordamerikanischem Akzent! Bestimmte Programme besitzen Text-to-Speech-Funktionen, die den Mac Texte laut vorlesen lassen.

Diese Sprachfunktionen ziehen eine ganze Reihe weiterer Erweiterungen in Ihrem Systemordner nach sich: mehrere *TTS Voice*-Dateien (diese enthalten verschiedene Stimmen für die Text-to-speech-Funktionen), *SR Monitor* (dieser lauscht auf das Mikrofon), *System Speech Rules* (bringt dem Mac bei, wie Englisch «funktioniert»), *PlainTalk Text-to-Speech* oder *Speech Manager* (das Herz der Text-to-speech-Funktion), *My Speech Makros* (neue gesprochene Befehle, die Sie mit dem Programm *Speech Makro Editor* erzeugt haben) usw.

StyleWriter. Siehe «LaserWriter (und verwandte Dateien)».

System Speech Rules. Siehe «Speech Recognition (und verwandte Dateien)».

SystemAV. Diese Erweiterung teilt dem Kontrollfeld *Monitore & Ton* mit, welche Sound- und Video-Eigenschaften Ihr spezielles Mac-Modell besitzt.

Telephone Manager. Diese Software benötigt der Mac, um Telefonanrufe entgegenzunehmen. Sie müssen dazu Apples Telecom Software, MegaPhone oder etwas ähnliches installiert haben.

Text Encoding Converter. Jeder Computer benutzt eine andere Methode, um mit eingetippten Buchstaben umzugehen. Bei den «normalen» Zeichen von A bis Z gibt es selbstverständlich keine Probleme, anders ist es dagegen mit den seltsameren Zeichen, die z.B. in bestimmten Sprachen auftauchen. Diese werden auf jedem Computertyp unterschiedlich behandelt. Sie haben bestimmt schon einmal eine E-Mail gesehen, in der alle Sonderzeichen durch noch seltsamere Symbole ersetzt waren?!

Text Encoding Converter ist eine Shared Library, die Sonderzeichen anderer Computer in das auf dem Mac verwendete System umwandeln soll. Aber Achtung: Ohne diese Erweiterung starten Macs mit OS 8.5/8.6 nicht!

Text Preview. Wenn Sie Dateien mit Hilfe des Befehls *Ablage/Öffnen* ansehen, können Sie sich in vielen Programmen eine kleine Vorschau (z.B. bei AppleWorks) anzeigen lassen. Mit dieser Erweiterung sehen Sie im Vorschaubereich einige Textzeilen aus der Datei, ohne sie extra öffnen zu müssen.

Thread Manager. Eine Erweiterung (vor System 7.5), die es bestimmten (nur sehr wenigen) Programmen ermöglicht, eine Aufgabe (z.B. das Initialisieren einer Diskette) auszuführen, während Sie Ihre Arbeit fortsetzen.

TokenTalk Phase 2. Siehe «AppleShare (und verwandte Dateien)».

Token Talk Prep. Siehe «AppleShare (und verwandte Dateien)».

Trackpad Climate Control. Diese Erweiterung für die PowerBooks 190, 1400 und 2300 sorgt dafür, daß der Cursor nicht so stark ruckelt, wenn Sie das Trackpad mit feuchten oder verschwitzten Händen benutzen (allerdings funktioniert ein Blatt Papier auf dem Trackpad besser).

Über Apple Hilfe. Siehe «Apple Hilfe (und verwandte Dateien)».

UDF Volume. Ein in Mac OS 8.5 neuer Treiber, der Ihrem Mac die Kommunikation mit DVDs ermöglicht. Siehe auch Kapitel 10.

Uhrzeitsynchronisierung. Wenn Sie das Kontrollfeld *Datum & Uhrzeit* ab Mac OS 8.5 benutzen, haben Sie sicher bemerkt, daß Sie die Uhr Ihres Mac automatisch im Internet stellen lassen können, wobei sogar die Sommerzeit beachtet wird. Diese Erweiterung ist der Schlüssel zu dieser Funktion.

Umgebungsassistent Erweiterungen und Umgebungsassistent Module. Mit dem Umgebungsassistenten können Sie über einen einfachen Menübefehl zwischen voreingestellten Parametern umschalten und Ihren Macintosh so an unterschiedliche Bedingungen anpassen. In den Modulen werden die verschiedenen Erweiterungen gespeichert, die zum Umschalten der Parameter notwendig sind.

HEISSER TIP

Auf dem Shareware-Markt gibt es verschiedene Module, die dem Umgebungsassistenten zusätzliche Fähigkeiten verleihen. Diese Module gehören in den Ordner *Umgebungsassistent Module*.

Video Guide Additions. Siehe «Apple Hilfe (und verwandte Dateien)».

Video Startup. Auf einigen Macs – z.B. den Modellen 7600, 8600 und G3 Minitower – können Sie ganz einfach QuickTime-Filme erzeugen. Sie schließen einfach Ihren Camcorder an den entsprechenden Anschluß auf der Rückseite an. Diese Erweiterung wird vom Apple Video Player benötigt, der das Eingangssignal verarbeiten kann.

Voices. Dieser Ordner enthält die Stimmen für *Macintalk*, der Erweiterung, die Ihren Mac das Reden lehrt. Siehe Kapitel 26.

Web Sharing Erweiterung. Wird vom Kontrollfeld *Web Sharing* benötigt.

WorldScript Power Adapter. Sie vermuten wahrscheinlich, daß diese Erweiterung etwas mit den *WorldScript Language Kits* zu tun hat (falls Sie sich eines gekauft haben). Diese Erweiterung geht allerdings noch weiter. Sie verbessert die Geschwindigkeit bei der Textverarbeitung auf Macs mit Power-PC-Prozessoren, indem nicht-nativer Code ersetzt wird.

Der ultimative Systemerweiterungen-Führer

Für die Verwaltung der Systemerweiterungen gibt es einige Hilfsmittel, z.B. das Kontrollfeld *Erweiterungen Ein/Aus* oder das Programm *Conflict Catcher*.

Wenn Sie in Ihrem System auf unbekannte Kontrollfelder, Systemerweiterungen oder Shared Libraries treffen, von denen Sie gerne wissen möchten, was sie tun, welches Programm sie installiert hat und ob Sie sie problemlos entfernen können, sollten Sie im Kontrollfeld *Erweiterungen Ein/Aus* im Menü *Inhalt* die Darstellung nach Paketen anwählen (15.42).

Mit *Conflict Catcher* können Sie Erweiterungen sogar zu Gruppen zusammenfassen, die dann immer zusammen ein- und ausgeschaltet werden. Ein Apple-CD-ROM-Laufwerk besitzt z.B. nicht weniger als sechs Erweiterungen und OpenTransport benötigt sogar neun.

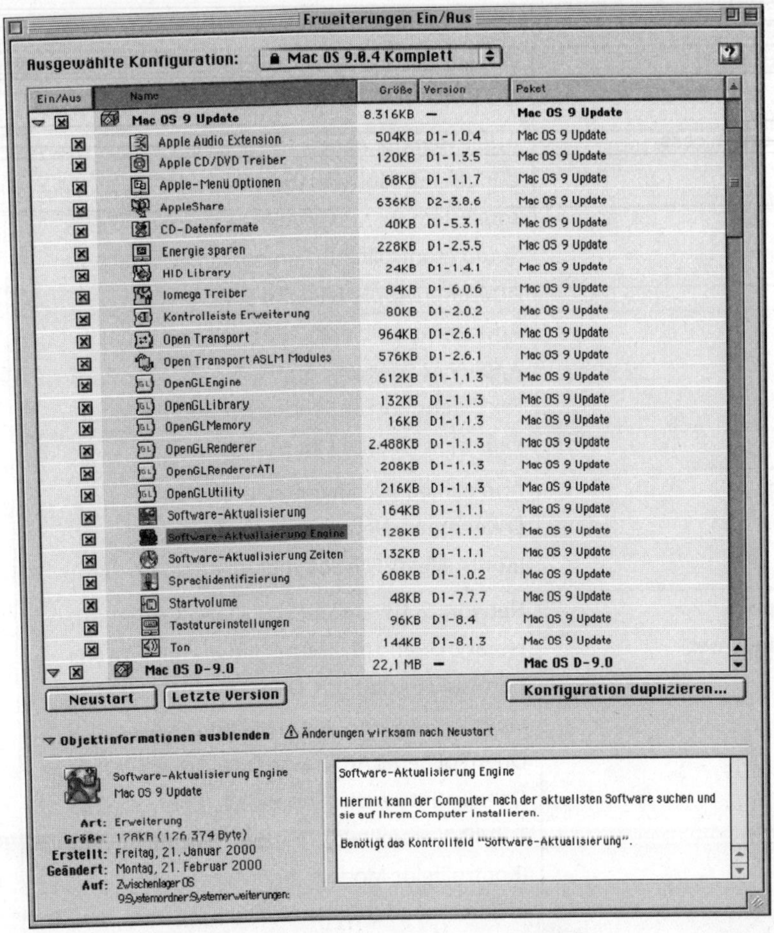

Abb. 15.42 Zusammengehörende Systemerweiterungen nach Paketen sortiert.

Um Ihnen die Arbeit zu erleichtern, finden Sie hier nachfolgend eine Liste der wichtigsten Systemkomponenten und ihrer zusammengehörenden Systemerweiterungen. Beachten Sie jedoch folgendes:

1. Möglicherweise besitzen Sie nicht alle aufgeführten Komponenten; Sie sollen jedoch erkennen können, welchen Ursprung Dateien in Ihrem Systemordner haben.

2. Nicht alle diese Erweiterungen tauchen auch in *Erweiterungen Ein/Aus* oder *Conflict Catcher* auf. Manche werden nicht beim Starten geladen und dienen einfach nur zur Unterstützung anderer Dateien oder sind aus anderen Gründen für die Verwaltungssoftware unsichtbar.

Apple CD-ROM oder DVD	Apple CD-ROM; Apple CD/DVD-Treiber; Audio CD; Apple Foto; CD-Datenformate; High Sierra; ISO 9660; UDF Volume
Apple Remote Access	Apple Remote Access Client; DialAssist (Anwendung); Link Tool Manager; Modem Link Tool Personal; Remote Access Aliases; Remote Access Setup (Kontrollfeld); Remote Only; Serial Port Arbitrator; Apple Telecom Software; AddressBookLib.ppc; AddressBookLib.68K; Apple Fax Gateway; Apple Phone Extension; Fax Extension; Fax Sender; Fax Sender GX; Log Extension (Shared Library)
File Sharing	AppleShare; File Sharing Library; File Sharing Erweiterung; Netzwerk; Benutzer & Gruppen (Kontrollfeld); File Sharing oder Sharing Setup
OpenTransport (Netzwerk/Internet)	Network Software Selector; Open Tpt AppleTalk Library; Open Tpt Internet Library; OpenTransport Guide Additions; OpenTransport Library; OpenTpt Modem; OpenTpt Remote Access; OpenTpt Serial Arbitrator; OpenTptAppleTalkLib; OpenTptInternetLib; AppleTalk (Kontrollfeld); TCP/IP (Kontrollfeld); PPP oder Remote Access (Kontrollfeld); Modem (Kontrollfeld); Apple Built-In Ethernet oder Ethernet (Built-In)
Microsoft Office 98	Microsoft Dialog Library; Microsoft Find File Library; Microsoft Mail Library; Microsoft OLE Automation; Microsoft OLE Extension; Microsoft OLE Library; Microsoft Office Manager (Kontrollfeld); Microsoft Tool Editor Library
QuickDraw 3D	QuickDraw 3D; QuickDraw 3D Accelerator; QuickDraw 3D RAVE; QuickDraw 3D Viewer
QuickTime	QuickTime; QuickTime MPEG Erweiterung; QuickTime Musikinstrumente; QuickTime VR; QuickTime Power Plug; QuickTime Einstellungen (Kontrollfeld)

TEIL IV

TECHIE-TALK – IN DIE TIEFE

16 Alles über Speicher

In diesem Kapitel

Wenn Sie auf ein Dokument oder ein Programm-Icon doppelklicken, beginnt Ihre Festplatte, sich mit 7.200 Umdrehungen pro Minuten zu drehen. Wie ein Audio-CD-Player liest der Mac die in der Datei enthaltenen Informationen von der Festplatte. Der Mac schickt diese Daten allerdings nicht an einen Lautsprecher, sondern kopiert sie in seinen Arbeitsspeicher.

Bis Ihre Notiz auf dem Bildschirm erscheint, haben Sie davon zwei Kopien: eine auf der Festplatte und eine im RAM, die auf dem Bildschirm zu sehen ist. (Was danach passiert, wird in Kapitel 3 beschrieben.) Merken Sie sich diesen Unterschied zwischen dem Speichern auf der Festplatte und im RAM, denn dann wird Ihnen vieles klarer.

RAM: Die Chips

RAM bekommen Sie auf kleinen Leiterplatten, den sogenannten SIMMs (Abkürzung für Single Inline Memory Modules) oder DIMMs (Dual Inline Memory Modules). Bei einem SIMM sind die Speicherschaltkreise (Chips) in einer Reihe auf einer Leiterplatte befestigt, bei DIMMs wurden diese doppelreihig aufgebracht. Im weiteren Verlauf dieses Kapitels werden wir uns allerdings auf den Begriff DIMM beschränken, damit ist jedoch im Einzelfall immer gemeint, «DIMM oder SIMM, je nach Ihrem Macintosh-Modell».

Fall Sie jemals einen DIMM in der Hand gehalten haben, dann wissen Sie, daß diese Chips nicht besonders beeindruckend aussehen. RAM ist die Abkürzung für Random Access Memory – das bedeutet, der Computer kann jederzeit in einen beliebigen Teil des RAM springen, um von dort Informationen zu holen. Das genaue Gegenteil wäre z.B. ein Videorecorder, denn auf Videos wird sequentiell, also aufeinanderfolgend, zugegriffen; um zu einer bestimmten Stelle am Ende des Films zu gelangen, müssen Sie immer vom Bandanfang bis zur gewünschten Stelle spulen.

EINSTEIGER

Arbeitsspeicher ist ungefähr tausendmal schneller als eine Festplatte, wenn er Informationen an die Zentraleinheit des Mac schickt. Diese wichtige Tatsache ist der Grund für fast alles, was Sie in diesem Kapitel lesen werden, denn die Programmierer legen absichtlich etwas in den RAM, wenn Geschwindigkeit von Bedeutung ist. Wenn Sie z.B. Ihr Memo bearbeiten, wollen Sie nicht zwischendurch immer dann für zehn Sekunden warten müssen, wenn Sie zu einem neuen Absatz scrollen wollen. Aber genau das würde passieren, wenn sich das Memo nicht im RAM befinden würde. (Besitzer eines PowerBook 5300 wissen allerdings, daß ein Mac auch sonst noch sehr langsam sein kann…)

Bei einem DIMM können Sie auf der Rückseite des winzigen schwarzen Moduls kleine Beinchen erkennen, mit denen der Speicherchip auf die Leiterplatte montiert ist. Die Platte selbst besteht aus dünnen Epoxidharz-Schichten, die Leiterbahnen wurden dazwischen eingebracht. Die Beinchen der Speicherchips stellen mit äußerster Präzision den Kontakt mit diesen internen Leiterbahnen her.

Die DIMMs können – wenn auch nicht ganz einfach – in die dafür vorgesehenen Aufnahmen in Ihrem Rechner eingesetzt werden. Die Anzahl der Steckplätze variiert dabei von Modell zu Modell, normalerweise beträgt sie ein Vielfaches von zwei oder vier.

Die Anzahl der DIMM-Steckplätze bestimmt nicht unbedingt, wieviel Speicher in einen Mac eingebaut werden kann. Auch die DIMMs selbst werden in verschiedenen Größen hergestellt, von 0,25 MB bis 256 MB auf einem einzigen DIMM-Modul. Zur Zeit sind die 256-MB-DIMMs allerdings noch recht teuer. Wie bei allen High-Tech-Produkten variieren auch die Preise bei RAMs ständig, Sie sollten also einen günstigen Moment abpassen, um Ihren Bestand aufzustocken.

Wir wollen Sie an dieser Stelle nicht mit einer Liste aller Mac-Modelle und der dazugehörigen Speicherkonfiguration langweilen. Wenn Sie sich dafür interessieren, finden Sie weitere Informationen entweder in Kapitel 12 oder im *GURU* auf der CD-ROM zu diesem Buch.

CD-ROM

Was braucht wieviel RAM?

Der erste Mac kam mit 128 K RAM auf den Markt – unheimlich viel, für damalige Verhältnisse. Das Maß für den minimal notwendigen Arbeitsspeicher verdoppelt sich gemeinerweise ungefähr einmal im Jahr. Als dieses Buch geschrieben wurde, war ein Power Mac mit Mac OS 8 bei 32 MB RAM an der Speicher-Untergrenze angekommen, die neuesten Macs können mit bis zu 2 GB an RAM ausgerüstet werden. (Aber auch viel RAM führt zu Nebenwirkungen – je mehr RAM Ihr Mac hat, desto länger braucht er zum Starten.)

Wozu braucht der Mac so viel RAM? Die folgende Berechnung bezieht sich auf einen Mac mit 32 MB RAM. Noch einmal zur Erinnerung: ein MB sind 1.024 KB – unser Rechner mit 32 MB hat also 32.768 KB an RAM.

In unserem Test belegt Mac OS 8 nur 6,5 MB, dazu wurden alle Erweiterungen aus dem Systemordner gelöscht (nicht nur ausgeschaltet). Stellen Sie Ihren Disk-Cache auf die empfohlene Einstellung für einen 32-MB-Rechner, dann verlieren Sie ein weiteres MB.

Außerdem verbraucht jede einzelne Funktion Ihres Mac ein wenig Arbeitsspeicher. Internet-Erweiterungen, CD-ROM-Erweiterungen, AppleTalk, virtueller Speicher etc. – alles benötigt RAM, sobald Ihr Mac eingeschaltet ist (im Unterschied zu Programmen, die Sie beenden können, um Arbeitsspeicher zu sparen). Die CD-ROM-Erweiterung benötigt 225 K, Apple Talk braucht 107 K, FileSharing 484 K, QuickTime 768 K und so weiter.

Sobald Sie die wichtigsten Erweiterungen von Mac OS 8 einschalten, sind Sie weitere 1,7 MB los. Wenn Sie noch einige eigene Erweiterungen einschalten, verlieren Sie schnell noch mehr: QuicKeys (530 K), ein Modem von Global Village (318 K), StuffIt Deluxe (768 K) – von RAM-Fressern wie ATM oder der Sprachsoftware von Apple wollen wir gar nicht erst reden. Alles in allem, bei einem Mac mit 32 MB RAM verlieren Sie mehr als Drittel des Arbeitsspeichers schon, sobald Sie den Computer einschalten. Kein Wunder, daß sich der durchschnittliche Bedarf an RAM jedes Jahr verdoppelt.

Was tun, wenn RAM fehlt?

Wenn der Arbeitsspeicher knapp wird, haben Sie drei Möglichkeiten:

- Lassen Sie weniger Programme gleichzeitig laufen. Beenden Sie also z.B. Photoshop, bevor Sie Netscape Navigator starten. Sie werden es überleben, außerdem holen Sie das meiste aus Ihrem RAM heraus.

- Verwenden Sie virtuellen Speicher oder RAM Doubler. Mehr über diese beiden Möglichkeiten erfahren Sie weiter hinten in diesem Kapitel.

- Kaufen Sie mehr RAM, so lösen Sie dieses Problem dauerhaft und mit wenig Streß. Die aktuellen Preise entnehmen Sie am besten der Fachpresse.

Falls Sie sich für mehr RAM entscheiden, bringt der nächste Abschnitt wichtige Informationen für Sie.

So kaufen Sie SIMMs/DIMMs

Wie beim Kauf Ihres Computers können Sie auch RAM-Chips aus verschiedenen Quellen beziehen. Sie können Ihren Computer zum Händler bringen und dort gleich die Chips installieren lassen. Diese Variante ist die wohl sicherste, denn der neue RAM wird so auch vom Fachmann getestet. In der Zwischenzeit stellt Ihnen Ihr Händler vielleicht sogar ein Austauschgerät zur Verfügung. Allerdings hat Service wie immer seinen Preis; der RAM kostet beim Händler etwas mehr.

Die zweite Möglichkeit ist, RAM bei einem Mail-Order-Haus zu kaufen und selbst zu installieren. Ihr Mac bleibt sicher und trocken auf Ihrem Schreibtisch stehen, die Chips werden per Post geliefert, und der Versender muß auch noch eine gewisse Garantie übernehmen. Der Nachteil dabei: Sie müssen den RAM selbst einbauen und testen, dabei sind die Chips zwar etwas preiswerter als beim Apple-Händler, so billig wie in Variante drei sind sie jedoch nicht.

Die dritte Möglichkeit ist die preiswerteste: Sie bestellen Ihre SIMMs/DIMMs direkt vom Chip-Hersteller oder -Händler. Diese annoncieren zumeist in den großen Computerzeitschriften. Aber überlegen Sie sich diese Option gut: Sie bezahlen Versandkosten, bekommen wahrscheinlich keine Einbauanleitung und müssen oft per Nachnahme bezahlen (also bevor Sie den RAM testen konnten).

Typen von DIMMs

CD-ROM

Beim RAM-Kauf werden Sie auf unterschiedliche technische Daten stoßen. Da wäre z.B. die Geschwindigkeit: typische RAM-Geschwindigkeiten sind 70, 80 oder 90 Nanosekunden (ns). Ihr Mac wird jedoch nicht schneller, wenn Sie schnelleren RAM kaufen als normalerweise in den Computer gehört. Probleme können entstehen, wenn der RAM für Ihren Computer zu langsam ist. Auf der CD-ROM zu diesem Buch finden Sie das Programm *GURU*, in dem Sie den richtigen RAM für alle Mac-Typen finden.

EINSTEIGER

Für jeden Mac wird ein bestimmter Speicherbaustein benötigt. Den RAM eines alten Mac II können Sie beispielsweise nicht in einem PowerMac einbauen, auch funktioniert der RAM eines PowerBook nicht in einem Desktop-

RAM vom PC-Händler?

Apple verbaut in seinen Computern Speicherbausteine, die auch in PCs verwendet werden. Prinzipiell ist es also möglich, auch RAMs per Mailorder oder beim PC-Händler an der Ecke zu kaufen. Sie sollten dazu aber ganz genau wissen, welche Art von Speicher Ihr Mac benutzt, um später unliebsamen Überraschungen aus dem Weg zu gehen. Leider ist es nämlich oft so, daß gerade die besonders preiswerten Anbieter über keinerlei Mac-Kenntnisse verfügen. Inzwischen gibt es aber auch viele Mailorder-Anbieter mit Mac-Sortiment und vertretbaren Preisen.

Falls Sie den Versuch wagen wollen, Ihren Mac selbst aufzurüsten, informieren Sie sich über die genaue Spezifikation der nötigen RAM-Bausteine. Im Zweifelsfall sollten Sie lieber ein paar Mark mehr ausgeben und nicht den billigsten Anbieter wählen – nichts ist so ärgerlich wie Speicher, der nicht richtig funktioniert.

Modell. Weitere Informationen zu diesem Thema finden Sie sowohl auf der CD zum Buch als auch in Kapitel 12.

Speicher installieren

Wenn Ihnen schon beim Gedanken an den Einbau der neuen Chips der kalte Schweiß auf die Stirn tritt, sollten Sie zur Installation Ihren Händler oder einen technisch begabten Bekannten hinzuziehen. Für den Einbau von RAM in einen Mac Plus, SE oder Schwarzweiß-Classic benötigen Sie Spezialwerkzeug, um das Gehäuse zu öffnen (darunter einen langstieligen Torx-Schraubendreher). Einige Tower-Modelle (z.B. die 800er oder 8100er) müssen Sie fast vollständig auseinandernehmen, bevor Sie den RAM einsetzen können. Vielleicht sollten Sie diese Modelle besser gleich einem Experten überlassen. Und falls Sie ein PowerBook mit einer dreistelligen Nummer besitzen, sollten Sie den RAM-Einbau in jedem Fall einem Fachhändler überlassen.

Bei allen anderen Modellen ist der RAM-Einbau nicht kompliziert. Für die jeweiligen Macs benötigen Sie jedoch verschiedene Bausteine zu unterschiedlichen Konfigurationen, deshalb verzichten wir an dieser Stelle darauf, den Vorgang Schritt für Schritt zu erklären. Die Einzelheiten erfahren Sie im Handbuch zu Ihrem Mac oder in den Anleitungen, die Ihnen vom Versandhaus mitgeliefert werden.

HEISSER TIP

Ein Tip, wie es schneller geht: Wenn Sie die Installation der Chips abgeschlossen haben, lassen Sie das Gehäuse des Macs vorerst noch offen, und schalten Sie ihn ein. Falls alles in Ordnung ist, lassen Sie den Computer vollständig starten, und schalten Sie ihn dann wieder aus. Sollte der Mac jedoch beim Starten den Absturz-Sound von sich geben, dann ist der RAM fehlerhaft oder – was wahrscheinlicher ist – nicht richtig eingebaut. Dann müssen Sie nicht verzweifeln. Nehmen Sie das DIMM einfach wieder heraus, und beginnen Sie von vorn. Sobald alles richtig funktioniert, können Sie auch das Gehäuse schließen.

RAM für Programme

Beim Mac wird RAM für alle möglichen Dinge verwendet, bevor Sie auch nur ein Programm gestartet haben.

EINSTEIGER

Vor allem sollten Sie sich darüber klar sein, daß niemand anderes als Sie festlegt, wieviel Arbeitsspeicher ein Programm einnehmen kann. Wenn Sie z.B. an einer großen Datei in AppleWorks arbeiten, werden Sie diesem Programm besser etwas mehr Speicher zuordnen. Arbeiten Sie aber auf einem PowerBook mit wenig RAM und schreiben lediglich Memos, dann wird WordPerfect mit minimalem Arbeitsspeicher auskommen.

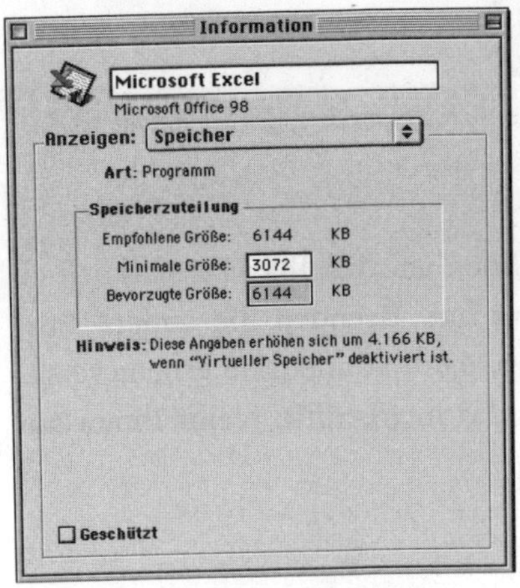

Abb. 16.1 Weisen Sie in diesem Dialog dem Programm mehr oder weniger RAM zu.

Um die Speicherzuteilung für ein Programm zu ändern, klicken Sie auf das Icon des Programms, um es zu markieren. (Dabei darf das Programm allerdings nicht laufen.) Wählen Sie dann *Ablage/Information* aus der Menüleiste des Finders, oder drücken Sie Befehl-I (16.1).

Ändern Sie nun die Zahl für *Bevorzugte Größe* in der Dialogbox *Information*. Falls Sie versuchen, eine Größe einzustellen, die unter der minimalen Größe liegt, läßt dies der Mac nicht zu, weil Sie sonst Systemabstürze riskieren.

Hilferufe nach mehr Speicher

Falls Ihrem Mac der Speicher ausgeht, werden Sie mit einer Fehlermeldung gewarnt. Deshalb müssen Sie aber nicht bei jeder Warnmeldung neue Chips kaufen. Wenn ein Programm erklärt, es habe nicht genügend Arbeitsspeicher zur Verfügung, genügt es oftmals schon, andere laufende Programme zu beenden und einige Fenster zu schließen.

Die Fehlermeldung in Abbildung 16.2 taucht nicht unbedingt auf, weil in Ihrem Computer nicht ausreichend Arbeitsspeicher vorhanden ist, sondern weil dem jeweiligen Programm nicht genügend Speicher zugeordnet wurde. Markieren Sie das Icon des Programms im Finder, wählen Sie *Ablage/Information*, und weisen Sie dem Programm mehr Arbeitsspeicher zu.

Abb. 16.2 Wenn Sie diese Fehlermeldung sehen, wurde dem Programm, das Sie starten wollen, nicht ausreichend Arbeitsspeicher zugewiesen.

Die folgende Fehlermeldung (16.3) zeigt Ihnen an, daß Ihr Mac wirklich zu wenig eingebauten Speicher zur Verfügung hat. Beenden Sie andere Programme, und schließen Sie ein paar Fenster, dann können Sie erneut versuchen, das Programm zu starten. Falls auch das nichts hilft, bleibt Ihnen nur noch der Weg zum Computerladen.

Abb. 16.3 Diese Fehlermeldungen bedeuteten, daß dem jeweiligen Programm nicht nur zu wenig Speicher zugewiesen wurde, sondern daß physisch zu wenig RAM vorhanden ist.

Speicherzuteilung: drei verschiedene Größen

Im *Information*-Fenster finden Sie drei verschiedene Größen für die Speicherzuteilung (16.1). Unter *Minimale Größe* steht, was der Programmierer für die minimale Speicherzuteilung für dieses Programm hält. Wenn Sie hier einen Wert unter der empfohlenen Größe eintragen, kann dies zum Absturz des Programms führen. Geben Sie bei *Bevorzugte Größe* den Wert für Minimale Größe ein, wird das Programm zwar starten, aber recht langsam laufen.

Unter *Empfohlene Größe* gibt die Softwarefirma an, wieviel Speicher notwendig ist, damit das Programm vollständig und bei höchstmöglicher Geschwindigkeit funktioniert. Den Wert unter *Bevorzugte Größe* können Sie ändern – hier können Sie dem Programm mehr oder weniger Speicher zuweisen. Wir nennen dieses Feld auch den tatsächlichen Speicher, denn der hier angegebene Wert steht dem Programm wirklich zur Verfügung; vorausgesetzt natürlich, daß überhaupt so viel Speicher in Ihren Mac eingebaut ist. Falls nicht, benutzt das Programm beim Start so viel RAM, wie es bekommen kann.

HEISSER TIP

Das Feld *Empfohlene Größe* ist äußerst wichtig. Bei vielen Programmen ist die voreingestellte Größe unrealistisch niedrig. Das liegt an den Forderungen der Marketing-Manager, die das Programm «mit möglichst wenig Speicherbedarf» verkaufen wollen. Oftmals hilft es schon, auf diesen Wert ca. 20 Prozent aufzuschlagen, und das Programm läuft schneller und meist auch stabiler. Wenn Sie also Probleme mit einer Software haben, sollten Sie zuerst einmal versuchen, ihr mehr Speicher zuzuweisen.

ACHTUNG

Programme, die in nativem PowerPC-Code geschrieben sind, benötigen deutlich weniger Speicher, wenn Sie den virtuellen Speicher einschalten oder das Programm *RAM Doubler* benutzen. Der Grund dafür ist die Art und Weise, wie der Programmcode gespeichert und verwendet wird. Sie sollten darum bei einem Power Mac immer den virtuellen Speicher einschalten.

(Wenn Sie sehen wollen, wie groß die Ersparnis ist, öffnen Sie den Informationsdialog eines PowerPC-nativen Programms, und lassen Sie sich den Speicherbedarf anzeigen. Dort steht unter *Hinweis*, um wieviel sich der Platzbedarf des Programms ändert.)

Die Speicherpartition des Finders

Der Finder selbst ist ein Programm, und wie jedes andere Programm ist dem Finder eine bestimmte Menge RAM zugeordnet. Und wie bei jedem anderen

Programm kann beim Finder der Arbeitsspeicher knapp werden. Je mehr Fenster Sie geöffnet und je mehr Icons Sie auf dem Schreibtisch liegen haben, desto mehr Speicher benötigt der Finder. Zuweilen erhalten Sie Fehlermeldungen, in denen Sie der Finder darauf aufmerksam macht, daß ihm der Speicher ausgeht.

Theoretisch soll sich der Finder selbst den RAM zuteilen, trotzdem bekommen Sie von Zeit zu Zeit solche Fehlermeldungen. Allerdings können Sie dem Finder nicht im Fenster *Information* mehr Speicher zuweisen, das Informationsfenster des Finders hat keine solchen Felder.

POWER USER

Öffnen Sie dazu eine Kopie des Finders in *ResEdit*, und doppelklicken Sie auf die Ressource *Size*. Sie sehen eine Ressource namens ID -1. Öffnen Sie diese (doppelklicken), und scrollen Sie im erscheinenden Fenster bis ganz nach unten. Im Feld *Size* sehen Sie die Speichermenge, die dem Finder gerade zugeordnet ist (in Bytes). Geben Sie einfach einen höheren Wert ein, wenn Sie dem Finder mehr Speicher zuordnen wollen. Speichern Sie die Änderungen, sobald Sie damit fertig sind.

FEHLER

Aber Vorsicht: Falls Sie sich hier vertippen und dem Finder aus versehen nur 100 Bytes zuordnen, können Sie ihn nicht mehr starten ... Achten Sie also genau auf das, was Sie tun!

Dafür brauchen Sie Arbeitsspeicher

Die Speicherverwaltungszentrale ist der Befehl *Über diesen Computer* im Apple-Menü (bei älteren Systemen kann dieser auch *Über diesen Macintosh* oder *Über diesen Finder* heißen). Indem Sie diesen Befehl auswählen, behalten Sie jederzeit den Überblick über die derzeitige Speichersituation in Ihrem Mac (16.4).

Im Fenster *Über diesen Computer* sehen Sie alle derzeit geöffneten Programme, darunter auch das Betriebssystem. Und dies sind die übrigen Bestandteile dieses Fensters:

A Hier sehen Sie, welche Version der Systemsoftware Sie benutzen.

B Diese Anzeige teilt Ihnen mit, wieviel Speicher wirklich in Ihren Mac eingebaut ist. Damit sind die Chips gemeint, nicht vorgetäuschter RAM wie virtueller oder RAM-Doubler-Speicher. Wenn Sie Ihren RAM mit einem der Programme verdoppelt haben, werden beide Werte hier angezeigt.

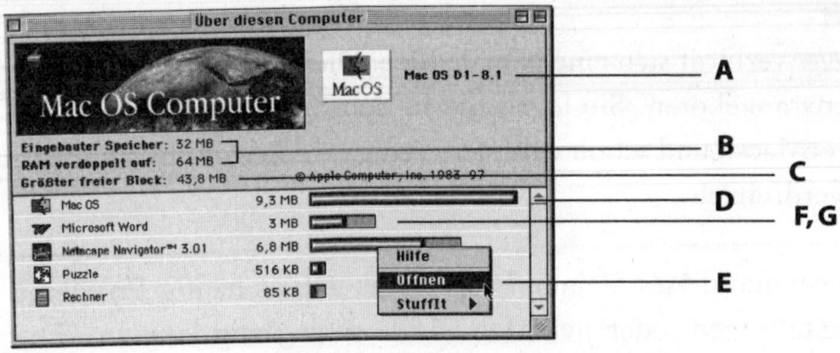

Abb. 16.4 Hier sehen Sie, was wieviel Speicherplatz belegt.

C Bei diesem Wert handelt es sich nicht darum, wieviel Arbeitsspeicher noch frei ist, sondern er zeigt den größten freien Block des RAMs an. Es kann aber mehr Arbeitsspeicher ungenutzt sein, als der hier angezeigte Wert.

Diese Statistik hat jedoch trotzdem ihre Berechtigung. Sie können nämlich ein Programm nur dann öffnen, wenn dessen Bedarf an Arbeitsspeicher in einem ganzen Stück zur Verfügung steht. Deshalb können Sie ein Programm, das 2,5 MB RAM benötigt, nur dann öffnen, wenn der größte freie Block mindestens 2,5 MB groß ist.

D Der längste Balken ist der des Betriebssystems, denn alle Systemerweiterungen und Kontrollfelder benötigen hier ein Stückchen RAM.

E Bei Mac OS 8 oder höher können Sie Programme direkt aus dem Fenster *Über diesem Computer* öffnen. Das Popup-Menü wie in der Abbildung erscheint, wenn Sie auf einen Balken Control-klicken. Wenn Sie daraus den Befehl *Öffnen* wählen, wird das Programm automatisch nach vorne geholt.

F Wir haben bereits beschrieben, daß Sie einem Programm vor dem Start eine gewisse Menge Speicher zuweisen können. Dieser Bereich wird durch den hellgrauen Balken gekennzeichnet.

G Der tatsächlich belegte Speicherbereich entspricht der farbigen Füllung.

Sie können sich auch ganz genau anzeigen lassen, wieviel von der zugewiesenen Speicherpartition das Programm tatsächlich benutzt. Schalten Sie dazu die aktive Hilfe (mit dem Befehl *Hilfe/Erklärungen ein*) ein, und halten Sie den Cursor über den Anzeigebalken eines Programmes. In der «Sprechblase» zeigt Ihnen der Finder die genauen Werte an.

HEISSER TIP

RAM Doubler hilft

Hinter *RAM Doubler* verbirgt sich eine geniale Idee. Diese Systemerweiterung wird von Connectix angeboten. Sie legen Sie in den Systemordner (nur bei 303, 040 und PowerMacs), und schon wird der verfügbare RAM scheinbar verdoppelt oder gar verdreifacht.

Bei den ersten Versionen dieses kleinen Programms gab es häufig Probleme mit anderen Erweiterungen, oder der Mac wurde schlagartig langsam. Die neueren Versionen sind dagegen immun. RAM Doubler kann allerdings auch nicht zaubern, der RAM wird nicht wirklich vervielfacht. Statt dessen komprimiert es alle geöffneten Programme außer dem im Vordergrund. RAM Doubler eignet sich also, um mehrere kleine Programme gleichzeitig betreiben zu können. Um jedoch einem großen Programm mehr RAM zuzuweisen, taugt die Erweiterung nicht. Jedes einzelne Programm, das Sie öffnen wollen, muß in den physisch eingebauten Speicher passen.

Die Moral von der Geschichte: Wenn Sie ein RAM-hungriges Programm ohne RAM Doubler nicht öffnen können, ist das mit RAM Doubler auch nicht möglich. Möchten Sie allerdings mehrere Programme gleichzeitig betreiben, dann ist RAM Doubler schon ziemlich hilfreich – eine preiswerte und streßfreie Lösung.

ACHTUNG

RAM Doubler greift recht tief ins Innere des Mac OS ein, um seine Arbeit zu vollbringen. Darum kann es manchmal vorkommen, daß sich eine andere Systemerweiterung nicht damit verträgt. Bei Weiterentwicklungen des Mac OS selbst kann es eventuell ebenfalls zu Problemen kommen, wenn Sie eine zu alte Version von RAM Doubler benutzen. (Sie finden die aktuellen Updates auf der Webseite des Herstellers unter *www.connectix.com.*)

RAM Doubler ein- und ausschalten

Gelegentlich kommt es vor, daß Sie RAM Doubler beim Starten Ihres Mac deaktivieren möchten – sei es, weil Sie einem Erweiterungskonflikt auf die Spur kommen müssen oder weil Ihre Audio- oder Video-Software sich nicht mit virtuellem Speicher verträgt. Um das Programm zu deaktivieren, ohne die entsprechende Systemerweiterung ausschalten zu müssen, halten Sie einfach während des Startvorganges die Escape-Taste gedrückt. Beim nächsten Neustart ist das Programm dann wieder einsatzbereit.

Wollen Sie den Mac nur mit RAM Doubler starten, alle anderen Erweiterungen aber ausschalten, dann geht das auch: Halten Sie beim Neustart die Shift- und die Befehlstaste gedrückt, dann werden außer RAM Doubler nur noch die absolut notwendigen Erweiterungen geladen.

Speicherfragmentierung

Stellen Sie sich vor, Sie wollen in einer überfüllten Innenstadt parken. Ihr Auto ist 4 Meter lang. In einer Nebenstraße sind zehn Parklücken aufgezeichnet, jede davon ist 5 Meter lang. Insgesamt sind in der Straße 8 Autos von je 4 m Länge abgestellt – trotzdem ist keine Parklücke für Sie frei, weil sich die anderen nicht genau an die Markierungen gehalten haben. Oder anders ausgedrückt: Die Autos haben den noch freien Raum zum Parken fragmentiert.

Mit der Software auf Ihrem Computer ist es ähnlich wie beim Parken. Wenn Sie ein Programm starten, nimmt es sich Arbeitsspeicher, der nicht von anderen Programmen benutzt wird. Sobald Ihr RAM jedoch durch andere Programme in kleine Stücke unterteilt wird, können Sie das neue Programm nicht öffnen, obwohl insgesamt eigentlich noch genügend Arbeitsspeicher zur Verfügung stünde.

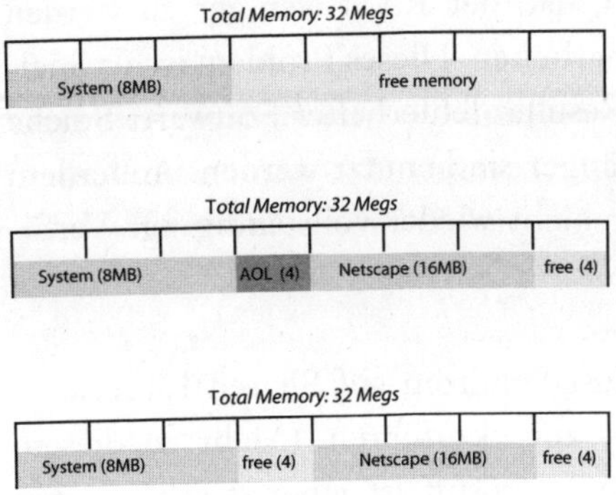

Abb. 16.5 Ihr Speicherzustand beim Start des Computers (oben), nach dem Start zweier Programme (mitte) und nach dem Beenden von AOL (unten).

Wodurch aber wird Ihr RAM fragmentiert? Stellen Sie sich dazu folgende Szene vor: Angenommen, Ihr Mac hat 32 MB RAM. Sie starten ihn gegen Mittag. Ihr Speicher sieht dann aus wie die Grafik in Abbildung 16.5.

Um 12.05 Uhr starten Sie AOL und benötigen dafür ungefähr 4 MB RAM. Sobald Sie Netscape Navigator starten, sieht Ihr Speicher wie in der mittleren Grafik in der Abbildung aus.

Um 12.15 Uhr beenden Sie AOL, Netscape läuft aber weiter. Ihr Speicher sieht dann wie die untere Grafik aus. Technisch haben Sie noch 8 MB RAM frei, trotzdem können Sie Claris Home Page (braucht 6,5 MB) nicht starten – es sind keine 6,5 MB an zusammenhängendem Speicher mehr vorhanden. Durch die eben geschilderte Reihenfolge der Aktionen haben Sie Ihren RAM fragmentiert.

Defragmentieren können Sie Ihren Arbeitsspeicher nur, indem Sie alle Programme außer dem Finder beenden. Wenn Sie sie anschließend wieder starten, belegen sie aufeinanderfolgenden Speicher, und alle haben Platz.

HEISSER TIP

Eine einfache, aber clevere Methode, Speicherfragmentierung so weit wie möglich zu verhindern, geht so: Starten Sie das Programm zuerst, das Sie auch am längsten betreiben wollen.

Speicher-Lecks und Shared Libraries

Häufig treffen Nutzer auf das Problem, daß der RAM weniger zu werden scheint, je länger sie an ihrem Computer arbeiten. Dieses Problem ist als Speicher-Leck (*memory leak*) bekannt – ein Resultat fehlerhafter Software. Solche Programme fressen mehr Speicher, je länger sie benutzt werden. Außerdem stellen sie den belegten Arbeitsspeicher nicht wieder vollständig zur Verfügung, wenn sie beendet werden.

Häufiger jedoch ist dieses Speicherverlust-Syndrom auf Shared Libraries – gemeinsam genutzten Programmcode – zurückzuführen. (Mehr zu diesem Thema finden Sie auch in Kapitel 15.) Microsoft ist einer der häufigsten Anwender solcher Shared Libraries, denn die meisten Nutzer verwenden eine Kombination von Word, Excel, Internet Explorer und PowerPoint. Warum sollte Microsoft also Ihre Festplatte vollstopfen, indem dieselben Verzeichnisse (z.B. zum Drucken, Schriftverwaltung, Internetanbindung etc.) für jedes Programm extra abgelegt werden. Diese Verzeichnisse werden statt dessen von den Programmen gemeinsam benutzt. (Auch Apple verwendet einige solcher Verzeichnisse; suchen Sie in Ihren Systemerweiterungen nach Dateien, die auf «Library» oder «Lib» enden.)

Wenn Sie nun z.B. Microsoft Word starten, werden alle gemeinsam genutzten Verzeichnisse in den Arbeitsspeicher kopiert. Beim Beenden des Programms verbleiben diese Libraries jedoch im RAM – für den Fall, daß Sie Word erneut starten möchten, sind diese Verzeichnisse dann schon da. (Deshalb geht das Starten von Microsoft-Programmen bei zweiten Mal auch viel schneller.) Allerdings belegen diese Verzeichnisse wertvollen Platz im Speicher, wenn Sie mit anderen Programmen arbeiten. Die einzige Möglichkeit, den Speicher wieder freizubekommen, ist, den Mac neu zu starten.

FEHLER

Je größer und komplexer eine Software ist, um so mehr Fehlerquellen enthält sie leider auch. Diese müssen nicht unbedingt zu Komplettabstürzen Ihres Macs führen, sondern können sich auch auf andere Art äußern. So ist es schon vorgekommen, daß der Finder auf einem PowerMac mit 192 MB RAM plötzlich meldete, er hätte nicht mehr genug Speicher, und einen Neustart vorschlug. Das einzige Programm, das zu diesem Zeitpunkt noch lief, war Word 98 in einer Speicherpartition von 9 MB! Sobald Word beendet wurde, war auch der Finder wieder zufrieden.

HEISSER TIP

Wenn bei Ihnen öfter solche Effekte auftreten – und besonders die komplexen und oft benutzten Microsoft-Programme scheinen davon häufig betroffen zu sein – sollten Sie sich auf der Website des Herstellers umsehen, ob eventuell ein Update für Ihr Programm verfügbar ist.

Der Volumecache

«Cache» kommt aus dem Französischen und bedeutet «verstecken». Wenn ein Computer Informationen «cacht», dann werden diese an einem versteckten Ort in seinem System gespeichert, säuberlich getrennt vom übrigen Speicher. Volumecache ist eine Funktion, die Ihren Mac beschleunigt.

Den Volumecache einstellen

Öffnen Sie dazu das Kontrollfeld *Speicher* (16.6). Hier können Sie die Speichermenge festlegen, die Sie für den Volumecache reservieren möchten. Klicken Sie dazu auf die Pfeile nach oben bzw. unten, und starten Sie dann ihren Mac neu. (Falls Sie Mac OS 8.5 oder höher benutzen, müssen Sie zuerst auf den Button *Eigene Einstellung* klicken, damit die Pfeile auftauchen.)

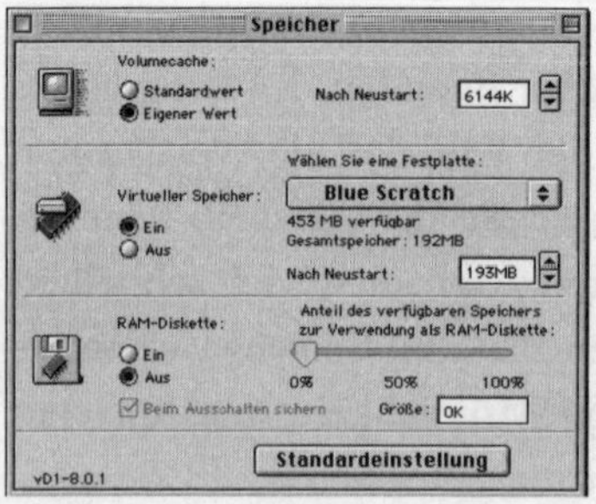

Abb. 16.6 Der Volumecache (im Kontrollfeld oben) belegt zwar einen Teil Ihres RAMs, der Rechner wird dadurch aber auch deutlich schneller.

EINSTEIGER

Der Volumecache speichert häufig benutzte Informationen in den RAM. Der Mac kann dann die wichtigen Daten direkt aus dem RAM ziehen, ohne auf die Festplatte zugreifen zu müssen – deshalb die Beschleunigung. Wenn Sie in Ihrer Textverarbeitung die Schriftart wechseln, einen Ordner im Finder öffnen oder ein Programm starten – der Code für jede dieser Aktionen wird im Volumecache gespeichert (neuere Informationen ersetzen die alten). Sobald Sie eine dieser Aktionen das nächste Mal ausführen, ist der Mac bereits darauf vorbereitet und muß nicht erst auf die Festplatte zugreifen, um die notwendigen Informationen zu besorgen.

Probieren Sie es doch einmal aus: Doppelklicken Sie auf Ihren Systemordner, schließen Sie ihn, und öffnen Sie ihn dann erneut. Sie werden sehen: beim zweiten Mal fliegt er förmlich.

Die richtige Größe für den Volumecache

Welche ist also nun die beste Einstellung? Eine Grundregel: Stellen Sie für jedes Megabyte an RAM in Ihrem Rechner 32 K an Volumecache ein.

Bei älteren Systemen als 7.5 sollten Sie den Volumecache nicht höher als 512 K einstellen. Aufgrund eines Fehlers in älteren Systemen wird Ihr Rechner langsamer statt schneller, wenn Sie den Volumecache über 512 K erhöhen. In System 7.5 überarbeitete Apple den Volumecache, und nun können Sie dafür soviel RAM einsetzen, wie Sie sich leisten können. Je größer der Volumecache, desto schneller ist Ihr Computer.

Besonders in Mac OS 8 ist der Volumecache wichtig, oder ist Ihnen nicht aufgefallen, daß der Finder langsamer arbeitet, seitdem Sie dieses System installiert haben? Stellen Sie den Volumecache richtig ein – das schafft Abhilfe.

Die RAM-Diskette: Imaginäre High-Speed-Platte

Eine RAM-Diskette ist eine weitere nette Möglichkeit, Speicher zu benutzen. In diesem Fall benutzen Sie eine Software, die einen Block RAM reserviert und den Mac davon überzeugt, daß es sich dabei um eine Diskette handelt. Die RAM-Diskette erscheint sogar als Icon auf Ihrem Schreibtisch (16.7).

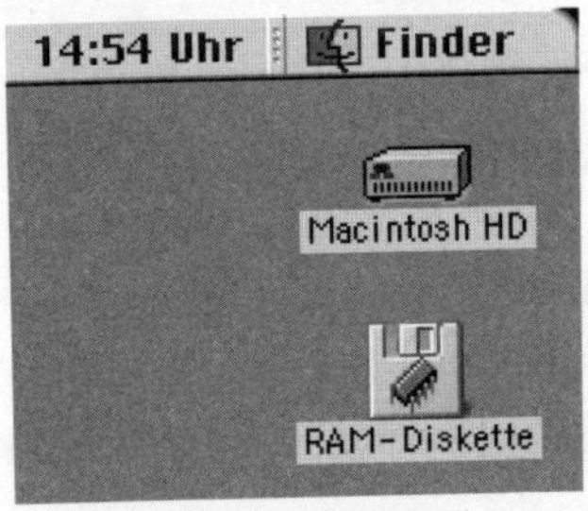

Abb. 16.7 Das Phantom eines Diskettenlaufwerks – die RAM-Diskette.

Die RAM-Diskette ist eine ausgezeichnete und eigentlich viel zu selten eingesetzte Erfindung. Denken Sie nur daran, wieviel Mac-Nutzer in Geschwindigkeit investieren. Sie vergleichen Festplatten und CD-ROM-Laufwerke, um die schnellste für viel Geld zu kaufen. Stellen Sie sich eine Festplatte mit fast null Sekunden Zugriffszeit vor!

Sie suchen nach Gründen, warum Sie eine RAM-Diskette einrichten sollen? Überdenken Sie einmal folgendes:

- Jedes Programm, das auf die RAM-Diskette kopiert wird, startet nach einem Doppelklick unverzüglich, denn es liegt ja bereits im Arbeitsspeicher. Es dauert auch nur den Bruchteil einer Sekunde, um riesige PageMaker-Dateien auf einer RAM-Diskette zu speichern. Auch QuickTime-Filme können völlig problemlos abgespielt werden.

- Das Websurfen geht viel ebenfalls viel schneller, wenn der Webbrowser seine Cache-Dateien auf einer RAM-Diskette speichern kann.

- Selbst das Starten des Computers geht von RAM-Diskette schneller. Auch den Norton Disk Doctor können Sie von der RAM-Diskette aus betreiben, falls Ihre Festplatte einmal ein Problem hat.

Nachteile von RAM-Disketten

Natürlich reduziert eine RAM-Diskette den Arbeitsspeicher, den Sie für Programme zur Verfügung haben. Es ist – wie immer – ein Kompromiß.

Das viel größere Problem besteht wohl darin, daß eine RAM-Diskette ein sehr gefährlicher Platz für Ihre Daten ist. Wenn Sie eine Datei auf der RAM-Diskette speichern und dann den Computer ausschalten, ist die Datei für immer verschwunden.

Es gibt jedoch drei Gründe, warum das Problem nicht ganz so groß ist:

- Sie können Ihren Systemordner und Programme ganz beruhigt auf die RAM-Diskette kopieren. Bei einem Stromausfall haben Sie die Originale noch auf Ihrer Festplatte und können die fehlenden Dateien auf der RAM-Diskette jederzeit ersetzen.

- Auch wenn Sie Daten auf der RAM-Diskette speichern, können Sie sie wieder auf die echte Festplatte kopieren, um sie zu sichern. (Manche RAM-Disk-Programme erledigen das sogar für Sie.)

- Bei den meisten Macs, die nach 1992 gebaut wurden, sind die Daten auf der RAM-Diskette nicht verloren, wenn Sie den Computer neu starten. Beim Ausschalten gehen sie verloren, beim Neustart jedoch nicht.

Auf diese Weise können Sie Ihre Daten sogar noch bei einem Systemcrash sichern, indem Sie den Reset-Schalter drücken und den Mac mit einer intakten RAM-Diskette neu starten. Einzige Ausnahme: die G3-Macs.

HEISSER TIP

Eine RAM-Diskette ist besonders auf einem PowerBook nützlich. Sie können damit die Betriebszeit mit einer Akkuladung deutlich verlängern. Wie das genau funktioniert, ist in Kapitel 11 beschrieben.

Wo kommt die RAM-Diskette her?

Eine RAM-Diskette wird von einem RAM-Disketten-Programm erzeugt. Wir betonen das noch einmal, denn wenn Sie hören, daß jemand eine tolle Shareware-RAM-Diskette für Sie hat, dann meint er sicher ein solches Programm. Eine RAM-Diskette gibt es nur auf einem einzigen Rechner – auf dem, dessen RAM sie benutzt.

Level-2-Cache

Beim Level-2-Cache (oder L2-Cache oder Onboard-Cache) handelt es sich um einen speziellen RAM-Chip auf der Hauptplatine Ihres Mac. Dort werden Informationen aus dem RAM Ihres Mac gespeichert (anstatt von der Festplatte). Dieser RAM ist besonders schnell. Indem Ihr Mac häufig benutzte Informationen im Level-2-Cache statt im richtigen RAM ablegt, wird er um 10 bis 20 Prozent schneller. Die Power Macs der ersten Generation wurden ohne Level-2-Cache ausgeliefert und profitieren darum besonders von einer Nachrüstung eines solchen Speichermoduls.

Es gibt übrigens auch noch einen Level-1-Cache. Das ist ebenfalls ein besonders schneller Speicher, der sich aber innerhalb des PowerPC-Prozessors befindet und auch nicht aufgerüstet werden kann.

Die modernen G3- und G4-Prozessoren schließlich verfügen über einen sogenannten Backside-Cache. Das ist nichts weiter als ein Level-2-Cache, der mit dem halben Prozessortakt betrieben wird.

Auf der CD zu diesem Buch finden Sie das Programm Cache-22. Damit können Sie feststellen, ob der Level-2-Cache in Ihrem Computer richtig funktioniert.

Bei allen neueren Mac-Modellen ist ein Programm für die RAM-Diskette bereits eingebaut; den Ein- und Ausschalter finden Sie im Kontrollfeld *Speicher*.

CD-ROM

Wenn Sie nicht darauf angewiesen sind, Ihren Mac von einer RAM-Diskette zu starten, dann sollten Sie eine Software wie *ramBunctious* oder *AppDisk* benutzen. Diese Shareware-Programme legen die RAM-Diskette erst in dem Moment an, in dem sie gestartet werden, und geben den benutzen Speicher beim Beenden wieder frei. Damit sind deren RAM-Disketten flexibler benutzbar als die eingebaute des Mac OS.

ACHTUNG

Übrigens, eine RAM-Diskette können Sie mit den herkömmlichen Mitteln nicht löschen – d.h., es geht schon, aber Sie müssen wissen, wie. Löschen Sie zuerst alle Daten auf der RAM-Diskette. Ziehen Sie die Dateien einfach in den Papierkorb, und entleeren Sie diesen. Erst dann können Sie das Kontrollfeld *Speicher* öffnen und die RAM-Diskette ausschalten.

G3-Macs: Das Schweigen der RAMs

Falls Sie Ihren G3 von einer RAM-Diskette neu starten wollen, seien Sie gewarnt: das geht beim G3 nicht! Der G3 braucht nämlich deutlich länger, um seine RAM-Chips zu initialisieren, als sich die RAM-Diskette ihren Inhalt ohne Strom merken kann. Bei Tests stellte sich heraus, daß die RAM-Diskette ihren Inhalt manchmal behalten konnte und manchmal nicht. Aus diesem Grund haben die Entwickler die Startfunktion der RAM-Disketten bewußt abgeschaltet – sehr zum Ärger aller Geschwindigskeitsfans.

Virtueller Speicher: Sofort freier RAM

Virtueller Speicher ist das Gegenteil einer RAM-Diskette: dem Mac wird ein Teil der Festplatte als RAM vorgetäuscht.

Das scheint auf den ersten Blick keinen Sinn zu machen, denn eben haben wir viel Zeit damit zugebracht, möglichst viele Informationen weg von der Festplatte in den RAM zu verlagern, um die Zugriffsgeschwindigkeit zu verringern.

Es gibt jedoch Gründe, warum virtueller Speicher immer wichtiger wird: Durch virtuellen Speicher ist es möglich, mehr Programme gleichzeitig zu betreiben, als Ihr tatsächlicher RAM zuläßt. Aufgrund eines Phänomens namens FileMapping können native PowerPC-Programme mit der Hälfte an RAM auskommen, den sie sonst benötigen würden.

Wie funktioniert virtueller Speicher?

Wenn Sie virtuellen Speicher einschalten, reserviert der Mac einen Teil Ihrer Festplatte (falls Ihre Festplatte voll ist, vergessen Sie virtuellen Speicher). Dieser Bereich – übrigens eine unsichtbare Datei – wird als Swap-File bezeichnet.

Interessanterweise reserviert der Mac eine Swap-Datei, die so groß ist wie Ihre eingebauten RAM-Chips plus die Menge an virtuellem Speicher, den Sie einrichten wollen. Wenn Sie 16 MB richtigen RAM in Ihren Mac eingebaut haben und 32 MB insgesamt haben wollen, dann ist die Swap-Datei nicht 16 sondern 32 MB groß.

Kein Programm der Welt kann von der Festplatte laufen. Alle werden in den RAM kopiert, bevor sie gestartet werden können. Virtueller Speicher transferiert Daten umgehend zwischen Festplatte und RAM. Dieser Datentransfer – und die damit verbundenen Verzögerungen – treten vor allem dann auf, wenn Sie von einem Programm zu einem anderen umschalten. Solange Sie in einem Programm arbeiten, werden Sie den Geschwindigkeitsverlust kaum spüren. (Wie bei *RAM Doubler* können Sie auch bei virtuellem Speicher keine Programme betreiben, deren Speicherbedarf die Menge an eingebautem Speicher übersteigt.)

Wenn möglich, sollten Sie die Swap-Datei für den virtuellen Speicher auf einer eigenen Partition anlegen. Das zahlt sich vor allem dann aus, wenn Ihre Systemplatte fast komplett gefüllt und noch dazu vielleicht stark fragmentiert ist. Unter solchen Umständen kann es vorkommen, daß das Mac OS die Swap-Datei beim Starten nicht anlegen kann und dann sang- und klanglos abstürzt. (Mehr zur Aufteilung von Festplatten finden Sie in Kapitel 10.)

So nützlich virtueller Speicher auch sein mag – manchmal ist es besser, Sie benutzen ihn nicht. z.B. dann, wenn Sie Ihr PowerBook mit Batterie betreiben. Weil die Festplatte den meisten Strom verbraucht und der virtuelle Speicher von Apple die Festplatte benutzt, werden Sie damit kaum Strom sparen. *RAM Doubler* ist hier eindeutig die bessere Wahl, weil bei diesem Programm die Speicherverdopplung ohne Einsatz der Festplatte funktioniert.

So schalten Sie virtuellen Speicher ein

Öffnen Sie das Kontrollfeld *Speicher* (16.8). Schalten Sie den virtuellen Speicher ein (A in der Abbildung). Wenn Sie mehr als eine Festplatte zur Verfügung haben, auf der die Swap-Datei angelegt werden soll, dann wählen Sie eine aus (B). Alle Ihre Festplatten sind hier aufgeführt, und wenn Sie eine auswählen, sagt Ihnen Ihr Mac auch, ob auf der jeweiligen Platte genügend Platz für virtuellen Speicher ist. Wieviel Platz genau auf der Festplatte frei ist, erfahren Sie unter dem Popup-Menü (C). Auf Wechselmedien können Sie generell keinen virtuellen Speicher anlegen, es sei denn, Sie haben Mac OS 8.5, den neuesten Iomega-Treiber und ein Zip- oder Jaz-Laufwerk.

Stellen Sie dann im Zahlenfeld mit den beiden Pfeilen (D) ein, wieviel virtuellen Speicher Sie anlegen wollen. Starten Sie dann Ihrem Computer neu.

ACHTUNG

Denken Sie daran: Je mehr virtuellen Speicher Sie anlegen, desto langsamer wird Ihr Computer. Kritisch wird es, wenn dieser Wert mehr als doppelt so groß ist wie der eingebaute RAM.

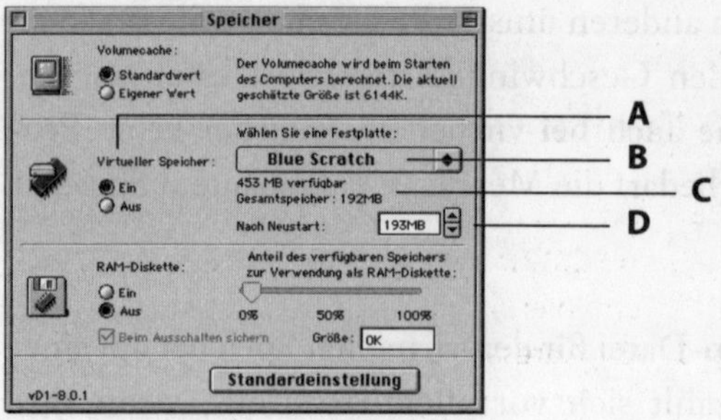

Abb. 16.8 Mit diesen Steuerelementen schalten Sie virtuellen Speicher ein oder aus.

Wenn der virtuelle Speicher zur Bremse wird.

Unter bestimmten Bedingungen kann virtueller Speicher die Leistungsfähigkeit Ihres Macs deutlich vermindern. Das passiert z.B. dann, wenn Sie ein Programm starten, das ohne virtuellen Speicher gar nicht erst genügend Platz finden würde. Nehmen wir an, Ihr Mac hat 16 MB RAM eingebaut, die Sie mit virtuellem Speicher auf 24 MB erweitert haben. Wenn Sie ein Programm benutzen, daß nur 5 MB Speicher benötigt, werden Sie keine Verzögerung feststellen, höchstens beim Umschalten zwischen mehreren Anwendungen, die gleichzeitig aktiv sind. Versuchen Sie aber, ein Programm zu starten, das 16 MB RAM braucht, so muß der Mac ständig Daten zwischen Hauptspeicher und Festplatte hin- und herbewegen, und das kostet Zeit.

Ein ähnlicher Effekt kann auftreten, wenn Sie ein Programm wie Photoshop benutzen, daß eine eigene virtuelle Speicherverwaltung benutzt. Auch wenn sich die Entwickler alle Mühe geben, können unter bestimmten Umständen der virtuelle Speicher des Mac OS und der von Photoshop gegeneinander arbeiten.

17 Die SCSI-Kette, IDE und FireWire

In diesem Kapitel

SCSI-Grundlagen

SCSI ist die Abkürzung für *Small Computer System Interface*. So heißt die Elektronik in fast jedem Mac, mit der Sie Festplatten, Laufwerke für Wechselmedien (wie Zip, Jaz oder SyQuest), Scanner, CD-ROMs, Bandlaufwerke, teure Farbdrucker und andere externe Geräte an Ihren Mac anschließen können.

POWER USER

Übrigens: Wenn Sie sich als PowerUser und Vollprofi outen wollen, müssen Sie SCSI unbedingt «Skassi» oder «Skasi» aussprechen. Auch wenn es irgendwie ähnlich wie «Scotty» oder «Sculley» klingt…

Wie alte Mac-Hasen wissen, wird SCSI in der Fachsprache viel verwendet. Da ist der SCSI-*Port* an der Rückseite des Mac. Dann gibt es ein SCSI-*Gerät* (nämlich irgendein Gerät, das in diesen Port eingesteckt wird). Außerdem sind da SCSI-*Kabel.* Aber leider hört man am meisten von SCSI-*Konflikten* und SCSI-*Problemen*. SCSI ist der benutzerfeindlichste Bestandteil des Mac, verursacht die meisten Probleme, und ein unerfahrener Mac-Benutzer kann damit sogar den Mac beschädigen, wenn er etwas falsch macht.

Wie entstehen diese Probleme? SCSI ist ein System, mit dem Informationen unglaublich schnell durch sehr dünne Drähte gesendet werden. Außerdem können SCSI-Nachrichten über ein einziges Kabel an mehrere verschiedene Geräte geschickt werden. So lassen sich z.B. ein Zip-Laufwerk, ein Scanner und ein CD-ROM-Laufwerk miteinander verbinden. Das kann elektronische Verwirrung und alle möglichen bizarren Symptome verursachen, vom blinkenden Fragezeichen beim Starten des Mac bis zur Verdoppelung Ihres Festplatten-Icons auf dem Schreibtisch.

Es gibt einige wichtige Regeln, an die Sie sich halten müssen, damit Ihre SCSI-Kette störungsfrei funktioniert. Manchmal kommen Sie allerdings nicht umhin, ein wenig zu experimentieren und müssen eventuell sogar die Regeln brechen, um Erfolg zu haben. Es ist aber nicht so schwer, wie es sich vielleicht anhört. Mit etwas Geduld (und ordentlichen Kabeln) bekommen Sie jede SCSI-Kette in den Griff, und wenn Sie das erst einmal geschafft haben, müssen Sie sich nie mehr darum kümmern.

TECHNIK

SCSI ist ein Standard, der schon einige Jahre existiert und immer wieder erweitert wurde. Das hat zur Folge, daß der Umgang damit manchmal etwas komplizierter ist, als Sie das von Ihrem Mac gewöhnt sind. Dafür sind moderne

SCSI-Systeme sehr leistungsfähig, außerdem gibt es für Normalverbraucher inzwischen auch genügend einfachere Alternativen.

Vor allem wenn Sie einen iMac oder einen der neueren G3/G4-Desktop-Macs besitzen, müssen Sie sich nicht mehr mit SCSI ärgern. (Es sei denn, Sie benutzen eine Adapterkarte, um bereits vorhandene SCSI-Geräte anzuschließen.)

Der SCSI-Standard erlaubt die Verbindung von bis zu sieben Geräten in einer Kette, eines in das andere eingesteckt. Wenn die Geräte alle richtig angeschlossen sind, erkennt Ihr Mac diese beim Einschalten.

TECHNIK

Jedes Gerät kommuniziert mit dem Mac über ein Softwareprogramm, den sogenannte Gerätetreiber. Auf einer Festplatte wird der Treiber durch das Formatierungsprogramm installiert (z.B. Apples Programm *Laufwerke konfigurieren*; siehe Kapitel 10).

Dieses wichtige Stückchen Code sagt dem Mac, wie er Daten von und zu einem angeschlossenen SCSI-Gerät bewegen soll. Treiber von anderen SCSI-Geräten – wie CD-ROM-Laufwerken oder Wechselplatten – sind meist eigene Systemerweiterungen. Scanner dagegen werden meist über TWAIN-Module direkt aus Bildverarbeitungsprogrammen oder spezieller Scan-Software angesprochen.

ACHTUNG

Sollte eine solche Erweiterung in Ihrem Systemordner fehlen, dann funktioniert das dazugehörige SCSI-Gerät nicht. Versuchen Sie es selbst: Entfernen Sie das Icon namens «Apple CD-ROM» aus dem Ordner *Systemerweiterungen*, und starten Sie Ihren Mac neu. Sie können dann ewig und drei Tage CDs einlegen, ohne daß diese auf dem Schreibtisch erscheinen. Für Zip- und Jaz-Laufwerke brauchen Sie eine andere Erweiterung; wieder eine andere für Ihren Scanner, usw. Zum Glück können Sie die Treibererweiterung für die äußerst wichtige Festplatte nicht versehentlich löschen; dieser Treiber ist unsichtbar.

Die drei goldenen SCSI-Regeln

Wie schon gesagt, kann SCSI Ihrem Mac alle möglichen Probleme bereiten. Wenn Sie sich an die folgenden Regeln halten, können Sie sie jedoch weitgehend vermeiden.

Regel Nr. 1: Terminierung

Die erste goldene SCSI-Regel: An beiden Enden der Gerätekette muß sich ein Terminator befinden. Ein Terminator ist, vereinfacht ausgedrückt, ein Stoßdämpfer, der Nachrichten abfängt, die aus der SCSI-Buchse des Mac in das SCSI-Kabel fließen. Er verhindert, daß das Signal am Ende des Kabels abprallt und ein Echo verursacht. Eine solche Signalreflektion kann alle möglichen unangenehmen Folgen haben, wie später in diesem Kapitel erklärt wird.

Terminierung bedeutet nichts anderes, als daß alle Leitungen des Kabels auf einen definierten Signalpegel gebracht und damit «falsche» Signale durch Störungen oder Schwingvorgänge auf dem Kabel vermieden werden.

Das A und O. An der internen Festplatte des Mac sind bereits Terminator-Widerstände installiert. Wenn Sie Ihren Mac öffnen sollten, um sich die Festplatte anzusehen, werden Sie mehrere kleine, häufig orangefarbene elektrische Bauteile sehen, die unten in die Festplatte eingesteckt sind. Das sind die Terminator-Widerstände. Die Festplatte ist bei SCSI-Macs üblicherweise das erste Gerät in der Kette.

Auch am letzten Element der Gerätekette muß ein Terminator installiert sein, ob es nun eine Festplatte, ein Scanner oder ein anderes Gerät ist (17.1). Meistens ist das ein dicker grauer Stecker, der in die leere Buchse des letzten SCSI-Gerätes eingesteckt wird. Falls das Gerät nur eine Buchse besitzt, müssen Sie einen sogenannten «Durchgangs»-Terminator benutzen, der am einen Ende einen Stecker und am anderen eine Buchse hat. Die Buchse ist für das SCSI-Kabel gedacht. In Abbildung 17.2 sehen Sie zwei SCSI-Terminatorstecker.

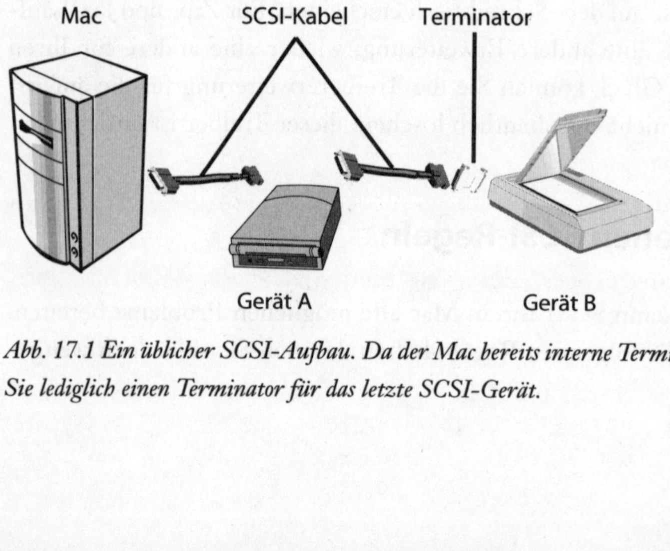

Abb. 17.1 Ein üblicher SCSI-Aufbau. Da der Mac bereits interne Terminatoren hat, brauchen Sie lediglich einen Terminator für das letzte SCSI-Gerät.

Abb. 17.2 Links: Ein APS SCSI-Sentry – ein Terminatorstecker, der sich automatisch nach Bedarf ein- oder ausschaltet. Rechts: Ein normaler SCSI-Terminatorstecker, darüber ein SCSI-Kabel.

Externe Laufwerke, interne Terminatoren. Es gibt zwar noch knausrige Billighersteller – aber deren Tage sind zum Glück gezählt! Bis vor ein paar Jahren haben manche Firmen Festplatten und Scanner mit internen Terminatoren verkauft. Solch ein Gerät konnte man daher nur dann mit anderen SCSI-Geräten verbinden, wenn es das letzte Glied in der Kette war. Andere Billighersteller ließen den Benutzer zwar die Terminierung ein- und ausschalten, aber nur mit winzigen, verwirrenden DIP-Schaltern.

Viele moderne SCSI-Geräte – beispielsweise Zip-Laufwerke – haben einen Schalter, mit dem man die Terminierung ein- und ausschalten kann, was Ihnen zumindest die Kosten eines Terminatorsteckers erspart.

POWER USER

Externe SCSI-Geräte bestehen oft aus Standardgehäusen, in die der Hersteller oder Distributor die eigentlichen Laufwerke eingebaut hat. Die Laufwerke selbst haben meist noch Einstellungsmöglichkeiten, an die Sie von außen nicht herankommen. Um daran etwas zu ändern, werden fast immer sogenannte Jumper benutzt. Das sind Ministecker, die auf bestimmte Kontakte gesteckt werden – oder auch nicht. Im Normalfall müssen Sie sich mit diesen Dingen nicht befassen. Manchmal ist es jedoch die letzte Rettung, wenn Sie ein SCSI-Gerät auf diese Art und Weise umkonfigurieren können.

ACHTUNG

Falls Sie das aber tatsächlich vorhaben, brauchen Sie unbedingt eine Dokumentation, die Ihnen sagt, welcher Jumper welche Einstellung ändert. Ohne Beschreibung und ein gewisses Verständnis für den SCSI-Bus haben Sie relativ geringe Chancen.

TECHNIK

Aktive Terminierung. Aktive Terminierung bedeutet, daß die Elektronik zum Abschluß des SCSI-Busses etwas aufwendiger, dafür aber auch stabiler ist.

Ein passiver Terminator besitzt nur Abschlußwiderstände, ein aktiver hingegen hat eine geregelte Spannungsquelle eingebaut, die Störungen besser ausfiltert und die gegenseitige Beeinflussung der Signalleitungen vermindert.

Passive Terminatoren sind inzwischen eigentlich veraltet. Wenn möglich, sollten Sie darum aktive Bauteile verwenden, für Ultra- und Ultra-Wide-SCSI sind sie sogar zwingend vorgeschrieben. Aktive Terminatoren erkennen Sie meist an einer kleinen Leuchtdiode auf dem Stecker, die anzeigt, daß der Terminator mit Strom versorgt wird. Sie muß im Normalbetrieb ständig leuchten.

Regel Nr. 2: SCSI-Adressen

Denken Sie daran, der Mac kann Informationen an bis zu sechs angeschlossene SCSI-Geräte senden. Damit jedes Gerät nur die dafür bestimmten Nachrichten empfangen kann, braucht jedes eine einzigartige Adresse oder ID.

Ihr Macintosh reserviert die ID 7 für sich selbst. Apple stellt die ID der internen Festplatte immer auf 0 ein und die eingebaute CD-ROM, falls vorhanden, auf 3. Die Zahlen 1, 2, 4, 5 und 6 stehen also für zusätzliche Geräte zur Verfügung. Natürlich sind interne Festplatten, die *nicht* von Apple stammen, manchmal auf andere Adressen eingestellt.

CD-ROM

Wenn Sie sich nicht sicher sind, verwenden Sie das Programm *SCSIProbe*, und sehen Sie nach. Alternativ können Sie auch Apples System Profiler verwenden, und unter dem Punkt *Geräte und Volumes* nachschauen. (SCSIProbe finden Sie auf der CD zum Buch.)

EINSTEIGER

Das Wichtigste bei SCSI-Adressen ist, daß die ID jedes Geräts anders sein muß. Wenn zwei oder mehr Geräte dieselbe ID haben, gibt es Verwirrung mit den gesendeten Daten. Die Laufwerke, Ihr Mac und Sie stürzen vermutlich ab.

Die Adressen ändern. Externe Geräte besitzen meist einen Schalter, einen Drehknopf oder DIP-Schalter, mit denen Sie die SCSI-ID ändern können (17.3). (Uns ist der Drehknopf am liebsten. Obwohl er schwieriger zu verstellen ist, können Sie ihn auch weniger einfach versehentlich verstellen, etwa wenn Sie das Laufwerk bewegen oder neu anschließen.)

Mehr Ausnahmen als Regeln

Wie gesagt, die Terminierungsregeln des Mac müssen Sie nicht unbedingt hundertprozentig befolgen. Hier sind ein paar Ausnahmen:

- **PowerBook.** PowerBook-Modelle (außer solche mit internen IDE-Festplatten) haben einen «kleinen, eingebauten Terminator» an die Festplatte angeschlossen. Dieser Terminator ist aber nicht in der Lage, eine lange SCSI-Kette zu verkraften. Wir empfehlen daher folgendes: Wenn Sie mehr als ein SCSI-Gerät angeschlossen haben, schließen Sie einen Terminator sowohl an das erste externe Gerät als auch an das letzte an! Sie haben dann insgesamt drei Terminatoren (den internen mitgerechnet). In Kapitel 11 finden Sie weitere Informationen über PowerBook-Terminierung.

- **Macintosh IIfx.** Für dieses Modell hat Apple den berüchtigten «schwarzen» Terminator erfunden, einen 200-Ohm-Terminatorwiderstand einschließlich Kondensator, der Stromschwankungen auffangen soll. Laut Apple kann ein normaler Terminator Probleme verursachen.

- **Tower-Macs.** Viele Quadras, G3-Tower, 9500er und andere Tower-Modelle machen einem das Leben noch schwerer: Sie haben jeweils *zwei* SCSI-Busse: eine Kette für die internen Laufwerke und eine zweite für die externen Geräte. Da aber der SCSI-Chip interne und externe Geräte wie eine einzige Riesenkette behandelt, können Sie trotzdem nur sieben Geräte zu einer Kette verbinden. Verwirrend! (Nur so nebenbei: die 7500/7600er haben auch zwei SCSI-Busse, die jedoch korrekt funktionieren!) Und um noch mehr Verwirrung zu stiften, ist der interne SCSI-Bus bereits am Anfang und am Ende terminiert. Wenn Sie also zusätzliche Festplatten in die geräumigen Laufwerksschächte dieser Modelle einbauen, müssen Sie die interne Terminierung zuerst entfernen, sonst gibt's Ärger.

- **Quadra 800.** Dieses Modell terminiert seine eigene Kette selbst, aber nur, wenn SCSI-Geräte *intern* angeschlossen sind. Wenn Sie ein *externes* SCSI-Gerät installieren, schaltet sich die aktive Terminierung des 800er automatisch aus, und Sie müssen sich an das übliche umständliche SCSI-Terminator-Ritual halten.

Denken Sie dran: Bevor Sie Ihren Mac wieder einschalten, sollten Sie unbedingt sicherstellen, daß die SCSI-Geräte am selben Bus nicht die gleichen die IDs haben!

Abb. 17.3 Bei einem ZIP-Laufwerk haben Sie nur eine begrenzte Auswahl an SCSI-Adressen: 5 oder 6 (links). Bei üblichen SCSI-Geräten können Sie alles von 1 bis 6 wählen (rechts).

ACHTUNG

Es gibt SCSI-Geräte (wie z.B. das EZFlyer von SyQuest), die gar keine Schalter zum Einstellen der SCSI-ID haben. In diesen Fällen müssen Sie bestimmte Knöpfe am Gerät in der richtigen Reihenfolge drücken – das ist noch schlimmer, als DIP-Schalter zu benutzen. Sie brauchen auf jeden Fall die Bedienungsanleitung für das Laufwerk, sonst können Sie die SCSI-ID nicht umschalten.

Die SCSI-Adressen auswählen. Das letzte Gerät in Ihrer SCSI-Kette braucht nicht die höchste oder niedrigste ID zu haben. Die Reihenfolge der Geräte hat nichts mit ihren IDs zu tun. Die Hauptsache ist, daß jedes Gerät eine andere SCSI-Adresse hat.

Apple empfiehlt allerdings, daß Sie den Geräten, die Sie öfter verwenden, höhere IDs (der externen Festplatte, von der Sie starten, geben Sie die ID 6) und weniger oft verwendeten Geräten niedrigere Nummern zuordnen (dem DAT-Laufwerk also z.B. die ID 1).

TECHNIK

Der Grund für diese Empfehlung ist die Art und Weise, wie Ihr Mac beim Starten vorgeht. Er versucht zuerst, von der internen Festplatte zu booten. Findet er dort kein System vor, sucht er alle SCSI-IDs nach einem Datenträger mit einem Systemordner darauf ab. Diese Suche beginnt bei SCSI-ID 6 und geht dann abwärts.

Regel Nr. 3: Die Verkabelung

Kabel werden als mögliche Quellen von SCSI-Problemen oft übersehen. Mit der Zeit können sich interne Drähte aber mechanisch abnutzen, und Buchsen können beschädigt werden, was zu unerklärlichem Chaos in Ihrer SCSI-Kette führen kann. Bevor Sie im Fehlerfall alles demontieren, sollten Sie daher immer als erstes die Kabel überprüfen! Meistens haben Sie damit schon die Fehlerursache eingekreist.

HEISSER TIP

Vor allem gilt: Halten Sie die Kabel so kurz wie möglich. Obwohl der SCSI-Standard des Mac Ihnen erlaubt, bis zu 5,5 Meter Kabel zu verwenden, müssen Sie von dieser Zahl die Kabellänge *in* den externen SCSI-Gehäusen abziehen.

Unter bestimmten Bedingungen kann es zu Problemen bei der Übertragung der Signale kommen, selbst wenn die maximal zugelassene Länge des Kabels noch nicht überschritten ist. Bei einem PowerBook können Sie sogar schon Probleme bekommen, wenn das SCSI-Kabel länger als 60 cm ist.

ACHTUNG

CD-Recorder reagieren besonders empfindlich auf SCSI-Probleme, weil sie beim Schreiben von CDs auf einen konstanten Datenstrom angewiesen sind. Darum ist es eine gute Idee, den CD-Recorder möglichst mit einem kurzen Kabel direkt an den Mac anzuschließen und bei Problemen alle anderen Geräte in der Kette versuchsweise zu entfernen.

So gut wie jedes neue externe SCSI-Gerät wird mit dem nötigen Verbindungskabel für Ihren Mac geliefert. Meistens hat dies einen kleinen 25poligen Anschluß am Mac-Ende (ein sogenannter DB-25 Anschluß) und einen sehr breiten 50poligen Centronics-Anschluß am anderen Ende. Manche Laufwerke (wie die meisten Zip-Laufwerke) haben die kleineren 25-Pin-Buchsen, genau wie der Mac; das passende SCSI-Kabel (an beiden Enden kleine Anschlüsse) wird meistens mitgeliefert.

Was aber oft *nicht* mitgeliefert wird, ist das Kabel, mit dem Sie das Gerät an ein weiteres Gerät in der Kette anschließen. Wenn Sie bereits SCSI-Geräte besitzen, kaufen Sie am besten gleich ein Kabel, bevor Sie sich ein weiteres Gerät zulegen. Und achten Sie auf die richtige Sorte: je nach Anordnung benötigen Sie 25-zu-25-polig, 25-zu-50-polig, oder 50-zu-50-polig.

HEISSER TIP

Sparen Sie nicht bei SCSI-Kabeln! Gute Kabel sind richtig dick und schwer, weil die Signalleitungen ordentlich abgeschirmt sind. Vermeiden Sie es, längere Kabel als nötig zu benutzen. Wenn Sie sich daran halten, gehen Sie vielen Problemen von vornherein aus dem Weg.

FEHLER

Mit Scannern oder anderen relativ langsamen SCSI-Geräten werden manchmal Kabel ausgeliefert, die relativ lang und dünn sind. Diese Kabel können Probleme verursachen, vor allem dann, wenn die SCSI-Kette zu lang wird oder wenn Sie versuchen, schnelle Festplatten über diese Kabel zu betreiben. Wenn möglich, sollten Sie darum auf diese Sorte Verbindung verzichten.

SCSI-Geräte ausschalten?

Seitdem der Mac auf den Markt kam, hat uns jedes Buch, jede Anleitung und jeder Artikel die Warnung eingehämmert: Sie dürfen nie ein SCSI-Gerät anschließen oder abstecken, während der Mac oder das Gerät eingeschaltet ist! Der Mythos besagt, daß das den Computer zum Abstürzen bringen würde oder sogar den SCSI-Controller-Chip des Mac beschädigen könnte.

Nun, ganz so schlimm ist es nicht, Sie können tatsächlich SCSI-Steckverbinder während des Betriebes stecken oder ziehen. Es ist aber wichtig, daß Sie dabei den Stecker so bewegen, daß alle Anschlüsse *gleichzeitig* Kontakt finden bzw. die Buchse verlassen. In diesem Fall passiert der SCSI-Elektronik nichts. Verkanten Sie allerdings den Stecker, kann unter ungünstigen Umständen Ihr Mac oder das SCSI-Gerät Schaden nehmen.

FEHLER

Sie sollten es also doch lieber lassen, auch wenn die Elektronik es eigentlich verträgt. Denn es kann trotzdem zu Problemen führen, wenn im laufenden Betrieb ein neues Gerät an den Mac angeschlossen oder entfernt wird. Wenn Sie Pech haben, können die Daten auf externen Datenträgern Schaden nehmen oder Ihr Mac abstürzen. Vielleicht fragen Sie sich jetzt, warum wir diese Möglichkeit dann überhaupt erwähnen?

Nun, erstens möchten wir Sie beruhigen, falls Sie an Ihrer SCSI-Kette herumgesteckt haben und plötzlich feststellen, daß Ihr Zip-Laufwerk noch eingeschaltet war. Sie tun dem Gerät damit höchstwahrscheinlich nichts, schalten Sie es aber trotzdem das nächste Mal aus.

POWER USER

Zweitens gibt es eine Situation, in der Sie eine Festplatte anstecken *müssen*, während Ihr Mac läuft: in dem seltenen Fall, daß Sie einen Festplatten-Crash haben, bei dem der Speicherplatz auf der Festplatte beschädigt wird, der den Treiber enthält, Sie aber noch die Daten darauf mit den Norton Utilities retten wollen. Das Problem äußert sich, indem der Mac in dem Moment abstürzt, wenn er die Festplatte auf dem Schreibtisch mounten will.

In dieser Situation müssen Sie die Festplatte abziehen, den Mac neu booten und die Norton Utilities starten. Wählen Sie dann den Disk Doctor aus und rufen Sie den Befehl *Volumes/Eigene hinzufügen* auf. Der Mac beginnt, die SCSI-Kette nach Festplatten abzusuchen und zeigt die gefundenen Geräte an. Wenn er damit fertig ist, bleiben Sie in diesem Dialog, stecken die defekte Festplatte an und klicken auf *Erneut suchen*. Das Programm müßte nun die Festplatte finden und kann für die Reparatur darauf zugreifen.

TECHNIK

Das Ganze funktioniert, weil bei diesem Verfahren der Finder keine Chance hatte, den defekten Treiber zu laden. Wenn Sie mit der Datenrettung fertig sind, sollten Sie die Festplatte unbedingt mit Apples *Laufwerke konfigurieren* neu formatieren.

Ein und Aus

Sie müssen nicht unbedingt alle Ihre SCSI-Geräte eingeschaltet lassen, wenn Sie nicht damit arbeiten. Allerdings gilt das nicht immer. Ob ein Gerät die ganze SCSI-Kette durcheinanderbringt, wenn es ausgeschaltet ist, können Sie nur wissen, wenn Sie es ausprobieren. (Solche Experimente schaden weder dem Mac noch der SCSI-Kette.) Apple behauptet, daß Macs auf PowerPC-Basis eine vollständig eingeschaltete Kette erfordern – einfache Versuche beweisen allerdings, daß das nur selten stimmt.

Allerdings suchen viele Treiber beim Starten nach «ihren» Geräten und tun sich dann oft schwer, Wechselmedien oder andere Datenträger später noch zu mounten. Auch CD-Schreiber funktionieren manchmal stabiler, wenn alle Geräte am Bus eingeschaltet sind.

SCSI-Adapterkarten

Lange Jahre hatte jeder ausgelieferte Mac einen eingebauten SCSI-Anschluß. Erst mit dem Erscheinen des iMac änderte sich das, und auch die modernen G3/G4-Desktop-Macs haben diesen Anschluß nicht mehr. Was aber, wenn Sie bereits SCSI-Geräte besitzen, wie z.B. ein Laufwerk für Wechselmedien, einen Scanner, eine externe Festplatte oder einen CD-Recorder? In diesem Fall kann es sich lohnen, eine Adapterkarte anzuschaffen, die Ihrem Mac eine SCSI-Schnittstelle zur Verfügung stellt.

ACHTUNG

Macs und iBooks haben keine Möglichkeit, Steckkarten nachzurüsten, Sie müssen vielmehr alle externen Geräte über den USB-Port anschließen. Von Adaptec gibt es einen Adapter von USB auf SCSI, allerdings ist die maximale Geschwindigkeit durch den USB-Port auf 1,1 MB pro Sekunde begrenzt. Das ist für Scanner oder langsame Wechselmedien durchaus ausreichend, bremst aber z.B. Festplatten unnötig in ihrer Leistung.

HEISSER TIP

Wenn Sie einen iMac der allerersten Serie besitzen (Farbton «bondiblue», zu erkennen am Infrarot-Empfänger vorn rechts unter dem Monitor), können Sie von Formac (*www.formac.com*) eine SCSI-Adapterkarte für den Mezzanine-Slot kaufen. (Mehr dazu finden Sie im Abschnitt über iMacs in Kapitel 1.)

Es gibt für den Mac verschiedene SCSI-Adapterkarten, je nachdem, wofür Sie sie einsetzen wollen. Geht es Ihnen nur darum, Ihren vorhandenen Scanner, einen CD-Recorder oder ein Zip-Laufwerk an Ihren neuen Mac anzuschließen, reicht ein einfacher Fast-SCSI-Adapter. Diese Einsteckkarten gibt es bereits für etwa 100 DM, sie entsprechen mit einem Durchsatz von 10 MB pro Sekunde den Schnittstellen der älteren Macs. Weiter hinten in diesem Kapitel finden Sie mehr zu den einzelnen Varianten von SCSI.

Heutzutage lohnt es sich jedoch nicht mehr, Festplatten als SCSI-Variante zu kaufen. IDE-Geräte mit gleicher Kapazität sind bedeutend billiger, außerdem bieten die aktuellen Festplatten bis zu 40 GB. (Mehr zu Festplatten finden Sie in Kapitel 10.)

POWER USER

Haben Sie noch eine externe Ultra-SCSI-Festplatte oder gar Geräte mit Wide- bzw. Ultra-Wide-Anschluß, brauchen Sie einen etwas aufwendigeren Adapter. Diese sind ab etwa 200 DM zu haben und werden von verschiedenen Herstellern angeboten. Manche Karten (wie z.B. von Formac) werden zusätzlich mit Software geliefert, mit deren Hilfe Sie mehrere Festplatten zu einem schnellen Array zusammenbauen können. Wollen Sie gar einen schnellen Server mit mehreren Festplatten aufbauen, dann gibt es auch SCSI-Karten mit *mehreren* Bussen. Diese beiden Varianten sind allerdings recht teuer und nur für wirkliche Power-User oder Servertechnik interessant.

Etwas komfortablere SCSI-Adapter erlauben es, die Firmware der Steckkarte mit einem speziellen Programm zu aktualisieren. Wenn Sie SCSI-Probleme haben, sollten Sie in diesem Fall auf der Website des Herstellers nachsehen, ob es eventuell eine neue Firmware-Version gibt.

ACHTUNG

SCSI-Adapter mit Wide- und Ultra-Wide-Anschluß haben einen 68poligen Steckverbinder. Wenn Sie daran SCSI-Geräte mit 50poligem Anschluß betreiben wollen, brauchen Sie einen speziellen Adapter, der die zusätzlichen acht Datenleitungen ordnungsgemäß terminiert. Ohne dieses Bauteil funktioniert der externe SCSI-Bus gar nicht.

Die Weiterentwicklung des SCSI-Standards hat eine deutliche Leistungssteigerung gebracht, aber auch einige zusätzliche Probleme. Prinzipiell ist SCSI abwärtskompatibel, so daß ältere Geräte an neuen Adaptern genauso funktionieren wie neue Geräte an älteren Adaptern.

Um allerdings die maximale Leistung aus Ihrem System herauszuholen, müssen Sie einige Dinge beachten, wenn Sie Geräte mit unterschiedlichen SCSI-Varianten zusammenschalten. Diese Eigenheiten sind aber recht kompliziert, so daß Sie sich am besten von Ihrem Händler oder einem anderen Fachmann beraten lassen sollten.

SCSI-Tricks

Eine Cartridge ohne Treiber mounten

Wie weiter oben in diesem Kapitel beschrieben, können Sie SCSI-Geräte in der Regel nur verwenden, wenn Sie den für das Gerät bestimmten Treiber installiert haben. Wenn Sie z.B. eine Zip-, Jaz- oder SyQuest-Cartridge einlegen, nachdem der Macintosh bereits eingeschaltet ist, wird das Wechselmedium nicht gemountet, wenn der entsprechende Treiber sich nicht in Ihrem Systemordner befindet. Das Icon des Datenträgers erscheint nicht auf dem Schreibtisch des Mac, und Sie können nicht darauf zugreifen.

POWER USER

Es gibt aber einen Trick dafür. Wenn Sie den passenden Treiber für ein Laufwerk nicht haben, starten Sie den Mac (bzw. starten Sie ihn erneut), und legen Sie die Cartridge ein, sobald die Begrüßungsgrafik auf dem Bildschirm erscheint. Der Mac versucht dann, den auf der Cartridge selbst gespeicherten Treiber zu laden. Wenn alles glatt geht, erscheint das Icon des Wechselmediums sofort auf dem Schreibtisch, nachdem der Finder gestartet wurde. Selbst wenn Sie dann die Cartridge auswerfen und eine neue einlegen, funktioniert diese ebenfalls – bis Sie den Mac wieder ausschalten.

CD-ROM

Diese Methode, den Treiber von der Cartridge zu laden, funktioniert mit *SCSIProbe* sogar dann, wenn der Mac bereits läuft und Sie beim Starten kein Wechselmedium eingelegt hatten. Öffnen Sie dazu SCSIProbe, und klicken Sie auf den *Mount*-Button. Die eingelegte Cartridge sollte dann auf dem Schreibtisch auftauchen.

HEISSER TIP

Wenn Sie Iomega-Geräte benutzen – z.B. ein Zip- oder Jaz-Laufwerk – dann können Sie auch das Programm *Iomega Laufwerke konfigurieren* bzw. *Iomega Gast* benutzen.

Informationen anzeigen

Möchten Sie auf die Schnelle mehr über die SCSI-Kette Ihres Mac wissen? Starten Sie den *Apple System Profiler* aus Ihrem Apple-Menü (System 7.5 und höher) und wählen Sie anschließend die Option *Volumeinformation* aus dem *Auswählen*-Menü bzw. die Registerkarte *Geräte und Volumes* (ab System 8.5).

Das Programm zeigt Ihnen daraufhin jede Menge Detail-Informationen über Ihre SCSI-Geräte an: die ID, die vorhandenen Volumes, Treiberversionen und anderes mehr (17.4).

SCSI-Störungssuche

Wenn alles gut geht, können Sie nach dem Aufbauen Ihrer SCSI-Kette alles einschalten und den Computer starten. Sobald Ihr Schreibtisch-Muster erscheint, müßten Sie die Icons für alle externen Festplatten an ihrem richtigen Platz rechts auf dem Schreibtisch Ihres Mac sehen.

Wenn jedes Einzelteil und jedes Kabel perfekt funktionieren, können Sie ohne weitere Zwischenfälle weiterarbeiten oder -spielen. Manchmal laufen die Dinge aber nicht so, wie sie sollten, und dann entdecken Sie, was mit «SCSI-Hölle» gemeint ist.

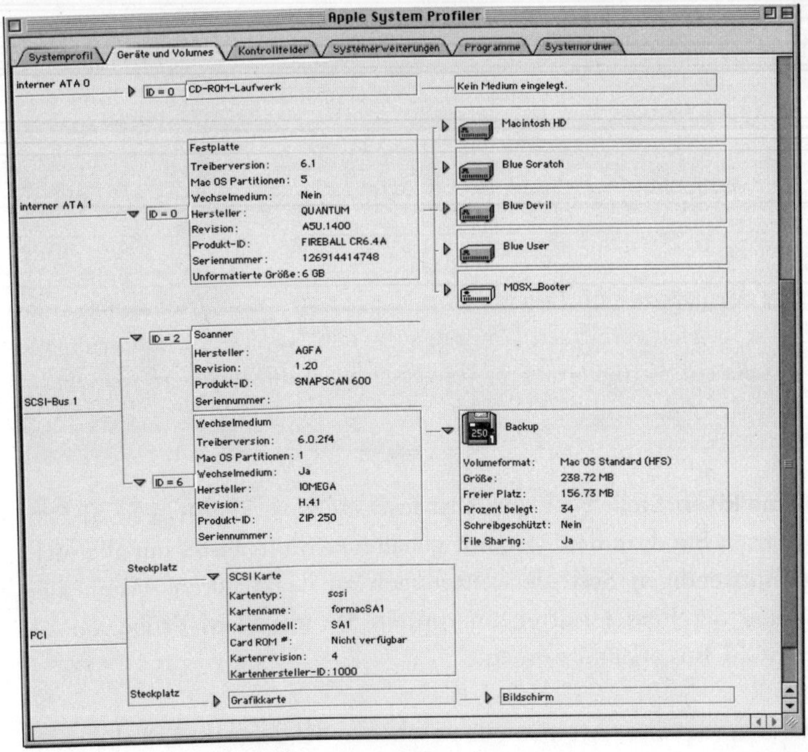

Abb. 17.4 Der Apple System Profiler zeigt Ihnen viele Details über das Innenleben Ihres Mac.

Die Symptome erkennen. Manchmal sind SCSI-Probleme leicht zu finden. Zuweilen sind sie aber so subtil, daß Sie wahrscheinlich gar nicht denken, daß SCSI dahinterstecken könnte. Gehen wir sie eins nach dem anderen durch.

Probleme am SCSI-Bus können eine Menge unangenehmer Reaktionen hervorrufen. Dazu gehören unter anderem ein grauer Bildschirm beim Neustart, auf dem sich gar nichts mehr tut, das Symbol des traurigen Mac kurz nach dem Neustart oder das «Einfrieren» des Systems, während Systemerweiterungen und Kontrollfelder geladen werden. Manchmal erscheint auch das Icon eines bestimmten Laufwerkes nicht auf dem Schreibtisch, oder der Finder bleibt stecken, wenn Sie große Dateien auf eine bestimmte Festplatte speichern oder kopieren möchten.

SCSI-Probleme können auch die Installation von Software beeinträchtigen, wenn z.B. der Mac einen bestimmten Datenträger nicht richtig erkennt.

SCSI von Mac zu Mac?

Nur für den Fall, daß Sie es wirklich nicht wissen: Man kann mit dem SCSI-Bus zwei Macs nicht miteinander verbinden! Wenn Sie das probieren, werden Sie sehr wahrscheinlich die SCSI-Elektronik von einem oder gar beiden Geräten zerstören.

Die einzige Ausnahme sind PowerBooks, die Sie im Festplattenmodus mit einem Desktop-Mac verbinden können, so wie in Kapitel 11 beschrieben. Auch wenn Sie ein SCSI-Gerät an zwei verschiedenen Macs betreiben wollen, müssen Sie es umstecken.

Die Probleme lösen. Stellen Sie zunächst fest, ob es wirklich ein SCSI-Problem ist. Starten Sie dazu den Mac mit gehaltener Shift-Taste, um alle nicht unbedingt notwendigen Systemerweiterungen zu deaktivieren. Wenn alles glatt geht und der Finder startet, überprüfen Sie mit SCSI-Probe, ob alle Geräte am SCSI-Bus erkannt werden.

Gelingt der Start auf diese Art nicht, dann schalten Sie den Mac und alle externen Geräte aus, und entfernen Sie das SCSI-Kabel von der Rückseite des Computers. Jetzt sind keine externen SCSI-Geräte angeschlossen. Versuchen Sie, erneut zu starten.

Wenn Ihr Computer funktioniert, ist das der Beweis, daß in der SCSI-Kette irgendwo der Wurm drin ist. Wenn Ihr Computer immer noch nicht funktioniert, liegt das Problem vielleicht in Ihrer internen Festplatte oder der System-Software. Versuchen Sie, mit der Start-CD oder der Dienstprogramme-Diskette zu starten, die mit Ihrem Mac geliefert wurde.

Wenn das Starten erfolgreich ist, brauchen Sie vielleicht bloß ein Update für die interne Festplatte mit der Formatierungssoftware (in Kapitel 10 finden Sie weitere Informationen über Festplattentreiber und ihre Updates). Beschädigte oder nicht-kompatible Festplattentreiber – also Software – sind manchmal für alle möglichen Fehler verantwortlich, die man der Hardware in die Schuhe schiebt. Manchmal reicht schon ein Absturz, um einen Treiber zu beschädigen und häufiges Abstürzen beim Zugriff auf eine Festplatte kann ein Anzeichen für einen beschädigten Treiber sein.

Welches SCSI-Gerät ist schuld? Wenn das Problem an der SCSI-Kette liegt, stecken Sie das neueste Gerät von der Kette ab. Überprüfen Sie die Kabel und die Terminierung nochmals und schalten Sie alles wieder ein. Wenn es jetzt funktioniert, wissen Sie, daß das neue Gerät daran schuld war. Um das Problem zu isolieren, schließen Sie nur dieses Gerät an Ihren Mac an, und prüfen Sie, ob es jetzt funktioniert. Schauen Sie auch in der Gebrauchsanleitung nach. Dort steht vielleicht, daß das Gerät intern terminiert ist oder an einer bestimmten Stelle der Kette am besten arbeitet.

Immer noch kein Glück? Atmen Sie tief durch. Gehen Sie dann die folgenden Schritte der Reihe nach durch. Damit werden Sie das Problem lösen. Sie werden vielleicht nie herausfinden, *warum* es nicht funktioniert hat, aber Sie werden sich schon freuen, wenn zu guter Letzt alles wieder geht.

1. Überprüfen Sie, ob jedes Gerät richtig in eine Steckdose eingesteckt ist. Sehen Sie nach, ob jeder Anschluß fest mit der SCSI-Buchse verbunden ist. Stellen Sie sicher, daß die Kabel nicht geknickt oder beschädigt sind.

2. Ändern Sie die IDs der SCSI-Geräte. Kehren Sie z.B. die Reihenfolge der SCSI-Adressen um. Überprüfen Sie unbedingt, daß es keine Adressenkonflikte gibt, bevor Sie den Mac einschalten. Verwenden Sie nach dem Einschalten SCSIProbe, um die Verteilung der IDs zu überprüfen.

3. Ändern Sie die Terminierung. Wie gesagt, nicht alles in der Welt des SCSI ist immer glasklar. Ziehen Sie als erstes alle Terminatorstecker aus den externen Festplatten. (Sie können die Geräte nicht beschädigen, wenn zu wenige Terminatoren vorhanden sind.) Wenn das nicht funktioniert, geben Sie dem letzten Gerät in der Kette einen Terminatorstecker.

4. Verdächtigen Sie die Kabel. Überprüfen Sie deren Länge. Die Gesamtlänge darf nicht über 5,5 Metern liegen; maximal 3,5 Meter sind sicherer. Vertauschen Sie die Kabel in der Kette untereinander. Ersetzen Sie sie, wenn Sie andere Kabel haben. Vermeiden Sie zu dünne oder zu lange Kabel.

5. Vertauschen Sie die Reihenfolge der SCSI-Geräte. Stellen Sie das letzte Gerät an den Anfang der Kette oder irgendwo in die Mitte. (Denken Sie aber daran: Wenn Sie solche Veränderungen vornehmen, müssen Sie dem letzten Gerät in der Kette wieder einen Terminator geben und die Anschlüsse und IDs überprüfen.)

6. Überprüfen Sie, ob Sie für jedes Gerät den richtigen Softwaretreiber installiert haben. Ohne den Treiber weiß Ihr Mac womöglich gar nicht, daß ein SCSI-Gerät vorhanden ist.

7. Schließen Sie in der Mitte der Kette einen Terminator an.

SCSI-Mystik

Manchmal ist an einem scheinbaren SCSI-Fehler nicht das Kabel oder die Software schuld, sondern das Gehäuse eines externen Gerätes. So geschehen bei einem der Autoren:

An einem PowerBook 5300 wurde ein externes CD-ROM-Laufwerk betrieben, das eigentlich ein DiscMan mit eingebauter SCSI-Schnittstelle ist. Dazu kam noch ein SyQuest EZFlyer-Laufwerk für magnetische Wechselmedien. Beide Geräte funktionierten klaglos, solange sie einzeln mit dem PowerBook verbunden waren. Sobald sich aber beide zusammen in einer SCSI-Kette befanden, machte das SyQuest-Laufwerk die Geräusche eines Schredders, sobald eine Cartridge eingelegt wurde. Dieser Effekt ließ sich prima wiederholen: beide Geräte angeschlossen und eingeschaltet, und die Cartridge fing an zu raspeln.

Durch Zufall war bei einem neuen Versuch das CD-ROM-Laufwerk ausgeschaltet, und plötzlich funktionierte das SyQuest. Das Rätsel lüftete sich schlagartig, als beide Geräte etwas voneinander entfernt aufgestellt wurden: Die Elektronik des CD-Laufwerkes hatte die des SyQuest durcheinander gebracht. Beide Geräte hatten übereinander gestanden, und beide hatten preiswerte Plastikgehäuse ohne Abschirmung. Sobald zwischen beiden zehn Zentimeter Abstand waren, funktionierte alles problemlos. Nun wissen Sie auch, warum externe SCSI-Geräte meist in stabilen Metallgehäusen geliefert werden…

Was tun, wenn die Festplatte sich nicht mounten läßt?

Eines Tages passiert es: Sie starten Ihren Mac wie gewohnt, und alles scheint prima zu funktionieren – nur das Festplatten-Icon erscheint nicht auf dem Schreibtisch!

CD-ROM

In solchen Momenten brauchen Sie unbedingt ein Werkzeug, mit dem Sie die SCSI-Anordnung untersuchen können. Benutzen Sie am besten *SCSIProbe* von der CD-ROM zu diesem Buch. SCSIProbe zeigt Ihnen die SCSI-ID der einzelnen Geräte und ob sie gemountet sind oder nicht. Durch Klicken auf den *Mount*-Button können Sie auch nach dem Starten des Mac noch Datenträger auf dem Schreibtisch anzeigen lassen.

Falls das nicht funktioniert oder Ihr Mac dabei abstürzt, versuchen Sie zuerst, den Gerätetreiber durch Ihre Formatierungssoftware zu ersetzen. Läßt sich die Festplatte danach immer noch nicht mounten, sollten Sie die Festplatte zu reparieren versuchen. Benutzen Sie dazu entweder Apples Programm *Erste Hilfe* oder ein kommerzielles Festplatten-Reparaturprogramm wie *Norton Utilities, Disk Warrior* oder *TechTool Pro*. Weitere Informationen über Festplatten finden Sie in Kapitel 10.

Was nach SCSI kommt

Der Macintosh Plus war der erste Arbeitsplatz-Computer mit einer SCSI-Buchse – im Jahre 1985. Danach dauerte es zwölf Jahre, bis die SCSI-Ausrüstung des Mac weiter verbessert wurde.

EINSTEIGER

SCSI ist ein Standard, der einige Jahre vor der Geburt des Mac entwickelt und im Lauf der Jahre immer wieder erweitert wurde. Darum gibt es jetzt mehrere verschiedene Varianten, die aber alle zueinander kompatibel sind. Wenn Geräte nach verschiedenen Standards zusammengeschaltet werden, kostet diese Kompatibilität aber manchmal Leistung – es funktioniert zwar, aber nicht so schnell, wie es eigentlich könnte.

Zum Glück müssen Sie sich als Normalverbraucher nicht damit ärgern. Die internen Festplatten neuer Macs sind IDE-Modelle, und für ältere SCSI-Geräte genügt ein einfacher (und billiger) Fast-SCSI-Adapter völlig.

Fast, Wide und Ultra

Heute wird der ursprüngliche SCSI-Standard auch SCSI-1 genannt. Die Daten wurden dabei mit 5 MB pro Sekunde übertragen. Praktisch alle Geräte heutzutage benutzen jedoch SCSI-2. Von SCSI-2 gibt es verschiedene Varianten, die im folgenden kurz erklärt werden. Inzwischen gibt es zwar bereits das superschnelle SCSI-3, ob diese Entwicklung jedoch gegenüber FireWire eine Rolle spielen wird, muß sich erst noch zeigen.

Ob Sie sich für SCSI entscheiden und wenn ja, für welche Konfiguration, hängt vor allem von Ihren Ansprüchen ab. Selbst digitales Video funktioniert mittlerweile mit modernen IDE-Platten problemlos, so daß das teure SCSI immer mehr zu einer Lösung für Server und ähnliche High-End-Anwendungen wird.

ACHTUNG

Wichtig ist, daß ein SCSI-System nur dann die optimale Leistung bringt, wenn sowohl die Adapterkarte als auch die angeschlossenen Geräte demselben Standard entsprechen. Ein Mix aus älteren und neueren Geräten an einem neuen Adapter funktioniert auch, weil sich die Geräte über die Datenrate einigen. Falls das nicht richtig klappt, können Sie bei fast allen Adapterkarten deren Verhalten einstellen, meist sogar komfortabel per Software (17.5).

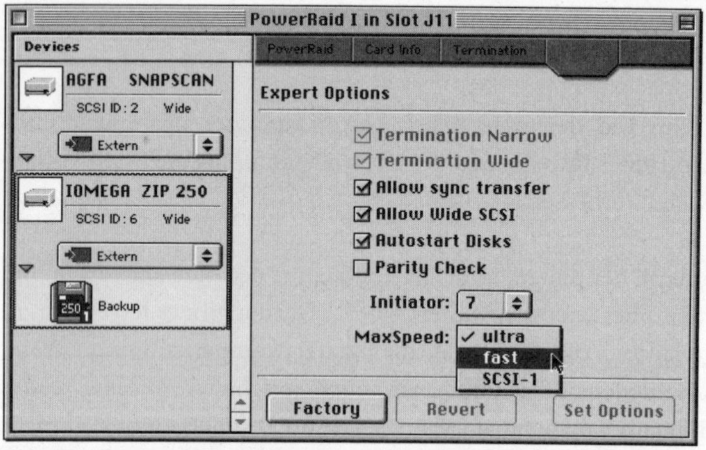

Abb. 17.5 Experten-Einstellung eines SCSI-Adapters (Formac ProRaid).

- **SCSI-2 Fast (10 MB pro Sekunde).** Diese Variante von SCSI sendet Daten doppelt so schnell wie normales SCSI, mit einer maximalen Geschwindigkeit von 10 MB statt nur 5 MB pro Sekunde. Die meisten teureren Macs (wie die Power Macs der 7000er, 8000er, 9000er und G3-Serie) bieten *zwei* SCSI-Ketten – eine interne und eine externe. Bei diesen Modellen hat die interne SCSI-Kette Fast-SCSI-Schaltkreise und spart Ihnen damit die Kosten für eine entsprechende Adapterkarte. Solche Modelle besitzen außerdem eine passende interne Festplatte, die diese Transferleistung ausnutzen kann.

HEISSER TIP

Wenn Sie an einen der neuen G3/G4-Desktop-Macs ältere SCSI-Geräte (wie Scanner oder Wechselplatten-Laufwerke) anschließen wollen, so ist ein Fast-SCSI-Adapter die preiswerteste und meist auch ausreichende Lösung.

- **SCSI-2 Wide (10 MB pro Sekunde).** SCSI-2 Wide ist eine weitere Möglichkeit, die normale SCSI-Geschwindigkeit zu verdoppeln. Bei Wide-SCSI haben die Kabel 16 Datenleitungen anstelle von nur acht, also können doppelt so viele Informationen hindurchfließen. Für den Mac gibt es übrigens keine Produkte mit SCSI-2 Wide – sondern nur Fast/Wide (siehe unten).

- **SCSI-2 Fast/Wide (20 MB pro Sekunde).** Wenn Sie das doppelte Tempo von Fast-SCSI mit dem breiteren Datenpfad von Wide-SCSI verbinden, erhalten Sie Leitungen mit einer Höchstgeschwindigkeit von 20 MB pro Sekunde. Verschiedene Hersteller bieten entsprechende Adapter an, die gegenüber den SCSI-3-Karten einen guten Kompromiß aus Preis und Leistung bieten.

- **SCSI-3 Ultra Wide (40 MB pro Sekunde).** Willkommen in den 90er Jahren. Dieses moderne SCSI-System kann das kleine Hirn Ihres Mac mit 40 MB pro Sekunde überladen. Derzeit gibt es noch keine Festplatte, die Daten mit solcher Geschwindigkeit lesen oder schreiben könnte, aber das kann in einem Jahr schon ganz anders aussehen.

- **SCSI-3 Ultra2 SCSI Wide (80 MB pro Sekunde).** Um diese Übertragungsrate auszulasten, muß man schon mehrere schnelle Festplatten gleichzeitig an einem Bus betreiben, wie das z.B. in stark beanspruchten Servern der Fall ist. Diese Leistung hat aber auch Ihren Preis: Adapterkarten, Kabel und Festplatten sind deutlich teurer als bei den anderen SCSI-Varianten.

Wie schnell ist der SCSI-Port Ihres Mac?

Von Apple gibt es leider keine offiziellen Zahlen über die Geschwindigkeit des SCSI-Ports der einzelnen Mac-Modelle. Wir haben hier aber ein paar Beispiele aufgeführt. Die Geschwindigkeit hängt von der Art des Speichergerätes ab, von der Formatierungssoftware, den Erweiterungen, der SCSI-Anordnung, der Größe der übertragenen Dateien und so weiter.

Modell	Maximale SCSI-Port-Geschwindigkeiten
Macintosh II, IIx, IIci	1,25 MB/s
Macintosh LC-Familie	1,5 MB/s
Centris, Quadra	605 bis 9005 KB/s
Power Book 100/500 Serie	1,5 MB/s
Duo 200 Serie	1,5 MB/s
Power Mac 6100, 7100, 7200	5 MB/s
Power Mac 7300 und spätere Versionen	10 MB/s (interner Bus; extern 5 MB/s)

Das Ende von SCSI

Anfangs noch belächelt, konnten sich im Laufe der Zeit doch auch diverse andere Datenübertragungsprotokolle für Festplatten auf dem Mac verbreiten, die wir kurz vorstellen möchten.

IDE – die preiswerte Alternative

Jahrelang konnte man sich darauf verlassen, daß in einem Mac eine SCSI-Festplatte steckte. Das ist jetzt nicht mehr der Fall. Die neueren Mac-Modelle haben alle eine ganz andere Art von Schaltkreisen für Geräteketten in ihrem Innenleben – ein Protokoll namens IDE (Intelligent Drive Electronics), das aus der Welt der PC-kompatiblen Computer stammt.

IDE-Festplatten sind bedeutend billiger als SCSI-Modelle der gleichen Kapazität und mittlerweile auch für den Normalverbraucher schnell genug, selbst für digitales Video.

EINSTEIGER

In die meisten Macs mit eingebauter IDE-Schnittstelle können Sie problemlos eine zusätzliche Festplatte einbauen oder zumindest die vorhandene durch ein größeres und schnelleres Modell ersetzen. Mehr dazu finden Sie in Kapitel 10.

USB

Diese Abkürzung steht für *Universal Serial Bus*, ist ebenfalls ein Protokoll aus der PC-Welt und hat mit Datenträgern zunächst nicht viel zu tun. Im Grunde ist USB verwandt mit Apples Desktop Bus, kurz ADB, über den Tastaturen, Mäuse, Grafiktabletts und auch Joysticks angeschlossen werden können. USB kann all das und noch ein bißchen mehr: Es ist schneller, unterstützt mehr Arten von Geräten und erlaubt vor allem das Ein- und Ausstöpseln aller Geräte im laufenden Betrieb (das sogenannte Hot-Plugging). Mit einer maximalen Übertragungsrate von 1,1 MB ist es für Tastaturen und Mäuse sogar ein wenig schnell, doch findige Tüftler haben entdeckt, daß sich damit Drucker, Scanner und sogar Wechselfestplatten (hauptsächlich Zip- und SuperDisk-Drives) anschließen lassen. Bei letzteren läßt die Geschwindigkeit zwar etwas zu wünschen übrig, aber für Sicherheitskopien und zum Datentransport reicht es allemal. Am meisten freut es jedoch die Hardware-Hersteller, daß USB wirklich universell ist, und so können sie ein- und dasselbe Gerät für den PC- und den Mac-Markt produzieren und brauchen lediglich unterschiedliche Treibersoftware beilegen.

FireWire

Wer wollte überhaupt SCSI, wer war dafür? SCSI ist umständlich, beschränkt und bereitet endlos Kopfschmerzen. Deshalb existieren schon seit längerer Zeit weitere Standards, die höhere Übertragungsraten, mehr Geräte pro Kette und längere Verbindungen zulassen und auf IDs und Terminatoren völlig verzichten. Diese System heißen FiberChannel oder SNA, funktionieren über Glasfaserkabel oder ein spezielles Kupferkabel und sind so teuer, daß sich der Aufwand nur bei wirklich großen Datenmengen lohnt.

Zum Glück gibt es eine Alternative, die mit den neuesten Mac-Modellen sogar frei Haus mitgeliefert wird: FireWire. Das ist ein serielles Bussystem, das auf einem sechspoligen Kabel bis zu 50 MB pro Sekunde transportieren kann. FireWire-Geräte brauchen weder IDs noch Terminierung und können im laufenden Betrieb abgezogen und angesteckt werden.

FireWire ist ein Industriestandard, der von Apple und Texas Instruments mitentwickelt wurde und den Namen IEEE 1394 trägt. Damit ist das System auch nicht auf Macs beschränkt, es gibt Einsteckkarten für PCs zu kaufen, außerdem werden fast alle digitalen Videokameras mit einer FireWire-Schnittstelle ausgeliefert. FireWire ist identisch mit IEEE 1394. Sony nennt es übrigens iLink.

Apple hat bei den blauweißen G3-Desktop-Macs angefangen, FireWire-Ports einzubauen. Für ältere Power Macs und die PowerBooks gibt es entsprechende Erweiterungskarten zu kaufen. In Verbindung mit einer DV-Videokamera und genügend Platz auf der Festplatte können Sie so Ihren Mac als Videostudio einsetzen.

Inzwischen gibt es auch erste Festplatten mit FireWire-Anschluß, und weitere Geräte werden vermutlich folgen. Apple setzt so stark auf diesen Standard, daß die G4-Desktop-Macs mit einer dritten *internen* FireWire-Schnittstelle ausgestattet sind, um dort Festplatten anzuschließen.

ACHTUNG

Die ersten Festplatten mit FireWire-Anschluß haben im Vergleich mit einem baugleichen IDE- oder SCSI-Modell derzeit noch nicht die maximale Leistungsfähigkeit. Wie bei jeder neuen Technologie ist aber auch das nur eine vorübergehende Erscheinung.

Der FireWire-Standard erlaubt auch einige Dinge, die jetzt noch sehr nach Zukunftsmusik klingen: So lassen sich damit theoretisch zwei Macs (oder ein Mac und ein PC) direkt miteinander verbinden, ähnlich wie das bei einem 10/100-BaseT-CrossOver-Kabel jetzt schon geht. Zusätzlich können sich auch mehrere Computer die gleichen FireWire-Peripheriegeräte teilen, sofern die entsprechende Software vorhanden ist.

Interessanterweise gibt es auch bereits einige HiFi-Hersteller, die ihre Geräte zukünftig mit FireWire-Schnittstellen ausstatten wollen, die neben der digitalen (!) Audio-Übertragung auch gleich die Steuerung aller verbundenen Geräte über eine gemeinsame Fernbedienung erlauben.

Obwohl FireWire erst seit kurzem auf dem Markt ist, ist bereits klar, daß dieser Standard in Zukunft zunehmend an Bedeutung gewinnen und den Umgang mit Zusatzgeräten grundlegend vereinfachen wird. Wir dürfen gespannt sein!

18 Vom Mac zum PC und zurück

In diesem Kapitel

In einer Welt, in der 90 Prozent aller Computer mit Microsoft Windows laufen, ist es keine leichte Aufgabe für den Mac, Dateien plattformübergreifend nutzbar zu machen und in Netzwerken neben PCs zu existieren. (In diesem Kapitel fassen wir unter dem Begriff «PC» alle Computer zusammen, die DOS oder eine Version von Windows als Betriebssystem benutzen.) Glücklicherweise hat sich der Mac inzwischen sehr gut auf seinen etwas schwächer entwikkelten Partner, den PC, eingestellt.

Die benutzten Begriffe sind allerdings immer noch ein Problem. Wenn jemand fragt: «Ist der Mac PC-kompatibel?», können Sie nicht sicher sein, was er von Ihnen wissen will. Eigentlich gibt es in diesem Zusammenhang fünf verschiedene Fragen, auf die es wiederum fünf verschiedene Antworten gibt:

- Kann der Mac Disketten benutzen, die von einem Windows-PC stammen?
- Kann der Mac Dateien von einem Windows-PC verarbeiten?
- Kann der Mac Windows-Programme ausführen?
- Kann der Mac im Netzwerk mit einem PC zusammenarbeiten?
- Kann der Mac Drucker, Bildschirme, CDs und andere Geräte verwenden, die eigentlich für PCs hergestellt wurden?

Wir werden all diese Probleme eines nach dem anderen anpacken.

Datenaustausch

Um Daten zwischen Macs und PCs austauschen zu können, müssen Sie zwei Teilprobleme lösen: Sie müssen die Daten von einem zum anderen Computer transportieren und anschließend ein Anwendungsprogramm finden, das mit den erfolgreich transportierten Bytes etwas anfangen kann. Für den Transport können Sie Disketten, Wechselmedien, CD-Rs oder ein Netzwerk verwenden.

Fast alle Laufwerke für Wechselmedien, CD-Brenner und DVD-Geräte lassen sich sowohl an PCs als auch an Macs anschließen. Der Mac ist außerdem in der Lage, fast jedes Wechselmedium auch im PC-Format zu initialisieren. So ist es möglich, Datenträger zwischen beiden Plattformen auszutauschen. Damit brauchen Sie an PC und Mac ein Laufwerk für das gleiche Medium, und dem Transport der Daten steht nichts im Weg.

Die einfachste Möglichkeit zum Austausch von Daten sind selbstgeschriebene CDs, weil heutzutage jeder Computer ein CD-ROM-Laufwerk eingebaut hat.

ACHTUNG

Es genügt nicht, wenn Sie ein Laufwerk an einen Computer lediglich anschließen können – Sie brauchen in jedem Fall die passende Treibersoftware, damit Ihnen das Gerät auch etwas nutzt! (Mehr über Laufwerke für Wechselmedien finden Sie in Kapitel 10.)

Um Daten über ein Netzwerk zu transportieren, müssen beide Computer mit diesem Netzwerk verbunden sein. Zusätzlich benötigen Sie Software, die es Mac und PC erlaubt, Daten über diesen Weg auszutauschen. (Mehr dazu finden Sie weiter hinten in diesem Kapitel.)

PC-Disketten

Der Mac ist schon seit Jahren in der Lage, mit 3,5-Zoll-Disketten von DOS- und Windows-Rechnern umzugehen – und zwar genau seit dem Erscheinen des SuperDrive Floppy-Laufwerks im Jahre 1989.

Wie schon erwähnt reicht es nicht, daß die DOS-Disketten in den Schlitz des Mac-Laufwerkes passen. Damit die Daten gelesen werden können, brauchen Sie die richtige Treibersoftware. In diesem Fall sind das die Kontrollfelder *File Exchange* oder *PC Exchange*, die seit Mac OS 7.5 mitgeliefert werden. (Vor Erscheinen des Betriebssystems Mac OS 8.5 hieß das Kontrollfeld *PC Exchange*. Heute läuft das Ganze unter dem Namen *File Exchange*.)

EINSTEIGER

Wenn Sie eine PC-Diskette eingelegt haben, erscheint deren Icon dank File Exchange genauso auf dem Schreibtisch wie eine Mac-Diskette. Der einzige Unterschied besteht darin, daß auf dem Icon der Diskette groß «PC» geschrieben steht. Sobald Sie File Exchange ausschalten, kann der Mac die Diskette nicht mehr erkennen und fragt Sie statt dessen, ob Sie die Diskette initialisieren wollen.

ACHTUNG

Wenn die PC-Diskette auf dem Schreibtisch erscheint und Sie die darauf gespeicherten Dateien sehen können, so heißt das noch nicht, daß Sie mit diesen Files tatsächlich etwas anfangen können. Dazu brauchen Sie die richtigen Anwendungsprogramme (dazu später weitere Details). Sie können jedoch im

Finder die Dateien kopieren, verschieben, umbenennen oder löschen, genau wie bei normalen Mac-Daten.

POWER USER

File Exchange konnte ursprünglich nur normale Disketten erkennen. Inzwischen liest die Software auch verschiedene Wechselmedien im PC-Format, wie Zip-, Jaz- oder magneto-optische Medien. Sie können auch CD-ROMs für PCs auf dem Mac lesen – mehr dazu erfahren Sie gleich im nächsten Abschnitt.

CD-ROMs vom PC

Dank zusätzlicher Apple-Systemerweiterungen können Sie auch eine Windows-CD-ROM in Ihren Mac einlegen; deren Icon erscheint dann ganz normal auf dem Schreibtisch Ihres Mac. Damit das funktioniert, brauchen Sie neben dem normalen CD-ROM-Treiber noch die Systemerweiterungen *CD-Datenformate*, *ISO 9660* und *High Sierra*.

POWER USER

Obwohl Apples CD-ROM-Treiber recht ausgereift ist, können Sie auch Treibersoftware von anderen Herstellern benutzen. *CD-ROM-Toolkit* von der Firma FWB (*www.fwb.com*) erlaubt Ihnen z.B. den Zugriff auf viele CD-Laufwerke von Drittherstellern und das Cachen oft benutzter CD-Daten auf der Festplatte. Außerdem können Sie mit diesem Treiber die PC-Hälfte einer Hybrid-CD zusätzlich zur Apple-Hälfte auf dem Schreibtisch sichtbar machen. (Mehr dazu im nächsten Abschnitt.)

Für die Daten auf den CDs gilt dasselbe wie für alle anderen Datenträger im PC-Format auch: Dateien lassen sich nur mit Hilfe der entsprechenden Software öffnen, und für eventuell vorhandene PC-Programme brauchen Sie entweder eine PC-Karte oder eine Software-Emulation wie *SoftWindows*, *RealPC* oder *VirtualPC*.

FEHLER

Windows 95 benutzt lange Dateinamen, und manchmal werden auch CDs mit Dateien ausgeliefert, die solche langen Namen haben. Damit das funktioniert, muß die CD zusätzlich ein sogenanntes Joliet-Dateisystem haben, in dem die langen Namen gespeichert werden. Bis Mac OS 8 konnte Apples CD-ROM-Treiber das Joliet-Dateisystem nicht lesen, so daß anstelle der langen Dateinamen von Windows 95 nur die kryptischen Kürzel der DOS-Namen mit 8+3 Buchstaben zu sehen waren. Ab Mac OS 8.1 funktioniert das aber problemlos, so daß auch Anwender mit 68K-Macs die langen Dateinamen von Windows auf Disketten und anderen Wechselmedien problemlos lesen können.

HEISSER TIP

Wenn Ihnen ein PC-Nutzer eine selbstgeschriebene CD hat zukommen lassen, auf der er lange Dateinamen verwendet, und Sie können diese auf dem Mac nicht lesen, bitten Sie ihn darum, die Daten in ein Archiv (z.B. im Zip-Format) zu packen und dieses Archiv auf die CD zu schreiben. Auf dem Mac packen Sie dann das Archiv aus, und die langen Dateinamen bleiben erhalten.

Hybrid-CDs

CDs lassen sich nur für Macs oder nur für PCs herstellen, es gibt aber auch das sogenannte Hybrid-Format. Dabei enthält die CD einen Mac-Teil und einen PC-Teil, und je nachdem, auf welchem Computer die CD gelesen wird, ist nur der entsprechende Teil sichtbar. Beim Herstellen der CD läßt sich festlegen, wie die Daten einer Hybrid-CD angeordnet werden sollen. So lassen sich z.B. ausführbare Programme so ablegen, daß auf dem PC nur die PC-Version, auf dem Macintosh hingegen nur die Mac-Version sichtbar ist. Bilder, Töne, Animationen und Videos werden dagegen nur einmal gespeichert und sind für beide Plattformen sichtbar. (Auf diese Art werden viele Multimedia-CDs und Computerspiele hergestellt, die sowohl auf dem Mac als auch auf dem PC funktionieren.)

Es gibt auch Software-Pakete, die auf einer CD die Programmversionen für Windows und Mac enthalten. Je nachdem, wo die CD eingelegt wird, erscheinen die Installationsdateien für die entsprechende Plattform. Sie erkennen solche Programme daran, daß auf der Packung die Systemanforderungen für PC und Mac angegeben sind.

POWER USER

Manchmal kann es vorkommen, daß Sie auf dem Mac auch auf die PC-Hälfte einer Hybrid-CD zugreifen wollen. Mit dem CD-ROM-Treiber von Apple ist das nicht möglich, *CD-ROM Toolkit* dagegen hat eine Option, die die PC-Daten sichtbar macht. Auf dem Schreibtisch Ihres Mac tauchen dann zwei Icons auf, wenn Sie eine Hybrid-CD einlegen – ein Mac-Volume und ein PC-Volume.

Eine DOS-Diskette formatieren

Mac-Disketten und DOS-Disketten sind, soweit es die Herstellung betrifft, physisch identisch. Der einzige Unterschied besteht in der Art der Formatierung. Mit *File Exchange* (bzw. *PC Exchange*) aus Ihrem Kontrollfelder-Ordner haben Sie glücklicherweise die Möglichkeit, Disketten sowohl im Mac- als auch im PC-Format zu formatieren. Sie können sogar das Format von bereits benutzten Disketten ändern.

Um eine brandneue, nie zuvor benutzte Diskette zu formatieren, müssen Sie sie zunächst ins Laufwerk einlegen. Nun werden Sie gefragt, ob der Datenträger im Mac- oder DOS-Standard formatiert werden soll (18.1). Neben diesen beiden Formaten können Sie noch die Option *ProDOS* wählen, das ist das Betriebssystem der alten Apple II Computer.

Um eine Diskette in ein anderes Format zu konvertieren, müssen Sie eine Mac- oder eine DOS-Diskette einlegen. Wählen Sie dann *Spezial/Volume löschen*, und suchen Sie im erscheinenden Dialogfenster die gewünschte Einstellung aus.

Abb. 18.1 Mit dem Finder-Befehl «Volume löschen» können Sie die Diskette im PC-, Mac- oder sogar im Apple-II-Format initialisieren.

CD-ROM

Falls Sie öfter Disketten benutzen und wichtige Daten darauf speichern, sollten Sie zum Formatieren die Shareware *Disk Charmer* benutzen. Im Gegensatz zum Mac OS arbeitet diese Software auch im Hintergrund, so daß nicht Ihr ganzer Computer blockiert ist, nur weil Sie Disketten formatieren. Außerdem überprüft Disk Charmer auch die einzelnen Sektoren der Diskette und blendet defekte Blöcke aus.

Wechselmedien formatieren

Auch fast alle Wechselmedien lassen sich wahlweise im Mac- oder im PC-Format initialisieren. Wie das im konkreten Fall funktioniert, hängt vom benutzten Medium und der verwendeten Treibersoftware ab. So lassen sich manche Wechselplatten im Finder über den Befehl *Spezial/Volume löschen* zwar komplett löschen, aber nicht im Format ändern. Bei anderen geht das hingegen problemlos.

ACHTUNG

Zip- und Jaz-Medien müssen Sie mit dem Iomega-Dienstprogramm formatieren, wenn Sie das Format ändern wollen; im Finder können Sie einen solchen Datenträger lediglich löschen. Die nötige Software heißt *Iomega Tools* (bzw.

Iomega Laufwerke konfigurieren) und wird sowohl mit Ihrem Laufwerk als auch ab Mac OS 8.5 mitgeliefert.

PC-Dateien ins Mac-Format umwandeln

Wenn Sie die Daten vom PC per Datenträger, Netzwerk oder E-Mail erfolgreich auf Ihren Mac transferiert haben, so ist das lediglich der erste Schritt. Um mit den Inhalten der Dateien etwas anfangen zu können, müssen Sie den Mac dazu bringen, die PC-Dokumente zu öffnen.

In einigen Fällen müssen Sie dazu die Dateien konvertieren. In anderen Fällen ist hingegen keine Umwandlung nötig. Manchmal müssen Sie auch den Weg über ein Zwischenformat wählen, um die Informationen nutzen zu können. Wir werden Ihnen die verschiedenen Varianten in den folgenden Abschnitten erklären.

Fall 1: Es ist keine Umwandlung nötig

Die Herausforderung, Dateien erfolgreich zu öffnen, hat in den vergangenen Jahren zunehmend an Reiz verloren, da immer mehr Software-Unternehmen Ihre Programme sowohl in einer PC- als auch in einer Mac-Version anbieten. Diese plattformübergreifenden Programme erzeugen in der Regel Dokumente, die sich auf beiden Welten öffnen lassen. Word, FileMaker, WordPerfect, ClarisWorks, Photoshop, PageMaker, Excel und eine Reihe weiterer erfolgreicher Programme gehören dazu.

FEHLER

Das Öffnen von Dokumenten, die in der PC-Version Ihres Lieblingsprogramms vorliegen, ist leider nicht immer problemlos. Manchmal geht bei Textdokumenten dabei die Formatierung bestimmter Abschnitte verloren, so daß beispielsweise Tabellen oder Schriftarten verändert werden. Das wird um so schlimmer, je komplexer und aufwendiger die transferierten Files sind. Die meisten Standard-Dateien werden aber makellos übersetzt.

EINSTEIGER

Was wir damit sagen wollen, ist folgendes: wenn auf dem Mac und auf dem Windows-Rechner ein und dasselbe Programm verwendet wird, müssen die Daten nicht konvertiert werden und können problemlos ausgetauscht werden. Ein Dokument aus Word 97 für Windows läßt sich problemlos in Word 98 für den Macintosh öffnen. Dabei bleiben Druckformate, Grafiken, und sogar

Dokumentvorlagen und Makros erhalten. Übertragen Sie solch eine Datei einfach per E-Mail oder Diskette, und die Heldentat ist vollbracht.

FEHLER

Bei komplexeren Dokumenten mit extern verlinkten Grafiken oder eingebundenen anderen Dateien kann es jedoch Probleme geben. Der Grund dafür ist, daß vor allem Microsoft-Programme sehr anfällig sind, wenn sich die Namen der Verzeichnisse ändern, in denen zusammengehörende Dateien gespeichert sind. Ein weiteres Risiko sind Makroviren in Dokumenten von Microsoft Office, die sowohl auf dem Mac als auch auf dem PC Unheil anrichten können. (Mehr zu Viren und den nötigen Gegenmaßnahmen finden Sie in Kapitel 25.)

Fall 2: Überlassen Sie die Umwandlung Ihrer Anwendungssoftware
Selbst wenn Sie und Ihr Partner mit einem PC nicht die gleichen Programme verwenden, kann der Datenaustausch mit etwas Glück gelingen. Ihre Chancen sind um so besser, wenn es um die am meisten benutzten Dateiarten geht: Bilder, Textdokumente, Grafikdateien, Tabellenkalkulationen oder Datenbanken. So können Textverarbeitungsprogramme auf dem Mac fast immer die Formate von vielen PC-Textprogrammen importieren. Mit Microsoft Word, ClarisWorks/AppleWorks und WordPerfect lassen sich die Dokumente verschiedener Textverarbeitungsprogramme öffnen.

Diese automatische Datei-Umwandlung funktioniert nur, wenn die Übersetzungsdateien Ihres Programmes korrekt installiert sind – normalerweise im Systemordner oder im Verzeichnis der Software. Um diese Funktion zu testen, wählen Sie in Ihrem Textverarbeitungsprogramm den Befehl zum Öffnen oder Importieren von Dateien. In der Dialogbox zur Auswahl der Datei finden Sie ein Popup-Menü, in dem alle Dateiformate aufgelistet sind, mit denen das Programm umgehen kann.

ACHTUNG

Wenn Sie Microsoft Word benutzen, gibt es bei der Konvertierung einige spezielle Stolperfallen: So können zwar alle neueren Versionen die Dateien der älteren Versionen lesen, nicht aber umgekehrt. Damit das funktioniert, hat Microsoft Filter geschrieben, mit denen z.B. Word 5.1 für den Mac Dateien von Word 6 (sowohl Mac als auch PC) oder auch von Word 97/98 öffnen kann. Die dafür nötige Software erhalten Sie auf der Website von Microsoft unter *www.microsoft.com/macoffice*.

Nicht immer geht der Import neuer Word-Dateien in ältere Programmversionen problemlos ab. Komplexe Formatierungen und Tabellen geraten manchmal durcheinander, und Makros können z.B. in Word 5.1 überhaupt nicht importiert weren, weil diese Software keine Makros unterstützt. Nehmen Sie sich darum genügend Zeit für das Konvertieren der Dokumente, und planen Sie etwas Nacharbeit ein.

POWER USER

Die Numerierung der Versionen von Word ist kaum nachzuvollziehen. Nachfolgend finden Sie eine Auflistung, welche Windows-Version welcher Mac-Version entspricht.

Mac	Windows
Word 5.1	Word für Windows 2.0
Word 6	Word 6 für Windows, Word 95
Word 98	Word 97 für Windows
Noch nicht angekündigt	Word 2000

Fall 3: Konvertieren Sie das Dokument selbst

CD-ROM

Wenn Sie feststellen, daß Sie auf Ihrem Mac bestimmte PC-Dokumente nicht öffnen können, hilft Ihnen eventuell eine spezielle Konvertierungs-Software weiter. Solche Programme gibt es sowohl als Shareware als auch als kommerzielles Angebot. Zum Konvertieren von Grafikdateien eignet sich das Programm *GraphicConverter* besonders gut, für Audiodateien benutzen Sie am besten *SoundApp*. (Beide Programme finden Sie auf der CD zu diesem Buch.)

Die kommerzielle Software *MacLinkPlus* dagegen ist bestens für die Konvertierung von Textdokumenten, Tabellenkalkulationen und Datenbank-Dateien geeignet und verfügt über eine beeindruckende Liste an konvertierbaren Formaten. Sie können damit z.B. ein Dokument aus WordPerfect für Windows ins ClarisWorks-Format konvertieren, wozu ClarisWorks nicht einmal selbst in der Lage ist.

MacLinkPlus kann PC-Dokumente ins Macintosh-Format umwandeln, ohne sie zu öffnen, aus Mac-Dokumenten kann es PC-Dokumente generieren; und es kann gleichzeitig mehrere Dateien stapelweise umwandeln.

MacLinkPlus besteht aus Konverterdateien aus dem Systemordner und einigen Werkzeugen, die im Ordner von MacLinkPlus verstaut sind. Von besonderem Interesse ist die Datei *Document Converter* (bzw. *Dokument konvertieren*, je nach Version) im MacLinkPlus-Ordner. Sie können weitere eigenständige

Datei-Konverter erzeugen, indem Sie diese Datei einfach duplizieren und einstellen, welches Format der neue Konverter erzeugen soll. Dann müssen Sie lediglich Ihre Dokumente auf das Icon des Konverters fallen lassen, und die Daten werden in das gewünschte Format konvertiert. Ab Mac OS 8 können Sie im Finder auch über das Kontextmenü auf die Funktionen von MacLinkPlus zugreifen.

Einen neuen Dateikonverter mit MacLinkPlus erstellen Sie so: Duplizieren Sie die Datei *Document Converter* im MacLinkPlus-Ordner, und doppelklicken Sie darauf. Nun erscheint ein Dialogfenster, in dem eine Reihe von existierenden Mac- und PC-Formaten aufgelistet sind: Textformate, Tabellenkalkulationen, Datenbank- und Grafikformate. Klicken Sie den Dateityp an, der mit Hilfe dieses Konverters erstellt werden soll. In Abbildung 18.2 können Sie sehen, daß die meisten Formate auf «mit MacLinkPlus Konvertierung» enden, was auf die DataViz-Software verweist. Außerdem wird aber auch QuickTime unterstützt, so daß Sie Ihre Daten auch in eine ganze Reihe von Grafik- und Multimedia-Formaten umwandeln können.

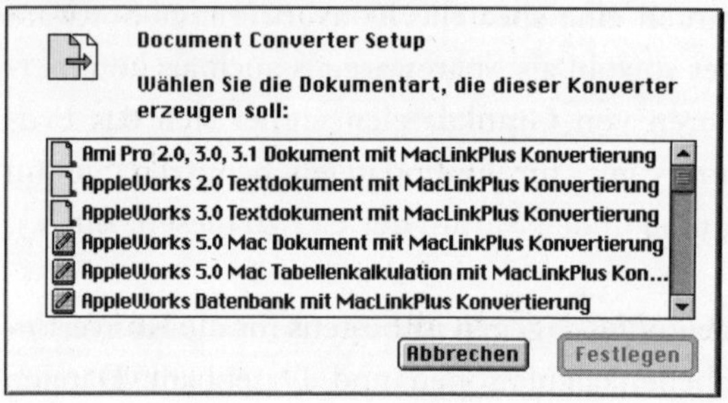

Abb. 18.2 Mit dem Document Converter von MacLinkPlus lassen sich Mac- und PC-Dateien ineinander umwandeln.

Wählen Sie ein Dateiformat aus, in das Ihre Datei umgewandelt werden soll, und klicken Sie *Festlegen*. Im Dialogfenster des Dateikonverters wird das von Ihnen ausgewählte Dateiformat angezeigt – beispielsweise «zu Excel 98 Tabellenkalkulation» (18.3).

Wenn Sie ein Dokument bzw. einen Ordner, der mehrere Dokumente enthält, umwandeln wollen, ziehen Sie dieses Dokument oder den Ordner einfach auf das Icon des neuen Document Converters. Dieser erstellt ein neues Dokument in dem Format, das Sie angegeben haben, und tastet die Originaldatei nicht an.

Abb. 18.3 Das Icon des Document Converters zeigt an, welches Dateiformat erstellt wird.

Um das Zielformat zu ändern, doppelklicken Sie den Document Converter, und wählen Sie ein neues Dateiformat aus. Sie können durch Duplizieren im Finder beliebig viele Document Converter anlegen. Diese können Sie überall aufbewahren und anwenden – in Ordnern, auf Wechselmedien oder auf Netzlaufwerken.

Fall 4: Im einfacheren Zwischenformat speichern

Sollten all Ihre Kommunikationsversuche für den Datenaustausch zwischen Mac und PC bis jetzt fehlgeschlagen sein, haben Sie noch eine andere Möglichkeit: Sie können das Mac- oder Windows-Dokument in ein Zwischenformat exportieren, das von dem Empfänger-Programm gelesen werden kann.

Beispielsweise kann eigentlich jedes Datenbank-Programm eine mit Tabulatoren formatierte Datei («tab delimited») exportieren und importieren. Bei diesen Dateien wird jedes Feld der Datenbank durch ein Tabulatorzeichen vom nächsten Feld getrennt (d.h. bei Adreßdatenbanken Tabulatorzeichen zwischen Stadt und Land, Land und Postleitzahl und so weiter). So können Sie Daten beispielsweise von Microsoft Access (Windows) nach FileMaker (Mac) transportieren.

Für Textverarbeitung gilt ähnliches, denn beinahe alle Textprogramme können Daten im *Rich Text Format* (RTF) abspeichern. Das ist ein plattformübergreifendes Zwischenformat, das fast alle Formatierungen beibehält.

HEISSER TIP

Sollte selbst diese Variante fehlschlagen, können Sie eine PC-Textdatei jederzeit im reinen Textformat speichern. Damit verlieren Sie zwar alle Formatierungen, aber die einmal eingetippten Zeichen bleiben erhalten, und Ihre Textverarbeitung kann das Format garantiert öffnen.

CD-ROM

Bei der Konvertierung von Text zwischen Mac und PC gibt es mehrere «Fallen». So haben Mac und PC nicht nur verschiedene Steuercodes für das Zeilenende, sondern auch Umlaute und Sonderzeichen werden anders kodiert. Darum müssen diese Zeichen ebenfalls konvertiert werden. Die Shareware *Ascii Converter* auf der CD zu diesem Buch löst dieses Problem und erlaubt Ihnen, reine Textdateien zwischen Mac und Windows zu konvertieren.

Ein PC-Dokument öffnen

Sobald Sie die PC-Datei auf den Mac bekommen haben, steht Ihnen das nächste, wenn auch kleinere, Problem bevor: Denn selbst, wenn Sie die notwendige Software besitzen, muß das noch lange nicht heißen, daß sich die PC-Datei einfach mit einem Doppelklick öffnen läßt.

TECHNIK

Der Grund dafür ist, daß PCs keine Type- und Creator-Codes benutzen. Ihr Mac braucht diese Informationen aber, um die Dateien bestimmten Programmen zuordnen zu können. Die Kontrollfelder *File Exchange* bzw. *PC Exchange* stellen die Codes automatisch ein. (Mehr zu Type- und Creator-Codes finden Sie in Kapitel 3.)

Am schnellsten können Sie ein PC-Dokument öffnen, wenn Sie das Icon der PC-Datei auf das Icon des gewünschten Mac-Programmes ziehen. (Ziehen Sie beispielsweise ein Word für Windows Dokument auf das Icon von Word 98.) Natürlich können Sie auch erst das Programm starten und dann *Öffnen* wählen, um die Datei ins Programm zu laden.

Mit den Kontrollfeldern *Mac OS Easy Open* und *File Exchange* haben Sie außerdem die Möglichkeit, die Dateien per Doppelklick zu öffnen.

Mac OS Easy Open / File Exchange

In einigen Fällen ist überhaupt keine Konvertierung der Dateien notwendig – z.B. wenn Sie versuchen, ein Excel 97 für Windows Dokument in Excel 98 für den Mac zu öffnen. Die Windows-Datei läßt sich manchmal trotzdem nicht per Doppelklick öffnen, weil Type- und Creator-Code nicht richtig eingestellt sind.

Anders verhält es sich, wenn Sie das Kontrollfeld *Mac OS Easy Open* (oder *File Exchange* von Mac OS 8.5) bei sich installiert haben. Sie erhalten nun keine Fehlermeldung mehr, daß das Programm nicht gefunden werden kann, mit dem die Datei erstellt wurde. Statt dessen wird Ihnen eine Liste aller auf Ihrem Mac installierten Programme und Datei-Konverter angezeigt, mit denen Sie das Dokument vielleicht öffnen bzw. erst umwandeln und danach öffnen können (18.4). Wenn Sie nun den Namen der von Ihnen gewünschten Anwendung anklicken, startet das Programm und versucht, das doppelgeklickte Dokument zu öffnen.

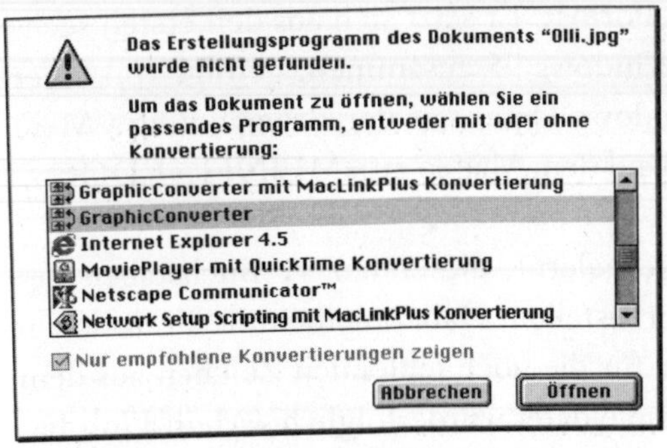

Abb. 18.4 Mac OS Easy Open bietet Ihnen eine Auswahl an Programmen und Datei-Konvertern, die Sie verwenden können.

PC-Dateien mit Dateizuweisung öffnen

Das Kontrollfeld *File Exchange* (ab Mac OS 8.5) schließt die eben beschriebenen Funktionen des ursprünglichen Mac OS Easy Open mit ein. Wenn Sie bereits wissen, um welches Format es sich bei der Datei handelt und mit welchem Ihrer Programme die Datei geöffnet werden soll, können Sie das Kontrollfeld so einstellen, daß automatisch das gewünschte Programm startet, wenn Sie eine bestimmte Art PC-Datei auf den Mac importieren. Möglich wird das durch die Fähigkeit von File Exchange, bestimmten PC-Dateiendungen die richtigen Type- und Creator-Codes zuzuordnen.

Dieses Verfahren nennt sich Dateizuweisung und um zu erklären, was sich dahinter verbirgt, müssen wir kurz auf das leidige Thema «Dateinamen in der PC-Welt» eingehen: Eine Datei unter DOS oder Windows 3.1 kann maximal acht Zeichen lang sein, gefolgt von einem «Suffix», der aus drei Buchstaben besteht und den Dateityp angibt. MEINMEMO.TXT wäre dann z.B. der Name einer Textdatei. In Microsoft Word für Windows hätte eine Datei gleichen Namens die Bezeichnung MEINMEMO.DOC.

Seit Windows 95 kann auch der PC mit längeren Dateinamen umgehen – genau wie der Mac! Trotzdem verwenden einige PC-Nutzer immer noch das althergebrachte «acht-Punkt-drei»-Format. Hinter den Kulissen – wenn auch für den Nutzer nicht unmittelbar sichtbar – verbirgt sich außerdem selbst heute noch bei jedem Dokument in Windows 95 und Windows 98 ein «acht-Punkt-drei»-Dateiname (wie MEINMEMO.TXT).

Wenn Sie ein Dokument von Windows 95 auf einen Macintosh bringen, der ein älteres Betriebssystem als Mac OS 8.1 hat, erhalten Sie wieder einen Dateinamen im alten «acht-Punkt-drei»-Format. Er setzt sich aus den ersten sechs Buchstaben des Dateinamens aus Windows 95 zusammen, gefolgt von einer Tilde und einer Nummer. Die Windows-Datei mit der Bezeichnung «Mein Floh hat einen Hund gebissen» wird auf dem Mac so zu «MEINFL~1.DOC».

HEISSER TIP

Seit Mac OS 8.1 hat File Exchange gelernt, die ersten 31 Buchstaben des Dateinamens inklusive des Suffix darzustellen. Dabei bleiben die Freizeichen erhalten, und das Doppelkreuz steht für die noch fehlenden Zeichen aus dem ursprünglichen Namen. Unsere Beispieldatei würde folglich «Mein Floh hat einen Hund #.DOC» heißen.

Im Endeffekt ist es egal, wie die Datei bei Ihnen angezeigt wird. Wichtig ist schließlich nur das dreistellige Suffix. In File Exchange bzw. PC Exchange können Sie angeben, welches Mac-Programm jeweils geöffnet werden soll, wenn Sie eine Datei mit einem bestimmten dreistelligen Suffix doppelklicken (18.5).

FEHLER

Leider funktioniert diese Anpassung nur mit Disketten oder anderen Wechselmedien, nicht aber mit Windows-CDs, die Dateien mit langen Namen enthalten. Falls Sie von PC-Nutzern selbstgeschriebene CD-Rs zum Datenaustausch erhalten, sehen Sie daher nur die kurzen MS-DOS-Namen.

Im *File Exchange*-Fenster sehen Sie in der linken Spalte die DOS-Suffixe aufgelistet. Die mittlere Spalte zeigt die Anwendungen an, die gestartet werden, wenn Sie das Icon einer bestimmten PC-Datei doppelklicken. Und in der rechten Spalte finden Sie den Dateityp, den die Datei annimmt.

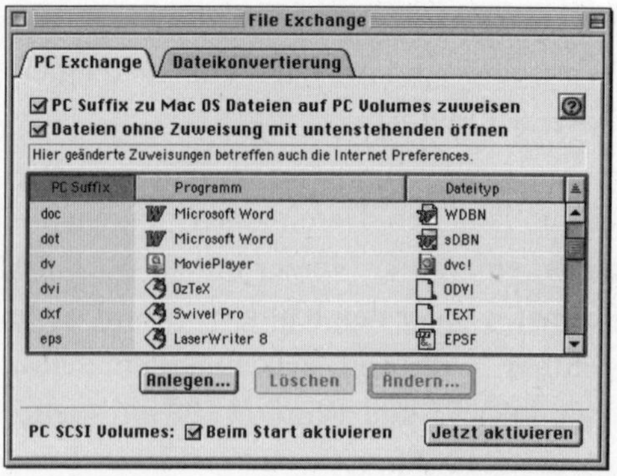

Abb. 18.5 Mit dem Kontrollfeld «File Exchange» können Sie festlegen, mit welchen Mac-Programmen PC-Dateien mit bestimmten Suffixen geöffnet werden.

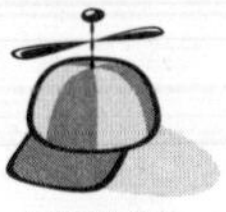

TECHNIK

Bis Mac OS 8.1 gab es die Kontrollfelder *PC Exchange* und *Mac OS Easy Open*. Ab Mac OS 8.5 wurden beide Funktionen im Kontrollfeld *File Exchange* vereinigt, außerdem werden schon viele verschiedene Dateizuweisungen mitgeliefert. Auch die Einstellung der Dateizuweisungen für Daten aus dem Internet im Kontrollfeld *Internet* benutzt die gleiche Liste. (Mehr dazu in Teil VI.)

Dateizuweisungen anlegen und ändern

Das mit Mac OS 8.1 ausgelieferte PC Exchange enthält lediglich die Zuweisung für DOS-Dateien mit der Endung «.TXT». Files mit diesem Suffix werden mit SimpleText geöffnet. File Exchange ab Mac OS 8.5 bietet dagegen eine ganze Liste vorgefertigter Zuweisungen, die Sie selbst ändern oder erweitern können.

Abb. 18.6 Mit Hilfe von File Exchange können Sie Dateizuordnungen einstellen.

Um eine bestehende Zuweisung zu ändern, wählen Sie den entsprechenden Eintrag aus der Liste aus, und klicken Sie den Button *Ändern*. Um einen neuen Eintrag anzulegen, klicken Sie auf *Anlegen*. Es erscheint ein Dialog, in dem Sie aus einer Liste das Programm auswählen können, mit dem die PC-Datei geöffnet werden soll. Mit Hilfe eines Popup-Menüs können Sie außerdem einstellen, welchen Typecode die Datei erhalten soll. Wenn Sie auf den Button *Mehr Optionen* klicken, vergrößert sich der Dialog. Sie können dann festelgen, was mit Dateien des gewünschten Typs passieren soll, wenn diese aus dem Internet auf Ihren Mac geladen werden (18.6). Im Normalfall können Sie diese zusätzlichen Einstellungen aber ignorieren.

POWER USER

Die Einstellungen für die Dateizuordnung werden in der Datei *File Exchange Voreinstellungen* im Ordner *Preferences* (im Systemordner) aufbewahrt. (Bis Mac OS 8.1 heißt die Datei *PC Exchange Voreinstellungen*.) Sie können Ihre angepaßten Dateizuordnungen einfach von einem Mac zum anderen übertragen, indem Sie die Voreinstellungsdatei in den Preferences-Ordner des zweiten Mac kopieren.

CD-ROM

Manchmal kann es passieren, daß trotz aller Voreinstellungen in File Exchange eine Datei auf Ihrem Mac landet, die nicht ordentlich zugeordnet wird. In diesem Fall hilft Ihnen eine Shareware wie *Binary Pump* oder *FileTyper* weiter, mit denen Sie Type- und Creator-Code mit der Hand einstellen können.

Dokumente für PC-Nutzer benennen

Wenn Sie umgekehrt Dateien an PC-Nutzer schicken, ist es am sichersten, den «acht-Punkt-drei»-Standard zu verwenden. Denn PC-Nutzer sind mitunter überhaupt nicht in der Lage, Dateien ohne dieses dreistellige Suffix im Dateinamen zu öffnen.

Da die zu benennenden Dateien für Windows-Rechner bestimmt sind, sollten Sie daran denken, daß innerhalb der Namen keine Leerzeichen erlaubt sind. (Kontrollieren Sie lieber noch einmal, ob sich nicht am Ende des Dateinamens doch noch ein winziges Freizeichen versteckt hat, das das Öffnen der Datei auf einem PC unmöglich macht.) Andere Zeichen, die Sie für Dateinamen in Windows nicht verwenden dürfen, sind Schrägstriche (wie bei 10/25/99) sowie folgende Zeichen: ?[ ]=+\<>“,

Ab Windows 95 ist das allerdings nicht mehr ganz so kritisch. Sie können auch lange Dateinamen mit Leerzeichen verwenden, müssen allerdings nach wie vor die richtige Endung anhängen. Um ganz sicher zu sein, sollten Sie Umlaute vermeiden, weil diese hin und wieder nicht korrekt konvertiert werden.

Zeichensätze konvertieren

MacLinkPlus hat normalerweise keine Schwierigkeiten, wenn es darum geht, Formatierungen von einer Windows-Datei in ein Mac-Format zu übernehmen. Problematisch sind hingegen Zeichensätze. Wenn Ihr Mac nicht genau die gleichen Zeichensätze besitzt, die im Windows-Dokument festgelegt sind, ersetzt er sie durch eigene.

Was also tun, wenn Sie sowohl auf dem Mac als auch unter Windows die gleichen Zeichensätze verwenden wollen? Sie sollten sich an Zeichensätze halten, die als Standard auf beiden Rechnern installiert sind, wie Times und Helvetica. Manchmal sind Zeichensätze auch für Mac und PC im Handel erhältlich.

CD-ROM

Außerdem können Sie die Shareware *TTConverter* verwenden, um TrueType-Zeichensätze des Mac in Windows-Zeichensätze umzuwandeln. Bei PostScript-Zeichensätzen können Sie ein Spezialprogramm zum Editieren von Zeichensätzen (wie Fontographer) verwenden, um Mac- und PC-Formate zu konvertieren.

Die kleinen Quadrate ausradieren

Oftmals kommen Textdateien vom PC auf dem Mac mit vielen zusätzlichen Quadraten zum Vorschein (18.7). Das kann passieren, wenn Sie reine Textdateien oder Files aus einer PC-Textverarbeitung von einer DOS-Diskette, aus einer E-Mail oder aus dem Internet konvertieren. Die kleinen Quadrate stehen für den normalerweise unsichtbaren Code, der für den Zeilenvorschub in Textverarbeitungsprogrammen verantwortlich ist. (Eine Textverarbeitung fügt im Hintergrund unsichtbar für den Nutzer Zeichen für den Zeilenvorschub ein, vergleichbar mit dem Return-Zeichen am Ende jeder Zeile.)

CD-ROM

Sie können diese Zeichen mit Programmen wie *Tex-Edit* oder *Ascii Converter* entfernen. *BBEdit* und einige andere Editoren können die Steuerzeichen richtig interpretieren und erlauben Ihnen, die Datei anschließend im normalen Mac-Format zu speichern. (Sie finden die nötige Shareware auf der CD zu diesem Buch.)

Sie können auch den Befehl *Suchen/Ersetzen* Ihrer Textverarbeitung benutzen, um die lästigen Zeichen zu entfernen. Suchen Sie nach Ctrl-J, und ersetzen Sie es mit nichts. Sie können ebenso eines der kleinen Quadrate in das Suchen-Feld hineinkopieren.

HEISSER TIP

Schließlich bieten Microsoft Word und Nisus Writer noch eine sehr praktische, wenn auch wenig bekannte Funktion, um die kleinen Rechtecke auszuwählen. Sie können nämlich in beiden Programmen einen beliebigen rechteckigen Bereich auswählen, wenn Sie bei gehaltener Optionstaste mit der Maus ziehen. Markieren Sie so den Streifen mit den Quadraten am linken Rand des Textes, und drücken Sie dann die Löschtaste (18.7).

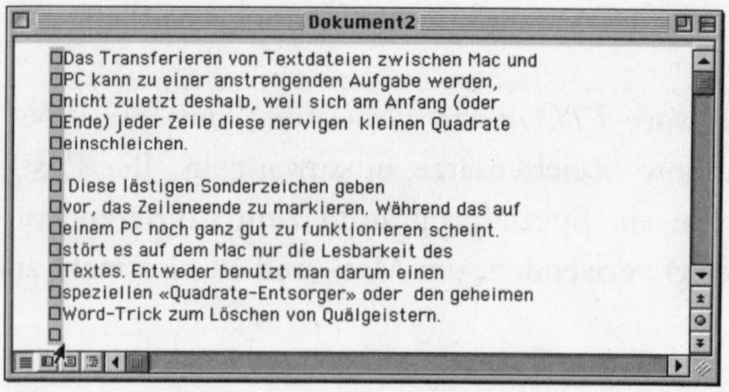

Abb. 18.7 Mit Word oder Nisus Writer können Sie gezielt störende Zeichen auswählen.

PC-Dateien komprimieren und auspacken

EINSTEIGER

Beim Datenaustausch ist es manchmal recht sinnvoll, die Dateien in Archive zu verpacken, bevor sie verschickt werden. Auf diese Art wird der benötigte Speicherplatz reduziert, was besonders bei der Übertragung via E-Mail Zeit und Telefonkosten spart. Sie sollten darum Dateien vor dem Transfer durch das Internet nach Möglichkeit immer komprimieren – Ihre Kommunikationspartner werden es Ihnen danken – vor allem, wenn sie keine Standleitung zum Internet haben.

Der zweite Vorteil von Archiven ist, daß Sie damit mehrere Dateien oder sogar komplette Ordner mit Unterordnern in *eine* Datei verpacken und verschicken können. Der Empfänger erhält dieses Datenpaket und hat nach dem Auspakken wieder genau die gleiche Anordnung auf seinem Computer wie der Absender. Schließlich können Sie bei manchen Archiv-Formaten die Dateien auch mit Paßwörtern schützen oder ganz und gar verschlüsseln. (Mehr zum Thema Datensicherheit finden Sie in Kapitel 25.)

Aus diesen Gründen komprimieren sowohl Mac- als auch Windows-Nutzer Dateien, wenn sie diese z.B. auf Diskette speichern oder per E-Mail verschikken wollen.

ACHTUNG

Leider gibt es zwei Standard-Formate für Archive: Auf dem Mac ist es das StuffIt-Format (zu erkennen an der Endung «.sit»), auf dem PC das Zip-Format (mit der Endung «.zip»). Um die Archive nutzen zu können, brauchen Sie ein Programm, das mit den entsprechende Formaten umgehen kann.

CD-ROM

Wenn Sie Zip-Dateien von einem PC erhalten, so können Sie diese mit der Shareware *StuffIt Expander* problemlos auspacken. Wollen Sie jedoch einem Windows-Nutzer ein Archiv schicken, so sollen Sie das Zip-Format verwenden. Das Programm *ZipIt* (zu finden auf der CD zu diesem Buch), kann Zip-Archive erzeugen und lesen. Sie können es so auch benutzen, um z.B. in ein Zip-Archiv hineinzuschauen und nur bestimmte Dateien zu entpacken.

Der Hersteller von *StuffIt Expander* und *DropStuff*, Aladdin Systems, hat diese beiden Mac-Programme inzwischen auch in einer Windows-Version herausgebracht. Zwar ist diese Shareware in der PC-Welt noch nicht so verbreitet, man kann Sie aber unter *www.aladdinsys.com* herunterladen.

Leider ist das noch nicht das Ende der Geschichte. Wenn Sie Daten im Internet übertragen, müssen diese kodiert werden. Neben der richtigen Komprimierung müssen Sie auch die Art der Kodierung im Auge behalten, um Probleme beim Empfänger zu vermeiden.

TECHNIK

In Kapitel 29 wird das noch im Detail erklärt, hier nur soviel: Manche E-Mail-Systeme im Internet können nur mit reinen Text-Daten umgehen, darum müssen Dateien als Text «getarnt» werden, ansonsten kann es bei der Übertragung zu Datenverlusten kommen. Diese Tarnung heißt Kodierung und wird von den E-Mail-Programmen durchgeführt.

HEISSER TIP

Sie sollten sich folgendes merken: Wenn Sie Daten an einen Empfänger mit einem PC schicken, sollten Sie diese als MIME bzw. Base64 verschlüsseln. Benutzt der Empfänger ebenfalls einen Mac, dann nehmen Sie am besten Bin-Hex, MIME funktioniert allerdings ganz genauso.

Empfangen Sie selbst E-Mails mit angehängten Daten, so besorgt Ihr Mailprogramm die Dekodierung, und Sie brauchen sich nicht weiter darum zu kümmern. Manchmal geht dabei allerdings etwas schief, und Sie haben eine Datei aus lauter Zeichensalat, die die kodierten Nutzdaten enthält. In so einem Fall kann der *StuffIt Expander* eventuell noch etwas retten, noch besser funktioniert in diesem Fall jedoch die Shareware *YA-Base64*.

Grafiken mit Windows-Nutzern austauschen

Für den Austausch von Grafiken mit Windows-Nutzern ist ein erheblich größerer Aufwand nötig als für das Versenden von Textdokumenten. Grafikdateien werden nicht immer exakt konvertiert und müssen deshalb nach einer Konvertierung oft in einem Grafikprogramm zurechtgestutzt werden. Die Wahl des richtigen Dateiformats kann allerdings dazu beitragen, diese Probleme von vornherein zu umgehen.

Eine komplette Auflistung aller Grafikformate finden Sie in Kapitel 20. Hier nur eine kurze Zusammenfassung:

- GIF-Dateien sind plattformübergreifend. Dieselbe Datei wird auf dem Mac, unter Windows und sogar auf Unix ohne Konvertierung völlig korrekt angezeigt. Deshalb wird das Format auch so gern für Webseiten im Internet verwendet. Der Nachteil bei GIF-Dateien besteht darin, daß sie nur 256 Farben in einer Datei speichern können.

- JPEG-Dateien sind ebenfalls plattformübergreifend und erfordern keinerlei Konvertierung zwischen Macs und PCs. JPEG wird meistens für Fotos im Web verwendet, da es keine Grenze für den Farbumfang pro Datei gibt.

- TIFF-Dateien (in Windows .TIF genannt) sind auf dem Mac und in Windows recht ähnlich – aber leider nicht völlig identisch. Den Unterschied macht ein technischer Parameter aus, die sogenannte Byte-Reihenfolge.

Es gibt zwei Möglichkeiten, TIFF-Dateien in Mac und Windows umzuwandeln. Beim Speichern von Dateien in Photoshop, GraphicConverter und anderen Programmen werden Sie zunächst gefragt, welche Byte-Reihenfolge Sie haben wollen – die für Mac oder die für Windows. MacLinkPlus sowie ein paar andere Programme können auch TIFF-Dateien vom Mac- ins PC-Format und andersherum konvertieren.

FEHLER

- Wenn Sie Grafikdateien verschicken, achten Sie darauf, ob diese im RGB- oder im CMYK-Format vorliegen. Benutzen Sie nach Möglichkeit RGB, weil viele Programme nicht mit CMYK-Files umgehen können, selbst wenn sie eigentlich das jeweilige Dateiformat verstehen. So bleibt z.B. von einem JPEG-Bild im Netscape Navigator nur ein matschiger Farbfleck, wenn es im CMYK-Format vorliegt. Die meisten Grafikprogramme können mit beiden Varianten umgehen und sie zum Teil auch ineinander umwandeln.

- EPS ist ebenfalls ein plattformübergreifender Standard, obwohl es einige kleine Unterschiede zwischen der Mac- und der PC-Version gibt. Mac-

LinkPlus kann beide Versionen ineinander konvertieren. Anders als TIFF und GIF ist EPS ein objektorientiertes oder vektorbasiertes Grafikformat. Photoshop kann allerdings auch EPS-Dateien erzeugen, die Bitmap-Bilder enthalten. Dieses spezielle Format wird vor allem in Layoutprogrammen benutzt. Probleme können auftreten, wenn Sie ein EPS-Format in das gleiche Format für den anderen Rechnertyp konvertieren oder wenn Sie das Vektor-EPS-Format in ein Bitmap-Format (wie TIFF) umwandeln. Dabei kann es beispielsweise zu Farbveränderungen oder Veränderungen der Linienstärke kommen.

- PICT ist ein Mac-spezifisches Grafikformat, für das es kein entsprechendes PC-Format gibt. Von PC-Seite her kommt ihm das WMF-Format (Windows Metafile) am nächsten.

- BMP ist ein geläufiger Bitmap-Standard für Windows-Grafiken, für den es kein entsprechendes Mac-Format gibt. Sie können BMP-Dateien mit Hilfe von MacLinkPlus oder GraphicConverter umwandeln.

- QuickTime-Videos können sowohl auf Mac OS als auch auf Windows-Systemen abgespielt werden. Ein kleiner Umwandlungsschritt ist dennoch notwendig: Wenn Sie ein QuickTime-Video im Windowsformat speichern wollen, müssen Sie es «glätten». Dazu müssen Sie in Ihrer Video-Software die entsprechende Option einstellen, die meist mit «flatten movie», «Abspeichern Cross-Plattform-Format» oder so ähnlich bezeichnet ist. Manche Programme wie z.B. Adobe Premiere arbeiten generell mit dem Cross-Plattform-Format von QuickTime, so das eine spezielle Einstellung überflüssig ist.

HEISSER TIP

Sie können sich die Pro-Version von QuickTime von Apple kaufen, die ein einfaches QuickTime-Schnittprogramm ist und vor allem durch die vielen Datenformate glänzt, die QuickTime Pro ineinander konvertieren kann. Und wenn Sie über einen iMac oder G4-Rechner mit FireWire-Anschlüssen verfügen, können Sie sich neuerdings auch kostenlos *iMovie* von Apples Webseiten herunterladen. *iMovie* ist ein vollwertiges, aber einfach zu bedienendes Video-Schnittprogramm für Hobby- und semiprofessionelle Anwender.

Beim «Glätten» werden zwei Teile eines QuickTime-Videos, die Ressource-Fork und die Data-Fork, miteinander zu einer einzigen Datei verbunden. Der Mac benutzt dieses zweiteilige Dateiformat, bei der Übertragung auf den PC

TECHNIK

geht die Ressource-Fork allerdings verloren. Bei vielen Dokumenten ist die Ressource-Fork leer oder enthält lediglich das Finder-Icon der Datei, so daß der Verlust nicht weiter tragisch ist. Manche Mac-formatierten QuickTime-Videos enthalten jedoch in der Ressource-Fork wichtige Code-Informationen, die beim «Glätten» mit in die Data-Fork verschoben werden und dann auch bei QuickTime für Windows zur Verfügung stehen.

Plattformübergreifende Netzwerke

Für die Kommunikation mit PCs gibt es nichts Besseres als Netzwerke. Über Netzwerke können Sie Dateien austauschen, E-Mails verschicken, Drucker gemeinsam nutzen und haben noch eine Unmenge anderer Möglichkeiten – alles, indem Sie winzige Elektronen über dünne Kabel schicken. Detaillierte Informationen zu Netzwerken finden Sie in Kapitel 19. In diesem Abschnitt wollen wir Ihnen die Möglichkeiten nennen, mit denen Sie Macs und PCs in einem Netzwerk zusammenbringen können.

Das größte plattformübergreifende Netzwerk der Welt ist natürlich das Internet. Es verbindet Macs, Windows- und Unix-Maschinen und andere Rechnertypen auf der ganzen Welt. Und damit nicht genug, denn die Server – die Computer, die Webseiten beherbergen, E-Mails verteilen und Dateien über FTP zugängig machen – bestehen aus einem Mix von Unix-Computern, Windows-NT-Rechnern und (einer erstaunlich großen Anzahl) Macs. Für Sie als Internet-Nutzer ist dabei nicht erkennbar, von welchem Betriebssystem eine bestimmte Webseite stammt, und es kann Ihnen letztlich auch völlig egal sein.

Die lokalen Netzwerke in Büros oder Schulen sind prinzipiell ähnlich wie das Internet aufgebaut, manchmal verwenden sie sogar die gleiche Technologie. In den meisten Fällen sind Macs und PCs über Ethernet miteinander verbunden. Ethernet ist ein plattformübergreifender Kabelstandard. Computer in einem gemeinsamen Ethernet können darum zumindest Datenpakete miteinander austauschen. Damit die in den Paketen enthaltenen Informationen aber zu etwas zu gebrauchen sind, muß auf den beteiligten Computern Netzwerk-Software laufen, die mit diesen Datenpaketen etwas anfangen kann. Leider sind Macs in manchen Netzwerken etwas ausgeschlossen, weil die entsprechende Software nicht vorhanden ist. Mittlerweile gibt es jedoch mehrere Lösungen, um gemischte Netzwerke erfolgreich zu betreiben.

Protokolle kurz erklärt

Damit zwei Computer Daten miteinander austauschen können, müssen sie zum Transport dieser Daten das gleiche Protokoll benutzen. Ein Protokoll gibt an, wie die Informationen zu verpacken und zu übertragen sind, damit sie heil vom Absender zum Empfänger gelangen. (Sie können es z.B. mit den Verkehrregeln vergleichen, nach denen sich auch jeder richten muß, der eine Straße benutzt.) An diesen Satz von Regeln müssen sich alle Computer halten, die das Protokoll verwenden. Es spielt dabei keine Rolle, ob diese Computer mit Unix, Mac OS oder unter Windows laufen – solange sie über die gleichen Protokolle kommunizieren, können sie einander verstehen. Wenn Sie Ihren Mac in einem gemischten Netzwerk benutzen wollen, sollten Sie einige Dinge aus der Netzwerktechnik wissen, die wir Ihnen gleich erklären werden..

Protokolle haben eine ebenenähnliche Struktur. Auf der untersten Ebene befinden sich die grundlegenden Transportprotokolle, die dafür sorgen, daß Datenpakete sicher von einem Computer zum anderen gelangen können. Darüber sind die Protokolle angeordnet, die verschiedene Dienste zur Verfügung stellen – Dateiserver, E-Mail-Dienste, Web-Dienste, und so weiter.

Ethernetkabel können mehrere Protokolle gleichzeitig übertragen. Das ist sehr vorteilhaft, da heutige Computer für einzelne Aufgaben oft verschiedene Protokolle benutzen. Zum Drucken könnte Ihr Mac beispielsweise AppleTalk-Pakete senden, während er TCP/IP-Pakete benutzt, um auf das Internet zuzugreifen. Für die erfolgreiche Kommunikation zwischen Macs und PCs ist es wie gesagt wichtig, daß beide Plattformen die gleichen Protokolle benutzen.

Hier sind die heute am meisten benutzten Transportprotokolle:

- **AppleTalk** ist seit 1984 das Standard-Netzwerkprotokoll des Mac. Es wird für das File Sharing zwischen mehreren Macs und die Ansteuerung von Netzwerk-Druckern verwendet (diese müssen allerdings AppleTalk verstehen). PCs können mit AppleTalk normalerweise nichts anfangen – es sei denn, sie sind mit der entsprechenden Software erweitert worden.

- **TCP/IP** ist die weltweit meistgenutzte Protokollsammlung – es ist die Sprache des Internet und wird verstärkt auch in lokalen Netzwerken eingesetzt. Mac OS, Windows 95/98, Windows NT, Windows 2000 und alle Unix-Computer sind durchgängig mit TCP/IP-Software ausgestattet.

- **IPX/SPX** Diese technisch-klingende Bezeichnung steht für die Protokolle des Netzwerksystems *NetWare* von Novell. Obwohl die Produkte dieser Firma auch zu TCP/IP umschwenken, sind viele Büros weltweit noch mit IPX-Netzwerken ausgestattet. Für den Mac gibt es von Novell eine Software mit dem Namen *NetWare Client für Macintosh*. Das ist ein Kontrollfeld, mit dem der Mac in NetWare-IPX-Netzwerke integriert werden kann.

- **NETBEUI** Als bekanntes IBM-Protokoll, das in DOS und Windows bei kleineren Netzwerken zur Anwendung kommt, wurde NETBEUI in Netzwerkprodukten wie LAN Manager von Microsoft, Windows für Workgroups, IBM PCLAN und LAN Server verwendet. Wenn das die Software ist, die Sie in Ihrem Büro benutzen, haben Sie Pech. Es gibt keine Software, die es dem Mac ermöglicht, über NETBEUI zu kommunizieren.

PCs in ein Mac-Netzwerk integrieren

Wenn Sie ein paar PCs in ein Netzwerk eingliedern wollen, das von Macs dominiert wird, erscheint es sinnvoller, die PCs an das Netzwerk anzupassen als anders herum. Folglich müssen Sie das AppleTalk-Protokoll auf dem PC installieren. Dazu benötigen Sie eine Software, die dem PC beibringt, AppleTalk zu verstehen. Für diesen speziellen Zweck gibt es derzeit zwei Produkte: *PC MacLan* von Miramar (*www.miramarsys.com*) und *TSTalk* von Thursby Software (*www.thursby.com*). Beide Programme werden auf dem Windows-PC installiert und integrieren ihn vollständig in das AppleTalk-Netzwerk. So kann der PC File Sharing und über AppleTalk erreichbare PostScript-Drucker benutzen und seinerseits die eigene Festplatte oder angeschlossene PostScript-Drucker den Macs im Netz zur Verfügung stellen. Dabei tauchen die AppleTalk-Geräte ganz normal in der Netzwerk-Umgebung des PC auf; für die Macs sieht der Windows-Rechner wie ein beliebiger anderer Mac aus.

CD-ROM

Von den beiden Produkten ist PC MacLan schon länger auf dem Markt und hat sich auch im Cross-Plattform-Netzwerk der Autoren bestens bewährt. Im Gegensatz zu TSTalk läuft es auch unter Windows NT (und damit vermutlich auch unter Windows 2000). Auf der CD zu diesem Buch finden Sie eine Demo-Version von *PC MacLan*, die Sie gleich ausprobieren können.

Macs in PC-Netzwerken

AppleTalk ist nicht sehr hilfreich, wenn Sie ein paar Mac-Rechner in ein bereits bestehendes PC-Netzwerk einbinden wollen. Wenn die PCs einen gemeinsamen Server mit Windows NT benutzen, können Sie diesen relativ einfach so einrichten, daß er als «Austauschzentrale» funktioniert. (Mehr dazu im nächsten Abschnitt.) Manchmal geht das jedoch nicht, und Sie müssen dem Mac beibringen, sich im Netzwerk wie ein PC zu verhalten.

DAVE von Thursby ist eine Software, die einen Mac mit Hilfe des TCP/IP-Protokolls in ein Microsoft-Netzwerk aufnimmt. Macs, die damit ausgestattet sind, können sich fortan in Windows-NT-Domänen einklinken. Für den Mac-Nutzer werden alle PCs im Auswahlfenster sichtbar, bei denen Microsoft File Sharing eingeschaltet ist. Sie können diese Rechner auswählen und sich mit ihnen verbinden, wie Sie es in einem gewöhnlichen AppleTalk Mac-Netzwerk tun würden. Über DAVE können Macs auch ihre Festplatten für die PCs im Netzwerk freigeben.

ACHTUNG

Die Netzwerktechnik der Microsoft-Welt ist bedeutend kryptischer und schwerer zu bedienen als AppleTalk. Dementsprechend ist auch DAVE nur dann richtig nützlich, wenn Sie sich ein wenig mit der Arbeitsweise von Netzwerken unter Windows NT befassen: Lesen Sie das Handbuch von DAVE.

Um den Mac ein ein Netz mit Novell Netware zu integrieren, müssen Sie den *Netware Client for Macintosh* (bzw. die neuere Version, den *Intranetware Client for Mac OS*) installieren. Der Mac kann dann das IPX-Protokoll von Novell, TCP/IP und AppleTalk gleichzeitig verwenden. Sie können sich so beispielsweise mit IPX auf einem Netzwerkserver einloggen, mit TCP/IP im Internet surfen und mit AppleTalk drucken. Über die Client-Software von Novell hat Ihr Mac Zugriff auf die Novell Directory Services (NDS), und kann Dateiserver und Drucker im Novell-Netzwerk nutzen.

Macs und Windows-NT-Server

In vielen Firmen und Organisationen werden heute Server eingesetzt, die Windows NT als Betriebssystem benutzen. Die Installations-CD von Windows NT Server enthält ein Paket mit dem Namen *Services for Macintosh (SFM)*, mit dessen Hilfe Macs im Netzwerk auf die freigegebenen Festplatten und Drucker des NT-Servers zugreifen können. Der Server erscheint ganz normal im Programm *Auswahl* wie ein normaler Mac. Wenn Sie die entsprechenden Nutzerrechte haben, können Sie sich die freigegebenen Verzeichnisse des Servers auf den Schreibtisch Ihres Mac holen. Anders als bei PC MacLAN funktioniert der SFM-Dienst allerdings nur in eine Richtung – Windows-PCs des Netzwerkes haben keinen Zugriff auf den Mac.

Macs können Drucker nutzen, die an Windows-NT-Server angeschlossen sind – wenn auch nicht voll und ganz. Wenn der Drucker kein PostScript-Drucker ist, druckt er nur schwarzweiß mit einer Auflösung von maximal 300 dpi – auch wenn er sonst in Farbe und mit höheren Auflösungen drucken kann.

ACHTUNG

Die Software für den Anschluß von Macs an einen NT-Server wird nicht automatisch mit installiert, sondern muß vom Systemadministrator nachträglich hinzugefügt werden. Wenn Ihr Mac also den NT-Server der Firma im Netzwerk nicht «sieht», dann ist SFM wahrscheinlich noch nicht installiert worden.

Macs im Unix-Netzwerk

Auch wenn Windows NT weit verbreitet ist, hat vor allem die Serverversion einen entscheidenden Haken: Die Software ist teuer und sehr aufwendig bei der Installation und Wartung. Aus diesem Grund gehen viele Netzwerk-Administratoren dazu über, statt dessen das kostenlose Unix-Betriebssystem Linux zu verwenden – zumindest für die Serverseite.

Es ist kein Problem, Macs mit solchen Servern zu verbinden, der Administrator des Servers muß lediglich das Paket *netatalk* installieren, und schon können die Macs im Netzwerk auf den Server und die angeschlossenen Drucker zugreifen. Zusätzlich ist der Unix-Server damit in der Lage, Drucker anzusteuern, die nur das AppleTalk-Protokoll verstehen.

HEISSER TIP

Für Windows-PCs gibt es analog ein Paket mit dem Namen *Samba*, so daß ein Unix-Server gleichzeitig Macs und PCs im Netzwerk bedienen kann. Auf diese Art können beide Plattformen Daten austauschen, ohne daß an den PCs oder den Macs irgendwelche zusätzliche Software installiert werden müßte. Die benötigte Software ist außerdem kostenlos erhältlich und läßt sich neben Linux auch auf kommerziellen Unix-Systemen installieren.

Der Mac kann auch Drucker direkt benutzen, die das in der Unix-Welt übliche *lpr*-Protokoll verwenden. Dazu müssen Sie mit dem Programm *Apple Drucker Dienstprogramm* (aus dem Ordner *Apple Extras*) einen neuen *TCP/IP-Drucker* einrichten. Diesen kann der Mac direkt, ohne Umweg über einen Server ansprechen.

Mac OS X Server

Ähnlich wie Windows NT-Server gibt es inzwischen mit Mac OS X Server auch ein «richtiges» Serverbetriebssystem für Apple-Computer. Mac OS X wird in Kapitel 14 detaillierter beschrieben, deshalb hier nur einige kurze Bemerkungen für den Datenaustausch:

Mac OS X Server basiert auf einem echten Unix-Betriebssystem, das ursprünglich von NeXT stammt. Macs lassen sich direkt mit einem Mac OS X Server verbinden, da AppleTalk mitgeliefert wird. Um PCs am gleichen Server zu betreiben, muß man wie bei Linux zusätzlich Samba installieren. Damit eignet sich Mac OS X Server recht gut, um z.B. in einem Netzwerk mit vorwiegend Macs auch PCs die Dienste eines leistungsfähigen Servers zur Verfügung zu stellen.

Fernsteuerung mit Timbuktu

Mac und PC lassen sich auch mit der Spezial-Software Timbuktu von Farallon (zu beziehen z.B. über Brainworks, *www.brainworks.de*) koppeln. Dieses Programm muß man sowohl auf dem Mac als auch auf dem PC installieren und kann anschließend Dateien austauschen, Nachrichten schicken, den Bildschirm des Partners ansehen oder sogar den anderen Rechner fernsteuern, als säße man selbst davor. Damit das funktioniert, verwendet Timbuktu ein eigenes Protokoll, daß aber zum Transport der Daten TCP/IP nutzt. Das System funktioniert sowohl im lokalen Netzwerk als auch über das Internet.

HEISSER TIP

Diese Software eignet sich besonders, um z.B. Computer aus der Ferne zu steuern und zu warten, um in Klassenräumen dem Lehrer den Blick auf die Bildschirme der Schüler zu ermöglichen oder um von unterwegs mit dem Laptop die volle Leistung des Computers in der Firma zu nutzen.

Daten über das Internet austauschen

Vor allem, wenn Sie nur gelegentlich Daten zwischen PC und Mac transferieren müssen, gibt es einige etwas umständliche, aber preiswerte Varianten. Dazu müssen Mac und PC lediglich über TCP/IP verbunden sein – entweder im lokalen Netzwerk oder über das Internet.

Wenn diese Bedingung erfüllt ist, können Sie auf einem der Computer einen kleinen Webserver starten, von dem der Empfänger die Daten herunterladen kann. Sie können auch einen FTP-Server verwenden, das hat den Vorteil, daß bei der richtigen Konfiguration Ihr Partner nicht nur Daten abholen, sondern auch auf Ihrem Computer ablegen kann.

HEISSER TIP

Ein einfacher Webserver wird mit Mac OS bereits mitgeliefert, er läßt sich mit dem Kontrollfeld *Personal Web Sharing* bzw. mit dem Kontrollleistenmodul *Web Sharing* einschalten und konfigurieren.

POWER USER

Unter Mac OS 9 können Sie es sogar noch ein wenig weiter treiben: Erlauben Sie im Kontrollfeld *Remote Access* Ihrem Partner mit dem PC die Einwahl per Modem über PPP. Starten Sie dann einen FTP oder Webserver auf Ihrem Mac. Teilen Sie dem PC-Besitzer die IP-Adresse des Mac und die nötigen Paßwörter mit. Er kann dann Ihr Modem anrufen und direkt auf den Server zugreifen, um die Daten zu transferieren. Das ist doch cool, oder?

AppleShare IP und Shareway IP

Seit Mac OS 8 *Personal Web Sharing* enthält, können Windows-Nutzer mit Hilfe des TCP/IP-Protokolls an die Dateien auf Ihrem Mac heran. Für Windows-Nutzer sieht Ihr Mac dabei wie ein Webserver aus, und die gemeinsam genutzten Dateien wirken wie eine Webseite.

ACHTUNG

Personal Web Sharing eignet sich hervorragend, wenn Sie Ihre Mac-Dateien über ein lokales Netzwerk zugänglich machen wollen. Es besitzt allerdings nicht die Sicherheitsfunktionen eines richtigen Webservers, so daß ein Zugriff auf Ihre Dateien über das Internet weniger empfehlenswert ist. (Weitere Informationen über Personal Web Sharing finden Sie in Kapitel 14.)

Das Programm *AppleShare IP* bietet eine ähnliche Funktion: Es ermöglicht Windows-Nutzern, mit dem Webbrowser auf die Festplatte Ihres Mac zuzugreifen. Für Macs im Netz bietet AppleShare IP eine schnellere und leistungsfähigere Version des normalen File Sharing. Zu dem Paket gehören außerdem noch Server für FTP, E-Mail (mit den Protokollen POP3 und SMTP), ein Webserver und ein AppleTalk-Druckerserver.

HEISSER TIP

Ein Mac mit AppleShare IP eignet sich gut als Server in kleinen Arbeitsgruppen, die vorwiegend aus Macs bestehen.

Das plattformübergreifende Netzwerkprodukt *Shareway IP* von OpenDoor läßt sich schwer kategorisieren. Diese Macintosh-Software kann einen AppleShare-kompatiblen Server für sämtliche Plattformen zugänglich machen, entweder über ein lokales TCP/IP-Netzwerk oder über das Internet selbst. Zu den AppleShare-kompatiblen Servern gehören Windows-NT-Server mit Services für Macintosh, PC MacLAN, AppleShare Dateien-Server, die auf Macs laufen oder Macintosh-Workstations, auf denen das normale File Sharing aktiviert ist.

Durch Shareway IP kann ein Mac mit einem Windows-NT-Server Verbindung aufnehmen und dabei anstelle von AppleTalk TCP/IP benutzen, ohne daß spezielle Software auf dem Windows-Server installiert werden muß. Windows-Nutzer können über TCP/IP und ihren Webbrowser außerdem AppleShare-kompatible Server ansprechen.

POWER USER

Viele der genannten Programme werden ständig weiterentwickelt und erhalten dabei neue Funktionen, die spezielle Probleme lösen. Außerdem kommen gerade im Netzwerkbereich neue Produkte auf den Markt, so daß es sich auf jeden Fall lohnt, auch bei etwas ungewöhnlichen Anforderungen (wie z.B. dem Zugriff von Windows aus über Modem auf die Festplatte eines Mac) ein wenig zu recherchieren, um eine passende Lösung zu finden.

Windows-Programme auf dem Mac laufen lassen

Da der Umgang mit PC-Disketten, Dokumenten und Netzwerken inzwischen kinderleicht erscheint, werden einige Mac-Nutzer übermütig – sie wollen Windows-*Programme* auf dem Mac ausführen. Das ist allerdings kein ganz einfaches Vorhaben. Sie können nicht einfach ein Windows-Programm ausführen, wenn Sie kein PC-Betriebssystem haben – DOS, eine Version von Windows (oder gar Linux).

ACHTUNG

Leider ist alles, was über DOS erzählt wird, wahr: es ist nicht nur hoffnungslos veraltet, sondern auch recht komplex, und auftretende Probleme können eigentlich nur wirkliche DOS-Experten wieder beheben. Mit Windows 95, Windows 98 und Windows NT läßt es sich zwar viel einfacher arbeiten als mit DOS, aber Probleme lassen sich immer noch schwer meistern.

Wenn Sie sich trotzdem auf das Abenteuer einlassen wollen, gibt es zwei Möglichkeiten: entweder Sie verwenden einen Software-Emulator, oder Sie installieren eine PC-Karte auf Ihrem Mac, also zusätzliche Hardware. Die Vorteile dieser beiden Lösungen liegen auf der Hand: Sie sparen Geld (da Sie kein ganzes PC-System kaufen müssen), und Sie benötigen weniger Platz auf Ihrem Schreibtisch, da Sie zwei Computer in einem vereinigen und nur einen einzigen Monitor plus Maus und Tastatur benötigen.

ACHTUNG

Es ist ratsam, sich die Anschaffung einer PC-Karte genau zu überlegen. Mittlerweile sind PCs recht billig zu haben, vor allem dann, wenn Sie nur ein durchschnittliches Modell für gelegentliche Arbeiten brauchen. Wenn Sie sich einen entsprechenden Umschalter anschaffen, können Sie den Monitor für Mac und PC verwenden, müssen sich dann allerdings noch mit zwei Mäusen und zwei Tastaturen ärgern. (Unterschätzen Sie auch nicht den Wartungsaufwand, den ein PC mit sich bringt – als Mac-Nutzer werden Sie schockiert sein!)

HEISSER TIP

Falls Mac und PC beide über USB-Anschlüsse verfügen, haben Sie Glück: Von der Firma Belkin gibt es einen Umschalter, mit dem Sie im laufenden Betrieb Monitor und USB-Geräte vom Mac zum PC und zurück schalten können. Damit brauchen Sie nur noch eine Maus und eine Tastatur. (Mehr Informationen zu diesem Gerät finden Sie unter *www.drbottkg.de.*)

ACHTUNG

Sowohl eine PC-Karte als auch eine Software-Emulation benötigen Platz auf der Festplatte, um dort ein «virtuelles Laufwerk» für die PC-Daten anzulegen. Diese Datei ist mehrere Hundert Megabyte groß und wird vom PC als das berüchtigte «Laufwerk C:» behandelt. Der PC vom Mac bootet von dieser Platte, außerdem werden alle Daten der PC-Hälfte Ihres Mac darauf gespeichert. Sobald das eingerichtet ist, können Sie Mac und PC parallel betreiben – etwas schizophren, aber es funktioniert (18.8).

PC-Emulator-Software

Mit Emulatoren, wie beispielsweise *VirtualPC* oder *SoftWindows* können Sie Ihr Windows und die dazugehörigen Programme austricksen. Das Betriebssystem und die Anwendungssoftware werden in den Glauben versetzt, daß sie sich auf einem echten PC befinden. Die Emulator-Programme müssen dabei Code, der eigentlich für einen Intel-Prozessor geschrieben wurde, so umwandeln, daß ihn auch der Prozessor des PowerPCs verstehen kann. Deshalb laufen Windows-Programme auf Emulator-Software auch langsamer als mit PC-Karten oder gar auf einem richtigen PC.

Es läßt sich schwer einschätzen, wie schnell genau Windows auf Ihrem Mac mit einem Emulator laufen wird. Je schneller der Prozessor des Mac, desto schneller wird auch der imitierte Windows-PC sein. Auf den schnellsten G3-Power Macs und PowerBooks läuft Windows ebenso schnell wie auf einem mittelklassigen Pentium PC.

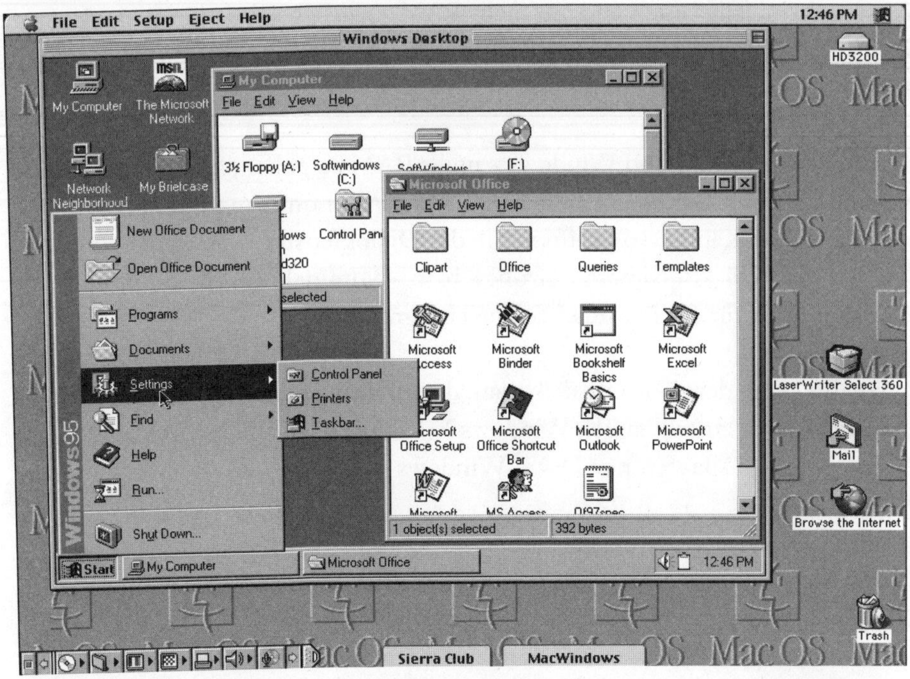

Abb. 18.8 Eine Emulator-Software oder eine zusätzliche PC-Karte verhelfen Ihrem Mac zu einer doppelten Identität. Beide Systeme laufen dabei gleichzeitig.

Im Moment gibt es Emulator-Software von zwei verschiedenen Firmen: Insignia Solutions bieten *RealPC* (einen Emulator, der mit DOS ausgestattet ist und für Spiele-Fans entwickelt wurde) und *SoftWindows 95* bzw. *SoftWindows 98* (mit Windows 95 bzw. 98) an. Die Konkurrenz, Connectix, wartet mit *VirtualPC* auf, das Sie entweder mit DOS oder mit Windows kaufen können. Die Emulatoren von Insignia sind zwar etwas teurer als VirtualPC, aber sie sind schneller, insbesondere, wenn Sie einen eher langsamen Mac besitzen. (Für VirtualPC brauchen Sie mindestens einen 180MHz PowerPC 603e; dagegen können Sie SoftWindows auf jedem PowerPC-Prozessor laufen lassen.) Wenn Sie diese Zeilen lesen, dürften von beiden Firmen auch bereits Emulationen für Windows 2000 und sogar Linux im Handel sein.

VirtualPC und SoftWindows erfordern ausreichend RAM in Ihrem Mac, um sowohl Mac OS, den Emulator, Windows sowie Ihre Windows-Programme ausführen zu können – 48 MB sind das absolute Minimum, um eine noch annehmbare Geschwindigkeit zu erreichen. Mit weniger RAM wird Windows entsprechend langsamer, und mit mehr RAM natürlich schneller. Bedenken Sie dabei, daß auch moderne Windows-Programme gern recht verschwenderisch mit Speicher umgehen.

Um dem Emulator – und Windows – mehr RAM zu geben, können Sie so vorgehen, als wenn Sie einem beliebigen Mac-Programm mehr RAM zuteilen würden (siehe Kapitel 16). Öffnen Sie das Dialogfenster *Information*, und tragen Sie im Feld «Bevorzugte Größe» bzw. «Minimale Größe» den entsprechenden Wert für die gewünschte Speichergröße ein.

HEISSER TIP

VirtualPC hat den Vorteil, daß man darauf mit jedem PC-Betriebssystem arbeiten kann – einschließlich Windows NT, Unix oder OS/2. Mit RealPC und SoftWindows 95 laufen nur DOS, Windows 3.1, Windows 95 und Windows 98 bzw. 2000.

POWER USER

Wenn Sie auf Ihrem Mac Linux benutzen wollen, so müssen Sie nicht zu einer PC-Emulation greifen: Inzwischen gibt es auch mehrere Linux-Distributionen speziell für Apple-Rechner. (Mehr dazu finden Sie unter *www.linux.org*.)

PC-Karten

TECHNIK

Eine PC-Karte ist eigentlich ein kleines PC-Motherboard, das in einen freien Steckplatz Ihres Mac gesteckt wird und dann dessen Baugruppen (wie Speicher, Grafikkarte usw.) mitbenutzt. Die meisten verfügbaren Karten sind mit einem Pentium- oder kompatiblen Prozessoren ausgestattet, haben eigene RAM-Steckplätze, Soundchips und Grafikbeschleuniger. Es gibt auch Karten, die Standard-PC-Ports für Peripheriegeräte haben, wie beispielsweise die parallelen und seriellen Schnittstellen, Sound-Ein- und -Ausgang oder den Joystick-Port.

Obwohl eine PC-Karte weitaus mehr kostet als VirtualPC und SoftWindows, erreichen Sie damit eine höhere Geschwindigkeit – fast so schnell wie auf einem richtigen PC. Andererseits haben PC-Karten für Macs normalerweise nicht die modernsten PC-Prozessoren.

Apple stellt seit 1997 keine PC-Karten mehr her. Ein anderes Unternehmen, Reply, hat seine PC-Karte an Radius verkauft, das wenig später ebenfalls aus dem Geschäft ausgestiegen ist. Durch diese Transaktion ist Orange Micro als einziger Anbieter von PC-Karten übriggeblieben.

Orange Micro hat schon lange vor Apple PC-Karten hergestellt. Heute bietet die Firma Karten in verschiedenen Preiskategorien und mit unterschiedlichen Funktionen an. Allerdings ist inzwischen die Leistungsfähigkeit der Macs derartig gestiegen, daß es vermutlich günstiger ist, Software-Emulationen anstelle teurer Hardware zu benutzen. Für Durchschnittsanwendungen unter Windows reicht diese Variante aus, und bei höheren Ansprüchen ist der «Zweit-PC» die flexiblere Lösung, ohne dabei übermäßig teuer zu sein.

PC-Peripheriegeräte am Mac benutzen

Glücklicherweise müssen Sie nicht Windows bei sich installieren, um bestimmte PC-Zusatzgeräte zu verwenden – wie Drucker, CD-ROM-Laufwerke, Scanner, Bildschirme und so weiter. Oft können Sie ein Gerät direkt an Ihren Mac anschließen oder über einen speziellen Adapter benutzen.

ACHTUNG

Das Anschließen eines Peripheriegerätes allein reicht jedoch noch nicht aus, Sie brauchen außerdem auch noch unbedingt den passenden Treiber für den Mac, um das Gerät benutzen zu können! Treiber sind kleine Softwaremodule, die Ihrem Mac sagen, wie er das jeweilige Zusatzgerät ansprechen muß. Deshalb sind sie natürlich auch nicht plattformübergreifend. Achten Sie also unbdingt darauf, daß es einen Mac-Treiber für das Gerät gibt, sonst können Sie es nicht benutzen.

Monitor

Zwischen den heutigen PC- und Mac-Bildschirmen gibt es so gut wie keinen Unterschied mehr. Schon seit einigen Jahren sind fast alle Monitore in der Lage, sich von selbst auf das vom Computer gelieferte Bildsignal einzustellen. Diese Geräte heißen darum Multisync-Monitore.

ACHTUNG

Rein technisch sind Mac-Monitore mit PC-Monitoren identisch, ältere Macs haben allerdings einen speziellen Steckverbinder für den Anschluß des Monitors. Die normalen VGA-Stecker passen nicht an diese Buchse, bei jedem Apple-Händler erhalten Sie aber die notwendigen Adapter. Moderne Macs oder Geräte mit zusätzlichen Grafikkarten benutzen inzwischen den VGA-Standard, Sie können darum PC-Monitore direkt anschließen. Mehr Informationen und technische Details zu Monitoren finden Sie in Kapitel 6.

Tastaturen, Mäuse und Joysticks

Es ist schon etwas kniffliger, eine PC-Tastatur zu verwenden, als mit einem PC-Bildschirm zu arbeiten. Die Tastatur am Mac hat eine andere Schnittstelle – und dabei geht es nicht nur um unterschiedliche Stecker. Fast alle PC-Tastaturen verwenden eine serielle Schnittstelle, auch PS/2-Port genannt. Ältere Mac-Tastaturen hingegen benutzen den Apple Desktop Bus (ADB), die neueren Modelle verwenden USB.

ACHTUNG

Es gibt zwar Adapter von ADB auf PS/2, aber diese Geräte sind nicht leicht zu beschaffen und vermutlich teurer als eine neue Tastatur für den Mac. Auch Joysticks, Gamepads und viele andere Eingabegeräte gibt es speziell für den Mac, so daß die Bastelei mit Adaptern für PC-Geräte kaum mehr nötig ist.

USB-Geräte

Wie Sie in den Kapiteln 1 und 9 lesen können, benutzen einige neuere Mac-Modelle USB-Ports, um Tastaturen, Mäuse und andere Geräte anzuschließen. USB-Geräte für Mac und PC sind prinzipiell gleich, allerdings brauchen Sie auch hier die speziellen Mac-Treiber, sonst nutzt Ihnen das Gerät nichts.

CD-ROM

Für Mäuse, Trackbälle und ähnliche Geräte gibt es die Shareware *USB-Overdrive*, die auch Geräte ansteuern kann, für die keine Mac-Treiber vorhanden sind. Sie finden diese Software auf der CD zu diesem Buch.

HEISSER TIP

Wenn Sie einen älteren Mac haben, in dem noch Steckplätze frei sind, können Sie für unter 100 Mark eine Erweiterungskarte mit USB-Anschlüssen nachrüsten und dann das breite Angebot an USB-Eingabegeräten nutzen.

Scanner

Es gibt kaum einen Unterschied zwischen Mac- und PC-Scannern. Die meisten Scanner werden an die SCSI-Schnittstelle am Mac bzw. an die SCSI-Karte am PC angeschlossen, neuerdings auch über die USB-Schnittstelle. Glücklicherweise liefern die meisten Hersteller ihre Produkte mit Software für Mac und PC aus.

ACHTUNG

Besonders preiswerte Scanner für den PC-Markt werden an die parallele Schnittstelle des PC angeschlossen. Es gibt keine Möglichkeit, diese Geräte am Mac zu betreiben, weil es dort keine solche Schnittstelle gibt.

HEISSER TIP

Sollten Sie trotzdem ein Gerät haben, das ohne Mac-Treiber geliefert wird, kann Ihnen eventuell eine spezielle Scan-Software wie Silverfast weiterhelfen. Diese Programme müssen Sie zwar extra kaufen, aber manchmal werden davon auch Scanner unterstützt, für die es sonst keine Mac-Treiber gibt. Auf jeden Fall sollten Sie sich vor dem Kauf erkundigen. (Mehr zu Scannern in Kapitel 7.)

Drucker

Komfortablere Drucker aus der PC-Welt haben meist einen Ethernet-Anschluß, über den auch Ihr Mac darauf zugreifen kann. Sie müssen aber darauf achten, daß der Drucker die Protokolle AppleTalk oder TCP/IP versteht, sonst kann der Mac nicht mit dem Gerät kommunizieren. Außerdem gibt es auch Drucker, die sich nachträglich mit einer Zusatzkarte für den Betrieb mit Macs ausrüsten lassen. Das kostet allerdings meist einen Aufpreis. PC-Drucker haben standardmäßig eine parallele Centronics-Schnittstelle, mit der der Mac ohne Adapter nichts anfangen kann. Gar nicht geeignet sind außerdem die sogenannten GDI-Drucker, die nur mit Windows funktionieren.

ACHTUNG

Das größte Hindernis für die Benutzung von PC-Druckern für den Mac ist die Sprache, die vom Computer und vom Drucker verwendet wird. Macs und auch viele Windows-Systeme benutzen die Sprache PostScript, um Drucker anzusteuern. Wenn Sie einen PostScript-Drucker haben, so müßten Sie problemlos drucken können. Um den Drucker wirklich ausnutzen zu können, brauchen Sie die entsprechende PPD-Datei, die Ihrem Mac die Eigenschaften und Möglichkeiten des Gerätes bekannt macht. (Mehr dazu finden Sie in Kapitel 5.)

Leider verwenden viele PC-Drucker nicht PostScript, sondern die Drucker-Befehlssprache von Hewlett-Packard (HP PCL). Einige Drucker sind auch zweisprachig und können automatisch erkennen, welche Seitenbeschreibungssprache der jeweilige Computer spricht. Macs können von sich aus allerdings nicht mit HP PCL umgehen.

HEISSER TIP

Das Produkt *PowerPrint* von InfoWave enthält einen Adapter vom USB-Port oder der seriellen Schnittstelle auf den bei PC-Druckern üblichen parallelen Anschluß. Außerdem wird eine Software mitgeliefert, die über 1000 Drucker aus der PC-Welt ansteuern kann, darunter Tintenstrahl- und Farbdrucker, aber auch Geräte, die mit HP PCL arbeiten. Von PowerPrint gibt es inzwischen mehrere Varianten inklusive Netzwerklösung (mehr dazu finden Sie unter *www.drbottkg.de*).

PCI-Karten

Die PCI-Steckplätze des Mac sind ein Industriestandard, der auch bei PCs verwendet wird. Rein elektrisch passen darum PCI-Karten vom PC in den Mac, allerdings muß auch die Software auf der PCI-Karte selbst (die Firmware) für den Mac angepaßt sein, außerdem braucht die Karte einen Treiber.

Es sind vor allem Grafikkarten, SCSI-Adapter und Videoschnitt-Karten, die auf PCI beruhen und sowohl im Mac als auch im PC funktionieren. Dagegen ist z.B. das Angebot an preiswerten Soundkarten noch eher mager, lediglich einige teurere Mehrspur-Audiokarten werden sowohl für den Mac als auch den PC geliefert. Es ist jedoch damit zu rechnen, daß sich diese Situation in Zukunft verbessert und die preiswerten PCI-Karten von den Herstellern mit Mac-Treibern versehen werden.

ACHTUNG

Kaufen Sie daher niemals eine PCI-Karte, für die Sie keine Mac-Treiber haben, weil Ihnen diese Karte ohne Software überhaupt nichts nutzt!

19 Das Netzwerk-Kapitel

In diesem Kapitel

Jeder jemals hergestellte Mac ist mit Netzwerkfähigkeiten ausgestattet – er besitzt die dafür notwendige Hard- und Software ab Werk. Und weil Sie zum Verbinden zweier Rechner das Druckerkabel verwenden können, müssen Sie für ein ganz einfaches Macintosh-Netzwerk keine zusätzlichen Komponenten kaufen.

Eine Netzwerkverbindung zwischen zwei Computern allein reicht noch nicht, um tatsächlich Daten auszutauschen. Zusätzlich wird noch eine «gemeinsame Sprache» benötigt, in der sich die Netzwerkkarten verständigen. Diese Sprache heißt Protokoll. Das Mac-eigene Protokoll ist das schon erwähnte AppleTalk. Daneben gibt es noch viele andere, von denen TCP/IP am weitesten verbreitet ist, weil es im Internet benutzt wird. Auch Ihr Mac kann mit TCP/IP umgehen, er kann sogar die AppleTalk-Daten über TCP/IP verschicken, wenn der Kommunikationspartner über die entsprechende Software verfügt.

Wozu ist ein solches Netzwerk eigentlich gut? Sie können Dateien von einem Mac zum anderen schicken und brauchen keine Disketten mehr. Oder Sie versenden E-Mails zwischen den Gebäuden Ihrer Firma. Alle Leute in Ihrem Büro können sich einen teuren Laserdrucker teilen, jeder kann auf die gleiche FileMaker-Datenbank, den gleichen Kalender, das gleiche Faxmodem zugreifen usw.

Die Verkabelung

HEISSER TIP

Sie lernen in diesem Kapitel zwei verschiedene Möglichkeiten kennen, Macs zu vernetzen, Ethernet (teuerer, aber schnell) und LocalTalk (preiswert, aber etwas langsamer). Außerdem zeigen wir Ihnen einige schnelle Wege, die Sie beschreiten können, wenn Sie Daten zwischen zwei Ihrer eigenen Macs übertragen wollen, ohne sich erst mit Paßwörtern und Softwareeinstellungen abmühen zu müssen.

Szenario 1: LocalTalk

Wenn Sie wenig Geld zur Verfügung haben, ein Netzwerk nicht jeden Tag benötigen oder keine großen Datenmengen übertragen wollen, werden Sie möglicherweise mit dem Netzwerksystem zufrieden sein, das jeder Mac von Haus aus eingebaut hat. Dieses System wird LocalTalk genannt.

Welche Kabel Sie für diese Anordnung benötigen, hängt davon ab, wieviele Macs Sie vernetzen wollen.

ACHTUNG

Verwechseln Sie LocalTalk nicht mit AppleTalk. Der erste Begriff bezeichnet die elektrische Netzwerkverbindung über die serielle Schnittstelle Ihres Mac, der zweite ist der Name für das Protokoll, mit dem die Daten über das Netzwerk übertragen werden.

Ein Druckerkabel für zwei Macs. Falls Sie planen, lediglich zwei Rechner zu verbinden, können Sie einfach Ihr Druckerkabel benutzen – z.B. ein (serielles) StyleWriter-Kabel. Schließen Sie das Kabel an die Druckerports der beiden Rechner an.

PhoneNet-Adapter für mehrere Macs. Wenn Sie mehr als zwei Rechner vernetzen wollen, benötigen Sie zusätzliche Kabel. Für jedes Gerät, egal ob Mac oder Laserdrucker, brauchen Sie einen PhoneNet-Adapter. Diesen Adapter können Sie mit normalen Telefonkabeln verbinden. Jeder der kleinen Anschlüsse an einem PhoneNet-Adapter (19.1) kann den kleinen Clip am Ende des Telefonkabels aufnehmen. Sie sollten beim Einrichten des Netzes darauf achten, daß alles in einer Reihe hintereinander angeschlossen wird (es ist eigentlich auch nicht möglich, eine Schleife zu bilden). Macs und Laserdrucker werden in solchen Netzwerken genau gleich behandelt.

Am Ende der Gerätekette müssen Sie in den leeren Anschluß des Adapters außerdem einen Abschlußwiderstand einfügen. Dieser Abschluß sieht wie ein Telefonkabelclip aus, bei dem das Kabel abgebrochen ist. Ohne dieses Element können beim Senden und Empfangen von Daten Fehler auftreten; im schlimmsten Fall funktionieren einige Geräte überhaupt nicht. Die Abschlußwiderstände an den Enden der Gerätekette absorbieren gestreute elektrische Signale, die ansonsten wieder reflektiert werden und bei ihrem erneuten Durchlaufen des Kabels den Macintosh oder andere Geräte stören. Solche Terminatoren erhalten Sie beim Kauf eines PhoneNet-Adapters.

Die Gesamtlänge der Telefonleitungen sollte 1000 Meter und die Anzahl der Macs 30 nicht überschreiten. Ansonsten müssen Sie Ethernet einsetzen. Wie Sie nach dem Verkabeln das Netzwerk in Betrieb nehmen, erfahren Sie weiter hinten in diesem Kapitel.

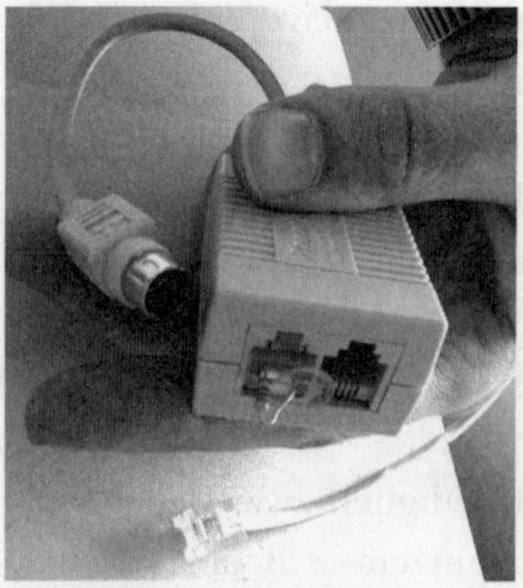

Abb. 19.1 Ein PhoneNet-Adapter mit Abschlußwiderstand (Terminator).

Szenario 2: Ethernet

Die schnellere Alternative zum LocalTalk-Netzwerk heißt Ethernet. Heutzutage ist diese Netzwerktechnik auch in der Macintosh-Welt bereits weit verbreitet.

TECHNIK

Ethernet und Geschwindigkeit. In einem LocalTalk-Netz bewegen sich die Daten mit einer Geschwindigkeit von 230,000 Bits pro Sekunde. Im Gegensatz dazu reisen Sie in einem Ethernet mit 10 Millionen Bps, 10 MBit/s. Ein Ethernet ist also zumindest theoretisch ungefähr 43 Mal schneller als ein LocalTalk-Netzwerk. In der Praxis hängt die tatsächliche Geschwindigkeit von der Stärke des Netzwerkverkehrs, der Art der ausgetauschten Daten usw. ab. Ethernet ist etwa dreimal schneller als LocalTalk und besitzt die 3- bis 5fache Kapazität.

Das ursprüngliche Ethernet hatte eine Geschwindigkeit von 10 MBit/s. Mittlerweile haben alle neueren Computer Netzwerkadapter, die mit 100 MBit/s funktionieren, spezielle Karten für Server sogar mit 1000 MBit/s. Auch die neuen Macs und PowerBooks arbeiten mit 100 MBit/s, können sich allerdings auch auf 10MBit/s herunterschalten, wenn sie an einen langsameren Hub angeschlossen sind.

ACHTUNG

Ethernet ist keine Mac-typische Technologie. Auch alle anderen Betriebssysteme können dieses Verfahren benutzen. Das hat den unschätzbaren Vorteil, daß die Bauteile für eine Ethernet-Verkabelung für alle Arten von Computern gleich (und damit billiger) sind.

Hubs. Ein Ethernet-Netzwerk ist schwieriger einzurichten als ein LocalTalk-Netz. Denn wenn Sie mehr als zwei Macs oder andere Geräte in das Netz integrieren wollen, müssen Sie jedes Gerät direkt an ein zentrales Teil anschließen, einen sogenannten Hub. (Die daraus resultierende Form ist ein Stern; in einem LocalTalk-Netz hingegen erhalten Sie eine Kette.)

Ein Hub ist eine kleine Kiste mit Anschlüssen für fünf, zehn oder mehr Ethernet-Kabel (19.2). Ein Ethernet-Kabel, z.B. 10BaseT oder 100BaseT, sieht wie ein übergewichtiges Telefonkabel mit entsprechend dickeren Steckern an jedem Ende aus. Diese Stecker tragen die Bezeichnung RJ45-Adapter. Ein Hub kostet zwischen 75 DM und 1.500 DM, je nachdem welche Ausstattung Sie benötigen.

Diese Anschlußtechnik heißt auch *Twisted Pair*, weil sich im Inneren der Kabel verdrillte Leitungspaare befinden.

Die Weiterentwicklung des Hubs ist ein sogenannter Switch. Diese Geräte sehen von außen genauso aus, können aber im Inneren gleichzeitig Verbindungen zwischen mehreren Anschlüssen herstellen, ohne daß sich diese wie bei Hubs gegenseitig beeinflussen. Bei sorgfältiger Planung des Netzwerkes ist das Ergebnis ein verbesserter Datenfluß für alle beteiligten Computer auch unter hoher Netzwerklast.

Vereinzelt können Sie noch Ethernet-Netzwerke antreffen, die mit einem schwarzen Koaxialkabel arbeiten, an das alle Computer mit T-Stücken angeschlossen sind. Bei diesem System braucht man keinen Hub, aber jede Unterbrechung das Kabels führt dazu, daß nichts mehr funktioniert. Außerdem müssen die T-Stücke direkt an der Netzwerkkarte sitzen und das Kabel muß an beiden Enden terminiert sein.

Abb. 19.2 Ein Ethernet-Hub verbindet fünf oder mehr Macs und Drucker. In professionellen Installationen steht dieser Kasten meist in einem separaten Technikraum, in dem sich auch der Telefonanschluß befindet.

Hubs bieten drei entscheidende Vorteile:

- Sie sind plattformunabhängig – es gibt keine speziellen Mac- oder Windows-Versionen dieser Geräte.
- Wenn Ihr Netzwerk sich vergrößert, können Sie einen Hub direkt an einen zweiten Hub anschließen; Ihr Stern bekommt also zusätzliche Strahlen.
- Wenn einer von mehreren Hubs ausfällt, bleibt der Rest Ihres Netzwerkes trotzdem intakt.

Kabel-Tricks

Wollen Sie nur zwei Computer verbinden, können Sie ein Ethernet ohne Hub aufbauen. Dazu brauchen Sie ein spezielles Twisted-Pair-Kabel, dessen Anschlüsse gekreuzt sind. (Diese Kabel heißen Crossover- oder Crosslink-Kabel.) Verbinden Sie mit einem solchen Kabel die Netzwerksteckdosen der zwei Computer, und schon haben Sie eine Verbindung. Um Daten übertragen zu können, brauchen Sie allerdings noch die passende Software, aber die ist ja bei zwei Macs schon eingebaut.

Haben Sie noch einen alten LaserWriter, der nur einen LocalTalk-Anschluß besitzt? Um diesen auf Ethernet umzurüsten, müssen Sie einen nicht ganz billigen Adapter von LocalTalk auf Ethernet kaufen. Es gibt aber auch noch eine andere Lösung:

Mit der kostenlosen Software *LaserWriter Bridge* von Apple können Sie einen Mac einsetzen, um zwischen Ethernet und LocalTalk zu vermitteln. Beide Netzwerke müssen dazu an diesen Mac angeschlossen sein, der dann die Pakete umsetzt. Alle anderen Macs im Ethernet sehen damit den LocalTalk-Drucker ganz normal – allerdings nur, wenn der Vermittler-Mac eingeschaltet ist. Pro Netzwerk darf auch nur ein Mac die LaserWriter Bridge benutzen, sonst gibt es Probleme.

Wollen Sie andere LocalTalk-Geräte (wie z.B. ein älteres PowerBook) mit dem Ethernet verbinden, geht das analog mit der Software *LocalTalk-Bridge*. (Dieses Programm finden Sie auf der CD zum Buch.)

Die Mac-Anschlüsse. Im Gegensatz zu LocalTalk besitzt nicht jeder Mac automatisch den passenden Ethernet-Anschluß. Es gibt drei verschiedene Möglichkeiten:

- **Überhaupt kein Ethernet.** Ältere Macs, wie die Mac-II-Reihe besaßen keine Ethernet-Ausstattung. Sie mußten eine Ethernet-NuBus-Karte kaufen, diese in den NuBus-Slot stecken und hoffen, daß es funktionierte.

- **Ältere PowerBooks.** Manche besitzen auch keinen Ethernet-Anschluß, können aber leicht aufgerüstet werden. Sie brauchen lediglich eine Ethernet-PC-Karte, wie z.B. die Global Village 56K Combo PC Card.

- **AAUI-Anschluß.** Die meisten Quadras und frühen Power Macs besaßen solch einen Anschluß: er ist geformt wie ein Monitor-Anschluß, rechteckig mit schrägen linken und rechten Seiten, allerdings etwas kleiner (etwa 3/4 Zoll groß). In diesen Anschluß konnten Sie einen Adapter stecken, der wiederum Platz für andere Anschlüsse, wie 10BaseT, bot.

- **10BaseT-Anschlüsse.** Diese Anschlüsse sind am komfortabelsten. Sie finden sie an allen aktuellen Modellen. Hier müssen Sie keinen zusätzlichen Transceiver kaufen, sondern können das Ethernet-Kabel direkt an den Mac anschließen.

- **100BaseT-Anschlüsse.** Die dafür notwendigen Steckverbinder sehen genauso aus wie bei 10BaseT. Alle neueren Macs und PowerBooks haben solche Netzwerk-Buchsen eingebaut, die Daten mit 100 MBit/s befördern können. Damit das reibungslos passieren kann, müssen Sie allerdings spezielle Kabel verwenden, die die Bezeichnung «Kategorie 5» tragen. Außerdem muß natürlich auch der Hub mit 100 MBit/s arbeiten, ansonsten läuft der Anschluß nur mit 10 MBit/s.

Szenario 3: Token Ring

Token Ring stellt eine selten genutzte Alternative zu Ethernet dar. Bei starkem Netzwerkverkehr funktioniert Token Ring effektiver als Ethernet. Es ist aber auch teurer, schwerer zu erweitern und erfordert eine sorgfältigere Planung. In den meisten Fällen wird die Ethernet-Technik daher Token Ring vorgezogen.

Szenario 4: Drahtloses AirPort-Netzwerk

Mit der Einführung des iBook im Herbst 1999 präsentierte Apple eine neue Netzwerk-Technologie – AirPort. Das ist ein drahtloses Netzwerk, bei dem die beteiligten Computer per Funk verbunden sind. Die Datenrate beträgt 11 MBit/s, damit ist es sogar ein wenig schneller als das klassische Ethernet. Um es einsetzen zu können, muß der Mac mit einer spezielle AirPort-Karte und einer Antenne ausgestattet sein. Die iBooks und die G4-Desktop-Macs sind für diese Technologie bereits vorbereitet, für alle älteren Mac-Modelle und PowerBooks wird es vermutlich Erweiterungskarten geben.

AirPort funktioniert im Umkreis von etwa 50 Metern, und das auch durch Mauern hindurch. Wenn Sie einen Mac mit dieser Technologie gleichzeitig mit einem Ethernet oder über ein Modem mit dem Internet verbinden, können alle anderen Macs im Funknetzwerk ebenfalls auf diese Netze zugreifen.

Ein Zusatzteil mit dem Namen AirPort tut genau dasselbe: Es verbindet das Funknetzwerk mit dem Ethernet und kann außerdem noch mit einem Modem oder ISDN-Adapter für alle Mitglieder des Netzwerkes eine Internet-Verbindung herstellen.

AirPort beruht auf dem Industriestandard IEE 802.11, der speziell für diese Art der Datenübertragung geschaffen wurde. Damit besteht die Chance, daß in Zukunft Ihr Mac eventuell auch mit ähnlich ausgerüsteten Computern anderer Hersteller Kontakt aufnehmen kann.

Szenario 5: Hochgeschwindigkeits-Netzwerke

Obwohl 100 MBit pro Sekunde schon recht schnell ist, reicht diese Netzwerk-Geschwindigkeit nicht aus, um z.B. Videodaten in Echtzeit zu transportieren. Darum gibt es auch für Macs Speziallösungen, die noch höhere Datenraten schaffen. Diese Systeme sind aber sehr teuer und eigentlich nur für ganz spezielle Anwendungen sinnvoll. In jedem Fall müssen Sie Ihren Mac dafür mit einer zusätzlichen Erweiterungskarte ausrüsten, außerdem benutzen solche Netzwerk oft auch spezielle Software.

Grundlagen des File Sharing

Nachdem Sie die Verkabelung Ihres Netzwerkes abgeschlossen haben, müssen Sie sich der benötigten Software zuwenden. Die Netzwerk-Software der Macs ist recht ausgefeilt. Sie könnten ganze Tage damit zubringen, Kennworte festzulegen, unterschiedliche Zugriffsrechte für verschiedene Ordner auf den einzelnen Macs zu vergeben usw.

Es gibt für ein Netzwerk viele verschiedene Anwendungen: E-Mail, die gemeinsame Benutzung einer Datenbank oder eines Kalenders usw. Eine der beliebtesten Funktionen ist jedoch das File Sharing. Damit machen Sie einfach Ihre Dateien und Ordner den Benutzern anderer Macs zugänglich.

Apple nennt diese Funktion *Personal File Sharing*. Bis zu 30 Personen können auf die Dateien auf einem Mac zugreifen. Es ist kein spezieller Rechner notwendig, wie dies bei früheren File Sharing-Techniken üblich war. Apple verkauft allerdings noch ein separates Produkt namens *AppleShare*. Es verwandelt einen bestimmten Mac in einen zentralen File-Server, auf dessen Dateien Tausende von Macs, Apple II- und Windows-Computern zugreifen können. Weil die Last auf diesen Macs höher ist als auf einem normalen Arbeitsplatzcomputer, sind sie fast immer mit reichlich Arbeitsspeicher und schnellen Festplatten ausgerüstet.

POWER USER

Anstelle von AppleShare kann man auch einen Server mit Mac OS X einsetzen, der ganz genauso funktioniert. Außerdem lassen sich moderne Mac-Modelle direkt von so einem Server starten. Diese Computer brauchen dann nicht einmal mehr eine interne Festplatte, alle Daten werden auf dem schnellen Server gespeichert. (Diese Möglichkeit zum Fernstart heißt übrigens NetBoot.)

File Sharing für einen Nutzer

Weiter hinten in diesem Kapitel werden wir Ihnen erklären, wie Sie bestimmte Sicherheitsstufen für Ihre Festplatten oder Ordner festlegen können. Wenn Sie jedoch der einzige sind, der Ihre Computer benutzt, wären diese Vorsichtsmaßnahmen übertrieben, da Sie in diesem Fall eher auf einfache, schnelle Art und Weise Daten zwischen Ihren Macs austauschen möchten.

Wir setzen jetzt einmal voraus, daß Sie an Ihrem Power Mac sitzen und versuchen, das PowerBook-Icon auf den Bildschirm zu bekommen. Selbstverständlich können Sie diesen Vorgang auch umkehren und von Ihrem PowerBook auf Ihren Power Mac zugreifen.

Alle folgenden Schritte müssen Sie nur einmal ausführen. Danach können Sie Ihre Macs mit einem Doppelklick verbinden.

Das PowerBook einrichten

Führen Sie auf Ihrem PowerBook folgende Schritte aus:

1. Öffnen Sie die Auswahl (im Apple-Menü). Überprüfen Sie, ob AppleTalk aktiviert ist.

2. Öffnen Sie das Kontrollfeld *AppleTalk* (bei älteren Macs *Netzwerk*). Wählen Sie die Art Ihres Netzwerkes – LocalTalk oder Ethernet. Bei einem PowerBook bedeutet die Option *Modem/Drucker* LocalTalk. Sichern und schließen Sie das Kontrollfeld.

3. Öffnen Sie das Kontrollfeld *File Sharing* (bei älteren Macs *Gemeinschaftsfunktionen*). Geben Sie in der Dialogbox Ihren Namen und einen Namen für den Macintosh ein.

Wenn Sie der einzige sind, der diesen Mac benutzt, wählen Sie einen kurzen, leicht zu tippenden Namen für sich selbst, wie etwa Ihre Initialen oder «ich». (Für dieses Szenario benötigen Sie kein Kennwort.)

4. Klicken Sie auf den oberen Start-Button. Sichern und schließen Sie dieses Kontrollfeld.

Den Desktop-Mac einrichten

Ihr PowerBook ist nun bereit. Verbinden Sie es nun mit Ihrem Mac, wie am Anfang des Kapitels beschrieben. Führen Sie die folgenden Schritte nun auf Ihrem Desktop-Mac aus, damit das Icon des PowerBook dort auf dem Bildschirm erscheint.

1. Öffnen Sie das Kontrollfeld *AppleTalk* (oder *Netzwerk*), kontrollieren Sie, ob der richtige Verkabelungstyp eingestellt ist (Ethernet oder LocalTalk). Sichern und schließen Sie das Kontrollfeld.

2. Öffnen Sie das Kontrollfeld *File Sharing* (oder *Gemeinschaftsfunktionen*). Geben Sie den Namen oder die Initialen aus Schritt 3 der vorangegangenen Anweisungen ein. Schließen Sie dieses Fenster.

3. Öffnen Sie die Auswahl. Wenn AppleTalk aktiviert ist, können Sie nun auf *AppleShare* klicken.

4. Auf der rechten Seite sehen Sie jetzt den Namen Ihres PowerBook (19.3). Doppelklicken Sie auf den Namen. Es erscheinen nacheinander zwei Dialogboxen, in denen Sie Ihre Einstellungen mit OK bestätigen können.

5. Das PowerBook-Icon sollte nun auf dem Schreibtisch des Power Mac erscheinen. Sie können es per Doppelklick öffnen und seinen Inhalt wie gewohnt nutzen.

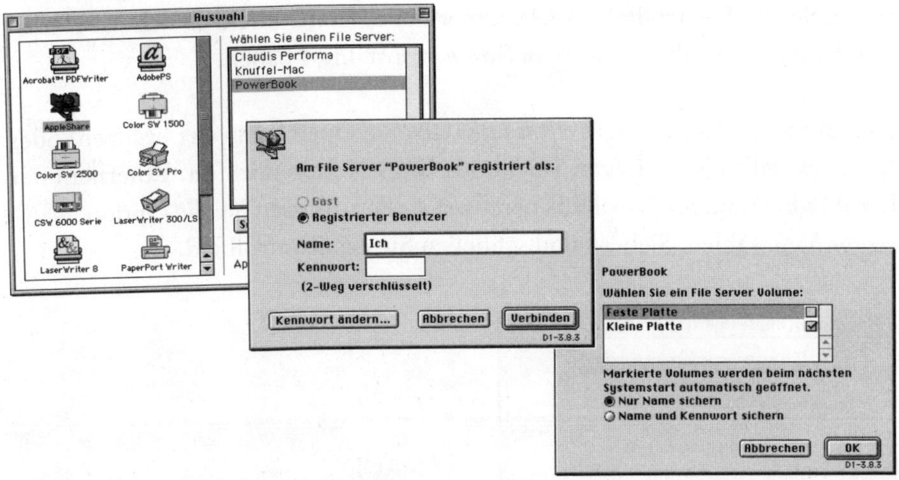

Abb. 19.3 Das Anmelden am PowerBook beginnt mit der Auswahl (oben links), Sie müssen dann die gewünschte Maschine (Mitte) und zum Schluß die Festplatte (unten rechts) angeben, die Sie nutzen wollen.

Um Zeit zu sparen, sollten Sie einen Alias des PowerBook-Icons erzeugen und diesen auf den Schreibtisch des Power Mac legen. Beim nächsten Mal müssen Sie dann nicht erst alle beschriebenen Schritte ausführen. Sie doppelklicken einfach auf den Alias, und das eigentliche PowerBook-Fenster erscheint auf dem Bildschirm.

HEISSER TIP

Jetzt, wo Sie beide Computer erfolgreich verbunden haben, kommen Sie sicher irgendwann in die Verlegenheit, die Daten zwischen beiden Macs abzugleichen. Am besten geht das mit Apples Programm *File Assistant* (bzw. dem Kontrollfeld *Dateien abgleichen*), das sei Mac OS 7.5 Teil der Systemsoftware ist.

File Sharing im Büro

Sie haben jetzt gesehen, wie einfach es ist, zwei Macs miteinander zu vernetzen. Wenn Ihr System jedoch sicherer und flexibler sein soll, sind bedeutend mehr Schritte notwendig. Dank Apples Softwaredesign ist allerdings jeder Schritt logisch.

Schritt 1: Das Kontrollfeld AppleTalk einrichten

Der Macintosh kann unterschiedliche Arten von Netzwerken nutzen: LocalTalk, Ethernet, Infrarot-Übertragungen usw. Allerdings kann immer nur ein Typ aktiv sein. Zum Umschalten zwischen den verschiedenen Möglichkeiten öffnen Sie ein Kontrollfeld (19.4). Um welches Kontrollfeld es sich dabei handelt, hängt davon ab, ob Sie *OpenTransport* installiert haben.

Öffnen Sie das Kontrollfeld *AppleTalk* (falls Sie OpenTransport besitzen) oder *Netzwerk* (falls nicht). Legen Sie die Art Ihres Netzwerkes fest: Ethernet oder LocalTalk. Wenn Sie LocalTalk benutzen wollen, müssen Sie die Option *Druckeranschluß* wählen. Sichern und schließen Sie das Kontrollfeld.

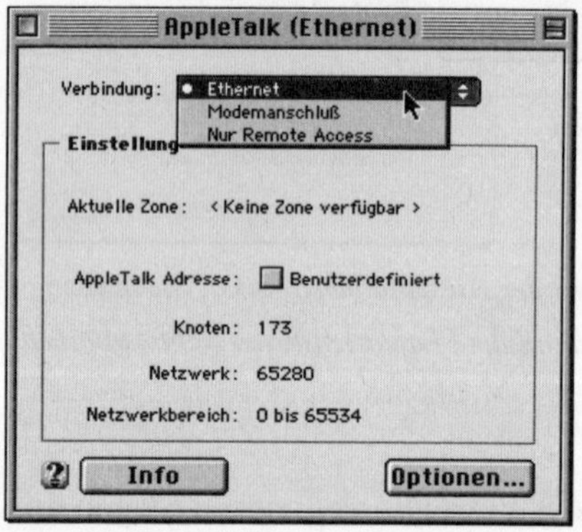

Abb. 19.4 Legen Sie im Kontrollfeld «AppleTalk» die Art Ihres Netzwerkes fest. (Wenn Sie kein OpenTransport besitzen, verwenden Sie statt dessen das ähnliche Kontrollfeld «Netzwerk».)

Schritt 2: Das Kontrollfeld File Sharing einrichten

Öffnen Sie als nächstes das Kontrollfeld *File Sharing* (bzw. *Gemeinschaftsfunktionen*). Geben Sie Ihren Namen sowie den Namen Ihres Macintosh ein, so wie er in der Auswahl anderer Macs erscheinen soll (19.5).

Sie können das *Kennwort*-Feld frei lassen, allerdings wird das Kontrollfeld Sie ermahnen. Wenn Sie kein Kennwort festlegen, kann jeder im Netzwerk, der Ihren Namen kennt (den Namen, den Sie im Rechner angegeben haben), auf Ihre Dateien zugreifen. In einer kleinen Firma können Sie unter Umständen das Kennwort weglassen; Sie sparen dadurch vermutlich eine Menge Zeit.

Klicken Sie zum Schluß auf *Start*. Der Mac versetzt sich nun in den Fileserver-Modus. Dieser Vorgang kann einige Minuten in Anspruch nehmen, je nachdem, wieviele Volumes Sie freigeben. (Diese Funktion benötigt auch Speicher. Je mehr Dateien und Volumes Sie freigeben, um so mehr Speicher wird gebraucht. PowerBook-Benutzer sollten File Sharing deshalb ausschalten, wenn sie auf Tour sind.)

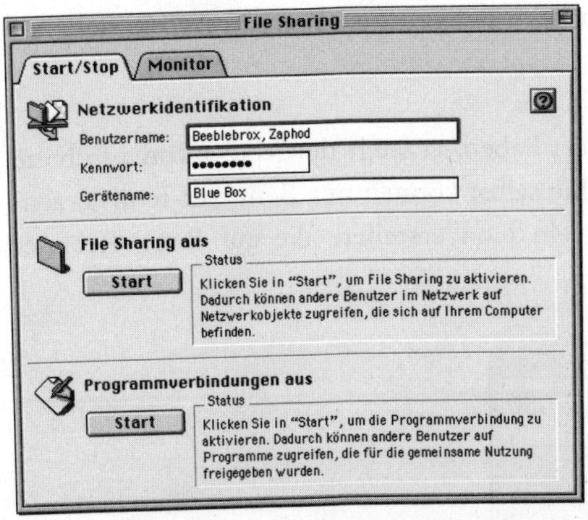

Abb. 19.5 Im Kontrollfeld «File Sharing» (auf älteren Macs: «Gemeinschaftsfunktionen») können Sie ihre Netzwerk-Identität festlegen, ein Kennwort bestimmen und File Sharing sowie Programmverbindungen ein- und ausschalten. Die Abbildung zeigt beide Funktionen im ausgeschalteten Zustand.

Nachdem File Sharing vollständig gestartet ist, steht *Stop* auf dem Button in der Dialogbox. Wenn Sie darauf klicken, wird File Sharing wieder deaktiviert.

Sichern und schließen Sie das Kontrollfeld.

File Sharing läßt sich auch über ein Modul in der Kontrolleiste aus- und einschalten. Suchen Sie einfach nach dem Symbol eines Ordners und klicken Sie darauf. Das erscheinende Menü erlaubt Ihnen, das File Sharing ein- bzw. aus-

POWER USER

zuschalten, öffnet das Kontrollfeld *File Sharing* und zeigt auch noch an, welche Nutzer gerade auf Ihren Mac zugreifen.

Schritt 3: Benutzer und Gruppen einrichten

Wenn Sie die einzige Person sind, die dieses Netzwerk benutzt, können Sie diesen Schritt überspringen.

Mit dem Einschalten von File Sharing bieten Sie anderen Leuten im Netzwerk eine virtuelle Eingangstür – Sie müssen diesen Leuten jedoch auch einen Schlüssel geben. Dafür gibt es das Kontrollfeld *Benutzer & Gruppen* (19.6).

Mit diesem Kontrollfeld können Sie anderen Benutzern bestimmte Rechte an freigegebenen Funktionen zuweisen oder verweigern. Zu diesen Funktionen gehören File Sharing, Programmverbindungen und Remote Access (falls Sie das installiert haben).

Nachdem Sie File Sharing aktiviert haben, erzeugt der Mac automatisch ein Gast- und ein Eigentümer-Icon. Sie selbst können nur Benutzer-Icons erzeugen. Sie sollten für jede Person ein Icon erstellen, die auf Ihren Rechner zugreifen möchte.

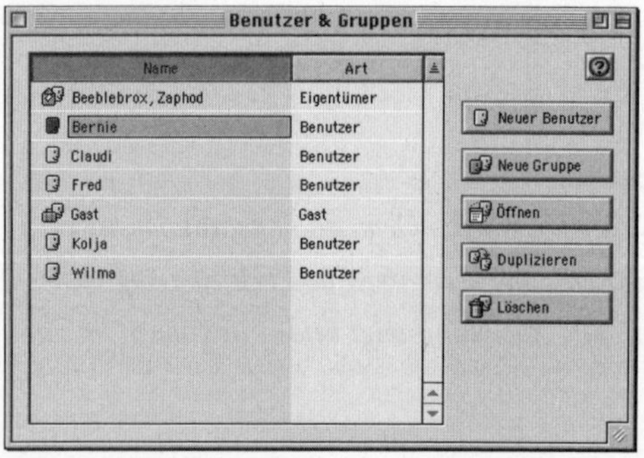

Abb. 19.6 Das Programm «Benutzer & Gruppen». Beachten Sie das Wort «Eigentümer» neben dem ersten Namen; dieser Benutzer ist der Eigentümer des Mac. Sie können den Namen des Eigentümers in diesem Kontrollfeld nicht ändern, dies geht nur im Kontrollfeld «File Sharing». Jedoch ist es möglich, die Namen der anderen Benutzer zu ändern.

Wählen Sie dazu *Neuer Benutzer* aus dem Ablage-Menü oder klicken Sie auf den Button *Neuer Benutzer* (Mac OS 8.x). Wenn Sie auf ein Benutzer-Icon doppelklicken, wird ein Konfigurationsfenster geöffnet (19.7).

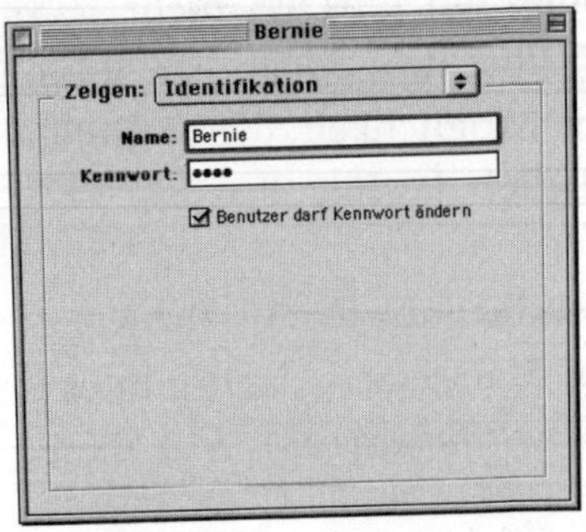

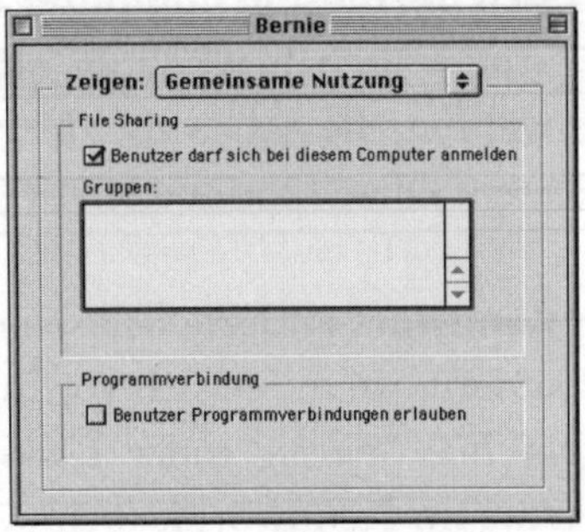

Abb. 19.7 Die Einstellmöglichkeiten des Kontrollfeldes «Benutzer & Gruppen». Links: Das Feld «Identifikation», in dem Sie jedem Ihrer Mitarbeiter ein Kennwort zuteilen können. Rechts: Das Feld «Gemeinsame Nutzung», in dem Sie die Zugriffsrechte vergeben.

Sie haben für jeden Mitarbeiter, der sich auf Ihrem Mac anmelden will, die folgenden Möglichkeiten:

- **Gäste dürfen sich bei diesem Computer anmelden.** Diese Checkbox legt fest, ob jemand die freigegebenen Dateien in Ihren Ordnern oder Festplatten überhaupt sehen kann.

Deaktivieren Sie diese Option für das Gast-Icon, ist der Eintrag *Gast* in der Auswahl gedimmt, falls jemand versucht, sich über den Gastzugang an Ihrem Mac anzumelden (19.3).

- **Programmverbindungen.** Diese Option steuert den Zugang anderer Benutzer auf freigegebene Programme auf Ihrer Festplatte. Es gibt nicht viele solcher Programme, deshalb können Sie diese Option meist ignorieren.

- **Remote Access.** Wenn Sie Apples Einwahlsoftware *Apple Remote Access* installiert haben, sehen Sie lediglich diese Option. Diese Software werden wir später besprechen.

Das Eigentümer-Icon. Ab Mac OS 8.x steht Ihr Name an der Spitze der Liste mit der Bezeichnung *Eigentümer*. (Vor Mac OS 8 gab es ein einheitliches Icon, das in besonderen Fällen fett umrahmt war.) Wenn Sie auf dieses Icon doppelklicken, besitzt das sich öffnende Fenster einige zusätzliche Einstellungen, die es für andere Benutzer nicht gibt:

- **Benutzer darf sich bei diesem Computer anmelden.** Uns ist nicht ganz klar, welchen Grund Sie haben sollten, sich selbst den Zugang zu Ihrem Rechner zu verwehren, Sie haben aber hier die Möglichkeit, dieses Gefühl einmal auszukosten. Diese Option betrifft lediglich das File Sharing.

- **Benutzer darf Kennwort ändern.** Selbstverständlich dürfen Sie Ihr Kennwort jedesmal ändern, wenn Sie sich vor Ihren Mac setzen, dafür gibt es ja das Kontrollfeld *File Sharing* (oder *Gemeinschaftsfunktionen*). Mit dieser Option können Sie Ihr Kennwort jedoch «von außen» ändern, d.h. von der Auswahl eines anderen Macs im Netzwerk aus.

- **Benutzer darf alle Volumes sehen.** Wie wir bereits erwähnt haben, ist diese Option nur für Sie, den Eigentümer des Mac verfügbar.

Für alle anderen im Netzwerk jedoch sind alle Volumes auf Ihrem Rechner erst dann erreichbar, wenn Sie sie ausdrücklich (und einzeln) freigeben. Verwenden Sie dazu den Befehl *Gemeinsam nutzen* aus dem Ablage-Menü.

Ihnen als Eigentümer ist es normalerweise jedoch erlaubt, über das Netzwerk auf alle Volumes Ihres Macs zuzugreifen, auch wenn diese nicht explizit zur gemeinsamen Nutzung freigegeben wurden.

Wenn Sie diese Option jedoch ausschalten, werden Sie wie jeder andere Benutzer im Netzwerk behandelt; Sie können von einem anderen Mac aus Ihre Volumes nur sehen, wenn diese vorher freigegeben worden sind.

- **Benutzer Programmverbindungen erlauben.** Wie bereits erwähnt, sind Programmverbindungen fast nutzlos – es gibt jedoch eine wichtige Ausnahme: Wenn Sie mit AppleScript übers Netzwerk arbeiten wollen, müssen Sie diese Option aktivieren. Hier sollten Sie jedoch sehr viel Vorsicht walten lassen, da Programmverbindungen Ihren Mac leicht für Angriffe von außen zugänglich machen – seit Mac OS 9 sogar übers Internet!

Sie müssen kein Kennwort angeben, es ist aber eine gute Sicherheitsmaßnahme. Bei Kennwörtern wird zwischen Groß- und Kleinbuchstaben unterschieden. Die Kennwörter «Fisch», «FISCH» und «fisch» werden also unterschiedlich behandelt. Kennwörter beim File Sharing dürfen maximal 8 Zeichen lang sein. Um die Sicherheit zu erhöhen, sollten Sie neben großen und kleinen

Buchstaben auch Sonderzeichen und Ziffern benutzen. (Ihr Kennwort könnte z.B. so aussehen: #2Af%x7o – falls Sie sich das merken können…)

Das Gast-Icon. Das *Gast-Icon* ist das größte Sicherheitsloch im ganzen System. Wenn Sie einen Gastzugang einrichten, erlauben Sie jeder Person im Netzwerk, auf Ihre freigegebenen Volumes zuzugreifen, ohne daß sie sich in irgendeiner Form legitimieren muß (durch Benutzernamen oder Kennwort). Setzen Sie diese Funktion daher mit Vorsicht ein, es sei denn, a) Sie sind die einzige Person, die Ihr Netzwerk benutzt oder b) Sie vertrauen Ihren Freunden.

Gruppen. Soll mehr als ein Benutzer auf einen bestimmten Ordner zugreifen können, sparen Sie eine Menge Zeit, indem Sie eine *Gruppe* einrichten. Die Gruppe enthält die Namen aller Personen, die zur Gruppe gehören. Jeder Anwender kann Mitglied mehrerer Gruppen sein. Der große Vorteil dieser Technik besteht darin, daß Sie in einem einzigen Schritt die Zugriffsrechte für mehrere Benutzer festlegen können.

Nachdem Sie Icons für alle einzelnen Benutzer eingerichtet haben, gehen Sie folgendermaßen vor, um eine Gruppe zu erzeugen:

1. Öffnen Sie das Kontrollfeld *Benutzer & Gruppen*.

2. Wählen Sie *Neue Gruppe* aus dem Ablage-Menü oder klicken Sie auf den Button *Neue Gruppe*. Ein neues doppelköpfiges Icon namens *Neue Gruppe* erscheint. Sie können der Gruppe nun einen Namen geben.

3. Um einen Benutzer zum Mitglied dieser Gruppe zu machen, ziehen Sie einfach sein Icon auf das Gruppen-Icon. Das ist so ähnlich wie beim Verschieben von Dateien in Ordner. Allerdings steht das Benutzer-Icon hinterher sowohl an seinem ursprünglichen Platz als auch in der Gruppe.

Um festzustellen, zu welchen Gruppen ein Anwender gehört, doppelklicken Sie auf das Benutzer-Icon. In Mac OS 8.x wählen Sie dann *Gemeinsam nutzen* aus dem Popup-Menü *Zeigen*: (19.8).

Wenn Sie dagegen feststellen wollen, welche Benutzer zu einer Gruppe gehören, doppelklicken Sie auf das Gruppen-Icon. Sie entfernen einen Benutzer aus einer Gruppe, indem Sie sein Icon aus dem Gruppen-Fenster in den Papierkorb ziehen.

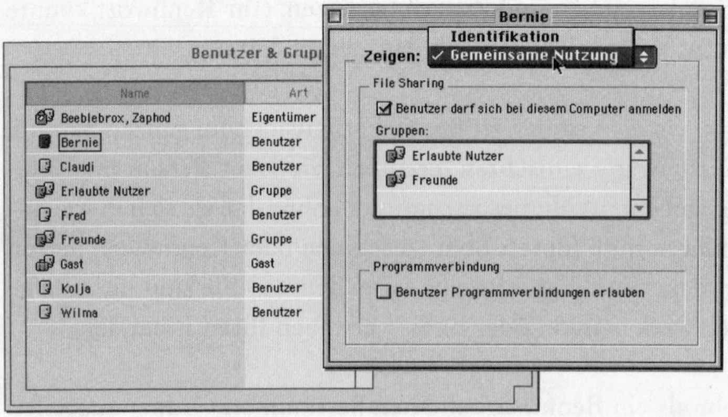

Abb. 19.8 Das Benutzer-Fenster auf der rechten Seite zeigt, zu welchen Gruppen Bernie gehört: Erlaubte Nutzer und Freunde.

Schritt 4: Ordner zur gemeinsamen Nutzung freigeben

Auch nach diesen vielen Schritten zum Einrichten des Netzes kann immer noch niemand außer Ihnen, dem Eigentümer, auf die Dateien Ihres Macs zugreifen. Sie müssen daher jetzt festlegen, welche Dateien und Volumes für andere Anwender verfügbar sein sollen. (Es ist nicht möglich, einzelne Dateien freizugeben; dieser Mechanismus funktioniert nur mit ganzen Ordnern oder Volumes.)

Führen Sie für jeden freizugebenden Ordner und jedes freizugebende Volume die folgenden Schritte aus:

1. Markieren Sie den Ordner bzw. das Volume, das Sie freigeben wollen.

2. Wählen Sie *Ablage/Information/Gemeinsam nutzen*. Sollten Sie File Sharing noch nicht aktiviert haben, werden Sie nun aufgefordert, dies nachzuholen. (Ab Mac OS 8 können Sie die Zugriffsrechte auch über das Kontextmenü festlegen.)

3. In der nun erscheinenden Dialogbox können Sie festlegen, wieviel Zugriff Sie gestatten wollen. Schließen Sie das Fenster.

Sie haben nun noch die Möglichkeiten, den Grad der Freigabe festzulegen. Das bedeutet, daß Sie anderen Benutzern bestimmte Freiheiten beim Umgang mit Ihren Daten zugestehen (oder auch nicht).

Die verschiedenen Zugriffsrechte finden Sie im Popup-Menü auf der rechten Seite der Dialogbox (19.9). Links daneben sind der Eigentümer und die verschiedenen Benutzer aufgeführt. Außerdem gibt es dort den Eintrag *Jeder*.

Der Eigentümer muß übrigens nicht zwingend identisch mit dem Eigentümer des Computers sein. Jeder, der auf Ihren Rechner zugreift, kann auch Ordner auf Ihrer Festplatte anlegen. Er ist dann der Eigentümer des Ordners und kann dafür wiederum die Zugriffsrechte festlegen. Selbstverständlich haben Sie als «echter» Eigentümer des Mac vollen Zugriff auf diese Ordner, aber komisch und verwirrend ist es trotzdem.

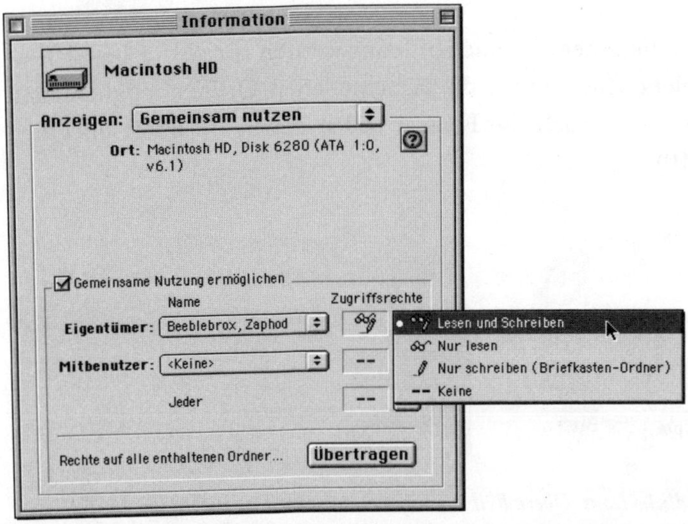

Abb. 19.9 Das Informationsfenster mit dem Popup-Menü «Gemeinsam nutzen».

Sie können einem Benutzer folgende Rechte zuweisen:

- **Lesen und Schreiben.** Ist diese Option aktiviert, hat der Benutzer vollen Zugriff auf die Ordner. Er kann die Dateien darin öffnen und Änderungen speichern.

- **Nur lesen.** Jetzt sieht der Anwender die Dateien im Ordner zwar, kann aber nichts damit anfangen. Er kann Dateien öffnen und etwas aus ihnen herauskopieren. Es ist sogar möglich, sie zu bearbeiten, allerdings können die Änderungen nicht in diesem Ordner gespeichert werden.

- **Nur schreiben (Briefkasten-Ordner).** Der Anwender kann den Ordner sehen; das Icon hat einen seltsamen Gürtel umgeschnallt (19.10). Allerdings kann der Ordner nicht geöffnet werden. Es ist jedoch möglich, Dateien in den Ordner zu «werfen». Diese Einstellung bietet sich z.B. an, wenn Sie von anderen Mitarbeitern oder Abteilungen Berichte bekommen sollen. Diese können dort abgelegt werden; niemand kann fremde Berichte lesen.

ACHTUNG

Sie können einen Briefkasten-Ordner übrigens nicht als einzigen freigegebenen Ordner auf einem Volume anlegen. Ihre Kollegen können einen solchen Ordner nur dann sehen, wenn er sich in einem anderen Ordner oder Volumen befindet, bei dem wenigstens *Nur lesen* freigegeben ist.

Mit einem Blick auf die unterschiedlichen Icons werden Ihre Mitarbeiter feststellen können, welche Zugriffe auf die verschiedenen Ordner möglich sind. Und nicht nur die Icons, auch die Fenster selbst geben Auskunft über den Zugriffsstatus (19.10).

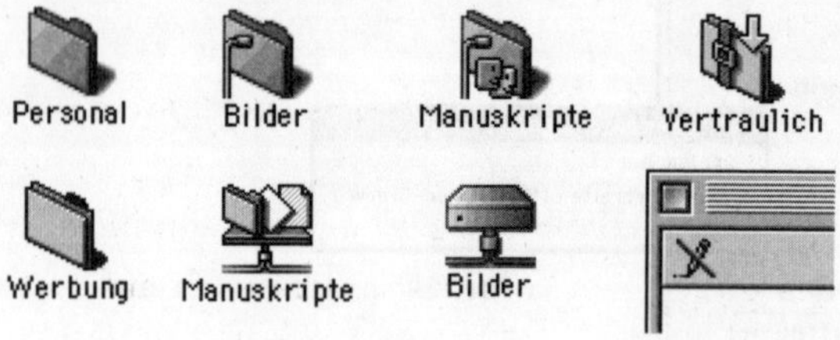

Abb. 19.10 Unterschiedliche Icons. Obere Reihe: ein normaler Mac OS-8-Ordner, ein freigegebener Ordner, ein freigegebener Ordner, auf den im Moment zugegriffen wird, und ein Briefkasten-Ordner. Untere Reihe: ein Ordner, der sich in einem freigegebenen Ordner befindet (Sie erkennen das an dem schwarzen Karteireiter, funktioniert nur bis Mac OS 8.1), eine Festplatte von einem entfernten Mac auf Ihrem Schreibtisch (links Mac OS 8.1, daneben Mac OS 8.5) und die linke obere Ecke eines Fensters, das zu einem schreibgeschützten Ordner gehört.

Schritt 5: Bei anderen Macs anmelden

Bisher haben wir nur darüber geredet, wie Sie Ihren Macintosh anderen Personen zur Verfügung stellen können. Nun wollen wir die Prozedur umkehren und Sie als Benutzer auf einen anderen Computer schicken.

Für den Zugriff auf das Netzwerk benötigen Sie das Programm Auswahl aus dem Apple-Menü. In Mac OS 8.5 können Sie auch den Netzwerk Browser benutzen, um sich im Netz zu bewegen. Gehen Sie folgendermaßen vor:

1. Öffnen Sie die Auswahl. Klicken Sie auf das Icon *AppleShare*. Die Namen der anderen Macs im Netzwerk erscheinen in der rechten Seite des Fensters (19.3). Werden keine Namen angezeigt, haben Sie möglicherweise ein Problem. Schauen Sie dann zunächst an das Ende dieses Kapitels.

2. Doppelklicken Sie auf den Namen des Mac, dessen Inhalte Sie sehen wollen. Das Name-und-Kennwort-Fenster wird geöffnet (19.3).

Erlaubt der Eigentümer dieses Macs den Zugang für Gäste, dann ist der Gast-Button verfügbar. Sie können aber auch Ihren Namen und Ihr Kennwort eintippen, wenn Sie als Benutzer auf dem anderen Mac eingetragen sind (im Kontrollfeld *Benutzer & Gruppen*; fragen Sie notfalls nach). Geben Sie das Kennwort genauso ein, wie es im Kontrollfeld *Benutzer & Gruppen* eingetragen wurde. Sie können es an dieser Stelle auch ändern, sofern Ihnen der Eigentümer dieses Recht eingeräumt hat.

3. Klicken Sie auf OK. Ein neues Fenster erscheint (19.3), in dem alle freigegebenen Ordner und Volumes angezeigt werden.

4. Klicken Sie auf den Namen der Ordner oder Volumes, die Sie öffnen wollen. Wenn Sie sich jeden Tag auf diesem Rechner anmelden wollen, können Sie die Checkbox vor dem Namen des Volumes aktivieren. Beim Neustart Ihres Mac wird das Icon des gewählten Volumes automatisch auf Ihren Schreibtisch gebracht (falls der andere Mac eingeschaltet ist).

5. Klicken Sie auf OK.

6. Fertig!

ACHTUNG

Sollte etwas nicht funktionieren, dann überprüfen Sie, ob der andere Mac eingeschaltet ist, ob Sie darauf Zugriffsrechte haben und ob File Sharing tatsächlich aktiv ist. Sprechen Sie dazu mit dem Besitzer des anderen Mac.

File Sharing-Tricks

Wer ist Jeder? Sie können beim Einstellen der Freigaberechte auch Rechte für jedermann festlegen. Sie sollten daran denken, daß *Jeder* sowohl Gäste betrifft als auch alle Benutzer, die Sie im Kontrollfeld *Benutzer & Gruppen* festgelegt haben. Sie sollten für *Jeder* die geringsten Rechte vergeben.

Eine gefährliche Option. Es gibt im *File Sharing*-Fenster eine Option namens *Rechte auf alle enthaltenen Ordner* übertragen. Wenn Sie unüberlegt diese Option aktivieren, können Sie unter Umständen eine stundenlange Vorarbeit zunichte machen.

Alles freigeben. Sie können anderen Nutzern nicht nur den Zugriff auf Festplatten in Ihrem Mac erlauben, sondern auch auf CDs, Wechselmedien und sogar auf RAM-Disketten. Sobald allerdings jemand auf ein freigegebenes Volume zugreift, können Sie dieses nicht mehr auswerfen.

Über das Netzwerk freigegebene CDs und Wechselmedien eignen sich sehr gut, um z.B. Software auf mehreren Macs zu installieren oder an zentraler Stelle alle Daten zu sichern.

Wo steckt der Netzwerkordner? Manchmal kann es passieren, daß Sie beim Einschalten des File Sharings für einen Ordner oder ein Volume die Fehlermeldung bekommen, die Sie in Abb. 19.11 sehen. Das bedeutet, daß sich irgendwo innerhalb des Ordners, den Sie gerade freigeben sollten, schon ein freigegebener Ordner befindet – und das mag der Mac überhaupt nicht.

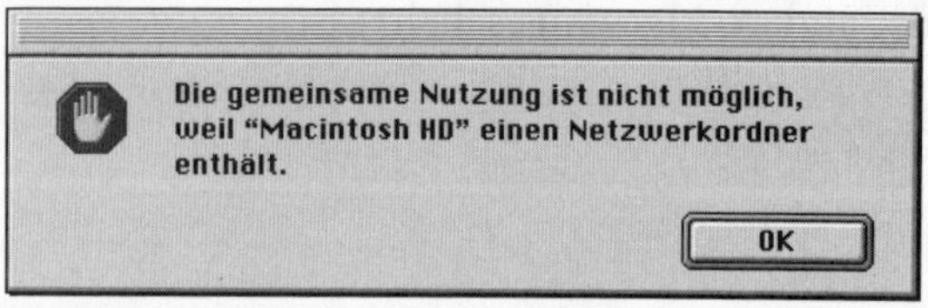

Abb. 19.11 Die frustrierende Nachricht. Welcher Ordner ist hier der Übeltäter?

Zum Glück läßt sich leicht herausfinden, welcher Ordner der Übeltäter ist. Klicken Sie dazu einfach im Kontrollfeld *File Sharing* auf die Karte *Monitor*. (Auf älteren Macs benutzen Sie dazu das Kontrollfeld *File Sharing Monitor*.) Dort sehen Sie eine Liste aller freigegebenen Ordner. Merken Sie sich den Namen und ändern Sie die Zugriffsrechte – in Mac OS 8 geht das ganz einfach mit Hilfe des Buttons *Zugriffsrechte* (19.12).

Das Netzwerk überwachen. Mit der Funktion *Monitor* im Kontrollfeld *File Sharing* bietet Ihnen Ihr Mac eine hervorragende Möglichkeit, den Überblick über die Netzwerkaktivitäten zu behalten. Sie können einerseits feststellen, welche Ordner und Volumes zur gemeinsamen Nutzung freigegeben sind, und sehen andererseits, wer sich gerade an Ihrem Macintosh angemeldet hat (19.12).

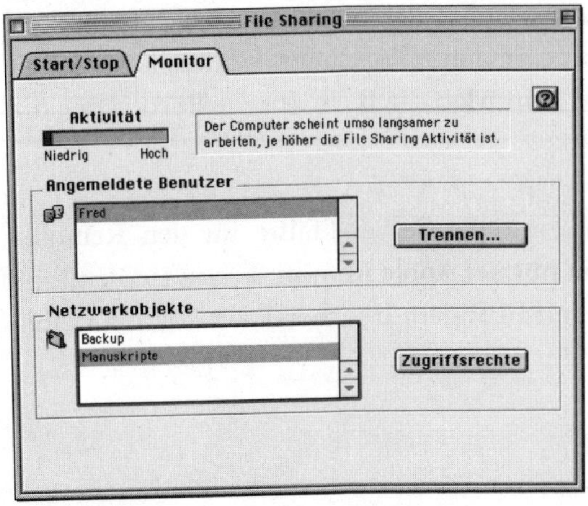

Abb. 19.12 Mit der Funktion Monitor im Kontrollfeld «File Sharing» können Sie sehen, wer gerade an Ihrem Rechner angemeldet ist.

Sollten Sie beschließen, jemanden aus dem System zu werfen, klicken Sie einfach auf dessen Namen (Shift-klicken Sie, um mehrere Benutzer gleichzeitig zu markieren), und geben Sie den Befehl *Trennen*. Sie werden gefragt, wieviele Warnungen diese Benutzer erhalten sollen – geben Sie 0 an, wenn die Trennung sofort erfolgen soll. Es handelt sich natürlich nur um eine temporäre Lösung. Der Benutzer könnte sich sofort wieder anmelden. Verwenden Sie das Kontrollfeld *Benutzer & Gruppen*, wenn Sie einen Anwender dauerhaft aus dem System entfernen wollen.

Wollen Sie einem bei Ihrem Mac angemeldeten Nutzer eine Nachricht zukommen lassen? Kein Problem: Halten Sie einfach die Optionstaste gedrückt und klicken Sie im Feld *Angemeldete Benutzer* auf den gewünschten Namen. Daraufhin erscheint ein Fenster, in das Sie Ihre Nachricht eingeben können. Sobald Sie das Fenster schließen, erscheint bei dem entsprechenden Benutzer eine Dialogbox mit Ihrer Nachricht. Praktisch, nicht?

Wenn niemand zuhause ist: Remote Access. Apple Remote Access (ARA) ist ein Programm von Apple, mit dem ein Macintosh sich über ein Modem und die normale Telefonleitung in ein AppleTalk-Netzwerk einwählen kann. Mit

Hilfe von File Sharing können Sie Dateien auf den Macs im Netzwerk lesen oder kopieren. Sie können sogar Dokumente ausdrucken – von Ihrem PowerBook in Berlin könnten Sie auf einen Laserdrucker in München drucken.

ARA wird mit jedem Mac mitgeliefert, zumindest die Hälfte, die das Einwählen erledigt, der ARA Client. Die andere Hälfte der Software, den ARA Server, müssen Sie selbst kaufen. Sie installieren den ARA Client auf dem anrufenden Rechner und den ARA Server auf dem Mac – z.B. in Ihrem Büro – der die Anrufe entgegennimmt.

HEISSER TIP

Mit Mac OS 9 liefert Apple nun auch die Server-Hälfte für den Remote-Zugriff aus. Damit können Sie nicht nur per Apple Remote Access auf den Einwahl-Mac zugreifen sondern auch mit PPP, dem Internet-Protokoll für Wählverbindungen.

Das Netz erweitern

In wirklich großen Firmen wird man sich mit zwei oder drei vernetzten Macs nicht zufriedengeben, sondern möglicherweise gleich mehrere lokale Netze, sogenannte LANs, miteinander verbinden wollen. An dieser Stelle kommen Bridges und Router ins Spiel. Diese Geräte verbinden zwei oder mehr LANs miteinander. Das entstehende Netzwerk wird manchmal Intranet genannt.

Einzelnetze, die auf diese Weise verbunden worden sind, nennt man Zonen. Sie können die Zonen auf der linken Seite der Auswahl sehen, nachdem Sie auf das AppleShare-Icon geklickt haben. Durch diese Aufteilung beschränkt sich der Netzwerkverkehr auf die Zonen, wenn er nicht ausdrücklich in eine andere Zone gerichtet ist. Das bedeutet, wenn die Mitarbeiter in Zone 1 viele Dokumente über ihr Netz an einen Drucker schicken, werden die Mitarbeiter in Zone 2 davon nichts merken. Versendet allerdings ein Mitarbeiter aus Zone 1 eine E-Mail an einen Mitarbeiter in Zone 2, so wird natürlich in beiden Zonen das Netzwerk beansprucht. Wenn Sie diesen Umstand bei der Planung der einzelnen Netzwerke beachten, können Sie den Verkehr in und zwischen den Netzen auf das notwendige Minimum beschränken.

Router können Netzwerke verschiedener Typen verbinden, etwa Ethernet mit LocalTalk. Sie senden die Daten über den günstigsten Weg. Welches der günstigste Weg ist, hängt u.a. von der Stärke des Verkehrs, der Verfügbarkeit der

Wege und dem allgemeinen Zustand des Netzes ab. Netzwerke, die durch Router verbunden sind, bleiben unabhängig voneinander, der Zugriff auf Geräte im jeweils anderen Netz ist aber gewährleistet (19.13).

Bridges verbinden ebenfalls Netzwerke, allerdings nur solche des gleichen Typs. Die Hauptaufgabe einer Bridge besteht in der Beobachtung des Netzwerkverkehrs auf beiden Seiten. Daten können die Bridge nur dann passieren, wenn sie ausdrücklich für das andere Netz gedacht sind.

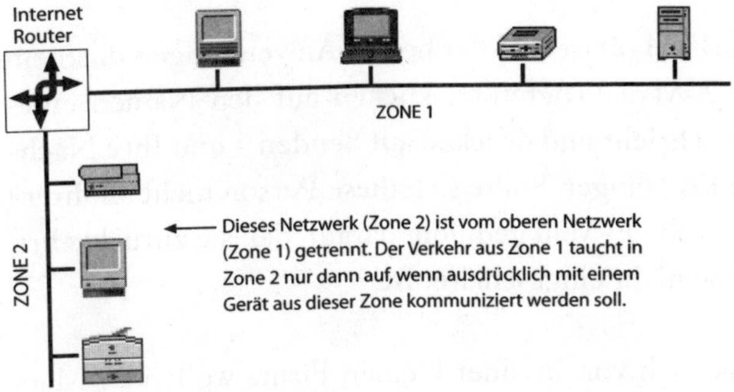

Abb. 19.13 Das PowerBook in Zone 1 beeinträchtigt den Netzwerkverkehr in Zone 2 nicht, wenn es mit dem Power Mac in der gleichen Zone kommuniziert. Will es jedoch drucken, so wird der AppleTalk-Druckauftrag durch den Router in die andere Zone geleitet.

Wozu ein Netzwerk noch gut ist

Sie haben jetzt eine Menge Geräte miteinander verbunden. Wir werden Ihnen in diesem Abschnitt zeigen, wozu ein Netzwerk noch dienen kann: File Sharing, Printserver, das Verschicken von Nachrichten und die Zusammenarbeit von Anwendungen.

HEISSER TIP

Macs können auch mit Servern Kontakt aufnehmen, die mit anderen Betriebssystemen laufen. Teilweise ist dafür zusätzliche Software notwendig, teilweise funktioniert es auch mit den mitgelieferten Programmen. Mehr dazu finden Sic in Kapitel 18.

Fileserver. Fileserver gehören neben gemeinsam genutzten Druckern zu den wichtigsten und gebräuchlichsten Anwendungen in Netzwerken. Ein Fileserver dient den Benutzern eines Netzwerkes als externe Festplatte. Von ihren Macs aus können mehrere Personen gleichzeitig Dateien auf einem Server öffnen. Das Icon des Servers erscheint auf dem Schreibtisch wie ein gewöhnliches Volume. Die eingebaute Fileserver-Software ist File Sharing.

Printserver. Printserver stellen einen weiteren Dienst im Netzwerk dar. Ein Printserver funktioniert ungefähr wie ein *Spooler* (z.B. PrintMonitor), allerdings wird ein solcher Dienst nicht nur für einen sondern gleich für viele Anwender angeboten. Die zu druckenden Dateien werden auf einem Netzwerkcomputer zwischengespeichert. Ein Printserver kann mehrere Drucker steuern.

E-Mail. Elektronische Post (E-Mail) ist eine der besten Anwendungen in einem Netzwerk. Sie öffnen ein E-Mail-Programm, klicken auf den Namen eines Kollegen, schreiben Ihre Nachricht und drücken auf Senden – und Ihre Nachricht nimmt den Weg zum Empfänger. Sollte sich diese Person nicht an ihrem Arbeitsplatz befinden, wartet die E-Mail geduldig darauf, daß sie zurückkehrt, und das sogar, wenn der Mac nicht eingeschaltet ist!

Internetzugang. Stellen Sie sich vor, in einer kleinen Firma wollen 20 Mac-Nutzer Zugang zum Internet haben. Jedem ein Modem zu kaufen und die nötigen Telefonleitungen installieren zu lassen ist viel zu teuer. Darum gibt es Geräte, die für alle Teilnehmer eines Netzes den Zugang zum Internet bereitstellen, z.B. über ein Modem, eine ISDN-Verbindung oder schnelle Datenleitungen. Oft werden auch spezielle Gateway-Computer, die sich gleichzeitig um die Verwaltung der E-Mail und ähnliche Dinge kümmern, eingesetzt.

Faxserver. Faxserver erlauben es allen Benutzern eines Netzwerkes, ein Modem und eine Telefonleitung gemeinsam zu nutzen. Sie können direkt aus ihrem Rechner heraus Faxe senden und empfangen. Das Modem selbst ist an einen Mac im Netzwerk angeschlossen. Der Faxserver empfängt die Faxaufträge, leitet sie in eine Warteschlange und arbeitet sie in der Reihenfolge ab, in der sie angekommen sind.

In den meisten Fällen funktioniert das Faxen über einen Faxserver so einfach wie Drucken. Sie wählen statt Ihres normalen Druckers den Faxserver als Ausgabe, geben in der entsprechenden Dialogbox Namen und Faxnummer des Empfängers an, und der Faxserver erledigt den Rest für Sie. Sie können auf Ihrem Mac Ihre normale Arbeit fortsetzen.

Datenbanken. Vor allem in größeren Netzen werden oft besondere Computer eingesetzt, um für die ganze Firma Informationen in Datenbanken zu speichern und teilweise auch zu verarbeiten. Bei diesem System erledigt ein leistungsfähiger Computer die Rechenarbeit, während alle anderen lediglich die Anfragen der Nutzer entgegennehmen und die Ergebnisse anzeigen. Ohne Netzwerk wäre so ein Verfahren nicht möglich.

Programmverbindungen. Ihnen ist beim Arbeiten mit dem Kontrollfeld *File Sharing* vermutlich auch bereits die Option *Programmverbindungen* aufgefallen. Dabei handelt es sich um ein System, das es einem Mac-Programm erlaubt, ein anderes Mac-Programm zu steuern, sogar wenn beide Programme sich auf unterschiedlichen Rechnern in einem Netzwerk befinden. Mit einem Shareware-Programm namens *Remote Shutdown* z.B. können Sie einen anderen Mac im Netzwerk herunterfahren und ausschalten, ohne sich von Ihrem Rechner wegbewegen zu müssen.

Als System 7 auf den Markt kam, pries Apple gegenüber den Softwareentwicklern die Vorzüge von Programmverbindungen. Eines Tages würden Firmen nicht mehr gezwungen sein, riesige Textverarbeitungsprogramme zu kaufen. Statt dessen würde es kleine, effiziente Module geben, die auf bestimmte Aufgaben spezialisiert wären und mit Hilfe von Programmverbindungen zusammenarbeiteten. (Diese Vision war Teil von Apples OpenDoc-Technik. Das war ein System, mit dem sich Verbindungen zwischen verschiedenen Anwendungen herstellen ließen. Die Entwicklung wurde von Apple eingestellt.) Bisher allerdings werden Programmverbindungen lediglich für kleinere Steueraufgaben mit *AppleScript* oder *Frontier* eingesetzt.

HEISSER TIP

Wenn Sie tatsächlich einen Mac komplett fernsteuern wollen, sollten Sie sich die Software *Timbuktu* ansehen. Damit können Sie eine Verbindung zwischen zwei Macs oder auch einem Mac und einem Windows-PC aufbauen, über die Sie Daten austauschen und sogar die komplette Bildschirmoberfläche auf dem anderen Rechner darstellen können. (Timbuktu erhalten Sie z.B. bei Brainworks, *www.brainworks.de*.)

OpenTransport. OpenTransport, eingeführt mit den PCI-Power Macs und heute in allen aktuellen Modellen verfügbar, ist eine Neuentwicklung der Netzwerksoftware des Mac. Laut Apple soll es den Einsatz von Multiprotokoll-Netzwerken erleichtern. Das sind Verbindungen zwischen unterschiedlichen

Arten von Computern (Macs, PC usw.), Netzwerk-Sprachen (X-OTI, Unix STREAM, DLPI), Netzwerk-Umgebungen (seriell, Einwählnetzwerk, LAN, WAN) und Protokollen (AppleTalk, TCP/IP usw.).

OpenTransport bietet eine ganze Reihe von Vorteilen:

- Sie haben damit die Möglichkeit, zwischen verschiedenen Netzwerkanbindungen (z. B. PPP und Ethernet) umzuschalten, ohne den Rechner neustarten oder Anwendungen beenden zu müssen. Diese Wahlmöglichkeit bietet sich auch an, wenn Sie mehrere Internetanbieter haben, die unterschiedliche Konfigurationen benötigen.

Sie müssen lediglich das Kontrollfeld *TCP/IP* öffnen, *Konfigurationen* aus dem Ablage-Menü wählen und die Einstellung ändern.

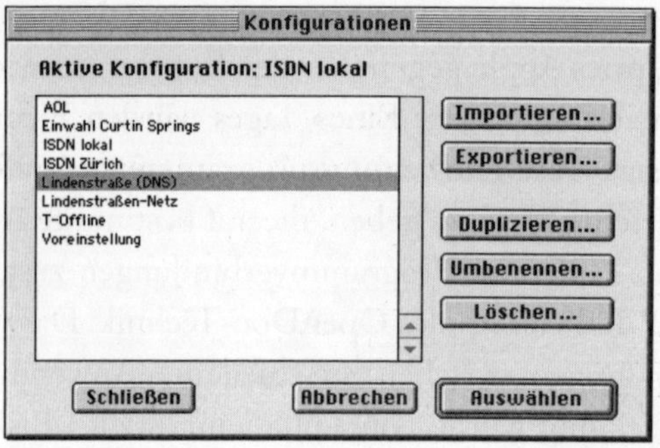

Abb. 19.14 Mit dem OpenTransport-Kontrollfeld «TCP/IP» können Sie leicht zwischen unterschiedlichen Internetverbindungen umschalten.

- Einer der größten Vorteile von OpenTransport eröffnet sich für Leute, die Netzwerkserver betreiben – z.B. eine Website – bei denen normalerweise gleichzeitig mehrere Verbindungen geöffnet werden. *MacTCP* (der Vorgänger von OpenTransport) war auf 50 gleichzeitig geöffnete Verbindungen beschränkt und blieb schnell stecken. OpenTransport sorgt zudem für eine größere Geschwindigkeit und bessere Stabilität bei Netzwerk- und Internetverbindungen.

- Durch OpenTransport ist es für Entwickler leichter, Programme zu schreiben, die mit den unterschiedlichen Netzwerkprotokollen arbeiten.

- Im Gegensatz zum älteren MacTCP ist OpenTransport vollständig im nativen PowerPC-Code geschrieben.

Alles, was Sie als Anwender von OpenTransport sehen, sind vier Kontrollfelder: *AppleTalk* (ersetzt das Kontrollfeld *Netzwerk*), *Modem*, *Remote Access* (vor Mac OS 8.5 *PPP*) und *TCP/IP* (ersetzt das Kontrollfeld *MacTCP*).

Der Netzwerk Browser

Mehr als ein Jahrzehnt lang haben Macintosh-Benutzer mit Hilfe der Auswahl auf fremde Festplatten im Netzwerk zugegriffen. Seit Mac OS 8.5 gibt es eine Anwendung, die diesen Vorgang vereinfacht: den Netzwerk Browser.

Der Netzwerk Browser sieht genau wie ein Finder-Fenster aus, statt der Ordner sehen Sie dort allerdings Netzwerkzonen (diese verstecken sich hinter den aufklappbaren Dreiecken) und einzelne Macs. Hinter den drei Buttons im oberen Teil des Fensters können Sie die zuletzt benutzten Volumes oder Ihre Favoriten ablegen. Diese Technik ermöglicht Ihnen einen besonders schnellen Zugriff auf häufig genutzte Ressourcen.

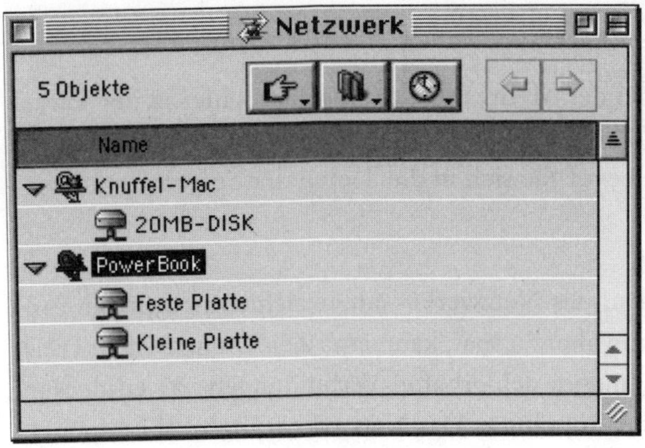

Abb. 19.15 Netzwerkzugriff leicht gemacht: Der «Netzwerk-Browser» ab Mac OS 8.5.

Fehlerbehebung im Netzwerk

In einem Netzwerk geht fast immer irgendetwas schief. Sie wollen etwas drukken und stellen fest, daß der Drucker nicht gefunden wird. Wie in jedem

System mit komplexen und sich beeinflussenden Komponenten gibt es eine Unmenge von Stellen, die Probleme bereiten können.

Stellen Sie sich Ihr Netzwerk nicht als ein Gebilde aus Kabeln und Computern vor, sondern sehen Sie es als eine Menge von Systemen und Subsystemen an. Wenn ein Problem Sie verwirrt, versuchen Sie, ein Subsystem – einen Mac mit all seiner Verkabelung – statt einzelner Komponenten auszutauschen. Sie finden das Problem auf diese Weise schneller.

Defekte und wackelige Verbindungen

Überprüfen Sie die physikalischen Netzwerkverbindungen. Jeder Stecker sollte fest eingesteckt, alle Kabel unbeschädigt sein. Besitzt Ihr Netzwerk einen netzwerkfähigen Drucker, so öffnen Sie auf jedem Mac die Auswahl. Taucht der Drucker in der Auswahl auf, so ist die Verbindung zwischen diesem Rechner und dem Drucker in Ordnung. Indem Sie diesen Test schrittweise auf die weiter von dem Drucker entfernten Macs ausdehnen, können Sie feststellen, an welcher Stelle die Verbindung unterbrochen ist.

Telefonkabel in LocalTalk-Netzwerken, die ihren eigentlichen Zweck tadellos erfüllen, funktionieren als Netzwerkkabel leider nicht immer einwandfrei. Wenn Sie also mit Ihrem LocalTalk-Netz Probleme haben, sollten Sie als erstes daran denken, die Kabel zu ersetzen.

HEISSER TIP

Die Erfahrung zeigt, daß bei der Mehrzahl aller Ausfälle Fehler in der Verkabelung die Ursache sind. Überprüfen Sie daher immer zuerst sorgfältig alle Kabel und Steckverbinder, bevor Sie sich in die Tiefen der Software stürzen!

Kreisförmige Verkabelung

Es bietet sich an, den Verlauf des Netzwerkes aufzuzeichnen, bevor Sie Probleme bekommen. Ist es dann aber zu spät, kann eine Zeichnung helfen, kreisförmige (Schleifen) oder andere fehlerhafte Verbindungen zu entdecken. AppleTalk erfordert eine Bus-Topologie: Das Netzwerk sollte zwei Endpunkte haben, die jeweils terminiert sind. Schleifen sind nicht zulässig.

Andere Probleme und deren Lösungen

Wir können selbstverständlich nicht jedes auftretende Problem vorhersehen und beschreiben. Die folgenden Hinweise können Ihnen jedoch helfen, häufiger auftretende Fehler schnell zu beheben. In Apples *Tech Info Library* im Internet finden Sie viele weitere Artikel zu Netzwerken und Fehlerbehandlung.

Ein Gerät fehlt	
Symptom:	Auf den Fileserver, Drucker, eine andere Zone im Netzwerk oder ein anderes Netzwerk kann nicht zugegriffen werden.
Mögliche Ursachen:	Ein Defekt in einem Steckverbinder, zerstörte Pins in einem Steckverbinder, gebrochene Kabel. Das Gerät ist ausgeschaltet. Im Netzwerk gibt es unterschiedliche Versionen der Systemsoftware. Im Kontrollfeld «AppleTalk» ist das falsche Netzwerk eingestellt. Falsche oder fehlende Gerätetreiber.

Geisterprobleme	
Symptom:	Ein Netzwerkgerät taucht in der Auswahl auf und verschwindet wieder.
Mögliche Ursachen:	Lockere Stecker, kaputte Kabel. Falsche Terminierung. Die Kabel sind zu lang (schauen Sie in das Handbuch). Sie haben zu viele Geräte im Netzwerk. Elektromagnetische Interferenzen eines großen Stromverbrauchers. Das Netzwerk ist falsch aufgebaut.

Geschwindigkeitsverlust	
Symptom:	Drucken und Datenübertragung dauern langsamer als normal. Das Netzwerk scheint nicht zu funktionieren.
Mögliche Ursachen:	Sie haben zu viele Geräte oder zuviel Verkehr im Netzwerk. Im Netzwerk gibt es unterschiedliche Versionen der Systemsoftware. Jemand mit Mac OS vor der Version 8 hat die Option «Ordnergröße berechnen» im Kontrollfeld «Darstellungen» eingeschaltet. Wird an einem solchen Mac eine Verbindung zu einem Volumen im Netzwerk geöffnet, muß der Mac die Daten für die Berechnung ständig durch das Netz befördern, was sich auf die Geschwindigkeit niederschlägt. Sie haben einen Virus im System.

Probleme mit File Sharing	
Symptom:	File Sharing startet nicht. Sie erhalten die Nachricht: «File Sharing konnte nicht gestartet werden» bzw. die Nachricht «File Sharing wird gestartet» bleibt auf dem Bildschirm stehen und verschwindet nicht wieder.
Mögliche Ursachen:	Eine der benötigten Erweiterungen (File Sharing Erweiterung, File Sharing Library oder eine der neun OpenTransport-Erweiterungen) oder Kontrollfelder (wie «AppleTalk» oder «File Sharing») ist nicht geladen worden. Die PRAM-Einstellungen (Parameter-RAM) wurden zerstört. Eine der unsichtbaren Dateien wie «Benutzer & Gruppen Data» oder «AppleShare PDS» wurde zerstört.

20 Fehlersuche

In diesem Kapitel

Grundlagen der Fehlersuche

Der Macintosh hat eine unbestimmte Zahl von Köchen, die an seiner Software herumrühren. Da sind zum einen die Programmierer bei Apple, die die Systemsoftware schreiben. Zum anderen gibt es die Programmierer der Anwendungssoftware, die zusätzlich manchmal Erweiterungen und Kontrollfelder enthält, die die Systemsoftware modifizieren. Schließlich gibt es noch Hardwarekomponenten wie Einsteckkarten und externe Geräte, die oft Software im Systemordner benötigen oder gar selbst Software enthalten.

TECHNIK

Erweiterungskarten und externe Geräte enthalten selbst kleine Prozessoren, sogenannte *Controller*. Diese Bausteine benötigen zum Arbeiten ebenfalls Software, die meist in ROMs gespeichert wird und Firmware heißt. Bei modernen Geräten läßt sich diese Firmware mit speziellen Dienstprogrammen auch nachträglich noch ändern, ohne daß dazu Schaltkreise getauscht werden müssen. (Inzwischen kann man sogar die Firmware auf der Hauptplatine von modernen Macs aktualisieren!)

Alle diese Softwarekomponenten (egal ob von Apple oder von anderen Herstellern) müssen nahtlos zusammenarbeiten, damit Ihr Mac das tut, was er soll. Weil das ganze System aber so komplex ist, kann der Mac durchaus ab und zu durcheinander kommen. Die Probleme, auf die Sie dann stoßen können, sind unterschiedlich:

- Mysteriöse Systemabstürze und komplettes Einfrieren des Mac OS
- Fehlermeldungen
- Probleme beim Starten (das blinkende Fragezeichen-Icon oder das Icon mit dem traurigen Mac taucht auf)
- Laufwerkprobleme (die Icons von Festplatten und Wechselmedien erscheinen nicht auf dem Schreibtisch oder der Mac meldet, daß es «keine Macintosh-Platten» sind)
- Anwendungsprobleme, wenn der Mac einfach nicht das tut, was man von ihm erwartet
- Probleme beim Drucken

Allgemeine Ratschläge zur Fehlersuche

Eine gewisse emotionale Komponente spielt schon mit, wenn etwas mit dem Mac nicht stimmt. Schließlich begeht der Mac doch gewöhnlich gerade dann Verrat, wenn man es am wenigsten gebrauchen kann. Zwar wissen wir nicht, wie das bei Ihnen ist, aber wenn *unsere* Macs Probleme machen, bemerken wir eine aufsteigende Frustration und haben das Gefühl, die Kontrolle zu verlieren. Unser Puls beruhigt sich nicht eher, bis ein erster Anschein von Normalität zurückkehrt. Darum sollten Sie auch versuchen, zuerst die Kontrolle über das System wiederzuerlangen – auch wenn das bedeutet, Software und Hardware Ihres Mac bis auf das Minimum abzurüsten. Anschließend können Sie alle Komponenten an Hard- und Software schrittweise in Betrieb nehmen, bis Sie die Fehlerquelle eingekreist haben.

HEISSER TIP

Versuchen Sie, bei Problemen vor allem einen kühlen Kopf zu bewahren. Sichern Sie als erstes Ihre wichtigen Daten, bevor Sie zu größeren Reparaturaktionen übergehen. Auf diese Art haben Sie notfalls eine Sicherheitskopie, mit der Sie auf einem anderen Computer weiterarbeiten können.

Überlegen Sie auch, ob der Zeitpunkt für die Fehlersuche günstig ist. So ist es keine gute Idee, kurz vor dem Termin einem obskuren Problem beim Drucken nachzugehen, wenn Ihre Textverarbeitung noch funktioniert und Sie notfalls auf einem anderen Computer drucken können. Versuchen Sie herauszufinden, welche Probleme in welcher Reihenfolge gelöst werden müssen. Oftmals ist es besser, zuerst die aktuelle Aufgabe mit einem Notsystem zu beenden, anschließend die Daten zu sichern und dann die Fehler zu suchen, anstatt sich sofort bis über beide Ohren in die Systemwartung zu stürzen.

ACHTUNG

Mit Fehlersuche sollten Sie sich am besten befassen, wenn Sie ausgeruht sind und genügend Zeit haben. Mehr als ein Computerbesitzer ist schon verzweifelt, weil er mitten in der Nacht und unter Streß irgendwo den falschen Button geklickt und alle Daten verloren hat.

Es ist wichtig zu wissen, daß Sie in vielen Fällen niemals herausbekommen werden, was das Problem nun hervorgerufen hat. Sie können die SCSI-Geräte, die an Ihren Mac angeschlossen sind, anders anordnen und das Problem verschwindet ganz einfach. Sie können die Reihenfolge ändern, in der Ihre Erweiterungen geladen werden, und feststellen, daß Sie keine mysteriösen Abstürze mehr haben. Oder Sie können Ihre Systemsoftware neu installieren und so das seltsame Verhalten beseitigen, das Sie bemerkt haben. Bei all diesen Beispielen werden Sie nie herausfinden, warum Sie ein Problem hatten. Sie haben nur den groben Bereich des Problems isoliert. Trotzdem werden Sie einfach glücklich sein, wenn das Problem weg ist.

TECHNIK

Es ist tatsächlich so, daß der Grund für manche Probleme auch mit viel Aufwand nicht herauszukriegen ist. Das liegt daran, daß ein einem modernen Mac so viele Teile in Hard- und Software zusammenspielen müssen, daß es unmöglich ist, alle Betriebsfälle vorherzusehen. Darum kommt es manchmal zu Fehlern, bei denen sich nicht sagen läßt, wo sie denn nun herkommen. Allerdings ist das Mac OS relativ robust, so daß diese zufälligen Fehler im allgemeinen seltener auftreten als z.B. bei Windows-Computern.

Vorbeugen ist besser...

Irgendwann ist es soweit, und Ihr Mac fängt an, Probleme zu machen. Es ist so gut wie sicher, *daß* es passieren wird, die Frage ist nur, *wann*. Akzeptieren Sie diese Tatsache einfach, und bereiten Sie sich darauf vor. Dazu gehört es mindestens, immer aktuelle Sicherheitskopien Ihrer Daten anzulegen. Wenn Sie etwas mehr Schutz haben wollen, sollten Sie ein Festplatten-Schutzprogramm wie die Norton Utilities, DiskWarrior oder TechTool Pro installieren (mehr dazu finden Sie in Kapitel 10.) Auch ein vorbeugender Virenschutz mit ständig aktualisierten Virendefinitionen schützt vor unangenehmen Überraschungen (wie in Kapitel 25 beschrieben).

POWER USER

Falls Sie darauf angewiesen sind, bei Problemen Ihren Mac innerhalb kürzester Zeit wieder benutzen zu können, sollten Sie ein Notsystem installieren. Legen Sie dazu auf einer anderen Partition Ihrer Festplatte, oder (noch besser) auf einer anderen Festplatte oder einem Wechselmedium einen neuen Systemordner an und kopieren Sie die wichtigsten Anwendungsprogramme ebenfalls dorthin. Wenn nun Ihr normales Mac OS Probleme macht, Sie aber keine Zeit für Reparaturen haben, starten Sie den Mac einfach vom Notsystem. Dann können Sie erst einmal Ihre aktuelle Arbeit beenden, bevor Sie sich an die Fehlersuche machen.

HEISSER TIP

Wenn Sie auf Fehlersuche sind, sollten Sie auch in den entsprechenden Kapiteln über SCSI-Geräte (Kapitel 17), Drucker (Kapitel 5), Massenspeicher (Kapitel 10) und Hilfsprogramme (Kapitel 25) nachlesen – dort finden Sie auch jede Menge Tips und Tricks.

Der Drei-Stufen-Plan

Wäre es nicht schön, einen Drei-Stufen-Plan zu haben, der *garantiert* jedes Softwareproblem löst? Es gibt einen solchen Trick. Diese sichere Methode basiert auf einer einfachen Idee: Ihr Mac funktionierte, als er das Apple-Werk verließ. (Einige unserer Freunde lächeln über diese Äußerung. Trotzdem, irgendwo müssen wir ja anfangen.)

Deshalb ist unser Konzept zur Fehlersuche sehr simpel: Um das Problem zur Strecke zu bringen, richten Sie Ihren Mac wieder so ein, wie er war, als Sie ihn kauften. Das ist ein dreistufiger Prozeß.

Außer in den Fällen, wo ernsthaft etwas mit Ihrem Mac nicht stimmt (d.h., wo ein Anruf bei der Servicehotline oder ein Besuch beim Händler nötig ist), ist dieser Drei-Stufen-Plan nahezu unfehlbar.

Stufe 1: Starten Sie mit der Shift-Taste. Das erste, was Sie verdächtigen sollten, wenn Sie sonderbare Systemprobleme haben, sind die Erweiterungen und Kontrollfelder, die Sie nachträglich in den Systemordner installiert haben. Schließlich kamen sie nicht von Apple.

EINSTEIGER

Das ist nicht schwer. Starten Sie neu, und während der Mac hochfährt, drücken Sie die Shift-Taste. Sie können loslassen, sobald Sie die Meldung «Systemerweiterungen deaktiviert» sehen.

Wir haben festgestellt, daß diese einfache Maßnahme sofort mehr als die Hälfte der mysteriösen Systemfehler behebt, die einen typischen Mac heimsuchen können. Natürlich haben Sie damit das Problem nur zeitweilig behoben, aber es ist trotzdem eine geniale Methode, wenn Sie keine Zeit haben, sich stundenlang mit der Fehlersuche zu befassen. Allerdings müssen Sie dann immer noch herausfinden, welche Erweiterung denn nun das Problem verursacht hat.

ACHTUNG

Falls Sie befürchten, daß das Starten mit gedrückter Shift-Taste dazu führt, daß Ihr Mac nicht mehr auf das CD-ROM-Laufwerk zugreifen kann, können Sie sich entspannen. Alle neueren Apple-Rechner laden auch beim Starten ohne Systemerweiterungen den CD-ROM-Treiber, so daß Sie dann Ihre System-CD benutzen können, z.B. um einen neuen Systemordner zu installieren.

FEHLER

Benutzen Sie allerdings ein CD-ROM-Laufwerk, das nicht von Apple unterstützt wird, haben Sie eventuell ein Problem. Die nötige Erweiterung mit dem Treiber (z.B. CD-ROM Toolkit) wird dann nicht geladen, und Sie können das Laufwerk nicht ansprechen. In so einem Fall hilft dann nur noch, entweder auf einer Diskette, einer zweiten Partition Ihrer Festplatte oder einem anderen Wechselmedium einen Mini-Systemordner anzulegen, der den nötigen CD-ROM-Treiber enthält. Starten Sie dann von diesem System, und Sie können auf das CD-ROM-Laufwerk zugreifen.

Manche startfähigen CDs, die selbst einen Systemordner enthalten, können auch mit CD-ROM-Laufwerken umgehen, die nicht von Apple stammen. Ob das funktioniert, bekommen Sie ganz leicht heraus: Legen Sie die startfähige CD in das Laufwerk und starten Sie den Mac neu. Halten Sie dabei die Taste «C» gedrückt. Wenn das CD-ROM-Laufwerk anläuft und der Bootvorgang etwas länger dauert als sonst, dann hat es geklappt.

Bevor Sie jetzt zu Schritt zwei übergehen, sollten Sie versuchen, ob Sie herausfinden können, welche Systemerweiterung oder welches Kontrollfeld Ihnen Probleme macht. Wenn Sie kein kommerzielles Werkzeug wie z.B. *Conflict Catcher* für die Fehlersuche einsetzen, müssen Sie sich mit dem Kontrollfeld *Erweiterungen Ein/Aus* behelfen. Damit kommen Sie bereits ein ganzes Stück weiter, denn dieses Kontrollfeld bietet die Möglichkeit, bestimmte Kombinationen von aktiven Systemerweiterungen abzuspeichern, so daß Sie ganz nach Ihren Wünschen bestimmen können, was beim Systemstart geladen wird und was nicht.

HEISSER TIP

Außer den von Ihnen festgelegten Konfigurationen enthält das Kontrollfeld ab Werk zwei Einstellungen, die sich nicht ändern lassen. Diese heißen «Mac OS x.x Standard» und «Mac OS x.x Komplett» (das x.x steht für die jeweilige Systemversion.) Wenn Sie einen Konflikt mit einer Systemerweiterung oder einem Kontrollfeld vermuten, sollten Sie zuerst auf die Standard-Konfiguration zurückschalten. Läuft Ihr Mac damit normal, können Sie die Komplett-Option wählen. Passiert immer noch nichts, wissen Sie jetzt schon, daß das Problem nicht von einem Bestandteil des Mac OS selbst, sondern von einer nachträglich installierten Software stammt. Schalten Sie nun nach und nach alle gewünschten Systemerweiterungen ein, bis Ihr Mac wieder anfängt, Probleme zu machen. (Natürlich müssen Sie während dieses Prozesses immer wieder neu starten.) Die Chancen stehen gut, daß die zuletzt eingeschaltete Komponente irgendetwas mit dem Problem zu tun hat.

Im Kontrollfeld *Erweiterungen Ein/Aus* können Sie im Menüpunkt *Inhalt* die Option *Nach Paketen* auswählen. Damit sehen Sie in der Liste, welche Systemerweiterungen und Kontrollfelder zusammengehören, außerdem lassen sich diese «Pakete» komplett ein- und ausschalten (20.1).

HEISSER TIP

Sie können außerdem das Kontrollfeld auch während des Startvorganges aufrufen (allerdings ohne Menüzeile), wenn Sie beim Start des Mac die Leertaste gedrückt halten.

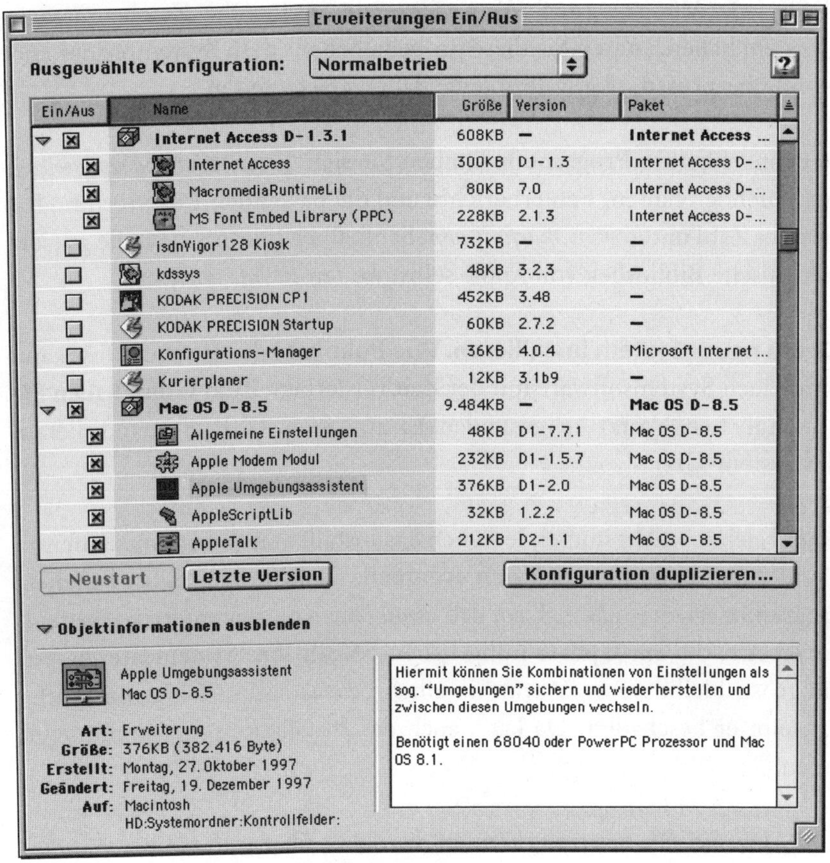

Abb. 20.1 Das Kontrollfeld «Erweiterungen Ein/Aus» hilft bei der Suche nach Konflikten.

Nehmen wir einmal an, Sie haben die störende Systemerweiterung identifiziert und festgestellt, daß sie nicht zum Mac OS selbst gehört. Um das Problem endgültig zu lösen, müssen Sie entweder in Zukunft auf diesen Systemzusatz verzichten, oder sich eine neuere Version der Software besorgen. In der Mehrzahl aller Fälle ist es nämlich so, das die störende Software mit der aktuellen Version

Ihres Mac OS nicht zurechtkommt oder ein Problem mit Ihrem spezifischen Mac-Modell hat.

Der erste Anlaufpunkt ist in diesem Fall immer die Webseite des Herstellers oder Autors der Software, denn dort werden im allgemeinen bekannte Fehler beschrieben, außerdem können Sie sich Updates oder gar neue Versionen der Software herunterladen.

HEISSER TIP

Sie werden es kaum glauben, aber manchmal sind defekte *Zeichensätze* der Grund für jede Menge Ärger. Wenn Sie viele zusätzliche Zeichensätze in Ihrem System haben, sollten Sie diese probehalber aus dem Systemordner entfernen und überprüfen, ob die Probleme dann verschwinden.

POWER USER

Über Updates für Ihre Programme können Sie sich unter *www.macupdate.com* auf dem laufenden halten, Fehlerberichte und die passenden Lösungen finden Sie in großer Zahl unter *www.macfixit.com*. Schließlich hilft oft auch die gutsortierte technische Bibliothek von Apple selbst weiter: *til.info.apple.com*.

Stufe 2: Ein neues System installieren. Wie Politiker oder frisches Obst kann (und wird) auch Systemsoftware mit der Zeit verderben. Zum Glück haben Sie einen unendlichen Vorrat an gesunden Ersatzkopien (Ihre Systemdisketten oder die System-CD).

ACHTUNG

Allerdings reicht es nicht immer, lediglich das Installationsprogramm laufen zu lassen und dabei zu hoffen, daß sich eventuelle Defekte von selbst beheben. Das Programm arbeitet nämlich so, daß es *nur* die Komponenten des Systemordners ersetzt, die ein Update nötig haben. Wenn Ihre Systemdatei bereits beschädigt ist, bleibt sie es. Wenn Sie einen beschädigten Zeichensatzkoffer haben, bleibt er beschädigt. Da kann auch das Installationsprogramm nichts reparieren.

POWER USER

Wenn Sie *TechTool Pro* besitzen, können Sie damit überprüfen, ob zumindest die wichtigsten Dateistrukturen in Ihrem Mac OS in Ordnung sind. Meldet dieses Programm einen Fehler, kommen Sie aber um die folgenden Schritte auch nicht herum.

Der einzige Weg, um einen unberührten und völlig intakten Systemordner zu erhalten, ist eine komplette Neuinstallation des Mac OS. Das Verfahren dafür wird mit jeder Ausgabe des Mac OS einfacher:

- **Mac OS 8 und 8.1.** Starten Sie von Ihrer Systemsoftware-CD, wenn möglich. Starten Sie das Installationsprogramm. Klicken Sie im Begrüßungsbildschirm den Button *Fortfahren*. Aktivieren Sie jetzt die Checkbox *Neuen Systemordner anlegen* (20.2) und fahren Sie mit der Installation fort.

Das Installationsprogramm prüft zuerst Ihre Festplatte, bevor es mit der Installation beginnt. Danach erstellt es automatisch einen neuen Systemordner, und der alte, beschädigte wird in «Vorheriger Systemordner» umbenannt.

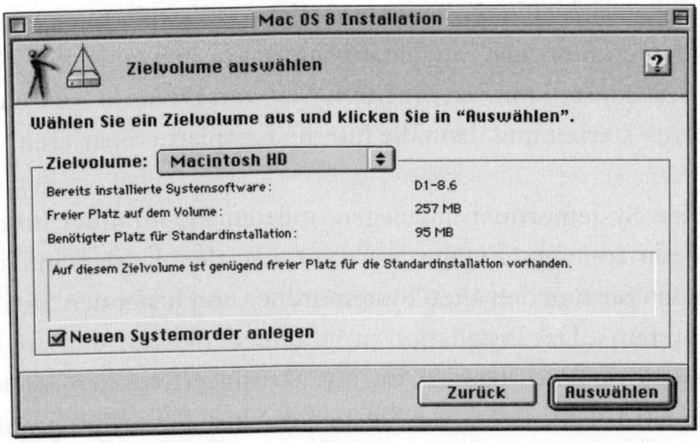

Abb. 20.2 Bei Mac OS 8 und 8.1 springt Ihnen die Option «Neuen Systemordner anlegen» direkt ins Auge.

- **System 7.6 oder 7.6.1 und Mac OS 8.5.** Legen Sie Ihre System-CD ein. Doppelklicken Sie das Icon des Installationsprogramms. Nachdem Sie im Begrüßungsbild den Button *Fortfahren* geklickt haben, benutzen Sie im nächsten Dialog den Button *Optionen*. Ihnen wird die Option *Neuen Systemordner anlegen* angeboten – das ist es, was Sie wollen.

- **System 7.5.x.** Legen Sie Ihre System-CD oder die erste Installationsdiskette ein. Doppelklicken Sie das Icon des Installationsprogramms. In dem Dialog, in dem Sie normalerweise die Installation starten würden, drücken Sie Befehl-Shift-K. Es erscheint ein kleiner Dialog, in dem Sie auswählen können, ob Sie einen bestehenden Systemordner aktualisieren oder einen neuen anlegen wollen. Wählen Sie die gewünschte Option, klicken Sie OK und beginnen Sie anschließend mit der Installation.

- **Frühere Systemversionen, Performas.** Bevor Sie die Neuinstallation starten, sollten Sie die Festplatte auf Schäden untersuchen. (Neuere Installationsprogramme tun dies automatisch, bevor ein neuer Systemordner eingerichtet wird.)

Um die Festplatte zu überprüfen, starten Sie Ihren Mac von der Dienstprogramme-Diskette, die zusammen mit dem Mac oder der System-CD geliefert wurde (falls Sie eine solche haben). Starten Sie anschließend das Programm *Erste Hilfe*.

ACHTUNG

Versionen von Erste Hilfe (bzw. *Disk First Aid*) vor 8.2 können keine Festplatten reparieren, auf denen sich ein aktives System oder das Festplatten-Dienstprogramm selbst befindet. Besorgen Sie sich deshalb am besten eine neue Version des Programms, ansonsten müssen Sie Ihren Mac von Diskette oder einer externen Wechselplatte starten und dann die interne Festplatte reparieren.

Um jetzt einen neuen Systemordner anzulegen, müssen Sie im alten Finder und Systemkoffer-Icon trennen. Ziehen Sie dazu z.B. den Finder auf den Schreibtisch. Schließen Sie nun den alten Systemordner und benennen Sie ihn um, etwa in «Altes System». Das Installationsprogramm denkt nun, daß auf der Festplatte kein Systemordner vorhanden ist, der aktualisiert werden müßte, und legt einen komplett neuen an. Starten Sie jetzt das Installationsprogramm für die Systemsoftware von Ihrer Apple-CD bzw. von der ersten Installationsdiskette.

ACHTUNG

Wenn Sie einen Performa haben, so befindet sich auf der System-CD ein Programm mit dem Namen *Systemsoftware wiederherstellen*. Starten Sie dieses, um die Software wieder so zu installieren, wie es bei der Auslieferung des Mac der Fall war.

HEISSER TIP

iMacs und neuere Power Macs bieten die Möglichkeit, die ab Werk vorinstallierte Software in einem Rutsch auf die Festplatte zurückzuschreiben. Dabei wird wahlweise nicht nur das Mac OS installiert, sondern auch alle von Apple mitgelieferten Softwarekomponenten. Dieses Verfahren ist sehr bequem, allerdings müssen Sie aufpassen, daß das Programm nicht versehentlich den *kompletten* Inhalt der Festplatte ersetzt und dabei Ihre Daten löscht. Lesen Sie aufmerksam die Bildschirmmeldungen, um diesen Fehler zu vermeiden.

Der neue Systemordner enthält keine der Systemerweiterungen, Zeichensätze, Kontrollfelder, Töne und Einträge im Apple-Menü, die Sie im Lauf der Zeit zu Ihrem Systemordner hinzugefügt hatten. Später eingespielte Updates fehlen ebenso wie die Voreinstellungsdateien (Preferences), die Ihre Anwendungsprogramme angelegt haben. Wenn Sie alles das wieder von Hand einrichten wollen, kann das Stunden dauern. Darum haben Sie ja den alten Systemordner behalten, und können Ihre speziellen Systembestandteile nach und nach in den neuen übertragen.

HEISSER TIP

Bevor Sie aber mit dieser Arbeit anfangen, sollten Sie den folgenden Rat unbedingt beherzigen. Das Einrichten eines neuen Systemordners ist eine recht aufwendige Sache, die wahrscheinlich kein Mac-Nutzer öfter als nötig auf sich nehmen mag. Um diese Arbeit etwas zu vereinfachen, sollten Sie sofort nach dem Ende der Installation eines der folgenden Dinge tun, um zukünftige Installationsaktionen zu vereinfachen:

- Kopieren Sie den neu angelegten Systemordner auf ein Wechselmedium oder schreiben Sie ihn auf eine CD-R. Wenn Sie später erneut in die Verlegenheit kommen, das Mac OS neu installieren zu müssen, kopieren Sie einfach den gesicherten Systemordner zurück. Damit sparen Sie sich den Einsatz des Installationsprogrammes vollständig.
- Markieren Sie wenigstens alle vom Apple-Installierer angelegten Dateien mit einem Etikett. So sehen Sie später auf einen Blick, welche Dateien zum originalen Mac OS gehören und was nachträglich verändert wurde. Sie können auch zusätzliche Systemerweiterungen mit einem eigenen Etikett kennzeichnen, bevor Sie sie in den Systemordner kopieren.
- Besonders komfortabel läßt sich der Systemordner mit einem Programm wie *Conflict Catcher* oder der Shareware *Clean Install Assistant* (zu finden auf der CD zu diesem Buch) verwalten. Diese Programme können die zusätzlichen Elemente in einem vorhandenen Systemordner sammeln und in den neuen Ordner kopieren.

CD-ROM

Wenn Sie sich die Mühe machen, einen dieser Tips zu befolgen, wird die nächste Neuinstallation des Mac OS schneller erledigt sein.

ACHTUNG

Nun können Sie damit beginnen, die zusätzlichen Objekte aus dem alten Systemordner in den frisch angelegten zu kopieren. Passen Sie aber auf, daß Sie auf diese Art nicht alte Probleme erneut schaffen, etwa indem Sie eine defekte oder inkompatible Systemerweiterung in den neuen Systemordner kopieren! Wo es möglich ist, installieren Sie deshalb die Software von den Original-

Installationsdisketten, und nicht aus dem problematischen alten Systemordner. Das gilt insbesondere für Zeichensätze – defekte Schriften können zu allerlei eigenartigen Effekten führen, ohne daß Sie die leiseste Ahnung haben, wo die Probleme herkommen könnten.

Mit Voreinstellungsdateien ist es etwas schwieriger. Sie können sie aus dem Ordner *Preferences* im alten Systemordner herauskopieren und im neuen Systemordner an der gleichen Stelle ablegen. Sollte allerdings eine der Dateien defekt sein, kann das zu Fehlern oder Abstürzen des zugehörigen Programms führen.

HEISSER TIP

Es ist eine gute Idee, nur die Voreinstellungsdateien zu kopieren, für deren Einrichtung Sie schon einige Zeit investiert haben. Dazu gehören z.B. die Werkzeugleisten von Microsoft-Programmen, die Einstellungen Ihres Webbrowsers oder Ihres Makroprogramms. Kopieren Sie am besten auch die Einstellungen für den Zugriff auf das Internet; die entsprechenden Dateien befinden sich im Preferences-Ordner und heißen *Remote Access Connections* (darin sind die Zugangsdaten für die Internet-Provider gespeichert), *TCP/IP Voreinstellungen* und *Internet Preferences*.

Falls Sie viele Benutzer und Gruppen für das File Sharing eingerichtet haben, sollten Sie noch die Datei mit dem Namen «Benutzer- & Gruppen-Datei» sichern. Und wenn Sie die Titel Ihrer Lieblings-CDs in Apples CD-Player-Software eingetippt haben, so finden Sie das Ergebnis Ihrer Arbeit in der Datei *CD-Verzeichnis*.

Besonders vorsichtige Zeitgenossen empfehlen, beim Einsortieren der zusätzlichen Systemerweiterungen, Kontrollfelder und sonstigen Dateien immer nur wenige Objekte gleichzeitig in den Systemordner zu legen und dann neu zu starten. In der Praxis müssen Sie nicht unbedingt soviel Geduld aufbringen, sondern können meist auch ganze Ordner voll Dateien gleichzeitig kopieren.

ACHTUNG

Falls Sie jedoch Software installieren, die auch den Systemordner verändert, ist es eine gute Idee, bei jedem Paket nach der Installation neu zu starten und zu überprüfen, ob alles funktioniert. Achten Sie außerdem darauf, bei Neuinstallationen auch immer alle nötigen Updates einzuspielen, denn das wird in der Hitze des Gefechts oft vergessen und führt eventuell zu Fehlern, die schon lange behoben waren.

Hilfe, ich habe keine System-CD!

Manche Macs wurden in der Vergangenheit ohne System-CD und ohne Installationsdisketten geliefert. Zu diesen Modellen gehörten vor allem PowerBooks und manche Performa-Modelle. Auch diese Macs wurden mit Systemsoftware geliefert, allerdings befand sich diese bei der Auslieferung auf der Festplatte der Geräte. Sie als Nutzer hätten dann die gespeicherten Disketten-Images auf richtige Disketten kopieren müssen, um die Software für den Notfall griffbereit zu haben. Extra für diesen Zweck hat Apple sogar das Programm *Floppy Disk Maker* mitgeliefert.

Wenn Sie sich allerdings diese Kopieraktion gespart haben, müssen Sie sich die Systemsoftware aus einer anderen Quelle besorgen. Entweder kaufen Sie eine neuere Version des Mac OS – was sich zumindest für nicht ganz so alte Macs immer lohnt – oder Sie laden sich von Apples Webserver das alte System 7.5 herunter. Zusammen mit allen Updates kommen Sie damit auf Mac OS 7.5.5, und das alles kostenlos. (Allerdings ist das eine ganze Menge an Daten, so daß Ihr Modem eine Weile beschäftigt sein wird.)

HEISSER TIP

Wenn die ganze Anpassungsorgie vorbei ist, können Sie auch von Ihrem neuen und jetzt angepaßten Systemordner eine Kopie machen und diese auf einem anderen Datenträger sichern. Kommt es in der Zukunft zu Problemen, können Sie diese Kopie zurück auf die Festplatte übertragen und haben wieder ein neues, bereits angepaßtes System. (Natürlich gehen dabei alle Änderungen verloren, die nach der Sicherung des Systemordners passieren.)

Stufe 3: Die SCSI-Kette entfernen. Die an Ihren Mac angeschlossenen SCSI-Geräte können einen erheblichen Einfluß auf das Verhalten des Computers haben. Probleme auf dem SCSI-Bus führen fast immer zu seltsamen Effekten, die die Funktionsfähigkeit des Mac empfindlich stören können.

Darum ist es eine gute Idee, bei der Fehlersuche die SCSI-Geräte zu entfernen. Verschwindet das Problem dann, können Sie mit Hilfe der Tips aus Kapitel 17 die Ursache in Ihrer SCSI-Kette suchen. Verschwindet es nicht, so wissen Sie wenigstens, daß Ihnen die SCSI-Geräte nicht noch zusätzlichen Ärger bescheren können.

CD-ROM

Den SCSI-Bus überprüfen Sie am schnellsten und einfachsten durch Hinschauen (Sind alle Verbindungen in Ordnung? Wurden keine IDs doppelt vergeben?) und mit dem Programm *SCSIProbe*, das Sie auf der CD zu diesem Buch finden.

Andere Dinge, die Sie ausprobieren sollten

Wir glauben aufrichtig daran, daß unser Drei-Stufen-Plan nahezu narrensicher ist. Immerhin sollte Ihr Mac, nachdem Sie die Systemerweiterungen ausgeschaltet, das System neu installiert und die SCSI-Geräte abgetrennt haben, ziemlich genau so sein, wie er war, als Sie ihn kauften!

Wenn Sie immer noch ein unerklärliches, unberechenbares Verhalten vorfinden, sind hier noch ein paar Behandlungsvorschläge, die es wert sind, sie zu probieren.

Nicht jeder Mac bleibt im Lauf seines «Berufslebens» so, wie er von Apple geliefert wurde. Zusätzliche Steckkarten werden eingebaut, der Speicher erweitert, interne oder externe Geräte hinzugefügt. Jede Komponente kann jedoch leider auch Probleme machen, die manchmal schwer zu finden sind.

Wenn Sie über ein solches «aufgerüstetes» Mac-System verfügen und auch die Neuinstallation des Mac OS nicht geholfen hat, so müssen Sie überprüfen, ob vielleicht eines der Zusatzgeräte die Probleme verursacht. Entfernen Sie dazu alle Geräte, und nehmen Sie sie Schritt für Schritt einzeln in Betrieb. Achten Sie darauf, aktuelle Gerätetreiber zu verwenden und überprüfen Sie, ob jedes Gerät für sich funktioniert.

Ist das der Fall, dann beginnen Sie, alle Geräte gemeinsam anzuschließen. Fügen Sie dabei ein Gerät nach dem anderen hinzu und probieren Sie, wann der Fehler wieder auftritt. Versuchen Sie, auf diese Art den Verursacher der Störungen einzukreisen.

HEISSER TIP

Manchmal ist auch die Hardware der Geräte in Ordnung, die notwendige Treibersoftware aber nicht mehr aktuell genug oder mit Ihrer Version des Mac OS inkompatibel. Die jeweils aktuellen Treiberprogramme finden Sie auf der Website der Hersteller oder Distributoren Ihrer Geräte.

Hardwarefehler

Es passiert zwar selten, aber immer noch oft genug: Ein Stück Hardware in Ihrem Mac oder in einem externen Gerät stellt den Betrieb ein. Wenn Sie diesen Verdacht haben, machen Sie die Gegenprobe: Versuchen Sie, das Gerät (z.B. ein externes Zip-Laufwerk, eine Maus oder einen Drucker) an einem anderen Computer zu betreiben. Auf diese Art finden Sie heraus, ob das Gerät selbst defekt ist oder ob Ihr Mac wegen eines anderen Fehlers nur nicht damit umgehen kann.

ACHTUNG

Prüfen Sie auch unbedingt immer die Kabel, bevor Sie ein Gerät für kaputt erklären! In vielen Fällen sieht es so aus, als wäre ein Gerät defekt, tatsächlich ist aber nur die Verbindung beschädigt. Manchmal ist auch nur das Netzteil eines Zusatzgerätes defekt, und nicht das Gerät selber. Vor allem die beliebten externen Steckernetzteile sind oft so billig konstruiert, daß sie vor allem bei Dauerbelastung gelegentlich einfach kaputtgehen. Bevor Sie in solchen Fällen das Gerät für teures Geld reparieren lassen, sollten Sie erst einmal ein geliehenes Netzteil ausprobieren.

Befindet sich das verdächtige Teil im Mac selbst, so sollten Sie schon wissen, was Sie tun, bevor Sie Ihren Rechner auseinandernehmen! Ist das jedoch der Fall, können Sie durchaus eine interne Festplatte oder ein CD-ROM-Laufwerk probeweise an einen anderen Mac anschließen. Allerdings übernehmen weder die Autoren noch der Verlag irgendwelche Verantwortung für solche Basteleien. In diesem Zusammenhang noch eine wichtige Warnung:

ACHTUNG

Lassen Sie die Finger von Netzteilen oder dem Innenleben von Monitoren! Darin gibt es Hochspannungen, die lebensgefährlich sind. Aus diesem Grund sollten diese Bauteile auch nur von qualifizierten Technikern repariert werden.

HEISSER TIP

Um festzustellen, ob Ihr Mac die Zusatzhardware überhaupt erkennt, benutzen Sie am besten das mit dem Mac OS gelieferte Programm *Apple System Profiler*. Damit können Sie sich alle an Ihren Mac angeschlossenen Komponenten anzeigen lassen, egal ob es sich dabei um interne oder externe Teile handelt. Taucht z.B. eine Festplatte, ein USB-Gerät oder ein externes Laufwerk nicht auf, so haben Sie schon einen ersten Fingerzeig auf die Fehlerquelle.

Noch genauer gibt Ihnen ein Werkzeug wie *TechTool Pro* Auskunft: Mit diesem Programm können Sie die einzelnen Hardwarekomponenten Ihres Mac prüfen und den Fehlern im Detail auf die Spur kommen.

CD-ROM

Für schnelle Tests genügen auch Shareware-Programme wie *TechTool* (funktioniert ähnlich wie der System Profiler, analysiert das System und löscht Parameter-RAM und Schreibtischdatei), *SCSIProbe* (zum Untersuchen der SCSI-Busse) oder *GURU* (enthält Routinen zum Testen der RAM-Bausteine.) Sie finden diese Programme auf der CD zu diesem Buch.

Firmware und Treiber

Erkennt der Mac die zusätzliche Hardware, aber trotzdem funktioniert sie noch nicht so, wie es soll, dann ist oft die Treibersoftware schuld, die die Geräte anspricht. Treiber sind spezielle Programme, die z.B. bei externen SCSI-Geräten oder Grafikkarten als Systemerweiterung beim Start des Mac geladen werden und die Kommunikation mit der Hardware abwickeln. Manchmal gibt es aber Fehler, weil die benutzte Treiberversion zu alt oder inkompatibel zu Ihrem Mac-Modell oder der verwendeten Version das Mac OS ist. In so einem Fall sollten Sie auf der Website des Herstellers nachsehen, ob es eventuell eine neue Version gibt, die diese Fehler behebt. Die meisten Hersteller sind in dieser Beziehung recht aktiv und stellen bei auftretenden Problemen relativ schnell Updates im Web bereit.

HEISSER TIP

Eine Datenbank mit aktuellen Updates für Hunderte von Mac-Programmen finden Sie im Web unter *www.macupdate.com*.

Neben der Treibersoftware (die relativ leicht zu aktualisieren ist), gibt es noch die Software für die kleinen Prozessoren auf den Erweiterungskarten oder in den externen Geräten. Diese Programme werden auch Firmware genannt; sie sind meist in Speicherbausteinen (ROMs) auf der Elektronikplatine abgelegt und bleiben dort auch beim Ausschalten des Mac erhalten. Bei modernen Geräten läßt sich diese Firmware nachträglich aktualisieren. Sie brauchen dazu ein spezielles Aktualisierungsprogramm und die neuen Daten, die in den Firmware-Speicher übertragen werden sollen. Beides finden Sie (falls vorhanden) auf den Webseiten des Geräteherstellers.

ACHTUNG

Auch die Firmware von iMacs und modernen G3/G4-Computern läßt sich inzwischen aktualisieren. Die nötigen Dateien finden Sie auf den Webseiten von Apple und gelegentlich auch auf Installations-CDs. Aktualisieren Sie die

Firmware aber nur, wenn es wirklich einen triftigen Grund dafür gibt, ansonsten sollten Sie ein funktionierendes System nicht ohne Not verändern.

Den Parameter-RAM löschen

Der PRAM (Parameter-RAM) ist ein winziger Cache-Speicher, der von der eingebauten Batterie Ihres Mac am Leben erhalten wird. Er ist verantwortlich dafür, daß die Uhr des Mac weitertickt und die Einstellungen, die Sie in Ihren Kontrollfeldern treffen, erhalten bleiben. Dazu gehören unter anderem die Einstellungen für die Warntöne, die Maus, das Kontrollfeld *Speicher*, die Netzwerkvolumes und die Bildschirmeinstellungen.

Das Löschen des Parameter-RAMs heißt unter den Mac-Experten: «Der PRAM wird gezappt!».

POWER USER

Sehr, sehr selten (aber doch manchmal) wird dieses winzige Stückchen Speicher irgendwie beschädigt. Typische Symptome: Ihre Kontrollfelder merken sich die Einstellungen nicht; Sie können nicht drucken; Sie haben seltsame Netzwerkprobleme.

Um den PRAM zurückzusetzen, müssen Sie Ihren Mac neustarten. Halten Sie dabei die Tasten Befehl-Option-P-R gedrückt, bis Sie den zweiten oder dritten Startton hören. Lassen die Tasten los. (Bei einem Power Mac mit PCI-Steckplätzen schalten Sie den Mac aus und drücken Sie die Tasten, *bevor* Sie ihn wieder einschalten.)

Wenn Sie ein PowerBook besitzen, beachten Sie bitte folgendes: Lassen Sie die Tasten los, sobald Sie den zweiten Startton hören. Tun Sie das nicht, geht das PowerBook aus und läßt sich nicht wieder neu starten, ehe Sie nicht den Netzschalter an der Rückseite des PowerBooks mindestens für 30 Sekunden gedrückt halten.

FEHLER

Beim Zurücksetzen des PRAM werden oftmals die Einstellungen Ihrer Kontrollfelder gelöscht: Ihre bevorzugte Mausgeschwindigkeit, der Schreibtischhintergrund, die Lautstärke des Lautsprechers und so weiter. Zum Glück ist es nicht allzu aufwendig, die Einstellungen wiederherzustellen.

Wenn Ihnen die Aktion zum Löschen des Parameter-RAMs zu kompliziert ist, können Sie dazu auch *TechTool* benutzen, das Sie auf der CD zu diesem Buch finden.

CD-ROM

Wohin sind die Datei-Informationen verschwunden?

Das Erneuern der Schreibtischdatei bedeutete mehr als 10 Jahre lang den Verlust sämtlicher Kommentare, die man in das Informationsfenster der Dateien und Ordner eingegeben hatte. Tatsächlich erwähnte sogar der Dialog mit der Frage «Wollen Sie wirklich die Schreibtischdatei neu anlegen?» diese unglückliche Nebenwirkung. Jahrelang versprach Apple, diesen dummen Fehler zu beseitigen – irgendwann, bei zukünftigen Systemupdates.

Dieser Tag ist bereits gekommen. Ab System 7.5.3 erscheint keine derartige Warnung mehr, wenn Sie Befehl-Option beim Start drücken, und Ihre Datei-Kommentare bleiben tatsächlich erhalten. Halleluja.

Die sicherere und sorgfältigere Methode ist es jedoch, TechTool zu benutzen um die Schreibtischdatei wieder herzustellen. In der Programmversion, die Sie auf der CD zu diesem Buch finden, ersetzt es nicht nur die Schreibtischdatei vollständig, sondern sichert auch die Kommentare.

Die Schreibtischdatei neu aufbauen

Schon des öfteren haben wir in diesem Buch die Schreibtischdatei erwähnt, diese unsichtbare Datenbank auf jedem Datenträger, die Informationen über all Ihre Icons enthält – wie sie aussehen, zu welchen Programmen sie gehören, und wo sie sich in Finder-Fenstern befinden. Wenn die Informationen in dieser Schreibtischdatei zerstückelt werden, verursacht das Probleme.

CD-ROM

Das Heilmittel ist simpel: Sie können die Schreibtischdatei reparieren, indem Sie während des Neustarts die Befehls- und Optionstaste drücken. Noch gründlicher ist es, wenn Sie *TechTool* benutzen, das auf der beiliegenden CD enthalten ist. Eine vollständige Erläuterung der Schreibtischdatei finden Sie in Kapitel 3.

Eine defekte oder mit Datenmüll verstopfte Schreibtischdatei erkennen Sie daran, daß es länger dauert, bis die Programm starten, der Finder scheinbar langsamer arbeitet als sonst und die Icons mancher Dateien durch die schlichte «generische» Variante ersetzt werden, die fest ins Mac OS eingebaut ist. Aber auch wenn Sie nichts von diesen Effekten merken, ist es eine gute Idee, etwa einmal im Monat die Schreibtischdatei neu aufzubauen. Damit können Sie Probleme vermeiden, bevor sie auftreten.

Defekte Voreinstellungsdateien löschen

Wann immer Sie ein modernes Anwendungsprogramm starten, schaut es dabei generell im Ordner *Preferences* im Systemordner nach, ob es eine Voreinstellungsdatei findet. Ist diese Datei beschädigt, gibt es entweder eine Fehlermeldung, oder das Programm stürzt gar sang- und klanglos ab.

EINSTEIGER

Sollten Sie Probleme mit einem bestimmten Programm haben, beenden Sie es. Öffnen Sie dann den Ordner *Preferences* im Systemordner und werfen Sie die Voreinstellungsdatei des Programms weg. Wird das Programm erneut gestartet, findet es keine Datei mit Voreinstellungen und legt darum eine neue, unbeschädigte an.

ACHTUNG

Eine Neuinstallation eines Anwendungsprogramms löscht generell eine bereits vorhandene Voreinstellungsdatei *nicht*. Ist diese defekt, so wird sich das Programm nach wie vor seltsam verhalten.

Dieser Trick ist besonders nützlich beim meistgenutzten Programm auf Ihrem Mac, dem Finder. Die Voreinstellungsdatei des Finders beinhaltet jede Menge an wichtigen Einstellungen für Ihre Arbeitsumgebung: die Einstellungen für die Zeichensätze und die Anordnung der Icons in den Finder-Fenstern, die Einstellungen für die Listendarstellungen von Fenstern, ob Sie eine Rückfrage vor dem Leeren des Papierkorbs erhalten usw.

Darum sollten Sie die Datei *Finder-Voreinstellungen* löschen, wenn Sie mysteriöse Vorgänge bei Ihren Icons, Finder-Fenstern oder dem Papierkorb bemerken. Starten Sie dann den Mac neu, um eine um eine frische und saubere Voreinstellungsdatei zu erzeugen.

Defekte Voreinstellungsdateien können auch noch andere Fehler verursachen:

- **Netzwerkprobleme.** Wenn Sie Probleme mit Ihrem Netzwerk haben und Ihre Hardware nicht die Ursache dafür zu sein scheint, löschen Sie den Ordner *File Sharing* und die Dateien *Benutzer- & Gruppen-Datei* und *File Sharing Voreinstellungen*. Starten Sie den Mac anschließend neu und öffnen Sie dann das Kontrollfeld *File Sharing*. Geben Sie einen neuen Geräte- und Benutzernamen ein und aktivieren Sie File Sharing. Diese Aktion erzeugt eine neue Benutzer- & Gruppen-Datei und ersetzt die beschädigten Daten. Allerdings verlieren Sie dabei auch alle vorher definierten Daten für Benutzer und Gruppen.

- **PC-Exchange/File Exchange.** Sie benutzen seit Monaten PC-Datenträger und dann, aus heiterem Himmel, will Ihr Mac DOS-formatierte Medien nicht mehr akzeptieren. Auch hier ist die Lösung simpel: Löschen Sie die Datei *PC-Exchange Voreinstellungen* bzw. *File Exchange Voreinstellungen* und starten Sie den Mac neu.

- **Apple-Menü-Optionen.** Wenn Sie beim Start des Mac die Meldung erhalten «Es ist nicht genug Speicher vorhanden, um alle Systemerweiterungen zu laden», obwohl Sie genau wissen, daß genug Speicher vorhanden ist, dann ist wahrscheinlich die Datei mit dem Namen *Apple-Menü Optionen Daten* daran schuld. Löschen Sie diese und starten Sie den Mac neu.

- **Platzfresser.** Die meisten Voreinstellungsdateien sind sehr klein; sie enthalten meist nur wenige Informationen über die Einstellungen. Trotzdem können bestimmte Dateien im Preferences-Ordner ziemlich viel Platz wegnehmen. CD-ROM-Treiber mit Cache-Funktion – wie z.B. *CD AutoCache* oder *CD-ROM Toolkit* – speichern im Preferences-Ordner oft benutzte Daten von den eingelegten CDs zwischen. Je nach Einstellung können Sie eine ganze Menge Dateien mit einigen Megabyte Größe zusammenkommen. Auch die beliebten Webbrowser (Netscape Navigator, Microsoft Internet Explorer und der AOL-Browser) legen Cache-Ordner an, die sich relativ schnell mit Daten füllen. Diese Ordner können rasch auf Dutzende Megabytes anwachsen, wenn Sie nicht gut darauf aufpassen. (Sie können die Aufnahmefähigkeit des Cache-Folders in den Voreinstellungen des Browsers selbst regeln.)

Wenn Sie bemerken, daß auf mysteriöse Art Megabytes an Platz von Ihrer Festplatte verschwinden, überprüfen Sie den Preferences-Ordner nach Cache-Dateien, die regelmäßig weggeworfen werden können.

FEHLER

Das Löschen von Voreinstellungsdateien hat leider einen kleinen Nachteil: Alle Anpassungen, die Sie in dem zugehörigen Programm vorgenommen haben, gehen dabei verloren. Bei kleinen Programmen mit wenigen Einstellungen ist das kein Problem, wenn Sie aber z.B. etwas Zeit darauf verwendet haben, eine Anwendung wie Word oder Photoshop anzupassen, ist das schon ärgerlich. Darum sollten Sie bei solcher Software die Voreinstellungsdatei sichern, wenn Sie das Programm so angepaßt haben, wie Sie es sich wünschen. Wenn es später Probleme gibt, ersetzen Sie einfach die defekte Voreinstellungsdatei durch die Sicherheitskopie.

Die Batterie ersetzen

Jeder Mac besitzt eine Batterie – nicht nur PowerBooks. Wir meinen natürlich die eingebaute Batterie, die die Uhr betreibt und den Parameter-RAM versorgt, auch wenn der Computer ausgeschaltet ist. Diese Batterien halten etwa fünf bis sieben Jahre und müssen dann ersetzt werden.

In früheren Jahren dachte niemand viel über die Lithium-Batterie nach. Heutzutage jedoch erhebt sie plötzlich ihr häßliches Haupt – überall in der Welt haben Macs ihren sechsten oder siebenten Geburtstag. Die Lithium-Batterien der Leute sterben und verursachen absonderliches Verhalten aller Art.

Eine verbrauchte Batterie kann sich auf verschiedene Art äußern: So ändert sich plötzlich das Datum neu angelegter Dateien auf 1904 oder 1957, und Sie müssen nach jedem Neustart die Uhr Ihres Mac neu stellen. Auch die Einstellungen für das Netzwerk und die Auflösung des Bildschirms springen immer wieder auf irgendwelche Standardwerte zurück. Am gemeinsten aber äußert sich eine leere Batterie bei manchen Power Macs der ersten Serie (besonders dem 6100). Diese Geräte weigern sich, überhaupt zu starten. Das kann dem Besitzer eines solchen Gerätes einen gehörigen Schreck einjagen, denn der Mac tut so, als wäre er völlig hinüber.

Haben Sie die leere Batterie als Übeltäter identifiziert, müssen Sie sie wechseln. Entweder überlassen Sie das dem Apple-Händler, Sie können es aber auch selbst machen und damit etwas Geld sparen. Das Problem besteht allerdings darin, die passende Batterie zu besorgen, weil diese Größe nicht sehr gebräuchlich ist.

Entweder beschaffen Sie sich die Batterie beim Apple-Händler oder einem Katalog-Versender, Sie können es aber auch im Elektrohandel probieren. Dazu müssen Sie dem Händler aber genau sagen, was Sie haben wollen: eine Lithium-Batterie mit 3,6 Volt, 2,4 cm lang, 1,4 cm Durchmesser (etwa halb so groß wie eine normale AA-Batterie). Die konkreten Bezeichnungen dafür sind von Hersteller zu Hersteller verschieden, hier die Liste von denen, die wir bis jetzt herausgefunden haben: Maxell ER3S, Toshiba ER3SVM, Saft LS14250, Sonnenschein SL4350PXLA, Tadiran TLA-2150. Normalerweise kosten die Batterien unglaubliche 20 DM, manchmal bekommen Sie diese aber auch in Elektronik-Katalogen günstig als Restposten.

TECHNIK

Um die Batterie einzubauen, öffnen Sie das Gehäuse Ihres Mac (natürlich nachdem Sie vorher den Netzstecker aus der Dose gezogen haben). Irgendwo auf der Hauptplatine sehen Sie einen kleinen (meist schwarzen) Plastikkäfig, in dem sich die Batterie befindet. Entfernen Sie den Sicherungsclip an der Oberseite und Sie können die Batterie austauschen. Achten Sie dabei darauf, daß die neue Batterie in der gleichen Richtung eingesetzt wird wie die alte, um Verpolungen zu vermeiden. Setzen den Sicherungsclip wieder auf – das war es.

ACHTUNG

Beim Wechseln der Batterie verschwindet auch die Stützenergie für den Parameter-RAM – er wird gelöscht, und Sie müssen Ihre Kontrollfelder nach der Aktion erneut einstellen.

CD-ROM

Leider verwenden viele ältere Mac-Generationen andere Batterien. Die LC-Batterien arbeiten mit 4,5 Volt und haben einen komplizierten Steckverbinder. Wie kriegen Sie also heraus, ob Ihr Mac eine Batterie besitzt, die Sie selbst auswechseln können? Befragen Sie *GURU*, ein Shareware-Programm, das auf der CD zu diesem Buch enthalten ist. Für jeden Mac, der jemals hergestellt wurde, kann es Ihnen sagen, ob Sie die Batterie selbst auswechseln können oder nicht. Gehört Ihr Mac nicht zu den Modellen, bei denen Sie die Batterie selbst wechseln können, müssen Sie wohl oder übel einen Apple-Techniker bemühen.

HEISSER TIP

Manchmal kann es wirklich zum Problem werden, die richtige Batterie aufzutreiben. Im Zweifelsfall müssen Sie das leere Exemplar ausbauen und Ihrem Elektrohändler zeigen. (Noch ein letzter Tip zu dem Thema: Die würfeligen Batterien mit 4,5 Volt und Anschlußdraht aus einigen Performa-Modellen wurden früher auch in alten PC-Hauptplatinen verwendet. Fragen Sie nach dem Modell 840 von Rayovac, oder bei der bekannten Videozubehör-Firma HAMA nach Artikelnummer 41921.)

Den Festplatten-Treiber aktualisieren

Führen Sie diesen Schritt nur aus, wenn Sie Ihren Mac auf eine neue Systemversion umrüsten und er vorher eine ältere benutzt hat.

Wie in Kapitel 10 erklärt, ist nicht jede Software mit den neueren Systemversionen kompatibel – das schließt auch die unsichtbare Treibersoftware ein, die Ihre Festplatte steuert. Benutzen Sie für das Update entweder das Programm *Laufwerke konfigurieren* von Apple oder (falls vorhanden) die aktuelle Version Ihres Festplatten-Dienstprogramms.

Wenn unser Drei-Stufen-Plan die Probleme nicht gelöst hat, vor die Sie Ihr Mac stellt, ist Ihre Festplatte der nächste Kandidat. Folgen Sie den Hinweisen aus Kapitel 10, um den Treiber für Ihre Festplatte zu aktualisieren. Glücklicherweise schließt das Aktualisieren Ihres Treibers *nicht* ein, daß Ihre Festplatte gelöscht wird oder Sie Ihre Daten kopieren müssen. Weiterhin bieten alle derzeitigen Installationsprogramme für das Mac OS die Option an, den Festplattentreiber *automatisch* zu aktualisieren.

Die Erweiterungskarten entfernen

Wenn Sie alles ausprobiert haben und irgend etwas scheint immer noch nicht zu stimmen, stellen Sie jede NuBus-, PCI- oder PDS-Karte in Frage, die Sie installiert haben. Denken Sie daran, daß Sie für die Fehlersuche den Mac in den Zustand versetzen wollen, in dem er aus der Fabrik kam.

HEISSER TIP

Gelegentlich gibt es Kontaktprobleme zwischen Einsteckkarten und der Hauptplatine Ihres Mac. In so einem Fall hilft es oft, den Mac auszuschalten, und dann die Einsteckkarten herauszuziehen und wieder einzustecken. Achten Sie dabei darauf, daß die Karte sicher und stabil im Steckverbinder sitzt.

Ein Festplatten-Diagnose-Programm laufenlassen

Viele Probleme stammen daher, daß die Dateistrukturen auf der Festplatte durcheinander geraten sind. Das passiert meist bei Systemabstürzen oder Stromausfällen, aber auch als ganz normaler «Verschleiß», wenn Sie den Mac lange Zeit normal benutzen. (Darum sollten Sie auch ab und zu die Festplatte vorbeugend überprüfen, auch wenn keine Fehler auftreten.)

HEISSER TIP

Manchmal genügt es auch, wenn Sie statt einer kompletten Neuinstallation Ihres Systems erst einmal die Festplatte überprüfen und bei Bedarf reparieren. Oft löst das bereits eine ganze Reihe an Problemen.

Um Schäden an der Festplatte zu beheben, benutzen Sie das mit dem Mac OS gelieferte Programm *Erste Hilfe* oder einer kommerziellen Festplatte-Software wie die *Norton Utilities* oder *TechTool Pro*. Inzwischen können übrigens Erste Hilfe und die kommerziellen Programme sowohl das Startvolume als auch den Datenträger reparieren, von dem das Reparaturprogramm gestartet wurde.

POWER USER

Normalerweise ist es günstiger, wenn Sie Ihren Mac nicht von dem Volume starten, das Sie reparieren wollen, und im Fehlerfall auch nicht das Reparaturprogramm von dort benutzen. Hat Ihr Mac ein CD-ROM-Laufwerk, so können Sie von CD starten und auch die Kopie des Reparaturprogramms auf der CD benutzen. Was aber, wenn Sie keine CD benutzen können, z.B. bei einem älteren PowerBook oder LC-Mac? Entweder richten Sie bei Gelegenheit eine kleine «Service-Partition» auf Ihrer Festplatte ein, oder Sie erzeugen eine RAM-Diskette. Legen Sie dann einen minimalen Systemordner darauf ab (notfalls von einer älteren Systemversion bzw. der Diskette *Dienstprogramme* des Mac OS) und fügen Sie das Festplattenprogramm hinzu. Wenn dann Ihr Mac Probleme macht, starten Sie von der zweiten Partition oder der RAM-Diskette. Nun können Sie die defekten Volumes problemlos reparieren.

Nur für PowerBooks: Den Power Manager zurücksetzen

Der Power Manager ist ein spezieller Schaltkreis im PowerBook, der den Verbrauch der Batterie überwacht. Wenn der Power Manager durcheinander kommt, können schreckliche Dinge aller Art passieren: Sie haben dann Probleme, den Computer einzuschalten, die Batterie aufzuladen, das Trackpad zu verwenden, zu starten, das PowerBook in den Ruhezustand zu versetzen und so weiter.

Um diesen Ärger wieder loszuwerden, müssen Sie den Power Manager zurücksetzen. Beginnen Sie immer damit, das Netzteil herauszuziehen und alle Batterien zu entfernen. Lassen Sie das PowerBook so für 10 Minuten liegen. Wenn das Problem dann beim Einschalten nicht verschwunden ist, tun Sie folgendes:

- **PowerBook 140, 145, 145B, 160, 165, 170 und 180.** Ziehen Sie das Netzkabel heraus und entfernen Sie die Batterie. Lassen Sie das PowerBook so, kraft- und saftlos, fünf Minuten lang stehen. Dann drücken Sie 10 Sekunden lang gleichzeitig den Reset- und Interruptschalter (die beiden kleinen Löcher auf der Rückseite neben dem Netzschalter), indem Sie zwei Büroklammern verwenden. Schließen Sie das Gerät wieder an das Stromnetz an.

- **PowerBook 150.** Ziehen Sie das Netzkabel heraus und entfernen Sie die Batterie. Drücken Sie mit einer aufgebogenen Büroklammer 10 Sekunden lang den Reset-Knopf auf der Rückseite (das Loch, das mit einem Dreieck gekennzeichnet ist). Stecken Sie das Netzteil wieder an und die Büroklammer dann nochmals kurz in das Reset-Loch. Schließlich sollte, wenn Sie den Knopf (auf der Rückseite) drücken, das PowerBook angehen. Setzen Sie die Batterie wieder ein und laden Sie sie über Nacht auf.

- **PowerBook 500er Serie.** Ziehen Sie das Netzkabel heraus und entfernen Sie die Batterie. Lassen Sie das PowerBook fünf Minuten lang so stehen. Drücken Sie Befehl-Option-Control-Netztaste 10 Sekunden lang. Stecken Sie Batterie und die Stromversorgung wieder ein.

- **PowerBook Duos.** Halten Sie den Power-Knopf auf der Rückseite 45 Sekunden lang. (Wenn das nicht hilft, entfernen Sie Batterie und Netzkabel für 10 Minuten.)

- **PowerBook 190, 1400, 2400, 3400, 5300 und G3-Serie.** Schließen Sie das PowerBook. Schalten Sie es wieder an und drücken Sie dabei Befehl-Option-P-R (das ist die gleiche Tastenkombination wie beim Zurücksetzen des PRAM). Sie werden einen einzigen Ton hören, dann wird der Bildschirm dunkel und das grüne Standby-Licht geht an. Starten Sie Ihr PowerBook erneut, indem Sie den Reset-Knopf 20 Sekunden lang gedrückt halten. Wenn das Neustarten beim ersten Mal nicht hilft, versuchen Sie es noch ein paarmal. (Beim 190 und 5300 ist der Reset-Knopf unterhalb der Monitorbuchse; beim 1400 ist er zwischen der Buchse von Tastatur und Modem bzw. Drucker; beim 3400 ist er links von der Modem- bzw. Drukkerbuchse und beim 2400 befindet er sich oberhalb des Steckverbinders für das Diskettenlaufwerk.)

- **PowerBook G3-Serie ab 1998.** Bei den PowerBooks der neuen G3-Serie (Wallstreet, Lombard, Pismo) geht der Reset ganz einfach. Sie müssen dazu lediglich die Tastenkombination Shift-Funktion-Control-Einschalttaste drücken. («Funktion» ist der *Fn*-Knopf an der linken unteren Ecke der Tastatur.) Aber Achtung: das PowerBook wird daraufhin sofort und ohne Rückfrage ausgeschaltet!

In all diesen Fällen sollten Sie das PowerBook jetzt wieder normal anschalten können. Beachten Sie jedoch, daß dieser Vorgang Ihre RAM-Diskette löschen wird, falls Sie eine eingerichtet haben.

TECHNIK

Vielleicht fragen Sie sich, wie es überhaupt dazu kommen kann, daß der Power Manager beschädigt wird? Laut Apple ist die Ursache Nummer eins, daß das Netzteil erst mit dem PowerBook verbunden wird und *dann* erst dann der Stekker in die Netzsteckdose. Apple meint, man sollte das Kabel immer zuerst in die Steckdose und dann in das PowerBook stecken.

So vermeiden Sie Probleme von vornherein

Natürlich ist es viel besser, 30 Sekunden damit zu verbringen, Probleme zu *verhindern*, als drei Stunden damit, sie zu *lösen*. Kapitel 10 enthält unseren vorbeugenden Wartungsplan für Ihre Festplatte, den wir Ihnen wärmstens ans Herz legen.

EINSTEIGER

Hier ist das andere Killer-Geheimnis, mit dem wir uns in den letzten Jahren Stunden des Installierens und der Fehlersuche gespart haben: Deaktivieren Sie Ihre Erweiterungen, ehe Sie irgend etwas installieren.

Das heißt, das nächste Mal wenn Sie ein neues Programm bekommen, oder eine Updateversion eines alten, starten Sie Ihren Mac mit gedrückter Shift-Taste. Sie haben somit Ihren Mac in seinen Originalzustand zurückversetzt – genau der Zustand, in dem die neue Software ihn vorzufinden erwartet. Damit sind Sie einer Unmenge potentieller Konflikte und Schäden aus dem Weg gegangen, die während des Installierens auftreten können – von denen viele erst Wochen später zutage treten können.

Was aber, wenn die Software, die Sie installieren wollen, auf einer CD-ROM kommt? Dann schalten Sie all Ihre Erweiterungen aus, außer die, die Sie brauchen, um das CD-ROM-Laufwerk zugreifen zu können. Am besten geht das mit dem Kontrollfeld *Erweiterungen Ein/Aus*, *Conflict Catcher* oder einem ähnlichen Programm.

Ironischerweise ist diese Maßnahme besonders dann ratsam, wenn Sie Apples eigene Systemsoftware installieren.

Die ultimative Mac-Fehlerliste

Wäre es nicht toll, wenn Ihr Mac Ihnen nach einem Absturz genau sagen würde, was schiefgelaufen ist? Stellen Sie sich vor, Sie hatten einen Crash und sehen ein Dialogfenster, das Ihnen sagt:

«Ihr System ist wegen einem Programmierfehler abgestürzt. Der Befehl Kompostieren in EnviroHelper Pro 2.0 kollidiert mit dem Programm TimeKiller 3.1. Bitte updaten Sie TimeKiller auf Version 3.3.2, um diesen Konflikt zu beseitigen.»

In Wirklichkeit sind die Fehlermeldungen des Mac nicht so aufschlußreich. Aus diesem Grund bieten die Fehlerdefinitionen selbst kaum Informationen, die man auch verwenden kann. Zu wissen, daß Ihr Absturz von einer *Unimplemented core routine* (Fehler 12 oder Fehler -4) hervorgerufen wurde, wirft auch nicht viel mehr Licht darauf, was mit dem Programm nicht stimmt. Wenn tief im Innern des Mac etwas daneben geht, kann er Ihnen nur mitteilen, *daß* etwas schief läuft. Er hat keine Ahnung, welche spezielle Folge von Tastatureingaben, Mausklicks und Softwareinteraktionen tatsächlich das Problem verursacht hat. Fehlermeldungen sind darum eigentlich nur für Programmierer von besonderer Bedeutung – und noch nicht einmal für sie sehr hilfreich. Außerdem sind die Fehlermeldungen des Mac oftmals einfach falsch. Der Mac sagt, Sie hatten eine «unerlaubte Anweisung» (illegal instruction, Fehler 3), wenn Sie in Wirklichkeit einfach nur Ihren ganzen RAM aufgebraucht haben.

Wie Sie sehen werden, bieten diese Beschreibungen nur selten einen Hinweis darauf, was Sie tun können (mal abgesehen von «Die Festplatte ist voll»). Wie Sie in der folgenden Liste lesen werden, rühren viele Fehler einfach von Programmierern her, die es versäumen, während des Programmierens hinter sich aufzuräumen – oder die die Wechselwirkungen ihres Programms mit anderen Programmen nicht im Griff behalten.

Es gibt zwei Kategorien von Fehlermeldungen. Solche mit positiven Zahlen sind die sogenannten DS-Fehler. Das sind ernste Systemabstürze, die einen Neustart erfordern und sich meist mit der berühmten Bombe melden. Fehler mit negativen Zahlen sind nicht so schlimm; gewöhnlich müssen Sie nur OK klicken um fortzufahren. (Obwohl oft etwas später der Mac komplett abstürzt und Sie dann auch neu starten müssen.)

DS-Fehler

Die bei weitem häufigsten Fehlercodes mit positiven Zahlen sind Typ 1, Typ 3 und Typ 11. Weiter unten können Sie nachlesen, was genau sich dahinter verbirgt, jetzt erst einmal soviel:

HEISSER TIP

Um Probleme mit solchen Fehlercodes zu lösen, sollten Sie zusätzliche Systemerweiterungen aktualisieren oder ausschalten, die Treibersoftware der Festplatte aktualisieren oder die Systemsoftware komplett neu installieren, so wie weiter vorn in diesem Kapitel beschrieben.

Glücklicherweise gibt es ab Mac OS 8 kaum noch Fehler des Typs 1, 3 und 11.

ID=01: Bus-Fehler (Typ 1). Der Mac hat versucht, auf einen Speicherplatz zuzugreifen, der gar nicht existiert. Zum Beispiel hat das Programm, das Sie gerade benutzen, angenommen, daß der Mac über mehr RAM verfügt, als es tatsächlich der Fall ist. Diese Art Aussetzer – wahrscheinlich die häufigste – wird Bus-Fehler genannt. Sie können das Problem beheben, indem Sie dem Programm, das gerade abgestürzt ist, mehr Speicher zuweisen. Sie können auch Ihren Mac mit mehr RAM ausrüsten. Wenn das keine Option ist, lassen Sie möglichst wenige Programme gleichzeitig laufen oder starten Sie den Mac neu, damit der verfügbare Speicher nicht mehr fragmentiert ist. (Mehr zum Umgang mit Speicher finden Sie in Kapitel 16.)

ID=02: Adress-Fehler . Diese Meldung gilt nur für Mac Plus und SE: Ihr Prozessor hat versucht, auf eine ungeradzahlige RAM-Adresse zuzugreifen, als er auf eine geradzahlige zugreifen sollte.

ID=03: Illegale Anweisung. Ihre Software erteilte einen Befehl, den der Prozessor Ihres Mac nicht versteht. Die Ursache könnte eine veraltete Systemerweiterung oder ein veralteter Festplattentreiber sein.

ID=04: Division durch Null. Wenn Programmierer Ihre Arbeit testen, befehlen sie dem Computer manchmal absichtlich, eine Zahl durch Null zu dividieren, um zu sehen, wie gut das Programm mit Fehlern umgehen kann. Gelegentlich vergessen sie jedoch, diese Befehle wieder zu entfernen – wie Sie gerade entdeckt haben.

ID=05: Range Check Error. Die Software hat überprüft, ob eine Zahl – Teil einer internen Rechnung – innerhalb eines bestimmten Intervalls liegt. Sie tut es nicht.

ID=06: Overflow Error. Eine Zahl war zu groß für den Speicherplatz, den die Software ihr zugeteilt hat.

ID=07: Privilege Violation. Dies taucht nur während des Programmierens auf. Der Mac versuchte, einen Befehl im Benutzermodus auszuführen, anstatt im Supervisormodus.

ID=08: Trace Mode Error. Beim Testen neu geschriebener Software (dem sogenanten Debuggen) gehen die Programmierer manchmal Zeile für Zeile durch das Programm – das nennt sich «Trace Mode». Diese Meldung zeigt an, daß Ihr Mac versehentlich in diesen speziellen Modus umgeschaltet hat.

ID=09 und ID=10: Line 1010 & 1111 Trap. Wieder einmal hat die Software einen Befehl erteilt, den der Prozessor nicht versteht.

ID=11: Miscellaneous Hardware Exception. Das ist die Power-Mac-Entsprechung des allgemeinen Typ-1-Fehlers. Sie bezieht sich einfach auf einen Fehler, der in nativem Power-PC-Code aufgetreten ist. Technisch nennt Apple ihn einen «Hardware-Fehler». In Wirklichkeit ist meist ein Erweiterungskonflikt, ein beschädigter Zeichensatz oder ein nicht mit einem Power Mac kompatibles Programm der Übeltäter.

Installieren Sie als Lösung Ihr Mac OS neu. Wenn Sie eine ganze Menge dieser Typ-11-Fehler bekommen, denken Sie daran, daß Apple sie systematisch mit jeder erfolgreichen Ausgabe der Systemsoftware ausgemerzt hat. Halten Sie den Systemordner Ihres Mac auf dem aktuellen Stand.

ID=12: Unimplemented Core Routine. Wie bei Fehler 4 ist auch hier ein Befehl beim Debuggen übrig geblieben.

ID=13: Nichtinstallierter Interrupt. Ein Interrupt ist ein Moment während des Ablaufs eines Programms, in dem ein externes Gerät – wie z.B. die Tastatur oder das Diskettenlaufwerk – um Aufmerksamkeit bittet. Wenn es im RAM keine Anweisungen gibt, die dem Mac sagen, wie er mit diesem Gerät sprechen soll, erhalten Sie diesen Fehler.

ID=15: Segment Loader Error. Um RAM zu sparen, wird ein Programm für Nicht-Power-Macs nach Bedarf in *Segmenten* in den RAM geladen. Ein Teil der Systemsoftware – der *Segmentlader* – überwacht diesen Vorgang. Wenn aus irgendeinem Grund der Segmentlader seine Aufgabe nicht erfüllen kann, taucht dieser Fehler auf.

ID=17-24: Package Load Error. Wir geben dies hier genauso weiter, wie wir es gehört haben, obwohl wir nicht den Anschein erwecken wollen, als hätten wir es selbst verstanden: Das Mac OS beinhaltet bestimmte «Pakete» von Routinen, die verwandte Operationen ausführen. Es gibt acht dieser Pakete, von 0 bis 7. Die Fehler 17 bis 24 zeigen ein Versagen an, das entsprechende Paket zu laden. Beispiel: Packet 4 (das einen Fehlercode von 20 ergeben würde) ist das Standard-File-Package (der Code, der die Dokument-Öffnen und -Sichern-Dialoge durchführt).

ID=25: Speicher ist voll. Ihnen ist wahrscheinlich der Speicherplatz ausgegangen, obwohl diese Meldung manchmal auch sporadisch zu anderen Gelegenheiten erscheint.

ID=26: Bad Program Launch. Die Macintosh-Anwendungen kommen in zwei Geschmacksrichtungen: 68K-Code (für Nicht-Power-Macs) und PowerPC-Code. Falls einer dieser «Speicherkästen» für den Programmcode beschädigt wird, bekommen Sie diese Meldung, wenn Sie versuchen, das Programm zu starten. Es ist dann Zeit für eine Neuinstallation der betroffenen Software.

ID=27: Dateisystem beschädigt. Ihr Mac hat einen internen Plan, der zeigt, wo sich die Daten auf jeder Ihrer Festplatten befindet. Wenn der Plan verloren geht, taucht dieser Fehler auf. Zeit für Erste Hilfe!

ID=28: Stack Ran into Heap. Ausgefallene Art, Ihnen zu sagen, daß der Speicherplatz Ihres Mac ausgegangen ist.

ID=33: Negative ZbcFree Error. Die Speicherverwaltung des Mac ist so verwirrt, daß sie denkt, daß es eine negative Anzahl verfügbarer «zone control blocks» gibt, von denen sie Speicherplatz zugeteilt bekommt.

Negative Fehlercodes

Es gibt viel mehr negative als positive Fehlermeldungen. Außerdem machen Sie für den Nicht-Programmierer noch viel weniger Sinn. (Ein hilfreiches Beispiel: «Paket ist zu groß oder der erste Eintrag der Schreibe-Daten-Anweisung enthielt nicht den gesamten 14-Byte-Header.» Alles klar.)

Die folgende Tabelle enthält die allgemeinen Kategorien für jeden Zahlenbereich, zusammen mit ein paar wenigen, die tatsächlich für Menschen einen Sinn ergeben. Beachten Sie, daß einige der Zahlen sich überlappen könnten, weil diese Fehlermeldungen je nach der aktuellen Situation variieren.

Fehlernummer	Ursache
0 bis -8	Allgemeine Systemfehler.
-9 bis -21	Farbmanagerfehler.
-17 bis -61	Systemfehler, die Dateien und Platten umfassen (Input und Output).
-34	Platte ist voll.
-35	Keine solche Festplatte, oder der Mac kann die Festplatte, die er sucht, nicht finden.
-37	Unerlaubter Dateiname.
-39	Auf der Platte befindet sich eine beschädigte Datei, oder die Platte hat Probleme. Oftmals begleitet von der Meldung «Dateiende erreicht» («end of file») oder «keine weiteren Daten in diesem Format». Das deutet in die allgemeine Richtung einer beschädigten Datei. Es bedeutet, daß der Mac zwar begonnen hat, eine Datei zu bearbeiten, jedoch nicht zu Ende lesen konnte – als ob das Ende des Dokuments abgehackt worden wäre. Wenn Sie dieser speziellen Meldung beim Starten begegnen, könnte das bedeuten, daß Ihr Klickstarter beschädigt worden ist. Ziehen Sie den Klickstarter in den Papierkorb und installieren Sie ihn neu.
-41	Datei ist zu groß und paßt nicht in den Speicher.
-42	Zu viele Dateien geöffnet.
-43	Datei nicht gefunden – Sie versuchen, eine Datei zu öffnen, die entfernt oder gelöscht wurde.
-44 und -46	Platte ist schreibgeschützt.
-45	Sie versuchen, etwas auf eine schreibgeschützte Platte zu kopieren oder zu speichern.
-53 bis -57	Illegale Anforderung an die Festplatte.
-60	Es gibt ein Problem mit dem Inhaltsverzeichnis der Platte.
-64 bis -66	Zeichensatzprobleme oder das erforderliche Volume ist nicht verfügbar.
-67 bis -90	Probleme beim Lesen der Datenträger (Zeit- oder Spurschwierigkeiten; das sind Hardwareprobleme).

Fehlernummer	Ursache
-91 bis -99	AppleTalk-Fehler.
-108 bis -117	Verschiedene Speicherzuweisungsfehler.
-120 bis -127	HFS-Fehler bei Volumes und Ordnern.
-126 bis -128	Menü-Probleme.
-130 bis -132	Weitere HFS-Fehler.
-147 bis -158	Farbmanagement-Fehler.
-185 bis -199	Ressource-Manager-Fehler (Probleme beim Datenmanagement).
-200 bis -232	Probleme mit dem Ton oder mit Sounddateien.
-250 bis -261	Probleme mit dem MIDI-Manager.

Einzelheiten zu den häufigsten Fehlermeldungen

Zu Ihrem speziellen Vergnügen nach einem Absturz folgen nun etwas vollständigere Beschreibungen der häufigsten Fehlermeldungen.

ACHTUNG

Nicht immer muß es sein, daß Sie alle Fehlermeldungen exakt so erhalten, wie sie im Folgenden beschrieben sind. Der Mac stammt nun mal aus Amerika (genauer gesagt, aus Kalifornien), und da kann es durchaus sein, daß die eine oder andere Nachricht aus den Tiefen des Mac OS in Englisch auftaucht. Das ist aber nicht ganz so schlimm, weil Sie ja sowieso fast in jedem Fall den Computer neustarten müssen …

«Kein Coprozessor installiert». Die Meldung «Kein Coprozessor» ist fast nie zutreffend – jeder Mac, der heute hergestellt wird, hat einen Mathematik-Coprozessor-Chip. Trotzdem scheint diese Meldung dauernd zu erscheinen. Dieses Bauteil heißt auch *Floating Point Unit* oder FPU, und wird in Kapitel 12 näher beschrieben. Power Macs haben übrigens keinen separaten FPU-Chip; die nötige Elektronik ist im PowerPC-Chip selbst eingebaut.

Warum taucht dann trotzdem diese Meldung auf? Die Antwort ist so verrückt, es ist beinahe lustig: Wann immer ein Softwareproblem auftaucht, durchsucht der Mac rasch eine interne Liste von Fehlermeldungen und versucht, eine treffende Beschreibung zu finden. Wenn er nichts Passendes findet, zeigt er Ihnen in seiner Hilflosigkeit die letzte Fehlermeldung in seiner Liste. Wie Sie sicher ahnen, ist die Meldung «Kein Coprozessor installiert» die letzte auf der Liste.

Diese Fehlermeldung hat darum nichts damit zu tun, ob Ihr Mac eine FPU hat – oder ob Ihre Software eine braucht.

HEISSER TIP

Bus-Fehler. Wenn Sie einen Systemcrash mit der «Bus-Fehler»-Meldung bekommen, verwenden Sie fehlerhafte Software, die versucht, irgendwo Daten zu speichern, wo sie das nicht sollte. (Netscape Navigator und Microsoft Internet Explorer gehören zu den schlimmsten Übeltätern.) Glücklicherweise sind diese Fehler unter Mac OS 8 selten geworden. Andere Ursachen für Bus-Fehler können Systemerweiterungen sein. Folgen Sie Stufe 3 im Drei-Stufen-Plan am Anfang des Kapitels, um die Ursache aufzuspüren.

«Das Programm ist beschäftigt oder fehlt» oder «Programm ist nicht zu finden». Wie in Kapitel 3 erwähnt, erhalten Sie diese Nachricht, wenn Sie ein Dokument doppelklicken, von dem der Mac denkt, er hätte nicht das entsprechende Programm, um es zu öffnen.

Die möglichen Lösungen für das Problem sind:

- Sie haben das erforderliche Programm wirklich nicht. Wenn Sie ein Excel-Dokument doppelklicken und Sie haben Excel auf keinem verfügbaren Volume, ist das die Meldung, die Sie bekommen werden. Außer das Programm zu installieren, gibt es nichts, was Sie tun können. (Wenn Sie jedoch Mac OS Easy Open bzw. File Exchange installiert haben, bietet Ihr Mac Ihnen eventuell eine Liste mit den Programmen an, die das Dokument vielleicht öffnen können.)

- Sie haben das erforderliche Programm, aber der Mac ist verwirrt. Die Lösung ist einfach: Erneuern Sie einfach die Schreibtischdatei. Es kann auch sein, daß Sie zwei Kopien desselben Programms haben, eventuell in verschiedenen Versionen. Löschen Sie die ältere.

- Sie haben das erforderliche Programm, aber es ist eine veraltete Version, und das Dokument, das Sie mit einem Doppelklick öffnen wollen, stammt von einer neueren Version. Aktualisieren Sie das Programm.

- Sie haben das erforderliche Programm, aber der Creator-Code ging irgendwie verloren, so daß der Mac nicht weiß, mit welchem Programm er das Dokument öffnen soll. Sie können den Creator-Code mit ResEdit oder

FileTyper wiederherstellen (beide Programme finden Sie auf der CD zu diesem Buch). Lesen Sie Kapitel 3, um mehr über Type- und Creator-Codes zu erfahren. Einzelheiten zu Mac OS Easy Open, das die meisten dieser Fehlermeldungen beseitigen kann, erfahren Sie in Kapitel 15.

«Programm unerwartet beendet». Gewöhnlich bedeutet diese Meldung, daß der Speicher für ein Programm knapp geworden ist. Normalerweise sieht das Programm das Ende seines Speichervorrats kommen und warnt Sie. Aber manchmal wird es unerwartet erwischt, wie ein Mittelstürmer, der beim Angriff plötzlich vor dem Pfosten steht. Sie können probieren, dem Programm mehr Speicherplatz zuzuteilen (wie das geht, erfahren Sie in Kapitel 16).

Allerdings kann es sich auch um eines der anderen Standardprobleme handeln: eine alte Version des Programmes; ein Programm, das zu Ihrer Version des Mac OS nicht kompatibel ist; ein Programm, das zu virtuellem Speicher oder zur 32-Bit-Adressierung nicht kompatibel ist; oder eine der frühen Versionen von Netscape Navigator/Communicator, die generell mit Fehlern behaftet sind.

«Der Modemport/Druckerport wird benutzt», «Bitte deaktivieren Sie AppleTalk» oder «Drucker konnte nicht gefunden werden». «Dieser Port wird von einer anderen Anwendung benutzt» ist die Mutter aller nervigen Fehlermeldungen. Sie erscheint, wenn Sie versuchen, an den Druckerport Ihres Mac einen Tintenstrahldrucker (wie den StyleWriter), eine digitale Kamera oder ein anderes Gerät mit serieller Schnittstelle anzuschließen. PowerBook-Besitzer sind besonders anfällig gegen dieses Schreckgespenst, denn die portablen Macs haben nur eine einzige, kombinierte Schnittstelle für Modem und Drukker. Wenn der Computer der Meinung ist, daß diese Schnittstelle bereits benutzt wird, werden Sie es nicht schaffen, Ihren PalmPilot, die digitale Kamera, das Modem oder ein anderes Gerät erfolgreich an die serielle Schnittstelle anzuschließen.

HEISSER TIP

Wenn der Modem-Port Ihres Mac als belegt erkannt wird, hat das meist einen von zwei Gründen: Entweder ist Ihr Modem noch online, und Sie wissen es nicht oder Sie haben eine Fax-Software, die an der Schnittstelle ständig auf eingehende Faxe wartet. Im ersten Fall sollten Sie die Verbindung trennen (z.B. im Kontrollfeld *Remote Access* oder in der AOL-Software, im zweiten müssen Sie den automatischen Empfang in Ihrer Fax-Software deaktivieren. (Wenn es trotzdem nicht funktioniert, hilft meist nur noch ein Neustart des Mac.)

Wird dagegen der Druckerport als «in Gebrauch» gemeldet, so ist fast immer AppleTalk eingeschaltet und auf den Druckerport als Netzwerkschnittstelle eingestellt. Ihr Mac wartet an dieser Schnittstelle dann ständig auf Netzwerkpakete aus dem LocalTalk-Netzwerk. Darum können Sie keine Geräte anschließen, die nicht mit AppleTalk umgehen können (wie z.B. Tintenstrahldrucker mit serieller Schnittstelle oder Digitalkameras).

All das wird richtig interessant, wenn Sie versuchen, AppleTalk auszuschalten (wie die Warnung vorschlägt) – Sie können es nicht! Sie versuchen es mit der Auswahl, Sie versuchen es mit der Kontrolleiste, aber die Fehlermeldung erscheint weiterhin.

HEISSER TIP

Wenn Sie in diesen unerfreulichen Kreislauf geraten sind, bleibt Ihnen nur eins: Neustarten mit gedrückter Umschalttaste (dann wird AppleTalk nicht eingeschaltet) und den Übeltäter suchen.

«Die File Sharing-Erweiterung ist nicht installiert». Sie erhalten diese Meldung, wenn Sie im Finder den Befehl *Gemeinsam nutzen* aus dem Menü *Ablage* oder dem Kontextmenü auswählen und es bei dieser Aktion Probleme gibt. Manchmal ist tatsächlich die Systemerweiterung mit dem Namen «File Sharing Erweiterung» nicht geladen, die Ursache kann aber noch viel simpler sein: AppleTalk ist nicht eingeschaltet.

Um das Problem zu beheben, muß sich die File-Sharing-Erweiterung im Ordner Systemerweiterungen befinden und AppleTalk eingeschaltet sein. Es kann sogar sein, daß File Sharing auf Ihrem Mac überhaupt noch nicht installiert ist, in diesem Fall müssen Sie das Installationsprogramm Ihres Mac OS bemühen. Nähere Informationen zu File Sharing und dem gemeinsamen Benutzen von Daten im Netzwerk finden Sie in Kapitel 19.

«Dieses Startvolume kann nicht mit diesem Macintosh verwendet werden. Eine neuere Version wird benötigt». Sie sehen diese Meldung, wenn Sie versuchen, den Mac von einer Platte zu starten, die einen Systemordner enthält, der für Ihren Mac zu alt ist. So können Sie z.B. einen blauweißen Power Mac G3 von einer CD mit Mac OS 9 starten, mit System 7.5 klappt das dagegen nicht. Zuerst sieht es zwar so aus, als ob der Startvorgang funktioniert – bis einige Sekunden nach dem Einschalten diese Fehlermeldung erscheint. Sie müssen dann eine hinreichend aktuelle Version des Mac OS benutzen oder die System-CD verwenden, mit der Ihr Mac geliefert wurde.

«Der Befehl kann nicht beendet werden, weil es nicht gefunden werden kann». Dieses grammatikalische Prachtstück von einem Satz erscheint manchmal, wenn Sie versuchen, ein neues Icon für Ihre Festplatte einzusetzen, so wie in Kapitel 3 beschrieben. Das Problem taucht auf, wenn das frühere Icon der Platte verschwunden ist und Sie darum versuchen, ein neues einzusetzen. Leider können Sie noch so oft versuchen, das neue Icon in den Informations-Dialog der Festplatte zu kopieren, es funktioniert nicht.

Auch wenn Sie versuchen, das Icon Ihrer Festplatte zum zweiten Mal zu ändern, werden Sie mit diesem Satz konfrontiert. Wenn das Icon der Festplatte das erste Mal geändert wird, geschehen hinter den Kulissen zwei Dinge: Erstens wird eine unsichtbare Datei mit dem Namen *Icon* (mit einer Zeilenschaltung vor dem Wort) auf der Festplatte erzeugt. Wenn Sie wollen, können Sie diese Datei mit ResEdit ansehen. Zweitens merkt sich der Mac auf einer internen Speicherstelle – dem sogenannten *Custom Bit* – daß er für die Anzeige im Finder die Datei des neuen Icons benutzen soll.

Geht die geänderte Icon-Datei aus irgendeinem Grund verloren, so sucht der Mac zwar danach (weil das Custom Bit eingeschaltet ist), findet aber nichts und zeigt statt dessen das normale Festplatten-Icon an. Wenn Sie nun versuchen, ein neues Icon einzufügen, teilt der Mac Ihnen mit, daß es keine alte Datei finden kann, die ersetzt werden soll. Das ist abgefahren, stimmt's?

Um das Problem zu lösen, muß offensichtlich das Schalter-Bit zurückgesetzt werden. Entweder verwenden Sie dazu ein Festplatten-Dienstprogramm (wie *Erste Hilfe* oder die *Norton Utilities*) oder die speziell für diesen Zweck geschaffene Shareware *Disk Rejuvenator*.

Sichtbare Seltsamkeiten

Manchmal ist gar keine Fehlermeldung nötig, um Ihnen mitzuteilen, daß etwas schief gegangen ist. Ein Blick auf den Bildschirm verrät Ihnen, daß etwas nicht stimmt. Hier folgen ein paar Hinweise, wie Sie mit diesen Situationen umgehen sollten.

Generische Icons

Wie schon in Kapitel 3 erklärt, bekommen Dateien ihre verlorenen Icons zurück, wenn Sie die Schreibtischdatei neu aufbauen.

Verwirrtes Bundle-Bit

Hin und wieder werden Sie jedoch bemerken, daß nur die Icons eines Programms verschwunden sind. Wenn das der Fall ist, ist möglicherweise das sogenannte «Bundle-Bit» etwas verwirrt (eine winzige Software, die ein Programm mit seinen Icons verknüpft). Sie können diesen Schaden mit einem Shareware-Programm, wie *ReBundler* oder *Save-a-BNDL* beheben oder das Programm nochmal auf Ihrer Festplatte installieren.

Das Bundle-Bit ist ein kleiner Softwarezeiger, der ein Mac-Programm mit dem zugehörigen Satz an Icons verbindet. Ist es defekt, verschwinden die Icons und werden durch die im Mac OS eingebauten generischen (und häßlichen) Icons ersetzt.

Nachdem Sie das Bundle-Problem gelöst haben, müssen Sie immer noch den Schreibtisch wieder aufbauen, um die Icons wieder erscheinen zu lassen – außer, Sie wenden den folgenden Trick an: Markieren Sie eine Datei, deren Icon fehlt. Wählen Sie den Befehl *Information* aus dem Menü *Ablage* oder (unter Mac OS 8) aus dem Kontextmenü aus. Klicken Sie auf das Icon und drücken Sie Befehl-C (Kopieren), anschließend dann Befehl-V (Einsetzen). Sie haben soeben das Icon durch sich selbst ersetzt. Zum Schluß drücken Sie Befehl-X (Ausschneiden) um das «eigene» Icon zu entfernen. Das zwingt den Finder dazu, die BNDL-Informationen von der Datei auf der Festplatte zu lesen, anstatt aus der Schreibtischdatei.

Programme auf noch nicht gemounteten Volumes

Falls die generischen Icons auch nach dem Neuanlegen der Schreibtischdatei nicht durch die richtigen ersetzt werden, könnte ein komplexeres Problem dahinterstecken. Wie Sie in Kapitel 3 lesen können, befindet sich das Icon für ein Dokument im Code des Programms, das diese Datei erstellt hat. Wenn sich nun aber z.B. PageMaker nicht auf Ihrer Festplatte befindet, dann werden alle PageMaker-Dokumente ohne das gewohnte Icon erscheinen, egal wie oft Sie die Schreibtischdatei neu anlegen.

Wenn Sie mehrere Festplatten haben, oder eine Festplatte mit mehreren Partitionen oder eine Festplatte und ein Laufwerk für Wechselmedien, so kann es passieren, daß beim Booten des Mac der Finder schon gestartet wurde, bevor alle Datenträger richtig bereit waren. Soweit der Finder weiß, haben Sie PageMaker überhaupt nicht – weil die Platte, die PageMaker enthält, bis jetzt noch nicht auf den Bildschirm gebracht wurde. Das Ergebnis: weiße Icons bei PageMaker-Dokumenten.

CD-ROM

Die Lösung ist, alle angeschlossenen Partitionen und Platten zu mounten, bevor der Finder startet. Um dies zu tun, installieren Sie *SCSIProbe* von der CD zu diesem Buch. Öffnen Sie das Kontrollfeld und schalten Sie in den Voreinstellungen die Option *Mount Volumes During Startup* an. (*Conflict Catcher 8* bietet eine ähnliche Möglichkeit.)

Flackernder Bildschirm

Ein Flackern auf dem Monitor wird normalerweise von einer Störung verursacht, die andere elektrische Geräte in der Nähe Ihres Monitors oder am selben Stromkreis aussenden. Falls Sie eine Lampe, einen Ventilator oder ein anderes Gerät sehr nah am Monitor stehen haben, entfernen Sie das Gerät probeweise.

HEISSER TIP

Manche Monitore flimmern auch bei bestimmten Einstellungen, wenn Licht aus einer Leuchtstofflampe auf den Bildschirm fällt. Schalten Sie die Beleuchtung aus, und probieren Sie, ob das Flimmern verschwindet.

Wenn das alles nichts hilft, müssen Sie Ihren Monitor wahrscheinlich reparieren lassen.

Schwarzes Apple-Menü

Auf einem Mac mit einem Farbmonitor ist das Apple-Menü in der Menüleiste normalerweise durch ein Apple-Icon mit horizontalen farbigen Streifen gekennzeichnet – das traditionelle Apple-Logo. Wenn es sich aber ganz in Schwarz zeigt, der Rest des Bildschirms aber normal in Farbe, haben Sie wahrscheinlich irgendwie Ihren Monitor in den Modus *Tausende Graustufen* versetzt. Absurderweise bleibt der Monitor dabei bunt, bis auf das Apple-Menü.

Änderungen im Finder bleiben nicht erhalten

Wenn Änderungen im Finder (wie z.B. die Darstellung der Icons, die Sortierung der Einträge in der Listendarstellung und anderes mehr) bei einem Neustart nicht erhalten bleiben, ist wahrscheinlich die Voreinstellungsdatei des Finders beschädigt. Öffnen Sie den Preferences-Ordner und werfen Sie die Datei mit dem Namen «Finder Voreinstellungen» in den Papierkorb. Starten Sie den Mac neu, und die Probleme sollten verschwunden sein.

Kein Mac-Icon auf dem Systemordner

Der Systemordner auf Ihrem Startvolume erscheint für gewöhnlich mit einem kleinen Mac-Icon, wie in Abbildung 20.3 dargestellt.

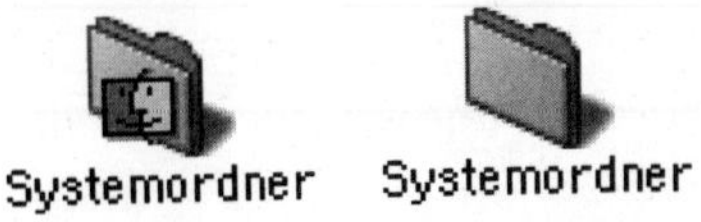

Abb. 20.3 Links ein normaler Systemordner. Rechts: Wo ist der kleine Mac?

Wenn der Systemordner statt dessen ein ganz normales Icon hat, gibt es nur drei Möglichkeiten:

- Sie haben *zwei* Systemordner auf Ihrer Platte und dies ist nicht der, der gerade benutzt wird.
- Sie betrachten nicht den Systemordner des *Startlaufwerks*, sondern den auf einer anderen Platte.
- Der richtige Systemordner befindet sich *innerhalb* eines anderen Ordners (wahrscheinlich in diesem).

Der Name eines Volumes läßt sich nicht ändern

Auch wenn es bei dieser Sache keine Fehlermeldung gibt, so kann es trotzdem ganz schön nerven. Ab und zu werden Sie feststellen, daß sich auf einmal der Name einer Festplatte oder eines Wechselmediums nicht mehr ändern läßt. Der Grund dafür ist das eingeschaltete File Sharing.

Der Mac benötigt den Namen der Datenträger, um diese im Netzwerk sichtbar zu machen, allerdings dürfen diese Namen nach dem Starten von File Sharing nicht mehr geändert werden. Wenn Sie den Namen eines Volumes ändern wollen, müssen Sie darum immer zuerst das File Sharing deaktivieren.

Es gibt verschiedene Situationen, in denen bestimmte Dinge nicht funktionieren, weil das File Sharing eingeschaltet ist. Die entsprechenden Fehlermeldungen sind manchmal etwas kryptisch, enthalten aber fast immer etwas wie «gemeinsam genutztes Objekt» oder «gemeinsam genutztes Volume». Wenn Sie vor so einem Problem stehen, schalten Sie das File Sharing ab und versuchen Sie es erneut. (Mehr zu den Feinheiten des File Sharing finden Sie in Kapitel 19.)

Startschwierigkeiten

Es gibt fast nichts Schlimmeres, als auf Mac-Probleme zu stoßen, bevor das Ding überhaupt gestartet ist. Die folgenden Abschnitte sollen Ihnen etwas Beistand leisten.

Der traurige Mac

Das Icon mit dem traurigen Mac kann unter anderem auftauchen, wenn Sie (oder irgendein Gegenstand auf Ihrem Schreibtisch) den Interruptschalter Ihres Mac drücken, versehentlich oder mit Absicht. Lesen Sie in Kapitel 2 näheres über diesen Schalter.

Ist das nicht der Fall, sollten Sie feststellen, an welcher Stelle im Startprozeß der traurige Mac auftaucht. Geschieht das, nachdem bereits der Bildschirm mit der «Willkommen»-Begrüßung angezeigt wurde, haben Sie Glück. In dem Fall liegt das Problem am Systemordner und nicht an der Hardware.

HEISSER TIP

Versuchen Sie in so einem Fall, von einem anderen Startvolume oder der System-CD zu starten oder folgen Sie Stufe 2 unseres Drei-Stufen-Planes vom Anfang dieses Kapitels.

FEHLER

Wenn Sie jedoch den traurigen Mac gleich nach dem Einschalten des Mac sehen, gibt es ein Problem mit der Hardware. Meistens sind lose sitzende Steckverbinder oder Einsteckkarten mit Wackelkontakten die Übeltäter. Oft erscheint der traurige Mac aber auch, wenn Sie neue RAM-Chips eingebaut haben und diese nicht richtig in den Kontakten sitzen (20.4). Schalten Sie in solchen Fällen den Mac aus, kontrollieren Sie noch einmal, ob alle Bauteile und Steckverbinder richtig sitzen und starten Sie erneut.

Abb. 20.4 Das gefürchtete Icon des traurigen Mac.

Der traurige Mac kann auch als Ergebnis zahlreicher anderer Umstände erscheinen, von denen Sie die meisten lösen können, wenn Sie unserem Drei-Stufen-Plan folgen (besonders Stufe 3). Zum Glück verschwindet der traurige Mac oft von selbst, auch wenn Sie gar nichts verändern.

Unterhalb des Mac-Icons gibt es eine oder zwei Zeilen spezieller Codes (wie «0F000D», das ist eine Hexadezimalzahl). Theoretisch können diese Codes Ihnen mitteilen, was mit Ihrem Mac nicht stimmt. In der Praxis kommen nur Techniker mit diesen Meldungen klar, und selbst dann sind die Codes nicht unbedingt immer exakt.

Code	Erklärung
0001	Der ROM-Chip hat Probleme (sitzt möglicherweise nicht richtig).
0002	Etwas stimmt mit dem SIMM-Modul in Bank B nicht, falls Ihr Mac zwei SIMM-Bänke hat.
0003	Etwas anderes stimmt nicht mit dem SIMM in Bank B.
0004	Etwas stimmt mit dem SIMM-Modul in Bank A nicht.
0006	Etwas mit Ihrer ADB-Buchse (Tastatur/Maus) stimmt nicht.
0008	Noch ein ADB-Problem.
000A	Es gibt ein Problem mit den NuBus-Slots.
000B	Ärger mit dem SCSI-Chip.
000C	Diskettenlaufwerkprobleme.
000D	Es gibt Probleme mit dem Drucker- oder Modem-Port.

Beim Mac SE und allen späteren Macs bekommen Sie zwei Zeilen Codes, die Ihnen helfen sollen, den Fehler einzukreisen. Die einzigen nützlichen Zahlen sind aber die der unteren Zeile und die zweite Hälfte der oberen. Die obenstehende Tabelle listet einige häufig auftretende Codes und ihre Bedeutung auf. (Dabei werden in der ersten Spalte der Tabelle die letzten vier Stellen der oberen Reihe angegeben.)

HEISSER TIP

Zwei Dinge sollten Sie sich merken: Erstens, die Fehlercodes treten nicht bei Macs vor dem Mac SE und auch nicht bei PowerBooks auf. Zweitens deuten einige dieser Meldungen auf offensichtliche Dinge hin. So können Sie z.B. bei Code 0006 versuchen, am Tastaturkabel zu rütteln. Aber im allgemeinen verschwindet das Problem von selbst, oder spätestens dann, wenn Sie unserem Drei-Stufen-Plan folgen.

FEHLER

Wenn alles nichts hilft und Sie auch die RAM-Module herausgezogen und wieder eingesetzt haben, müssen Sie Ihren Mac wohl oder übel zum Apple-Händler bringen.

Besonders lange Startzeiten

Eine Pause von zwei Sekunden zwischen dem Einschalten des Monitors und dem Erscheinen des «glücklichen Mac» ist ganz normal. Aber wenn der Stillstand außergewöhnlich lange dauert (länger als ungefähr acht Sekunden) oder wenn auf dem Bildschirm sofort ein Disketten-Icon mit einem blinkenden Fragezeichen erscheint, bevor der Startvorgang überhaupt beginnt, haben Sie ein Problem.

Zum Glück läßt sich das Problem recht einfach lösen: Wahrscheinlich haben Sie im Kontrollfeld *Startvolume* eine andere Platte ausgewählt, von der aus gestartet werden sollte, die jetzt aber nicht mehr vorhanden ist – wie z.B. ein Zip- oder Jaz-Medium. Öffnen Sie das Kontrollfeld *Startvolume*, wählen Sie das richtige Startlaufwerk aus und das Problem verschwindet.

Ein blinkendes Fragezeichen beim Start

Der Mac läßt das Icon aus Diskette und Fragezeichen blinken, wenn er keinen Systemordner finden kann. Natürlich können Sie dies umgehen, indem Sie immer eine System-CD einlegen. Aber das ist keine langfristige Lösung – definitiv stimmt irgendetwas mit Ihrer Festplatte nicht, die einen eigenen Systemordner haben sollte.

Gehen Sie nach dem Drei-Stufen-Plan vor. Starten Sie den Mac neu. Starten Sie mit gedrückter Shift-Taste. Entfernen Sie die externen SCSI-Geräte. (Das löst das Problem oftmals, wie in SCSI-Kapitel 17 erklärt wird.) Versuchen Sie, von der System-CD oder der Dienstprogramme-Diskette zu starten. Lassen Sie Erste Hilfe laufen.

Wenn Ihre Festplatte dann immer noch nicht auftaucht, besorgen Sie sich ein Programm wie *TechTool Pro* oder *Norton Utilities* und sehen Sie, ob *das* Ihr Laufwerk ins Leben zurückholt. (Mehr zur Rettung von Festplatten erfahren Sie in den Kapiteln 10 und 25.)

Wenn all das fehlschlägt, kann das Problem eigentlich nur noch viel einfacher sein. Wenn irgendwas die Maus gedrückt hält (oder den Trackball-Button beim PowerBook), während der Mac zu starten versucht, erzeugt das ebenfalls das blinkende Fragezeichen. Entfernen Sie den Stapel Bücher, die Jaz-Cartridges, den Holzklotz oder Ihre Katze von der Maustaste, und Ihr Mac wird wieder wie gewohnt starten.

Absturz beim Start

Klarer Fall, ein Erweiterungskonflikt. Starten Sie mit gedrückter Shift-Taste, um das Problem zumindest zeitweilig zu lösen. Um die störende Erweiterung zu finden, benutzen Sie am besten Conflict Catcher oder halten Sie sich an den Drei-Stufen-Plan weiter vorn in diesem Kapitel.

Twilight-Zone-Melodie, Autounfall oder vier Töne

Wenn Ihr Mac beim Starten ungewöhnliche Geräusche von sich gibt – eine garstige Fanfare, einen Autocrash, die Melodie von «Twilight Zone» oder das typische Comic-Geräusch eines Zusammenbruchs – dann will er Ihnen damit sagen, daß er einen der Starttests für die Hardware nicht bestanden hat. (Mehr zu diesen Klängen finden Sie in Kapitel 2.)

Meistens hören Sie dieses Geräusch, wenn Sie neue Speicherbausteine installiert haben und eines der Module nicht richtig in der Fassung sitzt. Sie hören es außerdem, wenn der Interruptschalter beim Starten gedrückt wird.

Tritt das Geräusch beim Starten wiederholt auf, dann müssen Sie Ihren Mac in die Hände eines Apple-Technikers geben.

Platten-Ärger

Wie alle Dinge haben auch Fest- und andere Platten gelegentlich ihren schlechten Tag. Wir haben einige Tips, wie Sie am besten damit umgehen.

Die Festplatte reparieren

Alle Details zum Thema Festplatten und deren Pflege finden Sie in Kapitel 10. Wenn Sie noch mehr über Datensicherheit allgemein wissen wollen, sollten Sie außerdem Kapitel 25 lesen.

Weil das aber das Kapitel über Fehlersuche ist, hier die kompakte Variante:

- Starten Sie den Mac neu.

- Starten Sie dabei von einem anderen Volume, Ihrer System-CD oder der Dinstprogramme-Diskette. Benutzen Sie *Erste Hilfe*, notfalls mehrmals. Sie können natürlich auch direkt von der CD mit den *Norton Utilities* oder *TechTool* starten und dann die Festplatte mit diesen Programmen reparieren.

- Installieren Sie den Festplattentreiber neu. Initialisieren Sie dabei nicht Ihr Laufwerk, sondern machen Sie einfach nur ein Update. (Die Details finden Sie in Kapitel 10.)
- Bauen Sie die Schreibtischdatei neu auf.
- Installieren Sie die Systemsoftware neu, so wie am Anfang dieses Kapitels beschrieben.
- Setzen Sie den Parameter-RAM zurück.
- Überprüfen Sie Ihre SCSI-Einstellungen, wie in Kapitel 17 erklärt.

Wenn Sie alles probiert haben und bei der Wiederbelebung Ihrer Festplatte nicht erfolgreich waren, können Sie sie löschen, neu formatieren und nochmal ganz von vorn anfangen.

Falls es auf Ihrer Platte allerdings Daten gibt, die es wert sind, eine Menge Geld für Ihre Rettung auszugeben, so können Sie auch eine Datenrettungsfirma wie OnTrack (*www.ontrack.de*) beauftragen. Diese Spezialisten haben staubfreie Räume, Spezialausrüstung und die nötigen Kenntnisse, um auch aus völlig defekten Festplatten noch Daten herauszulesen: Scott Gaidano von DriveSavers (einer amerikanischen Datenrettungsfirma) erzählte uns einmal von einem PowerBook 100, das einige Zeit am Grunde des Amazonas gelegen hatte. Dennoch gelang es seinen Mitarbeitern, die Daten der Festplatte zu retten. Bleiben Sie also optimistisch.

Performa-Ärger

Bei manchen Performa-Modellen kann es passieren, daß selbst nach einer Neuinstallation des Mac OS beim Starten immer noch das Fragezeichen blinkt. Das kann bei den Modellen 5400, 5500, 6400, 6500 oder dem Twentieth Anniversary Macintosh auftreten.

Der Grund dafür ist ein obskurer Fehler im Festplattentreiber dieser Macs. Besorgen Sie sich eine aktuelle Version von *Laufwerke konfigurieren* (Version 1.3.1 oder höher), aktualisieren Sie den Festplattentreiber und Sie sind wieder im Geschäft.

Alle Disketten werden schreibgeschützt angezeigt

Natürlich sind nicht alle Ihre Disketten wirklich schreibgeschützt. Dieses Problem taucht bei manchem Mac auf und hat eine einfache Ursache: Dreck auf dem Laufwerkmechanismus.

Wenn Sie technisch begabt sind, öffnen Sie das Gehäuse Ihres Mac. Entfernen Sie mit einem Schraubendreher vorsichtig das Diskettenlaufwerk aus seiner Halterung, nachdem Sie die Kabel abgezogen haben. (Bei manchen Macs müssen Sie vorher noch die Festplatte ausbauen. Merken Sie sich auf jeden Fall, in welcher Reihenfolge alles zusammengehört.)

Schauen Sie sich das Laufwerk genau an. Sie sehen einen kleinen Plastikstift, der wie ein Zahnstocher aussieht und auf einer Feder gelagert ist. Normalerweise schnappt dieser Stift in das Schreibschutz-Loch der eingelegten Diskette und sagt so dem Mac, ob diese schreibgeschützt ist oder nicht. Im Lauf der Zeit blockieren jedoch manchmal Staub und Fasern diesen Mechanismus, bis er irgendwann nicht mehr funktioniert. Der Stift bleibt dann in der Position «Schreibgeschützt» stecken, und der Mac denkt, daß jede eingelegte Diskette nicht beschrieben werden darf. Säubern Sie die Mechanik vorsichtig, schauen Sie nach, ob sich der Stift wieder leicht bewegt und bauen Sie alles wieder zusammen.

HEISSER TIP

Manchmal blockieren auch die Aufkleber von Disketten (oder Reste davon) das Laufwerk. Wenden Sie niemals Gewalt an, sondern versuchen Sie, die störenden Teile z.B. mit einer Pinzette vorsichtig zu entfernen.

ACHTUNG

Auch wenn Sie es vielleicht schon wissen oder mehrmals gelesen haben: Solche Basteleien verstoßen fast immer gegen die Garantie von Apple. (Andererseits haben Laufwerke mit Garantie selten schon so viel Schmutz eingesammelt.) Falls Sie es trotzdem wagen, dann nur auf eigenes Risiko. Geben Sie bitte nicht uns die Schuld, wenn etwas schiefgeht!

Voller Papierkorb

Wenn Sie den Papierkorb nicht leeren können, probieren Sie folgendes:

- Halten Sie die Optionstaste, während Sie den Befehl *Papierkorb entleeren* wählen.

- Schließen Sie Ihre Programme und versuchen Sie es noch einmal. (Vielleicht benutzt gerade ein anderes Programm den Papierkorb.)
- Starten Sie den Mac ohne Systemerweiterungen und versuchen Sie es noch einmal.
- Probieren Sie ein anderes Startvolume aus. Benutzen Sie ein Festplatten-Reparaturprogramm.
- Wenn nichts hilft, installieren Sie die Systemsoftware neu.

Tastaturbeschwerden

Wie wir in Kapitel 9 erklären, ist die Tastatur Ihres Mac eigentlich ein eigener Computer. Als solcher bekommt er ganz eigene Probleme.

Kaputte Taste

Wenn wir hier «Kaputte Taste» sagen, meinen wir eine Taste, die tatsächlich nicht mehr funktioniert. (Sie werden kaum glauben, was mit der «E»-Taste auf preiswerten Mac-Tastaturen nach einem halben Jahr Vielschreiberei passiert!)

Natürlich können Sie die Tastatur professionell reparieren lassen, aber das ist fast so teuer wie eine neue Tastatur. Allerdings stehen die Chancen gut, daß das Problem nur ein verklebter Kontakt ist, den sie reinigen können.

Schalten Sie den Mac aus. Entfernen Sie vorsichtig die Tastenkappe von ihrer Halterung. Benutzen Sie nun ein spezielles Kontaktspray, das es in Bastlerläden, im Katalog oder im Baumarkt gibt). Halten Sie das schmale Plastikröhrchen der Flasche an die Stelle, an der der Tastenstößel in das Gehäuse der Taste eintritt. Sprühen Sie kurz. Drücken Sie ein paar mal auf den Tastenstößel und bauen Sie dann alles wieder zusammen, um zu sehen, ob die Taste funktioniert. Wenn Sie keinen Erfolg hatten, probieren Sie es noch einmal.

ACHTUNG

Die Meinungen der Experten über die Fähigkeiten von Kontaktspray gehen weit auseinander. Manche schwören darauf, andere wiederum sagen, daß damit die Kontakte zwar kurzfristig gereinigt werden, später dann aber komplett verkleben. Probieren Sie es aus, und ärgern Sie sich nicht, falls es nicht klappt.

(Ach ja, und stellen Sie nach Möglichkeit weder Kaffeetasse noch Cola-Flasche in die Nähe der Tastatur…)

Seltsam langsame Eingabe

Wenn der Mac plötzlich beim Tippen äußerst langsam wird, kann das eine der folgenden Ursachen haben:

- Das Schreibtisch-Programm *Tastatur* ist irgendwo im Hintergrund geöffnet. Es fängt jeden Tastenanschlag ab, stellt die entsprechenden Symbole dar und bremst alles aus. Schließen Sie es.
- Der Mac tut mehrere Dinge gleichzeitig. Außer Ihrer Eingabe muß er auch noch im Hintergrund eine Datei herunterladen, im Finder Files kopieren oder Drucken. Muten Sie ihm nicht zuviel auf einmal zu.
- Irgendwas passiert am seriellen Port. Wenn Ihr Modem Massen an Daten überträgt oder ein Fax empfängt, Sie Bilder aus Ihrer Digitalkamera laden oder der Mac gar LocalTalk über den seriellen Port benutzt, kann auf einmal alles etwas zäh wirken. Aus irgendeinem unerfindlichen Grund zwingt Verkehr auf dem seriellen Port auch den schnellsten G3-Mac in die Knie. (Ob das die Ursache dafür ist, daß ganz moderne Macs gar keine seriellen Schnittstellen mehr haben?)
- Wenn Ihr Mac mit einem Netzwerk verbunden ist, können defekte oder kurzgeschlossene Kabel zu Problemen führen. Die Signale im Netzwerk sind dann verstümmelt und Ihr Mac versucht verzweifelt, daraus korrekte Informationen zu entnehmen. Deaktivieren Sie das Netzwerk und prüfen Sie, ob die Verzögerung bleibt. Wenn das Problem verschwindet, haben Sie es mit einem Netzwerkproblem zu tun. In Kapitel 19 finden Sie die entsprechenden Tips zur Fehlersuche.
- Ihre SCSI-Geräte spielen verrückt. Lesen Sie Kapitel 17, um herauszufinden, was Sie dagegen tun können.

Wenn alles andere fehlschlägt

Wenn Sie Ihr Problem in diesem Kapitel nicht beschrieben finden und Zugriff zum Internet haben, besuchen Sie die Technische Bibliothek von Apple im

Verdächtige Erweiterungen finden

Nachdem wir Zehntausende E-Mails, Artikel und Berichte auf Webseiten gelesen haben, sind wir ganz sicher:

Ein großer Anteil von Abstürzen, eingefrorenen Macs und Inkompatibilitäten haben dieselben Ursachen. Immer wieder stellt sich heraus, daß veraltete oder inkompatible Versionen der folgenden Programmen die Übeltäter sind. Achten Sie besonders auf diese Dateien, wenn Sie irgendetwas auf Ihrem Mac aktualisieren, vor allem dann, wenn es das Mac OS selbst ist.

Wie können Sie einen Instinkt dafür entwickeln, welche Art von Erweiterungen Ihnen Kopfzerbrechen verursacht? Denken Sie darüber nach, wie tiefgreifend die jeweilige Software die normale Systemsoftware ändern wird. Beachten Sie, wie radikal sie das Verhalten Ihres Mac verändert. Je dramatischer der Eingriff, desto eher kommt die Erweiterung als Unruhestifter in Betracht. Mit diesen Dingen im Hinterkopf kommen Sie auf folgende Programme:

Fax-Software; Font-Management-Software; Bildschirmschoner; Virenschutzprogramme; alles, was irgendwie auf «Doubler» endet; Software, die die gesamte Erscheinung des Mac verändert (wie ClickChange und Kaleidoscope); Dienstprogramme und Treiber, die nahe an der Hardware ihre Arbeit tun.

Software dieser Art sollten Sie als erstes verdächtigen. Wertvolle Informationen zum Lösen der Probleme finden Sie unter den Webadressen *www.macfixit.com* und *www.macupdate.com*.

World Wide Web. Sie enthält eine wohlsortierte, durchsuchbare Sammlung von Tausenden kleiner Artikel über technische Themen rund um den Mac, die nirgends sonst verfügbar sind. Die Adresse lautet *http://til.info.apple.com*.

ACHTUNG

Auch wenn Teile der Bibliothek inzwischen in verschiedene Sprachen übersetzt worden sind, so sind die meisten Inhalte nach wie vor in Englisch vorhanden. Darum müssen Sie auch nach englischen Begriffen suchen, wenn Sie Erfolg haben wollen.

Sind Sie der Meinung, daß Ihr Mac tatsächlich einen mechanischen oder elektrischen Fehler hat, wenden Sie sich an Ihren Apple-Händler. Für manche Modelle (vor allem PowerBooks und neue Macs) gibt es inzwischen auch Garantie-Erweiterungen und andere Zusatzleistungen. Danach zu fragen lohnt sich auf jeden Fall, vor allem dann, wenn Sie auf Ihren Mac eigentlich nicht oder maximal für kurze Zeit verzichten können.

HEISSER TIP

TEIL V

ANWENDUNGEN

21 Office-Programme

In diesem Kapitel

Nach einiger Überlegung haben wir uns entschieden, den Office-Programmen ein gemeinsames Kapitel zu widmen und nicht nach Textverarbeitung, Tabellenkalkulation und integrierten Programmen zu unterscheiden. Schließlich geht es um die häufigsten Anwendungen im Office-Bereich, und die vertragen sich in einem Kapitel ganz gut. Ihnen wird auffallen, daß die Firma Microsoft mit ihren Produkten in diesem Softwarebereich vorherrschend ist. Trotzdem gibt es Alternativen, die für durchschnittliche Anforderungen durchaus genügen, leichter zu bedienen sind und nicht so viele Ressourcen verbrauchen, ganz nach dem Motto «Klein aber oho».

HEISSER TIP

Büroprogramme gehören zu der Software, mit der Sie vermutlich einen großen Teil Ihrer Arbeitszeit am Mac verbringen werden. Gerade deshalb sollten Sie sich ein wenig umschauen und die für Sie passenden Programme finden, anstatt von vornherein das erstbeste Programm zu benutzen. Das ist um so wichtiger, weil die Anforderungen an die Software je nach Art Ihrer Arbeit sehr unterschiedlich sein können.

Eine kurze Einführung

Textverarbeitung ist die Anwendung, die am häufigsten auf Macs und PCs zu finden ist. Sicher haben auch Sie sich schon darüber gefreut, wie einfach man am Computer Texte eintippen, umordnen, ändern und ersetzen kann, ohne dabei auch nur einmal den Radiergummi in die Hand nehmen zu müssen. Natürlich kann man sich auch entsprechend ärgern, wenn ein Dokument nicht so gedruckt wird, wie Sie es sich vorstellen oder komplexere Funktionen schwer zu bedienen sind und fehlerhaft arbeiten. Trotzdem eröffnet die Verarbeitung von Texten auf dem Computer Möglichkeiten, die im Zeitalter der Schreibmaschine undenkbar waren.

EINSTEIGER

Bei Software zur Verarbeitung von Texten wird der Markt bei Macs und PCs im wesentlichen von Microsoft dominiert, Word (für Windows oder für den Mac) bildet darum den de facto Standard. Leider bedeutet das nicht, daß dies auch das beste Programm ist; mit jeder neuen Version enthält es zwar noch mehr neue Funktionen, verbraucht aber auch mehr Speicher und Platz auf der Festplatte. Dabei hat Microsoft die unrühmliche Tradition, in eine neue Programmversion lieber neue Funktionen einzubauen, als die Fehler der Vorgängerversion erst einmal zu beheben – und das kann für den Nutzer wirklich lästig werden. Natürlich haben andere Softwarehersteller mit ähnlichen Problemen zu kämpfen, trotzdem scheint Microsoft bei der Qualitätssicherung seiner Produkte recht großzügig zu sein. Und das betrifft leider auch das populäre Office-Paket und dabei insbesondere die Textverarbeitung Word.

Auch wenn im Bürobereich die Produkte von Microsoft eindeutig den größten Anteil haben, so gibt es nach wie vor Alternativen: WordPerfect von Corel, AppleWorks (früher ClarisWorks) von Apple für den Gelegenheitsnutzer oder RagTime, das integrierte Paket für professionelle Anwender. Daneben existieren für den Mac mehrere Speziallösungen, die nicht nur eine Textverarbeitung enthalten, sondern auch Buchhaltung, Kontaktverwaltung oder gar den Zugriff auf Datenbanken ermöglichen und auch ganze Arbeitsgruppen unterstützen. Welche Software für Sie am besten geeignet ist, müssen Sie selbst herausfinden, wir können Ihnen die verschiedenen Programme für den Normalverbraucher hier nur kurz vorstellen.

HEISSER TIP

Wie immer sollten Sie sich auch hier bei der Auswahl Ihres Office-Pakets von Ihren jeweiligen Bedürfnissen leiten lassen. Außerdem ist es wichtig, die Anforderungen möglicher Empfänger Ihrer Dateien zu kennen, denn es bringt nichts, wenn Ihre Kollegen oder Kunden eine von Ihnen erzeugte Datei nicht öffnen können.

Große Projekte meistern

Wenn Sie auf Ihrem Mac nur Briefe oder andere kurze Texte schreiben, die meist nur einmal gedruckt werden, dann ist das Leben recht einfach: Sie formatieren Ihr Werk so, wie Sie es sich vorstellen, und drucken es dann aus – fertig. Schwieriger wird es aber, wenn Ihre Textdokumente mehr als 100 Seiten haben, strukturierte Überschriften, eingebettete Bilder, Fußnoten, Inhaltsverzeichnisse und Indizes enthalten sollen. Beispiele für solche «Großprojekte» sind Diplom- und Doktorarbeiten, wissenschaftliche Abhandlungen, Geschäftsberichte oder gar ganze Bücher. Wollen Sie solche Projekte meistern, ohne dabei Termine gnadenlos zu überziehen und jede Menge Zeit und Nerven zu investieren, sollten Sie sich schon vor Beginn der Arbeit einige Gedanken machen:

- **Planen Sie den Arbeitsablauf.** Überlegen Sie, was in welcher Reihenfolge passieren soll und wer die Arbeiten macht. Arbeiten Sie allein oder mit mehreren Leuten? Wie werden Bilder und anderes Material zugeliefert und verwaltet? Soll im Verlauf der Arbeit jemand die Texte korrigieren oder gar Änderungen einarbeiten? Wenn das der Fall ist, sollten Sie sich einige Regeln überlegen, nach denen die Dateien ausgetauscht und gekennzeichnet werden. Tun Sie das nicht, dann haben Sie irgendwann ein heilloses Durcheinander und wissen nicht mehr, welche denn nun eigentlich die aktuelle Datei ist. Vor allem bei umfangreichen Projekten – wie z.B. dem Buch, das Sie gerade in Händen halten – lohnt es sich, genügend Zeit für den Arbeitsablauf (neudeutsch: Workflow) einzusetzen.

- **Wählen Sie die richtige Software.** Mit Word oder ähnlichen Programmen lassen sich durchaus auch größere Dokumente bearbeiten, allerdings wächst mit deren Umfang auch die Möglichkeit für Fehler und der Frust bei der Bedienung. Nicht ohne Grund schreiben im professionellen Verlagsgeschäft die Autoren die Inhalte zunächst mit einer Textverarbeitung, Bilder und Texte werden später aber in einem Layoutprogramm montiert und für den Druck vorbereitet. Die Grenzen zwischen den verschiedenen Programmen verschwimmen heutzutage. Grafikprogramme wie FreeHand oder CorelDraw können mit Text umgehen, Layoutprogramme beherrschen grafische Effekte und Textprogramme wie Word können von allem ein bißchen. Finden Sie darum heraus, welches Programm für Ihr Problem am besten geeignet ist.

- **Legen Sie Druckformate und Numerierungssysteme fest.** Das ist besonders bei der Arbeit im Team wichtig, sonst weiß der Lektor oder Setzer schnell nicht mehr, welches Bild eigentlich zu welchem Abschnitt im Text gehört und ob eine Überschrift nun in diesem oder jenem Druckformat gesetzt werden soll. In der Praxis verwenden darum Autoren in ihrer Textverarbeitung einen festgelegten Satz an Druckformaten, die mit dem Text in das Layoutprogramm importiert werden. Erst dort legt der Setzer dann fest, wie welches Druckformat auszusehen hat.

HEISSER TIP

Auch wenn Sie eine Diplomarbeit verfassen, die viele Bilder enthält, sparen Sie sich durch ein wenig Systematik viel Ärger. Bauen Sie sich schon am Anfang eine Gliederung mit verschiedenen Ebenen und weisen Sie den Überschriften die gewünschten Druckformate zu. Dadurch können Sie sich beim Schreiben auf den Inhalt konzentrieren, anstatt viel Zeit mit der Formatierung zu vergeuden.

- **Gliedern Sie Ihre Arbeit.** Teilen Sie Ihr Werk in inhaltliche Abschnitte. Fast alle Textverarbeitungsprogramme haben Werkzeuge, mit denen Sie diese Gliederung anlegen und nachträglich noch ändern können, bis hin zum Umbau von ganzen Kapiteln. Überlegen Sie, ob sich der Text sinnvoll in mehrere Dateien teilen läßt, die miteinander verbunden werden können. Mehrere kleine Dateien lassen sich einfacher und schneller bearbeiten als eine große, allerdings müssen Sie herausfinden, wie Sie Numerierungen, Querverweise und Verzeichniseinträge über mehrere Files hinweg zusammenhalten.

- **Hüten Sie sich vor «harten» Formatierungen.** Besonders Anfänger in der Textverarbeitung scheuen sich davor, Druckformate zu benutzen und formatieren lieber die einzelnen Zeichen per Hand. Außerdem wird der Text einer Seite oft mit Leerzeichen und harten Umbrüchen in die vermeintlich richtige Lage gebracht, nur um dann bei einer Änderung der Schriftgröße um einen Punkt völlig aus den Fugen zu geraten. Benutzen Sie darum niemals Leerzeichen für die Formatierung, sondern ausschließlich Tabulatoren in der Zusammenarbeit mit Druckformaten. Legen Sie auch für alle Textteile , die anders aussehen sollen als der Standard, Druckformate fest. Wenn Sie dann später z.B. die Schriftart von allen Bildunterschriften ändern wollen, müssen Sie das nur einmal im Druckformat tun, und alle Textstellen in Ihrem Dokument ändern sich automatisch.

FEHLER

- **Unterschätzen Sie niemals den Zeitaufwand.** Textverarbeitung auf dem Computer mag einfach aussehen, aber bei großen Dokumenten steckt der Teufel im Detail. Planen Sie genug Zeit für Korrektur und das Ausdrucken ein, damit Ihnen nicht ein streikender Drucker den letzten Nerv raubt.

Welches Programm wofür benutzen?

Microsoft Word kann mit Grafiken umgehen und HTML exportieren, CorelDraw und FreeHand umfassen Textfunktionen wie Laufweite und Unterschneidung, FrameMaker und InDesign enthalten Grafikwerkzeuge… Da stellt sich die Frage, welche Software man wofür einsetzen sollte. Ganz genau können Sie das nur selbst herausfinden, einige Anhaltspunkte können wir Ihnen aber geben:

Benutzen Sie zum Schreiben Textprogramme und für Grafiken Grafikprogramme. Natürlich können Sie auch in Word Grafiken erstellen, aber aufwendigere Dinge als ein paar einfache Pfeile oder Kästchen werden schnell zur Pein. Vor allem dann, wenn Ihre Grafiken wiederum Text enthalten, sollten Sie auf ein Grafik- oder Layoutprogramm umsteigen. Umgekehrt können Sie in diesen Programmen durchaus auch kürzere Texte schreiben, oft fehlen jedoch die speziellen Möglichkeiten einer Textverarbeitung, vor allem zum schnellen Markieren und Bearbeiten. Am besten verwenden Sie darum Textverarbeitung und Grafiksoftware gemeinsam und transportieren den Text über die Zwischenablage oder per Drag & Drop. (Für Web-Editoren gilt das Gleiche: die Textverarbeitung für den Text, das HTML-Programm für die Webseite.)

Mit Grafikprogrammen wie CorelDraw oder FreeHand lassen sich hervorragend Poster, Flugblätter und kleinere Druckwerke wie Newsletter oder CD-Booklets erstellen. Größere Dokumente mit vielen Seiten dagegen behalten Sie mit einer Layout-Software wie PageMaker, QuarkXPress oder InDesign am besten unter Kontrolle, vor allem dann, wenn sie auf professionellen Druckmaschinen ausgegeben werden sollen.

Sind Ihre Ansprüche nicht so hoch, dann enthalten integrierte Programme wie AppleWorks oder RagTime eine gute Mischung an Funktionen für Text, Grafik und Datenbank zu einem günstigen Preis.

Geht es schließlich darum, Tausende von Seiten zu beherrschen, die vielleicht auch noch permanent geändert werden, dann ist FrameMaker das Werkzeug der Wahl. Obwohl das Programm schon etwas angestaubt wirkt und auch nicht gerade intuitiv zu bedienen ist, bringt es für technische Dokumentationen, Handbücher und Betriebsanleitungen viele Vorteile. Nicht umsonst erzeugt Boeing damit die Handbücher für ihre Flugzeuge und Apple die «Inside Macintosh»-Bücher. (Stellen Sie sich nur einmal vor, Sie müßten 40.000 Seiten Text mit Word verwalten…)

Was muß eine Textverarbeitung können?

Textverarbeitungsprogramme gibt es mehrere. Wenn Sie das nehmen, was die meisten Leute benutzen, landen Sie bei einer Version von Microsoft Word und SimpleText. Außer dem umfangreichsten und dem minimalen System gibt es jedoch andere Anwendungen, die vielleicht für Ihren Zweck besser geschaffen und einfacher zu bedienen sind, z.B. Apple Works oder RagTime. Wir wollen im folgenden einige der bekanntesten Softwarepakete kurz beschreiben, um Ihnen bei der Entscheidung zu helfen. Sicherlich haben Sie Ihre eigenen Ansprüche an ein Programm zur Textverarbeitung – das hängt vor allem damit zusammen, wie oft Sie damit arbeiten und wozu Sie es verwenden. Entsprechend diesen Erwartungen sollten Sie Textverarbeitungsprogramme vergleichen und so herausfinden, welches am besten für Sie geeignet ist.

Anhand unserer eigenen Erfahrungen haben wir einen Katalog dessen zusammengestellt, was eine Textverarbeitung unbedingt können sollte bzw. wodurch sie sich von einem reinen Texteditor unterscheidet. Texteditoren ermöglichen es Ihnen zwar, reine Textdateien zu erzeugen, besitzen jedoch kaum Formatierungs- und Gliederungsmöglichkeiten.

Formatierungsmöglichkeiten. Eine komfortable Textverarbeitung sollte vor allem über gute Formatierungsmöglichkeiten verfügen. Dazu gehören Dokument- und Formatvorlagen, die zum einen für ganze Dokumente als Vorlagen dienen, zum anderen aber auch einzelne Absätze identisch formatieren können. Wichtig ist außerdem, daß Sie das Programm an Ihre Arbeitsweise anpassen können. Dazu sollte es möglich sein, Funktionen oder Menüeinträge mit Tastenkürzeln zu belegen sowie Menüs und Werkzeugleisten an die eigenen Ansprüche anzupassen. Generell sollten die wichtigsten Funktionen nicht zu tief im Programm verborgen sein; es muß nicht sein, daß man sich bis ins dritte Untermenü begeben muß, um eine einfache Formatumstellung vorzunehmen.

Datenaustausch. Bei der Auswahl Ihres Textverarbeitungsprogramms sollten Sie auch darauf achten, womit Ihre Kollegen oder Bekannten arbeiten. Dies kann für den Datenaustausch wichtig sein. Zwar gibt es zu diesem Zweck das Datenaustauschformat RTF, darin bleiben allerdings Stil- und Dokumentvorlagen nicht immer erhalten.

Lange Dokumente. Je nach Anwendung sollte eine Textverarbeitung auch mit längeren Dokumenten umgehen können – und hier trennt sich schnell die Spreu vom Weizen. Die meisten Programme kommen zwar theoretisch mit Dokumenten mit über 100 Seiten klar, in der Praxis gibt es aber oft unangenehme Effekte. Vor allem dann, wenn der Text eingebettete Bilder und Querverweise enthält, wird die Software ab einer gewissen Seitenzahl langsam und neigt außerdem dazu, den Überblick über die einzelnen Teile des Dokumentes zu verlieren. Darum sollten Sie bei längeren Artikeln und aufwendigen Texten

ACHTUNG

die Arbeit in einzelne Dateien teilen und den Ablauf etwas planen, um böse Überraschungen kurz vor dem Termin zu vermeiden.

Unter anderem sind es diese Kriterien, anhand derer wir einige populäre Textverarbeitungsprogramme untersuchen wollen. Sie müssen sich jedoch nicht unbedingt auf die folgenden Programme beschränken. Benutzen Sie einfach die Textverarbeitung, die Ihren Ansprüchen an Funktionalität, Komfort und Bedienbarkeit am ehesten entspricht. Generell sollten Sie sich merken, daß die Software dazu da ist, Ihnen zu helfen, anstatt Sie bei der Arbeit zu behindern.

Microsoft Word

Wenn Sie Ihren Macintosh häufig zum Schreiben verwenden, stehen die Chancen ziemlich gut, daß Sie bereits einmal mit Microsoft Word in Berührung gekommen sind. Das Programm wird oft als Teil von Microsoft Office verkauft. Dieses Paket enthält außer Word noch die Tabellenkalkulation Excel und das Präsentationsprogramm PowerPoint. (Im Gegensatz zur PC-Version von Office gibt es die Datenbank Access nicht für den Mac.) Microsoft Word verfügt sowohl in den Versionen 5.1, 6 und 98 über fast alle im vorigen Abschnitt genannten Funktionen. Sie können Druckformatvorlagen anlegen und importieren, verschiedene Dateitypen importieren bzw. exportieren, Gliederungen anlegen, die Oberfläche anpassen und Tastenkombinationen mit Funktionen belegen. Allerdings unterscheiden sich die drei neueren Word-Versionen so deutlich voneinander, daß wir besser der Reihe nach vorgehen:

Word 5.1

HEISSER TIP

Lange Zeit schrieben die meisten Mac-Nutzer mit Word 5.1 – sozusagen die Mac-Version des weit verbreiteten Word für Windows 2.0. Word 5.1 läuft stabil, enthält alle wichtigen Funktionen und vor allem braucht es wenig Platz auf der Festplatte: nur 6,8 MB (zum Vergleich: Word 6 braucht mindestens 18 MB, Word 98 schon 50 MB). Damit ist es vor allem für ältere und schwächer ausgestattete Macs nach wie vor eine sinnvolle Lösung.

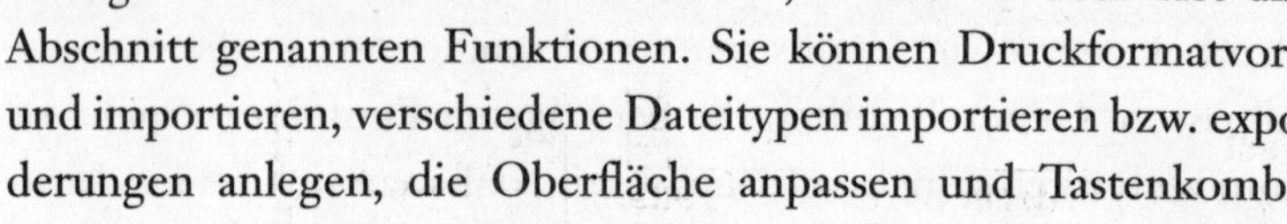

Abb. 21.1 Sie können ein definiertes Druckformat verwenden oder ein neues definieren.

Hier nun ein kurze Übersicht über die einzelnen Funktionen:

Druckformate. Sie können Druckformate anlegen, indem Sie einen Absatz formatieren, markieren und als Druckformat definieren – genau so wie bei anderen Word-Versionen auch. In Word 5.1 markieren Sie den Absatz und klicken dann in das Druckformatfeld in der Werkzeugleiste. Drücken Sie dann die Enter-Taste, es erscheint der Dialog wie in Abbildung 21.1. Dort können Sie festlegen, ob Sie dem Absatz ein bereits vorhandenes Format zuordnen oder ein neues Druckformat definieren möchten, das auf den Formatierungen im ausgewählten Absatz basiert. Auch das Importieren von Druckformaten aus anderen Dokumenten bzw. Vorlagen ist sehr einfach (einfacher als in den anderen Word-Versionen). Doppelklicken Sie dazu in das Druckformatfeld am unteren Rand des Dokumentfensters oder wählen Sie *Format/Druckformate*. Es erscheint der gleichnamige Dialog (21.3). Wählen Sie dann aus der Menüleiste des Dokumentfensters *Datei/Öffnen*, und öffnen Sie die Datei, deren Druckformate Sie ins aktuelle Dokument importieren möchten.

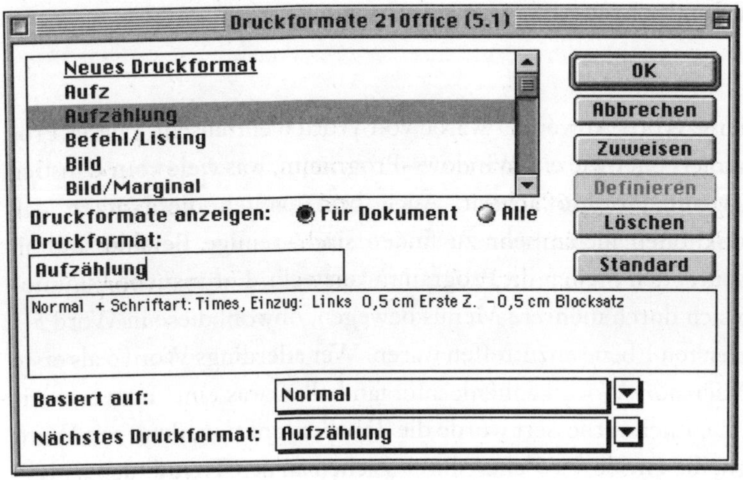

Abb. 21.2 In diesem Dialog finden Sie alle Druckformate, die im Dokument verwendet werden.

Datenaustausch. Mit den Befehlen *Speichern* und *Speichern unter* können Sie Dateien verschiedenen Typs sichern, darunter auch als Word für Windows 2.0 und im RTF-Format (Dateiaustauschformat). Sie können auch Dateien neuerer Word-Versionen (wie Word 6 und Word 97/98) öffnen, wenn Sie die entsprechenden Import-Filter von Microsoft installiert haben. Allerdings kann es passieren, daß manche Formatierungen nicht ganz korrekt in Word 5.1 übernommen werden.

HEISSER TIP

Die Importfilter, Updates und weitere Zusatzsoftware für Office-Produkte für den Mac gibt es auf der Website von Microsoft unter *www.microsoft.com*, allerdings müssen Sie wahrscheinlich etwas herumsuchen, bis Sie die gewünschten Dateien gefunden haben. Natürlich können Sie auch ein Hilfsprogramm wie MacLinkPlus benutzen, um Ihre Word-Dateien zu konvertieren.

Arbeitsweise anpassen. In Word 5.1 sind die Möglichkeiten beschränkt, die Programmoberfläche anzupassen. Mit dem Befehl *Extras/Einstellungen/Funktionsleiste* können Sie den Icons Funktionen zuordnen. Recht komfortabel ist jedoch der Befehl *Extras/Befehle* einzusetzen, mit dem Sie bestimmten Funktionen Tasten bzw. Tastenkombinationen zuweisen können.

Besonderheiten. Wie alle Word-Versionen ist es auch mit Word 5.1 ziemlich schwierig, große Dokumente zu verwalten und zu erstellen. Zwar arbeiten alle Funktionen mehr oder weniger, allerdings dauert der Seitenaufbau bei Dokumenten ab 30 Seiten recht lange. Auch bei Dokumenten mit mehreren Abschnitten sind Probleme bei der Bildschirmdarstellung von Zeilen in der Nähe des Seitenendes bzw. -anfangs zu erwarten.

Word 6

Viele passionierte Word-Anwender waren von Word 6 enttäuscht. Dieses Programm funktioniert eher wie ein Windows-Programm, was viele vom Umstieg von Word 5.1 auf Word 6 abhielt. Auch bemängelten die Nutzer, daß bestimmte Funktionen nicht mehr zu finden sind – einige Befehle sind an schwer aufzuspürenden Stellen im Programm versteckt. Für manche Funktionen muß man sich durch mehrere Menüs bewegen, obwohl diese in Word 5.1 bereits auf der ersten Ebene anzutreffen waren. Wer allerdings Word 6 als erste Version von Microsoft Word kennenlernte, fand alles, was eine Textverarbeitung braucht. Deutlich verbessert wurde die Tabellenfunktion, denn seit Word 6 ist es möglich, die Größe der Zellen durch Ziehen an den Trennlinien zu verändern. All diese Funktionalität hat allerdings auch ihren Preis: Word 6 benötigt im Vergleich zu Word 5.1 mehr als das Doppelte an Festplattenplatz und läuft vor allem auf älteren Macs sehr viel zäher als die alte Version.

Formatvorlagen. Natürlich können Sie auch in Word 6 mit Formatvorlagen (hier Dokumentvorlagen) arbeiten. Dazu legen Sie ein Dokument, das Sie als Dokumentvorlage speichern, in den gleichnamigen Ordner im Word-Ordner. Wenn Sie dann mit *Datei/Neu* ein neues Dokument anlegen, werden Ihnen die verfügbaren Dokumentvorlagen als Optionen angeboten. Außerdem haben Sie die Möglichkeit, mit dem Befehl *Format/Formatvorlage* neue Vorlagen anzufertigen bzw. einem Absatz zuzuweisen. Neu und angenehm in Word 6 ist die Tatsache, daß Sie auch Vorlagen für einzelne Zeichen anlegen bzw. zuweisen können. So einfach wie der Doppelklick bei Word 5.1 sind alle diese Prozeduren allerdings nicht.

FEHLER

Word 6 enthält sehr flexible Möglichkeiten zum Umgang mit Formatvorlagen, mit denen Sie theoretisch ganze Hierarchien von Formatierungen und Makro-Anwendungen aufbauen können, und das auch noch plattformübergreifend zwischen Mac und Windows. Leider ist die Benutzung dieser Möglichkeiten so schwierig und schlecht erklärt, daß Sie eine ganze Menge an gutem Willen aufbringen müssen, um das System zu verstehen.

Datenaustausch: Auch in Word 6 haben Sie die Möglichkeit, Dateien in verschiedenen Word-Varianten und auch im RTF-Format abzuspeichern. Außerdem ist das Programm in der Lage, Dateien in einer niedrigeren Word-Version zu sichern (z.B. Word 5.1). Leider funktioniert das auch nicht immer hundertprozentig, vor allem bei komplexeren Dokumenten gibt es ab und an Probleme. Dafür ist die Kompatibilität mit Windows-Computern recht gut, weil das Dateiformat von Word 6 auf dem Mac mit dem von Word 6 für Windows und Word 95 identisch ist.

FEHLER

Beim Austausch von Word-Dokumenten, die Verweise auf externe Grafiken oder andere Objekte enthalten, kann es beim Transfer auf einen anderen Computer Probleme geben. Die Bilder sind dann plötzlich nur noch als leere Rahmen vorhanden, weil die Verweise nicht mehr funktionieren. Achten Sie deshalb darauf, beim Datenaustausch auch alle zugehörigen externen Dateien mit zu übertragen, damit Sie diese notfalls von Hand neu einfügen können.

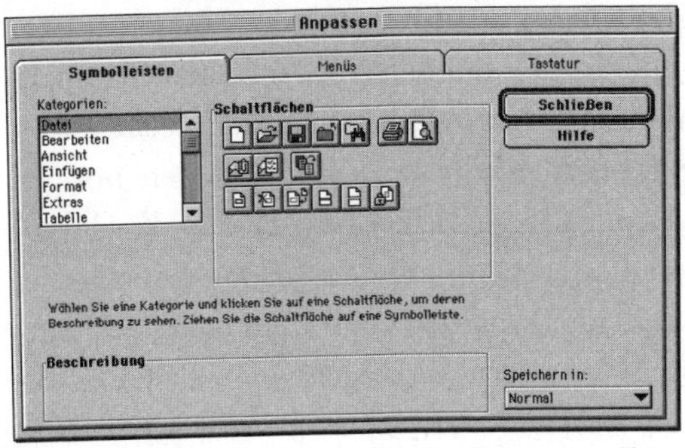

Abb. 21.3 In Word 6 können Sie das Programm Ihrer Arbeitsweise anpassen.

TECHNIK

Microsofts System zum Einbinden externer Dateien scheint stark auf der Angabe von Dateipfaden zu beruhen. Sobald sich aber ein solcher Pfad ändert (z.B. weil die Daten auf eine Festplatte mit anderem Namen kopiert werden), kann die Software nichts mehr finden und zeigt nur noch Platzhalter an.

Arbeitsweise anpassen. Bei Word 6 haben Sie vielseitige Möglichkeiten, die Programmoberfläche entsprechend Ihren Bedürfnissen anzupassen. Wählen Sie dazu den Befehl *Extras/Anpassen*. In dem erscheinenden Dialog (21.3) können Sie die Symbolleisten, die Menüs und die Tastatur des Programms anpassen. Wenn Sie die Registerkarte *Tastatur* auswählen, können Sie einzelnen Tasten oder Tastenkombinationen Funktionen zuweisen.

POWER USER

Hier noch ein Trick, der in fast allen Word-Versionen funktioniert: Drücken Sie die Befehls- und Optionstaste und dazu die Plus-Taste auf der Zehnertastatur. Der Cursor verwandelt sich in das «Blumenkohl-Symbol», das auch auf der Befehlstaste zu sehen ist. Lösen Sie nun mit diesem Cursor die Aktion aus, die Sie mit einem Tastaturkürzel versehen wollen. Nach dem Mausklick erscheint der Dialog zum Anpassen der Tastatur, in dem Sie die gewünschte Taste festlegen können.

Besonderheiten. Wer nichts anderes kennt, wird sich nicht beschweren; dennoch ist Word 6 mit Funktionen fast überladen, einfache Formatierungen sind oftmals mit erheblichem Suchen in mehreren Menüs verbunden. Auch Funktionen, die in Word 5.1 recht einfach zu benutzen waren (wie das Erstellen von Indexeinträgen) sind in Word 6 zeitintensiver. Word 6 beherrscht Makros – kleine Miniprogramme, mit denen Sie Arbeitsabläufe in der Office-Software von Microsoft automatisieren können. Allerdings erfordert der Umgang mit Makros einen gewissen Lernaufwand.

FEHLER

So nützlich die Makro-Technologie auch ist, sie öffnet auch den einfach zu programmierenden Makroviren Tür und Tor. Leider hat Word 6 keinen eingebauten Schutz, der Sie vor Dokumenten mit Makroviren warnt, so daß ein Virenschutzprogramm um so wichtiger wird. (Mehr zu Viren und den nötigen Gegenmaßnahmen finden Sie in Kapitel 25.) Kritiker bezeichnen Word 6 oft als «weder Fisch noch Fleisch», weil es recht wenig dem «Look & Feel» des Macintosh Rechnung trägt. Wenn Sie die Wahl haben, sollten Sie darum entweder bei Word 5.1 bleiben oder auf Word 98 umsteigen – vorausgesetzt Ihr Mac ist dafür leistungsfähig genug!

Word 98

Nachdem Word 6 eher schlecht als recht funktionierte, konnten die Mac-Nutzer Mitte 1998 aufatmen, als mit Office 98 für den Mac das Microsoft-Programmpaket grundlegend überarbeitet und in der Bedienung deutlich besser an den Mac angepaßt wurde. Das gilt auch für Word 98 (21.4), das trotz der Fülle an Funktionen und manchen Ungereimtheiten in der Software Word 6 keine Sekunde vermissen läßt.

Word 98 läuft subjektiv schneller als die Vorgängerversion und bietet jede Menge Funktionen, von denen allerdings viele für den Normalverbraucher nicht nötig, zu schwer zu bedienen oder mit Fehlern behaftet sind. So kann man zwar theoretisch mit Word 98 HTML-Seiten erstellen oder öffnen, aber die gebotenen Möglichkeiten reichen in keiner Weise an einen normalen HTML-Editor heran. Die eingebauten Zeichenfunktionen sind recht vielfältig, die Bedienung bremst jedoch gelegentlich die kreative Arbeit durch Umständlichkeit. Die Verarbeitung von Text dagegen ist bis auf einige kleinere Fehler in der Software angenehm und flüssig.

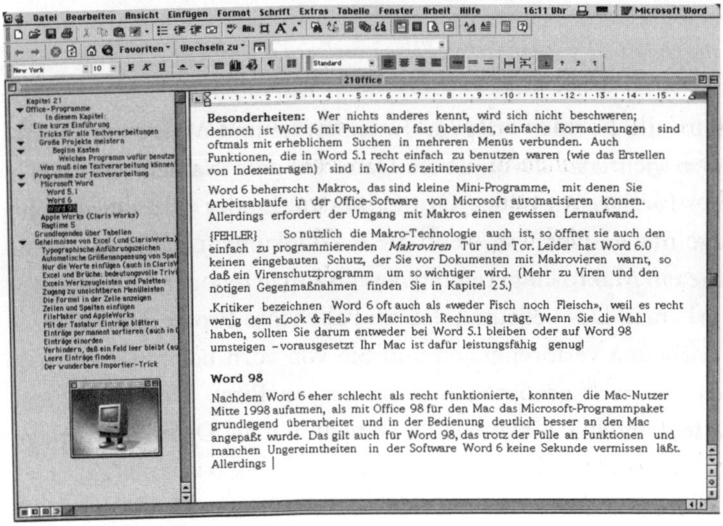

Abb. 21.4 Die Arbeitsoberfläche von Word 98.

Allerdings hat so viel Leistungsfähigkeit auch ihren Preis: Ein Power Mac mit 120 MHz und mindestens 32 MB RAM sollte es schon sein, auf der Festplatte braucht das Programmpaket mindestens 50 MB Platz, mit allen Goodies und Zusatzteilen sogar weit über 100 MB.

Formatvorlagen. Der Umgang mit Formatvorlagen ist bei Word 98 ähnlich wie bei Word 6, inklusive des komplizierten Umganges mit mehreren Formatvorlagen und gelegentlich eigenartigen Effekten beim Importieren von Dateien aus anderen Word-Versionen (21.5). Solange Sie sich aber nur in einem Dokument bewegen, ist die Verwaltung der Formatierungen einfach und problemlos.

Abb. 21.5 Nicht ganz einfach aber komfortabel: Formatvorlagen in Word 98.

FEHLER

Word 98 speichert alle Formatvorlagen, Tastenkürzel und Makros in Dokumentvorlagen. Die wichtigste davon ist die Datei mit dem Namen «Normal», die Sie im Ordner *Vorlagen* im Office-Ordner finden. Leider wird die aktuelle Dokumentvorlage nur gespeichert, wenn Sie das Dokument schließen, nicht aber, nachdem Sie ein Makro eingerichtet, ein Tastenkürzel oder eine Formatvorlage geändert haben. Das bedeutet, daß im Falle eines Programmabsturzes Ihre Anpassungsarbeiten verlorengehen und Sie von vorn beginnen müssen. Schließen Sie darum nach größeren Änderungen an Ihren Druckformaten, Makros oder Tastenkürzeln das aktuelle Dokument, um die Dokumentvorlage zu sichern.

Datenaustausch. Das Dateiformat von Word 98 entspricht dem von Word 97 für Windows, so daß Sie problemlos Daten mit der PC-Plattform austauschen können. Für andere Formate werden einige Import- und Export-Filter mitgeliefert, weitere befinden sich auf der Installations-CD und lassen sich nachträglich installieren.

Arbeitsweise anpassen. Auch bei Word 98 lassen sich Menüeinträge, Symbolleisten und Tastenkürzel sehr flexibel an die eigene Arbeitsweise anpassen. Leider kommt man bei manchen Funktionen nicht umhin, die gewünschte Operation aus einer langen Liste mit kryptischen Word-Befehlen herauszusuchen oder gar ein Makro zu schreiben. Wenn Sie sich aber die Mühe machen, Word 98 an Ihre Arbeitsweise anzupassen, können Sie Ihre Arbeit tatsächlich beschleunigen.

FEHLER

Leider hat die Software einige Fehler, die bei grundlegenden Dingen auftreten. So funktioniert z.B. der oben beschriebene Trick nicht, mit dem ein Druckformat mit zwei Mausklicks auf eine Taste gelegt werden kann. Sie können zwar das Tastenkürzel zuweisen, anschließend erscheint jedoch das gewünschte Druckformat im Popup-Menü für die Schriften, wo es überhaupt nicht hingehört. Auch das Festlegen von Indexeinträgen (sehr wichtig für Autoren von Mac-Büchern) geht nicht mehr ohne eine nervende Dialogbox oder ein spezielles Makro.

Besonderheiten. Word 98 hat eine ganze Reihe nützlicher Eigenschaften, die nicht unmittelbar mit der Textverarbeitung zu tun haben. So gibt es einen Assistenten, den man bei Bedarf um Hilfe fragen kann. Dieses Konzept ist zwar etwas ungewöhnlich, aber es soll Leute geben, die darauf schwören. Leider kommt nach wie vor das etwas unübersichtliche Hilfesystem von Microsoft zum Vorschein, aber es ist ein Schritt in die richtige Richtung.

Office 98 benutzt eine ganze Reihe von Systemerweiterungen; falls diese im Systemordner nicht mehr vorhanden sind, repariert die Software die Installation automatisch. Die Programme warnen den Nutzer außerdem, wenn er im Begriff ist, eine Datei mit Makros zu öffnen, allerdings ist dieser Schutz nicht allzu nützlich, weil nicht zwischen eigenen und fremden Dokumenten unterschieden wird. Das führt dann dazu, daß der Nutzer die Sicherheitsabfrage aus Gewohnheit mit «OK» bestätigt, auch wenn das Dokument eventuell nicht von ihm selbst stammt und Makroviren enthalten könnte.

Word 98 enthält genau wie sein Vorgänger Word 6 die Möglichkeit, Texte zu vergleichen und Änderungen zu überprüfen. Zusätzlich lassen sich von einem beliebigen Dokument Versionen anlegen; dabei handelt es sich einfach um gespeicherte Zwischenzustände. Diese werden aber alle in der gleichen Datei abgelegt, so daß bei einem Fehler in dieser Datei auch alle Zwischenstände verloren gehen. Insgesamt gesehen ist Word 98 ein recht brauchbares Werkzeug, das allerdings noch einige Programmierfehler enthält, die die Arbeit manchmal empfindlich stören. Achten Sie darum auf Updates im Internet, vor allem dann, wenn Sie die Version des Mac OS wechseln.

FEHLER

Word 98 hat (zumindest unter Mac OS 8.5) zwei unangenehme Eigenschaften: Wenn sich das Programm im Hintergrund befindet, verbraucht es manchmal mehr Rechenleistung als ihm zusteht, und Anwendungen im Vordergrund laufen plötzlich ungewöhnlich langsam. Außerdem scheint es ab und an unerlaubte Dinge mit dem Speicher des Mac anzustellen, das äußert sich so, daß entweder Word selbst oder aber der Finder melden, es wäre nicht mehr genügend Speicher vorhanden, um eine Aktion auszuführen bzw. um überhaupt weiter arbeiten zu können. Sichern Sie in solchen Fällen Ihr Dokument, beenden Sie Word, und starten Sie es neu, um so die Probleme zumindest zeitweilig loszuwerden.

AppleWorks (ClarisWorks)

AppleWorks hieß früher einmal ClarisWorks und wurde von Apples Tochterfirma Claris verkauft. Als Apple sich 1998 neu strukturierte, wurde aus Claris FileMaker Inc., und das integrierte Paket ging an Apple zurück. Inzwischen liegt die Software unter dem Namen AppleWorks den iMacs und iBooks ab Werk bei und erlaubt den Käufern dieser Macs ohne zusätzliche Anschaffungen den Schnelleinstieg in den Büroalltag.

AppleWorks ist eigentlich ein Paket aus mehreren Anwendungen, die in ein Programm verpackt wurden. Es enthält eine Textverarbeitung, eine Tabellenkalkulation, eine Datenbank, Werkzeuge zum Zeichnen von Vektor- und Bitmap-Grafiken und ein Terminalprogramm für die Datenkommunikation. Zusätzlich lassen sich mit der Zeichenumgebung auch Präsentationen erstellen und abspielen. Der Trick dabei ist, daß Sie Elemente aus verschiedenen Programmteilen nahtlos in einem Dokument integrieren können, also z.B. eine Kalkulationstabelle in ein Textdokument oder eine Zeichnung in eine Tabellenkalkulation.

Natürlich sind die Funktionen der einzelnen Teile des Paketes bei weitem nicht so komplex und detailliert wie die von Spezialprogrammen für die einzelnen Aufgaben, aber gerade das ist der Vorteil von AppleWorks. Die Software ist schnell, leicht zu bedienen, stabil und enthält alle wichtigen Funktionen, die ein Gelegenheitsnutzer braucht. Im Vergleich zum Microsoft Paket ist der Platzbedarf auf der Festplatte und im Speicher eher gering, damit eignet sich die Software auch für ältere Macs.

Im Unterschied zum Microsoft-Paket ist AppleWorks relativ anspruchslos im Speicherplatzbedarf (das gesamte Office-Paket benötigt 21 bis 58 MB Plattenplatz). Hinzu kommt die Übersichtlichkeit (21.6) und leichte Bedienbarkeit, die Apple Works zum idealen Programm für Nicht-Profis bzw. sogar für den normalen Büroalltag qualifiziert. Und auch der Preis von unter 300 DM lädt förmlich zum Ausprobieren ein.

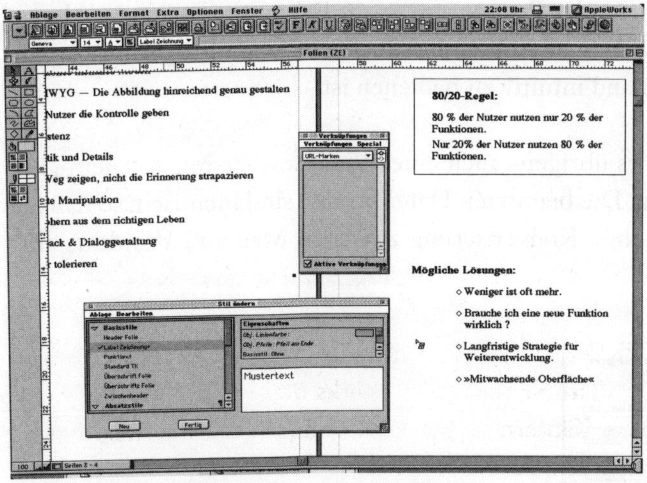

Abb. 21.6 Die Arbeitsoberfläche von AppleWorks.

Funktionalität. Apple Works verfügt über die Möglichkeit, mit Formatvorlagen (Stilen) zu arbeiten. Dazu müssen Sie nur auf den Namen eines Stils klikken, und schon ist der markierte Text formatiert. Diese Stile gelten auch für die Tabellen, für Formatierungsobjekte (Bullets etc.) und für Objekte in Zeichnungen oder Gemälden (z.B. für bestimmte Farben, Linienbreiten etc.). Sie können auch eigene Stile definieren; der Umgang mit dieser Möglichkeit ist allerdings etwas gewöhnungsbedürftig, aber trotzdem leicht zu erlernen.

Die Zeichenfunktionen sind an gewissen Stellen eingeschränkt, so lassen sich z.B. einmal gezeichnete Bézier-Kurven nachträglich nicht mehr ändern. Für weniger komplexe Grafiken ist das Programm jedoch ausreichend.

ACHTUNG

Die Software wird mit zahlreichen Dokumentvorlagen für Büro und zu Hause geliefert und enthält eine ganze Reihe von Assistenten, die Ihnen beim Erstellen bestimmter Dokumente helfen. Die eingebaute Datenbank ist die bislang preiswerteste Möglichkeit für den Mac, kleinere Datenmengen (wie Adressen, Gästelisten etc.) zu verwalten. AppleWorks ist in der Lage, Dokumente in verschiedenen Dateiformaten zu öffnen und zu sichern (21.7), darunter auch solche von Microsoft Word und anderen PC-Anwendungen.

Besonderheiten. Das Programm braucht wenig Ressourcen und hat trotzdem alle wichtigen Funktionen eingebaut, um damit den normalen Büroalltag bestreiten zu können. Zwar ist es nicht wie bei anderen Office-Paketen möglich, die Arbeitsoberfläche des Programms anzupassen. Aber wenn Sie darauf verzichten können, haben Sie es mit einem übersichtlichen Programm zu tun, das leicht zu verstehen und intuitiv zu bedienen ist.

HEISSER TIP

Von AppleWorks gibt es übrigens auch eine Windows-Version mit dem gleichen Funktionsumfang. Die benutzten Dateiformate sind identisch, so daß Sie AppleWorks-Dateien ohne Konvertierung zwischen Mac und Windows austauschen können.

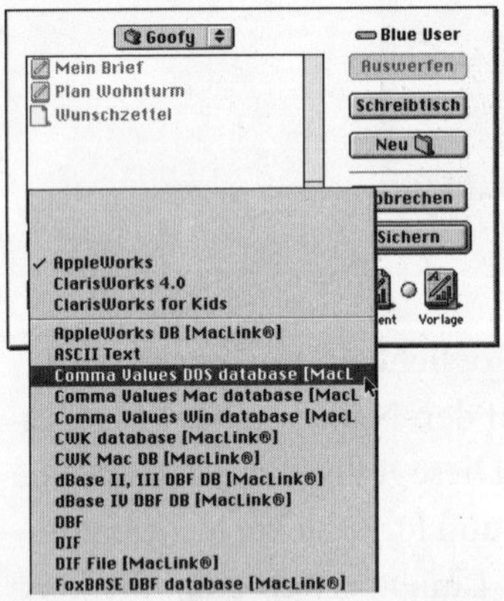

Abb. 21.7 Der Speichern-Dialog in AppleWorks.

RagTime 5

RagTime wird vom Hersteller B&E Software als Business-Publishing-Programm bezeichnet. Es enthält nicht nur eine sehr umfangreiche Textverarbeitung, sondern auch die Funktionen eines Layout- und Grafikprogramms. Eine komplette Tabellenkalkulation ist ebenfalls in die Software integriert. Sogar vom Speicherbedarf her kann sich RagTime sehen lassen: es benötigt 30 bis 73 MB Festplattenplatz und 16 bis 32 MB RAM, um reibungslos zu funktionieren.

Funktionalität. RagTime arbeitet mit Stilvorlagen für Absätze, ganze Dokumente oder einzelne Zeichen. Es ist allerdings für Umsteiger von Microsoft-Produkten nicht ganz einfach, sich in der recht komplexen Oberfläche von RagTime zurechtzufinden (21.8). Nach einer kurzen Lernphase und etwas Einarbeitung haben Sie jedoch mehr Funktionen zur Verfügung als in den anderen Office-Paketen.

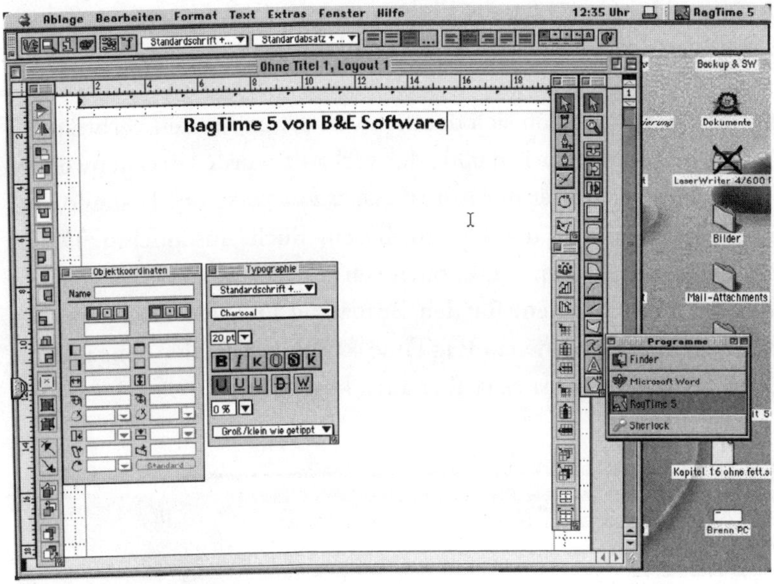

Abb. 21.8 Die Arbeitsoberfläche in RagTime 5.

Selbst wenn Sie vor allem mit Word-Anwendern Dateien austauschen müssen, ist RagTime dem gewachsen. Mit dem Programm können Sie Dokumente in den neueren Word-Formaten im- und exportieren. Das geht übrigens auch zwischen der Tabellenkalkulationen von RagTime und Excel. Außerdem ist es möglich, Dateien im RTF-Format bzw. als Unicode zu speichern (21.9).

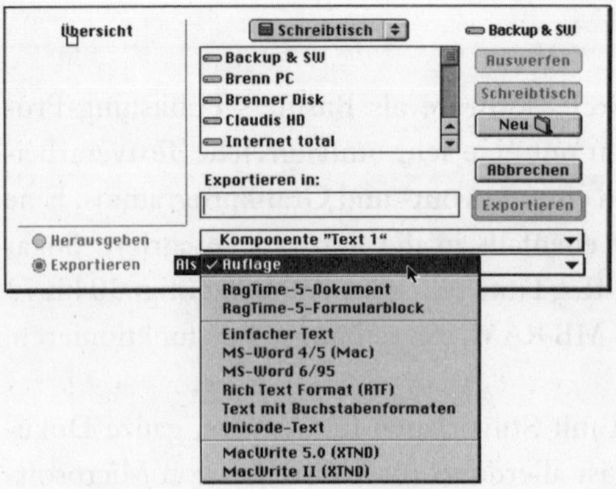

Abb. 21.9 Aus RagTime können Sie eine Vielzahl von Datenformaten exportieren.

Die Komponenten einer Textverarbeitung, einer Tabellenkalkulation, eines Grafik- und eines Layoutprogramms sind in RagTime übergangslos integriert. Das macht allerdings eine Orientierung für Einsteiger etwas schwierig. Wenn Sie sich jedoch die Mühe machen, die Philosophie der Software zu verstehen, werden Sie mit einer Fülle von Funktionen belohnt.

CD-ROM

Diese Funktionen unterscheiden sich deutlich von denen im weit verbreiteten RagTime 3, das insgesamt ca. 100.000 Mal verkauft wurde. Privatanwender können sich RagTime 3.2 unter der Adresse *www.besoftware.com* kostenlos aus dem Internet laden oder von der CD zu diesem Buch installieren. Dieses «kleine» RagTime ist in seinen Funktionen stärker als AppleWorks, genauso intuitiv bedienbar und vor allem für den Büroalltag und den Hausgebrauch geeignet. Nicht so gut wie im neuen RagTime 5 funktioniert der Umgang mit längeren Dokumenten, dafür ist es ja aber auch kostenlos.

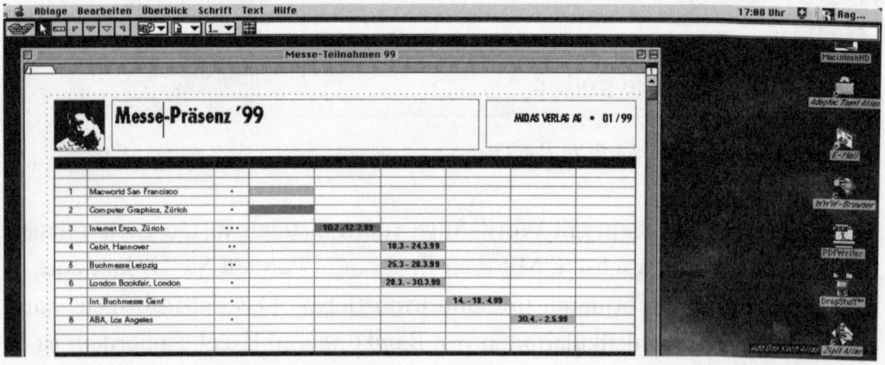

Abb. 21.10 Der «kleine Bruder»: RagTime 3.

Die anderen Mitspieler

Außer den beschriebenen Textverarbeitungsprogrammen gibt es noch eine ganze Reihe anderer Software (zum Teil auch als Shareware), mit denen Sie ebenfalls Texte erstellen können. Welche davon für Sie am besten geeignet ist, müssen Sie selbst herausfinden. Einige der im folgenden beschriebenen Shareware-Programme finden Sie auch auf der CD zu diesem Buch.

CD-ROM

WordPerfect. Dieses Programm war einst der stärkste Konkurrent von Microsoft Word in der PC-Welt, die Mac-Version führt aber ein gewisses Schattendasein bei der Firma Corel. Der Leistungsumfang ist ähnlich wie bei Microsoft Office, doch scheinbar wird WordPerfect für den Mac derzeit nicht weiterentwickelt. Als Trost können Sie sich die Version 3.5 der Software jedoch kostenlos aus dem Internet laden, allerdings ist das Paket recht groß, so daß die Übertragung einige Zeit dauern kann.

StarOffice. Die deutsche Firma Star Division bot ihr Büro-Paket StarOffice bis vor einiger Zeit für alle möglichen Computerplattformen an, darunter auch für das Mac OS. Leider ist die Entwicklung für den Mac bei Version 3.2 stehengeblieben, und seit der Computergigant Sun die Firma aufgekauft hat, ist leider keine Rede mehr von der Mac-Plattform. Vereinzelt sind jedoch noch CDs mit einem StarOffice für den Mac im Umlauf.

Kleine Textverarbeitungen. Wenn es nur darum geht, z.B. auf einem PowerBook unterwegs einige Seiten Text zu schreiben, bei dem maximal die Überschriften ein wenig anders formatiert sind, dann reichen Programme wie *Tex-Edit*, *NuEdit* oder gar *SimpleText* vollständig aus. Diese Software braucht kaum Platz auf der Festplatte und im Speicher und eignet sich damit hervorragend für ältere PowerBooks, vor allem in Kombination mit dem RAM-Disk-Trick aus Kapitel 11, wenn Sie die maximale Leistung aus den Batterien Ihres portablen Macs herausholen wollen.

Texteditoren. Gelegentlich geht es beim Schreiben auf dem Mac nicht darum, schöne Druckformate oder raffinierte Gliederungen zu bearbeiten, sondern darum, reinen ASCII-Text schnell und effektiv zu bearbeiten – und das manchmal auch noch für viele Dateien und automatisch. Vor allem für Programmierer, aber auch für Webseiten-Designer und alle anderen Mac-Nutzer, die mit ASCII-Text umgehen müssen, gibt es spezielle Texteditoren. Der bekannteste ist *BBEdit*, eine Lite-Version davon finden Sie auf der CD zu diesem Buch.

Tricks für alle Textverarbeitungen

Immer wieder sind wir erstaunt, wenn Neulinge im Computerbereich verwundert sind, daß man Text markieren kann, indem man darauf doppelklickt. Und dann fällt uns auf, daß auch wir selbst uns einmal über diese Entdeckung freuten. Das kommt davon, wenn man zu lange mit einem Thema beschäftigt ist: Man wird betriebsblind. Um für die Einsteiger unter Ihnen einige dieser Rätsel zu lösen, hier ein paar Hinweise:

- Ziehen Sie den Cursor über Text, um diesen zu markieren. Die Markierung wird erst dann abgeschlossen, wenn Sie die Maustaste loslassen, vorher können Sie sie stets verändern.

- Um mehrere Seiten Text zu markieren, stellen Sie den Cursor an den Anfang des Bereiches, den Sie markieren wollen. Scrollen Sie dann bis zum Ende der zukünftigen Markierung, halten Sie die Shift-Taste gedrückt, und klicken Sie dorthin, wo die Markierung enden soll. Alle Zeichen zwischen der ursprünglichen Position des Cursors und dem geklickten Punkt werden markiert.

- Doppelklicken Sie auf ein Wort, um es zu markieren. Danach bewegen Sie den Cursor mit der linken oder rechten Pfeiltaste an den Anfang oder das Ende des Wortes. Bei manchen Programmen können Sie auch dreimal klikken (eine echte Fingerübung) um damit einen ganzen Satz oder Abschnitt zu markieren. Jede Software hat ihre eigenen Abkürzungen zum schnellen Markieren von Text. Finden Sie heraus, wie Sie diese benutzen, und Sie werden eine Menge Zeit sparen!

- Wenn ein Text markiert ist, müssen Sie ihn nicht löschen, um ihn durch einen anderen ersetzen zu können. Tippen Sie einfach drauf los, die neuen Zeichen erscheinen an Stelle der alten.

- Um Text von einer Stelle an eine andere zu versetzen, markieren Sie den gewünschten Bereich. Fassen Sie die Markierung dann mit dem Cursor an (einmal darauf klicken und die Maustaste gedrückt halten), und ziehen Sie die Markierung an die neue Position (21.11). An der Stelle, wo Sie die Maustaste loslassen, wird der verschobene Bereich eingefügt. Wenn Sie bei dieser Aktion zusätzlich noch die Optionstaste gedrückt halten, wird das ausgewählte Material nicht verschoben, sondern kopiert.

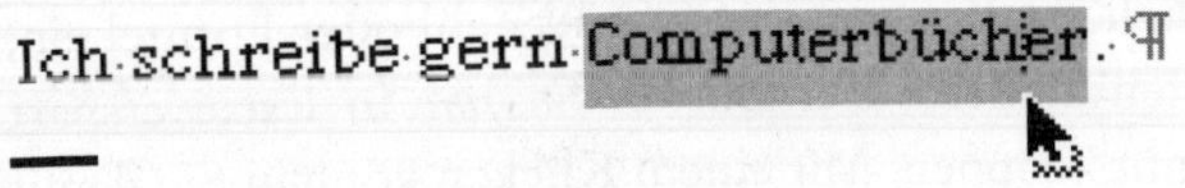

Abb. 21.11 Sobald Sie ein Wort markiert haben, ziehen Sie es an seine neue Position. Achten Sie dabei auf die veränderte Form des Cursors.

- Viele Schriftarten zur Auswahl zu haben, ist recht nett, aber mal ehrlich: Wieviele davon benutzen Sie wirklich? Reduzieren Sie die Anzahl der verfügbaren Schriften, denn damit können Sie Ihre Textverarbeitung deutlich beschleunigen. Die Software startet schneller, außerdem dauert auch das Formatieren von Text nicht mehr so lange.

- Prinzipiell können Sie Drag & Drop verwenden, um Textabschnitte innerhalb eines Dokuments zu bewegen. Dies funktioniert auch zwischen den meisten Programmen. Falls Sie mit einem Textprogramm arbeiten, das kein Drag & Drop unterstützt, dann installieren Sie die Erweiterung *DragClick*, die Sie auf der CD zu diesem Buch finden. Damit können Sie per Drag & Drop Texte zwischen allen Programmen bewegen, die die eingebauten Textroutinen des Mac OS benutzen.

CD-ROM

Tabellenkalkulationen

Obwohl Tabellenkalkulationen in vielen Office-Paketen vorhanden sind, werden sie seltener benutzt als Textverarbeitungen. Vermutlich liegt das daran, daß der Normalverbraucher eher Briefe schreibt, als große Tabellen mit Formeln und komplexen Berechnungen zu erstellen. Trotzdem kann eine Tabellenkalkulation recht nützlich sein, um z.B. die Finanzierung für Ihr Haus, die voraussichtliche Rente oder den Nutzen einer Geldanlage zu berechnen.

EINSTEIGER

Eine Tabellenkalkulation ist ein elektronisches Rechenblatt aus mehreren Zellen, die in einer Tabelle angeordnet sind. In die Zellen lassen sich Zahlen eintragen, außerdem kann man festlegen, wie sich die Zahl in einer Zelle mit Hilfe einer Formel aus anderen Zellen ableiten läßt. Der große Vorteil davon ist, daß Sie komplexe Zusammenhänge in das Programm eintragen können und sofort sehen, wie sich die Änderung eines Eingangswertes auswirkt. Damit können Sie das Spiel «Was wäre wenn?» spielen, ohne jedesmal den ganzen langen Rechenweg gehen zu müssen – das macht der Computer für Sie.

EINSTEIGER

Klicken Sie auf eine der Tabellenzellen; geben Sie eine Zahl oder Formel ein, die Zahlen in anderen Zellen addiert. Der Button *Summe* in Excel erspart Ihnen stundenlanges mühsames Tippen. Mit einem Klicken können Sie damit eine Spalte oder Zeile von Zahlen addieren (21.12).

Wie Sie vielleicht wissen, verhält Excel sich seltsam, wenn Sie ausgewählte Zellen kopieren und einfügen. Auch nach dem Einfügen bleiben die ausgewählten Zellen von einer schimmernden Umrißlinie umgeben. Das kann etwas beunruhigend sein, wenn Sie an Mac-Programme gewöhnt sind, bei denen die Auswahl aufgehoben wird, sobald man woanders klickt. Vermutlich soll es zeigen, daß Sie das gleiche Material noch einmal woanders einfügen können. Die schimmernde Auswahlbegrenzung können Sie nur loswerden, indem Sie Befehl-Punkt drücken (oder z.B. etwas anderes auswählen).

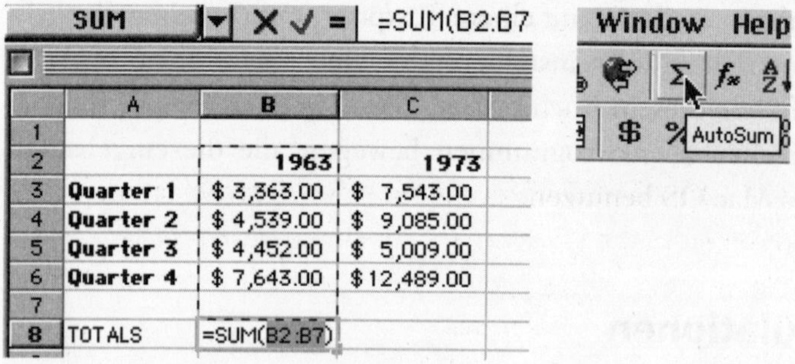

Abb. 21.12 Sie brauchen Zahlen nicht länger durch Tippen von = SUM() addieren. Klicken Sie auf die Zelle unter einer Spalte und danach auf den Button «Summe».

Ein Diagramm erstellen Sie in Excel folgendermaßen: Markieren Sie Zellen; klicken Sie dann auf den Button *Diagramm Assistent* und wählen Sie aus dem folgenden Dialog die Art von Diagramm, die Sie erstellen möchten. (Wenn Sie Excel 5 statt Excel 98 haben, müssen Sie zunächst quer über die Tabelle ziehen, um anzuzeigen, wo das neue Diagramm erscheinen soll; erst dann öffnet sich der Dialog mit dem Diagramm-Assistenten.) Wenn Sie das Aussehen des Diagramms an Ihre Wünsche anpassen möchten, klicken sie im Dialog immer wieder den Button *Weiter*, und wählen Sie die entsprechenden Formatierungsoptionen. Wenn's mal ganz schnell gehen soll und Ihnen die Optionen egal sind, klicken Sie den Button *Ende* (bzw. in Excel 5 den Button >). Excel läuft dann durch all diese Optionen im Schnellverfahren und fügt das fertige Diagramm in Ihre Tabelle ein.

HEISSER TIP

Um eine ganze Reihe von Zahlen effektiv einzugeben, können Sie folgenden Trick benutzen: Markieren Sie zuerst die Zellen. Wenn Sie dann die jeweilige Zahl eingegeben haben, drücken Sie die Enter-Taste und Excel wählt die nächste Zelle in der Auswahl zum Bearbeiten, ob rechts oder unter der ersten. (Wenn Sie die Zellen nicht vorher markieren, bleibt beim Drücken der Enter-Taste die erste Zelle ausgewählt, statt zur nächsten überzugehen.)

Sie können übrigens auch Folgendes versuchen, wenn Sie nicht erst die Zellen auswählen möchten: Verzichten Sie auf die Enter-Taste. Wenn Sie die jeweilige Zahl eingegeben haben, drücken Sie statt dessen die Return-Taste. Excel gibt dann die Zahl ein und geht automatisch zur nächsten darunterliegenden Zelle über. Sie können Zahlen auch mit den Pfeiltasten eingeben. Nach dem Eintippen der Zahl gibt Excel diese ein und springt in die nächste Zelle in Pfeilrichtung.

Tips und Tricks in Excel und ClarisWorks

Als Apple im Jahr 1998 ClarisWorks wieder unter seine Fittiche nahm, wurde das Programm in AppleWorks umgetauft. Wir können ja nicht wissen, welche Version Sie haben, also werden Sie schon verstehen, was mit «ClarisWorks» oder «AppleWorks/ClarisWorks» gemeint ist.

Typografische Anführungszeichen

Unser Rat: Verwenden Sie sie in einer Tabelle lieber nicht. Selbst super-fortgeschrittene Tabellenkalkulationsprogramme wie Excel können typografische Anführungszeichen in Formeln nicht erkennen. Wenn Sie in einer Zelle Anführungszeichen verwenden (um z.B. einen Texteintrag statt Zahlen zu markieren), wird Excel sich daran verschlucken.

Falls Sie ein Programm wie *QuicKeys* haben, das darauf eingestellt ist, gerade Anführungszeichen automatisch mit typografischen zu ersetzen, legen Sie am besten zwei QuicKeys in Excels eigener Tastatur fest, die den Effekt der Universal-Tastatur rückgängig machen. (Verwenden Sie einen Alias-artigen QuicKey. Legen Sie fest, daß ein einfaches Anführungszeichen auch ein einfaches Anführungszeichen schreibt; 21.13.)

Abb. 21.13 In diesem QuicKeys-Fenster legen Sie ein QuicKeys Alias fest. Das sieht hier etwas merkwürdig aus, ist aber die richtige Methode, typografische Anführungszeichen innerhalb eines Programms zu verhindern.

CD-ROM

Oder verzichten Sie auf QuicKeys; verwenden Sie statt dessen *SmartKeys*, das auf der CD-ROM zu diesem Buch mitgeliefert wird. Klicken Sie auf den Programm-Button im Kontrollfenster, um Excel von der Anführungszeichen-Funktion auszuschließen.

Automatische Größenanpassung von Spalten (auch in ClarisWorks)

Diese großartige Funktion gibt es sowohl in Excel als auch in AppleWorks/ClarisWorks, aber sie ist versteckt. Wenn Sie auf eine Spaltenkopfzeile oben im Fenster doppelklicken, paßt sich die Spalte automatisch der Größe des längsten Eintrages an (21.14).

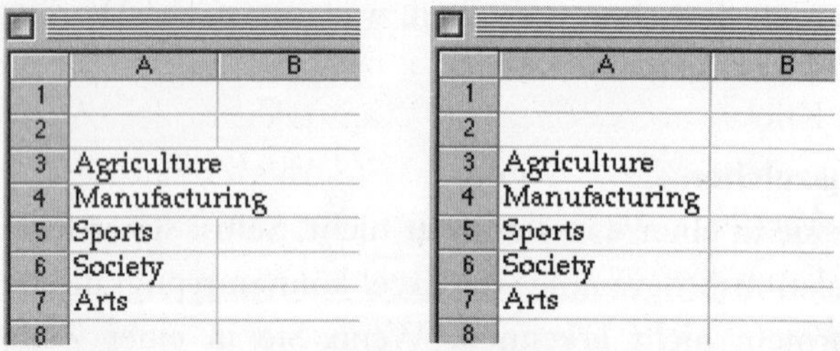

Abb. 21.14 Doppelklicken auf den Spaltenkopf (links) paßt die Spalte automatisch so an, daß der Text gerade hineinpaßt (rechts).

Wenn Sie mehrere Spalten ausgewählt haben, doppelklicken Sie auf irgendeine der Kopfzeilen. Excel/ClarisWorks paßt dann die Größe aller Spalten ihrem Inhalt entsprechend an.

Nur die Werte einfügen (auch in ClarisWorks)

Hier ist ein Trick, den es sich zu merken lohnt. Normalerweise erhält man beim Kopieren und Einfügen von Zellen nur eine Kopie des Originals – samt Formeln. Oft ist es aber praktisch, die Formeln loszuwerden und nur die Ergebnisse zu behalten.

Um die beiden zu trennen, kopieren Sie die Zellen, und klicken Sie dort, wo Sie diese einfügen möchten. Statt aus dem Bearbeiten-Menü *Einfügen*, wählen Sie *Inhalte einfügen*. Klicken Sie auf *Werte* in der Dialogbox, die dann erscheint, und bestätigen Sie mit OK.

Excel und Brüche: bedeutungsvolle Trivialitäten

Wenn Sie 2/3 in eine Zelle eingeben, denkt Excel, es handelt sich um ein Datum und verbessert es automatisch zu 2. März. Es sei denn, was Sie tippen, kann gar kein Datum sein, wie z.B. 36/3; in diesem Fall läßt Excel 36/3 als Text in der Zelle.

Wenn Sie aber eine Null und einen Zwischenraum davor setzen (z.B. 0 2/3), dann merkt Excel, daß Sie wirklich einen Bruch meinen. Wenn Sie also 0 36/3 tippen, schreibt Excel eine 12 in die Zelle.

Excels Werkzeugleisten und Paletten

Excel 98 hat 13 Werkzeugleisten. Wenn Sie alle öffnen, sehen Sie auf dem Bildschirm vermutlich Ihre Tabelle nicht mehr. Zum Glück können Sie, wie in jedem Office-98-Programm, jede dieser Werkzeugleisten in schwebende Paletten verwandeln, indem Sie darauf doppelklicken. Ziehen Sie die Paletten an die Bildschirmränder, und sie werden zu Werkzeugleisten oben, unten oder an den Seiten ihres Monitors. (Die Werkzeugleisten in Excel 5 funktionieren genauso.) Sie können beim Klicken auf eine Excel-Werkzeugleiste oder Palette auch die Control-Taste drücken, dann erscheint ein Werkzeugleistenmenü, in dem Sie die gewünschten Werkzeugleisten einzeln öffnen und schließen können – oder Sie können direkt zur Dialogbox *Anpassen* springen, und Ihre eigenen Werkzeugleisten erstellen.

Zugang zu unsichtbaren Menüleisten

Excel wimmelt nur so von Kontextmenüs. (In Excel gab es sie schon lange, bevor Apple sie zu einem Standardbestandteil von Mac OS 8 machte.) Wenn Sie (in Excel 98 oder 5.0) die Control-Taste drücken und auf eine Zelle, eine Auswahl oder ein Diagramm klicken, erscheint ein praktisches Popup-Menü unter Ihrem Cursor (21.15). Je nachdem, worauf Sie klicken (Diagramm, Linie etc.), öffnet sich ein anderes Menü mit passenden Bearbeitungsmöglichkeiten. (In Excel 4 klicken Sie statt dessen bei gehaltener Befehls- und Optionstaste.)

Kontextmenüs haben einige Vorteile gegenüber den normalen Menüs. Erstens kann man sie überall durch Klicken aufrufen, was besonders praktisch ist, wenn man eine Riesentabelle bearbeitet und meilenweit vom oberen Rand entfernt ist. Zweitens sind die Menübefehle der Stelle angepaßt, an der Sie klicken; die praktischsten Befehle werden aus verschiedenen Menüs kombiniert.

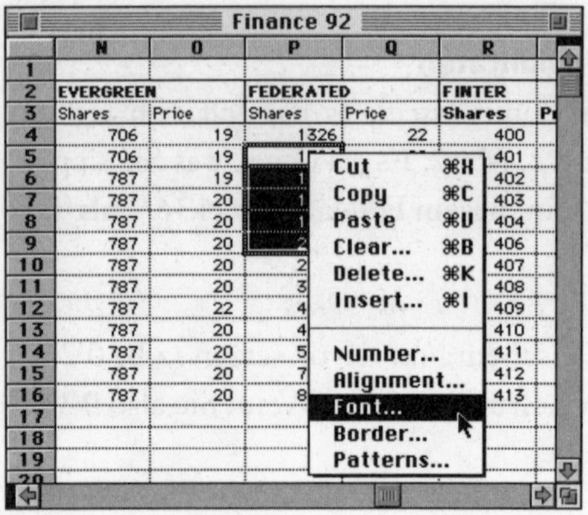

Abb. 21.15 Das Bearbeiten-Menü taucht aus dem Nichts auf.

Die Formel in der Zelle anzeigen

Wenn Sie in eine Excel-Zelle eine Formel eingegeben haben und die Enter-Taste drücken, ist normalerweise nur das Ergebnis in der Zelle sichtbar. Um die Formeln selber in Ihrer Tabelle anzuzeigen, drücken Sie Befehl-# (21.16).

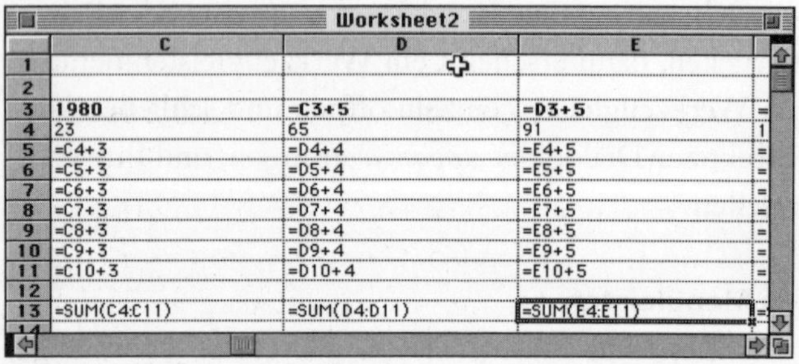

Abb. 21.16 Statt der Zahlen können Sie sich in Ihrer Tabelle auch die Formeln anzeigen lassen.

Keine Angst: Excel verbreitert die Spalten erheblich, um die längeren Formeln unterzubringen. Drücken Sie die gleiche Tastenkombination noch einmal, um den ursprünglichen Zustand der Tabelle wiederherzustellen.

Zeilen und Spalten einfügen

Sie kennen vielleicht bereits den Trick mit der Optionstaste zum Einfügen einer Zeile oder Spalte: Option-klicken Sie einfach in Excel auf die Kopfzeile der Zeile oder Spalte, um eine neue, leere Zeile oder Spalte einzufügen (21.17). In Excel 98 wird diese Aktion von einer herrlich glatten Animation begleitet (die bestehenden Zeilen oder Spalten bewegen sich auseinander) und einem echt coolen Soundeffekt (wenn Sie die nicht gerade ausgeschaltet haben).

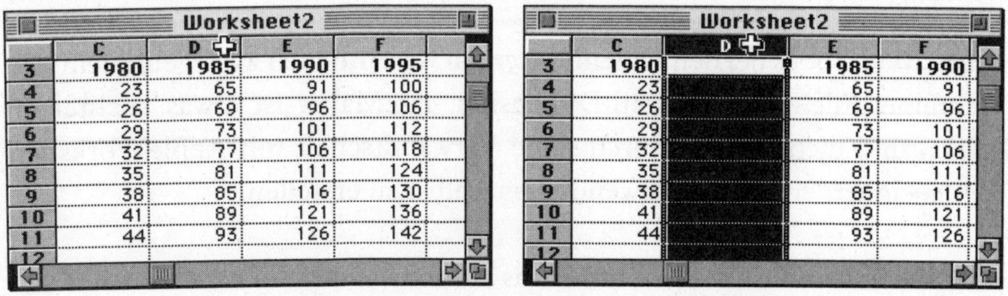

Abb. 21.17 Option-klicken Sie auf die Kopfzeile der Spalte D, um eine neue Spalte einzufügen. Die vorhandenen Spalten werden nach rechts verschoben.

Mit diesem Trick können Sie ein paar tolle Sachen machen. Excel fügt nämlich einen Leerraum ein, der mit jeder Gruppe ausgewählter Zellen identisch ist. Um ein Viereck aus vier Zellen einzufügen, wählen Sie ein Viereck aus vier Zellen aus, während Sie die Optionstaste drücken. Die vier ausgewählten Zellen werden nach rechts verschoben, um die vier neuen unterzubringen.

Datenbanken

EINSTEIGER

Adressen, CDs, Videos, Aufträge, Rechnungen und viele andere Informationen werden zunehmend in Datenbanken gespeichert. Datenbanken sind spezielle Softwarepakete, die eine Sache besonders gut können: in großen Informationsmengen schnell die gewünschten Einträge finden. Damit das funktioniert, muß man jedoch die Informationen in einem bestimmten, festgelegten Format ablegen, den sogenannten Datensätzen. Der Vorteil von Datenbanken ist, daß man einmal gespeicherte Informationen beliebig oft und in verschiedenen Zusammenhängen verwenden kann – je nachdem, welche Anfragen von einem Anwendungsprogramm an die Datenbank gestellt werden.

Datenbankprogramme gibt es von vielen verschiedenen Herstellern und in ganz verschiedener Leistungsfähigkeit. Am unteren Ende rangieren kleine Lösungen wie die Datenbank von AppleWorks, gefolgt von FileMaker oder Access (auf dem PC), die alle auf einem Arbeitsplatzcomputer laufen. Wenn die Datenbestände größer werden oder mehrere Nutzer gleichzeitig damit arbeiten, benutzt man oft einen separaten Computer als Datenbankserver, an den die Arbeitsplatzrechner die Abfragen stellen. Die Vorgehensweise bleibt prinzipiell gleich, auch wenn große Datenbanken für ganze Firmen benutzt werden, die dann manchmal auf mehreren Hochleistungs-Computern parallel laufen, um gleichzeitig Tausende von Anfragen bearbeiten zu können.

Auf dem Mac gibt es bei den Datenbanken im wesentlichen zwei gebräuchliche Programme: FileMaker und 4thDimension. FileMaker ist etwas leichter zu bedienen und nicht zuletzt durch seine Verwandtschaft mit AppleWorks am besten geeignet, um kleine Anwendungen selbst zu erstellen.

ACHTUNG

Auch wenn es kein Problem ist, mit etwas Zeitaufwand eine Datenbank mit den Adressen Ihrer Verwandtschaft oder den Titeln Ihrer CD-Sammlung zu erstellen, so erfordern größere Anwendungen ernsthaften Programmieraufwand und das entsprechende Fachwissen. Darum ist es auch kein Wunder, daß viele kommerzielle Anwendungen – vor allem aus den Bereichen Buchhaltung und Büro – auf einer Datenbanksoftware aufbauen. Lassen Sie sich trotzdem nicht abschrecken und probieren Sie Datenbanken ruhig aus, FileMaker und AppleWorks machen Ihnen den Einstieg recht einfach.

FileMaker und AppleWorks

FileMaker ist das führende Datenbankprogramm für den Mac. Es kombiniert Flexibilität mit Einfachheit. Mit dem eingebauten Layoutmodus können Sie für Ihre Eingabemasken kunstvolle Grafiken erstellen. Mit der Suchfunktion kann eine Datei eine andere durchsuchen (auch wenn diese nicht geöffnet ist); ab Version 3 kann man sogar «relationale» Links erstellen, die mehrere Dateien in beide Richtungen verbinden. Man kann eine Datei mit anderen Computern in einem Netzwerk gemeinsam nutzen, auch wenn manche davon Macs und andere PCs sind. Mit Version 4 kann man eine Datenbank im Internet veröffentlichen, ohne die Daten von FileMaker aus exportieren zu müssen.

Der großartige Aspekt von FileMaker sind die Layoutmöglichkeiten. Sie können die gleiche Information in beliebiger Weise grafisch anordnen. Abbildung 21.18 zeigt Ihnen z.B. zwei Möglichkeiten, die gleiche Adreßeninformation anzuordnen – die Liste braucht man dazu aber bloß einmal eintippen. Außerdem können Sie zwischen den Ansichten beliebig hin und her schalten.

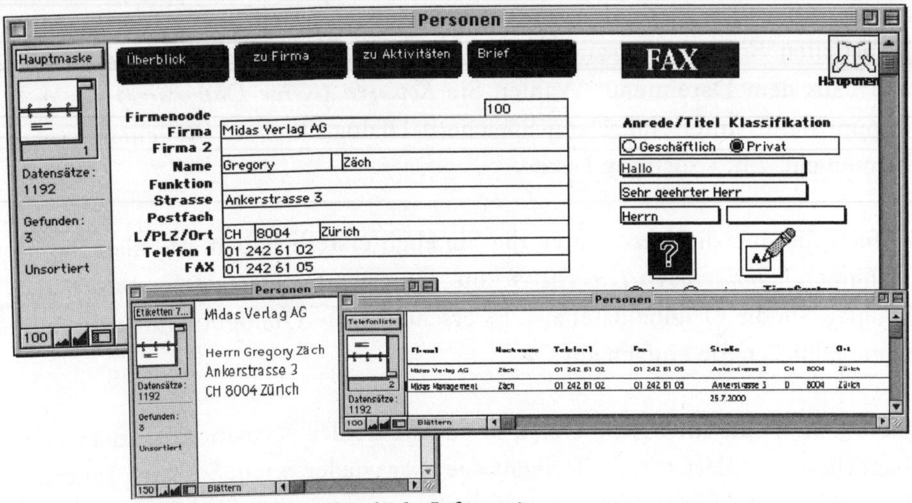

Abb. 21.18 Mehrere Ansichten, die gleiche Information.

Falls Sie je ClarisWorks verwendet haben, wissen Sie ja bereits, daß der Datenbankmodus auf FileMaker basiert. (Kein Wunder: gleiche Ursprungsfirma, gleiche Oberfläche!) Viele dieser Tips gelten daher sowohl für FileMaker als auch für AppleWorks/ClarisWorks, wie angezeigt.

EINSTEIGER

Wenn im folgenden Abschnitt von einem «Feld» die Rede ist, meinen wir eines der Kästchen, in die Sie Informationen eingeben können (wie z.B. einen Namen). Ein Eintrag dagegen ist ein kompletter Datensatz, den Sie sich auch als eine Art elektronische Karteikarte vorstellen können.

Hier nun unsere Lieblingsgeheimnisse in FileMaker:

Einträge mit der Tastatur blättern

Sie würden kaum glauben, wie oft man uns fragt ob man ohne die Maus von einem Eintrag zum anderen blättern kann. Und ebenso oft geben wir die gleiche Antwort: Ja, mit Ctrl-Pfeil-nach-oben und Ctrl-Pfeil-nach-unten.

Einträge permanent sortieren (auch in ClarisWorks)

HEISSER TIP

Leider weigern sich alle Versionen von FileMaker bis jetzt, Einträge auf Dauer sortiert zu lassen. Sie können Einträge auf verschiedene Weisen sortieren. Wenn Sie aber eine Datei erneut öffnen, oder zu einem Layout zurückkehren, sind die Einträge meistens wieder durcheinander. Sie können erneut den Befehl *Sortieren* anwenden, aber das braucht Zeit.

Mit der folgenden Methode können Sie die sortierte Reihenfolge der Einträge beibehalten. Sortieren Sie zunächst die Datei. Wählen Sie dann *Kopie speichern unter* aus dem Dateimenü. Wählen Sie *Kopieren (Keine Datensätze)* aus dem Popup-Menü unten im Datei-Speichern-Dialog. Geben Sie einen neuen Namen ein, z.B. «Sortierte Liste».

Öffnen Sie nun die leere Datei, die Sie eben erstellt haben. Wählen Sie im Dateimenü *Importieren/Exportieren* im Untermenü *Datensätze importieren.* Wählen Sie die Originaldatei aus. Es erscheint eine Dialogbox mit den Feldnamen; klicken Sie einfach auf OK.

Sie erhalten eine identische Datei, in der die Felder permanent sortiert sind. Natürlich verändert sich die Reihenfolge aber wieder, wenn Sie neue Einträge hinzufügen (es sei denn, Sie kennen folgendes Geheimnis). Sie können die vorherige Methode aber gelegentlich wiederholen, um wieder Ordnung herzustellen. Wenn Sie zudem mit FileMakers eingebauten Skripten vertraut geworden sind, können Sie leicht ein kleines Skript erstellen, das Ihre Einträge sortiert, die kopierte Datei erstellt und die Daten importiert. Dadurch wird der ganze Prozeß automatisiert.

Einträge einorden

Mit der folgenden Technik können Sie in einer frischsortierten Datenbank weitere Einträge einordnen. Angenommen, Sie haben drei Einträge namens «Dackel», «Esel» und «Gnu». Wenn Sie einen Eintrag namens «Fliege» einfügen möchten, klicken sie auf den Esel-Eintrag, um ihn auszuwählen. Dann wählen Sie *Neuer Datensatz.* In einer sortierten Datenbank fügt dieser Befehl den neuen, leeren Eintrag immer hinter dem gerade ausgewählten Eintrag ein.

Verhindern, daß ein Feld leer bleibt (auch in ClarisWorks)

Wählen Sie *Felder definieren* im Dateimenü (bzw. in ClarisWorks im Layout-Menü) und doppelklicken Sie auf den Namen des Feldes. Wählen Sie zunächst *Inhaltsüberprüfung* im Popup-Menü und dann die Checkbox *Nicht leer* aus. (In ClarisWorks heißt diese Checkbox *Darf nicht leer sein.*) Klicken Sie auf OK und dann auf *Fertig.*

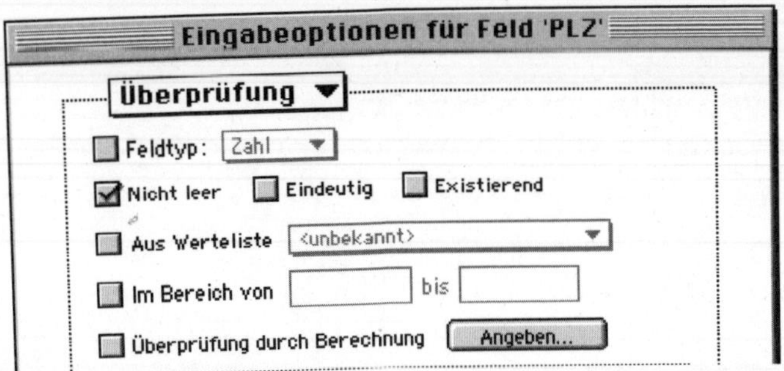

Abb. 21.19 Wenn Sie auf diese Checkbox klicken, besteht FileMaker darauf, daß alle Felder gefüllt werden.

Leere Einträge finden

Wählen Sie *Finden* im Menü *Auswahl*. Tippen Sie in jedes Feld ein Gleichheitszeichen. (Sie suchen Einträge, in denen alle Felder gleich nichts sind.) Klicken Sie auf *Finden*. Es erscheinen nur ganz leere Einträge. Wenn Sie das öfter brauchen, können Sie mit FileMakers eingebautem ScriptMaker leicht ein Skript erstellen, das das Ganze mit einem Tastendruck oder automatisch erledigt.

Der wunderbare Importier-Trick

Diese großartige Abkürzung gibt es in FileMaker Pro 3 und späteren Versionen: Sie können eine durch Tabulatoren markierte Textdatei – oder eine andere Datei in einem Format, das FileMaker versteht – in eine neue FileMaker-Datenbank verwandeln, ohne Felder zu definieren oder die Daten in eine bestehende Datei zu importieren.

HEISSER TIP

Wählen Sie dazu in FileMaker *Datei/Öffnen*. Öffnen Sie dann eine Datei in einem Format, das FileMaker fürs Importieren unterstützt: Durch Kommas oder Tabstops getrennten Text, SYLK, DIF, ClarisWorks usw. Wenn Sie die Datei öffnen, erstellt FileMaker automatisch eine neue Datenbank, importiert alle Einträge und definiert für jede Dateneinheit ein neues Feld. Diese neuen Felder heißen f1, f2, f3 und so weiter. Sie müssen die Felder zwar noch formatieren und vermutlich umbenennen, wenn die Daten alle importiert sind. Trotzdem geht die Umwandlung der Daten zum FileMaker-Format auf diese Weise wunderbar schnell, und Sie können gleich drauflos sortieren und suchen.

Wenn Sie eine Excel-Tabelle in eine FileMaker-Datenbank verwandeln möchten, ist es noch einfacher: FileMaker 4 kann Excel-Tabellen sogar ohne Konvertieren direkt lesen und importieren.

22 Layout

In diesem Kapitel

Die heutigen Textverarbeitungs- und Layout-Programme unterscheiden sich nicht mehr so deutlich voneinander, wie das früher einmal der Fall war. Textverarbeitungen erledigen heute oftmals Dinge, die vorher ausschließlich in den Zuständigkeitsbereich der Layout-Programme fielen, wie z.B. Text, der um Grafiken fließt oder in mehrere Spalten eingeteilt werden soll.

Die Layout-Software hat sich ebenfalls deutlich weiterentwickelt. Zu den populärsten Programmen PageMaker, QuarkXPress und FrameMaker gesellt sich nun auch Adobe InDesign. Jeder, der Zeitschriften oder andere professionell gestaltete Druckmaterialien erzeugen möchte, muß sich mit einem dieser Arbeitspferde für das Seitendesign befassen. Denn nur diese können Magazinseiten in Farbseparationen umwandeln, um Vollfarbdokumente auf einer Druckpresse auszugeben. Außerdem besitzen nur die Layout-Programme genaueste Kontrolle über die Typografie im Dokument – damit können Sie z.B. die Abstände zwischen den Zeichen bis auf ein Tausendstel Zoll genau einstellen. Nur so können Sie qualitativ hochwertige Layouts erzeugen.

Während es vor einigen Jahren Layout-Programme lediglich für den Mac gab und dieser den Markt für sich allein hatte, stehen heute auch Windows-Versionen von PageMaker, QuarkXPress, FrameMaker und InDesign zur Verfügung. Dennoch ist der Mac keineswegs aus dem Geschäft – die meisten Seitendesigns, denen Sie tagtäglich begegnen, werden noch immer auf den Apple-Rechnern erstellt.

Layout-Grundlagen

Um mit Layout-Programmen arbeiten zu können, sollten Sie über einige Grundbegriffe Bescheid wissen. Diese umfassen jedoch nicht nur das Layout selbst, sondern auch einen wichtigen Bestandteil davon – die Typografie.

Natürlich stoßen wir auch hier an die Grenzen dieses Buches. Um sich umfassend über Layout und Typografie zu informieren, wären mehr Seiten notwendig, als wir in diesem Buch Platz haben. Wenn Sie sich in das Thema vertiefen wollen, sollten Sie ein weiterführendes Buch lesen, z.B. *Looking Good in Print* oder das *Insiderbuch TypeDesign* (beide Midas Verlag). Typografie ist gleichermaßen eine Kunst und eine Wissenschaft. Nicht umsonst sind die besten Setzer diejenigen, die den traditionellen Beruf des Typografen gelernt haben und zusätzlich die Möglichkeiten moderner Software benutzen. Die meisten Dokumente können schon durch die Aufbesserung einiger Kleinigkeiten in Typografie und Design deutlich an Qualität gewinnen.

Proportionale Schrift

Hier treffen wir auf einen der größten Unterschiede zwischen Schreibmaschine und Mac. Die meisten Schreibmaschinen benutzen eine sogenannte «monospaced» bzw. nicht-proportionale Schrift, in der jeder Buchstabe genau dieselbe Breite hat – sei es ein I oder ein W. In einer proportionalen Schrift dagegen wird jeder Buchstabe nur so breit dargestellt, wie er wirklich ist. Dies macht die Ausrichtung natürlich nicht einfacher, der Text ist aber besser lesbar (22.1).

`Viele Grüße an die Känguruhs.`

Viele Grüße an die Känguruhs.

Abb. 22.1 In der Schriftart Courier haben alle Zeichen dieselbe Breite (oben), während in einer proportionalen Schriftart (Times, unten) jedes Zeichen seine eigene Breite einnimmt.

Vermeiden Sie es unter allen Umständen, Layouts mit Hilfe von Leerzeichen zu formatieren, wie das früher auf der Schreibmaschine üblich war. Durch die unterschiedliche Zeichenbreite bei proportionaler Schrift führt diese Formatierungsweise zu einem heillosen Durcheinander.

Durchschuß

Dieses gefährlich klingende Wort bezeichnet den Abstand zwischen den Zeilen. In der Zeit der Bleilettern gab es nur die Einstellungen doppelzeilig und einzeilig – im Computerzeitalter ist prinzipiell jede beliebige Einstellung möglich. In den meisten Textverarbeitungs- und Layout-Programmen können Sie den Abstand zwischen den Zeilen sogar punktgenau einstellen.

Laufweite

Die Abstände zwischen den Buchstaben eines Wortes bestimmen dessen Laufweite. Bei normalen Textschriften ist es im Regelfall nicht notwendig, die im Font definierte Laufweite zu ändern. Bei Kapitälchen stehen die Zeichen jedoch oft zu dicht beieinander. Es sieht dann besser aus, wenn man die Abstände zwischen den Buchstaben etwas erhöht.

Kerning

Von Kerning spricht man, wenn zwei Zeichen dichter als normal zusammengerückt werden. Der Unterschied zwischen Kerning und Laufweite besteht also darin, daß die Laufweite für den gesamten Text eingestellt wird, das Kerning sich jedoch nur auf zwei benachbarte Zeichen bezieht.

Schriftfamilien

Eine Schriftfamilie umfaßt unterschiedliche Schnitte einer Schrift. Beispielsweise besteht die Schriftart Times aus den Schnitten Fett, Kursiv und Fettkursiv. Bei ca. 10.000 verfügbaren Zeichensätzen auf dem Mac kann man es niemandem verübeln, daß er beim Anblick dieser riesigen Auswahl schwach wird und sich aus dem Vollen bedient. Viele verschiedene Schriften machen jedoch kein gutes Design aus, eher im Gegenteil. Als Faustregel können Sie sich merken: Wählen Sie eine Serif-Schrift als Textschrift und eine Sans-Serif-Schrift für Überschriften, Hervorhebungen und Zitate.

HEISSER TIP

Das soll natürlich nicht heißen, daß Sie völlig ohne Variationen arbeiten sollen. Guten Geschmack beweisen Sie, wenn Sie die fette und die schlanke Version desselben Schriftschnittes als Gestaltungsmittel verwenden: z.B. Futura als Textschrift, Futura Bold für Überschriften und Futura Light für Bildunterschriften. Wichtig ist, daß Sie durch diese Konsistenz den Eindruck erwecken, Ihr Dokument ist bewußt gestaltet und gut durchdacht.

Eine Serif-Schrift hat winzige Häkchen – Serifen – an den Enden der Buchstaben; Beispiele dafür sind Times, Palatino und New York. Eine Sans-Serif-Schrift, wie Helvetica oder Avant Garde, hat diese Häkchen nicht (22.2).

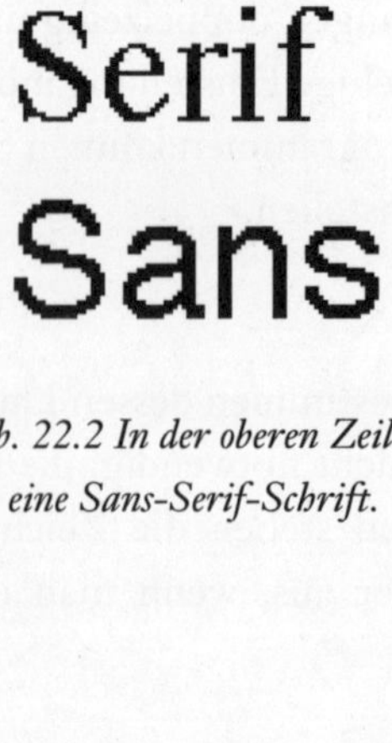

Abb. 22.2 In der oberen Zeile sehen Sie eine Schriftart mit Serifen, in der unteren Zeile sehen Sie eine Sans-Serif-Schrift.

Inverse Schrift

Zwar wurde dieses Stilelement in der letzten Zeit etwas überstrapaziert, dennoch gehört inverse Schrift (weiße Buchstaben auf schwarzem Grund) zu den Grundelementen im Schwarzweißdruck (22.3).

In den meisten Programmen sind zwei Schritte notwendig, um weiße Schrift auf schwarzem Hintergrund zu erzeugen. Zuerst wählen Sie Weiß als Schriftfarbe, danach fügen Sie hinter der Schrift einen schwarzen Kasten ein. Allerdings erleichtern Sie sich die Arbeit mit folgendem Trick: Setzen Sie anstelle des schwarzen Kastens eine sehr dicke Unterstreichung (Linienstärke ca. 40 Punkt) ein. Definieren Sie dann das ganze als Stil, um es wiederholt z.B. auf Überschriften anwenden zu können.

POWER USER

Computer-Bücher / Lieferbare Titel

Insiderbuch		sFr.	DM	öS
86-3	Insiderbuch Web Design.2	84.–	98.–	780.–
88-X	Insiderbuch 3D Design	84.–	98.–	780.–
84-7	Insiderbuch Digitale Fotografie	84.–	98.–	780.–
87-1	Insiderbuch Adobe InDesign 1.5	84.–	98.–	780.–
46-4	Insiderbuch Adobe GoLive 5	84.–	98.–	780.–
48-0	Insiderbuch Freehand 9	84.–	98.–	780.–
47-2	Insiderbuch Flash	84.–	98.–	780.–

Abb. 22.3 Richten Sie einen Stil ein, der automatisch inversen Text erzeugt. Anstatt nun immer den schwarzen Kasten von Hand einrichten zu müssen, generiert das Programm fette Linien.

Seitenraster

Wenn Sie sich eine Zeitung oder Zeitschrift anschauen, werden Sie erkennen, daß jede Publikation über eine unsichtbare Anordnung an Spalten verfügt, die den Textfluß festlegen (22.4). Falls die Seite einer Zeitschrift ein Raster von fünf schmalen unsichtbaren Spalten hat, dann muß das nicht heißen, daß der Text auf jeder Seite in fünf Spalten fließt. Der Designer darf mehrere Spalten zusammenfassen, ohne dabei das Konzept des Layouts aufgeben zu müssen.

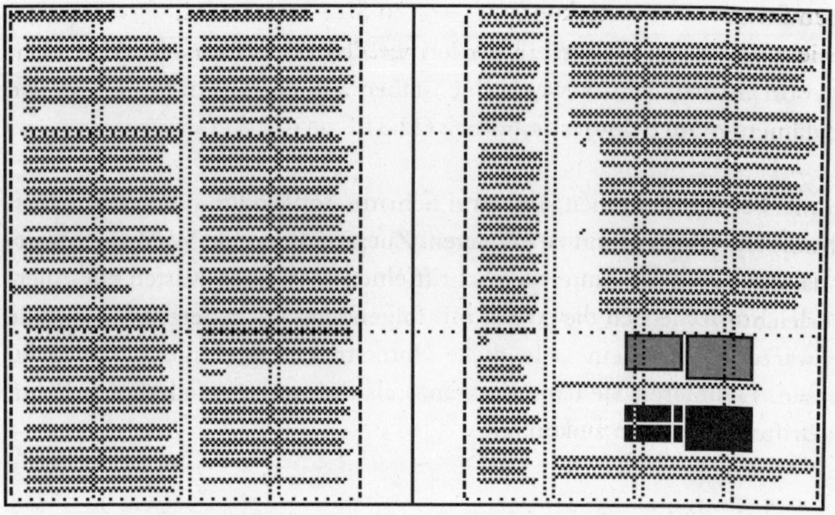

Abb. 22.4 In den großen DTP-Programmen können Sie in einer Master-Seite Hilfslinien aus den Linealen am Bildschirmrand herausziehen. Diese bilden die Grundlage für das Seitenraster. In diesem Beispiel wurden vier Spalten verschiedenartig kombiniert. Sie erzeugen so unterschiedliche Seitenlayouts, ohne jedoch die Konsistenz aufzugeben.

HEISSER TIP

Diese unsichtbaren Hintergrundspalten können Sie in jedem Layout-Programm auf dem Mac mit Hilfe von Rasterlinien erzeugen, die nicht mitgedruckt werden. Diese Hilfslinien plazieren Sie im allgemeinen auf einer Master-Seite. Das ist eine spezielle Vorlage, an der sich alle Textseiten in Ihrem Dokument ausrichten (22.4).

Textblöcke aufbrechen

Langweiliges Textdesign erkennen Sie daran, daß die Seite – aus einiger Entfernung betrachtet – wie ein grauer Klotz auszusehen scheint. Deshalb sollten Sie große Textpassagen unterbrechen. Verwenden Sie dazu mehrere Ebenen von Überschriften, fügen Sie lange Zitate in eigene Absätze oder Kästen ein. Einige Beispiele zur Unterbrechung langer Textpassagen finden Sie z.B. auch in diesem Buch. Wir tun unser Bestes, um Ihnen das Lesen mit Hilfe von Bildunterschriften, Icons, Überschriften und Kästen zu erleichtern.

Linien

In jedem Seitenlayout-Programm haben Sie die Möglichkeit, gerade Linien auf Ihre elektronischen Seiten zu zeichnen: dick, dünn, horizontal, vertikal und sogar parallele Doppel.

Behalten Sie dies im Hinterkopf, und werfen Sie einen Blick in ihre Tageszeitung: Sie sehen, wie horizontale Linien eingesetzt werden, um die Seitenüberschrift von den Artikeln zu trennen. Senkrechte Linien werden häufig als Unterteilung zwischen verschiedenen Artikeln verwendet. Zwar müssen Sie Linien nicht unbedingt in jeder Publikation einsetzen, allerdings steht außer Frage, daß Linien zu den wichtigsten Designelementen gehören. Die Meinungen gehen jedoch auch hier auseinander: Während die einen auf Linien schwören, werden sie von anderen, die lieber auf Weißräume als Gestaltungselement setzen, als Notlösung bei zu wenig Platz (z.B. Zeitung) bezeichnet.

Einzüge

Nun, da Sie keine Schreibmaschine mehr benutzen, kommen fünf Anschläge für den Einzug der ersten Zeile im Absatz nicht mehr in Frage. Im Abschnitt über die proportionalen Schriften erfuhren Sie ja bereits, daß die Leertaste nicht immer gleich breite Leerschläge erzeugt – und das ist ziemlich schlecht zum Ausrichten von Einzügen geeignet.

Oftmals werden Einzüge mit Hilfe der Tabulator-Taste erzeugt. Daran ist nichts auszusetzen, außer vielleicht der Tatsache, daß ein normaler Tabulator immer recht große Einzüge erzeugt. Besser hingegen ist es, die Option *Einzug von links, erste Zeile* in Ihrer Textverarbeitung oder Ihrem Layout-Programm zu verwenden. Dort haben Sie nämlich die Möglichkeit, die Größe des Einzuges millimetergenau zu definieren.

Hurenkinder und Schusterjungen

Als Hurenkind wird in der Setzersprache eine Textzeile bezeichnet, die von ihrem eigentlichen Absatz getrennt auf die nachfolgende Seite rutscht. Dagegen handelt es sich bei einem Schusterjungen um die erste Zeile eines neuen Absatzes, die allein am Ende einer Seite steht. In anderen Quellen wird ein Schusterjunge auch als alleinstehendes Wort auf einer Zeile oder neuen Seite gesehen. Egal, für welche genaue Bezeichnung Sie sich entscheiden, auf jeden Fall sollten Sie Erscheinungen wie diese vermeiden. Beim Setzen tun Sie das, indem Sie entweder den davorstehenden Text bearbeiten oder die Abstände zwischen den Zeichen oder Zeilen verändern.

Die großen Layout-Programme

Ähnlich wie im Glaubenskrieg zwischen Mac-Anwendern und Windows-Nutzern ist in der Publishing-Branche eine Teilung der Lager in QuarkXPress-, PageMaker- und neuerdings InDesign-Nutzer erkennbar. Ursprünglich war QuarkXPress als eigentliches Profiprogramm lange Zeit deutlicher Marktführer, PageMaker dagegen kann für sich beanspruchen, das erste «richtige» Layout-Programm auf dem Markt gewesen zu sein. Heute streiten sich Experten, ob die Vorteile von einst überhaupt noch welche sind, oder ob es nicht der Macht der Gewohnheit zuzuschreiben ist, daß noch immer die Mehrheit aller Publishing-Profis mit QuarkXPress arbeitet.

Im Herbst 1999 brachte Adobe sein Programm InDesign auf den Markt. (Wir erinnern uns: PageMaker wird zwar als Adobe-Produkt vertrieben, stammt aber ursprünglich von der Firma Aldus, die später von Adobe aufgekauft wurde.) Von Adobe als direkter Gegenpol zu QuarkXPress beworben, leidet InDesign als Neuentwicklung allerdings noch unter den üblichen Kinderkrankheiten, wird allerdings – Updates und Korrekturen vorausgesetzt – von Experten bereits als starke Konkurrenz zu QuarkXPress gesehen.

In diesem Kapitel wollen wir Ihnen einen kurzen Einblick in die genannten Programme vermitteln. Wie bereits gesagt: Falls Sie sich für DTP interessieren und Ihre Ambitionen über die normale Textverarbeitung hinausgehen, sollten Sie sich weitere Informationen in speziellen Büchern zu den Programmen besorgen.

PageMaker

PageMaker (22.5) war das erste bedeutende Seitenlayout-Programm für den Macintosh. In Zusammenwirkung mit dem Apple LaserWriter brachte es den Durchbruch für den Mac als Grafikcomputer. Zum ersten Mal konnten Designer, die ihre Layouts bisher per Hand zusammengestellt hatten, eine elektronische Zwischenablage benutzen, schnelle, präzise Ausdrucke anfertigen und das alles auch noch viel flexibler.

Für ein oder zwei Jahre konnte Aldus – dieser Firma gehörte PageMaker, bevor es 1984 von Adobe gekauft wurde – allein regieren. Dann tauchte QuarkXPress als Rivale am Horizont auf und übernahm die Marktführung. Später wurde PageMaker von Adobe weiter aufgerüstet, um QuarkXPress Paroli bieten zu können. Allerdings bemängeln Profis noch immer das Fehlen einiger High-

End-Möglichkeiten der Typografie und Produktionswerkzeuge, die QuarkX-Press gewissermaßen zum Industriestandard machen.

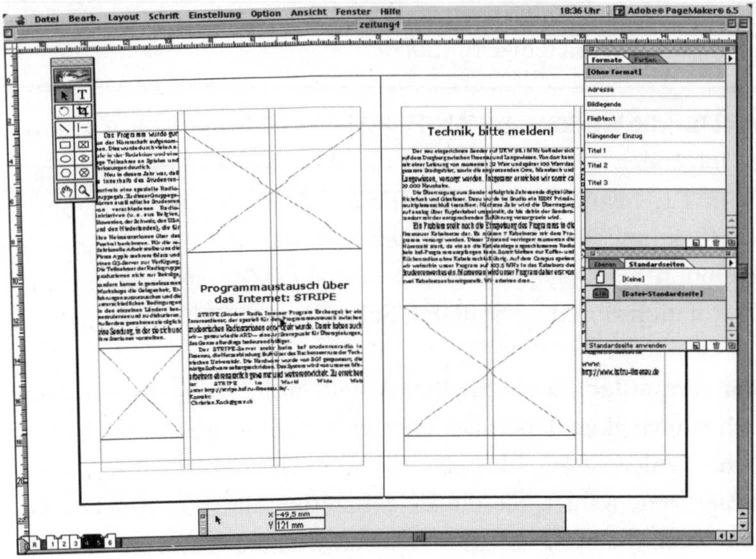

Abb. 22.5 Die Arbeitsoberfläche in PageMaker 6.5.

Hier einige Tips und Tricks zur Arbeit mit PageMaker:

- **Gleichmäßg verteilte Duplikate eines Objektes erstellen.** Dazu müssen Sie nur die gewünschten Abstände wissen, mit denen Sie die Objekte verteilen wollen, und den Befehl *Bearbeiten/Mehrfach einfügen* benutzen. Falls Sie die Abstände lieber nach Augenmaß einstellen wollen, kopieren Sie das Objekt, halten Sie die Optionstaste gedrückt, und wählen Sie dann *Bearbeiten/Einfügen*. Dadurch legen Sie die Kopie genau auf dem Original ab, und sie können Sie anschließend an die gewünschte Stelle ziehen. Bei jedem weiteren *Option/Einfügen* erscheint die neue Kopie mit dem Abstand zur vorherigen, den die erste Kopie zum Original hatte.

- **Das Layout der Standardseite ändern.** Schließen Sie dazu alle Dokumente, und wählen Sie *Datei/Datei einrichten*. Legen Sie dort das Layout für die Standarddatei fest (Seitengröße, Ausrichtung etc.), und klicken Sie auf OK. Jede danach neu erstellte Datei übernimmt diese Einstellungen.

- **Ansichten wechseln.** Das Menü *Ansicht* können Sie weitestgehend umgehen. Befehl-Option-klicken Sie ins Seitenfenster, um die Originalgröße

Ihres Dokuments zu erhalten. Bei erneutem Befehl-Option-Klicken sehen Sie Ihr Dokument als ganze Seite. Wenn Sie Shift-Befehl-Option-klicken, erhalten Sie die Ansicht Ihrer Seite bei 200%. Dieselben Ansichten erhalten Sie mit Hilfe von Tastenkombinationen: Befehl-1 für *Originalgröße*, Befehl-0 (Null) für *Ganze Seite*, Befehl-2 für *200%*.

- **Tastenkürzel für die Werkzeuge.** Ab PageMaker 6.5 und höher können Sie mit den folgenden Tastenkürzeln auf die Werkzeuge zugreifen: Zeigefunktion: Shift-F1; Textfunktion: Shift-Option-F2; Ellipsenfunktion: Shift-F5; Rechteckfunktion: Shift-F4; Linienfunktion: Shift-F3; Festwinkelfunktion: Shift-Option-F3; Polygonfunktion: Shift-F6; Zoomfunktion: Shift-Option-F7; Rotationsfunktion: Shift-F2; Schneidetool: Shift-Option-F2.

- **Teure Fehler vermeiden.** Bevor Sie Ihre Arbeit auf Film ausgeben, sollten Sie sich noch einmal einen Überblick über die gesamte Arbeit verschaffen, um ärgerliche Fehler auszuschließen. Wechseln Sie dazu in die Ansicht *Ganze Montagefläche*, wählen Sie die Zeigefunktion aus, und drücken Sie Befehl-A. So sehen Sie wirklich alle Seitenelemente, auch die, die Sie vielleicht von der Seite heruntergezogen haben. In diesem Zustand erkennen Sie auch vergessene Blöcke von weißem Text, die als leere Textblöcke erscheinen, ebenso wie leere Textzeilen, die später zu ärgerlichen grauen Blöcken führen.

- **Die Zoomeinstellungen für alle Seiten ändern.** Unschön bei PageMaker ist, daß Änderungen an den Zoomeinstellungen jeweils nur die aktuelle Seite betreffen. Möchten Sie die Zoomeinstellungen auch dann noch erhalten, wenn Sie zu einer anderen Seite in Ihrem Dokument wechseln, hilft folgendes: Halten Sie die Optionstaste gedrückt, wenn Sie *Ansicht/Zoomen auf* wählen. Das eingestellte Zoomverhältnis gilt dann für das gesamte Dokument.

- **Automatische TIFF-Komprimierung.** Die Größe von PageMaker-Dateien mit TIFFs können Sie reduzieren, wenn Sie diese Bilder beim Importieren automatisch komprimieren. Importieren Sie dazu die TIFF-Bilder mit dem Befehl *Positionieren*. Halten Sie jedoch die Befehls- und Optionstaste gedrückt, während Sie im Dialog *Positionieren* auf OK klicken. Um die TIFF-Bilder noch stärker zu komprimieren, drücken Sie gleichzeitig Befehl-Option-Shift, während Sie auf OK klicken.

QuarkXPress

Wir wissen nicht genau, warum dieses Programm von allen als Quark bezeichnet wird – schließlich heißt die Firma so, nicht die Software. Das spielt aber nur eine untergeordnete Rolle, denn bei diesem Programm geht es um Präzision. Mit QuarkXPress kann man leere Layouts einrichten, also Textkästen und Links, ohne daß man Text einfügen muß. Das bedeutet, Sie könnten mit XPress das Layout eines Newsletters in einem leeren Dokument einrichten. Sobald dann die Texte der verschiedenen Autoren eintreffen, füllen Sie diese in die bereits fertigen Kästen und Spalten ein. Lange war diese Option die Geheimwaffe von XPress, denn erst seit Version 6.5 ist auch PageMaker in der Lage, leere Layouts zu erzeugen, außerdem ist diese Funktion dort noch etwas eingeschränkt. Darum ist es auch kein Wunder, daß vor allem Zeitschriften und Magazine XPress benutzen.

QuarkXPress basiert auf dem Baukastenprinzip – die von Quark gelieferte Basissoftware kann durch zahlreiche Plug-Ins und Zusatzprogramme in ihren Funktionen erweitert werden. In größeren Verlagen und Redaktionen benutzt man häufig XPress und «maßgeschneiderte» XTensions, um den kompletten Arbeitsablauf zu organisieren. Inzwischen wird der Markt für XPress immer enger, denn mit verbesserten Funktionen und einem ansprechenden Marketing wachsen die Konkurrenten PageMaker und InDesign. Zu allem Übel kam hinzu, daß es einige Zeit dauerte, bis die neue Version 4.0 von QuarkXPress auch das tat, was die Werbung versprochen hatte, und die notwendigen Plug-Ins für die neue Programmversion zur Verfügung standen.

Dennoch gilt XPress als das Standard-DTP-Programm für Profis. Einige kurze Tips und Tricks finden Sie im folgenden Abschnitt. Falls Sie weitere und genauere Informationen wünschen, verweisen wir auf Samuel Hüglis *Insiderbuch QuarkXPress*, das ebenfalls beim Midas Verlag erschienen ist.

- **Die Maßpalette.** QuarkXPress war das erste Programm, das mit schwebenden Paletten auf den Markt kam. Die Maßpalette ist dafür ein gutes Beispiel. Mit einigen Klicks können Sie die Größe, Position, den Rotationswinkel, den Durchschuß oder den Stil eines ausgewählten Objektes einstellen. Sie müssen außerdem nicht einmal die Maus in die Hand nehmen, um etwas aus der Maßpalette auszuwählen. Drücken Sie Befehl-Option-M, um das erste Feld der Maßpalette zu aktivieren. In jedes weitere Feld bewegen Sie sich mit Hilfe der Tabulator-Taste (22.6).

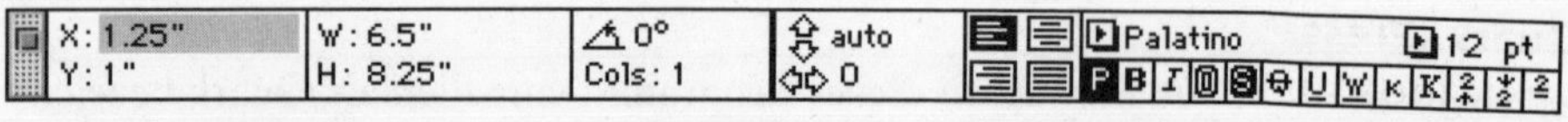

Abb. 22.6 Die Maßpalette in QuarkXPress. Mit Tastenkombinationen können Sie sich bewegen, ohne auf die Maus zurückgreifen zu müssen.

- **Die Seitenlayout-Palette.** Diese Palette ist auch sehr praktisch, denn jede Seite Ihres Dokuments wird durch ein Seitenicon repräsentiert. Mit dieser Palette können Sie einige interessante Dinge anstellen, z.B. können Sie eine Seite doppelklicken oder auf die Seitenzahl einfach klicken, um zu dieser Seite zu springen. Sie können die Position einer Seite im Dokument verändern, indem Sie die Seite an eine neue Stelle ziehen. Doppelklicken Sie das Icon der Musterseite, um diese zu bearbeiten. Ziehen Sie eine leere Seite oder ein Musterseiten-Icon zwischen zwei bereits vorhandene Seiten, um eine neue Seite einzusetzen. Wenn Sie dabei die Optionstaste gedrückt halten, fügen Sie gleich mehrere Seite ein (bei Option-Ziehen erscheint der Dialog *Seite einfügen*). Wählen Sie eine oder mehrere Seiten aus und klicken Sie auf den Löschen-Button, um diese Seiten wieder zu entfernen.

- **Mehrfaches Klicken.** Wie in vielen Textverarbeitungsprogrammen können Sie auch in XPress ein Wort doppelklicken, um es zu markieren. Bei dreifachem Klicken markieren Sie eine Zeile, bei vierfachem Klicken einen Absatz, mit einem Fünffachklick markieren Sie den gesamten Text.

- **Die Zahl der ersten Seite ändern.** Wenn Sie die Numerierung Ihrer Seiten nicht bei 1 beginnen lassen wollen, klicken Sie die Seite in der Seitenlayout-Palette, die Sie ändern wollen. Klicken Sie dann auf die Seitenangabe unten in der Seitenlayout-Palette, und ändern Sie die Seitenzahl. Von dieser an wird dann wieder fortlaufend gezählt.

- **Das Objekt und nicht den Umriß ziehen.** Sie können sich beim Ziehen eines Objektes dessen Inhalt anzeigen lassen, anstatt nur den Umriß zu sehen. Halten Sie dazu die Maustaste für eine Weile gedrückt, nachdem Sie auf das jeweilige Objekt geklickt haben. Sobald der Bildschirm blinkt, ist das für Sie das Zeichen, daß Sie das Objekt jetzt bewegen können und dabei dessen Inhalt angezeigt wird.

- **Positionsbestimmung.** Besonders bei der Arbeit an Doppelseiten kann es vorkommen, daß Sie nicht genau wissen, auf welcher Seite Sie gerade arbeiten. Die Seitenlayout-Palette sagt Ihnen vielleicht , daß Sie auf Seite 4 sind, weil ein winziges Eckchen dieser Seite auf dem Bildschirm zu sehen ist – dennoch sind Sie eigentlich auf Seite 5. Am besten benutzen Sie deshalb den Befehl *Automatische Numerierung*, um Ihre wirkliche Position zu bestimmen. Alternativ verwenden Sie die Tastenkombination Befehl-3.

- **Feineres Verschieben.** Wie in anderen Layout-Programmen können Sie auch in XPress ein ausgewähltes Objekt mit Hilfe der Pfeiltasten bewegen. In QuarkXPress wird das Objekt allerdings durch Drücken auf eine Pfeiltaste nur um einen Zehntel Punkt verschoben – die Zeigefunktion muß dazu jedoch aktiviert sein.

- **Navigation über die Tastatur.** Sicher ist Ihnen bekannt, daß Sie sich mit den Tasten Seite-nach-oben und Seite-nach-unten jeweils um eine Bildschirmlänge nach oben bzw. unten bewegen können. Wenn Sie diese Tasten jedoch gemeinsam mit der Shift-Taste drücken, bewegen Sie sich in QuarkXPress jeweils um eine ganze Seite.

- **Absatzformatierung kopieren.** Nachdem Sie einen Absatz formatiert haben, können Sie dieselbe Formatierung mit einem Mausklick auf einen anderen Absatz übertragen. Klicken Sie zuerst auf den unformatierten Absatz, Option-Shift-klicken Sie dann auf den bereits formatierten Absatz. Das ist schon alles!

HEISSER TIP

- **Kaputte Quark-Dokumente retten.** Früher oder später wird es auch Ihnen passieren: Sie doppelklicken auf eine XPress-Datei, und diese öffnet sich nicht. Statt dessen erhalten Sie die Meldung, daß diese Datei beschädigt wäre. Manchmal liegt das Problem jedoch nur bei einem der Bilder, die Sie in ein Dokument eingebunden haben. Möglicherweise können Sie die Datei retten, indem Sie zuerst das Programm öffnen. Öffnen Sie eine Quark-Bibliothek, und sorgen Sie dafür, daß diese den gesamten Bildschirm füllt. Benutzen Sie dann den Befehl *Öffnen*, um Ihr Dokument zu öffnen. Jetzt haben Sie das Dokument geöffnet, ohne eines des Bilder anzeigen zu müssen – diese sind hinter der Palette verborgen. Lassen Sie diese so und öffnen Sie den Dialog *Allgemeine Voreinstellungen*. Schalten Sie die Checkbox *Keine Bilddarstellung* ein. Schließen Sie jetzt die Bibliothek. Anstelle der Bilder in Ihrem Dokument werden Ihnen nun graue Platzhalter angezeigt. Löschen Sie den Inhalt aller Bildkästen, und speichern Sie diese neue Version Ihres Dokuments. Importieren Sie die Bilder einfach erneut – dann ist alles wie vorher.

InDesign

Neue Besen kehren gut, so lautet die alte Weisheit. Dies trifft auch auf Software zu, denn schließlich müssen die Programmierer völlig neuer Programme weder auf alte Systemsoftware noch auf Hinterlassenschaften älterer Programmversionen Rücksicht nehmen. Neue Funktionen und Konzepte können so leichter implementiert werden.

Natürlich haben neue Programme auch einen entscheidenden Nachteil: die Kinderkrankheiten. Kaum ein professioneller Softwareanwender würde kritische Aufgaben einem Programm überlassen, das gerade erst auf den Markt gekommen und noch nicht ausreichend getestet ist. Die meisten Profis sind jedoch durchaus bereit, neue Software eine Version lang zu testen, bevor sie sich entscheiden, ob sich ein Umstieg eventuell lohnt.

Adobe InDesign kam im Herbst 1999 auf den Markt, befindet sich also sozusagen in der Testphase. In vielen Zeitschriften wurde das Für und Wider erörtert, Vergleiche mit dem bisherigen Marktführer QuarkXPress angestellt. Besonders beim Importieren von XPress-Dokumenten in InDesign gab es bisher noch Probleme. Dies ist jedoch unter anderem auch darauf zurückzuführen, daß sich die Firma Quark (zu) sehr bedeckt hält, was die Spezifikation der XPress-Dokumente angeht.

Tatsache ist, daß sich Umsteiger an eine neue Oberfläche gewöhnen müssen. Natürlich überrascht uns das nicht, denn neue Programme haben neue Oberflächen. Wer jedoch QuarkXPress in allen Einzelheiten in seine Publishing-Umgebung eingebunden und angepaßt hat, stößt beim Umstieg auf InDesign auf einige Schwierigkeiten – abgesehen davon, daß ein Umstieg ohnehin immer mit zusätzlicher Arbeit verbunden ist.

InDesign hat jedoch seine unbestrittenen Vorteile, die es nach der Überwindung der Startschwierigkeiten zu einem ernsthaften XPress-Konkurrenten werden lassen können. Da wäre zuerst einmal der relativ moderate Preis. Mit unter 1000 DM ist es zunächst einmal deutlich preiswerter als XPress. Außerdem paßt es sich durch seine konsistente Adobe-Oberfläche gut in die Phalanx der anderen Adobe-Programme ein. Die Navigation in InDesign ist vollständig über die Tastatur mittels Tastenkombinationen möglich, die denen in anderen Adobe-Programmen ähneln (soweit vorhanden). Nutzer, die sich bereits mit Programmen wie Photoshop und Illustrator auskennen, werden sich also in InDesign relativ leicht zurechtfinden.

Ein bedeutender Vorteil fällt dem Anwender nicht sofort auf. Tatsache ist jedoch, daß InDesign vollständig objektorientiert programmiert wurde. Fremdprogrammierer können also viel flexibler auf alle Funktionen zugreifen und Erweiterungen erstellen, als das bei anderen Programmen mit definierten Plug-In-Schnittstellen der Fall ist. Als Nachteil für InDesign wirkt es sich allerdings aus, daß viele Publishing-Häuser ihre Produktionsumgebungen mit angepaßten Lösungen und QuarkXPress eingerichtet haben – der Aufwand für den Umstieg auf InDesign wäre also bedeutend höher.

POWER USER

Um Adobe InDesign auf Ihrem Mac betreiben zu können, benötigen Sie mindestens System 8.5 oder höher (andernfalls können Sie das Programm nicht einmal installieren). Auch die Anforderungen an die Hardware sind nicht von schlechten Eltern: Adobe empfiehlt einen PowerPC G3, das Programm funktioniert aber auch schon mit einem PowerPC 604 oder schneller. Außerdem benötigt InDesign 48 MB RAM (bei aktiviertem virtuellem Speicher, ansonsten 96 MB), mindestens 130 MB Festplattenspeicher und eine Bildschirmauflösung von mindestens 832x624 Pixel (24-Bit-Farben werden empfohlen).

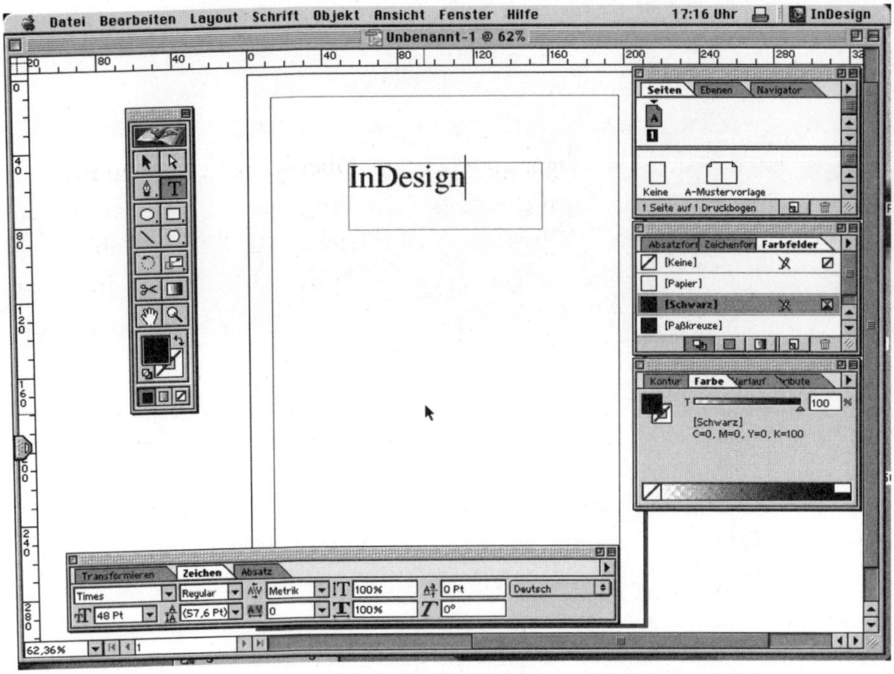

Abb. 22.7 So sieht sie aus, die Benutzeroberfläche des neuen InDesign. Nutzer, die bereits mit anderen Programmen von Adobe zu tun hatten, werden sich hier recht leicht zurechtfinden.

23 Grafik

In diesem Kapitel

Die Begriffe Macintosh und Grafik sind eine untrennbare Einheit. Viele von den Kunstwerken, denen Sie täglich begegnen – Poster, Werbung, CD-Cover, Produktverpackungen, Buchumschläge, Webseiten – wurden auf dem Mac gestaltet. Aber auch viele selbst gemachte Kunstwerke, die Amateure zu Hause erstellt haben, sehen dank preiswerter Farbdrucker immer professioneller aus.

Dateiformate

Wenn jeder die verschiedenen Dateiformate wirklich verstehen würde, dann gäbe es einige Probleme weniger. Die häufigsten grafischen Dateiformate im Mac-Umfeld sind TIFF, PICT, GIF, JPEG und EPS. Falls Sie nach schnellen Antworten suchen, finden Sie hier eine Zusammenfassung. Detailliertere Informationen finden Sie weiter hinten in diesem Kapitel.

EINSTEIGER

- **PICT-Dateien** werden in der professionellen Welt so gut wie nie verwendet, obwohl dieses Format von der Zwischenablage des Mac eingesetzt wird.

- **TIFF-Dateien** werden üblicherweise von Scannern erzeugt. In der Publishing-Welt sind sie das am häufigsten verwendete Format.

- **JPEG-Dateien** werden eingesetzt, um Fotos im World Wide Web zu präsentieren. Außerdem werden sie auch von digitalen Kameras generiert (siehe auch Kapitel 7).

- **GIF-Dateien** werden zur Darstellung von Bilder mit großen, gleichfarbigen Fläche (Cartoons, Logos etc.) im Web verwendet.

- **EPS-Dateien** sind für qualitativ hochwertige, hochgenaue Kunstwerke in Zeitungen, Zeitschriften, Werbung und ähnlichem prädestiniert.

Zum Glück können die meisten Grafikprogramme jeweils mehrere Dateiformate öffnen und speichern.

PICT-Dateien

Auch wenn Sie sich dessen nicht unbedingt bewußt sind: PICT-Dateien sind die, die Sie am häufigsten benutzen. Die Icons auf dem Mac sind kleine PICTs, ebenso die Screenshots, die Sie mit Befehl-Shift-3 anfertigen können. Früher war das PICT-Format auch einmal das native Format für viele Zeichenprogramme, denn in einer PICT-Datei werden alle Beziehungen zwischen gruppierten Objekten gespeichert. Sie können z.B. ein PICT, das in ClarisWorks erzeugt wurde, in Canvas öffnen, die Gruppierungen aufheben, und dann weiter daran arbeiten.

Allerdings gibt es mit PICTs zwei große Probleme. Erstens sind sie nicht besonders präzise. Bei sehr dünnen Linien wird die Breite bis zum nächsten Originalwert aufgerundet, manchmal um bis zu einem halben Punkt. Das Ergebnis sind zuweilen falsche Ausrichtung und veränderte Linienstärken, wenn Sie eine PICT-Datei in ein anderes Programm transferieren. Das zweite Problem mit PICT-Dateien tritt besonders bei der professionellen Grafikarbeit auf. PICTs haben nämlich Verständigungsprobleme mit professionellen Publishing-Geräten (z.B. Satzbelichtern). Die Mitarbeiter in ihrem Service-Büro stöhnen schon beim bloßen Anblick von PICT-Bildern in Ihren Seiten, denn sie ahnen bereits, daß diese potentielle Druckfehler, Grafikfehler und noch weitreichendere Probleme in sich bergen. Sie sollten, wenn es irgend möglich ist, Ihre Arbeiten statt dessen als EPS oder TIFF speichern.

ACHTUNG

TIFF-Dateien

Das Dateiformat TIFF wurde ursprünglich von Aldus und Microsoft geschaffen – es ist ein hochverdichtetes Bitmap. Der Mac speichert die Farbinformationen zu jedem einzelnen Punkt im Bild. (TIFF steht für *tagged-image file format*; die Tags sind codierte Verweise, die das Aussehen der Grafikdaten verbessern.) TIFFs werden für gewöhnlich von Scannern erzeugt (23.1). Wie alle Bitmaps sind auch TIFF-Dateien ziemlich groß. Sie lassen sich nicht besonders gut vergrößern, denn dadurch werden die Bildpunkte auseinandergezogen.

Abb. 23.1 Wenn ein Bild auf Ihrem Bildschirm wie ein Foto aussieht, dann hat es die digitale Welt wahrscheinlich einmal als TIFF von einem Scanner aus betreten.

Bei den Publishing-Profis sind TIFF-Dateien jedoch sehr weit verbreitet. Scans, Screenshots und andere Daten, die in einem Buch oder Magazin abgedruckt werden sollen, werden als TIFFs gespeichert. (TIFFs sind sowohl auf dem Mac als auch unter Windows zu Hause.)

JPEG-Dateien

Grafikdateien werden ziemlich groß, deshalb hat die Joint Photographic Experts Group vor einigen Jahren das Grafikformat JPEG erfunden. Dieses Format komprimiert Ihre Grafikdateien, indem einige Farbinformationen aus dem Bild entfernt werden (verlustbehaftete Komprimierung). Falls zu viele Daten aus dem Bild eliminiert werden, ist der Qualitätsverlust zu groß und wird sichtbar. Wenn Sie für Ihr Foto jedoch die richtige Kompressionsrate verwenden, werden die Datenverluste am Bild kaum zu sehen sein (die JPEG-Optionen können Sie im jeweiligen Grafikprogramm einstellen).

Da die JPEG-Komprimierung verlustbehaftet ist, sollten Sie ein Bild nur einmal in diesem Format speichern und danach nicht weiter bearbeiten. Ansonsten verlieren Sie beim zweiten Speichern als JPEG erneut Daten, was zu einem deutlichen Qualitätsverlust führt. Andere Komprimierungsverfahren dagegen – wie z.B. beim GIF-Format oder bei StuffIt – sind verlustfrei, das heißt, Sie können sie wiederholt anwenden.

Das JPEG-Format wird vor allem im World Wide Web verwendet, und dort hat es sich bewährt. JPEGs eignen sich ausgezeichnet für die Darstellung von Fotos und qualitativ hochwertigen Bildern im Web, da diese bei recht hoher Qualität auf eine geringe Dateigröße reduziert werden können.

EPS-Dateien

Das Format EPS (Encapsulated PostScript) wurde von Adobe entwickelt. Es erhielt diesen Namen, denn in diesem Format ist der PostScript-Bildbeschreibungscode enthalten. PostScript ist die Seitenbeschreibungssprache, in der sich Ihr Mac mit Laserdruckern und anderen High-End-Ausgabegeräten unterhält. Wenn Ihr Mac also ein EPS-File druckt, spricht er die Sprache des Druckers. EPS-Dateien werden generell von sogenannten Vektor-Zeichenprogrammen erstellt (weitere Informationen dazu finden Sie weiter hinten in diesem Kapitel). Anstatt festzulegen, welches Pixel welche Farbe hat, benutzen diese Programme relative Positionszahlen, um den Anfang und das Ende einer Linie auf einer Seite zu beschreiben. Ausdrucke von EPS-Dateien erzeugen die höchste Qualität, zu der ein Mac in der Lage ist.

Die beiden Teile des EPS

EPS-Dateien bestehen aus zwei Teilen. Der wichtige und kritische Teil der EPS-Datei ist für Sie unsichtbar. Dabei handelt es sich um einen Strom von PostScript-Befehlen, die für den Drucker bestimmt sind. Sie dagegen haben Zugriff auf den zweiten Teil – eine PICT-Datei als Bildschirminterpretation der Druckerbefehle. (Diese PICT-Datei macht den Unterschied zwischen einer normalen PostScript-Datei und der EPS-Datei aus. Die PostScript-Datei können Sie nämlich gar nicht sehen.) Die PICT-Datei ist jedoch optional. EPS-Dateien, die keine PICT-Vorschau enthalten, werden auf dem Bildschirm als großes rotes Kreuz dargestellt, z.B. in Layout-Programmen. Aus diesem Grunde können Sie z.B. in Illustrator auch wählen, ob Ihre EPS-Datei eine PICT-Vorschau erhalten soll oder nicht.

Da beim Drucken von EPS-Dateien Computercode zum Drucker übertragen werden muß, ist dieser Vorgang ziemlich fehleranfällig. Bei Dokumenten, die EPS-Bilder enthalten, treten häufiger als sonst Probleme auf. EPS-Dateien können z.B. eingebettete Schriften enthalten, die sich nicht mehr auf dem Mac befinden, oder ein Dateibefehl kann den Druckerspeicher verstopfen. Über all dem dürfen Sie jedoch nicht vergessen, daß EPS-Dateien mit höchster Qualität gedruckt werden – wenn Sie gedruckt werden. Weitere Informationen dazu finden Sie in Kapitel 5

Abb. 23.2 EPS-Dateien werden von Vektorprogrammen wie Illustrator oder FreeHand erzeugt.

GIF-Dateien

Die Abkürzung GIF steht für Graphics Interchange Format. Zuerst tauchten GIFs bei CompuServe auf, um Grafiken für Nutzer plattformunabhängig zugängig zu machen. GIF-Dateien werden heute fast ausschließlich im Web verwendet. Da sie auf jedem Computer geöffnet werden können, basieren sie auf dem «kleinsten gemeinsamen technischen Nenner»; eine GIF-Datei kann nur bis zu 236 Farben enthalten, und das ist nichts im Vergleich zur Fotoqualität der JPEGs (23.3). Aufgrund des verwendeten – übrigens verlustfreien – Komprimierungsverfahrens werden GIFs vor allem für Linienzeichnungen bzw. Grafiken mit zusammenhängenden gleichfarbigen Flächen verwendet.

CD-ROM

Dank der Popularität dieses Formates können GIFs von vielen Programmen geöffnet bzw. gespeichert oder konvertiert werden. Auf der CD-ROM zu diesem Buch finden Sie z.B. das Shareware-Programm *GraphicConverter*, das sich ausgezeichnet zum Bearbeiten bzw. Erstellen von GIFs eignet. Außerdem können alle Browser sowie die meisten Grafikprogramme mit GIFs umgehen.

Mehr zu Dateiformaten im Web finden Sie in Kapitel 30, «Eine eigene Website erstellen».

Abb. 23.3 Wenn Sie ein Foto als GIF speichern, leidet die Qualität.

PDF-Dateien (Acrobat-Dateien)

PDF steht für Portable Document Format. Dieses Format ist besonders nützlich, denn

- PDF-Dateien können sowohl Text als auch Grafiken und komplette Layouts enthalten. Im Unterschied zu TIFFs oder GIFs bleibt der Text in PDFs reiner Text, man kann also suchen, drucken oder kopieren. PDFs können sogar Links enthalten, also Verweise, die den Leser zu einer anderen Stelle im Dokument bzw. in ein anderes Dokument führen.

- PDFs können vom Leser nicht ohne weiteres verändert werden.

- auch wenn die eingebundenen Schriftarten nicht auf dem Zielcomputer vorhanden sind, sieht die Schrift meist genauso aus, wie der Designer sich das vorgestellt hat.

- es handelt sich um ein plattformübergreifendes Format; dieselbe Datei kann also auf einem Mac bzw. unter Windows betrachtet werden.

Allerdings gibt es bei PDFs auch einige Nachteile. Wenn Sie ein PDF erstellen wollen, müssen Sie das Programm *Adobe Acrobat* besitzen (oder einen Druckertreiber, der Ihr Textdokument in ein PDF umwandeln kann). Wer ein PDF-Dokument lesen möchte, benötigt dazu den *Acrobat Reader* – diesen gibt es allerdings kostenlos.

Typen von Grafikprogrammen

Bei Grafikprogrammen im weitesten Sinne unterscheidet man zwischen Mal- oder Bitmap-Programmen oder Zeichen- bzw. Vektor-Programmen.

Bei Bitmap-Programmen werden Grafiken als Punkte mit einzelnen Farbinformationen abgespeichert. Sie können diese Punkte löschen, neue hinzufügen oder die Farbe von Punkten ändern. Der Mac sieht also einen Kreis nicht als einen Kreis, sondern als Ansammlung von Punkten. Typisch für Bitmap-Programme sind Werkzeuge zur Manipulation einzelner Pixel bzw. einer Gruppe von Pixeln.

Die ersten Bitmap-Programme trugen alle das Wort «Paint» in ihrem Titel – MacPaint, SuperPaint, UltraPaint. Auch die Werkzeuge von HyperCard sind zum Malen gedacht, außerdem verfügt auch ClarisWorks über ein Malfenster. Aber auch das Profi-Programm Photoshop ist von seiner Natur her ein Malprogramm, obwohl seine Hauptfähigkeiten natürlich in der Bildbearbeitung liegen. Weitere interessante Bitmap-Programme sind ColorIt und MetaCreations Painter, beide weniger teuer und trotzdem ausgezeichnet für Bitmap-Grafiken geeignet.

In Zeichen- bzw. Vektor-Programmen werden objektorientierte Grafiken erzeugt. Wenn Sie in einem dieser Programme einen Kreis zeichnen, speichert der Mac nicht alle Punkte des Kreises, sondern die Tatsache, daß Sie um Punkt x einen Kreis mit einem Radius von y Punkten gezeichnet haben. Es werden quasi Pfade erzeugt, die später weiterbearbeitet werden können. So können Sie zwar Form und Größe des Kreises ändern, aber nicht Teile des Kreises löschen oder einfärben. Die am weitesten entwickelten Zeichenprogramme erzeugen PostScript-Code, der direkt an den Drucker übergeben werden kann. Aus diesem Grunde sind PostScript-Vektorzeichnungen generell von ausgezeichneter Qualität, wenn Sie aus dem Drucker kommen.

Typisch für Zeichenprogramme sind Befehle wie *Gruppieren*, mit denen Sie mehrere Vektorgebilde zu einem Pfad zusammenfassen können. Zu den bekanntesten (PostScript-)Zeichenprogrammen gehören *Adobe Illustrator* und *Macromedia FreeHand*.

Bitmap-Programme

EINSTEIGER

Wie bereits erwähnt, gibt es mehrere Programme, mit denen Sie Bitmap-Grafiken erzeugen können. Die heutigen Malprogramme sind nicht mehr wie früher auf die Bildschirmauflösung von 72 dpi festgelegt. Indem Sie die Auflösung des jeweiligen Dokuments auf 300 oder 600 dpi festlegen, können Sie buchstäblich jeden Punkt bearbeiten, der vom Drucker ausgegeben werden soll. Im nächsten Abschnitt werden wir Ihnen das umfassendste Bitmap-Programm – Photoshop – etwas genauer vorstellen. Zuerst jedoch einige allgemeine Hinweise zur Arbeit mit Malprogrammen:

- Wenn Sie eine Auswahl bei gehaltener Optionstaste ziehen, fertigen Sie eine Kopie der Auswahl an.
- Falls Sie mit dem Füllwerkzeug aus Versehen einmal den gesamten Bildschirm einfärben, machen Sie den letzten Befehl sofort rückgängig (Befehl-Z). Zoomen Sie in Ihrem Umriß und suchen Sie die Lücke, durch die die Füllfarbe auf den Bildschirm auslaufen konnte.
- Wenn Sie die Shift-Taste gedrückt halten, während Sie mit einem Werkzeug malen, beschränken Sie die Mausbewegung auf eine gerade horizontale oder vertikale Linie.
- In den meisten Programmen können Sie auf den Pinsel doppelklicken, um eine Palette mit Werkzeugspitzen angezeigt zu bekommen.

- Suchen Sie in dem Programm, mit dem Sie gerade arbeiten, ein Tastenkürzel, mit dem Sie das Malfenster vergrößern können. Um detaillierte Arbeiten ausführen zu können, ist dies unbedingt notwendig, und die Befehle variieren zwischen den Programmen.
- Wenn Sie mit einem druckempfindlichen Grafiktablett arbeiten, wird die Linienstärke Ihres Malstrichs durch den Stiftandruck festgelegt.

Photoshop

Photoshop ist ein professionelles, umfangreiches und recht teures Programm – in der Bildbearbeitung aber absoluter Standard. Doch auch als Malprogramm besitzt Photoshop alle Funktionen, die man bei einem Bitmap-Programm erwartet. Wir beschreiben die Malfunktionen von Photoshop an dieser Stelle etwas detaillierter, denn wir sind der Meinung, wer Photoshop beherrscht, kann auch mit allen anderen Programmen umgehen.

Photoshop ist ausgezeichnet geeignet, um mit einem Scanner oder einer digitalen Kamera zusammenzuwirken; Sie können damit Fotos retuschieren, Elemente aus verschiedenen Fotos kombinieren oder selbst elektronische Illustrationen erstellen.

Mit all seinen anspruchsvollen Funktionen stellt Photoshop besonders hohe Anforderungen an Ihren Computer. Auch auf schnelleren Macs dauert es zuweilen recht lange, bis der eine oder andere Filter auf ein größeres Bild angewendet wurde. Während das Programm für den durchschnittlichen Heimanwender fast übertrieben wäre, ist es für den Grafikprofi das Non-Plus-Ultra. Für den ambitionierten Heimanwender bieten sich für Grafikarbeiten eher kleinere Malprogramme oder Sharewareanwendungen an. Nichtsdestotrotz wird der folgende Abschnitt auch für Nutzer anderer Malprogramme interessant sein, denn die Oberfläche und die Werkzeuge sind einander recht ähnlich.

Die Benutzeroberfläche

Photoshop ist in erster Linie ein Bildbearbeitungsprogramm; Paletten, Dialogfelder und andere Bedienelemente können Ihnen leicht die Sicht auf Ihr Bild versperren. Die Entwickler von Photoshop haben viel Aufwand betrieben, um die Bildschirmelemente so flexibel wie möglich zu gestalten. Viele Funktionen sind verborgen und nur über eine Tastenkombination erreichbar. Die folgende

Liste erhebt keinen Anspruch auf Vollständigkeit, denn dafür gibt es Bücher über Photoshop (z.B. das *Insiderbuch Photoshop*). Aber mit den folgenden Hinweisen können Sie schon ein wenig im Programm «herumschnuppern».

- Drücken Sie die Tabulatortaste, um alle Paletten auf dem Bildschirm zu öffnen oder zu schließen. Unberührt davon bleibt lediglich das Bildfenster. Indem Sie Shift-Tabulator drücken, blenden Sie alle Paletten außer der Werkzeug-Palette aus.

- Jedem Werkzeug in der Werkzeug-Palette ist eine Buchstabentaste zugeordnet. Wenn Sie diese drücken, wählen Sie das entsprechende Werkzeug aus. Welcher Buchstabe welchem Werkzeug zugeordnet ist, erfahren Sie, indem Sie den Mauszeiger einige Sekunden über das Werkzeug stellen.

- Mit Befehl-Plus und Befehl-Minus zoomen Sie ins Bild hinein bzw. aus dem Bild heraus.

- Indem Sie die Taste F drücken, schalten Sie zwischen den verschiedenen Bildschirmmodi um.

- Drücken Sie die Return-Taste, wenn ein Werkzeug ausgewählt ist. Sie öffnen damit automatisch die Optionen-Palette für dieses Werkzeug.

- Ziehen Sie mit der Maus, während Sie die Leertaste gedrückt halten. Sie scrollen damit im Bildfenster.

- Drücken Sie die Feststelltaste, um den Cursor in ein Fadenkreuz zu verwandeln. So können Sie genauer zeichnen als mit dem normalen Werkzeug.

- Wenn Sie mit einem Malwerkzeug arbeiten (Airbrush, Pinsel, Buntstift, Radiergummi, Stempel, Wischfinger etc.), klicken Sie bei gehaltener Shift-Taste, um zwischen den Klicks gerade Linien zu ziehen. Shift-ziehen Sie, um horizontale, vertikale oder diagonale Linien zu ziehen.

- Wenn Sie mit einem Werkzeug arbeiten, das auf eine beliebige Art und Weise Farbe aufträgt (Airbrush, Pinsel, Buntstift, Linienzeichner, Füllwerkzeug und so weiter), halten Sie die Optionstaste kurzzeitig gedrückt. Dadurch greifen Sie temporär auf die Pipette zu, mit der Sie eine andere Malfarbe auswählen können.

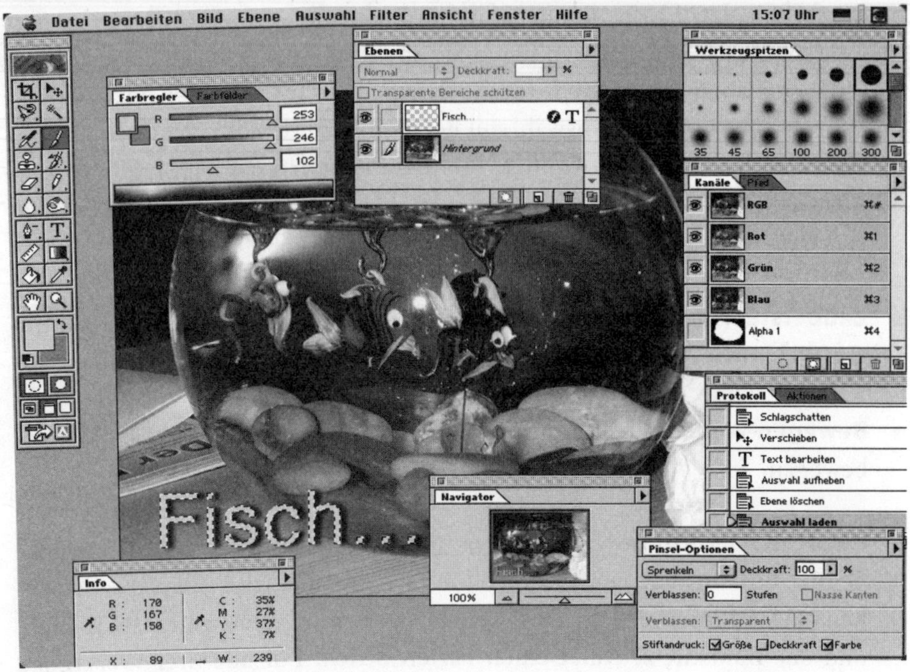

Abb. 23.4 Die Benutzeroberfläche von Photoshop. Die Werkzeuge (diese oder ähnliche gibt es in fast jedem Bitmap-Programm) finden Sie in der Werkzeug-Palette am linken Bildschirmrand.

Die Werkzeuge

In einem Malprogramm finden Sie viele verschiedene Werkzeuge, mit denen Sie auf unterschiedliche Art und Weise Punkte auf die Arbeitsfläche aufbringen bzw. verändern können. Die meisten Programme verfügen über eine Werkzeug-Palette, die der von Photoshop ähnelt. Die wichtigsten Werkzeuge in Photoshop finden Sie in der nachfolgenden Liste:

- **Auswahlwerkzeuge.** Die Auswahlwerkzeuge wählen entsprechend ihrer Form (Auswahlrechteck, Auswahloval, Auswahl einzelne Zeile und Spalte) Bereiche im Bild aus. Option-ziehen Sie, um Ihr Rechteck oder Oval von der Mitte aus zu ziehen. Durch Shift-Ziehen erhalten Sie einen Kreis oder ein Quadrat. Falls bereits ein Bereich ausgewählt ist, deselektieren Sie Teile davon durch Option-Ziehen bzw. fügen der Auswahl durch Shift-Ziehen neue Bereiche hinzu. Wenn Sie beim Ziehen die Leertaste drücken, bewegen Sie den Auswahlumriß, ohne den Inhalt der Auswahl zu verschieben. Hinter den Auswahl-Werkzeugen verbirgt sich auch das Freistellungswerkzeug. Damit können Sie den Auswahl-Umriß gleich freistellen.

- **Lasso.** Mit den Lassos können Sie unregelmäßig geformte Bereiche auswählen. Durch Shift-Ziehen fügen Sie etwas zu einer Auswahl hinzu, durch Option-Ziehen entfernen Sie etwas daraus. Durch Control-Klicken erzeugen Sie Ecken in einer Auswahl mit geraden Kanten. Als verborgene Werkzeuge hinter dem Lasso finden Sie das Polygon-Lasso (polygonförmige Auswahl) und das magnetische Lasso (Auswahl entlang der Kontrastkanten).

- **Zauberstab.** Der Zauberstab wählt gleichfarbige Pixel aus. In der Optionen-Palette des Zauberstabs können Sie dessen Toleranz einstellen.

- **Bewegen-Werkzeug.** Hiermit können Sie eine Auswahl im Dokument bewegen.

- **Airbrush.** Der Airbrush funktioniert ähnlich wie die berüchtigte Spraydose der Graffitikünstler, damit können Sie Farbe auf die Arbeitsfläche «aufsprühen». Der Pinsel erzeugt eine weiche, aber weniger ausgefranste Linien, und der Buntstift zeichnet einen harten Strich. Für alle drei Werkzeuge können Sie die entsprechende Werkzeugspitze aus der dazugehörigen Palette auswählen.

- **Radiergummi.** Der Radiergummi «malt» mit der jeweils ausgewählten Hintergrundfarbe – im Unterschied zu anderen Malprogrammen, wo der Radiergummi generell mit Weiß radiert. In der Optionen-Palette zu diesem Werkzeug können Sie unter anderem die Deckkraft des Radierers einstellen. Als verborgene Werkzeuge finden Sie in Photoshop 5.5 an dieser Stelle den Magischen Radiergummi (radiert alle ähnlichfarbigen Pixel) und den Hintergrundradiergummi (ersetzt farbige durch transparente Pixel).

- **Stempel.** Der Stempel ist besonders für die Fotoretusche wichtig, denn damit können Sie mit einem Bereich des Bildes einen anderen übermalen. Option-klicken Sie dazu auf eine Stelle im Bild, die Sie kopieren möchten. Lassen Sie dann die Optionstaste los, stellen Sie den Mauszeiger auf den Zielbereich im Bild und malen Sie.

- **Wischfinger.** Mit dem Wischfinger, der hinter dem Weichzeichner verborgen ist, können Sie entweder bereits aufgetragene Farbe verwischen oder im Fingermalmodus mit dem Wischfinger Farbe auftragen.

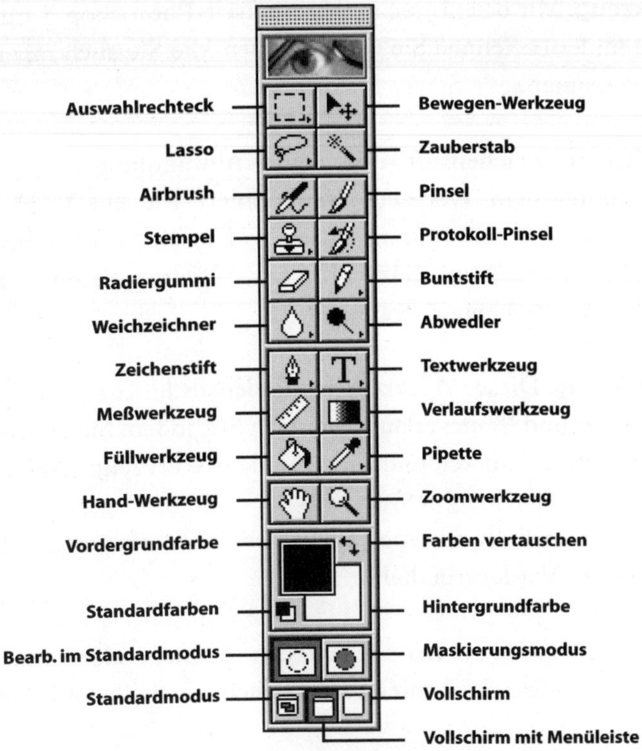

Abb. 23.5 Die Standard-Werkzeugpalette von Photoshop.

- **Weichzeichner.** Mit dem Weichzeichner (bzw. dem dahinter verborgenen Scharfzeichner) zeichnen Sie Pixel im Bild weich (bzw. scharf).

- **Nachbelichter, Abwedler, Schwamm.** Diese Werkzeuge beeinflussen die Farben an den Stellen, an denen sie angewendet werden. Der Nachbelichter dunkelt eine Stelle im Bild nach, der Abwedler macht sie heller. Mit dem Schwamm beeinflussen Sie die Sättigung der Farbe.

- **Textwerkzeug.** Das Textwerkzeug ist anfangs etwas gewöhnungsbedürftig. Sie wählen es aus, klicken damit in Ihr Bild, und dann erscheint ein Dialog, in dem Sie Ihren Text eingeben und formatieren können. Wenn Sie den Text fertiggestellt und OK geklickt haben, erscheint der Text auf einer eigenen Ebene, ist aber als Grafik nicht mehr bearbeitbar. Um dann einen Tippfehler korrigieren zu können, müssen Sie den gesamten Text löschen und neu erstellen.

- **Linienwerkzeug.** Mit dem Linienwerkzeug (seit Photoshop 5 hinter dem Buntstift zu finden) zeichnen Sie gerade Linien, die Sie auch mit Pfeilspitzen versehen können.

- **Zeichenstift.** Der Zeichenstift und seine Abwandlungen (verborgene Werkzeuge hinter dem Werkzeug) funktioniert wie ein Werkzeug aus einem PostScript-Zeichenprogramm wie FreeHand oder Illustrator. Steuern können Sie die Pfade mit Bézier-Kurven, es gelten dieselben Konventionen wie bei den Zeichenprogrammen.

- **Verlaufswerkzeug.** Dieses Werkzeug (zu finden als linearer, Radial-, Winkel-, reflektierter und Rauteverlauf) benutzen Sie, indem Sie eine Anfangs- und eine Endfarbe definieren und dann mit dem Werkzeug ziehen.

- **Füllwerkzeug.** Das Füllwerkzeug füllt nebeneinanderliegende, gleichfarbige Pixel mit der Vordergrundfarbe.

- **Pipette.** Mit der Pipette können Sie eine neue Vorder- oder Hintergrundfarbe auswählen, indem Sie damit an einer beliebigen Stelle ins Bild klicken.

- **Hand-Werkzeug.** Das Hand-Werkzeug ist eine Art Abkürzung, um in einem großen Bild zu scrollen.

- **Zoom-Werkzeug.** Der Name ist selbsterklärend – hiermit können Sie die Ansicht des Bildes vergrößern oder verkleinern.

- **Protokollpinsel.** Mit dem Protokollpinsel können Sie zu einem früheren Zustand Ihres Bildes zurückkehren. Damit bietet sich (seit Photoshop 5) endlich die Möglichkeit, mehr als einen Arbeitsschritt rückgängig zu machen.

- **Meßwerkzeug.** Mit dem Meßwerkzeug können Sie Distanzen und Winkel im Bild messen. Das Ergebnis wird Ihnen in der Palette des Meßwerkzeugs angezeigt.

PostScript- und Zeichenprogramme

Während in Malprogrammen Bitmap-Bilder (Ansammlungen einzelner Pixel) erzeugt werden, stellen Zeichenprogramme objektorientierte Grafiken her. Die großen und teuren Profi-Programme erzeugen dabei PostScript-Code, der vom Ausgabegerät direkt verstanden werden kann. Einige kleinere Zeichenprogramme (z.B. das Zeichenprogramm von ClarisWorks) basieren zwar auch auf objektorientierten Bilder, diese werden aber nicht als PostScript an den Drucker geschickt.

Zeichenprogramme haben gegenüber Bitmap-Programmen den großen Vorteil, daß sie Bilder in höherer Auflösung erzeugen und so in besserer Qualität gedruckt werden können.

Abb. 23.6 Diese Grafik wurde sowohl in einem Bitmap-Programm (oben) als auch in einem Zeichenprogramm (unten) erstellt. Der Qualitätsunterschied ist enorm.

Es gibt professionelle Vektorprogramme wie Illustrator, CorelDraw und FreeHand, die den Standard unter den Zeichenprogrammen setzen. Für den ambitionierten Laien können sie jedoch ein Problem darstellen, denn sie sind oft nicht besonders intuitiv bedienbar und erfordern eine hohe Lernkurve. Kleine Zeichenprogramme wie z.B. ClarisWorks erzeugen zwar keinen PostScript-Code, sind dafür aber einfacher zu bedienen, vor allem sind sie auch preiswerter. Die Funktionen der kleineren Programme sind limitiert, einige von den nachfolgend beschriebenen Aktionen haben jedoch allgemeine Gültigkeit.

- Im Finder können Sie auf ein Icon klicken und dann bei gehaltener Shift-Taste zusätzliche Icons auswählen. Oder Sie klicken einmal mit der Maus und ziehen, um mehrere Objekte gleichzeitig auszuwählen. Nachdem Sie mehrere Objekte ausgewählt haben, können Sie sie gruppieren und dann als ein Objekt weiterbearbeiten. Später können Sie die Gruppierung wieder aufheben.

- Halten Sie die Shift-Taste gedrückt, wenn eine Linie genau horizontal, vertikal oder diagonal verlaufen soll.
- In den meisten Zeichenprogrammen können Sie die Optionstaste drücken und mit der Maus ziehen, um einen Kreis, ein Quadrat oder ein Rechteck von der Mitte aus zu zeichnen.

Ausschließlich auf PostScript-Zeichenprogramme beschränkt sind die folgenden Funktionen:

- Um in einem PostScript-Programm einen Umriß zu zeichnen, klicken Sie mit dem Zeichenstift und legen die Ankerpunkte der Form fest. Für jeden dieser Punkte werden Ihnen sogenannte Bézierkurven angezeigt, an denen Sie ziehen können, um die Form der Segmente zwischen den Punkten zu verändern.

- Um PostScript-Dokumente einigermaßen reibungslos drucken zu können, sollten Sie überflüssige Ankerpunkte aus den Pfaden entfernen, die Größe der Grafiken nur so groß wie nötig wählen und sich dann nicht wundern, wenn es etwas länger als normal dauert, wenn Sie ein EPS-Dokument aus Illustrator oder FreeHand drucken wollen.

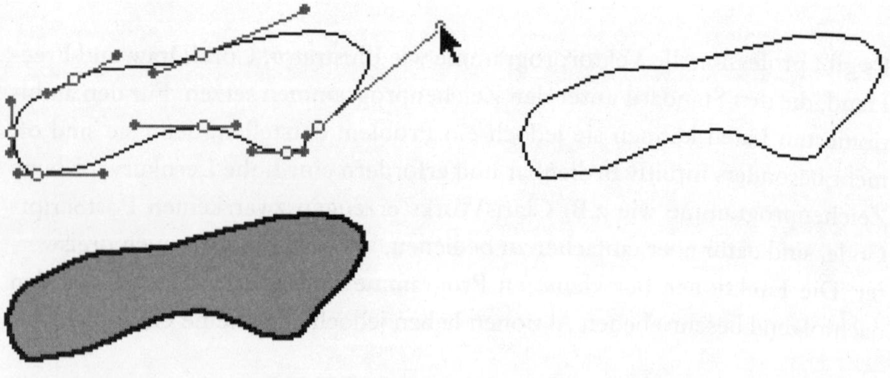

Abb. 23.7 In einem PostScript-Zeichenprogramm verändern Sie die Form der Segmente zwischen den Ankerpunkten mit Hilfe von Bézierkurven.

- Wenn Sie mit der Bearbeitung einer Grafik zufrieden sind, speichern Sie eine Kopie des Dokuments, in der Sie die Schriften in Kurven gewandelt haben. Die Schrift wird dann wie eine normale Grafik behandelt, der Drukker muß den Zeichensatz also nicht besitzen bzw. kann Ihr Bild nicht durcheinanderbringen, indem er den Zeichensatz durch einen anderen ersetzt.

ACHTUNG

Aufgepaßt bei Haarlinien! In Zeichenprogrammen haben Sie die Möglichkeit, die Linienstärke nach Wahl selbst zu bestimmen. Gehen Sie jedoch mit der Option *Haarlinie* sorgsam um, denn diese kann zu Probleme führen. Diese Einstellung weist nämlich Ihren Mac an, die Linie «so dünn wie möglich» zu zeichnen. Auf dem Bildschirm und auf einem normalen Laserdrucker mit 300 dpi ist das kein Problem – die Haarlinie sieht dünn und gestochen scharf aus. Auf einem 2400-dpi-Satzbelichter ist diese Linie jedoch nur 1/2400 Zoll dick – also praktisch unsichtbar. Legen Sie deshalb die Linienstärke besser auf 0,5 Punkt fest.

24 Bildbearbeitung

In diesem Kapitel

Mit der Einführung der iMacs gelang dem Mac ein Schritt weg vom Image des Computers für Grafikprofis. Dennoch machen Grafik, Design, Bild- und Videobearbeitung immer noch den größten Anwendungsbereich der Apple-Computer aus.

Die Entwicklung bleibt natürlich nicht stehen, und die Möglichkeiten von Hard- und Software werden immer umfangreicher, aber auch komplexer. Darum können wir hier die Bildbearbeitung auch nicht bis ins Detail behandeln, sondern Ihnen nur einen groben Überblick und einige Tips geben.

Wenn Sie darüber mehr wissen möchten sollten Sie sich weiterführende Bücher besorgen. Hier ein paar Vorschläge, die vor allem für die Arbeit mit Photoshop hilfreich sind: für Einsteiger *Photoshop 5 für Dummies* (mitp), für Fortgeschrittene *Insiderbuch Photoshop 5* (Midas Verlag).

Welche Software?

EINSTEIGER

Bei der Bildbearbeitung geht es darum, Bitmap-Bilder zu verändern, die aus einzelnen Pixeln bestehen – im Gegensatz zu Vektor-Zeichenprogrammen, bei denen das Bild als mathematische Beschreibung der Kurven gespeichert wird. Alle Veränderungen am Bild sind im Prinzip Berechnungen mit den Pixeln des Bildes – nur daß die verwendeten Formeln je nach Art der Bearbeitung mächtig kompliziert werden können.

ACHTUNG

Bildbearbeitung kann recht hohe Anforderungen an die Hardwareausstattung Ihres Mac stellen. Je größer die Bilder sind, mit denen Sie arbeiten, um so mehr Speicher und Festplattenplatz brauchen Sie. Je schneller der Prozessor Ihres Mac ist, um so kürzer ist die Wartezeit bei komplexeren Filter-Operationen.

Für die Bildbearbeitung gibt es verschiedene Programme, mit denen Sie arbeiten können. Die grundlegenden Funktionen der einzelnen Produkte ähneln sich, dafür ist die Art der Bedienung unterschiedlich. Der absolute Industriestandard für die Bildbearbeitung ist ohne Zweifel *Photoshop* von Adobe. Dieses Programm ist zwar nicht ganz billig, enthält dafür aber fast jede Funktion, die man für die Bearbeitung von Bitmap-Bildern braucht. Dazu verfügt es über eine sehr gut durchdachte Benutzeroberfläche, die förmlich mit Ihren Fähigkeiten als Nutzer mitwächst.

Es gibt aber durchaus Alternativen: *Painter* von MetaCreations ahmt fast perfekt das Malen mit natürlichen Medien (Ölfarbe, Aquarell, Feder, Pinsel usw.) nach und ist vor allem für kreative Nutzer geeignet. *Corel PhotoPaint* oder *Canvas* von Deneba bieten integrierte Grafikpakete relativ preiswert an, und Macromedias *Fireworks* ist speziell auf das Herstellen von Material für das Web zugeschnitten.

CD-ROM

Daneben gibt es noch die Shareware-Programme *ColorIt* und *GraphicConverter*, mit denen sich viele kleinere Bildbearbeitungsprobleme lösen lassen. (GraphicConverter ist übrigens besonders gut zum Konvertieren von Bitmap-Bildern geeignet.)

Aber auch sogenannte Fun-Programme, mit denen Sie vorgefertigte Einstellungen kinderleicht auf das Bild anwenden und es so verfremden bzw. mehrere Bilder kombinieren können, sind preiswert zu haben und sehr populär. Besonders verbreitet ist *Kai's Power GOO*, das über eine einfache Benutzeroberfläche und erstaunliche Kapazitäten verfügt. Mit diesem Programm können Sie z.B. lieben Familienmitgliedern eine dicke Nase oder lange Ohren verpassen, ohne ein Bildbearbeitungsprofi sein zu müssen.

ACHTUNG

Falls Sie vorhaben, in ein Grafikprogramm zu investieren, schauen Sie sich einige Lösungen an, und schätzen Sie ab, was für Ihre Bedürfnisse am günstigsten ist. Professionelle Grafiker arbeiten nämlich meist mit drei oder mehr Programmen gleichzeitig, und das kann dann schon recht teuer werden. Eventuell reicht für Ihre Ansprüche auch ein integriertes Paket, da können Sie eine ganze Menge Geld sparen.

HEISSER TIP

Wenn Sie sich einen Scanner oder eine digitale Kamera zulegen, sollten Sie nachfragen, ob eine Version von *Photoshop LE* im Lieferumfang enthalten ist. Diese Programmversion ist zwar in ihren Funktionen gegenüber der Vollversion leicht eingeschränkt, für den Anfang reicht sie jedoch auf jeden Fall. Außerdem haben Sie die Möglichkeit, ein Upgrade auf die Vollversion günstig zu erwerben, allerdings nur über den Adobe-Shop (Telefon D: 0130-817473; CH: 0800-551458; A: 06606755). Zögern Sie aber nicht zu lange, denn das Update–Angebot gilt nur für die Vollversion mit der gleichen Versionsnummer wie Ihr Photoshop LE. Weil Photoshop das gängigste Bildbearbeitungsprogramm ist, werden wir uns in diesem Kapitel daran orientieren. Viele Effekte und Techniken funktionieren in anderen Programmen ganz ähnlich.

Photoshop-Plug-Ins

Photoshop enthält viele integrierte Funktionen für die Bildbearbeitung; zusätzlich läßt sich das Programm noch durch sogenannte Plug-Ins erweitern. Das sind Mini-Programme, die Sie an eine bestimmte Stelle im Ordner von Photoshop legen müssen und die dann in Photoshop selbst als zusätzliche Menübefehle zur Verfügung stehen. Es gibt Plug-Ins, die Daten importieren (z.B. von Scannern oder Digitalkameras), Daten exportieren (in bestimmte Grafikformate) und Effekt-Plug-Ins, die das Bild verändern. Das System funktioniert, weil die Entwickler von Photoshop eine definierte Schnittstelle eingebaut haben, mit deren Hilfe die Plug-Ins auf die Bilddaten zugreifen können. Diese Schnittstelle kann jeder benutzen, der die Funktionen von Photoshop erweitern möchte. Als Ergebnis entstand ein eigener Markt für Plug-Ins, die für verschiedene Zwecke von diversen Firmen angeboten werden.Dieses Modulsystem hat sich bewährt, weil auch viele andere Programme mit Photoshop-Plug-Ins umgehen können.

Eine kurze Einführung

Die Bearbeitung von Bildern ist ein vielseitiges Geschäft, das den verschiedensten Zwecken dienen kann. Dazu gehören z.B. das Vorbereiten von Bildern für ein Layout-Programm mit anschließendem Druck, das Erstellen von Grafiken für das World Wide Web oder die Bearbeitung von Bildmaterial für interaktive CD-ROMs, Animationen oder Video.

So unterschiedlich die Anwendungen auch sein mögen, sie haben doch den gleichen grundlegenden Ablauf: Ein oder mehrere Ausgangsbilder werden im Bildbearbeitungsprogramm geöffnet oder sogar neu erstellt, anschließend bearbeitet und dann in ein Endformat ausgegeben. Je nachdem, ob das Bild letztlich für den Druck auf Papier, eine CD-ROM oder das WWW vorbereitet werden soll, unterscheiden sich die einzelnen Details der Bearbeitung. Behalten Sie einfach diesen prinzipiellen Ablauf im Hinterkopf, wenn Sie dieses Kapitel weiterlesen.

Woher kommen die Bilder?

Die Fotos, die Sie in einem Bildbearbeitungsprogramm verändern, können auf unterschiedlichste Art entstanden sein. Auf jeden Fall müssen sie aber in elektronischer Form vorliegen – sonst kann man sie nicht auf dem Mac bearbeiten.

Bilder können Sie auf verschiedenen Wegen erhalten:

- **Von einem Scanner.** Bilder, die in Papierform vorliegen, können Sie recht einfach und bequem auf einen Scanner legen und als Datei speichern. Genauere Informationen zum Scannen finden Sie in Kapitel 7.

- **Aus einer digitalen Kamera.** In den letzten Jahren sind immer mehr digitale Kameras auf den Markt gekommen, die auch für Normalverbraucher bezahlbar sind. Sie können damit wie mit einer normalen Kamera fotografieren, aber anstatt den Film zum Entwickeln zu bringen, übertragen Sie die Bilddateien von der Kamera direkt in den Computer. Mehr dazu in Kapitel 7.

- **Von einer PhotoCD.** Entweder Sie lassen sich vom Fotografen Ihre eigenen Bilder digitalisieren und auf einer PhotoCD speichern, oder Sie erwerben fremde Bilder als PhotoCD käuflich. In jedem Fall haben Sie einen Datenträger mit hochaufgelösten Bildern, die Sie in Ihrem Bildbearbeitungsprogramm benutzen können.

- **Aus dem Internet.** Auch im Internet finden Sie Fotosammlungen, die teilweise kostenlos, teilweise gebührenpflichtig Fotos zur Weiterverwendung anbieten. Der einzige Nachteil hierbei: Wenn Sie sich nur über ein Modem ins Internet einwählen, dauert es ziemlich lange, bis Sie hochauflösende Fotos auf Ihren Computer geladen haben.

Die richtige Auflösung

Eine der wichtigsten Eigenschaften eines digitalen Bildes ist dessen Auflösung. Diese Größe wird in dpi (Dots per Inch) gemessen und gibt an, wieviele Pixel das Bild innerhalb eines Zoll enthält. Je größer die Auflösung ist, um so mehr Bildinformationen pro Fläche enthält das Bild, aber um so mehr Speicherplatz belegt es auch. Darum ist es wichtig, die Auflösung passend für die jeweilige

Aufgabe zu wählen, um weder mit zu wenigen noch mit zu vielen Pixeln zu arbeiten. Wie bekommt man aber nun heraus, was die richtige Auflösung für ein konkretes Problem ist?

HEISSER TIP

Das hängt vor allem von der Auflösung des Ausgabegerätes ab. Wenn Sie Bilder für das WWW oder eine CD-ROM-Produktion vorbereiten, ist das Ausgabemedium ein Bildschirm, bei dem die Auflösung 72 bis 120 dpi beträgt. Weil Bilder mit geringer Auflösung auch nur wenig Speicherplatz brauchen, ist 72 dpi der passende Wert.

Wenn Sie Ihr Kunstwerk auf normalen Laser- oder Tintenstrahldruckern ausgeben wollen, genügt bei einem 600-dpi-Drucker eine Auflösung von maximal 200 dpi, bei einem Tintenstrahldrucker mit Fotoqualität und 1440 dpi Auflösung reichen 300 dpi aus.

ACHTUNG

Zu große Auflösungen bringen keinen Qualitätsgewinn, sondern erzeugen nur riesige Dateien, die viel Platz auf der Festplatte und im Speicher verbrauchen.

Geht es darum, für die Ausgabe auf Filmbelichtern oder Druckmaschinen zu arbeiten, funktionieren Auflösungen von 300 dpi heutzutage auch. Allerdings kann es sein, daß Sie nicht die optimale Qualität des Ausgabegerätes ausnutzen. In so einem Fall sollten Sie dann einen Fachmann fragen, welche Werte günstig sind.

TECHNIK

Ein Merkmal von Ausgabegeräten ist die Rasterweite, die angibt, wieviele Linien pro Zoll (lpi) das Gerät darstellen kann. Wenn Sie diesen Wert wissen, dann sollte die Auflösung Ihrer Bilder etwa 1,5- bis zweimal so groß sein wie die Rasterweite. Büro-Laserdrucker haben etwa eine Rasterweite von 66 lpi, eine gängige Auflösung wäre demnach 150 dpi.

ACHTUNG

Diese Berechnungen gelten jedoch nur, wenn Sie die Bilder nicht in der Größe ändern. Verkleinern Sie ein elektronisches Bild, so erhöht sich die Auflösung, vergrößern Sie es, wird sie geringer – die Zahl der Pixel ändert sich ja nicht, nur die Fläche, über die sie verteilt werden.

Manchmal kommt es vor, daß Sie die Auflösung des Ausgabegerätes nicht genau kennen. In so einem Fall arbeiten Sie am besten mit 200 bis maximal 300 dpi, um genügend Reserve zu haben.

FEHLER

Einige Photoshop-Filter funktionieren mit wenig Pixeln nicht richtig, oder Sie erhalten nur mit Mühe die gewünschten Ergebnisse. Bei Bildern mit einer Endauflösung von 72 dpi kann es darum manchmal Probleme geben. In einem solchen Fall arbeiten Sie am besten bei einer höheren Auflösung (z.B. 150 dpi) und reduzieren diese erst im letzten Arbeitsschritt.

POWER USER

Bei Photoshop können Sie die Auflösung und die Abmessungen des Bildes mit dem Befehl *Bearbeiten/Bildgröße* ändern. Dabei ändert sich zwangsläufig die Anzahl der Pixel im Bild und damit die Dateigröße. Achten Sie unbedingt darauf, daß bei allen Manipulationen die neue Datei nie größer wird als das Ausgangsbild. Das bedeutet nämlich, daß Photoshop Pixel sozusagen aus leerer Luft erzeugen muß, und das geht selten gut (24.1).

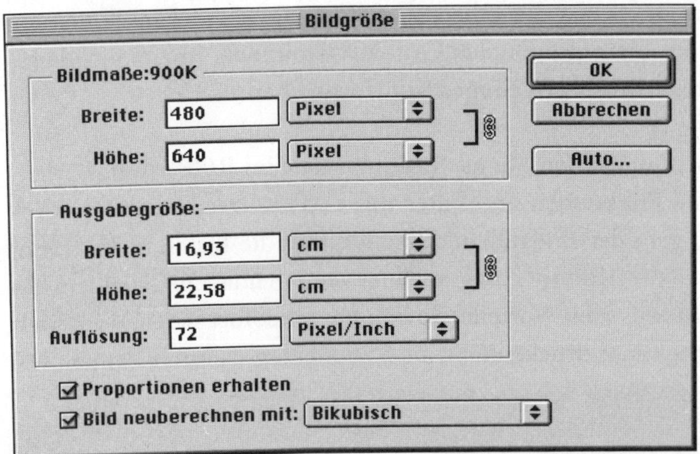

Abb. 24.1 Der Dialog «Bildgröße» von Photoshop. Die neue Bildgröße in der obersten Zeile darf nie größer werden als der alte Wert.

Welcher Farbmodus?

TECHNIK

Die Farben auf dem Bildschirm und beim Drucken entstehen unterschiedlich: Der Bildschirm ist ein RGB-Gerät, bei dem jedes einzelne Pixel eigentlich aus drei Punkten besteht: einem roten, einem grünen und einem blauen. Diese Punkte werden von den Elektronenstrahlen des Monitors zum Leuchten angeregt, dabei steuert die Grafikkarte, wie stark jeder Punkt leuchten soll. Die Summe aller drei Leuchteffekte erzeugt die Farbe des Pixels. Deshalb spricht man auch von additiver Farbmischung.

Beim Drucken hingegen leuchtet nichts, sondern die Druckfarben reflektieren das darauffallende Licht – je nach Wellenlänge mehr oder weniger. Als Ergebnis erzeugt das reflektierte Licht den Eindruck von Farbe auf der Netzhaut des Auges. Weil dem einfallenden Licht Farbanteile entzogen werden, heißt das Verfahren subtraktive Farbmischung. Um möglichst viele Schattierungen darstellen zu können, ohne für jeden Farbton eine eigene Druckfarbe benutzen zu müssen, setzt die Druckmaschine die Farbtöne aus den Farben Cyan, Mangenta, Gelb und Schwarz zusammen. Die Abkürzung dafür ist CMYK (Y von Yellow und K von blacK oder Key).

ACHTUNG

Der darstellbare Farbumfang von CMYK-Farben ist viel geringer als der eines RGB-Monitors. Darum passiert es oft, daß die brillanten Farben vom Bildschirm dann im Druck nur noch halb so strahlend sind – wenn überhaupt. Wenn Sie für die Druckausgabe arbeiten, sollten Sie diese Einschränkung beachten! (Dieses Problem exakt in den Griff zu bekommen, ist ziemlich kompliziert und bereitet selbst Profis einiges Kopfzerbrechen.)

HEISSER TIP

Bei der Bildbearbeitung sollten Sie nach Möglichkeit im RGB-Modus arbeiten, weil bestimmte Funktionen und Filter mit CMYK-Daten nicht funktionieren. Außerdem geht der Bildaufbau schneller, weil die Daten nicht erst in den RGB-Farbraum des Monitors umgerechnet werden müssen. Trotzdem hat auch der CMYK-Modus seine Vorteile. So können Sie sofort sehen, wenn sich eine gewählte Farbe nicht drucken läßt, und vermeiden dadurch Pannen bei der Ausgabe.

FEHLER

Wie Sie schon gemerkt haben, ist bei der Bildverarbeitung Farbe selten gleich Farbe – schon verschiedene Monitore können ein Bild ganz anders aussehen lassen. Nehmen Sie sich darum Zeit zum Herumprobieren, damit Sie auch tatsächlich das gewünschte Ergebnis erhalten. Machen Sie nicht den Fehler und schicken Sie Bilder im CMYK-Format zu Leuten, die keine speziellen Grafikprogramme besitzen. Zwar können die meisten Browser und viele Büroprogramme Grafiken importieren und anzeigen, aber eben nur im RGB-Format. Bei CMYK dagegen funktioniert das fast nie.

HEISSER TIP

Nicht jede Grafikkarte kann die 65.000 Farben darstellen, die das menschliche Auge wahrnehmen kann. Vor allem ältere Computer bringen lediglich 256 Farben auf den Monitor, und auch das im WWW so beliebte GIF-Format kann nicht mehr Farben darstellen. Wenn Sie wissen, daß Ihre Bilder auf einem solchen System angezeigt werden sollen, wandeln Sie als letzten Arbeitsgang

Ihr Bild in indizierte Farben um (die im Bild enthaltenen Farben werden in eine Palette abgebildet; diese kann entweder aus den Farben im Bild oder aus vorher festgelegten Farben bestehen). Der Befehl von Photoshop lautet *Bild/Modus/Indizierte Farben*.

Grau in Grau?

Newsletter und ähnliche Druckwerke werden aus Kostengründen oft nur in Graustufen ausgedruckt. In so einem Fall lohnt es sich nicht, die Bilder in Farbe zu bearbeiten – eine Graustufendarstellung reicht dafür völlig aus. Sie können farbige Bilder in Graustufen umwandeln, wenn Sie in Photoshop den entsprechenden Befehl aus dem Menü *Bild* wählen. Die entstehende Datei ist bedeutend kleiner als die des farbigen Bildes, außerdem lassen sich Graustufenbilder auch auf Mac-Monitoren mit nur 256 Farben bearbeiten. Das liegt daran, daß man nur 256 Stufen zwischen Schwarz und Weiß braucht, um alle wahrnehmbaren Helligkeitsunterschiede darzustellen.

POWER USER

Die Benutzung dieses Befehls erfordert ein wenig Übung, damit die Farbtöne, auf die es Ihnen ankommt, brauchbar dargestellt werden. Falls das nicht richtig funktioniert, wählen Sie vor dem Befehl die Bereiche des Bildes aus, die besonders wichtig sind. Photoshop behandelt diese Farben dann beim Indizieren bevorzugt.

Einige wichtige Begriffe

Bevor wir uns mit speziellen Themen der Bildbearbeitung befassen, wollen wir Ihnen noch kurz einige wichtige Begriffe erklären. (Außerdem macht es sich ganz gut, einige Schlagworte in petto zu haben, wenn Sie mal wieder auf eine Designer-Party eingeladen sind und nicht abseits stehen wollen.)

- **Auflösung.** Wie schon erklärt, ist das die Menge der Bildpixel pro Zoll. Die Auflösung wird in dpi (Dots per Inch) angegeben, bei der physikalischen Auflösung von Scannern oder Ausgabegeräten wird die Einheit ppi (Points per Inch) verwendet.

- **Deckkraft.** Die Deckkraft bestimmt, wie durchsichtig die Farben sind, die mit einem Werkzeug aufgetragen werden. Bei einer Deckkraft von 100 Prozent ist die Farbe völlig undurchsichtig. Je geringer die Deckkraft ist, desto durchsichtiger wird die Farbe und desto deutlicher scheinen dahinterliegende Objekte durch.

- **Freistellen.** Beim Freistellen wird ein Bild verkleinert, indem überflüssige Bereiche am Rand abgeschnitten werden. Durch Freistellen kann man auch einzelne Objekte aus dem Hintergrund herauslösen.

- **Gammawert.** Dieser Wert bezeichnet die Helligkeit der mittleren Grautöne im Bild. Der Wert kann von 0,1 bis 9,99 reichen, 1 steht für Mittelgrau. Jede Veränderung des Gammawertes verringert den Kontrast im Bild, weil Lichter und Schatten davon nicht betroffen sind.

- **Glätten.** Dabei handelt es sich um ein Verfahren, bei dem man harte Kanten eines Objektes weichzeichnet, indem transparente Pixel hinzugefügt werden. Mit deren Hilfe ist es möglich, die Kanten eines Objektes weich in deren Umgebung übergehen zu lassen.

- **Histogramm.** Ein Histogramm ist ein Säulendiagramm, das die Helligkeitsverteilung in einem Bild darstellt.

- **Kontrast.** Der Kontrast ist der Abstand zwischen den hellsten und den dunkelsten Stellen in einem Bild.

- **Lichter.** Damit bezeichnet man die hellen Bereiche eines Bildes.

- **Mitteltöne.** Dies sind die mittleren Helligkeitswerte im Bild, die meist auch alle Details enthalten.

- **Rasterweite.** Dieser Wert gibt an, wieviele Bildzeilen pro Zoll ein Ausgabegerät (Drucker oder Satzbelichter) darstellen kann. Normale Laserdrukker haben eine Rasterweite von etwa 66 lpi, hochwertige Offset-Druckmaschinen bis zu 155 lpi.

- **Schatten.** Dies sind die dunklen Bereiche eines Bildes, manchmal auch Tiefen genannt.

- **Schwarzpunkt.** Als Schwarzpunkt wird der dunkelste Punkt in einem Bild bezeichnet, der trotzdem noch Details enthält.

- **Schwellenwert.** Der Schwellenwert ist eine Einstellung, die alle Grauschattierungen in reines Schwarz bzw. Weiß umwandelt. Jeder Grauwert, der heller ist als der Schwellenwert, wird weiß, und jeder Grauwert, der dunkler ist als der Schwellenwert, wird schwarz.

- **Weißpunkt.** Der Weißpunkt ist der hellste Punkt in einem Bild, an dem noch Details zu erkennen sind.

Bilder bearbeiten

Beim Bearbeiten von elektronischen Bildern gibt es oft viele Wege zum Ziel, und je öfter Sie selbst praktisch arbeiten, um so mehr Erfahrung werden Sie sammeln. Sie können zwar viele schlaue Bücher und Artikel über Bildbearbeitung lesen – und das sollten Sie auch tun – die eigene praktische Übung ist aber durch nichts zu ersetzen. Es gibt jedoch Techniken, die Sie immer wieder benötigen werden. Einige davon wollen wir kurz erklären.

Tonwertkorrektur

In jedem Bild gibt es Bereiche mit verschiedenen Helligkeitsstufen, die möglichst optimal wiedergegeben werden müssen, damit das Bild genügend Details enthält und natürlich wirkt. Leider ist kein Film in der Lage, den Kontrastumfang wiederzugeben, den das menschliche Auge wahrnehmen kann. Auch Scanner engen je nach Qualität des Gerätes die dargestellten Helligkeitsstufen ein. Als Ergebnis entstehen manchmal Bilder, bei denen die Helligkeitsverteilung nicht so ist, wie Sie sich das wünschen. Zum Glück läßt sich das beheben, indem Sie eine Tonwertkorrektur durchführen. Dabei legen Sie fest, welche Teile des Bildes als «ganz hell» und «ganz dunkel» interpretiert werden. Alle Helligkeitswerte, die heller oder dunkler sind, erhalten ebenfalls den hellsten oder dunkelsten Wert. Als zweiten Schritt verändern Sie bei Bedarf den Gammawert des Bildes, um die Mitteltöne am besten zur Geltung zu bringen.

HEISSER TIP

In Photoshop bewerkstelligen Sie die Tonwertkorrektur am besten mit Hilfe des Histogramms (24.2). Diese Kurve zeigt Ihnen an, wie die Helligkeitswerte im Bild verteilt sind. Die drei Dreiecke unter dem Histogramm erlauben Ihnen, Weißpunkt, Schwarzpunkt und Gammawert zu verschieben. Um ein Bild ohne spezielle Ziele zu korrigieren, bewegen Sie zuerst Weiß- und Schwarzpunkt jeweils an den Anfang und das Ende der Kurve.

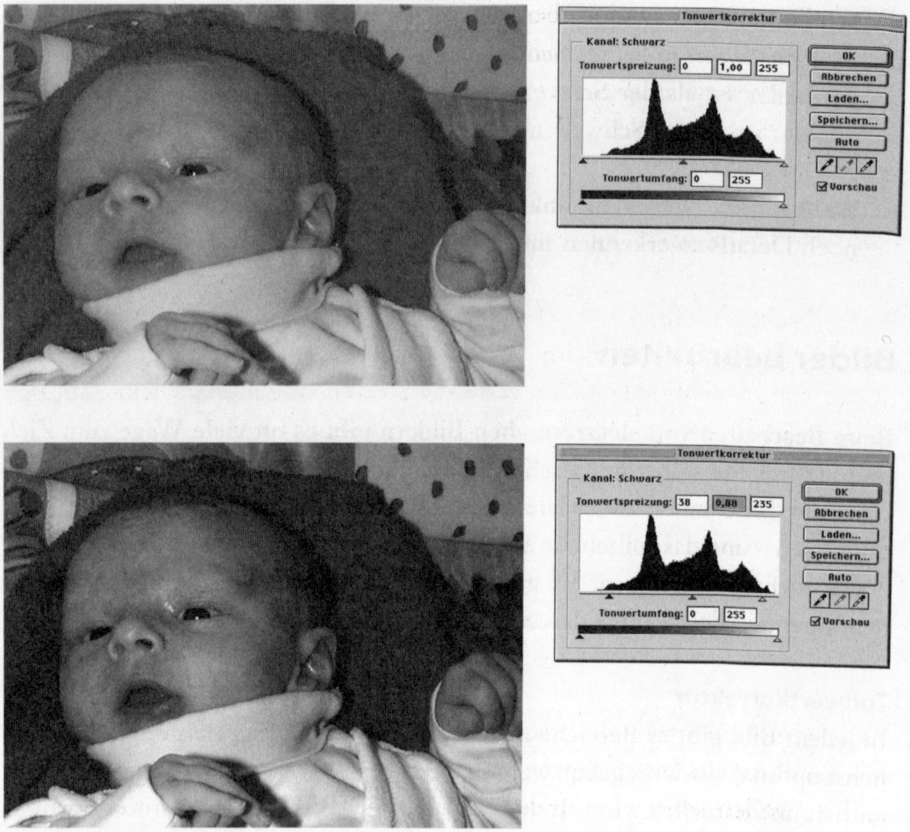

Abb. 24.2 Die Tonwertkorrektur in Photoshop. Die drei Dreiecke unter dem Histogramm verschieben Schwarzpunkt, Weißpunkt und Gammawert. Oben sehen Sie das Originalbild mit seinem Histogramm, unten wurde der Befehl «Tonwertkorrektur» mit den angegebenen Einstellungen angewendet, um die Kontraste im Bild zu erhöhen.

Damit haben sie die Helligkeitswerte des Bildes sinnvoll auf die darstellbaren Helligkeitsstufen aufgeteilt. Verschieben Sie nun das Dreieck für den Gammawert, bis die Mitteltöne und Details im Bild optimal aussehen.

HEISSER TIP

Hier ein Richtwert: Nehmen wir einmal an, das Histogramm wäre eine ausgesägte Holzplatte mit einem gewissen Gewicht, die auf dem Dreieck für den Gammawert gelagert ist. Wenn Sie nun dieses Dreieck an die Stelle bringen, an der die «Platte» ausbalanciert ist, haben Sie ungefähr die richtige Stelle gefunden. Natürlich gilt diese Regel nicht absolut. Experimentieren Sie mit Ihrem Bild herum, um das optimale Ergebnis zu erreichen.

Wenn Sie ganz mutig sind, benutzen Sie anstelle von *Tonwertkorrektur* den Befehl *Bild/Einstellen/Gradationskurven*. Damit haben Sie eine noch feinere Kontrolle über die Helligkeitsverteilung im Bild, allerdings erfordert das Einstellen auch etwas Übung. Wenn Sie Ihre Bilder selbst scannen, sollten Sie schon innerhalb der Scan-Software den Schwarz- und Weißpunkt manuell einstellen. So erreichen Sie, daß bereits der Scanner die richtige Helligkeitsverteilung im Bild abtastet.

POWER USER

Ein Bild scharfstellen

Bei der digitalen Bildbearbeitung kommt es oft vor, daß die Schärfe eines Bildes zu wünschen übrig läßt. Das passiert z.B., wenn die Kamera beim Auslösen nicht genau fokussiert hat oder wenn Sie ein Bild verkleinern.

Auch beim Scannen werden die Bilder leicht unscharf, so daß Sie genauso routinemäßig wie den Tonwert auch die Schärfe korrigieren sollten. In Photoshop benutzen Sie dazu den Befehl *Filter/Scharfzeichnungsfilter/Unscharf maskieren*. Auch wenn die Bezeichnung etwas irreführend ist: dieser Filter verstärkt alle Kanten im Bild. Die Stärke hängt dabei von Ihren Einstellungen ab.

Probieren Sie ein wenig mit den Einstellungen herum, und beobachten Sie, was dabei mit Ihrem Bild passiert. Wenn Sie nicht gerade spezielle Effekte erzielen wollen, sollten Sie für die *Stärke* etwa 40 bis 50 Prozent für einen mittleren Effekt und 60 bis 120 Prozent für eine etwas deutlichere Wirkung einstellen. Beim *Radius* sollten Sie nicht über den Wert 2 gehen, den *Schwellenwert* können Sie getrost bei Null lassen.

HEISSER TIP

Wenn Sie es mit *Unscharf maskieren* übertreiben, werden nicht nur die Kanten schärfer, sondern auch alle Fehler und Staubkörnchen im Bild werden auf einmal deutlich sichtbar. Gehen Sie es deshalb langsam an und benutzen Sie den Filter lieber zweimal mit geringen als einmal mit großen Werten.

So geht das Scharfstellen am schnellsten: Wählen Sie *Unscharf maskieren* mit einem mittleren Wert, der aber schon einen sichtbaren Effekt zeigt. Drücken Sie dann Befehl-F, um den Filter noch einmal mit den gleichen Einstellungen anzuwenden. Wahrscheinlich war es jetzt schon zuviel des Guten. Drücken Sie nun Befehl-Shift-F. Damit rufen Sie den Befehl *Filter/Verblassen* auf. Sie erhalten eine Dialogbox mit einem Schieberegler, mit dem Sie den Effekt des letzten Filters zwischen 0 und 100 Prozent einstellen können. Stellen Sie den Regler so ein, daß Ihr Bild optimal aussieht.

POWER USER

Spezielle Ebenen-Effekte

Gegenüber anderen Programmen hat Photoshop einen unschätzbaren Vorteil: die Ebenen. Sie können ein Bild aus mehreren Ebenen aufbauen und auf jeder Ebene einen Bereich oder ein Element des Bildes plazieren. So haben Sie die Möglichkeit, verschiedene Versionen des Bildes zu erstellen bzw. Aktionen leichter wieder rückgängig zu machen.

Mit den Ebenen lassen sich jedoch auch nette Effekte erzielen, z.B. ist es so einfacher, *Schlagschatten* des Vordergrundbildes zu erzeugen. Kopieren Sie dazu die Vordergrundebene (*Ebene/Neu/Ebene durch Kopieren*), und wenden Sie auf die Kopie den Befehl *Ebene/Effekte/Schlagschatten* (24.3a) an. Passen Sie die Einstellungen im Dialog an, bis der Schatten Ihren Vorstellungen entspricht.

Die Ebenen-Effekte in Photoshop gibt es erst seit Version 5.0. Vorher mußten Sie durch Kopieren eine neue Ebene erstellen, dort das Vordergrundobjekt auswählen, grau einfärben und versetzen, um einen Schatten zu erzeugen. Das ist heute doch viel einfacher, oder?

Mit den Ebenen-Effekten können Sie auch weitere Veränderungen an Ihrem Bild vornehmen. So haben Sie die Möglichkeit, mittels weniger Mausklicks *Schatten nach innen*, *Abgeflachte Kante* und *Relief* zu erzeugen (24.3b, c).

Photoshop-Filter

Viele ehemalige Plug-Ins wurden mittlerweile als Filter fest im Programm installiert. Filter verändern die Pixel in Ihrem Bild – je nach Filter und Einstellung – mehr oder weniger stark. Generell unterscheidet man zwischen drei Arten von Filtern: korrektive, destruktive und Effektfilter.

- **Korrektive Filter** benutzen Sie, um Bilder zu modifizieren und für den Druck vorzubereiten. Dabei geht es oftmals darum, die Schärfe, die Farbübergänge und die Farben benachbarter Pixel eines Bildes zu beeinflussen. Auf den ersten Blick sind diese Effekte zuweilen nicht sichtbar, die Unterschiede werden jedoch bei der Ausgabe des Bildes deutlich.

- **Destruktive Filter** können so starke Wirkungen erzielen, daß der Filter deutlicher zu sehen ist als das Bild selbst. Sie verändern das Bild so stark, daß die Veränderungen später nicht oder nur schwer mit anderen Filtern oder Techniken beseitigt werden können.

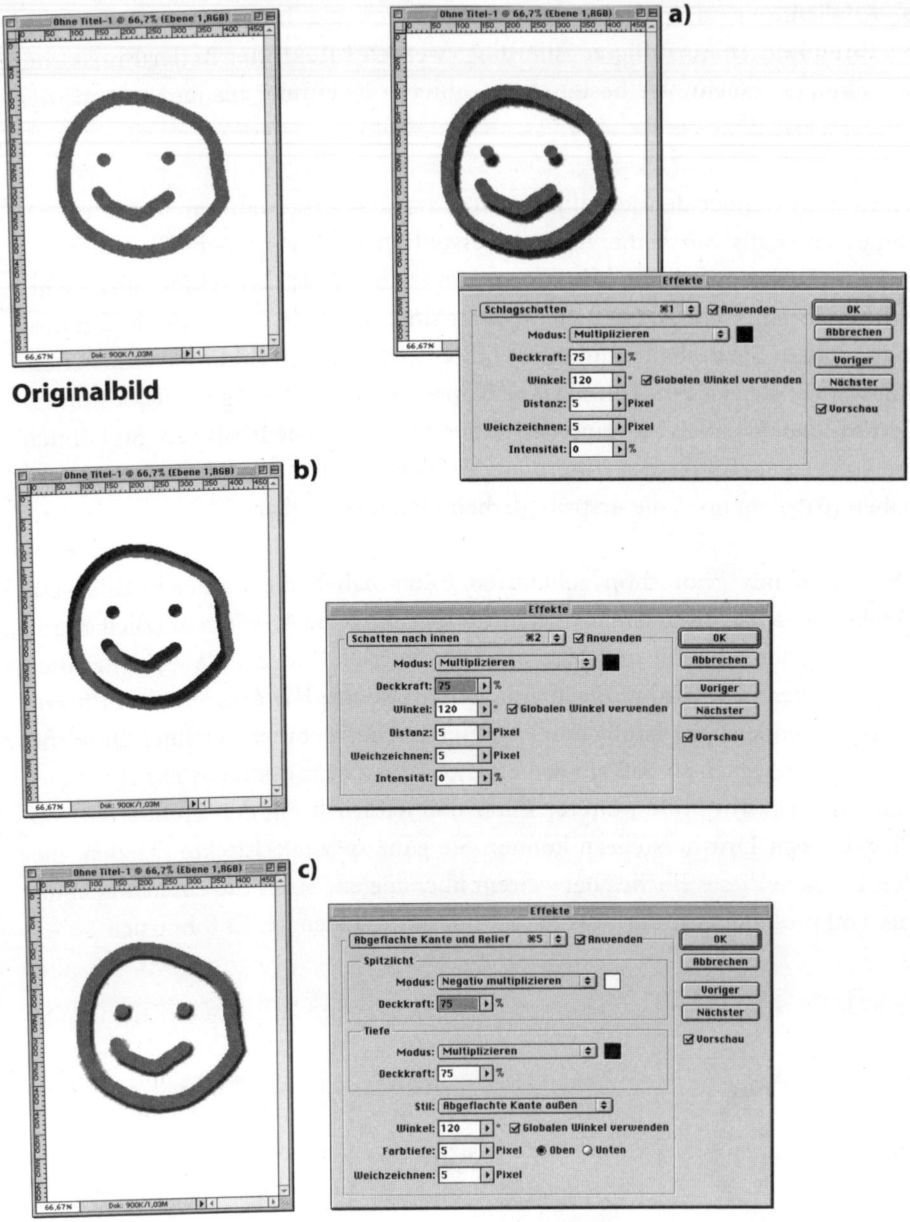

Abb. 24.3 In der Abbildung sehen Sie einige Ebenen-Effekte und deren Wirkung. Bild a zeigt den Dialog «Schlagschatten» und den Schatten, der damit erzeugt wurde. Unter b sehen Sie, wie mit Hilfe von Ebenen-Effekten «Schatten nach innen» zeichnen können. In Bild c sehen Sie, welchen Effekt der Dialog «Abgeflachte Kante und «Relief» auf das Originalbild hat.

- **Effektfilter** sind spezielle destruktive Filter, die interessante Effekte zu Ihren Bildern hinzufügen. Allerdings werden Effektfilter in der Praxis eher selten gebraucht. Am besten, Sie probieren sie einmal aus und entscheiden dann selbst.

ACHTUNG

Photoshop wendet den jeweiligen Filter auf den ausgewählten Bereich Ihres Bildes an. Falls Sie keine Auswahl erstellt haben, wird der Filter auf das gesamte Bild angewendet. Mit Filtern können Sie Teile Ihres Bildes unabsichtlich zerstören. Wenn Sie sich nicht sicher sind, ob alles wie gewünscht funktioniert, sollten Sie deshalb immer nur mit einer Kopie des Bildinhaltes arbeiten. Am sinnvollsten ist es, wenn Sie eine Kopie der Ebene erzeugen, die Sie verändern wollen. Wenden Sie dann den Filter auf diese neue Ebene an. So können Sie sofort den Effekt des Filters im Vergleich zum Original feststellen und haben trotzdem noch die ursprünglichen Daten verfügbar.

Die vielen mit Photoshop gelieferten Filter haben die unterschiedlichsten Effekte. Viele davon sind jedoch eher für künstlerische Arbeiten nützlich als für den Alltag der Retusche und Montage von digitalen Bildern. Neben dem Filter *Unscharf maskieren* wird wahrscheinlich der *Gaußsche Weichzeichner* von Photoshop-Anwendern am häufigsten eingesetzt. Dieser Filter zeichnet Bereiche eines Bildes weich, so daß sie wie ein Foto aussehen, das nicht richtig scharf geworden ist. Mit Hilfe weiterer Filter und natürlich mit den Hunderten von Plug-Ins von Drittherstellern können Sie ganz spezielle Effekte erzielen, die den Rahmen dieses Buches bei weitem übersteigen. Seien Sie einfach neugierig, und probieren Sie aus, was für Sie am nützlichsten ist. Es lohnt sich.

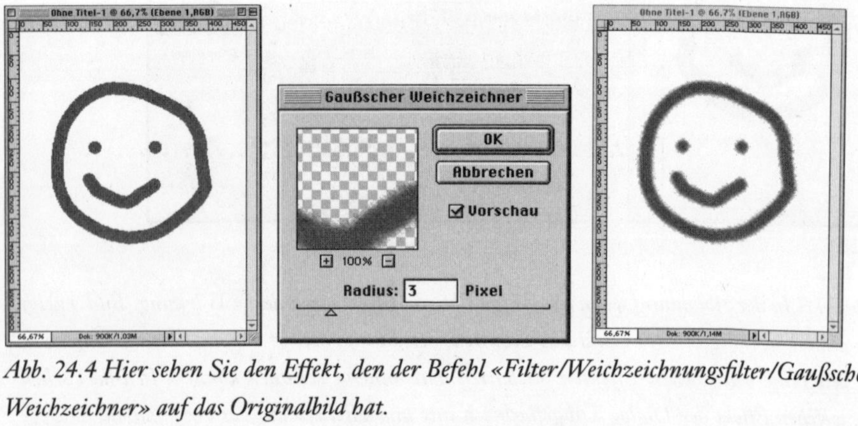

Abb. 24.4 Hier sehen Sie den Effekt, den der Befehl «Filter/Weichzeichnungsfilter/Gaußscher Weichzeichner» auf das Originalbild hat.

25 Nützliche Helfer

In diesem Kapitel

Die meisten Programme für Ihren Mac sollen Ihnen beim Erledigen bestimmer Arbeiten helfen. Meist geschieht das, indem Sie ein Dokument bearbeiten (oder ein Spiel spielen). Das ist die sogenannte Anwendungssoftware. Daneben gibt es aber noch Programme, die Ihre Mac-Umgebung verändern oder bestimmte kleine Probleme lösen, die bei der Arbeit am Computer auftreten. Diese Hilfsprogramme (oder Utilities) räumen z.B. Ihre Festplatte auf, sichern wichtige Daten, schützen diese vor unerlaubtem Zugriff oder Viren und vieles mehr.

Es gibt eine unübersehbare Vielfalt an Hilfsprogrammen, viele davon kostenlos oder als Shareware, aber auch eine ganze Reihe von kommerziellen Produkten. Welche davon für Ihre Arbeit nützlich sind, finden Sie am besten selbst heraus. Wir wollen Ihnen in diesem Kapitel einige vorstellen, von denen Sie zumindest einmal gehört haben sollten, weil sie für die problemlose Arbeit mit dem Mac wichtig sind.

CD-ROM

Auf der CD hinten in diesem Buch finden Sie eine ganze Menge Software, die Sie gleich ausprobieren können – darunter auch viele Hilfsprogramme.

Datenpflege

Alle Ihre Daten sind auf der Festplatte gespeichert – unabhängig davon, ob es sich um Programme, Dokumente oder das Mac OS selbst handelt. Im Laufe der Arbeit mit dem Mac werden jede Menge Dateien von dort gelesen, geändert, zurückgeschrieben, umbenannt oder gelöscht. Bei all diesen Aktionen kann es ab und zu vorkommen, daß einige Bits nicht korrekt auf dem Datenträger gespeichert werden. Je nachdem, wie oft und an welcher Stelle der Festplatte das passiert, kann es zu kleineren oder größeren Problemen kommen, die die Arbeit Ihres Mac beeinträchtigen.

Um im Falle eines Fehlers vorbereitet zu sein, sollten Sie sich schon vorher ab und zu ein wenig um Ihre Festplatte kümmern.

Die Festplatte schützen

Das Wichtigste zuerst: Es ist bedeutend besser, Festplattenfehlern vorzubeugen, als auf den Crash zu warten und dann zu versuchen, mit einem Reparaturprogramm Daten zu retten.

In Kapitel 10 wird ausführlich beschrieben, wie Sie Ihre Festplatte einrichten und pflegen sollten – inklusive der Aufteilung in Partitionen, der Defragmentierung und einem Plan zur Pflege.

HEISSER TIP

Zusätzlich zu den dort beschriebenen Aktionen lohnt es sich, in ein kommerzielles Dienstprogramm für Festplatten zu investieren, wie z.B. die *Norton Utilities* oder *TechTool Pro*. Diese Software hilft Ihnen nicht nur, bereits beschädigte Datenträger zu reparieren, sondern wird auch vorbeugend aktiv. Der vorbeugende Schutz besteht darin, daß die für den reibungslosen Betrieb der Festplatte wichtigen Daten – wie der Katalog, die Volume-Bitmap und einige andere Einträge – von Zeit zu Zeit in eine spezielle unsichtbare Datei auf dem Datenträger gesichert werden. Das Sichern dieser empfindlichen Daten übernimmt meist eine Systemerweiterung, deren Arbeitsweise Sie mit einem Kontrollfeld einstellen können (25.1). Dort legen Sie fest, welche Festplatten geschützt und wann bzw. wie oft die «Schutzdaten» aktualisiert werden sollen. Diese Vorgänge laufen wiederholt ab, solange Sie den Schutz aktiviert haben und Ihr Mac eingeschaltet ist.

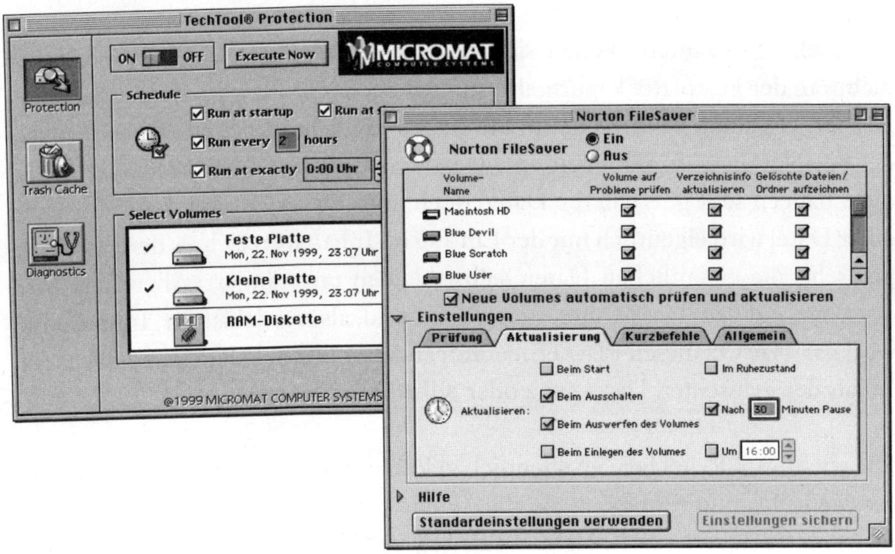

Abb. 25.1 Vorbeugender Schutz : Stellen Sie ein, wann und wie oft die wichtigen internen Daten Ihrer Volumes gesichert werden sollen (links «TechTool Pro», rechts «Norton FileSaver»).

Sollte dann irgendwann ein Fehler auftreten – z.B. weil der Strom ausfällt oder Ihr Mac abstürzt – können die empfindlichen Verwaltungsdaten der Festplatte beschädigt werden. Das Festplatten-Dienstprogramm merkt dies beim Neustart und repariert den Schaden mit Hilfe der gesicherten Kopie. Wenn das nicht ausreicht, dann bietet es Ihnen oft die Möglichkeit, das komplette Reparatur-Programm auszuführen.

ACHTUNG

Wie Sie gesehen haben, hängt der Erfolg dieses Systems davon ab, daß bereits vor dem Auftauchen eines Fehlers regelmäßig eine Kopie der gefährdeten Daten angelegt wird. Genau deshalb sollten Sie die entsprechende Software am besten sofort nach dem Formatieren des Datenträgers installieren. Mit dieser Schutzfunktion können Sie sogar versehentlich gelöschte Files retten oder gar ein initialisiertes Volume wieder komplett lesbar machen (siehe nächster Abschnitt). Ohne die vorbeugenden Daten wäre das alles bedeutend schwieriger und zeitaufwendiger.

Dateien retten

Früher oder später werden auch Sie Daten von Ihrer Festplatte retten müssen. Die Ursache dafür ist manchmal ein Crash des Datenträgers. Viel öfter aber werden Dateien aus Versehen gelöscht oder Volumes initialisiert, ohne vorher die wichtigen Daten zu sichern.

EINSTEIGER

Die «selbstgemachten» Fehler sind zwar besonders ärgerlich, weil dabei aber nichts an der Festplatte kaputtgeht, sind sie auch einfacher wieder zu beheben. Das gilt vor allem dann, wenn im Hintergrund die Software zur Überwachung der Festplatten läuft. Wenn Sie eine Datei unabsichtlich gelöscht haben, stehen die Chancen sehr gut, daß die Daten doch noch zu retten sind. Beim Löschen einer Datei wird eigentlich nur der Eintrag im Inhaltsverzeichnis der Festplatte gelöscht, die eigentlichen Daten selbst bleiben unverändert. Allerdings wird der Platz, auf dem diese Daten gespeichert sind, als frei deklariert. Irgendwann wird das Mac OS diesen Platz erneut mit anderen Daten belegen und dabei den Inhalt der gelöschten Datei ganz oder teilweise zerstören.

HEISSER TIP

Die wichtigste Regel bei versehentlich gelöschten Daten lautet darum: Bewahren Sie Ruhe, und vermeiden Sie alle Aktivitäten, bei denen Daten auf die Festplatte geschrieben werden! Das bedeutet, daß Sie keine Dokumente auf die Festplatte mit der gelöschten Datei speichern, nichts umkopieren und keine neuen Programme starten sollten. Sorgen Sie außerdem dafür, daß Speicherplatz für die zu rettenden Daten zur Verfügung steht, der nicht auf dem gleichen Volume liegt.

FEHLER

Falls Sie noch kein Hilfsprogramm zum Schutz Ihrer Festplatte installiert haben, so tun Sie das auf keinen Fall, wenn Sie eine Datei retten wollen. Starten Sie statt dessen die Software direkt von CD. Ansonsten kann es passieren, daß das frisch installierte Programm genau die Bereiche der Festplatte überschreibt, auf der sich die Daten befinden, die Sie retten wollen.

Für die erfolgreiche Datenrettung brauchen Sie außerdem noch einen Platz, an dem Sie die wiederhergestellten Dateien speichern können. Am einfachsten ist eine zusätzliche Partition auf Ihrer Festplatte, ein Wechselmedium oder ein Netzwerk-Volume auf einem anderen Computer. Wenn Sie das alles nicht haben, hilft Ihnen eventuell auch eine RAM-Diskette weiter, auf der Sie die Daten zumindest so lange zwischenspeichern können, bis Sie alle wichtigen Informationen gerettet haben. Danach können Sie wieder auf die Festplatte schreiben.

POWER USER

Es gibt noch eine elegante Variante: Benutzen Sie ein Programm wie *ram-Bunctious* oder *AppDisk*, um eine RAM-Diskette anzulegen, die ihren Inhalt permanent in einer Datei speichert. (Sie können auch mit *ShrinkWrap* eine Image-Datei anlegen und diese benutzen.) Diese Dateien ändern ihre Größe und den Platz auf der Festplatte nicht, stellen aber virtuelle Laufwerke zur Verfügung, auf denen Sie gerettete Dateien sichern können. Allerdings müssen Sie die RAM-Diskette bzw. das Disk-Image anlegen, bevor Sie eine Datei versehentlich löschen.

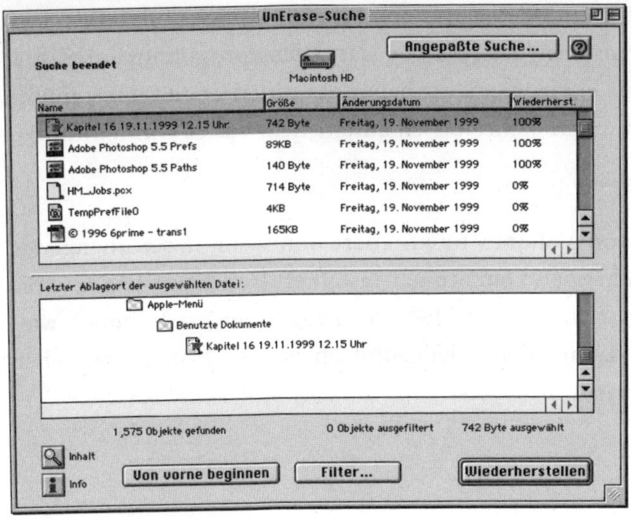

Abb. 25.2 Norton UnErase auf der Suche nach wiederherstellbaren Dateien.

Wenn Sie Ihren Mac soweit vorbereitet haben, starten Sie Ihr Datenrettungsprogramm und wählen Sie den Befehl zum Wiederherstellen von Dateien. Die Software versucht dann, anhand der vorher aufgezeichneten «Schutzdaten» herauszufinden, welche Dateien noch lesbar sind, und zeigt sie Ihnen in einer Liste an (25.2). Wurden Ihre Daten nicht gefunden – z.B. weil Sie keinen vorbeugenden Schutz für diese Festplatte installiert hatten – ist noch nicht alles verloren. Die Programme bieten weitere Optionen, mit denen Sie den Datenträger Byte für Byte nach Dateien durchsuchen können, die bestimmten Kriterien entsprechen. Das kann so weit gehen, daß Sie alle Dateien suchen können, die eine bestimmte Größe haben oder eine vorgegebene Zeichenkette enthalten. Diese Vorgänge dauern allerdings je nach Größe der Festplatte recht lange, weil Ihr Mac jedes einzelne Byte auf dem Datenträger untersuchen muß. Hatten Sie Erfolg und die gelöschten Daten sind noch zu retten, dann können Sie die Dateien auf einen anderen Datenträger speichern.

HEISSER TIP

Passiert es Ihnen öfter, daß Sie Dateien ungewollt löschen (oder wollen Sie einfach nur etwas zusätzliche Sicherheit), dann sollten Sie sich *TechTool Pro* anschaffen. Das Programm bietet einen «Trash Cache», das ist ein Zwischenspeicher, der für eine gewisse Zeit die Daten aufnimmt, die sich im Papierkorb befinden, wenn dieser geleert wird. Sie können einstellen, wie lange diese Daten aufgehoben werden sollen, wie groß der Zwischenspeicher sein soll und wieviele Dateien darin Platz finden können.

Haben Sie aus Versehen ein Volume initialisiert, ohne vorher Ihre wichtigen Daten zu sichern, so können Sie dies mit den Norton Utilities oder TechTool Pro noch rückgängig machen. Starten Sie das Dienstprogramm möglichst sofort, nachdem Sie den Fehler bemerkt haben. Wenn alles glattgeht, müßte das Volume wieder so auf dem Schreibtisch auftauchen, wie es vor dem Initialisieren aussah.

ACHTUNG

Das Wiederherstellen von Volumes funktioniert nur, wenn der vorbeugende Schutz für den entsprechenden Datenträger installiert war. Nur dann sind die Informationen vorhanden, mit deren Hilfe das Programm das Volume «wiederbeleben» kann. Ist das nicht der Fall, müssen Sie die Dateien wie eben beschrieben einzeln retten.

Hilfe, meine Festplatte ist verbrannt!

Es gibt Fälle, in denen auch Datenrettungsprogramme nicht mehr weiterhelfen. Das passiert dann, wenn die Elektronik oder Mechanik der Festplatte nicht mehr funktioniert. Die Ursache dafür kann mechanischer Verschleiß oder ein Ausfall der Elektronik sein – oder eine kleinere oder größere Katastrophe. Aber selbst wenn Ihr PowerBook in der vollen Badewanne gelandet ist oder Ihr Mac einen Brand aus nächster Nähe erlebt hat, können die Daten auf der Festplatte durchaus noch in Ordnung sein, nur leider ist die ganze Elektronik bzw. Mechanik des Bauteils zerstört.

Für solche Fälle gibt es Datenrettungsdienste (wie z.B. Ontrack, *www.ontrack.de)*, die defekte Laufwerke öffnen, die Magnetscheiben entfernen und die Daten darauf mit Spezialgeräten auslesen. Dieser Service ist aber teuer und lohnt sich nur für wirklich unersetzliche Daten. Ein regelmäßiges Backup ist bedeutend billiger! (Übrigens kann auch ein Datenrettungsdienst keine Dateien wiederherstellen, die nach dem Löschen mit anderen Informationen überschrieben wurden!)

Bitte sichern Sie jetzt!

Der beste Schutz vor Datenverlusten aller Art ist eine regelmäßige Sicherungskopie, auch Backup genannt. Wie in Kapitel 10 schon beschrieben, kommt irgendwann der Tag, an dem Ihre Festplatte das Zeitliche segnet. Aber auch, wenn Sie Daten versehentlich löschen oder einfach nur eine ältere Version eines Dokuments benötigen, sind Sicherheitskopien oft viel praktischer als aufwendige Datenrettungsaktionen.

Rechnen Sie einfach damit, daß Ihren wichtigen Datenträgern irgendwann etwas zustoßen wird, und bereiten Sie sich darauf vor. Wenn der Fall dann eintritt, sind Sie vorbereitet und ohne viel Aufregung schnell wieder im Geschäft!

HEISSER TIP

Datensicherung ist eine Aufgabe, die eher unangenehm ist und zusätzlichen Aufwand bedeutet. Dabei ist es so, daß ein höherer Aufwand bei der Vorbeugung weniger Aufwand beim tatsächlichen Auftreten eines Fehlers bedeutet und umgekehrt. Es gibt verschiedene Backup-Strategien. Welche für Sie sinnvoll ist, müssen Sie selbst herausfinden. Sie können folgendermaßen vorgehen:

- **Die Vogel-Strauß-Methode.** Sie kümmern sich überhaupt nicht um die Datensicherung, weil Sie Ihren Mac sowieso nur zum Spielen oder Surfen im Internet benutzen. Und wenn etwas passiert, dann können Sie auf die zwei Briefe und Ihre E-Mail eigentlich verzichten – so wichtig war es ja nicht. Wenn Ihre Festplatte streikt, formatieren Sie sie einfach neu und installieren alle Programme von den Original-CDs. Das dauert zwar etwas, dafür müssen Sie im täglichen Betrieb keinen Gedanken und keine Zeit daran verschwenden.

- **Eigene Dateien sichern.** Sie sichern alle Dateien, in die Sie Arbeitszeit investiert haben und die bei einem Festplattencrash nicht wieder herzustellen sind. Neben Ihren Dokumenten gehören dazu auch Ihre E-Mail-Dateien und die Bookmark-Sammlung des Webbrowsers. Bei Daten, die Sie aus dem Internet geladen haben, sichern Sie die für Sie wichtigen, weil Sie z.B. Shareware-Programme jederzeit wieder neu laden können. Wenn Ihrer Festplatte etwas zustößt, müssen Sie zwar alles neu installieren, Ihre wichtigen Daten sind aber nicht verloren.

- **Teilweises Backup.** Sie haben bestimmte Bereiche in Ihrer Dateihierarchie, die Sie unbedingt zum Arbeiten benötigen. Darum legen Sie alle diese Daten auf ein eigenes Volume oder zumindest in einen eigenen Ordner, den Sie regelmäßig sichern. Wenn Sie diesen Ordner geschickt zusammenstellen, enthält er nicht nur Ihre Dokumente, sondern auch alle wichtigen Anwendungen. Nach einem Festplatten-Crash brauchen Sie weniger Zeit, weil Sie einfach dieses Backup zurückkopieren können.

- **Komplettes Backup.** Sie sind darauf angewiesen, Ihren Mac nach einem Ausfall schnell wieder benutzen zu können und sichern deshalb alle Daten. Sie nehmen in Kauf, daß Sie dafür mehr Platz auf externen Datenträgern benötigen und eventuell sogar ein eigenes Backup-Programm anschaffen müssen. Dafür haben Sie wenig Aufwand bei der Auswahl der Dateien und der Wiederherstellung der Daten.

Wie Sie sehen, können Sie ganz nach Ihren Ansprüchen mit dem Backup viel oder wenig Aufwand treiben. Zumindest die von Ihnen selbst erzeugten Daten sollten Sie regelmäßig sichern, weil diese außer Ihnen niemand weiter besitzt. Bei allen anderen Dateien wie E-Mails oder Downloads aus dem Internet müssen Sie abwägen, ob Sie einen Verlust notfalls verschmerzen können.

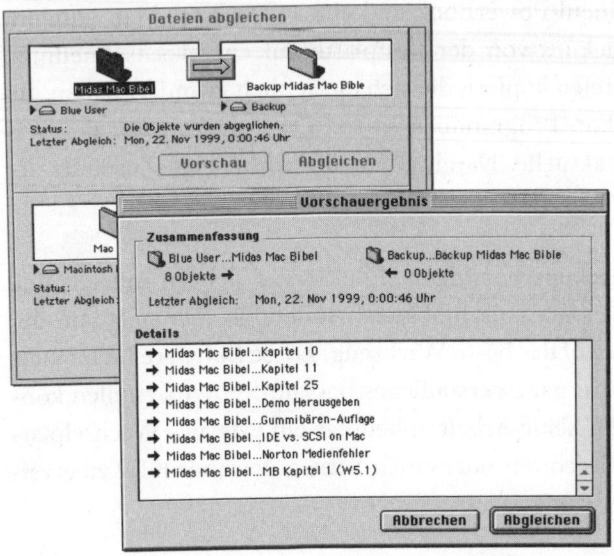

Abb. 25.3 Sicherheitskopie leicht gemacht: Apples Programm «Dateien abgleichen».

FEHLER

Beim Sichern wird eine Sache gern übersehen: die Updates für die Programme, mit denen Sie arbeiten. Oft haben Sie die Installations-CDs, für die aktuelle Version des Mac OS benötigen Sie jedoch noch das eine oder andere Software-Update. Darum sollten Sie von den nötigen Aktualisierungs-Dateien ebenfalls Sicherheitskopien anlegen, damit diese bei einer Neuinstallation gleich zur Hand sind.

Als Medium für Ihre Backups können Sie alle beschreibbaren Datenträger oder den Platz auf einem Netzwerk- oder Internet-Server verwenden. Sehr preiswert sind auch CD-Rs, allerdings können Sie diese nur einmal beschreiben. Auf diese Art entsteht gleich ein Archiv Ihrer Daten, das nicht mehr gelöscht werden kann. Normale Disketten eignen sich nur begrenzt als Backup-Medium. Bei täglichem Gebrauch halten sie oft nicht länger als zwei Wochen. Wechseln Sie deshalb regelmäßig die Diskette oder benutzen Sie einen anderen Datenträger.

Die einfachste Möglichkeit, Daten zu sichern, ist das Kopieren auf ein anderes Medium. Bei wenigen Dateien können Sie das durchaus von Hand machen. Haben Sie aber viele Dateien, an denen Sie arbeiten, empfiehlt sich ein Programm, das nur die Daten aktualisiert, die seit dem letzten Backup geändert wurden. Das mit dem Mac OS gelieferte Programm *Dateien abgleichen* bringt zwei Ordner auf den gleichen Stand (25.3). Damit eignet es sich nicht nur für den Abgleich zwischen einem PowerBook und einem Desktop-Mac, sondern erlaubt auch effektive Backups von der Festplatte auf ein Wechselmedium.

ACHTUNG

Dabei werden nur die Dateien kopiert, die sich tatsächlich geändert haben. Im Gegensatz zu echten Backup-Programmen ersetzt *Dateien abgleichen* alte Versionen einer Datei durch aktuelle. Damit gehen die vorherigen Zustände der Daten verloren.

Wenn Sie komplexere Backups benötigen, File-Server sichern müssen und diese Vorgänge möglichst automatisch ablaufen sollen, ist *Retrospect* von der Firma Dantz *(www.dantz.com)* das beste Werkzeug. Diese Software bietet viele Optionen, mit denen Sie Ihr ganz persönliches Backup-System erstellen können. Retrospect braucht für seine Arbeit unbedingt ein externes Wechselplatten-Laufwerk, einen CD-Recorder oder einen Server, der über FTP zu erreichen ist (25.4).

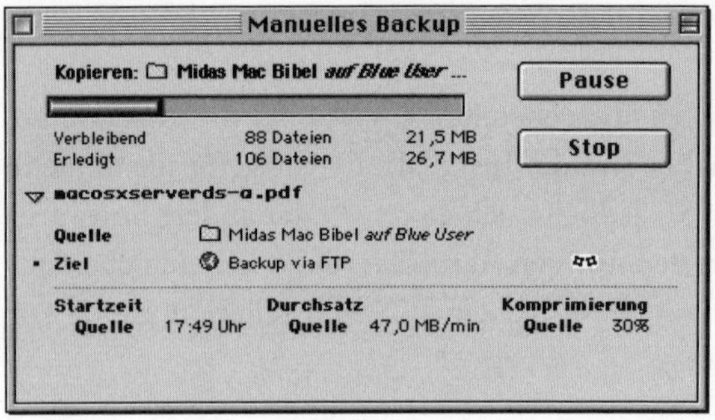

Abb. 25.4 Retrospect beim Sichern auf einen FTP-Server.

FEHLER

Wenn Sie – ob mit oder ohne ein spezielles Backup-Programm – Daten auf einem Server sichern, müssen Sie sich im klaren darüber sein, daß auch andere Nutzer eventuell darauf zugreifen können. Empfindliche Informationen sollten Sie darum zumindest mit einem Kennwort vor unbefugtem Zugriff schützen oder gar verschlüsseln. (Mehr zu dieser Art von Datensicherheit finden Sie weiter hinten in diesem Kapitel.)

Versionen verwalten

Stellen Sie sich vor, Sie arbeiten an einem größeren Bericht, einer aufwendigen Grafik oder einer umfangreichen Präsentation. Als Sie damit fast fertig sind, zeigen Sie alles Ihrem Kunden oder Chef, der Sie um einige größere Änderungen bittet. Sie arbeiten seine Wünsche ein und speichern dabei wie gewohnt die aktuelle Datei mit dem Tastenkürzel Befehl-S. Nachdem Sie die Arbeit abgeschlossen haben, erhalten Sie einen Anruf: die Änderungen waren doch nicht so gemeint und Sie sollen lieber die alte Version abliefern. Plötzlich haben Sie ein Problem: Da Sie jede Änderung Ihres Dokuments immer wieder in dieselbe Datei gespeichert haben, existiert keine alte Version mehr, und Sie müssen in einer Nachtschicht alles per Hand rückgängig machen.

FEHLER

Sie umgehen dieses Dilemma, indem Sie Ihre aktuelle Arbeit in eine andere Datei unter einem anderen Namen speichern und diese dann nicht mehr verändern. Allerdings müssen Sie daran denken, das auch regelmäßig zu tun; außerdem braucht jede Datei zusätzlich Platz.

Das Programm *FlashBack* von Aladdin Systems *(www.aladdinsys.com)* löst dieses Problem. Sie ziehen eine Datei einfach per Drag & Drop in das Fenster des Programms, und schon wird bei jedem Speichern der aktuelle Zwischenstand mit Datum abgelegt (25.5). Um an eine ältere Version der Datei heranzukommen, genügt ein Doppelklick auf das gewünschte Datum, und die Software legt im Ordner des Originaldokuments eine neue Datei mit dem Zwischenstand an.

HEISSER TIP

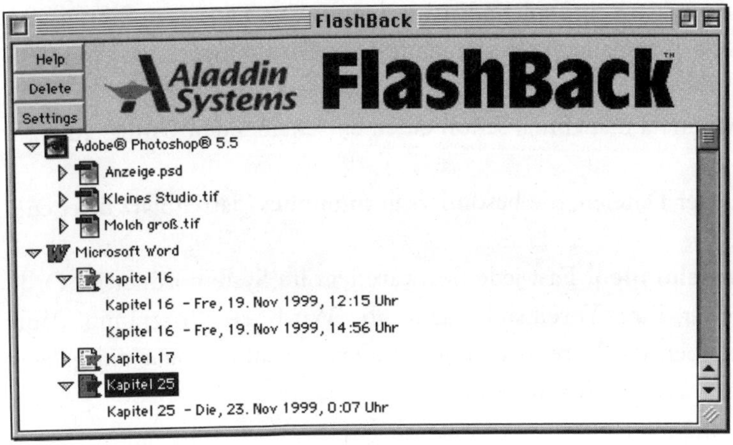

Abb. 25.5 FlashBack erzeugt automatisch Versionen.

FlashBack speichert nicht das komplette Dokument, sondern nur die Änderungen der Datei relativ zur aktuellsten Version. Mit Hilfe dieser Änderungsliste kann die Software zu jedem gespeicherten Zwischenstand zurückgehen. Die dafür notwendigen Differenzdateien befinden sich im Preferences-Ordner im Systemordner. Sie sollten sie darum bei einer Neuinstallation des Mac OS vorher sichern, sonst verlieren Sie alle alten Versionen Ihrer Dokumente.

TECHNIK

HEISSER TIP

Manche Programme verfügen auch über eingebaute Befehle zum Speichern von Versionen. *BBEdit* z.B. läßt sich so einstellen, daß es in bestimmten Abständen automatisch das aktuelle Dokument abspeichert, und auch Word 98 hat eine Versionsverwaltung. Dabei werden allerdings alle Versionen in der gleichen Datei gespeichert, so daß bei deren Beschädigung auch alle Zwischenschritte verloren sind.

Den Müll entsorgen

Mit der Zeit sammeln sich auf Ihrer Festplatte viele Dateien an, die Sie eigentlich nicht mehr brauchen. Meistens werden diese Daten von Programmen hinterlassen, die Sie schon lange wieder gelöscht haben – alte Files im Ordner *Voreinstellungen*, nie benutzte Hilfedateien und andere «vorsorglich» installierte Daten. Auch wenn dieser Datenmüll eigentlich nicht weiter stört, sollten Sie doch gelegentlich aufräumen und überflüssige Files löschen. Sie haben dann wieder etwas mehr Platz auf der Festplatte und der Finder muß weniger Dateien durchsuchen, wenn er auf ein bestimmtes File zugreifen will.

HEISSER TIP

Wenn Ihre Festplatte fast vollständig gefüllt ist – z.B. bei einem etwas älteren PowerBook – dann kann eine solche Entrümpelung durchaus dazu führen, daß Ihr Mac hinterher besser läuft. Aus irgendeinem Grund mag es das Mac OS nicht besonders, wenn das Startvolume fast komplett gefüllt ist. Einige freie Megabytes machen da manchmal schon einen entscheidenden Unterschied.

Hier eine Liste der Dateien, die besonders gern unnütz Plattenplatz belegen:

- **Alte Voreinstellungen.** Fast jede Software legt im Systemordner im Ordner *Preferences* ihre Voreinstellungen ab. Wird das Programm dann gelöscht, bleiben die Voreinstellungen (oder manchmal sogar ein ganzer Ordner) zurück und belegen Platz.

- **Andere Dateien im Systemordner.** Auch im Systemordner selbst verbleiben häufig Ordner und Dateien, die nur von bestimmten Programmen benutzt wurden.

- **Verwaiste Aliase.** Wenn eine Datei gelöscht wird, auf die ein Alias zeigt, so bleibt die Aliasdatei zurück, zeigt ins Nichts und belegt Speicherplatz.

- **Hilfedateien.** Zu erkennen an dem Icon mit dem gelben Fragezeichen, werden diese Dateien im Apple-Guide-Format mit vielen Programmen mitgeliefert, aber selten gebraucht.

- **Temporäre Dateien.** Viele Programme legen während ihrer Arbeit temporäre Dateien an, die beim Beenden des Programms gelöscht werden. Stürzt der Mac vorher ab, bleiben diese Daten natürlich übrig. Besonders bei den großen Photoshop-Auslagerungsdateien und den Arbeitsdateien der Microsoft-Programme lohnt sich ein gelegentliches Aufräumen.

- **Zeichensätze.** Je mehr Zeichensätze sich in Ihrem Systemordner befinden, um so länger brauchen Programme zum Starten. Es lohnt sich, nicht benutzte Schriften zu entfernen oder ein spezielles Schriftenverwaltungsprogramm zu benutzen.

- **Cache-Dateien.** Webbrowser, manche CD-ROM- oder DVD-Treiber und andere Programme legen Cache-Dateien an, in denen sie Daten für den schnellen Zugriff speichern. Diese werden manchmal nicht korrekt gelöscht oder einfach nicht mehr gebraucht, nehmen aber trotzdem noch viel Platz ein.

- **Doppelte Programme.** Wie viele Kopien von SimpleText haben Sie auf Ihrem System? Wie oft haben Sie die neue Version einer Software aus dem Internet geladen, ohne die alte danach zu löschen? Wenn Sie sich etwas Zeit nehmen und einmal nach diesen Dingen suchen, werden Sie erstaunt sein, wieviel Platz Sie sparen können.

Sie können die überflüssigen Dateien von Hand entfernen. Besser geht es aber mit Hilfe Ihres Mac. Benutzen Sie *Dateien finden* bzw. *Sherlock*, um sich alle Dateien mit einem bestimmten Creator- oder Type-Code anzeigen zu lassen.

CD-ROM

Noch besser geht es mit einem speziellen Hilfsprogramm wie z.B. *FileBuddy*, *CleanInstall Assistant* oder dem kommerziellen *Spring Cleaning* von Aladdin. Damit Sie bei der Wartung Ihres Systemordners nicht den Überblick verlieren, sollten Sie nach einer Neuinstallation des Mac OS wenigstens allen Kontrollfeldern und Systemerweiterungen ein spezielles Etikett zuordnen. Auf diese Art sehen Sie später, welche Erweiterungen nachträglich hinzugefügt wurden.

Platz sparen

Auch wenn die Festplatten immer größer werden, besitzen Programme zur Komprimierung nach wie vor ihre Berechtigung. Sie können Dateien in der Größe reduzieren, damit sie einfacher über das Internet zu verschicken sind oder überhaupt erst auf Disketten und andere Wechselmedien passen. Außerdem können Sie ganze Ordner mit Unterordnern in eine Datei komprimieren und so mehrere Files verschicken, die alle zusammengehören. Schließlich lassen sich mit bestimmten Komprimierungsverfahren auch Probleme beim Datenaustausch zwischen verschiedenen Betriebssystemen lösen.

Verschiedene Dateien lassen sich unterschiedlich komprimieren: So schrumpfen Texte bis auf ein Zehntel ihrer Größe zusammen, ebenso Grafikdateien im PICT-, EPS- und TIFF-Format. Zeichensätze und Soundfiles lassen sich dagegen ebensowenig komprimieren wie Dateiformate, die selbst schon eine Komprimierung benutzen. Dazu gehören JPEG und GIF sowie bereits komprimierte Archive.

CD-ROM

Das meistgenutzte Kompressionsformat auf dem Mac ist das StuffIt-Format. Zum Komprimieren benutzt man die Shareware *DropStuff*, zum Auspacken den *StuffIt Expander*. Beide Programme finden Sie auf der CD zu diesem Buch.

StuffIt Expander öffnet fast alle Kompressionsformate, auch die von anderen Betriebssystemen. Inzwischen gibt es sowohl StuffIt Expander als auch DropStuff für Windows, so daß der Austausch von komprimierten Daten zwischen Mac und PC kein Problem mehr ist.

POWER USER

Wenn Sie ein echter Kompressions-Fan sind, Ihr PowerBook nur eine kleine Festplatte hat oder Sie ständig Daten über das Internet versenden müssen, sollten Sie sich StuffIt Deluxe ansehen. Diese Software ist der kommerzielle Bruder von DropStuff und StuffIt Expander. Das Programm kann zwar auch nur komprimieren und dekomprimieren, das aber auf recht komfortable Weise und mit einer ganzen Reihe von Zusatzfunktionen. (Mehr über alle StuffIt-Produkte finden Sie auf der Website des Herstellers unter *www.aladdinsys.com.*)

Disketten-Images

Vor Jahren hatte Apple ein Problem: Die Firma wollte Software über das Internet bereitstellen. Manche dieser Produkte bestanden aber aus mehreren Teilen, die alle an bestimmte Stellen im Systemordner verteilt werden mußten. Normalerweise wurde dazu eine Diskette benutzt, auf der das Installationsprogramm gemeinsam mit allen nötigen Files gespeichert war. Um diese Zusammenstellung zu erhalten, entwickelte *Apple Disk Images*. Eine solche Image-Datei ist im Prinzip ein «eingefrorenes» Volume. Disk-Image-Dateien erkennen Sie an der Endung .img.

Um etwas damit anzufangen, brauchen Sie ein Programm, das mit diesen Dateien umgehen kann, wie z.B. *Apples Disk Copy*, die Shareware *DiskDup+* oder das leistungsfähige *ShrinkWrap* von Aladdin.

CD-ROM

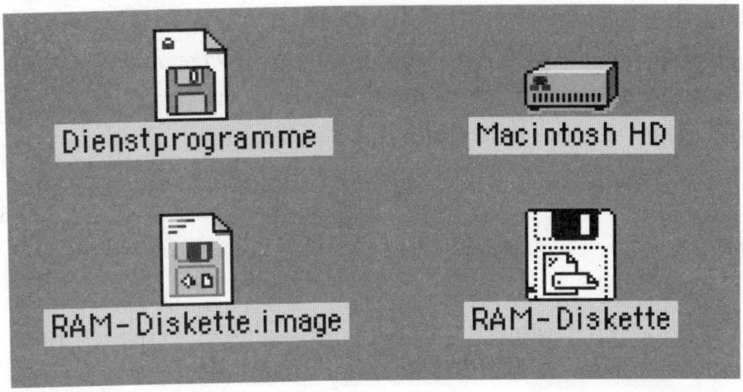

Abb. 25.6 Von links oben nach rechts unten: Disketten-Image im Disk Copy Format, eine normale Festplatte, Disketten-Image im ShrinkWrap-Format und das virtuelle Laufwerk nach dem Doppelklicken der Image-Datei.

Öffnen Sie eine Image-Datei mit einem dieser Programme, und auf Ihrem Schreibtisch erscheint ein virtuelles Volume, das sich genau wie eine Diskette oder eine Festplatte benutzen läßt. Wenn Sie dieses Volume nicht mehr brauchen, dann ziehen Sie es einfach in den Papierkorb, oder benutzen Sie den Befehl *Ablage/Zurücklegen*.

ShrinkWrap mountet die Image-Dateien als schreibgeschützt. Um den Schreibschutz aufzuheben, müssen Sie beim Doppelklicken der Image-Datei die Shift-Taste halten.

Mit ShrinkWrap können Sie auch selbst Image-Dateien herstellen. Dabei ist die Größe nicht auf Disketten beschränkt. Ziehen Sie einfach ein Zip- oder Jaz-Medium, eine komplette Festplatte oder CD auf das Icon des Programms, und es erzeugt eine Image-Datei, die das exakte Abbild des Volumes ist. Das ist z.B. sehr hilfreich, wenn Sie einen der neuen Macs ohne eingebautes Floppy-Laufwerk besitzen, bestimmte Software aber nur von Diskette installiert wer-

HEISSER TIP

den kann. Erzeugen Sie einfach auf einem Mac mit Floppy-Laufwerk Image-Dateien von den Installationsdisketten, und Sie haben das Problem gelöst.

POWER USER

Probieren Sie ein wenig mit den Voreinstellungen von ShrinkWrap herum, dann werden Sie interessante Möglichkeiten entdecken. So können Sie Image-Dateien automatisch komprimieren lassen, mit einem Paßwort schützen oder sogar Image-Dateien erzeugen, die sich bei Doppelklick selbst auf dem Schreibtisch mounten, ohne daß dazu ShrinkWrap vorhanden sein muß.

ShrinkWrap erlaubt Ihnen auch, eine RAM-Diskette zu erzeugen. Dazu müssen Sie im Voreinstellungsdialog die Option *Keep mounted images in RAM* aktivieren und dem Programm eventuell etwas mehr Speicher zuweisen. Erzeugen Sie dann ein neues Image, und Sie haben eine RAM-Diskette.

Virenschutz

Sicher haben Sie schon von Computerviren gehört: kleine, gemeine Programme, die Ihren Mac infizieren, sich auf jedem greifbaren Datenträger weiterverbreiten und alle möglichen unangenehmen Dinge tun.

EINSTEIGER

Viren sind technisch gesehen Programme. Sie müssen in den Speicher Ihres Mac geladen und ausgeführt werden, um sich weiterzuverbreiten oder Schaden anzurichten. Mit Ausnahme der Makroviren (siehe unten) verbreiten sich Viren darum nur über ausführbare Programmdateien. Dazu muß der Virus diese Dateien aber ändern können, der entsprechende Datenträger darf nicht schreibgeschützt sein. Die Viren hängen sich an ausführbare Programme an. Sobald diese gestartet werden, wird auch der Code des Virus ausgeführt. Was dann passiert, hängt vom Programmierer des digitalen Ungeziefers ab. Entweder verbreitet sich der Virus weiter (infiziert also andere Programmdateien) oder löst störende (ein Männchen marschiert über den Bildschirm) bis fatale (auf Ihrer Festplatte werden Daten gelöscht oder verändert) Aktionen auf Ihrem Mac aus.

Sie können sich aber entspannen: Zum Glück gibt es in der Mac-Welt bei weitem nicht so viele Viren wie unter Windows. Es sind kaum Fälle bekannt, in denen Viren auf dem Mac tatsächlich zu schlimmen Schäden geführt haben. Viren zu programmieren ist nicht ganz einfach und erfordert einige Kenntnisse – und diese setzen Mac-Programmierer zum Glück meist für andere Dinge ein.

Makroviren

ACHTUNG

Eine viel größere Gefahr als die «klassischen» Viren sind die sogenannten Makroviren. Das sind Programme, die sich in Dokumenten von Word oder Excel verstecken können. Makroviren sind relativ leicht zu programmieren und funktionieren sowohl unter Windows als auch auf dem Mac. Das macht sie besonders beim Datenaustausch zwischen Mac und PC zur Gefahr, weil die Programme von Microsoft auf beiden Plattformen weit verbreitet sind.

TECHNIK

Makroviren benutzen einen Mechanismus, der von Microsoft in bester Absicht geschaffen wurde: Fast alle Applikationen dieser Firma lassen sich mit einer eigenen, einfachen Programmiersprache fernsteuern. Damit können Sie selbst kleine Programme schreiben, um Vorgänge in Word, Excel oder PowerPoint zu automatisieren. Diese Programme werden mit den Dokumenten gespeichert, und genau das ist das Problem, weil sich so auch böswillige Programme schreiben lassen. Leider existieren im Konzept der Programmiersprache keinerlei Sicherheitsmechanismen, so daß die Makroprogramme auf alle Ressourcen des Computers zugreifen können, auf dem sie laufen.

HEISSER TIP

Sie können sich allerdings vor Makroviren aus fremden Dokumenten schützen, indem Sie die Option *Makrovirus-Schutz* in den Voreinstellungen Ihrer Microsoft-Programme aktivieren. Sobald ein Dokument geöffnet wird, erhalten Sie dann eine Warnung, wenn es Makros enthält. In diesem Moment können Sie alle vorhandenen Makros deaktivieren. Diese Funktion gibt es allerdings erst seit Word 98 auf dem Mac bzw. Word 95 auf dem PC.

Sicherer ist es aber, die Daten in einem Format auszutauschen, in dem sich keine Viren verstecken können. Ganz gut funktionieren die Formate von Word 5.1 für den Mac, Word 2.0 für Windows oder das plattformübergreifende RichText-Format RTF. (Makros funktionieren auf dem Mac erst ab der Word-Version 6.)

Wenn Sie oft Dokumente mit anderen Benutzern von Word, Excel und Co. austauschen, sollten Sie sich ein kommerzielles Antivirenprogramm anschaffen, wie z.B. *Norton Antivirus* oder *Virex* von McAfee. Die Hersteller dieser Programme analysieren ständig die neu auftretenden Viren und passen ihre Software entsprechend an, indem sie Dateien herausgeben, die Virendefinitionen enthalten. Diese Updates werden mindestens monatlich aktualisiert und im Internet zur Verfügung gestellt.

Anti-Viren-Software untersucht nicht nur Ihre Datenträger auf Viren, sondern wacht auch ständig im Hintergrund. Je nach Einstellung werden Wechselmedien beim Einlegen und Dateien aus dem Internet nach dem Herunterladen geprüft. Darüber hinaus überwacht die Software auch verdächtige Aktivitäten, die auf Viren hindeuten könnten. Dazu gehören z.B. das Formatieren von Datenträgern, das Anlegen von ausführbaren Programmen und ähnliches. Wird eine solche Aktion gestartet, greift die Software ein und fragt Sie um Erlaubnis – es kann ja durchaus so gewollt sein. Ist eine solche Anti-Viren-Software erst einmal installiert und eingerichtet, arbeitet sie unauffällig im Hintergrund und meldet sich nur wenn nötig. Das gibt Ihnen ein sicheres Gefühl.

FEHLER

Sie müssen darauf achten, daß Sie für Ihr Programm die jeweils aktuellen Virendefinitionsdateien besitzen. Das beste Programm nützt Ihnen nichts, wenn die dazugehörigen Dateien schon über ein Jahr alt sind.

Wenn Sie eine kommerzielle Anti-Viren-Software kaufen, sollten Sie sofort die Aktualität der Definitionsdateien überprüfen. Die neu gekaufte CD kann nämlich schon eine ganze Zeit zwischen Herstellung und Verkauf im Lager zugebracht haben und darum nur veraltete Definitionsdateien enthalten.

Würmer und Trojanische Pferde

CD-ROM

Würmer sind Programme, die keine anderen Anwendungen brauchen, um sich weiter zu verbreiten. Sie «kriechen» förmlich von selbst von Datenträger zu Datenträger. Derzeit gibt es auf dem Mac nur eine bekannte Art von Wurm, den sogenannten Auto-Start Worm. Er tritt nur auf Power Macs auf. Sie können sich ganz leicht davor schützen, indem Sie im Kontrollfeld *QuickTime Einstellungen* die Option *Auto-Start* wählen und die Einstellung *CD-ROM automatisch starten* deaktivieren. Mit dem Programm *Worm Scanner* von der CD-ROM zu diesem Buch können Sie Ihre Festplatte untersuchen und den Wurm gegebenenfalls entfernen.

Trojanische Pferde sind Programme, die vorgeben, einem bestimmten Zweck oder der Unterhaltung zu dienen. Einmal gestartet, spähen sie in Wirklichkeit im Verborgenen Paßwörter auf Ihrem Mac aus, schmuggeln Viren ein oder beschädigen Dateien. Eine kommerzielle Anti-Viren-Software kann solche Aktivitäten jedoch entdecken und unterbinden.

Virus entdeckt – was nun?

Wenn Sie einen Virus vermuten, gilt auch hier: Ruhe bewahren! Starten Sie Ihren Mac am besten von einem schreibgeschützten «sauberen» Medium, z.B. der MacOS-System-CD oder der Start-CD Ihres Anti-Viren-Programmes. Führen Sie dann sofort Ihr Anti-Viren-Programm aus, und überprüfen Sie die verdächtige Festplatte. Wenn das Programm infizierte Dateien findet, wird es sie entweder reparieren oder auf Nachfrage löschen. Haben Sie eine automatische Überwachung von Viren-Aktivitäten eingeschaltet, kann die Software bei Verdacht auf einen Virus sofort das Desinfektionsprogramm starten. Das ist auch im laufenden Betrieb möglich.

ACHTUNG

Wenn Sie von CD starten, benutzt Ihr Anti-Viren-Programm eventuell die Virusdefinitionen auf der CD, nicht die aktuelleren auf der Festplatte. Lesen Sie die Bedienungsanleitung Ihrer Software, um herauszufinden, wie Sie die Software dazu bringen, die neueren Dateien zu verwenden. Auf der CD zu diesem Buch finden Sie einige kostenlose bzw. Shareware-Programme für die Virenabwehr. Diese schützen Sie jedoch nicht vor Makroviren!

Unbekannte Dateien öffnen

Ab und zu werden Sie mit Dateien zu tun haben, die sich nicht ohne weiteres öffnen lassen. Besteht das Problem nur in falsch eingestelltem Type- und Creator-Code, läßt sich das mit *FileTyper*, *BinaryPump* oder einem ähnlichen Programm schnell beheben.

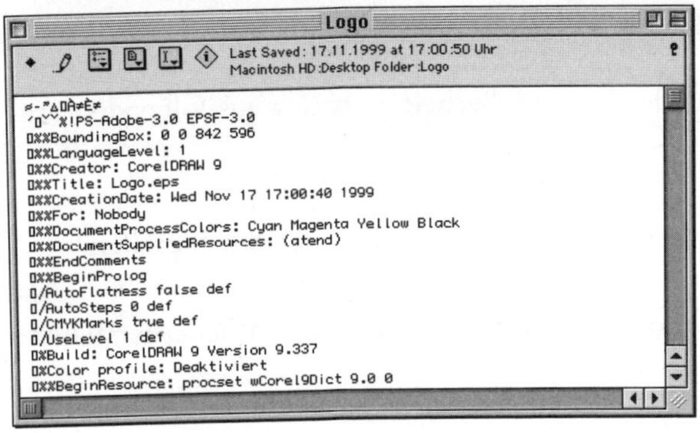

Abb. 25.7 BBEdit zeigt Ihnen den Inhalt von Dateien.

Was aber, wenn Sie nicht wissen, um welche Art von Datei es sich handelt? In solch einem Fall sollten Sie z.B. mit *BBEdit* nachsehen, womit Sie es zu tun haben. Dieses Programm ist eigentlich ein Texteditor, der aber auch fast jede andere Datei öffnen und anzeigen kann. Oft ist dann schon zu sehen, worum es geht und welches Programm die Datei eventuell importieren könnte (25.7).

CD-ROM

Haben Sie öfter mit unbekannten Dateien zu tun, lohnt sich eventuell die Anschaffung eines Konvertierungsprogramms wie *CanOpener* oder *MacLink Plus*. Diese Software ist darauf spezialisiert, Dateien der verschiedensten Formate zu öffnen und zu konvertieren. (Mehr über Konvertierungsprobleme und deren Lösung finden Sie in Kapitel 4.) Auf der CD zu diesem Buch finden Sie eine spezielle Version von *CanOpener*.

Die digitale Privatsphäre

Haben Sie sich schon einmal gefragt, wie sicher die Daten auf Ihrem Mac eigentlich sind? Nun, wenn sich jemand Zugriff auf Ihren Computer verschaffen kann, kann er auch alle Dateien ansehen. Und was passiert, wenn Sie E-Mails mit vertraulichen Dokumenten durch das Internet schicken? Auch dann kann diese Nachricht prinzipiell von Unbefugten abgefangen werden – und der Empfänger muß noch nicht einmal etwas davon merken.

Falls Sie sich jetzt sagen «Ich habe sowieso nichts zu verbergen und nehme in Kauf, daß andere meine Daten lesen können!», dann können Sie diesen Abschnitt getrost überspringen. Wollen Sie Ihre Privatsphäre aber auch in der digitalen Welt geschützt wissen, sollten Sie weiterlesen.

Die Problematik dieser Art der Datensicherheit setzt sich aus folgenden Fragen zusammen:

- Wie verhindere ich, daß Unbefugte auf vertrauliche Daten zugreifen?
- Wie vernichte ich vertrauliche Daten so, daß keine Wiederherstellung mehr möglich ist?
- Wie kann ich Informationen über ein ungeschütztes Medium wie das Internet sicher übertragen?

- Wie kann ich auch in der virtuellen Welt beweisen, daß eine bestimmte Datensendung tatsächlich von mir stammt und unterwegs nicht geändert wurde?

Wir wollen versuchen, diese Fragen zu beantworten, und Ihnen einige Tips geben, mit denen Sie auch in der virtuellen Welt nicht ungeschützt bleiben.

Zugriffsschutz

Der erste Schritt zur Datensicherheit besteht darin, unbefugten Benutzern den Zugriff zu bestimmten Informationen zu versperren. Das passiert üblicherweise mit einem Paßwort, das zusätzlich oft noch mit einer Nutzerkennung gekoppelt ist. Nur wer beide Informationen richtig eingibt, erhält Zugriff auf die Daten – z.B. auf einem Netzwerkserver.

EINSTEIGER

Mit diesem System lassen sich komplette Computer, Festplatten oder auch einzelne Dokumente sichern. So müssen Sie sich bei vielen Betriebssystemen mit Namen und Paßwort anmelden, um einen Computer überhaupt benutzen zu können. Beim Mac war so etwas lange nicht üblich, aber mit Mac OS X Server und den mehrfachen Nutzern von Mac OS 9 läßt sich bereits der Zugriff auf einen einzelnen Mac regeln. Für geschützte Festplatten und PowerBooks mit aktivem Gerätekennwort brauchen Sie ebenfalls ein Paßwort, um überhaupt Zugriff auf das Gerät oder die Daten zu erhalten.

FEHLER

Wie bei jedem technischen System lassen sich natürlich auch manche Zugriffsschutz-Mechanismen aushebeln. So können Sie bei der ersten Version von Mac OS 9 von CD starten und damit den Zugriffsschutz umgehen.

Vor Mac OS 9 gab es serienmäßig keine Möglichkeit, den Zugriff für mehrere Nutzer zu regeln. Lediglich Spezialprogramme wie *DiskLock* oder *FileGuard* boten eine gewisse Begrenzung des Zugriffs. Um Datenträger zu schützen, brauchen Sie entsprechende Treiber, die einen Paßwortschutz unterstützen. *HardDisk Toolkit*, *Silverlining Pro* und das Werkzeugprogramm von Iomega bieten diese Möglichkeit.

Manche Anwendungsprogramme (z.B. Microsoft Office) erlauben, einzelne Dokumente mit einem Paßwort zu versehen.

Verschlüsselung

Die im vorigen Absatz beschriebenen Verfahren eignen sich nur dazu, den Zugriff auf die geschützten Daten zu erschweren. Gelingt es aber jemandem, z.B. die Festplatte auszubauen und an einen anderen Computer anzuschließen, kann er die Daten auslesen. Natürlich erfordert das einen gewissen Aufwand, der sich bei einem Normalverbraucher kaum lohnt. Stellen Sie sich aber einmal vor, Ihnen wird Ihr PowerBook gestohlen, auf dem sich Daten befinden, die entweder der Schweigepflicht unterliegen oder nicht der Konkurrenz in die Hände fallen sollen. Wären Sie in so einem Fall nicht froh, wenn die Daten auf der Festplatte so verwürfelt wären, daß niemand mehr schlau daraus wird?

Genau das zu erreichen, ist der Zweck von Verschlüsselung. Daten zu verschlüsseln bedeutet, sie so durcheinanderzubringen, daß das Ergebnis keinerlei Rückschlüsse mehr darauf zuläßt, was eigentlich in der Datei steht. Um diesen Effekt zu erreichen, werden spezielle mathematische Verfahren verwendet, die mit Hilfe einer Schlüssel-Zeichenkette aus der eigentlichen Nachricht einen Zeichensalat generieren, der nur mit Hilfe des passenden Schlüssels wieder zu entziffern ist (25.8).

Haben Sie die Daten erst einmal verschlüsselt, können Sie sie auch problemlos per E-Mail verschicken oder auf einem Netzwerkserver ablegen, ohne daß jemand mit dem Inhalt etwas anfangen kann – es sei denn, er hat den Schlüssel.

Abb. 25.8 Verschlüsselung macht Ihre Daten unlesbar.

Es gibt schwache und starke Verschlüsselung. Die schwache Variante hält Ihre Arbeitskollegen oder die kleinen Geschwister davon ab, in Ihren Daten herumzuschnüffeln. Starke Verschlüsselung ist auch von Geheimdiensten und anderen Organisationen mit genügend Geld und Rechenleistung nicht zu knacken.

TECHNIK

Ob ein Verschlüsselungssystem sicher ist, hängt von zwei Faktoren ab: von der Länge des Schlüssels und davon, ob der verwendete Algorithmus Schwachstellen hat, über die sich die Botschaft auch ohne Schlüssel entziffern läßt. Die heute benutzten Algorithmen besitzen kaum Schwachstellen, somit spielt die Schlüssellänge die entscheidende Rolle. Um ein verschlüsseltes Dokument zu öffnen, ohne den Schlüssel zu kennen, muß man alle möglichen Schlüssel durchprobieren. Das ist die «Gewaltmethode» (Brute-Force-Attack). Dabei gilt folgender Zusammenhang: Je länger ein Schlüssel ist, um so mehr Möglichkeiten gibt es. Damit man diese alle ausprobieren kann, braucht man entweder mehr Rechenleistung oder mehr Zeit. Wenn man weiß, wieviel Rechenleistung zur Verfügung steht, kann man die Schlüssellänge so wählen, daß die nötige Zeit für alle Kombinationen einfach zu lang wird.

In der Praxis heißt das, daß Schlüssel mit 40 Bit Länge schon mit vertretbarem Aufwand zu knacken sind. Ab etwa 80 Bit müssen auch Geheimdienste aufgeben. Bei einem 128-Bit-Schlüssel müßte die gesamte auf der Erde verfügbare Rechenleistung für eine Zeit arbeiten, die deutlich länger als das derzeitige Alter des Universums ist, um den Schlüssel zu knacken. Es kann zwar sein, daß in Zukunft die Rechentechnik noch weitere Leistungssprünge macht, das läßt sich aber durch einfaches Vergrößern der Schlüssellänge kompensieren.

Für durchschnittliche Mac-Benutzer gibt es derzeit drei Produkte, mit denen sie Daten verschlüsseln können:

- **Private File von Aladdin.** Diese kommerzielle Software erlaubt die Verschlüsselung bequem per Drag & Drop. Für jede zu verschlüsselnde Datei müssen Sie ein eigenes Paßwort eingeben, das auch zum Entschlüsseln wieder gebraucht wird. Die internationale Version von Private File benutzt Schlüssel mit einer Länge von 40 Bit, die US-Version benutzt 128 Bit. Das Programm wird als Cross-Plattform-Lösung auch für Windows angeboten. Damit haben Sie eine bequeme Lösung, wenn Sie kein Mac OS 9 benutzen und zufälliges Ausspähen Ihrer Daten verhindern wollen. Einer zielgerichteten Attacke auf die verschlüsselten Informationen hält der 40Bit-Schlüssel jedoch nicht stand.

- **Apples Verschlüsselung von Mac OS 9.** Bei Mac OS 9 gibt es die Möglichkeit, einzelne Dateien über das Kontextmenü zu verschlüsseln. Ähnlich wie bei *Private File* gibt es für jede Datei ein eigenes Kennwort, die Kennwörter lassen sich jedoch im systemweiten Schlüsselbund speichern. Das hat den Vorteil, daß Sie sich nur das Master-Paßwort des Schlüsselbunds merken müssen, wenn Sie auf eine verschlüsselte Datei zugreifen wollen. Der Nachteil ist, daß jemand Ihr Master-Paßwort herauskriegen kann und dann Zugriff auf alle Daten hat oder daß Sie schnell das Paßwort für die Einzeldate vergessen, wenn Sie es nicht ständig benutzen. Hat dann der Schlüsselbund ein Problem, haben Sie auch eines… Apple benutzt einen 56Bit-Schlüssel und hält sich über das verwendete Verfahren bedeckt, so daß man auch hier nicht von starker Verschlüsselung sprechen kann.

CD-ROM

- **Pretty Good Privacy (PGP).** Dieses Verfahren arbeitet mit 128-Bit-Schlüsseln, liegt im Quelltext vor und wird als Programm für fast alle Computerplattformen angeboten, die private Nutzung ist kostenfrei. Die Mac-Version läßt sich komfortabel bedienen und liegt auf der CD zu diesem Buch bei. Der Quellcode von PGP ist offen erhältlich, damit ist die Chance für Hintertüren darin relativ gering. Zusätzlich erlaubt das Programm noch den Umgang mit digitalen Signaturen (siehe unten).

Wenn Sie Ihre Daten nur vor Gelegenheitsschnüfflern schützen wollen, dann reichen die Möglichkeiten von Mac OS 9 oder Private File voll aus. Geht es Ihnen jedoch um die volle Sicherheit, wollen Sie verschlüsselte Botschaften mit anderen Menschen austauschen und die Echtheit dieser Nachrichten bestätigen, dann empfehlen wir Ihnen PGP.

FEHLER

Zum Schluß noch eine Warnung: Wenn Sie bei verschlüsselten Daten das Paßwort vergessen, gibt es keine Chance mehr, an die Daten heranzukommen! Schließlich ist genau das der Sinn des Ganzen: Jemand ohne Paßwort soll keinen Zugriff erhalten.

Digitale Unterschrift

Verschlüsselung bewahrt Ihre Daten vor dem Lesen durch Unbefugte. Eine digitale Unterschrift (englisch *Signature*) dagegen belegt, daß eine Botschaft tatsächlich von dem Absender kommt, der in der Nachricht angegeben wurde. Mit Hilfe einer digitalen Unterschrift und dem richtigen Algorithmus können Sie außerdem überprüfen, ob die gesendete Botschaft unterwegs verändert wurde.

EINSTEIGER

Gegenwärtig sind digitale Unterschriften noch nicht allzuweit verbreitet. Es ist aber damit zu rechnen, daß mit der zunehmenden kommerziellen Nutzung des Internet der Bedarf dafür wächst. Auch Sie werden vielleicht irgendwann eine digitale Signatur besitzen, mit der Sie Geschäfte im World Wide Web abwikkeln oder die Echtheit von digitalen Dokumenten bestätigen können. Digitale Unterschriften benötigen wie PGP ein Public-Key-System. Die Benutzung ist eigentlich nicht allzu schwer, dafür ist es etwas kompliziert, das System zu verstehen, auf dem das alles beruht.

HEISSER TIP

Wenn Sie sich für digitale Unterschriften interessieren, sollten Sie das PGP-Paket von der CD zu diesem Buch installieren und sich eingehend mit der (leider nur englischen) Dokumentation befassen. Einen kurzen Überblick über den Einstieg in PGP finden Sie auch weiter hinten in diesem Kapitel.

Sicheres Löschen

Weiter oben haben wir beschrieben, daß Dateien beim Löschen nicht wirklich von der Festplatte entfernt werden, sondern nur ihr Eintrag im Inhaltsverzeichnis verschwindet und der belegte Platz freigegeben wird. Das ist zwar recht hilfreich, wenn versehentlich gelöschte Daten gerettet werden sollen, aber manchmal will man auch genau diesen Fall ausschließen. Stellen Sie sich vor, Sie wollen Ihren alten Mac verkaufen, aber auf der Festplatte befinden sich alle Daten ihrer Firma. In so einem Fall möchten Sie sicher nicht, daß der Käufer mit einem Datenrettungsprogramm alle vertraulichen Kundendaten wiederherstellen kann.

Damit das verhindert wird, müssen Sie die vertraulichen Dateien von Ihrer Festplatte endgültig (oder sicher) löschen. Dazu muß der tatsächliche Speicherplatz der Datei Byte für Byte mit Daten überschrieben werden, die eine Wiederherstellung unmöglich machen.

TECHNIK

Angeblich können manche kommerziellen Datenretter Informationen wiederherstellen, die bis zu neun Mal überschrieben wurden. Daher reicht es nicht, den zu löschenden Platz einfach mit Nullen zu beschreiben, sondern man muß schon etwas mehr Aufwand treiben. Das Mac OS selbst bietet keine Möglichkeit zum sicheren Löschen von Dateien. Bei PGP können Sie mit Hilfe des Kontextmenüs Daten endgültig entfernen, die Norton Utilities bieten den Befehl *Wipe Info*, der dasselbe erledigt.

Mit den Norton Utilities können Sie auch einen sicheren Papierkorb anlegen. Alle Dateien, die Sie dort hineinbefördern, werden endgültig gelöscht. Auch beim sicheren Löschen gilt: Einmal vernichtete Daten sind verloren! Überlegen Sie darum genau, bevor Sie Dateien auf diese Art entsorgen.

PGP kompakt

Pretty Good Privacy (PGP) ist ein System, das von Phil Zimmerman entwikkelt wurde, um jedem Verschlüsselungstechnologie zur Verfügung zu stellen, der seine Privatsphäre in der elektronischen Kommunikation schützen will. Die Entwicklung von PGP und die damit verbundenen Geschichten würden selbst Stoff für ein Buch abgeben. Auch wenn vor allem die US-Regierung versucht hat, die Verbreitung dieser Technologie zu verhindern, ist sie dank des Einsatzes vieler Leute inzwischen für jedermann verfügbar und in bequem zu bedienende Software für fast alle Betriebssysteme eingebunden. Für die private Nutzung ist PGP kostenfrei, und auf der CD zu diesem Buch finden Sie die nötigen Installationsdateien.

HEISSER TIP

Obwohl PGP mittlerweile recht einfach zu bedienen ist, muß man sich eine Weile damit beschäftigen, um das System im Detail zu verstehen. Der Platz reicht dafür hier nicht aus. Wenn Sie mehr wissen wollen, sollten Sie sich mit der Dokumentation befassen, die mit PGP geliefert wird. Wir können Ihnen hier lediglich einen kurzen Einführungskurs geben, um in PGP einzusteigen.

Grundprinzip

PGP beruht auf einem Paar von Schlüsseln: dem privaten (private Key) und dem öffentlichen Schlüssel (public Key). Jeder Teilnehmer am PGP-System braucht ein solches Schlüsselpaar. Dabei wird der private Schlüssel nur vom Eigentümer benutzt, der öffentliche an alle Kommunikationspartner weitergegeben. Das System beruht darauf, daß mit der einen Hälfte des Schlüssels verschlüsselte Daten nur mit der anderen Hälfte entschlüsselt werden können. Darum brauchen Sie den öffentlichen Schlüssel Ihres Partners, um ihm verschlüsselte Nachrichten zu schicken. Ihren privaten Schlüssel dagegen brauchen Sie, um an Sie selbst geschickte Nachrichten zu öffnen. Natürlich muß der Absender vorher Ihren öffentlichen Schlüssel haben, um damit die Nachricht zu kodieren. Bei der digitalen Unterschrift funktioniert das gewissermaßen andersherum: Zuerst wird von der Nachricht ein «Fingerabdruck» berechnet, den Sie mit Ihrem privaten Schlüssel kodieren. Die Nachricht wird dann zusammen mit dieser kodierten Prüfsumme gesendet. Der Empfänger berechnet aus dem Inhalt der Nachricht nach der gleichen Methode ebenfalls einen Fingerabdruck. Dann dekodiert er mit der öffentlichen Hälfte Ihres Schlüssels die von Ihnen mitgeschickte Prüfsumme. Stimmen diese beiden Prüfsummen überein, dann wurde die Botschaft unterwegs nicht verändert und auch tatsächlich vom richtigen Absender abgeschickt.

Schlüssel erzeugen

Um PGP überhaupt benutzen zu können, müssen Sie zuerst mindestens ein Schlüsselpaar erzeugen. Dazu benutzen Sie das Programm *PGPkeys*, das Sie beim ersten Start mit einem Assistenten durch die Prozedur führt. Ihr Schlüssel enthält auch einen Zufallsanteil, der aus zufälligen Tastaturanschlägen und Mausbewegungen generiert wird. Das Schlüsselpaar wird auf der Festplatte gespeichert. Sie können beliebig viele Schlüssel erzeugen, allerdings besteht jeder Schlüssel auch immer aus zwei Teilen.

FEHLER

Sichern Sie unbedingt eine Kopie Ihres Schlüsselpaares auf einem anderen Datenträger, sonst können Sie bei Datenverlust oder Beschädigung der Schlüssel die an Sie gerichteten Nachrichten nicht mehr dekodieren! Ihre privaten Schlüssel werden mit einer Paßphrase geschützt, die Sie immer dann eingeben müssen, wenn Sie Ihren privaten Schlüssel benutzen wollen. Wählen Sie diese Phrase möglichst lang, aus mehreren Wörtern und schwer zu erraten.

HEISSER TIP

Mit der Paßphrase sind die Schlüssel auf Ihrer Festplatte geschützt. Selbst wenn jemand Zugriff zu Ihrem Mac und damit zu den PGP-Schlüsseln erlangt, nutzt ihm das ohne Paßphrase gar nichts. Das heißt aber umgekehrt auch, daß Sie nicht mehr auf die geschützten Daten zugreifen können, wenn Sie die Paßphrase vergessen. Wählen Sie diesen wichtigen Text darum mit Bedacht!

Schlüssel weitergeben und überprüfen

Wenn Sie Ihre Schlüssel erzeugt haben, müssen Sie den öffentlichen Schlüssel an Ihre Kommunikationspartner schicken. Der sicherste Weg ist die persönliche Übergabe auf Diskette, aber es gibt auch einen Mechanismus, wenn das nicht geht: Schicken Sie den öffentlichen Schlüssel per E-Mail oder auf einem Datenträger mit der Post. Wenn Sie einen öffentlichen Schlüssel erhalten, importieren Sie die Daten mit dem Befehl *Keys/Import* in das Programm PGPkeys. Nun sollten Sie überprüfen, ob der Schlüssel wirklich korrekt übermittelt wurde und ob der erhaltene Schlüssel auch tatsächlich zu dem Absender gehört, zu dem er gehören soll.

HEISSER TIP

Dazu rufen Sie am besten den Absender an, und lassen sich am Telefon den Fingerprint seines Schlüssels vorlesen. Wenn diese Zahlenkolonne mit dem übereinstimmt, was Ihr PGP-Programm für den empfangenen Schlüssel anzeigt (und Sie sich sicher sind, wirklich mit dem Absender gesprochen zu haben), ist damit die Echtheit des Schlüssels bestätigt.

Nun müssen Sie mit Ihrem privaten Schlüssel den neuen öffentlichen Schlüssel unterschreiben. Damit erklären Sie, daß Sie diesem Schlüssel vertrauen, und können ab dann Nachrichten an den Absender verschlüsselt schicken. Markieren Sie nun den importierten Schlüssel, und wählen Sie den Befehl *Keys/Sign* Sie werden aufgefordert, Ihre Paßphrase einzugeben, und damit den Schlüssel zu unterschreiben. Ab jetzt vertrauen Sie diesem Schlüssel und können seinem Besitzer verschlüsselte Botschaften zukommen lassen (25.9).

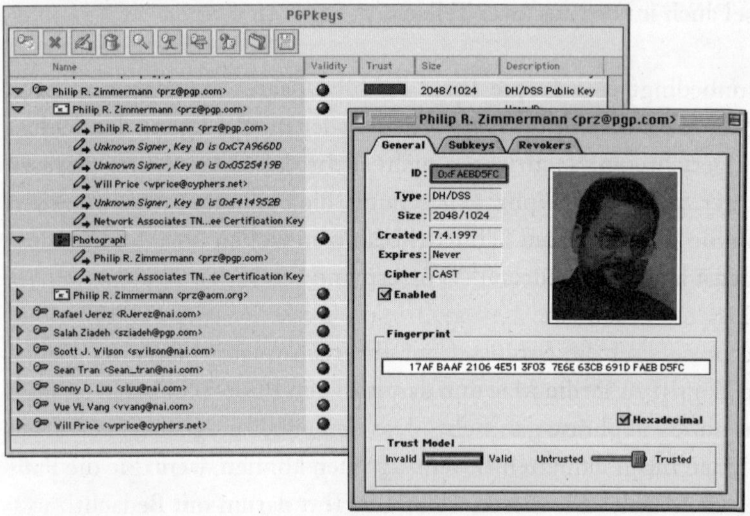

Abb. 25.9«PGPKeys», das Programm zur Verwaltung von PGP-Schlüsseln.

Eine Nachricht verschlüsseln

Nachrichten zu verschlüsseln ist nicht schwer: Sie müssen dazu dem PGP-Programm die Daten geben, die verschlüsselt werden sollen, und ihm außerdem mitteilen, für welchen Empfänger die Kodierung erfolgen soll.

Um Dateien zu verschlüsseln, können Sie im Finder das Kontextmenü benutzen oder das Programm *PGPtools* verwenden, das sowohl mit Drag & Drop als auch mit den normalen Dateidialogen funktioniert. Zusätzlich gibt es in der Menüzeile noch das PGP-Menü, zu erkennen an dem kleinen Schloß.

HEISSER TIP

Mit den Voreinstellungen von PGP – zu erreichen über *Edit/Preferences*, Option *Menu* – können Sie festlegen, in welchen Programmen das PGP-Menü auftauchen soll. Dort müssen Sie dann einfach den Klartext markieren, den Befehl *Encrypt* oder *Encrypt* and *Sign* aus dem PGP-Menü wählen. PGP fragt Sie, für welchen Empfänger der Text kodiert werden soll, und verschlüsselt ihn anschließend.

ACHTUNG

Der markierte Text wird durch den verschlüsselten ersetzt. Damit verlieren Sie den Originaltext. Lediglich ein *Undo* mit Befehl-Z kann die Verschlüsselung rückgängig machen. Wenn Sie die unverschlüsselte Variante behalten wollen, müssen Sie den Text vorher als Kopie ablegen.

Ihre Nachricht ist nun vor Lauschern und Schnüfflern geschützt – allerdings kann sich der Empfänger noch nicht sicher sein, von wem die Nachricht stammt. Um die Echtheit der Herkunft zu bestätigen, müssen Sie als Absender die Nachricht unterschreiben.

Eine Nachricht unterschreiben

Eine Nachricht zu unterschreiben, bedeutet, daß Sie mit Ihrem privaten Schlüssel dem Inhalt der Nachricht eine Art nicht zu verfälschenden Stempel anhängen. Wenn der Empfänger die Nachricht erhält, kann er mit Hilfe Ihres öffentlichen Schlüssels überprüfen, ob die Nachricht beim Transport verändert wurde. Sie müssen deshalb eine Nachricht nicht unbedingt verschlüsseln, um sie zu unterschreiben. Umgekehrt können Sie natürlich auch Daten verschlüsseln, ohne sie zu unterschreiben.

Um die Nachricht zu unterschreiben, wählen Sie den Befehl *Sign* oder *Encrypt & Sign* aus dem PGP-Menü. Für das Unterschreiben werden Sie nach Ihrer Paßphrase gefragt, dann wird die digitale Unterschrift angefügt.

Wollen Sie eine so signierte Nachricht überprüfen, markieren Sie den Text, und wählen Sie den Befehl *Decrypt/Verify* aus dem PGP-Menü. PGP prüft die Botschaft und meldet dann, ob sie vollständig und unverändert übertragen wurde (25.10).

HEISSER TIP

Die Ergebnisse aller Überprüfungen finden Sie im Programm *PGPtools* ordentlich aufgelistet. Rufen Sie dazu den Befehl *Edit/Show Verification Results* auf.

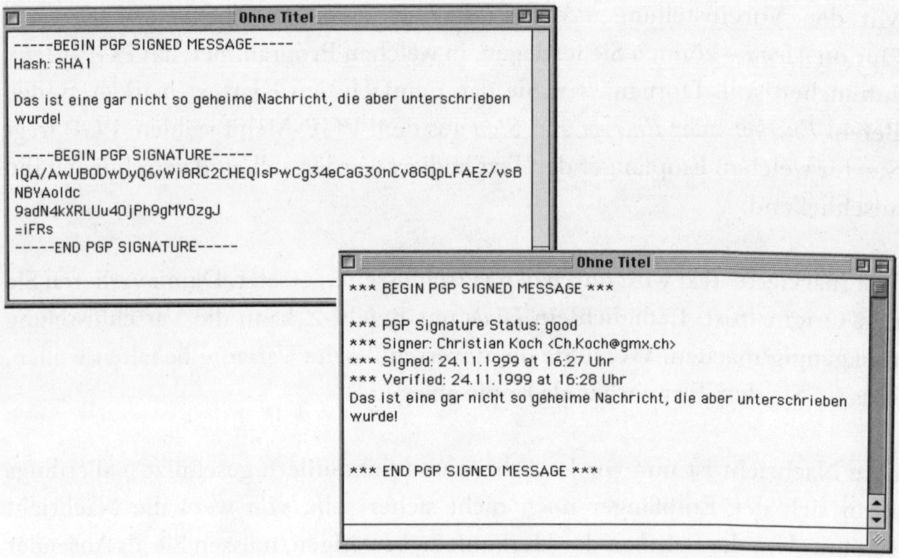

Abb. 25.10 Eine PGP-unterschriebene Nachricht (links) wurde erfolgreich überprüft (rechts).

Die Nachricht entschlüsseln

Wenn Sie eine an Sie gerichtete verschlüsselte Nachricht erhalten, müssen Sie die Daten an das PGP-Programm übergeben. Dieses analysiert, mit welchem öffentlichen Schlüssel die Nachricht kodiert wurde, und sucht nach der passenden privaten Hälfte. Ist diese vorhanden, werden Sie nach der Paßphrase gefragt, und die Nachricht wird dekodiert.

Analog können Sie unterschriebene Nachrichten darauf überprüfen, ob deren Inhalt geändert wurde. (Bei unterschriebenen und verschlüsselten Nachrichten werden diese Tests kombiniert vorgenommen.)

HEISSER TIP

Erhalten Sie eine verschlüsselte E-Mail, dann markieren Sie am besten den Text und benutzen anschließend den Befehl *Decrypt/Verify* aus dem PGP-Menü. Handelt es sich um eine verschlüsselte Datei, so können Sie die Entschlüsselung mit einem Doppelklick, über das Kontextmenü im Finder oder über das PGP-Menü starten.

Schlüssel-Server

POWER USER

Wenn Sie nur mit wenigen, Ihnen bekannten Personen kommunizieren, brauchen Sie keinen Schlüssel-Server. Geben Sie einfach Ihren Partnern Ihren öffentlichen Schlüssel, nehmen Sie deren öffentliche Schlüssel, und das war es. Sie können Ihre öffentlichen Schlüssel aber auch auf einem Schlüsselserver ablegen. Auf dem Server können andere Nutzer nach Ihrem Namen suchen und Ihren öffentlichen Schlüssel laden. Außerdem ist diese Infrastruktur hilfreich, wenn Sie Ihren Schlüssel einmal ändern und diese Änderung nicht allen Partnern mitteilen können. Das PGP-Programm Ihrer Partner kann dann die aktuelle Version Ihres Schlüssels vom Server laden. Es gibt mehrere Server weltweit, die alle ihre Daten miteinander abgleichen.

HEISSER TIP

Die Befehle zur Kommunikation mit dem Schlüsselserver befinden sich im Menü *Server* des Programms PGPkeys. Die Server selbst werden im Voreinstellungsdialog eingetragen (Befehl *Edit/Preferences*, Option *Server*).

Einen Schlüssel deaktivieren

Was passiert, wenn Sie einen ihrer Schlüssel für ungültig erklären wollen – z.B. weil jemand unbefugt Zugriff auf Ihren privaten Schlüssel erhalten hat? In solch einem Fall wollen Sie sicher der Welt mitteilen, daß Ihr öffentlicher Schlüssel nicht mehr benutzt werden soll. Dieser Vorgang wird «Revoke» genannt. Damit wird Ihr Schlüssel auf dem Server für ungültig erklärt, bleibt aber nach wie vor gespeichert. Mit einem so gekennzeichneten Schlüssel kann niemand mehr Daten für Sie verschlüsseln.

ACHTUNG

Ein einmal mit «Revoke» blockierter Schlüssel kann nicht mehr freigeschaltet werden! Sie müssen dann ein neues Schlüsselpaar erzeugen und den neuen öffentlichen Schlüssel verteilen.

Um einen Schlüssel zu deaktivieren, müssen Sie in PGPkeys auf Ihren eigenen Eintrag doppelklicken und dann die Registerkarte *Subkeys* wählen. Markieren Sie den Schlüssel, den Sie deaktivieren wollen, und klicken Sie *Revoke*.

Automatisieren mit AppleScript

AppleScript ist eine Technologie, mit der Sie Abläufe auf Ihrem Mac automatisieren können. Vor allem dann, wenn Sie öfter die gleichen Dinge tun müssen, ist es ein große Hilfe. Mit AppleScript können Sie kleine (und auch größere) Programme schreiben, ohne daß Sie sich mit den Problemen einer ausgewachsenen Programmiersprache herumschlagen müssen. Damit ist es ideal für die vielen Probleme, die Sie bei Ihrer Arbeit am Mac gern automatisieren würden. Falls Sie sich nichts darunter vorstellen können, hier einige Beispiele, was mit AppleScript möglich ist:

- Lassen Sie Ihren Mac automatisch ein Backup auf einem Wechselmedium erstellen.
- Bauen Sie ein AppleScript, das sich automatisch ins Internet wählt, Ihre E-Mail abholt und dann die Verbindung wieder beendet.
- Benutzen Sie AppleScript, um automatisch aus einer Mini-Datenbank 50 E-Mails oder Briefe zu erzeugen, mit denen Sie Ihre ehemaligen Mitschüler zum Klassentreffen einladen.
- Durchsuchen Sie mit einem AppleScript die viel zu kleine Festplatte Ihres PowerBook nach den Dateien, die am meisten Platz wegnehmen.
- Ändern Sie die Endungen von 2000 HTML-Dateien automatisch von «.HTM» auf «.html».

ACHTUNG

Obwohl es einfach ist, mit AppleScript zu beginnen, müssen Sie sich für komplexere Skripte schon ein wenig in die Materie einarbeiten. Ein guter Startpunkt sind die Adressen *www.scriptweb.com* und *applescript.apple.com.* Um jedoch wirklich die Details zu verstehen, sollten Sie sich ein Buch über AppleScript anschaffen, z.B. *Eine Reise durch AppleScript* vom Lisardo Verlag bzw. die Folgeausgabe im Midas Verlag.

Grundlagen

AppleScript wird seit System 7.5 in jede neue Version des Mac OS eingebaut. Im Laufe der Entwicklung ließen sich immer mehr Teile des Mac OS selbst fernsteuern, inklusive des Finders. Mit Mac OS 8.5 lief es dann auch auf Power Macs als «native» Software und wurde dementsprechend schneller. Zusätzlich lassen sich jetzt auch die Netzwerksoftware OpenTransport, das Suchen nach Inhalten auf der Festplatte und viele andere Dinge mit AppleScript steuern.

HEISSER TIP

Ab Mac OS 8.5 können Sie auch beliebige Ordner mit sogenannten Ordneraktionen versehen, die ausgelöst werden, sobald Sie z.B. eine Datei in diesem Ordner ablegen. Mac OS 9 geht noch einen Schritt weiter: AppleScript-Befehle können sogar über das Internet von Mac zu Mac reisen und eröffnen damit noch mehr Möglichkeiten.

Ihr erster Kontakt mit AppleScript werden vermutlich Skripte sein, die bestimmte Aktionen im Finder auslösen. Es lassen sich aber Skripte schreiben, die andere Programme benutzen – vorausgesetzt, diese Anwendungen unterstützen AppleScript.

TECHNIK

Damit AppleScript Programme fernsteuern kann, müssen diese das erlauben, sie müssen skriptbar sein. Das bedeutet, daß die Programmierer der entsprechenden Software das Zusammenspiel mit AppleScript vorgesehen und eine Art «Fernsteuer-Anschluß» in die Software eingebaut haben. Es gibt inzwischen viele Programme, die mit AppleScript umgehen können, darunter viele von denen, die Sie vielleicht jeden Tag benutzen: Word, Excel, ClarisWorks/AppleWorks, Netscape Navigator, Eudora, PageMaker, Quark XPress, FileMaker und viele mehr.

HEISSER TIP

Ob sich ein Programm mit AppleScript steuern läßt, finden Sie einfach heraus. Starten Sie den Skripteditor, das ist das von Apple mitgelieferte Programm zum Editieren von AppleScripts. Sie finden das Programm im Ordner Apple Extras/AppleScript. Wählen Sie nun den Befehl *Ablage/ Verzeichnis öffnen*, und suchen Sie im folgenden Dateidialog das Programm, das Sie interessiert. Öffnen Sie es, und Sie sehen eine Art Wörterbuch, bei dem in der linken Spalte Begriffe stehen, die beim Anklicken rechts erklärt werden – mehr oder weniger (25.11).

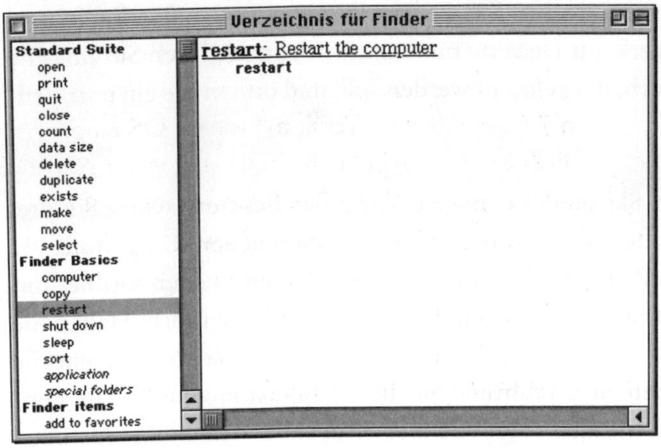

Abb. 25.11 Das Inhaltsverzeichnis mit den AppleScript-Befehlen des Finders.

Jedes Programm muß die vier AppleScript-Befehle *launch*, *quit*, *print* und *open* (öffne eine Datei) verstehen. Das ist das absolute Minimum. Wenn ein Programm aber richtig AppleScript-fähig ist, hat es darüber hinaus noch mehr Befehle, die Sie im Verzeichnis ansehen können.

POWER USER

Der Befehlsumfang von AppleScript läßt sich mit Scripting Additions erweitern. Das sind Dateien, die zusätzliche Befehle für die AppleScript-Sprache enthalten. Sie finden diese Files im Systemordner im Ordner *Scripting Additions*. Dort liegen auch von Apple mitgelieferte Erweiterungen, mit denen Sie bestimmte Teile des Mac OS steuern können.

ACHTUNG

Die gesamte Syntax von AppleScript ist – wie bei fast allen Programmiersprachen – in Englisch. Apple hatte zwar einmal vorgesehen, es auch an andere Sprachen anzupassen, man ist aber vor einer ganzen Weile schon wieder davon abgekommen.

Das erste Skript

Mit AppleScript können Sie viele erstaunliche Dinge tun, nur leider erfordert das auch einen gewissen Aufwand beim Entwerfen und Programmieren Ihrer Skripte. Zum Glück können Sie recht einfach anfangen, indem Sie Ihre Aktionen vom Skripteditor aufzeichnen lassen.

Nehmen wir einmal an, Sie möchten AppleScript folgende Dinge erledigen lassen: Der Ordner mit dem Namen «Dokumente» soll auf die Zip-Diskette mit dem Namen «Backup» kopiert werden, anschließend wollen Sie den Papierkorb entleeren und alle noch offenen Fenster im Finder schließen. Um die Aktion vorzubereiten, stecken Sie die Zip-Diskette ins Laufwerk (ein normales Diskettenlaufwerk mit Diskette tut es natürlich auch), legen Sie eine alte Datei in den Papierkorb, die gelöscht werden soll, und öffnen Sie ein paar Fenster im Finder.

Starten Sie jetzt den Skripteditor. In der Mitte des Fensters sehen Sie drei Knöpfe wie auf einem Kassettenrekorder. Drücken Sie auf den Knopf *Aufzeichnen*, und los geht es: Wechseln Sie zum Finder, kopieren Sie den Ordner mit den Dokumenten auf die Diskette, und leeren Sie den Papierkorb. Halten Sie dann die Optionstaste, und wählen Sie den Befehl *Ablage/Alle schliessen*, um alle offenen Fenster zu schließen. Während Sie diese Dinge tun, sehen Sie im Fenster des Skripteditors, wie alles aufgezeichnet wird, außerdem blinkt links oben im Apple-Menü eine kleine Kassette.

Sobald Sie fertig sind, klicken Sie im Skripteditor auf *Stop*, um die Aufzeichnung zu beenden. Im Skripteditor sehen Sie jetzt das aufgenommene Skript (25.12).

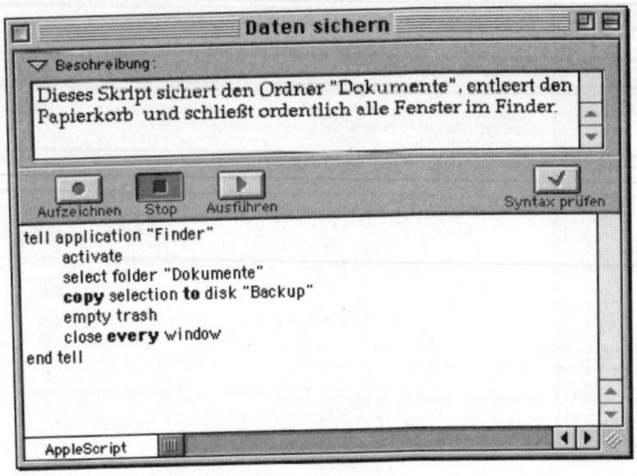

Abb. 25.12 Ein AppleScript entsteht.

Sichern Sie das Skript auf dem Schreibtisch unter einem markanten Namen, und wählen Sie in der Dialogbox zum Speichern bei der Option *Art* den Punkt *Skriptprogramm*. Auf dem Schreibtisch im Finder taucht jetzt ein neues Symbol auf – das AppleScript-Skript. Wenn Sie es doppelklicken, wird es gestartet.

Fehler beseitigen

Sobald Sie Ihr neues AppleScript ein zweites Mal starten, funktioniert es schon nicht mehr so richtig. Es ertönt ein Warnton, und im Applikationsmenü rechts oben beginnt ein Symbol zu blinken. Die Ursache dafür ist, daß auf der Backup-Diskette bereits ein Ordner «Dokumente» vorhanden ist, den das AppleScript nicht einfach ohne Rückfrage überschreiben mag. Bringen Sie das Skriptprogramm in den Vordergrund, und Sie sehen, an welcher Stelle es Probleme gab. Nun müssen Sie das Programm von Hand so ändern, daß es trotzdem funktioniert. Schließlich wollen Sie ja, daß das Backup von heute die alten Daten von gestern komplett ersetzt.

ACHTUNG

Nun sind wir an der Stelle angelangt, wo Sie etwas mehr über AppleScript lernen müssen, um die Aufgabe zu lösen. Für dieses kleine Problem haben wir Ihnen die Arbeit abgenommen. Ändern Sie die Zeile so, wie in Abbildung 25.13 zu sehen, und schon überschreibt Ihr Backup-Skript die alten Daten ohne Probleme.

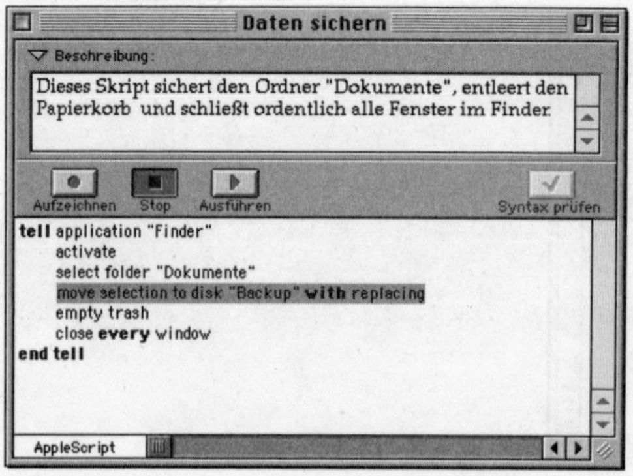

Abb. 25.13 Das geänderte AppleScript überschreibt ohne Rückfrage den Backup-Ordner.

HEISSER TIP

Wenn Sie mit dem Skripteditor arbeiten, werden Sie unweigerlich Tippfehler machen. Benutzen Sie den Button mit dem Häkchen, um nach Änderungen die Syntax zu prüfen. Das Programm versucht dann, das Skript zu übersetzen. Findet es dabei einen Fehler, antwortet es mit einer entsprechenden Meldung und zeigt Ihnen die Stelle, an der es steckengeblieben ist. Sie werden diese Funktion schätzen lernen.

Wie weiter?

Haben Sie erst einmal ein AppleScript geschrieben, können Sie verschiedene Dinge damit tun: Sie können es einfach doppelklicken, um es auszuführen, oder Sie legen es im Apple-Menü ab, um schnell darauf zugreifen zu können. Wenn Sie Skripte komfortabel verwalten wollen, sollten Sie die Erweiterung *OSA Menu* installieren. Damit können Sie jedem Programm ein Skript-Menü hinzufügen, von dem aus Sie bequem auf Ihre Skripte zugreifen können.

HEISSER TIP

Ab Mac OS 8.5 können Sie auch an beliebige Ordner Skripte anfügen, die dann ausgeführt werden, wenn der Order geöffnet, geschlossen oder sonst irgendwie geändert wird. Control-klicken Sie dazu auf einen beliebigen Ordner, und wählen Sie den Befehl *Aktion an Ordner anfügen*. Als nächstes müssen Sie im Dateidialog ein AppleScript auswählen, das dann mit dem Ordner verbunden wird. Wollen Sie eine Ordneraktion wieder entfernen, so geht das ebenfalls über das Kontextmenü.

TECHNIK

Wir haben versucht, Ihnen die Fähigkeiten von AppleScript an einem einfachen Beispiel zu demonstrieren. Natürlich gibt es noch viel mehr zu entdecken und zu lernen. Wenn Sie mehr wissen wollen, sollten Sie sich die Skripte ansehen, die Apple mit dem Mac OS mitliefert. Sie finden die Dateien im Ordner

Apple Extras/Apple Script. Die Ordneraktionen befinden sich ab Mac OS 8.5 im Systemordner im Ordner Skripte. Auf der CD zu diesem Buch sind ebenfalls einige Beispielskripte enthalten.

Versuchen Sie, Routinearbeiten im Finder mit Apple-Skripten aufzuzeichnen und dann Schritt für Schritt zu erweitern. Besorgen Sie sich eine Dokumentation, probieren Sie ein wenig herum, und mit der Zeit werden Sie zum AppleScript-Experten.

Den Bildschirm fotografieren

Früher galt es als eines der netten Geheimnisse des Mac OS, daß Sie mit der Tastenkombination Befehl-Shift-3 ein Foto vom aktuellen Bildschirm Ihres Mac machen konnten. Sie hörten das Klicken eines Kameraverschlusses, und dann erschien eine PICT-Datei mit dem Namen Bild1, Bild2, ... auf Ihrer System-Festplatte.

HEISSER TIP

Dieses Tastenkürzel funktioniert immer noch, aber seit Mac OS 8.5 gibt es noch folgende Variationen:

- Befehl-Shift-4. Der Cursor verwandelt sich in ein Fadenkreuz, mit dem Sie einen Bereich des Bildschirms auswählen können, der als Bild auf der Festplatte gespeichert wird.
- Drücken Sie die Feststelltaste und dann Befehl-Shift-4. Der Cursor wird zur Zielscheibe. Klicken Sie damit auf ein Fenster oder eine Dialogbox, und nur diese begrenzte Fläche wird in der Bilddatei gespeichert.
- Halten Sie die Control-Taste gedrückt. Jede der beiden vorigen Kombinationen kann das Bildschirmfoto auch in der Zwischenablage speichern, anstatt es auf die Festplatte zu schreiben. Dazu müssen Sie beim Ziehen oder Klicken lediglich die Control-Taste gedrückt halten.

Offene Menüs können Apples Tastenkürzel nach wie vor nicht fotografieren. Falls Sie öfter Bildschirmfotos machen – z.B. weil Sie ein Mac-Buch schreiben oder Software-Schulungen vorbereiten – sollten Sie ein spezielles Programm wie *Snapz Pro* oder *FlashIt* verwenden. (Alle Screenshots in diesem Buch wurden übrigens mit Snapz Pro erstellt.)

Den Bildschirm fotografieren

26 Sprache, Film und Ton

In diesem Kapitel

Der Macintosh war schon immer bestens mit Multimedia-Möglichkeiten ausgestattet, und das selbst zu einer Zeit, als eine Soundkarte für einen PC noch eine teure Anschaffung war. Inzwischen hat die Windows-Plattform aufgeholt, trotzdem hat der Mac weiterhin die Nase vorn. So sind die aktuellen Mac-Modelle erstaunlich leistungsfähig, außerdem ist die Konfiguration und Benutzung von Hard- und Software für Multimedia einfacher und weniger problematisch. Dieses Kapitel gibt Ihnen einen kurzen Überblick über die bunten Multimedia-Fähigkeiten. Wir verraten Ihnen viele Tips und Tricks, wie Sie das beste daraus machen können.

Schneller, bunter, lauter – ein kurzer Überblick

EINSTEIGER

Multimedia ist eines der vielbenutzen Schlagworte aus der Computerbranche, von dem keiner so ganz genau weiß, was eigentlich damit gemeint ist. Am besten erklärt man es vielleicht als gleichzeitiges Zusammenwirken verschiedener Informationen: also Text, Bilder, Töne, Filme, Animationen (Geruch und Geschmack funktionieren in der digitalen Welt noch nicht so richtig). Alles das sind verschiedene Arten von Medien; daher der Begriff Multimedia.

Damit ein Computer «Multimedia machen» kann, muß seine Hardware in der Lage sein, mit den entsprechenden Daten umzugehen. Dazu sollten Sie wissen, daß digitale Töne, Animationen oder gar QuickTime-Filme sehr viel mehr Daten erzeugen als ein Textdokument oder selbst ein hochauflösendes Bild in Photoshop. Um mit diesen Dingen umgehen zu können, brauchen Sie einen entsprechend leistungsfähigen Computer. Zum Glück hat die Elektronik unglaubliche Fortschritte gemacht, so daß Schritt für Schritt mehr möglich wurde:

- **Grafische Benutzeroberflächen.** Der Mac war schon immer ein grafischer Computer, aber aus dem neun Zoll großen Schwarzweiß-Gerät des Jahres 1984 ist inzwischen ein Computer mit einer Leistung geworden, die vor einigen Jahren noch nicht einmal die teuerste Maschine in einem Rechenzentrum erreicht hat. Damit sind heute Aktionen möglich, die vor einigen Jahren für einen Schreibtischcomputer als undenkbar galten.

- **Umgang mit großen Datenmengen.** Hatten die ersten Macs 128 KB Speicher und keine Festplatte, so sind heutzutage Ausstattungen mit 128 MB Speicher und schnellen Festplatten mit 10 bis 50 GB Platz auch für den

Normalverbraucher bezahlbar. Damit ist es kein Problem mehr, selbst mit riesigen Bilddateien, digitalem Audiomaterial oder gar Videos umzugehen.

- **Ton und Video.** Töne ausgeben kann der Mac schon relativ lange, um aber selbst Audiomaterial aufnehmen und bearbeiten zu können, brauchen Sie spezielle Zusatzelektronik und genügend Platz auf der Festplatte. Heute besitzt jeder Mac ab Werk Audioelektronik in HiFi-Qualität, und auf eine durchschnittliche Festplatte paßt inzwischen der Inhalt von mehreren CDs. Bei Video ist es ähnlich, nur daß die Anforderungen an die Hardware noch höher sind. Bei modernen Macs ist aber auch das kein Problem mehr, manche davon werden sogar schon mit einer FireWire-Schnittstelle geliefert, an die Sie eine Videokamera direkt anschließen können.

Wie Sie sehen, eröffnet der technische Fortschritt Möglichkeiten, die vor einigen Jahren noch unglaublich erschienen oder für die man sehr teure Spezialanlagen brauchte. Die Leistung der durchschnittlichen Computer ist jedoch ständig gestiegen, so daß auch der Normalverbraucher mittlerweile Dinge tun kann – wie z.B. Videobearbeitung – die aus Kostengründen früher nur den Profis vorbehalten waren.

ACHTUNG

Die Macs von heute können mit riesigen Bilddateien umgehen, QuickTime-Filme bildschirmfüllend wiedergeben oder lassen sich als digitales Tonstudio benutzen. Um mit all dieser Leistung etwas Sinnvolles herzustellen, brauchen Sie aber nach wie vor die richtige Software, handwerkliches Können und vor allem – gute Ideen. Lassen Sie sich aber davon nicht abschrecken, sondern probieren Sie aus, was Sie mit Ihrem Mac selbst an «Multimedia» produzieren können!

Die nötige Ausrüstung

Ein fabrikneuer Mac kann schon eine ganze Menge: Er erlaubt Ihnen, verschiedene Warntöne auszusuchen oder sogar eigene aufzunehmen, Sie können in Computerspielen realistische dreidimensionale Welten mit passendem Stereosound erleben. Während Sie einen Brief schreiben, spielt das interne CD-ROM-Laufwerk Ihre Lieblingsband, und Sie können QuickTime-Filme aus dem Internet oder von CD-ROMs anschauen.

Das ist alles ganz nett, ähnelt aber ein wenig dem Fernsehen: Sie können zwar das Programm auswählen (und vielleicht noch wie beim Videorekorder vor- und zurückspulen), aber das war es dann auch schon. Wollen Sie selbst Töne aufnehmen, Animationen erstellen oder Videos schneiden, brauchen Sie die passende Ausrüstung, also die entsprechende Hard- und Software.

Wie bereits erwähnt, sind gerade die neueren Mac-Modelle recht gut ausgestattet, was die Hardware betrifft. Viel wichtiger ist es darum, daß Sie die richtige Software für Ihr Vorhaben finden. Je nach Anforderung und Leistungsumfang gibt es verschiedene Programme zu unterschiedlichen Preisen – von wenigen Hundert bis zu mehreren Tausend Mark, oder gar als preiswerte Shareware. Alles aufzulisten, sprengt selbst den Umfang dieses Buches. Wir können Ihnen darum nur raten, sich in Fachmagazinen oder im Internet zu informieren, die Programme auszuprobieren und dann das zu kaufen, was für Sie am besten geeignet ist.

HEISSER TIP

Seit kurzer Zeit versucht Apple, den Bereich des «digitalen Home-Videos» für sich zu erobern – mit zunehmendem Erfolg. So gibt es inzwischen sogar iMacs mit eingebauter FireWire-Schnittstelle und mitgelieferter Schnittsoftware, außerdem tritt die Apfel-Firma mit dem Schnittprogramm *Final Cut Pro* erfolgreich gegen etablierte Produkte wie *Premiere* von Adobe und sogar sehr viel teurere Profilösungen an. Auf dem Markt für Audioprodukte ist es ähnlich: Viele Hersteller in diesem Nischenbereich erkennen Macs (wieder) als lohnenden Markt, und das Angebot an Hard- und Software wächst. Sie als Mac-Benutzer können sich darüber nur freuen!

ACHTUNG

Bevor Sie jetzt voll einsteigen, noch ein wichtiger Hinweis: Ton und Video auf dem Mac sind eine schöne Sache, brauchen aber jede Menge Rechenleistung, RAM und Platz auf der Festplatte. Moderne Macs rechnen schnell genug, wenn Sie aber wirklich Spaß als Hobby-Tonmeister oder -Regisseur haben wollen, dann sollten Sie Ihrem Mac lieber etwas mehr RAM und Plattenplatz spendieren – es lohnt sich!

Digitalton kurz erklärt

Mit dem Mac Töne aufzunehmen, ist ein Kinderspiel. Die Macs der Autoren dieses Buches enthalten eine Menge Töne aus ihrer Umgebung: unsere Nichten und Kinder, die Großeltern und U-Bahn-Geräusche. Indem wir diese Aufnahmen über die Mac-Lautsprecher abspielen, können wir jemanden sozusagen in wenigen Minuten in unsere Kreise einführen.

EINSTEIGER

Ihr Mac zeichnet Geräusche durch Abtasten der vom Mikrofon oder Audio-Eingang aufgenommenen Schallwellen auf. Abtasten (englisch *Sampling*) bedeutet, es werden Tausende von winzigen Klangschnappschüssen pro Sekunde aufgenommen und jeweils in eine Zahl umgewandelt. (Deshalb nennt man es auch Digitalisieren.) Bei den meisten Tonaufzeichnungsprogrammen des Mac (einschließlich der jüngsten Versionen des Kontrollfeldes *Ton*) können Sie bestimmen, wie viele dieser Werte pro Sekunde aufgenommen werden sollen: z.B. 11.000 oder 22.000. Je mehr Werte pro Sekunde, desto realistischer die Wiedergabe; 22 kHz klingt klarer als 11 kHz. («kHz» ist die Abkürzung für Kilohertz, das heißt tausend Samples pro Sekunde.) Die heutigen Macs können sogar kristallklare 44 kHz aufzeichnen – CD-Qualität.

Die zweite entscheidende Größe ist die Bittiefe des Tonsignals. Diese Größe gibt an, wieviel Bit ein abgetasteter Wert belegt. Je höher dieser Wert ist, um so feinere Unterschiede in der Lautstärke lassen sich speichern, aber um so mehr Daten fallen auch an. Auf dem Mac gibt es Tonsignale mit acht oder 16 Bit. Acht Bit reichen für Warntöne oder Soundeffekte völlig aus, CDs dagegen benutzen 16-Bit-Werte.

ACHTUNG

Egal wie hoch die Abtastrate ist, Audiodateien brauchen Platz. Wieviel Platz genau, hängt von Abtastrate und Auflösung ab – je höher beide sind, um so mehr Platz brauchen die Daten. Stereosignale nehmen dabei doppelt soviel Platz in Anspruch wie Monosignale.

TECHNIK

Wenn Sie jetzt völlig verwirrt sind, hier ein Beispiel: Eine Sekunde Mono-Ton mit acht Bit bei 22 kHz frißt 22 KB Ihrer Festplatte weg, das sind in der Minute 1,32 MB. Nehmen Sie in Stereo auf, dann braucht die Minute bereits 2,64 MB. Wollen Sie nun noch die berühmte CD-Qualität erreichen, müssen Sie die Abtastrate verdoppeln und die Bittiefe auf 16 Bit erhöhen. Damit erzeugen Sie in derselben Zeit viermal soviel Daten, also 10,56 MB pro Minute. (Jetzt wissen Sie sicher auch, warum eine CD mit 640 MB Platz in Ihrem CD-Player eine Stunde lang läuft.)

Der Platzbedarf für eine Sekunde Audiodaten errechnet sich also nach dieser Formel: (Abtastrate in kHz x Bittiefe) / 8 = Datenmenge in Kilobyte. Für ein Stereosignal müssen Sie diesen Wert verdoppeln; um auf den Bedarf für eine

Minute zu kommen, multiplizieren Sie mit 60. Eine Gigabyte-Festplatte bietet also Platz für etwas mehr als anderthalb Stunden Stereoton in CD-Qualität.

Töne aufzeichnen

Selbst eigene Geräusche zu erzeugen, ist äußerst einfach. Wie überall in der Computerwelt brauchen Sie dafür zweierlei: Hardware und Software. Ersteres ist das Mikrofon oder der Audioeingang Ihres Mac, letzteres mindestens das Kontrollfeld *Monitore & Ton* (oder *Ton*) oder das Programm *SimpleSound*. Diese einfachen Programme sind lediglich dazu geeignet, neue Warntöne oder Systemsounds zu erzeugen. Wollen Sie dagegen Ihren Mac als digitales Heimstudio benutzen, benötigen Sie spezielle Software, um die Möglichkeiten der Hardware auszunutzen.

Mikrofone

Manche Macs haben in den Monitor eingebaute Mikrofone: die LC 5000 Serie, PowerBooks, der iMac und manche AudioVision/AppleVision-Monitore. (Das Mikrofon sieht aus wie lauter kleine Zahnstocherlöcher.) Sie können nicht verhindern, daß diese Art von Mikrofon die computereigenen Ventilator- oder Festplattengeräusche mit aufnimmt, aber zumindest ist es nicht möglich, es zu verlieren.

Von 1989 bis 1991 gab es zu den meisten Mac-Modellen das klassische externe Apple-Mikrofon, das wie eine riesige Vitamin-C-Tablette aussieht. Sie stecken das Ende des sehr dünnen Kabels in die Buchse hinten im Mac, die mit einem Mikrofon-Icon markiert ist. Die neuesten Macs erfordern dagegen den Nachfolger dieses Gerätes, das PlainTalk-Mikrofon. (Es kostet an die 40 DM, es sei denn, es wurde mit Ihrem Mac geliefert wie bei den Power Mac G3-Modellen.) Es unterscheidet sich in Farbe und Form von den alten Mikrofonen, wird aber in die gleiche Buchse eingesteckt. Die älteren Apple-Mikrofone funktionieren ebensowenig wie Geräte, die nicht speziell für den Mac hergestellt wurden.

TECHNIK

Die meisten Macs haben einen Audioeingang, der *Line-Pegel* benötigt. Das heißt nichts anderes, als daß das Signal relativ stark sein muß, etwa so, wie es aus Ihrem CD-Player an der Stereoanlage herauskommt. Normale Mikrofone geben ein sehr viel schwächeres Signal ab, das für diesen Eingang nicht ausreicht. Apples Mikrofone dagegen besitzen einen eingebauten Verstärker, der über den langen Stecker der Geräte mit Strom versorgt wird und das Mikrofonsignal auf den nötigen Pegel bringt. (Das ist auch der Grund, weshalb normale Mikrofone nicht am Mac funktionieren – ihnen fehlt dieser Verstärker.)

POWER USER

Es ist im Prinzip kein Problem, Ihre Stereoanlage an den Mac anzuschließen. Sie müssen dazu lediglich den Audioeingang des Mac mit einem Line-Ausgang Ihres Verstärkers verbinden und den Ausgang des Mac mit einem Line-Eingang. Entsprechende Adapterkabel (3,5 mm Stereoklinke auf Cinchbuchse) gibt es im Rundfunk-Fachhandel. Auch wenn Sie nichts von Ihrer Anlage aufnehmen wollen, sollten Sie ruhig einmal probieren, ein Computerspiel mit den großen Lautsprechern und in Stereo zu spielen!

ACHTUNG

Bei dieser Art von Bastelei gibt es zwei Fehlerquellen: Erstens haben die meisten Macs lediglich die kleinen 3,5-mm-Buchsen als Steckverbinder, die Sie sehr pfleglich behandeln müssen, um Wackelkontakte zu vermeiden. Zweitens kann es passieren, daß auf einmal ein unerklärliches Brummen auftritt, sobald Sie Mac und Stereoanlage verbunden haben. Das können Sie nur beheben, indem Sie einen speziellen Trenntransformator in das Signalkabel einschleifen, der das Brummen aussiebt. Fragen Sie in einem solchen Fall Ihren HiFi-Händler um Rat.

Spezielle Audiohardware

Ältere Macs verfügen nur über begrenzte Audiofähigkeiten: Entweder können sie nur Töne abspielen, aber nicht aufnehmen, die Aufnahme geht nur mit 8 Bit Auflösung oder begrenzter Abtastrate oder eventuell nur in Mono, nicht aber in Stereo. Zum Glück sind diese Einschränkungen seit einigen Jahren kein Thema mehr, inzwischen unterstützen praktisch alle Macs Tonsignale mit 16 Bit und 44,1 kHz Abtastrate – die berühmte «CD-Qualität».

CD-ROM

Wenn es Sie interessiert, welcher Mac welche Möglichkeiten zur Tonausgabe besitzt, so finden Sie diese Informationen in der Datenbank *Guru* auf der CD zu diesem Buch. (Außerdem stehen diese Angaben auch in den Bedienungsanleitungen der meisten Macs.) Die eingebaute Audiohardware der meisten neueren Macs ist durchaus mit der Qualität der durchschnittlichen Soundkarten aus der PC-Welt vergleichbar, oft ist sie sogar noch ein wenig besser. Für den Einstieg in die digitale Tonbearbeitung reicht die ab Werk eingebaute Elektronik völlig aus, allerdings können Sie nur zwei Kanäle gleichzeitig benutzen und verfügen auch nicht über einen digitalen Ein- und Ausgang für die Tonsignale.

In der PC-Welt gibt es eine unüberschaubare Vielfalt an Soundkarten mit den verschiedensten Funktionen und in unterschiedlichen Preislagen. Beim Mac dagegen waren bis vor kurzem lediglich teure Profikarten verfügbar, die außerdem meist reine Audio-Interfaces darstellen, also keine Synthesizer-Chips an Bord haben. Glücklicherweise ändert sich diese Situation inzwischen, vor allem deshalb, weil auch in der PC-Welt nur noch Soundkarten für den PCI-Steckplatz hergestellt werden. Diese passen elektrisch in den Erweiterungsbus moderner Macs, lediglich die Treibersoftware muß angepaßt werden.

HEISSER TIP

Die Hersteller entdecken nun auch den Mac als Absatzmarkt für ihre preiswerten Erweiterungskarten. So gibt es von Emagic *(www.emagic.de)* für unter 500 DM eine hochwertige Soundkarte inklusive Software. Außerdem hat der im PC-Markt seit Jahren fest etablierte Hersteller Creative Labs angekündigt, auch Treibersoftware für den Mac zu entwickeln. Damit werden Sie vermutlich in nicht allzu ferner Zukunft preiswerte und leistungsfähige Soundkarten für Ihren Mac kaufen können. Wenn Sie sich für diese Dinge interessieren, sollten Sie sich im Internet und in Mac-Magazinen auf dem aktuellen Stand halten, weil sich gerade im Heimstudio-Bereich auch für Mac-Besitzer einiges tut.

POWER USER

Es ist kein Geheimnis, daß ein großer Teil der professionellen Tonstudios Macs einsetzt und damit auch sehr aufwendige Produktionen durchführt. Der «Industriestandard» für diese Anwendungen ist das *ProTools*-Paket von Digidesign *(www.digidesign.com)*. Diese Software gibt es in verschiedenen Leistungs- und Preisklassen, vom PowerMix-System (benutzt nur die eingebaute Audiohardware des Mac) bis hin zum kompletten digitalen Studio mit 48 oder mehr Spuren, bei dem spezielle DSP-Karten die Signalbearbeitung abwickeln und der Mac nur noch als «Fernsteuerung» dient.

Software zur Tonbearbeitung

Um Ihren Mac für die Bearbeitung von Tonmaterial benutzen zu können, brauchen Sie spezielle Audiosoftware. Welches Programm für Sie am besten geeignet ist, hängt vor allem von Ihren Ansprüchen ab. Wollen Sie lediglich einen netten Spruch für den Anrufbeantworter herstellen, dann reicht vermutlich ein einfacher Shareware-Editor. Geht es Ihnen jedoch darum, ein Demo für Ihre Band abzumischen oder einen eigenen Techno-Hit herzustellen, müssen Sie zu einem kommerziellen Softwarepaket greifen.

Die meisten dieser Programme können mit mehreren Spuren umgehen, selbst wenn Ihnen nur die eingebaute Soundhardware Ihres Mac zur Verfügung steht.

Deren Anzahl (und die möglichen Effekte) hängen davon ab, wie leistungsfähig Ihr Mac ist. Mit genügend RAM und schnellen Festplatten können Sie komplette Songs im Computer abmischen, oft noch inklusive MIDI-Spuren vom Sequenzer (mehr dazu finden Sie weiter hinten in diesem Kapitel.)

Allerdings können Sie bei dieser Methode nur so viele echte Kanäle aus dem Mac in Ihr Mischpult zurückspielen, wie Digital-Analog-Wandler vorhanden sind. Reichen Ihnen die zwei Kanäle der eingebauten Soundhardware nicht aus, so müssen Sie eine spezielle Mehrkanal-Karte (meist mit acht Kanälen) kaufen. Auch wenn die Prozessorleistung des Mac nicht mehr ausreicht, um alle gewünschten Effekte zu berechnen, müssen Sie in eine zusätzliche Soundkarte mit Signalprozessoren (DSPs) investieren.

ACHTUNG

Achten Sie bei solchen Anschaffungen immer darauf, daß Ihre Tonbearbeitungs-Software auch die Hardware der Soundkarte ansteuern kann! Viele kommerzielle Sound-Programme erlauben Ihnen heute, zuerst mit der eingebauten Hardware Ihres Mac zu beginnen und bei Bedarf später eine zusätzliche Soundkarte hinzuzufügen. Das Thema «Musik und Computer» ist an sich nicht gerade einfach, darum sollten Sie sich vor dem Einkauf unbedingt ausreichend informieren und am besten von einem Fachhändler beraten lassen.

Das Kontrollfeld Ton

Die Tonaufzeichnungssoftware des Mac scheint mit jeder neuen Version des Mac OS ihren Platz zu wechseln. Jahrelang befand sie sich im Kontrollfeld *Ton*; dann eine Weile im kurzlebigen Kontrollfeld *Monitore & Ton*. Im Jahr 1997 konnte man nur mit Hilfe des Programms *SimpleSound* Töne aufzeichnen. Ab Mac OS 8 und später können Sie im Kontrollfeld *Monitore & Ton* nicht nur die Lautstärke und andere Einstellungen verändern, sondern auch neue Warntöne aufnehmen.

In jedem Kontrollfeld müssen Sie ein bißchen suchen, ehe Sie die Toneinstellungen finden. Im Kontrollfeld *Ton* von System 7.5 und späteren Versionen erschien das Popup-Menü z.B. als *Warntöne*. Für die meisten der Audio-Tricks, die wir hier beschreiben, stellen Sie mit diesem Popup-Menü zunächst ein, woher der Ton kommt und wohin er geht. In ähnlicher Weise müssen Sie im Fenster *Monitore & Ton* auf das Icon mit der Bezeichnung *Ton* oben im Fenster klicken, um die verschiedenen Einstellungen ändern zu können (26.1).

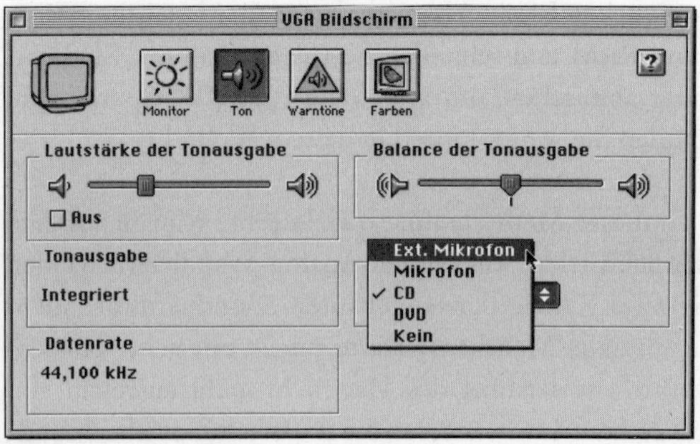

Abb. 26.1 Im Kontrollfeld «Monitore & Ton» können Sie festlegen, wie Ihr Mac mit Tönen umgehen soll. Die vorhandenen Optionen sind je nach Modell und Hardware verschieden.

Woher der Ton kommen kann

Bevor Sie aufnehmen, müssen Sie einen Toneingang angeben – d.h., Sie müssen Ihrem Mac sagen, woher das Tonsignal kommen wird. Im alten Kontrollfeld *Ton* wählen Sie dazu *Toneingabe* aus dem Popup-Menü; in *Monitore & Ton* ist es das Popup-Menü *Toneingabe* unten rechts. Sie können auch das Kontrolleisten-Modul *Toneingabe* benutzen, um die Quelle für die Tonsignale festzulegen.

Bei den meisten Macs haben Sie nur eine oder zwei Möglichkeiten, eine Tonquelle auszuwählen. Je nach eingebauter Hardware oder den zusätzlich installierten Erweiterungskarten Ihres Mac können auch die folgenden Optionen auftauchen. (Wenn Sie das Kontrollfeld *Ton* verwenden, müssen Sie möglicherweise zuerst auf den Button *Optionen* klicken, bevor Sie diese sehen.)

ACHTUNG

- **Mikrofon.** Klicken Sie auf dieses Icon, um das weiter vorn beschriebene Mikrofon zu wählen, das an die Mikrofon-(Sound In-)Buchse auf der Rückseite des Computers angeschlossen wird. Bei moderneren Macs wird der Toneingang hinten an Ihrem Mac (der aussieht wie die Kopfhörerbuchse eines Walkman) auch manchmal als «Externes Mikrofon» bezeichnet. Das eingebaute Mikrofon des iMac oder der PowerBooks heißt dagegen schlicht «Mikrofon». Nicht sehr einleuchtend, oder?
- **AV Anschluss.** Damit sind die Tonsignale gemeint, die vom eingebauten Mikrofon eines AppleVision/AudioVision-Monitors stammen – falls Sie einen solchen haben.

- **Interne CD.** Falls Ihr Mac ein eingebautes CD-ROM-Laufwerk besitzt, kann er natürlich normale Audio-CDs abspielen. Wenn Sie ein bißchen Musik aufzeichnen möchten, klicken Sie auf diese Option. Manchmal heißt diese Option auch einfach nur «CD». Die Aufnahme von der internen CD ist eine einfache Möglichkeit, Daten von Musik-CDs auf die eingebaute Festplatte zu bewegen. Dabei wird das CD-Laufwerk als CD-Player benutzt, und das Audiosignal von der Elektronik des Mac aufgenommen. Im Gegensatz zum Konvertieren von CD-Tracks per QuickTime wird dabei das Signal allerdings zuerst von digital nach analog gewandelt, um dann wieder digitalisiert zu werden. Manchmal ist es aber tatsächlich einfacher, den CD-Player laufen zu lassen und im richtigen Moment auf *Aufnahme* zu drücken.

- **Modulschacht.** Diese Option gilt nur für PowerBooks. Damit können Sie Ton von einem CD-ROM-Laufwerk aufnehmen, das sich im Modulschacht des PowerBook befindet.

- **Audioeingang, Externes Audio (Line in / RCA in).** Sie können auch Tonsignale von einem Kassettendeck, Walkman, Ihrem Fernseher oder einem DAT-Rekorder aufnehmen. Dazu benötigen Sie aber die richtigen Kabel, die an der Mac-Seite einen Ministecker wie an einem Walkman-Kopfhörer haben. Am anderen Ende des Kabels müssen sich die richtigen Stecker für das Abspielgerät befinden, meist sind das sogenannte Cinch- oder RCA-Stecker. Schließen Sie das Kabel an und überprüfen Sie, ob im Kontrollfeld *Ton* der richtige Eingang gewählt ist. Dann kann es losgehen.

FEHLER

Wie schon weiter vorn beschrieben, müssen Sie darauf achten, Ihren Mac mit dem richtigen Signalpegel zu versorgen. AV-Macs, PowerMacs und fast alle anderen neueren Modelle brauchen den hohen Line-Pegel, darum funktionieren weder alte Apple-Mikrofone noch andere Mikrofone ohne Verstärkung.

Im *Ton*-Kontrollfeld einiger Mac-Modelle finden Sie bei der Auswahl des Einganges eine Checkbox mit der Bezeichnung *Audiomonitor*. Bei älteren Mac-Modellen wird der eingebaute Lautsprecher sofort ausgeschaltet, wenn Sie etwas in die Lautsprecherbuchse auf der Rückseite des Mac einstecken. Bei jüngeren Modellen, wie den Power Macs, können Sie den eingebauten Lautsprecher auch wieder einschalten – indem Sie diese Checkbox aktivieren. Dann fließt das Signal vom Toneingang sowohl zum eingebauten Lautsprecher als auch zu dem, was an die Tonausgangsbuchse angeschlossen ist. Schalten Sie diese Option ein, wenn Sie sich z.B. während des Arbeitens eine Audio-CD anhören möchten.

HEISSER TIP

Diese Option ist auch nützlich, wenn Sie hören wollen, was über den Toneingang in Ihren Mac gelangt – z.B. wenn Sie ein kleines Mischpult angeschlossen haben. Falls Sie ein Mikrofon benutzen, wird auch dessen Signal über den Lautsprecher ausgegeben. Wenn Sie nicht aufpassen, erhalten Sie das nervige Quietschen, das als Rückkopplung bekannt ist.

Wohin der Ton gehen kann

Nachdem Sie festgelegt haben, wo das Tonsignal herkommen soll, wollen wir Ihnen auch noch die Optionen erklären, die die Tonausgabe steuern. Sie finden diese Einstellungen ebenfalls im Kontrollfeld *Monitore & Ton*. Wenn Sie das normale Kontrollfeld *Ton* verwenden, müssen Sie im Popup-Menü am oberen Rand die Option *Tonausgabe* bzw. *Lautstärke* wählen.

- **Lautstärke.** Dieser Schieberegler kontrolliert die Lautstärke, mit der die Tonsignale ausgegeben werden. Bei manchen Mac-Modellen gibt es für diese Einstellung sogar zwei Regler: einer steuert die Lautstärke des eingebauten Lautsprechers, der zweite (unabhängig vom ersten) die Stärke des Signals an der Tonausgangsbuchse hinten an Ihrem Mac. Die schnellste Möglichkeit, die Lautstärke der Tonausgabe zu kontrollieren, ist das entsprechende Kontrolleisten-Modul. Klicken Sie einfach auf das Modul mit dem Lautsprechersymbol. Es erscheint ein Schieberegler, mit dem Sie die Lautstärke bequem einstellen können.

HEISSER TIP

- **Balance.** Dieser Schieberegler kontrolliert die Balance zwischen links und rechts für Kopfhörer oder externe Lautsprecher. Eigentlich gibt es keinen Grund, die Balance zu verstellen, es sei denn, ein Lautsprecher steht weiter weg von Ihnen als der andere oder Sie wollen nur eine der Stereospuren abhören. Bei manchen Macs gibt es zusätzlich noch einen zweiten Regler für die eingebauten Stereo-Lautsprecher, wie z.B. beim iMac oder den moderneren PowerBooks.

- **Tonausgabe.** Falls Ihr Mac das Tonsignal über verschiedene Wege ausgeben kann, haben Sie hier die Möglichkeit auszuwählen, wohin die Töne geschickt werden sollen.

- **Frequenz bzw. Datenrate.** Warum sollten Sie je weniger als CD Qualität (44,100 kHz) wählen? Na ja, es könnte ja sein, Sie möchten sich anhören, wie schlecht Ihre Tonaufnahme klingt, wenn sie über einen schlechten Lautsprecher oder das Internet abgespielt wird. Kümmern Sie sich nicht weiter darum.

Die eigentliche Aufnahme anfertigen

Schließen Sie Ihr Mikrofon oder Ihre Stereoanlage hinten am Mac an, wie weiter vorn beschrieben. Verwenden Sie das Kontrollfeld *Ton* oder das Kontrolleisten-Modul, um die passende Tonquelle zu wählen: *Mikrofon*, *Interne CD* (um von einem CD-Laufwerk aufzunehmen) und so weiter. Falls vorhanden, sollten Sie die Option *Audiomonitor* aktivieren, um zu hören, was vorgeht.

HEISSER TIP

Schalten Sie die Option aus, wenn Sie mit einem Mikrofon arbeiten, um Rückkopplungen zu vermeiden. Wollen Sie vom CD-Laufwerk aufnehmen, so benutzen Sie das Programm *AppleCD Audio* aus dem Apple-Menü, und stellen Sie damit das gewünschte Stück ein.

Nun können Sie die Aufnahme auf eine der folgenden Arten anfertigen:

- **Simple Sound.** Wählen Sie dieses Programm aus Ihrem Apple-Menü. Wollen Sie einen neuen Warnton erzeugen, klicken Sie im Fenster *Warntöne* auf den Button *Hinzufügen*. Es erscheint das Aufnahmefenster, mit dem Sie die Töne aufnehmen können. Möchten Sie eine längere Tondatei auf der Festplatte ablegen, so wählen Sie den Befehl *Neu* aus dem Menü *Ablage*. Im Aufnahmedialog wird angezeigt, wie lang die Aufnahme maximal sein darf. Dieser Wert hängt davon ab, wieviel Platz noch auf Ihrem Startvolume ist und welche Qualitätsstufe Sie im Menü *Ton* eingestellt haben. Je höher die Qualität ist, um so mehr Platz benötigt eine Minute Ton auf der Festplatte. Mit SimpleSound können Sie auch Tondateien öffnen und abspielen, das Programm *SoundApp* erledigt das allerdings bedeutend komfortabler.

- **Monitore & Ton.** Sie finden dieses Programm im Ordner *Kontrollfelder*. Klicken Sie auf das Icon *Warntöne* und dann auf den Button *Neu*. Es erscheint der gleiche Aufnahme-Dialog wie bei SimpleSound. Manche älteren Versionen dieses Kontrollfeldes erlauben es nicht, Töne aufzunehmen. Wenn das bei Ihnen der Fall ist, sollten Sie auf SimpleSound zurückgreifen.

- **Sound.** Falls Sie mit einem älteren Mac oder älterer Systemsoftware arbeiten, öffnen Sie das Kontrollfeld *Ton*. Wählen Sie im Popup-Menü am oberen Rand des Dialoges die Option *Warntöne*; klicken Sie dann auf den Button *Neu*.

Abb. 26.2 Der Standard-Dialog des Mac OS für Tonaufnahmen.

Beim Aufnehmen von Tönen mit Ihrem Mac kommen Sie immer wieder mit dem Standard-Dialog für diese Aufgabe in Berührung (26.2). Die Buttons sind selbsterklärend und funktionieren wie bei einem Kassettenrekorder. Die Leiste am unteren Bildschirmrand zeigt an, wieviel Aufnahmezeit bereits verbraucht ist und wie lang die Aufnahme maximal sein darf. Die Zahl unter dem Lautsprechersymbol entspricht der Länge der aktuellen Aufnahme.

Das Lautsprechersymbol ist die Aussteuerungsanzeige: Je mehr der stilisierten Schallwellen zu sehen sind, um so stärker ist das Signal. Achten Sie darauf, daß das Eingangssignal im mittleren Bereich ausgesteuert wird, also etwa zwei bis drei der Schallwellen zeigt. Erscheint (wie in der Abbildung) der senkrechte Strich am rechten Rand, so ist das Signal übersteuert. Sie sollten diesen Zustand möglichst vermeiden, weil dabei die Aufnahme verzerrt wird. Nicht alle Audio-Programme benutzen den Aufnahmedialog des Mac OS. Statt dessen verwenden sie eigene Steuerelemente und Aussteuerungsanzeigen, die aber nach demselben Prinzip arbeiten.

HEISSER TIP

Sie können eine Aufnahme mit der Pausentaste stoppen, um sie anschließend fortzusetzen. Bevor Sie auf *Sichern* klicken, können Sie die Aufnahme mit der Start-Taste anhören. Achten Sie vor allem bei Warntönen darauf, daß diese nicht zu lang sind, und stoppen Sie die Aufnahme möglichst schnell, um keine «tote Luft» am Ende der Aufnahme zu haben.

Was man mit Tönen machen kann

Wenn Sie einen neuen Warnton aufgenommen haben und im Aufnahmedialog auf den Button *Sichern* klicken, können Sie dem Ton einen Namen geben, unter dem er anschließend in der Liste mit den Warntönen erscheint. Falls Sie sich fragen, wo Ihr schöner neuer Warnton gelandet ist, doppelklicken Sie im Systemordner auf den kleinen Koffer mit dem Namen *System*. Neben den Tastaturbelegungen Ihres Mac finden Sie darin auch alle Warntöne als ganz normale Dateien. Sie können diese ganz nach Wunsch kopieren und verschieben. Um einen Warnton zu entfernen, ziehen Sie ihn einfach in den Papierkorb. Haben Sie mit SimpleSound eine längere Tondatei aufgenommen, so fragt Sie der Mac, wo diese auf der Festplatte gespeichert werden soll.

HEISSER TIP

Hier ein paar Vorschläge, was Sie mit Tönen auf Ihrem Mac anstellen können:

- **Den Warnton ändern.** Der Ton, der in der Liste im Kontrollfeld *Monitore & Ton* (bzw. *Ton*) ausgewählt ist, wird zum neuen Warnton. (Wählen Sie einen kurzen Ton, damit Sie nicht völlig verrückt werden.)

- **Töne für Freunde herstellen.** Jeder Ton, den Sie mit dem Kontrollfeld *Ton* erstellen, wird durch ein ziehbares, löschbares, bewegliches Icon repräsentiert. Um es zu sehen, öffnen Sie den Systemordner; dann doppelklicken Sie auf die Systemdatei. Jetzt sehen Sie Ihre Tondateien im Fenster. Verfahren Sie damit wie mit allen anderen Dateien – schicken Sie sie als E-Mail an Freunde, veröffentlichen Sie sie auf Ihrer Webseite oder was auch immer. Wenn Sie Ihre Töne an Windows-Anwender schicken wollen, müssen Sie sie dazu in ein Format konvertieren, mit dem PCs umgehen können. Am sichersten ist das WAV-Format. Um Mac-Sounds zu konvertieren, brauchen Sie entweder *QuickTime Pro* oder die *Shareware SoundApp*, die Sie auf der CD zu diesem Buch finden.

EINSTEIGER

CD-ROM

- **Textverarbeitungsdokumente mit Anmerkungen.** In MS-Word, WordPerfect und manchen anderen Textverarbeitungsprogrammen können Sie Töne direkt in Ihren Dokumenten aufzeichnen. Im Text erscheint dann ein Icon. Wenn Sie darauf klicken, wird der Ton abgespielt. (Je nach Word-Version müssen Sie eventuell die nötige Software für die Ton-Kommentare einzeln installieren.)

- **Eine Guten-Morgen-Nachricht hinterlassen.** Plazieren Sie ein Tondatei-Icon im Ordner *Startobjekte* des Systemordners. Wenn Sie Ihren Mac das nächste Mal starten, hören Sie (oder wer immer den Mac als nächstes benutzt) diese fröhliche Melodie, wenn der Schreibtisch erscheint.

- **Ihr Instrument stimmen.** Dieser Tip ist vor allem für Musiker nützlich: Nehmen Sie mit Ihrem Mac ein A-440 (oder nach welcher Note Sie sonst stimmen) von Ihrer Stimmgabel oder Ihrem elektronischem Stimmgerät auf. Da eine digitale Tondatei immer perfekt wiedergegeben wird, können Sie Ihr Instrument immer nach Ihrem Mac oder PowerBook stimmen, wenn Sie Ihr elektrisches Stimmgerät nicht finden (oder keines besitzen).

CD-ROM

Ihr Macintosh wurde mit Tonaufzeichnungssoftware geliefert – dem Kontrollfeld *Ton*. Er hat aber keine Möglichkeit, die Töne zu *bearbeiten*. Dafür müssen Sie auf Programme wie *SndSampler* und *UltraRecorder* zurückgreifen, mit denen Sie Ton aufnehmen und bearbeiten können (Ultra Recorder finden Sie auf der CD zu diesem Buch). Um Töne in verschiedene Formate zu konvertieren, benutzen Sie am besten das Programm *SoundApp*. Wollen Sie sich ernsthaft mit der Bearbeitung von Tönen befassen, sollten Sie ein kommerzielles Programm wie *SoundEdit II*, *Deck*, *Logic Audio* oder *ProTools* verwenden.

Tips und Tricks mit Tönen

Sich während der Arbeit eine CD anhören

Eine Musik-CD können Sie sich mit dem in Ihren Mac eingebauten Lautsprecher nur anhören, wenn das CD-Laufwerk ebenfalls in den Mac eingebaut ist. Bei einem externen CD-Laufwerk müssen Sie Kopfhörer oder externe Lautsprecher verwenden.

Wählen Sie *Interne CD* als Toneingang (im Kontrollfeld *Ton* bzw. *Monitore & Ton* oder mit dem Modul in der Kontrolleiste). Eventuell müssen Sie zusätzlich noch die Option *Audiomonitor* aktivieren, damit Sie etwas hören. Läßt sich auf Ihrem Mac die Datenrate (bzw. Qualität) der Ausgabe verändern, so stellen Sie diesen Wert auf 44,1 kHz. Legen Sie Ihre Musik-CD ein. Verwenden Sie dann das Programm *AppleCD Audio Player* aus dem Apple-Menü, um den «CD-Player» Ihres Mac zu steuern (mehr dazu im nächsten Abschnitt).

Sie können natürlich auch die Kontrolleiste verwenden, um das Abspielen der CD zu steuern. Wenn Sie sich die Mühe gemacht haben, die Titel Ihrer CDs einzutippen, werden diese sogar in der Kontrolleiste angezeigt (26.3).

POWER USER

Möchten Sie, daß Ihre Audio-CDs automatisch starten, wenn Sie in das CD-Laufwerk eingelegt werden? Nichts leichter als das: Öffnen Sie das Kontrollfeld *QuickTime Einstellungen*, und wählen Sie aus dem Popup-Menü den Punkt *Auto-Start*. Aktivieren Sie die Checkbox *Audio-CD automatisch abspielen* – das war's. (Diese Aktion macht Sie nicht für den in Kapitel 25 beschriebenen Auto-Start-Virus anfällig – dafür ist nur die Option *CD-ROM automatisch starten* verantwortlich.)

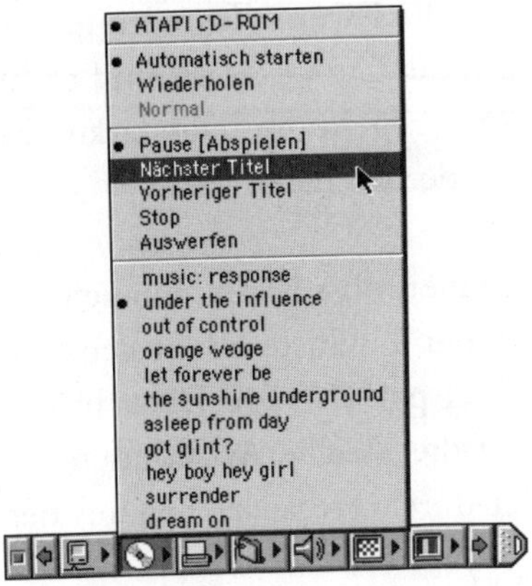

Abb. 26.3 Mit der Kontrolleiste können Sie Ihre Musik-CD steuern, während Sie am Mac arbeiten. Und wie haben wir es geschafft, die Namen der einzelnen Stücke hier anzuzeigen? Ganz einfach: Wir haben sie in den AppleCD Audio Player eingetippt, wie im nächsten Abschnitt beschrieben.

Musik-CDs verwalten

Wie Sie bestimmt schon festgestellt haben, läßt sich das Abspielen von Audio-CDs in Ihrem Mac auf verschiedene Art steuern – über die Kontrolleiste oder eine spezielle CD-Player-Software. Am bequemsten ist *AppleCD Audio*, das bereits mit dem Mac OS mitgeliefert wird (26.3). Es gibt aber auch eine ganze Reihe anderer Programme, die die gleiche Aufgabe erfüllen und auch so ähnlich funktionieren. AppleCD Audio können Sie wie einen normalen CD-Player bedienen. Darübr hinaus bietet das Programm noch einige Zusatzfunktionen, die nicht so ganz offensichtlich sind:

- Um schnell auf einen Titel zuzugreifen, benutzen Sie das Popup-Menü über dem Tastenfeld, oder doppelklicken Sie in der Titelliste auf die Zahl vor dem gewünschten Titel.

- Klicken Sie auf das Symbol der Uhr in der Anzeige, um auszuwählen, welche Zeit angezeigt werden soll.

- Drücken Sie die Taste *Zufall*, um die Titel der CD in zufälliger Reihenfolge abzuspielen, benutzen Sie die Taste mit dem Pfeil, um auf Wiederholungsbetrieb umzuschalten. Dabei beginnt das Programm nach dem Ende der CD wieder von vorn.

POWER USER

- Sie können AppleCD Audio auch ohne Maus bedienen: Die Leertaste stoppt das Abspiel und startet es wieder (Pause), die Escape-Taste stoppt die CD komplett und Befehl-E wirft sie aus. Auch die Cursortasten sind recht hilfreich. Pfeil-nach-oben und Pfeil-nach-unten regeln die Lautstärke, die beiden anderen Tasten springen zum vorigen oder nächsten Titel.

- Möchten Sie die Titel in einer bestimmten Reihenfolge hören, müssen Sie nur die Taste *Programm* benutzen. Rechts von der Titelliste öffnet sich eine zweite, leere Liste (26.4). Ziehen Sie die Titel per Drag & Drop in der gewünschten Reihenfolge in diese Liste. Auf die gleiche Art können Sie Titel in der Programmliste verschieben oder durch Herausziehen aus der Liste wieder entfernen.

Abb. 26.4 Der CD-Player kann mit Playlisten umgehen und Songtitel verwalten.

HEISSER TIP

Im Gegensatz zu einem HiFi-CD-Player hat die Software einen entscheidenden Vorteil: Sie können der eingelegten CD einen Namen geben und auch jeden einzelnen Titel eingeben. Dazu müssen Sie einfach in das entsprechende Feld klicken – für den CD-Titel dorthin, wo «Audio CD» steht, und für jeden einzelnen Song in die entsprechende Spalte der Titelliste. Sie können dann alle Daten eingeben, und wenn Sie das nächste Mal die gleiche CD einlegen, zeigt der Mac wieder die richtigen Titel an.

ACHTUNG

Natürlich funktioniert das nur auf dem Mac, auf dem Sie diese Daten eingegeben haben. Wollen Sie das Verzeichnis Ihrer Lieblings-CDs auf einen anderen Mac kopieren, so müssen Sie die Datei finden, in der alle Ihre Eingaben gespeichert sind. Diese befindet sich im Ordner *Preferences* im Systemordner und heißt bei älteren Versionen des Mac OS «CD Verzeichnis», bei neueren dagegen «CD Remote Programs». Kopieren Sie diese Datei an die gleiche Stelle auf dem zweiten Mac, und schon kennt auch dieser die eingegebenen CDs.

FEHLER

Stellen Sie sich vor, Sie haben alle Ihre 200 CDs auf diese Art in Ihren Mac eingegeben und installieren dann eine neue Version des Mac OS. Plötzlich ist Ihr mühsam angelegtes Verzeichnis verschwunden – im Preferences-Ordner des neuen Systemordners befindet sich nämlich ein neues CD-Verzeichnis, das aber leider leer ist. Wenn Sie viel Arbeit in das Eingeben Ihrer CD-Sammlung investiert haben, sollten Sie darum die Verzeichnisdatei sichern. Nach einer Neuinstallation des Systems kopieren Sie sie dann einfach wieder in den Preferences-Ordner zurück, und alles ist wie vorher.

POWER USER

Falls es Ihnen zu aufwendig ist, alle Ihre CDs per Hand einzugeben, gibt es eine clevere Lösung: Im Internet befindet sich eine gigantische Datenbank, die die Titel von vielen Tausend CDs enthält. Dieses Archiv heißt CDDB, mehr dazu finden Sie unter *www.cddb.org*. Jedermann kann auf diesen Datenspeicher zugreifen und sowohl Titellisten herunterladen als auch hinschicken. Alles was Sie dazu brauchen, ist eine Verbindung zum Internet und ein Programm, das mit der Datenbank Kontakt aufnehmen kann. Die Shareware *InCDius* macht den Zugriff auf CDDB recht einfach: CD einlegen und den Befehl zur Abfrage auswählen. Ihr Mac identifiziert die aktuelle CD und sucht die Datenbank nach einer Titelliste ab. Ist diese vorhanden, dann wird sie angezeigt und gleichzeitig im CD-Verzeichnis im Systemordner gespeichert. Ist die CD nicht gespeichert, können Sie auch die Daten selbst eingeben und an CDDB schicken.

CDDB ist ein spezieller Internet-Dienst, der sich mit der richtigen Software von allen Computerplattformen benutzen läßt. Die Datenbank ist recht umfangreich, allerdings hängt die Qualität der gespeicherten Daten immer davon ab, wie sorgfältig der jeweilige Autor gearbeitet hat. Inzwischen haben auch viele andere Programme den Zugriff auf CDDB eingebaut, darunter die Version 4.0 des populären CD-Brennprogramms *Toast*. CDDB wird ständig weiterentwickelt und speichert inzwischen auch viel detailliertere Informationen als nur die Namen der CD und der vorhandenen Titel. Um diese Möglichkeiten zu nutzen, brauchen Sie aber wieder ein entsprechendes Programm. Die

Software CDDBuddy bietet eine komplette Datenbank für das Archivieren von CDs und MP3-Dateien. Probieren Sie sie aus, und schauen Sie ab und zu unter *www.cddb.org*, wie sich die Dinge entwickeln. (Mehr zu Audio im Internet und MP3 finden Sie weiter hinten in diesem Kapitel.)

Von CD aufnehmen

Um Töne von einer CD aufzunehmen, können Sie die interne CD als Toneingang einstellen und anschließend eine ganz normale Aufnahme machen – wie weiter vorn beschrieben. Wenn Sie auf Ihrem Mac QuickTime installiert haben, geht es noch einfacher: Legen Sie die Musik-CD ein, und starten Sie ein beliebiges Programm, das mit QuickTime umgehen kann – z.B. den MoviePlayer oder auch SimpleText. Wählen Sie den Befehl *Öffnen* oder *Importieren*. Ein Dateidialog erscheint, mit dem Sie den gewünschten Titel von der Audio-CD auswählen können. Drücken Sie dann den Button *Konvertieren*, und Ihr Mac fragt Sie, wohin die neue Datei gespeichert werden soll. Wollen Sie nicht den ganzen Song importieren oder die Art der Konvertierung beeinflussen, klicken Sie auf *Optionen*. Im folgenden Dialog können Sie die gewünschten Einstellungen treffen und auch festlegen, welchen Teil des Stückes Sie importieren möchten.

ACHTUNG

Audiodateien in CD-Qualität brauchen pro Minute 7,6 MB Platz auf der Festplatte. Wundern Sie sich also nicht, wenn sich Ihre Speichermedien schneller füllen, als Sie sich das erklären können!

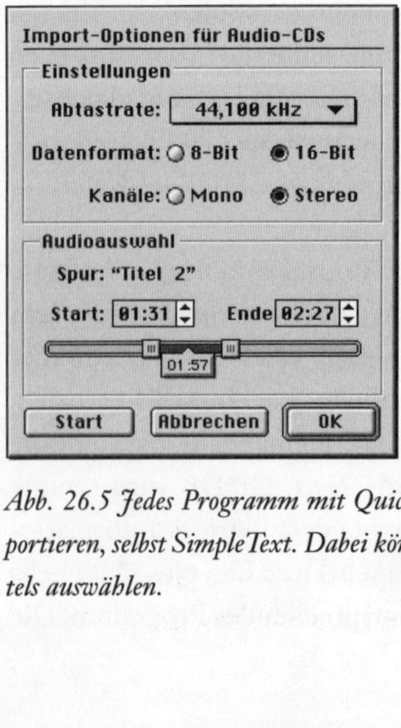

Abb. 26.5 Jedes Programm mit QuickTime-Unterstützung kann Daten von Audio-CDs importieren, selbst SimpleText. Dabei können Sie das Importformat festlegen und einen Teil des Titels auswählen.

Töne konvertieren

Gelegentlich werden Sie in die Verlegenheit kommen, verschiedene Audioformate ineinander umwandeln zu müssen. Sie können das mit dem MoviePlayer von QuickTime tun, allerdings sind einige Optionen nur bei der Version QuickTime Pro verfügbar. Am besten funktioniert die Konvertierung mit der Shareware *SoundApp*, die Sie auf der CD zu diesem Buch finden. Damit können Sie alle möglichen Tonformate anhören, ineinander umwandeln, Playlisten erstellen und ganze Ordner voller Töne automatisch konvertieren.

CD-ROM

Musik mit MIDI

Bei den digitalen Tönen, von denen Sie gerade gelesen haben, handelt es sich um digitale Aufzeichnungen (Samples), die Musik enthalten können oder auch nicht – es können genausogut Geräusche wie quietschende Türangeln oder Stimmen sein. Jedes Geräusch am Toneingang des Mac wird aufgezeichnet und als Strom von Zahlen gespeichert – wie bei einem CD-Player.

Daneben gibt es noch eine zweite Musiktechnologie, für die der Mac berühmt ist: MIDI, die Abkürzung für «Musical Instrument Digital Interface». Das ist der Fachbegriff für eine Technologie, mit der sich digitale Musikgeräte untereinander und mit Computern verbinden lassen.

EINSTEIGER

Sie können sich MIDI als eine Art PostScript-Sprache für Töne vorstellen, die der Mac über ein spezielles Kabel spricht. Statt Seitenbeschreibungen an einen Drucker zu senden, übertragen MIDI-Kabel Musikbefehle an einen Synthesizer. Ein Signal sagt «Spiele ein mittleres C», ein anderes «Drücke das Fortepedal». Die Tasten und Pedale bewegen sich nicht wirklich, aber das Instrument reagiert genauso, als würde es von einem Menschen gespielt.

Der große Vorteil von MIDI ist, daß nicht die Töne selbst übertragen werden, sondern nur die Befehle zum Erzeugen der Töne. Darum benötigen MIDI-Befehle viel weniger Platz als digitale Samples, außerdem werden die Töne nicht vom Mac, sondern von Synthesizern erzeugt, die meist besser klingen.

TECHNIK

Sequencing

Da der Mac Hunderte dieser MIDI-Signale pro Sekunde überträgt, kann er ziemlich komplizierte Musikstücke spielen. Er kann z.B. die Streichinstrument-, Holzblasinstrument- und Schlagzeugklänge des Synthesizers gleichzeitig spielen. Mit einer Technik namens Sequencing können Sie die Melodie der verschiedenen Instrumente nacheinander mit dem Mac aufzeichnen. Der Mac spielt dann wie ein mehrspuriger Kassettenrekorder alle Stimmen in perfekter Synchronisation ab. Anders als bei einem Tonband kann der Mac als Sequenzer Tonart und Tempo unabhängig voneinander beeinflussen. Wenn Sie das Tempo verändern, bleibt die Tonhöhe dabei gleich. Im Gegensatz zu einem Kassettenrekorder brauchen Sie beim Mac auch nicht vor- oder zurückzuspulen; ein Sequencer kann jederzeit direkt zu einem bestimmten Teil des Stücks springen. Vor allem können Sie mit einem Sequencer falsche Noten korrigieren, Betonungen oder Crescendos hinzufügen oder Teile eines Lieds kopieren und einfügen, ohne die ursprüngliche Darbietung neu aufnehmen zu müssen.

Was Sie dazu brauchen

Für MIDI-Sequencing brauchen Sie nur drei Zutaten: einen Synthesizer, ein MIDI-Interface, um ihn mit dem Mac zu verbinden, und ein Sequencer-Programm. (Um MIDI-Dateien abzuspielen, ist kein Synthesizer nötig; Sie können dazu QuickTime verwenden, wie später in diesem Kapitel erklärt wird. Aber um Musik aufzunehmen, benötigen Sie ein richtiges Keyboard.)

Das Keyboard

Der Synthesizer, den Sie für MIDI kaufen, muß vor allem MIDI-kompatibel sein (einige der sehr preiswerten sind das nicht). Er sollte außerdem mehrere Instrumentenklänge gleichzeitig spielen können, d.h. multitimbral sein. Wenn ein Keyboard MIDI-kompatibel ist, befinden sich auf der Rückseite zwei runde, pfenniggroße MIDI-Buchsen. Ob es multitimbral ist, sehen Sie dem Gerät nicht an; fragen Sie den Verkäufer. Die einfachsten multitimbralen MIDI-Keyboards kosten in Musikläden um die 400 DM. Casio, Yamaha und Kawai produzieren mehrere Keyboards dieser Preislage in dieser Kategorie. Je realistischer der Klang, desto teurer das Keyboard.

Für Multimedia-Arbeit und Vorträge könnten Sie sich ein Sound-Modul anschaffen, das ist ein Synthesizer ohne Keyboard. Nachdem Sie die Musik aufgenommen haben, brauchen Sie kein Keyboard; wie gesagt, der Mac spielt MIDI über ein Kabel ab, nicht durch Tastendruck. Ein Sound-Modul wie das zigarrenkistenförmige Yamaha TG100 ist tragbar, günstig und leicht, und wenn Sie es an einen Lautsprecher anschließen, klingt es trotzdem noch fast genau wie richtige Instrumente.

Das Interface

Als nächstes brauchen Sie ein MIDI-Interface, um den Synthesizer an den Mac anzuschließen. Ein MIDI-Interface ist meistens ein kleines Kästchen. Sie stekken ein Ende in den Modemport Ihres Macintosh; an das andere Ende schließen Sie die MIDI-Kabel von Ihrem Synthesizer an. Es gibt zwei Kabel mit der Aufschrift *In* und *Out*, denn MIDI-Signale fließen in jedem Kabel in nur eine Richtung. Lassen Sie sich nicht irgendein professionelles Interface für knapp 1000 DM andrehen. Für die meisten Anwender reicht ein preiswertes Interface von Altech oder Opcode mit Anschlüssen für drei Keyboards völlig aus.

HEISSER TIP

Wenn Sie einen der neueren Macs haben, brauchen Sie einen Adapter von USB auf eine serielle Schnittstelle, an die Sie die MIDI-Box anschließen können. Achten Sie aber darauf, daß dieser Adapter auch tatsächlich mit Ihrem MIDI-Interface arbeitet, sonst funktioniert die Kommunikation über den MIDI-Bus nicht richtig.

Der Sequencer

Schließlich benötigen Sie noch ein *Sequencer-Programm*. In mancher Hinsicht ist ein Sequencer eine besondere Art von Mac-Software. Es gibt keinen Drukken-Befehl, Sie können nichts daraus in PageMaker einfügen, und Sie verwenden die Mac-Tastatur kaum. Aber ein guter Sequencer kann Ihnen ein ganzes Orchester zur Verfügung stellen.

Alle Sequencer ähneln sich in ihren Grundfunktionen. In einem Fenster gibt es Buttons ähnlich wie an einem Kassettenrekorder: Start, Stop, Vor- und Zurückspulen und Aufnahme. Um ein Stück Musik aufzunehmen, klicken Sie auf die Aufnahmetaste, und spielen Sie auf dem Keyboard. Nachdem Sie auf *Stop* geklickt haben, erscheint jede gespielte Note als Streifen auf einem horizontalen Balkendiagramm. Wie bei einem Tonbandgerät drücken Sie *Zurückspulen* und dann *Start*; der Sequencer spielt den Synthesizer und imitiert Ihre Darbietung bis ins kleinste Detail. Er fängt eine erstaunliche Menge musikalischen Gefühls aus den Zahlen ein, die aus dem MIDI-Kabel kommen (26.6) und gibt es auch wieder.

Folgende Informationen werden über das MIDI-Kabel übertragen:

- **Pedalinformation.** Der Sequencer zeichnet eigentlich nur zwei winzige Nachrichten auf: wann das Pedal niedergedrückt und wann es wieder losgelassen wird.

- **Anschlag.** Dieser Wert drückt in Zahlen aus, wie stark Sie beim Spielen auf jede Taste drücken. Auf einem richtigen Klavier bestimmt der Tastendruck die Lautstärke: Je härter Sie anschlagen, desto lauter die Note. In der verrückten Welt der Synthesizer muß der Druck nicht unbedingt die Lautstärke bestimmen. Statt dessen kann ein harter Anschlag der Note mehr Vibrato geben, sie höher klingen lassen oder einen Wah-Wah-Effekt erzeugen. Sie können einen Synthesizer sogar so programmieren, daß der Ton weicher wird, je härter Sie die Taste anschlagen!

- **Aftertouch.** Diesen Effekt können Sie auf einem richtigen Klavier gar nicht erzielen: Sie können den Ton ändern, nachdem Sie die Taste bereits angeschlagen haben. So erreichen Sie z.B. ein Crescendo mitten in einer langen Trompetennote.

Nachdem all diese Informationen – und viele mehr – aufgezeichnet wurden, kann der Mac Ihre musikalische Darbietung mit unheimlicher Genauigkeit wiedergeben. Der Vorteil dabei ist, wenn Sie sich verspielen, können Sie die Tonhöhe einer Note korrigieren, ohne die anderen musikalischen Feinheiten zu verändern.

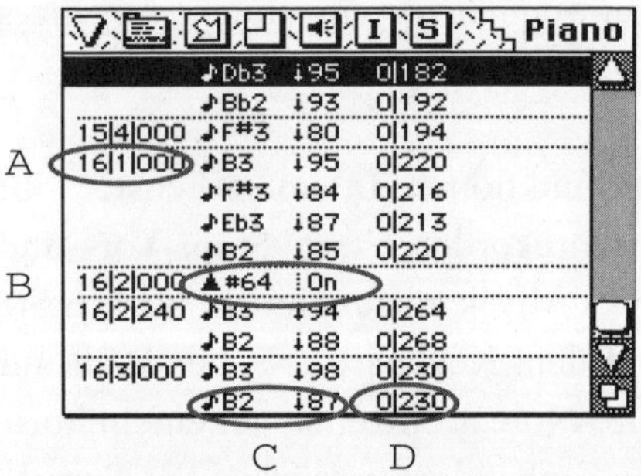

Abb. 26.6 Wenn Sie auf Ihrem MIDI-Synthesizer spielen, nimmt das Sequencer-Programm in Zahlenform alle möglichen Informationen über die Musik auf. Für jede gespielte Note nimmt es auf: (A) die Taktnummer, den Takt und den Bruchteil des Taktes, in dem Sie die Taste angeschlagen haben; (B) wann Sie das Fußpedal gedrückt oder losgelassen haben; (C) welche Note Sie gespielt und wie hart Sie angeschlagen haben; und (D) wie lange Sie die Taste gedrückt gehalten haben. Sie können diese Informationen natürlich bearbeiten.

Die Magie von QuickTime

EINSTEIGER

Den Begriff QuickTime haben Sie sicher schon öfter gehört, meist in Verbindung mit digitalen Filmen auf dem Mac oder dem PC. QuickTime kann aber noch mehr, als nur Filme abspielen es ist eigentlich eine kompletter «Werkzeugkasten für Multimedia». Die Programmierer von Apple haben mit QuickTime die Möglichkeit geschaffen, daß Software von anderen Herstellern ohne großen Aufwand mit allen Arten von Multimedia-Dateien umgehen kann, mit Tönen, Bildern, Grafiken, Animationen und eben auch mit Filmen. Mit der Version 4.0 von QuickTime können Sie inzwischen sogar Videoübertragungen aus dem Internet live ansehen (26.7). QuickTime ist eigentlich eine Art «Baukasten», dessen Teile bestimmte Funktionen für Multimedia zur Verfügung stellen. Ein Programmierer kann diese Module in seiner Software verwenden, ohne sich um die Details kümmern zu müssen. So ist es z.B. auch zu erklären, daß SimpleText mit Hilfe von QuickTime Filme anzeigen oder Material von einer Audio-CD konvertieren kann.

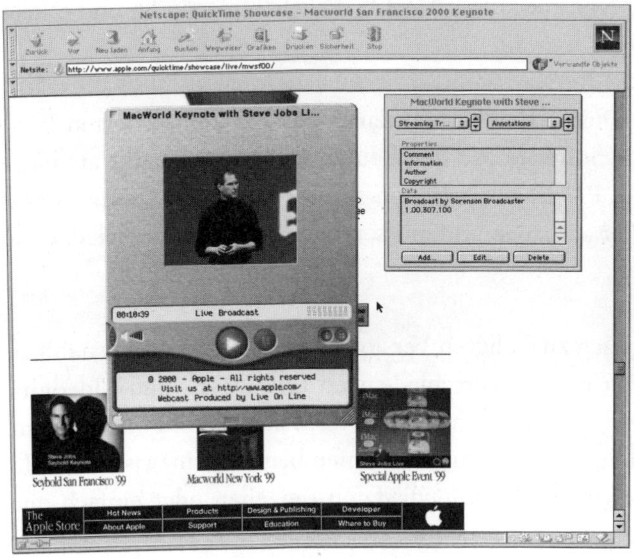

Abb. 26.7 Mit QuickTime 4.0 und einem modernen Mac können Sie Videoübertragungen aus dem Internet sehen. Bild und Tonqualität sind zwar noch weit vom Fernsehen entfernt, aber es funktioniert. (Hier sehen Sie Apple Chef Steve Jobs bei einer seiner berühmten Ansprachen.)

QuickTime Pro

Das normale QuickTime liegt dem Mac OS bei und ist wahrscheinlich schon auf Ihrem Mac installiert. Neuere Versionen gibt es unter *www.apple.de* im Internet. Die Software ist allerdings ziemlich groß, so daß das Herunterladen etwas dauern kann. (Apple erlaubt leider nicht mehr, das Installationsprogramm von QuickTime auf die CDs zu pressen, die Mac-Zeitschriften beiliegen. Nicht sehr kundenfreundlich…) Diese Version ist nicht registriert, und Sie werden ab und zu mit einem netten Dialog gefragt, ob Sie nicht auf QuickTime Pro umsteigen wollen. Um das zu tun, müssen Sie sich bei Apple registrieren und etwa 60 DM bezahlen. Dafür erhalten Sie einen Schlüssel, den Sie im Kontrollfeld *QuickTime Einstellungen* eingeben. Damit werden zusätzliche Funktionen von QuickTime freigeschaltet, vor allem können Sie jetzt Dateien in mehr Formaten speichern als mit der unregistrierten Version. Lassen Sie sich darüber aber keine grauen Haare wachsen: Wenn Sie nur QuickTime-Filme abspielen, können Sie auf das Update getrost verzichten. Haben Sie allerdings Mac OS 8.5 gekauft, so schenkt Ihnen Apple die Registrierung von QuickTime Pro. Sie müssen sich nur auf einer speziellen Webseite von Apple mit der Nummer Ihres MacOS-Pakets registrieren und erhalten dann den Schlüssel per E-Mail.

Der große Vorteil von QuickTime besteht darin, daß die komplizierten Probleme mit dieser Art von Software von den Leuten gelöst werden, die am meisten darüber wissen: die Programmierer von Apple. Auf dieser soliden Basis können andere Hersteller aufbauen und müssen nicht selbst immer wieder die gleichen Probleme lösen.

QuickTime ist im Vergleich zu früheren Versionen bedeutend leistungsfähiger geworden. Es kann nicht nur die verschiedensten Bild-, Ton- und Videoformate anzeigen bzw. abspielen, sondern auch Dateien aus einem Format in ein anderes konvertieren. Diese Menge an Funktionen benutzen inzwischen viele Programme, die irgendwie mit Multimediadaten umgehen oder einfach nur QuickTime-Filme anzeigen.

CD-ROM

Damit Sie sehen können, was mit QuickTime möglich ist, gibt es auf der CD zu diesem Buch einige Demofilme, die Sie mit dem normalen MoviePlayer ansehen können. In den folgenden Abschnitten erklären wir Ihnen die Grundlagen von QuickTime und wie Sie es für Ihre Zwecke einsetzen können.

QuickTime-Filme aufzeichnen

QuickTime-Filme sind heute nicht mehr die winzigen, verwackelten Filme wie früher, als man QuickTime 1.0 auf Macintosh LC II Systemen spielte; heutzutage ist die Qualität bei QuickTime 3.0 oder höheren Versionen auf einem Power Mac überwältigend.

ACHTUNG

Um die volle Qualität von QuickTime-Filmen zu erleben, muß Ihr Mac die notwendige Leistung haben, und die Filme selbst müssen mit hoher Qualität gespeichert sein. Das bedeutet aber meist sehr große Dateien, die sich nur auf CD-ROMs transportieren lassen. QuickTime-Filme im Internet dagegen sind fast immer ein Kompromiß aus Qualität und Größe, um den Zeitaufwand beim Herunterladen in Grenzen zu halten.

EINSTEIGER

Eigentlich ist es erstaunlich, daß Ihr Mac mit Digitalvideo umgehen kann. Wenn Sie mit Grafiken arbeiten, wissen Sie, daß ein einziges Vollfarbbild schon 1 MB Speicherplatz einnimmt. Ein Fernsehsignal besteht aus Tausenden individueller Bilder, von denen 25 in der Sekunde vorbeirasen. Bei der Größe eines normalen Fernsehbildes entspricht das einer Datenmenge von mehr als 20 MB pro Sekunde, mit der Ihr Mac umgehen müßte.

Nun ist das zwar prinzipiell mit modernen Macs und Arrays aus Festplatten durchaus möglich, aber eine Minute Video würde dann schon über ein Gigabyte Platz benötigen. Außerdem ist es eventuell auch gar nicht nötig, mit der vollen Datenrate zu arbeiten – ein kleiner Film im Web kommt mit viel weniger aus. Darum werden digitale Videosignale bei der Aufnahme immer komprimiert, weil damit die Anforderungen an die Datenrate und der Platzbedarf auf der Festplatte zurückgehen. Beim Abspielen wird diese Komprimierung dann wieder rückgängig gemacht.

Die tolle Leistung von QuickTime besteht darin, daß es diesen Prozeß auf sehr clevere Art und Weise unterstützt. Die Komprimierung selbst benutzt äußerst ausgeklügelte Methoden aus der Nachrichtentechnik und Mathematik, die als sogenannte Codecs (Abkürzung für Compressor/Decompressor) in Quick Time enthalten sind. Die Software enthält verschiedene dieser Codecs, die unterschiedliche Verfahren für die Komprimierung benutzen und eigens an bestimmte Anforderungen angepaßt sind.

Um die Datenrate zu reduzieren, gibt es neben der Komprimierung noch einen weiteren Trick: Der fertige Film wird nicht bildschirmfüllend abgespielt, sondern nur in einem kleinen Fenster angezeigt. Das funktioniert für Internet-Filme ganz gut, nicht aber für das Bearbeiten Ihres Urlaubsvideos, das letztendlich wieder im Fernsehformat auf ein Videoband überspielt werden muß.

HEISSER TIP

Wie Sie sehen, ist das ganze QuickTime-Geschäft eine Frage des richtigen Kompromisses zwischen Qualität, Bildgröße und Datenrate. Weiter hinten in diesem Kapitel werden Sie noch mehr darüber erfahren.

Das Tollste an der QuickTime-Technologie ist jedoch, daß jeder Mac mit installiertem QuickTime Filme abspielen kann. Die Ergebnisse können allerdings ganz unterschiedlich ausfallen. Wenn Sie einen bestimmten Film auf einem G3 Power Mac abspielen, läuft alles ganz glatt, und es rasen 25 Einzelbilder pro Sekunde in dem kleinen Fenster vorbei. Spielen Sie den gleichen Film auf einem LC, sehen Sie nur acht Einzelbilder pro Sekunde – aber Sie hören noch alles. Wenn ein Mac mit dem Film nicht mehr mithalten kann, ist QuickTime schlau genug, Einzelbilder zu überspringen, die Tonspur aber originalgetreu wiederzugeben.

Die nötige Ausrüstung

Jeder Mac nach 1990, vom LC aufwärts, kann QuickTime-Filme abspielen. Wenn Sie aber eigene Filme erstellen möchten, brauchen Sie zwei Dinge: eine Quelle für das Videosignal – eine Videokamera oder einen Videorekorder – und eine Elektronik, die das Signal für den Mac digitalisiert. Es gibt verschiedene Möglichkeiten, Ihren Mac mit einer solchen Elektronik auszustatten:

- Manche Macs sind schon ab Werk mit Videoeingängen ausgerüstet. Dazu gehören die Power Macs 7500, 7600, 8100, 8500 und bestimmte G3 Power Macs. Diese Geräte haben analoge Anschlüsse, mit denen Sie Ihre Kamera oder den Videorekorder verbinden können.

- Die blauweißen G3-Macs, alle G4-Macs und der iMac DV besitzen FireWire-Anschlüsse, an die Sie digitale Videokameras anschließen und so Bilder in hoher Qualität digitalisieren können. Die Firma Wired bietet außerdem einen Adapter, der herkömmliche analoge Videoquellen mit dem FireWire-Port verbindet. Damit können Sie Ihre vorhandene Videoausrüstung weiterverwenden und die Filme trotzdem digital bearbeiten.

- Kaufen Sie sich eine preiswerte Kamera (wie die Connectix QuickCam), die an den Modemport oder die USB-Schnittstelle des Mac angeschlossen wird. Die Qualität der Aufnahmen ist mittelmäßig, dafür ist diese Lösung preiswert und macht Spaß.

- Wenn Ihr Mac Steckplätze für Erweiterungskarten besitzt, können Sie eine Videokarte nachrüsten. Die preiswerteren Karten (z.B. Formac Pro TV) haben nur analoge Anschlüsse und kosten etwa 200 DM. Teurere Modelle kosten bis zu 2000 DM und bieten meist einen FireWire-Anschluß, um digitale Videoquellen auch an ältere Macs anschließen zu können. Schließlich gibt es noch Systeme für den Profibereich mit Preisen von 10.000 DM und mehr.

- Es gibt aber auch Lösungen, mit denen sich neuere PowerBooks in ein Videostudio verwandeln lassen – damit können Sie den Urlaubsfilm schon im Hotelzimmer schneiden. Für Macs mit USB-Anschluß gibt es von der Firma XLR8 für etwa 250 DM einen Adapter, mit dem Sie digitale Videosignale über den USB-Bus in Ihren Mac bekommen.

HEISSER TIP

- Für neuere PowerBooks gibt es PC-Cards zu kaufen, die entweder einen Videoeingang bieten oder sogar gleich mit einer kleinen Kamera geliefert werden.

Falls Sie zusätzliche Hardware kaufen wollen, um auf Ihrem Mac Videos zu bearbeiten, informieren Sie sich vorher gründlich. Finden Sie vor allem heraus, ob Ihre Videogeräte mit der Erweiterungskarte funktionieren werden. Achten Sie auch darauf, welche Software mitgeliefert wird.

Videos in den Mac zu digitalisieren, ist nur der erste Schritt. Nach der Bearbeitung muß mit dem fertigen Video etwas passieren: Entweder laden Sie es ins Internet, brennen es auf eine CD-ROM oder spielen Ihr Kunstwerk wieder auf eine Videokassette aus. Und genau hier ist der Haken: Ihre Videohardware muß erlauben, fertige QuickTime-Filme wieder als Videosignal auszugeben. Viele von den preiswerteren Produkten mit analogen Anschlüssen tun genau das aber nicht.

Bei den Karten mit FireWire-Anschluß und auch bei den Macs mit dieser Schnittstelle kann es ebenfalls zu Problemen kommen, wenn bestimmte Kameramodelle nicht hundertprozentig mit Ihrer Software zusammenspielen. Erkundigen Sie sich deshalb vor dem Einkauf genau, ob Ihre Kamera von der Videohardware und vor allem der zugehörigen Software unterstützt wird.

ACHTUNG

Die Videohardware allein genügt noch nicht, auch sonst muß Ihr Mac dem Vorhaben gewachsen sein: Neben genügend Speicher und einem ausreichend schnellen Prozessor brauchen Sie vor allem Platz auf der Festplatte – und das reichlich. Bei Digitalvideo ohne Abstriche an der Qualität können Sie auf einem Gigabyte etwa vier bis fünf Minuten Video speichern. Dazu kommt noch der Platz, den die Software eventuell als Zwischenspeicher bei Bearbeitungen braucht, so daß Sie nicht zu knapp planen sollten.

HEISSER TIP

Wenn Sie eine zusätzliche Festplatte kaufen, achten Sie darauf, daß sowohl die Festplatte als auch der entsprechende Anschluß Ihres Mac schnell genug für die Videoverarbeitung ist. Bei den neueren G3/G4-Macs und dem iMac DV ist das glücklicherweise kein Problem mehr, und auch die meisten Festplatten mit IDE-Anschluß sind leistungsfähig genug für Digitalvideo (und preiswerter als die SCSI-Variante.)

Bevor Sie nun loslegen können, fehlt eigentlich nur noch passende Software. Die QuickTime-Erweiterung selbst wird mit dem Mac OS geliefert. Sie können die jeweils aktuellste Version auch von *www.apple.de* herunterladen. Um tatsächlich Videos zu bearbeiten, brauchen Sie eine Schnittsoftware, die die benötigten Funktionen bereitstellt. Für diese Aufgabe gibt es verschiedene Programme, die sich in der Art der Bedienung, den verfügbaren Funktionen und nicht zuletzt im Preis unterscheiden.

Für welche Lösung Sie sich entscheiden, hängt außerdem noch davon ab, ob die Software Ihre Videohardware unterstützt und mit Ihrer Kamera zusammenarbeitet. Oft werden auch Videokarten mit der Schnittsoftware im Paket verkauft, so daß Sie sich vor dieser Anschaffung gründlich informieren sollten.

Das dienstälteste Programm für Videoschnitt ist *Premiere* von Adobe. Diese Software hat inzwischen starke Konkurrenz bekommen, ist aber eine gute Allroundlösung. Die Anpassung von Premiere an die digitale Videotechnik war anfangs nicht so gut, wird aber fortlaufend verbessert.

HEISSER TIP

Inzwischen bietet auch Apple selbst Software für den Videoschnitt an: Mit dem iMac DV wird das Programm *iMovie* geliefert, das sich vor allem an Einsteiger wendet. Die Bedienung ist entsprechend leicht zu erlernen, dafür reicht der Funktionsumfang für fortgeschrittene oder gar semiprofessionelle Benutzer nicht aus. Allerdings kostet die Software nichts extra, und dank der einfachen Bedienung können gerade Anfänger im Videoschnitt sofort loslegen.

FireWire und die Kameras

Eigentlich ist FireWire eine geniale Sache: Kamera anschließen und Videos in den Mac digitalisieren. Tatsächlich funktioniert das auch so, aber mit einigen Einschränkungen: Das FireWire-Protokoll erlaubt, die Kamera von der Schnittsoftware aus fernzusteuern. Sie brauchen dann also nicht mehr die kleinen Knöpfe an der Kamera zu suchen, wenn Sie das Band spulen wollen, sondern können das bequem per Mausklick erledigen – theoretisch. In der Praxis ist es leider so, daß die Software mit Ihrem speziellen Kameramodell klarkommen muß, und in diesem Bereich gibt es noch einige Ungereimtheiten. Sie sollten darauf achten, ob die Fernsteuerung der Kamera mit Ihrer Software funktioniert, ansonsten müssen Sie wie früher auch alle Tasten selbst drücken.

Das zweite Problem ist schlimmer: Eine Videokamera ist nichts weiter als ein Videorekorder mit eingebauter Optik. Normalerweise nimmt dieser Rekorder das Bild der Optik auf, kann aber rein technisch auch das Signal am FireWire-Anschluß aufzeichnen. «Prima», denken Sie jetzt sicher, «so kann ich mein fertiges Video wieder auf eine Kassette spielen!». Leider ist das nicht so einfach. In Deutschland ist genau diese Aufnahmefunktion bei vielen Kameramodellen deaktiviert. Der Grund dafür ist eigenartig: Wenn die Funktion da ist, gelten die Geräte als Videorekorder, und darauf müßte der Hersteller höhere Einfuhrzölle zahlen. Mit speziellen Fernbedienungen läßt sich diese Sperre aufheben, allerdings ist die rechtliche Situation derzeit noch etwas unklar und wird sich eventuell auch noch ändern.

Falls Sie sich eine digitale Videokamera anschaffen und mit dem Mac benutzen wollen, sollten Sie darum ein Modell kaufen, mit dem Sie auch das Signal am FireWire-Anschluß aufnehmen können.

Für höhere Ansprüche gedacht ist Apples *FinalCut Pro*, das einen professionellen Leistungsumfang bietet, zu einem Preis von etwa 2500 DM. Die Software unterstützt nicht nur Kameras mit FireWire-Anschluß, sondern auch verschiedene Erweiterungskarten zur Video-Digitalisierung. Schließlich lassen sich auch Schnittlisten aus anderen Programmen sowie den Avid-Profi-Schnittsystemen importieren.

POWER USER

FinalCut Pro bietet einen Funktionsumfang, der früher nur auf sehr viel teureren Systemen zu finden war. Allerdings ist das Programm noch nicht allzu lange auf dem Markt, so daß noch mit einigen weiteren Versionen zu rechnen ist, bis alle Fehler ausgeräumt sind. Wenn Sie aber damit leben können, dann bietet die Software Profimöglichkeiten zu einem auch für Amateure erschwinglichen Preis.

Aufzeichnen und komprimieren

Um einen QuickTime-Film zu erstellen, schließen Sie die Quelle für die Videosignale (Videokamera, Fernseher oder Videorekorder) an die Videoeingänge Ihres Mac bzw. der Digitalisierungskarte an. Benutzen Sie FireWire, gibt es keine getrennten Ein- und Ausgänge; Sie müssen also lediglich Kamera und Mac mit dem passenden Kabel verbinden.

Starten Sie nun Ihre Videosoftware, und wählen Sie den Befehl zum Aufnehmen. In allen Programmen gibt es zu diesem Zweck die gleichen Steuerelemente wie auf einem Kassetten- oder Videorekorder: *Start*, *Stop*, *Aufnahme* usw. Starten Sie die Aufnahme – wie das genau geht, steht in der Dokumentation Ihrer Software – und lassen Sie die Kamera oder den Fernseher laufen. Nun beginnt der Mac, die Videodaten als QuickTime-Film auf der Festplatte abzulegen – so lange, bis entweder die Festplatte voll ist oder Sie die Aufnahme stoppen. Nun können Sie beginnen, Ihren Film zu bearbeiten: Bildsequenzen schneiden, Überblendungen einfügen, Effekte anwenden, Untertitel anlegen und nachvertonen. Ihnen sind dabei nur durch die Möglichkeiten der Software und die Menge an vorhandenem Plattenplatz Grenzen gesetzt. (Natürlich weiß die Software nicht, wie man einen guten Film macht – das müssen Sie schon selbst herausfinden!)

ACHTUNG

Das reine Aneinandersetzen von Bildern ist nicht allzu aufwendig. Wollen Sie jedoch Effekte verwenden, muß der Mac diese berechnen, in der Fachsprache heißt das auch «rendern». Diese Berechnungen können je nach Effekt und benutzter Software eine gewisse Zeit brauchen, in der Sie auf Ihren Mac warten müssen. Manche Programme versuchen, diese Arbeitsunterbrechung zu umgehen, indem die Effekte bereits im Hintergrund berechnet werden.

Ist das Video fertiggestellt, müssen Sie es aus dem Schnittprogramm heraus als QuickTime-Film speichern. Dabei werden Sie gefragt, welche Kompressionsmethode Sie verwenden möchten. Es stehen verschiedene Codecs zur Verfügung, je nachdem, ob Sie ein Video, eine Animation oder stillstehende Bilder komprimieren möchten. Je nach Anwendung ist die Balance zwischen Bildqualität und Speicherplatzbedarf anders.

HEISSER TIP

Die praktischsten Codecs sind *Apple Video*, *Cinepak* (Compact Video) und *Sørenson*, der atemberaubende Codec von QuickTime 3.0 und höher. Apple Video ergibt Filme, die gut aussehen und relativ schnell komprimieren (wirklich relativ – es kann Minuten oder Stunden dauern, einen QuickTime-Film zu speichern), aber eine Menge Speicherplatz verbrauchen. Cinepak braucht unheimlich lange, um einen Film zu speichern – manchmal über Nacht – und das Ergebnis ist ungefähr um 10 Prozent körniger als andere QuickTime-Formate. Aber viele Leute lieben Cinepak, denn die Dateien sind sehr klein und lassen sich vor allem ohne Aussetzer abspielen. Daher sind Cinepak-komprimierte Filme besonders für CD-ROM-Produktionen geeignet.

Wenn Sie sicher wissen, daß die Empfänger Ihrer fertigen QuickTime-Filme QuickTime 3.0 oder eine höhere Version installiert haben, können Sie Ihren Film durchaus mit dem neueren Sorenson-Codec komprimieren. Das Ergebnis ist so klein wie Cinepak auf der Festplatte, wird aber erstaunlich scharf, reibungslos und klar wiedergegeben.

ACHTUNG

Das Komprimieren von QuickTime-Filmen bedeutet einen erheblichen Zeitaufwand. Planen Sie diesen ein, und probieren Sie vor der Endproduktion mit einem kurzen Stück Film aus, wie lange Ihr Mac mit dem ausgewählten Codec dafür braucht.

FEHLER

Arbeiten Sie mit relativ langen QuickTime-Filmen, kann eventuell ein recht seltsames Problem auftreten: Sie können nur Filme herstellen, die auf der Festplatte nicht größer als 2 GB sind. (Je nach verwendetem Codec und dessen Einstellungen können Sie diesen Wert auf eine maximale Spieldauer umrechnen.) Der Grund dafür ist eine Beschränkung des Mac OS selbst, das keine Dateien erlaubt, die größer als eben 2 GB sind. Schnittprogramme für Video umgehen diese Beschränkung, indem sie das Material automatisch in mehrere Dateien teilen. Bei der Endproduktion eines QuickTime-Films gibt es diese Möglichkeit allerdings nicht. Mit Mac OS 9 fällt diese Einschränkung zum Glück weg, und auch längere Filme lassen sich problemlos speichern.

Von Bildwiederholraten und Kompromissen

Ein QuickTime-Film sollte beim Abspielen möglichst glatt laufen – ohne Rukkeln oder Aussetzer. Wie glatt oder holprig ein Film abgespielt wird, wird in

Bildern pro Sekunde (frames per second = fps) gemessen, der Bildwiederholrate oder auch Framerate. Das Fernsehsignal hat eine Bildwiederholrate von 25 Bildern pro Sekunde. Damit das menschliche Auge eine Folge von Bildern als Film wahrnimmt, müssen mindestens 16 Bilder pro Sekunde dargestellt werden. Eine höhere Rate erfordert mehr Leistung von dem Computer, der den Film darstellt, außerdem steigen die Anforderungen zusätzlich um so mehr, je größer das Bild ist. Leider bieten die Mac-Modelle mit eingebauter Videoelektronik nur recht niedrige Bildwiederholraten. Ein Quadra AV oder 630 mit der Apple-Video-Karte kann z.B. nur 12 fps aufbringen; ein Power Macintosh 7500 bringt es auf relativ magere 15 fps (bei einer Bildgröße von 320 mal 240 Pixeln). Erst neuere Power Macs können professionelle Bildwiederholraten von 25 bis 30 Bildern pro Sekunde erreichen.

TECHNIK

Sie können die Bildwiederholrate aber erhöhen, wenn Sie bereit sind, dafür Opfer zu bringen. In der QuickTime-Welt gibt es viele mögliche Kompromisse. Auf einigen Power Macs können Sie z.B. einen Film mit 24 fps digitalisieren – wenn das Fenster ziemlich klein ist, 320 mal 240 Pixel. Zeichnen Sie den gleichen Film bei voller Fenstergröße auf (640 mal 480 Pixel), sinkt die Wiederholrate auf 15 Bilder pro Sekunde. Nehmen Sie gleichzeitig noch Ton auf, kostet das wiederum ein paar Bilder pro Sekunde.

POWER USER

Zum Glück sind alle neueren Power Macs leistungsfähig genug, um mit der vollen Wiederholrate zu arbeiten. Trotzdem müssen Sie dieses Problem im Auge behalten, vor allem dann, wenn Ihre Filme auf älteren Mac-Modellen oder gar über das Internet abgespielt werden sollen.

Versuchen Sie, bei der Wiederholrate Ihrer Filme nicht unter 12 Bilder pro Sekunde zu kommen. Dieser Wert ist gerade noch erträglich und wird auch von den meisten älteren Macs beim Abspielen geschafft.

Digitalisier-Geheimnisse bei QuickTime

Das beste Videosignal verwenden

Ein Videosignal in einem QuickTime-Film zu speichern, heißt, eine Menge Bildinformation zu reduzieren – und deswegen eine Menge Bildinformation zu verlieren. Daher sollten Sie mit der besten Qualität anfangen. Je besser die Qualität des Ursprungsmaterials ist, desto besser wird der fertige QuickTime-Film.

- Professionelle oder semiprofessionelle Ausrüstung (Videorekorder mit den Systemen Hi-8, digitales S-VHS, Beta) ergeben bessere Resultate als VHS oder 8mm. Verwenden Sie ein frisches Videoband. Falls sowohl Ihre Videokamera bzw. Ihr Videorekorder als auch die Digitalisierierungskarte Ihres Macs S-Videobuchsen besitzen, können Sie diese mit einem S-Videokabel verbinden und damit das Bild erheblich verbessern. Das beste Signal liefern digitale Kameras («Mini-DV»), die Sie per FireWire mit Ihrem Mac verbinden.

- Benutzen Sie möglichst ein externes Mikrofon, anstatt das eingebaute der Kamera zu verwenden.

- Wenn Sie Bilder in Räumen nur bei Tageslicht aufnehmen, ist der Kontrast niedriger und die Statik höher. Mit Lampen und anderen Zusatzlichtern lassen sich diese Probleme vermeiden.

- Mit einem Stativ erzielen Sie professionellere Ergebnisse.

Die beste Bildwiederholrate erzielen

Die Bildwiederholrate bestimmt natürlich, wie gut Ihr Film wiedergegeben wird. Schon beim Digitalisieren wird die Rate des fertigen Films beeinflußt – wenn der Mac das Video nicht schnell genug verarbeiten kann, wird die QuickTime-Datei von Anfang an Sprünge haben. Versuchen Sie darum, bei der Aufnahme eine ausreichende Bildwiederholrate zu erreichen. Dabei helfen Ihnen folgende Tricks:

- **Defragmentieren Sie Ihre Festplatte.** Wenn genug Platz auf Ihrer Festplatte ist, aber der Festplattenkopf erst lange auf der Plattenoberfläche danach suchen muß, kann der Mac die eintreffende QuickTime-Information eventuell nicht so schnell aufnehmen und Bilder gehen verloren.

- **Schalten Sie AppleTalk aus.** Diese Netzwerkfunktion unterbricht die Verarbeitung des Mac ein paarmal pro Sekunde, um zu schauen, ob das Netzwerk aktiv ist. Diese Unterbrechungen wirken sich auf Ihren QuickTime-Film aus.

- **Schalten Sie Erweiterungen möglichst aus.** AppleTalk und andere Erweiterungen verbrauchen ein gehöriges Maß von der Leistung Ihres Mac, allen voran Bildschirmschoner.

- **Stellen Sie Ihren Monitor auf «Tausende Farben» ein.** Aus verschiedenen technischen Gründen arbeitet QuickTime mit dieser Einstellung am besten – noch besser als mit der Einstellung *256 Farben*, was Sie vielleicht nicht erwartet hätten.

- **Verwenden Sie möglichst den Kompressor «KEINER».** In *VideoShop* (Avid) und Apples *Movie Recorder* können Sie z.B. eine Kompressionsoption für die Aufnahme eingeben, und eine andere, die auf das aufgenommene Material nach dem Aufzeichnen angewendet wird. Die beste Bildwiederholrate erzielen Sie ohne Kompression, wenn nötig, können Sie das Material nachträglich immer noch komprimieren (z.B. mit den Codecs *Video*, *Cinepak* oder *Sørenson*).

- **Benutzen Sie eine schnelle Festplatte für die Aufnahme.** Größere Festplatten sind meistens schneller als kleinere; SCSI-Festplatten sind meistens schneller als IDE-Festplatten; Festplatten sind generell schneller als Jaz-Laufwerke, und diese wiederum sind schneller als Zip-Laufwerke. Die besten Festplatten für die Video-Digitalisierung sind die mit der Aufschrift «AV» oder «AV-geeignet». Anders als normale Laufwerke führen sie während des Datenflusses keine automatische Rekalibrierung aus, die zu Aufnahmefehlern führen kann. (Bei modernen Festplatten ist das allerdings kaum noch ein Thema, und auch viele IDE-Platten sind inzwischen schnell genug für Videoaufnahmen.)

- **Halten Sie bei der Bildgröße ein Verhältnis von 4:3 ein.** Das heißt vereinfacht gesagt, daß das Filmbild 160 Pixel breit und 120 hoch sein soll, oder ein Vielfaches davon. Standardmäßige Filmgrößen sind z.B. 640 x 480, 320 x 240 und 240 x 180. Wenn Sie von diesen Proportionen abweichen, wird der Film langsamer.

- **Sparen Sie bei den Basisbildern (Key Frames).** Sie werden eine Einstellung für die Basisbildrate sehen, wann immer Sie einen QuickTime-Film erstellen oder speichern (in der gleichen Dialogbox, in der Sie einen Codec wählen). Ein *Basisbild* (englisch *Key Frame*) ist ein «Griff», den Ihr Mac packen kann, ähnlich wie der Daumenindex eines Wörterbuches. Damit kann der Mac schnell einen bestimmten Teil des Films ausfindig machen, falls der Betrachter im Film herumspringen oder ihn sich rückwärts anschauen möchte. Legen Sie in diesem Fall ein Basisbild ungefähr jede Sekunde fest (z.B. nach jeweils 15 Einzelbildern). Soll Ihr Film aber immer nur von vorne nach hinten abgespielt werden, verzögern Basisbilder lediglich das Abspielen.

Denken Sie an die Ausrüstung Ihres Publikums

Ironischerweise ist es oft nicht ein zu langsamer QuickTime-Film, der bei der Wiedergabe Probleme macht, sondern ein zu schneller Film. Wir meinen hier QuickTime-Filme, die von CD-ROM abgespielt werden. Sie dürfen nicht vergessen, daß ein CD-Laufwerk sehr viel langsamer arbeitet als eine Festplatte – selbst die sogenannten «12x», «24x» oder ähnliche Laufwerke. Wenn Sie einen QuickTime-Film für CD erstellen, müssen Sie ihn meistens sogar auf den niedrigsten gemeinsamen Nenner in Sachen Ausrüstung ausrichten: ein Laufwerk mit vierfacher Geschwindigkeit, relativ alt, aber weitverbreitet. Ein Film, dessen Bildwiederholrate zu hoch für das abspielende CD-Laufwerk ist, sieht schrecklich aus.

Wenn Ihr CD-Laufwerk z.B. eine maximale Bildwiederholrate von 15 fps für einen bestimmten Film aufbringen kann, sieht eine QuickTime-Datei mit 10 fps sehr viel besser aus als eine mit 30 fps. Apple empfiehlt zusätzlich, QuickTime-Filme mit 16-Bit-Farben abzuspeichern. Mit dieser Einstellung erhalten Sie den besten Kompromiß aus Farbqualität und Bildwiederholrate beim Abspielen.

Verwenden Sie ein Programm wie das Zusatzmodul *CD-ROM Movie Maker* von Adobe Premiere oder den *Media Cleaner Pro* von Terran, um Ihren für CD-ROM bestimmten Film zu verarbeiten; beide können die Datenrate des fertigen Films sinnvoll einschränken, so daß er sich auf einem bestimmten CD-ROM-Typ gut abspielen läßt. (15 fps ist z.B. so ziemlich das Maximum für einen CD-Player mit doppelter Geschwindigkeit bei einem QuickTime-Film, dessen Einzelbildgröße bei 180 mal 160 Pixel liegt. Wenn der Film mit der Sorenson-Methode komprimiert wurde, kann sich die Größe oder die Bildwiederholrate verbessern.)

Filme abspielen und bearbeiten

Wenn Sie eine Sammlung von Filmausschnitten digitalisiert oder aus einer anderen Quelle besorgt haben (z.B. aus dem Internet oder von einer CD-ROM), können Sie sie auf verschiedene Weisen abspielen. Viele Programme können QuickTime-Filme abspielen: SimpleText, Word, jede Präsentations-Software, WordPerfect, ClarisWorks, Ihr Lieblings-Webbrowser (mit dem QuickTime-Plugin) und so weiter (26.8). Dann ist da noch *MoviePlayer*, ein einfaches Bearbeitungsprogramm für QuickTime-Filme, das schon seit System 7.5 Teil der Systemsoftware ist. Ab QuickTime Version 3.0 bietet MoviePlayer nur dann Bearbeitungsfunktionen, wenn Sie für die Pro-Version bezahlt haben.

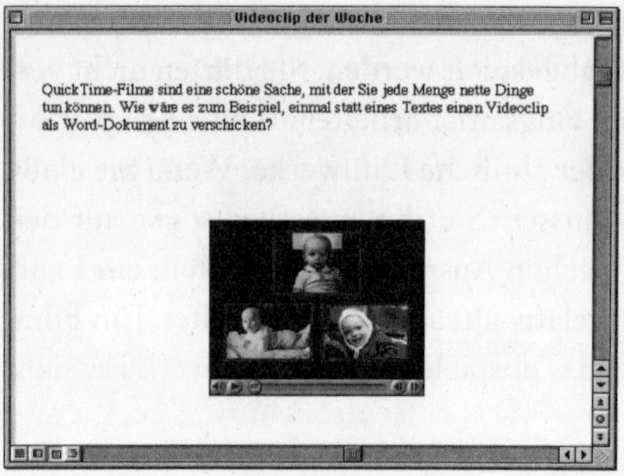

Abb. 26.8 Ein in einer Word-Datei eingebetteter QuickTime-Film. Braucht viel Speicherplatz, ist aber ausdrucksvoller als Worte allein!

Mit dieser einfachen Software können Sie simple Bearbeitungen an Ihrem QuickTime-Film vornehmen: Stücke ausschneiden, Ausschnitte neu anordnen, und was sich sonst noch alles mit den Befehlen *Ausschneiden*, *Kopieren* und *Einfügen* erledigen läßt. Sie können Filme sogar direkt in das Programm *Album* kopieren (und dort anschauen). Allerdings ist diese Arbeitsweise etwas mühselig und eigentlich nur geeignet, um z.B. einige überflüssige Sekunden aus einem Film zu entfernen.

HEISSER TIP

Benutzen Sie im MoviePlayer den Befehl *Ablage/Film vorführen*, wenn Sie sich einen QuickTime-Film in der besten Qualität ansehen wollen. Ihr Mac läßt – fast wie im Kino – alles vom Bildschirm verschwinden und zeigt nur den Film an, außerdem wird die gesamte Rechenleistung in das Abspielen des Films gesteckt, andere Programme erhalten keine Rechenzeit.

Um ausgefallenere Bearbeitungen vorzunehmen (z.B. Blenden zwischen Szenen zu erzielen oder Bilder zu überlagern), brauchen Sie ein Bearbeitungsprogramm wie *Premiere* (Adobe), *iMovie*, *Final Cut Pro* (Apple) oder *VideoShop* (Strata). Diese Programme bieten viele Spezialfunktionen und können so ziemlich jeden Videoeffekt nachahmen, den Sie aus den heutigen Fernsehwerbungen kennen. (Mehr Informationen dazu finden Sie weiter vorn im Abschnitt über die nötige Ausrüstung für Video.)

AVI-Filme abspielen

QuickTime gibt es zwar auch als Systemerweiterung für PCs mit Windows, trotzdem werden Sie vor allem im Internet oft Filme finden, die im AVI-Format gespeichert sind. Dieses Format stammt von Microsoft und funktioniert so ähnlich wie QuickTime. Um AVI-Filme abzuspielen, gibt es mehrere Möglichkeiten: Besorgen Sie sich von *www.microsoft.com* den Mediaplayer for Macintosh oder öffnen Sie die Filmdatei mit dem Internet Explorer, der AVI-Filme direkt abspielen kann. Ziehen Sie dann die Filmbox aus dem Explorer auf den Schreibtisch, und die Datei wird automatisch in das QuickTime-Format umgewandelt. Schließlich können Sie AVI-Filme mit QuickTime Pro auch direkt abspielen.

Wozu das Ganze?

Bei QuickTime ist es genau wie beim richtigen Film oder im Fernsehen: Verglichen mit der Länge des Endproduktes ist ein ungeheurer Zeitaufwand nötig. Im Durchschnitt kommen wir auf einen Tag Arbeit pro Minute des fertigen Films. Trotzdem macht das Ganze Spaß. Plötzlich sind Sie in Hollywood und haben völlige Kontrolle über jedes Einzelbild Ihres Meisterwerks. Mögliche Verwendungszwecke sind z.B. Vorträge für Schulungen oder Präsentationen, Kinderprogramme, Spiele, die Archivierung wertvollen Materials (Digitalfilme verlieren nie an Qualität) und natürlich auch die Bearbeitung einer Grob- oder Endfassung von richtigen Filmen und Shows.

Da die Macs immer schneller werden und immer bessere Versionen der QuickTime-Software auf den Markt kommen, nehmen auch Bildwiederholrate und Bildgröße eines durchschnittlichen Films zu. Ihr normaler Power Mac mit QuickTime 3.0 oder höher kann z.B. Filme in halber Bildschirmgröße so gut wie ein Fernseher anzeigen – ohne mit der Wimper zu zucken.

QuickTime VR

Ein QuickTime-VR-Film hat eigentlich nicht viel mit einem normalen QuickTime-Film gemeinsam. Statt sich passiv eine Filmszene anzuschauen, sehen Sie sich ein Foto auf dem Bildschirm an und kontrollieren die Bewegung. Wenn Sie mit der Maus im Foto ziehen, verändert sich die Kameraposition. Sie können sich sogar ganz umdrehen und Ihre Umgebung aus jedem Winkel betrachten; Sie können nach oben oder unten schauen, ein- oder auszoomen und das unheimliche Gefühl bekommen, wirklich dort zu sein (26.9).

Der durchschnittliche Mac-Benutzer kann keinen QuickTime-VR-Film herstellen – zumindest nicht, ohne mit einer Stativkamera Fotos zu machen, die 360Grad Rundumsicht abdecken, und diese dann mit einer speziellen QuickTime-VR-Software zusammenzusetzen. (Zu diesen Programmen gehören z.B. *Spin Panorama* von PictureWorks, *Nodester* von Panimation und *Photo-Vista* von Live Picture.)

CD-ROM

Sie können allerdings Produkte kaufen, die VR-Technologie enthalten, wie z.B. die CD-ROM *Star Trek: The Next Generation Interactive Technical Manual* von Paramount. Sie können außerdem die QuickTime-VR-Szenen genießen, die auf der beiliegenden CD geliefert werden – manche sind überwältigend. Und Sie können auf Websites mit VR-Szenen surfen, so daß Sie weit entfernte Orte auf erstaunlich realistische Weise «besuchen» können. Eine Tour durch Websites mit eingebetteten QuickTime-VR-Filmen finden Sie z.B. unter *www.apple.com/quicktime/samples.*

Abb. 26.9 Wenn Sie mit dem Cursor in einer QuickTime-VR-Szene ziehen, verändert sich die Cursorform, um anzuzeigen, in welche Richtung Sie «schauen». Der ganze «Kamerawinkel» paßt sich entsprechend an, so daß Sie in jede Richtung sehen können (Bild 1 und 2). Wenn Sie sich weit genug umdrehen, blicken Sie in die entgegengesetzte Richtung (Bild 3). Besteht das QuickTime-VR-Panorama aus mehreren Knoten, so zeigt der Cursor manchmal an, daß Sie zum nächsten Kamerastandort springen können (Bild 4).

Besonders beeindruckend sind Szenen mit QuickTime VR, die die Internet-Fähigkeiten von QuickTime 3.0 und höher ausnutzen. Damit können Sie fast sofort mit den Virtual-Reality-Szenen spielen – in einer körnigen Grauversion in niedriger Auflösung – und das Bild wird nach und nach farbiger und detaillierter, während Ihr Mac mehr und mehr Daten aus dem Internet empfängt.

Ein- und Auszoomen

In einem VR-Film können Sie mehr tun als nur Ihren «Kopf» drehen; Sie können sich auch in jede Richtung vor- oder zurückbewegen. Das geht ganz einfach: drücken Sie die Shift-Taste (oder, vor QuickTime 3, die Optionstaste) um einzuzoomen, die Control-Taste um auszuzoomen.

Sie werden sehen, daß das Bild beim Zoomen ein wenig zerfällt – es wird aber sofort wieder klar, wenn Sie die Taste loslassen.

Die Kameraposition ändern

Technisch gesehen gibt es drei verschiedene Arten von QuickTime-VR-Filmen. Beispiele für alle drei befinden sich auf der mit diesem Buch gelieferten CD-ROM:

- **Panoramafilme.** Das ist der standardmäßige VR-Filmtyp, eine Art lebendiges Foto, in dem Sie sich an einem Ort um 360 Grad umdrehen können.

- **Objektfilme.** In dieser Art von Film bewegen Sie sich gar nicht. Statt dessen schwebt vor Ihnen ein einziges dreidimensionales Objekt. Ziehen Sie mit dem Cursor, und Sie bewegen den Gegenstand, nicht die Kamera, und rotieren das Objekt im Raum. Diese Art von Film wird für interaktive Filme wie «Virtuelle Museen» verwendet, so daß Sie z.B. eine Skulptur von allen Seiten betrachten können.

- **Filme mit mehreren Knoten (multi-node films).** In dieser Art von Film fangen Sie an einem Ort an, genau wie bei einem Panoramafilm, und können nach oben, unten und im Kreis herum schauen. Sie werden bemerken, daß Ihr Cursor manchmal die Form ändert, während er über bestimmte Bildteile gezogen wird. (Er wird zu einer kleinen Zielscheibe, wie der normale Cursor, mit einem dicken nach oben zeigenden Pfeil oben drüber.) Wenn Sie zu diesem Zeitpunkt klicken, springen Sie an eine andere Stelle der Szene – die ganze Kamera wird versetzt.

Dieser Trick macht QuickTime VR wirklich atemberaubend. Apple hat z.B. einen 26-Knoten-Film veröffentlicht, der in einem Kunstmuseum in San Francisco erstellt wurde, sowie einen Film vom Lincoln-Denkmal mit neun Knoten und einen 12-Knoten-Film vom Monument Valley. Keine andere Technologie – nicht das Fernsehen und auch nicht Bücher – kann Ihnen stärker als diese das Gefühl geben, wirklich dort zu sein.

Multimedia aus dem Internet

QuickTime eignet sich nicht nur dazu, Filme oder Tondateien von der Festplatte oder einer CD-ROM abzuspielen. Sie können auch Daten abspielen, die Sie aus dem Internet laden. Sie müssen nur dafür sorgen, daß die Film- oder Tondatei mit dem richtigen Programm geöffnet wird. Damit das funktioniert, müssen die Dateizuordnungen Ihres Webbrowsers richtig eingestellt sein.

EINSTEIGER

Glücklicherweise sind die meisten dieser Einstellungen schon so vorkonfiguriert, daß Sie sich nicht darum kümmern müssen, erst recht nicht, wenn Sie das QuickTime-Plugin installiert haben. Sollte trotzdem einmal eine Datei nicht richtig abgespielt werden, können Sie die Zuordnung in den Voreinstellungen des Browsers oder im Kontrollfeld *Internet* ändern. (Bei älteren Versionen des Mac OS sollten Sie InternetConfig benutzen.)

Dateien herunterladen

Haben Sie das QuickTime-Plugin für Ihren Webbrowser installiert, werden die Multimediadateien direkt innerhalb des Browserfensters angezeigt. Besitzen Sie QuickTime Pro, können Sie einfach auf das Filmbild klicken und es per Drag & Drop auf den Schreibtisch ziehen. Ihr Mac speichert dann automatisch den Film als normale QuickTime-Datei. Leider funktioniert das mit der normalen Version von QuickTime nicht.

HEISSER TIP

Es ist aber trotzdem möglich, eine Multimedia-Datei aus dem Internet auf der Festplatte zu speichern. Klicken Sie mit gehaltener Control-Taste auf den Link zu dieser Datei, und wählen Sie aus dem Kontextmenü den Befehl *Diese Verknüpfung speichern unter* Es erscheint ein normaler Dateidialog, mit dem Sie die Daten speichern können.

Die zweite Methode funktioniert nur mit Netscape Navigator: Wenn Sie einen QuickTime-Film in Ihrem Browser-Fenster haben, klicken Sie den Button ganz rechts außen in der Kontrolleiste des Films. Es erscheint ein Menü, aus dem Sie den Befehl *Plug-In Einstellungen* auswählen. Im folgenden Dialog aktivieren Sie die Option *Filme im Festplatten-Cache sichern* (26.10). Nun werden alle Dateien, die vom QuickTime-Plugin angezeigt werden, auch im Cache Ihres Browsers abgelegt. Wenn Sie nun die heruntergeladene Datei aufbewahren möchten, müssen Sie sie lediglich aus dem Cache-Ordner von Netscape an eine andere Stelle Ihrer Festplatte kopieren. (Den Cache-Ordner finden Sie normalerweise im Ordner *Netscape* im Preferences-Ordner.)

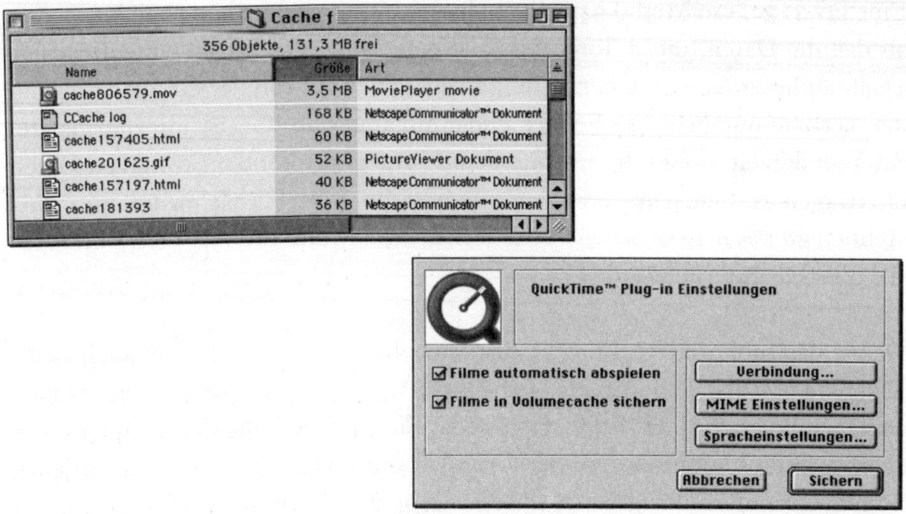

Abb. 26.10 Das QuickTime-PlugIn von Netscape erlaubt Ihnen, Filme aus dem Internet im Cache des Browsers zwischenzuspeichern. Suchen Sie dort nach großen Dateien mit der Endung «.mov», um die Filme zu finden.

Ist nicht das QuickTime-Plugin, sondern ein anderes Programm für das Abspielen einer bestimmten Art von Multimediadaten zuständig, so wird die Datei heruntergeladen, das Programm startet und spielt die Daten ab. Auch in diesem Fall befindet sich die Datei normalerweise im Cache des Netscape Navigator.

Diese Tricks funktionieren mit dem Internet Explorer nicht, weil das Programm als Cache eine einzige große Datei anlegt, und nicht viele einzelne, auf die Sie auch nachträglich noch zugreifen können.

FEHLER

Außer Video und Ton gibt es im Internet noch eine ganze Menge anderer Multimedia-Formate, z.B. für Animationen, PDF-Dokumente und vieles mehr. Zum Glück müssen Sie sich nicht darüber den Kopf zerbrechen, denn für die meisten Formate ist Ihr Mac von Haus aus gut gerüstet.

Streaming

Normalerweise müssen Sie eine Datei aus dem Internet erst komplett herunterladen, bevor Sie sie abspielen können. Manche Datenformate erlauben es aber auch, mit dem Abspiel zu beginnen, sobald eine gewisse Datenmenge übertragen wurde. Allerdings stoppt die Wiedergabe, wenn die Daten schneller abgespielt werden, als sie aus dem Netz eintreffen.

Eine etwas andere Methode nennt sich Streaming und bedeutet nichts weiter, als daß die Daten (meist Ton oder Video) als laufender Strom eintreffen. Die Qualität dieser Art von Übertragung hängt vor allem von der Geschwindigkeit der Verbindung zwischen Sender und Empfänger ab und ist im «normalen» Internet derzeit meist mittelmäßig. Dafür kann ein laufender Strom von Daten übertragen werden, ganz so wie bei einem Radio- oder Fernsehprogramm. Tatsächlich gibt es inzwischen viele Stationen, die sowohl Ton- als auch Bildmaterial über das Internet senden.

CD-ROM

Damit das funktioniert, braucht man sowohl beim Absender als auch beim Empfänger spezielle Software. Hier gibt es verschiedene Systeme, die miteinander konkurrieren. Glücklicherweise ist die Software für den Empfang bei allen kostenlos (zumindest in der Grundversion), aber man benötigt für jedes System ein anderes Programm. (Einige davon finden Sie auf der CD zu diesem Buch.)

- **RealAudio/RealVideo.** Die Firma RealNetworks ist der Pionier auf dem Gebiet des Streamings von Ton und Bild. Viele Anbieter benutzen nach wie vor dieses System, die Empfänger-Software heißt *RealPlayer*. Sie finden das Paket auf vielen CDs von Mac-Magazinen oder Shareware-Sammlungen, außerdem wird es mit manchen Versionen von Netscape Navigator installiert. Die jeweils aktuellste Version finden Sie im Internet unter *www.real.com*.

- **QuickTime Streaming.** Apple hat in QuickTime 4.0 ebenfalls die Möglichkeit eingebaut, Daten per Streaming zu empfangen. Dazu muß der Anbieter einen speziellen Server betreiben, der die Daten im QuickTime-Format sendet. Als Empfänger arbeitet der QuickTime Player von QuickTime 4 (der Nachfolger des bewährten MoviePlayers). Das Programm enthält auch bereits einige voreingestellte Kanäle, auf die Sie nur klicken müssen (26.11). Die jeweils aktuellste Version von QuickTime und jede Menge Anbieter von Inhalten finden Sie unter *www.apple.com/quicktime/*.

- **MP3 Streaming.** Auch Audiodaten im MP3-Format lassen sich per Streaming übertragen, so daß Sie auf diese Art aus Ihrem Mac einen Empfänger für Internet-Radio machen können. Für dieses Verfahren existieren verschiedene Programme für Server- und Empfänger-Software, so daß es ebenfalls relativ populär ist. (Mehr zu MP3 finden Sie im nächsten Abschnitt.)

Abb. 26.11 Mit QuickTime 4 haben Sie Zugriff verschiedene Live-Kanäle, die über das Internet Radio oder Fernsehen verbreiten.

Die Übertragungstechnik für Streaming über das Internet steht noch am Anfang der Entwicklung. Erst die Zukunft wird zeigen, welches Format sich letztendlich durchsetzt oder ob mehrere Systeme nebeneinander bestehen werden. Apple hat jedoch vor, gerade in diesem Bereich verstärkt Produkte zu entwickeln, so daß Ihr Mac mit QuickTime auch für die Zukunft gerüstet ist.

MP3-Sound

EINSTEIGER

MP3 ist eigentlich die Abkürzung für «MPEG 1 Layer III» und bezeichnet ein Verfahren, um Audiodateien so stark zu komprimieren, daß sie sich bei noch akzeptabler Qualität über das Internet übertragen lassen. Es wurde vom Fraunhofer-Institut in Erlangen entworfen und verwendet komplizierte mathematische Verfahren. Bei der Komprimierung ist ein hoher Rechenaufwand notwendig, dafür lassen sich die digitalen Tondaten bis auf ein Zehntel der ursprünglichen Größe komprimieren, ohne daß die Qualität allzusehr leidet.

TECHNIK

Damit das funktioniert, entfernt das MP3-Verfahren aus dem Ausgangssignal überflüssige Anteile, die das Ohr nicht wahrnehmen kann. (Was als überflüssig gilt, wurde dabei in Testreihen mit Hunderten von Hörern festgestellt.) Die übriggebliebenen Daten werden so zusammengepackt, daß sie sehr viel weniger Platz brauchen als das Original. Die Decoder-Software ist aber trotzdem noch in der Lage, aus diesen reduzierten Daten ein Signal zu erzeugen, das dem Original sehr nahe kommt.

ACHTUNG

Lassen Sie sich dabei nicht von den Werbesprüchen täuschen, die behaupten, MP3 biete HiFi-Qualität über das Internet! Tatsächlich wurde das Verfahren für Popmusik optimiert und funktioniert je nach Art des Tonmaterials und den Einstellungen bei der Komprimierung mehr oder weniger gut. Für klassische Musik ist es nur beschränkt geeignet, und auch sonst erreicht man damit eigentlich eher die Qualität eines UKW-Radios. Für die durchschnittlichen «Brüllwürfel-Lautsprecher» am Computer ist das jedoch meist genug, an der teuren Stereoanlage im Wohnzimmer dagegen werden Sie die Qualitätseinbußen vermutlich hören. Die Entwicklung geht jedoch weiter: mit den besten Encodern und ausreichend hohen Bitraten schwinden die Qualitätsunterschiede zur CD zunehmend. Das MP3-Format wurde aber trotzdem sehr erfolgreich, weil sich damit erstmals auch größere Musikstücke über das Internet verteilen lassen, ohne daß die Zeiten für die Übertragung unzumutbar werden. Darum gibt es eine regelrechte MP3-Szene, mit vielen verschiedenen Software-Playern, Verwaltungsprogrammen, Hunderten von Webseiten und Internet-Radiostationen. Inzwischen können Sie auch transportable Geräte kaufen, die wie ein Walkman aussehen, aber MP3-Songs abspielen, die Sie von einem Computer in den Speicher des Gerätes laden.

CD-ROM

Für das Abspielen von Daten im MP3-Format brauchen Sie eine Decoder-Software und einen Mac, der dafür leistungsfähig genug ist. QuickTime kann ab der Version 4.0 MP3-Files abspielen, schöner anzuschauen und mit mehr Funktionen ausgerüstet sind dagegen spezielle MP3-Player, von denen Sie einige auf der CD zu diesem Buch finden. Wollen Sie MP3-Daten auf Audio-CDs schreiben, so müssen Sie die Informationen vorher dekomprimieren. Dazu können Sie ein Programm wie *SoundApp* benutzen, außerdem kann die Version 4 des CD-Schreibprogramms *Toast* MP3-Dateien unmittelbar vor dem Schreiben der Audio-CD auspacken.

Möchten Sie selbst Audiodaten ins MP3-Format konvertieren, so brauchen Sie dazu ein spezielles Programm wie z.B. *SoundJam* – QuickTime kann nicht in diesem Format speichern. Derzeit gibt es für den Mac keine kostenlose Software mehr, die MP3-Dateien erzeugen kann. Die kommerziellen Produkte sind aber zum Teil schon für unter 100 DM erhältlich und verfügen über eine ganze Reihe an zusätzlichen Funktionen. Im Internet gibt es eine Reihe von Webseiten zu MP3 und allen damit verwandten Themen. Ein guter Startpunkt für die Suche ist *www.mp3.com*.

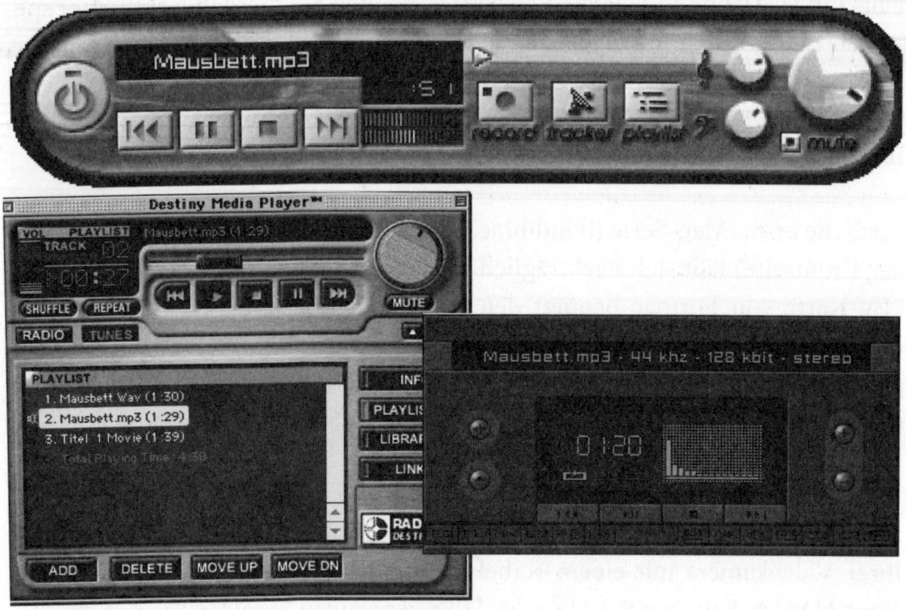

Abb. 26.12 MP3-Player gibt es in den verschiedensten Spielarten und mit den unterschiedlichsten Funktionen.

Der Mac und der Fernseher

Auch wenn das Videosignal eines Mac-Monitors sehr verschieden von dem eines normalen Fernsehbildes ist, lassen sich Computer und Fernseher zusammenbringen, wenn auch mit einigen Tricks.

Fernsehen mit dem Mac

Mit der richtigen Hardware ist es relativ einfach. Sie brauchen dazu einen Mac, an den Sie entweder direkt das Antennenkabel oder wenigstens ein Videosignal anschließen können (in diesem Fall müssen Sie den Videorekorder als TV-Empfänger benutzen). Bei vielen Macs mit dem Zusatz «AV» in der Produktbezeichnung (z.B. die beigen G3-Tower, die Power Macs 75/76/85/8600) ist die nötige Elektronik eingebaut, und auch ältere LCs und Performas im Desktop-Gehäuse lassen sich nachträglich mit einer Apple TV-System-Karte ausrüsten. Allerdings gibt es diese Erweiterungskarten nur noch in Restbeständen oder auf dem Gebrauchtmarkt.

Falls Ihr Mac keine Videoeingänge besitzt, können Sie diese in Form einer speziellen PCI-Karte hinzufügen. Diese Karten gibt es z.B. von Xclaim, Formac, Miro und anderen. Wenn Sie ein neueres PowerBook haben, können Sie eine Irez Kritter Kamera-/PC-Karten-«Zoom-Video»-Kombination kaufen, die Ihren Laptopbildschirm in einen Fernseher verwandelt.

HEISSER TIP

Auch die erste iMac-Serie (bondiblue, zu erkennen am Infrarot-Empfänger an der Frontseite) läßt sich nachträglich mit einem Videoeingang ausrüsten. Die iTV-Karte von Formac benutzt den speziellen Mezzanine-Slot dieser Macs und bietet neben dem TV-Empfang auch noch einen SCSI-Controller auf der gleichen Platine. Für Macs ohne PCI-Steckplätze aber mit USB-Anschluß gibt es von der Firma XLR8 einen Adapter, mit dem Sie ein Videosignal über das USB-Kabel in Ihren Mac bringen können.

Schließen Sie den Videoausgang Ihres Videorekorders, Videodisc-Players oder Ihrer Videokamera mit einem Kabel an den Videoeingang an der Rückseite Ihres Mac an. Falls Sie S-VHS oder Hi-8 verwenden, erzielen Sie mit dem S-Video-Anschluß Ihres Mac bessere Farben. Verbinden Sie den Tonausgang des Videogerätes auf die gleiche Weise mit dem Toneingang des Mac.

DVD-Videos ansehen

Wie wir schon im Kapitel 10 erklärt haben, wird sich in Zukunft das DVD-Format zunehmend als Speichermedium durchsetzen. DVD-Player als separate Geräte zum Abspielen von DVD-Videos können Sie bereits im HiFi-Geschäft kaufen. Manche der moderneren Macs (und sogar ein PowerBook-Modell) können DVD-Videos wiedergeben, allerdings meist nur auf dem Monitor des Mac und nicht über einen Videoausgang auf dem großen Fernseher und der Dolby-Surround-Anlage im Wohnzimmer.

FEHLER

Die blauweißen G3-Macs wurden wahlweise mit DV-Option verkauft, diese Variante bestand aus einem DVD-Laufwerk anstelle der CD-ROM und einer kleinen Zusatzplatine, die für die Decodierung der Videodaten zuständig ist. Leider ist diese Zusatzkarte nicht einzeln erhältlich. Reine Software-Decoder für DVD-Videos gibt es für den Mac ebenfalls nicht. Dagegen können alle G4-Macs und der iMac DV ohne Zusatzhardware DV-Videos abspielen. Wollen Sie einen Mac nachträglich für DVD-Video ausrüsten, müssen Sie ihm zusätzlich zum DVD-Laufwerk eine PCI-Decoderkarte spendieren. Derzeit gibt es nur eine solche Karte für die Mac-Plattform für etwa 350 DM von der Firma Wired *(www.wiredinc.com)*.

Mac-Bilder auf dem Fernseher darstellen

Um das Bild Ihres Mac auf einem Fernseher darzustellen, benötigen Sie einen Videoausgang, den Sie mit dem entsprechenden Eingang des TV-Gerätes verbinden können. Die Power Macs 8500, 8600, die beigen G3-Tower und manche Erweiterungskarten bieten diese Möglichkeit. Einige PowerBook-Modelle können ebenfalls direkt Videosignale für einen Fernseher ausgeben.

Sollte Ihr Mac das nicht können, so gibt es noch eine Chance: Spezielle Adapter können ein Monitorsignal in ein Videobild umsetzen. Allerdings haben diese Geräte fast immer einen Standard-VGA-Anschluß als Eingang, so daß Sie für ältere Macs zusätzlich noch einen Monitor-Adapter brauchen.

In den meisten Fällen wird ein Mac an einen Fernseher oder Videoprojektor angeschlossen, um eine Präsentation zu halten. Dabei sollte man folgendes beachten, um Fehler zu vermeiden:

POWER USER

- **Achten Sie auf den Rand.** Ein Fernsehbild geht bis über die Kante des Bildschirms, so daß Sie nicht wie bei einem Monitor einen schwarzen Rand sehen. Fernsehproduzenten kalkulieren diesen «Randverlust» ein, und bei Filmen spielt es sowieso meist keine Rolle. Bei Ihrer Präsentation sollten Sie dagegen einen reichlichen Rand lassen, sonst verschwindet eventuell ein Stück Text plötzlich am Bildschirmrand.

- **Linienflackern.** Linien in einem Fernsehbild flackern immer ein wenig, vor allem die dünnen, horizontalen Linien einer Tabellenkalkulation. Der Grund dafür ist, daß ein Fernsehbild eigentlich aus zwei Halbbildern besteht, die nacheinander gezeichnet werden: zuerst kommen alle geradzahligen Linien, und in der zweiten Runde alle ungeradzahligen. Eine dünne horizontale Linie fällt entweder in das eine oder das andere Halbbild und wird darum nur halb so oft gezeichnet – sie flackert. Vermeiden Sie deshalb dünne horizontale Linien bzw. probieren Sie aus, wie das Bild auf dem Fernsehschirm tatsächlich aussieht.

- **Geringe Bildqualität.** Ein Fernsehsignal bietet eine bedeutend schlechtere Bildqualität als ein Computermonitor. Diese Tatsache müssen Sie im Hinterkopf behalten, wenn Sie Ihre Präsentation erstellen. Benutzen Sie große Schriften, und glätten Sie die Kanten des Textes mit Photoshop oder einem ähnlichen Programm. Vermeiden Sie außerdem zu viele Details, und verwenden Sie starke Kontraste zwischen Text und Hintergrundfarbe.

- **Probleme mit Farben.** Bis 1997 konnten alle PowerBooks an ihrem externen Videoausgang nur 256 Farben darstellen. Wenn Sie mit Fotos oder farbigen Grafiken arbeiten, müssen Sie diese vor der Benutzung auf 256 Farben indizieren, sonst stellt das Fernsehbild nur bunten Matsch dar.

HEISSER TIP

In jedem Fall sollten Sie schon während der Vorbereitung Ihres Materials immer wieder überprüfen, ob es tatsächlich auf einem Fernseher so aussieht, wie Sie sich das wünschen. Verschieben Sie diesen Test nicht bis zum Schluß der Arbeit, sonst müssen Sie eventuell große Teile davon nachträglich ändern.

Tips für Multimedia-Vorträge

Hier noch einige bewährte Tips für erfolgreiche Präsentationen:

- **Die Leute sollen sich daran erinnern.** Beginnen und beenden Sie Ihren Vortrag mit aufregender Musik und/oder einprägsamen Grafiken. Die Leute erinnern sich immer am besten an den Anfang und den Schluß.

- **Vermeiden Sie ruckartige Animationen.** Wenn Sie Objekte animieren, die entlang eines Pfades laufen sollen, denken Sie daran, daß sich kleinere Objekte schneller bewegen. Wenn Sie einen langsamen Mac verwenden, vermeiden Sie es, größere Objekte zu animieren. Animieren Sie außerdem bei einem langsamen Mac ein Objekt nach dem anderen. Damit vermeiden Sie sichtbares Ruckeln, weil der Mac es nicht schafft, zwei Animationen gleichzeitig flüssig darzustellen

- **Bereiten Sie sich auf das Schlimmste vor.** Mit Software und Ausrüstung geht immer irgend etwas schief. Immer. Probieren Sie Ihren Vortrag – vor dem Tag, an dem Sie ihn halten sollen – auf genau dem Computer aus, auf dem er abgespielt werden soll. Achten Sie auf folgende Problempunkte: notwendige Software ist nicht installiert, notwendige Schriftarten sind nicht installiert, Bildschirmfarben weichen ab, unterschiedliche CPU-Geschwindigkeit des Mac beeinträchtigt die Animationsqualität, unterschiedliche Bildschirmgröße ist nicht kompatibel mit Ihrem Vortrag, Lautstärke ist zu niedrig, Farbtiefe ist falsch eingestellt (*256* statt *Tausende Farben*) und so weiter.

- **Machen Sie es geschmackvoll.** Verwenden Sie erstens genauso viel Sorgfalt darauf, wie Ihre Objekte den Bildschirm verlassen, wie auf deren Auftritt. Zweitens, vermeiden Sie wiederholte Animationen, wie z.B. die gleiche Animation am Anfang jeder Szene. Das wird langweilig und lenkt ab.

- **Plazieren Sie die Steuerelemente so, daß sie gut zu finden sind.** Plazieren Sie Ihre Buttons (für *Nächstes Dia* z.B.) und andere Steuerelemente an einer konsistenten Stelle des Bildschirms. Plazieren Sie Steuerelemente für den gesamten Vortrag nie an unterschiedlichen Stellen auf verschiedenen Bildschirmen.

- **Setzen Sie Farben mit Vorsicht ein.** Verwenden Sie kühle Farben für den Hintergrund und warme Farben für den Vordergrund. Kühle Farben sind Variationen aus Rot, Gelb, Blau und Grün mit einem Blauton; warme Farben sind die gleichen Farben, aber mit einem Rot-Ton. Blau-Grün ist z.B. kühl; Gelb-Grün ist warm. Blau-Lila ist kühl; Magenta ist warm.

- **Organisieren Sie die Schriftarten.** Verwenden Sie ein konsistentes Format für Titel, Untertitel, Haupttext und so weiter. Ein bestimmter Textstil vermittelt dem Zuschauer die Gliederung des Inhalts. Durch visuelle Konsistenz wird Ihre Information leichter aufgenommen.

Der Mac spricht

Auch wenn es seltsam klingt – Ihr Mac kann sprechen. Er kann Texte in verschiedenen Stimmen vorlesen und auch die Inhalte von Dialogboxen wiedergeben. Die nötige Software wird auf Ihrer Mac OS-CD mitgeliefert und nennt sich *PlainTalk*. Damit kann Ihr Computer Text vom Bildschirm in Sprache umwandeln.

Das klingt alles sehr nach Raumschiff Enterprise, das Problem an der Sache ist nur: Die Software, die das alles möglich macht, gibt es derzeit nur in Englisch. Zwar wird PlainTalk auch mit dem deutschen Mac OS geliefert, Sie können aber nur Stimmen installieren, die Ihnen entweder englische oder spanische Texte vorlesen. Das ist sehr schade, denn fast jeder Mac mit Tonausgabe kann auch Text in Sprache umwandeln.

Wenn Sie es trotzdem probieren wollen, installieren Sie das Paket *Text-to-Speech* mit dem Installationsprogram auf Ihrer Mac OS-CD. Nach einem Neustart können Sie mit dem Kontrollfeld *Speech* auswählen, mit welcher Stimme und Geschwindigkeit der Mac zu Ihnen spricht (26.13). Hier können Sie auch festlegen, ob Ihnen Dialoge automatisch vorgelesen werden sollen (Option *Talking Alerts*). Starten Sie nun z.B. SimpleText, und geben Sie einige Zeilen ein. Im Menü *Ton* können Sie den Befehl *Alles Vorlesen* bzw. *Auswahl vorlesen* (wenn Sie etwas markiert haben) wählen, und Ihr Mac liest den Text vor. Weil er dazu aber einen englischen Sprach-Synthesizer benutzt, klingt das zwar witzig, aber kaum verständlich. Um das Lesen abzubrechen, drücken Sie Befehl-Punkt. (Neben SimpleText können prinzipiell auch viele andere Programme die Sprachausgabe benutzen.)

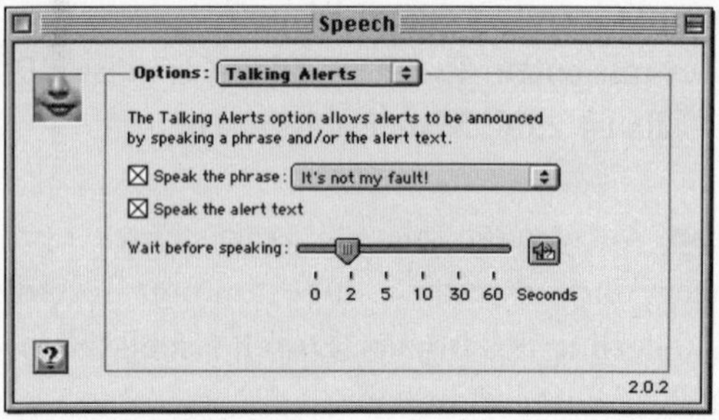

Abb 26.13 Das Kontrollfeld «Speech» ist die Zentrale für die Spracherkennung des Mac – leider nur in Englisch.

TECHNIK

Um den Text in Sprache umzuwandeln, ist eine spezielle Software – der Sprachsynthesizer – nötig, der den Text interpretiert und dann als Ton ausgibt. Diese Software muß allerdings wissen, in welcher Sprache der Text vorliegt, und über die entsprechenden Regeln für die Aussprache verfügen. Passen Software und Sprache das Textes nicht zusammen, dann klingt ein deutscher Text wie ein lesender Amerikaner, der noch nie ein deutsches Wort gesehen hat.

HEISSER TIP

Leider hat Apple in den vergangenen Jahren die Weiterentwicklung der Sprachsoftware des Mac vernachlässigt, so daß derzeit lediglich Synthesizer für Englisch und mexikanisches Spanisch mitgeliefert werden. Die Firma Telia aus Schweden *(www.promotor.telia.se)* bietet mit der Software *Infovox* ein Produkt, das sich auch mit einer deutschen Stimme ausrüsten läßt.

Der Mac hört zu

Stellen Sie sich vor, Sie sagen zu Ihrem Mac: «Überprüfe meine Mail!», und er startet automatisch Ihr Mailprogramm, wählt sich ins Internet, holt die elektronische Post ab und beendet die Verbindung wieder. Das ist die Zukunft! Das ist Raumschiff Enterprise! Das ist James Bond! Sie sprechen, Ihr Computer gehorcht. In Wirklichkeit verwendet kaum jemand die kostenlose Spracherkennungs-Software des Mac. Sie beansprucht eine Menge RAM, reagiert nur auf akzentfreies Amerikanisch und kann keine Menüs bedienen, sondern nur Dinge öffnen. Außerdem können Sie die Spracherkennung bei den PowerBooks 5300 und 2300 nur mit dem eingebauten Mikrofon benutzen. Das PowerBook 3400 kann entweder das eingebaute Mikrofon verwenden oder das weiter vorn beschriebene Apple PlainTalk-Mikrofon.

Wenn Sie es trotzdem probieren möchten, dann installieren Sie das Softwarepaket *English Speech Recognition* aus dem Ordner *CD Extras* Ihrer Mac OS–CD. Aber seien Sie gewarnt – Sie müssen ein recht sauberes Englisch möglichst ohne Akzent sprechen, damit Ihr Mac Sie versteht.

ACHTUNG

Die Spracherkennung erlaubt es Ihnen nicht, Ihrem Mac einen Text fließend zu diktieren, um so z.B. ein Word-Dokument mit Ihrer Stimme zu erstellen. Statt dessen reagiert er auf einzelne Befehle, die jeweils AppleScript-Skripte auslösen. Welche Befehle Sie benutzen können, sehen Sie im Ordner *Speakable Items* (im Apple-Menü). Sie können auch eigene Befehle anlegen, indem Sie zusätzliche AppleScript-Skripte in diesem Ordner ablegen und mit Namen aufrufen. Leider funktioniert das in Deutsch auch nicht…

Als diese Zeilen geschrieben wurden, hatte Apple keine Pläne, die Spracherkennung auch für andere Sprachen anzubieten. Hoffen wir, daß sich das in Zukunft ändert. (Siehe auch nächster Abschnitt.)

Der Mac läßt sich diktieren

Es ist schon eine tolle Sache, wenn Ihr Mac kurze Kommandos versteht – wenn auch leider nur in Englisch. Viel nützlicher ist es dagegen, wenn Sie einen Text in das Mikrofon sprechen und dieser wie von Geisterhand getippt auf dem Bildschirm erscheint. Dieses Verfahren heißt kontinuierliche Spracherkennung und erlaubt Ihnen, wie bei einem Diktat fließend zu sprechen. Bevor der

Computer Sie aber tatsächlich versteht, müssen Sie sich ein wenig Zeit nehmen und ihm mehrere Probetexte vorlesen. Das Diktierprogramm stellt sich dann auf ihre Stimme ein und lernt auch während der Benutzung, Sie immer besser zu verstehen. Will dagegen eine andere Person das auf Sie eingestellte Programm benutzen, muß sie mit dem Training von vorn beginnen.

ACHTUNG

Diese Art von Spracherkennung erfordert einen schnellen Mac mit genügend RAM, sonst funktioniert sie nicht. Alle neueren Power Macs sind dafür aber prinzipiell geeignet, es sei denn, der vorhandene RAM reicht nicht.

Software, die diese Leistung mit erstaunlicher Genauigkeit vollbringt, gibt es für Windows-PCs schon eine ganze Weile zu kaufen. Die beiden führenden Produkte sind *ViaVoice* (von IBM, *www.ibm.de*) und *Naturally Speaking* (von Dragon Systems, *www.dragonsystems.com*). *ViaVoice* ermöglicht Ihnen nicht nur, Texte zu diktieren, sondern auch, Ihren Mac per Sprache fernzusteuern und sich Texte vorlesen zu lassen.

TEIL VI

INTERNET

27 Mit dem Mac ins Internet

In diesem Kapitel

In den 60er Jahren finanzierte die US-Regierung Forschungen darüber, wie man am besten mehrere Computer über weite Strecken miteinander verbinden könnte. Diese Forschungen wurden von den besten Wissenschaftlern der Zeit betrieben, und heraus kam ein Netzwerksystem, das so clever und mit Weitblick entworfen war, daß es dreißig Jahre später immer noch funktioniert. Der ursprüngliche Name dieses Netzwerkes war ARPAnet (Advanced Research Projects Agency Network), einige Jahre später wurde daraus das *Internet*. In den folgenden Jahrzehnten entwickelte sich das Internet über die Vereinigten Staaten hinaus, wurde jedoch weiterhin vor allem von staatlichen und Bildungseinrichtungen benutzt.

In den 90er Jahren wurde das inzwischen weltumspannende Netzwerk auch für kommerzielle Zwecke geöffnet. Zuerst konnten sich nur Unternehmen einen Anschluß leisten, kurz darauf entstanden jedoch Firmen, die auch Privatleuten eine Verbindung ins Netz verkauften – die *Internet-Provider*. Schlagartig stieg das öffentliche Interesse am Internet und auch dessen Popularität. Heute ist das Internet eine Sammlung von Tausenden regionaler Computernetzwerke, die bis zu 155 Millionen Bits pro Sekunde an Daten übertragen können. Die Nutzerzahlen steigen in der westlichen Welt explosionsartig an, und heute können Sie keine Zeitung mehr öffnen, ohne daß Ihnen das Thema in die Augen springt. (Ob das wohl damals bei der Einführung der Stromversorgung auch so war…)

In diesem Kapitel wollen wir Ihnen erklären, wie Sie und Ihr Mac Verbindung mit dem Internet aufnehmen können. Die folgenden Kapitel erklären Ihnen dann, was mit dem Netz möglich ist und wie Sie es für sich nutzen können.

So funktioniert es

TECHNIK

Das Internet ist ein Netzwerk, das mehrere Netzwerke miteinander verbindet, daher der Name Internet. Alle zusammen bilden ein großes, weltumspannendes Netz, in dem die Datenpakete im Prinzip von jedem Knoten zu jedem anderen fließen können. Natürlich werden dabei keine Pappschachteln bewegt, die «Pakete» sind vielmehr elektrische Signale, die Informationen mit hoher Geschwindigkeit transportieren. Die «Knoten» sind Computer, die Daten verschicken, empfangen und weiterleiten können. Dann gibt es noch spezielle Geräte, die sehr schnell sehr viele Datenpakete in mehrere angeschlossene Leitungen verteilen können – sogenannte Router.

Damit das System funktioniert, hat jeder Teilnehmer des Netzes eine eindeutige Adresse, die sogenannte IP-Adresse. IP ist die Abkürzung für Internet Protocol. Das sind die Spielregeln, nach denen sich die Daten im Netz bewegen. Wie bei der Post werden diese Informationen in Pakete gepackt, mit den IP-Adressen von Sender und Empfänger versehen und abgeschickt. «Abschicken» bedeutet, das Paket an den nächsten Knoten weiterzugeben, der es wiederum an seinen Nachbarn weitergibt, bis es schließlich beim Empfänger ankommt.

Der geniale Trick bei diesem System besteht darin, daß kein Knoten wissen muß, wie seine Pakete ans Ziel kommen, jeder muß nur wissen, wie er seine Nachbarn erreicht. Mit Hilfe der IP-Adresse weiß der Nachbar dann, an wen er das Paket weiterleiten muß, und so kommt es schließlich an sein Ziel. Fällt einer der benachbarten Knoten aus, so wird das Paket einfach auf einer anderen Route weitergeschickt und kommt auf Umwegen doch noch an. So funktioniert das Internet auch noch, wenn Teile davon außer Betrieb sind. Es muß nur irgendein Weg zwischen Sender und Empfänger vorhanden sein, dann kommen die Daten auch an.

Die Erfinder des Netzes hatten diese Funktion von vornherein eingeplant, und es funktioniert auch hervorragend. Entgegen einem hartnäckigen Gerücht ging es dabei keineswegs darum, daß das Netz einem Atomschlag in den Zeiten des Kalten Krieges widerstehen sollte – unvorsichtige Baggerfahrer und Wirbelstürme waren in den USA auch in den 60er Jahren viel realistischere Gefahren für Datenleitungen.

Das Internet-Protokoll ist dafür zuständig, für die Datenpakete einen Weg durch das Netz zu finden. Dabei kann es aber passieren, daß einige der Pakete verlorengehen, in der Reihenfolge durcheinandergeraten oder doppelt ankommen. Um dieses Chaos zu beseitigen, gibt es TCP, das Transport Control Protocol. TCP macht aus dem unzuverlässigen IP eine Art «Datenschlauch» : Was der Absender auf der einen Seite in eine TCP-Verbindung hineinstopft, kommt auf der anderen Seite genau so heraus, trotz des Durcheinanders, das vielleicht beim Transport der IP-Pakete geherrscht hat. (Es kann lediglich passieren, daß der Schlauch zu wenig oder gar keine Daten durchläßt, dann reißt die Verbindung ab.)

Die Sache mit den IP-Adressen hat allerdings einen Haken: Menschen können sich solche Zahlen schlecht merken. (Oder wäre Ihnen 17.254.0.91 lieber als *www.apple.com*?) Aus diesem Grund wurde das *Domain Name System* erfunden

– kurz DNS genannt. Das ist eine Art Auskunftsdienst, der aus den von Menschen benutzen Namen die IP-Adressen macht, die dann für den Transport der Datenpakete verwendet werden. Natürlich müssen die Namen vorher beantragt und im Netz bekannt gemacht worden sein, außerdem darf jeder nur den Namen benutzen, den er zugewiesen bekommen hat. Zwei gleiche Namen sind – genau wie zwei gleiche IP-Adressen – streng verboten.

Das DNS funktioniert wie die Telefonauskunft: Es gibt eine festgelegte Hierarchie von Nameservern, die auf Anfrage die IP-Adresse zu jedem gültigen Internet-Namen heraussuchen. Weil aber nicht jeder DNS-Server die Namen aller Knoten im Internet speichern kann, helfen sich diese Computer gegenseitig. Kann z.B. der Nameserver Ihrer Firma eine Adresse nicht auflösen, fragt er den Server des Internet-Providers. Weiß dieser nicht weiter, fragt er den Server für Deutschland, der wiederum hat Verbindung zu seinen «Kollegen» in den USA… So geht das weiter, bis schließlich ein Server weiß, welche Adresse zu einem Namen gehört und diese Information die ganze Kette zurückschickt.

HEISSER TIP

Das war es eigentlich auch schon, was Sie über die grundlegende Arbeitsweise des Internet wissen müssen. Im Detail ist das natürlich alles bedeutend komplizierter, und es passieren noch viel mehr Dinge gleichzeitig. Wenn Sie diesen Abschnitt verstanden haben, sind Sie jedoch für den Einstieg ins Netz ausreichend gewappnet. Dazu verstehen Sie auch noch eine ganze Menge von den Begriffen, mit denen Sie in der Welt des Internet konfrontiert werden.

Wer bringt mich ins Netz?

Sicher fragen Sie sich, wie Sie Ihren Mac mit dem Internet verbinden können. Die Antwort ist eigentlich ganz einfach: Sie müssen nur eine Verbindung zu jemandem aufbauen, dessen Technik schon mit dem Internet verbunden ist. Dieser Jemand heißt Internet-Provider und ist meist eine Firma, die sich darauf spezialisiert hat, ihre Kunden mit dem Internet zu verbinden. Dazu betreiben Internet-Provider Leitungen für den Datenverkehr oder mieten diese von Telefongesellschaften. Die Kosten dafür bekommen sie von den Kunden wieder, die alle für den Dienst bezahlen müssen.

Standleitung oder Wählverbindung?

EINSTEIGER

Es gibt verschiedene Möglichkeiten, Ihren Mac an das Internet anzuschließen: Entweder haben Sie eine permanente Verbindung (eine Standleitung), oder Sie wählen sich mit einem Modem oder einem ISDN-Adapter nur für kurze Zeit bei Ihrem Anbieter ein und legen wieder auf, nachdem Sie Ihre E-Mail abgeholt haben und ein wenig im World Wide Web gesurft sind. Welche Variante für Sie besser ist, hängt davon ab, wie stark Sie das Internet nutzen wollen und was Sie dafür ausgeben können.

- **Standleitung.** Das ist die bequemste, allerdings auch die teuerste Lösung. Darum kommt sie auch kaum für Privatleute in Frage, sondern ist eher für Firmen und andere größere Organisationen geeignet, bei denen viele Benutzer ständig auf das Internet zugreifen. Die Computer sind dabei meist über ein lokales Netzwerk verbunden, in dem sich ein spezieller Computer oder ein Router befindet, der mit dem Internet-Provider verbunden ist. Standleitungen werden meist pauschal oder nach der transportierten Datenmenge berechnet. Das ist vergleichsweise teuer, aber dafür können Sie mit einer Standleitung auch selbst Dienste im Internet anbieten (wie z.B. einen Webserver), die permanent zu erreichen sind.

- **Wählverbindung.** Auf diese Art kommt die Mehrzahl aller Internet-Benutzer ins Netz. Mit einem Modem oder einem ISDN-Adapter wählen Sie eine Telefonnummer bei Ihrem Internet-Provider an. Unter dieser Nummer meldet sich ein Modem (oder ein ISDN-Adapter), das ständig mit dem Internet verbunden ist. Solange Ihre Verbindung zum Provider besteht, wird Ihr Mac über die Telefonleitung Teil des Internet. Legen Sie auf, kann der nächste Kunde auf das Modem zugreifen und stellt mit seinem Computer einen zeitweiligen Netzknoten dar.

- **Onlinedienst.** Diese Dienste funktionieren ebenfalls über eine Wählverbindung. Allerdings benötigen Sie eine spezielle Zugangssoftware. Nach dem Anwählen finden Sie sich in einer «eigenen Welt» wieder, in der Ihnen eine Benutzeroberfläche und viele, mehr oder weniger organisierte Inhaltsseiten angeboten werden, die nur für Mitglieder des Dienstes sichtbar sind. Aus dieser Umgebung heraus gibt es aber ein «Tor» ins Internet, über das Sie auch auf alle Angebote zugreifen können, die das Internet bietet. (Mehr zu Onlinediensten finden Sie weiter hinten in diesem Kapitel.)

POWER USER

Die meisten Internet-Benutzer kommen entweder über die Standleitung ihrer Firma ins Netz, oder sie wählen mit einem Modem oder ISDN-Adapter die Telefonnummer des Providers an. Daneben gibt es aber noch andere Technologien, die höhere Übertragungsgeschwindigkeiten ermöglichen: ADSL (Asymmetric Digital Subscriber Loop) bietet über normale Telefonleitungen bedeutend höhere Geschwindigkeiten als ISDN, Kabelmodems funktionieren über bestehende Fernsehkabel, und schließlich gibt es Anbieter, die den Zugriff auf das Internet über Mobiltelefone, Funknetze oder gar über Satellit anbieten.

ACHTUNG

Viele dieser Lösungen befinden sich noch im Anfangsstadium. Darum werden sie zumeist erst in den Ballungsräumen angeboten, benötigen spezielle Zusatzhardware und sind oft vergleichsweise teuer. Die technische Entwicklung geht auf diesem Gebiet jedoch so schnell vorwärts, daß es für Sie durchaus lohnend sein kann, sich auch nach solchen Angeboten zu erkundigen, vor allem, wenn Sie in einer großen Stadt leben.

Mehrere Computer an einem Internet-Zugang

Eine Wählverbindung zum Internet läßt sich immer nur mit einem Computer gleichzeitig benutzen. Wollen Sie dagegen einen Internet-Zugang auf mehreren Computern verwenden, so ist das etwas schwieriger. Wenn Sie jeden der Rechner mit einem Modem oder ISDN-Adapter ausrüsten, ist das recht teuer, außerdem brauchen Sie dann auch für jedes Modem einen Telefonanschluß.

Sind in Ihrem Heimbüro dagegen alle Rechner bereits an ein Ethernet angeschlossen, können Sie sich einen der Mini-Router anschaffen, die speziell für diese Zwecke angeboten werden. Diese kleine Kiste wird mit dem Netzwerk verbunden und wählt dann bei Bedarf über das Telefon die Nummer des Internet-Providers.

Besitzen Sie nur zwei oder drei Computer, dann geht es noch preiswerter: Einer der Rechner baut die Verbindung zum Internet auf und alle anderen können diese mitbenutzen. Dazu brauchen Sie allerdings eine spezielle Software, die auf dem Computer mit dem Modem oder der ISDN-Karte läuft und den Internet-Verkehr der anderen Nutzer umsetzt. Die Firma Vicomsoft (*www.vicomsoft.de)* bietet solche Lösungen preiswert für Mac OS und Windows an.

Den Provider wählen

Anbieter von Internet-Dienstleistungen gibt es inzwischen wie Sand am Meer, trotzdem ist es eventuell nicht so einfach, das passende Angebot zu finden. Bevor Sie sich auf die Suche machen und die Preise vergleichen, sollten Sie überlegen, was Sie mit dem Internet-Zugang anstellen wollen. Versuchen Sie außerdem, Ihren monatlichen Bedarf an Online-Zeit abzuschätzen, denn davon hängen unmittelbar die Kosten für Ihr Internet-Vergnügen ab.

ACHTUNG

Alle Provider bieten Ihnen einen Zugang zum Internet – Ihr Mac wählt eine Telefonnummer und kann auf die Dienste im Netz zugreifen. Sie können dann Ihren Webbrowser starten und beginnen, im Internet zu surfen. Wollen Sie E-Mail benutzen, brauchen Sie allerdings bereits eine entsprechende Adresse. Die wird Ihnen vom Provider zugeteilt, der auch Ihre ankommenden Nachrichten auf seinem Rechner aufbewahrt, bis Sie sich erneut einwählen.

Diese zwei Dinge – Einwahlzugang und E-Mail – sind die grundlegenden Dienste, die Sie als Neueinsteiger ins Internet brauchen. Inzwischen gibt es aber jede Menge Zusatzangebote, die sich in Umfang und Preis von Provider zu Provider unterscheiden. Wir wollen hier einige dieser Dienste auflisten, weitere Einzelheiten darüber finden Sie weiter hinten in diesem Kapitel.

- **Mehrere E-Mail-Adressen.** Viele Anbieter erlauben Ihnen, mehrere Konten für eingehende Mails einzurichten, so daß z.B. jedes Familienmitglied eine eigene Adresse erhalten kann.

- **Platz für Webseiten.** Wenn Sie sich nicht nur Webseiten ansehen, sondern selbst Inhalte im WWW anbieten wollen, so müssen Sie Ihre Seiten auf dem Webserver des Providers ablegen. Je nach Vertragskonditionen erhalten Sie eine gewisse Menge Speicherplatz, mit der Sie auskommen müssen.

- **Eigene Domainnamen.** Im einfachsten Fall haben Sie eine E-Mail-Adresse, in der der Domainname des Providers vorkommt (etwa «Fred.Feuerstein@online-net.de»). Wollen Sie dagegen einen eigenen Domainnamen (um z.B. eine Website mit dem Namen «www.feuerstein.de» zu betreiben), muß Ihr Provider diesen Namen für Sie beantragen und seine Technik entsprechend einrichten. Diese Dinge kosten ebenfalls Geld, manche Provider bieten Ihnen aber auch mehrere Namen im Paket zu einem günstigen Preis.

- **Zusatzfunktionen.** Vor allem dann, wenn Sie eigene Inhalte im Internet anbieten wollen, gibt es eine riesige Vielfalt an Zusatzfunktionen, die für Sie entweder äußerst nützlich oder völlig überflüssig sein können. Haben Sie mit Ihrer Website größere Dinge vor (wie z.B. einen Online-Shop), dann kann es sehr nützlich sein, wenn der Provider selbst über die notwendige Ausrüstung verfügt.

Mit der Wahl des Providers ist es wie bei anderen Dienstleistungen auch: Außer dem Angebot auf dem Papier zählt auch die geschäftliche Seriosität der Firma. Sie sollten sich darum genügend Zeit für die Entscheidung nehmen, verschiedene Varianten durchrechnen und sich nach den Erfahrungen von Bekannten und Kollegen erkundigen.

ACHTUNG

Bevor Sie einen Vertrag abschließen, lesen Sie sich auf jeden Fall die Geschäftsbedingungen durch, insbesondere die Klauseln über die Auflösung des Vertrages. Das kann nämlich vor allem dann zum Problem werden, wenn Sie eigene Domainnamen registriert haben, die Rechte darauf aber beim Provider eingetragen sind. Sie haben dann keine Handhabe, um mit Ihrer Website unter dem gleichen Namen zu einem anderen Anbieter zu gehen.

FEHLER

Viele große Provider werben damit, Domainnamen für sehr wenig Geld im Monat einzurichten. Diese Angebote sind oft tatsächlich relativ günstig, aber auch hier erhalten Sie den Gegenwert des Preises: Die Speicherkapazität auf dem Webserver ist recht gering, außerdem gibt es oft lange Mindestlaufzeiten und Kündigungsfristen für die Verträge. Das muß Sie alles nicht stören, wenn Sie lediglich der gesamten Internet-Gemeinde die Fotos vom letzten Familienfest zeigen wollen, kann aber z.B. bei einer Firmen-Website schnell zum Problem werden.

Welcher Provider für Sie am günstigsten ist, müssen Sie selbst herausfinden. Im Internet selbst gibt es allerdings verschiedene Webseiten, die Ihnen bei der Entscheidung helfen können: Unter *www.heise.de* können Sie anhand Ihrer Postleitzahl nach Providern in Deutschland suchen, außerdem gibt es einen Tarifrechner, der online die voraussichtlichen Kosten ermittelt. Für die Schweiz finden Sie eine umfangreiche Liste unter *www.disp.ch*, in Österreich helfen Ihnen die Seiten von PC-News unter *www.pcnews.at*.

Providerwechsel

Den Internet-Provider zu wechseln, ist eine nervige Sache: Wenn Sie keinen eigenen Domainnamen eingetragen haben, verlieren Sie Ihre E-Mail-Adresse, und Sie müssen diese Tatsache allen Ihren E-Mail-Partnern mitteilen. Haben Sie einen eigenen Domainnamen (und vielleicht sogar eine dazugehörige Website), dann müssen Sie diesen mit zu dem neuen Provider nehmen. Damit diese Transferaktion möglichst glatt vonstatten geht, sollten Sie beim Einrichten von Domainnamen darauf achten, daß Sie in der Domain-Datenbank als Administrativer Ansprechpartner (admin-c) eingetragen werden. Ist das nicht der Fall, und Ihr Provider ist an dieser Stelle eingetragen, ist er nicht verpflichtet, den Namen freizugeben.

Mehr über die Regeln der Namensvergabe finden Sie unter *www.denic.de*. Unter dieser Adresse finden Sie die Webseiten der deutschen Organisation für die Verwaltung von Internet-Namen. Dort können Sie auch in einer Datenbank nachsehen, ob Ihr Wunschname bereits vergeben ist.

EINSTEIGER

Falls Ihnen die Suche nach einem Internet-Provider zu kompliziert ist, können Sie sich auch von Ihrem Mac helfen lassen. Mit Mac OS 8 (und höher) wird das Programm *Internet Assistent* (Sie finden es im Ordner *Assistenten*) installiert, das Ihnen bei Bedarf verschiedene Anbieter zeigt und sogar die Verbindung zu deren Registrierungsservern herstellt. Die Software kann Ihnen jedoch nur die Anbieter anzeigen, für die Apple entsprechende Daten mit auf die Installations-CD des Mac OS gepackt hat. Zumindest bei Mac OS 8.5 und Mac OS 9 ist die Auswahl relativ eingeschränkt, aber vielleicht ist ja Ihr Wunschanbieter dabei.

HEISSER TIP

Der Markt für Internetanbieter in Deutschland ist derzeit in ständiger Bewegung, zusätzlich gibt es gewisse Überschneidungen mit Telefonanbietern, von denen manche Telefon und Internet-Zugang im Paket anbieten. Informieren Sie sich in Fachzeitungen und vergleichen Sie die Angebote im Detail, bevor Sie einen Vertrag abschließen. Achten Sie dabei auf folgende Dinge:

- Was kostet eine Minute Online-Zeit tatsächlich? Vergessen Sie nicht, die Telefonkosten zu berücksichtigen, und achten Sie auf eventuell unterschiedliche Tarife zu verschiedenen Tageszeiten.

- Was passiert, wenn Sie in einem Monat ausnahmsweise mehr Daten übertragen, als in ihrem Vertrag festgelegt wird? Zahlen Sie dann nur entsprechend mehr oder verlangt der Provider Strafgebühren?

- Wie gut ist der Provider erreichbar? Gerade die billigsten Anbieter ziehen oft mehr Kunden an, als sie dann tatsächlich versorgen können. (Sie können die Erreichbarkeit prüfen, wenn Sie schon vor dem Vertragsabschluß zu verschiedenen Zeiten die Einwahlnummer anrufen und herausfinden, ob besetzt ist oder nicht.)

- Wie ist der Provider ans Internet angebunden? Je mehr Kunden ein Provider hat, um so leistungsfähiger muß seine eigene Verbindung zum Internet sein. Fragen Sie vor allem bei kleineren, regionalen Anbietern, wieviele Benutzer sich gleichzeitig einwählen können.

- Unterstützt der Anbieter schnelle Modems und ISDN? Eigentlich sollten inzwischen alle Anbieter mit 56K-Modems und ISDN umgehen können, fragen Sie aber vorsichtshalber nach.

- Wie unterstützt der Anbieter wechselnde Standorte? Können Sie auch auf Ihre E-Mail zugreifen, wenn Sie unterwegs sind? Gibt es vielleicht sogar einen Service im Ausland, über den Sie sich einwählen können?

- Wie ist die Unterstützung der Kunden? Gibt es eine kostenlose Hotline oder müssen Sie für Hilfe am Telefon gar eine teure Servicenummer anrufen? Gibt der Anbieter kostenlose Hilfe beim Einrichten des Zuganges?

Bevor Sie einen Vertrag abschließen, lesen Sie das Kleingedruckte, vor allem in den Abschnitten, in denen es um Haftung und Kündigung geht. Schließen Sie keine Verträge mit zu langen Laufzeiten ab, weil sich Marktbedingungen und Preise ständig ändern.

HEISSER TIP

Wenn Sie nicht wollen, müssen Sie zumindest in Deutschland keine Verträge mit einem Internet-Provider unterschreiben. Eine ganze Reihe von Firmen bietet Internetzugänge Call-by-Call an. Das bedeutet, daß Sie mit Ihrem Modem eine bestimmte Nummer wählen und dann sofort mit dem Internet verbunden werden. Die Kosten für diesen Dienst bezahlen Sie mit der normalen Telefonrechnung. Wenn Sie sich zusätzlich noch eine Mailbox bei einem der E-Mail-Dienste im Web einrichten, können Sie auf einen festen Internet-Provider komplett verzichten.

ACHTUNG

Für ständige Benutzung sollten Sie Call-by-Call-Angebote sorgfältig vergleichen. Zu bestimmten Tageszeiten (vor allem abends) sind diese Dienste oft übermässig stark ausgelastet, so daß die Übertragungsgeschwindigkeit sinkt. Bei supergünstigen Billig- oder Gratisangeboten ist es ähnlich – oft kommt der Provider mit dem Ansturm der Kunden nicht zurecht, und verstopfte Leitungen sind die Folge.

POWER USER

Gehören Sie zu den Leuten, die auf einen Internet-Anschluß unbedingt angewiesen sind? In diesem Fall sollten Sie sich überlegen, ob Sie sich nicht zusätzlich zu Ihrem normalen Provider um einen alternativen Zugang inklusive zweiter E-Mail-Adresse kümmern. Diese Vorsorge macht sich sehr schnell bezahlt, wenn z.B. ein wichtiges Dokument per E-Mail verschickt werden muß, aber die Einwahltechnik des Providers gerade von einem Stromausfall getroffen wurde. Den zweiten Zugang zum Internet können Sie z.B. bei einem Call-by-Call-Anbieter finden, die zweite E-Mail-Adresse bei einem der vielen Gratis-Mailanbieter im World Wide Web.

Onlinedienste

EINSTEIGER

Wenn Sie sich mit Ihrem Mac ins Internet einwählen wollen, müssen Sie sich entscheiden, ob Sie einen normalen Internet-Zugang oder lieber einen Onlinedienst benutzen möchten. Ins Internet bringen Sie beide Varianten, trotzdem gibt es einen grundlegenden Unterschied: Im Gegensatz zu Internet-Providern enthalten Onlinedienste zusätzliche Informationsangebote, die nur Mitgliedern zur Verfügung stehen. Um diese zu benutzen, benötigen Sie eine spezielle Zugangssoftware des Anbieters. Diese Programme sind meistens schön bunt und recht einfach zu bedienen. Aus diesem Grund werden Onlinedienste gern von Einsteigern benutzt, die mit den organisierten Inhalten des Dienstes besser zurechtkommen als mit dem Chaos im Internet, in dem man sich alles selbst zusammensuchen muß.

HEISSER TIP

Die nötige Zugangssoftware für die Onlinedienste finden Sie oft auf den CDs von Computermagazinen. Ansonsten können Sie die CD unter einer der Telefonnummern bestellen, die in den flächendeckenden Werbeanzeigen der Anbieter zu finden sind.

Alle Onlinedienste bieten einen Übergang ins Internet, genau wie ein Internet-Provider. Die Installation der Software ist zudem meist recht einfach, und es gibt eine Hotline, an die man sich bei Problemen wenden kann. Zu gewissen Tageszeiten kann es aber passieren, daß so viele Nutzer auf den Dienst zugreifen, daß die Übertragungen quälend langsam werden oder die Verbindung sogar abreißt.

Die bekanntesten und größten Onlinedienste weltweit sind AOL (*www.aol.com*) und CompuServe (*www.compuserve.com*), beide gehören mittlerweile zur selben Firma. In Deutschland gibt es noch T-Online (*www.t-online.de*), das von der deutschen Telekom betrieben wird und über leistungsfähige Technik verfügt. In der Schweiz bietet SwissOnline (www.swissonline.ch) seine Dienste an, in Österreich A-Online (*www.aon.at*).

POWER USER

Trotz aller Probleme haben die beiden Dienste AOL und CompuServe einen entscheidenden Vorteil: Sie finden fast überall auf der Welt einen Einwahlknoten, über den Sie Verbindung mit dem Internet aufnehmen können. Das ist eine Leistung, die nur die wenigsten Internet-Provider bieten. (Geben Sie bei AOL das Kennwort «Einwahl» ein, um mehr über die Zugänge in aller Welt zu erfahren.)

HEISSER TIP

Haben Sie einen Vertrag mit einem Internet-Provider und wollen trotzdem AOL benutzen, so geht das auch «hintenherum». In diesem Fall gelangen Sie zuerst über Ihren Provider ins Internet, und bauen dann die Verbindung zu AOL auf. Dazu müssen Sie in der AOL-Software nur «TCP» als Standort angeben, und schon brauchen Sie sich nicht mehr mit überlasteten AOL-Einwahlnummern herumzuärgern.

Wir konfigurieren

Wenn Sie sich für einen Provider entschieden haben, teilt dieser Ihnen die nötigen Daten für die Konfiguration Ihres Mac mit. Wir wollen Ihnen in diesem Abschnitt schrittweise erklären, wie Sie mit Hilfe dieser Informationen den Zugang ins Internet schaffen.

Schritt 1: Die Hardware installieren

Als erstes müssen Sie die notwendigen Geräte installieren, damit Ihr Mac überhaupt eine Verbindung zum Internet-Provider aufbauen kann. Meistens ist das ganz einfach: Sie schließen das Modem oder den ISDN-Adapter an Ihren Mac und an das Telefonnetz an und installieren eventuell noch die mit dem Gerät mitgelieferte Treibersoftware.

TECHNIK

Wenn Sie einen ISDN-Adapter benutzen, müssen Sie oft noch die «Identität» des Gerätes im ISDN-Netz einstellen. Die dazu nötige Software liegt dem Adapter meist bei; wie die Einstellungen vorzunehmen sind, finden Sie in der Bedienungsanleitung.

Als nächstes können Sie Apples *Internet Assistent* starten (Sie finden das Programm im Ordner *Assistenten* auf Ihrem Startvolume) und alle nötigen Informationen dort eingeben. Sie können aber auch weiterlesen und bei der Gelegenheit gleich herausfinden, was die einzelnen Kontrollfelder mit Ihrem Internet-Zugang zu tun haben.

HEISSER TIP

Haben Sie Ihr Mac OS neu installiert oder wollen Sie sich das erste Mal bei einem Internet-Provider anmelden, so sollten Sie durchaus den Internet Assistenten benutzen. Wenn Sie alle nötigen Informationen haben, können Sie nicht viel falsch machen und es geht schnell und bequem. Wenn Ihnen das Herumbasteln an Kontrollfeldern zu nervig ist, dann sollten Sie den Assistenten auf jeden Fall benutzen!

TECHNIK

Noch ein Hinweis für diejenigen, die es ganz genau wissen wollen: Damit der Internet Assistent funktioniert, muß er die Konfigurationen der verschiedenen Kontrollfelder ändern. Dazu wird in jedem Kontrollfeld eine Konfiguration mit dem Namen angelegt, unter dem Sie die Einstellungen im Internet Assistenten getroffen haben.

Schritt 2: Das Kontrollfeld «Modem»

Der nächste Schritt ist einfach: Öffnen Sie das Kontrollfeld *Modem* und stellen Sie ein, welche Schnittstelle und welches Modem Sie benutzen wollen (27.1). Wählen Sie dazu aus dem Popup-Menü Ihr Modem-Modell aus.

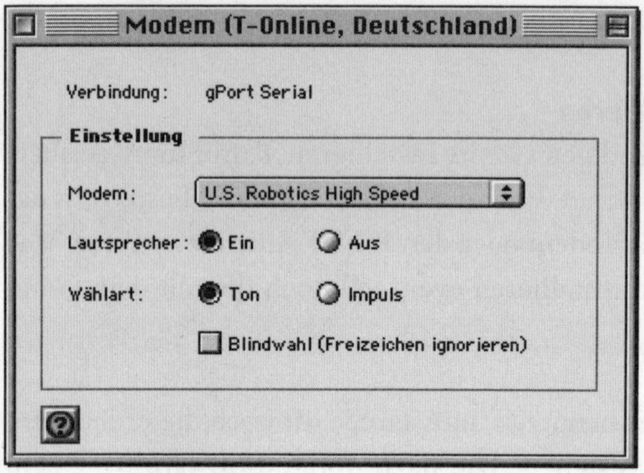

Abb. 27.1 Im Kontrollfeld «Modem» wählen Sie Ihr Modem oder Ihren ISDN-Adapter aus.

Ist Ihr Gerät nicht dabei, dann fehlt das entsprechende Modem-Script im Ordner *Modem Scripts* (zu finden im Ordner *Systemerweiterungen*). Schauen Sie nach, ob das Skript für Ihr Modem sich auf der CD oder Diskette befindet, die mit dem Gerät geliefert wurde. Falls nicht, finden Sie es (hoffentlich) auf der Website des Herstellers. Natürlich brauchen Sie in diesem Fall einen anderen Computer mit Internet-Zugang. (Mehr Informationen zu Modem-Scripts finden Sie in Kapitel 8.)

Als nächstes stellen Sie ein, ob Sie dem Modem beim Wählen zuhören möchten (Option *Lautsprecher*) und ob Sie die übliche Tonwahl oder die historische Impulswahl benutzen möchten (Option *Wählart*).

HEISSER TIP

Alle modernen Telefonnetze der Welt funktionieren mit Tonwahl, in weniger entwickelten Ländern kann es aber vorkommen, daß Sie auf Impulswahl umschalten müssen, um überhaupt eine Verbindung aufbauen zu können.

Schließlich können Sie mit der Checkbox *Blindwahl* festlegen, ob Ihr Modem auf ein Freizeichen warten oder einfach drauflos wählen soll. Die sogenannte Blindwahl ist oft nötig, wenn das Gerät an eine Telefonanlage mit eigenem Freizeichen angeschlossen ist oder möglicherweise im Ausland das Freizeichen nicht richtig erkannt wird.

Schritt 3: Das Kontrollfeld «Remote Access» («PPP»)

Nachdem Ihr Mac nun weiß, mit welchem Modem er es zu tun hat, müssen Sie ihm als nächstes mitteilen, welche Telefonnummer angerufen werden soll, um die Verbindung ins Internet aufzubauen. Die dafür notwendigen Einstellungen treffen Sie im Kontrollfeld *Remote Access* (27.2). Vor der Version 8.5 des Mac OS heißt dieses Kontrollfeld schlicht *PPP*.

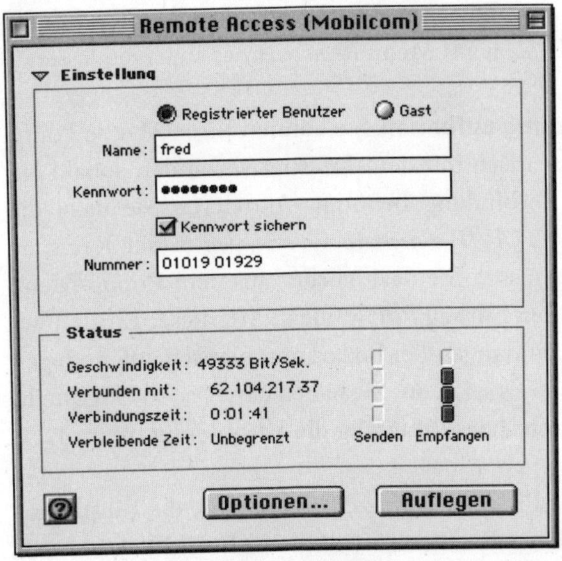

Abb. 27.2 Das Kontrollfeld «Remote Access» (bzw. «PPP» in älteren Versionen des Mac OS) ist die Einstellungszentrale für alle Wählverbindungen Ihres Mac.

Geben Sie den Login-Namen und das Paßwort ein, das Sie von Ihrem Internet-Provider erhalten haben, und tragen Sie die Rufnummer ein, unter der Ihr Modem die Verbindung zum Provider aufbauen kann.

Wenn Sie auf den Button *Optionen* klicken, können Sie einige zusätzliche Einstellungen für die aktive Verbindung festlegen. Normalerweise brauchen Sie sich nicht darum zu kümmern, einige Dinge können bei Bedarf trotzdem von Nutzen sein:

- **Erinnerung.** Auf der Registerkarte *Erinnerung* legen Sie fest, wie Ihr Mac Sie daran erinnern soll, daß Sie noch online sind. Sie können bei einer bestehenden Verbindung ein Symbol in der Menüzeile blinken lassen und den Mac anweisen, in bestimmten Zeitabständen nachzufragen, ob die Verbindung bestehen bleiben soll. Schließlich können Sie festlegen, nach wieviel Minuten ohne Datenübertragung der Mac auflegen soll – das ist sehr nützlich, um überflüssige Telefonkosten zu vermeiden.

- **Protokoll.** Die Checkbox *Ausführliches Protokoll* auf der Registerkarte *Erinnerung* können Sie normalerweise ausgeschaltet lassen, es sei denn, Sie haben Probleme beim Verbindungsaufbau und wollen genau wissen, was zwischen Ihrem Modem und dem des Providers vor sich geht. In diesem Fall sollten Sie die Checkbox aktivieren. Das Protokoll selbst können Sie sich mit dem Befehl *Protokolldatei* im Menü *Remote Access* anzeigen lassen.

- **Automatisch eine Verbindung aufbauen.** Sie können Ihren Mac so konfigurieren, daß er sich automatisch mit dem Internet verbindet, sobald ein Programm eine Internet-Verbindung benötigt. Aktivieren Sie dazu die Checkbox *Beim Zugriff auf TCP/IP automatisch verbinden* in der Registerkarte *Protokoll.* (Eventuell müssen Sie dazu vorher aus dem Popup-Menü am oberen Rand der Karte den Eintrag *PPP* wählen.) Mit dieser Einstellung baut der Mac Internet-Verbindungen bei Bedarf automatisch auf, auflegen müssen Sie allerdings selbst. (Es sei denn, Sie haben den Mac so eingestellt, daß er nach einer bestimmten Zeit selbständig die Verbindung trennt.)

Falls Sie mehrere verschiedene Provider benutzen, können Sie die Einstellungen für jede Verbindung speichern. Benutzen Sie dazu den Befehl *Konfigurationen* aus dem Menü ABLAGE. Es erscheint ein Dialog, in dem Sie alle gespeicherten Konfigurationen sehen (27.3).

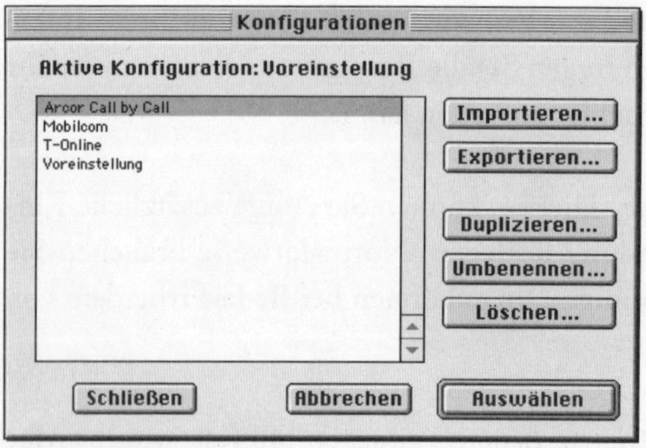

Abb. 27.3 Mit dem Befehl «Konfigurationen» aus dem Menü «Ablage» lassen sich bequem die Einstellungen für verschiedene Internet-Provider verwalten.

Duplizieren Sie einfach eine davon, geben Sie ihr einen neuen Namen und wählen Sie sie aus. Anschließend stellen Sie alle Parameter nach Wunsch ein. Sobald Sie das Kontrollfeld schließen, werden Ihre neuen Einstellungen gespeichert.

Die Daten für die Konfigurationen werden in der Datei *Remote Access Connections* gespeichert (zu finden im Ordner *Remote Access* im *Preferences-Ordner*). Bei einer Neuinstallation des Mac OS geht diese Datei verloren, wenn Sie sie nicht sichern. Sie können aber auch die Buttons *Exportieren* und *Importieren* im Konfigurationsdialog benutzen, um die Einstellungen für bestimmte Verbindungen an einer beliebigen Stelle auf der Festplatte zu sichern (Export) und nach der Neuinstallation wieder zurückzuholen oder bei Bedarf auf einen anderen Mac kopieren (Import). Für die Kontrollfelder *TCP/IP* und *Modem* funktioniert das ganz genauso.

Schritt 4: Das Kontrollfeld «TCP/IP»

Bevor Ihr Mac ordnungsgemäß im Internet arbeiten kann, müssen Sie noch die richtigen Einstellungen für das TCP/IP-Protokoll treffen. Das ist nicht weiter schwer: Öffnen Sie das Kontrollfeld *TCP/IP*, und geben Sie die Informationen ein, die Sie von Ihrem Internet-Provider erhalten haben (27.4).

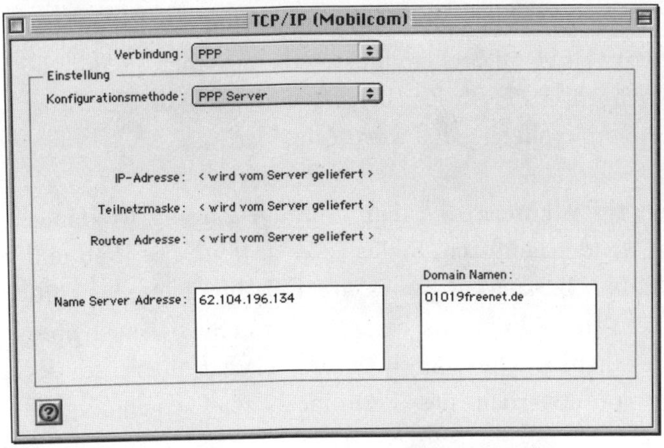

Abb. 27.4 Das Kontrollfeld «TCP/IP». Bei Wählverbindungen müssen Sie meist nur den Nameserver eintragen. Benutzt Ihr Mac TCP/IP über ein Ethernet, erfahren Sie die notwendigen Einstellungen vom Administrator des Netzwerkes.

Zuerst müssen Sie im obersten Popup-Menü festlegen, wie die Verbindung erfolgen soll: Wählen Sie *PPP*, wenn Sie sich über ein Modem oder einen

ISDN-Adapter ins Internet einwählen. Benutzt der Mac TCP/IP über den Ethernet-Anschluß, wählen Sie die Option *Ethernet*. Haben Sie die AOL-Software installiert und wollen über die AOL-Einwahl ins Internet, müssen Sie die Option *AOL-Link* wählen.

Im nächsten Schritt legen Sie fest, nach welcher Methode die TCP/IP-Daten Ihres Mac eingestellt werden sollen. Beim Wählzugang von Internet-Providern ist es fast immer die Option *PPP Server*. Dabei überträgt der Server des Internet-Providers alle nötigen Daten beim Verbindungsaufbau und Sie müssen lediglich die Adresse des Nameservers eintragen. (Irgendwoher muß der Mac ja wissen, wo er nach der Übersetzung von Internet-Namen in IP-Adressen fragen soll.)

T-Online als Internet-Provider

Normalerweise müssen Sie die T-Online-Zugangssoftware installieren, um auf den Dienst zugreifen zu können.Wollen Sie T-Online aber nur als Internet-Provider zu benutzen, so können Sie sich das sparen. Der Trick besteht darin, aus den Zugangsdaten von T-Online die richtigen Informationen für das Kontrollfeld *Remote Access* bzw. PPP zu erzeugen: Als Namen benutzen Sie eine Zeichenkette, die sich so aufbaut: Zwölfstellige Benutzernummer, T-Online-Nummer und schließlich die Mitbenutzernummer. Ist die T-Online-Nummer kürzer als zwölf Stellen, müssen Sie zwischen sie und die Mitbenutzernummer noch ein Hash-Zeichen (#) einfügen. Als Kennwort dient das von T-Online mitgelieferte Paßwort. Alles klar!?

Nach dieser Konfiguration können Sie den T-Online-Zugang wie einen normalen Internet-Provider benutzen, inklusive Zugriff auf das Web und alle anderen Dienste. Nur bei E-Mail gibt es eine Einschränkung: Sie können die E-Mail-Server von T-Online nur benutzen, wenn Sie sich auch über T-Online eingewählt haben. Die Identifizierung erfolgt über die IP-Adresse, so daß Sie von außerhalb des T-Online-Netzes keinen Zugriff erhalten!

ACHTUNG

Benutzen Sie dagegen TCP/IP über das Ethernet, hilft Ihnen Ihr Netzwerk-Administrator mit den möglichen Einstellungen weiter. Sie müssen ihm eventuell zeigen, wo die Einstellungen zu ändern sind, er weiß dann mit den vielen kryptischen Begriffen schon etwas anzufangen. In diesem Zusammenhang

noch ein Hinweis, der Ihnen vielleicht völlig unverständlich vorkommt, dem Administrator aber jede Menge Arbeitszeit sparen kann: Befindet sich Ihr Mac in der Firma hinter einer sogenannten Firewall, so können Sie die Einstellungen für Proxy-Verbindungen in Mac OS 8.5 oder höher im Kontrollfeld *Internet* treffen. Achten Sie aber darauf, daß dort als Benutzermodus *Erweitert* oder *Administrator* eingestellt ist. (Bei älteren Versionen des Mac OS müssen Sie die Freeware *Internet Config* verwenden, die Sie übrigens auch auf der CD zu diesem Buch finden.)

Auch im Kontrollfeld *TCP/IP* können Sie verschiedene Konfigurationen sichern. Die zugehörige Datei finden Sie unter dem Namen *TCP/IP-Einstellungen* im *Preferences*-Ordner des Systemordners. Sie können aber auch den Import/Export-Mechanismus benutzen, um die Einstellungsdaten zu sichern und bei Bedarf zurückzuholen.

Benutzen Sie mehrere Internet-Provider oder wechselweise eine TCP/IP-Konfiguration für die Einwahl und eine andere für das lokale Ethernet, so müssen Sie darauf achten, beim Umschalten beide Kontrollfelder (TCP/IP und Remote Access) zu ändern. Versuchen Sie dagegen, mit einer Ethernet-Einstellung für TCP/IP Ihren Provider anzuwählen, legt das Modem nach kurzer Zeit einfach wieder auf, ohne daß Sie wissen, warum. (Mehr zum Umgang mit mehreren Konfigurationen finden Sie weiter hinten in diesem Kapitel.)

Vielleicht haben Sie es schon bemerkt: In allen Kontrollfeldern, die wir bis hierher besucht haben, gibt es im Menü *Bearbeiten* einen Befehl *Benutzermodus*. Damit können Sie einstellen, ob Sie die grundlegenden, die erweiterten oder gar die Administrator-Funktionen verwenden wollen. Normalerweise brauchen Sie sich darum überhaupt nicht zu kümmern, im Fall der Fälle kann es jedoch hilfreich sein, den Benutzermodus umzuschalten. Die erweiterten Funktionen bieten besonders im Kontrollfeld *TCP/IP* noch einige Optionen mehr, mit denen ein Netzwerk-Administrator noch mehr Details konfigurieren kann. Mit den Administrator-Funktionen schließlich läßt sich ein Kennwort festlegen, mit dem sich bestimmte Einstellungen schützen lassen. Das ist vor allem in größeren Netzwerken oder Computerräumen mit neugierigen Benutzern sehr hilfreich. Alle Kontrollfelder haben eigene Kennwörter für den Administrator-Modus, vergessen Sie diese also nicht.

Internet ohne Open Transport

Apples Netzwerksoftware heißt OpenTransport, und dazu gehören auch alle Kontrollfelder, die in diesem Kapitel beschrieben werden. OpenTransport ist eine schöne Sache: schnell, zuverlässig und leicht zu bedienen. Leider läuft es nicht auf allen Macs, vor allem so manches ältere Modell kann nicht mit Open Transport umgehen. Wenn Sie ein solches Gerät ins Internet bringen wollen, müssen Sie alle Einstellungen im Kontrollfeld *MacTCP* treffen. Das funktioniert so ähnlich wie das Kontrollfeld *TCP/IP von* Open Transport, ist aber umständlicher zu bedienen.
Leider gibt es aber ohne OpenTransport auch keine Kontrollfelder für das Modem und Remote Access bzw. PPP. Statt dessen müssen Sie eine Software wie *FreePPP* benutzen, mit der Sie Modem-Typ, Rufnummer, Paßwort usw. einstellen. (FreePPP finden Sie auf der CD zu diesem Buch.)

CD-ROM

Die Verbindung herstellen

Nun ist es endlich soweit: Sie können Ihren Mac veranlassen, sich ins Internet einzuwählen. Das Wählen läßt sich auf verschiedene Art und Weise starten: automatisch von einem Programm aus, im Kontrollfeld *Remote Access* oder über das entsprechende Modul in der Kontrolleiste.

EINSTEIGER

Am einfachsten ist es, wenn Sie ein Programm benutzen, das eine Verbindung zum Internet braucht, wie z.B. Ihren Webbrowser oder Ihr E-Mail-Programm. Tippen Sie die Adresse einer Webseite ein und schon erscheint die bekannte Dialogbox, während Ihr Mac die Internet-Verbindung aufbaut (27.5). Nach einer Weile (die bei ISDN bedeutend kürzer ist) steht die Verbindung, und Ihr Programm kann auf das Internet zugreifen.

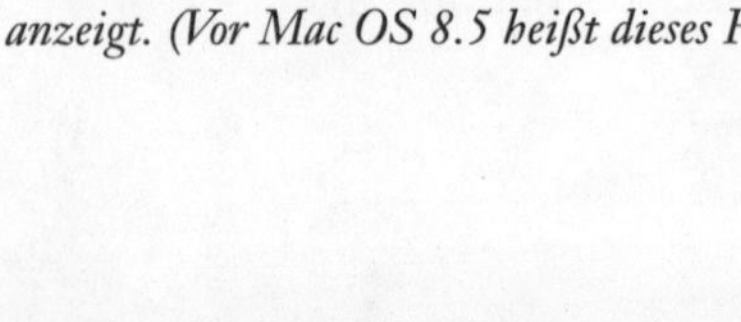

Abb. 27.5 Die bekannte Dialogbox, mit der Ihr Mac den Aufbau einer Internet-Verbindung anzeigt. (Vor Mac OS 8.5 heißt dieses Fenster «PPP STATUS».)

EINSTEIGER

Auch wenn es so aussieht, als ob das Programm die Verbindung hergestellt hat – in Wirklichkeit hat es das Kontrollfeld *Remote Access* (bzw. *PPP*) gebeten, die «Brücke» ins Internet aufzubauen. Über diese Verbindung können gleichzeitig alle gewünschten Programme auf das Internet zugreifen. Die Verbindung wird erst unterbrochen, wenn Sie von Hand auflegen oder Ihr Mac das nach einer bestimmten Zeit ohne Datentransfer automatisch tut.

FEHLER

Funktioniert der automatische Aufbau der Verbindung nicht, dann ist im Kontrollfeld *Remote Access* die entsprechende Option nicht aktiviert. Öffnen Sie das Kontrollfeld und klicken Sie auf den Button *Optionen*. Kreuzen Sie auf der Registerkarte *Protokoll* die Checkbox *Beim Zugriff auf TCP/IP automatisch verbinden* an und sichern Sie die Einstellungen. Beim nächsten Start eines Internet-Programms sollte nun die Verbindung automatisch aufgebaut werden.

Während Ihr Mac mit dem Internet verbunden ist, können Sie im Kontrollfeld *Remote Access* (bzw. *PPP*) den Status der Verbindung überwachen (27.2). Sie sehen, mit welcher Geschwindigkeit das Modem arbeitet, welche IP-Adresse ihr Mac zugewiesen bekommen hat und wie lange Sie bereits online sind. Falls Sie eine Zeitbegrenzung eingestellt haben, wird auch die verbleibende Zeit angezeigt. Die Balken auf der rechten Seite zeigen Ihnen, wie stark der Datentransfer von und zu Ihrem Mac gerade ist. (Diese Anzeige ist besonders bei Modems oder ISDN-Adaptern nützlich, die keine Anzeigen für den Datentransfer am Gerät haben.)

Gratulation – Sie sind jetzt im Internet! Die Verbindung nützt Ihnen jedoch allein nicht allzuviel, Sie brauchen noch die nötige Software, um all die schönen Möglichkeiten für sich zu nutzen. Aber keine Angst, genau darum geht es in den nächsten Kapiteln!

Die Verbindung beenden

Haben Sie Ihren Besuch im Internet beendet, kann die Verbindung zwischen Ihrem Mac und dem Internet-Provider getrennt werden. Wenn Sie nicht darauf warten wollen, daß entweder Ihr Mac oder das Modem des Internet-Providers von sich aus auflegt, dann sollten Sie selbst eingreifen: Entweder benutzen Sie das Kontrollfeld *Remote Access* (bzw. *PPP*) und drücken dort einfach den Button *Auflegen* oder Sie benutzen ein Kontrolleistenmodul (27.6).

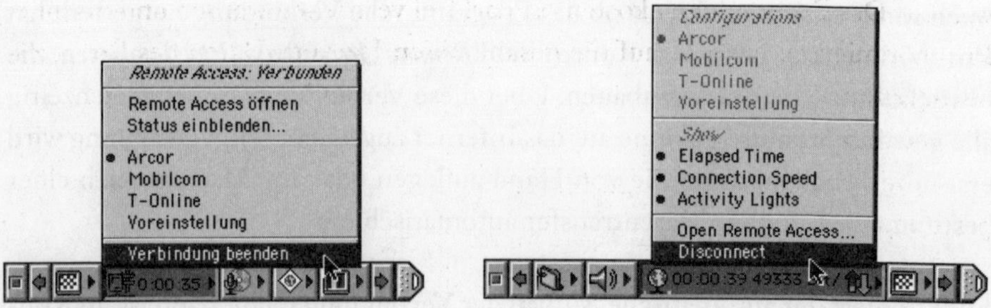

Abb. 27.6 Das Kontrolleistenmodul von Mac OS 8.5 und die Shareware OT/PPP Strip machen das Auf- und Abbauen von Internet-Verbindungen einfach. Außerdem können Sie auch zwischen verschiedenen Konfigurationen für die Einwahl umschalten. (Vergessen Sie aber nicht, eventuell auch das Kontrollfeld «TCP/IP» entsprechend zu ändern!)

CD-ROM

Wenn Sie Mac OS 8.5 oder höher benutzen, dann ist das entsprechende Modul für die Einwahl bereits mit installiert. Für alle früheren Versionen des Betriebssystems gibt es die Shareware *OT/PPP Strip*, die die gleichen Funktionen bietet und zusätzlich noch den aktuellen Datendurchsatz anzeigt.

Wie geht es weiter?

Eigentlich sind Sie und Ihr Mac jetzt fit für den Einstieg ins Internet. Lesen Sie die nächsten Kapitel, und probieren Sie es einfach aus.

EINSTEIGER

Dabei werden Sie schnell feststellen, daß es in jedem Programm eine ganze Menge an Voreinstellungen gibt, die sich ändern lassen und die Sie manchmal ändern müssen. Dazu gehören z.B. Ihre E-Mail-Adresse, Ihre bevorzugten Programme für Web, FTP, E-Mail oder News. Dazu kommt noch, daß sich diese Einstellungen gegenseitig beeinflussen: So brauchen Sie etwa Ihre E-Mail-Adresse, um einen anonymen FTP-Server benutzen zu können, Ihr Webbrowser muß wissen, wenn Sie ein anderes Mailprogramm benutzen wollen und fast alle Internet-Programme sollen richtig mit heruntergeladenen Dateien umgehen können.

In dieser Situation wäre es das Beste, wenn alle Programme, die irgendwie mit dem Internet zu tun haben, auf die gleichen Informationen zugreifen können. Der Nutzer müßte Änderungen dann nur noch an einer Stelle eintragen, und alle Programme würden automatisch davon informiert. Genau das hat sich Peter N. Lewis von Stairways Software auch gedacht und *Internet Config* entwickelt. Das Programm ist kostenlos, darf frei vertrieben werden und macht es Programmierern einfach, auf die gesammelten Internet-Daten des Benutzers zuzugreifen.

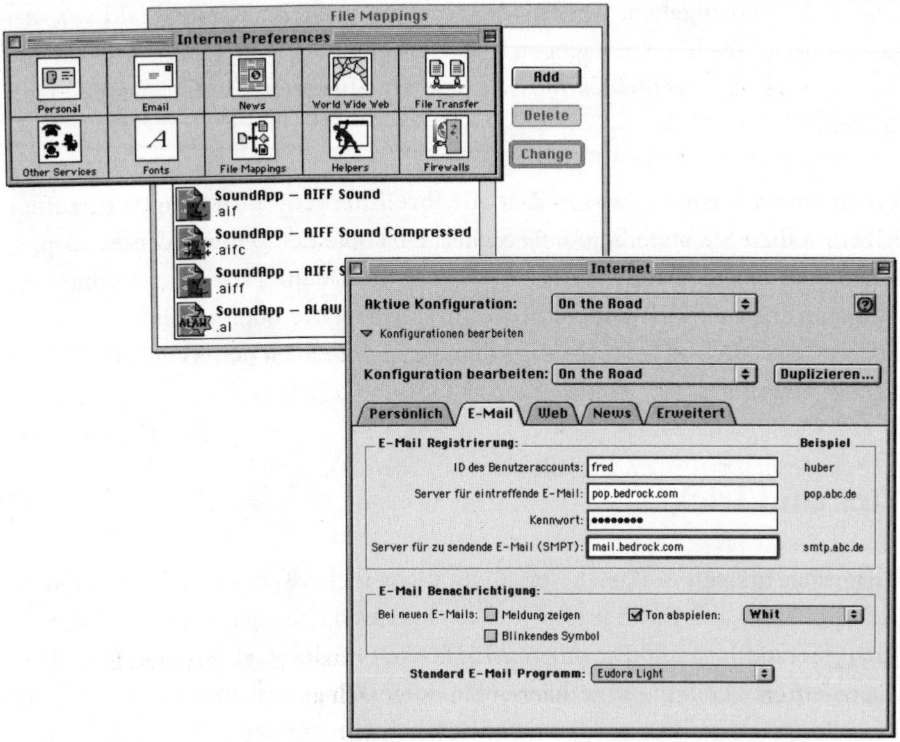

Abb. 27.7 Alle Internet-Daten an einer Stelle: Internet Config (links) und das Kontrollfeld «Internet» von Mac OS 8.5 (rechts).

TECHNIK

Zu diesem Zweck installiert Internet Config eine Systemerweiterung, die eigentlichen Informationen werden in der Datei *Internet Preferences* im Ordner *Preferences* gespeichert. Dazu gibt es noch ein Programm, mit dem Sie als Benutzer die Einstellungen ändern können.

Die Vorteile dieses Systems sind so offensichtlich, daß viele Hersteller von Internet-Programmen Internet Config unterstützen. Mit Mac OS 8.5 schließlich hat Apple die Funktionen der Software in das Kontrollfeld *Internet* integriert und zugleich noch die Möglichkeit geschaffen, «Internet-Identitäten» für mehrere Benutzer anzulegen (27.7). Das ist besonders hilfreich, wenn mehrere Benutzer sich einen Mac teilen, oder wenn Sie z.B. Ihr PowerBook an verschiedenen Standorten mit verschiedenen Einstellungen verwenden möchten.

(Wie sich die dafür nötigen Umschaltungen automatisieren lassen, erfahren Sie im nächsten Abschnitt.)

EINSTEIGER

Falls Sie unter Mac OS 8 und später den Internet Assistenten verwenden, um Ihre Daten einzugeben, werden diese automatisch im Kontrollfeld *Internet* gespeichert. Treffen Sie dagegen alle Einstellungen von Hand, müssen Sie auch die des Kontrollfeldes *Internet* bzw. von Internet Config entsprechend ändern.

HEISSER TIP

Wenn Sie nach einer gewissen Zeit alle Ihre Internet-Einstellungen getroffen haben, sollten Sie unbedingt eine Sicherheitskopie der Daten anlegen. Kopieren Sie dazu die Datei *Internet Preferences* (aus dem *Preferences*-Ordner im Systemordner) an eine andere Stelle Ihrer Festplatte oder auf einen anderen Datenträger. (Bei Internet Config können Sie dazu auch den Menübefehl *File/Save as* verwenden.)

Tips und Tricks

Eigentlich müssen Sie an dieser Stelle nicht mehr weiterlesen – wenn alles geklappt hat, wählt Ihr Mac jetzt problemlos Ihren Provider an und Sie können nach Herzenslust all die tollen Möglichkeiten des Cyberspace erkunden. Trotzdem wollen wir Ihnen hier noch einige Dinge verraten, die für Sie als Mac-Besitzer und Internet-Benutzer hilfreich sein können.

Mehrere Konfigurationen benutzen

Falls Sie nur einen Internet-Zugang benutzen und Ihren Mac auch nicht mit anderen teilen müssen, richten Sie alle Internet-Daten einmal ein und brauchen sich dann nicht mehr darum zu kümmern. Ist das jedoch nicht der Fall – z.B., weil mehrere Familienmitglieder eigene E-Mail-Adressen verwenden oder weil Sie mit Ihrem PowerBook ständig an verschiedenen Orten arbeiten – müssen Sie ständig Einstellungen in den verschiedensten Kontrollfeldern verändern. Das ist zeitaufwendig, außerdem vergißt man dabei gern etwas oder vertippt sich.

Für diese Fälle entwickelte Apple den Umgebungsassistenten. Ursprünglich war dieses Kontrollfeld für PowerBooks gedacht – denn die werden schließlich ständig herumgetragen. Ab Mac OS 8.1 gab es das nützliche Hilfsprogramm dann auch für Desktop-Macs.

Der Umgebungsassistent macht eigentlich nichts weiter, als den aktuellen Zustand bestimmter Einstellungen Ihres Mac in einer Art Schnappschuß abzuspeichern und auf Befehl wiederherzustellen. Mit dem Kontrollfeld *Apple Umgebungsassistent* können Sie mehrere dieser Schnappschüsse (die hier «Umgebung» heißen) erzeugen und festlegen, welche Einstellungen gespeichert werden sollen (27.8). Später können Sie dann jede dieser Umgebungen abrufen, entweder über das gleiche Kontrollfeld oder über das sehr praktische Modul in der Kontrolleiste.

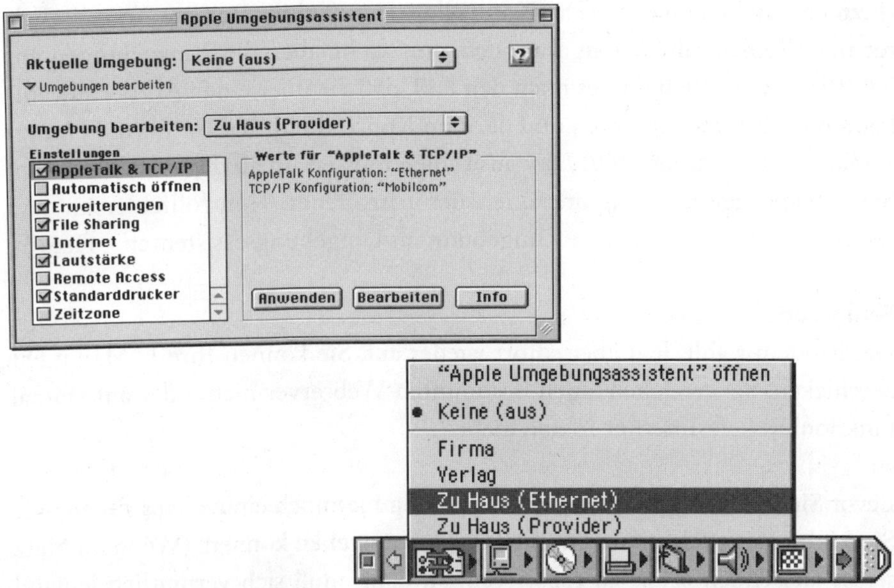

Abb. 27.8 Der Umgebungsassistent macht das Umschalten zwischen verschiedenen Einstellungen zum Kinderspiel.

ACHTUNG

Der Umgebungsassistent benutzt die Namen von gespeicherten Kontrollfeld-Konfigurationen, um entsprechende Einstellungen zu treffen. Dabei sollten Sie aber vermeiden, irgendwo die Konfiguration *Voreinstellung* zu benutzen, weil das Programm damit nicht so richtig zurecht kommt. Legen Sie statt dessen für jede Situation eine eigene Konfiguration der betroffenen Kontrollfelder an und benutzen Sie diese.

HEISSER TIP

Möchten Sie, daß Ihr Mac jedesmal beim Programmstart nach der gewünschten Konfiguration fragt, dann können Sie diese Option mit dem Befehl *Bearbeiten/Voreinstellungen* im Kontrollfeld *Apple Umgebungsassistent* festlegen.

TCP/IP, AOL und mehrere Internet-Provider

FEHLER

Leider kann der Mac das TCP/IP-Protokoll nicht gleichzeitig mit dem Ethernet-Anschluß und dem Modem benutzen. Das bedeutet, daß Sie die TCP/IP-Konfiguration umschalten müssen, wenn Sie z.B. normalerweise den Drucker in Ihrem lokalen Netzwerk benutzen, für Ihre E-Mail aber den Internet-Provider anwählen müssen.

Ein ähnliches Problem haben Sie, wenn Sie zwischen mehreren Providern mit unterschiedlichen Einstellungen für die Kontrollfelder *TCP/IP* und *Remote Access* umschalten müssen. (Das Kontrolleistenmodul für Remote Access schaltet nur die Einwahl-Konfigurationen um, nicht aber die Einstellungen für TCP/IP.) Schließlich gibt es noch den Fall, daß Sie über einen AOL-Einwahlknoten ins Internet kommen und dazu im Kontrollfeld *TCP/IP* für die Option *Verbindung* die Option *AOL Link* auswählen müssen. In all diesen Fällen legen Sie einfach eigene Konfigurationen der betroffenen Kontrollfelder an und speichern das Ganze als neue Umgebung im Umgebungsassistenten – fertig!

Fehlersuche

Das Modem wählt, legt aber sofort wieder auf, Sie können Ihre E-Mail nicht abschicken, Sie erreichen einen bestimmten Webserver nicht oder auf einmal funktioniert kein Internet-Name mehr…

Bevor Sie in Panik geraten, wollen wir Ihnen hier noch einige Tips geben, wie Sie Probleme erkennen und eventuell sogar umgehen können. (Wenn im Netz selbst tatsächlich etwas zu reparieren ist, dann muß sich vermutlich jemand anderes darum kümmern.)

EINSTEIGER

Das Wichtigste bei der Fehlersuche ist es, Ruhe zu bewahren und schrittweise herauszufinden, welcher Teil des Gesamtsystems nicht funktioniert. Sie sollten darum zuerst überprüfen, ob Ihr Mac ordnungsgemäß eine Verbindung zum Internet-Provider aufbaut. Benutzen Sie dazu das Kontrollfeld *Remote Access* (bzw. *PPP*) und überprüfen Sie, ob die Verbindung ordnungsgemäß aufgebaut wird. Wenn alles in Ordnung ist, sollte das Statusfenster die Übertragungsgeschwindigkeit und die zugewiesene Internet-Provider-Adresse sowie die zwei Balken für den momentanen Datentransfer anzeigen.

FEHLER

Klappt das nicht, dann überprüfen Sie, ob die Einstellungen der Kontrollfelder *TCP/IP*, *Remote Access* und *Modem* in Ordnung sind. (Oft führen falsche TCP/IP-Daten zu einem Abbruch der Wählverbindung.) Ist das der Fall, können Sie im Kontrollfeld *Remote Access* im Protokoll nachsehen, warum die Verbindung fehlgeschlagen ist. Das Protokoll erhalten Sie mit dem Befehl *Remote Access / Protokoll.*

HEISSER TIP

Reichen die Informationen im Protokoll nicht aus, dann können Sie ein ausführliches Protokoll einschalten. Drücken Sie dazu im Kontrollfeld *Remote Access* den Button *Optionen* und klicken Sie auf der Registerkarte *Verbindung* die Checkbox *Ausführliches Protokoll* an. Auch wenn Sie mit den Einträgen in dem Protokoll nicht viel anfangen können, so helfen die Daten einem Fachmann wahrscheinlich weiter. (Machen Sie diese Einstellung nach dem Beheben des Fehlers wieder rückgängig, sonst wird Ihre Protokolldatei schnell mit Unmengen an Einträgen gefüllt.)

ACHTUNG

Bevor Sie Ihren Internet-Provider anrufen und sich über den Fehler beschweren, sollten Sie den einfachsten Test machen: Rufen Sie die Einwahlnummer mit einem normalen Telefon an und finden Sie heraus, ob sich am anderen Ende ein Modem mit dem charakteristischen Pfeifen meldet! Passiert das nicht, dann sollten Sie Ihren Anbieter anrufen und ihm diese bedauerliche Tatsache mitteilen.

Um Probleme mit TCP/IP zu lösen, können Sie die Shareware *Mac TCP Watcher* benutzen. Dieses Diagnoseprogramm zeigt Ihnen die aktuellen TCP/IP-Daten Ihres Mac, listet alle aktuellen Datenströme von und zum Internet auf und bietet noch eine ganze Reihe an Hilfsmitteln für die Fehlersuche im Netzwerk (27.9).

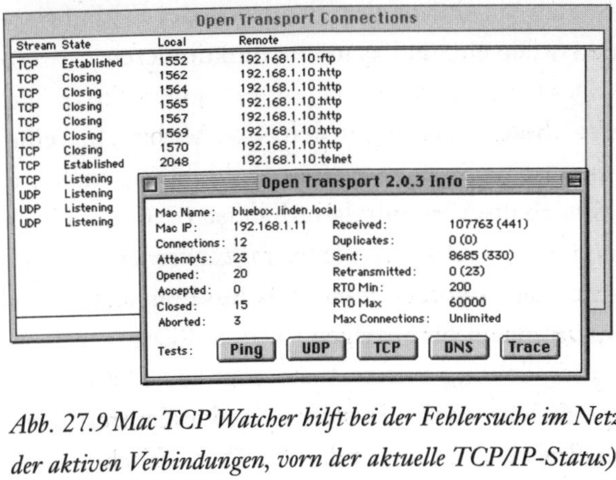

Abb. 27.9 Mac TCP Watcher hilft bei der Fehlersuche im Netzwerk (im Hintergrund die Liste der aktiven Verbindungen, vorn der aktuelle TCP/IP-Status).

Funktioniert Ihre Verbindung ins Internet, dann haben Sie schon fast gewonnen, denn die folgenden Fehler können Sie meist nicht beheben, sondern höchstens einem Systemadministrator mitteilen, daß etwas nicht stimmt:

- **Internet-Namen funktionieren nicht.** Wenn Sie beim Surfen im Internet die Meldung bekommen, daß ein Server nicht gefunden wurde, so kann das drei Gründe haben: Entweder der Name existiert tatsächlich nicht, Sie haben sich vertippt, oder der Nameserver arbeitet nicht so, wie er soll.

  Versuchen Sie zuerst, eine bekannte Webseite wie *www.apple.de* aufzurufen. Erhalten Sie wieder eine Fehlermeldung, starten Sie Mac TCP Watcher und schauen Sie nach, ob im Feld *Mac IP Name* ein Eintrag steht. Falls nicht, dann gibt es ein Problem mit dem Nameserver. Überprüfen Sie zuerst, ob im Kontrollfeld *TCP/IP* der korrekte Nameserver eingetragen ist. Falls ja, drücken Sie im Mac TCP Watcher den Button *Ping*, und geben Sie die Adresse (als Nummern) ein, die der Nameserver Ihres Providers hat. Ihr Mac sendet jetzt spezielle Internet-Pakete, die herausfinden sollen, ob dieser Rechner überhaupt noch zu erreichen ist. Ist das nicht der Fall, erhalten Sie die Meldung «Echo timed out». Sie wissen nun, daß es keinen Weg von Ihrem Mac zum Nameserver gibt. Damit kann aber niemand mehr aus Ihren Internet-Namen die IP-Adressen machen, und Ihr Mac weiß nicht, wie er die Verbindung aufbauen soll.

HEISSER TIP

  Wissen Sie zufällig die IP-Nummer des Servers, so können Sie diese auch direkt eingeben. In diesem Fall wird der Nameserver nicht benutzt. (Das ist z.B. nützlich, wenn Sie dringend Ihre Mail abholen müssen, der Nameserver aber ausgefallen ist. Stellen Sie einfach die IP-Adresse des E-Mail-Servers an der entsprechenden Stelle ein, und es müßte funktionieren.)

- **Ein Server ist nicht zu erreichen.** Funktioniert der Nameserver, aber eine bestimmte Internet-Adresse ist nicht zu erreichen, dann gibt es mehrere Fehlerquellen: Der Server ist entweder überlastet, außer Betrieb oder es existiert kein Weg zu ihm, über den IP-Pakete übertragen werden können. Sie können in diesen Fällen nicht viel tun, außer mit dem Ping-Befehl des Mac TCP Watcher herauszufinden, ob überhaupt Daten übertragen werden. Antwortet der Server auf die Ping-Pakete, bietet aber keine Webseiten an, dann wird er wahrscheinlich gerade gewartet oder umkonfiguriert. Versuchen Sie es später noch einmal.

- **Die Verbindung ist langsam oder wird unterbrochen.** Geht die Datenübertragung von einem Server quälend langsam oder reißt gar ab, dann ist die Ursache meist ein Stau im Internet. Wenn zu viele Leute gleichzeitig das Netz benutzen, kommt es zu solchen Effekten. Meist passiert das am Morgen, in der Mittagspause oder nach Feierabend. Auch hier hilft nur, es zu einer anderen Tageszeit zu probieren.

- **Probleme bei der Übertragung von E-Mail.** Überprüfen Sie, ob Ihre Einstellungen für die E-Mail-Server und Ihre Zugangskennung stimmen. Ist das der Fall, aber es funktioniert immer noch nicht, sollten Sie den Betreiber der Server informieren.

ACHTUNG

Viele Mail-Server nehmen nur dann abgehende E-Mails entgegen, wenn der gleiche Benutzer ankommende Nachrichten abgerufen hat, um Mißbrauch zu vermeiden. Manche E-Mail-Programme schicken jedoch die Nachrichten zuerst ab, bevor sie neue abholen, so daß ein Fehler auftritt. Probieren Sie es in so einem Fall sofort noch einmal, denn dann wurde bereits einmal abgefragt, und Sie können auch Nachrichten abschicken. (Mehr über E-Mail finden Sie weiter hinten in diesem Teil des Buches.)

POWER USER

Wollen Sie wissen, welchen Weg Ihre Daten zu dem Server irgendwo im Internet nehmen? Nichts leichter als das: Benutzen Sie im Mac TCP Watcher den Button *Trace*, tippen Sie die Adresse Ihrer Wahl ein, und Sie erhalten eine Liste, die alle zwischengeschalteten Router anzeigt, viele davon sogar mit Namen.

28 Das Web und andere Dienste im Internet

In diesem Kapitel

Im vorigen Kapitel haben wir beschrieben, wie Sie mit Ihrem Mac Zugang zum Internet erhalten. Das allein nutzt Ihnen aber relativ wenig: Im Gegensatz zu einem Onlinedienst wie AOL springt Ihnen nach dem erfolgreichen Aufbau der Verbindung kein bunter Eröffnungsbildschirm entgegen, aus dem Sie Ihre nächste Aktion nur noch auswählen müssen. Statt dessen blinkt nur das Modem ab und zu kurz auf und zeigt damit, daß die Verbindung zum größten Computernetzwerk der Welt problemlos funktioniert.

Jetzt liegt es an Ihnen, was Sie als nächstes tun: Sie können Ihr E-Mail-Programm starten und die Post abholen, eine Adresse in Ihren Webbrowser tippen, um die neuesten Gerüchte aus der Mac-Szene zu lesen oder mit einem FTP-Programm Updates für Ihre Lieblings-Shareware herunterladen. All diese Dinge benutzen die verschiedenen Dienste, die im Internet benutzt werden können. Dieses Kapitel soll etwas Licht in den Dschungel aus Fachbegriffen und verwirrenden technischen Details bringen.

EINSTEIGER

Bitte wundern Sie sich dabei nicht, wenn es ab und zu etwas kompliziert wird. Das liegt daran, daß Computernetzwerke an sich ein schwieriges Thema und an manchen Stellen nicht gerade besonders benutzerfreundlich sind. Mit dem Mac und der richtigen Software sind Sie für Ihre Ausflüge ins Internet bestens gerüstet.

Das gibt es im Internet

Das Internet selbst besteht ja eigentlich nur aus Computern und Drähten, die diese zu einem Netzwerk verbinden. Was Sie als Benutzer vom Internet mitbekommen, sind verschiedene Dienste, die über das Internet angeboten werden. Für jeden davon benötigen Sie eine spezielle Software auf einem Computer, um den jeweiligen Dienst nutzen zu können.

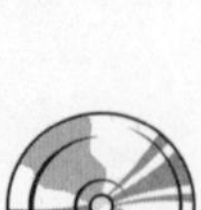
CD-ROM

Auf der CD zu diesem Buch finden Sie die nötige Client-Software für eine ganze Reihe der populärsten Internet-Dienste. Probieren Sie sie am besten einfach aus.

In der folgenden Liste sehen Sie die Internet-Dienste, die am meisten verwendet werden:

- **E-Mail (Electronic Mail).** Davon haben Sie sicherlich schon gehört. Dieser populäre Dienst ermöglicht es Ihnen, auf preiswerte Art und Weise und innerhalb kürzester Zeit Nachrichten in die ganze Welt zu verschicken. Wir halten diesen Dienst für so wichtig, daß wir ihm ein ganzes Kapitel gewidmet haben – das Kapitel 29.

- **World Wide Web (WWW).** Das Web führte dazu, daß das Internet auch für den Normalverbraucher attraktiv wurde und in der Folge explosionsartig in der Größe anwuchs. Das Web integriert Text, Bilder, Ton und Video in klickbare Seiten, die sich über sogenannten Hyperlinks untereinander verbinden lassen – so entsteht ein weltweites Netz von Inhalten. Die Benutzung ist sehr einfach, dennoch brauchen Sie spezielle Software – einen Browser – um im Web «surfen» zu können. Auch Webseiten zu erstellen ist nicht besonders kompliziert, nähere Informationen dazu finden Sie in Kapitel 30.

- **Usenet Newsgroups.** Newsgroups sind wie öffentliche Anschlagbretter (englisch «Bulletin Boards»), an denen jeder Informationen hinterlassen kann, die wiederum jeder Interessierte lesen kann. Zu nahezu jedem vorstellbaren Thema gibt es mehrere Newsgroups, in denen sich Interessierte zusammenfinden und Informationen austauschen.

- **FTP (File Transfer Protocol).** Dieses Protokoll ist eins der ältesten im Internet. Sie können damit Dateien von FTP-Servern herunterladen. Damit haben Sie Zugriff auf eine globale Shareware-Bibliothek, wie sie sonst nirgendwo zu finden ist.

- **IRC (Internet Relay Chat).** Über IRC können sich mehrere Personen auf «Kanälen» miteinander unterhalten – ähnlich wie beim CB-Funk. Einen ersten Eindruck können Sie in den Chat-Räumen verschiedener Internet-Anbieter gewinnen.

- **Telnet.** Dieser Dienst arbeitet ausschließlich mit Ein- und Ausgaben in Textform und ermöglicht es, entfernte Computer über das Internet fernzubedienen. Wenn Sie über ein Login auf einem Unix-Rechner verfügen, können Sie sich per Telnet dort einloggen, aber auch spezielle Datenbanken, Online-Kataloge und Bulletin Boards sind per Telnet zu erreichen. (Für manche dieser Dienste brauchen Sie allerdings ein Benutzer-Login und ein Paßwort.)

- **Gopher.** Dieser Dienst ist eigentlich der Vorläufer des World Wide Web. Mit diesem System auf Menübasis können Sie Informationen aus Datenbanken laden, z.B. Kataloge von Universitätsbibliotheken, Statistiken und vieles mehr. Mit der passenden Software ziehen Sie die gewünschte Datei einfach auf Ihren Schreibtisch oder die Festplatte. Die Datei wird dann auf Ihren Computer kopiert. Mit dem Erfolg des WWW hat Gopher ein wenig an Bedeutung verloren, aber alle modernen Webbrowser können auch das Gopher-Protokoll benutzen.

Nach dieser kurzen Vorstellung der Dienste sind Sie eigentlich fit für den Start ins Netz der Netze. Wie Sie sich einwählen und was Sie dazu benötigen, wissen Sie ja bereits (siehe Kapitel 27). Deshalb geht es hier gleich weiter mit Hinweisen für die einzelnen Dienste.

Schauen Sie sich um: Internet-Adressen und URLs

Sobald Sie mit dem Internet verbunden sind, stehen Ihnen die Dienste zur Verfügung. Mit dem Dienst selbst sind Sie jedoch nicht automatisch verbunden. Um E-Mail, Websites oder Newsgroups benutzen zu können, benötigen Sie ein Programm, das den jeweiligen Typ von Internet-Daten interpretieren kann: Netscape Navigator oder Internet Explorer für das WWW, Claris Emailer, Eudora oder Outlook Express für E-Mail, Fetch, Anarchie, NetFinder oder einen Webbrowser für das Herunterladen von Dateien per FTP und so weiter.

Alle diese Internet-Dienste haben eines gemeinsam: Sobald Sie einen gewählt haben, sind Sie in einem Meer von Informationen völlig verloren – es sei denn, Sie wissen die genaue Adresse des Angebotes, das Sie benutzen wollen. Erinnern Sie sich, das Internet ist kein einzelner, sortierter Onlinedienst, sondern ein riesiges Netz, das regionale Computernetze miteinander verbindet. Mit der Internet-Adresse müssen Sie Ihrem Mac mitteilen, welchen Dienst in welchem dieser Netzwerke Sie benutzen wollen.

EINSTEIGER

Internet-Adressen können kompliziert aussehen und sind meist recht lang, denn sie müssen eine ganze Reihe an Informationen enthalten – ganz im Gegensatz z.B. zu AOL, wo Sie nur ein Kennwort eingeben müssen, um in einen bestimmten Bereich zu gelangen. Eine Internet-Adresse enthält das Protokoll, mit dem die Daten übertragen werden sollen, den Namen des Hosts (das ist der Computer, der den Dienst anbietet) und die genaue Domain dieses

Hosts. Der Domainname gibt an, zu welcher Organisation der Host gehört und läßt manchmal auch Rückschlüsse auf den Ort zu, an dem sich der Computer ungefähr befindet. Bei Web- oder FTP-Servern kann die Adresse zusätzlich sogar genaue Ordner, Unterordner und Dokumente auf einer weit entfernten Festplatte definieren.

Die Adresse einer Internet-Ressource heißt URL (Uniform Resource Locator). Sie müssen die URL einer Internet-Site kennen, um dorthin zu gelangen. Hier sehen Sie eine typische URL – die Erklärungen, was die einzelnen Teile bedeuten, finden Sie nachfolgend:

http://research.whirlygig.com/flight/notes.html
A B C D E

A Der erste Teil einer URL gibt immer das Protokoll an– die Art des Datentransfers, die notwendig ist, um Informationen von einer bestimmten Site zu übertragen. Jeder Dienst im Internet – FTP, Web, Telnet usw. – benutzt sein eigenes Protokoll. In diesem speziellen Fall zeigt das HTTP-Protokoll (HyperText Transfer Protocol) an, daß die URL auf eine bestimmte Seite im World Wide Web zeigt. Der Protokoll-Teil einer URL wird immer durch einen Doppelpunkt (:) und zwei Slashes (//) vom Rest der Adresse getrennt. Andere mögliche Protokolle sind *ftp://*, *telnet://*, *gopher://* usw.

B Der nächste Teil einer URL definiert den Host-Computer, zu dem Sie Verbindung aufnehmen. In diesem Fall heißt er «research». Dabei ist nicht klar, wo sich dieser Computer befindet – in einem großen Unternehmen wie Boeing oder der Studierstube eines Studenten in Ilmenau.

C Nach dem Namen des Hosts folgt der Domainname. Dieser gibt an, zu welcher Organisation der Computer gehört. Manchmal bietet der Name auch einen Hinweis darauf, an welcher Stelle der Welt er sich befindet, richtig sicher ist das aber nie. In unserem Beispiel heißt die Domain «whirlygig.com». Die Bestandteile von Host- und Domainnamen werden immer durch Punkte voneinander getrennt.

Die Endung *.com* an einem Domainnamen zeigt an, daß es sich um eine kommerzielle Site handelt. Andere Domainnamen enden mit .edu (Bildungseinrichtung in den USA), *.gov* (Site einer US-Regierungsinstitution), .mil (militärische Einrichtung in den USA), *.net* (Netzwerk), *.org* (nichtkommerzielle Organisation) oder mit einer Länderkennung (*.de:* Deutschland, *.uk:* Großbritannien, *.au:* Australien, *.ch:* Schweiz etc.).

D Nach dem Slash (Schrägstrich) hinter dem Domainnamen folgt die Bezeichnung für ein bestimmtes Verzeichnis (Ordner) auf dem Host-Computer. In unserem Beispiel ist «flight» ein Verzeichnis.

E Schließlich wird durch notes.html ein spezielles Dokument bezeichnet, das sich im Verzeichnis flight auf dem File-Server befindet. Wenn Sie diese URL in einen Webbrowser eingeben, gelangen Sie direkt zu dem Dokument. Es wird im Browser geöffnet.

Im Falle einer E-Mail-Adresse gibt die URL einen bestimmten Benutzer an. Der Benutzername steht am Anfang der Adresse, ihm folgen @ (at = bei), dann der Host und der Domainname. Eine Person namens Schorr, die bei der oben genannten Firma arbeitet, könnte also folgende E-mail-Adresse haben: schorr@research.whirlygig.com.

Domainnamen können Sie übrigens nicht selbst einfach so festlegen – Sie müssen sie registrieren lassen und dafür bezahlen. In jedem Land gibt es eine Organisation, die die Namens-Registrierung für dieses Land abwickelt. In Deutschland finden Sie die entsprechende Website unter *www.nic.de*, in der Schweiz unter *www.nic.ch* und in Österreich unter *www.nic.at*.

HEISSER TIP

Inzwischen läuft die Registrierung der Domainnamen fast immer über Ihren Internet-Provider, es sei denn, Sie vertreten eine größere Organisation. Der Provider wickelt die Formalitäten als Teil seiner Leistungen ab, außerdem erhält er Rabatt bei den Gebühren.

Wo gibt es was im Internet

Egal, wie Sie ins Internet gelangen – Sie werden überwältigt sein, wenn Sie «drin» sind. Im Internet gibt es keine Hierarchie, keinen Eröffnungsbildschirm, keine logische Organisation. Deshalb werden wir Sie in diesem Abschnitt auf einige interessante, typische oder berühmte Stellen im Internet hinweisen.

Newsgroups

Eine Newsgroup funktioniert wie ein Anschlagbrett, an das jeder Interessierte Nachrichten anpinnen kann. Ein anderer schreibt dann eine Antwort als Reaktion, so setzt sich die Diskussion fort. Es gibt weit über 16.000 Themen von Micky Maus bis hin zu Linkshändern beim Golf. Um an einer Newsgroup teilnehmen zu können, benötigen Sie eine spezielle Software (kommerziell oder Shareware), z.B. Newswatcher, MacSoup, Outlook Express oder Netscape Communicator. Den Rest verstehen Sie fast von selbst: Sie doppelklicken auf ein Thema. Ihnen wird eine Liste von Mitteilungen angezeigt. Doppelklicken Sie eine davon, um sie zu lesen. Mit den Buttons *Nächste* und *Vorherige* bewegen Sie sich durch die Diskussion.

EINSTEIGER

Ein kleiner Tip am Rande: Neulinge in solchen Newsgroups werden von den «Alteingesessenen» mit Vorsicht betrachtet, besonders dann, wenn sie von AOL kommen. Um sich nicht mitten in einen Fettnapf zu setzen, sollten Sie deshalb die Newsgroup eine Weile lesen, bevor Sie sich mit Kommentaren einmischen. Als Anfänger finden Sie jede Menge Informationen zum Benutzen der News in den Newsgroups *news.newusers.questions* und *de.newusers.questions.*

HEISSER TIP

Dort wird auch regelmäßig der Text «Emily Postnews beantwortet Fragen zum USENET» gepostet, der in satirischer Form die Benutzung der News erläutert und als eine der «Institutionen» im Internet gilt.

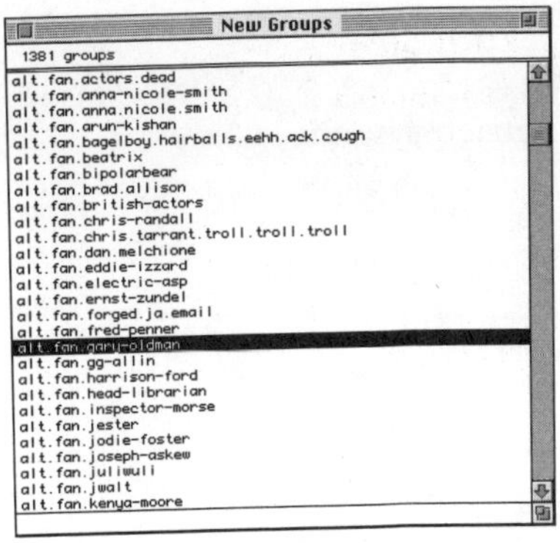

Abb. 28.1 Newsgroups gibt es zu allen möglichen Themen – in diesem Ausschnitt sehen Sie ein paar, die mit «A» beginnen.

Manchmal finden Sie in einer Newsgroup keine Nachrichten, sondern Dateien zum Herunterladen. Sie können auf einen Button klicken, um diese Daten auf Ihren Computer zu kopieren (28.2). Ebenso können Sie auch Nachrichten in eine Newsgroup schicken. Newsgroups, deren Namen mit alt.binaries… beginnen, enthalten vor allem Dateien zum Herunterladen. Unter anderem finden Sie dort FAQs (*Frequently Asked Questions*; häufig gestellte Fragen –eine Art Online-Hilfe), Shareware für den Mac und auch diverse Fotos, um die es in heißen Diskussionen zwischen Eltern und Politikern über die Sicherheit im Internet immer wieder geht.

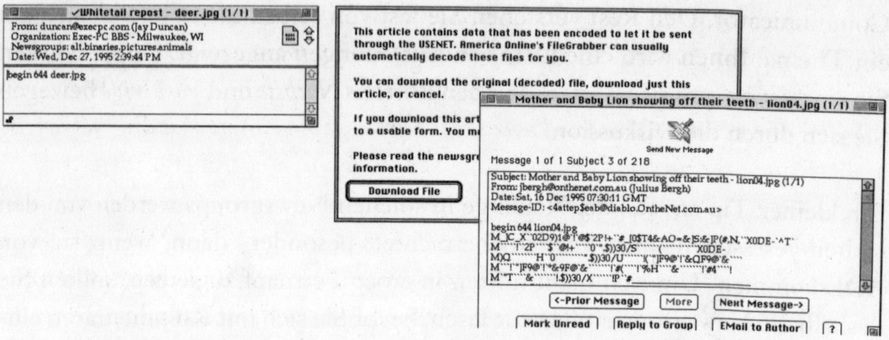

Abb. 28.2 So sieht es aus, wenn Sie aus einer Newsgroup eine Datei herunterladen. Links sehen Sie ein News-Program (NewsWatcher), rechts AOL.

Der Name einer Newsgroup beginnt mit einer der nachfolgenden Vorsilben, die immer eine bestimmte Bedeutung haben bzw. für ein spezielles Themengebiet verwendet werden.

alt.	alternative Newsgroups
bit.	Duplikate von Mailinglisten
comp.	Computer, Programmierung, Betriebssysteme
k12.	Bildung
misc.	Verschiedenes
news.	Über Newsgroups selbst
rec.	Freizeit (Spiele, Haustiere, Sport)
sci.	Wissenschaft, Medizin
soc.	Gesellschaft, Kultur
talk.	Allgemeine Konversation, Politik
de.	Newsgroups in deutsch

Um welches Thema es bei der jeweiligen Newsgroup geht, finden Sie schnell heraus, indem Sie sich die Namen genauer ansehen: um Lustiges geht es z.B. in *rec.humor.funny*; Wissenschaftler treffen sich unter *sci.astronomy*, sci.*environ-*

ment; um Musik geht es bei *rec.music.classical* oder *alt.music*; Informationen zum und über den Mac finden Sie in *comp.sys.mac.graphics*, *comp.sys.mac.apps*.

Die meisten Artikel in Newsgroups sind in Englisch, vor allem in den technischen und wissenschaftlichen Gebieten. Deutschsprachige Inhalte finden Sie z.B. in den Gruppen, die mit «de.» beginnen.

POWER USER

Um News benutzen zu können, müssen Sie eigentlich immer online sein. Wenn Sie aber regelmäßig bestimmte Newsgroups lesen, können Sie viele News-Programme anweisen, die aktuellen Artikel in einem Rutsch herunterzuladen. Sie können dann die Internet-Verbindung trennen und die Nachrichten in Ruhe durchlesen. (Dieses Verfahren heißt auch «Offline-Lesen».)

News bleiben immer nur eine bestimmte Zeit auf den in aller Welt verteilten Servern, danach werden sie gelöscht. Sie haben aber die Möglichkeit, in Archiven mit alten News zu suchen. Den entsprechenden Dienst finden Sie unter *www.deja.com*.

HEISSER TIP

Werden Sie nicht ungeduldig, wenn Sie auf eine Anfrage in den News nicht gleich eine Antwort bekommen. Die Nachrichten brauchen einige Tage, bis sie auf allen Servern in der Welt verteilt worden sind, und eine Antwort kann über diesen Weg genauso lange dauern. Falls es wirklich dringend ist, dann bitten Sie in Ihrem Artikel die Leser, Ihnen direkt per E-Mail zu antworten.

FTP-Sites

FTP bedeutet «File Transfer Protocol» und hat immer etwas mit Daten zu tun, die Sie aus dem Internet herunterladen können. Neue und aktualisierte Systemsoftware für den Mac finden Sie z.B. unter *ftp.support.apple.com*. Zuweilen werden Sie von der Apple-Website aber auch zu den FTP-Sites anderer Firmen oder Anbieter verwiesen, wenn Sie nach einer bestimmten Software oder einem Update suchen. Aber auch wenn Sie selbst eine Website verwalten, brauchen Sie FTP – um Daten auf den Server Ihres Internet-Providers zu bewegen.

CD-ROM

Um FTP benutzen zu können, benötigen Sie ein besonderes FTP-Client-Programm, wie z.B. *Anarchie Pro*, *NetFinder* oder *Fetch*. Alle Webbrowser können ebenfalls auf FTP-Server zugreifen.

HEISSER TIP

Auch wenn FTP nicht so attraktiv wie das bunte Web aussieht, ist es nach wie vor ein wichtiger Bestandteil des Internet. (Wie werden wohl all die schönen Webseiten auf die Server übertragen?) Es ist das schnellste Protokoll, um Daten zu übertragen, und im Gegensatz zum WWW ist das Abschicken von Daten genauso einfach wie das Empfangen. Moderne FTP-Programme können außerdem einen abgerissenen Transfer später an der Stelle fortsetzen, an der die Unterbrechung aufgetreten ist, sofern der Server dieses Verfahren unterstützt. Wenn Sie schon einmal ein Softwareupdate von mehr als 2MB heruntergeladen haben und dabei kurz vor dem Ende die Übertragung abgerissen ist, werden Sie das zu schätzen wissen.

FEHLER

Die in die meisten Webbrowser eingebauten FTP-Dienste unterstützen diese Betriebsart nicht, so daß es sich lohnt, große Dateien statt mit dem Browser mit einem speziellen FTP-Programm herunterzuladen.

Mailinglisten

Eine Mailingliste ist eine Diskussionsgruppe, die über E-Mail funktioniert. Genaueres dazu finden Sie im nächsten Kapitel.

Internet Relay Chat

Wenn Sie einmal genauer darüber nachdenken, ist der größte Teil des Internet doch so ähnlich wie ein riesiger Anrufbeantworter. Man hinterläßt jetzt eine Nachricht und hofft, später einmal eine Antwort zu bekommen.

IRC ist jedoch anders: Dort schreiben sich mehrere Personen und antworten einander sofort – sozusagen ein Echtzeitgespräch per Computertastatur. Wenn Sie einen Internetzugang besitzen, benötigen Sie dazu nur noch zwei Dinge: ein IRC-Shareware-Programm (*Snak*, *Homer*, *Ircle* oder *GlobalChat*) und die Adresse eines guten IRC-Servers. Die folgenden IRC-Server-Adressen befinden sich in den USA und haben unterschiedliche Konversationskanäle:

- *irc.bu.edu*
- *irc.colorado.edu*
- *mickey.cc.utexas.edu*

HEISSER TIP

Auch im deutschsprachigen Raum gibt es eine ganze Menge von IRC-Servern mit ungezählten Kanälen. Eine Liste der Server und viele Informationen über

IRC finden Sie unter *http://irc.pages.de*. Haben Sie Ihre IRC-Software eingerichtet, werden Sie aufgefordert, sich einen Nickname als Pseudonym zuzulegen und den gewünschten Kanal auszuwählen.

EINSTEIGER

Die ersten IRC-Client-Programme waren rein textbasiert, und Sie mußten eine ganze Menge an kryptischen Kommandos kennen, um erfolgreich damit umgehen zu können. Die IRC-Server arbeiten nach wie vor nach dem gleichen Prinzip, aber moderne Client-Programme helfen Ihnen mit Menübefehlen und Tastenkürzeln bei der Bedienung.

Trotzdem kann es hilfreich sein, einige der wichtigsten Codes zu kennen, die Sie in der folgenden Tabelle finden:

Code	**Beschreibung**
/help	Dieser Befehl zeigt Ihnen eine komplette Liste von Befehlen mit dazugehörigen Erläuterungen an.
/list	Damit sehen Sie eine Liste der verfügbaren Kanäle. Solche, die mit einem # beginnen, sind öffentliche Kanäle.
/join #wanne	Damit können Sie in die Unterhaltung #wanne eingreifen; den Namen des Kanals können Sie natürlich gegen die gewünschte Bezeichnung austauschen.
/names -min20	Mit diesem Befehl sehen Sie eine Liste von Kanälen, auf denen sich mindestens 20 Leute aufhalten.
/Quit	Damit beenden Sie Ihre IRC-Sitzung.

ACHTUNG

Mit IRC kann man Stunden verbringen, ohne zu merken, wie die Zeit vergeht. Wenn Sie für Ihre Online-Zeit bezahlen müssen, kann das auf die Dauer recht teuer werden, denn Sie müssen ja ständig eine Verbindung zum IRC-Server haben. Dafür bietet das System eine besondere Art der direkten Kommunikation mit anderen Internet-Benutzern, die recht faszinierend sein kann.

Das World Wide Web

Die wohl populärste Anwendung des Internet ist das World Wide Web (WWW). In den letzten Jahren ist das Web allgegenwärtig geworden: Sie finden Webadressen auf Visitenkarten, in Werbeanzeigen, sogar in der Fernsehwerbung. Immer wieder werden Sie von Freunden oder Bekannten aufgefordert, doch einmal diese oder jene coole Site «anzuklicken».

Im Unterschied zu vielen anderen Bereichen des Internet gibt sich das Web von vornherein freundlich und leicht benutzbar. Wenn Sie zu einem Webserver Verbindung aufnehmen, werden Sie nicht durch Massen an Code oder zeilenweise Text in Terminal-Schrift abgeschreckt. Statt dessen finden Sie die Informationen in einer grafischen Oberfläche vereint – formatierter Text, Bilder, farbige Icons und interaktive Buttons. Inzwischen kommen auch Töne, Animationen und sogar Videofilme auf Webseiten zum Einsatz. Es gibt inzwischen Hunderttausende von Webseiten, und wie bei jedem anderen Medium auch geht die Bandbreite bei Qualität, Inhalten und Gestaltung über das ganze Spektrum von exzellent bis unzumutbar. Sie müssen selbst herausfinden, wie Sie damit umgehen können – interessant und fesselnd ist es allemal.

EINSTEIGER

Um im Web zu navigieren, müssen Sie nicht viel mehr tun als Buttons und sogenannte Hypertext-Links zu klicken. Diese Links erkennen Sie sofort an der speziellen Farbgebung, außerdem verbergen sich auch hinter Grafiken oft Links. Wenn Sie daraufklicken, werden Sie automatisch von einer Webseite zur nächsten weitergeleitet, ohne auch nur eine einzige Adresse eingeben zu müssen. Außerdem können Sie aus dem Web Dokumente auf Ihren Computer herunterladen, z.B. Text, Bilder, Töne, Filme und andere Dokumente.

Wenn Sie sich eine Website anschauen, stellen Sie in Wahrheit eine Verbindung zu einem Fileserver in einem entfernten Computernetzwerk her. Jedes Dokument auf diesem Server repräsentiert eine Webseite. Die in die Seiten eingebetteten Hypertext-Links können Sie zu einer anderen Stelle im Dokument, zu einem anderen Dokument auf demselben Server oder sogar zu einem Server transportieren, der sich in einem anderen Land befindet. Genau das macht den Reiz des Web aus – durch bloßes Klicken auf Hypertext bewegen Sie sich nahtlos durch die ganze Welt. Für Sie als Benutzer macht es keinen Unterschied, ob sich die Webseite, die Sie gerade betrachten, auf einem Server nebenan oder auf der anderen Seite der Erde befindet.

Abb. 28.3 Im Netscape Navigator können Sie eine typische Webseite betrachten. Klicken Sie einfach auf etwas, was Ihnen interessant erscheint. Stellen Sie sich das Web einfach wie einen Multimedia-Fahrstuhl vor: Sie klicken auf einen Button und entscheiden so, wohin Sie gelangen.

Webbrowser

Um Webseiten betrachten und sich von einer Site zur nächsten bewegen zu können, benötigen Sie ein spezielles Programm – einen Webbrowser. Die verbreitetsten sind dabei der Netscape Navigator und der Internet Explorer von Microsoft. Ein solcher Browser übersetzt die Informationen, die über das Internet verschickt werden, und zeigt Sie als Grafiken auf Ihrem Bildschirm an. In Wahrheit erhält Ihr Mac nämlich codierten Text. Die dabei verwendete Sprache heißt HTML – Hypertext Markup Language. Das ist eine Auszeichnungssprache, mit der Text und Grafiken in navigierbare Webseiten umgewandelt werden. Mehr dazu finden Sie in Kapitel 30.

EINSTEIGER

Als das Web anfing zu wachsen, gab es eine ganze Reihe an Webbrowsern, die alle ihre Vor- und Nachteile hatten. Die kommerzielle Entwicklung wurde dann von Netscape angeführt, bis auch Microsoft einige Jahre später das Internet als «Markt von morgen» erkannte und mit riesigem Aufwand in kürzester Zeit ein Konkurrenzprodukt entwickelte – den Internet Explorer. Damit war der «Krieg der Browser» eröffnet, der auf der Windows-Plattform sogar noch ein Nachspiel vor Gericht nach sich zog.

Die Kosten im Auge behalten

Mit diesen Multimedia-Angeboten wird Ihr Modem auf eine harte Probe gestellt. Sogar mit einem schnellen 56K-Modem (siehe Kapitel 8) warten Sie manchmal ca. 10 Sekunden oder länger, bis eine Webseite in Ihrem Browser angezeigt wird. Mit einem 9.600bps-Modem sollten Sie das heutige Web gar nicht erst ausprobieren. Surfer, die langsam aber sicher nach dem Web süchtig werden – und das sind nicht wenige – geben schnell ziemlich viel Geld für Telefonkosten und Providergebühren aus

Falls Sie ungeduldig werden, müssen Sie nicht unbedingt darauf warten, bis eine Seite vollständig auf Ihrem Bildschirm angezeigt wird. Sie können inzwischen im Hintergrund eine Datei herunterladen oder auf bereits geladene Teile der Seite klicken, wenn Ihnen danach ist. Alles in allem sollten Sie jedoch abwägen, wieviel Zeit und Mittel Sie in das Erlebnis Web investieren. Ansonsten kann sich dieses Hobby schnell zu einem sehr kostenintensiven Posten in Ihrer Haushaltskasse entwickeln.

So wie sich das Web entwickelte, veränderte sich auch die HTML-Sprache, und oft setzten die Hersteller von sich aus Standards, die nicht vom W3C (World Wide Web Consortium) abgesegnet waren. Für eine ganze Weile kamen immer neue Versionen beider Produkte auf den Markt, die sich mit immer mehr Funktionen gegenseitig zu übertreffen suchten. Leider wurden die Programme dabei ständig größer und brauchten mehr Speicher, außerdem gab es Fehler und Sicherheitslücken in der Software.

Zum Ärger der Webdesigner stellen die verschiedenen Browser HTML-Code auch noch unterschiedlich dar, das reicht von kleinen Ungereimtheiten oder Problemen bei bestimmten Versionen der Software bis zu groben Fehlern bei bestimmten HTML-Konstruktionen. Das hat sich bis heute nur ein wenig gebessert, und gutes Webdesign ist nach wie vor eine große Herausforderung für Gestalter und Programmierer.

Mittlerweile hat sich der Wettlauf etwas beruhigt. Auch die Weiterentwicklung von HTML verläuft etwas weniger stürmisch, so daß beim Wettlauf der Browser ein wenig Ruhe eingekehrt ist.

HEISSER TIP

Ob Sie sich für den Navigator oder den Internet Explorer entscheiden, müssen Sie selbst ausprobieren. Beide Programme sind vom Funktionsumfang ähnlich, unterscheiden sich allerdings ein wenig in der Bedienung. Das komplette Paket des Netscape Communicator enthält nicht nur den Webbrowser (das ist der eigentliche Navigator), sondern auch noch Werkzeuge für E-Mail, Newsgroups und zum Erstellen einfacher Webseiten. Beim Internet Explorer bekommen Sie nur einen Browser, für Mail und News ist das ebenfalls kostenlose Outlook Express zuständig, einen HTML-Editor gibt es nicht.

Am besten probieren Sie von beiden Produkten die Versionen 4.5 oder höher aus, und finden selbst heraus, welches Ihnen besser gefällt.

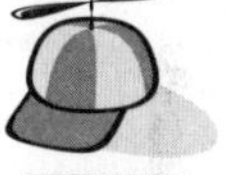
TECHNIK

Der Internet Explorer besitzt einen wichtigen technischen Unterschied zum Navigator: Die Daten des Cache (das ist der Bereich, in dem bereits betrachtete Webseiten gespeichert werden) werden in einer einzigen, großen Datei abgelegt. Der Navigator dagegen erzeugt für jedes Element der Webseite eine eigene Datei. Auf langsamen Festplatten dauert bei dieser Variante der Zugriff etwas länger und die Daten brauchen mehr Platz, dafür können Sie bei Bedarf jede Datei von Hand einzeln aus dem Cache-Ordner holen.

ACHTUNG

Auch wenn es seltsam klingt: Es gibt durchaus Alternativen zu den zwei großen, speicherhungrigen Webbrowsern. Das Programm *iCab (www.icab.de)* bietet für das Anzeigen von Webseiten einen vergleichbaren Leistungsumfang, benötigt weniger Ressourcen und wird auch für Macs ohne PowerPC gepflegt. Damit eignet es sich vor allem für ältere Modelle, die mit einem voll ausgebauten Explorer oder Navigator überfordert wären.

Hilfsprogramme

Die Webbrowser können bereits ab Werk außer Text auch eine ganze Reihe von Grafiken und einige andere Arten von Daten darstellen. Manche Webseiten enthalten allerdings Links auf Dateien, mit denen der Browser an sich nicht umgehen kann. In diesen Fällen schickt er die Daten an sogenannte *Helper Applications* (Hilfsprogramme). Dazu gehören z.B. Programme zum Abspielen von QuickTime-Filmen oder AIFF-Sounds, zum Anzeigen von Animationen oder Videodaten. Wenn der Browser auf eine bestimmte Art von Daten trifft, öffnet er das dazugehörige Hilfsprogramm. Dieses sorgt dann dafür, daß der jeweilige Film/Ton in einem separaten Fenster abgespielt wird.

ACHTUNG

Solche Helper Applications dürfen Sie nicht mit Plug-Ins verwechseln. Plug-Ins erweitern den Funktionsumfang des Webbrowsers und zeigen die Daten in der Webseite selbst an, ohne ein zusätzliches Programm zu starten. Damit wirkt eine Webseite natürlich besser, als wenn extra ein Programm gestartet wird. Allerdings benötigen Plug-Ins zusätzlichen Speicher und funktionieren nur mit dem Webbrowser, für den sie geschrieben wurden. (Der Internet Explorer kann die Plug-Ins des Navigator verwenden.)

Beim Installieren der Browser-Software werden die verbreitetsten Plug-Ins mit installiert, allerdings kann es Ihnen trotzdem passieren, daß Sie im Web ein Dateiformat nicht lesen können, weil Sie erst das zugehörige Plug-In laden müssen. Wenn Sie ganz viel Pech haben, gibt es genau dieses Plug-In nicht für den Mac. In diesem Fall sollten Sie die URL der Webseite gleich wieder vergessen, weil deren Designer Mac-Benutzer ignoriert.

Wohin im Web?

Wenn Sie im Web nach bestimmten Informationen oder einer speziellen Site suchen, deren Adresse Sie jedoch nicht kennen, dann sollten Sie eine Suchmaschine einsetzen. Die populärsten finden Sie unter *www.yahoo.de*, *www.lycos.de*, *www.excite.com* und *www.altavista.de* (es gibt noch mehr, aber dies sind die umfangreichsten). Dabei handelt es sich um Websites, in denen Sie einen oder mehrere Suchbegriffe wie bei einer Datenbankabfrage eingeben können. Die Suchergebnisse werden Ihnen dann in einem separaten Fenster als Links präsentiert, zu denen Sie gelangen, indem Sie einfach nur darauf klicken.

ACHTUNG

Das Suchen im Internet ist nicht ganz so einfach, wie es auf den ersten Blick aussieht: Oft erhalten Sie als Ergebnis auf eine Anfrage Tausende von Webseiten, die mit dem Thema nichts zu tun haben, oder zu wenige Treffer. Um die Suchmaschinen erfolgreich benutzen zu können, brauchen Sie etwas Übung und Erfahrung, dann kommen Sie auch ans Ziel. Damit Ihnen der Einstieg leicht fällt, hier noch einige Tips:

- **Benutzen Sie die richtigen Suchbegriffe.** Überlegen Sie, welche Begriffe für das gesuchte Thema auch passen würden und suchen Sie nach diesen. Das ist besonders dann hilfreich, wenn ein Begriff mehrfach belegt ist und Sie darum jede Menge falscher Treffer erhalten. Wenn möglich, dann suchen Sie nach eindeutigen Namen von Produkten, Firmen oder Personen. Damit können Sie die falschen Treffer oft stark reduzieren.

- **Benutzen Sie die ausführliche Suche.** Fast alle Suchmaschinen haben ein Formular für eine ausführliche Suche (oft «Advanced Search» oder «Power Search») genannt. Befassen Sie sich mit deren Möglichkeiten, und Sie kommen schneller ans Ziel. (Dort können Sie oft auch Begriffe ausklammern, von denen Sie wissen, daß sie falsche Ergebnisse liefern.)

- **Wählen Sie die richtige Strategie.** Finden Sie heraus, wie gut die verschiedenen Suchmaschinen für Ihre Anfragen geeignet sind. Probieren Sie verschiedene Begriffe, und verfeinern Sie die Anfragen schrittweise. Oft hilft es auch, zuerst im News-Archiv unter *www.deja.com* zu suchen. In den dort gespeicherten Diskussionen finden Sie oft schneller einen Hinweis als bei der Suche nach Webseiten.

- **Benutzen Sie Bookmarks.** Bei der Suche im Internet werden Sie feststellen, daß es zu vielen Themen gut sortierte Linksammlungen, Websites oder gar spezielle Suchmaschinen gibt. Wenn Sie zufällig auf ein solches «Informationslager» treffen, dann legen Sie sich in Ihrem Browser ein Bookmark an, um später bei Bedarf schnell darauf zugreifen zu können.

CD-ROM

Falls Sie sehr viele Bookmarks haben und trotzdem den Überblick behalten wollen, sollten Sie die Shareware *URL Manager Pro* benutzen, die Sie auf der CD zu diesem Buch finden.

Sherlock hilft

Mit Mac OS 8.5 wurde das altbewährte Programm *Dateien finden* gründlich überarbeitet und auf den Namen «Sherlock» getauft. Es läßt sich nach wie vor mit der Tastenkombination Befehl-F im Finder starten, leistet aber eine ganze Menge mehr als seine Vorgänger. Die bewährten Funktionen zum Suchen von Dateien wurden erweitert, so daß Sie auch nach den Inhalten Files auf Ihrem Mac suchen können – leider funktioniert das nur für Text- und HTML-Dateien. Außerdem müssen Sie vorher die Daten indizieren lassen, und das kann bei großen, gutgefüllten Festplatten schon mal eine oder zwei Stunden dauern.

EINSTEIGER

Der größte Vorteil von Sherlock ist jedoch, daß Sie mit dem Programm im Internet suchen können, ohne sich dazu mit Ihrem Webbrowser durch die verschiedenen Suchmaschinen klicken zu müssen. Sie geben einfach einen oder mehrere Begriffe ein, klicken die Suchmaschinen an, die Sie benutzen wollen, und Sherlock erledigt den Rest. Das Programm fragt alle ausgewählten Suchmaschinen ab, und sortiert anschließend die Ergebnisse in einer Liste (28.4). Diese Liste können Sie nach verschiedenen Kriterien sortieren. Wenn Sie auf einen Eintrag klicken, werden im unteren Fenster Details zu den gefundenen Informationen angezeigt.

EINSTEIGER

Falls Sie sich wundern, warum Ihnen fast immer über diesen Detailinformationen Werbung entgegenblinkt, hier die Erklärung: Um die Betreiber von Websites zu motivieren, Sherlock-Plug-Ins anzubieten, hat Apple in das System die Möglichkeit eingebaut, gemeinsam mit den empfangenen Informationen Werbebanner anzuzeigen.

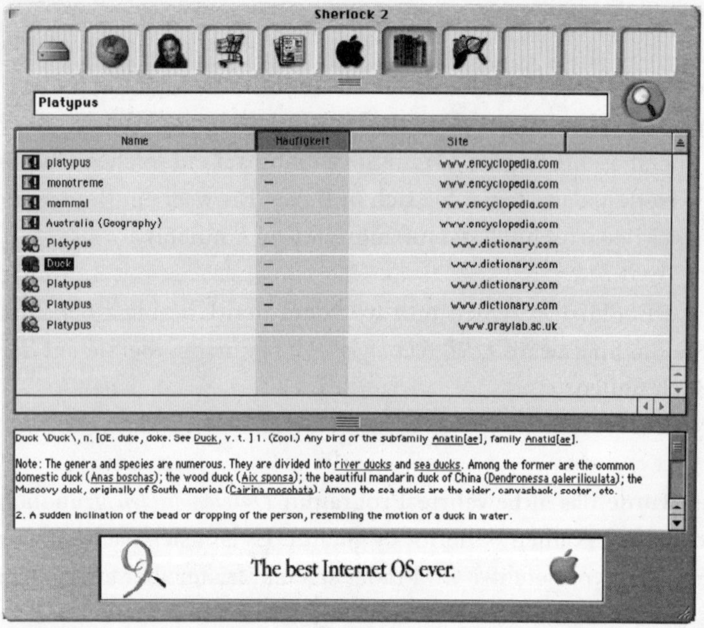

Abb. 28.4 Sherlock (hier die Version 2 von Mac OS 9) hilft Ihnen bei der Suche im Internet, leider nicht ohne dabei mit Werbung zu nerven.

TECHNIK

Wenn Sherlock für Sie im Internet recherchiert, tut das Programm eigentlich nichts weiter, als die von Ihnen ausgewählten Suchmaschinen «fernzubedienen». Es formuliert die Anfragen passend für die jeweilige Suchmaschine, nimmt die Antworten entgegen und bereitet sie für die Anzeige auf. Leider funktioniert jede Suchmaschine ein wenig anders, so daß Sherlock bestimmte Regeln kennen muß, um damit umgehen zu können. Diese Regeln werden für jede Suchmaschine in einer speziellen Datei abgelegt, einem sogenannten Sherlock-Plug-In. Sie finden diese Dateien im Ordner *Internet Suchdienste* im

Systemordner. Wenn Sherlock gestartet wird, liest die Software die verfügbaren Plug-Ins und bietet sie im Abfragefenster an.

Ist für eine bestimmte Suchmaschine kein Plug-In vorhanden, kann Sherlock nicht darauf zugreifen. Bei der Installation des Mac OS werden Plug-Ins für die bekanntesten Suchdienste in den Systemordner kopiert. Inzwischen stellen aber auch viele andere Anbieter Sherlock-Plug-Ins auf ihren Webseiten zur Verfügung. Sie müssen einfach diese kleinen Dateien herunterladen und auf den Systemordner ziehen, und schon kann Sherlock die entsprechenden Dienste benutzen. Haben Sie die Plug-In-Dateien einmal installiert, überprüft Sherlock gelegentlich, ob neue Versionen davon verfügbar sind und bietet Ihnen an, diese herunterzuladen.

Unter *www.apple-donuts.com* finden Sie eine umfangreiche Sammlung von Sherlock-Plug-Ins, die weit über das hinausgeht, was Apple selbst auf seinen Webseiten bereitstellt.

Mit Mac OS 9 liefert Apple die Version 2 von Sherlock aus (28.4): im schicken Metallic-Look und mit noch mehr Funktionen. So können Sie mit der Software Ihre Sammlung an Plug-Ins in verschiedenen Kanälen organisieren, die thematisch sortiert sind. Zusätzlich kann Sherlock 2 mit den passenden Plug-Ins auch in Verzeichnisdiensten suchen und so z.B. E-Mail-Adressen ausfindig machen. Schließlich lassen sich detaillierte Suchanfragen nach Daten auf der Festplatte speichern und später mit einem Mausklick erneut aufrufen.

Insgesamt ist Sherlock 2 recht leistungsfähig, lediglich die ständig blinkende Werbung nervt etwas. Wenn Sie das stört, können Sie aber auch unter Mac OS 9 Sherlock 1 von Ihrer MacOS-8.5–CD benutzen.

Eigene Webseiten

Das Erstellen eigener Webseiten ist auf den ersten Blick nicht schwer; wenn die Seiten jedoch komplizierter gestaltet und professionell gewartet werden sollen, ist dazu ein ziemlicher Aufwand notwendig. Es würde den Rahmen der *Midas Macintosh Bibel* sprengen, wenn wir hier auf alle notwendigen Einzelheiten eingehen würden. Die Grundlagen zum Erstellen einer eigenen Website erfahren Sie jedoch in Kapitel 30, «Eine eigene Website erstellen». Für professionelle Tips zum Webdesign bzw. zum Gestalten umfangreicher Präsentationen im WWW sollten Sie sich jedoch ein spezielles Buch zulegen, z.B. das *«Insiderbuch WebDesign»*, das ebenfalls im Midas Verlag erschienen ist.

Dateien kodieren und komprimieren

Das Internet ist neben vielen anderen Dingen bestens dazu geeignet, Dateien zu übertragen. FTP- und Webserver bieten Tausende von Files zum Herunterladen an, außerdem können Sie auch per E-Mail Dateien senden und empfangen. (Wie das genau funktioniert, erfahren Sie im nächsten Kapitel. Zusätzlich finden Sie in Kapitel 25 Informationen zum Komprimieren und Kodieren von Daten.)

EINSTEIGER

Beim Transport der Daten gibt es allerdings ein kleines Problem: Weil das Internet aus vielen verschiedenen Computern der unterschiedlichsten Art besteht, die zum Teil alle ein klein wenig anders mit den Daten umgehen, müssen die Dateien so «verpackt» werden, daß sie den Transport heil überstehen. Der Vorgang des Verpackens heißt Kodierung.

Zusätzlich werden die Daten oft noch in ein Format gepackt, in dem sie weniger Platz brauchen, dabei aber trotzdem noch komplett alle Informationen enthalten – die Daten werden komprimiert. Das hat den Vorteil, daß die Informationen weniger Speicherplatz benötigen und vor allem schneller über Netzwerke übertragen werden können. Textdokumente und Grafiken lassen sich manchmal bis auf ein Zehntel der Originalgröße zusammenschrumpfen, andere Dateien etwas weniger. Kaum komprimieren lassen sich Audio- und Videodaten sowie Dateiformate, die bereits komprimiert sind, wie z.B. JPEG-Bilder oder Installationsprogramme. Komprimierte Dateien werden auch oft als Archive bezeichnet, denn sie können mehrere Files oder gar ganze Ordner enthalten – alles in einer einzigen Archivdatei.

HEISSER TIP

Wenn möglich, sollten Sie Daten vor dem Verschicken über das Internet immer komprimieren. Die Empfänger werden es Ihnen danken, vor allem dann, wenn sie die Daten über eine langsame Modem-Verbindung herunterladen müssen.

CD-ROM

Leider gibt es viele verschiedene Möglichkeiten, wie Dateien komprimiert und kodiert werden können. Zum Glück müssen Sie sich darüber nicht allzuviele Gedanken machen, weil das Shareware-Programm *StuffIt Expander* mit fast allen üblichen Formaten umgehen kann. StuffIt Expander wird bei allen neueren Varianten des Mac OS automatisch mit installiert, Sie finden es aber auch auf den Heft-CDs von Mac-Magazinen, vielen Servern im Internet *(www.aladdinsys.com)* und natürlich auf der CD zu diesem Buch.

Wenn Sie auf Ihrem Mac keinen StuffIt Expander haben, können Sie keine Datei auspacken, die Sie aus dem Internet laden – auch keine Version des Programms. Sie müssen sich die Software auf einem anderen Weg auf einem Datenträger im Mac-Format besorgen!

Auf dem Mac ist das StuffIt-Format der Komprimierungsstandard, für die Übertragung über das Internet werden die Daten dann oft noch in das BinHex-Format kodiert. Das Gegenstück zum StuffIt Expander ist *DropStuff*, mit diesem Programm können Sie StuffIt-Archive erzeugen und auch als BinHex-Datei kodieren.

Das BinHex-Format ist eine Kodierung der Binärdaten als ASCII-Text. Damit werden zwar die Dateien etwa ein Drittel größer, sie werden aber garantiert auch durch ältere Internet-Systeme sicher übertragen.

Die folgende Liste gibt Ihnen einen kurzen Überblick über die gebräuchlichen Dateiformate, mit denen Sie es zu tun bekommen können.

Endung	Typ	Bemerkung
.sit	StuffIt-Archiv	Benötigt StuffIt Expander zum Entpacken, am häufigsten benutztes Format auf dem Mac.
.sea	Selbstextrahierendes StuffIt-Archiv	StuffIt-Archiv mit eingebautem Expander, packt sich bei Doppelklick selbst aus.
.cpt	Compact Pro Archiv	Früher ebenfalls weit verbreitetes Komprimierungsformat
.bin	Mac Binary	Kodierungsformat, das beide Forks einer Mac-Datei auf anderen Computerplattformen speichern kann.
.hqx	BinHex	Kodiert binäre Mac-Daten als Text, sicherstes Format für die Übertragung über das Internet.

Endung	Typ	Bemerkung
.mime	MIME/Base64	MIME-Kodierung, mittlerweile Standard für Anhänge an E-Mails.
.img, .smi	Disketten-Images	«Schnappschüsse» von kompletten Ordnern oder Mac-Datenträgern (siehe auch Kapitel 25).
.uu, .uue	UUencode	Binärdaten in ASCII-Text verpackt (ähnlich wie BinHex), stammt aus der Unix-Welt.
.zip, .gz, .tgz	ZIP-Archiv in diversen Varianten	Standardformat unter Windows und Unix, läßt sich auf dem Mac auch mit der Shareware *ZipIt* bearbeiten.
.tar	Archiv-Format für Unix	Damit lassen sich ganze Verzeichnisse mit Unterverzeichnissen verpacken, allerdings ohne Komprimierung.
.arc. .lha, .lzh	PC-Archivformate	Lassen sich meist mit StuffIt Expander auspacken, manchmal Probleme bei mehrteiligen Archiven.
.Z, .taz	Unix-Compress	Spezielles Unix-Komprimierungsformat.

HEISSER TIP

Bei vielen Dateien auf Internet-Servern erkennen Sie bereits an der Endung, mit welchem Format Sie es zu tun haben. Oft sind die Daten sowohl komprimiert als auch kodiert. Eine Datei mit dem Namen «Archiv.sea.hqx» ist also ein selbstentpackendes StuffIt-Archiv, daß zusätzlich noch im BinHex-Format kodiert wurde. Beim Auspacken einer solchen Datei muß StuffIt Expander zweimal arbeiten: Zuerst wird die Kodierung entfernt und dann das Archiv dekomprimiert. (Falls das nicht passiert, müssen Sie die Voreinstellungen des Expanders entsprechend ändern.)

Mac-Dateien mit anderen Computern empfangen

Stellen Sie sich vor, Sie haben zu Hause einen Mac mit Internet-Zugang über ein Modem, in der Firma aber einen PC mit schneller Standleitung. Da liegt es natürlich nahe, große Dateien nicht stundenlang über das langsame Modem zu übertragen, sondern in der Firma herunterzuladen und dann z.B. auf einer Zip-Diskette zum Mac zu bringen. Das ist im Prinzip gar kein Problem, wenn Sie auf folgende Dinge achten:

Benutzen Sie einen Datenträger, der im PC-Format initialisiert wurde. Laden Sie dann mit dem PC die Mac-Datei herunter und speichern Sie die Daten so, wie sie sind auf die Zip-Diskette. Achten Sie darauf, daß die Datenübertragung bei FTP-Programmen im Binärmodus passiert, und daß kein Programm auf dem PC versucht, die Datei nach dem Empfang automatisch auszupacken. (Sollten Sie bei Ihrem Webbrowser damit Probleme haben, klicken Sie mit der rechten Maustaste auf den Hyperlink der Datei, und wählen Sie aus dem Kontextmenü den Befehl zum Speichern auf die Festplatte.) Auf dem Mac ziehen Sie die Datei dann einfach auf den StuffIt Expander, und die Daten werden dekodiert und ausgepackt.

CD-ROM

Im Normalfall reicht es völlig, wenn Sie die Dateien mit StuffIt Expander entpacken. Wenn nötig, gibt es aber auch Programme, mit denen Sie auf dem Mac Dateien in speziellen Archivformaten erzeugen können. So erlaubt Ihnen die Shareware *ZipIt*, Dateien in komprimierter Form mit PC-Besitzern auszutauschen. Auf der CD zu diesem Buch finden Sie einige dieser Programme

Normalerweise hat Ihr Mac recht genaue Vorstellungen davon, wie er mit heruntergeladenen Dateien umgehen soll, die eine bestimmte Endung aufweisen. Diese Zuordnung wird im Kontrollfeld *Internet* (ab Mac OS 8.5) oder dem Programm Internet Config festgelegt. Für Dateien, die über Datenträger im PC-Format auf Ihren Mac kommen, stellen Sie die Zuordnung im Kontrollfeld *PC Exchange* bzw. *File Exchange* ein.

ACHTUNG

Es kann vorkommen, daß irgendeine Einstellung nicht korrekt ist und Ihre heruntergeladene Archivdatei nur ein generisches Icon (die leere weiße Seite mit dem Eselsohr) zeigt, das nicht auf Doppelklick reagiert. Ziehen Sie die Datei in solch einem Fall einfach auf den StuffIt Expander, und das Programm wird versuchen, die Daten zu entpacken.

Mehr Details über den Umgang mit «fremden Dateien», den Datenaustausch mit PCs und das Verschicken von Dateien per E-Mail erfahren Sie in den Kapiteln 3, 4, 18, 25 und 29.

Schneller surfen

Stellen Sie sich vor, Sie sitzen vor Ihrem Mac , und die Seiten im Webbrowser bauen sich quälend langsam auf. Oft liegt das Problem an der mangelnden Übertragungsgeschwindigkeit der Verbindung zwischen dem Webserver und Ihrem Mac. In diesem Fall bleibt Ihnen nichts weiter übrig, als es zu einer anderen Tageszeit erneut zu versuchen.

Trotzdem gibt es einige Möglichkeiten, wie Sie das Websurfen mit Ihrem Mac beschleunigen können. Die entsprechenden Einstellungen finden Sie beim Netscape Navigator unter *Bearbeiten/Voreinstellungen*, beim Internet Explorer unter *Bearbeiten/Optionen*.

- **Schalten Sie die Anzeige der Grafiken aus.** Wenn der Browser keine Grafiken darstellt, werden diese auch nicht übertragen, und die Webseite wird bedeutend schneller aufgebaut. Leider klappt das gerade bei modernen, aufwendigen Webseiten immer seltener, weil die Navigation ohne Grafiken nicht funktioniert, und die Designer nur selten daran denken, entsprechende Alternativen anzubieten.

- **Setzen Sie den Cache richtig ein.** Webbrowser speichern geladene Daten im RAM und auf der Festplatte, so daß z.B. Bilder nicht erneut geladen werden müssen, wenn sie erneut in einer Seite vorkommen. Geben Sie dem Browser genügend Platz für die Cache-Dateien und benutzen Sie eine schnelle Festplatte mit genügend freier Kapazität als Speicherort.

- **Benutzen Sie eine RAM-Diskette.** Verfügt Ihr Mac über ausreichend Speicher, so können Sie eine RAM-Diskette anlegen und den Browser anweisen, Cache-Daten dort zwischenzuspeichern. Probieren Sie das ruhig einmal aus, Sie werden erstaunt sein! (Mehr zu RAM-Disks in Kapitel 11.)

- **Wählen Sie Ihre Startseite.** Sie können einstellen, welche Webseite beim Starten des Browsers aufgerufen wird. Haben Sie keine besonderen Vorlieben, so wählen Sie am besten die leere Seite, um Zeit zu sparen.

- **Benutzen Sie Bookmarks.** Legen Sie für oft besuchte Webseiten Bookmarks (*Lesezeichen* bei Navigator, *Favoriten* beim Explorer) an. Sie können Ihre Bookmarks auch verwalten und umorganisieren (28.5). Genügen Ihnen dafür die Funktionen der Browser-Software nicht, gibt es Spezialprogramme wie *URL Manager Pro*, die den Umgang mit Bookmarks sehr komfortabel gestalten.

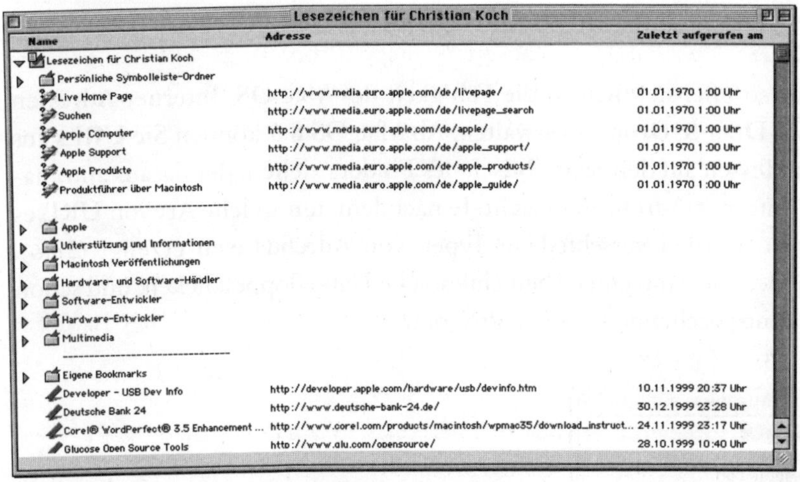

Abb. 28.5 Im Bookmark-Fenster des Netscape Navigator können Sie Ihre Web-Adressen komfortabel verwalten.

HEISSER TIP

Ihre Bookmark-Liste ist eigentlich auch nur eine HTML-Datei. Sie können diese ganz normal in den Webbrowser laden oder sogar als Startseite definieren. Suchen Sie einfach nach «Bookmarks.html» beim Netscape Navigator und «Favorites.html» beim Internet Explorer.

- **Benutzen Sie das Kontextmenü.** Auch in den Webbrowsern gibt es an fast jeder Stelle ein Kontextmenü. Halten Sie einfach die Control-Taste, und klicken Sie mit der Maus, dann erscheint es. Als nützliche Anwendung kann man Dateien herunterladen, die ansonsten nicht korrekt angezeigt oder geöffnet werden. Control-Klick auf ein Hyperlink erlaubt Ihnen, das Zieldokument dieses Links als Datei auf Ihrer Festplatte zu speichern.

- **Erkunden Sie Ihren Browser.** Aus den kompakten, kleinen Webbrowsern der ersten Generation sind inzwischen ausgewachsene Programmpakete geworden, die jede Menge Möglichkeiten bieten. Nehmen Sie sich ein wenig Zeit, um die Funktionen Ihres Programmes kennenzulernen.

Der Internet-Mac

Mit Mac OS 8 begann Apple, das Betriebssystem seiner Computer dem zunehmenden Internet-Boom anzupassen und hat die entsprechenden Fähigkeiten des Mac nach und nach ausgebaut. So können Sie seit Mac OS 8 Ihren Internet-Zugang mit Hilfe eines Assistenten einrichten und bei Mac OS 8.5 kam das Kontrollfeld *Internet* hinzu, das alle nötigen Konfigurationen an einer Stelle verwaltet.

Nicht ganz so offensichtlich ist die Fähigkeit des Mac OS, Internet-Adressen (URLs) per Drag & Drop zu verwalten. Ab Mac OS 8.5 können Sie URLs aus beliebigen Texten auf den Schreibtisch des Finders ziehen, der daraus automatisch eine Internet-Adreßdatei macht. Je nachdem, um welche Art von URL es sich handelt, werden verschiedene Typen von Adreßdateien erzeugt (28.6). Später können Sie dann einfach auf eine solche Datei doppelklicken, und schon startet das entsprechende Internet-Programm.

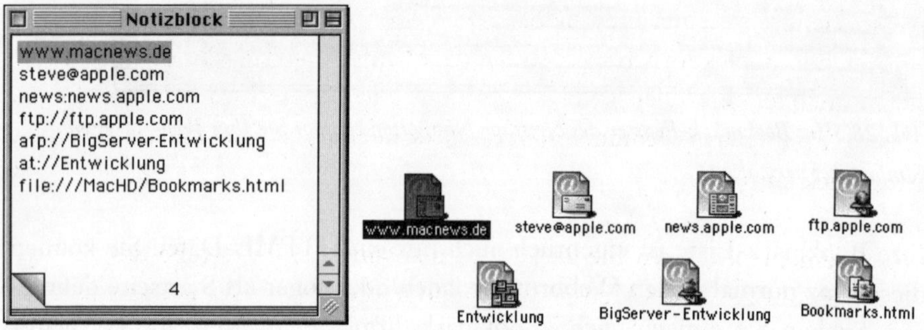

Abb. 28.6 Der Finder als Bookmark-Verwaltung: Markieren Sie eine beliebige Internet-Adresse und ziehen Sie den Text auf den Schreibtisch.

HEISSER TIP

In Zukunft hat Apple scheinbar noch viel mit dem Internet vor und bietet den Mac-Benutzern unter der Adresse *www.mac.com* unter dem Namen *iTools* eine ganze Reihe an Zusatzleistungen an. Neben einer eigenen Mailadresse und Platz für eine Homepage gehört dazu auch eine 20 MB große «Internet-Festplatte». Darauf können Besitzer von Mac OS 9 Daten ablegen und bei Bedarf mit anderen Nutzern des Dienstes teilen. Die Bedienung des Systems läuft zu großen Teilen über den Webbrowser und ist so benutzerfreundlich, wie Sie es von Apple gewöhnt sind.

Sicherheit und Privatsphäre

EINSTEIGER

Bestimmt haben Sie auch schon die eine oder andere Schreckensmeldung gelesen, bei der das Internet in einem unangenehmen Licht erschien – meistens deshalb, weil es im Zusammenhang mit illegalen Vorgängen als Transportmedium für Informationen benutzt wurde. Leider tritt bei solchen Berichten der technische Sachverstand der Autoren gelegentlich zugunsten einer «eindrucksvollen» Schlagzeile in den Hintergrund.

Wir raten Ihnen, sich von diesen Meldungen nicht irritieren zu lassen. Tatsächlich ist das Internet weder gut noch schlecht. Es ist lediglich ein Transportmechanismus für Informationen, der im Gegensatz zu Radio- oder Fernsehsendern praktisch von jedermann benutzt werden kann. Sie brauchen nur die nötigen technischen Voraussetzungen, und schon sind Sie dabei. Diese Art von Freiheit ist eine schöne Sache, bedeutet aber auch, daß die Inhalte im Netz genauso vielfältig sind wie das richtige Leben außerhalb der virtuellen Welt – inklusive der dunklen, schmuddeligen Ecken und der bösen Buben. Und genau wie im richtigen Leben außerhalb der virtuellen Welt müssen Sie lernen, damit umzugehen. Gelegentlich werden Sie dabei auf Dinge stoßen, die Ihnen vielleicht unangenehm oder lästig sind, aber das ist nun einmal der Preis für die relative Freiheit des Mediums, außerdem können Sie sich bei Bedarf mit einem Mausklick entfernen.

Im allgemeinen können Sie sich aber entspannen und in Ruhe das Internet benutzen. Ihr gesunder Menschenverstand und die Tips aus diesem Abschnitt sind alles, was Sie dafür brauchen.

Surf-Spuren entfernen

EINSTEIGER

Solange Sie durch das World Wide Web surfen, müssen Sie sich keine allzu großen Sorgen machen, was Sie dabei an Spuren beim Besuchen von Webseiten hinterlassen. Zwar erzeugt jede aufgerufene Seite einen Eintrag in den Logdateien des Serverbetreibers, aber darin steht eigentlich nur, welche Daten geladen wurden, welche IP-Adresse Ihr Mac hat, welchen Browser Sie benutzen und wann die Aktion stattgefunden hat. Eventuell kommt dazu noch die Adresse der Webseite, von der Sie gekommen sind.

Theoretisch könnte man sich dann die Mühe machen und herausfinden, welchen Weg Sie durch die Webseiten genommen und wie oft Sie die Seiten besucht haben, allerdings ist das bei stark frequentierten Servern mit Hunderten oder Tausenden von Benutzern eine mühselige und kaum lohnende Arbeit.

ACHTUNG

Im Gegensatz dazu enthält die Festplatte Ihres Mac selbst viel genauere Hinweise über Ihre Erkundungen im World Wide Web. Ihr Webbrowser legt diverse Dateien an, die eigentlich dazu gedacht sind, die Benutzung der Software zu erleichtern. Mit etwas Geschick läßt sich anhand dieser Files jedoch auch rekonstruieren, welche Webseiten Sie in letzter Zeit benutzt haben.

Folgende Daten werden von Ihrem Webbrowser benutzt:

- **Cache-Dateien.** Die zuletzt geladenen Webseiten (inklusive aller Grafiken und sonstigen Objekte) speichern die Netscape-Browser als einzelne Dateien in einem Cache-Ordner. Der Internet Explorer benutzt statt dessen eine große Datei mit dem Namen «cache.waf», die allerdings auch Klartext enthält, der sich mit einem Texteditor lesen läßt.

- **History-Datei.** Die Browser speichern die Adressen der bereits besuchten Seiten. Tippen Sie dann später erneut die URL einer solchen Seite ein, kann der Browser die Bezeichnung automatisch ergänzen. Beim Internet Explorer gibt es außerdem eine Liste *Verlauf*, in der sich alle besuchten Sites der letzten Zeit wiederfinden, inklusive dem Datum des Besuchs. Bei den Netscape-Browsern erhalten Sie die History-Liste mit dem Befehl *Communicator/Extras/History*. Die entsprechenden Dateien heißen «History.html», sind ganz normale HTML-Dateien und befinden sich im Voreinstellungen-Ordner Ihres Browsers.

- **Cookies.** Cookies (auf deutsch «Plätzchen») sind kleine «Datenschnipsel», die Webserver an Ihren Browser schicken können und die dann auf Ihrem Mac gespeichert bleiben. Wenn Sie erneut auf den Absender-Server (oder einen Server in der gleichen Internet-Domain) zugreifen, werden die Informationen von Ihrem Browser zurückgeschickt. In den Cookies werden meist spezielle Status-Informationen gespeichert, mit denen lediglich die Serversoftware umgehen kann. Der Server kann außerdem einstellen, wie lange die Informationen gültig sind. Dieses System macht es z.B.z.B. möglich, daß Sie beim Online-Shopping Ihren virtuellen Warenkorb füllen können oder daß der Serverbetreiber für Sie gezielt Werbebanner einblenden kann.

HEISSER TIP

In den Voreinstellungen Ihres Browsers können Sie einstellen, wie Sie mit Cookies umgehen möchten: Sie können den Mechanismus komplett abschalten (dann funktionieren aber bestimmte interaktive Webseiten eventuell nicht richtig), sich warnen lassen, wenn ein Cookie gesetzt werden soll und dann entscheiden, ob Sie das möchten, oder Sie lassen die Cookies einfach setzen, ohne daß Sie etwas davon merken. Wenn Sie wissen wollen, was sich auf Ihrem Mac an Cookies angesammelt hat, suchen Sie bei Netscape Navigator die Datei «MagicCookie» und öffnen sie mit einem Texteditor. Im Internet Explorer wählen Sie den Befehl *Bearbeiten/Optionen*. Die Cookies finden Sie unter *Dateien empfangen/Cookies* (28.7).

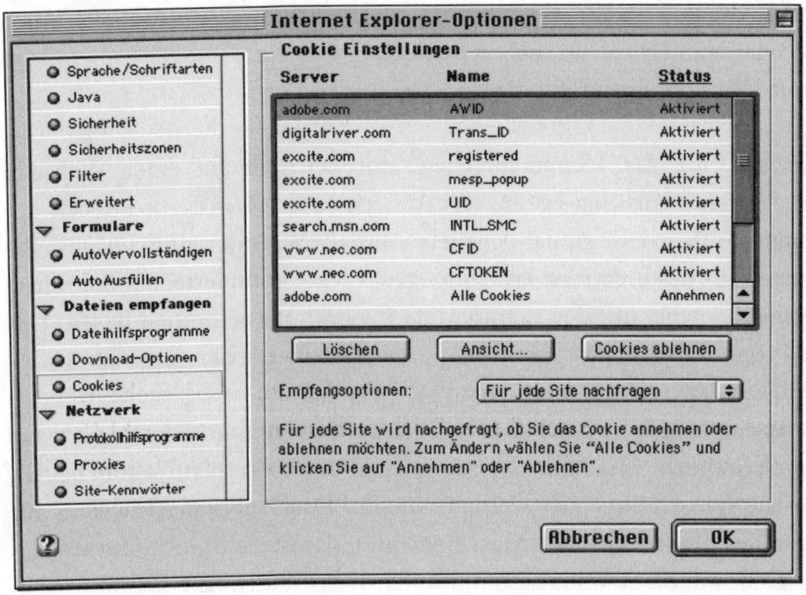

Abb. 28.7 Die aktuelle Cookie-Liste im Internet Explorer.

Nun wissen Sie, wo Ihr Webbrowser Spuren über Ihre Aktivitäten im Internet hinterläßt. Wollen Sie diese entfernen, so müssen Sie die entsprechenden Dateien löschen.

ACHTUNG

Das Löschen von Dateien entfernt die Daten nicht wirklich von der Festplatte, sondern löscht nur die Verzeichniseinträge. Wenn Sie also völlig sicher gehen wollen, daß nichts übrig bleibt, müssen Sie etwas mehr Aufwand treiben und spezielle Löschprogramme benutzen. (Mehr dazu finden Sie in Kapitel 25.)

JavaScript, Java und andere Technologien

EINSTEIGER

Ursprünglich taten Webbrowser nichts weiter, als statische HTML-Seiten anzuzeigen, deren Inhalt bei jedem erneuten Laden gleich blieb. Heutzutage gibt es solche Seiten zwar auch noch, vor allem kommerzielle Websites benutzen jedoch die verschiedensten Technologien, um ihr Informationsangebot attraktiv und dynamisch zu gestalten. Dabei kommen vor allem die beschriebenen Plug-Ins zum Einsatz, mit denen die Browser-Software nachträglich mit Zusatzfähigkeiten ausgerüstet werden kann. Allerdings braucht Ihr Browser um so mehr Speicher, je mehr Plug-Ins Sie benutzen.

Zwei andere Technologien sind in die meisten aktuellen Browser bereits ab Werk integriert und wirken eher im Verborgenen: JavaScript und Java. Auch wenn sich die Namen ähneln, haben beide lediglich die Tatsache gemein, daß man damit Webseiten programmieren kann.

JavaScript ist eine Art «Steuersprache», mit der sich auf einer Webseite bestimmte Effekte auslösen lassen: das Ändern einer Grafik, sobald sich der Mauszeiger darüber bewegt, das Abspielen von Tönen oder eine Textausgabe in der Statuszeile des Browsers. Java hingegen ist eine komplette, umfangreiche Programmiersprache, mit der sich richtige Programme schreiben lassen. Das muß ein Programmierer tun, der sein Handwerk beherrscht.

TECHNIK

Java wurde ursprünglich von Sun entwickelt und hat den großen Vorteil, daß Programme in dieser Sprache auf verschiedenen Computerplattformen laufen, ohne daß sie speziell angepaßt werden müssen. Das funktioniert, weil es für jeden Computer eine «Virtuelle Maschine» gibt, das ist ein Stück Software, das den Java-Code auf der jeweilige Computerhardware laufen läßt. Damit wird es möglich, daß dasselbe Java-Programm ohne Änderung auf Macs, unter Windows, unter Linux oder auf einer Workstation läuft.

ACHTUNG

Auch Netscapes Navigator und der Internet Explorer bieten die Möglichkeit, Java-Programme innerhalb des Browsers laufen zu lassen. Solche Programme heißen *Applets* und sind auf die Umgebung des Webbrowsers beschränkt. Sie können nicht auf die Festplatte Ihres Mac zugreifen und sind damit auch nicht in der Lage, Schaden anzurichten. Um Java-Programme laufen zu lassen, braucht Ihr Mac allerdings eine ganze Menge an Speicher und Prozessorleistung, sonst wird es quälend langsam. Bei älteren Versionen der Webbrowser und nicht so leistungsstarken Macs kann Java auch gelegentlich das komplette Mac OS zum Absturz bringen, so daß nur noch ein Neustart hilft.

Obwohl es vor einiger Zeit viel Wirbel um Java gab, sind diese Probleme der Hauptgrund dafür, daß es noch nicht so viele Java-Programme für Endbenutzer gibt. Dafür wird die Sprache oft für die Software eingesetzt, die auf Webservern im Verborgenen kompliziertere Dinge abwickelt.

HEISSER TIP

In den Voreinstellungen Ihres Browsers können Sie einstellen, wie das Programm mit JavaScript und Java umgeht. Wenn Sie ganz sichergehen wollen, dann schalten Sie beides aus, allerdings müssen Sie dann auf viele nette Effekte in Webseiten verzichten, und manche Seite wird sich vermutlich überhaupt nicht mehr bedienen lassen. Java können Sie ruhig ausgeschaltet lassen, inzwischen hat sich auch bei den technikverliebten Webdesignern herumgesprochen, daß man die Surfer nicht ohne guten Grund damit belasten sollte. Benutzen Sie jedoch Ihren Browser für Online-Banking und ähnliche Dinge, kommen Sie oft um Java nicht herum. Viele Anbieter benutzen spezielle Applets, um die Verbindung zwischen Ihrem Mac und dem Server gegen unbefugtes Abhören zu verschlüsseln. (Mehr dazu im nächsten Abschnitt.)

FEHLER

Der Internet Explorer kennt zusätzlich noch eine Technologie mit dem Namen *ActiveX*. Diese wurde von Microsoft entwickelt und stammt eigentlich aus der Windows-Welt, wurde aber teilweise auch auf den Mac portiert. Ähnlich wie Java werden auch ActiveX-Module auf dem Computer ausgeführt, auf dem der Webbrowser läuft. Leider ist das Sicherheitskonzept zum Schutz vor ungebetenem Programmcode nicht besonders ausgereift, außerdem werden immer mal wieder Sicherheitslücken in der Software entdeckt. Wenn möglich, sollten Sie deshalb einen Bogen um ActiveX-Inhalte machen.

HEISSER TIP

Natürlich müssen Sie sich auch beim Herunterladen von Files aus dem Internet vor Computerviren schützen. Mehr zu diesem wichtigen Thema finden Sie in Kapitel 25.

Schützen Sie Ihre Daten

Als die Protokolle für das Internet entwickelt wurden, ging es vor allem erst einmal darum, daß das ganze System überhaupt stabil funktionierte. Der Schutz der transportierten Daten vor unbefugten Lauschern spielte damals noch keine Rolle und wurde erst mit der beginnenden kommerziellen Nutzung des Netzes zum Thema.

ACHTUNG

Aus diesen Gründen läuft der gesamte Datentransfer durch das Netz unverschlüsselt und kann prinzipiell abgehört und ausgewertet werden. Der technische Aufwand dafür ist noch nicht einmal besonders hoch, man braucht lediglich einen schnellen Computer, der an der richtigen Stelle sitzt und die Internet-Pakete abhört sowie eine Software, die die interessanten Daten herausfiltert. Auch wenn Ihnen es vielleicht egal ist, sollten Sie diese Tatsache im Hinterkopf behalten, vor allem dann, wenn Sie persönliche Daten oder gar Kreditkarten- und Konto-Informationen über das Netz schicken.

Glücklicherweise existieren inzwischen Technologien, die Daten über das Internet verschlüsselt übertragen können. Viele Anbieter benutzen sogenannte «sichere Seiten» (auf Englisch «secure pages»), um geschäftliche Transaktionen verschlüsselt abzuwickeln.

HEISSER TIP

Beim Netscape Navigator erkennen Sie eine sichere Seite daran, daß das kleine Schloß unten am Rand des Fensters geschlossen ist (28.8). Klicken Sie auf dieses Symbol, um mehr Informationen zur Sicherheit der aktuellen Seite zu erhalten. Der Internet Explorer läßt sich so einstellen, daß Sie beim Betreten einer sicheren Seite eine entsprechende Mitteilung erhalten. (Wählen Sie dazu *Bearbeiten/Optionen*, Punkt *Webbrowser/Sicherheit*.)

Abb. 28.8 Das kleine Schloß am unteren Rand des Navigator-Fensters ist geschlossen, wenn die Kommunikation mit dem Webserver verschlüsselt läuft.

Nicht alle Webseiten, auf denen Sie Daten eingeben sollen, sind verschlüsselt. Sie sollten sich darum immer genau überlegen, ob Sie dem jeweiligen Anbieter wirklich vertrauen. Das ist im Internet auch nicht anders als bei der klassischen Briefkastenwerbung: Haben Sie erst einmal Ihre E-Mail-Adresse an der falschen Stelle angegeben, werden Sie sich wundern, was Ihnen so alles an Werbung in die Mailbox flattert!

HEISSER TIP

Falls Sie daran denken, Geschäfte über das Internet abzuwickeln, sollten Sie die besondere Rechtslage bedenken: Zumindest in Deutschland sind die Gesetzlichkeiten für Verträge via Internet noch nicht eindeutig geregelt, so daß es bei Problemen nicht unbedingt klare Vorschriften gibt. Wenn Sie aber wie auch sonst darauf achten, daß Sie es mit seriösen Partnern zu tun haben, die neben einer URL auch eine Postadresse haben und bei Bedarf per Telefon und Fax zu erreichen sind, kann eigentlich nicht viel passieren. Lesen Sie genau die

Geschäftsbedingungen durch, die für Transaktionen via Internet gelten und entscheiden Sie dann, ob Sie den jeweiligen Anbieter akzeptieren oder nicht. In dieser Hinsicht ist das Internet genauso wie die reale Welt: Mit etwas gesundem Menschenverstand können Sie «elektronischen Ärger» zum großen Teil vermeiden und jede Menge Spaß an der Sache haben.

Zur Privatsphäre im Internet gehören noch zwei weitere Punkte: Die von Ihnen veröffentlichten Webseiten und Ihre E-Mail. Denken Sie daran, daß Ihre Homepage prinzipiell von jedermann gelesen werden kann – inklusive eher unangenehmen Zeitgenossen oder Adressenhändlern. Verzichten Sie im Zweifelsfall auf allzu persönliche Informationen, wie Telefonnummer oder Postanschrift. Wenn jemand tatsächlich mit Ihnen in Kontakt treten will, reicht für den Anfang eine E-Mail-Adresse völlig aus.

Der normale E-Mail-Transfer läuft ebenfalls unverschlüsselt und kann damit abgehört werden. In der Praxis ist es aber eher so, daß bei technischen Problemen gelegentlich Nachrichten den falschen Weg nehmen und bei Leuten landen, für die sie eigentlich nicht bestimmt sind. Außerdem können prinzipiell auch alle Systemadministratoren die E-Mails auf den von ihnen betreuten Systemen lesen.

Wollen Sie etwas gegen diese Situation tun, müssen Sie Ihre Nachrichten verschlüsseln, bevor Sie die Daten auf die Reise schicken. Wie das im Detail funktioniert, erklären wir in Kapitel 25.

29 Alles über E-Mail

In diesem Kapitel

Ob Sie es glauben oder nicht: Nicht das World Wide Web ist der populärste Dienst im Internet, sondern die E-Mail. Nichts hat die zwischenmenschliche Kommunikation in den letzten Jahren so verändert wie die elektronische Post.

Noch eine Erklärung gleich zu Beginn: Der Begriff E-Mail wird für verschiedene Dinge verwendet. Zum einen ist damit der gleichnamige Dienst im Internet gemeint, aber auch eine über diesen Dienst verschickte Nachricht nennt man E-Mail. Was aber ist eigentlich so toll an E-Mail?

- E-Mail ist kostenlos.
- Auch wenn Sie keinen Internetzugang besitzen, können Sie sich ein kostenloses E-Mail-Konto bei Anbietern wie *Yahoo*, *Hotmail* oder *GMX* einrichten.
- E-Mail wird sofort zugestellt, Sie beantworten sie jedoch erst dann, wenn Sie Zeit haben. Niemand muß also eher vom Mittagessen aufstehen, weil in diesem Moment eine E-Mail ankommt. (Klar, einige Leute tun das – aber meist ist mit diesen Leuten oder mit dem Essen nicht viel los!)
- Durch E-Mail sind Sie gezwungen, sich kurz zu fassen. Und wenn Sie einmal eine lange, laberige Mail bekommen, können Sie sich mit der Scrollleiste zum wichtigen Teil bewegen. (Eigentlich schade, daß Telefone keine Scrolleiste haben.)
- Durch E-Mail haben Sie die Äußerungen schriftlich. Im Unterschied zu Telefongesprächen basiert die Kommunikation nicht darauf, an was sich beide Partner erinnern können.

Die Moral von der Geschicht': Um nichts in der Welt würden wir wieder auf E-Mail verzichten wollen. Und manchmal wäre es nicht schlecht, wenn sich mehr Leute per E-Mail als telefonisch (wir müssen anwesend sein), per Post (das kostet Geld) oder per Fax (aus einem Fax kann man nichts kopieren) an uns wenden würden.

Die Anatomie einer E-Mail

Jede E-Mail besteht aus festgelegten Teilen. Aus jedem lassen sich faszinierende Einzelheiten über die Herkunft und den Weg der Mail ableiten. In Abbildung 29.1 sehen Sie eine detaillierte Auflistung der Bestandteile einer eingegangenen E-Mail.

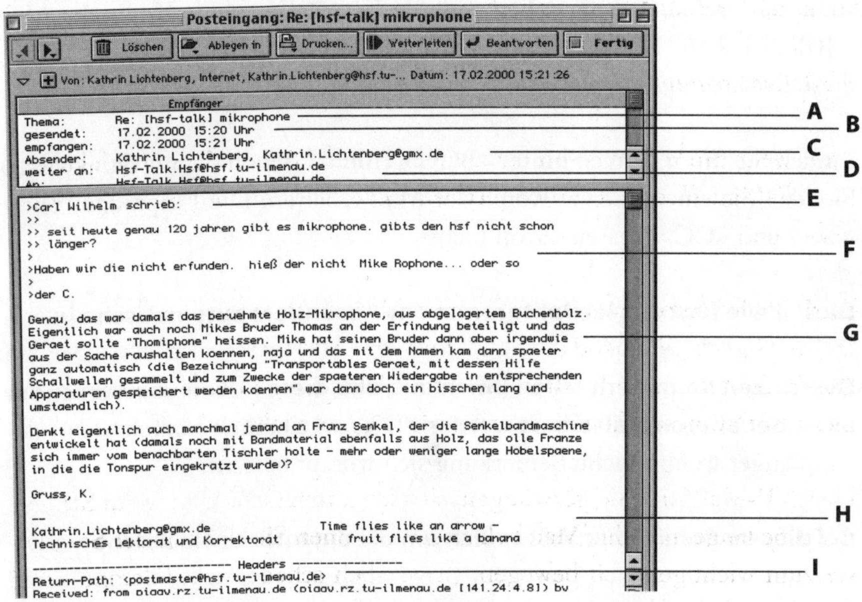

Abb. 29.1 Im Claris Emailer sehen Sie den Aufbau einer E-Mail.

A **Die Betreff-Zeile (oder Subject).** Hier tragen Sie einen Betreff ein, aus dem erkennbar ist, worum es in der Mail geht. Ein kleiner Tip am Rande: Wenn Sie nicht wollen, daß die Mail vom Empfänger sofort als «Unwichtig» eingestuft wird, sollten Sie reißerische Überschriften mit vielen Ausrufungszeichen vermeiden. Auch Texte wie «Versicherungen – äußerst günstig» werden Ihnen nicht viel weiterhelfen…

B **Das Datum, an dem die E-Mail gesendet bzw. empfangen wurde.** Dabei können lustige Dinge auftreten – z.B. empfangen Sie Nachrichten, deren Absendezeit von Ihnen aus gesehen in der Zukunft liegt. Die Ursache für dieses Problem sind meist falsch eingestellte Zeitzonen beim Sender oder Empfänger, seltener Probleme bei den Mailsystemen auf dem Transportweg. (Weitere Informationen zu Datum & Uhrzeit finden Sie in Kapitel 15)

C Diese Information gibt den Absender der E-Mail an. Je nach benutztem Programm sehen Sie hier dessen E-Mail-Adresse, Namen oder beides. Aber beachten Sie: Dieser Absender kann gefälscht sein. Bei Werbemails, die Sie nicht bestellt haben, wird z.B. nur selten der echte Absender angezeigt.

D Diese Zeile sagt Ihnen, an wen die E-Mail adressiert ist («To:»). Wenn Ihr Name hinter «CC:» (Carbon Copy, englisch für Durchschlag) steht, wissen Sie, daß Sie neben anderen Empfängern eine Kopie der Mail erhalten haben. Die anderen Empfänger können sehen, daß auch Ihnen diese E-Mail zugegangen ist.

Finden Sie Ihren Namen hinter «BCC:» (Blind Carbon Copy), dann wissen Sie, daß Sie eine geheime Kopie der Mail erhalten. Die Empfänger unter «To:» und «CC:» wissen davon nichts.

E Diese Zeile fügt das Mailprogramm des Absenders automatisch ein.

F Die spitzen Klammern teilen Ihnen mit, daß diese Zeilen vom Absender aus einer älteren Mail zitiert werden. Dies ist ziemlich höflich, denn der Empfänger weiß, welche Bemerkung sich worauf bezieht.

G Bei diesem Bereich handelt es sich um die eigentliche Nachricht.

H Dieses Textstück ist die Unterschrift, im Internet-Englisch auch Signature genannt. Sie wird vom Mailprogramm des Absenders automatisch eingefügt. Die dazu erforderliche Textdatei kann man in einem Texteditor erstellen und in den Voreinstellungen des Mailprogramms angeben. Achten Sie beim Erstellen dieser Unterschriftsdatei darauf, sie möglichst neutral und sachlich zu halten. Sie wird automatisch an Ihren Mail-Text angefügt, und sollte zu allen Inhalten passen. (Manche Mailprogramme können auch mit verschiedenen Signaturen umgehen.)

I Dieser Code wird als Header bezeichnet. Sie können in Ihrem Mailprogramm einstellen, ob er angezeigt werden soll. Fall ja, wird er – je nach Programm – über oder unter der Nachricht zu sehen sein.

Im Header sind Informationen enthalten, die Ihnen den Weg der Mail vom Absender zum Empfänger verraten.

Sicherheit von E-Mails

Bei allem, was Sie per E-Mail verschicken, sollten Sie immer daran denken: Ihre Nachrichten werden auf einem unsicheren Weg transportiert. Es hat schon einigen Unternehmen bösen Schaden zugefügt, wenn Angebote «aus Versehen» bei den Mitbewerbern im Postfach landeten. Zwar ist das nicht die Regel, kann aber vorkommen. Genauso wenig können Sie sich darauf verlassen, daß eine abgeschickte E-Mail tatsächlich beim Empfänger ankommt – Post und Fax sind da bedeutend zuverlässiger.

Am besten gehen Sie davon aus, daß E-Mails elektronische Postkarten sind. Die unterliegen zwar auch dem Postgeheimnis, aber wenn sie jemand in die Hand bekommt, kann er sie auch lesen. Darum verschicken wir auch die wichtigen und privaten Dinge immer im Briefumschlag.

Auch sollten Sie bei E-Mails darauf achten, keine kritischen Informationen zu verschicken, wie z.B. Paßwörter, ID-Nummern oder Bankverbindungen. Wollen Sie verhindern, daß Ihre Mitteilungen von Unbefugten gelesen oder gar verändert werden, müssen Sie Verschlüsselung benutzen. Mehr dazu und zum Verfahren PGP finden Sie in Kapitel 25.

Einführung in die Netiquette

Sobald Sie online sind, bewegen Sie sich im öffentlichen Raum. Jedes Wort und jeder geäußerte Gedanke kann im Prinzip von Tausenden Benutzern gelesen und gewertet werden – auch wenn es in der Praxis meist ein paar Leute weniger sind… Das gilt für E-Mails, noch mehr aber für Nachrichten in Newsgroups (dem Usenet), die oft von sehr vielen Leuten gelesen werden können.

Aber lassen Sie sich davon nicht durcheinanderbringen – denn genau das ist das Faszinierende. Es hat schließlich seinen Reiz, ausschließlich nach seinen Gedanken und Meinungen eingeschätzt zu werden. Dinge aus dem normalen Leben, wie z.B. Alter, Herkunft, Aussehen, Behinderungen, Unsicherheit, Frisur, Akzent, Größe, Gewicht und sogar die Hygiene spielen bei der Kommunikation im Netz keine Rolle. So ist bereits die eine oder andere Lebensgemeinschaft über Kontakt per Mail oder Chat entstanden.

Allerdings zählt auch in der elektronischen Anonymität der Netzgemeinschaft die Art der Darstellung, also *wie* Sie sich präsentieren. Beherzigen Sie die folgenden Tips, und Sie hinterlassen einen positiven Eindruck.

- **Schreiben Sie nicht in Großbuchstaben.** Solche Texte sind schwer lesbar, außerdem bedeuten Großbuchstaben im übertragenen Sinne, daß Sie Ihr Gegenüber anschreien.

- **Niemand kann Ihr Lachen hören.** Im Cyberspace gibt es keine Körpersprache und keine hochgezogenen Augenbrauen, die Ihre Textnachrichten unterstützen könnten. Deshalb sollten Sie sich bewußt sein, zu welchen Fehlinterpretationen manche Bemerkungen führen könnten.

  Abhilfe schaffen die Smileys – Ableitungen vom gelben Lachgesicht, die Ihren Gemütszustand beim Schreiben der Nachricht ausdrücken und so dem Empfänger einen zusätzlichen Eindruck von Ihrer Meinung verschaffen. Es gibt Hunderte verschiedener Smileys, hier eine kleine Auswahl.

:-)	Fröhlich
:-(	Traurig
;-)	Augenzwinkern
:-*	Kuß
8-)	Sonnenbrille
:-p	Zunge herausstrecken
8-p	Schmollen
:-0	Schreck

  Allerdings können viele Leute diese Gesichter überhaupt nicht leiden.

- **Lernen Sie den Jargon.** Eine eingeschworene Gemeinschaft verwendet häufig einen Jargon, der Außenstehenden unverständlich ist. Die folgende Handvoll Abkürzungen sollten Sie kennen, um sie zu verstehen – auch wenn Sie sie selbst nicht anwenden müssen.

Kürzel	Engl. Bedeutung	Deutsche Übersetzung
LOL	Laughing out loud	Da kann ich nur laut lachen.
ROTFL	Rolling on the floor laughing	Ich rolle mich vor Lachen auf dem Fußboden.
BRB	Be right back	Komme gleich wieder.
BAK	Back at keyboard	Zurück an der Tastatur
MORF	Male or female?	Männlich oder Weiblich?
FYI	For your info	Zu Ihrer Information
OIC	Oh, I see	Ah, ich verstehe.
RTFM	Read the f@*#! manual	Lesen Sie das **** Manual!
IMHO	In my humble opinion	Meiner bescheidenen Meinung nach
FLAME		Wilde, aufgeregte Diskussionen per E-Mail, sarkastisch bis verletzend
SPAM		Abkürzung für unerwünschte Werbemails

- **Zitieren Sie den relevanten Teil einer Nachricht, bevor Sie darauf antworten.** Wenn Sie eine Nachricht erhalten, in der nur steht, «Nein, eigentlich nicht», dann wissen Sie sicherlich nicht, was gemeint ist. Denn bestimmt haben Sie mittlerweile vergessen, worum es in der ursprünglichen Mail ging. Deshalb ist es sinnvoll, in die Antwort auf eine Mail die Originalnachricht als Zitat mit einzubinden.

Generell sollten Sie spitze Klammern verwenden, um deutlich zu machen, was zitiert wird und was Sie neu schreiben. z.B. so:

>Guten Tag, lieber Autor: Ist es schwer, sich in der Online-Etiquette
>zurechtzufinden? Ich kann nirgends eine Antwort bekommen. Außerdem bin ich
>etwas aufgeregt, das erste Mal online zu sein.

Nein, eigentlich nicht.
Der Autor

ACHTUNG

Beschränken Sie sich beim Zitieren auf die wirklich wichtigen Teile und löschen Sie die restlichen Zeilen. Ihre Nachricht wird dadurch kompakter und übersichtlicher. Außerdem geben Sie sich nicht als einer der Leute zu erkennen, die gedankenlos prinzipiell immer die Originalnachricht zurückschicken, nur weil ihr Mailprogramm es so vorschlägt.

Die meisten Mailprogramme setzen die Klammern für Sie ein. Klicken Sie einfach auf den Button *Antworten* (o.ä.) im Antwort-Fenster Ihres Mailprogramms, dann erscheint die Originalnachricht in der neuen Mail. Allerdings funktioniert das Zitieren in den unterschiedlichen Programmen verschieden.

- **Schreiben Sie Informationen in die Nachricht, anstatt sie als Attachment zu schicken.** Mit Attachments, also Dateien, die an Ihre E-Mails angehängt werden, gibt es häufig Probleme. Deshalb sollten Sie dieses Verfahren nur dann verwenden, wenn Sie wirklich Dateien schicken wollen. Falls es Ihnen nur darum geht, dem Empfänger etwas mitzuteilen, schreiben Sie es direkt in die Nachricht.

- **Senden Sie keine Attachments an Mailinglisten.** Mitteilungen an Mailinglisten (siehe nächster Abschnitt) gehen an viele Empfänger, die sich selten alle für jede Mail der Liste interessieren. Bei Textnachrichten ist das kein Problem, weil diese sich mit einem Tastendruck löschen lassen. Schikken Sie aber eine große Datei an die Liste, sind die Chancen recht groß, daß viele Leute sich darüber ärgern, weil sie die nutzlosen Daten herunterladen müssen. Stellen Sie in einem solchen Fall die Datei lieber auf einem Web- oder FTP-Server bereit und schicken Sie nur die entsprechende Internet-Adresse an die Liste.

Die 7 schlimmsten E-Mail-Fettnäpfchen

Hier ist eine Hitliste der Dinge, mit denen Sie die Empfänger Ihrer Nachrichten richtig ärgern können.

1. Schicken Sie die Einladung zu einem Event als 8 MB große Datei aus PowerPoint oder Word, möglichst mit vielen bunten Grafiken und einer Zeile Text, natürlich ohne die Daten vorher zu komprimieren. Empfänger ohne die Programme können nichts damit anfangen. Jeder muß eine Riesen-Datei herunterladen, nur um dann eine Information zu lesen, für die fünf Zeilen Text innerhalb der E-Mail völlig gereicht hätten.

2. Beantworten Sie eine Mail nach sechs oder acht Wochen, möglichst ohne den Originalsachverhalt zu zitieren.

3. Benutzen Sie keine Signatur, so daß bei Übertragungsfehlern der Empfänger nicht weiß, an wen er sich wenden soll. Wenn Sie keine Antwort erhalten, schicken Sie eine erboste Mail hinterher.

4. Senden Sie Daten als Attachment, ohne vorher den Empfänger zu fragen, mit welchen Dateiformaten er umgehen kann.

5. Verschicken Sie Bilder und andere große Dateien, ohne auch nur über Komprimierung nachzudenken.

6. Benutzen Sie eine Mailingliste als Verteiler für elektronische Werbepost.

7. Schreiben Sie alle Ihre E-Mails unbedingt mit möglichst vielen verschiedenen Formatierungen im HTML-Format. Alle Leute, deren Mailprogramme damit nicht umgehen können, werden Sie für den kryptischen Zeichensalat lieben!

PS: Wenn Sie die eben beschriebenen Dinge tatsächlich tun, übernehmen weder die Autoren noch der Verlag irgendwelche Verantwortung für das, was Ihnen dann passieren kann. ;-)

Mailinglisten

Eine Mailingliste ist ein Abonnement einer Diskussionsgruppe, die über E-Mail funktioniert. Dazu benötigen Sie kein zusätzliches Programm – Ihr Mailprogramm sammelt die Nachrichten automatisch ein. Dabei werden Ihnen automatisch alle Nachrichten geschickt, die die Mitglieder der Mailingliste zu einem bestimmten Thema schreiben.

TECHNIK

Mailinglisten funktionieren so: Es gibt einen Computer, der als *Listserver* funktioniert und oft mehrere Mailinglisten verwaltet. Bei diesem Computer können Sie sich anmelden und werden dann in die gewünschte Liste aufgenommen. Dann können Sie Ihre Nachricht an eine spezielle E-Mail-Adresse schicken, und der Listserver schickt die Mitteilung an alle Mitglieder der Liste weiter. Manchmal liest auch vorher noch ein *Listmoderator* (ein Mensch) alle ankommenden Mails und entscheidet, ob und wie sie weitergeleitet werden. Solche Listen heißen – Überraschung – moderierte Listen.

ACHTUNG

Der Listserver-Computer und die Mailingliste haben zwei *verschiedene* Adressen. Beachten Sie das, wenn Sie Befehle an den Listserver schicken wollen!

Normalerweise muß Ihre Anmelde-Mail einen bestimmten Text enthalten, damit der Listserver weiß, was Sie möchten. Der Computer liest dann entweder den Text in der Mail oder die Betreffzeile, um den notwendigen Code für die Anmeldung zu finden. Sobald Sie bei der Liste angemeldet sind, erhalten Sie eine Nachricht, in der das bestätigt wird. Diese Nachricht sollten Sie unbedingt speichern und aufbewahren, denn dort finden Sie auch Informationen dazu, wie Sie sich wieder von der Liste löschen lassen können.

Ein Beispiel: Um sich jeden Tag einen netten Witz schicken zu lassen, senden Sie eine Mail mit dem Text «subscribe humor Bob Smith» an die Adresse *listserv@uga.cc.uga.edu.* Es geht aber auch einfacher, denn oft können Sie eine Mailingliste auch abonnieren, indem Sie auf einer Webseite ein entsprechendes Formular ausfüllen und Ihre E-Mail-Adresse angeben. Und noch ein Tip: Wenn Sie mit einer Liste Probleme haben und Hilfe brauchen, schicken Sie eine Mail mit dem Inhalt «Help» an den Listserver.

HEISSER TIP

Generell sollten Sie mit Anmeldungen bei Mailinglisten sparsam umgehen. Ansonsten kann es passieren, daß Sie innerhalb weniger Stunden mehrere Hundert Mails in Ihrem Posteingang wiederfinden. Eine komplette Liste von Mailinglisten finden Sie in der Newsgroup *news.list*. Weitere Informationen finden Sie auch unter *www.yahoo.com/Computers/Internet/Mailing_Lists*.

E-Mail-Programme

Um E-Mails schreiben und lesen zu können, benötigen Sie eine spezielle Software: das E-Mail-Programm. (Wenn Sie mit bestimmten Online-Diensten wie z.B. AOL ins Internet gehen, brauchen Sie keines – AOL bietet in seinem Paket bereits ein eigenes Programm an.)

Für normale Internet-E-Mail benutzen Sie eines der folgenden Programme: *Claris Emailer*, *Microsoft Outlook Express*, *Eudora* oder *Netscape Communicator (Messenger)*. Zusätzlich lohnt es sich durchaus, den Shareware-Markt nach interessanten Lösungen abzusuchen, denn oftmals sind Shareware-Programme ziemlich clever und verfügen über Funktionen, die man sich bei den großen Paketen nur wünschen kann.

FEHLER

Das recht komfortable Programm Claris Emailer wird leider nicht mehr weiterentwickelt. Die mit Mac OS 8.1 gelieferte Light-Version der Software kann außerdem seit dem 1. Januar 2000 kein brauchbares Sendedatum mehr angeben, so daß die damit verschickten Nachrichten aussehen, als stammten sie aus den 40er Jahren.

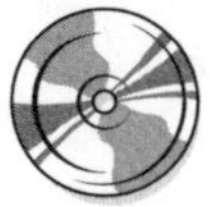

CD-ROM

Welches Mailprogramm für Sie am besten geeignet ist, müssen Sie selbst herausfinden. Manche Leute schreiben nur drei Mitteilungen im Monat und haben die Adressen ihrer zehn Freunde im Kopf, andere verbringen täglich mehrere Stunden mit der Software, haben ein Adreßbuch mit über hundert Einträgen und am Jahresende mehrere Megabyte an Mitteilungen. Bei solch unterschiedlichen Anforderungen ist es schwer, eine Software zu schreiben, die jeden zufriedenstellt und trotzdem noch einfach bedienbar ist. Auf der CD zu diesem Buch finden Sie eine ganze Reihe von E-Mail-Programmen, die Sie in Ruhe ausprobieren sollten.

Hier noch ein paar Dinge, auf die Sie bei der Entscheidung achten sollten:

- **Mehrere Mailkonten.** Besitzen Sie mehr als ein Mailkonto (z.B. eines in der Firma und ein anderes bei einem Internet-Provider), die Sie parallel benutzen, sollte Ihr Mailprogramm damit umgehen können.

- **Mehrere Benutzer.** Soll die ganze Familie das gleiche Mailprogramm benutzen – und das am liebsten auch noch mit mehreren Konten pro Person – muß die Software schon recht ausgeklügelt sein, sonst entsteht ein heilloses Durcheinander.

- **Zugriffsschutz.** Überlegen Sie, ob Sie ein Paßwort brauchen, damit Gelegenheitsschnüffler Ihre Nachrichten nicht lesen können. Eine ganze Reihe von Programmen für mehrere Nutzer verfügt außerdem über spezielle Administrations-Paßwörter, damit die Benutzer ihre Einstellungen nicht ändern können. (Gegen Experten hilft das allerdings nicht, solange Ihre E-Mails unverschlüsselt auf der Festplatte liegen.)

- **Sortier- und Suchfunktionen.** Vor allem bei sehr vielen E-Mails wird es wichtig, daß die Software Sie bei der Verwaltung der Nachrichten effektiv unterstützt. Dazu gehören Möglichkeiten zur gefilterten Anzeige der Nachrichten, zum Anlegen verschachtelter Ordner und Unterordner und zur schnellen Suche durch Tausende von E-Mails.

- **POP oder IMAP.** Das sind die zwei Internet-Protokolle, mit denen Sie Ihre E-Mail abholen können. Um die Details brauchen Sie sich keine Sorgen zu machen, Sie sollten aber sicherstellen, daß das Protokoll Ihrer E-Mail-Software auch mit dem des Mailservers zusammenpaßt.

- **Adreßbuch.** Jedes Mailprogramm verfügt über ein Adreßbuch, mit dem Sie die Adressen Ihrer Kommunikationspartner verwalten können. Der Umfang und die Leistungsfähigkeit dieser Funktion ist aber von Programm zu Programm sehr unterschiedlich: manche Software kann gerade mal mit dem Namen und der E-Mail-Adresse umgehen, andere Programme hingegen bieten einen kompletten Kontakt-Manager.

- **Umgang mit Attachments.** Wenn Sie oft Dateien per E-Mail verschicken oder empfangen, sollte das nicht allzu kompliziert sein und möglichst automatisch ablaufen.

Nachdem Sie Ihr Mailprogramm installiert haben, müssen Sie erst Ihre Zugangsdaten eintragen, bevor Sie Nachrichten empfangen und verschicken können. Zu den benötigten Informationen gehören unter anderem Ihre Mailadresse, die Server für ankommende und abgehende Mails und einige andere Einstellungen, die Sie von Ihrem Internet-Provider erhalten. Benutzen Sie für die Konfiguration am besten Internet Config oder (ab Mac OS 8.5) das Kontrollfeld *Internet*. Fast alle Internet-Programme können auf diese zentrale Sammlung mit Ihren Internet-Daten zugreifen. Falls das nicht funktioniert, können Sie immer noch die Daten in den Voreinstellungen des jeweiligen Programms selbst eintragen.

FEHLER

Ein gut gemeinter Rat an dieser Stelle: Achten Sie unbedingt darauf, welche Adresse Sie als Reply- oder Antwortadresse in den Voreinstellungen Ihres Mailprogramms angegeben haben. Der Empfänger Ihrer Mail muß Ihnen antworten können, indem er einfach auf den entsprechenden Button klickt. Sie haben sehr viel geringere Chancen auf eine wohlwollende Antwort, wenn der Empfänger erst umständlich Ihre Mailadresse kopieren und in das Adreßfeld der Antwortmail einsetzen muß.

Dateien anhängen

Glücklicherweise können Sie per E-Mail mehr verschicken, als in das eigentliche Fenster der Mail paßt. Mit einem Mausklick können Sie an Ihre Nachrichten auch Dateien anhängen – als sogenannte Attachments (englisch für «Anhang»). Wie Sie die Dateien zu Ihrer Nachricht hinzufügen, hängt von Ihrem Mailprogramm ab. Es gibt aber fast immer einen entsprechenden Button oder Befehl, und manche Programme reagieren auch, wenn Sie einfach per Drag & Drop Files aus dem Finder in die Mitteilung ziehen.

Bevor Attachments verschickt werden können, müssen sie kodiert werden. Üblicherweise geschieht das im MIME-Format, das auch als Base64 bezeichnet wird. Viele Mailprogramme auf dem Mac erlauben Ihnen aber auch, die Daten in MacBinary oder BinHex zu kodieren. Das ist vor allem nützlich, wenn Sie wissen, daß der Empfänger ebenfalls einen Mac benutzt. Schauen Sie sich die Voreinstellungen Ihrer E-Mail-Software an, dort finden Sie die entsprechenden Optionen (29.2).

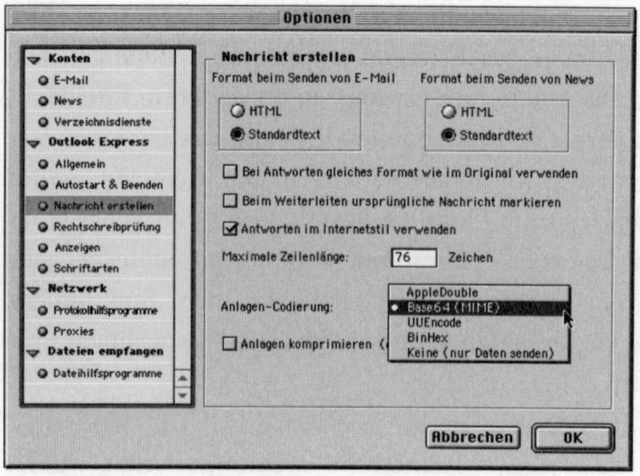

Abb. 29.2 In den Voreinstellungen Ihres Mailprogramms können Sie festlegen, wie Attachments kodiert werden sollen (hier die Optionen von Outlook Express.)

Eventuell können Sie auch festlegen, daß die Dateien vor dem Versand automatisch komprimiert werden. Das passiert aber fast immer im StuffIt-Format, so daß nur Empfänger mit Macs etwas damit anfangen können. Tauschen Sie Mails mit Benutzern anderer Systeme aus, sollten Sie diese Option lieber deaktivieren und die Daten bei Bedarf selbst mit dem entsprechenden Programm komprimieren.

ACHTUNG

Theoretisch können Sie Daten beliebiger Größe an E-Mails anhängen, in der Praxis gibt es aber leider einige Beschränkungen: So haben manche E-Mail-Server eine Begrenzung eingebaut, um ein «Zulaufen» mit großen Attachments zu vermeiden. Manche Systeme können außerdem nicht richtig mit mehreren Attachments umgehen. Um sicher zu gehen, sollten Sie darum nur ein Attachment pro Mitteilung schicken (notfalls packen Sie vorher mehrere Dateien zu einem Archiv zusammen) und die Nachrichten nicht größer als 2 MB pro Stück werden lassen. Es kann sein, daß Ihr Internet-Provider mehr erlaubt, aber mit diesen Tips sind Sie auf der sicheren Seite.

HEISSER TIP

Vor diesem Hintergrund ist es eine gute Idee, größere Dateien vor dem Verschicken prinzipiell zu komprimieren. Achten Sie aber darauf, daß der Empfänger der Nachrichten auch mit den Daten umgehen kann – ein PC-Benutzer freut sich vermutlich mehr über eine Zip-Datei als über ein Archiv im StuffIt-Format!

FEHLER

Richtig kompliziert kann es werden, wenn Sie E-Mails mit Benutzern von AOL austauschen wollen. Dieser Onlinedienst benutzt für seinen E-Mail-Dienst ein eigenes System, das sich manchmal mit dem im Internet üblichen nicht verträgt. Das äußert sich dann so, daß gelegentlich Daten verloren gehen oder nicht richtig ankommen, außerdem mag AOL mehrere Attachments und zu große Dateien überhaupt nicht. Zerlegen Sie darum größere Datenmengen in kleinere Teile, von denen Sie jedes mit einer separaten Mail schicken. Das klappt meistens.

Wenn Sie Attachments nicht öffnen können

Um ein Attachment für das Internet in einen ASCII-Text umzuwandeln, benutzen die verschiedenen E-Mail-Programme unterschiedliche Codierungen: MIME (Multipurpose Internet Mail Extension, auch Base64), UUencode, BinHex usw. Wenn Sie eine solche kodierte Datei erhalten, muß Ihr E-Mail-Programm diese in ihren Originalzustand zurückverwandeln. Normalerweise passiert das im Hintergrund, und Sie merken davon nichts.

Zuweilen kommt es jedoch vor, daß Ihr Mailprogramm den Dialekt der Kodierungssoftware des Absenders nicht versteht. Als Ergebnis erhalten Sie eine Datei auf Ihrer Festplatte, die Sie nicht öffnen können, zumindest nicht mit einem Doppelklick.

CD-ROM

Normalerweise ist es nur eine Frage von Drag & Drop, um eine kodierte Datei wieder zu öffnen. Benutzen Sie *StuffIt Expander* (auf der CD-ROM zu diesem Buch), um BinHex-Files (meist zu erkennen an der Erweiterung .hqx) und StuffIt-Dateien *(.sit)* zu öffnen. Mit der Shareware *DropStuff with Expander Enhancer* (ebenfalls auf der CD) haben Sie noch mehr Möglichkeiten: Wenn Sie dieses Paket installieren, kann der StuffIt Expander auch Dateien mit den Endungen *.uu* (UUencode), *.zip*, *.z*, *.gz* und *.ARC* bearbeiten. Ziehen Sie die mysteriöse Datei einfach auf die Icons der Programme, um diese zu starten.

Aber geben Sie nicht gleich auf, wenn Sie nach dem ersten Versuch die Datei noch nicht öffnen können. Vielleicht benutzen Sie ja nur das falsche Werkzeug. Manchmal müssen Sie etwas probieren, um die Datei sowohl zu dekomprimieren als auch zu dekodieren. Wenn Sie mit einem Programm keinen Erfolg haben, versuchen Sie ein anderes – mit etwas Glück klappt das meistens.

HEISSER TIP

Untersuchen Sie den Code, wenn Sie eine Datei nicht dekodieren können. Öffnen Sie dazu das Dokument in Ihrer Textverarbeitung oder einem Texteditor. Der dort erscheinende – oftmals recht kryptische – Code gibt Ihnen vielleicht Auskunft darüber, um welche Art Dokument es sich handelt und was Sie damit anstellen sollen. Im ersten Dokument in Abbildung 29.3 erkennen Sie, daß diese Datei BinHex-kodiert ist. MIME-Dateien (Base64) enthalten in der ersten Zeile immer einen Hinweis auf die Kodierung, wie im mittleren Dokument zu sehen ist. Im dritten Dokument sehen Sie den Buchstaben M an jedem Zeilenanfang – ein Hinweis auf die UUencode-Datei.

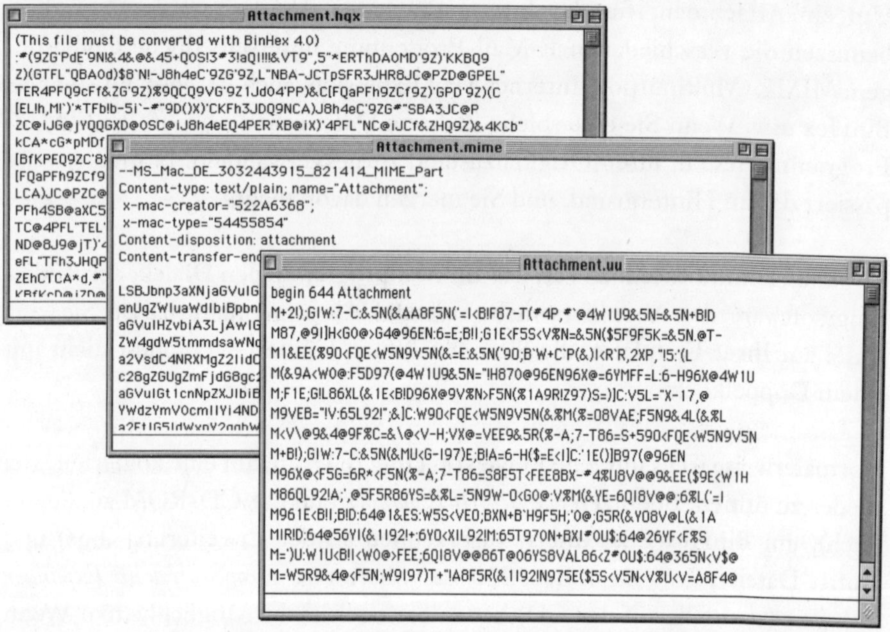

Abb. 29.3 Hier sehen Sie von oben nach unten eine BinHex-, eine MIME- und eine UUencode-Datei in einem Texteditor.

E-Mail-Dienste im Web

Normalerweise benutzen Sie die E-Mail mit einem Programm, das auf Ihrem Mac läuft. Die ankommenden Nachrichten speichert Ihr Internet-Provider für Sie so lange, bis Sie sich einwählen und die Mitteilungen abholen. Diese Anordnung funktioniert ganz gut, hat aber einen großen Nachteil: So brauchen Sie dafür immer ein E-Mail-Programm mit Ihren speziellen Einstellungen. Das macht es schwierig, den Dienst auf einem anderen Computer, z.B. bei einem Freund oder in einem Internet-Café am anderen Ende der Welt zu benutzen.

Dieses Problem können Sie umgehen, wenn Sie sich bei einem der E-Mail-Dienste im World Wide Web anmelden. Diese Anbieter stellen Ihnen ein virtuelles Postfach mit eigener Mailadresse zur Verfügung, das Sie komplett über einen Webbrowser bedienen können. Natürlich funktioniert das nicht so komfortabel und zügig wie ein richtiges Mailprogramm, dafür ist es aber egal, was Sie für einen Computer benutzen, so lange Sie damit im Web surfen können.

Viele der Dienste bieten Ihnen aber noch mehr Funktionen, die sich für eine ganze Menge nützlicher Dinge einsetzen lassen:

- **Weiterleitung.** Alle ankommenden Nachrichten werden normalerweise auf dem Server des Anbieters gespeichert, bis Sie über das Web darauf zugreifen. Sie können sich aber die Mitteilungen auch an eine andere Adresse weiterschicken lassen oder sie direkt mit Ihrem Mailprogramm abholen. Das ist komfortabler und schneller als der Zugriff über den Browser, und trotzdem reicht es aus, wenn alle Absender nur Ihre Webmail-Adresse kennen.

- **Sammeldienst.** Sie können den Webmail-Dienst anweisen, Mitteilungen von beliebigen Mailservern abzuholen und in Ihrem Web-Postfach zu speichern. Auf diese Art können Sie mehrere E-Mail-Konten überwachen und z.B. auf Reisen von jedem Computer mit einem Webbrowser darauf zugreifen.

- **Zusatzfunktionen.** Je nach Anbieter gibt es noch jede Menge Möglichkeiten, den Umgang mit E-Mails zu erleichtern: Von Adressbüchern und Ablageordnern über Mailfilter bis hin zu Unified Messaging. Dabei werden E-Mail, Anrufbeantworter, Fax und Kurzmitteilungen für Mobiltelefone so integriert, daß Sie Nachrichten jederzeit von einem Format in das andere umwandeln können. (Diese Funktionen sind dann aber meistens nicht mehr kostenlos zu haben.)

Webmail-Dienste können Sie bei vielen verschiedenen Anbietern nutzen, die bekanntesten sind Hotmail *(www.hotmail.com)*, Yahoo! *(www.yahoo.de)*, Lycos *(www.lycos.de)* und GMX *(www.gmx.de)*. Daneben gibt es den Dienst auch bei vielen anderen Anbietern, vor allem bei Call-by-Call-Providern. Als Mac-Fan können Sie sich aber auch unter *www.mac.com* eine «standesgemäße» Adresse mit der Endung «mac.com» zulegen. (Dazu brauchen Sie allerdings noch ein zweites Mailkonto, an das die Nachrichten weitergeleitet werden.)

HEISSER TIP

Besitzen Sie eine Mailadresse bei AOL, so müssen Sie nicht unbedingt die AOL-Software benutzen, um auf Ihre Nachrichten zugreifen zu können. Suchen Sie auf der Homepage von AOL *(www.aol.de)* nach einem Link mit der Bezeichnung «AOL-Email» und Sie gelangen zur Web-Variante ihres AOL-Postfaches. Dort melden Sie sich ganz normal mit Ihrem Benutzernamen an und können dann E-Mails lesen und verschicken. Die Kommunikation zwischen dem AOL-Server und Ihrem Webbrowser geschieht dabei verschlüsselt.

EINSTEIGER

Die meisten Webmail-Dienste sind – zumindest in der Grundausführung – kostenlos und finanzieren sich über Werbung auf den Webseiten der Anbieter. Dafür, daß Sie nichts bezahlen, müssen Sie jedoch gewisse Einschränkungen akzeptieren, die v.a. den verfügbaren Speicherplatz und die angebotenen Funktionen betreffen. Wenn der Basis-Dienst nicht mehr ausreicht, gibt es bei manchen Anbietern kostenpflichtige Angebote mit größerem Leistungsumfang.

ACHTUNG

Freie E-Mail-Adressen sind bei vielen Anbietern ein Zusatzangebot, das die Nutzer zum regelmäßigen Besuch der Seiten animieren soll. Ein kostenpflichtiger Dienst mit mehr Leistungen wird dabei oft nicht angeboten. Darum sollten Sie die verschiedenen Angebote vergleichen, bevor Sie sich entscheiden. Falls Sie absehen können, daß Sie in Zukunft mehr Gebrauch von einem Webmail-Dienst machen wollen, entscheiden Sie sich lieber gleich für ein entsprechendes Angebot. Es ist nämlich sehr frustrierend, wenn Sie Ihre einmal bekannt gemachte E-Mail-Adresse wieder ändern müssen!

Werbepost per E-Mail

Wie im richtigen Leben kann es vorkommen, daß auch Ihr E-Mail-Briefkasten voller Werbung liegt – meistens für zwielichtige Angebote im Web oder für den absolut sicheren Weg zum schnellen Geld. Leider können Sie an Ihrem E-Mail-Postfach keine Aufkleber anbringen, die den Postboten vom Einwurf solcher Sendungen abhalten. Dazu kommt noch, daß sich die Absender meist so tarnen, daß Sie gar nicht genau herausfinden können, von wem die Nachricht eigentlich stammt. Es ist nämlich kein Problem, beliebige Adressen als Absender einzutragen, die es in Wirklichkeit gar nicht gibt. Sie können lediglich am

Header der Mail erkennen, von welchem System die unerwünschten Nachrichten zu Ihnen gekommen sind.

EINSTEIGER

Je aktiver Sie mit Ihrer E-Mail in Mailinglisten und Newsgroups sind, um so größer ist die Chance, daß Sie Werbemails erhalten. Die Absender dieser Nachrichten filtern aus den öffentlichen Diskussionen automatisch die Mailadressen heraus und erstellen damit ihre Werbelisten.

Hundertprozentig schützen können Sie sich davor nicht, trotzdem können Sie einige Dinge tun:

- **Antworten Sie nie auf Werbemails.** Auch wenn in der Nachricht eine Adresse steht, unter der Sie sich angeblich aus der Verteilerliste löschen lassen können – reagieren Sie nicht! Sie bestätigen sonst, daß Ihre Mailadresse regelmäßig benutzt wird – und genau das sollte die ursprüngliche Mail an Sie bewirken.

- **Benutzen Sie Mailfilter.** Fast alle E-Mail-Programme erlauben es Ihnen, ankommende Nachrichten nach bestimmten Kriterien zu sortieren. Kommen die Werbemails immer von der gleichen Adresse bzw. Internet-Domain oder gibt es sonst eine Eigenschaft, an der Ihre Software eine solche Mail erkennen kann, haben Sie Glück: Sie können dann Ihr Mailprogramm anweisen, die unerwünschten Nachrichten sofort in den Papierkorb zu befördern.

- **Ignorieren Sie Kettenbriefe.** Auch im Internet gibt es Nachrichten, die Sie auffordern, den Inhalt innerhalb einer bestimmten Zeit an möglichst viele Leute weiterzuleiten. Zwar belasten solche Aktionen die Infrastruktur des Netzes nicht mehr so wie noch vor einigen Jahren, trotzdem sollten Sie nicht auf diese Art zusätzlichen Mailmüll erzeugen. Besonders gern werden Warnungen vor angeblichen Viren verschickt, die dann in bester Absicht von allen Beteiligten weitergeleitet werden. Lassen Sie sich nicht täuschen – das Lesen einer E-Mail kann keinen Virus aktivieren, erst wenn Sie angehängte Programme starten oder mit Makroviren infizierte Dokumente von Microsoft Office öffnen, besteht eventuell Gefahr! Mehr zu Viren und dem Schutz davor finden Sie in Kapitel 25.

- **Glauben Sie nicht unbedingt alles, was in einer E-Mail steht.** Für jemanden mit etwas Energie ist es kein Problem, Ihnen Nachrichten mit gefälschtem Absender oder Inhalt zu schicken, zum Glück passiert das aber relativ selten. Wenn Sie so eine seltsame Mitteilung erhalten, dann prüfen Sie gegebenenfalls auf einem anderen Weg (z.B. per Telefon), ob alles seine Richtigkeit hat. Möchten Sie Ihre eigenen Nachrichten vor Veränderungen durch Dritte oder unbefugtes Mitlesen schützen, sollten Sie digitale Unterschriften bzw. Verschlüsselung benutzen. Wie das funktioniert, erfahren Sie ebenfalls in Kapitel 25

Internet-Folklore

Das Internet ist auch ein ideales Medium, um Geschichten, Gerüchte, Halbwahrheiten und ähnliche Dinge auszutauschen, von denen man nicht genau weiß, ob sie tatsächlich zutreffen oder nicht. Interessant und aufregend sind sie aber trotzdem. Zu diesen Eigenartigkeiten gehören auch die sogenannten Hoaxe, auf deutsch etwa «Streiche» oder «blinder Alarm».

Meistens handelt es sich dabei um E-Mails, die vor angeblichen Viren warnen, die sich ebenfalls per E-Mail verbreiten. Die bekanntesten sind Nachrichten mit dem Betreff «PenPals» oder «Good Times», die schon seit Jahren zirkulieren und bei den Millionen von Internet-Benutzern immer wieder in bester Absicht weitergeleitet werden. Tatsächlich entsteht dabei kein Schaden, nur daß es alle Betroffenen einen Teil ihrer Zeit kostet. (Falls Sie sich für solche Dinge interessieren, finden Sie unter *www.kumite.com/myths* bzw. *www.urbanlegends.com* eine ganze Menge an Informationen.)

Der Melissa-Virus von 1999 dagegen war tatsächlich bösartig. Diese E-Mail enthielt ein Word-Dokument als Attachment und sinngemäß den Text: «Anbei das versprochene Dokument, zeige es niemandem sonst :-)!» Wenn man die Datei öffnete, wurde ein Makrovirus gestartet, der die gleiche E-Mail an alle Adressen verschickte, die er im Adreßbuch des Mailprogramms finden konnte. Der dadurch ausgelöste Schneeball-Effekt brachte mehrere große Internet-Provider zum Stillstand. Das Ganze funktionierte allerdings nur auf Windows-Computern mit Office 97 und Outlook Express. Auf Macs mit Office 98 kann der Virus auch Word-Dateien infizieren, aber es werden keine Mails verschickt.

30 Eine eigene Website erstellen

In diesem Kapitel

Sicherlich geht es Ihnen wie den meisten Internet-Benutzern: Websurfen ist nur die eine Hälfte des World Wide Web. Noch mehr Spaß macht dieses Medium nur dann, wenn Sie Ihre eigenen Webseiten herstellen. Vielleicht wollen Sie damit Werbung für eine Firma machen, entfernt wohnenden Mitgliedern der Familie Ihre Fotos zeigen oder einfach allen Leuten etwas mitteilen, die an Ihrer Seite vorbeikommen.

Um eine Präsenz im Web einzurichten, sind folgende Schritte notwendig:

1. **Erstellen Sie eigene Webseiten.** Diese speziellen Dokumente müssen Sie zwar programmieren, allerdings mit einer der einfachsten «Computersprachen» der Welt: HTML oder Hypertext Markup Language. Jede Webseite basiert auf HTML, einer simplen Sprache aus speziellen Textcodes. Wir werden Ihnen jedoch auch zeigen, daß Sie Webseiten erstellen können, ohne auch nur einmal mit HTML in Berührung zu kommen.

2. **Besorgen Sie sich Platz auf einem Webserver.** Haben Sie Ihre tollen Seiten erst einmal fertiggestellt, müssen Sie sie irgendwie im Internet anbieten ansonsten können Sie nur alle Leute zu sich nach Hause einladen, damit diese sich die Seiten auf Ihrem Computer anschauen können. Deswegen sollten Sie sich einen Internet-Provider suchen, dessen Server eine ständige Verbindung mit dem Internet hat und der Ihre Seiten beherbergt. Auf diese Art und Weise können interessierte Websurfer jederzeit darauf zugreifen, auch wenn Ihr eigener Computer nicht mit dem Internet verbunden ist. (Mehr zu Internet-Providern finden Sie in Kapitel 27.)

3. **Übertragen Sie Ihre Seiten auf den Server.** Ihre fertigen Webseiten können Sie mit Hilfe eines FTP-Programms auf den Server schicken, auf dem Sie Ihre Webseiten ablegen. (Manche speziellen Web-Programme haben auch die nötigen Verwaltungsfunktionen bereits eingebaut.)

4. **Aktualisieren Sie Ihre Webseiten regelmäßig.** Die besten Webseiten sind die, die immer wieder das Interesse der Besucher auf sich ziehen. Um das zu erreichen, müssen Sie die Inhalte ihrer Seiten ständig aktualisieren.

Das war der grobe Überblick, in den folgenden Abschnitten dieses Kapitels erfahren Sie mehr zu den einzelnen Schritten.

ACHTUNG

Das Erstellen von Webseiten können Sie sich ganz leicht oder sehr schwer machen: Je nachdem, was Sie mit Ihrer Arbeit bewirken wollen, welche Werkzeuge Sie verwenden und wieviel Arbeit und Zeit Sie investieren. Die Möglichkeiten sind endlos, die inzwischen zur Verfügung stehenden Technologien ebenfalls. Das ist auch der Grund, warum wir in diesem Kapitel nur eine ganz grundlegende, kurze Einführung in das Thema geben könne.

Lassen Sie sich davon aber nicht abschrecken, und probieren Sie es einfach aus. Wenn Sie Spaß am Erstellen von Webseiten haben, sollten Sie sich weiterführende Bücher besorgen (z.B. das *«Insiderbuch Webdesign»*), eigene Web-Projekte entwickeln und dabei das Handwerk lernen. Sie werden erstaunt sein, was im Webdesign alles möglich ist!

Die Webseiten erstellen

Hinter den Kulissen wird jede Webseite mit Hilfe der Sprache HTML als Textcode programmiert. Bevor Ihre Seiten also ins Web gestellt werden, sehen sie aus wie Textdokumente, die eben diesen Code enthalten. Selbst die Grafiken auf einer Webseite befinden sich nicht im Dokument selbst – der HTML-Code gibt lediglich an, welches Bild wo eingesetzt werden soll. Die Grafiken selbst sind separate Dateien. Sie können Webseiten erzeugen, indem Sie den HTML-Code in einem Texteditor (z.B. SimpleText) eintippen. Sie können sich aber auch ein spezielles Profi-Programm wie Adobe GoLive oder Macromedia Dreamweaver anschaffen. Das Ergebnis ist ein beiden Fällen dasselbe: Textdateien mit HTML-Code.

HTML – kurz erklärt

Hier sehen Sie typischen HTML-Code, bevor er vom Webbrowser als etwas dargestellt wird, das wie eine Webseite aussieht.

```
<HTML>
<HEAD>
<TITLE>Ein einfaches HTML-Beispiel</TITLE>
<H1>Dies ist die erste Überschrift</H1>
Willkommen in der Welt von HTML. Dies ist der erste Absatz.<p>
Der zweite Absatz<p>
<B>Fette Schrift</B>
<CENTER>Oh yeahhhhh!</CENTER>
```

In Abbildung 30.1 sehen Sie, was ein Webbrowser aus diesem Code macht.

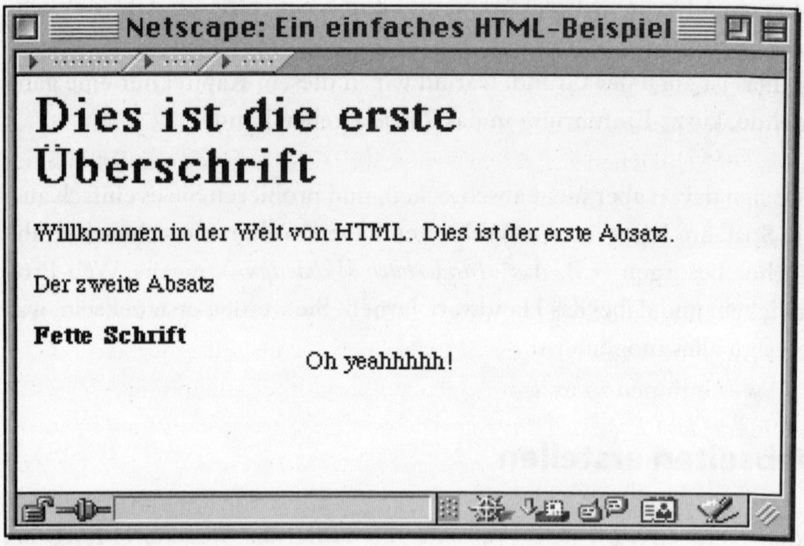

Abb. 30.1 So sieht unser Beispiel für HTML-Code aus, wenn Sie es im Browser betrachten.

Die HTML-Codes befinden sich zwischen den spitzen Klammern und werden Tags genannt. Sie legen fest, welche Formatierung für jede Zeile eingesetzt werden soll. Das HTML-Tag <B> (bold fett) legt z.B. fest, daß der nachfolgende Text fett geschrieben werden soll. Beendet wird der fette Text durch das Abschluß-Tag </B>. Die Tags <CENTER> und </CENTER> zentrieren im Browserfenster den Text, der zwischen diesen Tags steht.

Mit den vielen verschiedenen HTML-Tags können Sie Überschriften, kursive Schrift, Zitate, farbigen und blinkenden Text, Punkt- und numerierte Listen und andere Formate erzeugen. Mit dem Tag <HREF> formatieren Sie Textbereiche in einem Dokument als Hypertext, der auf eine andere URL verweist mit dem Tag <IMG> plazieren Sie eine Grafikdatei (Beschreibungen der Bildformate folgen in diesem Kapitel) in der Webseite.

CD-ROM

Eine komplette HTML-Beschreibung finden Sie auf der CD-ROM zu diesem Buch im Ordner «SelfHTML». Diese Website enthält sehr detaillierte Informationen über die verschiedensten Teile der HTML-Programmierung und damit verwandte Themen.

Programme zum Erstellen von Webseiten

Natürlich brauchen Sie nicht unbedingt spezielle Software, wenn Sie nur aus Spaß eine eigene Webseite erstellen wollen. Schon SimpleText reicht aus, um eine einfache Seite zu gestalten – wenn Sie genau wissen, wie Sie die HTML-Codes eintippen müssen. Allerdings macht diese Arbeitsweise nicht unbedingt Spaß, außerdem schleichen sich leicht Fehler im HTML-Code ein. Schließlich müssen Sie jedesmal erst Ihren Webbrowser starten, um sehen zu können, wie Ihr Dokument tatsächlich aussieht.

Zum Glück eilt Ihnen die Softwareindustrie zu Hilfe. Es gibt viele Programme, mit denen Sie eine Webseite erstellen können, ohne auch nur eine Zeile HTML-Code eintippen zu müssen. Dazu gehören unter anderen die einfacheren Lösungen *Adobe PageMill* und *FileMaker HomePage* (früher Claris) sowie die teureren Profi-Programme *Macromedia Dreamweaver* und *Adobe GoLive*. (*Netobjects Fusion* wird für den Mac leider nicht mehr weiterentwickelt.)

Mit all diesen Programmen können Sie Text ebenso formatieren, wie Sie es aus Ihrer Textverarbeitung gewohnt sind (indem Sie z.B. «Fett» aus einem Menü auswählen). Außerdem ist es mit dieser Software auch einfacher, Hypertext-Links oder Grafiken in eine Webseite einzubinden. Aber nun kommt der Clou: In WYSIWYG-Programmen (What You See Is What You Get – Sie sehen genau das, was am Ende herauskommt) sehen Sie immer, wie Ihre Webseite gerade aussieht, ohne sie in einem Browser öffnen zu müssen. Natürlich können Sie auch noch per Hand HTML-Code in Ihre Seiten einbinden – Sie müssen es allerdings nicht. Den HTML-Code erzeugt das Programm nach Ihren Formatierungen für Sie.

ACHTUNG

So schön, wie sich das hier liest, funktioniert es leider nicht immer. Auch wenn die Situation in den letzten Jahren deutlich besser geworden ist, können Sie sich bei WYSIWYG-Programmen nicht immer komplett darauf verlassen, daß Ihre Arbeit im Browser tatsächlich genau so aussieht wie in der Voranzeige. Verschiedene Browser in verschiedenen Versionen und auf verschiedenen Computern stellen leider nach wie vor die Seiten etwas anders dar. Darum können Sie sich auf die Vorschau des WYSIWYG-Programmes nur begrenzt verlassen – das Web ist nun mal keine gedruckte Seite, die immer gleich aussieht.

Zusätzlich gibt es noch das Problem, daß die Software immer an die Weiterentwicklung von HTML angepaßt werden muß, um mit den neuen Möglichkeiten umgehen zu können. Zum Glück ist die Entwicklung hier nicht mehr so rasant wie noch vor einigen Jahren, aber ab und an kann es Ihnen trotzdem passieren, daß Sie HTML-Code von Hand schreiben müssen, um einen bestimmten Effekt zu erreichen. Gute WYSIWYG-Programme erlauben Ihnen darum, den HTML-Code direkt zu ändern und tolerieren Ihre Anpassungen, ohne sie zu zerstören.

HEISSER TIP

Zwischen dem simplen, fehleranfälligen Texteditor und dem teuren WYSIWYG-Programm gibt es mit speziellen HTML-Editoren noch einen Mittelweg. Mit diesen Programmen müssen Sie den HTML-Code zwar auch selbst schreiben, aber die Software fügt z.B. die Codes per Menübefehl ein, unterstützt Sie beim Entwurf komplexer Tabellen und überprüft Ihren Code auf Fehler. Diese Programme sind ein guter Kompromiß, wenn Sie die Dinge mit HTML komplett unter Kontrolle haben wollen, ohne sich dabei zu sehr auf die exakte Syntax des Codes konzentrieren zu müssen.

CD-ROM

Auf der CD zu diesem Buch finden Sie einige Werkzeuge, die Ihnen beim Erstellen von Webseiten helfen, außerdem enthält auch das Communicator-Paket von Netscape einen einfachen WYSIWYG-Editor zum Erstellen von Webseiten. Am besten probieren Sie einfach aus, was für Ihre Arbeitsweise am besten geeignet ist!

Das Design

Webseiten können sehr unterschiedlich aussehen, wie Sie schon nach einigen Minuten im World Wide Web bemerken werden. Manche Seiten sehen wie Werbeanzeigen aus: schöne farbige Fotos und markanter Text vor einem hellen Hintergrund – alles in professionellem Layout angeordnet. Manche scheinen aus einem Computerspiel zu kommen: rote Schrift auf schwarzem Grund. Andere Webseiten dienen ausschließlich als Mittel zum Zweck: Eine 12 Punkt große Standardschrift vor einem einheitlich grauen Hintergrund. Diese wurden vielleicht von einer wissenschaftlichen Einrichtung zur Bekanntgabe wichtiger Informationen angelegt, ohne dabei auf das Design besonderen Wert zu legen. Ihre eigene Webseite kann so aussehen, wie Sie möchten – aber bemühen Sie sich um ein gutes Design für Ihre Zwecke!

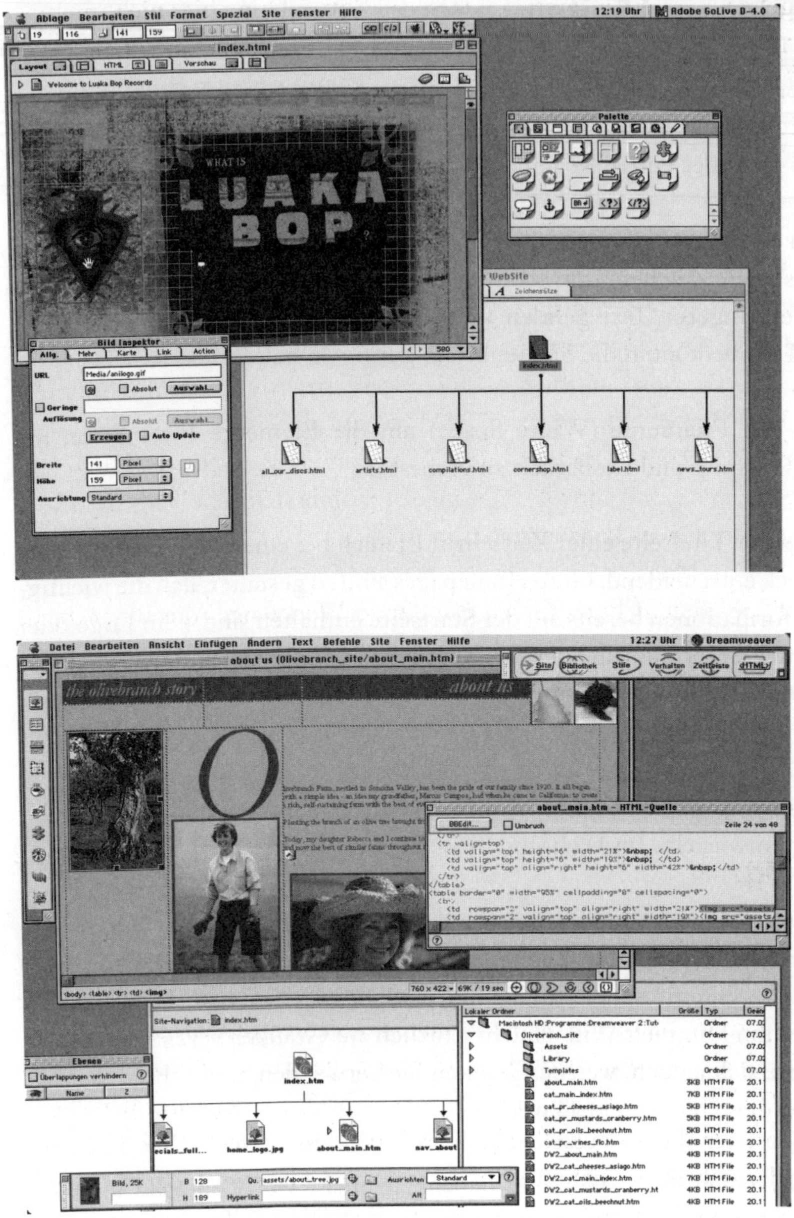

Abb. 30.2 Mit Adobe GoLive (Bild oben) und Macromedia Dreamweaver (Bild unten) können Sie Webseiten erstellen, ohne den HTML-Code selbst schreiben zu müssen.

Webdesign und Seiten-Layout

In gewisser Weise ist das Design von Webseiten dem Layout von Druckseiten ähnlich (siehe Kapitel 22), und trotzdem handelt es sich um grundverschiedene Dinge. Es gibt aber einige Regeln, die für Layout *und* Webdesign zutreffen:

- Lassen Sie Ihren Text nicht über die ganze Seite fließen. Zeilen, die länger sind als ca. 90 Zeichen, sind schwer zu lesen. Wenn Sie wollen, daß ein Artikel oder längerer Text gelesen wird, verwenden Sie Einzüge (oder eine HTML-Tabelle), um die Spaltenbreite gering zu halten.

- Lassen Sie Freiräume (White Space) um die Elemente Ihrer Seite, um deren Wirkung und Lesbarkeit zu verbessern.

- Wie bei der Titelseite einer Zeitschrift ist auch bei einer Webseite der erste Eindruck entscheidend. Gute Homepages sind so gestaltet, daß die wichtigsten Informationen bereits auf der Startseite enthalten sind – ein Logo oder ein aktueller Termin, ein oder zwei Grafiken, ein Hinweis auf den Inhalt der Site. Diese Eingangsseite sollte auf einen Bildschirm passen, ohne gescrollt werden zu müssen.

Die folgenden Regeln spielen keine Rolle, wenn Sie ein Design für die Ausgabe auf Papier entwickeln. Im Web sind Sie jedoch von großer Bedeutung.

- Grafiken sind nicht immer gut für das Webdesign geeignet. Durch jede Grafik braucht Ihre Seite länger zum Laden, und wer einmal zu lange warten mußte, kommt wahrscheinlich nicht wieder zur Site zurück. Nun sollen Sie aber um Himmels Willen nicht gänzlich auf Grafiken verzichten. Überlegen Sie sich jedoch, welche Grafiken Sie verwenden, und achten Sie darauf, daß diese nicht zu groß werden.

CD-ROM

- Beim Erstellen einer Webseite haben Sie nicht viel Kontrolle über die Schriftarten. Die Schriften, mit denen Sie die Seite gestalten, werden möglicherweise beim Betrachter durch andere ersetzt. Falls Ihnen bestimmte Schriftarten in Überschriften oder Logos besonders wichtig sind, sollten Sie diese in einem Grafikprogramm wie *Photoshop* oder *ColorIt* (auf der CD zum Buch) erstellen, das Ergebnis als Grafik speichern und auch als solche in die Webseite einbinden. Allerdings können Suchmaschinen keinen Text erkennen, der als Grafik gespeichert ist.

Alternativ steht Ihnen das HTML-Tag FONT FACE zur Verfügung, um eine Schriftart zu definieren. Damit können Sie sogar zwei Ausweichmöglichkeiten für Schriften angeben, falls die erste nicht auf dem Computer des Betrachters vorhanden ist. In einem Beispiel sieht das so aus:

```
<FONT FACE="Palatino,Times, Helvetica"> Hallo Besucher! </FONT>
```

Wenn diese Schriftarten auf dem Computer des Betrachters jedoch nicht zur Verfügung stehen, werden sie durch die jeweils eingestellte Standardschriftart ersetzt.

- Die Besucher Ihrer Website betrachten Ihre Seiten auf einem Bildschirm in gewissem Abstand. Deshalb sollten sie Schriften verwenden, die deutlich größer sind als das beim Druck auf Papier notwendig ist. Auf vielen Webseiten finden Sie riesige Textblöcke in winziger 6-Punkt-Schrift – so etwas kann kein Mensch lesen! (Zwar lassen sich in manchen Browsern die Schriften vergrößern, Sie sollen es dem Besucher jedoch nicht gleich zu Beginn so schwer machen.)

- Die Navigation im Web gestaltet sich schwieriger als in einer Zeitschrift. Deshalb sollten Sie eine konsistente Navigationsleiste an einem Rand Ihrer Seite anbringen, damit sich die Besucher nicht verlieren.

- Beachten Sie, daß Webseiten nicht wie Druckerzeugnisse gelesen werden. Vielmehr tastet das Auge des Lesers den Text auf der Suche nach Hervorhebungen ab, an denen es sich orientieren kann. Bauen Sie diese Hervorhebungen (z.B. als Fett-Formatierung oder Hyperlinks) in Ihre Texte ein, um das Lesen zu erleichtern.

- Jeder Browser ist anders. Seiten, die in Netscape Navigator super aussehen, können im Internet Explorer völlig durcheinandergeraten – und umgekehrt. Sogar in unterschiedlichen Versionen desselben Browsers werden die Seiten oft verschieden angezeigt. Testen Sie deshalb Ihre Seiten auf unterschiedlichen Browsern, bevor Sie sie im Web anbieten.

- Denken Sie daran, daß Ihre Seiten von Benutzern mit unterschiedlichen Computersystemen angesehen werden, die verschiedene Betriebssysteme, Monitorgrößen und darstellbare Farben haben. Gestalten Sie Ihre Seiten so, daß sie auch für Besitzer leistungsschwächerer Systeme annehmbar sind.

ACHTUNG

Auf dem Mac sieht Schrift immer um ca. 20 % kleiner aus als unter Windows, außerdem erscheinen Bilder auf einem Windows-PC dunkler als auf Ihrem Mac. Behalten Sie diese Tatsache beim Entwurf Ihrer Seiten und beim Vorbereiten der Grafiken im Hinterkopf.

- Das Web erlaubt alle möglichen Computerspielereien: blinkenden Text, Animationen, Java-Programmierung und Plug-Ins. Alle diese Funktionen haben einen entscheidenden Nachteil: sie verlängern oft die Ladezeit einer Seite unnötig und lenken den Benutzer ab. Oft klickt er darum bei Animationen und blinkendem Text gleich weiter zur nächsten Seite, wenn er Kopfschmerzen und Langeweile beim Warten vermeiden will. Außerdem sollten Sie wirklich gute Gründe haben, warum der Benutzer ein zusätzliches Plug-In laden muß, um Ihre Webseite betrachten zu können. Oftmals muß er zuerst zu einer anderen Webseite gehen, um sich von dort das Plug-In zu laden dieses muß installiert und der Browser neu gestartet werden, bevor der Besucher endlich in der Lage ist, Ihre Seite zu betrachten. Wenn sich diese Aufwand nicht lohnt, haben Sie einen ärgerlichen Surfer mehr, der garantiert nicht zu Ihrer Site zurückkehrt.

HEISSER TIP

Wenn Sie auf Plug-Ins zurückgreifen müssen, dann benutzen Sie möglichst solche, die mit den meisten Browsern installiert werden. Vor allem für Animationen und Interaktivität auf Webseiten bietet sich das Flash-Format von Macromedia an.

- Vermeiden Sie auch komplizierte Hintergrundmuster, sonst kann es passieren, daß die Inhalte Ihrer Seite nicht mehr lesbar sind.

  Hintergrundmuster binden Sie folgendermaßen in Ihre Seite ein:

```
<BODY BGCOLOR="#FFFFFF" background="bild.gif">
```

  «bild.gif» repräsentiert in diesem Fall den Namen der Bilddatei, die sich im Hintergrund Ihrer Seite wiederholen soll.

HEISSER TIP

Das Web ist ein Medium mit eigenen Gesetzmäßigkeiten und Stolpersteinen. Wenn es Sie interessiert, warum manche Dinge funktionieren und andere nicht, finden Sie unter *www.useit.com* viele erklärende Artikel (in Englisch).

Schritt für Schritt

In diesem Abschnitt werden Sie erfahren, wie Sie einfache Web-Effekte in Ihre Webseite einfügen – entweder mit einem Drag&Drop-Programm wie *Home-Page* oder einem Texteditor wie *SimpleText* oder *BBEdit Lite*.

Wenn Sie ein WYSIWYG-Programm zum Erstellen von Webseiten verwenden, müssen Sie beachten, daß Sie für einige der folgenden Tips in den HTML-Modus schalten (*Fenster/HTML bearbeiten* o.ä.) und einige HTML-Befehle eingeben müssen. Aber keine Panik: Ein wenig HTML hat noch niemandem geschadet!

HEISSER TIP

Noch ein Hinweis: Wenn Sie nicht gute Gründe haben, sich nicht daran zu halten, dann sollten Sie alle Einzelteile Ihrer Webseite im selben Ordner auf Ihrer Festplatte aufbewahren – also das HTML-Dokument (oder die Datei, die Sie mit dem WYSIWYG-Editor erzeugt haben) sowie die verschiedenen Grafiken und sonstigen Elemente. Später wird Ihnen das viel Kopfzerbrechen ersparen, denn wenn z.B. eine Grafik aus diesem Ordner entfernt wird, wird sie später im Web nicht mehr sichtbar sein.

Außerdem sollten Sie in den Namen Ihrer HTML-Dokumente und Grafikdateien keine Leerzeichen, Sonderzeichen oder Umlaute verwenden. Benutzen Sie Unterstriche (_), wenn Sie Trennungen nicht umgehen können. So können Ihre Dateien nicht nur auf Macs, sondern auch auf Computern mit anderen Betriebssystemen betrachtet werden.

ACHTUNG

Wenn Sie Ihre Webseiten auf einem Server ablegen, so gelten dabei eventuell bestimmte Regeln für die Bezeichnung der Dateien. Viele Webserver laufen unter Unix-Betriebssystemen, bei denen einige Zeichen besondere Bedeutung haben. Erkundigen Sie sich im Zweifelsfall beim Betreiber des Servers, welche Konventionen für Dateinamen Sie in Ihren Webseiten einhalten müssen.

Eine Tabelle erzeugen

Tabellen gehören zu den wichtigsten Hilfsmitteln beim Erstellen von Webseiten. Dabei müssen sie nicht wie herkömmliche Tabellen aussehen sie wirken eher als unsichtbare Raster ähnlich den Hilfslinien in einem Seitenlayout-Programm. Viele professionell entworfene Webseiten basieren auf Tabellen.

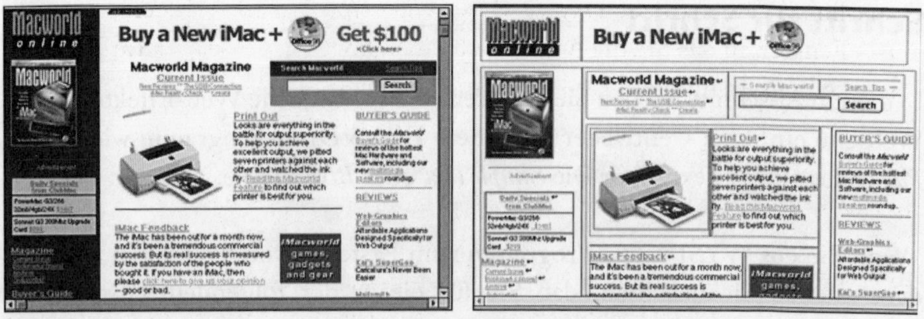

Abb. 30.3 Die Site des Magazins Macworld (links) sieht nicht aus, als bestünde sie aus Tabellen. Aber genau das ist der Fall. Sie können das herausfinden, indem Sie die Seite als HTML-Ressource speichern und in Ihrem Programm zum Erstellen von Webseiten (im Beispiel: Home-Page, rechts) anschauen. Dort erkennen Sie die grauen Tabellenlinien.

Wie in einer Textverarbeitung können auch hier die Spalten der Tabelle in ihrer Breite verändert werden. Wenn Sie in eine Zeile mehr Text oder eine größere Grafik einfügen, wird diese automatisch größer. Die folgenden Zeilen sind dann entsprechend ausgerichtet.

In einem WYSIWYG-Programm müssen Sie nur den Befehl *Einfügen/Tabelle* wählen, um eine Tabelle zu erzeugen. (Mit normalem HTML ist dies weitaus komplizierter, deswegen verzichten wir an dieser Stelle auf eine genauere Beschreibung.) Wählen Sie 0 (Null) als Breite für den Tabellenrand, um die Linien der Tabelle sichtbar zu machen.

HEISSER TIP

Wollen Sie – so wie viele Profis – Tabellen für das Layout Ihrer Seiten benutzen, so lohnt es sich, die grobe Aufteilung zuerst auf einem Blatt Papier zu skizzieren und dann mit Hilfe des HTML-Programmes «nachzubauen». Außerdem sollten Sie die fertige Tabelle mit verschiedenen Browsern testen, weil es gerade auf diesem Gebiet einige unangenehme Unterschiede zwischen den Programmen gibt.

Einen Link erstellen

Einen wesentlichen Reiz des WWW macht natürlich aus, daß Sie ein HTML-Dokument mit anderen verknüpfen können. Das tun Sie mit Hilfe von Hypertext-Links oder verlinkten Grafiken, also mit Verweisen, die Sie zum anderen Dokument führen, sobald der Nutzer darauf klickt. (Mehr dazu finden Sie in Kapitel 28.) Um in einem WYSIWYG-Programm einen Link zu erzeugen, markieren Sie etwas Text daraus wird später der blau unterstrichene, klickbare

Hyperlink. Wählen Sie nun *Fenster/Link Editor öffnen* (o.ä.). Meist erscheint ein neues Fenster, in das Sie die Adresse eingeben können, zu der der Link führen soll. (Sie können mit dem Link auch auf eine Ihrer eigenen Seiten verweisen.)

In einem Texteditor sieht das in reinem HTML wie folgt aus:
<A HREF="produkte.html">Für die Produktliste bitte hier klicken.</A>

Zwischen den Anführungszeichen finden Sie die Zieladresse, zu der der Link führen soll. Vor dem Abschlußtag </A> steht der Text, der auf Ihrer Webseite als Link erscheint.

Eine Grafik einbinden

Bereiten Sie die Grafik als PNG, GIF oder JPEG vor. Wichtig ist hier, daß die Erweiterung am Namen der Grafik dem Dateiformat entspricht, also .gif für ein GIF, .jpg für ein JPEG und .png für ein PNG. So sind auch andere Computer außer Macs in der Lage, diese Bilder zu öffnen.

In einem WYSIWYG-Programm können Sie die Grafikdatei per Drag&Drop direkt auf der Webseite plazieren. Wenn Sie den HTML-Code von Hand erstellen, benutzen Sie das Tag IMG wie folgt (zwischen den Anführungszeichen finden Sie den Namen der Grafikdatei): <IMG SRC="pflaume.jpg">.

Möchten Sie das Bild im Verhältnis zum Text ausrichten, können Sie eine Tabelle verwenden (30.3). Plazieren Sie das Bild in der einen, den Text in der anderen Zelle der Tabelle.

Eine farbige Leiste am linken Rand der Seite

Weit verbreitet sind farbige Navigationsleisten am linken Rand einer Webseite (30.4). Dadurch haben Sie die Möglichkeit, die Hauptspalte der Seite schmaler und besser lesbar zu halten, außerdem können Sie in der Leiste wichtige Navigationshilfen unterbringen. Diesen Effekt erreichen Sie, indem Sie eine GIF-Grafik erstellen, die ca. 30 Pixel hoch und breit genug ist, um ein normales Browserfenster zu füllen. Füllen Sie den linken Rand der Grafik mit einer Farbe, wie im oberen Bild in Abbildung 30.4 zu sehen ist. Speichern Sie die Datei als GIF (z.B. «background.gif») in Ihrem Webseiten-Ordner.

Schalten Sie in den HTML-Modus. Setzen Sie am Anfang des Dokuments nach dem Tag BODY BGCOLOR folgenden HTML-Code ein:
<BODY BGCOLOR="#FFFFFF" background="background.gif">

Grafikformate für das Web

Wenn Sie Grafiken für das Web erstellen, haben Sie drei Möglichkeiten. Diese drei Formate komprimieren die Bildinformationen so, daß sie im Web effektiver benutzt werden können.

- **JPEG** . JPEG ist die Abkürzung für Joint Photographic Experts Group. Von dieser Organisation wurde das Bildformat entwickelt, um Fotografien zu komprimieren. Es handelt sich dabei um ein verlustbehaftetes Komprimierungsverfahren, bei dem überflüssige Details verworfen und die Farben im Bild zusammengefaßt werden. Zur Komprimierung von Bildern, die große, gleichfarbige Flächen enthalten, ist dieses Verfahren nicht geeignet. JPEG-Dateien werden von allen gängigen Browsern unterstützt.

- **GIF** GIF ist das im Web am häufigsten verwendete Format, es wird vor allem für Grafiken, also für Bilder mit gleichmäßig gefärbten Bereichen mit gut erkennbaren Kanten benutzt (Logos, Linienzeichnungen, Text, Diagramme). GIF ist die Abkürzung für Graphics Interchange Format. GIF-Dateien können maximal 256 Farben enthalten, für Fotos sind sie deshalb nur beschränkt einsetzbar. GIF-Dateien werden von allen Browsern unterstützt.

- **PNG.** PNG, kurz für Portable Network Graphics, ist ein recht neues Format, das in Zukunft GIF-Dateien ersetzen soll und vorwiegend für Grafiken eingesetzt wird. PNG-Dateien sind 10 bis 30 Prozent kleiner als GIFs, außerdem können sie mehr Farben enthalten. Mit Hilfe des sogenannten Interlacing-Verfahrens (siehe weiter hinten) haben Sie eine Art Vorschau, die schneller lädt als das gesamte Bild. PNG-Dateien werden von den wichtigsten großen Webbrowsern unterstützt.

Diese Codezeile haben Sie schon einmal gesehen? Richtig, damit fügen Sie Hintergrundkacheln in eine Webseite ein. In unserem Falle wird die GIF-Datei jedoch nur untereinander wiederholt, da sie ja bereits genauso breit wie das gesamte Browserfenster ist. Auf diese Weise entsteht der Streifen auf der linken Seite.

Machen Sie die Grafik für den Hintergrundstreifen so breit, daß sie auch über einen größeren Monitor reicht. Wenn das nicht der Fall ist, erscheint der farbige Streifen am Ende des hellen Bereiches erneut und zerstört so eventuell das Design der Seite.

FEHLER

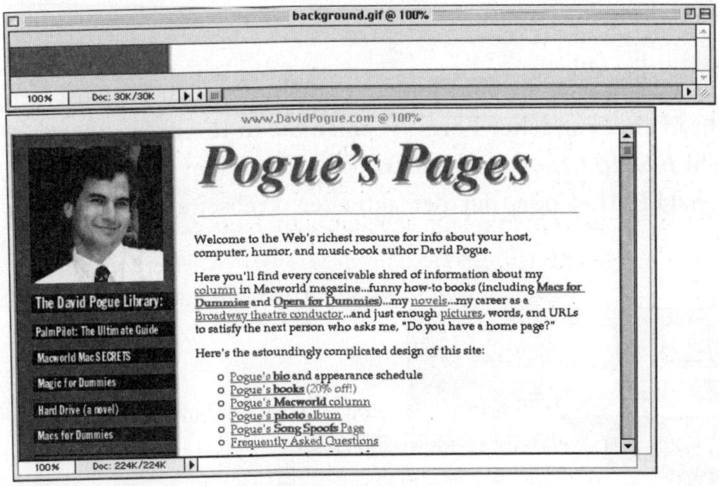

Abb. 30.4 Die GIF-Datei mit dem Streifen auf der linken Seite erzeugt einen Hintergrund mit einem vertikalen Streifen, wie im unteren Bild zu sehen ist.

Unnumerierte Listen

In WYSIWYG-Programmen ist es sehr einfach, solche Listen zu erstellen. Sie wählen den entsprechenden Befehl einfach aus dem jeweiligen Menü aus. In einem Texteditor verwenden Sie die HTML-Tags UL (für die Art der Liste) und LI (für jeden Listeneintrag). Der Code sieht so aus:

```
<UL>
  <LI>Der erste Eintrag in der Liste
  <LI>Der zweite Eintrag in der Liste
  <LI>...und noch einer – der dritte Eintrag
</UL>
```

Tips und Tricks für den Umgang mit HTML

Existierenden Code nutzen

HEISSER TIP

Beim Erstellen von Webseiten, auch wenn Sie den HTML-Code selbst schreiben, müssen Sie das Rad nicht neu erfinden. Code und Gestaltungsideen können Sie sich im Web borgen.

Suchen Sie sich eine Webseite, die ein Element enthält, das auch Sie einsetzen wollen – vielleicht in abgewandelter Form. Wählen Sie in Ihrem Webbrowser einfach den Befehl *Inhalt/Dokumentenquelltext* (o.ä.). Sie sehen in einem separaten Fenster den HTML-Code, der der aktuellen Webseite zugrundeliegt (30.5).

Abb. 30.5 Die Webseite (links) und der zugrundeliegende HTML-Code (rechts). Studieren Sie den Code, lernen Sie dazu, außerdem können Sie ihn auch mit Kopieren und Einfügen in Ihren eigenen Seiten verwenden.

Alternativen anbieten

Um schnell von Seite zu Seite surfen zu können, schalten Websurfer mit langsameren Anbindungen ans Internet oftmals die Grafiken in ihrem Browser aus. Im ersten Bild in Abbildung 30.6 sehen Sie eine Webseite, in der die Grafiken ausgeschaltet sind – diese läßt einiges zu wünschen übrig. Ihre Besucher sehen nichts als leere Kästen, wo sich eigentlich die Grafiken befinden sollten. Die zweite Seite in der Abbildung hat da schon mehr zu bieten, denn dort wird in kurzen Worten erklärt, was der Besucher verpaßt, wenn die Grafiken ausgeschaltet sind.

Diesen alternativen Text können Sie mit dem Tag ALT erzeugen. In einem WYSIWYG-Programm wählen Sie einfach den entsprechenden Menübefehl aus, in einem Texteditor geben Sie folgenden Code ein:
<IMG SRC="Anfahrt.gif" ALT="Wie Sie zu uns kommen.">

Dieser Code legt fest, daß die Grafik alternativ durch den Text zwischen den Anführungszeichen ersetzt wird. Abgesehen davon, daß Webseiten so auch ohne Grafiken benutzbar werden, ist dies die einzige Möglichkeit, wie Blinde im Web surfen können. Spezielle Software kann zwar die Webseiten vorlesen, allerdings nur dann, wenn es etwas zu lesen gibt.

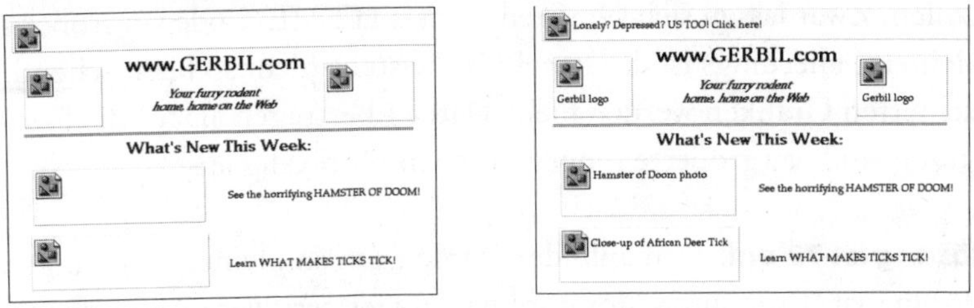

Abb. 30.6 Dieselbe Webseite bei ausgeschalteten Grafiken: links ohne, rechts mit Alternativen.

Interlacing und Größenangabe

Ein netter Trick sind Interlaced Grafiken. Solche Bilder erscheinen erst unscharf und grob gerastert und werden dann mit der Zeit scharfgestellt. Der Vorteil ist, daß beim Laden schon nach sehr kurzer Zeit eine unscharfe Version des Bildes auf Ihrem Bildschirm erscheint. Sie können selbst einschätzen, ob Sie warten wollen, bis die Grafik scharfgestellt ist, oder ob Sie sich schon vorher zum nächsten Link begeben. Interlaced GIFs oder PNGs können Sie erstellen, indem Sie beim Speichern der Datei im Grafikprogramm die Option *Interlaced* einschalten. In jedem Fall erhalten Sie Grafiken, die scheinbar schneller geladen werden. Tatsächlich ist das nicht so, aber weil die Benutzer bereits zu Beginn des Ladevorganges etwas sehen, kommt es ihnen so vor, und sie haben nicht das Gefühl, nutzlos warten zu müssen.

HEISSER TIP

Enthält Ihre Webseite Bilder und Text, so sollten Sie beim HTML-Code für die Bilder unbedingt die Attribute *Width* und *Height* setzen. Damit weiß der Browser sofort nach dem Laden der HTML-Seite, wieviel Platz er für die Bilder lassen muß. Der Text wird dann bereits angezeigt, während noch die Daten für die Bilder übertragen werden, und der Benutzer hat die Seite bereits teilweise vor sich und kann schon mit dem Lesen beginnen.

Kleine Grafiken

Wie Sie sicher schon mitbekommen haben, ist ein wichtiger Faktor für eine erfolgreiche Webseite, daß sie schnell geladen und im Browser des Betrachters angezeigt wird. Damit das funktioniert, müssen vor allem die eingebetteten Grafiken möglichst klein, aber trotzdem noch erkennbar sein.

Diese Balance erreichen Sie um so besser, je mehr Übung Sie in der Bildbearbeitung für das Web haben. Für den Anfang hier einige Tips:

- **Wählen Sie die richtige Größe.** Bringen Sie die Bilder in Ihrem Bildverarbeitungsprogramm auf die Größe, mit der sie auf der Webseite angezeigt werden sollen. Zwar lassen sich Grafiken mittels HTML-Code vergrößern und verkleinern, allerdings ist das Ergebnis meistens nicht so berauschend. Bei verkleinerten Grafiken werden mehr Daten übertragen als für die Darstellung nötig sind, vergrößerte hingegen sehen oft pixelig aus.

- **Die Auflösung ist 72 dpi.** Bitmapbilder werden um so kleiner, je geringer ihre Auflösung ist. Computer-Monitore haben viel geringere Auflösungen als Drucker, so daß Sie in der Praxis alle Bilder für das Web auf 72 dpi reduzieren sollten. Sie werden erstaunt sein, wie dabei die Dateigröße abnimmt!

- **Benutzen Sie das passende Format**. Entscheiden Sie je nach Inhalt der Grafik oder des Bildes, in welchem Format Sie es speichern. Für Bilder mit vielen Halbtönen – wie Fotos – ist JPEG die bessere Wahl. Logos und andere Grafiken mit großen, einfarbigen Flächen lassen sich dagegen mit GIF oder PNG besser komprimieren. Probieren Sie im Zweifel aus, welches Verfahren besser aussieht, und welcher Kompromiß zwischen Qualität und Dateigröße noch akzeptabel ist.

- **Indizierte Farben.** Sie können GIF-Bilder noch mehr verkleinern, indem Sie die Anzahl der Farben im Bild reduzieren. (In Photoshop heißt der entsprechende *Befehl Bild/Modus (Indizierte Farben.)* Je nach Art des Bildes müssen Sie nicht alle 256 Farben benutzen, sondern kommen manchmal sogar mit 16 oder weniger Farben aus und können, die Dateigröße zusätzlich reduzieren. Probieren Sie aus, welche Anzahl Farben gerade noch vertretbar ist.

Die Webseiten publizieren

Haben Sie Ihrer Website den letzten Schliff verpaßt, wird es Zeit, Ihre Arbeit im Internet zu präsentieren. Dazu brauchen Sie einen Server, der permanent mit dem Netz verbunden ist, nie abgeschaltet wird und Ihre Seiten den Websurfern zur Verfügung stellt.

EINSTEIGER

Theoretisch könnten Sie einen solchen Server bei sich zu Hause betreiben, allerdings ist das wegen der damit verbundenen Kosten nicht sehr sinnvoll. Aus diesem Grund bieten heute fast alle Internet-Provider neben Einwahldiensten und E-Mail auch die Möglichkeit, eigene Webseiten auf ihren Servern bereitzuhalten. Die konkreten Bedingungen sind je nach Anbieter recht unterschiedlich, für eine einfache Website aus einigen Seiten und einer begrenzten Menge an Grafiken oder anderen Inhalten reichen die Inklusiv-Pakete vieler Anbieter jedoch meist aus. Ähnlich verhält es sich bei den Onlinediensten, die ihren Mitgliedern auch Platz für eigene Homepages zur Verfügung stellen.

HEISSER TIP

Nehmen Sie sich Zeit, um den besten Anbieter für Ihre Seiten zu finden. Achten Sie dabei vor allem darauf, wieviel Platz Ihnen zu welchen Konditionen zur Verfügung gestellt wird und ob die Abrechnung eventuell nach der Menge der transferierten Daten erfolgt. Ist das der Fall, dann kann Sie eine erfolgreiche Website im wahrsten Sinne des Wortes teuer zu stehen kommen, weil bei vielen Besuchern natürlich auch eine große Menge an Daten übertragen wird.

Auch hier gilt: Lesen Sie das Kleingedruckte, vergleichen Sie und finden Sie für Ihre Zwecke das beste Angebot. Achten Sie vor allem bei sehr preiswerten Angeboten auf die Vertragsbedingungen, um späteren Ärger zu vermeiden.

POWER USER

Zu einer tollen Website gehört eigentlich auch ein aussagekräftiger Name – «www.mein-hamster.de» merkt sich schließlich viel besser als «www.provider.net/home/~hamster». Fast alle Internet-Provider registrieren solche Domainnamen für Sie und leiten Anfragen an deren Adresse auf ihre eigenen Server weiter. Die Kosten für die Registrierung der Namen variieren ebenfalls.

Sobald Sie einen Platz für Ihre Webseiten gefunden haben, ist der Rest recht einfach: Benutzen Sie ein FTP-Programm wie *Fetch* oder *Anarchie*, um die Seiten damit auf den Server des Anbieters zu übertragen (30.7). (Manche Programme zum Erstellen von Webseiten haben auch eine eingebaute Funktion zum Transfer der Seiten auf den Server.)

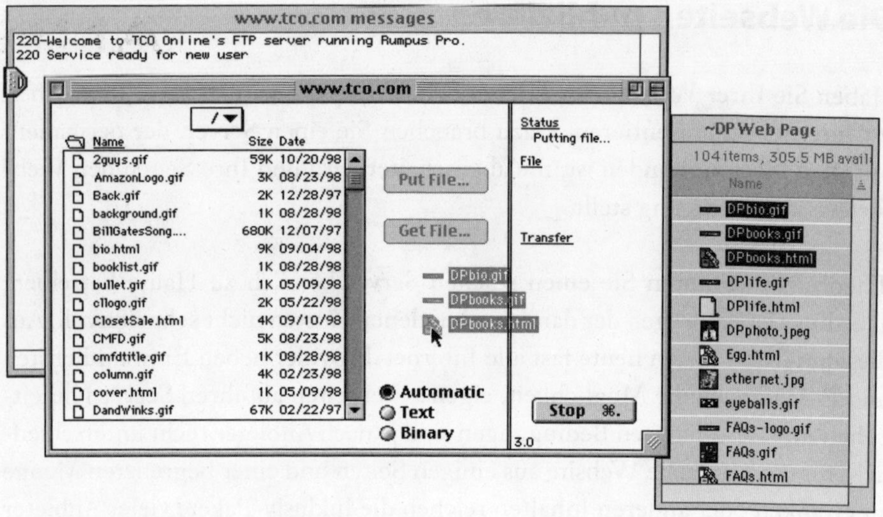

Abb. 30. 7 Transportieren Sie Ihre Webseiten und Grafiken mit einem FTP-Programm wie Fetch zum Server – sogar per Drag & Drop.

Wenn alles geklappt hat, können Sie die Adresse Ihrer neuen Website in den Browser eintippen und die Homepage müßte sich aufbauen. Testen Sie dann möglichst alle Seiten und Links und finden Sie so heraus, ob auch auf dem Server alles so funktioniert, wie Sie es geplant haben. Auf diese Art erkennen Sie Fehler, die Ihnen beim Erstellen der Seiten eventuell entgangen sind.

Gratulation – Sie haben es geschafft, Ihre eigene Homepage ist im Internet! Nun können Sie Ihren Freunden und Verwandten die Adresse mitteilen und auf regen Besuch hoffen. Wollen Sie darüber hinaus, daß auch andere Internet-Benutzer auf Ihre Arbeit zugreifen, sollten Sie Ihre Website bei den verschiedenen Suchmaschinen anmelden. Sie können das auf den Webseiten der Dienste tun oder mit dem Shareware-Programm *VSE Be Found* automatisieren.

HEISSER TIP

Zum Schluß noch ein wichtiger Hinweis: Pflegen und aktualisieren Sie Ihre Webseiten gelegentlich. Nur mit neuen Inhalten können Sie Ihre Besucher motivieren, öfter wiederzukommen. Das gilt vor allem dann, wenn Ihre Seiten Informationen für ein breites Publikum enthalten, bei einem Familien-Fotoalbum ist das nicht ganz so wichtig. Überprüfen Sie auch, ob Verweise auf externe Webseiten noch funktionieren, um Frust bei Ihren Benutzern zu vermeiden.

ANHANG

ANHANG 1 Die Zehn Gebote

Nach so vielen Seiten über die unterschiedlichsten Mac-Themen fragen Sie sich vielleicht, ob es überhaupt möglich ist, die wichtigsten Fakten in zehn Punkte zu fassen. Genau wissen wir das auch nicht, aber wir wollen es zumindest versuchen. Wenn Sie alle diese Tips schon kennen und befolgen, so ist das hervorragend. Fragen Sie sich aber bei manchen Punkten, warum sie mit in der Liste stehen, und lesen daraufhin weiter vorn in diesem dicken Buch genauer nach, haben wir unser Ziel erreicht.

Falls Sie feststellen, daß die folgenden Gebote nicht gerade Mac-typisch sind und außerdem zum großen Teil auf gesundem Menschenverstand beruhen, dann haben Sie völlig recht. Leider halten sich viel zu wenige Computerbenutzer daran und müssen den Preis für ihre Nachlässigkeit zahlen.

Erstes Gebot: Sichern Sie Ihre Daten.

Egal was passiert, mit einer aktuellen Sicherung Ihrer Daten sind Sie für alle Katastrophen gewappnet. Egal ob ein Hardwarefehler, ein amoklaufendes Programm, Ihre eigene Nachlässigkeit, ein Stromausfall oder gar ein Diebstahl Ihre Computeranlage unbenutzbar macht – mit einer Sicherheitskopie können Sie Ihre Arbeit auf einem anderen Computer fortsetzen oder das beschädigte Gerät nach der Reparatur wieder in den alten Zustand versetzen. Schaffen Sie sich ein Wechselplatten-Laufwerk oder einen CD-Recorder an und sichern Sie lieber zu oft als zu selten, denn der gemeinste Spruch in der Computerbranche lautet: «Sicherheitskopien schaden nur dem, der keine hat!».

Zweites Gebot: Pflegen Sie die Festplatte.

Massenspeicher – vor allem Festplatten – sind Geräte, die mechanisch funktionieren und teilweise im Dauerbetrieb arbeiten. Irgendwann kommt es dabei mit Sicherheit zu Fehlern, auch wenn das bis zu mehreren Jahren dauern kann. Es muß aber nicht gleich ein Totalausfall sein, auch im täglichen Betrieb können kleinere Defekte auftreten, die Sie gar nicht bemerken. Damit daraus keine großen Katastrophen werden, sollten Sie die Festplatte von Zeit zu Zeit vorbeugend pflegen: Bauen Sie wenigstens einmal im Monat die Schreibtischdatei neu auf und benutzen Sie in regelmäßigen Abständen ein Festplatten-Reparatur-Programm wie Apples *Erste Hilfe*, die *Norton Utilities* oder *TechTool Pro*.

HEISSER TIP

Eigentlich reichen die Fähigkeiten von Apples Programm Erste Hilfe für die meisten Fälle aus. Trotzdem sollten Sie sich ein kommerzielles Programm zulegen, das die Festplatte vorbeugend schützt. Tritt dann ein Notfall ein, sind Sie sehr viel besser gerüstet. Wenn Sie eine solche Software benutzen und regelmäßig Ihre Daten sichern, kann Sie nichts mehr erschüttern.

Drittes Gebot: Schützen Sie sich vor Viren.

Lange Jahre waren Viren auf dem Mac eigentlich kein Thema. Mit der zunehmenden Verbreitung von Microsoft Office unter Windows und auf dem Mac hat sich das leider geändert. Inzwischen sind Makroviren die größte Bedrohung, denn sie sind relativ leicht zu programmieren und treiben sowohl unter Windows als auch auf dem Mac ihr Unwesen. Sie können sich davor nur schützen, indem Sie auf Microsoft Office komplett verzichten, Word 5.1 benutzen oder keine Dokumente im normalen Office-Dateiformat austauschen. Einfacher ist es jedoch, wenn Sie sich ein kommerzielles Anti-Viren-Programm wie z.B. *Virex* oder *Norton Antivirus* zulegen. Der Virenschutz ist aber auch nur dann richtig wirksam, wenn Sie die Virendefinitionen ständig auf dem aktuellen Stand halten.

ACHTUNG

Viertes Gebot: Seien Sie auf Ausfälle vorbereitet.

Irgendwann wird Ihr Mac den Dienst verweigern. Die Ursachen dafür können vielfältig sein und sind manchmal noch nicht einmal genau herauszukriegen. Seien Sie auf diese Fälle vorbereitet, damit Sie nicht in Panik verfallen und alles noch schlimmer machen. Überlegen Sie sich, wie Sie bei einem Ausfall vorgehen wollen, um eventuell dringende Arbeiten zuerst abzuschließen, bevor Sie viel Zeit in die Wartung Ihres Computers investieren. Sichern Sie Ihre Daten regelmäßig und überlegen Sie sich einen Notfallplan. Bewahren Sie bei Ausfällen die Ruhe und wägen Sie genau ab, was Sie als nächstes tun. Oft ist es besser, das aktuelle Projekt auf einem anderen Computer zu Ende zu bringen, als sich Hals über Kopf in Installationsorgien zu begeben, bei denen der Zeitaufwand nicht abzuschätzen ist.

HEISSER TIP

Fünftes Gebot: Halten Sie das Betriebssystem schlank.

Je mehr Systemerweiterungen, Kontrollfelder, Zusatzprogramme und nette Spielereien beim Start Ihres Mac geladen werden, um so mehr Dinge muß der Computer im normalen Alltagsbetrieb gleichzeitig tun. Das verbraucht Rechenleistung, außerdem kann das System unter ungünstigen Umständen instabil werden. Begrenzen Sie darum die benutzten Systemerweiterungen auf eine sinnvolle Menge. Legen Sie bei Bedarf mit dem Kontrollfeld *Erweiterungen Ein/Aus* verschiedene Konfigurationen für verschiedene Anwendungen an. Entrümpeln Sie auch ab und an Ihren Systemordner – Ihr Mac wird schneller und stabiler laufen.

Sechstes Gebot: Planen Sie Wartungsarbeiten richtig.

Nur wenige Leute kümmern sich gern um ihren Computer um der Sache selbst willen – viel lieber möchte man das System für etwas Sinvolles nutzen, egal ob es dabei um eine trockene Tabellenkalkulation oder ein tolles Computerspiel geht. Trotzdem sollten Sie Ihrem Mac gelegentlich etwas Zeit für vorbeugende Wartung opfern. Tun Sie das nicht, sparen Sie zwar eine ganze Menge Aufwand, aber irgendwann wird Sie ein Absturz ereilen, der dann ungeplant eine ganze Menge Zeit und Nerven fordert. Überlegen Sie sich rechtzeitig, wann Sie sich um die Wartung Ihres Macs kümmern und planen Sie genügend Zeit dafür ein. So können Sie streßfrei arbeiten und sind sicher, daß Ihr Mac nach wie vor stabil läuft.

Siebtes Gebot: Eins nach dem anderen.

Computer sind sehr komplexe technische Systeme, die unter ungünstigen Bedingungen aus dem Tritt kommen können. Das passiert meistens dann, wenn Sie größere Änderungen vornehmen, also z.B. ein neues Hardwareteil einbauen oder ein neues Softwarepaket installieren. Gehen Sie bei solchen Änderungen schrittweise vor und überprüfen Sie nach jeder Aktion, ob noch alles in Ordnung ist. Tun Sie das nicht, können Sie leicht den Überblick verlieren. Sie finden dann nicht heraus, welcher Teil des Systems einen Fehler verursacht hat. Lassen Sie sich Zeit und gehen Sie systematisch vor, dann können Sie eine komplette Neuinstallation «auf Verdacht» meistens vermeiden.

Achtes Gebot: Sichern Sie wichtige Einstellungen.

Auf Ihrem Mac gibt es viele Einstellungen, die Sie sichern sollten: die Zugangsdaten für den Internet-Provider und den Mailserver, die Voreinstellungen von Mailprogramm und Webbrowser oder die Preferences-Dateien Ihrer wichtigsten Anwendungsprogramme, Briefköpfe, Druckvorlagen, Logos, Seriennummern etc. Legen Sie sich von diesen Informationen eine Sicherheitskopie auf einem anderen Datenträger an. In manchen Fällen lohnt es sich auch, bestimmte Einstellungen zu notieren. So haben Sie immer den Überblick, wie Sie was konfiguriert haben und können diesen Zustand mit Hilfe Ihrer Aufzeichnungen auch nach einer Neuinstallation wiederherstellen.

Neuntes Gebot: Vorsicht mit Updates und neuer Software.

Ein bewährter Grundsatz im Computergeschäft lautet: «Never touch a running system!» (Auf deutsch etwa: «Finger weg von funktionierenden Systemen!») Das hat seinen Grund, denn jede Änderung an einem gut laufenden System kann potentiell Fehler und Instabilität verursachen. Wenn Ihr Mac und

Ihre Anwendungsprogramme stabil funktionieren und Sie damit Ihre Arbeit verrichten können, sollten Sie Updates und neuen Softwareversionen mit etwas gesundem Mißtrauen begegnen. Informieren Sie sich, was die neuen Versionen bringen und welche Fehler sie beheben. Bieten sie jedoch nur eine Fülle von neuen Funktionen, die Sie aber eigentlich gar nicht benötigen, können Sie getrost auf das Update verzichten. Bei ganz neuen Programmen ist es ähnlich: Auch Software braucht etwas Zeit zum Reifen – wenn Sie zu den ersten Benutzern eines neuen Programms gehören, sollten Sie einige Unannehmlichkeiten verkraften können.

Zehntes Gebot: Probieren Sie Neues aus – zum richtigen Zeitpunkt.

Dieser Hinweis steht scheinbar etwas im Widerspruch zum vorigen, aber nur scheinbar. Sie sollten nicht jedem kleinen Update hinterherlaufen, wenn Sie eigentlich mit Ihrem System zufrieden sind. Trotzdem lohnt es sich, über Weiterentwicklungen auf dem Laufenden zu bleiben. Haben Sie eine Software gefunden, die Sie gern benutzen möchten, nehmen Sie sich etwas Zeit zum Ausprobieren. Haben Sie Glück, dann läuft alles glatt, ansonsten kann es sein, daß Sie andere Teile der Software auf Ihrem Mac erst aktualisieren müssen, bevor alles wie gewünscht funktioniert.

HEISSER TIP

Achten Sie besonders beim Aktualisieren des Mac OS selbst (oder Teilen davon) darauf, ob Ihre Anwendungsprogramme danach noch funktionieren. Oft zieht ein Update des Mac OS mehrere Aktualisierungen Ihrer Programme nach sich, weil die Hersteller ihre Software anpassen müssen. Erkundigen Sie sich darum vor dem Installieren des neuen Mac OS, ob damit eventuell Probleme auf Sie zukommen. Warten Sie im Zweifelsfall lieber etwas, bis die Softwarehersteller ihre Produkte angepaßt haben.

Manche Programme werden als sogenannte Betaversionen im Internet bereitgestellt und können kostenlos heruntergeladen werden. Machen Sie um solche Angebote einen Bogen, es sei denn, Sie wissen genau, was Sie tun. «Betaversion» bedeutet «noch nicht ganz fertige Software», die gut funktionieren kann, aber oft noch eine ganze Reihe an Fehlern enthält. Wenn Sie Spaß daran haben, die Programme zu testen und deren Autoren Ihre Fehlerberichte zu schicken, dann tun Sie es. In allen anderen Fällen riskieren Sie eventuell Systemabstürze und verschwendete Zeit – das lohnt sich nicht!

ANHANG 2 Nützliche Software

Für den Mac gibt es eine unüberschaubare Menge an «nichtkommerzieller» Software für die verschiedensten Zwecke. Welche dieser Programme für Sie nützlich sind, müssen Sie selbst herausfinden. Wir wollen Ihnen aber ein wenig dabei helfen und Ihnen eine kleine Auswahl von Shareware anbieten, die Sie auf jeden Fall einmal ausprobieren sollten.

CD-ROM

Viele dieser Programme finden Sie auf der CD zu diesem Buch und in den Softwarearchiven im Internet. Benutzen Sie einfach Sherlock oder eine der Suchmaschinen im World Wide Web, um die entsprechenden Dateien suchen zu lassen.

ACHTUNG

Die meisten Programme funktionieren problemlos auf den verschiedensten Mac-Versionen. Trotzdem kann niemand garantieren (und schon gar nicht die Autoren und Herausgeber dieses Buches), daß eine bestimmte Software auch genau auf Ihrem System keinen Ärger macht. Das gilt besonders dann, wenn der Systemordner schon Jahre alt ist und sich bereits jede Menge obskurer Erweiterungen darin angesammelt haben. Wenn Sie aber die Tips zur Fehlersuche und Systemwartung aus Kapitel 20 beherzigen, sollten Ihnen böse Überraschungen erspart bleiben.

HEISSER TIP

Überprüfen Sie bei Problemen, ob Sie die jeweils aktuelle Version eines Programmes einsetzen. Oft ist inzwischen schon ein Update vorhanden, das Ihnen weiterhilft. Am einfachsten geht das auf der Versiontracker-Website unter *www.versiontracker.com*. Wenn Sie es ganz bequem haben wollen, sollten Sie sich die Shareware *Version Finder* besorgen. Dieses Programm listet alle Programme auf Ihrem Mac auf und sucht für Sie im Internet nach Updates.

Zum Schluß noch eine Bitte: Wenn Sie eine Shareware regelmäßig benutzen, so lassen Sie sich registrieren, und bezahlen Sie die Sharewaregebühr. Damit sorgen Sie dafür, daß auch in Zukunft gute Mac-Software preiswert produziert wird. Die Autoren dieser Programme stecken oft sehr viel Arbeit in ihre Produkte und können sie trotzdem zu einem günstigen Preis vertreiben, weil sie auf aufwendige Vertriebswege, Verpackungen usw. verzichten. Mit dem Bezahlen der Shareware-Gebühren helfen Sie mit, daß das auch in Zukunft so bleibt.

So, aber nun kommt die versprochene Liste mit unserer Lieblings-Shareware, ordentlich sortiert nach den verschiedenen Anwendungsgebieten.

A Datensicherheit

Datensicherheit besteht aus mehreren Teilen: dem Sichern der Daten vor Verlust, dem Schutz von vertraulichen Informationen vor Unbefugten und dem sicheren Löschen, um das Wiederherstellen von Daten unmöglich zu machen. Die folgenden Programme lösen diese Probleme effektiv, ohne allzuviel zu kosten. (In Kapitel 25 finden Sie mehr Details zu diesen Themen.)

Disinfectant. (Jon Norstadt, Freeware) Disinfectant erkennt 25 Mac-Viren und ihre Variationen und repariert – wenn möglich – infizierte Dateien. Das Programm schützt Ihren Mac jedoch nicht gegen Viren in Hypercard-Dokumenten oder die heutzutage weit verbreiteten Makroviren von Word oder Excel. Wenn Sie mit diesen Programmen umgehen, sollten Sie sich ein kommerzielles Anti-Virus-Programm zulegen. Die Entwicklung von Disinfectant wurde 1997 eingestellt, trotzdem ist das Programm noch recht hilfreich im Kampf gegen die «klassischen» Mac-Viren.

FoldersSynchronizer. (Lorenzo Puelo, Shareware) Wenn Sie ein PowerBook und einen Desktop-Mac im Wechsel benutzen oder sonst mit verschiedenen Kopien derselben Daten arbeiten, wird das Abgleichen der Daten von Hand schnell zu einer lästigen Puzzlearbeit. Dabei kann man aus Versehen wichtige Dateien zerstören. FoldersSynchronizer fängt dort an, wo Apples Programm *Dateien abgleichen* aufhört. Sie können damit mehrere Ordner gleichzeitig abgleichen, unsichtbare Dateien kopieren und Filter für die Dateien definieren. Der Abgleich läßt sich zu bestimmten Zeiten automatisch starten, und FoldersSynchronizer arbeitet auch bei Hunderten von Dateien schnell. Das Programm enthält viele Optionen und ist damit eine einfach bedienbare Alternative zu spezieller Backup-Software.

MacWasher. (Trexar Technologies, Shareware) MacWasher entfernt auf Anweisung oder automatisch von der Festplatte des Mac bestimmte Dateien, die Auskunft über ihren letzten Benutzer geben können. Dazu gehören z.B. die Cache-Daten der Webbrowser oder der AOL-Software, die zuletzt benutzten Dokumente, temporäre Dateien oder der Inhalt des Papierkorbs. Sie können außerdem auch eigene Ordner oder Dateien festlegen, die routinemäßig gelöscht werden sollen. Für besonders vertrauliche Daten enthält das Programm (nach Aussage der Autoren) Routinen, die selbst den Löschstandards der US-Regierung entsprechen.

PGP. (Network Associates, Freeware) Pretty Good Privacy (PGP) dient zum Verschlüsseln von beliebigen Daten mit Hilfe eines Paares aus einem privaten und einem öffentlichen Schlüssel. Mit PGP können Sie außerdem Daten mit einer digitalen Signatur unterschreiben und Dateien sicher löschen. Das Programm ist für den privaten Gebrauch kostenlos.

Redux. (Redux Software, Freeware) Redux ist eigentlich ein kommerzielles Programm, dessen ältere Version 2.6.2 kostenlos zu erhalten ist. Das Programm hat alle Funktionen, die man sich von einer solchen Software wünschen kann – zu einem konkurrenzlosen Preis.

SimpleBackup. (Roland Gustafson, Shareware) Auf Ihrer Festplatte befinden sich viele einzelne Dateien, die man eigentlich regelmäßig sichern sollte: E-Mail-Adressen, Terminplaner-Daten, die Bookmarks für das WWW, Dateien mit Registrierungsinformationen oder die Voreinstellungen von oft benutzten Programmen. Mit SimpleBackup lassen sich diese Dinge ohne Aufwand sichern. Sie müssen lediglich Aliase der Dateien in einem Ordner sammeln, das Programm sichert dann die Originaldateien automatisch. Der Aufwand ist gering, und trotzdem sind Ihre Daten sicher.

WormScanner. (James Walker, Freeware) WormScanner sucht nach dem AutoStart-Virus und entfernt ihn bei Bedarf von den infizierten Datenträgern Ihres Mac. Wie Sie in Kapitel 25 lesen können, ist es einfach, sich vor diesem bösartigen Programm zu schützen: Schalten Sie einfach die Option *CD-ROM automatisch starten* im Kontrollfeld *QuickTime-Einstellungen* aus.

B Disk & File

Binary Pump. (Eric Shieh, Shareware) Wenn Sie regelmäßig Dateien von PCs mit den richtigen Codes für Type und Creator versehen müssen, ist Binary Pump dazu bestens geeignet. Das Programm wertet die PC-typischen Endungskürzel aus und setzt mit Hilfe einer Tabelle die korrekten Finder-Informationen für die Dateien. Zusätzlich können Sie auch Regeln definieren, nach denen Dateien automatisch in bestimmte Ordner sortiert werden.

DiskCharmer. (Fabrizzio Oddone, Shareware) Mit diesem Programm lassen sich Disketten und andere Wechselmedien schnell und bequem formatieren. Dabei können defekte Blöcke auf dem Datenträger automatisch gesperrt werden, so daß Sie vor eventuellen Datenverlusten besser geschützt sind. Das Programm ist sehr praktisch, wenn Sie wieder einmal Ihre Diskettenkiste aufgeräumt haben!

DiskTracker. (Mark Pirri, Shareware) Das Programm erlaubt Ihnen, Ihre komplette Sammlung von CDs, Disketten und anderen Wechselmedien zu katalogisieren. Falls Sie später eine bestimmte Datei suchen, findet sie DiskTracker in Sekunden. Zusätzlich können Sie auch komplizierte Suchfilter definieren und Etiketten für CDs oder Wechselmedien drucken.

FileBuddy. (Laurence Harris, Shareware) Dieses Hilfsprogramm enthält so viele Funktionen, daß es sich am besten als «Verwalter der Festplatte» beschreiben läßt. Sie können mit FileBuddy komfortabel fast jede Aufgabe lösen, die irgendwie mit Dateien zu tun hat: Sie können die Finder-Informationen ändern, nach doppelten Dateien suchen, die Schreibtischdatei entrümpeln und noch viele Dinge mehr tun, die für die Funktion Ihrer Festplatte nützlich sind.

File Typer. (Daniel Azuma, Shareware) Mit diesem populären Programm können Sie schnell und bequem Type- und Creator-Codes, Finder-Flags und andere unsichtbare Attribute von Dateien ändern. Es ist recht leistungsfähig und erlaubt das automatische Bearbeiten ganzer Ordner voller Files.

RamBunctious. (Clarkwood Software, Freeware) Dies ist ein komfortables, leistungsfähiges Programm für RAM-Disketten. Sie können damit mehrere RAM-Disketten verwalten und den benutzten Speicher durch bloßes Zurücklegen der RAM-Diskette wieder freigeben. Allerdings kann man den Mac nicht von dieser RAM-Diskette starten.

C Grafik & Multimedia

Gamma Toggle. (Roland Gustafson, Freeware) Grafiken und Fotos sehen auf einem PC dunkler aus als auf einem Mac. Mit Gamma Toggle ist es einfach, dieses Problem zu berücksichtigen: Per Tastendruck verdunkelt diese Systemerweiterung den Monitor Ihres Mac und simuliert so die Darstellung eines PC, unabhängig vom jeweils benutzten Programm. Vor allem Webdesigner werden diese Funktion zu schätzen wissen.

GraphicConverter. (Thorsten Lemke, Shareware) GraphicConverter ist eines der beliebtesten Grafikprogramme auf dem Mac. Es kann Dateien in fast allen bekannten Grafikformaten öffnen, bearbeiten, die Farbe korrigieren und in jedes andere Format exportieren. Dabei ist es egal, woher die Dateien stammen, weil GraphicConverter fast 50 verschiedene Formate und jede Menge Zusatzoptionen kennt. Zusätzlich lassen sich auch ganze Ordner voll Bilder automatisch umwandeln und bearbeiten oder in einer Diaschau anzeigen. Wenn Sie Photoshop nicht besitzen, brauchen Sie dieses Programm unbedingt. (Und wenn Sie Photoshop schon haben, werden Sie nicht darauf verzichten wollen.)

iView. (iView Multimedia, Shareware) Verlieren Sie langsam den Überblick über die Hunderte von Bildern, Tönen, QuickTime-Filmen, Zeichensätzen und anderen Multimedia-Dateien? Wollen Sie Ihre Clipart-Sammlung benutzen, ohne sich dabei immer durch mehrere CDs wühlen zu müssen? iView hilft Ihnen bei der Verwaltung von Multimediadaten aller Art, ist leistungsfähig, einfach zu bedienen und kann auch mit großen Mengen von Daten umgehen.

Quick Editor. (Mathias Tschopp, Shareware) Mit Quick Editor können Sie QuickTime-Filme bearbeiten, mit Überblendungen versehen, nachvertonen und mit Titeln ausstatten. Das Programm nutzt die eingebauten Möglichkeiten von QuickTime recht gut aus und ist für einfache Filmbearbeitungen eine preiswerte Alternative zu teurer Profisoftware.

ScrapIt Pro. (John Holder, Shareware) ScrapIt Pro tut alles das, was Apples Album auch tut – und viel mehr: Es nimmt alles auf, was Sie per Drag & Drop oder Kopieren und Einfügen erfassen können. Sie können das Material benennen, darin suchen, Vorschaubilder und Listen ausdrucken und sogar Texte bearbeiten.

ShareDraw. (Peirce Software, Shareware) ShareDraw ist ein voll funktionsfähiges Zeichenprogramm, ähnlich wie die Zeichenumgebung von ClarisWorks/AppleWorks. Mit dem Programm lassen sich hervorragend Diagramme, Overheadfolien, technische Skizzen und ähnliche Illustrationen anfertigen, bei denen Sie auf die speziellen Funktionen eines kommerziellen Grafikprogramms verzichten können.

Snapz Pro. (Ambrosia, Shareware) Dieses Kontrollfeld kopiert den Bildschirm Ihres Mac in eine Grafikdatei. Dabei können Menüs geöffnet sein oder der

Cursor kann eine spezielle Form haben – das Programm fotografiert auf Tastendruck alles, was Sie auf dem Schirm sehen können. Die Version 2.0 erlaubt Ihnen sogar, einen QuickTime-Film von Ihren Aktionen auf dem Bildschirm aufzuzeichnen. (Fast alle Bildschirmfotos in diesem Buch wurden übrigens mit Snapz Pro angefertigt.)

D Infos & Referenz

Apple Error Codes. (Rustle Laidman, Freeware) Wollten Sie schon immer einmal wissen, was die kryptischen Fehlercodes bedeuten, die Ihr Mac gelegentlich anzeigt? In diesem Dokument finden Sie die entsprechenden Erklärungen, allerdings sind manche davon nur für Programmierer verständlich. Hilfreich ist auch die Auflistung der Fehlercodes, die den «traurigen Mac» begleiten, der im Fall eines Hardwarefehlers beim Systemstart erscheint.

Gauge Pro. (Newer, Freeware) Gauge Pro sagt Ihnen, wieviel Speicher und welche Art von Cache sich in Ihrem Mac befinden und wie schnell Prozessor und Systembus getaktet sind, ohne daß Sie den Computer dazu öffnen müssen. Mit dem Programm können Sie auch den Hauptspeicher testen, z.B. um einen defekten Speicherchip zu finden.

GURU. (Newer, Freeware) GURU ist eine kleine Datenbank, die technische Daten zu allen Mac-Modellen enthält. Sie finden damit sofort heraus, wie ein bestimmtes Gerät ausgestattet ist und wieviel Speicher es aufnehmen kann. Sie können auch gleich ausprobieren, welche Kombination von Speicherchips zu welchem Ergebnis führt. Schließlich können Sie damit den Hauptspeicher in Ihrem Mac auf fehlerfreie Funktion testen.

selfhtml. (Stefan Münz, Freeware) Diese lokale Website ist ein umfangreiches Referenzwerk zu HTML und anderen Technologien, die man zum Erstellen von Webseiten benutzen kann. Die Informationen sind übersichtlich geordnet, außerdem gibt es jede Menge Beispiele zu den beschriebenen Techniken.

VSE Be Found. (VSE, Shareware) Diese Software hilft Ihnen, Ihre Website erfolgreich bei einer ganzen Reihe von Suchmaschinen einzutragen. Dazu prüft das Be Found Ihre HTML-Dateien und gibt Tips für den Einsatz spezieller Markierungen für Suchmaschinen. Schließlich meldet das Programm Ihre Site bei den verschiedensten Internet-Suchdiensten an.

E Internet & Online

Mit dem Mac OS selbst werden Ihnen schon die wichtigsten Werkzeuge für die Benutzung des Internet mitgeliefert: Webbrowser und E-Mail-Programme von Microsoft und Netscape. Obwohl Sie mit dieser Software alle Dienste im Internet benutzen können, lohnt es sich durchaus, auch einen Blick auf spezielle Internet-Software zu werfen. Oft finden Sie dabei Programme, die einfacher zu bedienen und leistungsfähiger sind oder weniger Speicher benötigen und stabiler laufen als die großen «Rundumpakete». In der folgenden Liste finden Sie einige nützliche Programme, die Ihnen (und Ihrem Mac) bei der elektronischen Kommunikation helfen können.

Anarchie. (Stairways Software, Shareware) Dieses Programm ist eines der schnellsten FTP-Programme, die es auf dem Mac gibt. Anarchie kann abgerissene Dateitransfers fortsetzen, Dateien per HTTP-Protokoll laden (wie ein Webbrowser) und komplette Websites auf Ihren Mac transferieren. Sie können damit auf verschiedenen Diensten nach Dateien suchen und sogar zwei FTP-Server miteinander abgleichen. Das Programm enthält außerdem Funktionen, um den Status Ihrer Internet-Verbindung zu überwachen.

CoMa. (Softbär, Shareware) Mit CoMa können Sie die Möglichkeiten vieler moderner Modems ausnutzen. Mit einem entsprechend ausgerüsteten Gerät und CoMa können Sie Faxe senden und empfangen, das Modem als Anrufbeantworter oder Mailbox verwenden, Faxe zum Abruf bereitstellen oder gar ein Voice-Mail-System aufbauen. Das Programm kann auch mit Modems umgehen, die Anrufe und Faxe entgegennehmen können, während der Mac ausgeschaltet ist. (Lesen Sie die Dokumentation von CoMa, wenn Sie wissen wollen, ob auch Ihr Gerät unterstützt wird.)

Eudora Light. (Qualcomm, kostenlos) Eudora war lange Zeit das Standard-Mailprogramm auf dem Mac. Obwohl es seit einiger Zeit nicht mehr weiterentwickelt wurde, bietet es alle wichtigen Funktionen, ist einfach zu bedienen, arbeitet auch bei vielen Hundert Mails schnell und braucht wenig Speicher. Der größte Nachteil der Light-Version gegenüber dem kommerziellen *Eudora Pro* ist die Beschränkung auf nur einen Nutzer und ein E-Mail-Konto.

FreePPP. (Rockstar Studios, Freeware) Ihr Mac braucht PPP-Software, um Verbindung zum Internet aufzunehmen. Ab Mac OS 7.6 wird PPP als Teil von OpenTransport mitgeliefert, ältere Systeme benutzen FreePPP.

iCab. (iCab, Vorversion kostenlos) Dieser Browser ist eine komplette Neuentwicklung, die noch nicht ganz fertiggestellt war, als diese Zeilen geschrieben wurden. Zeitbegrenzte Vorschauversionen von iCab sind kostenlos, danach soll das Programm für 49 DM vertrieben werden. Als Gegenleistung erhalten Sie einen schlanken, modernen Browser, der wenig Speicher braucht und zügig arbeitet. Besonders hilfreich sind die Möglichkeiten, Werbegrafiken gezielt auszublenden und Cookies je nach Webseite zu filtern. Das fertige Produkt ist darum durchaus eine Alternative für Vielsurfer oder ältere Macs.

Internet Explorer. (Microsoft, kostenlos) Der Browser von Microsoft heißt Internet Explorer, für E-Mail und News können Sie *Outlook Express* verwenden. Im Vergleich zum Navigator von Netscape enthält der Explorer einige zusätzliche Funktionen und läuft je nach Version stabiler und schneller. Bei beiden Programmen sollten Sie – einen Mac mit genügend Speicher vorausgesetzt – mindestens die Version 4.0 verwenden, wenn Sie alle Funktionen moderner Webseiten benutzen möchten.

InternetConfig. (Stairways Software, Freeware) InternetConfig verwaltet Ihre persönlichen Internet-Einstellungen an zentraler Stelle. Programme, die dieses System unterstützen, lesen die Informationen aus dieser Einstellungsdatei und ersparen Ihnen damit das Festlegen der Voreinstellungen in jedem neuen Internet-Programm. Ab Mac OS 8.5 ist *InternetConfig* Bestandteil des Betriebssystems. Sie finden die Einstellungen im Kontrollfeld *Internet*.

Mac TCPWatcher. (Stairways Software, Shareware) Mit diesem Programm können Sie überprüfen, ob die Internet-Verbindung Ihres Mac korrekt funktioniert. Mac TCPWatcher zeigt den aktuellen Status Ihres TCP/IP-Netzwerkes an, listet alle aktuellen Verbindungen auf und enthält viele Funktionen, mit denen Sie bei Problemen mögliche Fehler einkreisen können. (Das Programm Anarchie enthält übrigens inzwischen die Funktionen von Mac TCPWatcher.)

MacSOUP. (Stefan Haller, Shareware) MacSOUP ist ein sogenannter Offline-Newsreader. Das bedeutet, daß Sie damit News lesen können, ohne ständig mit dem Internet verbunden sein zu müssen. Sie teilen MacSOUP mit, welche Newsgroups Sie abonnieren möchten, und die Software lädt alle neuen Artikel dieser Gruppen auf Ihren Mac. Anschließend können Sie die Verbindung zum Internet unterbrechen und die neuen Mitteilungen in aller Ruhe lesen. Falls Sie selbst Artikel schreiben, so werden diese beim nächsten Verbindungsaufbau ebenfalls als Paket zum Newsserver übertragen. MacSOUP läßt sich auch als E-Mail-Programm einsetzen.

Musashi. (Sonosoft, Shareware) Musashi ist ein E-Mail-Programm, das mehrere Benutzer mit jeweils mehreren Konten verwalten kann. Die Software kann E-Mails auf dem Server manipulieren, ohne die Daten herunterzuladen und besitzt eine ansprechende Benutzeroberfläche mit netten Icons.

NetFinder. (Peter Li und Vincent Tan) Dieses FTP-Programm bildet Server im Internet in Fenstern ab, die denen des Finders sehr ähnlich sind und fast genauso funktionieren. Damit merken Sie den Unterschied zwischen Ihrer lokalen Festplatte und dem FTP-Server kaum, es sei denn durch die Übertragungszeit. NetFinder kann auch abgerissene Downloads später fortsetzen und beherrscht das HTTP-Protokoll, um auf Webserver zuzugreifen.

Netscape Navigator. (Netscape, kostenlos) Der Navigator von Netscape für sich allein ist nur der Webbrowser, im größeren Paket mit dem Namen *Communicator* finden Sie zusätzlich noch Module für E-Mail und News sowie einen einfachen Webseiten-Editor.

NewsWatcher. (Jon Norstadt und Brian Clark, Freeware) NewsWatcher ist ein Client-Programm für Internet-News, mit dem Sie Nachrichten lesen, schreiben und verwalten können. Das Programm kann mit mehreren Servern und mehreren Benutzern umgehen und unterstützt das Verschicken und Empfangen von binären Daten über Newsgroups. Der originale NewsWatcher wurde inzwischen zu *YA-NewsWatcher* weiterentwickelt; diese Version benötigt mindestens Mac OS 8.5.

OT/PPP-Strip. (Dennis J. Wilkinson, Freeware) OT/PPP-Strip ist eine Erweiterung für die Kontrolleiste Ihres Mac, mit der Sie die Einwahlverbindung ins Internet steuern können. Mit einem Mausklick auf das Modul können Sie die Verbindung starten oder beenden. Während Sie online sind, können Sie die Geschwindigkeit und die Dauer der Verbindung ablesen. Haben Sie im Kontrollfeld *PPP* oder *Remote Access* mehrere Internet-Zugänge eingestellt, können Sie diese Konfigurationen auch direkt mit der Kontrolleiste umschalten. (Neuere Versionen des Mac OS besitzen übrigens selbst ein fast identisches Kontrolleistenmodul.)

Outlook Express. (Microsoft, kostenlos) Outlook Express beherrscht E-Mail und News, kann mit mehreren Konten umgehen und läßt sich von mehreren Benutzern verwenden, die sich gegenseitig nicht stören. Die Menge an Funktionen und Einstellungsoptionen kann jedoch Einsteiger oder Gelegenheitsbenutzer von E-Mail schnell verwirren.

URL Manager Pro. (Alco Blom, Shareware) Wenn die Verwaltung der Lesezeichen Ihres Browsers nicht mehr ausreicht, um mit der Menge an gespeicherten Internet-Adressen umzugehen, hilft Ihnen URL Manager Pro weiter. Damit können Sie URLs übersichtlich und komfortabel in einer Hierarchie von Listen verwalten. Das Programm integriert sich nahtlos mit Ihrem Webbrowser und Ihrem E-Mail-Programm.

ValueFax. (Pancomm, Shareware) Mit ValueFax können Sie eine ganze Reihe von Faxmodems betreiben, auch wenn diese ursprünglich ohne Mac-Software geliefert wurden. Im Zweifelsfall müssen Sie ausprobieren, ob Ihr Modem mit ValueFax funktioniert.

VersionFinder. (Bill Tudor, Shareware) VersionFinder listet alle Programme auf Ihrer Festplatte auf und kann dann überprüfen, ob für die ausgewählten Anwendungen Updates im Internet verfügbar sind. Dazu benutzt die Software spezielle Webseiten, die automatisch abgefragt werden. Die Ergebnisse dieser Abfragen werden dann im Webbrowser angezeigt. Sie können VersionFinder anweisen, die Programme auf Ihrem Mac regelmäßig zu überprüfen, außerdem läßt sich die ermittelte Liste auch exportieren.

ZTerm. (Dave Alverson, Shareware) Zwar hat durch das Internet die Verbreitung von elektronischen Mailboxen stark abgenommen, trotzdem ist ein Terminalprogramm gelegentlich nützlich. Sie können damit z.B. direkte Modemverbindungen zwischen zwei Computern aufbauen oder auch zwei Rechner über ein sogenanntes Nullmodemkabel direkt für die Datenübertragung koppeln. Gelegentlich braucht man auch ein Terminalprogramm für die Fehlersuche an einem Modem oder zur Kommunikation mit Geräten, die sich über ein serielles Terminal steuern lassen. ZTerm ist eines der besten Terminalprogramme für den Mac und bietet viele Einstellmöglichkeiten für diese Art der Datenübertragung.

F Komprimierer & Konverter

In dieser Gruppe finden Sie Programme, die den Umgang mit Dateien und Datenträgern erleichtern und Ihnen bei der Konvertierung von speziellen Dateiformaten helfen.

ASCII Converter. (Marco Bambini, Shareware) Texte vom Mac zu Windows und zurück zu konvertieren ist anstrengend. Die Zeilenumbrüche verwenden unterschiedliche Zeichen, Umlaute und Sonderzeichen gehen verloren. ASCII Converter konvertiert per Drag & Drop hin und zurück – einfach, schnell und bequem.

Dropstuff with Expander Enhancer. (Aladdin, Shareware) Das ist das Gegenstück zum *StuffIt Expander*. Mit dem Programm können Sie Mac-Archive erzeugen und Dateien im BinHex-Format kodieren. Genau wie den Expander gibt es inzwischen auch DropStuff in einer Windows-Version, so daß dem Datenaustausch zwischen PC und Mac nichts mehr im Weg steht. (Die Website des Herstellers finden Sie unter *www.aladdinsys.com.*)

ShrinkWrap. (Aladdin, Shareware) Ohne Vorwarnung haben Apple und andere Softwarefirmen begonnen, Software in einem eigenartigen Format zu liefern: als Disketten-Images. Ziehen Sie eine solche Datei auf ShrinkWrap, und auf dem Schreibtisch Ihres Mac erscheint eine virtuelle Diskette. Umgekehrt können Sie auch selbst Image-Dateien bequem per Drag & Drop erzeugen und Disketten duplizieren.

StuffIt Expander. (Aladdin, Freeware) Mit diesem Programm können Sie fast jedes komprimierte oder kodierte Dateiarchiv auspacken, das den Weg auf Ihre Festplatte findet. Wenn Sie zusätzlich noch die Shareware *DropStuff* installieren, kann StuffIt Expander mit noch mehr Dateiformaten umgehen – auch solchen, die nicht vom Mac stammen.

ZipIt. (Tom Brown, Shareware) Falls Sie oft Daten mit PC-Besitzern austauschen, können Sie auf dieses Programm nicht verzichten. Es liest und schreibt Dateiarchive im Zip-Format, das auf der PC-Plattform am häufigsten für die Komprimierung von Daten benutzt wird.

G Sound & MP3

Für die Bearbeitung von Tonmaterial gibt es auf dem Mac viele verschiedene Programme, die meisten davon sind allerdings nur kommerziell erhältlich. Trotzdem existieren einige preiswerte Shareware-Programme, die Sie durchaus einmal ausprobieren sollten.

Audion. (Panic Inc., Shareware) Audion ist ein Abspielprogramm für MPEG-Audiodateien, ein Empfänger für MP3-Daten aus dem Internet und eine Fernsteuerung für den CD-Player in Ihrem Mac. Zusätzlich können Sie mit der Software auch auf die CDDB-Datenbanken im Internet zugreifen: einfach Audio-CD einlegen, einen Button klicken – schon holt sich das Programm die vorhandenen Informationen zur CD aus dem Netz.

MacAST, Destiny Media Player. Diese Programme sind alle als Resultat des MP3-Booms im Internet entstanden. Sie sehen unterschiedlich aus, haben aber ähnliche Funktionen. Sie können damit MP3-Dateien von der lokalen Festplatte Ihres Mac oder aus dem Internet abspielen, Playlisten verwalten, Audio-CDs steuern und Audiodateien in verschiedenen Formaten abspielen. Außerdem haben Sie Zugriff auf die Internet-Radiostationen, die für die Übertragung MP3-Daten im Streaming-Verfahren benutzen. Es ist damit zu rechnen, daß in Zukunft noch mehr Programme zum Abspielen von MP3-Audio erscheinen werden. Probieren Sie aus, welches Ihnen davon am besten gefällt.

MP3-Encoder. Um selbst Dateien im MP3-Format erzeugen zu können, brauchen Sie ein Programm, das aus den unkomprimierten Audiodaten einer AIFF-Datei oder eines Titels von einer Audio-CD die datenreduzierte Datei erzeugt. Es gibt verschiedene preiswerte kommerzielle Programme mit Unterschieden hinsichtlich Leistungsfähigkeit und Funktionsumfang. Fast alle Produkte können Sie als eingeschränkte Version vor dem Kauf ausprobieren. Außerdem existieren lizenzfreie Entwicklungen, die auch auf den Mac portiert werden. Weil sich dieses Feld der Mac-Software noch sehr stark ändert, informieren Sie sich am besten im Internet über den aktuellen Stand der Dinge (z.B. unter *www.mp3.com*).

RealPlayer. (Real Networks, kostenlos bzw. kommerziell) Der Hersteller des RealPlayers – Real Networks – war der Pionier bei der Übertragung von Audio- und Video über das Internet in Echtzeit. Die dafür nötige Serversoftware wird verkauft, das Abspielprogramm RealPlayer in der einfachen Version kostenlos abgegeben. Die Plus-Version dagegen kostet etwa 30 Dollar. Inzwischen spielt der RealPlayer auf modernen Macs nicht nur Töne, sondern auch Video und Animationen ab. Im Internet existieren viele Server, die das Format von Real Networks benutzen.

Sound Studio. (Lucius Kwok, Shareware) Sound Studio ist ein Editor für Mac-Audiofiles, ohne Schnörkel, aber mit allen wichtigen Funktionen für Aufnahme, Bearbeitung und Konvertierung von Tönen.

SoundApp. (Norman Franke, kostenlos) SoundApp ist das universelle Programm, um auf dem Mac Tondateien in verschiedensten Formaten abzuspielen und zu konvertieren. Sie können damit auch mehrere Dateien im Stapelbetrieb konvertieren, Playlisten erstellen oder Tondaten von einer Audio-CD importieren. SoundApp sollte auf keinem Mac fehlen.

H System & Hilfsprogramme

Die Programme in dieser Gruppe sind keine richtigen Anwendungen, sondern stellen zusätzliche Funktionen für das Mac OS zur Verfügung oder helfen Ihnen bei der Wartung des Systems.

Clean Install Assistant. (Marc Moini, kostenlos für persönlichen Gebrauch) Eine komplette Neuinstallation des Systems ist das beste Mittel gegen Probleme mit dem Mac OS. Leider müssen Sie danach mühsam von Hand alle zusätzlichen Systemerweiterungen und Kontrollfelder in den neuen Systemordner bewegen. Clean Install Assistant hilft ihnen bei dieser Aufgabe. Das Programm verfügt über Listen, mit deren Hilfe es die Systembestandteile findet, die nicht vom Mac-OS-Installer stammen. Es sammelt die zusätzlichen Dateien ein und verschiebt sie nach der Installation in den neuen Systemordner. (Leider gelten die mitgelieferten Listen nicht für das deutsche Mac OS, Sie können aber mit der Software selbst Listen erzeugen und bearbeiten.)

Drag Any Window. (Alessandro Montalcini, Shareware) Mit diesem Kontrollfeld können Sie jedes Fenster des Mac OS bewegen, auch diejenigen, bei denen das normalerweise nicht geht: z.B. Dialogboxen oder Dateidialoge. Außerdem können Sie damit Ihrem Mac beibringen, beim Verschieben von Fenstern den kompletten Inhalt des Fensters anzuzeigen und nicht nur den Umriß.

DragClick. (Greg Friedman, Shareware) Drag & Drop ist seit System 7 eine der tollsten Fähigkeiten des Mac – nur leider unterstützen nicht alle Programme dieses Verfahren. Mit DragClick können Sie viele Anwendungen mit Drag & Drop ausrüsten, die die normalen Mac-Routinen für die Anzeige und Manipulation von Text verwenden (dazu gehört unter anderem auch Word 5).

DragThing. (James Thomson, Shareware) DragThing ist ein hervorragendes Werkzeug, um Ihre Dokumente, Ordner, Lieblingsprogramme und Internetadressen komfortabel zu organisieren. Probieren Sie es aus, und Sie werden den Klickstarter sofort vergessen!

Finder View Settings. (Alessandro Montalcini, Shareware) Dieses Kontrollfeld ist ideal für Mac OS 8 und höher. Sie können damit die Einstellungen für die Anzeige der Ordner im Finder global ändern – so wie das in System 7 möglich war. Wenn nötig, können Sie die Änderungen aber auch auf einen Ordner oder ein Volume beschränken.

FinderPop. (Turlough O'Connor, Freeware) Dieses Kontrollfeld erweitert die Fähigkeiten des Kontextmenüs im Finder ab Mac OS 8. Sie können damit Schriftgröße und Zeichensatz des Menüs einstellen, das Kontextmenü ohne Control-Taste aufrufen (Sie müssen nur klicken und die Maustaste halten), zwischen aktiven Programmen umschalten und vieles mehr.

GoMac. (Proteron, Shareware) Dieses Programm bildet die Task-Leiste von Windows 95 auf dem Mac nach – komplett mit Startmenü, Uhr und der Möglichkeit, Ihre wichtigsten Dateien und Programme in Menüs zu verwalten. Umsteiger von Windows werden das Programm mögen, aber auch für manchen eingefleischten Mac-Benutzer ist es einen Versuch wert.

LaserWriter Bridge, LocalTalk Bridge. (Apple, kostenlos) Was tun, wenn Sie mehrere Macs mit einem Ethernet verbunden haben, der etwas ältere Laserdrucker aber nur einen LocalTalk-Anschluß hat? Entweder kaufen Sie einen teuren Adapter, oder Sie besorgen sich eines dieser Kontrollfelder. LaserWriter Bridge macht LocalTalk-Laserdrucker auch im Ethernet «sichtbar». LocalTalk Bridge geht noch einen Schritt weiter und vermittelt für alle Teilnehmer zwischen LocalTalk und Ethernet. So können Sie z.B. ältere PowerBooks ohne Ethernet-Adapter problemlos in das Netzwerk integrieren. Die Brückensoftware darf nur auf einem Computer im Netz laufen, und dieser muß sowohl an das Ethernet als auch an LocalTalk angeschlossen sein. Die Umsetzung des Netzwerkverkehrs kostet jedoch reichlich Rechenleistung, so daß der Brückencomputer bei größeren Druckjobs durchaus ins Schneckentempo verfallen kann.

QuickPop. (John Holder, Shareware) QuickPop tut zwei Dinge: Erstens können Sie bis zu 50 Programme, Kontrollfelder, Dateien etc. mit Tastenkürzeln versehen. Wann immer Sie dann eine dieser Tasten drücken, wird das entsprechende Element geöffnet. Zweitens können Sie mit einer Tastenkombination irgendwo auf Ihrem Bildschirm klicken, und es erscheint ein Menü mit den gleichen Dateien. So schnell starten Sie sonst keine Programme auf dem Mac!

SCSIProbe. (Robert Polic, Freeware) Wie in Kapitel 17 erklärt, können sich SCSI-Probleme gelegentlich recht eigenartig äußern. SCSIProbe zeigt alle angeschlossenen Geräte und ist damit ein unentbehrliches Werkzeug für die Fehlersuche. Zusätzlich können Sie damit nicht gemountete Datenträger auf den Schreibtisch holen.

Sleeper. (St. Clair Software, Shareware) Mit diesem Kontrollfeld können Sie genau kontrollieren, wie Ihr Mac Energie sparen soll. Sleeper geht bedeutend weiter als Apples Kontrollfeld *Energie sparen* und bietet flexible Einstellungen für Festplatte, Bildschirmschoner und automatischen Ruhezustand. Besonders nützlich ist der eingebaute Paßwortschutz, der sich nach einer voreingestellten Zeit oder per Tastendruck aktivieren läßt.

TechTool. (Micromat, Freeware) Mit diesem Werkzeug können Sie in das Innere des Mac OS schauen – auch wenn Sie vielleicht nicht alle Details verstehen, die Ihnen angezeigt werden. Die nützlichsten Funktionen des Programms sind das saubere Löschen des Parameter-RAMs und die Überprüfung der Systemdatei. Außerdem können Sie damit das AppleTalk-Netzwerk überprüfen und das Floppy-Laufwerk Ihres Mac reinigen (dazu brauchen Sie jedoch noch eine Reinigungsdiskette). TechTool ist der «kleine Bruder» des kommerziellen Produkts *TechTool Pro*, mit dem Sie auch die Hardware des Mac im Detail prüfen können.

USB Overdrive. (Alessandro Montalcini, Shareware) Wenn Sie einen neueren Mac mit USB-Anschlüssen besitzen, können Sie mit dieser Software verschiedene USB-Eingabegeräte benutzen, die ohne Treibersoftware für den Mac geliefert werden. Dazu gehören Mäuse, Trackbälle, Joysticks und Gamepads.

I Text & Drucken

Für Grafikdesign, Illustration und Textverarbeitung gibt es auf dem Mac eine ganze Reihe kommerzieller Programme mit den verschiedensten Funktionen und Preisen. Sie müssen aber nicht unbedingt viel Geld ausgeben, denn so manche Shareware reicht für den Gelegenheitsnutzer vollkommen aus. Dazu kommen viele Hilfsprogramme, die das Tippen am Mac einfacher machen.

BBEdit Lite. (Bare Bones Software, Freeware) BBEdit Lite ist die Freeware-Version des kommerziellen Texteditors BBEdit. Obwohl das Programm nicht ganz so umfangreich ist wie BBEdit, können Sie damit ASCII-Texte schnell und komfortabel bearbeiten. BBEdit Lite enthält umfangreiche Suchfunktionen, flexibles Ersetzen von Zeichen und die Möglichkeit, ganze Ordner automatisch zu bearbeiten. Schließlich kann das Programm auch Dateien öffnen, die größer als 32 KB sind und an denen SimpleText scheitert. Wenn Sie HTML-Code mit der Hand schreiben wollen, so können Sie auch das tun. In diesem Fall lohnt es sich aber, die Vollversion von BBEdit anzuschaffen, die genau für diese Zwecke eine ganze Reihe zusätzlicher Werkzeuge enthält.

eDoc. (Michel & François Touchot, Shareware) Ähnlich wie Acrobat können Sie mit eDoc Dokumente erzeugen, die jeder Besitzer eines Mac lesen kann. Dazu drucken Sie einfach aus Ihrem Anwendungsprogramm auf einen speziellen Drucker. Sie erhalten eine eDoc-Datei, die alle Texte, Farben, Grafiken und Formatierungen enthält. Dieses Dokument läßt sich auch als Programm speichern, das beim Starten den Inhalt anzeigt. Der größte Vorteil von eDoc ist jedoch die Geschwindigkeit auch bei großen Dokumenten, der geringe Speicherbedarf und – verglichen mit Adobe Acrobat – der günstige Preis.

EZNote. (John Holder, Shareware) Haben Sie sich schon manchmal gewünscht, bei der Arbeit an Ihrem Mac einige Zeilen Text einzutippen oder einen Absatz aus einer Webseite zu kopieren, um die Daten später wieder hervorholen zu können? Mit EZNote drücken Sie eine Tastenkombination, und ein elektronischer Notizblock erscheint auf dem Bildschirm Ihres Mac. Sie können damit verschiedene Kategorien von Notizen verwalten, Einträge formatieren, drucken und umsortieren.

PopChar Pro. (Unisoft, Shareware) PopChar Pro, eines der berühmtesten Shareware-Programme aller Zeiten, installiert in der Menüzeile ein zusätzliches Symbol. Wenn Sie darauf klicken, werden Ihnen alle Sonderzeichen angezeigt, die der aktuelle Zeichensatz zur Verfügung stellt. Sie müssen dann nur noch auf das Zeichen klicken, das Sie in Ihr Dokument einfügen wollen.

PrintToPDF. (James W. Walker, Shareware) PrintToPDF ist eine Systemerweiterung, die Ihren Mac mit einem Druckertreiber versieht, der PDF-Dokumente erzeugt. Die Software ist nicht so leistungsfähig wie der kommerzielle *Acrobat Distiller* von Adobe, genügt aber für durchschnittliche Ansprüche. So können Sie z.B. direkt aus Ihrer Textverarbeitung heraus PDF-Dokumente erzeugen, und dabei werden sogar die Lesezeichen von Acrobat automatisch aus den Überschriften generiert!

SimpleText Color Menu. (Alessandro Montalcini, Shareware) Ziehen Sie das altbekannte SimpleText auf diese Shareware, um es mit zwei zusätzlichen Menüs auszustatten. Mit diesen können Sie den Text in Ihren Dokumenten beliebig einfärben und erhalten außerdem noch eine Reihe an Zusatzfunktionen, die das einfache SimpleText richtig nützlich machen.

SmartKeys. (Maurice Volaski, Shareware) Dieses Kontrollfeld hilft Ihnen ebenfalls beim Tippen auf dem Mac. Es korrigiert automatisch typografische Tippfehler – wie z.B. doppelte Leerzeichen – erzeugt die korrekten Anführungszeichen und verbessert Buchstabendreher in Wörtern. Die Funktion der Software können Sie bequem an ihre eigene Arbeitsweise anpassen. SmartKeys kann außerdem jeden Buchstaben aufzeichnen, den Sie auf der Tastatur Ihres Mac drücken und damit auch bei einem Systemabsturz Ihre Eingaben retten.

Tex-Edit Plus. (Tom Bender, Shareware) Tex-Edit füllt die Lücke zwischen dem einfachen SimpleText und einem vollwertigen Textverarbeitungsprogramm. Das Programm beherrscht Drag & Drop, versteht AppleScript, kann Text mit verschiedenen Formatierungen versehen, ist klein, schnell, leicht zu benutzen und braucht wenig Speicher. Besitzer von PowerBooks können es problemlos auf einer RAM-Diskette unterbringen. Tex-Edit eignet sich besonders gut zum Formatieren von Nachrichten aus dem Internet, zum Entfernen von Sonderzeichen oder zur Konvertierung der Zeilenumbrüche vom Mac zum PC und umgekehrt.

TypeIt4Me. (Ricardo Ettore, Shareware) TypeIt4Me tippt für Sie. Das funktioniert so: Während Sie schreiben, bringen Sie dem Programm bei, welche getippten Abkürzungen es durch welche vollständigen Wörter ersetzen soll. So wird z.B. aus «Das pr ps läuft auf dem neuen dm besonders gut» der komplette

Satz «Das Programm Photoshop läuft auf dem neuen Desktop-Mac besonders gut». Je mehr Sie schreiben, um so größer wird die Wortliste und um so effektiver (und fehlerfreier) können Sie tippen. Wenn Sie viel mit Ihrem Mac schreiben, ist das Programm ein wahrer Segen.

ANHANG 3 Index

Ziffern

A

B

D

E

F

G

H

I

L

M

Q

R

S

T

X

Y

Z

VERLAGS-PROGRAMM

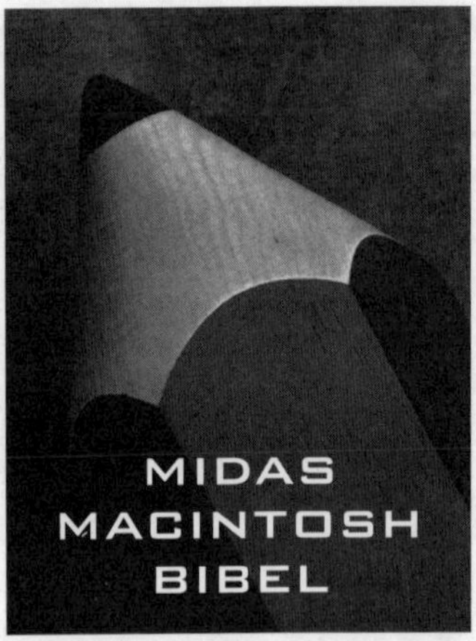

Midas Macintosh Bibel

Koch / Zäch (Hrsg.), 1056 Seiten, sFr. 94.– / DM 98.–, ISBN 3-907020-82-0

Wie kaum ein anderes Werk zum Macintosh hat dieses Buch nicht bloss Leser sondern Fans. Die neue Macintosh Bibel wurde mit einem eigenen Redaktionsteam komplett überarbeitet und aktualisiert. Eine wahre Fundgrube für jeden Mac-Anwender: Grundlagen, Hardware, Peripherie, Systeme, Troubleshooting, Anwendungsprogramme, Internet u.v.a.

Inklusive CD-ROM mit ausgewählter und kommentierter Shareware für den Macintosh.

Das Kleine Mac Buch

Robin Williams, 376 Seiten, sFr. 55.– / DM 58.–, ISBN 3-907020-54-5

«Das kleine Mac Buch» avancierte bereits in seiner ersten Auflage zum beliebtesten Einsteigerbuch zum Macintosh. Auch die neue, komplett überarbeitete Ausgabe bürgt für Qualität und Lesevergnügen, denn Robin Williams versteht es, nicht bloss die Fakten, sondern auch etwas von der Magie des Macintosh zu vermitteln. Auflage weltweit: 1,2 Millionen Exemplare!

«Das Kleine Mac Buch» ist das schriftliche Äquivalent zum Mac: genauso verständlich wie der Rechner selbst.» *Macwelt*

iMac für Einsteiger

Klaus Zellweger, 224 Seiten, sFr. 45.– / DM 49.–, ISBN 3-907020-89-8

Mac-Autor Klaus Zellweger schreibt über die Apple Verkaufsschlager «iMac» und «iBook». In seinem pointierten und witzigen Schreibstil nimmt er den neuen «Volkscomputer» unter die Lupe. Er analysiert die Stärken und Schwächen des iMac und gibt dem Leser das nötige Rüstzeug für den Umgang mit dem Internet. Auch neueste Entwicklungen wie iMovie, iCube etc. kommen zur Sprache. Dabei versteht es Zellweger, dem Leser «seinen» iMac näher zu bringen und verständlich zu machen, ohne sich dabei im Fachchinesisch zu verlieren.

Apple – Streng vertraulich!

Owen W. Linzmayer, 320 Seiten, sFr. 55.– / DM 58.–, ISBN 3-907100-12-3

Diese Story enthält alles, was einen guten (Wirtschafts-)Krimi ausmacht: Geniale Tüftler, Machtspiele und Intrigen, fiese Konkurrenten, skrupellose Abzocker und Profiteure – die Firmengeschichte von Apple ist der Beweis dafür, dass das Leben immer noch die besten Geschichten schreibt!

«Flott, unterhaltsam und respektlos … mit einer feinen Prise Sarkasmus!» *Financial Times Deutschland*

Adobe Acrobat 4

Adobe Team, 336 Seiten, sFr. 62.–/ DM 68.–, ISBN 3-907020-78-2

Das PDF-Format von Adobe ist schon seit einiger Zeit der Standard für plattformunabhängiges Publizieren auf Papier, CD-ROM und im Internet. Dieses Buch richtet sich an Neulinge und Anwender früherer Versionen. Jede Lektion ist in sich geschlossen und kann separat bearbeitet werden. Testfragen zu den einzelnen Kapiteln unterstützen den Lernfortschritt. Praxisnahe Projekte und eine CD-ROM mit wertvollen Arbeitsbeispielen ergänzen das Buch.

Internet total

Suter / Koch, 320 Seiten, sFr. 55.– / DM 58.–, ISBN 3-907020-27-8

Ein umfassender Ratgeber und Nachschlagewerk in einem. Ziel ist es, dem Leser alle Informationen in die Hand zu geben, die er braucht, um das Internet sicher und effizient zu nutzen. Das Buch ist dabei so aufgebaut, dass es sowohl vom absoluten Anfänger wie auch vom routinierten Surfer mit Gewinn gelesen werden kann. So kommen neben den technischen Erklärungen auch eine ganze Reihe anderer Themen wie Datensicherheit oder die Geschichte und Entwicklung des Internets zur Sprache.

Insiderbuch QuarkXPress 4

Samuel Hügli, 436 Seiten, sFr. 84.– / DM 98.–, ISBN 3-907020-38-3

Mit einer Gesamtauflage von über 50'000 Ex. ist das Insiderbuch zu Quark XPress einer der erfolgreichsten Profi-Titel auf dem Markt. Samuel Hügli weiht Sie in die Geheimnisse (und Fallstricke!) von QuarkXPress ein und liefert Hunderte von bisher undokumentierten Tips, Tricks und Techniken für die tägliche Arbeit mit XPress 4.

«Buch des Jahres» *Publishing Praxis*
«Spannend wie ein Krimi» *Macwelt*

Insiderbuch Photoshop 5

Ben Willmore, 408 Seiten, sFr. 84.– / DM 98.–, ISBN 3-907020-83-9

Dieser Titel geht weit über die gewöhnlichen Step-by-Step-Anleitungen hinaus. In enger Zusammenarbeit mit dem Entwicklerteam von Adobe liefert Ben Willmore ein Photoshop-Buch der Sonderklasse. Der hervorragende didaktische Aufbau und die klaren, verständlichen Erklärungen sorgen dafür, dass selbst komplexe Werkzeuge und Techniken so beschrieben werden, dass sie wirklich für jedermann nachvollziehbar sind.

«Ein Standardwerk!» *Page*

Insiderbuch FreeHand

Hermann Bauer, 288 Seiten, sFr. 84.– / DM 98.–, ISBN 3-907020-32-4

Mit seinen flexiblen und innovativen Funktionen lässt Ihnen FreeHand wirklich «freie Hand» bei der Arbeit. Hermann Bauer liefert wertvolle Tips und Tricks zum strukturierten Arbeiten. Es werden typische Anwenderprobleme aufgegriffen und mit teils ungewöhnlichen Methoden gelöst. Vom Optimieren der Arbeitsfläche über typografische Effekte bis hin zum Zusammenspiel mit Photoshop und QuarkXPress bietet sich ein unerschöpflicher Fundus für den Anwender.

Insiderbuch WebDesign.2

Lynda Weinman, 432 Seiten, sFr. 84.– / DM 98.–, ISBN 3-907020-86-3

Lynda Weinman zeigt, welche Ingredienzen und Techniken eine gute Website ausmachen. Die verständlichen Erklärungen und der didaktisch geschickte Aufbau erlauben auch dem noch weniger Versierten, die Beispiele für die eigene Web-Page zu adaptieren. Die Autorin erklärt dabei nicht bloss die Grundlagen, sondern bietet sehr konkrete und direkt umsetzbare Arbeitstechniken für die Gestaltung von WebPages.

«Ein Muss für jeden WebDesigner !» *Online Today*

Insiderbuch TypeDesign

Sean Cavanaugh, 295 Seiten, sFr. 84.– / DM 98.–, ISBN 3-907020-34-0

Dieses Buch berücksichtigt alle Aspekte der Typografie und zwar in gestalterischer wie auch in technischer Hinsicht. Der Autor liefert nicht nur grundsätzliches Wissen zu Funktion und Anwendungsmöglichkeiten der Typografie, sondern verrät auch zahlreiche Tips, Tricks & Techniken zum Thema Schriften.

«Das kompetenteste deutschsprachige Werk zum Thema Gestalten mit digitaler Schrift.» *Page*

Insiderbuch 3D-Design

Arndt von Koenigsmarck, 336 Seiten, sFr. 84.– / DM 98.–, ISBN 3-907020-88-X

3D-Design wird immer mehr zu einem festen Bestandteil der Grafik-Kultur. Dieses Insiderbuch ist sowohl Nachschlagewerk für die einzelnen Methoden als auch ein klassisches Übungsbuch. Alle Arbeitsschritte und Techniken werden weitgehend system- und softwareunabhängig beschrieben. Darüber hinaus werden spezielle Programme in neun Workshops mit bekannten 3D-Künstlern vorgestellt – darunter auch ein «Ottifanten»-Workshop mit Otto Waalkes.